20世纪中国古代文化经典域外传播研究书系

张西平　　总主编

国家出版基金项目

20世纪中国古代文化
经典在域外的传播与
影响研究导论(上)

张西平　著

中原出版传媒集团

大地传媒

大象出版社

·郑州·

图书在版编目（CIP）数据

20 世纪中国古代文化经典在域外的传播与影响研究导论 / 张西平著.— 郑州：大象出版社，2018. 11
（20 世纪中国古代文化经典域外传播研究书系）
ISBN 978-7-5347-9982-2

Ⅰ.①2… Ⅱ.①张… Ⅲ.①中华文化—文化传播—研究 Ⅳ.①G125

中国版本图书馆 CIP 数据核字（2018）第 251879 号

20 世纪中国古代文化经典域外传播研究书系

20 世纪中国古代文化经典在域外的传播与影响研究导论（上、下）

20 SHIJI ZHONGGUO GUDAI WENHUA JINGDIAN ZAI YUWAI DE CHUANBO YU YINGXIANG YANJIU DAOLUN

张西平 著

出 版 人　王刘纯
项目统筹　张前进　刘东蓬
责任编辑　耿晓谕
责任校对　张迎娟　李婧慧　牛志远　毛 路　安德华　裴红燕
装帧设计　张 帆

出版发行　大象出版社（郑州市开元路 16 号　邮政编码 450044）
　　　　　发行科　0371-63863551　总编室　0371-65597936
网　　址　www.daxiang.cn
印　　刷　郑州市毛庄印刷厂
经　　销　各地新华书店经销
开　　本　787mm×1092mm　1/16
印　　张　63.25
字　　数　1057 千字
版　　次　2018 年 12 月第 1 版　2018 年 12 月第 1 次印刷
定　　价　198.00 元（全 2 册）
若发现印、装质量问题，影响阅读，请与承印厂联系调换。
印厂地址　郑州市惠济区清华园路毛庄工业园
邮政编码　450044　　　　电话　0371-63784396

总　序

张西平①

呈现在读者面前的这套"20 世纪中国古代文化经典域外传播研究书系"是我 2007 年所申请的教育部哲学社会科学研究重大课题攻关项目的成果。

这套丛书的基本设计是：导论 1 卷，编年 8 卷，中国古代文化域外传播专题研究 10 卷，共计 19 卷。

中国古代文化经典在域外的传播和影响是一个崭新的研究领域，之前中外学术界从未对此进行过系统研究。它突破了以往将中国古代文化经典的研究局限于中国本土的研究方法，将研究视野扩展到世界主要国家，研究中国古代文化经典在那里的传播和影响，以此说明中国文化的世界性意义。

我在申请本课题时，曾在申请表上如此写道：

> 研究 20 世纪中国古代文化经典在域外的传播和影响，可以使我们走出"东方与西方""现代与传统"的二元思维，在世界文化的范围内考察中国文化的价值，以一种全球视角来重新审视中国古代文化的影响和现代价值，揭示中国文化的普世性意义。这样的研究对于消除当前中国学术界、文化界所存在的对待中国古代文化的焦虑和彷徨，对于整个社会文化转型中的中国重新

---

① 北京外国语大学中国海外汉学研究中心（现在已经更名为"国际中国文化研究院"）原主任，中国文化走出去协同创新中心原副主任。

确立对自己传统文化的自信,树立文化自觉,都具有极其重要的思想文化意义。

通过了解 20 世纪中国古代文化经典在域外的传播与接受,我们也可以进一步了解世界各国的中国观,了解中国古代文化如何经过"变异",融合到世界各国的文化之中。通过对 20 世纪中国古代文化经典在域外传播和影响的研究,我们可以总结出中国文化向外部世界传播的基本规律、基本经验、基本方法,为国家制定全球文化战略做好前期的学术准备,为国家对外传播中国文化宏观政策的制定提供学术支持。

中国文化在海外的传播,域外汉学的形成和发展,昭示着中国文化的学术研究已经成为一个全球的学术事业。本课题的设立将打破国内学术界和域外汉学界的分隔与疏离,促进双方的学术互动。对中国学术来说,课题的重要意义在于:使国内学术界了解域外汉学界对中国古代文化研究的进展,以"它山之石"攻玉。通过本课题的研究,国内学术界了解了域外汉学界在 20 世纪关于中国古代文化经典的研究成果和方法,从而在观念上认识到:对中国古代文化经典的研究已经不再仅仅属于中国学术界本身,而应以更加开阔的学术视野展开对中国古代文化经典的研究与探索。

这样一个想法,在我们这项研究中基本实现了。但我们应该看到,对中国古代文化经典在域外的传播与影响的研究绝非我们这样一个课题就可以完成的。这是一个崭新的学术方向和领域,需要学术界长期关注与研究。基于这样的考虑,在课题设计的布局上我们的原则是:立足基础,面向未来,着眼长远。我们希望本课题的研究为今后学术的进一步发展打下坚实的基础。为此,在导论中,我们初步勾勒出中国古代文化经典在西方传播的轨迹,并从理论和文献两个角度对这个研究领域的方法论做了初步的探讨。在编年系列部分,我们从文献目录入手,系统整理出 20 世纪以来中国古代文化经典在世界主要国家的传播编年。编年体是中国传统记史的一个重要体裁,这样大规模的中国文化域外传播的编年研究在世界上是首次。专题研究则是从不同的角度对这个主题的深化。

为完成这个课题,30 余位国内外学者奋斗了 7 年,到出版时几乎是用了 10 年时间。尽管我们取得了一定的成绩,这个研究还是刚刚开始,待继续努力的方向还很多。如:这里的中国古代文化经典主要侧重于以汉文化为主体,但中国古代文化是一个"多元一体"的文化,在其长期发展中,少数民族的古代文化经典已经逐步融合到汉文化的主干之中,成为中华文化充满活力、不断发展的动力和原因之一。由于时间和知识的限制,在本丛书中对中国古代少数民族的经典在域外的传播研究尚未全面展开,只是在个别卷中有所涉猎。在语言的广度上也待扩展,如在欧洲语言中尚未把西班牙语、瑞典语、荷兰语等包括进去,在亚洲语言中尚未把印地语、孟加拉语、僧伽罗语、乌尔都语、波斯语等包括进去。因此,我们只是迈开了第一步,我们希望在今后几年继续完成中国古代文化在使用以上语言的国家中传播的编年研究工作。希望在第二版时,我们能把编年卷做得更好,使其成为方便学术界使用的工具书。

中国文化是全球性的文化,它不仅在东亚文化圈、欧美文化圈产生过重要影响,在东南亚、南亚、阿拉伯世界也都产生过重要影响。因此,本丛书尽力将中国古代文化经典在多种文化区域传播的图景展现出来。或许这些研究仍待深化,但这样一个图景会使读者对中国文化的影响力有一个更为全面的认识。

中国古代文化经典的域外传播研究近年来逐步受到学术界的重视,据初步统计,目前出版的相关专著已经有十几本之多,相关博士论文已经有几十篇,国家社科基金课题及教育部课题中与此相关的也有十余个。随着国家"一带一路"倡议的提出,中国文化"走出去"战略也开始更加关注这个方向。应该说,这个领域的研究进步很大,成果显著。但由于这是一个跨学科的崭新研究领域,尚有不少问题需要我们深入思考。例如,如何更加深入地展开这一领域的研究?如何从知识和学科上把握这个研究领域?通过什么样的路径和方法展开这个领域的研究?这个领域的研究在学术上的价值和意义何在?对这些问题笔者在这里进行初步的探讨。

一、历史:展开中国典籍外译研究的基础

根据目前研究,中国古代文化典籍第一次被翻译为欧洲语言是在1592年,由来自西班牙的传教士高母羡(Juan Cobo,1546—1592)[①]第一次将元末明初的中国

---

① "'Juan Cobo',是他在1590年寄给危地马拉会友信末的落款签名,也是同时代的欧洲作家对他的称呼;'高母羡',是1593年马尼拉出版的中文著作《辩正教真传实录》一书扉页上的作者;'羡高茂',是1592年他在翻译菲律宾总督致丰臣秀吉的回信中使用的署名。"蒋薇:《1592年高母羡(Fr.Juan Cobo)出使日本之行再议》,硕士论文抽样本,北京:北京外国语大学;方豪:《中国天主教史人物传》(上),北京:中华书局,1988年,第83—89页。

文人范立本所编著的收录中国文化先贤格言的蒙学教材《明心宝鉴》翻译成西班牙文。《明心宝鉴》收入了孔子、孟子、庄子、老子、朱熹等先哲的格言，于洪武二十六年(1393)刊行。如此算来，欧洲人对中国古代文化典籍的翻译至今已有424年的历史。要想展开相关研究，对研究者最基本的要求就是熟知西方汉学的历史。

　　仅仅拿着一个译本，做单独的文本研究是远远不够的。这些译本是谁翻译的？他的身份是什么？他是哪个时期的汉学家？他翻译时的中国助手是谁？他所用的中文底本是哪个时代的刻本？……这些都涉及对汉学史及中国文化史的了解。例如，如果对《明心宝鉴》的西班牙译本进行研究，就要知道高母羡的身份，他是道明会的传教士，在菲律宾完成此书的翻译，此书当时为生活在菲律宾的道明会传教士学习汉语所用。他为何选择了《明心宝鉴》而不是其他儒家经典呢？因为这个本子是他从当时来到菲律宾的中国渔民那里得到的，这些侨民只是粗通文墨，不可能带有很经典的儒家本子，而《菜根谭》和《明心宝鉴》是晚明时期民间流传最为广泛的儒家伦理格言书籍。由于这是以闽南话为基础的西班牙译本，因此书名、人名及部分难以意译的地方，均采取音译方式，其所注字音当然也是闽南语音。我们对这个译本进行研究就必须熟悉闽南语。同时，由于译者是天主教传教士，因此研究者只有对欧洲天主教的历史发展和天主教神学思想有一定的了解，才能深入其文本的翻译研究之中。

　　又如，法国第一位专业汉学家雷慕沙(Jean Pierre Abel Rémusat, 1788—1832)的博士论文是关于中医研究的《论中医舌苔诊病》(*Dissertatio de glossosemeiotice sive de signis morborum quae è linguâ sumuntur, praesertim apud sinenses*, 1813, Thése, Paris)。论文中翻译了中医的一些基本文献，这是中医传向西方的一个重要环节。如果做雷慕沙这篇文献的研究，就必须熟悉西方汉学史，因为雷慕沙并未来过中国，他关于中医的知识是从哪里得来的呢？这些知识是从波兰传教士卜弥格(Michel Boym, 1612—1659)那里得来的。卜弥格的《中国植物志》"是西方研究中国动植物的第一部科学著作，曾于1656年在维也纳出版，还保存了原著中介绍的每一种动植物的中文名称和卜弥格为它们绘制的二十七幅图像。后来因为这部著作受到欧洲读者极大的欢迎，在1664年，又发表了它的法文译本，名为《耶稣会士卜弥格神父写的一篇论特别是来自中国的花、水果、植物和个别动物的论文》。……

荷兰东印度公司一位首席大夫阿德列亚斯·克莱耶尔（Andreas Clayer）……1682
年在德国出版的一部《中医指南》中，便将他所得到的卜弥格的《中医处方大全》
《通过舌头的颜色和外部状况诊断疾病》《一篇论脉的文章》和《医学的钥匙》的部
分章节以他的名义发表了"①。这就是雷慕沙研究中医的基本材料的来源。如果
对卜弥格没有研究，那就无法展开对雷慕沙的研究，更谈不上对中医西传的研究
和翻译时的历史性把握。

这说明研究者要熟悉从传教士汉学到专业汉学的发展历史，只有如此才能展
开研究。西方汉学如果从游记汉学算起已经有七百多年的历史，如果从传教士汉
学算起已经有四百多年的历史，如果从专业汉学算起也有近二百年的历史。在西
方东方学的历史中，汉学作为一个独立学科存在的时间并不长，但学术的传统和
人脉一直在延续。正像中国学者做研究必须熟悉本国学术史一样，做中国文化典
籍在域外的传播研究首先也要熟悉域外各国的汉学史，因为绝大多数的中国古代
文化典籍的译介是由汉学家们完成的。不熟悉汉学家的师承、流派和学术背景，
自然就很难做好中国文化的海外传播研究。

上面这两个例子还说明，虽然西方汉学从属于东方学，但它是在中西文化交
流的历史中产生的。这就要求研究者不仅要熟悉西方汉学史，也要熟悉中西文化
交流史。例如，如果不熟悉元代的中西文化交流史，那就无法读懂《马可·波罗游
记》；如果不熟悉明清之际的中西文化交流史，也就无法了解以利玛窦为代表的传
教士汉学家们的汉学著作，甚至完全可能如堕烟海，不知从何下手。上面讲的卜
弥格是中医西传第一人，在中国古代文化典籍西传方面贡献很大，但他同时又是
南明王朝派往梵蒂冈教廷的中国特使，在明清时期中西文化交流史上占有重要的
地位。如果不熟悉明清之际的中西文化交流史，那就无法深入展开研究。即使一
些没有来过中国的当代汉学家，在其进行中国典籍的翻译时，也会和中国当时的
历史与人物发生联系并受到影响。例如 20 世纪中国古代文化经典最重要的翻译
家阿瑟·韦利（Arthur David Waley，1889—1966）与中国作家萧乾、胡适的交往，都
对他的翻译活动产生过影响。

历史是进行一切人文学科研究的基础，做中国古代文化经典在域外的传播研

---

① 张振辉：《卜弥格与明清之际中学的西传》，《中国史研究》2011 年第 3 期，第 184—185 页。

究尤其如此。

中国学术界对西方汉学的典籍翻译的研究起源于清末民初之际。辜鸿铭对西方汉学家的典籍翻译多有微词。那时的中国学术界对西方汉学界已经不陌生，不仅不陌生，实际上晚清时期对中国学问产生影响的西学中也包括汉学。① 近代以来，中国学术的发展是西方汉学界与中国学界互动的结果，我们只要提到伯希和、高本汉、葛兰言在民国时的影响就可以知道。② 但中国学术界自觉地将西方汉学作为一个学科对象加以研究和分梳的历史并不长，研究者大多是从自己的专业领域对西方汉学发表评论，对西方汉学的学术历史研究甚少。莫东言的《汉学发达史》到1936年才出版，实际上这本书中的绝大多数知识来源于日本学者石田幹之助的《欧人之汉学研究》③。近30年来中国学术界对西方汉学的研究有了长足进展，个案研究、专书和专人研究及国别史研究都有了重大突破。像徐光华的《国外汉学史》、阎纯德主编的《列国汉学史》等都可以为我们的研究提供初步的线索。但应看到，对国别汉学史的研究才刚刚开始，每一位从事中国典籍外译研究的学者都要注意对汉学史的梳理。我们应承认，至今令学术界满意的中国典籍外译史的专著并不多见，即便是国别体的中国典籍外译的专题历史研究著作都尚未出现。④ 因为这涉及太多的语言和国家，绝非短期内可以完成。随着国家"一带一路"倡议的提出，了解沿路国家文化与中国文化之间的互动历史是学术研究的题中应有之义。但一旦我们翻阅学术史文献就会感到，在这个领域我们需要做的事情还有很多，尤其需要增强对沿路国家文化与中国文化互动的了解。百年以西为师，我们似乎忘记了家园和邻居，悲矣！学术的发展总是一步步向前的，愿我们沿着季羡林先生开辟的中国东方学之路，由历史而入，拓展中国学术发展的新空间。

① 罗志田：《西学冲击下近代中国学术分科的演变》，《社会科学研究》2003年第1期。
② 桑兵：《国学与汉学——近代中外学界交往录》，北京：中国人民大学出版社，2010年；李孝迁：《葛兰言在民国学界的反响》，《华东师范大学学报》(哲学社会科学版)2010年第4期。
③ [日]石田幹之助：《欧人之汉学研究》，朱滋萃译，北京：北平中法大学出版社，1934年。
④ 马祖毅、任荣珍：《汉籍外译史》，武汉：湖北教育出版社，1997年。这本书尽管是汉籍外译研究的开创性著作，但书中的错误颇多，注释方式也不规范，完全分不清资料的来源。关键在于作者对域外汉学史并未深入了解，仅在二手文献基础上展开研究。学术界对这本书提出了批评，见许冬平《〈汉籍外译史〉还是〈汉籍歪译史〉?》，光明网，2011年8月21日。

二、文献：西方汉学文献学亟待建立

张之洞在《书目答问》中开卷就说："诸生好学者来问应读何书,书以何本为善。偏举既嫌绠漏,志趣学业亦各不同,因录此以告初学。"①学问由目入,读书自识字始,这是做中国传统学问的基本方法。此法也同样适用于中国文化在域外的传播研究及中国典籍外译研究。因为19世纪以前中国典籍的翻译者以传教士为主,传教士的译本在欧洲呈现出非常复杂的情况。17世纪时传教士的一些译本是拉丁文的,例如柏应理和一些耶稣会士联合翻译的《中国哲学家孔子》,其中包括《论语》《大学》《中庸》。这本书的影响很大,很快就有了各种欧洲语言的译本,有些是节译,有些是改译。如果我们没有西方汉学文献学的知识,就搞不清这些译本之间的关系。

18世纪欧洲的流行语言是法语,会法语是上流社会成员的标志。恰好此时来华的传教士由以意大利籍为主转变为以法国籍的耶稣会士为主。这些法国来华的传教士学问基础好,翻译中国典籍极为勤奋。法国传教士的汉学著作中包含了大量的对中国古代文化典籍的介绍和翻译,例如来华耶稣会士李明返回法国后所写的《中国近事报道》(*Nouveaux mémoires sur l'état présent de la Chine*),1696年在巴黎出版。他在书中介绍了中国古代重要的典籍"五经",同时介绍了孔子的生平。李明所介绍的孔子的生平在当时欧洲出版的来华耶稣会士的汉学著作中是最详细的。这本书出版后在四年内竟然重印五次,并有了多种译本。如果我们对法语文本和其他文本之间的关系不了解,就很难做好翻译研究。

进入19世纪后,英语逐步取得霸主地位,英文版的中国典籍译作逐渐增加,版本之间的关系也更加复杂。美国诗人庞德在翻译《论语》时,既参照早年由英国汉学家柯大卫(David Collie)翻译的第一本英文版"四书"②,也参考理雅各的译本,如果只是从理雅各的译本来研究庞德的翻译肯定不全面。

20世纪以来对中国典籍的翻译一直在继续,翻译的范围不断扩大。学者研

① 〔清〕张之洞著,范希曾补正:《书目答问补正》,上海:上海古籍出版社,2001年,第3页。
② David Collie,*The Four Books*,Malacca:Printed at Mission Press,1828.

究百年的《论语》译本的数量就很多，《道德经》的译本更是不计其数。有的学者说世界上译本数量极其巨大的文化经典文本有两种，一种是《圣经》，另一种就是《道德经》。

　　这说明我们在从事文明互鉴的研究时，尤其在从事中国古代文化经典在域外的翻译和传播研究时，一定要从文献学入手，从目录学入手，这样才会保证我们在做翻译研究时能够对版本之间的复杂关系了解清楚，为研究打下坚实的基础。中国学术传统中的"辨章学术，考镜源流"在我们致力于域外汉学研究时同样需要。

　　目前，国家对汉籍外译项目投入了大量的经费，国内学术界也有相当一批学者投入这项事业中。但我们在开始这项工作时应该摸清世界各国已经做了哪些工作，哪些译本是受欢迎的，哪些译本问题较大，哪些译本是节译，哪些译本是全译。只有清楚了这些以后，我们才能确定恰当的翻译策略。显然，由于目前我们在域外汉学的文献学上做得不够理想，对中国古代文化经典的翻译情况若明若暗。因而，国内现在确立的一些翻译计划不少是重复的，在学术上是一种浪费。即便国内学者对这些典籍重译，也需要以前人的工作为基础。

　　就西方汉学而言，其基础性书目中最重要的是两本目录，一本是法国汉学家考狄编写的《汉学书目》（*Bibliotheca sinica*），另一本是中国著名学者、中国近代图书馆的奠基人之一袁同礼 1958 年出版的《西文汉学书目》（*China in Western Literature：a Continuation of Cordier's Bibliotheca Sinica*）①。

　　从西方最早对中国的记载到 1921 年西方出版的关于研究中国的书籍，四卷本的考狄书目都收集了，其中包括大量关于中国古代文化典籍的译本目录。袁同礼的《西文汉学书目》则是"接着说"，其书名就表明是接着考狄来做的。他编制了 1921—1954 年期间西方出版的关于中国研究的书目，其中包括数量可观的关于中国古代文化典籍的译本目录。袁同礼之后，西方再没有编出一本类似的书目。究其原因，一方面是中国研究的进展速度太快，另一方面是中国研究的范围在快速扩大，在传统的人文学科的思路下已经很难把握快速发展的中国研究。

　　当然，国外学者近 50 年来还是编制了一些非常重要的专科性汉学研究文献

---

① 书名翻译为《西方文学作品里的中国书目——续考狄之汉学书目》更为准确，《西文汉学书目》简洁些。

目录,特别是关于中国古代文化经典的翻译也有了专题性书目。例如,美国学者编写的《中国古典小说研究与欣赏论文书目指南》①是一本很重要的专题性书目,对于展开中国古典文学在西方的传播研究奠定了基础。日本学者所编的《东洋学文献类目》是当代较权威的中国研究书目,收录了部分亚洲研究的文献目录,但涵盖语言数量有限。当然中国学术界也同样取得了较大的进步,台湾学者王尔敏所编的《中国文献西译书目》②无疑是中国学术界较早的西方汉学书目。汪次昕所编的《英译中文诗词曲索引:五代至清末》③,王丽娜的《中国古典小说戏曲名著在国外》④是新时期第一批从目录文献学上研究西方汉学的著作。林舒俐、郭英德所编的《中国古典戏曲研究英文论著目录》⑤,顾钧、杨慧玲在美国汉学家卫三畏研究的基础上编制的《〈中国丛报〉篇名目录及分类索引》,王国强在其《〈中国评论〉(1872—1901)与西方汉学》中所附的《中国评论》目录和《中国评论》文章分类索引等,都代表了域外汉学和中国古代文化外译研究的最新进展。

从学术的角度看,无论是海外汉学界还是中国学术界在汉学的文献学和目录学上都仍有继续展开基础性研究和学术建设的极大空间。例如,在 17 世纪和 18 世纪“礼仪之争”后来华传教士所写的关于在中国传教的未刊文献至今没有基础性书目,这里主要指出傅圣泽和白晋的有关文献就足以说明问题。⑥ 在罗马传信部档案馆、梵蒂冈档案馆、耶稣会档案馆有着大量未刊的耶稣会士关于“礼仪之争”的文献,这些文献多涉及中国典籍的翻译问题。在巴黎外方传教会、方济各传教会也有大量的“礼仪之争”期间关于中国历史文化研究的未刊文献。这些文献目录未整理出来以前,我们仍很难书写一部完整的中国古代文献西文翻译史。

由于中国文化研究已经成为一个国际化的学术事业,无论是美国亚洲学会的

---

① Winston L.Y.Yang, Peter Li and Nathan K.Mao, *Classical Chinese Fiction: A Guide to Its Study and Appreciation—Essays and Bibliographies*, Boston: G.K.Hall & Co., 1978.

② 王尔敏编:《中国文献西译书目》,台北:台湾商务印书馆,1975 年。

③ 汪次昕:《英译中文诗词曲索引:五代至清末》,台北:汉学研究中心,2000 年。

④ 王丽娜:《中国古典小说戏曲名著在国外》,上海:学林出版社,1988 年。

⑤ 林舒俐、郭英德编:《中国古典戏曲研究英文论著目录》(上),《戏曲研究》2009 年第 3 期;《中国古典戏曲研究英文论著目录》(下),《戏曲研究》2010 年第 1 期。

⑥ [美]魏若望:《耶稣会士傅圣泽神甫传:索隐派思想在中国及欧洲》,吴莉苇译,郑州:大象出版社,2006 年;[丹]龙伯格:《清代来华传教士马若瑟研究》,李真、骆洁译,郑州:大象出版社,2009 年;[德]柯兰霓:《耶稣会士白晋的生平与著作》,李岩译,郑州:大象出版社,2009 年;[法]维吉尔·毕诺:《中国对法国哲学思想形成的影响》,耿昇译,北京:商务印书馆,2000 年。

中国学研究网站所编的目录，还是日本学者所编的目录，都已经不能满足学术发展的需要。我们希望了解伊朗的中国历史研究状况，希望了解孟加拉国对中国文学的翻译状况，但目前没有目录能提供这些。袁同礼先生当年主持北平图书馆工作时曾说过，中国国家图书馆应成为世界各国的中国研究文献的中心，编制世界的汉学研究书目应是我们的责任。先生身体力行，晚年依然坚持每天在美国国会图书馆的目录架旁抄录海外中国学研究目录，终于继考狄之后完成了《西文汉学书目》，开启了中国学者对域外中国研究文献学研究的先河。今日的中国国家图书馆的同人和中国文献学的同行们能否继承前辈之遗产，为飞出国门的中国文化研究提供一个新时期的文献学的阶梯，提供一个真正能涵盖多种语言，特别是非通用语的中国文化研究书目呢？我们期待着。正是基于这样的考虑，10年前我承担教育部重大攻关项目"20世纪中国古代文化经典在域外的传播与影响"时，决心接续袁先生的工作做一点尝试。我们中国海外汉学研究中心和北京外国语大学与其他院校学界的同人以10年之力，编写了一套10卷本的中国文化传播编年，它涵盖了22种语言，涉及20余个国家。据我了解，这或许是目前世界上第一次涉及如此多语言的中国文化外传文献编年。

尽管这些编年略显幼稚，多有不足，但中国的学者们是第一次把自己的语言能力与中国学术的基础性建设有机地结合起来。我们总算在袁同礼先生的事业上前进了一步。

学术界对于加强海外汉学文献学研究的呼声很高。李学勤当年主编的《国际汉学著作提要》就是希望从基础文献入手加强对西方汉学名著的了解。程章灿更是提出了十分具体的方案，他认为如果把欧美汉学作为学术资源，应该从以下四方面着手："第一，从学术文献整理的角度，分学科、系统编纂中外文对照的专业论著索引。就欧美学者的中国文学研究而言，这一工作显得相当迫切。这些论著至少应该包括汉学专著、汉籍外译本及其附论（尤其是其前言、后记）、各种教材（包括文学史与作品选）、期刊论文、学位论文等几大项。其中，汉籍外译本与学位论文这两项比较容易被人忽略。这些论著中提出或涉及的学术问题林林总总，如果并没有广为中国学术界所知，当然也就谈不上批判或吸收。第二，从学术史角度清理学术积累，编纂重要论著的书目提要。从汉学史上已出版的研究中国文学的专著中，选取有价值的、有影响的，特别是有学术史意义的著作，每种写一篇两三千字的书目提要,述其内容大要、方法特点,并对其作学术史之源流梳理。对这些海外汉学文献的整理,就是学术史的建设,其道理与第一点是一样的。第三,从学术术语与话语沟通的角度,编纂一册中英文术语对照词典。就中国文学研究而言,目前在世界范围内,英语与汉语是两种最重要的工作语言。但是,对于同一个中国文学专有名词,往往有多种不同的英语表达法,国内学界英译中国文学术语时,词不达意、生拉硬扯的现象时或可见,极不利于中外学者的沟通和中外学术的交流。如有一册较好的中英文中国文学术语词典,不仅对于中国研究者,而且对于学习中国文学的外国人,都有很大的实用价值。第四,在系统清理研判的基础上,编写一部国际汉学史略。"①

历史期待着我们这一代学人,从基础做起,从文献做起,构建起国际中国文化研究的学术大厦。

三、语言：中译外翻译理论与实践有待探索

翻译研究是做中国古代文化对外传播研究的重要环节,没有这个环节,整个研究就不能建立在坚实的学术基础之上。在翻译研究中如何创造出切实可行的中译外理论是一个亟待解决的问题。如果翻译理论、翻译的指导观念不发生变革,一味依赖西方的理论,并将其套用在中译外的实践中,那么中国典籍的外译将不会有更大的发展。

外译中和中译外是两种翻译实践活动。前者说的是将外部世界的文化经典翻译成中文,后者说的是将中国古代文化的经典翻译成外文。几乎每一种有影响的文化都会面临这两方面的问题。

中国文化史告诉我们,我们有着悠久的外译中的历史,例如从汉代以来中国对佛经的翻译和近百年来中国对西学和日本学术著作的翻译。中国典籍的外译最早可以追溯到玄奘译老子的《道德经》,但真正形成规模则始于明清之际来华的传教士,即上面所讲的高母羡、利玛窦等人。中国人独立开展这项工作则应从晚清时期的陈季同和辜鸿铭算起。外译中和中译外作为不同语言之间的转换有

---

① 程章灿:《作为学术文献资源的欧美汉学研究》,《文学遗产》2012 年第 2 期,第 134—135 页。

共同性,这是毋庸置疑的。但二者的区别也很明显,目的语和源语言在外译中和中译外中都发生了根本性置换,这种目的语和源语言的差别对译者提出了完全不同的要求。因此,将中译外作为一个独立的翻译实践来展开研究是必要的,正如刘宓庆所说:"实际上东方学术著作的外译如何解决文化问题还是一块丰腴的亟待开发的处女地。"①

由于在翻译目的、译本选择、语言转换等方面的不同,在研究中译外时完全照搬西方的翻译理论是有问题的。当然,并不是说西方的翻译理论不可用,而是这些理论的创造者的翻译实践大都是建立在西方语言之间的互译之上。在此基础上产生的翻译理论面对东方文化时,特别是面对以汉字为基础的汉语文化时会产生一些问题。潘文国认为,至今为止,西方的翻译理论基本上是对印欧语系内部翻译实践的总结和提升,那套理论是"西西互译"的结果,用到"中西互译"是有问题的,"西西互译"多在"均质印欧语"中发生,而"中西互译"则是在相距遥远的语言之间发生。因此他认为"只有把'西西互译'与'中西互译'看作是两种不同性质的翻译,因而需要不同的理论,才能以更为主动的态度来致力于中国译论的创新"②。

语言是存在的家园。语言具有本体论作用,而不仅仅是外在表达。刘勰在《文心雕龙·原道》中写道:"文之为德也大矣,与天地并生者何哉?夫玄黄色杂,方圆体分,日月叠璧,以垂丽天之象;山川焕绮,以铺理地之形:此盖道之文也。仰观吐曜,俯察含章,高卑定位,故两仪既生矣。惟人参之,性灵所钟,是谓三才。为五行之秀,实天地之心。心生而言立,言立而文明,自然之道也。傍及万品,动植皆文:龙凤以藻绘呈瑞,虎豹以炳蔚凝姿;云霞雕色,有逾画工之妙;草木贲华,无待锦匠之奇。夫岂外饰,盖自然耳。至于林籁结响,调如竽瑟;泉石激韵,和若球锽:故形立则章成矣,声发则文生矣。夫以无识之物,郁然有彩,有心之器,其无文欤?"③刘勰这段对语言和文字功能的论述绝不亚于海德格尔关于语言性质的论述,他强调"文"的本体意义和内涵。

---

① 刘宓庆:《中西翻译思想比较研究》,北京:中国对外翻译出版公司,2005年,第272页。
② 潘文国:《中籍外译,此其时也——关于中译外问题的宏观思考》,《杭州师范学院学报》(社会科学版)2007年第6期。
③ 〔南朝梁〕刘勰著,周振甫译注:《文心雕龙选译》,北京:中华书局,1980年,第19—20页。

　　中西两种语言,对应两种思维、两种逻辑。外译中是将抽象概念具象化的过程,将逻辑思维转换成伦理思维的过程;中译外是将具象思维的概念抽象化,将伦理思维转换成逻辑思维的过程。当代美国著名汉学家安乐哲(Roger T. Ames)与其合作者也有这样的思路:在中国典籍的翻译上反对用一般的西方哲学思想概念来表达中国的思想概念。因此,他在翻译中国典籍时着力揭示中国思想异于西方思想的特质。

　　语言是世界的边界,不同的思维方式、不同的语言特点决定了外译中和中译外具有不同的规律,由此,在翻译过程中就要注意其各自的特点。基于语言和哲学思维的不同所形成的中外互译是两种不同的翻译实践,我们应该重视对中译外理论的总结,现在流行的用"西西互译"的翻译理论来解释"中西互译"是有问题的,来解释中译外问题更大。这对中国翻译界来说应是一个新课题,因为在"中西互译"中,我们留下的学术遗产主要是外译中。尽管我们也有辜鸿铭、林语堂、陈季同、吴经熊、杨宪益、许渊冲等前辈的可贵实践,但中国学术界的翻译实践并未留下多少中译外的经验。所以,认真总结这些前辈的翻译实践经验,提炼中译外的理论是一个亟待努力开展的工作。同时,在比较语言学和比较哲学的研究上也应着力,以此为中译外的翻译理论打下坚实的基础。

　　在此意义上,许渊冲在翻译理论及实践方面的探索尤其值得我国学术界关注。许渊冲在 20 世纪中国翻译史上是一个奇迹,他在中译外和外译中两方面均有很深造诣,这十分少见。而且,在中国典籍外译过程中,他在英、法两个语种上同时展开,更是难能可贵。"书销中外五十本,诗译英法唯一人"的确是他的真实写照。从陈季同、辜鸿铭、林语堂等开始,中国学者在中译外道路上不断探索,到许渊冲这里达到一个高峰。他的中译外的翻译数量在中国学者中居于领先地位,在古典诗词的翻译水平上,更是成就卓著,即便和西方汉学家(例如英国汉学家韦利)相比也毫不逊色。他的翻译水平也得到了西方读者的认可,译著先后被英国和美国的出版社出版,这是目前中国学者中译外作品直接进入西方阅读市场最多的一位译者。

　　特别值得一提的是,许渊冲从中国文化本身出发总结出一套完整的翻译理论。这套理论目前是中国翻译界较为系统并获得翻译实践支撑的理论。面对铺天盖地而来的西方翻译理论,他坚持从中国翻译的实践出发,坚持走自己的学术道路,自成体系,面对指责和批评,他不为所动。他这种坚持文化本位的精神,这种坚持从实践出发探讨理论的风格,值得我们学习和发扬。

许渊冲把自己的翻译理论概括为"美化之艺术,创优似竞赛"。"实际上,这十个字是拆分开来解释的。'美'是许渊冲翻译理论的'三美'论,诗歌翻译应做到译文的'意美、音美和形美',这是许渊冲诗歌翻译的本体论;'化'是翻译诗歌时,可以采用'等化、浅化、深化'的具体方法,这是许氏诗歌翻译的方法论;'之'是许氏诗歌翻译的意图或最终想要达成的结果,使读者对译文能够'知之、乐之并好之',这是许氏译论的目的论;'艺术'是认识论,许渊冲认为文学翻译,尤其是诗词翻译是一种艺术,是一种研究'美'的艺术。'创'是许渊冲的'创造论',译文是译者在原诗规定范围内对原诗的再创造;'优'指的是翻译的'信达优'标准和许氏译论的'三势'(优势、劣势和均势)说,在诗歌翻译中应发挥译语优势,用最好的译语表达方式来翻译;'似'是'神似'说,许渊冲认为忠实并不等于形似,更重要的是神似;'竞赛'指文学翻译是原文和译文两种语言与两种文化的竞赛。"①

许渊冲的翻译理论不去套用当下时髦的西方语汇,而是从中国文化本身汲取智慧,并努力使理论的表述通俗化、汉语化和民族化。例如他的"三美"之说就来源于鲁迅,鲁迅在《汉文学史纲要》中指出:"诵习一字,当识形音义三:口诵耳闻其音,目察其形,心通其义,三识并用,一字之功乃全。其在文章,则写山曰崚嶒嵯峨,状水曰汪洋澎湃,蔽芾葱茏,恍逢丰木,鳟鲂鳗鲤,如见多鱼。故其所函,遂具三美:意美以感心,一也;音美以感耳,二也;形美以感目,三也。"②许渊冲的"三之"理论,即在翻译中做到"知之、乐之并好之",则来自孔子《论语·雍也》中的"知之者不如好之者,好之者不如乐之者"。他套用《道德经》中的语句所总结的翻译理论精练而完备,是近百年来中国学者对翻译理论最精彩的总结:

> 译可译,非常译。
>
> 忘其形,得其意。
>
> 得意,理解之始;
>
> 忘形,表达之母。

---

① 张进:《许渊冲唐诗英译研究》,硕士论文抽样本,西安:西北大学,2011 年,第 19 页;张智中:《许渊冲与翻译艺术》,武汉:湖北教育出版社,2006 年。

② 鲁迅:《鲁迅全集》(第九卷),北京:人民文学出版社,2005 年,第 354—355 页。

故应得意，以求其同；

故可忘形，以存其异。

两者同出，异名同理。

得意忘形，求同存异；

翻译之道。

2014 年，在第二十二届世界翻译大会上，由中国翻译学会推荐，许渊冲获得了国际译学界的最高奖项"北极光"杰出文学翻译奖。他也是该奖项自 1999 年设立以来，第一个获此殊荣的亚洲翻译家。许渊冲为我们奠定了新时期中译外翻译理论与实践的坚实学术基础，这个事业有待后学发扬光大。

四、知识：跨学科的知识结构是对研究者的基本要求

中国古代文化经典在域外的翻译与传播研究属于跨学科研究领域，语言能力只是进入这个研究领域的一张门票，但能否坐在前排，能否登台演出则是另一回事。因为很显然，语言能力尽管重要，但它只是展开研究的基础条件，而非全部条件。

研究者还应该具备中国传统文化知识与修养。我们面对的研究对象是整个海外汉学界，汉学家们所翻译的中国典籍内容十分丰富，除了我们熟知的经、史、子、集，还有许多关于中国的专业知识。例如，俄罗斯汉学家阿列克谢耶夫对宋代历史文学极其关注，翻译宋代文学作品数量之大令人吃惊。如果研究他，仅仅俄语专业毕业是不够的，研究者还必须通晓中国古代文学，尤其是宋代文学。清中前期，来华的法国耶稣会士已经将中国的法医学著作《洗冤集录》翻译成法文，至今尚未有一个中国学者研究这个译本，因为这要求译者不仅要懂宋代历史，还要具备中国古代法医学知识。

中国典籍的外译相当大一部分产生于中外文化交流的历史之中，如果缺乏中西文化交流史的知识，常识性错误就会出现。研究 18 世纪的中国典籍外译要熟悉明末清初的中西文化交流史，研究 19 世纪的中国典籍外译要熟悉晚清时期的中西文化交流史，研究东亚之间文学交流要精通中日、中韩文化交流史。

同时，由于某些译者有国外学术背景，想对译者和文本展开研究就必须熟悉

译者国家的历史与文化、学术与传承,那么,知识面的扩展、知识储备的丰富必不可少。

目前,绝大多数中国古代文化外译的研究者是外语专业出身,这些学者的语言能力使其成为这个领域的主力军,但由于目前教育分科严重细化,全国外语类大学缺乏系统的中国历史文化的教育训练,因此目前的翻译及其研究在广度和深度上尚难以展开。有些译本作为国内外语系的阅读材料尚可,要拿到对象国出版还有很大的难度,因为这些译本大都无视对象国汉学界译本的存在。的确,研究中国文化在域外的传播和发展是一个崭新的领域,是青年学者成长的天堂。但同时,这也是一个有难度的跨学科研究领域,它对研究者的知识结构提出了新挑战。研究者必须走出单一学科的知识结构,全面了解中国文化的历史与文献,唯此才能对中国古代文化经典的域外传播和中国文化的域外发展进行更深入的研究。当然,术业有专攻,在当下的知识分工条件下,研究者已经不太可能系统地掌握中国全部传统文化知识,但掌握其中的一部分,领会其精神仍十分必要。这对中国外语类大学的教学体系改革提出了更高的要求,中国历史文化课程必须进入外语大学的必修课中,否则,未来的学子们很难承担起这一历史重任。

五、方法:比较文化理论是其基本的方法

从本质上讲,中国文化域外传播与发展研究是一种文化间关系的研究,是在跨语言、跨学科、跨文化、跨国别的背景下展开的,这和中国本土的国学研究有区别。关于这一点,严绍璗先生有过十分清楚的论述,他说:"国际中国学(汉学)就其学术研究的客体对象而言,是指中国的人文学术,诸如文学、历史、哲学、艺术、宗教、考古等等,实际上,这一学术研究本身就是中国人文学科在域外的延伸。所以,从这样的意义上说,国际中国学(汉学)的学术成果都可以归入中国的人文学术之中。但是,作为从事于这样的学术的研究者,却又是生活在与中国文化很不相同的文化语境中,他们所受到的教育,包括价值观念、人文意识、美学理念、道德伦理和意识形态等等,和我们中国本土很不相同。他们是以他们的文化为背景而从事中国文化的研究,通过这些研究所表现的价值观念,从根本上说,是他们的'母体文化'观念。所以,从这样的意义上说,国际中国学(汉学)的学术成果,其

实也是他们'母体文化'研究的一种。从这样的视角来考察国际中国学(汉学)，那么，我们可以说，这是一门在国际文化中涉及双边或多边文化关系的近代边缘性的学术，它具有'比较文化研究'的性质。"①严先生的观点对于我们从事中国古代文化典籍外译和传播研究有重要的指导意义。有些学者认为西方汉学家翻译中的误读太多，因此，中国文化经典只有经中国人来翻译才忠实可信。显然，这样的看法缺乏比较文学和跨文化的视角。

　　"误读"是翻译中的常态，无论是外译中还是中译外，除了由于语言转换过程中知识储备不足产生的误读②，文化理解上的误读也比比皆是。有的译者甚至故意误译，完全按照自己的理解阐释中国典籍，最明显的例子就是美国诗人庞德。1937年他译《论语》时只带着理雅各的译本，没有带词典，由于理雅各的译本有中文原文，他就盯着书中的汉字，从中理解《论语》，并称其为"注视字本身"，看汉字三遍就有了新意，便可开始翻译。例如"《论语·公冶长第五》，'子曰:道不行，乘桴浮于海。从我者，其由与? 子路闻之喜。子曰:由也，好勇过我，无所取材。'最后四字，朱熹注:'不能裁度事理。'理雅各按朱注译。庞德不同意，因为他从'材'字中看到'一棵树加半棵树'，马上想到孔子需要一个'桴'。于是庞德译成'Yu like danger better than I do. But he wouldn't bother about getting the logs.'(由比我喜欢危险，但他不屑去取树木。)庞德还指责理雅各译文'失去了林肯式的幽默'。后来他甚至把理雅各译本称为'丢脸'(an infamy)"③。庞德完全按自己的理解来翻译，谈不上忠实，但庞德的译文却在美国和其他西方国家产生了巨大影响。日本比较文学家大塚幸男说:"翻译文学，在对接受国文学的影响中，误解具有异乎寻常的力量。有时拙劣的译文意外地产生极大的影响。"④庞德就是这样的翻译家，他翻译《论语》《中庸》《孟子》《诗经》等中国典籍时，完全借助理雅各的译本，但又能超越理雅各的译本，在此基础上根据自己的想法来翻译。他把《中庸》翻

①　严绍璗:《我对国际中国学(汉学)的认识》，《国际汉学》(第五辑)，郑州:大象出版社，2000年，第11页。

②　英国著名汉学家阿瑟·韦利在翻译陶渊明的《责子》时将"阿舒已二八"翻译成"A-Shu is eighteen"，显然是他不知在中文中"二八"是指16岁，而不是18岁。这样知识性的翻译错误是常有的。

③　赵毅衡:《诗神远游:中国如何改变了美国现代诗》，成都:四川文艺出版社，2013年，第277—278页。

④　[日]大塚幸男:《比较文学原理》，陈秋峰、杨国华译，西安:陕西人民出版社，1985年，第101页。

译为 Unwobbling Pivot(不动摇的枢纽),将"君子而时中"翻译成"The master man's axis does not wobble"(君子的轴不摇动),这里的关键在于他认为"中"是"一个动作过程,一个某物围绕旋转的轴"①。只有具备比较文学和跨文化理论的视角,我们才能理解庞德这样的翻译。

从比较文学角度来看,文学著作一旦被翻译成不同的语言,它就成为各国文学历史的一部分,"在翻译中,创造性叛逆几乎是不可避免的"②。这种叛逆就是在翻译时对源语言文本的改写,任何译本只有在符合本国文化时,才会获得第二生命。正是在这个意义上,谢天振主张将近代以来的中国学者对外国文学的翻译作为中国近代文学的一部分,使它不再隶属于外国文学,为此,他专门撰写了《中国现代翻译文学史》③。他的观点向我们提供了理解被翻译成西方语言的中国古代文化典籍的新视角。

尽管中国学者也有在中国典籍外译上取得成功的先例,例如林语堂、许渊冲,但这毕竟不是主流。目前国内的许多译本并未在域外产生真正的影响。对此,王宏印指出:"毋庸讳言,虽然我们取得的成就很大,但国内的翻译、出版的组织和质量良莠不齐,加之推广和运作方面的困难,使得外文形式的中国典籍的出版发行多数限于国内,难以进入世界文学的视野和教学研究领域。有些译作甚至成了名副其实的'出口转内销'产品,只供学外语的学生学习外语和翻译技巧,或者作为某些懂外语的人士的业余消遣了。在现有译作精品的评价研究方面,由于信息来源的局限和读者反应调查的费钱费力费时,大大地限制了这一方面的实证研究和有根有据的评论。一个突出的困难就是,很难得知外国读者对于中国典籍及其译本的阅读经验和评价情况,以至于影响了研究和评论的视野和效果,有些译作难免变成译者和学界自作自评和自我欣赏的对象。"④

王宏印这段话揭示了目前国内学术界中国典籍外译的现状。目前由政府各部门主导的中国文化、中国学术外译工程大多建立在依靠中国学者来完成的基本思路上,但此思路存在两个误区。第一,忽视了一个基本的语言学规律:外语再

①　赵毅衡:《诗神远游:中国如何改变了美国现代诗》,成都:四川文艺出版社,2013 年,第 278 页。
②　[美]乌尔利希·韦斯坦因:《比较文学与文学理论》,刘象愚译,沈阳:辽宁人民出版社,1987 年,第 36 页。
③　谢天振:《中国现代翻译文学史》,上海:上海外语教育出版社,2004 年。
④　王宏印:《中国文化典籍英译》,北京:外语教学与研究出版社,2009 年,第 6 页。

好,也好不过母语,翻译时没有对象国汉学家的合作,在知识和语言上都会遇到不少问题。应该认识到林语堂、杨宪益、许渊冲毕竟是少数,中国学者不可能成为中国文化外译的主力。第二,这些项目的设计主要面向西方发达国家而忽视了发展中国家。中国"一带一路"倡议涉及60余个国家,其中大多数是发展中国家,非通用语是主要语言形态①。此时,如果完全依靠中国非通用语界学者们的努力是很难完成的②,因此,团结世界各国的汉学家具有重要性与迫切性。

莫言获诺贝尔文学奖后,相关部门开启了中国当代小说的翻译工程,这项工程的重要进步之一就是面向海外汉学家招标,而不是仅寄希望于中国外语界的学者来完成。小说的翻译和中国典籍文化的翻译有着重要区别,前者更多体现了跨文化研究的特点。

以上从历史、文献、语言、知识、方法五个方面探讨了开展中国古代文化典籍域外传播研究必备的学术修养。应该看到,中国文化的域外传播以及海外汉学界的学术研究标示着中国学术与国际学术接轨,这样一种学术形态揭示了中国文化发展的多样性和丰富性。在从事中国文化学术研究时,已经不能无视域外汉学家们的研究成果,我们必须与其对话,或者认同,或者批评,域外汉学已经成为中国学术与文化重建过程中一个不能忽视的对象。

在世界范围内开展中国文化研究,揭示中国典籍外译的世界性意义,并不是要求对象国家完全按照我们的意愿接受中国文化的精神,而是说,中国文化通过典籍翻译进入世界各国文化之中,开启他们对中国的全面认识,这种理解和接受已经构成了他们文化的一部分。尽管中国文化于不同时期在各国文化史中呈现出不同形态,但它们总是和真实的中国发生这样或那样的联系,都说明了中国文化作为他者存在的价值和意义。与此同时,必须承认已经融入世界各国的中国文化和中国自身的文化是两种形态,不能用对中国自身文化的理解来看待被西方塑形的中国文化;反之,也不能以变了形的中国文化作为标准来判断真实发展中的

---

① 在非通用语领域也有像林语堂、许渊冲这样的翻译大家,例如北京外国语大学亚非学院的泰语教授邱苏伦,她已经将《大唐西域记》《洛阳伽蓝记》等中国典籍翻译成泰文,受到泰国读者的欢迎,她也因此获得了泰国的最高翻译奖。
② 很高兴看到中华外译项目的语种大大扩展了,莫言获诺贝尔文学奖后,中国小说的翻译也开始面向全球招标,这是进步的开始。

中国文化。

在当代西方文化理论中,后殖民主义理论从批判的立场说明西方所持有的东方文化观的特点和产生的原因。赛义德的理论有其深刻性和批判性,但他不熟悉西方世界对中国文化理解和接受的全部历史,例如,18世纪的"中国热"实则是从肯定的方面说明中国对欧洲的影响。其实,无论是持批判立场还是持肯定立场,中国作为西方的他者,成为西方文化眼中的变色龙是注定的。这些变化并不能改变中国文化自身的价值和它在世界文化史中的地位,但西方在不同时期对中国持有不同认知这一事实,恰恰说明中国文化已成为塑造西方文化的一个重要外部因素,中国文化的世界性意义因而彰显出来。

从中国文化史角度来看,这种远游在外、已经进入世界文化史的中国古代文化并非和中国自身文化完全脱离关系。笔者不认同套用赛义德的"东方主义"的后现代理论对西方汉学和译本的解释,这种解释完全隔断了被误读的中国文化与真实的中国文化之间的精神关联。我们不能跟着后现代殖民主义思潮跑,将这种被误读的中国文化看成纯粹是西方人的幻觉,似乎这种中国形象和真实的中国没有任何关系。笔者认为,被误读的中国文化和真实的中国文化之间的关系,可被比拟为云端飞翔的风筝和牵动着它的放风筝者之间的关系。一只飞出去的风筝随风飘动,但线还在,只是细长的线已经无法解释风筝上下起舞的原因,因为那是风的作用。将风筝的飞翔说成完全是放风筝者的作用是片面的,但将飞翔的风筝说成是不受外力自由翱翔也是荒唐的。

正是在这个意义上,笔者对建立在19世纪实证主义哲学基础上的兰克史学理论持一种谨慎的接受态度,同时,对20世纪后现代主义的文化理论更是保持时刻的警觉,因为这两种理论都无法说明中国和世界之间复杂多变的文化关系,都无法说清世界上的中国形象。中国文化在世界的传播和影响及世界对中国文化的接受需要用一种全新的理论加以说明。长期以来,那种套用西方社会科学理论来解释中国与外部世界关系的研究方法应该结束了,中国学术界应该走出对西方学术顶礼膜拜的"学徒"心态,以从容、大度的文化态度吸收外来文化,自觉坚守自身文化立场。这点在当下的跨文化研究领域显得格外重要。

学术研究需要不断进步,不断完善。在10年内我们课题组不可能将这样一个丰富的研究领域做得尽善尽美。我们在做好导论研究、编年研究的基础性工作之外,还做了一些专题研究。它们以点的突破、个案的深入分析给我们展示了在跨文化视域下中国文化向外部的传播与发展。这是未来的研究路径,亟待后来者不断丰富与开拓。

这个课题由中外学者共同完成。意大利罗马智慧大学的马西尼教授指导中国青年学者王苏娜主编了《20 世纪中国古代文化经典在意大利的传播编年》,法国汉学家何碧玉、安必诺和中国青年学者刘国敏、张明明一起主编了《20 世纪中国古代文化经典在法国的传播编年》。他们的参与对于本项目的完成非常重要。对于这些汉学家的参与,作为丛书的主编,我表示十分的感谢。同时,本丛书也是国内学术界老中青学者合作的结果。北京大学的严绍璗先生是中国文化在域外传播和影响这个学术领域的开拓者,他带领弟子王广生完成了《20 世纪中国古代文化经典在日本的传播编年》;福建师范大学的葛桂录教授是这个项目的重要参与者,他承担了本项目 2 卷的写作——《20 世纪中国古代文学在英国的传播与影响》和《中国古典文学的英国之旅——英国三大汉学家年谱:翟理斯、韦利、霍克思》。正是由于中外学者的合作,老中青学者的合作,这个项目才得以完成,而且展示了中外学术界在这些研究领域中最新的研究成果。

这个课题也是北京外国语大学近年来第一个教育部社科司的重大攻关项目,学校领导高度重视,北京外国语大学的欧洲语言文化学院、亚非学院、阿拉伯语系、中国语言文学学院、哲学社会科学学院、英语学院、法语系等几十位老师参加了这个项目,使得这个项目的语种多达 20 余个。其中一些研究具有开创性,特别是关于中国古代文化在亚洲和东欧一些国家的传播研究,在国内更是首次展开。开创性的研究也就意味着需要不断完善,我希望在今后的一个时期,会有更为全面深入的文稿出现,能够体现出本课题作为学术孵化器的推动作用。

北京外国语大学中国海外汉学研究中心(现在已经更名为"国际中国文化研究院")成立已经 20 年了,从一个人的研究所变成一所大学的重点研究院,它所取得的进步与学校领导的长期支持分不开,也与汉学中心各位同人的精诚合作分不开。一个重大项目的完成,团队的合作是关键,在这里我对参与这个项目的所有学者表示衷心的感谢。20 世纪是动荡的世纪,是历史巨变的世纪,是世界大转机的世纪。

20 世纪初,美国逐步接替英国坐上西方资本主义世界的头把交椅。苏联社会主义制度在20世纪初的胜利和世纪末苏联的解体成为本世纪最重要的事件,并影响了历史进程。目前,世界体系仍由西方主导,西方的话语权成为其资本与意识形态扩张的重要手段,全球化发展、跨国公司在全球更广泛地扩张和组织生产正是这种形势的真实写照。

20世纪后期,中国的崛起无疑是本世纪最重大的事件。中国不仅作为一个政治大国和经济大国跻身于世界舞台,也必将作为文化大国向世界展示自己的丰富性和多样性,展示中国古代文化的智慧。因此,正像中国的崛起必将改变已有的世界政治格局和经济格局一样,中国文化的海外传播,中国古代文化典籍的外译和传播,必将把中国思想和文化带到世界各地,这将从根本上逐渐改变19世纪以来形成的世界文化格局。

20世纪下半叶,随着中国实施改革开放政策和国力增强,西方汉学界加大了对中国典籍的翻译,其翻译的品种、数量都是前所未有的,中国古代文化的影响力进一步增强①。虽然至今我们尚不能将其放在一个学术框架中统一研究与考量,但大势已定,中国文化必将随中国的整体崛起而日益成为具有更大影响的文化,西方文化独霸世界的格局必将被打破。

世界仍在巨变之中,一切尚未清晰,意大利著名经济学家阿锐基从宏观经济与政治的角度对21世纪世界格局的发展做出了略带有悲观色彩的预测。他认为今后世界有三种结局:

第一,旧的中心有可能成功地终止资本主义历史的进程。在过去500多年时间里,资本主义历史的进程是一系列金融扩张。在此过程中,发生了资本主义世界经济制高点上卫士换岗的现象。在当今的金融扩张中,也存在着产生这种结果的倾向。但是,这种倾向被老卫士强大的立国和战争能力抵消了。他们很可能有能力通过武力、计谋或劝说占用积累在新的中心的剩余资本,从而通过组建一个真正全球意义上的世界帝国来结束资本主义历史。

第二,老卫士有可能无力终止资本主义历史的进程,东亚资本有可能渐

---

① 李国庆:《美国对中国古典及当代作品翻译概述》,载朱政惠、崔丕主编《北美中国学的历史与现状》,上海:上海辞书出版社,2013年,第126—141页;[美]张海惠主编《北美中国学:研究概述与文献资源》,北京:中华书局,2010年;[德]马汉茂、[德]汉雅娜、张西平、李雪涛主编《德国汉学:历史、发展、人物与视角》,郑州:大象出版社,2005年。

渐占据体系资本积累过程中的一个制高点。那样的话,资本主义历史将会继续下去,但是情况会跟自建立现代国际制度以来的情况截然不同。资本主义世界经济制高点上的新卫士可能缺少立国和战争能力,在历史上,这种能力始终跟世界经济的市场表层上面的资本主义表层的扩大再生产很有联系。亚当·斯密和布罗代尔认为,一旦失去这种联系,资本主义就不能存活。如果他们的看法是正确的,那么资本主义历史不会像第一种结果那样由于某个机构的有意识行动而被迫终止,而会由于世界市场形成过程中的无意识结果而自动终止。资本主义(那个"反市场"[anti-market])会跟发迹于当代的国家权力一起消亡,市场经济的底层会回到某种无政府主义状态。

最后,用熊彼特的话来说,人类在地狱般的(或天堂般的)后资本主义的世界帝国或后资本主义的世界市场社会里窒息(或享福)前,很可能会在伴随冷战世界秩序的瓦解而出现的不断升级的暴力恐怖(或荣光)中化为灰烬。如果出现这种情况的话,资本主义历史也会自动终止,不过是以永远回到体系混乱状态的方式来实现的。600 年以前,资本主义历史就从这里开始,并且随着每次过渡而在越来越大的范围里获得新生。这将意味着什么?仅仅是资本主义历史的结束,还是整个人类历史的结束? 我们无法说得清楚。①

就此而言,中国文化的世界影响力从根本上是与中国崛起后的世界秩序重塑紧密联系在一起的,是与中国的国家命运联系在一起的。国衰文化衰,国强文化强,千古恒理。20 世纪已经结束,21 世纪刚刚开始,一切尚在进程之中。我们处在"三千年未有之大变局之中",我们期盼一个以传统文化为底蕴的东方大国全面崛起,为多元的世界文化贡献出她的智慧。路曼曼其远矣,吾将上下求索。

张西平

2017 年 6 月 6 日定稿于游心书屋

---

① [意]杰奥瓦尼·阿锐基:《漫长的 20 世纪——金钱、权力与我们社会的根源》,姚乃强等译,南京:江苏人民出版社,2001 年,第 418—419 页。

目 录

前　言

一

严绍璗先生在谈到中国文化在域外的传播时,对这个领域的历史及学术意义做了高度的概括,他说:"中国文化向世界的传递,历史古远、区域宽广,曾经在亚欧广袤的区域引发了程度不等的对'中华文化'的憧憬、热忱和思考,在文化学术史上被称为'汉学'的'学问'由此而诞生……无论是在'汉学时代'还是进入了'中国学时代',就这一学问涉及的地域之广阔,历史之悠久,积累的智慧与资料的丰厚,从哲学人文社会科学的立场上考察,它始终是一门与世界文明密切相关联的'大学问',它的生成和发展,始终表明了中国文化所具有的世界的历史性价值和意义。"①

对中国古代文化经典在西方的传播和影响的研究,近年来渐成学术热点,越来越多的青年学者开始关注这个学术领域、投身这个学术领域,一个长期冷僻的学术领域开始受到重视。回顾学术发展的历程,这个领域的逐步拓展,并日益扩大是从比较文学研究、海外汉学研究和中外文化交流史研究这几个方面展开的。

这个研究领域早在民国期间就已经被学者所关注。陈铨先生1934年写下的

---

① 严绍璗:《国际中国文化研究年鉴》序,北京:外语教学与研究出版社,2013年。

《中德文学研究》①,首次全面系统地梳理研究了中国纯文学对德国文学的影响,范存忠先生的《中国文化在启蒙时期的英国》、钱钟书先生在牛津的学位论文《十七、十八世纪英国文学里的中国》(*China in the English Literature of the Seventeenth and Eighteenth Centuries*)全面介绍了中国文化在英国的传播与接受。朱谦之先生的《中国思想对欧洲文化之影响》②,从历史和哲学角度在更为广阔的空间对中国文化在欧洲的传播和影响做了历史和哲学的研究。

　　1932年朱滋萃所翻译的日本学者石田幹之助的《欧人之汉学研究》、莫东寅的《汉学发达史》③则开启民国期间中国学术界对西方汉学的系统研究。这种对西方汉学学术史的研究也是清末民初中国学术从传统的经学研究转向用西方学术体系重塑中国学术的一个必然之要求。在民国期间,西方汉学与中国近代学术的前贤大师们的互动已经非常频繁④。师从葛兰言的杨堃回到国内已经展开社会学的研究⑤,而远赴美国读书的哈佛燕京学社的首批中国留学生已经在那里崭露头角。中国学者已经开始用英文在西方汉学刊物上发表文章,陈焕章的《孔门理财学》被中国经济史专家胡寄窗认为是"中国学者在西方刊行的第一部中国经济思想史名著,也是国人在西方刊行的各种经济科学论著中的最早一部"⑥。此

---

① 《中德文学研究》是陈铨1934年在德国克尔大学撰写的文学博士论文。陈铨于1934年2月回国之后,把博士论文译成中文,于1934—1935年在武汉大学的《文哲季刊》上分4期连载完毕,题名为《中国纯文学对德国文学的影响》(台湾学生书局1971年再版),1936年由上海商务印书馆出版时改名为《中德文学研究》(辽宁教育出版社曾于1997年再版)。

② 朱谦之此书1940年由商务印书馆出版,1977年、1999年河北人民出版社再版,2002年编入《朱谦之文集》之中。

③ 《汉学发达史》2006年由北京外国语大学中国海外汉学研究中心重新组织在大象出版社出版,李学勤先生为书写序,"序"中说:"《汉学发达史》成为我走入汉学世界的向导。书的末了附有'参考书举要',我选择其中属于汉学史性质的几种,按照出版次序,从图书馆找来阅读。这些书其实都是日文的,包括1932年的石田幹之助《欧人的中国研究》、1933年的後藤文雄《中国文化与中国学的起源》(我还读过他的《中国文化西渐欧洲》)、1939年的W.Barthold《欧洲特别是俄罗斯的东方研究史》(日译本)、1940年的青木富太郎《东洋学的成立及其发展》、1942年的石田幹之助《欧美的中国研究》。与《汉学发达史》对照,才了解莫东寅先生是以《欧美的中国研究》为主,将上述各书内容融会贯通,并且参用了张星烺先生《中西交通史料汇编》的材料。作为国内首创,这本书功不可没……"

④ 参阅桑兵:《国学与汉学——近代中外学界交往录》,杭州:浙江人民出版社,1999年。

⑤ 杨堃:《葛兰言研究导论》。

⑥ 胡寄窗:《中国近代经济思想史大纲》,北京:中国社会科学出版社,1984年,第476页。

间德国在北京的汉学家有几十人之多①，著名汉学杂志《华裔学志》在北京诞生，主编是中国著名史学家陈垣先生。清华国学院的导师们对西方汉学已经十分熟悉②，陈寅恪先生应英国牛津大学邀请担任汉学系教授，因眼疾而未成行。在这样的文化交融之下，对汉学历史的研究是必然的。

就中外文化交流史的研究而言，民国初年在《岭南学报》上发表的谢扶雅的《来布尼兹与东西文化》、陈受颐的《鲁宾孙的中国文化观》《〈好逑传〉之最早的欧译》《十八世纪欧洲之中国园林》等论文从中欧文化关系研究的方向，加深了对这一领域的研究③。方豪先生进一步开拓耶稣会来华研究的范围，成果引学界关注，其中来华耶稣会所开启的"中学西传"自然在其研究之中，他所写下的《中国古代文化经籍西传欧洲史》则是较早研究这一方向的学术论文④。

中华人民共和国成立后，这一研究领域长期处于停滞状态，直到改革开放以后，中国文化在世界各国的传播与影响才开始逐渐受到学界的关注。李学勤先生认为国内学术界对域外汉学的研究，经历了三个阶段，即"先行阶段""翻译介绍阶段""新世纪阶段"。任大援先生将这三个阶段具体划分为：

第一阶段，汉学(中国学)研究的先行阶段，开始于 1975 年，下迄 1987 年。

第二阶段，汉学研究的翻译介绍与研究阶段。本文以 1987 年由王庆成、虞和平主编的"中国近代史研究译丛"，1988 年刘东主编的"海外中国研究丛书"(江苏人民出版社出版)为标志，下迄 2001 年教育部、国家汉办、大象出版社、北外海外汉学中心等单位主办的"世界著名大学汉学系(所)主任(汉学家)国际学术研

---

① 参阅[德]马汉茂、[德]汉雅娜、张西平、李雪涛主编：《德国汉学：历史、发展、人物与视角》，郑州：大象出版社，2005 年 11 月；李雪涛：《日耳曼学术谱系中的汉学：德国汉学之研究》，北京：外语教学与研究出版社，2008 年。

② 陈来认为中国近代学术的发展，尤其国学的发展已经和过去形态不同，陈来将其称为"汉学之国学"，"汉学与国学正互相渗透与交叉"。对于"中国"这样一个学术对象，注定可以有"外部研究"和"内部研究"这样两种天成的视角；汉学是 western scholarship on China，是研究中国的西学，归根到底还是一个西学；国学与汉学之间，是相互依托、彼此交融和共同滋养的。"汉学之国学"说，认为汉学化的国学就是世界化的，就是跟世界学术的研究接轨、合流的一个新的国学研究。厘清自身的"身份"，从纷繁的头绪中廓清国学面目，构成国学、汉学之辨的主题。国学的这种自觉也是在经历了多年所谓的国学热之后对自身身份的观照。

③ 参阅方豪的第一本书《中国天主教史论丛》(胡适题词)，上海：商务印书馆，1947 年。

④ 参阅李孝迁：《域外汉学与中国现代史学》，上海：上海古籍出版社，2014 年；李孝迁编校：《近代中国域外汉学评论萃编》，上海：上海古籍出版社，2014 年。

讨会"召开之前。

汉学(中国学)发展的第三阶段,我们将其时段定在新世纪。从2001年"世界著名大学汉学系(所)主任(汉学家)国际学术研讨会"开始。这种划分虽然是这一领域三十年来学术发展的内在逻辑表达,但"新世纪"这一时间条件也是重要的考虑因素。这一阶段,我们将其视为"会通"与"超胜"的阶段。此阶段,汉学(中国学)的研究成果和研究深度都大大加强了①。

学者开始在汉学(中国学)研究、比较文学研究、历史研究,特别是中外文化交流史几个领域接续民国研究的学术传统,重启中国文化的世界影响这一重大学术方向。

在比较文学研究领域,季羡林先生主编的"中学西传丛书",乐黛云先生编辑出版的《北美中国古典文学研究名家十年文选》(1996年),花城出版社的《中国文学在国外》(1990年),人民出版社的"中学西渐丛书"(2006年),钱林森主编了宁夏人民出版社的"跨文化丛书"(2004年)和上海书店的"走进中国文化译丛"(2006年),严绍璗主编的"北大比较文学丛书",孟华出版了《伏尔泰与孔子》,吴泽霖出版了《托尔斯泰与中国古典文化思想》等,三十年来沿着这样的思路,先后出版了一批重要的学术著作②。这些著作和译著主要侧重影响史研究,从各国对中国文化接受的角度展开学术的叙述,并由此开辟西方思想文化形成中的中国因素研究,大大扩展了传统的西方文学和文化的研究范围,展现了比较文学与跨文化研究的新的学术魅力。

由谢方先生主编的"中外关系史名著译丛",则是中外关系史研究领域最重要的成果,任继愈先生所主编的《国际汉学》,经北外海外汉学研究中心二十余年的经营,已经成为研究海外汉学史的最重要学术丛书。中华书局和大象出版社的这两套书的价值都在于立足于历史,梳理西方认识中国的历史进程中的那些基本著作,这些著作的翻译奠定了中国学术界中外文化交流史和西方汉学史研究的基础。这两套书与侧重当代西方中国学译著的江苏人民出版社出版的"海外中国学

---

① 任大援:《汲古得修绠　开源引万流:关于新时期汉学的回顾与思考》,载李雪涛、柳若梅、顾钧编:《跨越东西方的思考:世界语境下的中国文化研究》,北京:外语教学与研究出版社,2010年。

② 杨武能:《歌德与中国》,北京:生活·读书·新知三联书店,1991年;[德]赫尔曼·黑塞著,谢莹莹译:《黑塞之中国》,北京:人民文学出版社,2011年。

术丛书"形成两个不同的视角和维度,从而为学术界展示了历史与当代西方汉学(中国学)的基本面貌。①

历史方面还有著名的《剑桥中国史》的翻译出版,影响巨大;王庆成、虞和平主编的"中国近代史研究译丛"(1988 年)、刘东主编的"海外中国研究丛书"(江苏人民出版社)、"海外汉学丛书"(上海古籍出版社,1989 年)、《日本学者研究中国史论著选译》(中华书局,1992 年)、《西域探险考察大系》(新疆人民出版社,1992 年)、"法国西域敦煌学名著译丛"(中华书局,1993 年)、"西域游历丛书"(广西师范大学出版社,2000 年)、"国家清史编纂委员会·编译丛刊"在不同的出版社出版,中国社会科学出版社出版的《剑桥中国史》(2007 年)和生活·读书·新知三联书店出版的《剑桥中国文学史》。

这些海外中国历史研究的译丛,极大地开拓出中国历史研究的空间,尤其是《剑桥中国史》在业内产生很大的学术影响。

在汉学史出版方面成绩十分突出,有"当代汉学家论著译丛"(辽宁教育出版社,1997 年)、"海外中国学研究系列"(上海三联书店,1997 年)、"认识中国系列丛书"(国际文化出版社,1998 年)、"西方人眼中的中国名著译丛"(光明日报出版社,1998 年)、"西方视野里的中国形象译丛"(时事出版社,1998 年)、"外国学者笔下的传统中国丛书"(浙江人民出版社,1999 年)、"发现中国丛书"(中央编译出版社,1999 年)、"日本人眼中的近代中国"(光明日报出版社,1999 年)、"大航海时代丛书"(东方出版社,2000 年)、"外国人眼中的中国 8 种"(吉林摄影出版社,2000 年)、"西域游历丛书"(广西师范大学出版社,2000 年)、"西方发现中国丛书"(山东画报出版社,2002 年)、"喜玛拉雅学术文库·阅读中国系列"(社会科学文献出版社,2002 年)、"史景迁中国研究系列"(上海远东出版社,2005 年)、"日本中国学文萃丛书"(中华书局,2005 年)、阎存德和吴志良主编的"列国

---

① 在西方汉学(中国学)的翻译上,立足基础文献翻译和立足当代最新研究著作的翻译,这两个视角形成互补。这显然比那些从二手材料编辑文献著作的做法要扎实得多。参阅《国际汉学》第二十三辑(大象出版社)中笔者论文《在世界范围内梳理中国文化外传的历程》,文中详细介绍了北京外国语大学中国海外汉学研究中心版西方汉学经典译丛的学术意义。

汉学史书系"(学苑出版社,2007年)、朱政惠主编的"海外中国学史研究丛书"
等①。这些丛书和著作的先后问世,大大加深了我们对各国汉学史的了解,大大
加深了我们对中国古代文化在世界传播深度的认识。

实际上对西方汉学名著的翻译已经不仅仅为研究西方汉学史的学者所关注,
这些著作更成为新时期更新学术观念和史料进展的重要推进器,这里只要提一下
夏志清的《中国现代小说史》一书的翻译对当代中国文学史研究的影响和耿昇先
生的法国汉学名著的系列翻译出版对学术界西域研究、西藏研究的影响就可以看
到,西方汉学名著翻译出版与当代中国学术进展之间已经形成了一种交错的复杂
关系,这些著作已经成为近三十年来中国学术发生内在变化的重要原因之一。

长期以来以研究西学东渐为主的中国翻译史领域,开始出现了一些研究中学
西传、中国古代文化典籍西译的专著,这是令人高兴的事。这是翻译史研究在近
十年来所取得的重要成果②。

以上这些成果和学术进展使我们对中国文化在世界范围传播的历史及其学
术影响和学术意义有了更为具体的认识。同时,在对这个研究领域的自我认识和
学术理解上也达到了新的高度。

严绍璗先生对近三十年来中国学术界的域外汉学研究做了十分完整的分析
与总结,他认为对海外汉学(中国学)的基本学术定位应是"就其学术研究的客体
对象而言,则是中国的人文学术,诸如文学、语言、历史、哲学、艺术、法律、宗教、考
古等等,实际上,这一学术研究本身就是中国人文学科在域外的延伸。所以,从这
样的意义上说,'Sinology'(汉学)的学术,即这一学术的本身,它的研究和它的成
果,自然都可以而且也应该归入中国的人文学术的相应学科之中"③。这说明了,
域外的汉学是中国文化在世界各国学术中的一个部分,它的存在扩展了中国文化

① 任大援:《汲古得修绠　开源引万流:关于新时期汉学的回顾与思考》,载李雪涛、柳若梅、顾钧编:
　　《跨越东西方的思考:世界语境下的中国文化研究》,北京:外语教学与研究出版社,2010年,第16
　　页。
② 李明滨:《近代以来外国对中国文化典籍的翻译与研究》(上、下篇),《华侨大学学报》(哲学社会
　　科学版),1998年;王宏印:《中国传统译论研究与翻译学建设十大问题》,《民族翻译》第1期,
　　2008年;王宏印:《中国文化典籍翻译:概念、理论与技巧》,《大连外语学院学报》第1期,2001年;
　　王宁:《"世界文学":从乌托邦想象到审美现实》,《探索与争鸣》第7期,2010年;刘立胜、廖志勤:
　　《国学典籍翻译主体选择与译者能力培养研究》,《当代外语研究》第10期,2011年。
③ 严绍璗:《日本中国学史稿》,北京:学苑出版社,2009年,第556页。

研究的范围,由此,对中国文化的研究成为一个世界性的学问。

就对域外汉学(中国学)展开研究的内容而言,严先生讲了四点:

"第一层面的内容,则需要掌握中国文化向域外传递的基本轨迹和方式。文化的传递可以有多种方式,其中,有人种的、典籍的、宗教的方式,以至现代有电子传媒……

"第二层面的内容,则需要掌握中国文化在传入对象国之后,于对象国文化语境中的存在状态——对象国文化对中国文化的容纳、排斥和变异的状态……

"第三层面的内容,则需要探讨世界各国(对具体的学者来说,当然是特定的对象国)在历史的进程中在不同的政治、经济和文化条件中形成的'中国观念'……

"第四层面的内容,则需要研究和掌握各国'Sinology'中在它自身发展中形成的各种学术流派,并由此而研究并掌握各个国家的'Sinology'的学术谱系。"①

严先生这四点完整地概括了展开域外汉学(中国学)学术研究的几个主要方面,这个概括不仅厘清了国学与汉学的关系,同时,也从知识与跨文化的角度说明汉学在世界各国的发展过程中存在的不同形态与特点,从而纠正了那种单一套用后现代理论解释西方汉学的知识特征和思想文化特征的混乱倾向。

任大援在总结三十年的海外汉学研究时说:"这种回顾,可以使我们看到三十年来的成绩,也看到今后任重道远。展望今后的任务,我们想用以下 16 个字概括,即'整合成果、建立学科、培养人才、合作攻关'。"②这是一个远大的设想,三十年来中国学术界对域外汉学研究取得了突飞猛进的发展,取得了令人瞩目的学术成就。正是三十年来对域外汉学(中国学)研究的成果构成本书的出发点。

二

本书就是沿着严绍璗先生的思路展开的一个尝试,只是将其重点放在"中国文化向域外传递的基本轨迹和方式"这个层面。在研究内容上因课题所致,本书将集中在中国古代文化经典的翻译研究上,因笔者知识和能力所限,只能限定在

---

① 严绍璗:《日本中国学史稿》,北京:学苑出版社,2009 年,第 561~562 页。
② 任大援:《汲古得修绠　开源引万流:关于新时期汉学的回顾与思考》,载李雪涛、柳若梅、顾钧编:《跨越东西方的思考:世界语境下的中国文化研究》,北京:外语教学与研究出版社,2010 年。

中国古代文化典籍在西方的传播这个范围内。

要按照这个确定的内容和范围展开研究,笔者所面临的第一个问题就是史学方法问题。海外汉学(中国学)是一个涉及中国学术各个学科的研究领域,"准确地说,海外中国学属于多学科汇集的学科群,只要是海外中国学的研究,都可以包容在内,政治学、经济学、军事学、法学、伦理学、哲学、教育学、历史学、文学、文献学、地理学、生态学、国际关系学,如此等等。而事实上对海外中国学的研究,是由各分支学科落实推进的。各学科按照自己学科建设的路子深入研究之"①。无论从哪个具体学科出发展开研究,历史学是其研究的基础,我们在展开中国古典文献在西方的传播历史研究时,也必须遵循历史学的基本方法。这种历史方法就是李学勤先生所说的学术史的研究方法。"现代社会的学科分得很细,每一门学科都有相应的历史研究,比如哲学有哲学史,数学有数学史,都是独立的学科分支。汉学这个学科也应该有对应的研究,这就是汉学史,或者叫做国际汉学研究。""我认为研究国际汉学,应当采用学术史研究的理论和方法,最重要的是将汉学的递嬗演变放在社会与思想的历史背景中去考察。和其他种种学科一样,汉学也受着各时代思潮的推动、制约,不了解这些思潮的性质及其产生的社会原因,便无法充分认识汉学不同流派的特点和意义。尤其要注意,汉学家的思想观点常与哲学、社会学、文化人类学等学科存在密切的联系。因此,即使是研究一位汉学家,甚至他的一种论著,也需要广博的知识和深入的分析。"②

从学术史的角度研究中国古代文化经典在西方的传播与发展,这是本书的基本做法。当下学术界在研究中国典籍西译的个案性方面,已经有不少好的著作,但贯通性的研究,目前学术界尚无先例。笔者认为,尽管本书的研究主题是20世纪中国古代文化经典在域外,主要是在西方的传播,但由于中国古代文化经典从西方汉学诞生之时就已经开始传向西方,对中国文化经典的翻译是历代汉学家极其重视的工作,这样,笔者在以20世纪为研究重点的基础上,也将研究的视域扩展到19世纪,因为,只有在这样一个连贯的历史脉络中才能从整体上把握住中国

---

① 朱政惠:《关于史学史研究和海外中国学研究的若干问题》,《探索与争鸣》2007年第1期。
② 李学勤:《国际汉学著作提要》序,南昌:江西教育出版社,1996年。

古代文化经典在西方传播的历史与规律①。

由此,本书实则是以中国古代文化经典之西译为内核,从一个侧面梳理近两百年西方汉学的历史沿革的尝试。如果从"以求其时间之递嬗,空间之联系为原则者,是之为通史"的原则来看,在一定意义上本书是一个中国古代文化经典在西方传播的通史性著作,当然这只能是一部导论性的通史性著作。通史写作其贵在"不仅详人所略,异人所同,重人所轻,忽人所谨而已。又当略人所详,同人所异,轻人所重,谨人所忽,不在事迹之详备,而在脉络之贯通,不在事事求其分析,而在大体之求其综合,所谓成一家之言,固非必要,而通古今之变,则为必具之要义"②。这就是说,贯通与脉络是写通史最为重要的。中国史学向来有通史、断史两种范式,但通常以治通史为圭臬。何谓通史?自有不同理解。严耕望先生用方以智的话,提出"圆而神",深为学术界所赞赏。"圆而神"就是在纵方向上要有一个贯通的体系和一以贯之的精神。作为一部导论,笔者并不奢求能做到这一点,但会努力去做。

一人难有学贯天人、事总古今之本领,这是所有写通史人之难,在这个意义上,本书也只能是一个导论性的著作,力求贯通中国古代文化经典在西方翻译传播的各个时代,在中西文化交流的漫长历史中通古今之变,从这两百年的长时段的梳理中,笔者努力概括出了西方汉学界翻译中国古代经典的基本规律与特点,说明在西方汉学的发展史中,汉学家们展开中国古代文化经典翻译时,随着时代变迁而发生的变化的基本特点。贯通且厘清脉络、概略而彰明意义,这是这本导论在写作中的基本原则。

为使全书保持一种"通古今之变"的追求,而又不失深入研究,笔者采取了在时段上按照通史写法,从19世纪到20世纪,递次推进写作。但同时,在每一个时段的具体展开上采取个案突破的方法,每个时段都从人物—机构—著作(刊物)这样三个角度,展开较为深入的研究,努力将重点和一般相结合,将通史和专史相结合,将宏观和微观相结合。例如,在19世纪上半叶,人物我选择了"马礼逊",机构我选择了"法兰西学院汉学系",刊物我选择了《中国丛报》;19世纪下半叶,人

---

① 关于16—18世纪中国古代文化经典在西方的传播,请看拙著《儒学西传欧洲研究导论:16—18世纪中学西传的轨迹与影响》,北京:北京大学出版社,2016年。

② 金毓黻:《中国史学史》,北京:商务印书馆,1991年,第390页。

物我选择了"理雅各",机构我选择了"来华东正教使团",刊物我选择了《中国评论》;20世纪上半叶,人物我选择了"卫礼贤",机构我选择了"哈佛燕京学社",刊物我选择了《天下》杂志;20世纪下半叶,人物我选择了"许渊冲",机构我选择了"国家外文局",刊物我选择了《华裔学志》。

这样,每个时代都有个案研究,三类个案大体可以反映出时代之变迁与汉学之发展。在不同个案的研究综合中彰显出一个时代汉学发展、经典西译之特征。通过每一章中的总体学术之综述,又使这些个案研究有一种内在的学术联系,从而看出历史之跳动,学问之演进。

除这种体系上的考虑外,如何处理西方汉学研究的内容也是一个大问题。本书的主题是中国古代文化经典在西方的传播,这样在以上的体系构架中,无论是在人物还是机构和刊物的研究中,笔者都集中在西人对中国古代文化经典的翻译和研究这个主题上。

近代以来西方汉学成果引起国内学者之关注,源于西人治中国学问大都是从中外关系史出发,在"四裔之学"中找到新材料,发国人从未发。而"四裔之学"其实是虏学,不是中国学问之正宗。傅斯年先生曾说:"请看西洋人治中国史,最注意的是汉籍中的中外关系,经几部成经典的旅行记,其所发明者也多在这些'半汉'的事情上。我们承认这些工作之大重要性,我们深信这些工作成就之后,中国史的视影要改动的。不过同时我们也觉得中国史之重要问题更有些'全汉'的,而这些问题更大更多,更是建造中国史学知识之骨架。中国学人易于在这些问题上启发,而把这些问题推阐出巨重的结果来,又是中国学人用其凭借较易于办到的。"①傅斯年说得有道理,不过随着新一代汉学家的成长,欧洲的汉学家在做"四裔之学"的同时,也开始进入中国学问本身,桑兵将这种转变概括为三条:"一、对中国文献的理解力提高,重视程度加强,中外资料会通比勘。二、与中国学者的联系交往增多。三、开始研究纯粹中国问题。"②

这里的纯粹中国问题,不仅仅是关于中国的历史,更重要的是关于中国文明的精神内核。其实这个问题从传教士汉学时期就一直是其研究的重点。傅斯年

---

① 欧阳哲生主编:《傅斯年全集》第3卷,长沙:湖南教育出版社,2003年,第235页。原载1934年《国立中央研究院历史语言研究所中国考古报告集》。
② 桑兵:《国学与汉学——近代中外学界交往录》,杭州:浙江人民出版社,1999年,第4页。

所看到的以"四裔之学"为其重点的西方汉学只是其发展的一个片段,桑兵所说的从四裔学问到本土学问的转变也只是一部分汉学家的学术历程。西方汉学有着极为丰富的内容与形态。这两种概括都有一定道理,但无法全面揭示出西方汉学演进发展的内在特点。

如果我们对西方汉学做长期的研究,就会发现,对中国经学典籍的翻译,是他们几代人一直关注的重点,对中国文化精神特征的研究始终贯穿于西方汉学的全部发展历史之中。中国对西方来说,不仅仅是一种知识上巨大的挑战,同时也是文化上一个重大挑战,按照当代法国汉学家谢和耐先生的话,中华文明是独立于基督教文明外发展最为成熟的一个文明体系。试图了解中国文化的精神内核,试图说明中国文化的价值体系的独有特点,试图说清基督教文明与中华文明之间的高低差异,这三个问题一直是几代西方汉学家所关注的重大问题。在这个意义上,本书所确立的以中国古代文化经典的西译历史为研究重点,大体抓住了西方汉学的心魂所在。这样一种学术探索,过去做的不多,困难较大。笔者试图在上面所讲的构架体系内做一尝试,虽不能全面展开中国古代文化经典西译的整个历史过程,但会努力将脉络和核心抓住。

陈寅恪先生说:"一时代之学术,必有其新材料与新问题。取用此材料,以研求问题,则为此时代学术之新潮流。治学之士,得预于此潮流者,谓之预流。其未得预者,谓之未入流。此古今学术史之通义,非彼闭门造车之徒,所能同喻者也。"对于西方汉学史的研究来说,这是一个十分重要的治学原则。近十余年来,不少青年学者进入这个领域,凭借着语言能力的优势,大大推进了对国际汉学史的研究。但相对于已经有四百年历史的西方汉学来说,我们所掌握的知识还只是刚刚开始。只要回首读一下改革开放初期那些关于西方汉学国别史的著作,我们就会深切体会到这一点,这些当年曾引起学界兴趣和关注的著作,今日看起来竟如此单薄,乃至谬误连篇。西方汉学研究是一个亟待开拓的崭新领域,由此可见一斑。因此,在这个领域,新材料的发现是十分重要的,新文献的披露始终是重要的。

鉴于这样的思考,本书在写作中将新材料的发现作为写作的重要原则。在我和朋友们的努力下,本书在"历史编"各章中提供了一些学术界尚不知道的新文献、新材料。例如,在19世纪一章的研究中,文中首次公布了马礼逊所翻译的《大学》、雷慕沙所写下的《评马士曼所译〈论语〉》《评儒莲所译〈孟子〉》及他的《译四书小引》(即雷慕沙译《中庸》前言)。这些都是研究 19 世纪中国文化经典西译的基础性文献。在 20 世纪上半叶一章,我们披露了卫礼贤(Richard Wilhelm,1873—1930)为其所翻译的《易经》写下的"前言",学术价值很高。

　　尽管本书的研究也是在学界研究的基础上展开的,并非篇篇崭新,但笔者力图在每一章的写作中从原始文献出发,从一手材料出发。作为学术史研究,史料是基础,在这点上我仍信奉傅斯年先生 1928 年发表的《历史语言研究所工作之旨趣》中所说的"历史学和语言学在欧洲都是很近才发达的。历史学不是著史:著史每多多少少带点古世中世的意味,且每取伦理家的手段,作文章家的本事。近代的历史学只是史料学,利用自然科学供给我们的一切工具,整理一切可逢着的史料,所以近代史学所达到的范域,自地质学以至目下新闻纸,而史学外的达尔文论正是历史方法之大成"①。这种方法,在近年来的海外汉学史的研究中,严绍璗先生将其称为"原点实证法"。沿着这样的思路,力争章章有新意、有突破,这是作者写作本书的一个追求。

　　四百年来,尤其 19 世纪、20 世纪以来,西方汉学界对中国古代文化经典的翻译大踏步地向前发展,翻译的内容几乎涉及中国古代文化的方方面面,翻译的语种几乎涉及欧美各国的语言。同时,这种翻译的进展,在西方不同国家又呈现出不同的特点。笔者尚无这样的语言能力,能遍览欧美各国语言的汉籍西译著作,也没有这样的学术能力能概览包括中国历史、中国文学、中国哲学在内的中国古代文化经典的所有译本。实际上这对任何人来说都是极为困难的。面对语言形态丰富的欧美汉学,个人的力量是有限的。这就是在学术上把握中国古代文化时,从外部世界研究中国文化和从内部研究中国文化的最大不同之点,也是从事海外汉学研究之困难所在。笔者只能尽力在英语、法语、德语和拉丁语这四种语言的范围展开研究,同时这种研究的进展也是在多位朋友的帮助之下逐步展开的。

　　由于书中所披露的多种语言的文献十分珍贵,多为首次在学术界公布,为便于读者掌握和使用,笔者特在一些章节后附录中一一将这些多语种的文献译文收录其中,以惠学界。

---

① 欧阳哲生主编:《傅斯年全集》第 3 卷,长沙:湖南教育出版社,2003 年,第 3 页。

三

本书分为三编,即"历史编""理论编""文献编"。这样的布局是因为"历史编"重在梳理汉学发展之谱系,梳理西人翻译中国历史文化经典之历史承接与传统。在笔者看来仅仅梳理历史是远远不够的,历史充满了智慧和谬误,需要理论来辨析。一方面,面对浩瀚的西方汉学文献和两百年的悠久学术历史,任何一个人物、任何一本著作的研究足以淹没一个学者的一生。如果没有一种理论自觉,就会陷入其中,而不可自拔,成为史料的奴隶。另一方面,域外汉学史的研究是一个崭新的学术领域,由于学者都是在自己专业和语言的限制下展开研究,至今,学界尚无一本概括海外汉学研究的方法和理论的著作。这样,作者就面临一种理论创新,否则无法将全书贯穿为一个整体。严绍璗先生曾将他的研究方法概括为三点:"文化语境观念""学术史观念"和"文本的原典性观念"[1],这三点都是基于比较文学与跨文化的立场上展开的。朱政惠在谈到他治海外中国学的方法时说:"我们所强调的海外中国学研究,主要背靠史学理论与史学史学科,在这样的学科背景下发展壮大。由此,我们又把它称为史学理论与史学史研究的分支。我们所强调的研究对象,是海外对中国历史和史学的研究,是海外的中国历史研究专家、海外的中国历史著作、海外学者的中国观,以及他们的史学理论、史学方法、史学机构等。我们所强调的研究任务,是对海外学者对中国历史和中国史学研究进程的探讨和总结,研究其特点和规律,引出有益于中国史学发展的经验和教训。我们的方法,基本是国内史学研究工作者常用的方法。这样,我们所谓的对海外中国学的研究,与国内学者对本国史学的研究,没有本质的区别,其研究对象、研究任务、研究方法是一致的;所不同的是,一个研究国内的史学现象,一个研究海外对中国史学的研究现象。"[2]这是一种史学史的方法与理论。

在"历史编"中,笔者主要汲取了李学勤所提出的学术史的方法和朱政惠的史学史方法。这点上面已经说明。

在"理论编"主要是汲取了比较文学与跨文化的研究方法和理论,严绍璗先

---

① 　严绍璗:《提升国际中国学研究的三个层面的思考》,载李雪涛、柳若梅、顾钧编:《跨越东西方的思考:世界语境下的中国文化研究》,北京:外语教学与研究出版社,2010 年,第 10 页。

② 　朱政惠:《关于史学史研究和海外中国学研究的若干问题》,《探索与争鸣》2007 年第 1 期。

生上面所讲的三点,以及乐黛云、孟华、谢天振等先生的研究成果。研究中国古代文化经典西译,翻译研究自然是其重点。笔者发现目前中国学术界的翻译理论研究大都是集中在"外译中"的方向,所用的理论方法大都是使用西方翻译理论。"西学东渐",中国近代翻译史是学者关注的中心。

　　本书的重点正好与翻译界的关注点相反,本书是以研究"中译外"为主,由于中文本身所具有的特点,由于中国文化和西方文化所处的不同文化位势,使"外译中"和"中译外"呈现出不同的翻译形态与特点。很欣慰,近一两年来,学者开始关注"中译外"的理论与实践,特别是莫言获诺贝尔文学奖之后。这也更凸显出在"中译外"的理论研究上亟待加强。

　　笔者在第六章"中国文化经典西传的翻译研究"中,从跨文化的角度讨论了翻译的若干理论问题。在开篇笔者就指出:

　　　　研究中国古代经典在域外的传播,翻译是我们必须关注的重要问题之一。翻译是文化之间传播与交流的途径,人类走出自己的文化圈,睁眼看世界首先就是通过翻译来完成的。翻译通过语言之间的转换完成了文化之间的理解与转换,因此,翻译并不仅仅是一个语言问题,它本质上是一个文化问题。没有对《圣经》的一系列翻译,就没有罗马帝国文化的统一和欧洲思想的基础;没有对佛经几百年的翻译,中国就不可能有儒学发展的新阶段——宋明理学。翻译与文化的关系由此可见一斑。因此,这里讨论的不是关于中国典籍西译的技术性问题,而是讨论翻译中的文化问题。

　　　　文化自身的变迁和发展依赖于文化之间的交流和翻译,文化的传播与扩展也同样依赖于翻译,翻译使文化走出单一的文化圈,展示自己的文化魅力。

　　　　在人类的翻译历史中有两种翻译实践活动:一种是将外部文化译入本土文化之中,我们称之为"译入"。另一种是将本土文化译入外部文化之中,我们称之为"译出"。几乎每一种大的有影响的文化都会面临这两方面的问题。对中国文化的发展来说,这就是"外译中"和"中译外"的问题,是文化的接受与文化的输出问题。前者说的是将外部世界的文化经典翻译成中文,后者说的是将中国古代文化经典翻译成外文。

　　　　这里所指的译入和译出是指翻译活动中两种完全不同指向的翻译活动。所谓译入指的是将外部文化翻译成母语介绍到本国文化之中,所谓的译出指的是将母语文化的经典翻译成目的语传播到域外国家。

　　这两种不同指向的翻译活动实际上是国家之间文化交流在翻译上的表现。每一个国家的文化发展历史上都有文化的交流,都存在翻译,自然也都有译入和译出的问题。鉴于本书的主题,我们是站在中国文化本位立场上来讨论这个问题的,因此我们这里只讨论将中国文化翻译传播到域外文化之中的现象。

　　由此,在这一章,笔者分别从"'外译中'和'中译外'"与"译者主体研究"、"传教士汉学家的中国经典外译研究"与"译者主体研究"、"西方专业汉学家的中国经典外译研究"与"译者主体研究",以及"一种批评的中国学"等几个方面探讨中国古代文化经典在西译过程中所面临的一些重要理论问题。

　　对于在学术理论上的论争,笔者并未回避,而是直面理论的分歧,展开自己的理论。关于译者主体问题,笔者认为中国古代文化经典的西译,主要应以西方汉学家为主,中国学者做部分辅助性工作,这是跨文化的特质所决定的。对于当下那种力主中国古代文化典籍应由中国人来翻译的观点和实践,作者做了自己的理论分析和回应。

　　如何看待后殖民主义的理论,在何种程度上将赛义德的东方学理论引入域外汉学研究领域,这是涉及如何进行西方汉学史研究的大问题。对于所谓的"汉学主义"观点,笔者给予了全面的回应。迷信西方的理论,将西方的理论套入中国问题的研究之中,这几乎成为改革开放以来人文学术界的一种潮流。"城头变幻大王旗",三五年一个理论,一两年一个观点,搞得人们花了眼。学术的自觉在于立足本土文化资源,理性地吸取外部理论与方法,而不是随西方理论而舞。对于西方汉学史研究亦是如此。

　　笔者在书中所做的探索只是微小的一步,在书中所表达的探索与表达的困惑几乎是一样多。实际上我们面临着一个崭新的学术领域,在世界范围展开中国文化的研究,已经不再仅仅是一个知识论的问题。空间已经扩展到全球,这是走出单一文化体系后所产生的新的张力和裂变;思想已经不再属于狭小的地域,文化的交融与影响已经难分你我,这是一个交错的文化史,其复杂性要比单一的内部视角丰富得多。这是一个内外交错,中西混合,自主性与外在性解释相互砥砺的丰富学术空间。由此,面对这样的学术空间,以往的理论都显得苍白和软弱。以往的学说都不足以解释中国文化在复杂丰富的世界各国文化中传播所产生的变异而形成的多彩的文化形态，无论是19世纪以西方实证主义为基础的学术理论，还是20世纪以西方后现代主义为基础的各类后现代理论，或者固守本土知识与方法的各种新保守主义的理论，都有所取，也都有所弱。

这是中国文化在国际范围内展开后，对已有的西方主导的各类人文学术理论的一个挑战，是对那种仅仅局限在本土文化知识中，希望推进中国文化的再生和重建，而不知中国文化已在世界展开的多彩与复杂的各类理论与学说的一个挑战。严绍璗先生说得十分精彩，他说："'国际中国学'集中研究与阐述我国人文学术的世界性智慧，它是我国人文学术走向世界之林的不可或缺的重大资源库……只要研究者放出眼光，深化学术视野，凝聚自己的智慧，保持学术的操守，唯学术自重，则我们是一定能够在'国际中国学'的学术中创造出属于我们自己的天地来的。"①这是一个期待，也是作者在书中的一个追求。

四

Sinology 作为一个专指研究中国的词语，按照德国汉学家傅海波（Herbert Franke）的观点是出现在 1838 年②。根据尹文涓的研究，法文的 Sinologie 第一次出现是在 1814 年，但直到 1878 年才正式进入法语词典③。如果从耶稣会入华，罗明坚和利玛窦开始向西方介绍中国算起，西方汉学已经有四百多年的历史。四百多年来西方汉学家们写下多少关于中国的研究著作，翻译了多少中国古代文化典籍著作，至今没有准确的数字。没有文献学的基础，学术如何展开？这样，在这本导论中笔者专设了"文献编"，试图对西方汉学的中国文献翻译做一个基本的梳理。在"文献编"的导言中，笔者提出建立"西方汉学文献学"的观点。

做中国学问，文献学是其基础。"文献学"一词源于 1920 年梁启超在《清代学术概论》中所说的"全祖望亦私淑宗羲，言文献学者宗焉"。他在《中国近三百年学术史》中说："明清之交各大师，大率都重视史学——或广义的史学，即文献

---

① 严绍璗：《提升国际中国学研究的三个层面的思考》，载李雪涛、柳若梅、顾钧编：《跨越东西方的思考：世界语境下的中国文化研究》，北京：外语教学与研究出版社，2010 年，第 12 页。

② ［德］傅海波著，胡志宏译：《欧洲汉学史简评》，载张西平编：《欧美汉学研究的历史与现状》，郑州：大象出版社，2006 年，第 107 页。

③ 尹文涓：《〈中国丛报〉研究》，北京大学比较文学与世界文学专业博士论文，2003 年，第 99 页。

学。"当代文献学大家张舜徽先生在谈到中国文献学时,总结历史,阐明近义,对中国文献学做了很好的表述,他说:"我国古代,无所谓文献学,而有从事于研究、整理历史文献的学者,在过去称之为校雠学家。所以,校雠学无异成了文献学的别名。凡是有关整理、编纂、注释古典文献的工作,都由校雠学家担负了起来。假若没有历代校雠家们的辛勤劳动,尽管文献资料堆积成山,学者们也是无法去阅读、去探索的。我们今天,自然要很好地继承过去校雠学家们的方法和经验,对那些保存下来了的和已经发现了的图书、资料(包括甲骨、金石、竹简、帛书),进行整理、编纂、注释工作,使杂乱的资料条理化、系统化,古奥的文字通俗化、明朗化。并且进一步去粗取精,去伪存真,条别源流,甄论得失,替研究工作者们提供方便,节省时间,在研究、整理历史文献方面,做出有益的贡献,这是文献学的基本要求和任务。"①

　　张舜徽先生所讲的中国文献学的范围是中文文献。但至晚明时期以后,中国的历史已经纳入全球史之中,晚清时期之后,更是被拖入以西方主导的世界历史之中。这样,来华的传教士,做生意的西方各国东印度公司,驻华的外交官和汉学家留下了大批关于研究中国的历史文献,翻译了大批关于中国古代的历史典籍。由此,中国文化开始以西方语言的形态进入西方文化之中,关于中国近代历史的记载也再不仅仅由中文文献组成。这样,西方中国研究中的文献问题就成为治西方汉学之基础,同样也构成了研究中国近代历史的重要文献。这里我们还省略掉了中国文化在汉字文化圈的传播和影响,那有更长的历史,更多的历史文献,或者以中文形态,或者以东亚各国的文字形态存在着,形成东亚文明史的一个整体。本书仅仅限于西方汉学的研究,对中国文化在东亚的传播和影响不做研究和展开。

　　根据张舜徽的理解,我们可以说,在西方汉学的历史中也同样存在一个西方汉学文献学的研究领域,西方汉学文献学作为一个西方汉学研究的基础研究领域是完全存在的。进一步扩展来讲就是"西方语言的中国文献学"。金国平建议建立"西方语言中国史料学",而来华传教士的西方语言文献是其中重要的内容。他认为:"只要充分地利用在华传教士留下的这批宝贵历史遗产,比堪汉语史乘,

―――――――――――

① 张舜徽:《中国文献学》,上海:上海世纪出版集团,2009年,第3页。

从新的视角对已知史料进行新的诠释,披沙觅金,某些较具有争议的重大历史事件真相的发潜彰幽不无可能。"①

从全球史研究的新进展来看,如果打破欧洲中心主义的世界史写作,就必须将全球化的进程纳入世界史之中,这个进程不是东方被动地适应西方,而是一个互动的过程。从全球化史的角度构建中国历史,中西之间的互动就成为关键,由此,传教史和贸易史就成为必须研究之材料。从东西互动的角度来构建中国史,就必须将"西学东渐"和"中学西传"作为一个整体来把握,中国近代历史就不仅仅是一个西化的历史,同时也是一个西方不断吸收东方,从而促进西方变化的历史,由此,西方汉学史的研究就成为全球化史研究的关键。同时,中国近代的历史也不仅仅局限于中文文献,这样,西文之中国文献成为完整记载中国近代历史不可或缺的基本文献。如果确立这样的史观,西方语言的中国文献整理就成为基础性的工作,在这个意义上金国平所说的"西方语言中国史料学",或者"西方语言中国文献学"就成为学术界必须做的基础性工作。"西方语言的中国文献学"包括:凡是由西方文字出版的关于中国的书籍,藏于西方档案馆尚未出版的关于中国的档案、手稿、资料。

根据这个想法,在"文献编"中笔者分别对目前西方汉学史研究中最重要的两个目录考狄的《汉学书目》和袁同礼的《西文汉学书目》做了专题研究,并初步列出了他们书目中关于中国古代文化典籍的翻译著作目录。同时,对中文学术界和西文学术界所长期使用的西方汉学书目做了初步的梳理与介绍。

中国文献学专业早已开始注意域外的文献,在北京大学的文献专业设有海外汉学研究室,但平心而论,至今对于域外汉学文献我们没有一个系统的说明,对西方汉学文献学尚无一个完整的认识,尽管也有个别学者为之而努力,但总体上这个研究领域尚未进入大多数文献学研究者的视野之中。袁同礼先生不仅是中国现代图书馆事业的奠基人,也是中国西方汉学文献学的开拓者。很遗憾,他所开创的事业,现在后继无人。笔者希望通过这本导论性著作,引起图书馆界和中国文献学界的重视,将袁同礼先生的这份重要学术遗产继承下来。

---

① 金国平:《构建"西方语言中国史料学"之初议》,载金国平、吴志良:《过十字门》,澳门:澳门成人教育学会出版,2004 年,第 284 页。

　　在笔者看来,西方语言之中国文献的研究整理是比中国文献学和西方本身的文献研究整理都要困难的学问。

　　中国文献学的目的是"辨章学术,考镜源流",对学术之发展有一个宏观之了解和把握;西方语言之中国文献学亦是如此。尤其从事中国古代文化经典在西方的翻译和传播研究,一定要从文献学入手,从目录学入手,这样才能保证我们在翻译研究上对版本之间的复杂关系有一个清楚的了解,为研究打下坚实的基础。中国学术传统中的"辨章学术,考镜源流"的传统在我们致力于西方汉学研究时是同样需要的。

　　另一方面,国家目前对汉籍外译投入了大量的费用,国内学术界也有相当一批学者在从事这样的事业。但我们在开始这项工作时应该摸清西方汉学界已经做了哪些工作,哪些译本是受到欢迎的,哪些译本问题较大,哪些译本是节译,哪些译本是全译。只有清楚了这些以后,我们才能确定新的翻译政策。显然,由于目前我们在西方汉学的文献学上做得不够理想,对西方汉学界近四百年来对中国古代文化经典的翻译情况若明若暗,因而,国内现在确立的一些翻译计划不少是重复的,在学术上是一种浪费。即便国内学者对这些典籍重译,也需要以前人的工作为基础。

　　因此,建立西方语言的中国文献学是展开西方汉学研究之基础,是做好中国典籍外译和流播研究之基础,同时,也是在全球范围内展开中国历史文化研究,将中国史放入全球史中加以研究的基础性工作。本书作为研究中国古代文化经典西译的导论,其基本任务并不是在某一个中国典籍西译的具体文本上展开研究,也不是对某一个在中国古代文化典籍西译上的重要汉学家,例如像理雅各(James Legge,1815—1897)或韦利(Arthur Waley,1889—1966)这样的具体人物展开深入研究,而是对其历史做一初步的梳理,以从宏观上展示中国典籍西译的历史阶段和文化背景,对中国典籍西译的理论与方法展开初步的研究,以从理论上把握展开这一领域研究的基本理论与方法,从文献学上对做好西方语言的中国文献研究的方法提出一个初步的设想,以期引起学界之重视,开启西方语言之中国文献的研究和整理,将其纳入中国学术发展的一个基础性工作。只有将这批西方语言的中国文献彻底掌握时,我们才能真正写出全球史背景下的中国近代历史文化之研究,才能揭示出中国文化在西方的影响,才能在全球史的背景下说明中国文化之意义。

五

　　严绍璗先生在谈到近三十年来中国学术界对海外中国学研究的学术意义时，有一段经典性的表述。他说：

　　　　这意味着我国学术界对中国文化所具有的世界历史性意义的认识愈来愈深化；也意味着我国学术界愈来愈多的人士意识到，中国文化作为世界人类的共同精神财富，作为世界文明的重大存在，对它的认知和研究，事实上具有世界性。我们在"国际中国学"的研究中已经积累了成果和相当的经验，我国人文学者不仅在自身的学术研究中在不同的层面上已经能够自觉地运用这一极为丰厚的国际学术资源，而且以我们自身的智慧对广泛的国际研究作出了积极的回应。或许可以说，这是三十年来，我国人文科学学术观念的最重要的转变，也是最重大的提升的标志之一。它从一个层面上显示了我国经典人文学术正在走向世界学术之林。①

　　长期以来中国学术界在展开中国古代文化的研究中基本上是在中国自身的文化范围内展开的，通过本书初步的梳理，我们可以看到，从晚明后中国的知识和思想已经传播到西方，同时，西人对中国典籍的翻译和研究开始使中国的古代思想和知识呈现出前所未有的一个形态：中国学术和思想展开的空间大大扩大了，开始以一种世界性的学问在全球展开，走出了以前的东亚汉字文化圈；从事中国学术和思想的研究者大大扩展了，汉学家开始进入这个领域，无论是传教士还是专业的汉学家。

　　空间的扩大和研究主体的扩大不仅标志着中国古代文化和思想影响的扩大，也说明关于中国的学问和知识已经不再为中国学术界所独有。但同时，这种在中国以外的中国研究形态又反馈中国自身的研究和变迁，从而呈现出中国学术和思想研究的多维性和复杂性。我们不仅需要站在中国学术的立场对域外汉学的知识性错误展开学术的批评，在国际中国学研究的舞台上发出中国学者的声音，近期葛兆光先生的《宅兹中国》就是一个很典型的例子，在这方面中国学者仍有极

---

① 严绍璗：《提升国际中国学研究的三个层面的思考》，载李雪涛、柳若梅、顾钧编：《跨越东西方的思考：世界语境下的中国文化研究》，北京：外语教学与研究出版社，2010 年，第 1 页。

大的空间,同时,还应在跨文化的角度说明这种变异了的中国知识是何以产生、何以发展、何以融进域外文化之中的。实际上国际中国文化研究的展开,不仅仅需要具有本土知识和思想研究的学者站到国际舞台上,为中国知识和思想的独有特点展开论说,同汉学家展开争辩和讨论,还需要一批熟悉各国文化与思想的学者,站到世界学术舞台,从跨文化的视角,说明中国文化在世界各国文化的发展中所产生的融合与变异,揭示中国文化的世界性意义。

　　同时,中国文化的传播历史和影响史是连接在一起的两个方面,而一旦进入中国古代典籍西译后的影响则完全进入了另一个学术研究领域,即西方思想文化史之中。如果在研究中缺少了中国古代文化典籍西译后在西方的影响研究,就无法全面深刻地把握中国文化的世界性意义,因为,中国典籍的西译不仅仅在知识论上大大扩展了西方的东方学,同时,在思想文化上也深刻影响了西方思想的发展进程。在一定意义上,不懂得"中学西传"之影响从根本上是做不好西方思想文化史的。基于这样的考虑,笔者在每个时段的写作中,都将这一方面的研究列入了自己的写作之中,分别在"历史编"中写了:19 世纪中国文化经典对欧洲的影响、在 19 世纪东西文化之间的历史性转变及对 19 世纪西方思想的代表人物——黑格尔的中国文化观的初步研究。在对 20 世纪中国文化经典对西方的影响研究中,笔者以庞德为中心,初步研究了庞德与中国文化的连接,庞德对中国古典文化的研读、翻译和他的现代诗歌创作,庞德对中国文化吸收的思想意义几个方面。

　　这是一个涉及西方思想文化发展的重要方面,长期以来在对西方思想文化史的研究中,东方的影响、中国的影响都是忽略不计的,更何况,从跨文化的角度来看,这种影响已经不能仅仅从知识论上来理解,但鉴于本书作为一个导论性著作,不可能将这一方面展开。这在笔者的写作中是一个很大的困难,不写这一部分,无疑无法全面展现出中国古代文化典籍西译的全貌,无法从全球史的角度来揭示中国文化在西方传播和影响的复杂、多维的历史画面。如果写这一部分内容,就会使本书的写作进入一个更为广阔甚至无法把握的学术领域。任何一种研究都必须对自己有所限制,否则就会使写作脱离主题;任何写作都要有一定的视野,否则就会将丰富的主题枯萎化,这是在研究中常常遇到的一个问题。

　　在这个问题上笔者遵循了本书写作的总体原则"努力将重点和一般相结合,

将通史和专史相结合,将宏观和微观相结合",这样我在每个历史时段仅仅选取一个人物或重要的事件展开研究,并不试图全面叙述中国古代文化典籍西译后所产生的影响,只是从一个点出发,从个案出发,来说明中国文化的西译使我们必须从全球化史的角度重新思考中国文化的世界性意义。这样一种写作,也体现了笔者的一种思考,即打破那种"目前被人们广泛接受的'东西之分''现代与传统'之别的二元对峙的模式。东方是落后的,西方是先进的;西方代表着现代,东方或者非西方代表着传统。这样东方或者非西方国家如果希望走上现代之路,就一定要和传统决裂,就一定要学习西方。'化古今为中西',只有向西方学习,走西方之路,东方或非西方国家与民族才能复兴"的观点。弗兰克和吉尔斯认为:"当代世界体系有着至少一段 5000 年的历史。欧洲和西方在这一体系中升至主导地位只不过是不久前的——也许是短暂的——事件。因此,我们对欧洲中心论提出质疑,主张人类中心论。"①世界的历史是各个民族共同书写的历史,西方的强大只不过是近代以来的事情,而这种强大的原因之一就是西方不断向东方学习。有了这样一个长时段、大历史的全球化史观,有了对西方文化自我成圣的神秘化破除,再来讨论中国古代文化在欧洲的影响就有了一个基本的出发点。正如笔者在写庞德一节时所说的:"庞德对儒家思想的这些认识至今仍有其意义,尽管他是从自己所生活的时代来理解儒家思想的,但却看到了儒家思想的本质特点之一——对道德生活的追求。面对资本主义制度所释放出的个人享乐主义,儒家思想无疑是一个解毒剂。禁欲主义是不对的,但纵欲享乐也同样是错误的,在现代思想的背景下,阐发儒家的当代意义是重要的。"

近年来对域外汉学的研究大大向前推进了,对中国典籍的翻译研究也呈现出前所未有的发展,一大批年轻学者进入这个研究领域,也涌现出了一批非常优秀的博士论文。应该看到这是一个全新的研究领域,这里不仅仅对研究者的外语能力提出了基本的要求,同时,对研究者的学术视野和跨学科研究能力也提出了非常高的要求。对中国古代文化典籍外传的研究是在历史学、翻译学、宗教学、哲学、比较文学几个领域交叉展开的,研究者必须问学于中西之间,在中国古代文化

---

①   安德烈·冈德·弗兰克、巴里·K.吉尔斯主编,郝名玮译:《世界体系:500 年还是 5000 年?》,北京:社会科学文献出版社,2004 年,第 3 页。

和西方近代文化之间游移。本土知识与思想的修养、西方知识与思想的修养要同时兼备，唯有此，才能展开国际中国文化的研究。同时，研究者面临着双重的挑战：每一个研究者必须面对中国国内学术界的考问，同时，研究者也始终有一个永恒的对话者：西方汉学家。尽管困难重重，但这一研究领域仍吸引着一批批勇敢的探索者。

中国古代文化典籍的外译不仅仅是一个单纯的学术问题，同时也是一个文化的自信问题，尤其在西方文化主导的今日世界更具有文化意义。正是从这个角度考虑，笔者在"理论编"中专门探讨了如何看待中国传统文化的价值，如何理解近代以来的中国文化面对西方文化的变迁，以及中国文化和西方文化本质性的差别这样几章的研究。看起来，这些内容似乎游离于主题，但笔者认为，如果没有这个基点，没有对中国文化这种基本认识，仅仅将中国文化作为一种知识形态，那是无论如何也无法做好这种研究的。在一个知识论盛行、专业化主导的学术界，仍有一些学者谈起中国文化和学术滔滔不绝，一切看起来似乎很学术、很专业，而骨子里却对中国文化厌恶与反感，对西方文化敬佩得五体投地。在笔者看来，他们的论文和著作只是为了稻粱谋。这是一种伪学问。这样的伪学问者还不如那些公开声称要改造中国文化，以西方文化重建中国文化的西化派真诚。人文学术的研究在保持学术客观性的同时，价值立场、文化态度是永远存在的。对中国文化价值的基本认同是永远不可少的。

百年以西为师，当代中国知识分子的知识体系和思想观念基本上是在西方的学术框架和思想影响下形成的。同时我们自己的传统知识和文化也是在百年西学东渐中，被纳入了西方近代的学术体系后表述出来的。重建中国文化与学术是当代中国思想文化界的重大使命，但否认近四百年的西学东渐和中国近代知识体系的形成同样是荒唐的，试图回到西人东来前中国自己的原有知识体系和思想观念的表达是幼稚的。因为，不仅仅今天中国的话语已经完全和前近代时期不同了，而且在四百年的西学东渐中，大量西方具有时代性和进步性的文化观念也融入了我们的文化，丰富了我们的文化观念，使中华文化在当代呈现出一种既不是完全的西方当代文化，又不是完整的中国传统文化这样一种混杂而崭新的文化形态。

作为后发现代化国家的中国，我们的文化表达和叙述已经不再是按照它的自然逻辑的表达和叙述,中国文化的自然发展史从清朝后期已经打断,被强行纳入到西方文化主导的世界文化体系之中。当下崛起的中国希望在西方主导的文化体制中重新获得平等的对话权,这将是一件十分艰难的事!作为长期压抑的现代化激情在短短的三十多年中爆发出来的中国,在取得令世人瞩目的成就的同时,我们突然感到一个大国的崛起必然是文化的崛起。三十多年的快速发展,资本这把"双刃剑"在将人们引向拜金主义、浓重的重商主义的风气的同时,带来了前所未有的思想的开放,也给我们的思想与文化的发展,带来了前所未有的尴尬与困惑,给文化的崛起带来前所未有的活跃、困境与艰难。这表现在两个方面:

其一,中国学术界对四百年西学东渐的历史尚未完成系统的研究和梳理,对自己近代思想文化史尚未完成系统的说明和整理,尚未形成一个成熟的中国当代文化体系,西学、国学、马克思主义处在一个艰巨的磨合期,而由于中国快速的崛起,我们不得不面临向世界重新说明中华文化的价值的问题。如何完整地表达中国文化的价值和世界性意义?

其二,近代中国的历史和思想证明,对封建思想的清理仍是一个长期任务,"文革"的悲剧就在眼前,现实生活中陈渣时时泛起。文化自觉和自信表现在两个侧面:一个是始终对自己的文化持一种清醒的认识,批评其漫长的历史中的文化痼疾,使其文化的主流和底色凸显出来,成为民族文化的优秀传统。在这个意义上鲁迅并未过时,尽管在当时的条件下,作为思想家和文学家,他的一些用语显得激进,但其自省精神仍是我们重建中国文化的精神来源。正像没有伏尔泰、尼采这些西方文化内部的批判者就没有西方文化的不断更新一样,崛起的中国仍需要这样的维度。文化自觉和文化自信的另一个方面就是,在文化心态上必须对自己的历史文化敬重,将其作为文化大国崛起的基础。因为,在新时代被重新解释的中国思想和文化的主线肯定是以传统文化为底色展开与叙述的,中国的现代之路肯定要走出一条有自己特色的中国道路。一切以西方文化为师的时代过去了,作为有着世界唯一传承下来的古代文化的大国,中国的精神价值的主流不可能是生硬地将西方当代文化嫁接到复兴的中国文化之中。由此,在"文化底色"与"转换型创新"之间就出现了紧张,这种紧张感就是我们在文化走出去中如何处理历史中国与当代中国的文化关系,如何说明中国传统的当代意义。文明的中国、苦难的中国、红色的中国、发展的中国是一个完整的中国。"这些历史一脉相承,不可割裂。脱离了中国的历史,脱离了中国的文化,脱离了中国人的精神世界,脱离了当代中国的深刻变革,是难以正确认识中国的"①。如何清晰、明确地将历史的中国与当代的中国融合成一个完整、系统的表述,真正从思想上落实到学者的研究之中? 这仍是一个重大的课题,有待我们不断努力。

文化走出去,中国古代文化在世界的传播任务的完成首先是传播者对自身文化清醒的认知与充分的理解,唯有此,才能在世界范围内说明中国文化的价值、中国道路的意义。显然,困境在于我们自己。而社会转型期的动荡与矛盾又给我们理解与说明这个快速发展的中国增加了困难,中国思想和文化处在前所未有的混乱时期,一个百家争鸣的时期,一个新思想诞生的前夜。如何在历史的表象中洞察到历史的真谛,越过思想的表层,揭示中国文化的当代价值和世界意义,这是中国思想界的重要任务。正由于此,本书在"理论编"专设两章讨论关于中国文化的理论问题,一章为"重新认识中国文化的价值",另一章为"中国文化的当代价值"。

百年欧风美雨,百年以西为师的时代过去了。天地苍黄,今日中国在社会物质发展上已经赶上了"老师"的步伐,超越欧美发展的前景也不太遥远。但作为后发现代性国家,历经百年文化批判后的今天,文化的中断与接续,文化的吸收与创造已经成为一个极为重要的文化问题,没有精神与文化的浴火重生,中国文化永不能真正地复兴。

一个新的时代到来了,这是"三千年未有之变局"的大时代,展现在我们面前的是一个充满希望与挑战的时代,在空间和时间上无限展开的新世界,这是我们这一代人完全陌生而需要不断学习的新世界。愿本书能为这个伟大的学术事业做出绵薄的贡献。

西平 2012 年 5 月 15 日初稿于海淀区枣林路游心书屋

2013 年 10 月第一次修订

2014 年 3 月第二次修订

2015 年 8 月初定稿

2015 年 11 月定稿

---

①　习近平在布鲁日欧洲学院的演讲,新华网,2014 年 4 月 1 日。

第一编

历史编

　　中华文明和欧洲文明是人类历史上两大重要的文明,在漫长的历史进程中,两大文明的相遇、相识经历了跌宕起伏、曲折复杂的历史过程。西方在认识东方、认识中国的历史过程中,经历了从物质文化到精神文化认识的不同阶段,西方汉学——作为西方对中国精神文化了解的核心学科,经历了从"游记汉学"到"传教士汉学"再到"专业汉学"的漫长阶段。中国文化与西方文化在精神形态上相遇与交融、磨砺与递进发生在中国古代文化的典籍陆续被翻译成欧洲文字后,也是在此之后,中国文化的精髓才开始在西方产生了精神性的影响。因此,探讨中国古代文化的经典在欧美西方国家的传播就成为研究中西文化交流史、研究西方汉学史最为关键和最为核心的部分。

　　中国古代文化经典的翻译与在欧美的传播大体经历了三个阶段。中国古代文化典籍的西传起源于明清之际的耶稣会来华,传教士充当了中国古代文化经典翻译和传播的主体,他们的辛勤耕耘,使中华文明的智慧之光第一次以文本的形式展现在欧洲人面前,并对欧洲的文化产生了意想不到的影响。这是中西精神文化相识的第一阶段。19 世纪是西方人主导世界的世纪,但西方对中国古代文化经典的翻译和介绍从未停止,其精神魅力仍是思想文化精英们想象的"乌托邦",对大多数西方人来说,中国古代文化只是作为一个博物馆的文明来欣赏的,现实的中国已经败落了。这是第二个阶段。最后一个阶段是 20 世纪。从 20 世纪初,中国学人和欧美的汉学家开始成为中国古代文化典籍翻译的两大力量,特别是

20 世纪下半叶后,中国知识分子开始了探索独立翻译自己文化经典向西方传播的道路,从而使中国古代文化在世界的传播呈现出多彩的局面。

　　面对这复杂、多彩的中国经典翻译西传的历史,在这样一本导论性著作中是根本无法完成对其详尽研究的。在某种意义上,中国古代文化典籍的西译与传播是一个崭新的研究领域,本书作为一个导论性著作,并不奢望在这本单薄的著作中完成需要几代人方能完成的宏大使命。只祈盼本书能成为后来研究者的一个小小铺路石子,笔者就心满意足了。

　　为此,在“历史编”中,笔者将以 20 世纪为重点展开研究。安德烈·冈德·弗兰克(Andre Gunder Frank)和吉尔斯(Barry K.Gills)认为“当代世界体系有着至少一段 5000 年的历史。欧洲和西方在这一体系中升至主导地位只不过是不久前的——也许是短暂的——事件。因此,我们对欧洲中心论提出质疑,主张人类中心论”。他们的观点主要是从突破沃勒斯坦(Immanuel Wallerstein)的世界体系来讲的,从贸易和经济角度来谈,全球化史的确也可以说是 5000 年。但就中国和欧洲的精神交往史而言,则主要始于 400 年前的地理大发现。20 世纪中国和欧洲的精神交往史,中国古代文化典籍在欧洲的传播只不过是从 16 世纪以来的中国和欧美精神交往史的一个延续和发展。因此,为了对 20 世纪中国古代文化在欧美的传播展开研究,我们必须从 16 世纪开始,进而演进到 18 世纪和 19 世纪,只有在这样一个长时段中,中国古代思想文化在欧美的接受与影响史才能整体呈现出来。①

　　这样,在“历史编”中,我们将分别从 19 世纪和 20 世纪两个时段梳理中国和欧洲的精神交往历史,②以及中国古代文化经典的西播历史。即便是这样,面对这样漫长的历史和复杂的精神交往史,我们仍无法将其脉络梳理得十分清楚,因为,这样的研究才刚刚开始,尤其从中国古代文化经典的西译角度展开的研究时间并不长。作为导论,作者在每一个时段只选取一个人物、一个机构、一本刊物或著作作为研究的支点,以期大致勾画出一个时代中国古代文化经典西传的特点,为今后的研究打下基础。这大体符合作为导论的立意。

---

①　关于 16 世纪中国古代经典在西方的翻译传播,参阅拙著:《儒学西传欧洲研究导论:16—18 世纪中学西传的轨迹与影响》,北京:北京大学出版社,2016 年。
②　关于 16—18 世纪儒学在欧洲的传播,本人将另有专著加以研究。

第一章

中国古代文化经典在西方的传播述略（19世纪）

导　语

19世纪是欧洲国家发展的"鼎盛时期",欧洲大部分国家成为名副其实的资本主义国家,马克思说,这是一个"资产阶级时代"。

沃勒斯坦说:"我们通常习惯于围绕着一些被视为基本常理的中心概念来建构我们的知识体系。工业的兴起和资产阶级或中产阶级的兴起就是这样两个概念,他们是19世纪历史编纂学和社会科学留传给我们用以解释现代世界的两个概念。"①

19世纪最重要的标志性事件就是始于18世纪的工业革命,引起欧洲城市的兴起,人口的增长,向北美移民的开始,海外扩张的急剧发展。整个世界开始被欧洲所搅动与控制。这个时期世界的领袖是欧洲,欧洲的领袖无疑是英国。工业革命发肇于英国,19世纪初,蒸汽机开始运用到生产领域,极大地提高了英国的生产力。1785—1850年,英国棉纺织品由4000万码增加到20亿码,增长了50倍。煤的开采量由1770年的600万吨增至1850年的4950万吨,增加了8倍多。19

---

① [美]伊曼纽尔·沃勒斯坦著,孙立田等译:《现代世界体系》第三卷,北京:高等教育出版社,2000年,第1页。

世纪20年代,铁质汽船成功渡过了英吉利海峡,1838年汽船成功地横渡了大西洋。此时的英国正处于全盛时期,国家力量空前强大。到1850年,英国的金属制品、棉纺织品和铁的生产量占到世界总产量的1/2,煤产量占到2/3,造船业、铁路居于世界首位。10年后,到1860年,英国的工业产品占到了世界的一半,对外贸易占到世界贸易总量的40%。到1870年时,钢产量占世界总产量的1/2,国民生产总值达到9.16亿英镑,英镑成为国际货币①。用马克思的话说,英国进入了资本主义时代。

随着欧洲国家国力的强大,到19世纪下半叶欧洲国家已经进入帝国主义时期,向外的扩张和侵略成为其基本国策。1757年英国占领印度后,于1815年占领锡兰(斯里兰卡),1840年第一次鸦片战争爆发,对中国的侵略战争开启,1842年占据香港,与此同时,1839年的侵略阿富汗战争、1851年的侵略缅甸战争相继打响,而印度在成为殖民地后印度大陆成为其掠夺的重点,英国成为"日不落帝国"。同样,法国1830—1847年间征服阿尔及利亚,1858—1867年间征服东南亚。"1870年以后,'新帝国主义'使地球的很大一部分表面成为欧洲少数强国的附属物"②③。

---

① 参阅阎照祥:《英国史》,北京:人民出版社,2003年,第296~298页。陈乐民:《欧洲文明扩张史》,上海:东方出版中心,1999年。

② [美]斯塔夫里阿诺斯著,吴象婴、梁赤民译:《全球通史:1500年以后的世界》,上海:上海社会科学院出版社,1999年,第312页。

③ 斯塔夫里阿诺斯在《全球通史》中说:"不应该得出结论,说新帝国主义对于世界,甚至对于诸从属殖民地民族,是十足的灾难。按照历史的观点,新帝国主义无疑将被看作是世界的一大进步,正如工业革命是欧洲人的一大进步一样。实际上,新帝国主义的历史作用在于将工业革命推进到其逻辑上必然的结局——使工业国家即工业资本主义能以世界性的规模起作用。这导致了对世界物力、人力资源进行广泛、协调和有效的利用。无疑,当欧洲的资本和技术与不发达地区的原料和劳动力相结合,首次导致一个完整的世界经济时,世界生产率无法估量地提高了。事实上,世界工业生产在1860—1890年间增加了三倍,在1860—1913年间增加了七倍。世界贸易的价值从1851年的64100万英镑上升到1880年的302400万英镑、1900年的404500万英镑和1913年的784000万英镑。"(《全球通史:1500年以后的世界》第319页)显然这是一种欧洲中心主义的观点,帝国主义的扩张无疑具有双重性,它以罪恶的形式、压迫的形式,将其他国家的历史卷入到西方所开辟的现代化历史进程中,在这个过程中西方国家有着历史性的原罪和极为不光彩的一面,这些行为将被定在历史的耻辱架上。同时,在贪欲与罪恶中,历史也在发展,的确在这种扩张中全球经济成为了一体,被殖民的国家在被剥削中获得历史性的进步。历史充满了吊诡,正如恩格斯所说:"在黑格尔那里,恶是历史发展动力的表现形式。这里有双重的意思:一方面,每一种新的进步都必然表现为对某一神圣事物的亵渎,表现为对陈旧的、日渐衰亡的但为习惯所崇奉的秩序的叛逆;另一方面,自从阶级对立产生以来,正是人的恶劣的情欲——贪欲和权势欲成了历史发展的杠杆。"(《马克思恩格斯选集》第四卷,北京:人民出版社,1995年,第237页)

欧洲国家殖民地的扩张,特别是英国的殖民扩张是和基督教新教的传播连在一起的。曾对新教精神产生重大影响的 17—18 世纪的"福音奋兴运动"(Evangel-ical Revival)直接推动了新教的海外传教活动,著名基督教史学者威利斯顿·沃尔克指出:"17、18 世纪'福音奋兴运动'的最重要成果之一是近代新教传教事业的兴起。"①

这次来到东方的不是天主教传教士,而是来自英国的新教传教士,由此,作为中西文化桥梁的传教士们教派的变化,使中国文化向欧洲的传播呈现出新的特点:在语言上英语逐步取代法语成为翻译中国典籍的主要语言,在对中国关注的国家上,英国也逐步取代法国成为介绍中国文化的主要国家。

在欧洲国家向全球扩张的过程中,特别是向东方扩张的过程中,东方学成为国家学术发展之必需,由传教士所建立的汉学开始出现新的形态。此时我们可以清楚地看到,其国家利益是促进学术发展的更为深层的原因,这在 19 世纪表现得更为明显。德国著名汉学家傅海波对此有很精辟的论述,他说:"历史学家会有一项法定的任务,即试图促进比较研究的动机形成与发展以引导国家或大学增设汉学。这样的比较研究将使我们了解欲知国家的政治和知识背景。我们已经知道,鸦片战争以后法国第一次教授中国口语,这是法国人进入东南亚时一件很有意义的事。对于大英帝国,我们发现它在 19 世纪有三重动机:持续的贸易、外交和传教士的活动。对于荷兰,必须考虑到自 17 世纪以来的海外贸易就是重要的因素,后来演变为在东南亚行使殖民地权力。俄国很早就重视中国研究,这很好解释。自 17 世纪入侵西伯利亚以后,俄、中成为邻国,有长达数千英里的共同的边界线。俄国也是第一个同中华帝国签订条约的欧洲国家(《尼布楚条约》,1689;《恰克图条约》,1727),因此,有明显的利益驱动来研究中国。19 世纪后期的德国使我们发现了非常不同的画面。德国人在亚洲没有殖民地而且长期以来禁止对华贸易。19 世纪初期和中期,德国没有汉学家先驱——像柏林的威廉·绍特(Wilhelm Schott,1807—1889)和先后住在哥廷根和慕尼黑的普拉茨(Johann Heinrich Plath,1802—1874)仅为兼治汉学的学者——他们的学术实践本身即可使其汉学研究合

---

① [美]威利斯顿·沃尔克著,孙善玲、段琦、朱代强译:《基督教会史》,北京:中国社会科学出版社,1991 年,第 595 页。

法化,他们的特殊动机是超世俗性的学术上的好奇心。"①

从西方汉学本身的发展来说,19世纪西方汉学进入一个新的发展阶段,其间虽然来华的传教士仍承担着西方汉学的重要角色,但来到中国的外交官、商人和文人们也开始进入这个行列。1814年法国专业汉学的诞生是一个划时代的标志,西方汉学进入了"专业汉学阶段",一个专业汉学和传教士汉学并行的时代开始了,西方对中国的研究和认识开始了一个新的阶段。长期以来在西方的正式知识系统和教育系统中,中国研究是没有地位的,关于中国的知识和研究只是和传教、政治扩张联系在一起,尚未在西方的学术系统中获得一个确定的位置。因为,中国和西方既没有直接的文化关系,也没有间接的语言上的联系,因此,在西方的东方学中只有近东的知识而没有远东的知识。如果有的话,大多是元朝的游记,最著名的是《马可·波罗游记》,这本游记尚谈不上是一种严格的知识系统。16—18世纪来华传教士们在西方的知识上打开了一个窗口,中国的文明首次进入欧洲的思想界,并产生了重要的影响,但其知识的叙述仍停留在传教学的范围,尚未进入东方学的体系。19世纪,这个局面被打破了,专业汉学产生了。

人类历史上的文化交流总是同商业贸易、宗教扩张甚至战争连在一起。19世纪中国文化向西方的传播,中国典籍被西人翻译成欧美语言的历史过程和18世纪时有了重大的区别,呈现出了19世纪独有的特点。19世纪西方汉学的发展是和西方对东方的殖民联系在一起的,"由殖民扩张所唤醒的实际需要。只有这时候才开始利用中文,作为了解中国文化和文明的途径,中国文献和历史发展逐渐成为西方汉学研究的中心工作"②。正是在这样的背景下,对中国语言的研究,对中国典籍的翻译成为19世纪西方汉学的两大主要成就。

18世纪末到19世纪初,随着亚当·斯密的《国富论》和黑格尔的《历史哲学》的出版,这已经表明西方在思想上对中国的认识已经发生了重大的转折。中国作为西方思想文化的他者,在西方19世纪思想和文化的形成史上仍具有不可替代的作用。

漫长、动荡的19世纪是中国和西方文化历史上重要的一百年,笔者将分别从

---

① ［德］傅海波著,胡志宏译:《欧洲汉学史简评》,载张西平编:《欧美汉学研究的历史与现状》,郑州:大象出版社,2006年,第110页。

② 傅吾康:《十九世纪的欧洲汉学》,《国际汉学》第七辑,郑州:大象出版社,2002年,第78~79页。

上半世纪和下半世纪两个时段对 19 世纪中国古代文化经典在西方的传播历史、西方汉学对中国典籍的翻译做一个初步的回顾和总结。

一、19 世纪上半叶的中国典籍西译

对 19 世纪上半叶西方汉学界的中国典籍翻译的研究,我们从三个方面展开:机构——从以汉学机构为中心所从事的中国典籍翻译研究入手;人物——选择一位重要汉学家所做的中国典籍翻译作为研究对象;刊物——选择一本汉学刊物上所刊出的中国典籍翻译展开研究。这样三个角度大体可以初步勾勒出 19 世纪上半叶西方汉学界所做的中国典籍翻译工作的轮廓。

1.机构——法兰西学院开创了 19 世纪中国典籍的西译

1814 年 11 月 26 日,法兰西学院(Collège de France)决定设立一个汉学教授席位,年轻的法国汉学家雷慕沙①担任了这个名为"汉·鞑靼·满语言文学教授席位"(Chaire de langue et littérature chinoises et tartares-mandchoues)。这是一个值得纪念的日子。"法兰西学院汉语教授席位的创立使汉学研究的面貌大为改观。这不仅是对法国汉学,而且对整个欧洲汉学都是一个关键的日子。对中国的研究列为大学学科,这在西方世界还是第一次。"②1837 年俄罗斯喀山大学设立了汉语教席,1855 年这一教席转到彼得堡,第一位教席是由瓦西里耶夫(Vasily Vasiliev,1818—1900)担任。1837 年伦敦大学学院在马礼逊的督促下设立了中国语言与文学教授位置,基德(Samuel Kidd,1799—1843)作为首位汉学教授虽然

① 关于雷慕沙的研究参阅张西平的《欧洲早期汉学史》,北京:中华书局,2009 年;何寅、许光华:《国外汉学史》,上海:上海外语教育出版社,2002 年;张国刚:《明清传教士与欧洲汉学》,北京:中国社会科学出版社,2001 年;张西平等编著的《西方人早期汉语学习史调查》,北京:中国大百科出版社,2003 年;龙伯格著,李真等译:《清代来华传教士马若瑟研究》,郑州:大象出版社,2009 年;董海樱:《16 世纪至 19 世纪初西人汉语研究》,北京:商务印书馆,2001 年;有关的博士论文有董方峰的《十九世纪英美传教士的汉语语法研究》(2009)、班立华的《中文的异域之旅——16—19 世纪西方中文观念的演变》(2003),以及李慧的硕士论文《雷慕沙的〈汉文启蒙〉》。国外对雷慕沙的研究参看德国汉学家魏汉茂(Hartmut Walravens)的 *Zur Geschichte der Ostasienwissenschaften in Europa:Abel-Rémusat(1788-1832)und das Umfeld Julius Klaproths(1783-1835)*,Wiesbaden:Harrasowitz Verlag,1999。

② 戴密微:《法国汉学研究史概述》,载《汉学研究》第一辑,北京:中国和平出版社,1996 年,第 29 页。

合同仅为五年，但仍开创了英国专业汉学的历史。1876年荷兰莱顿大学设立第一个汉学教席，第一位教授是来自荷属东印度公司的薛立赫（Gustav Schlegel，1840—1903），1877年10月27日薛立赫正式就任，并以题为《汉语研究的重要意义》的讲演翻开了荷兰汉学的第一页①。德国1877年在柏林新成立的东方语言学院中设立了一个永久性的汉语教席，但汉学研究教授的位置直到1909年才在汉堡大学设立。

　　这样我们看到19世纪是欧洲专业汉学开始的世纪，这些首次走向大学讲堂的汉学教授所面临的一个重要问题就是要向学生讲授中国历史和文化，这样中国典籍的翻译就成为他们首要的任务之一。由此翻开了中国典籍从传教士翻译向专业汉学家翻译的过渡阶段，其间的学术大本营就是法国的法兰西学院。

　　（1）雷慕沙与传教士汉学的连接

　　法国专业汉学的诞生与传教士汉学有着千丝万缕的联系。雷慕沙读过耶稣会士基歇尔（Athanasius Kircher，1601—1680）的《中国图说》②，书中的《大秦景教碑》的拉丁文和中文的对译是当时欧洲书籍呈现出的最多的汉字，对他的汉字学习肯定产生影响。来华耶稣会士卫匡国（Martino Martini，1614—1661）返回欧洲后所写的四本介绍中国的书，他都看过：《中国上古史》（*Sinicae Historiae Decas Prima*，1658），《中国新地图志》（*Novus Atlas Sinensis*，1655），《鞑靼战记》（*De Bello Tartarico Historia*，1654），《中国文法》（*Grammatica Linguae Sinensis Sinica*，1652）③。他在《汉语启蒙》中开篇就提到了方济各会来华传教士叶尊孝（Basile de Glemona，1648—1704）著、法国巴黎改编出版的《汉字西译》（*Dictionnaire Chinois，Français et*

---

① 王筱芸：《荷兰莱顿大学汉学研究群体综述——以20世纪80至90年代为中心》，载《国际汉学》第二十一辑，郑州：大象出版社，2011年，第276~277页。

② 基歇尔著，孟宪谟、张西平、杨慧玲译：《中国图说》（*China Illustrata，Amsterdam*，1667），郑州：大象出版社，2010年；以及Sheng-Ching Chang，*Natur und Landschatt Der Einnuss von Athanasius Kirchers China Illustrattta auf die europaische，Kunst Gedruckt mit Unterstiitzung der Deutschen Forschungsgemeinschaft*，2003。

③ 关于卫匡国的研究参阅张西平主编：《把中国介绍给世界：卫匡国研究》，上海：华东师范大学出版社，2012年；[意]卫匡国著，[意]白佐良、白桦译：《中国文法》，上海：华东师范大学出版社，2011年。

latin,1813)①。实际上他几乎阅读了能找到的所有来华传教士的著作②,不然,一个从未到过中国的法国人何以能如此熟悉中国的知识? 当然,雷慕沙和传教士汉学之间的联系,最显著的莫过于他为了写博士论文,学习了来华的波兰耶稣会士卜弥格的著作。正是卜弥格的关于中医的汉学著作激发了雷慕沙对中医研究的热情。

卜弥格是波兰来华的耶稣会士③,出身望族,父亲是波兰国王的御医,家学很好,对医学有很好的研究。他 1643 年离开里斯本前往东方——当时来华的传教士,都必须从里斯本出发,因为当时的东方护教权是由葡萄牙负责的,而往大西洋,往美洲是由西班牙负责的。1644 年卜弥格来到澳门,学习了汉语,1647 年到海南岛去传教。

1644 年北京的明朝政权覆亡之后,南方又拥立了一个小朝廷,南明王朝的最后一个皇帝是永历皇帝,当时局势十分危险,1651 年永历皇帝决定派遣卜弥格作为南明王朝的特使返回欧洲,向罗马教廷求救。当时罗马教廷仍然是欧洲很重要的一个力量。现在看起来这是一件非常可笑的事儿,南明王朝危在旦夕,跑到几万里之外的罗马去搬兵——但正是这么一个活动,促使了中国与欧洲的第一次正式的外交接触,很多人说中国与西方世界的接触是从康熙年间《尼布楚条约》的签订算起,实际上这之前就有卜弥格出使罗马的事。

卜弥格回到罗马,受到了冷落,因为明清鼎革的局势很复杂,耶稣会对中国的政治判断也非常狡猾。当时中国有三个政权——清朝、南明王朝和张献忠建立的"大

---

① 关于叶尊孝的研究参阅杨慧玲:《19 世纪汉英词典传统:马礼逊、卫三畏、翟理斯汉英词典的谱系研究》一书的第二章,北京:商务印书馆,2012 年。

② 在中国语言研究上,以下这些著作雷慕沙都读过。瓦罗(Francisco Varo):《华语官话语法》(*Arte de la lengua Mandarina*,1703),北京:外语教学与研究出版社,2003 年中译本;巴耶(Theophilus Siegfried Bayer,1694—1733):《中国博览》(*Museum Sinicum*,1730);马若瑟(Joseph Premare):《汉语札记》(*Notitia Linguae Sinicae*,1831 at Malaccae);傅尔蒙(Etienne Fourmont,1683—1745):《中国文典》(*Linguae Sinarum Mandarinicae Hieroglyphicae Grammatica Duplex*,Lutetiae Parisiorum,1742);马士曼(Joshua Marshman,1768—1837):《中国言法》(*Elements of Chinese Grammar*,1814);马礼逊(Robert Morrison,1782—1834):《中国文法》(*A Grammar of the Chinese Language*,1815);关于 16—19 世纪西人的汉语语法研究参阅董海樱:《16 世纪至 19 世纪初西人汉语研究》,北京:商务印书馆,2011 年;[意]卡萨齐(Giorgio Casacchia)、莎丽达(Mariarossaria Gianninoto):《汉语流传欧洲史》,上海:学林出版社,2011 年。

③ 关于卜弥格的研究参阅:[波兰]爱德华·卡伊丹斯基编著,张振辉、张西平译:《卜弥格文集:中西文化交流与中医西传》,上海:华东师范大学出版社,2013 年。

西"。张献忠地盘上有两个传教士,安文思(Gabriel de Magalhães,1609—1677)和利类思(Louis Baglio,1606—1682);清军入关以后在北京留下的有汤若望(Jean Adam Schall von Beli,1591—1666);随着南明王朝南迁的两个传教士,是瞿纱微(André-Xavier Koffler,1613—1651)(后为清兵所杀)和卜弥格。耶稣会派了卫匡国回到欧洲告诉梵蒂冈教廷,说卜弥格代表的南明王朝基本上完了,所以教宗一直不接见他,拖了他整整三年多。他穿着明朝的衣服几次要求觐见,最后教宗还是礼节性地见了他,把他打发走了。当时他带回西方的一些材料,全部放在罗马的耶稣会档案馆。

卜弥格1656年离开了欧洲,带着当时的教宗给永历皇帝的母亲王太后和太监庞天寿的信回中国。1658年他到了澳门,很倒霉,当时清军已经完全占领了广州,澳门当局害怕接待这位南明特使,怕清兵对澳门不利,就拒绝他进入澳门。他没办法只好又返回安南(现在的越南),希望从陆路回到中国。他一路劳顿,终于病倒,就病死在越南和广西的边界线上。他一生都在为南明王朝服务。他走的时候带了两个小修士,其中一个叫陈安德,一直跟着他,最后把他草草地埋在了中越边界线上。

卜弥格出生在一个医生世家,他的父亲原是利沃夫的一位著名的医生,还曾担任过波兰国王的宫中御医的职务。他的父亲曾在意大利帕多瓦(Padova)的一所著名大学里完成了自己医学专业的学习。这所大学当时号称"学者的制造厂",像新时期解剖学的创立者维萨里(Andreas Vesalius)、欧洲流行病学的先驱吉罗拉摩·弗兰卡斯特罗(Girolamo Francastro,1478—1553),还有具有世界声誉的自然科学家和天文学家哥白尼都在这里学习过。卜弥格的父亲有篇很著名的遗嘱,他在这篇遗嘱中曾表示要他的儿子和孙子们都去意大利学医。

卜弥格本人虽然选择了神学的专业,但他对欧洲的医学一直很感兴趣,读过不少当时西方医学的重要著作,这点在他自己所写的《医学的钥匙》和《中医处方大全》两本书的前言可以看出。因此,卜弥格来中国后对中国医学感兴趣绝不是偶然的。

卜弥格是欧洲第一位对中国医学做深入研究的人,但他这个名誉到很晚的时候才被欧洲学术界所承认。17—18世纪对于欧洲来说,在关于中国知识的问题上是一个盛行剽窃的时代,由于关于中国的知识既神奇又稀少,因而,关于中国的书,尤其是来华耶稣会士的汉学著作常被反复转抄、反复改写和反复盗名出版。

卜弥格也避免不了这个命运。由于卜弥格出身医学世家,他来到中国后对中国的医学一直很感兴趣,他提到自己的中国医学著作是在他返回罗马后所写的反映中国传教情况的报告中,这个报告的题目是:《耶稣会卜弥格神父一个关于皇室人员和基督教状况的著名的改变的简短的报告》(Brieve Relazione della China, e Memorabile Conversion ne di Persone Regali di quella corte alia Religione Christiani),1654年又在巴黎出版过它的法文译本。卜弥格在这个报告中说他将要出版一本关于研究中国医学的著作。中国的医学,是一种通过脉诊来预见疾病的发展和它的后果的特殊的技艺。这种技艺的产生具有悠久的历史,在基督前许多世纪就有了。中国医学产生于中国,值得赞扬,和欧洲医学不一样。

返回欧洲后,1656年他在维也纳出版了《中国植物志》(Flora Sinensis)。"在这本书中,卜弥格介绍了一系列用于中医的动植物,如生姜、中国根、桂皮、胡椒、槟榔、蒟酱、大黄、麝香、蛇胆和蛇毒。在某些情况下,卜弥格还说明了这些药物的味道和药性(是温性还是寒性)和在欧洲人看来它们能治什么病。"①波兰汉学家爱德华教授认为,卜弥格在《中国植物志》中所绘的植物并不都是他在中国看到的植物,也包括他在印度看到的植物。这本书也许是卜弥格本人生前唯一看到的自己正式出版的关于中国医学的著作。

卜弥格在他的《中国王室皈依略记》的结尾处曾提到他写有《中国医术》(Medicus Sinicus)这本书,基歇尔在《中国图说》中说卜弥格有一部医学书,伯希和认为这部书就是《医钥》(Clavis Medica)。②

在他从罗马返回中国时,他的关于中医的著作基本已经完成了。但历史跟他开了一个很大的玩笑,此时的中国已是清朝的天下,他所效忠的永历南明王朝早已被清朝所灭。澳门的葡萄牙人禁止他从澳门返回中国。这样他只好将自己对中医研究著作的手稿交给了同会的柏应理(Philippe Couplet,1624—1692),自此,卜弥格关于中国医学的著作便开始了艰难的旅行。

柏应理并没有将卜弥格的手稿寄回欧洲出版,而是转交给了"一个荷兰的商

① [波兰]卜弥格著,[波兰]爱德华·卡伊丹斯基译,张振辉、张西平译:《卜弥格文集:中西文化交流与中医西传》,上海:华东师范大学出版社,2013年,第27页。
② [法]伯希和:《卜弥格传补正》,参阅冯承钧译:《西域南海史地考证译丛》第三卷,北京:商务印书馆,1999年,第234页。

人约翰·范里克。这个商人又把它寄到了印度尼西亚的巴塔维亚,在那里被荷兰东印度的总督约翰·梅耶特瑟伊克(Maetsuyker)征用,他认为这部著作对他的医生和药剂师们来说,是用得着的"①。这个药剂师就是在巴塔维亚的荷兰人安德列亚斯·克莱耶尔(Andreas Cleyer),他是巴塔维亚的首席大夫。1682 年他将他的《中医指南》(*Specimen Medicinae Sinicae*)手稿交给了德国早期的汉学家门采尔(Christian Menzel,1622—1701),在门采尔的帮助下,这本书在法兰克福出版,作者成了安德列亚斯·克莱耶尔,卜弥格的名字不见了。[柏应理曾托在暹罗的荷兰商馆的经理 Jan van Ryck,将他的一封信和信札转寄巴塔维亚的总督约翰·梅耶特瑟伊克,其中就有《关于中国人按脉诊病的方法》的小册子,伯希和认为这是柏应理在暹罗空闲时从卜弥格的书中抄写的,这个小册子没有署卜弥格的名字。]安德列亚斯·克莱耶尔所出版的《中医指南》第一编有分册,附有木版图 29 幅,铜版图一幅;第二、第三编是一个欧洲考据家的论述;第四编是"摘录这位考据家发自广州的几封信件"②。

第一个剽窃卜弥格医学著作的就是安德列亚斯·克莱耶尔。此前,1671 年法国出版过一部 *Les Secrets de la Medicine des Chinois. Consistant en la Parfaite Connaissance du Pouls. Envoyez de la Chine par un Francois*, *Homme de Grand Merite*(《中医的秘密》,其中包含着一种完美的脉诊诊断学,是由一个立了大功的法国人从中国带来的。)伯希和说,这个在广州的法国人就是安德列亚斯·克莱耶尔所出版的《中医指南》第二、三编的那个欧洲考据家,但这个在广州的传教士是何人,伯希和无法证明。而波兰汉学家爱德华·卡伊丹斯基认为,《中医的秘密》毫无疑问是卜弥格的医学著作的一部分。

在克莱耶尔出版《中医指南》后 4 年,门采尔在德国也出版了关于中医的书。1686 年他在纽伦堡《科学年鉴》上发表了《医学钥匙》,并明确指出这本书的真正作者是卜弥格。

雷慕沙对于卜弥格在欧洲出版的关于中医的著作,十分关注,对卜弥格中医

---

① [波兰]卜弥格著,[波兰]爱德华·卡伊丹斯基译,张振辉、张西平译:《卜弥格文集:中西文化交流与中医西传》,上海:华东师范大学出版社,2013 年,第 27 页。

② [法]伯希和:《卜弥格传补正》,参阅冯承钧译:《西域南海史地考证译丛》第三卷,北京:商务印书馆,1999 年,第 238 页。

著作的转抄和剽窃也很清楚,他说:"这些剽窃之作同卜弥格神父所译的王叔和的四卷本比起来,就显得不值一提了。这四卷书都是关于脉搏的。《舌诊》(*Signes des maladies par le couleur de la langue*)及《常用药方》(*Exposition des médicamens simples*)均为卜弥格神父参考中国医书后所作,总共包括二百八十九篇。剽窃者还在书中加入了一些译自中文的文章,可能是选自卜弥格神父1669年和1670年从广州寄出的作品。在这部书中,还可找到一百四十三张木刻画及三十张铜版画。这本书给人一种印象,就是中国人不甚了解解剖学。然而在卜弥格神父的原著中,其实有许多展现中国人解剖学知识的文章。

"此外,克莱耶尔在1680年还出版过其他作品,一部名为《中医处方大全》,另一部是四开本的《医学的钥匙》,1680年于法兰克福出版,似乎第二部只是第一部的摘要。"①

雷慕沙读到了卜弥格的这些文章,促使他开始写关于中医的博士论文。他的论文题目是《舌诊研究:中国人的理论与实践》。

他在论文中首先对中国医学做了高度的评价,他说:"在中国或许没有一个学科像医学这样先进,世界上没有一个医生可以与中国医生相比。他们从帝国诞生起就开始研究医学,那些至今为止还受到人们极大尊敬的古代皇帝被认为是医学的发明者和推动者。"②当时在法国很难读到关于中国医学的书,雷慕沙明确地说:"比较好懂的是卜弥格从汉语书翻译成拉丁文的,后来被克莱耶尔剽窃、编纂并以自己的名字出版的一部著作。"③他的博士论文实际上相当一部分是对卜弥格关于舌苔辨症的记述的翻译和介绍,并将卜弥格所介绍的中医舌苔辨症的方法和西方的治疗方法加以对比研究。

---

① [法]雷慕沙:《新亚洲杂纂》第二卷,巴黎:舒伯特和海德洛夫出版,1828年,第226~228页。(Abel-Rémusat, Michel Boym Missionnaire en Chine *Nouveaux mélanges asiatiques, ou Recueil de morceaux de critique et de mémoires*, Tome Ⅱ, Paris:Schubart et Heideloff, 1829, pp.226-228)感谢李慧提供了译文。

② Abel-Renisat, *Dissertatio de Glossosemeiotice, Sive de signis morborum quae è linguâ sumuntur, praesertim apud Sinenses*, Vii, Parisiis:Ex Typis Didot Junioris, Typographi Facultatis Medice parisine, 1813.这篇拉丁文是由北京外国语大学欧语系拉丁文青年学者李慧翻译成中文的,由此,笔者方可以展开这个研究。在此感谢她的辛劳与帮助。

③ 这本书就是克莱耶尔剽窃卜弥格的书《舌诊》(*De indiciis morborum ex linguae Caloribus et Af fectionibus*)。

卜弥格在《舌诊》中说:"照中国医生们的看法,人体五个器官和五行有五种颜色。舌头反映心的状况,心主管整个人体。心的颜色是红的,肺的颜色是白的,肝的颜色是青的,胃的颜色是黄的,肾的颜色是黑的。"①然后,卜弥格对舌苔的五种颜色所代表的疾病做了介绍,雷慕沙基本上把卜弥格所介绍的五种颜色的病情写在了自己的论文中。

第一种:卜弥格介绍了中医舌苔是白色的病状:

"白色的舌头,上面没有薄膜,最后它又变黄了,反映了胃和脾中有病,肠子消化食物要很长的时间,然后才能恢复以前的活力。"②

雷慕沙在博士论文中说:"'如果舌头是白色的,并且带有黏物,在尖部变黄',中医认为,'这是胃衰弱的症状,经常出现肠子消化很频繁且时间很长,恢复肠子以前的能力需要吃合适的食物'。"③

第二种:卜弥格介绍了中医舌苔是黑色的病状:

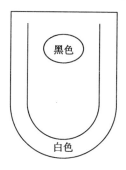

---

①　[波兰]卜弥格著,[波兰]爱德华·卡伊丹斯基译,张振辉、张西平译:《卜弥格文集:中西文化交流与中医西传》,上海:华东师范大学出版社,2013年,第365页。

②　[波兰]卜弥格著,[波兰]爱德华·卡伊丹斯基译,张振辉、张西平译:《卜弥格文集:中西文化交流与中医西传》,上海:华东师范大学出版社,2013年,第366页。

③　Abel-Renisat,*Dissertatio de Glossosemeiotice,Sive de signis morborum quae è linguâ sumuntur,praesertim apud Sinenses*,15,Parisiis:Ex Typis Didot Junioris,Typographi Facultatis Medice parisine,1813.

"舌头的中心部分如果变黑了,说明有很多水。阴阳不分,它们都混在一起了,病在深处,很危险。如果是浮脉,这种病还可以治好。如果是沉脉和洪脉,就要吃泻药;如果是沉脉、浮脉,又是洪脉,不必用药。"①

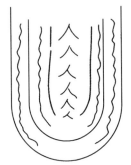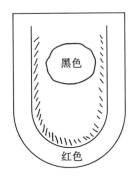

舌苔出现黑色有多种情况:

"舌上有一条条的黑线,说明阴的旧病复发。嘴唇大约有七天是红的。人体的第四部分手和脚发冷,阴使它们感到疲劳,肠子里面是空的,在第二和第三个位置上诊断的脉是软脉和绣脉。"②

雷慕沙在博士论文中说:"在中国人看来,黑色的舌头是最不幸的标志,或者覆盖了整个舌头的表面,或者是只覆盖了一部分:'如果舌头中间变黑,那么疾病很深而且很危险;如果脉搏浮且轻,应该通过出汗来治愈;如果脉搏深且实,应该清理肠胃;如果脉搏深、细,很微弱,那么没有任何治愈的希望;如果舌头上有黑线,差不多第七天的时候嘴唇变黑,脚和手发冷,脉搏特别细和慢。'"③

第三种:卜弥格介绍了中医舌苔是红色的病状:

---

① [波兰]卜弥格著,[波兰]爱德华·卡伊丹斯基译,张振辉、张西平译:《卜弥格文集:中西文化交流与中医西传》,上海:华东师范大学出版社,2013年,第367页。

② [波兰]卜弥格著,[波兰]爱德华·卡伊丹斯基译,张振辉、张西平译:《卜弥格文集:中西文化交流与中医西传》,上海:华东师范大学出版社,2013年,第368页。

③ Abel-Renisat, *Dissertatio de Glossosemeiotice, Sive de signis morborum quae è linguâ sumuntur, praesertim apud Sinenses*,16,Parisiis: Ex Typis Didot Junioris, Typographi Facultatis Medice parisine,1813.

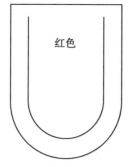
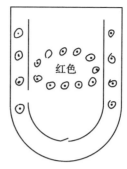

"舌头全是红的,说明病在太阳经。全身疼痛,脑子里感觉一片混乱,眼前天旋地转,嘴里发热,舌头干燥。尿是红的,发出难闻的气味。去了寒后,就来了温。如果是洪脉,病自体内,如果像浮脉,温自体外。

"舌头是红的,带有气泡和斑块,说明病人患的是热病,发高烧,阴和阳都混在一起。病人身上发冷,头疼,他的脉是沉脉和浮脉。"①

雷慕沙在博士论文中说:"舌头红,根据中医理论,'是由正在生发的热引起的病,病人浑身疼痛,头晕,目眩,口苦,舌干,身体内有大热,小便赤,困难。有时胸闷、涨,夜间烦躁,脉搏急促,嘴和舌头发红,发肿,嗓子疼痛。如果舌头变得更加红,伴有高烧,患者怕冷,头痛,脉象沉'。"②

第四种:卜弥格介绍了中医舌苔是黄色的病状:

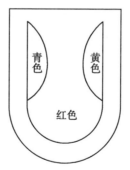

舌头部分发青,它的两边部分呈黄色,说明阳和阴不平衡。病人第一天感到头疼,全身发热,感到沉重,口渴,骨头好像被折断了似的。第二天,火进了鼻孔,

---

① ［波兰］卜弥格著,［波兰］爱德华·卡伊丹斯基译,张振辉、张西平译:《卜弥格文集:中西文化交流与中医西传》,上海:华东师范大学出版社,2013年,第368页。

② Abel-Renisat, *Dissertatio de Glossosemeiotice, Sive de signis morborum quae è linguâ sumuntur, praesertim apud Sinenses*, 14, Parisiis: Ex Typis Didot Junioris, Typographi Facultatis Medice parisine, 1813.

第三天话也说不清楚了。①

舌上有一层黄色的薄膜,中间有黑色的线条,像图画一样,说明病人中了毒,他的胸部发烧,毒侵入到了肠里,因此他日夜都感到难受,腹中排出的粪便部分呈白色,部分呈红色。②

舌头呈浅黄色,说明胃里塞满了东西,胃变硬了,通往胃里的管道被堵塞。大肠干燥,尿带红色,有黏性,是外感的病,但不知道是什么病。③

雷慕沙在博士论文中写道:"舌头变黄的现象也被中国人罗列出来了:'如果整个舌头变黄,或者呈浅黄舌,胃坚硬,腹部不畅通,肠干燥,小便赤色或不畅。有时患者说话特别多,不出汗。'如果舌头是黄色的而舌尖是红色斑点,像珍珠一样,说明肠里有热:这时病人发高烧;病人说话声音不和谐;全身疼痛;头好像被挤压了一样;心里被厌恶的事情填满。如果舌头中间呈黄色而周边是白色,病人经常

① [波兰]卜弥格著,[波兰]爱德华·卡伊丹斯基译,张振辉、张西平译:《卜弥格文集:中西文化交流与中医西传》,上海:华东师范大学出版社,2013 年,第 370 页。

② [波兰]卜弥格著,[波兰]爱德华·卡伊丹斯基译,张振辉、张西平译:《卜弥格文集:中西文化交流与中医西传》,上海:华东师范大学出版社,2013 年,第 371 页。

③ [波兰]卜弥格著,[波兰]爱德华·卡伊丹斯基译,张振辉、张西平译:《卜弥格文集:中西文化交流与中医西传》,上海:华东师范大学出版社,2013 年,第 372 页。

呕吐,咳嗽;头沉重,肾疼痛;等等。"①

　　通过这种介绍,雷慕沙说:"中国医生的天才和研究通过从舌头的不同颜色来诊病就已经可见一斑。"他在论文中并不是简单地介绍和翻译中医的舌诊方法和理论,他同时将中医的这套方法和欧洲的医学之父希波克拉底(Hippokrates of Kos,约前460—前377)做比较,最后他得出的结论是:"我清晰地对中国人从舌头的状态诊病及其与欧洲医学理论的契合进行了介绍。其内容丰富、翔实,显示出他们出色的智慧。"②

　　这样,我们可以清楚地看到卜弥格所翻译和介绍的中医理论,特别是所介绍的中医关于舌苔辨症和治疗的方法,为雷慕沙展开中医与西医的对比提供了基本的材料,成为他的博士论文的一个重要组成部分。由此,可以看到传教士汉学和专业汉学之间的联结与传承。

　　欧洲汉学到18世纪末和19世纪初发生了较大的变化,传教士汉学转变为"专业汉学"。法国汉学经过弗雷烈(Nicolas Freret)、傅尔蒙、黄嘉略这样的传承,到19世纪初,专业汉学诞生。在法国东方学中开始有了一个新的学科:汉学。如戴密微(Paul Demiéville,1894—1979)所说,1814年11月11日,法兰西学院汉语教授席位的创立使汉学研究的面貌大为改观。这不仅是对法国汉学,而且对整个欧洲汉学都是一个关键的日子。对中国的研究列为大学学科,这在西方世界还是第一次(在俄国直到1851年,在大不列颠直到1876年才进入大学学科,在欧洲其他国家那就更晚了,美国是最后)。担任第一个汉学教授的是当时年仅27岁的阿贝尔·雷慕沙。戴密微说他最初是攻读医学,1813年进行中国医学论文答辩,1811年由于他对"鞑靼"语言及1813年对中国语言文学的研究引起了人们的注意。

　　雷慕沙的代表性著作是《汉文启蒙》(Élémens de la grammaire chinoise)。

　　雷慕沙在汉语研究上具有重要的地位,他的《汉文启蒙》一书是继马若瑟之后,西方汉语史研究上最重要的著作。雷慕沙对马若瑟的汉语水平十分推崇,称

---

① Abel-Renisat, *Dissertatio de Glossosemeiotice*, *Sive de signis morborum quae è linguâ sumuntur*, *praesertim apud Sinenses*, 16, Parisiis: Ex Typis Didot Junioris, Typographi Facultatis Medice parisine, 1813.

② Abel-Renisat, *Dissertatio de Glossosemeiotice*, *Sive de signis morborum quae è linguâ sumuntur*, *praesertim apud Sinenses*, 19, Parisiis: Ex Typis Didot Junioris, Typographi Facultatis Medice parisine, 1813.

赞道:"传教中国诸教士中,于中国文学造诣最深者,当推马若瑟与宋君荣(Antoine Gaubil)二神父。兹二人之中国文学,非当时之同辈与其他欧洲人所能及。"①雷慕沙不仅仅是马若瑟《汉语札记》手稿的发现者,也是最早向学术界推荐和介绍这本书的人,并借此在学术刊物上发表书评,后来还和英国新教入华第一人马礼逊合作,最终促成了1831年由马六甲英华书院正式出版《汉语札记》的拉丁文版。何莫邪(Christoph Harbsmeier)在《中国的科学与文明》(*Science and Civilisation in China*)中"语言与逻辑"(Language and Logic)一卷也指出雷慕沙深受马若瑟启发,他的《汉文启蒙》在很大程度上是以马若瑟《汉语札记》的

研究为基础和参考的,其程度远比他在书中所承认的,也远比世人通常所认为的要大得多。②多年研究《汉语札记》的青年学者李真认为:马若瑟与雷慕沙各自在自己学术生涯的高峰期,以多年学习与研究汉语和中国文化为积淀,含英咀华,出尔授人,以示后学,分别著成代表自己汉语研究最高水平的《汉语札记》和《汉文启蒙》两部作品。在西方汉语研究史上,《汉语札记》与《汉文启蒙》可谓是两部承

① Abel-Rémusat, *Le P. J. Prémare*, *Missionaire a la Chine*, *Etudes Biographques*, Nouv. Mel. As., Ⅱ, Paris: SctSchubaxt Heidelofi, 829, pp.272—273.

② 何莫邪指出,"在马若瑟的时代,这部作品作为一部绝对令人惊叹的博学之作,大大超过了马若瑟前辈们的成就,此外,尚有争议的是,它的价值也超过了那些比它更为有名的著作,例如雷慕沙的《汉文启蒙》,正如我们看到的,雷慕沙的这本书也有选择地摘抄了马若瑟《汉语札记》"。雷慕沙的学生、德国汉学家、历史学家诺依曼(Carl Friedirch Neuman, 1793—1870)于1834年在《巴伐利亚编年》(*Die Bayerische Annalen*)发表一篇论文,通过详细的考证和比较,认为雷慕沙语法书的"古文"部分是从马若瑟的《汉语札记》摘录出来的。转引自李真论文《雷慕沙与马若瑟汉语语法著作比较研究》,张西平主编:《国际汉学》第一期,北京:外语教学与研究出版社,2014年,第127页。

PROGRAMME

DU COURS

De Langue et de Littérature chinoises
et de Tartare-Mandchou ;

PRÉCÉDÉ

*Du Discours prononcé à la première Séance
de ce Cours , dans l'une des Salles du Col-
lége royal de France , le 16 janvier 1815.*

PAR M. ABEL-RÉMUSAT,

Docteur en Médecine de la Faculté de Paris , Lecteur
et Professeur royal.

A PARIS,

CHEZ CHARLES, IMPRIMEUR, RUE DAUPHINE, N°. 56.

1815.

雷慕沙成为法兰西学院的第一位关于汉学研究的教授，

法兰西学院开创了西方汉学专业的事业

先启后的关键性著作，两者间有着不可忽视的继承与创新关系。① 学术界将雷慕沙的这本语法书评价为"第一部科学地从普通语言学的角度论述汉语语法的学术性著作"②，也是整个 19 世纪汉学家们着手研究的初始教材。"这部语法的出版标志着汉语研究在法国正式建立"③，"可称作第一部对汉语作逻辑综论及结构分

---

① 李真：《雷慕沙与马若瑟汉语语法著作比较研究》，张西平主编：《国际汉学》第一期，北京：外语教学与研究出版社，2014 年，第 134 页。

② ［法］艾乐桐著，张冠尧译：《欧洲忘记了汉语却"发现"了汉字》，载《法国汉学》第一辑，1996 年，第 182～198 页。

③ Ampère , Jean-Jacques , "La Chine et les travaux d' Abel Rémusat ," *Revue des Deux Mondes* , 1832 , p.388.

析的著作"①。

从卜弥格到雷慕沙,欧洲早期汉学完成了它从传教士汉学到专业汉学的转变。②

雷慕沙从未到过中国,他通过学习传教士所留下的学术遗产逐步进入了学术的殿堂,正如韩大伟所说的"法国汉学学派时期。这一时期的法国汉学家是自学且在家研习的学问家。他们没有亲身感受中国文化和语言的经历,却拥有文献学上的敏锐。他们首次发展了一套复杂的技术方法,不仅用于通过阅读使用文献,而且更为重要的是在文本传统之中批判地评估文献的价值和地位,并且大胆地提出独自的解释。这一种有助于汉学研究尝试的技术方法更多来源于对古典学术成就和比较语文学习方法的吸收,很少来自对中国注释传统的借鉴"③。

雷慕沙正是借助这种方法开启了对中国典籍的翻译。

(2)雷慕沙的中国典籍翻译简目

在雷慕沙的学术生涯中,对中国典籍的翻译是其重要的方面,据德国汉学家魏汉茂(Hartmut Walravens,1944—　　)统计的雷慕沙作品目录来看,雷慕沙的已出版和再版的论文、专著、评论等共 257 部。从下面这个简要的书目便可以看到他在中国典籍翻译上的贡献。④

(a)《汉文简要》(*Essai sur la langue et la littérature chinoises*,Paris et Strasbourg,1811)。此书是雷慕沙作为汉学家的第一次学术亮相,这部论文集中介绍

①　[法]贝罗贝:《二十世纪以前欧洲汉语语法学研究状况》,《中国语文》1998 年第 5 期,第 346 页。参阅董海樱:《雷慕沙与 19 世纪早期欧洲汉语研究》,载李向玉、张西平、赵永新编:《世界汉语教育史研究》,澳门:澳门理工学院,2005 年,第 124~132 页。[丹麦]龙伯克著,李真、骆洁译,张西平审校:《清代来华传教士马若瑟研究》,郑州:大象出版社,2009 年。李真:《马若瑟〈汉语札记〉研究》,北京:商务印书馆,2014 年。

②　关于雷慕沙的研究参阅龙伯格的《欧洲汉学的建立:1801—1805》(Knud Lundbaek,"The Establishment of European Sinology 1801 - 1815". Clausen,Starrs,eds.,etc.,*Cultural Encounters:China,Japan, and the West:essays commemorating 25 years of East Asian studies at the University of Aarhus*.Aarhus university Press,1995.)、《阿贝尔·雷慕沙与欧洲专业汉学研究的开始》(*Knud,Lundbaek*,"Notes on Abel Rémusat and the begining of academic sinology in Europe," *Actes du VIIe Colloque International de Sinology*.Chantilly 1992,Taipei,Paris:Ricci Institute 1995,pp.207-221)做了详细的研究。

③　[美]韩大伟:《传统与寻真:西方古典汉学史回顾》,载《世界汉学》第 3 期。

④　以下书目的介绍,参阅了佚名撰,马军译:《法国汉学先驱——雷慕沙传》,载阎纯德主编:《汉学研究》第五辑,北京:中华书局,2008 年,第 108~117 页;李慧:《雷慕沙〈汉语启蒙〉研究》抽样本。在此表示感谢。

了汉字的构造、六书、反切等知识，介绍了他所掌握的中文书如《三才图会》《书经》《说文解字》《易经》《礼记》等，最后附有一个详细的索引表。这本书看起来是汉语知识的介绍，但涉及对中国古代文化经典的大量翻译。

(b)《格勒诺布尔图书馆古董室藏玉牌汉文、满文刻字释义》(*Explication d' une inscription en chinois et en mandchou*,*extrait du Journal du département de l' Isère*,*no.*6 *de* 1812)。在文中，他除翻译刻字的意思外还猜测这块玉牌属于乾隆皇帝的某个妃子，并解释了原因。此文使年轻的雷慕沙被格勒诺布尔文学院聘为院士。

(c)《舌诊研究：中国人的理论与实践》。这是他取得医学博士学位的论文。他的关于中医研究的著作对于中医在西方的传播起了很大的推动作用。在论文中他大量使用了卜弥格的研究和翻译成果。

(d)《汉语字典计划》(*Plan d' un dictionnaire chinois*,*avec des notices de plusieurs dictionnaires chinois manuscrits*,*et des réflexions sur les travaux exécutés jusqu' à ce jour par les Européens*,*pour faciliter l' étude de la langue chinoise*,Paris,1814)。雷慕沙首先介绍了欧洲关于汉语的著作、传教士和学者，赞扬了叶尊孝的《汉字西译》①，然后他描述了一个宏大汉语词典计划：首先从汉语词典如《康熙字典》和《正字通》中挑出三四万个汉字，参考《海篇》给出异体字，按法语发音规则标出官话和方言的发音，然后加上同义词和反义词；每个汉字至少要有一个中文和法文双语例子。雷慕沙承认这样一部巨著一辈子时间都无法完成，编者需要遍读所有中国古籍。该文为后来人进一步研究西方汉语字典编纂史提供了极其珍贵的资料和线索，也更加确立了他在欧洲汉学界的地位，尽管这只是个词典编撰的计划，但文中提供了大量关于中国语言文字的古代典籍介绍。

(e)《汉、鞑靼-满族语言与文学课程计划，前附第一次课前演讲》(*Programme du cours de langue et de littérature chinoises et de tartares-mandchoues*,*précédé d' un discours prononcé à la première séance de ce cours*,de 16 janvier 1815,Paris)。这是雷慕沙在第一次汉、鞑靼-满族语言与文学讲座上发表的充满激情的演讲，在演讲中他介绍了汉语在欧洲的情况，批评欧洲人对汉语的漠视和偏见。在演讲中介绍了汉

---

① 李慧：《雷慕沙〈汉语启蒙〉研究》抽样本；关于《汉字西译》，参见杨慧玲：《叶尊孝的〈汉字西译〉与马礼逊的〈汉英词典〉》，载《辞书研究》2007 年第 1 期。

语学习的课程计划,课程内容包括《大秦景教碑》①研读、孔子作品研读等,这实际
是对中国古代文化典籍的介绍。

(f)《玉娇梨》(Lǔ-Kiao-li, ou les Deux Cousines),4 卷,巴黎,1826 年。在雷慕
沙翻译的《玉娇梨》中,绪论部分对中国小说和欧洲小说进行了对比。这是西方
汉学界第一次对中国通俗文学的翻译。此书一经推出便在法国和整个欧洲引起
反响,整个巴黎的沙龙都在讨论这部小说,司汤达、歌德都是这个译本的读者。
1827 年此译本被译为英文,立刻轰动了英国,英国文人被小说中体现出来的中国
人的道德观念所震撼。雷慕沙之前,中国文学的译介工作不受来华传教士重视。
而雷慕沙对才子佳人小说《玉娇梨》的翻译,打破了传教士汉学的传统,将中国世
俗文学引入欧洲人视野,法国汉学界对中国俗文学译介与研究进入自觉阶段②。

(g)《旭烈兀穿过鞑靼的远征》(Relation de L'expédition d'Hou langou au
travers de la Tartaire),这是他对元史的研究,内容译自中文,载《新亚洲论集》第 1
册,第 171 页。

(h)《关于西藏和布哈拉的一些人》(Sur quelques peoples du Tibet et de la
Boukharie),译自马端临《文献通考·条支》,载《新亚洲论集》第 1 册,第 186 页。

(i)《佛国记:法显于公元四世纪末的鞑靼地区、阿富汗和印度旅行》③(Foĕ-
kouĕ-ki, ou Relation des royaumes bouddhiques, Paris, Imp.roy., 1836)。这是雷慕沙的
遗作,由他的学生整理出版。当时,梵文和巴利文已经开始被欧洲人慢慢地解读,
但是佛教研究还几乎没有人涉及。可以说雷慕沙的这部译著和他对佛教的研究,
开创了欧洲佛教研究的先河。戴密微评价道:"该译本附有内容丰富的考证,而且
如果考虑到其时代、从事研究的工具书之匮缺以及当时西方对佛教几乎一无所知

---

① 关于《大秦景教碑》研究及与汉学的渊源,参见[德]基歇尔著,张西平等译:《中国图说》,郑州:大
象出版社,2010 年;林悟殊著:《唐代景教再研究》,北京:中国社会科学出版社,2003 年。
② 关于法国对中国文学的译介、研究史,参见钱林森教授编纂,外语教学与研究出版社出版的《法国
汉学论说中国文学》系列。
③ 阎宗临先生的《中西交通史》(广西师范大学出版社,2007)收录了他的《〈佛国记〉笺注》和《〈佛国记》
笺注后记》,在《〈佛国记〉笺注后记》中他说:"《佛国记》是佛教史的重要资料,也是关于国外
史的最早有系统的记录……1836 年雷慕沙译《佛国记》为法文后,外人译注者相继辈出,如比尔
(S.Beel)、翟理斯(H.A.Giles)、足立喜六等,引起史学界的重视和研究。"(第 274 页)

的状况，那么这部译著就格外惹人注目了。"①此外，在此书中我们可以发现有关古代印度乃至整个亚洲的历史、地理的汉文资料。对于亚洲历史、地理方面，雷慕沙给予了格外的关注，并发表了很多文章，这种从多学科、多国家角度研究中国和亚洲是当时法国汉学学派的倾向。

（j）《太上感应篇》（*Le livre des récompenses et des peines*）译自中文，加注释，1816 年。这是继耶稣会士刘应后对道教重要文献的翻译。

（k）《中庸》（*L' invariable milieu*）编译，1817 年②；此译本译自满语，参考了传教士的拉丁文译本，有拉丁文、法文注释，《前言》对"四书"进行了简介。雷慕沙在《汉文启蒙》前言中提到，它是欧洲第一次用汉语出版的书。在《汉文启蒙》后附有此书的汉字表，作为字典方便查阅，此书也是雷慕沙在汉语教学中极力推荐的阅读和翻译练习材料之一③。

（l）《真腊风土记》（*Description du Royaume de Camboàge, par un voyageur Chinois qui a vistié cette contrée à la fin du XIII siècle*, 1819）；《真腊风土记》是一部介绍位于柬埔寨地区的古国真腊历史、文化的中国古籍，由元代人周达观所著。雷慕沙是第一个将此书译为法文的人，此后伯希和进行了重译，此书成为西方汉学界了解东南亚历史的重要史料。

（m）《鞑靼语研究，或满语、蒙古语、维吾尔语与藏语语法与文学研究》第一卷［*Recherches sur les langues tartares, ou Mémoires sur la grammaire et la littérature des Mandchous, des Mongols, des Ouïgours et des Tibétains*, Paris：Imp. Roy., 1820, tome Ier（le seul publié）］。雷慕沙 1811 年开始学习满语，九年后出版了这本书，这是雷慕沙最重要的著作之一。第二卷一直没有出版，据说未完成的手稿在雷慕沙去世后被发现。"《汉文启蒙》和《鞑靼语研究》是现代汉学的奠基之作"④，在此书之后，

① ［法］戴密微：《法国汉学史》，见戴仁主编，耿昇译：《法国当代中国学》，北京：中国社会科学文献出版社，1998 年，第 27 页。

② 雷慕沙还翻译了《论语》《大学》《中庸》《书经》等，写有大量的论文，被收在《亚细亚论集》（*Mélanges Asiatiques*, 1825—1826）。许光华：《法国汉学史》，北京：学苑出版社，2009 年，第 106 页。

③ Abel-Rémusat, *Élémens de la grammaire chinoise*, Paris：Imprimerie Royale, 1822, p.xxx.

④ Jean Rousseau et Denis Thouard, *Lettres édifiantes et curieuses sur la langue chinoise*, Lille：Presses Universitaires du Septentrion, p.224.

鲜有汉学家甚至中国学者能掌握如此多的东方语言。此书不但显示了雷慕沙语言天赋和研究的功力,更体现他作为专业汉学家的研究思维:不局限于中国地区和汉语言文化,而是扩大视野,将整个亚洲视作整体来研究。"凭借这本书,他成为对蒙古语、满语、藏语及东突厥语的语系与语族进行分类和语法分析的第一位西方学者。"①

　　(n)《于阗史——古玉研究系列》(*Histoire de la ville de Khotan : tirée des annales de la chine et traduite du chinois*),巴黎,1822 年。这是他在《古今图书集成·边裔典》中找到于阗历史的记载,并将其译为法文,文章后附有一篇玉石研究。这是典型的雷慕沙风格,即通过翻译中文资料,运用地理、历史、自然等学科知识全方位研究中国及周边地区。雷慕沙的此类著作数量不少,如对中古陨石、火山的研究,对西藏原始部落的研究等。

　　(o)《老子的生平和学说》(*Mémoire sur la vie et les opinions de Lao-tseu*,Paris,Imp.Roy.,1823)。在这篇论文中,他还翻译了《道德经》的一些篇章,文中雷慕沙通过对老子思想的分析,大胆猜测老子来过西方并影响了毕达哥拉斯、柏拉图等人,这自然是无法求证的,实际上这里他是做了一个比较哲学的研究。根据这篇论文,雷慕沙的学生鲍狄埃和儒莲完整地翻译了《道德经》②。

　　(p)《基督教王公:法国国王与蒙古皇帝的外交关系研究》(*Mémoires sur les relations politiques des princes chrétiens et particulièrement des rois de France avec les empereurs mongols*,Paris,Imp.Roy.,1824)。此论文后附鞑靼王子信札与外交文献,并附有两封蒙古大汗自波斯寄给法王菲利浦四世的信。以后伯希和沿着雷慕沙的这个思路做了更为深入的研究③。雷慕沙对中西交通史很感兴趣,关于此领域他也有不少著述。

　　(q)《亚洲杂纂,或亚洲民族的宗教、科学、风俗、历史与地理研究选编》(*Mélanges asiatiques,ou Choix de morceaux de critiques,et de mémoires relatifs aux religions,aux sciences,aux coutumes,à l'histoire et à la géographie des nations orientales*,

————————————

①　董海樱:《16 世纪至 19 世纪初西人汉语学习研究》,北京:商务印书馆,2011 年,第 284 页。

②　Julien,*Le livre de la Voie et de la Vertu : composé dans le VIe siècle avant l'ère chrètienne,par le philosophe Lao-Tesu*,Paris,Impriemerie Royale,1842.

③　[法]伯希和著,冯承钧译:《蒙古与教廷》,北京:中华书局,1984 年。

Paris,1825)。这是五卷本的文集,包括两卷本《亚洲论集》、两卷本《新亚洲论集》和一卷《东方历史与文学遗稿集》①。《亚洲论集》和《新亚洲论集》收录了自1811年以来雷慕沙在众多刊物上发表的文章和一些单独出版的书的节选,包括他翻译的《论语》《大学》《中庸》《书经》等重要古典文化经典的内容,基本涵盖了雷慕沙所有的研究成果。《亚洲论集》主要收录的是文字、语言、翻译、文学方面的论文。《新亚洲论集》第一卷主要是历史方面的论文,第二卷是中国清朝皇帝、蒙古王子、哲学家、赴华传教士、汉学家等36人的传记,提供了中国历史的重要内容。

(3)雷慕沙的翻译成就

雷慕沙一生著作等身②,从以下简要的书目就可以看出他在中国古代文化典籍上所下的气力和所取得的成就,他在翻译上的成就可以概括为以下四点:

第一,他是19世纪西方对中国典籍翻译的最早推动者。

雷慕沙于1815年1月16日开始在法兰西学院开课,他使用的汉语教材主要是来华耶稣会士马若瑟的《汉语札记》(Notitia Linguae Sinicae),马若瑟这本书的特点就在于将中国古代文化典籍中的例句放入语法书中,雷慕沙受其影响,在他编写的《汉文启蒙》一书中也收入了不少中国典籍的例句,这实际开始了19世纪中国典籍西译的第一步。19世纪在对中国经典的翻译上的成就远远超过18世纪,而这个起点则是雷慕沙。

第二,他首次翻译了中国佛教典籍文献。

来华耶稣会士在中国典籍的翻译上是很勤奋的,但由于受其传教立场的影响,他们在对中国典籍的翻译上存在着局限性。这和他们的宗教立场有关,因为来华耶稣会士遵循的是利玛窦的"合儒易佛"的传教路线,他们对佛教评价不高,也基本上没有翻译关于中国佛教的典籍。而雷慕沙没有耶稣会的宗教立场,他开始翻译《佛国记》。这是西方汉学史上第一篇关于佛教典籍的翻译③。

---

① Abel-Rémusat,*Mélanges posthumes d'histoire et de littérature orientales*,Paris:Imprimerie Royale,1843.

② 关于雷慕沙的研究,近年来也引起了学术界的重视,如德国汉学家、目录学家魏汉茂的 *Zur Geschichte der Ostasienwissenschaften in Europa:Abel Remusat(1788-1832)und das Umfeld Julius Klaproths(1783-1835)*,Wiesbaden:Harrassowitz,1999。书中收录了雷慕沙的详细目录和有关雷慕沙的研究目录。参阅许光华:《法国汉学史》,北京:学苑出版社,2009年。

③ 阎宗临在《〈佛国记〉笺注后记》中已经注意到雷慕沙的工作,"从1836年,雷慕沙(A. Rémusat)译《佛国记》为法文后,外人译注相继辈出,如比耳(S.Beel)、翟理斯(H.A.Giles)等,引起史学界的重视与研究"。见《阎宗临史学文集》,太原:山西古籍出版社,1998年,第416页。

第三,他更加关注对中国文学作品的翻译。

来华耶稣会士对中国古典文学长时期是没有兴趣的,他们的兴趣主要集中在哲学和宗教上。法国耶稣会士入华后情况有所改变,马若瑟翻译了元杂剧《赵氏孤儿》,殷弘绪翻译了《吕大郎还金完骨肉》《庄子休鼓盆成大道》《怀私怨狠仆告主》和《六月雪》四部小说。① 但总体上对文学的兴趣仍比不上他们对宗教,乃至对中国科学的兴趣。作为上帝的臣民,他们远离世俗生活,很自然对这些才子佳人、缠绵婉转的文学作品不感兴趣。但雷慕沙作为一个大学教授,他没有传教士的这些心态和限制,自然对中国人的世俗生活和内心精神世界比较关心。这就是译介学所说的翻译主体的文化身份对翻译的影响。当然,对雷慕沙来说,这不仅仅是一种个人身份的不同所造成的不同翻译文本的选择,雷慕沙作为一个汉学家,他实际上从学术的角度揭示出了传教士在翻译中国典籍上的这些缺陷与后果,他说:"传教士有较多机会到中国人的政治生活和张扬外露的活动中去观察中国人。但他们很少有机会深入到他们的内心生活中去,很少有机会参与他们的家庭事务。而且他们勉强隐约看到的只不过是半数左右的民众。"而在他看来"人与人之间的关系,人的弱点、爱好、道德习性甚至社会语言,这就是中国作品——中国小说、中国戏剧最常见的主题"②。他认为,中国古代的小说和法国的小说一样,对生活细节有深入的描写,充满了感人之处。正因此,他所翻译的《玉娇梨》开启了 19 世纪中国古代小说西传的历程。

第四,雷慕沙的《汉文启蒙》对介绍中国古代文化经典的贡献。

《汉文启蒙》是雷慕沙最重要的代表作,这本书不仅在西方汉语研究史上具有重要的学术意义,同时它也是对中国古代文化经典的最好的介绍③。雷慕沙的《汉文启蒙》语言材料主要来自来华传教士前期的研究,这本书中汇集了来华传

---

① 张西平:《欧洲早期汉学史:中西文化交流与西方汉学的兴起》,北京:中华书局,2008 年,第 496~498 页。

② [法]雷慕沙:《玉娇梨》序言,载钱林森编:《法国汉学家论中国文学:古典戏剧和小说》,北京:外语教学与研究出版社,2007 年,第 66 页。

③ 参阅姚小平:《西方语言学史》,北京:外语教学与研究出版社,2012 年;[德]威廉·冯·洪堡特著,姚小平译:《论人类语言结构的禅意及其对人类精神的发展》,北京:商务印书馆,1999 年。

教士所翻译的大量中国历史文献的内容。①

在中国古代文化经典的介绍上,雷慕沙的《汉文启蒙》有一个突出的特点。在研究中国语言时,在书中提供了大量的中国古代文化经典的例句。例如,"学而时习之""家齐而后治国""王往而征之""王何必曰利"等,这种做法继承了马若瑟《汉语札记》的特点,在《汉语札记》中有1万多条中国古代文化经典的句子,雷慕沙在数量上还达不到马若瑟的程度。雷慕沙所引的这些例句大都来自《诗经》《书经》《论语》《孟子》《大学》《中庸》《易经》《孝经》《礼记》《道德经》《左传》《史记》《字汇》《康熙字典》《孔安国》《淮南子》《金瓶梅》《玉娇梨》《好逑传》等。在这个意义上,这本书也可以作为一个中国古代文化读本来看。

« La piété filiale est la source des bonnes actions, la plus illustre des » vertus, et le commencement de l'humanité et de la justice. »

第五,雷慕沙较早地总结了自己翻译中国典籍,特别是翻译中国古代小说的经验和体会,这对我们系统研究中国典籍外译的特点与规律是十分重要的,我们

① 从时代而言,在他写作《汉文启蒙》时,前人在汉语研究和汉语资料积累方面已取得了丰硕成果,这些成果成为他写作的起点。书的前言中对欧洲汉语语法研究史有一段长达13页的学术史的梳理和评价,作者依次介绍了瓦罗的《华语官话语法》、马若瑟神父的《汉语札记》、巴耶尔的《中国博览》、傅尔蒙的《中文沉思》和《中国官话》、马士曼的《中国言法》、马礼逊的《通用汉言之法》及一些手稿作品。尽管雷氏对这些材料的评价比较苛刻,但它们都是雷慕沙编写汉语语法的参考,他坦言:"我们能轻松地承认此部语法中的许多例子,或来自马若瑟的作品,或来自前文提到的其他作者,对于这种著作,'发明'并不值得宣扬。"字典方面,叶尊孝的《汉字西译》和克拉普洛特编的《汉字西译补》是雷慕沙的重点参考资料,无论是在前言、附录还是在正文中,作者都多次提及和引用。马礼逊《华英字典》也受到作者的格外关注。传教士的中国经典翻译是雷慕沙排例句的重要参考,他在前言和附录第四部分"皇家图书馆主要中国作品"中提到的有殷铎泽和卫方济(François Noël,1651—1729)译的宋君荣(Antoine Gaubil,1689—1759)翻译的《书经》,孙璋(Alxander de la Charme,1695—1767)译的《诗经》,雷孝恩(Jean-Baptiste Régis,1663—1738)译的《易经》,卫方济译的"四书"和《孝经》,马士曼译的《论语》和《大学》。参阅李慧《雷慕沙〈汉语启蒙〉研究》抽样本。

在下面的翻译一章还会专门谈到这一点。①

雷慕沙对中国典籍翻译的这个学术传统被他的后继者继承了下来,19世纪凡是在法兰西学院汉学教授这个位置上的汉学家都在中国典籍的翻译上做出了自己的贡献。②

(4)儒莲的翻译成就

儒莲(Stanialas Julien,1797—1873)"是19世纪中叶欧洲汉学界无可争辩的大师"③。他在1832年接替雷慕沙在法兰西学院的职位,"他也一举表现为其时代最大的汉学家。他非常年轻的时候,便学习了希腊语、阿拉伯语、希伯来语、波斯语、梵语,并向雷慕沙学习了汉语,雷慕沙同样也向他传授满语。儒莲的最早著作之一,却是根据一种满文本而将《孟子》译成拉丁文(1824年)。我们在这一方面必须提到,许多西方学者都使用了中国古文献的满文译本。因为满语比古汉语更为接近欧洲的句法,也会出现更少的诠释问题"④。一直到1873年去世,"儒莲是学院派汉学家研究领域中真正的裁决者"⑤。他在中国典籍的翻译上用力极勤。他的学术处女作就是上面戴密微提的从满文翻译成拉丁文的《孟子》⑥,1835年他出版了道教的重要文献《太上感应篇》(内附了四百个传说、逸闻和史实),⑦

---

① 如今的翻译理论绝大多数来源于西方,但这些西方翻译理论从未像汉学家那样涉及中国典籍的西译,而主要是讨论在西方语言之间的转换与翻译,中国翻译学界所积累下的翻译经验主要是外译中,无论是对佛教翻译实践的总结还是对近代以来对西学翻译的总结,因此,如何总结西方汉学家翻译中国典籍的经验是一个值得关注的问题。因为,中国文化走出去,中国无论当代学术经典还是中国古代文化典籍,翻译的主力军还是各国的汉学家,而不是中国的学者。

② 李慧:《欧洲第一位专业汉学家雷慕沙》,载《国际汉学》,2015年第1期,北京:外语教学与研究出版社,2015年。

③ [法]戴密微:《法国汉学研究史概述》,载《汉学研究》第一辑,北京:中国和平出版社,1996年,第34页。

④ [法]戴密微:《从法国汉学到国际汉学》,载戴仁编,耿昇译:《法国中国学的历史与现状》,上海:上海辞书出版社,1998年,第23页。

⑤ [美]吉瑞德(Norman J.Giradot)著,段怀清等译:《朝觐东方:理雅各评传》,桂林:广西师范大学出版社,2011年,第317页。

⑥ *Meng-tseu vel Mencium inter Sinenses philosophos, ingenio, doctrina, nominisque claritate Confucio proximum edidit, latina interpretatione, et perpetuo commentario*,1824-1829.

⑦ 马军指出,"*Le livre des Recompenses et des peines en Chinois et en Francais;accompagné de quatre cents légendes, anecdotes et histoires qui font connaître les doctrines, les croyances et les moeurs de la secte des Taotsse*"。此文的英文译文发表在卢公明(J.Doolittle)所编的《英华萃林韵府》(*Vocabulary and Handbook of the Chinese Language*)第2卷,参阅[法]高第著,马军译:《法国近代汉学巨擘——儒莲》,载阎纯德主编:《汉学研究》第8集,北京:中华书局,2004年。

1842 年他又翻译了《道德经》，虽然在法语学术界这只是第三个译本，但仍具有重要的学术价值。①

儒莲对中国古代文学十分感兴趣，他先后翻译了《元人百种曲》中《灰阑记》②和《赵氏孤儿》(*Tchao-chi-kou-eul*, *ou l'orphelin de la Chine*)。1834 年儒莲翻译了《白蛇精记》(*Blanche et Bleue ou les deux couleuvres-fées*, Paris, Charles Gosselin)，1860 年他又翻译了《平山冷燕》(*P'ing-Chan-lin-Yen*, *les deux jeunes filles lettrées*)。③ 1859 年他从《语林》中翻译了《印度中国喻言神话杂译集》④，1863 年在继雷慕沙之后再次将《玉娇梨》翻译成法文。他还翻译了选自《三国演义》《古今传奇》《醒世恒言》等著作的文学作品，以《中国小说》(*Nouvelles Chinoises*) 为名出版，同时在学术刊物上他还选译了《醒世恒言》部分内容，以《刘小官雌雄兄弟》(*Tse hiong hiong ti*) 为名发表。

儒莲继承了雷慕沙对佛教研究的传统，翻译了《大慈恩寺三藏法师传》⑤和《大唐西域记》⑥，这是欧洲汉学界对中国佛教经典文献的一次系统介绍。对中国历史文献的翻译还有译自《古今图书集成·边裔典》的《突厥历史资料》⑦。

儒莲对中国工艺也很感兴趣，1837 年他翻译了中国古代农业著作《桑蚕辑要》⑧。这篇译文先后被翻译成了德文、英文、俄文、希腊文和意大利文。他于 1856 年所翻译的《景德镇陶录》是继耶稣会士殷弘绪(François-Xavier d'Entrecolles, 1662—1741)后，西方对中国陶瓷工艺的最详尽介绍。⑨ 另外，他还翻译了《天

---

① *Lao-tseu Tao te King*, *Le livre de la Voie et de la Vertu composé dans le VI siècle avant l'ère chrétienne par le philosophe Lao-tseu*, *traduit en français*, *et publié avec le texte chinois et un commentaire perpetual*, Paris：Imprimerie Royale, 8 vol.

② *Hoei-lan-ki*, *ou l'histoire du Cercle de Craie*, *drame en prose et en vers*. 1832 年在伦敦出版。

③ 儒莲在中国戏剧翻译上的成就，李声凤做了很好的研究，参阅李声凤：《中国戏曲在法国的翻译与接受(1789—1870)》，北京：北京大学出版社，2015 年。

④ *Les Avadânas*, *contes et apologues indiens inconnus jusqu'a ce jour suivs de Fables*, *de Poésies et de Nouvelles chinoises*.

⑤ *Histoire de la Vie de Hiouen-Thang et de ses Voyanges dans L'Inde*; *depuis l'an 629*, *jusqu'en 645*, *par Hoei-li et Yen-Thsong*; *suivie de documents et d'eclaircissements géographiques tiré de la relation originale de Hiouen-Thsang*, 1853.

⑥ 译名：*Voyages du pélerin Hiouen-tsang*。

⑦ 译名：*Documents historiques sur les Tou-Kioue* (*Turcs*)。

⑧ 译名：*Résumé des principaux traites chinois sur la culture des mûriers*, *et l'éducation des vers-de-soie*。

⑨ *Histoire et Fabrication de notes et d'additons par M.A.Salvetat…et augmenté d'un Mémoire sur la porcelaine du Japon*, *traduit du Japonais par M.Le Docteur J.Hoffmann*, 1856.

工开物》①《关于中国木版印刷、石印和活字印刷的资料》②《公元六世纪的中国印刷术》等一系列的中国工艺文献材料。

儒莲对中国古代文化有着浓厚的兴趣,他还翻译了《三字经》《千字文》等一系列的中国古代的短篇文献,作为汉语教材的基本内容。"法国汉学虽然上承17、18世纪传教士的工作,奠基于雷慕沙,但由于雷慕沙语言天赋相对不足,加之英年早逝,因此并未完成法国汉学的整体建构,真正将雷慕沙的诸多构想转变为现实,勾勒出近半个世纪内法国汉学研究蓝图的是其后继者儒莲。"③

儒莲1874年离开法兰西学院后,德理文侯爵(Marquis d'Hervey de Saint-De-nys,1823—1892)继承了这个位置。德理文继承了雷慕沙和儒莲的事业,将中国典籍的翻译作为其重要任务。1835年出版了《近代中国或有关这个庞大帝国的历史和文学的文学记载》,"首次对中国小说、戏剧做总体介绍"④。他"开启了对中国诗词研究之先河……他的《唐诗》(1863年)是一部诗选,其前面附有对中国作诗技巧的研究文章。其译著《离骚》(1870年)以一种略显松散的语言选译,但它却在法兰西第二帝国的文学沙龙中颇受好评。他提供了取自《今古奇观》文集中的十一个故事的法译本,连同其巨著《中国藩部民族志》(1867—1883)形成了一部著作最新奇的部分"⑤。而后来的巴赞(Antoine Bazin,1799—1863),也是将中国古代文化的经典翻译作为重要工作,他翻译了一些元曲(《中国戏曲》,1838

---

① 译名:*Sur Le Vermillon Chinois*。

② 译名:*Documents sur L'art d'imprimer d L'aide de planches en bois,de planches en pierre,et des types mobiles,inventés en Chine*。

③ 李声凤:《中国戏曲在法国的翻译与接受(1789—1870)》,北京:北京大学出版社,2015年,第86页。

④ 钱林森编:《法国汉学家论中国文学:古典戏剧和小说》序言,北京:外语教学与研究出版社,2007年。

⑤ [法]戴密微:《从法国汉学到国际汉学》,载戴仁编,耿昇译:《法国中国学的历史与现状》,上海:上海辞书出版社,1998年,第24页。"在19世纪,德理文曾先后出版过三个《今古奇观》小说的选译本,它们分别是《中国小说三篇》(1885),收入《今古奇观》第39卷《夸妙术丹客提金》、第10卷《看财奴刁买冤家主》和第27卷《钱秀才错占凤凰俦》;《中国小说三篇》(1889),收入第23卷《蒋兴哥重会珍珠衫》、第25卷《徐老仆义愤成家》和第33卷《唐解元玩世出奇》;以及《中国小说六篇》(1892),收入第32卷《金玉奴棒打薄情郎》、第38卷《赵县君乔送黄柑子》、第4卷《裴晋公义还原配》、第11卷《吴保安弃家赎友》、第37卷《崔俊臣巧会芙蓉屏》和第24卷《陈御史巧勘金钗钿》,这三个选本共收入了《今古奇观》12篇小说。1999年,这12篇小说的法文译本由巴黎'中国蓝'(Éditions Bleu de Chine)出版社分两册重印:《中国小说六篇》。"参阅许光华:《法国汉学史》,北京:学苑出版社,2009年,第117页。

年;《㑇梅香》《合汗衫》《货郎担》《窦娥冤》《琵琶记》,1841年),对元代文学勾勒出了一幅美好的图画(《元朝的世纪》,1850年)①。

雷慕沙和儒莲等都未到过中国,他们都是按照西方语文学传统来做学问的,在推动中国典籍的翻译方面做了重大的贡献,在19世纪上半叶留下重重的一笔。

笔者认为,在讨论19世纪中国典籍外译历史时,法兰西学院的汉学教授作为一个团队有两个特点是很突出的。

首先,他们大大开拓了中国典籍翻译的范围,从而开始了汉学研究的新时代。他们再没有受到来华耶稣会士汉学家因为传教对其学术才华的限制,而是完全按照西方学术的传统和世俗的审美眼光来判断中国历史文化。在雷慕沙、儒莲、巴赞这些世俗汉学家看来,中国古代思想呈现出了多样性和丰富性,儒家是重要的,由此,雷慕沙翻译了《中庸》,儒莲翻译了《孟子》,但儒学不是中国文化的全部。他们没有仅仅停留在对儒学的翻译上,而是开始转向对佛教文献的翻译,对道教文献的翻译上。在以往来华耶稣会士那里佛教和道教都是作为负面影响存在的,尽管后来法国来华的耶稣会士刘应等人也做过一些佛教和道教的研究与介绍②,但他们没有像雷慕沙和儒莲这样对佛教和道教的基本文献展开深入的研究和翻译。这是19世纪专业汉学与此前的传教士汉学的重要区别。同时,他们将眼界扩大到对中国古代世俗文学的关注。明清之际的来华传教士基本上对中国古代文学是不感兴趣的③。即便马若瑟翻译了《赵氏孤儿》,但由于道白没有翻译,留下很多遗憾。儒莲重新翻译《赵氏孤儿》弥补了这一缺陷。儒莲在《赵氏孤儿》的法文译本序言中说得很清楚:"在理解剧中诗词的过程中,汉学家们将会发现一个新的文学分科,这门学科的难度令中国人也望而生畏,对欧洲人则完全是个谜。现在我们可以以这个剧本为入门来研究这门学科,不过还必须涉及部分文献学,虽然文献学完全是另一类学科,但却与我们的研究有关,在此,我们再重复一遍:

---

① ［法］戴密微:《从法国汉学到国际汉学》,载戴仁编,耿昇译:《法国中国学的历史与现状》,上海:上海辞书出版社,1998年,第24页。

② 刘应写过《论道教》《婆罗门教派》《婆罗门教简介》等书。参阅［法］费赖之著,冯承钧译:《在华耶稣会士列传及书目》(上),北京:中华书局,1995年,第457页。

③ 唯一的例外是法国来华耶稣会士马若瑟(Joseph-Henri-Marie de Prémare,1663—1735),他不仅在自己所写的《汉语札记》中大量引用了《诗经》等古代文学的内容作为语言材料,同时,将《赵氏孤儿》翻译成法文,还用章回小说体写了篇来华耶稣会士唯一的一篇中文小说《儒交信》。宋莉华:《传教士汉文小说研究》,上海:上海古籍出版社,2010年。

我们在《灰阑记》的序言中已广泛探讨了中国诗歌中的难点,该剧的译本于1832年由伦敦的东方译著委员会出资印行。"①

雷慕沙和儒莲都是法国大革命时代后的东方学者,当时法国的文化倾向也决定他们在从事汉学研究时不会再跟随当年入华耶稣会士的文化路线,宗教的多样性和启蒙运动的文化观都对他们产生了影响②。在这个问题上,他们甚至比19世纪后半叶来华的新教传教士汉学家思路还要开阔,这点我们在下面的研究中会看到,即便是天才般的英国汉学翻译家理雅各,他翻译中国典籍的范围也无法和这些法国前辈们相比。实际上,来到中国的19世纪的新教的汉学家们,由于宗教的倾向,他们开始又回到了利玛窦的传统上。在对中国古代小说、文学、戏剧的翻译上,这些侨居中国的外交家和传教士组成的汉学阵营仍然无法与雷慕沙和儒莲的团队相抗衡。

其次,作为一个机构,法兰西学院的汉学教授们表现出了极大的学术传承性,从而奠定了法国汉学在西方世界的地位。儒莲在接替了雷慕沙的教席位置后再次翻译了《玉娇梨》这部小说,因为,雷慕沙在翻译时完全无法理解小说中的诗词部分,认为自己无法将小说中的有隐喻性的诗词翻译出来,他说:"中国诗歌确实不可翻译,可以说常常是很难理解的。"③当儒莲重新开始翻译这本书时,他努力突破老师遇到的困难,他将小说的诗词、隐喻都采用注释的办法,从而使读者更为容易地阅读小说,如他所说"如不是我在书页下面增添了大量的注解,一般人实在无法理解这些典故的意义"④。不仅在具体的文本上,在翻译的范围上,他们也有着学术接承,雷慕沙翻译了《佛国记》,儒莲接着翻译了《大慈恩寺三藏法师传》和《大唐西域记》。儒莲后他的学生毕瓯(E. Biot,1803—1850)、巴赞,他的教授席位的接任者德理文(Marquis d'Hervey de Saint-Deny,1822—1892)在中国典籍的翻

---

① [法]儒莲:《赵氏孤儿》法译前言,载钱林森编:《法国汉学家论中国文学:古典戏剧和小说》,北京:外语教学与研究出版社,2007年,第1页。

② 参阅罗芃、冯棠、孟华:《法国文化史》,北京:北京大学出版社,1997年;[法]丹尼尔·罗什著,杨亚平等译:《启蒙运动中的法国》,上海:华东师范大学出版社,2011年;董小川著:《现代欧美国家宗教多元化的历史与现实》,上海:上海三联书店,2008年。

③ 钱林森编:《法国汉学家论中国文学:古典戏剧和小说》,北京:外语教学与研究出版社,2007年,第83页。

④ 钱林森编:《法国汉学家论中国文学:古典戏剧和小说》,北京:外语教学与研究出版社,2007年,第96页。

译上都有着不俗的成绩。详细地展开这些汉学家在中国典籍翻译上的成就不是本书的任务,我们这里只是勾勒出19世纪上半叶法兰西学院以雷慕沙和儒莲为核心的这个法国学派作为一个机构和团队在中国典籍外译上的地位。① 由此来说明,"以儒莲、大巴赞为代表的19世纪法国汉学家,是继马若瑟、德庇时等少数先行者之后将中国戏曲引入西方世界的重要力量。无论从汉学史抑或戏剧西传史的角度来看,其工作价值与意义都是不容忽视的"②。正是在雷慕沙和儒莲的基础上,法国汉学在19—20世纪才大放光彩。

2.人物——新教来华传教士中国典籍翻译的奠基者:马礼逊

19世纪西方汉学是一个专业汉学与传教士汉学共存、共荣的时代。在这个世纪专业汉学正式进入西方大学教育体系,与此同时,新教传教士入华后,天主教传教士再次入华,传教士汉学发展到它的新阶段。

因此,如果我们研究19世纪西方对中国古代典籍的翻译时,除了要注意在欧洲本土依托专业的汉学机构进行中国典籍翻译的汉学家,来华的新教传教士则是我们必须注意的一个方面,因为,在19世纪的中西文化关系中,新教传教士的研究最少,却是最有意义的。③

我们首先关注的就是最早来到东方的新教传教士马礼逊对中国典籍的翻译和介绍。④

马礼逊来中国前伦敦传教会(London Missionary Society)交给他三个任务:学

---

①　关于法国汉学历史,参阅 David B. Honey, "Incense at the Altar: Pioneering Sinologists and the Development of Classical Chinese Philology," *American Oriental Society*, Vol. 65.4(2001), pp.225-227; [法]戴仁主编,耿昇翻译:《法国当代中国学》,北京:中国社会科学出版社,1998 年;许光华:《法国汉学史》,北京:学苑出版社,2009 年;[法]马伯乐著,任晓笛、盛丰译:《马伯乐汉学著作选译》,北京:中华书局,2014 年;[法]沙畹著,邢克超选编,邢克超等译:《沙畹汉学论著选译》,北京:中华书局,2014 年。法国是一个汉学研究大国,大师如云,这里不再一一列举他们的著作。

②　李声凤:《中国戏曲在法国的翻译与接受(1789—1870)》,北京:北京大学出版社,2015 年,第 3 页。

③　S.W.Barnett and J.K.Fairbank, *Christianity in China: Early Protestant Missionary Writings*, Cambridge: Harvard University Press, 1985, p.2.参阅[美]费正清著,吴莉苇译:《新教传教士著作在中国文化史上的地位》,载《国际汉学》第九辑,郑州:大象出版社,2003 年,第 119~131 页。

④　关于基督新教来华史的研究,参阅苏精:《马礼逊与中文印刷出版》,台北:学生书局,2000 年;《中国,开门! 马礼逊及相关人物研究》,香港:基督教中国宗教文化研究社,2005 年;《上帝的人马——十九世纪在华传教士的作为》,香港:基督教中国宗教文化研究社,2005 年。李志刚:《基督教早期在华传教史》,北京:商务印书馆,(出版时间不详)。谭树林:《马礼逊与中西文化交流》,杭州:中国美术学院出版社,2004 年。张西平、程真:《马礼逊研究文献目录》,张西平、彭仁贤、吴志良主编:《马礼逊研究文献索引》,郑州:大象出版社,2008 年。

习中文、编撰中英文词典和翻译《圣经》。他在完成这三个任务的过程中,除翻译《圣经》外,其余两个任务在完成的进程中都涉及了对中国古代文化典籍的翻译。我们先看中文学习对他翻译中国典籍的促进。马礼逊在英国时就开始跟着一个留英学习的中国人容三德(Yong-Sam-Tak)学习汉语①,同时在英国看到了巴黎外方传教会的白日昇的《圣经》中文译本,也用过方济各会来华传教士叶尊孝(Basilio Brollo,1648—1704)的《拉汉词典》的手稿②。1807年5月马礼逊入华后,继续加强中文学习,"来华一年后他已经进而研读'四书'了"③。这说明马礼逊在他的中文教师的帮助下进步很快④。马礼逊对中国典籍的翻译不仅表现在以上这些著作中,在他的《汉英英汉词典》中也有着大量的对中国典籍文化的介绍⑤。这一点我们应注意,在早期的传教士所编写的汉语—英语双语学习词典中有着大量的中国典籍文献的翻译,这是西方读者了解中国古代文献的一个重要途径⑥。

马礼逊在马六甲创办的英华书院,开启了近代针对中国的外语教育、基督教教育之先河,同时,也开启了19世纪基督教新教的中国典籍翻译之先河。

马礼逊在建立中国最早的印刷所时,一方面开始将其中文作品印刷出版,同时也开始尝试将中国的典籍和中国的重要历史文献翻译成英文出版。*Translation*

---

① "经过伦敦会交涉,容三德于一八零五年十月搬到伦敦和马礼逊同住,以便教学中文,并先后协助抄写莫理斯提及的那部大英博物馆所藏的中文新约,以及英国皇家学会(The Royal Society)借予的一部拉丁中文字典,以备马礼逊携带来华。"参阅苏精:《中国,开门!马礼逊及相关人物研究》,香港:基督教中国宗教文化研究社,2005年,第20页。

② 参阅杨慧玲:《19世纪汉英词典传统:马礼逊、卫三畏、翟理斯汉英辞典的谱系研究》,北京:商务印书馆,2012年。

③ 参阅苏精:《中国,开门!马礼逊及相关人物研究》,香港:基督教中国宗教文化研究社,2005年,第46页。

④ "1808年9月,马氏记录了他的助手和他一起读'四书'的情景。马氏在1809年从汉文教师高先生认真研读儒教经典。在该年的前半期,他读毕《大学》和《中庸》,并开始阅读《论语》。同年9月,已读毕《论语》过半……1810年末,马氏则致书友人和伦敦会董事讨论儒家经典。这些函件是他日后论列儒教的基础。"参阅龚道运:《近世基督教和儒教的接触》,上海:上海人民出版社,2011年,第22页;参阅[英]艾莉莎·马礼逊编,杨慧玲等译:《马礼逊回忆录》第1~2卷,郑州:大象出版社,2007年。

⑤ 朱凤:《试论马礼逊〈五车韵府〉的编纂方法及参考书》,张西平、吴志良、彭仁贤主编:《架起东西方文化交流的桥梁:纪念马礼逊来华200周年学术研讨会论文集》,北京:外语教学与研究出版社,2011年。

⑥ 在卫三畏的《拾级大成》(*Easy Lessons in Chinese*,1842)中大量的语言练习内容是取自《三国演义》《聊斋志异》《子不语》等文献。参阅顾钧:《卫三畏与美国早期汉学》,北京:外语教学与研究出版社,2009年,第54页;杨慧玲著,李宇明、张西平编:《19世纪汉英词典传统:对马礼逊、卫三畏、翟理斯汉英词典谱系研究》,北京:商务印书馆,2012年。

英华书院外观图

from the Original Chinese with Notes(《中文英译》)①是马礼逊在澳门印刷所出版的第一本书,"本书主要内容是嘉庆皇帝的六道诏谕,第一道是1813年70名天理教徒潜入北京达三天之久才遭肃清后发布的谕旨,其他五道则出自1814年《京报》中,分别关于国家采用法律及社会秩序等问题。马礼逊因担任广州商馆翻译而便于获得这些资料,并加以英译向西方国家报道中国现状。本书之末是马礼逊翻译的唐代诗人杜牧的七言律诗《九日齐山登高》"②。这说明,从一开始马礼逊就关心对中国古代典籍的翻译。在我们有限的篇幅中不可能对马礼逊所有的关于中国研究的著作加以研究,这里我们仅仅选择了他的三本著作,作为了解他对中国古代文化介绍和研究的切入点,由此初步了解19世纪上半叶中国文化在英国的传播情况。

(1)马礼逊的《中国通俗文学译文集》

《中国女神:中国通俗文学译文集》(*Horae Sinicae : Translations from the Popular Literature of the Chinese*,London:Black and Parry,1812)是马礼逊翻译中国典籍的主要成果。马礼逊在谈自己学习汉语时讲到他所做的中国典籍的翻译,他说:"我补充一句,虽然我翻译了大量的公文信函,也翻译了两本中国蒙童读物,此外

---

① ［英］马礼逊:*Translation from the Original Chinese with Notes*, Canton:East India Company Press, 1815,p.42。

② 苏精:《中国,开门! 马礼逊及相关人物研究》,香港:基督教中国宗教文化研究社,2005年,第285页。

HORÆ SINICÆ:

TRANSLATIONS

FROM THE

POPULAR LITERATURE

OF THE

𝕮𝖍𝖎𝖓𝖊𝖘𝖊.

———

BY THE

REV. ROBERT MORRISON,

Protestant Missionary at Canton.

———

LONDON:
PRINTED FOR BLACK AND PARRY, LEADENHALL STREET; J. BLACK,
YORK STREET, COVENT GARDEN; T. WILLIAMS AND
SON, STATIONERS' COURT; AND JOSIAH
CONDER, BUCKLERSBURY,

By C. Stower, Hackney.

———

1812.

还翻译了孔夫子著作的前两部《大学》《中庸》以及第三部《论语》的一部分。"①伦
敦会在 1812 年的报告中也记载马礼逊的这项工作,报告中说马礼逊"还给英国寄
回了他翻译的一些中国文学的篇章,这些都是从孔子语录、佛教史以及中国其他
被敬若神的人的书中选译的"②。

英国的出版商在"告读者"中说"这本书所选的都是在中华帝国中被大多数
人所阅读的,并被认为具有丰富知识内容和道德教化因素的读物"③。为了满足

———

① [英]艾莉莎·马礼逊编,杨慧玲等译:《马礼逊回忆录》第 1 卷,郑州:大象出版社,2007 年,第 142
页。

② [英]艾莉莎·马礼逊编,杨慧玲等译:《马礼逊回忆录》第 1 卷,郑州:大象出版社,2007 年,第 174
页。

③ Robert Morrison, *Horae Sinicae*: *Translations from the Popular Literature of the Chinese*, London: Black and
Parry, 1812, pp.i.

当时英国人对中国的好奇,他们出版这本书。出版社告诉读者,这本书是毫无疑问没有问题的,当时英国唯一的汉学家小斯当东(Sir George Thomas Staunton,1781—1859)和英国在广州的商人们都给予了这本书很高的评价。在谈到作者时,出版商在"告读者"中写道,"马礼逊是一个天分很高,完全值得信赖的人"①,并简单介绍了马礼逊在中国生活的情况,说明作者和这本书都是值得信任的。

(2)马礼逊的《中国杂记》中对中国典籍的翻译和介绍

马礼逊的《中国杂记》(Chinese Miscellany)②是他献给伦敦传教会的一本书,于1825年在伦敦印刷,当时马礼逊正在伦敦休假。"书出版同年,这位在中国传教的新教传教士的先驱获得了多项殊荣:因为他多卷本的《华英字典》,而荣幸地成为皇家学会会员;因为多年来担任广东和澳门的东印度公司的官方翻译,而受到东印度公司的奖掖;因为将《圣经》翻译成了汉语,而受到国王和国民的称赞。"③

这本书所面对的是英国读者,因此,它属于英国早期汉学著作之一,全书共有五章。第一章介绍中国的文字,第二章介绍中国的作品,第三章介绍中国的文献,第四章是对中国儒家文献"四书""五经"的介绍,最后一章是关于中国与欧洲文化交流的历史概述和书目。

马礼逊毕竟是一个传教士,这本书也同样隶属传教士汉学的范围,韩柯(Christopher Hancock)认为,从传教学的角度看,这本书有4条贡献:"第一,《中国杂记》反映了马礼逊的教育优先论……;第二,《中国杂记》反映了马礼逊对书籍的长达一生的热忱……;第三,《中国杂记》反映了马礼逊的语言哲学……;第四,《中国杂记》反映了马礼逊的一种我们可以称之为打破旧习的国际性。"④因此,他

① Robert Morrison, *Horae Sinicae*: *Translations from the Popular Literature of the Chinese*, London: Black and Parry, 1812, pp.iv.

② Robert Morrison, *Chinese Miscellany*: *consisting of original extracts from Chinese authors*, *in the native character*; *with translations and philogical remarks*, London: London Missionary Society, 1825.

③ Christopher Hancock(韩柯):《马礼逊的〈中国杂记〉:一位早期传教士解开中国迷雾之路》,复旦大学历史地理研究中心编:《跨越空间的文化:16—19世纪中西文化的相遇与调适》,上海:东方出版中心,2010年,第496页。

④ Christopher Hancock(韩柯):《马礼逊的〈中国杂记〉:一位早期传教士解开中国迷雾之路》,复旦大学历史地理研究中心编:《跨越空间的文化:16—19世纪中西文化的相遇与调适》,上海:东方出版中心,2010年,第496~502页。

认为"《中国杂记》因此是反映马礼逊传教策略的基本原则的代表作品"。

从该书的主题来看,我们更关注的是马礼逊对中国文化典籍的介绍,因为这是英国知识界所听到的第一个在中国生活过长时间的传教士汉学家的介绍,无论是在英国汉学的历史上,还是英国民众对中国知识的了解上都是很重要的。

这本书主要从两个方面向英国的读者介绍了中国古代文化,一个是中国古代文献分类,一个是以"四书""五经"为重点,介绍了中国的思想。

我们先看第一个方面。作为面向一般读者的介绍,大体介绍了中国文献的十一个种类:

第一类:经书。它指包括孔子时代(前 500 年)的古代道德哲学家的著作及汇编。

第二类:史书。它指关于其国内、国外战争的历史,尤其是与匈奴和鞑靼的战争的书籍。

第三类:小说。这是指中国文学中很受读者欢迎的一个门类,而非历史小说主要勾勒私人或家庭生活中的人物性格和仪态。

第四类:戏剧书籍。中国也出版过戏剧作品;与小说一样,作者多用假名出版。

第五类:诗歌类书籍。这是指中国诗大都篇章短小,表达人们心中细腻或哀伤的情感;或者描绘自然风景。

第六类:政论汇编。这是指官员奏疏、哲学家言论、辩者的论争及编者絮语的汇编构成了中国文学的另一门类。

第七类:地理类书籍。这是指地理和地形学著作。

第八类:医学著作。

第九类:天文学著作。

第十类:文集。这是指被精心保存并出版的历代的好文章。

第十一类:宗教著作。这是指"三教",指儒家不信神的唯物主义说,道家的玄想炼丹术,以及释家的印度多神论。此外,还有一类杂家的文章,主要是对以上"三教"的摘录、选择和融合。

中国文献书籍自《汉书・艺文志》问世后就有自己的图书分类方法,最后到唐代大体定型于经、史、子、集四部分类法。显然,马礼逊没有按照中国传统的文献图书分类方法给西方读者介绍中国图书的分类特点。马礼逊这样做,一种可能是他对中国图书的分类体系完全不知道,二是他按照西方传统来理解中国的图书传统。马礼逊的这个简单的图书分类,一旦放入中西文化交流的大背景下,还是很值得我们注意的。因为,近代以来,中国的知识体系发生了根本性的裂变。特别是到晚清时期,由于西学大量引进,原有的四部分类法已经无法满足新的知识体系,1896 年康有为编撰《日本书目志》,就将图书分为生理、理学、宗教、图史、政治、法律、农业、工业、商业、教育、文学、文字语言、美术、解剖学、卫生学、药物学等二十四个小类,梁启超的《西学书目表》也完全打破了四部分类法。

明清之际,西方社会正在从中世纪向近代过渡,天主教所介绍的知识体系是中世纪的,①但其中也含有部分后中世纪时代的新知识,②那时西方新的知识体系尚未完全成熟。马礼逊来华时,英国的工业革命基本完成,马礼逊的知识体系已经和他之前来华的耶稣会士不同了。在这个意义上,马礼逊这份看似很简单的对中国图书文献的分类介绍,虽然谈不上是全新的知识分类,但已经开始按照西方的图书分类方法来理解中国的知识体系了。这或许是近代以来最早突破对中国传统图书文献体系的一种介绍。如果这样来看,马礼逊的这个中国文献分类介绍对中国近代的文献分类体系的发展史是有学术价值的。虽然他的这部书是对西方读者讲的,也是在西方出版的,但域外汉学研究的目的就在于解释中国文化研究的世界性,从全球范围内考虑中国文化的演进和发展,有了这样的视角,马礼逊的这个分类就会呈现出另一种意义。

(3)马礼逊对"四书""五经"的介绍

这部分的介绍仍谈不上是对文献的翻译,基本上是蜻蜓点水式介绍。

他在介绍《诗经》时说:"《诗经》,包含古代的爱情诗、政治讽喻诗、对名人的隐晦批评、对有德者的歌颂、对前线战士的悔意,偶尔还有对自然的描写和感情的

---

① 艾儒略:《西学凡》,于明末天启三年(1623 年)在杭州刻印。

② 因为耶稣会来华时欧洲处在后中世纪时代,旧的知识体系尚未解体,新知识不断涌现出来。但不能因此就把耶稣会介绍给中国的知识看成完全陈旧的、毫无用处的中世纪知识。这种对耶稣会在明清之际的"西学东渐"的评判有两个问题:一是文化之间的交流和相遇不能按照线性历史的发展来理解,文化之间的影响和接受很复杂,是一种交错的关系。正像利玛窦所介绍的几何知识并不是新的,而是希腊时代的知识,但中国没有这样的知识,它就会产生影响。二是耶稣会也介绍了一些新的知识,尽管在知识和天主之间他们有时羞羞答答,但这种新的知识还是介绍了进来。

Hwuy-pan,a celebrated Chinese literary Lady who lived about A D 100

《中国杂记》中所表现的中国图书中公元 100 年左右的中国女文人

抒发。上古的诗歌中存在一些邪恶倾向,因此孔子作此选集。"他说:"中国人认为不论诗的笔调是平静、憎恨还是忧愁,诗既能表达对社会秩序和安宁的祝福,也能表达对混乱和暴政的愤慨,还能表达对国家覆灭前专制统治下人们苦难的悲伤。诗最能够惊天地、泣鬼神。《诗》收 301 首诗,孔子用三个字概括了熟读这些诗的原则——'思无邪',即思想的纯洁。"①

　　他在介绍《书经》时说:"'五经'的第二部名曰《书经》,是一部编年体史书,记载了两位古代首领或帝王尧和舜②,以及三位君主——禹、(商)汤和(周)文王

① ［英］马礼逊著,韩凌译,张西平校:《中国杂记》(Robert Morrison, *Chinese Miscellany*: *Consisting of Original Extracts from Chinese Authors*, *in the Native Character*; *with Translations and Philogical Remarks*, London: London Missionary Society, 1825)。
② 尧和舜生活于大洪水时代:尧的统治约开始于公元前 2330 年;摩西记载的大洪水发生于公元前 2348 年。这两个日期事实上非常接近,这可以证明中国的大洪水和摩西的大洪水指的应该是同一场浩劫。——原注

的言论。"①

对《易经》的介绍,马礼逊最为费心,因为这涉及中国思想体系的根源,"《易经》,包含基于自然界阴阳体系的变易原理。阴阳体系被认为具有普世意义——'阴阳者,天地之道也,万物之纲纪'"。他在介绍《易经》时基本上用的是新儒家的观点,他翻译了《朱子语类》中的"先有理,抑先有气?"曰:"理未尝离乎气。然理形而上者,气形而下者。自形而上下而言,先天先后!理无形,气便粗,有渣滓。"但实际上他仍不能很好地理解新儒家的理学。

在谈到《礼记》时他说:"'五经'的第四部是关于典章制度的,其内容规范了行为、服饰、婚礼、丧礼、葬礼、祭礼、乡饮酒礼、祭祀场所的规格、器礼、乐礼等方方面面。这部分古籍称《礼记》,其中'礼'指礼仪和仪式、个人修养和礼节、客套、礼貌。"②

中国人认为礼的基础是尊重自己和他人,思想言行庄重。提及礼仪这个题目,常引用《礼记》的第一句中的一个表述,由三个中文字构成,即"毋不敬",意为永葆庄重。这并非与快乐相对,而是反对思想肤浅、言语轻率、举止莽撞③。

"五经"最后一部是《春秋》,马礼逊说:"'五经'的最后一部为孔子所编,是编年体的大事记,名为《春秋》。此书可被视为孔子所处时代的历史,也是唯一一部孔子所写的著作。"这说得不对,孔子除著《春秋》外也修《诗经》,作《周易》等。

对"四书"马礼逊并未逐一介绍,他只是强调儒学的地位,"如果你接受儒学关于自然、宗教、道德、政治、医学等形形色色想象的、无根据的理论前提,那么你很快就会发现儒学是个非常完美有序的理论体系。中国的理论体系是关于适当、合宜、礼节、体统的,基本与神学无涉。在中国,想获得荣誉、官职和报酬都离不开儒学,因此我称其为中国的主导思想"④。

如果从中西文化交流史的角度,从中国古代文化经典在欧洲传播的角度来审视马礼逊对"四书""五经"的介绍,我们认为以下几点是应该注意的:

第一,马礼逊的介绍推动英国对中国文明的认识。英国对中国的认识,在欧

---

① ［英］马礼逊著,韩凌译,张西平校:《中国杂记》。
② ［英］马礼逊著,韩凌译,张西平校:《中国杂记》。
③ ［英］马礼逊著,韩凌译,张西平校:《中国杂记》。
④ ［英］马礼逊著,韩凌译,张西平校:《中国杂记》。

洲一直是比较落后的,当法国的来华传教士展开中国研究时,英国基本上是一个法国早期汉学的听众,英国早期关于中国的知识的来源主要以翻译法国传教士汉学为主。英国开始直接与中国的接触,就是 18 世纪末的马嘎尔尼(George Macartney,1733—1806)访华。乾隆五十七年(1792 年),英国马嘎尔尼使团以为乾隆祝寿为名开始了访华之旅,这次访华之旅的真实目的是"取得以往各国未能用计谋或武力获取的商务利益与外交权利"。这是中英之间最早、最重要的一次接触,尽管以失败而告终,但开启了英国对中国的研究。即便如此,此时在欧洲英国对中国的了解仍是很贫乏的。马礼逊在这样的背景下向英国介绍中国,自然不能很深入。如他所说:"我试图在我的朋友中激起些许对中国的道德和精神的尊敬之情,他们对东半球的社会状况一无所知;但是成功的希望微乎其微。他们说除了中国,他们无所不知!"①从欧洲汉学的角度来看,马礼逊的这个介绍实在是太简单了,但从当时英国对中国的了解来看,这本书作为"初学者的入门书"还是推进了当时英国对中国的认识。

第二,马礼逊对中国古代文化的理解仍是以基督教为中心来理解的。马礼逊对中国古代文化是尊敬的,但他自己的文化立场也是十分明确的,在谈到中国古代的"四书""五经"时,他说:"就外在形式而言,中国人的'五经'相当于《摩西五书》;而'四书'作为四大弟子所汇编前贤语录,则与《四福音书》十分相似。然而就内容而言——这两者何其不同!除'五经'最古老部分的少数段落有些类似于诺亚对其子女的训导知识外,其余部分都像是由个人、家庭和政治道德构成的无神论体系,该体系仅源于人心的荣誉、对名誉的热爱和实用主义。至于永恒全能的主的旨意、自然和道德的完美,智与善、公正与怜悯,不朽的恐惧与希望,救世主的风采,这一切在古代中国著作中都难觅其踪。"②

这样的文化立场,天主教传教士在对中国的理解和研究中也持同样的看法,19 世纪开始新教传教士登场了,马礼逊是他们的先驱,在文化立场上他们与天主教并无差别。从跨文化交流历史来看,由自身文化来理解"他者",由自身文化来

---

① 《马礼逊回忆录》(*Memoirs* Ⅱ p.259),转引自韩柯:《马礼逊的〈中国杂记〉:一位早期传教士解开中国迷雾之路》,复旦大学历史地理研究中心编:《跨越空间的文化:16—19 世纪中西文化的相遇与调适》,上海:东方出版中心,2010 年,第 500 页。

② [英]马礼逊著,韩凌译,张西平校:《中国杂记》。

解释"他者",这是一个"铁律"。洛克(John Locke,1632—1704)的认识"白板说",经验论的认识论最大的问题,就是将人类知识的演进和产生放在一个单一的知识系统来研究,一旦进入跨文化系统,那样一种认识论就失效了①。伽达默尔(Hans-Georg Gadamer,1900—2002)的解释学的高明之处就在于揭示了人类认识的社会性及主体的存在和思想知识对认识的理解。

第三,马礼逊对中国古代文化的介绍接续了欧洲的汉学传统。马礼逊《中国杂记》的最后一章是"欧洲与中国交往及相关著作",这一章中,马礼逊概述了欧洲关于中国知识的发展过程和代表性的人物与书籍。在这里表现出了马礼逊求实的一种科学精神,他对基督徒们一直盛传的圣托马斯(St.Thomas from Malabar)来过中国的说法表示怀疑,认为"并没有证据;从现实性角度对事实交往的论证也不能让审慎的研究者满意"。他甚至怀疑晚明时所发现的《大秦景教碑》的真实性。但从他列举的书目中,可以知道他熟悉利玛窦的《基督教远征中国史》,从门多萨的《中华帝国史》到曾德昭、安文思、卫匡国、杜赫德的著作他都很熟悉。他来中国前认真抄写过巴黎外方传教士白日昇的《四福音书》②,还到罗马认真读过叶尊孝的《汉拉词典》③。我们在马礼逊这样的知识背景下就可以理解《中国杂记》的写作风格与其对欧洲汉学的贡献。他并非不知道前人的著作,他很清楚这一切,但他不满意,如他所说:"在过去 200 多年中,欧洲对中国的了解逐渐增加,大部分关于中国和汉语的书籍要么太单薄,要么就卷帙浩繁,我们应该列举一些重要的书籍,以备这本杂记的读者参考。"④

《中国杂记》是一本被学术界较少注意的著作,但这本著作在马礼逊的学术生涯中,特别是在 19 世纪的英国汉学历史中仍是有价值的,特别是对于一般的英

① 特别有趣的是英国的 Ann Talbot 教授发现了洛克关于中国的笔记,我们终于看到了英伦三岛的经验论与中国知识的关系,这样从大陆哲学的唯理论到英国的经验论都是与耶稣会所介绍的中国思想有这样和那样的关系,欧洲 17—19 世纪的哲学与中国的关系有了一个整体的认识,当然,这样的研究刚刚开始,有意思的结论还在后面。文化间的交融和会远比我们想象的大得多。

② 张西平:《明清之际〈圣经〉中译溯源》,内田庆市:《白日昇汉译〈圣经〉考》,载北京外国语大学中国海外汉学研究中心、中国近现代新闻出版博物馆编:《西学东渐与东亚近代知识的形成与交流》,上海:上海人民出版社,2011 年。

③ 杨慧玲:《19 世纪汉英词典传统:马礼逊、卫三畏、翟理斯汉英词典的谱系研究》,北京:商务印书馆,2012 年。

④ [英]马礼逊著,韩凌译,张西平校:《中国杂记》。

国读者,对中国文化的初学者,这本书在推动英国对中国文化的了解上,在中国古代文化知识在英国的传播上都有一定的地位。这本书"证明了马礼逊向自己和他人厘清中国种种的努力。他批判的断语和文化论对现在的某些人来说显得比较尖锐和孤高,更不用说他的基督教热情和虔诚了。但我希望对于其他人来说,他学术专精,也就是说,他是一个可敬的中国语言和文化的天才诠释者"①。韩柯教授的这个评价基本是中允的。

另外,马礼逊在他的《中国大观》(*A View of China*)②、《中国》(*China*)③、《临别纪念集》(*A Parting Memorial*)④、《广州巡抚发布的特别公告》(*Translation of a Singular Proclamation Issued by the Foo-yue of Canton*)等书中都或多或少地介绍了中国古代文化和翻译了部分中国古代文化典籍,这些我们在这里不一一做介绍⑤。

在 19 世纪上半叶,除了马礼逊,著名的斯当东也在英国翻译出版了中国重要的典章文献《大清律例》和《异域录》。但就海外的传教士来说,与马礼逊齐名的就是马士曼(Joshua Marshman,1768—1837)。马士曼来自英国的浸信会(Baptist Churches),受英国当时传教热潮的影响,他加入了浸信会,并于 1799 年到印度传教,并在塞兰坡(Serampore)建立了自己的传教点。关于马士曼的研究,学界已有不少成果,特别是关于马礼逊和马士曼《圣经》翻译的研究。从本书的主题出发,我们关心的是马士曼对中国典籍的翻译。马士曼的汉语主要是跟一位在澳门生

---

① 韩柯:《马礼逊的〈中国杂记〉:一位早期传教士解开中国迷雾之路》,复旦大学历史地理研究中心编:《跨越空间的文化:16—19 世纪中西文化的相遇与调适》,上海:东方出版中心,2010 年,第 512 页。

② Robert Morrison,*A View of China,for Philological Purpose:Containing a Sketch of Chinese Chronology,Geography,Government,Religion & Customs.Designed for the Use of Persons Who Study the Chinese Language*,Macao:East India Company's Press,1817,p.141."本书内容分为七部分:中国大事纪年、地理方域、政府系统、时间、节日、宗教信仰、英文索引。其中占本书最大篇幅(60 页)的中国大事纪年,不限于改朝换代的政治事件,也包含文化方面的创造发明,例如印刷的开始、活字的利用等。"参阅苏精:《中国,开门! 马礼逊及相关人物研究》,香港:基督教中国宗教文化研究社,2005 年,第 286 页;谭树林:《马礼逊与中西文化交流》,杭州:中国美术学院出版社,2004 年,第 90~92 页。

③ Robert Morrison,*China:A Dialogue,for the Use of Schools:Being Ten Conversations,between a Father and His Two Children,Concerning the History and Present State of the Country*,London:James Nisbet,1824,p.120.

④ Robert Morrison,*A Parting Memorial:Consisting of Miscellaneous Discourses*,London:Simpkin & Marshall,1826,p.411.

⑤ 参阅[英]伟烈亚力著,倪文君译:《1867 年以前来华基督教传教士列传及著作目录》,桂林:广西师范大学出版社,2011 年。

活过的亚美尼亚人拉沙(Joannes Lassar)所学①,经过多年的努力,他将《论语》翻译成英文,并于 1809 年在印度塞兰坡出版,全书长达 725 页,由中文原文和译文组成。1814 年他又在塞兰坡出版了《中国言法》(Elements of Chinese Grammar),在书中他翻译了儒家经典《大学》。

　　在马礼逊时代来华的传教士和西方人也开始做一些对中国典籍的翻译工作,例如东印度公司澳门印刷所的专业印工汤姆斯(P.P.Thomas),"他初到中国时,是个不懂中文的印工,但是在华三年后,已能取代华人写中文字样雕刻活字,接着又出版了自己的翻译作品,1820 年在伦敦出版他从《今古奇观》(The Affectionate Pair)一书翻译的《宋金郎专员破毡笠》……1824 年,他在澳门排印了自己的翻译小说《花笺》(Chinese Courtship)"②。

　　马礼逊在澳门时的助手是后来成为英国早期汉学家的德庇时(Sir John Francis Davis,1795—1890),1815 年他把李渔的《十二楼》中的一部分翻译成英文《三与楼》(San-Yu-Low)。③

　　(4)对早期来华新教传教士中国古代典籍翻译小结

　　如果我们以伟烈亚力(Alexander Wylie,1815—1887)所编的《1867 年以前来华基督教传教士列传及著作目录》一书为例,来对 19 世纪上半叶的西方来华基督教新教传教士对中国典籍翻译情况做一个总结,大体就可以从总体上看出这一时期中国典籍外译的大致情况。④

　　除去上面我们提到的马礼逊、斯当东和马士曼外,在 1850 年以前来华的基督教新教传教士有关中国典籍的翻译著作有:

①　关于拉沙的生平参阅 Hubert W.Spillett ed., A Catalogue of Scriptures in the Languages of China and the Republic of China,London:British and Foreign Bible Society,1975,pp.xi-xii。

②　苏精:《马礼逊与中文印刷出版》,台北:学生书局,2000 年,第 101 页。P.P.Thomas,The Affectionate Pair,or the History of Sung-Kin.A Chinese Tale.Translated from the Chinese,London:Pulished by Black,Kingsbury,Parbury,and Allen,1820;P.P.Thomas,Chinese Courtship,Macao:The Honorable East Indian Company's Press,1824.台北:学生书局,2010 年。

③　J.F.Davis,San-Yu-Low;or the Three Dedicated Rooms.A Tale,Translated from the Chinese.Canton,China:Printed by Order of the Select Committee;at the Honorable East India Company's Press.By P.P.Thomas.1815.

④　Alexander Wylie,Memorials of Protestant Missionaries to the Chinese;Giving a List of their Publications and Obituary Notices of the Deceased,with Copious Indexes(1867),Whitefish:Kessinger Publishing Co.,2008.中文版见广西师范大学出版社,倪文君译本,2011 年。

[1]米怜(William Milne,1785—1882)译《圣谕广训》(*The Sacred Edict*)。

[2]麦都思(Walter Medhurst,1796—1857)译《三字经》(*Three Character Classic*)、《中国杂记》(*The Chinese Miscellany*)①。

[3]柯大卫(David Collie,? —1828)译《注释本英译四书》(*The Chinese Classical works*,*commonly the Four Books*,*translated and illustrated with notes*)。

[4]基德的《中国:图解中国人的信仰、哲学、古物、习惯、迷信、法律、政府、教育、文学》(*China or Illustrations of the Philosophy*,*Government*,*and Literature of the Chinese*),在这本书中翻译了大量的中文原始资料。

[5]裨治文(Elijah Coleman Bridgman,1801—1861)翻译《三字经》《千字文》《神童诗》《孝经》《小学》《大秦景教流行中国碑》。

[6]卫三畏(Samuel Wells Williams,1814—1884)的《中国地志》(*Chinese Topography*)、《中国总论》(*The Middle Kingdom*)。他的这两部著作虽然不是译著,但包含了对中国古代文献典籍的大量解释。《中国总论》1848 年出版。

通过上面对马礼逊个案的研究和我们对马士曼等人的翻译的一般性了解,以及伟烈亚力所提供的书目,我们可以初步对 19 世纪上半叶来华的基督新教传教士在中国古代文化典籍翻译上的工作,做一个小结:

第一,新教来华传教士的汉学研究的重点仍在"西学东渐",对中国典籍的翻译在他们的汉学事业中并不十分重要。从米怜到卫三畏共 20 名传教士,他们翻译《圣经》或者介绍基督教等的中文著作 261 部,而对中国文献的翻译和介绍性著作仅 17 部。20 名传教士中绝大多数都有中文著作,而从事中国文献翻译和研究的仅有 4 人。而此时的西方专业汉学家在中国古代文化典籍的翻译上成果明显大于来华的基督教新教传教士,上面的研究已经看到无论是雷慕沙还是儒莲,他们每个人所翻译的中国文化典籍都是传教士所不可比拟的。

第二,19 世纪上半叶西方的传教士汉学和专业汉学之间有着良好的互动,这种互动对于他们的中国典籍翻译产生了一定的积极影响。雷慕沙 1817 年给马礼逊写信,在信中说:"我希望几个月后能给你寄去目前正在印刷的三本著作。第一本是'四书',附文中有对它的介绍,这本书收录了许多汉语和满语的例子,依照

---

① 这是由麦都思创办的刊物,其中也翻译了《海岛逸志》和《农政全书》的部分内容。

我的手写笔迹以新方法印刷出版;第二本是汉语和满语对照的《中庸》,有拉丁文的直译,也有法文的意译,还有一些注释和说明。这本书是为学汉语和满语的学生编写的。第三本是对1813年巴黎出版的未完成的《汉字西译》的补充手册……"①而马礼逊也回信给雷慕沙,两人商讨对中国文化的翻译问题。马礼逊所创办的英华书院培养了英国最早的一批汉学家,第一个将"四书"翻译成英文的柯大卫是在英华书院成长起来的,英国早期的外交官汉学家德庇时是最早从事中国典籍翻译的汉学家②,他和马礼逊与英华书院的关系非同一般。马礼逊和斯当东、基德、曼宁都有着很深的交往,他们在中国典籍翻译上相互切磋,在学术上相互支持,促进了英国早期汉学的发展③。

3.刊物——19世纪初西方汉学研究的重要学术阵地:《中国丛报》

《中国丛报》(*The Chinese Repository*)是由英国来华的第一位传教士马礼逊和美国第一位来华的传教士裨治文倡议,并得到美国在华商人支持,于1832年在广州创办的一份英文刊物。《中国丛报》从1832年5月创刊到1851年停刊,在这长达20年的时间里,发表了大量关于中国研究、中国报道、中国书评、基督教发展等各方面的消息与论文、译文。虽然裨治文是美国美部会(American Board of Commissioners for Foreign Missions)的传教士,但不能将《中国丛报》完全归于一份教会的报纸,它实际上已经成为19世纪上半叶西方汉学的最重要的学术阵地。这里不仅有来华的传教士,也有在欧洲的汉学家,他们以此为学术交流的平台,讨论中国的问题。作为主编的裨治文在思想上是很明确的,他就是要把《中国丛报》办成一个全面反映中国历史、制度、风俗、宗教、礼仪、艺术的杂志,使西方了解这个

---

① ［英］艾莉莎·马礼逊编,杨慧玲等译:《马礼逊回忆录》第1卷,郑州:大象出版社,2007年,第256页。

② 德庇时的中国典籍翻译著作很多,例如《老生儿:中国戏剧》(*Laou Seng Urh*,*or An Heir in His Old Age*,London,1817);*Lao-Seng-Eul*,*Comedie Chinoise*,*Suivie de San-Iu-Leou*,*Ou Les Trois Etages Consacres*(*1819*);《汉宫秋:中国悲剧》(*Han Koong Tse*,*or The Sorrows of Han*:*Chinese Tragedy*,London,1829);《中国小说选》(*Chinese Novels*:*Translated from the Originals*.London,1822);《汉文诗解》(*Poeseos Sinicae Commentarii*:*The Poetry of the Chinese*);胡优静:《英国19世纪的汉学史研究》,北京:学苑出版社,2009年。

③ 参阅苏精:《马礼逊与中文印刷出版》,台北:学生书局,2000年;苏精:《中国,开门!马礼逊及相关人物研究》,香港:基督教中国宗教文化研究社,2005年;熊文华:《英国汉学史》,北京:学苑出版社,2007年。

古老的东方大国。① 同时,作为 19 世纪来华的新教传教士,他不再可能完全认同 18 世纪前在华的耶稣会士等天主教传教士关于中国的报道,他甚至认为在 19 世纪以前大部分西方关于中国的研究和报道"都充满了错误的陈述",他为自己确定的使命就是要重新审视以往西方人的中国研究。②

关于《中国丛报》学术界已经有了一些很有价值的研究,③鉴于本书的主题,我们这里仅就《中国丛报》在中国古代文化典籍翻译上的工作做一个初步的梳理,以揭示它在 19 世纪上半叶中国典籍外译历史中的地位和作用。

(1)《中国丛报》的中国古代文化典籍翻译

《中国丛报》各期的栏目比较固定,有"书评""出版物内容节选""杂记""宗教消息""文艺通告""新闻时事报道"这 6 个主要栏目。1834 年 5 月后栏目稍有变化,但"书评""文艺通告""新闻时事报道""宗教消息"这些主要栏目仍在。《中国丛报》在 1851 年停刊后,卫三畏对已经出版的 20 卷《中国丛报》编制了一个索引,我们通过这个索引对在《中国丛报》上发表的有关中国典籍文献翻译的文章做了个统计。④ 统计从两个方面入手:一个是在《中国丛报》中所翻译的中国典籍;另一个是《中国丛报》中对中国典籍的研究和评论,这一部分虽然不直接涉及典籍的翻译,但这样的评论和研究也推动了西方对中国经典的认识,其中部分评论文章中也有对中国经典个别章节的翻译。

从这个典籍翻译目录整理中,可以看出两点:其一,此阶段对中国典籍翻译的范围大大扩大了;其二,译者队伍大大扩大了,在欧洲的汉学家、来华的传教士、在华的西方外交官。19 世纪的西方汉学取得了重大的进步,从中国典籍的西译便可看出。

---

① 参阅 Chinese Repository,vol.1.pp.1–5;吴义雄:《在华英文报刊与近代早期的中西关系》第六章,北京:社会科学文献出版社,2012 年。

② 参阅 E.C.Bridgman, "Intellectual Character of the Chinese, " Chinese Repository.vol.7. no.1(May 1838)。

③ [美]雷孜智著,尹文涓译:《千禧年的感召——美国第一位来华新教传教士裨治文传》,桂林:广西师范大学出版社,2008 年;[美]卫斐列著,顾钧、江莉译:《卫三畏生平及书信——一位美国来华传教士的心路历程》,桂林:广西师范大学出版社,2004 年;顾钧:《卫三畏与美国早期汉学》,北京:外语教学与研究出版社,2009 年;孔陈焱著:《卫三畏与美国汉学研究》,上海:上海辞书出版社,2010 年。

④ 卫三畏对《中国丛报》有一个简要的索引,但并未完成。由顾钧、杨慧玲完成了全部的索引,参阅张西平主编《中国丛报》篇名目录及分类索引,广西师范大学出版社,2008 年。

（2）《中国丛报》的"西译中文书籍目录"

《中国丛报》中除了以上两类文章涉及中国典籍的翻译,特别引起我们注意的是,《中国丛报》在第18卷8月号上刊出了一篇题为《关于中国的著述》的长篇书目。该书目一共收录了403种西方人撰写的关于中国的书籍及少数与中国有关的刊物,主要为英文和法文著作,涉及251位作者,年代起于1560年至发文前的1848年。这个书目分为"中文学习工具""西译中文书籍"和"关于中国的书籍"三大类,并在每大类下加以细分。看得出来,"这种分类的企图体现出《丛报》是在对前人和现有研究进行总结的基础上,对汉学研究有了某种学科化和综合性的思考,因此这个书目实则可以视为《丛报》的汉学研究走向成熟和自觉的标志"①。根据这个书目我们对西方汉学界对中国典籍文献的翻译做个统计与分析。但与本书有关的"西译中文书籍"应引起我们关注,这反映了在伟烈亚力时代时,他所能知道的中国古代文化典籍西译的基本书目。

（3）《中国丛报》的历史地位

《中国丛报》作为中国近代由西方人在中国创办的外文刊物,它不仅成为中国近代以来一个新的知识形态的载体在中国社会发展中产生影响,同时也成为19世纪上半叶西方中国研究的最有影响的学术阵地,成为向西方介绍中国历史文化、翻译中国历史文化典籍的重要窗口。这样一个学术阵地在18世纪的汉学研究中是不存在的,从而形成了19世纪西方汉学和16—18世纪西方汉学在翻译中国典籍文献上的重要区别。与当时西方人在中国所创办的其他外文报刊相比,《中国丛报》的学术性最强,"因此,《中国丛报》发表的中国研究作品,除少数者外,一般不像《广州纪事报》或《广州周报》上的文章那样采取激烈攻击甚或谩骂的方式谈论中国,而是以客观评述或学术研究的面目出现。但也应看到,《中国丛报》的这种学术研究,是在上述西方中国研究的思想和路径发生重大转折的背景下进行的,它所发表的众多文章,也反映了这种文化趋向,并构成转变中的西方中国研究的一个重要环节。纵览20卷《中国丛报》可以看到,这份刊物所讨论的内容基本上涵盖了中国的各个方面,不少文章形成讨论某个方面或某个主题的明确系列,显然经过了专门的策划。可以说,它试图通过新的学术路径将中国社会和

① 尹文涓:《〈中国丛报〉与19世纪西方汉学研究》,载《汉学研究通讯》第22卷第2期,2003年5月。

历史文化展现给西方世界"①。

从对中国典籍的翻译来说,它有两个作用是很独特的。其一,《中国丛报》连接了16—18世纪来华耶稣会士的翻译和19世纪的来华西人之间的翻译。它几乎对16—18世纪以来西方出版的关于中国的所有书,包括以往汉学界对中国典籍的翻译书,做了大量的评述,从门多萨的《中华帝国史》到曾德昭的《大中国志》、从安文思的《中国新史》到杜赫德的《耶稣会士书简集》,都收入了他们的眼底。尽管无论是教派的原因,还是时代的原因,从裨治文到卫三畏对16—18世纪在华的耶稣会士的汉学成果多有微词,但他们从不忽视这些先来者。这样一种态度使西方的读者可以从《中国丛报》的阅读中接续以往的知识,这对西方汉学界和一般读者都是十分重要的。②

其二,《中国丛报》成为沟通在华的传教士、商人、外交官和欧洲汉学家的重要媒介。书评是它的重要栏目,其中对在西方出版的汉学著作展开评论是《中国丛报》的重要特点,尤其是对西方汉学界对中国典籍翻译工作的评论更是十分关心。例如,《中国丛报》对雷慕沙所翻译的《佛国记》,对巴赞所翻译的《中国戏剧》都有过专门的评论。③ 卫三畏对法国汉学界在翻译上所取得的成果十分钦佩,在一篇评论元曲法文的翻译的文章中说:"法国汉学家在中国文学领域的工作是值得高度赞扬的,相比于他们,英美学者在同一领域所做的工作实在是太少了,我们尤其要知道,法国与中国的贸易以及法国来中国的人数都比英、美两国少得多。法国人这种对文学的关注在很大程度上应该归功于法国政府自路易十四以来的支持和培育,以及皇家图书馆丰富的中文藏书。在充满文化氛围的巴黎有那样的藏书,自然会使人想去了解那些书中的内容,一些雄心勃勃的学者如傅尔蒙、雷慕沙所树立的榜样鼓励着后来者,他们像前辈一样投身研究,改正错误,在这个人们很少了解的领域不断前进。"④

由于《中国丛报》向英、美两国的出版和教育机构采取赠刊的办法,从而它成为当时西方关于中国信息的主要来源,"当时西方大部分有影响力的期刊都得到

① 吴义雄:《在华英文报刊与近代早期的中西关系》,北京:社会科学文献出版社,2012年,第325页。
② 参阅《中国丛报》。
③ 同①。
④ 转引自顾钧:《卫三畏与美国早期汉学》,北京:外语教学与研究出版社,2009年,第75页。

了《中国丛报》的赠刊,如《北美评论》《爱丁堡季刊》《威斯特敏特评论》以及《布莱克伍德杂志》等,其所刊登的有关中国方面的文章,大都参考了《中国丛报》的内容或鸣谢《中国丛报》赠刊"①。这样《中国丛报》的影响就超出了传教领域而在更大的范围内产生了影响。

作为一份学术刊物,它在推动西方汉学发展上的作用,它在推进西方汉学界对中国历史文献翻译上的作用都是任何单个的汉学家所不及的,也是任何一个单独的汉学学术机构所不及的。因此,《中国丛报》在西方汉学史上的地位,在中国典籍翻译上的地位是不可忽视的。②

二、19世纪下半叶的中国典籍西译

1.机构——19世纪俄国中国典籍翻译的主力军:来华东正教使团

德国著名汉学家傅吾康在谈到欧洲19世纪汉学历史时曾说过:"1837年俄国喀山大学设立了汉语教席,1855年这一教席移到彼得堡。第一位教席是由瓦西里耶夫(Vasillii Vasilé,1818—1900)担当,他不仅精通汉语,也熟悉满文、蒙古文、藏文和梵文。因此,俄国成为除法国之外第二个欧洲汉学研究最重要的中心。当法国和俄国处在汉学研究领先地位时,其他欧洲国家远远落在后面。"③作为欧洲最资深的汉学家,傅吾康先生的这个结论是十分重要的,长期以来我们看待欧洲汉学发展历史时很少有这样的视角。④

(1)来华东正教使团的翻译事业

1715年俄罗斯向中国派出了第一批东正教使团,当时瑞典籍工程师郎喀起

---

① [美]雷孜智著,尹文涓译:《千禧年的感召——美国第一位来华新教传教士裨治文传》,桂林:广西师范大学出版社,2008年,第109页。

② 吴义雄:《〈中国丛报〉关于中国社会信仰与风习的研究》,《学术研究》2009年第9期;吴义雄:《〈中国丛报〉与中国语言文字研究》,《社会科学研究》2008年第4期;吴义雄:《〈中国丛报〉与中国历史研究》,《中山大学学报》(社会科学版)2008年第1期。

③ 傅吾康:《十九世纪的欧洲汉学》,载任继愈主编:《国际汉学》第七辑,郑州:大象出版社,2002年,第70页。

④ 俄罗斯汉学在19世纪上半叶的代表人物是比丘林,这里不做展开。参阅李明滨:《俄罗斯汉学史》,郑州:大象出版社,2008年;李伟丽:《尼·雅·比丘林及其汉学研究》,北京:学苑出版社,2007年。

到重要作用。"从 1715 年(康熙五十四年)至 1736 年(乾隆元年),郎喀二十一年来华六次,长期以俄国商队驻办专员的身份与理藩院打交道,并监护东正教北京布道团的活动,是一个为俄国汉学编织摇篮的重要人物"①。在郎喀监护下,俄罗斯馆于雍乾之际终于培训出了他们第一代的汉学家。1732 年第一批的随班生鲁喀将巴多明神父的拉汉字典补编俄文,改订成《三体字书》。虽然,鲁喀不久病故,但开启了与在京耶稣会士的联系,接续了西欧的传教士汉学传统。第一批中真正可以称得上汉学家的是罗索欣(Илларион Калинович Разсохин,1707—1761)。

罗索欣开创了东正教使团的中国典籍翻译事业。"1747 年,罗索欣根据中国的各种历史典籍,编译完成了一部中国古代历史著作《中国历史》,书后有中国度量衡表、中国古代都城、中国各省名称及蒙古地区行政区划等附录"②。尽管此书没有出版,但学术意义重大,他所翻译的第一本俄汉语法书,也受到了法国汉学家伯希和的注意。1750 年,罗索欣翻译《亲征平定朔漠方略》,俄译本为《准噶尔叛乱平定记》。这本书被称为"在世界汉学史上,这是这部著作的第一个译本"③。尽管这个译本也未出版,但受到后来的汉学家的好评。俄罗斯东方学史专家沙斯吉娜(1898—1980)认为,罗索欣的译本质量上乘。罗索欣还翻译了朱熹《资治通鉴纲目》,最后在 1756 年完成,现在保存在俄罗斯科学院东方学研究所圣彼得堡分所。④ 罗索欣一生翻译了大量的中国典籍,例如《1730 年京报摘抄》、《满汉文的俄文转写》、《名贤集》、《三字经》、《二十四孝》、《乾隆帝即位诏书》、《准噶尔叛乱平定记》、《清文启蒙》、《小儿论》、《资治通鉴纲目前编》、《中国花炮制作法》(1756)、《1714 年前往伏尔加地区晋见卡尔梅克汗阿琦的中国使团旅俄记》(译自满文《图理琛异域记》,1764)、《时宪历》、《阿尔泰山记》(译自《大清一统志》)、《八旗通志》(17 卷,与 A.列昂季耶夫合作,1784)、《千字文》(手稿)。根据学者研究,他一生翻译了 30 余种中国文化典籍,仅有 5 种出版或发表,他的历史贡献直

---

① 蔡鸿生:《俄罗斯馆纪事》,北京:中华书局,2006 年,第 78 页。
② 阎国栋:《俄国汉学史》,北京:人民出版社,2006 年,第 98 页。
③ 阎国栋:《俄国汉学史》,北京:人民出版社,2006 年,第 99 页。
④ 罗索欣的这部译稿被俄罗斯汉学家称为"第一个欧洲语言译本",这个评价有误,来华耶稣会士、法国传教士冯秉正在此前以法文翻译了朱熹的这部著作,并在欧洲正式出版,成为当时欧洲了解中国的最重要的中国历史著作。

到 20 世纪 50—70 年代,才渐为学界所知。但历史记住了这位来华东正教使团的汉学家,他开创了东正教来华使团的典籍翻译事业,掀开了俄国汉学史的第一页,因而被誉为俄国汉学第一人。①

在 18 世纪来华的东正教使团成员中,对中国典籍翻译成绩显著的还有列昂季耶夫(Василий Васильевич Леонтьев,英文为 Vasily Leontief,1716—1786)。他开创了俄罗斯汉学对儒家经典的翻译事业,第一次将《易经》翻译成俄文,接着在 1780 年和 1784 年先后翻译出版了《大学》与《中庸》,还翻译了《中国哲学家程子给皇帝的劝告》《雍正帝传子遗诏》两篇含有中国思想内容的论文,而《中国思想》这部译文集,则包含"从《上谕八旗》《大义觉迷录》等作品中翻译雍正言论 8 篇,其余选自《古文渊鉴》《世宗宪皇帝御制文集》《汉书》和《名臣奏议》等"②。1778 年,列昂季耶夫又翻译出版了《圣谕广训》。特别值得称道的是列昂季耶夫主要翻译了《大清律》和《大清会典》,1778—1779 年节译本《大清律》出版后,在叶卡捷琳娜二世的要求下又继续翻译了全文及《大清会典》,先后于 1781 年、1782 年、1783 年出版。这是欧洲历史上第一部清朝律法的翻译出版。

1757 年列昂季耶夫受命协助罗索欣翻译 16 卷本《八旗通志》。罗索欣译了 5 卷后撒手人寰,列昂季耶夫继续翻译,最终完成了剩下的 11 卷,并编辑了第 17 卷注释卷。1784 年代表 18 世纪俄国对华研究最高水平的《八旗通志》正式出版。

罗索欣和列昂季耶夫是俄国 18 世纪杰出的汉学家,代表着 18 世纪来华的东正教使团的汉学最高成就。但整体来说,在 18 世纪沙俄政府派驻北京的前后 8 届传教团,除他们两人外,整体上无论在传教事业还是汉学研究方面都基本处于平庸无奇、乏善可陈的状态。

但在 18 世纪中俄贸易开始呈现出发展的态势。1727 年清政府与俄罗斯所签署的《恰克图条约》开启了中俄关系的新阶段。在经济贸易方面,到 1792 年《恰克图市约》签订后,中俄边境恰克图贸易获得快速发展。据统计,来自恰克图的关税收入当时已达俄国税收总额的 15%~20%,而俄国经恰克图出口到中国的纺织

---

① 参阅阎国栋:《俄国汉学史》,北京:人民出版社,2006 年;中国社会科学文献情报中心编:《俄苏中国学手册》(上、下),北京:中国社会科学出版社,1986 年;肖玉秋:《18 世纪俄国来华留学生及其汉学研究》,《汉学研究》第七辑,北京:中华书局,2003 年;李随安:《洪流与溪涧:中俄文化交流的不平衡问题》,《中俄关系的历史与现实》,开封:河南大学出版社,2004 年 9 月。

② 阎国栋:《俄国汉学史》,北京:人民出版社,2006 年,第 114 页。

品一项就占俄国工业品年产值的48%左右①。巨大的商业利益必然引起沙俄帝国调整外交政策,开始考虑与中国的关系。19世纪后,这种局面开始发生明显的变化。这是由于亚历山大一世登基后开始修正俄国远东政策。

1801年俄国政府为俄国商人与中国人之间的贸易制定了新的章程,而在1805年派遣舰队进行环球航行时,特地安排以戈洛夫金伯爵为首的新使团出使中国。同时1807年前后,"沙俄政府还对驻北京传教团的隶属关系进行调整,将其从西伯利亚总督衙门的管辖之下划归俄国外交部领导,并向北京传教团增派监护官。1818年,沙俄政府又对驻华传教使团发出训令,规定'今后的主要任务,不是宗教活动,而是对中国的经济和文化进行全面的研究,并应及时向俄国外交部报告中国政治生活的重大事件'。同年,圣彼得堡亚洲博物馆开放。1819年,俄国外交部专设亚洲司。1820年,沙皇尼古拉 世在第十届驻北京传教团出发前,还特意召见领班卡缅斯基进行馈赠和封赏,并允诺传教团成员,只要勤勉工作都能晋升官衔,加获薪俸"②。同时,俄国政府采取了一些具体措施,加强对来华东正教使团的管理。"从第十届开始,俄国政府向传教团成员提供了较以前更加优厚的待遇。医生和学员在前往中国之前都被授以官职,其官阶一般要比传教团其他成员高出一级,回国后则在原有官阶的基础上再升迁一级,同时安排相应的工作职位。学生每年可从俄国政府领到500卢布的薪金,加上清政府提供的73.5卢布,在北京的衣食可确保无虞。回国后学生可以得到500卢布恩给金,其中两名成绩突出者可获得圣弗拉基米尔或圣安娜勋章,医生则每年可以得到700卢布的恩给金。这些措施在一定程度上打消了包括学生在内的俄国东正教驻北京传教团成员的后顾之忧。自此,俄国传教团成员便将更多的精力投入到中华语言的学习和汉学研究之中,对俄国民族汉学的建立和发展起到了决定性作用。"③

由此,19世纪的来华东正教使团在汉学研究上呈现出新的发展状态,对中国典籍开始大规模有计划地翻译。他们在儒家经典、道教文献、佛教文献、中国历史

① [英]R.K.I.奎斯特德著,陈霞飞译:《一八五七——一八六〇年俄国在远东的扩张》,北京:商务印书馆,1979年,第38页。

② 张绥:《东正教和东正教在中国》,上海:学林出版社,1986年,第223~224页;陈治国、袁新华:《19世纪俄国东正教来华传教使团的汉学研究及其特点》,《俄罗斯研究》2006年第4期,第83~87页。

③ 阎国栋:《俄罗斯汉学三百年》,北京:学苑出版社,2007年,第5~6页。

文献、中国地理文献、中国语言研究、中国文学作品、清代的法律等多个方面展开翻译和研究,取得了令人惊叹的学术成就。①

(2)比丘林的中国古代文化经典翻译

比丘林(Никита Яковлевич Бичурин,1777—1853)是来华的东正教使团汉学研究的一个转折人物。在19世纪前,来华的东正教传教士虽然也出现了像罗索欣、列昂季耶夫等一些汉学家,但整体来看成就不大。上面我们所提到的,随着俄罗斯东方政策的调整,对东正教来华使团的管理也日益规范,从而东正教使团开始出现一批汉学家,其中第九届来华的比丘林就是一个转折点。比丘林在中国文化西传俄罗斯上的贡献有两点是十分突出的。

第一,比丘林对中国典籍的翻译和研究成绩显著。

比丘林1808年到达北京,按照常规每十年来华的传教士更换一次,但在1816年他写信给俄罗斯东正教公教会,希望再延长一届,在得到批准后,他在北京又生活了六年,直到1823年才返回俄罗斯。这样的经历在来华的东正教传教士中十分罕见。② 这样的经历对他的汉学水平的提高,对他汉学修养的养成显然是很重要的。

比丘林无论是在中国期间,还是返回俄国后,在学术上都极为勤奋,他的著述之多,实在令人吃惊。比丘林的翻译成就之大更是令人吃惊。他先后翻译和写作了《成吉思汗家族前四汗史》《西藏和西夏历史》《西藏志》《蒙古志》《准噶尔志》《北京志》《三字经》《西藏青海史(公元前2282年至公元1227年)》《准噶尔和东突厥古今志》《15世纪至今的卫拉特,即卡尔梅克人历史述评》《古代中亚各民族资料汇编》《东亚中亚史地资料汇编》《汉文启蒙》,以及1840年圣彼得堡出版的《中国及其居民、风俗、习惯和教育》、1842年出版的《中华帝国详志》、1848年出版的《中国民情与风尚》、1844年出版的《中国农业》、1906年由在华宗教使团在北京刊行的他的《儒教概述》。

---

① 参阅[俄]尼古拉·阿多拉茨基著,阎国栋、肖玉秋译:《东正教在华两百年史》,广州:广东人民出版社,2007年;[俄]斯卡奇科夫著,[俄]米亚斯尼科夫编,柳若梅译:《俄罗斯汉学史》,附录四《俄国东正教驻北京使团成员名单》,北京:社会科学文献出版社,2011年,第421页。肖玉秋:《俄国传教团与清代中俄文化交流》,天津:天津人民出版社,2009年。

② 参阅肖玉秋:《俄国传教团与清代中俄文化交流》,附录《俄国东正教驻北京传教团成员列表(1715—1902)》,天津:天津人民出版社,2009年。

　　中国青年学者在俄罗斯访学期间查阅了比丘林的很多手稿,他还有大量的译著和专著没有出版,"比丘林手稿所包含的内容与已经面世的各类文字一样,也同样丰富而广博:有《御批资治通鉴纲目》《大清一统志》和《大清会典》等大型典籍资料的译文手稿及'四书'等经书的译文;也有《中国钱币》(译自日文)、《牛痘的接种》、《法医》、《中国星学》、《关于黄河和运河的护岸工程》等各类科学方面的译文;还有《关于"西藏"一词的来历》《俄国与中国西部边境的贸易状况》《英国人在中亚的贸易》等文章和专著;尤为重要的内容还有比丘林在北京时与当时驻华耶稣会士的来往函件,以及回国之后写给一些重要人士的信件"①。

　　比丘林未出版的手稿在学术上的价值也很大,苏联汉学家戈尔巴乔娃(З.И. Горбачёва)认为,实际上该译文的出版可能正值"进一步完善提高这些艰深文章译文的时期"。她还认为,"四书"现已出版的各种译文版本,包括王西里(В.П. Васильев)(1884 年)和波波夫(П.С.Попов)(1910 年)的翻译,其质量都没有超过比丘林的翻译,都算不上令人满意的翻译。② 而他的手稿数量之大,令人惊叹,根据彼得·弗拉基米尔·杰尼索夫的研究,比丘林的《通鉴纲目》译稿有 8384 页,共 45 本,附加的第 17 卷是《明史》的翻译精选,有 20 本 690 页。他所编辑的《汉俄词典》和《满俄词典》收入的汉字及词组数量达 12000 个之多,比丘林还把 4 卷本 463 章的《满汉词典·清文鉴》翻译成了俄语。

　　李伟丽在著作后所列出的比丘林一生的著述,专著 11 种,译著 6 种,文章 48 篇,译文 7 篇。③ 在他来华的十三年间翻译和研究著作达到 17 部之多,比丘林在信中曾说,"他十三年中所做的事,要比布道团以往一百年所取得的成就多出五倍以上"④。比丘林对中国的研究开创了一个新的时代,俄罗斯学者将其称为"比丘林汉学时代",他研究的范围之广,对中文原始文献的熟悉及大量开创性的翻译,奠基了他在俄罗斯汉学史上不可动摇的学术地位。他"译自中文的远东、中亚和中部亚洲各民族史的资料,总是能够引起历史学者的浓厚兴趣。比丘林所记叙的大部分历史资料,在他之前完全不为人知,他关于这些资料的评论无一不说明他

① 李伟丽:《尼·雅·比丘林及其汉学研究》,北京:学苑出版社,2007 年,第 17 页。
② [俄]彼得·弗拉基米尔·杰尼索夫著,李秋梅译:《比丘林传》抽样本,第 66 页,在此感谢李秋梅将译稿抽样本供我使用,这里的王西里就是瓦西里耶夫,这里引用作者原文,不宜和上文统一。
③ 李伟丽:《尼·雅·比丘林及其汉学研究》,北京:学苑出版社,2007 年,第 161~167 页。
④ 蔡鸿生:《俄罗斯馆纪事》,北京:中华书局,2006 年,第 81 页。

在中国史籍方面的良好素养，以及他所涉猎的课题的丰富多样、他著作中所公布的事实之重要，等等”①。同时，他的中国研究深刻地影响了俄罗斯思想，“比丘林对俄国社会思想史的意义是巨大的：他关于中国的著作丰富而多样，他对书刊上关于这个国家的虚假消息给予了尖锐的、公正的批判，使得更广大的俄国社会关注过去鲜为人知的中国历史的文化的某些方面，让人们重新审视那些由西方引入的不正确的看待中国的态度”②。俄罗斯汉学家斯卡奇科夫说比丘林“是俄国汉学的荣誉和骄傲”③。这是对他汉学研究成就的高度评价。

如果考虑到比丘林回国后所受到的不公正待遇，那种人生的坎坷和灾难，在这样的背景下，能翻译出如此多的著作、写出如此多的专著，真是不易。“大量事实说明，比丘林无愧于‘俄国汉学奠基人’的称号”④，将其称为俄罗斯汉学的一座丰碑是不为过的。

第二，比丘林的汉学研究对俄罗斯主流文化产生了重要的影响。

比丘林与其他来华的东正教教士的不同之处是他和俄罗斯文化界的交往及产生的影响。在西方汉学史上思想家和汉学家之间、文学家和汉学家之间也都有交往，最著名的就是德国的莱布尼茨和来华耶稣会士们的交往，这样的交往对他的思想产生了重要的影响。汉学家影响思想家、文学家的例子也是有的，但不多见。比丘林算是一个。他和彼得堡知识分子的交往，与十二月党人的交往，特别是他和普希金（Александр Сергеевич Пушкин，1799—1837）的交往更是文坛佳话。“比丘林同普希金建立了深厚的友谊，他把自己的《西藏志》送给诗人，并在扉页上写道：‘译者向宽厚的亚历山大·谢尔盖耶维奇·普希金阁下致敬。1828年4月26日。’在《三字经》一书上写下了如下赠言：‘译者送给亚历山大·谢尔盖耶维奇·普希金。’显然，在普希金的请求下，比丘林还把自己《15世纪至今的卫拉特，即卡尔梅克人历史述评》手稿的一部分送给了诗人，普希金在《普加乔夫史》（Нсторий Пугачёва）一书中感激地写道：‘……我们感激亚金夫神甫，他关于卡尔梅克人迁徙的叙述最为准确公正，他渊博的知识和勤奋的劳动使俄国与东方

① ［俄］斯卡奇科夫著，［俄］米亚斯尼科夫编，柳若梅译：《俄罗斯汉学史》，北京：社会科学文献出版社，2011年，第169页。
② 同上，第171页。
③ 同上，第173页。
④ 阎国栋：《俄罗斯汉学三百年》，北京：学苑出版社，2007年，第36页。

的关系清晰起来。'很可能,同比丘林的谈话使诗人产生了前往中国的想法,这个想法因尼古拉一世禁止诗人出国而未能实现。"①"比丘林创作生涯中最为辉煌的一页是与伟大诗人普希金的相识与相知。一位是学者,一位是诗人,他们都是19世纪上半叶俄罗斯文化的杰出代表……阿列克谢耶夫认为,比丘林与普希金之间的私人交往是在1828年左右,也就是诗人从流放地米哈伊洛夫斯基村回到彼得堡以后。"比丘林曾把自己出版的《西藏志》《三字经》赠给普希金。普希金正是在与比丘林的交往中知道了中国、了解了中国,从而写下了这样的诗句。

> 我们启程吧,我已整装待发;
>
> 任凭你们去哪里,朋友们,
>
> 只要你们能够想得出来的地方,
>
> 我都欣然跟随你们,
>
> 到任何地方,只为逃避高傲:
>
> 到遥远中国的长城脚下,
>
> 到沸腾的巴黎去,到那里去,终于,
>
> 在那里,夜里的划桨人不再歌唱塔索。
>
> 古城昔日的威严在废墟下沉睡,
>
> 在那里柏树林散发着芳香,
>
> 到任何地方我都做好了准备。
>
> 我们启程吧……但是,朋友们,
>
> 请你们告诉我,在远行中我的热情是否会枯寂?

比丘林的译著和著作加深了俄罗斯人民和文化界对中国的了解和认识,普希金的诗歌是一个典型的反映。彼得·弗拉基米尔·杰尼索夫认为,仅从比丘林翻译的《三字经》来看,这本书的内容和比丘林详尽的注释"从根本上促进了俄罗斯读者对孔子、孟子及中国古代其他思想家学说中伦理、道德、品行传统说教的复杂、深奥内容的进一步理解。这样,由于比丘林翻译的《三字经》,俄罗斯读者有

---

① ［俄］斯卡奇科夫著,［俄］米亚斯尼科夫编,柳若梅译:《俄罗斯汉学史》,北京:社会科学文献出版社,2011年,第148~149页。

机会了解了这种在中国最为普及的古代思想文化"①。

柳若梅整理了比丘林的书目,与典籍翻译相关的书目如下:

[1]《准噶尔和东突厥古今志》,译自《西域传》《汉书》《西域闻见录》《西域同文志》,第一部分共 156 页,第二部分共 363 页。

[2]《中华帝国详志》,共两部分,附 5 页地图,上部分共 310 页和 1 个表格,下部分共 348 页,附 1 个表格,彼得堡,1842 年。

[3]《老子及其学说》,载《祖国之子》,1842 年 11 月第 5 期,第 16~31 页。见《中国书目》898 条。

[4]《蒙古志》,附蒙古地图及各类服饰图,分上、下卷,第一卷由两部分组成,共 243 页,并附有 4 帧图片,第二卷由两部分组成,共 346 页,彼得堡,1828 年。

[5]《成吉思汗家族前四汗史》,译自《元史》和《通鉴纲目》,共 456 页,附地图 1 帧,彼得堡,1829 年。

[6]《西藏青海史(公元前 2282 年至公元 1227 年)》,附历史图表,译自汉文,第一部分共 289 页,第二部分共 268 页,另附图 1 帧,彼得堡,1833 年。

[7]《北京志》,附 1817 年绘制的京师地图,译自清代吴元丰所辑《宸垣识略》,共 148 页,彼得堡,1829 年。第 2 版,1906 年,北京。

[8]《古代中亚各民族资料汇编》,共分为 3 部分,附 3 帧大图,第一部分,1950—1953 年间,该书由 A.H.别列斯坦和 H.B.屈纳编写并序言,作注释,在莫斯科和列宁格勒出版了三卷本,共 528 页;第二部分,共 183 页;第三部分,共 279页,附古代中亚各民族历史地名表计 133 页。彼得堡,1851 年。

[9]《西藏现状》(译自汉文)译者序,附成都至日喀则道路彩图,共 249 页,彼得堡,1828 年。

[10]《中华帝国地图》(比例尺为 1 英寸 = 200 俄里),两页为满洲地图,另为《中华帝国详志》注释,彼得堡,1842 年。

[11]《中国农业》(附 72 种农具图),共 112 页,两份表格,1 幅插图,彼得堡,1844 年。

---

① ［俄］彼得·弗拉基米尔·杰尼索夫著,李秋梅译:《比丘林传》抽样本,第 147 页。参阅李明滨:《俄罗斯汉学史》,郑州:大象出版社,2008 年,第 27 页。

[12]《中国人的农历》(译自汉文),载《莫斯科电讯》,1830 年第 7 期,第163~281 页。

[13]《三字经》(译自汉文),共 83 页,彼得堡,1829 年。

[14]《佛教神话》(译自蒙古文),载《俄罗斯通报》,1841 年第 7 期,第 136~160 页。

[15]《东亚中亚史地资料汇编》①。

(3)俄罗斯 19 世纪的汉籍翻译成就

19 世纪俄罗斯汉学最终成为一门专门的学问,“截至 19 世纪 60 年代的俄罗斯汉学,一个基本特点就是涌现了大批学者,他们作为俄国东正教的成员在中国生活,这一机会使他们获得了良好的汉语、满语、西藏语知识。这一语言基础,作为瓦西里耶夫、布列特施奈德、扎哈罗夫、斯卡奇科夫、佩休罗夫等人大量著作的语言功底,成为俄罗斯汉学学派的一贯传统”②。俄罗斯汉学成熟的标志:“一是出现了见多识广、有多方面研究成果的汉学家;二是汉学家成果已不仅仅是翻译,而是搜集资料、译介作品进而做分析研究,并撰写著述;三是有成型的教学和研究方法,建立了培养人才的院校。最后一项的事实是从仅在国外设立的东正教驻北京宗教使团‘俄罗斯馆’,过渡到国内的主要大学喀山大学建立东方系(1807年)……彼得堡大学的东方系(1854 年),内设汉、满语教研室。前两项的代表人物即为比丘林。俄国汉学在初期时,特别在 18 世纪,主要是从帝俄对外政策和对华贸易的实际需要出发,搜集情况、翻译资料,局限性很明显,而从 19 世纪开始,汉学业已超越这种局限,发展成一门独立的学科。比丘林的研究恰好反映 19 世纪上半叶俄国汉学的最高成就。”③发展的一个转折点是 1855 年喀山大学的东方系迁往彼得堡。在这个转折点上的关键人物是瓦西里耶夫(Василий Павлович Васильев,1818—1900),他作为第十二届东正教使团的成员开启了自己的汉学生涯,因此,我们在讨论 19 世纪后半叶的欧洲汉学发展时,仍将其作为东正教来华使团中的一员来讨论。他于 1855 年被任命为彼得堡大学东方系主任。斯卡奇科

---

①　柳若梅等著:《沟通中俄文化的桥梁:俄罗斯汉学史上的院士汉学家》,北京:外语教学与研究出版社,2010 年,第 168~174 页,第 191~198 页。

②　[俄]斯卡奇科夫著,[俄]米亚斯尼科夫编,柳若梅译:《俄罗斯汉学史》,北京:社会科学文献出版社,2011 年,第 269 页。

③　李明滨:《俄罗斯汉学史》,郑州:大象出版社,2008 年,第 22 页。

夫在谈到瓦西里耶夫的学术地位时说:"瓦西里耶夫拥有喀山大学的教学经验和进行学术研究的经验,对于中国哲学、思想和历史问题都有着深入的研究,所主持的东方语言教研室为俄国汉学和满学的进一步发展发挥了巨大的作用。"①

瓦西里耶夫先后翻译了《西域记》《西藏地理》《中国历史地图》《佛教文献》《宁古塔纪略》等中国典籍,而他对佛教的研究使其在整个欧洲汉学发展史中取得了不可动摇的地位。他未出版的手稿《佛教术语词典》《各流派的佛教文献述评》《玄奘游记》,1857年出版的《佛教及其教义·历史和文献》第一卷总论,19世纪60年代后出版的《中国历史》《元明时期的满人》《中国的穆斯林运动》《大清征服蒙古人》,1895年所发表的《由经律而全面发展的佛教》《佛教札记》都具有重要的学术意义。这样的评价我们只有放在欧洲汉学史中方可以看出。②

1900年4月27日,82岁高龄的瓦西里耶夫去世,他留下的未出版的手稿比他已经出版的著作还要多出一倍,由此可见他用功之勤。③ 他的成就代表了俄罗斯汉学19世纪后半叶的最高成就,代表了俄罗斯东正教使团在19世纪后半叶的最高成就,正如俄罗斯著名汉学家阿列克谢耶夫(Василий Михайлович Алексеев,1881—1951)所说,"瓦西里耶夫,学派的领头人,完成了学派著作的90%,白手起家建立起教学体系,持续50多年间培养了俄罗斯的国家栋梁,服务于中国、远东和俄国。在这里不能不充分地肯定这位长期努力奋斗的先行者"④。

柳若梅提供了瓦西里耶夫著作的详细的相关书目:

[1]《10—13世纪中亚东部的历史和古迹》(附《契丹国志》和《蒙鞑备录》译文,《皇家考古学会会刊》),1859年第十三卷第1~235页抽印本),共235页,彼得

① [俄]斯卡奇科夫著,[俄]米亚斯尼科夫编,柳若梅译:《俄罗斯汉学史》,北京:社会科学文献出版社,2011年,第293页。
② 在谈到19世纪的西方佛教研究时,学者认为"汉传佛教的研究,在这一时期基本还没有展开。在作为欧洲汉学中心的巴黎,要到1879年,法国国立图书馆才开始收藏汉文《大藏经》,有关中国佛教典籍的翻译与论著极为有限。欧洲当时有志于藏传佛教研究的学者,真是寥若晨星。李四龙:《欧美佛教学术史:西方佛教形象与学术源流》,北京:北京大学出版社,2009年,第6页。显然,这样的看法说明学术界包括欧洲的学术界对俄罗斯汉学的成就了解并不多,这一点从他们对瓦西里耶夫佛教研究的缺乏了解可以看出。
③ 赵春梅提供的瓦西里耶夫的著作18部,译著9部,论文39篇。参阅赵春梅:《瓦西里耶夫与中国》,北京:学苑出版社,2007年。
④ [俄]斯卡奇科夫著,[俄]米亚斯尼科夫编,柳若梅译:《俄罗斯汉学史》,北京:社会科学文献出版社,2011年,第331页。

堡,1857年。另载《俄国考古学会东方部论丛》第7期,1859年,第10~30页。

[2]《阿穆尔河附近特尔山崖古迹铭文考》,载《科学院消息》第四卷第4期,1896年,第365~367页。

[3]《高昌柴达木地区鄂尔浑古迹上的汉文铭文》,载《鄂尔浑考察论集》,第三辑,共59页(含汉文铭文和3幅图表),彼得堡,1897年。

[4]《军机大臣马思哈出巡北部边疆日记》(译自《赛北纪程》),载《俄国皇家地理学会会刊》第6辑抽印本,共6页,彼得堡,1883年。

[5]《清初对蒙古人的安抚》(译自《圣武记》,《俄国皇家地理学会会刊》第六辑抽印本),共32页,彼得堡,无出版年代。另见波塔宁《蒙古北方札记概要》一书附录,第306页。

[6]《汉语文选第一册注释》(汉语),共145页,彼得堡,1896年。内容概要:中国谚语、笑话、康熙家训、聊斋故事、军事活动史、中国和俄国的交往。

[7]《汉语文选第二册注释》(石印本),共125页,彼得堡,1844年。见《中国书目》第1211条《论语》俄译及注释本。

[8]《汉语文选第三册注释》(《诗经》俄译及注释)(石印本),共160页,彼得堡,1882年,第二版,彼得堡,1898年,共306页,此版本为《诗经》的第一个公开出版的俄译本。

[9]《元明两朝满洲人资料》,共75页,彼得堡,1863年,载《圣彼得堡大学1859年结业典礼》,第83~157页。

[10]《古代中国地理地图》,载《俄国皇家地理学会通讯》,1854年第2期,第91~94页,另载《国民教育部杂志》,1854年6月号,第91~94页。

[11]《成吉思汗和他的继承者年表》,载《俄国考古学会东方部论丛》,1889年第4期,第375~378页。

[12]《满洲志》,共109页,彼得堡,1857年。另载《俄国皇家地理学会会刊》,1857年第十二辑,第1~109页。见《中国书目》第8517条。

[13]《宁古塔纪略》,载《俄国皇家地理学会会刊》,1857年第一辑,第79~109页。

[14]《北部蒙古的河流状况》(摘自中国地理著作),载波塔宁《蒙古西北概貌》第3册,第252~265页,彼得堡,1883年。

[15]《突厥游记》(西藏),载《俄国地理学会消息》,第九卷,1873年,第10期,第38~381页,另载《突厥学论集》,第八十三卷,第49页。

[16]《注入阿穆尔河的大河流》(译自汉语),载《俄国皇家地理学会通讯》,1857年,第十九辑,第2册,第109~123页;1858年,第二十三辑,第25~36页。

[17]《汉语文选》,第1卷,共162页,彼得堡,1868年。第二版,彼得堡,1883年。第三版,圣彼得堡,1890年。

[18]《汉语文选》,第二部分,《论语》,附中文原文,共89页,彼得堡,1868年。

[19]《汉语文选》,第三册,《诗经》,共203页,彼得堡,1898年。

[20]《中国文献史资料》(石印)。

[21]《中国文献史》(在科尔什、皮卡尔编《世界文学史》中),共163页,彼得堡,1880年。

[22]《诗经译解》,附《中国文选》第3册注释,共171页,彼得堡,1882年。

[23]《佛教及其教义·历史和文献》,第一卷,总论,共365页,彼得堡,1857年。

[24]《佛教及其教义·历史和文献》(附杜波罗留波夫评论),第三部分,印度佛教史(译自藏语的《达拉那塔文集》),共310页,彼得堡,1869年。

[25]《中国的穆斯林运动》(译自汉语),载《1867年12月2日彼得堡大学结业典礼》,共43页,彼得堡。

[26]《谈喀山大学图书馆藏佛教史书籍》,载《皇家科学院学术论丛》,第三卷,第1册,1955年,第1~33页。

[27]《彼得堡大学藏东方书籍》,载《俄罗斯通讯》1875年第11期,第305~343页。①

俄罗斯汉学,特别是19世纪的汉学在对中国古代文献典籍的翻译上成就非常之大,蔡鸿生先生在其专著《俄罗斯馆纪事》中对以东正教使团为中心的俄罗斯汉学家所翻译的《三字经》《红楼梦》做过专门的研究。他在谈到俄罗斯汉学对

① 柳若梅等著:《沟通中俄文化的桥梁:俄罗斯汉学史上的院士汉学家》,北京:外语教学与研究出版社,2010年,第191~198页。在此感谢柳若梅教授所赠送给本人《沟通中俄文化的桥梁:俄罗斯汉学史上的院士汉学家》和[俄]斯卡奇科夫著,[俄]米亚斯尼科夫编,她译的《俄罗斯汉学史》两本书,给笔者研究俄罗斯汉学提供了丰富的材料。

儒学典籍的翻译时,总结了三个特点:"第一,译述者大多是北京俄罗斯馆出身的汉学家及其弟子,如格奥尔吉耶夫斯基和波波夫,都是瓦西里耶夫院士在彼得堡大学东方系的门生,一脉相承,学有渊源。第二,尽管转译过西欧某些论著,但儒学的译述仍以俄国汉学家为主,表明 19 世纪的俄国汉学已经独立于国际学术之林。其显著特色是比较研究,既比较儒、释、道,又将中国儒学与西方古典哲学进行比较。至于'训诂'式的学理和方法,则非其所长。第三,除彼得堡外,莫斯科和喀山两个文化名城,成为传播儒学的要地,是容易理解的。"①

　　蔡先生这个分析主要侧重于俄罗斯汉学界对儒家经典的翻译,如果我们对 19 世纪的俄罗斯汉学成就,特别是对其在中国典籍翻译的成就做一个整体的观察,可以发现他们在汉学研究和中国古代文化典籍的翻译上取得了巨大的成就,形成了俄罗斯汉学独有的特点。笔者认为,当我们讨论俄罗斯汉学 19 世纪在翻译和研究中国典籍上的贡献时,首先将其放在俄罗斯 19 世纪汉学的整体背景下加以考察。阎国栋将俄罗斯 19 世纪汉学的特点总结为三点:一是"俄国汉学研究主体发生了显著变化,原来以俄国东正教驻北京传教团成员为主要研究力量的格局被打破,形成了高等学府、传教团、外交机构、侨民及专业学会共同参与的多元化格局";二是"在多元化的研究格局之下,俄国汉学在研究内容上更加丰富";三是"在研究方法上,这一时期的俄国汉学研究已经具有了某些近代化的特征"。②19 世纪俄罗斯汉学经历了从低潮到高潮的发展阶段,19 世纪上半期的俄国汉学是比丘林"一枝独秀",而在 19 世纪下半期则是"群星辉映"。我们可以看到 19 世纪的俄罗斯汉学史是东正教使团汉学家的世纪,"在这每十年一换的各届使团中,汉语和满语学习的成绩越来越显著。特别是从 19 世纪 30 年代起,亚洲司开始重视使团,提高了使团的预算,提前任命使团团长,精心选拔使团的教士和随团学生并提前组织培训(尽管是短期的),等等,这些都对成功地研究这个国家及其各民族的语言有很大的帮助"③。

　　从俄罗斯汉学 19 世纪的这个总的发展特点和变迁的历史来看,以下四点是

①　蔡鸿生:《俄罗斯馆纪事》,北京:中华书局,2006 年,第 93 页。

②　阎国栋:《俄国汉学史(迄于 1917 年)》,北京:人民出版社,2006 年,第 558 页,第 560 页,第 565 页。

③　[俄]斯卡奇科夫著,[俄]米亚斯尼科夫编,柳若梅译:《俄罗斯汉学史》,北京:社会科学文献出版社,2011 年,第 270 页。

我们思考俄罗斯 19 世纪汉学的中国典籍翻译与研究时需要注意的:

第一,在中国西北边疆史地的文献翻译和研究上取得了巨大的成绩。①

如果同耶稣会对中国的全方位研究相比,俄罗斯的东正教使团对中国历史与文献的翻译和研究范围不如来华的耶稣会士,因为,耶稣会士在中国主要地区有自己的教区和教堂,而东正教为了俄罗斯的国家长远利益,沙皇不允许他们传教,这样他们只能居住在北京。但这种不利却使俄罗斯的早期汉学家们在典籍的翻译上取得了令人惊叹的成就,同时形成了对中国北方历史的长期关注,对北方历史文献的翻译和研究、注重中国北方少数民族文献的翻译和研究,成为 19 世纪的俄罗斯汉学的重要特点。

18 世纪时,来华的法国耶稣会士就十分重视满文及北方民族文献的学习和研究,因为,满语是清朝的上层社会语言,清朝起源于北方。来华传教士注意这些特点是很自然的。例如,张诚和白晋将《哲学教程》翻译成满文,给康熙上课,巴多明编写著名的《法满辞典》,宋君荣(Antoine Gaubil, 1689—1759)写出《元史与成吉思汗本纪》《两辽史略》《青海、西番、西藏与哈密和里海之间诸国录》《长城及蒙古若干地区》《成吉思汗之祖先及成吉思汗之死》等,在这个领域取得了令人瞩目的成绩。

但 19 世纪新教传教士入华后,在上半个世纪几乎没有关于中国北方历史文献和少数民族历史文献的翻译和研究,19 世纪下半叶后开始有些著作,但仍微乎其微。② 18 世纪后期耶稣会解散后,法国遣使会(Cogrégation de La Mission)接替耶稣会管理中国教务,但主要传教地区仍在京、津、冀、沪地区,其间也有传教士在满语、蒙古语及边疆史研究上做了工作,但为数很少。例如,1784 年来到中国,作为遣使会中国负责人的罗广祥(Nicolas-Joseph Raux, 1754—1801)也编写了一部满语语法书、鞑靼—满族语词典,秦司铎和古伯察从 1844 年起完成了穿越蒙古—

① Walravens, Hartmut, "Zur Publikationstätigkeit der Russischen Geistlichen Mission in Peking," *Monumenta Serica*, 34(1979-1980), pp.525-557.

② [英]伟烈亚力著,倪文君译:《1867 年以前来华基督教传教士列传及著作目录》,桂林:广西大学出版社,2011 年。

西藏—中原的考察,写下了《鞑靼西藏旅行记》①,但毕竟是凤毛麟角,西欧汉学家对中国西北地区的研究是在 20 世纪后随着中亚考古的发现才逐渐热起来的。

　　俄罗斯 19 世纪在这方面取得了很大的成就,在整个西方汉学界是十分突出的。瓦西里耶夫先后"翻译了《宁古塔纪略》《盛京通志》《辽史》《金史》《辽志》《金志》等重要文献,著有《元明两朝关于满族人的资料》《10 至 13 世纪中亚东部的历史和古迹》等著作。鲁达科夫利用《吉林通志》,出版有《吉林省中国文化史资料(1644—1902)》等著作。在蒙古学领域,俄国人所取得的成就至今仍为国际学术界所看重。在蒙古典籍翻译方面,巴拉第(Archimandrite Palladius, 1817—1878)翻译了《元朝秘史》《长春真人西游记》和《皇元圣武亲征录》,戈尔斯东斯基翻译了《卫拉特法典》,波兹涅耶夫翻译了《宝贝念珠》等。在蒙古研究方面,波兹德涅耶夫的《蒙古及蒙古人》生动而翔实地描绘了 19 世纪末蒙古地区的历史与文化,璞科第根据汉文史料撰成的《明代东蒙史(1368—1634)》是俄国关于明代漠南蒙古历史研究的重要成就,贝勒其用英文发表的《基于东亚史料的中世纪研究》已经成为元朝时期中西交通史领域的名著。在藏学领域,瓦西里耶夫根据藏传佛教格鲁派学者松巴堪布的《如意宝树史(印藏汉蒙佛教史如意宝树)》写成《西藏佛教史》,翻译出版了敏珠尔活佛的《世界广论》。齐比科夫的《佛教香客在圣地西藏》,巴拉津(Ъ. Ъ. Ъарапийн, 1878—1939)的《拉卜楞寺金殿弥勒菩萨像》及《拉卜楞寺游记》也是该时期重要的俄国藏学著作"②。特别是在中国北方语言研究上,俄罗斯汉学家有着很高的成就,他们的满语、蒙古语、藏语的研究是当时欧洲研究的最高水平,如斯卡奇科夫所说:"在 18 世纪中叶,在东正教传教团的摇篮中诞生了俄国在世界学术界独占鳌头的满学。罗索欣、列昂季耶夫、巴克舍耶夫、安东·弗拉德金的名字作为第一批满语翻译和第一批《满俄词典》的编纂者将永远留在学术史上。"③

　　俄罗斯汉学的这一成就也一直被西欧汉学界所认可,很多俄罗斯汉学家所做

---

① [法]古伯察著,耿昇译:《鞑靼西藏旅行记》,北京:中国藏学出版社,2011 年;参阅[法]荣振华、方立中、热拉尔·穆赛、布里吉特·阿帕乌著,耿昇译:《16—20 世纪入华天主教传教士列传》,桂林:广西师范大学出版社,2010 年。

② 阎国栋:《俄国汉学史》,北京:人民出版社,2006 年,第 561 页。

③ [俄]斯卡奇科夫著,[俄]米亚斯尼科夫编,柳若梅译:《俄罗斯汉学史》,北京:社会科学文献出版社,2011 年,第 271 页。

的关于中国北方历史文献的翻译,特别是关于北方少数民族历史文献的翻译出版后也很快被翻译成法文等西欧文字。

第二,探讨俄罗斯在19世纪时在中国典籍翻译和汉学研究上取得西方领先地位的原因。俄罗斯汉学真正走出了一条自己的道路,在西方汉学史上写出自己的辉煌,形成自己独有的特点则应开始于驻北京的东正教使团时期。按照李明滨先生的说法,俄罗斯汉学与欧美汉学和日韩代表的东亚汉学形成了"汉学鼎足为三,共同构成了世界汉学的基本格局"①。

通过以上所介绍的东正教使团汉学的成就我们就可以看出,这些长年生活在中国的使团成员无论是从事汉学研究的人数还是其研究的成果都已经大大超越了在华耶稣会士。可以这样说,如果同西欧汉学相比,在19世纪俄罗斯汉学领先于西欧汉学。为何在此期间俄罗斯汉学的成就超过西欧汉学呢?今天我们考察这段历史,我想有两个原因。

其一,在雍正禁教后,在雍乾百年禁教期间来华的欧洲耶稣会士在人数上大大减少,相比之下在北京最多的欧洲人是俄罗斯东正教使团的人员,而且长年坚持,每十年一轮。在同中国的制度关系建立上俄罗斯走在了西欧各国的前面。东正教使团的汉学家从莫斯科来到北京,并展开他们的汉学研究是有制度保证的。这种体制上的稳定性,使其在华汉学家人数明显超过来华的其他天主教修会,而人数的众多又为其学术成果的积累奠定了基础。

其二,在北京的东正教使团主要担任外交使命和汉学研究的任务,他们没有传教的任务。这是他们和在华的耶稣会士和其他天主教会士的重大区别。那些在宫中的耶稣会士尽管才华横溢,但其主要的精力仍要放在为皇帝服务上,这是和他们在中国的总体传教策略联系在一起的,因为他们在中国各地的传教活动是要依托在北京宫中的那些传教士的,没有宫中的这些为皇帝服务的传教士的庇护,耶稣会在中国的传教活动可能在雍正禁教后就土崩瓦解。反之,我们看到在北京的这些东正教使团的神职人员并未把精力放在传教上,他们几乎是将全部精力投入了对中国的研究,为俄罗斯在东方的扩张提供学术的支持。很长时间里,学术界大都认为在华耶稣会的汉学家代表着西方传教士汉学的最高成就,现在看

---

① 李明滨:《中国文学俄罗斯传播史》,北京:学苑出版社,2011年。

来要改变这种看法了。①

　　陈开科有段话说得比较好:"真正的俄罗斯汉学研究的诞生还在 18 世纪上半叶。由于俄罗斯人了解中国的渠道主要有两条,所以导致其汉学从诞生之初就具有双重特色:在带有欧洲特色的前提下,兼具俄罗斯特色。直到 19 世纪,俄罗斯汉学才在比丘林、巴拉第和瓦西里耶夫等人的努力下,彻底摆脱欧洲特色,实现俄罗斯汉学的民族化。"②在我看来俄罗斯汉学的民族化特色的形成,俄罗斯汉学超越西欧汉学成为西方汉学的领跑者,最根本的原因在于它的地缘政治特点,正是由于中国和俄罗斯两国有绵绵千里的土地接壤,才有了双方不断的战争、贸易,正是这种真实的感受使俄罗斯远比相距万里之遥的西欧更加迫切地需要了解中国。

　　第三,俄罗斯 19 世纪的汉学研究与国家利益联系更为紧密。③

　　19 世纪初来华的英美新教传教士来华时主要是由各教会差会派出,如马礼逊是英国伦敦传教会所派,裨治文是美部会所派,罗孝全(Issachar Jacox Roberts, 1802—1871)是美国浸礼会(American Baptist Churches USA,ABCUSA)所派。这些来华的新教传教士和自己的国家有着这样或那样的关系,例如,马礼逊和英国东印度公司的关系。但由于当时英美国家还没有像俄国那样在中国北京或其他某地有一个清政府所承认的正式驻外机构,因此,这时中国和英美等国的关系主要是贸易关系及通过传教士通道的文化联系关系。这样,在 19 世纪的来华英美等西方国家的传教士和他们自己的国家之间有着这样或那样的联系,或紧或松的关系,他们也为自己的国家服务,或者为西方的利益服务,如郭实腊(Karl Friedrich August Gützlaff,1803—1851),直接领取了英国政府给予的费用,传教士也直接参与了《南京条约》的谈判等,来华的新教传教士在 19 世纪后期同样与西方帝国主义势力的入侵是分不开的。④

　　但从总体上看,来华的新教传教士汉学家均未像俄罗斯馆的东正教汉学家那

①　[俄]娜·费·杰米多娃、弗·斯·米亚斯尼科夫著,黄玫译:《在华俄国外交使者(1618—1658)》,北京:社会科学文献出版社,2010 年。

②　陈开科:《巴拉第的汉学研究》,北京:学苑出版社,2007 年,第 166 页。

③　Widmer,Eric,*The Russian Ecclesiastical Mission in Peking during the Eighteenth Century*,Cambridge, Mass.:Harvard University Press,1976.

④　顾长声:《传教士与近代中国》,上海:上海人民出版社,1995 年;王立新:《美国传教士与晚清中国现代化》,天津:天津人民出版社,1997 年。

样与国家有着直接的上下级之间的关系。正因为这样,英美来华的传教士和西方来华各国政府及东印度公司之间不存在简单上下级关系,不是执行国家命令的关系。由此,才会产生在鸦片贸易上马礼逊、理雅各等传教士与英国和东印度公司的分歧与冲突,从而呈现出历史的多维性和复杂性。①

俄罗斯在18和19世纪的扩张,特别是向远东地区的扩张,使其政府急需汉学家提供更多建议,对中国北方的研究,对西北和东北地区的研究,对元朝和蒙古地区的研究始终是这些俄罗斯汉学家们经久不衰的题目,在这些知识和研究的背后显然有着国家利益的推动。如果说法国来华的传教士在其汉学研究的背后有着一种基督教文明扩展的冲动,"中华归主"是这些长年飘零在外、客死他乡的传教士们心中的梦想,那么来华的东正教使团的传教士们,在追求东方知识的同时也有着一种国家的使命,一种为其帝国扩张效力的梦想。所以,要"将俄国汉学放在中俄两国关系的背景下研究。俄国汉学本身就是为了适应中俄关系的发展需要而诞生的,而后又随着两国关系的发展而壮大。两国关系中的每一次重大演变都对俄国汉学产生了深远的影响"②。

俄罗斯馆是直接隶属俄国政府的外交机构,它必然要为俄国的国家利益服务。"从俄中关系的角度来说,使团驻扎中国首都北京意义重大。由于使团理顺了俄国与中国的联系,俄国政府得以在19世纪源源不断地得到关于中国的政治和经济生活的各种信息。在一定程度上以使团团长为代表的使团是沙俄政府政策的贯彻者。"③如果这样来看,就可以理解为何俄罗斯在中国北方历史文献翻译和研究上,在北方少数民族历史文献的翻译研究上取得如此大的成绩,为何19世纪英美来华新教在这个领域的成果无法与俄罗斯相比。我们必须从更大的视野来考察19世纪的西方汉学。19世纪是西方强盛东方衰落的世纪,西方列强在19世纪逐步侵入中国、瓜分中国。美英在中国的势力和利益主要在中国南方、江浙一带,而日本和俄罗斯的利益和势力则主要在中国北方一带。由于国家利益之不同,他们在中国的势力范围不同,从而直接影响了汉学家们学术兴趣的重点,进而

---

① 吴义雄:《在宗教与世俗之间:基督新教传教士在华南沿海的早期活动研究》,广州:广东教育出版社,2000年。

② 阎国栋:《俄国汉学史》,北京:人民出版社,2006年,第17页。

③ [俄]斯卡奇科夫著,[俄]米亚斯尼科夫编,柳若梅译:《俄罗斯汉学史》,北京:社会科学文献出版社,2011年,第270页。

形成了他们不同的汉学特点。

很显然,长期以来俄罗斯作为一个帝国一直在东方扩张,对中国北方的蚕食和分裂是他们长期的国家政策,来华东正教使团更是直接为沙俄帝国服务的宗教学术团体,他们的学术研究的国家背景是十分明显的。"比丘林在《准噶尔和东突厥古今志》一书中首次在世界上将'布哈拉突厥斯坦'改称作'西突厥斯坦',而把'中国斯坦'叫作'东突厥斯坦',并且声称这样做是因为'东突厥斯坦'不可能永远在中国的统治之下,就赤裸裸地说明了这一点。"①汉学家永远不可能摆脱国家政治的影响,这就是一个典型的说明。

而俄罗斯的向东扩张也和它在欧洲与中亚扩展的失败有着紧密的联系。1853年7月初,俄国出兵占领了在奥斯曼帝国的属地——多瑙河两公国——摩尔多瓦和瓦拉几亚并拒绝了苏丹提出的撤军要求。10月,土耳其政府向俄国宣战。1854年3月底,英法正式向俄国宣战,克里米亚战争(Crimean War,又名克里米亚战争、东方战争、第九次俄土战争)爆发。这是英、法、奥斯曼帝国(1299—1922)和撒丁王国结盟同沙俄的一次大规模战争。1856年3月30日,双方签订《巴黎和约》。战争的结果,俄国从欧洲大陆的霸主地位上跌落下来,战争加深了俄国国内危机,迫使沙皇政府不得不进行农奴制改革。克里米亚战争的失败,不仅仅造成了沙俄在国内对农奴制度的改革,也迫使其将外交方向的重点转向东方,开始加快向中国扩张的步伐。而此时,英国、法国正在和中国进行第二次鸦片战争。1859年6月,英、法、美以进京换约被拒为由,率舰队炮击大沽。1860年8月,英法联军18000人,侵占天津。9月,清军在北京通州八里桥迎战英法联军失利。清咸丰帝携皇后、懿贵妃等离京逃往承德。10月18日,英法联军占领北京,抢劫焚毁圆明园。清政府派钦差大臣佳良、花沙纳与俄、美、英、法各国代表分别签订《天津条约》。同年,沙俄以自己调解中国和英法之间的战争有功,以武力迫使黑龙江将军奕山签订《瑷珲条约》,割去中国东北60多万平方千米的领土,成为第二次鸦片战争中最大的赢家。

俄罗斯这次所获得的利益是与俄罗斯汉学家们长期研究中国北方,研究中国少数民族语言和地区的活动与学术成果分不开的。陈开科认为"俄罗斯馆,同样

---

① 阎国栋:《俄国汉学史》,北京:人民出版社,2006年,第289页。

由于其自身的历史渊源,使其先天就具有不争的政治功能。这种政治功能,历史地看,主要表现为提供外交情报、参与外交实践和提供外交咨询。提供外交情报是其基本政治职能,每届俄罗斯馆尤其是大司祭,按规定必须定期向俄罗斯政府写例行报告,报告的主要内容就是俄罗斯所需要的各种有关中国政治的情报,包括中国的边疆政策、政治人事变动、中国政府对俄及其他西方列强的动议等等;参与外交实践虽不经常,但遇到特殊时机,俄罗斯馆成员会以翻译等中立身份为掩盖,应国家需要而亲自走向外交舞台,直接参与外交实践,为俄罗斯的侵略利益服务"①。而上面所提到的俄罗斯汉学家关于中国北方语言文字研究、少数民族研究、历史文献的翻译等"对沙俄来说,具有直接为侵略中国服务的作用,它们提供了整套有关中国的政治史及其周边民族和地区的政治史情报。俄罗斯人一旦掌握了这些译著的精髓,就可以懂得中国人的心理和政治运作规律,以便在和中国政府打交道时,取得心理和操作优势。"②

　　如此紧密地与国家政府合作,完全将自己的学术充当为国家势力扩张的学术支撑,这是俄罗斯19世纪汉学的重要特点,是其区别于西欧19世纪汉学研究的一个重要方面。这并不是说英美传教士汉学研究没有为英美等国在中国的扩张服务,这种政治的关联在英美国家的汉学家和传教士那里同样存在,但每一差会内部的政治主张有所不同,而不像俄罗斯馆的汉学家这样与国家的扩张完全一体,学术研究是其国家扩张的工具。

　　这是研究19世纪汉学,乃至今天西方汉学的一个十分重要的问题,即汉学家的学术成就和他的政治观念的关系,以及他们的学术研究与国家之间的关系问题。我们必须承认,任何历史学家、哲学家、诗人和作家都离不开时代对其的影响和制约,必须看到19世纪西方国家在其扩张中对其文化和学术的影响。"我们必须看清对帝国的留恋之情,以及它在被征服者心中引起的愤怒与憎恶。我们必须认真地、完整地看待那孕育了帝国的情绪、理论基础、尤其是想象力的文化。我们还必须努力弄清帝国思想意识的独霸性。至19世纪末,它已经完全嵌入了文化

---

①　陈开科:《巴拉第与晚清中俄关系》,上海:上海书店出版社,2008年,第348页。
②　陈开科:《巴拉第与晚清中俄关系》,上海:上海书店出版社,2008年,第360页。

领域。而我们仍然在赞美着这种文化领域中的一些不太恶劣的特征。"①在我们的研究中不能不加分析地去赞扬俄罗斯的汉学家,对他们的汉学成就和与其政治功能方面的关系一定要有一个清醒的认识。如萨义德②所说:"把这些不同的领域相联系,指出文化与帝国的扩张之间的关联,讨论艺术的独特性又在同时指出它的从属性是很困难的。但是,我认为,我们必须做出尝试,把艺术放到全球现世的背景中来考察。领土和占有是地理与权力的问题。人类历史的一切都是根植于现实之中的。"③

但这并不是去否认他们的汉学研究成就,像一些用"汉学主义"这样简单的概念来否认对汉学家展开研究,毫不费力地套用萨义德的"东方主义"概念,将汉学家贴上一些标签。我们在汉学家学术的独特性和国家政治的关系之间做出多维度的分析,展现出历史的复杂性,在汉学家的成就、学术研究的独立性、学术贡献与他们与国家之间的从属性方面有一个更为周全的分析。学术离不开政治,学术会为政治服务,但学术内容的推进,人类知识的增长本身和它的社会功能之间仍是紧密相连而又有区别的一个问题。历史的进程充满罪恶、杀戮和血腥,但历史正是在这样的进程中不断取得进步,整个人类的文明在历史中不断提高。与此相同,从来学术都是和政治相连,脱离政治的纯学术只是空谈,如果说政治充满了肮脏和欺诈,那么纯粹的学术也是从来没有的。但又不能否认学术的进步和知识人对人类认识的推进。自由主义是可耻的,浪漫主义是幼稚的。历史的悖论、学术的悖论永远存在,这正是历史的深刻和学术的复杂所在。关于这一点,我们会在"理论编"更为深入地展开,现在指出这一点是为说明俄罗斯19世纪汉学研究的国家性特点。

第四,横跨欧亚的地理空间使19世纪俄罗斯汉学呈现出双重性。

任何民族在自己对"他者"文化的接受时,都会因其民族自身的历史与文化特点,而形成自己独特的对"他者"文化的解释,从而形成一种文化间的新的融

---

① [美]爱德华·W.萨义德:《文化与帝国主义》,北京:生活·读书·新知三联书店,2003年,第14页。

② 也有学者称赛义德,本书统称为萨义德。

③ [美]爱德华·W.萨义德:《文化与帝国主义》,北京:生活·读书·新知三联书店,2003年,第6页。

合,探索这种融合与特点是在跨文化视角下展开中国文化在域外传播研究的一个重要内容。19 世纪的俄罗斯汉学区别于西欧汉学的一个特点就是:横跨欧亚的地理空间对其汉学研究所产生的双重性影响。

由于历史与地缘的关系,俄罗斯的东方学有着悠久的历史。从历史来说,俄罗斯有着 200 年受蒙古族统治的时期,这段历史给俄罗斯人打上了深深的东方印记。15—16 世纪俄罗斯摆脱了蒙古人的统治,开始向东方逐步扩张。与西欧相比,俄罗斯有着与东方联系的独特优势。莱布尼茨当年曾多次与俄罗斯人通信,希望通过俄罗斯,打通欧洲到中国的陆路通道。这样的历史文化背景和地缘政治特点,使得俄罗斯的东方学,主要是中亚和东亚的研究要比欧洲更为深入。在经济、政治、文化上与东方有着千丝万缕的联系的俄罗斯,在彼得一世大举实行改革的时期,配合国家利益的需要,推出了一系列与东方学发展有着密切关系的重大举措,如组织东方语言教学,有目的地收集关于东方的原始资料、文献和地图,创建相应的陈列馆,撰写和翻译一些关于东方内容的书籍;在东方各地波斯、布哈拉、高加索、西伯利亚、堪察加、中国的考察,对俄国东方学发展的推动作用是不言而喻的。

"欧亚"这个词在 19 世纪才正式出现在俄罗斯文化中,"欧亚主义"是 19 世纪 20 年代初才正式亮相的一种思想。"它在思想上传承了斯拉夫主义,有意识地对抗西方,认为彼得大帝领导俄罗斯人民进行的西化改革之路已经走进了死胡同。俄罗斯该何去何从,欧亚主义主要奠基人之一的 H.C.特鲁别茨科伊给出了一个回答:为了把我们的思维和世界观从压迫它的西方束缚中解放出来,我们应该在自己内部,在俄罗斯民族精神宝库中挖掘创建新世界观的元素。"①俄罗斯人种属于欧洲人种,斯拉夫语言属于印欧语言的一个分支,东正教是罗马天主教的一个分离出来的教派,毫无疑问它属于欧洲文化的一部分。但俄罗斯曾被蒙古统治长达 200 年之久,在蒙古人的统治解体后,东方思想和文化已经给俄罗斯留下了浓重的色彩,从而使俄罗斯和"西欧产生了严重的文化疏离"。特别是在地理大发现时期,俄罗斯的迅速东扩,成为一个横跨欧亚大陆的具有超大国土面积,直接与中国等亚洲国家领土相连的欧洲国家,成为一个连接欧洲文化与亚洲文化的

① 转引自张海鹰:《欧亚主义:俄罗斯思想的历史遗产》,《吉林教育学院学报》2009 年第 9 期。

国家。地理空间的扩展,使其在文化心理上也同时产生变化。阿尔弗雷德·韦伯在《文化社会学视域中的文化史》中写道:"俄罗斯人与'西方人'完全不同。——然而,毫无疑问,俄罗斯人的精神思想特质——他们的'完全的现实性'(Entelechie),他们在天赋基础上经历历史的方式,从最深刻的本质上来说,都是不同于西方人的。"①俄罗斯的文化特征应该如何描述?"俄罗斯文化自有属性问题、俄罗斯文化归属性问题的思考反映在俄罗斯的思想史上,表现为各种思想流派。西方派和斯拉夫派关于俄罗斯文化属性的争论,最后导致欧亚主义思想的诞生。欧亚主义思想强调俄罗斯既不属于西方,也不属于东方,其文化既带有欧洲文化的特点,同时也带有亚洲文化的特点,俄罗斯文化是欧亚文化。"②

19世纪之前欧亚思想并未正式登场,但此时俄罗斯迅速扩张,已经成为一个横跨欧亚的大国,其始终同时注意东方和西方。在彼得大帝向西方学习,建立科学院,从德国延聘科学家来俄罗斯工作的同时,他也同时关注着东方。"在彼得一世大举实行改革的时期,配合国家利益的需要,推出了一系列与东方学发展有着密切关系的重大举措,如组织东方语言教学,有目的地收集关于东方的原始资料、文献和地图,创建相应的陈列馆,撰写和翻译一些关于东方内容的书籍;在波斯、布哈拉、高加索、西伯利亚、堪察加、中国的考察,对俄国东方学发展的推动作用是不言而喻的。"③

在这样一种文化氛围和思想环境中发展起来的19世纪俄罗斯汉学呈现出不同于西欧汉学的特点:双重性。

19世纪是西方人统治世界的世纪,是西方中心主义盛行、发展的世纪。从黑格尔在其《历史哲学》中将中国文化贬低为一种停滞文化,亚当·斯密将中国的经济定性为一种封闭的经济后,欧美汉学家绝大多数对中国文化的态度与18世纪的文化态度发生了重大的变化,19世纪的欧美汉学家再没有18世纪伏尔泰、莱布尼茨那种对中国文化的崇敬态度。他们那种从基督教文明居高临下看待中国文化的态度弥漫在他们的研究文字之中,即便对中国古代文化的欣赏,也只是

① 　[德]阿尔弗雷德·韦伯著,姚燕译:《文化社会学视域中的文化史》,上海:上海世纪出版集团,2006年,第204页。
② 　李英玉:《俄罗斯文化的欧亚属性分析》,《求是学刊》第37卷第3期,2010年5月。
③ 　[俄]斯卡奇科夫著,[俄]米亚斯尼科夫编,柳若梅译:《俄罗斯汉学史》译者序,北京:社会科学文献出版社,2011年,第27页。

将其作为已经死去的古代文化、一种博物馆的文化来看待的。如爱德华·萨义德在《东方学》中所阐述的,西方对东方的认识与研究是"东方学家——诗人或学者——使东方说话,对东方进行描述,为西方展现东方的神秘"①。现实的中国专制、停滞、野蛮、落后,文化上的欧洲文化优越论成为这些汉学家的出发点。即便有不少传教士出于正义,同情中国,批评欧美国家在中国所犯下的罪恶行为,例如,不少传教士对英国鸦片贸易进行激烈批评,但在文化立场上并未有多少改变。其实不仅仅是传教士,包括许多正直的欧洲作家、思想家,例如,马克思(Karl Heinrich Marx,1818—1883)对八国联军进行激烈批评,但其在东方观上仍是一个"欧洲中心主义者"。

　　19世纪的俄罗斯汉学家们的双重性表现在:一方面,他们和欧洲汉学家一样,站在一种欧洲中心主义的立场来审视中国文化,甚至站在一种帝国主义文化的立场,来论述中国文化;另一方面,他们确又区别于西欧的汉学家,对中国文化充满尊重,甚至直接批评西欧汉学家在学术上的傲慢与偏见,表现出一种西方汉学研究少有的东方精神。

　　我们先看第一方面。我们以瓦西里耶夫的《中国文学史纲要》为例,来加以说明。瓦西里耶夫的《中国文学史纲要》是世界范围内第一部中国文学史的专著,具有很高的学术价值。已故的当代著名俄罗斯汉学家李福清(Б.Л.Рифтин,1932—2012)在《中国古典文学研究在苏联》一书中说:"据我们所知,《中国文学史纲要》是世界上第一部中国文学通史,这一点是它的不容争辩的价值……"②他在这部著作中对中国古代文学也给予较好的评价,他说:"有人说,中国是一个了无生气的国家,那里没有智慧的潮涌,没有进步,没有发明。但是,如果拜读了《历代名臣奏议》《名臣奏议》《皇朝经世文编》三部著作他们还会说从前得以确立的中国思想处于停滞状态,内部不曾有过冲突交流,没有找到新方向,没有获得新发展吗?"③这显然是在批评一些西方学者对中国文学的看法。但总体来说,这部著

---

① [美]爱德华·W.萨义德著,王宇根译:《东方学》,北京:生活·读书·新知三联书店,1999年,第27页。

② [俄]李福清著,田大畏译:《中国古典文学研究在苏联》,北京:书目文献出版社,1987年,第2页。

③ 转引自赵春梅:《瓦西里耶夫与中国》,北京:学苑出版社,2007年,第159页。

作是对中国文学充满怀疑和批评的态度的。①关于中国古代文字的起源,他持怀疑态度,他说:"中国人关于汉字起源的传说并不可信,有关这一问题的中国文献存在失真之嫌。"②他主张中国的文字起源于埃及,因为,"除了埃及,世界上任何地方都不存在公元前 1000 年前的文字遗迹"③。这显然是西方汉学家长期以来所持的观点。

　　更为典型的是,瓦西里耶夫在《中国文学史纲要》所持的文化观基本上是黑格尔的文化观,他认为:"中国文学拥有两千多年的悠久历史,是世界上古老的文学种类之一。然而,中国文学不属于世界上已经消亡了的古代文学范畴,虽然在创造精神、规范的科学阐述方法方面逊色于希腊和罗马文学,但是在规模和内容的多样性方面无论是希腊文学、罗马文学,还是伊斯兰教文学和中世纪西欧各民族文学都无法与之匹敌。……不过,由于在科学性和批判性方面的欠缺,中国文学也不应列入新文学之中,因为中国文学的主要特点是发展人类在公元前就已经掌握的文学方法。"④

　　学者认为,瓦西里耶夫这里所讲的"古代式文学"和"新文学"两个概念,是直接受到了著名文艺理论家别林斯基的思想和观点的影响。在别林斯基看来并不是任何一个民族都有文学,只有在"人民的民族性发展中表现出人类的发展,因而,支配万物的命运要托付他们在全世界历史的伟大戏剧中扮演人类代表的崇高

---

① 很遗憾,至今中国学术界中研究俄罗斯的汉学家的学者们仍未将这本重要的著作翻译成中文。我们只能从他们的转述性介绍中来评价这本书,这样一种评价显然是会有问题的。我们希望中国学术界从事俄罗斯汉学研究的学者更为注重基础文献的翻译和基础文献的建设,没有这些基础性工作,学术界无法对俄罗斯汉学界展开更为深入的研究。面对域外汉学的广阔领域,没有人能精通一切语言和文字,只有依靠译本来阅读和思考。因此,基础性的名著翻译仍是很重要的。以上对瓦西里耶夫的判断来自阎国栋的《俄国汉学史》,在他的书中有德国汉学家顾鲁柏对瓦西里耶夫这本书的评价,他说:"在其著《中国精神文化:文学、宗教、祭祀》中评论道:'王西里用俄文撰写的著作(科尔什:《世界文学史》,圣彼得堡,1880 年,第 426～588 页)以令人惊讶的独立思考见长。这位出色的汉学家博学多才,是同行中的佼佼者,特别是在中国古典文献的阐释方面,他的观点极其激进,由于其极端的怀疑和批判风格,有时又不免陷入批评无力的境地。他的这个缺点在翟理斯于该领域的早期拓荒性著作发表之后,依然明显存在并使其著作的价值大打折扣。'"(阎国栋:《俄国汉学史》,第 326 页)瓦西里耶夫在这本书中有哪些极端的怀疑和批判呢?书中没有提供给我们。
② 转引自赵春梅:《瓦西里耶夫与中国》,北京:学苑出版社,2007 年,第 152 页。
③ 转引自赵春梅:《瓦西里耶夫与中国》,北京:学苑出版社,2007 年,第 153 页。
④ 转引自赵春梅:《瓦西里耶夫与中国》,北京:学苑出版社,2007 年,第 166 页。

角色"的民族,才拥有文学。由此,他的结论是"在所有古代民族中,只有希腊和罗马人曾经有过自己的文学,这种文学直到现在还没有丧失其崇高意义,而是作为弥足珍贵的遗产,流传给新的民族,促成他们的社会的、学术的和文学的生活的发展"。这就是说,并不是所有民族都有文学,只有希腊、罗马这样的民族才有文学。这样,即便是印度文学和埃及文学虽然也具有全世界历史性意义,但其高度却远远逊色于希腊文学。它们所表现出来的世界性意义也是"显得含混不清、紊乱不齐、畸形怪状",而希腊文学则是"显得鲜艳明媚、酣畅淋漓、优雅谐婉"。

别林斯基的这个观点只是黑格尔关于世界发展历史观的改写版。显然,黑格尔和别林斯基都是以欧洲文化为中心来判别其他文化的,这种居高临下的傲慢、这种对希腊文化以外文化的无知和轻蔑正是19世纪西方思想的特征。

尽管瓦西里耶夫对中国文学的悠久历史、规模和内容的多样性给予了充分肯定,但"在本质上,他的表述与别林斯基的观点在某种程度上存在相通之处,即他们都把中国文学排除在了古代文学范畴之外,虽然依据不同,但结论一致:别林斯基是以人民的民族性能否体现人类的发展为依据,瓦西里耶夫的理由是中国文学在'创造精神、规范的科学阐述方法方面的欠缺'。与此同时,在瓦西里耶夫看来,因'在科学性和批判性方面的欠缺'中国文学也不属于新文学。也就是说,在他眼里,中国文学是异质的,其独特性就体现在它既不属于西方世界,也不属于伊斯兰教世界,既不属于古代文学范畴,也不属于新文学范畴。实质上,瓦西里耶夫的观点生动地说明作为东方文化代表的中国,在欧洲人眼中'非我异己'的传统形象和尴尬处境在文学领域中的体现"①。从这里,我们可以看到瓦西里耶夫,包括别林斯基在世界历史的基本看法上,他们与西欧哲学家们的基本观点并无区别,正像俄罗斯文化在其本质上体现了欧洲文化的特点一样,俄罗斯的汉学也与西欧汉学有着内在的精神联系。

黑格尔哲学的核心是"绝对精神",人类历史就是"绝对精神"的自我表现和发展史。自由意识是"绝对精神"的内核,人类对自由意识的追求经历了漫长的过程,从世界历史来看,黑格尔认为"世界历史的运动是从东方到西方,因为,欧洲

---

① 转引自赵春梅:《瓦西里耶夫与中国》,北京:学苑出版社,2007年,第167页。

是历史的绝对终点,正如亚洲是开端。世界历史有一个绝对的东方"①。从精神史来看,自由是衡量的标准。自由就是"个体的精神认识到它自己的存在是有普遍性的,这种普遍性就是自己与自己相关联。自我的自在性、人格性和无限性构成精神的存在"②。而黑格尔认为中国人尚未有独立的人格,谈不上自由,这样根本谈不上有哲学。哲学是自由意志的表达,没有人格自由的中国,哪来这种自由意志的表达呢?

别林斯基、瓦西里耶夫的观点显然有着内在的联系,黑格尔认为只有西方民族才有哲学,中国没有哲学,别林斯基、瓦西里耶夫认为,只有希腊、罗马有文学,其他民族,包括中国是没有文学的。别尔嘉耶夫曾将俄罗斯哲学的"真正觉醒",定为受德国哲学影响之时,而这个节点就是黑格尔,黑格尔对俄罗斯哲学产生了重大的影响。"近代俄罗斯社会的黑暗和专制,使思想者和哲学家对'自由'的渴望和追求,变得超乎寻常地强烈和迫切。尽管惯于以浪漫主义方式思考生存问题的俄罗斯思想家,并不推崇黑格尔以理性方式表述的自由观,但是,当黑格尔将'自由'视为精神的本质及世界历史发展的基础、动力、目的,具有改变世界的无限可能性时,黑格尔对'自由'的高扬,激起了崇尚自由的俄罗斯思想者和哲学家的高度共鸣。"③

这样我们看到了俄罗斯汉学与西欧汉学在思想上的共同性一面。

我们再来看俄罗斯汉学双重性的另一方面。俄罗斯不仅有广袤的亚洲领土,同时与亚洲文化有着这样或者那样的联系。由于历史文化和地缘政治的原因,它在文化上并未完全融入欧洲文化之中,俄罗斯文化仍保持着一种独立的性格。这种独立的性格使俄罗斯的汉学家并不盲从西欧的汉学家,在其著作中也时时流露出对欧洲汉学的不满,甚至也有了对欧洲中心主义的批判的声音。

比丘林在深入研究中国历史、地理、民族学和医学文献中,掌握了大量的关于中国历史上北方民族,如满族、蒙古族、突厥等诸多民族的历史文化知识,以及这

---

① Hegel, *Introduction : Reason in History*, Translated by H.B.Nisbet, Cambridge : Cambridge University Press, 1975, p.197.
② [德]黑格尔著,贺麟、王太庆译:《哲学史讲演录》第 1 卷,北京:商务印书馆,1997 年,第 98 页。
③ 郑忆石:《黑格尔哲学之光折射近代俄罗斯哲学》,《中国社会科学报》(哲学版)第 487 期,2013 年 8 月 12 日。

些北方民族与中原民族之间的错综复杂的关系。在这个研究的过程中,他首先详细翻阅了保存在北京葡萄牙天主教会图书馆的来华耶稣会士汉学家们的著作,例如葡萄牙来华耶稣会士曾德昭、法国来华耶稣会士冯秉正等人的著作。同时,北京耶稣会士的图书馆也藏有他们在欧洲出版的一些重要汉学著作,如杜赫德的《中华帝国全志》等。不仅仅是天主教传教士汉学家的著作,包括来华的新教传教士的汉学著作他也有所涉猎。在认真阅读和研究了这些前期来华传教士汉学家的著作后,比丘林发现他们的研究并非像自己想象的那样深刻和全面。比丘林在读了马若瑟、万济国、马士曼、马礼逊等人的关于汉语研究的著作后说:"他们的研究成果所展示的只是汉语中肤浅的东西。"他提醒那些对中国感兴趣的读者,要注意"这些学者试图用自己的思维方式来解释他们未知的东西,或者用猜测来填补认识上的空白,当然得出的结论是不可靠的"。不管是在中国,还是后来回到俄罗斯,比丘林对西欧早期来华传教士的汉学著作都保持着一种批判性阅读的态度。一方面他认为这些著作提供了一幅中国人生活的画面,这对于认识中国文化具有重要意义,同时也建议谨慎参考他们的著作。他还特别强调指出,那些西欧旅行家在描述中国人的道德、风俗、精神生活和日常生活习惯时的偏颇不是偶然的,他们蓄意而为之是为了讨好基督教会,迎合其利益的需要。针对西欧的汉学家们在著作中夸大基督教在中国的影响,比丘林写道:"那些痴迷于基督教的传教士们在描写中国人的多神教信仰时笔调阴暗,这极大地刺激着聪明的欧洲。那些描写中国的一流作家,谁也不甘示弱,极尽自己善辩之能事,添枝加叶,似乎如此便使得基督教民族的优越性更加鲜明地凸显在普通民族之中。"①

比丘林对西欧汉学家那种热衷于对中国文化风俗习惯和文化奇异现象的描写不感兴趣,对那种以一种猎奇的心态来看中国的文化立场提出批评。他依据自己对中国历史的研究,对于欧洲的汉学研究和欧洲人对中国的错误看法进行了批评。首先,他从学术上指出一些西欧汉学家的著作中在史料上的错误;其次,他指出,这些天主教传教士由于过多地从事传教事务,而很少有时间来全面考察中国,因此他们对中国的描写过于零碎。同时,他们的传教心态很重,在著作中不时表

① 李秋梅译:《比丘林传》抽样本,第66~67页。在此感谢李秋梅教授所提供给我的她的译稿的抽样稿。

现出把基督教信仰的原则凌驾于中国文化之上,有时甚至是故意从坏的方面来描写中国。最后,这些来到中国的欧洲旅行家周游了中国很多地方,但他们在回到欧洲后是用欧洲的思维和文化习惯来介绍他们的所见所闻的,结果,在这样的介绍中有相当多的错误,有些甚至是完全歪曲性的描写和报道。① 从这里我们看到比丘林对待西欧汉学始终保持一种清醒的态度,并非人云亦云,从而显示出了俄罗斯汉学独立的学术性格。

俄罗斯汉学的这种独立性格明显地表现在格奥尔吉耶夫斯基汉学研究的代表作《研究中国的重要性》一书中。这部著作 1890 年出版,它是格奥尔吉耶夫斯基汉学研究的巅峰之作,是"俄罗斯第一部中西文化比较的巨著",该书明确地举起了批判欧洲中心主义的旗帜,针对欧洲当时已经开始形成的欧洲中心主义展开了批判。他认为必须重新审视在欧洲汉学家和思想文化界已经流行的对中国文化蔑视的文化态度。全书围绕欧洲盛行的把中国文化说成"落后""停滞""腐朽""保守""虚伪"的"中国形态"概念展开批判与分析,他直接点名批判了德国哲学家黑格尔和康德对待中国文化的态度和观点,他指出:"试问,哪位学者不知道'中国形态'一词?哪个人的头脑中不由这个词联想到因循守旧、停滞萧条、静止不前?从上学起我们就被灌输了一种看法,即中国是一块历史化石。这种思想伴随着我们开始生活,并在阅读书籍和与周围人交谈过程中得到加强。任何人都视'中国是停滞王国'这一公式为无可辩驳的公理。""但是,试问,中国缘何被认为是停滞的王国?又该如何理解'停滞'二字?恐怕我们无法得到清晰、准确和令人信服的答案。"②

格奥尔吉耶夫斯基在《研究中国的重要性》一书中对欧洲中心主义的中国史观展开了批评,阎国栋详细介绍了这本书的具体章节,并给予高度的评价。"全书包括前言、结语、附录和 12 个章节。从章节的标题能够大体窥见该作的结构和主旨。第 1 章:欧洲中国观及其历史;第 2 章:具有陈旧与停滞成分的中国形态;第 3章:中国形态并非完全是停滞;第 4 章:欧洲缺乏对文明与进步实质的明确认识;第 5 章:作为理性进步结果的中国形态;第 6 章:作为道德进步结果的中国形态;

---

① 参阅李伟丽:《尼·雅·比丘林及其汉学研究》,北京:学苑出版社,2007 年,第 34~35 页。
② 阎国栋:《俄国汉学史》,北京:人民出版社,2006 年,第 389 页。

第 7 章：作为国内政治进步结果的中国形态；第 8 章：作为法律进步结果的中国形态；第 9 章：作为经济进步结果的中国形态；第 10 章：研究中国进步史对抽象意义上的社会科学的重要性；第 11 章：中国在继续进步。中国逐渐获得世界政治地位；第 12 章：研究中国进步史对评价西方进步成果及预测其命运的重要性；结语：近几十年来英国人和美国人比俄罗斯人更加热心于中国研究。由此不难发现，作者试图推翻西方世界已经确立的中国形象话语系统，用中西文明对比的方法，对被所谓的文明世界否定的中国文明形态逐一加以分析，发掘其精髓，展望其未来，全力重塑西方的中国形象，让中国重新赢得应有的地位。"[①]

这部著作在整个 19 世纪俄罗斯汉学史上都是绝唱之作，"在 19 世纪末西方中国形象陷入最黑暗的时期，一个年轻的俄国汉学家能在遥远的涅瓦河畔为中国而呐喊，并在俄国侵华的高潮时期呼唤中俄友谊，为全世界人民祈福，现在看来，颇有些振聋发聩的警世意味"[②]。这种学术立场和文化态度反映了俄罗斯汉学的独立个性与特点，尽管像他这样明确持有批判欧洲中心主义文化立场的人在俄罗斯汉学界并不多，但他的出现，他的这本著作的出版代表了俄罗斯汉学极为宝贵的一个方面。从整个 19 世纪西方汉学史的角度来看，格奥尔吉耶夫斯基在那个时代属于极为另类的汉学家，如果将其放在当代来考察，他的认识和观点也有着极大的现实意义。

俄罗斯汉学的双重性有着深厚的民族文化基础，俄罗斯帝国国徽上的双头鹰图案——两只眼一只朝左一只朝右虎视眈眈，生动表现出了俄罗斯的文化性格。早在 19 世纪初，这一时期最为著名的思想家恰达耶夫在他 1836 年发表的《哲学书简》中就写道："我们不属于人类的任何一个大家庭；我们不属于西方，也不属于东方，我们既无西方的传统，也无东方的传统。"[③]

俄罗斯著名哲学家别尔嘉耶夫在《俄罗斯理念——19 世纪末 20 世纪初俄罗斯思想的主要问题》一书中对俄罗斯民族性格中的东西方因素做出了精准的评述："俄罗斯灵魂之所以如此矛盾复杂，也许是缘于东方和西方两股世界历史潮流

---

① 阎国栋：《俄国汉学史》，北京：人民出版社，2006 年，第 359 页。
② 阎国栋：《俄国汉学史》，北京：人民出版社，2006 年，第 360 页。在此感谢阎国栋教授所赠送的《俄国汉学史》一书。
③ 转引自伍宇星：《欧亚主义历史哲学研究》，北京：学苑出版社，2011 年，第 49 页。

在俄罗斯发生碰撞并相互作用。俄罗斯民族不是纯粹的欧洲民族,也不是纯粹的亚洲民族。俄罗斯是一个完整的世界,一个巨大的东西方。它联结着两个世界,而在俄罗斯灵魂中东方和西方两种本原一直在角力。"①在整个 19 世纪,俄罗斯的思想文化一直扇动着它的东西方两翼,对自己的民族性格、文化特点、国家立场展开深入的讨论,从哲学家到文学家,从政治家到艺术家,在这样的思想背景和文化氛围中,俄罗斯汉学形成了自己的民族性格。阎国栋总结为:"帝俄汉学家直接根据中国原文文献与现实来扩大了解中国的范围,概括和总结历史事实,扬弃西欧中国学的影响而形成自己独立的见解,从而使俄国中国学具有自己独特的面貌,在世界中国学重要行列中占有一席不可替代的地位。"②这里主要是从学术角度来总结,如果从思想史和文化史的角度来看,双重性是俄罗斯汉学的重要特征。这样的思想文化特征必将在今后的历史进程中继续发挥重要作用,俄罗斯汉学的思想特点将改写欧洲汉学史,并会在未来发挥重要的历史性作用,我们期待着。③

从这些分析我们可以看到,俄罗斯汉学界在 19 世纪取得了巨大的成就,此时他们在对中国古代文化典籍的翻译上,特别是在北方少数民族文献的翻译上有着独特的成就;同时由于地缘政治和文化的原因,俄罗斯的汉学形成了像学者所说的它们自己的"民族性"和"国家风格"。④ 这种"民族性"和"国家风格",在我看来就是在对中国现实研究上更紧密地与俄罗斯国家利益相联系,在对待中国文化态度上开始形成有别于西欧汉学的文化立场。

俄罗斯汉学历史是一个伤心的历史,阎国栋的这句话说出了俄罗斯汉学成就、翻译成就和它们的出版之间的巨大反差。几百部中国古代典籍的翻译文稿、

---

① 转引自伍宇星:《欧亚主义历史哲学研究》,北京:学苑出版社,2011 年,第 51 页。

② 阎国栋:《俄国汉学史》,北京:人民出版社,2006 年,第 672 页。

③ 欧亚主义是 20 世纪苏联解体后学术界所提出的解读俄罗斯思想的一个重要命题。正如伍宇星所说:"可以认为,欧亚主义历史文化哲学思想体系是在新的历史条件下对俄国历史哲学传统的理论综合和发展。它更注重俄罗斯历史文化的东方性,从而归纳出它的欧亚性,也更激烈地批评欧洲中心论。由于俄国历史哲学的世界意义,继承这一传统的欧亚主义相应地也可以纳入到世界历史哲学传统的轨道上来讨论,彰显其在世界历史哲学发展道路上的位置。欧亚主义的'发展地'学说与吕凯尔特的历史文化有机体、达尼列夫斯基的文化—历史类型、索洛维约夫的文明、斯宾格勒的大文化以及后来的汤因比的文明理论有着异曲同工的意趣,是这一链条上不可或缺的一环。"(伍宇星:《欧亚主义历史哲学研究》,北京:学苑出版社,2011 年,第 105 页)在此感谢伍宇星教授赠送我她的大作《欧亚主义历史哲学研究》,使我这一节的写作有了新的视野。

④ 参阅阎国栋:《俄国汉学史》,北京:人民出版社,2006 年,第 672 页。

研究文稿至今仍静静地躺在彼得堡东方档案馆等处。从这个意义上讲,对俄罗斯汉学在中国古代典籍翻译上的研究仍有着巨大的空间,我们期待着中国学术界从事俄罗斯汉学史研究的学者能和俄罗斯当代汉学家一起合作,完成对这些手稿的整理、出版和研究,让这些学术成就进入国际学术的公共领域。

从 18 世纪开始西欧的汉学家和学者就对俄罗斯汉学非常关注,例如,莱布尼茨。在 19 世纪欧洲大陆最早看到俄罗斯汉学成就的就是英国著名汉学家理雅各。①

2.人物——中国经典翻译的学术大师:理雅各

1873 年欧洲的首届国际东方学大会在巴黎召开,这是对法国从雷慕沙到儒莲汉学成就的肯定,作为大学体制内的汉学发展,法国的首创之功受到欧洲东方学界的尊重是很自然的。1874 年第二届国际东方学大会在英国召开,理雅各回到了英国,这次会议在欧洲东方学史上具有重要的意义。"伦敦大会的召开,标志着东方学、比较科学以及汉学研究的火炬,已经从欧洲大陆传递到英国。这是汉学研究的一段进程,也可以说从儒莲时代进入理雅各的新时代。理雅各最终返回英国是 1873 年,也是伟大的儒莲在巴黎辞世的那一年。"②

(1)理雅各的翻译历程

理雅各 1840 年来到马六甲,1873 年回到英国,1897 年去世,无论在中国作为一名传教士和汉学家兼于一身的时候,还是返回英国开创了牛津汉学时代的时候,他都是一名极其勤奋的人。每日四点起床开始写作,直到晚年这个习惯都未改变。理雅各一生著作等身,从 1861 年在香港出版《中国经典》的第一、二卷后,先后在香港出版的五卷本《中国经典》分别包含了《论语》《大学》《中庸》《孟子》《春秋》《礼记》《书经》《孝经》《易经》《诗经》《道德经》《庄子》等中国古代文化的经典著作。1873 年他返回牛津后与麦克斯·缪勒(Fredrich Max Müller,1823—1900)合作,在其主编的《东方圣书》中翻译出版《儒家文本》和《道家文本》,先后翻译和修订了《书经》《诗经》《易经》《礼记》《孝经》《道德经》《庄子》《太上感应篇》等中国典籍的重要著作。在牛津期间他不仅先后翻译和写出了《法显行传》

---

①　参阅理雅各的《就职讲演》(Inaugural Lecture:on the Constituting of a Chinese Chair in the University of Oxford)。

②　[美]吉瑞德著,段怀清等译:《朝觐东方:理雅各评传》,桂林:广西师范大学出版社,2011 年,第125 页;胡优静:《英国 19 世纪汉学史研究》,北京:学苑出版社,2009 年。

《西安府大秦景教流行中国碑考》《中国文学中的爱情故事与小说》《致缪勒函有
关中国人称帝与上帝》《中国编年史》《帝国儒学讲稿四篇》《扶桑为何及在何处？
是在美国吗？》《中国的宗教：儒教、道教与基督教的对比》《孔子生平及其学说》
《孟子生平及其学说》《诗经》《离骚》等著作，而且对其早年在香港出版的《中国
经典》进行修订，完善了自己对儒家文化的看法。理雅各一生耕耘不止，在学术上
取得了巨大的成就。①

---

① 毫无疑问，费乐仁教授是近十余年来在理雅各研究中著述最为丰富的研究者，参看他以下论文。

　　Striving for "The Whole Duty of Man"：James Legge and the Scottish Protestant Encounter with China
（2 *volumes*），Frankfurt am Main：Peter Lang，2004.

　　"James Legge，"in *An Encyclopedia of Translation*，edited by Chan Sin-wai，David E.Pollard，The
Chinese University Press，1995.

　　"Serving or Suffocating the Sage？Reviewing the Efforts of Three Nineteenth Century Translators of
the Four Books，with Special Emphasis on James Legge（A.D.1815-1897），"*The Hong Kong Linguist 7*，
Spring and Summer，1990.

　　"Some New Dimensions in the Study of the Works of James Legge（1815-1897）：Part II，"*Sino-
Western Cultural Relations Journal* 13，1991.50.

　　"United We Stand：James Legge and Chinese Christians in Union Church，Hong Kong and beyond，"
Bulletin of the Scottish Institute of Missionary Studies，New Series 8-9，1992-1993.

　　"Clues to the Life and Academic Achievements of One of the Most Famous Nineteenth Century Euro-
pean Sinologists James Legge（A.D.1815-1897），"*Journal of the Hong Kong Branch of the Royal Asiatic
Society*，30，1990[published in 1993].

　　"Reconfirming the Way：Perspectives from the Writings of Rev.Ho Tsun-sheen，"*Ching Feng* 36：4，
December，1993.

　　"From Derision to Respect：The Hermeneutic Passage within James Legge's（1815-1897）Ameliora-
ted Evaluation of Master Kong（'Confucius'），"*Bochumer Jahrbuch zur Ostasienforschung* 26，2002.

　　"Some New Perspectives on James Legge's Multiform English Translations of the Chinese Classics
and Sacred Books of China，"in Siu-kit Wong.Man-sing Chan，AIIan Chung-hang Lo，eds.，*Selected Papers
on Translation from the International Conference on Chinese Studies in Celebration of the Seventieth Anni-
versary of the Department of Chinese*，University of Hong Kong，10-12 December 1997.The Hong Kong
University Press，2002.

　　"From Derision to Respect：The Hermeneutic Passage within James Legge's（1815-1897）Ameliora-
ted Evaluation of Master Kong（'Confucius'），"*Bochumer Jahrbuch zur Ostasienforschung* 26，2002.

　　"Nineteenth Century Ruist Metaphysical Terminology and the Sino-Scottish Connection in James
Legge's-Chinese Classics，"in Michael Lackner and Natascha Vittinghoff，eds.*Mapping Meanings：The
Field of New Learning in Late Qing China*，Leiden：Brill，2004.

　　"The Proto-martyr of Chinese Protestants：Reconstructing the Story of Ch'ea Kam-Kwong，"*Journal
of the Hong Kong Branch of the Royal Asiatic Society*，42，2002/2003.

　　关于理雅各翻译多样性的总结，请参阅费乐仁：《力争"人所当尽的本分"：理雅各和苏格兰新
教在中国的相遇》（*Striving for "the Whole Duty of Man"——James Legge and the Scottish Protestant
Encounter with China*）第二卷，第 261~262 页。关于《中国经典》出版的版本情况参考张西平、费乐
仁：《理雅各〈中国经典〉绪论》，《中国经典》，上海：华东师范大学出版社，2011 年，第 11~12 页。

（2）理雅各的中国经典翻译在西方汉学史上的地位

理雅各作为19世纪西方汉学的大师，作为中国经典英语翻译的实践者，在整个西方汉学史上，在中国经典外译史上都有着不可动摇的学术地位。①

首先，他在翻译中国经典的数量上是前无古人的。在西方汉学史上对中国经典的翻译是从来华的天主教传教士和新教传教士开始的。就明清之际的来华耶稣会士来说，对中国典籍翻译的集大成者是卫方济。卫方济的主要翻译成就的代表作是《中国六部古典文学：〈大学〉〈中庸〉〈论语〉〈孟子〉〈孝经〉〈小学〉》，显然，它们在数量上是无法和理雅各相比的。而理雅各之前的新教来华传教士的中文经典翻译则是零星展开的，这点我们在上面已经做了介绍。

尽管雷慕沙和儒莲在对中国经典翻译的种类上大大开拓了以往传教士所不注意的翻译领域，但他们在翻译的数量上也是无法和理雅各相比的。理雅各对中国经典的翻译是前无古人的，作为个人这已经是一个巨大的成就。其实，即便将其放到整个17—20世纪的西方汉学史中，他对中国经典的翻译也具有举足轻重的学术地位，有人将他和卫礼贤与顾赛芬（Séraphin Couvreur, 1835—1919）并称为西方汉学的中国古代经典的三大翻译家，在这三大翻译家中，"理雅各是把所有儒学经典翻译成非亚裔语言的第一个非亚裔人"②。这个评价是如实的，在这三个翻译家中，就其翻译的数量来说，理雅各仍居于首位，这点在下面的研究中我们还会涉及。③

其次，从翻译的学术质量和影响力上至今仍有重要的地位。④

1875年，理雅各获得了第一个儒莲奖（Prix Stanislas Julien），说明了他的汉学研究得到了欧洲大陆汉学界的认可。理雅各翻译的《中国经典》出版后在当时的西方汉学界引起了好评，这些评论是对其长年从事中国典籍翻译的一种认可，最有代表性的是当时汉学家欧德理（Ernst Johann Eitel, 1838—1908）对理雅各汉学

①　参阅 Legge, Helen Edith, *James Legge: Missionary and Scholar*, London: The Religious Tract Society, 1905。

②　《中国经典》绪论，上海：华东师范大学出版社，2011年，第12页。

③　参阅黄文江：《理雅各：中西十字路口的先驱》（*James Legge: A Pioneer at the Crossroads of East and West*）。

④　参阅岳峰：《架设东西方的桥梁：英国汉学家理雅各研究》，福州：福建人民出版社，2004年。该书是近三十年来国内第一本专题研究理雅各的专著。

翻译成就的评价,他在《中国评论》(*China Review*)上所写的对理雅各译著的评论实际上是学术界第一次对理雅各翻译著作的学术评论,他说:无论是在中国国内抑或国外,没有一个外国人像理雅各那样对这个文明古国的经典如此熟悉,无论是在广度、深度还是在可靠性上,也都无法与理雅各博士相匹敌。①

显然,在欧德理看来理雅各在汉学翻译和研究上的水平已经超越了法国汉学界,如儒莲等人。理雅各《中国经典》的编排方式是十分特别的,这种编排方式不仅显示了他的学术功力,也是《中国经典》经久不衰的重要原因。②

最后,他开创了英国汉学的新时期。③

19世纪的英国汉学处于起步阶段④,理雅各到牛津大学任教,用他在就职演讲中的话来说是"牛津大学每次设立一个教授位置,就标志着一门新学科史上一个重要时代的开始"⑤,使汉学成为"英国学术界第一次在东方学的学科海洋中出现的一项新学科",而理雅各从传教士到职业的汉学家这个身份的转变也"从远在巴黎的儒莲和其他第一流的专门从事汉学研究的东方学家那里得到了肯定"⑥。同时,在理雅各时代他和欧洲汉学界保持着密切的联系,从而使英国汉学获得了好的声誉。早期他与儒莲的会面虽然只有两次,但使英国汉学接续了与欧陆汉学的学术联系,他对德国汉学家甲柏连孜教授(Georg Conon von der Gabelentz,1840—1893)的代表作《汉文经纬》(*Chinesische Grammatik*)的热情赞扬,对青年汉学家们的帮助都显示出一位长者的大度与宽容,这些都提高了英国汉学的地位。1893年,荷兰皇家科学院授予了他荣誉研究员头衔,这表明了他在欧洲汉

---

① 转引自[美]吉瑞德著,段怀清等译:《朝觐东方:理雅各评传》,桂林:广西师范大学出版社,2011年,第64~65页。

② 费乐仁关于理雅各《中国经典》在编排上的十大特点,见《中国经典》绪论,上海:华东师范大学出版社,2011年,第4~8页。

③ 参阅潘琳:《理雅各牛津时代思想研究1873—1897》,北京外国语大学2011年博士论文。

④ 早在1825年马礼逊就希望在英国设立汉学教席,但未成功。1837年伦敦大学学院(University College,London)设立了汉学教授席位,基德(Samuel Kidd)成为第一位主任。但他退休后,这个位置一直空置到了1873年。1846年伦敦大学国王学院(King's College)设立了汉学教席,直到1888年剑桥大学才设立了汉学教席。参阅Barrett, *Singular Listlessness: A Short History of Chinese Books and Brittish Scholars*, London:Wellsweep Press, 1989, p.60;魏思齐:《不列颠(英国)汉学研究的概况》,台北:《汉学研究通讯》总106期,2008年5月,第45~52页。

⑤ James legge, *Inaugural Lecture: on the Constituting of a Chinese Chair in the University of Oxford*.

⑥ [美]吉瑞德著,段怀清等译:《朝觐东方:理雅各评传》,桂林:广西师范大学出版社,2011年,第64页。

学中的地位。① 生前与理雅各有过文字争论的翟理斯(Herbert Allen Giles,1845—1935)在理雅各去世后写文说:"理雅各的著作对中国研究是最伟大的贡献,在今后汉学研究中,人们将永记他的贡献。"②

(3)理雅各的《中国经典》翻译评略

《中国经典》本身就是一部西方汉学的简史,在每一本经典的翻译前理雅各都有一个长篇的绪论,对所翻译的中国经典做详细的学术介绍。《中国经典》第一卷的绪论长达136页,在这篇绪论中理雅各首先介绍《中国经典》的一般情况,从作者到书名,将"四书""五经"的含义、来源做了介绍;然后,对《论语》、《大学》、《中庸》、孔子和他的门徒做了详细的介绍。这样的介绍从西方汉学史上来看是前所未有的,柏应理的《中国哲学家孔子》一书也有一个长篇的序言,如果我们对照这两篇序言,可以清楚地发现,柏应理的序言护教成分太大,在对儒家知识的实际介绍上远远不如理雅各。③《中国经典》第二卷,理雅各写了123页的长篇序言。在序言中介绍了《孟子》这本书的成书历史、孟子和他的弟子,因为《孟子》著作中辩论性很强,理雅各也介绍了在《孟子》中所批评的两个主要学派:杨朱和墨子。④

《中国经典》第三卷是理雅各对《书经》的翻译,他在绪论中首先介绍了《书经》的历史,接着讨论了《书经》中记载的历史的可靠性问题。在绪论的第三部分他论述了《书经》没有完全记述中国历史的原因,他认为《书经》并非一个中国古代的纪年史,它只是记载了中国早期几个王朝,《书经》并未包含一个完整的中国历史的君王和朝代的纪年。因此他在第三部分后附了湛约翰(Rev.John Chalmers,1825—1899)所写的《古代中国人的天文学》(*Astronomy of the Ancient Chinese*)。在绪论的第四部分,他翻译了《竹书纪年》,此书在西晋出土,但《竹书纪年》原简可能在永嘉之乱时散失。但从唐到清一直有人训诂考究,理雅各在书目中提到了清儒徐文靖的《竹书纪年统笺》和陈逢衡的《竹书纪年集证》两本书。在绪论的第五

———————————

①　参阅潘琳:《理雅各牛津时代思想研究 1873—1897》,北京外国语大学 2011 年博士论文。

②　Lindsay Ride,Biographical Note,*The Chinese Classics*, p.21.

③　Thierry Meynard S.J ed.,*Confucius Sinarum Philosophus(1687)*:*The First Translationg of the Confucian Classics*,Rome, 2011.

④　见 *The Chinese Classics*,vol.2, Prolegomena。

部分理雅各讨论了古代的中国,从中文文献研究中国古代历史,说明中国古代的历史不少于 2000 年。①

　　《中国经典》第四卷是理雅各对《诗经》的翻译,这个译本,理雅各共出版过三次,即 1871 年版、1876 年版和 1895 年版。② 在绪论的第一章中,他介绍了《诗经》的历史和版本,理雅各在这里讨论了孔子和《诗经》的关系,他认为《诗经》的流行版本在孔子之前就已经存在了,为展示中国诗歌的特点,他在附录中列出了历史上 40 个不同的历史文献中的古代诗歌 43 首,并做了翻译。在第二章他主要回答:如果《诗经》在孔子之前就已经存在,那么它是如何形成的呢?因此,在这一章的附录 1 中他直接插入了《诗经》中的"大序"和"小序"的翻译,以此说明《诗经》的形成史。为说明《诗经》所形成的历史时代,他在附录 2 中列出一个从商开始的历史年表来简要说明。为了更好地说明《诗经》的内容,他在附录 3 翻译了汉代韩婴的《诗经》解释内容。理雅各这样做的目的是让"读者了解这位著名的儒教诗歌学者是如何整理他的主题的"③。在第三章理雅各讨论了《诗经》中的音律问题,介绍了中国诗歌的音韵特点和基本内容,通过引用和翻译中国古代诗歌的例证来说明中国古代诗歌的韵律特点和平仄的使用。在第四章理雅各希望通过对《诗经》的研究揭示这些诗歌所发生的地区,它的政治、宗教和社会条件。理雅各做完了自己的初步分析后,在附录中专门翻译了法国汉学家毕瓯在 1843 年所发表的论文《从〈诗经〉看古代中国礼仪的研究》。④

　　《中国经典》第五卷是理雅各对《春秋》和《左传》的翻译,在绪论中他首先说明《春秋》这本书的性质和价值,理雅各在这里开篇就开始讨论《春秋》是不是孔子所作,他对孟子早期对《春秋》为孔子所作的说法表示质疑。刘家和先生将理雅各的这种怀疑理由概括为两条:其一,从孟子所肯定的理由中找不出孟子所说

①　见 *The Chinese Classics*, vol. 3, Prolegomena。

②　理雅各三个《诗经》译本,表现出了他对《诗经》认识的不断深化,三个译本中在对中国文化的看法上也有较明显的变化。参阅山东大学姜燕博士论文《理雅各〈诗经〉英译》(抽样本)。

③　费乐仁:《理雅各〈中国经典〉第一卷引言》,《中国经典》第三卷,上海:华东师范大学出版社,2011 年,第 8 页。

④　见 *The Chinese Classics*, vol. 4, Prolegomena, pp.142-171,上海:华东师范大学出版社,2011 年。

的"义"；其二，理雅各用清代文人袁枚的观点来证明自己的看法。①理雅各对《春秋》的价值有所怀疑，这样，在这一部分的附录中他翻译出了《公羊传》和《穀梁传》的例子来做说明。在第二章他考察了《春秋》的纪年问题，通过和《左传》的年代时间相对比，说明《春秋》在历史记载上的问题，从而否认《春秋》的历史价值。② 在第三章理雅各进一步讨论《春秋》所记载历史的真实性问题。他通过将《春秋》和《左传》比较的具体例证来说明这个观点，对《春秋》在历史记载中的隐讳提出了很严厉的批评。理雅各对《春秋》的批评和对《左传》的肯定构成了他在全文翻译中的基调。③

理雅各在晚年还翻译了《法显行传》[*A Record of Buddhistic Kingdoms , Being an Account by the Chinese Monk , Fa-Hien of His Travel in India and Ceylon* (*A. D. 399-414*) *in Search of the Buddhist Books of Discipline*]，1888 年译出了《西安府大秦景教流行中国碑考》(*The Nestorian Monument of His-an Fu in Shen-His , China , Relating to the Diffusion of Christianity in China in the Seventh and Eighth Centuries* , 1891)，译出《东方圣书》第三十九、四十卷《道德经》与《庄子》的全译本，并将道教一些著作译为节译本《太上感应篇》(*The Thai Shang Tractate of Actions and Their Retributions*) 。

从西方汉学史的角度看，理雅各在《中国经典》每一卷中所提供的中外书目也很有特点。《中国经典》第一卷中，他列出了中文参考书 43 本；第二卷中，他列出中文参考书 2 本；第三卷中，他列出中文参考书 58 本；第四卷中，他列出中文参考书 55 种；第五卷中，他列出中文参考书 57 种，整个《中国经典》介绍了 215 种中国古代文献的重要参考书。从孔颖达的《十三经注疏》、马端临的《文献通考》到

---

① 见 *The Chinese Classics* , vol. 5 , Prolegomena , pp.1-16。参阅刘家和：《理雅各〈中国经典〉第五卷引言》，《中国经典》第五卷，上海：华东师范大学出版社，2011 年，第 1~3 页。

② 见 *The Chinese Classics* , vol. 5 , Prolegomena , pp.85-112。参阅刘家和：《理雅各〈中国经典〉第五卷引言》，《中国经典》第五卷，上海：华东师范大学出版社，2011 年，第 3~5 页。

③ 见 *The Chinese Classics* , vol. 5 , Prolegomena。理雅各《中国经典》在翻译上也有先后的变化，从香港时期的译本到《东方圣书》内的译本，在对待中国文化的一些看法及翻译内容甚至风格上都有了变化。这里我们不做专门的深入的研究，我们这个导论只是勾勒出 19 世纪中国典籍外译的概况、主要人物、机构和刊物。这里也只是对理雅各对《中国经典》的翻译做一个概略性的分析，这样的介绍也是侧重从西方汉学史的角度来展开的。参阅姜哲：《理雅各〈中国经典〉主要版本考辨及其他》，载张西平主编：《国际汉学》，2015 年 6 月。

阮元的《皇清经解》《钦定春秋传说汇纂》等,几乎当时能找到的主要的经学注释著作他都找到了,书目之详细令人吃惊,显示了理雅各渊博的学识。重要的在于他并非简单地列出书名,而是对每一本中文参考书用英文做了简单的介绍,这个中文文献的介绍在西方汉学史上是前无古人的,这是到理雅各时代为止,西方汉学史上对中国古代文献最为详尽的介绍,也是中国古代文化重要典籍向西方较为详细的介绍。

理雅各在《中国经典》的各卷的中文参考书后还列出了每一本《中国经典》相关的西方汉学的参考书目,从这几个书目中我们可以大略梳理出西方汉学界对中国经典的翻译和研究的历史,这在学术上是很有意义的。因为本书是对西方汉学界对中国经典翻译历史的研究,所以,了解理雅各所列出的这些西方汉学的参考书是很有学术价值的。

理雅各在《中国经典》第一卷中列出了 20 本西方汉学的研究著作。从这 20 本书我们几乎可以看到理雅各以前西方对《大学》和《中庸》的翻译史与研究史,从柏应理的《中国哲学家孔子》到雷慕沙的译本,马士曼到柯大卫(David Collie),当时主要的译本理雅各全部提到了,这个书目中三个为拉丁文,六个为法文,十一个为英文,也包含了多卷本的《中国丛报》中有关中国经典的翻译内容和天主教传教士所写的信,从汉学史的角度来看,"根据总体书目,我们能够发现理雅各在试图理解相关中文材料的同时,还想建立一项被公认达到和超过现行 19 世纪欧洲及北美大学与研究机构的汉学学术成果"①。理雅各实际上在这里给我们提供

---

① 费乐仁:《理雅各〈中国经典〉第一卷引言》,参阅 *The Chinese Classics*, vol. 1, Prolegomena,上海:华东师范大学出版社,2011 年,第 8 页。

了一个研究 19 世纪西方汉学史的基本书目。①

理雅各在第二卷中谈到《孟子》的翻译时,认为当时欧洲只有法国汉学家儒莲翻译了此书。② 在第三卷《尚书》的翻译中他提到自己在翻译中参考了 10 本西

---

① *Confucius Sinarum Philosophus*, *sive Scientia Sinesis Latine Exposita*. Studio et opera Prosperi Intorcetta, Christiani Herdritch, Francisci Rougemont, Philippi Couplet, Patrum Societatis Jesu, Jussu Ludovivi Magni. Parisiis, 1837.

J. Marshman, *The Works of Confucius*: *Containing the Original Text*, *with a Translation*. Vol. I. Serampore 1809; L'Invariable Milleu; *Ouvrage Moral de Tseu-sse*, *en Chinois et Mandchou*, avec une Version Littérale Latine. Par M. Abel-Rémusat. A Paris, 1817.

Le Ta Hio. ou La Grande Etude; Traduit en Francois, avec une Version Latine, &. Par G. Pauthier Paris. 1832.

Y-King: *Antiquissimus Sinarum Liber*, quem ex Latina Interpretatione P. Regis, aliorumque ex Soc Jesu PP. edidit Julius Mohl. Stuttgartia et Tubingae, 1834.

Mémoires concernant L'Histoire, *Les Sciences*, *Les Art*, *Les Moeurs*, *lesusages*, &., *des chinois*. Par les Missionarires de Pêkin. Paris, 1776–1814.

Histoire Générale de la chine; *oy Annales de cet Empire*. *Traduites du Tong Kien-Kang-Mou*. Par le feu Père Joseph-Annie Marie de Moyriac de Mailla, Jesuite Francois, Missionaire à Pekin. A Paris, 1776–1785.

Notitia Linguar Sinciae. Auctore P. Prémare. Malaccae, cura Academiae Anglo-Sinensis, 1831.

The Chinese Repository, Canton. 20 Vol. 1832–1851.

Dictionnaire des Noms, *Anciens et Modernes*, *des Villes et Arrondissements de Premier*, *Deuxième*, *et Troisième ordre*, *compris dans L'empire chinois*, &. Par Édouard Biot, *Membre du Conseil de la Société Asiatique*, Paris, 1842.

John Francis Davis. *The Chinese*, London, 1836.

W. H. Medhurst, *China*: *Its State and Prospects*, London, 1838.

M. G. Pauthier, *Histoire et Déscription des tous les peoples Chine*, Paris, 1838.

Thomas Thornton, *History of China*, *from the Earliest Records to the Treaty with Great Britain in 1842*, London. 1844.

Joseph Edkin, *The Religious Condition of Chinese*, 1838.

S. Wells Williams, *The Middle Kingdom*: *A Survey of the Geography*, *Government*, *Education*, *Social Life*, *Arts*, &., *of the Chinese Empire*, New York and London, 1848. The Second Edition Revised, 1883.

Joseph Edkin. *The Religious Condition of Chinese*, London, 1859.

Joseph Edkin. *Introduction to the Study of Chinese Characters*, London, 1876.

John Chalmers. *The Structure of Chinese Characters*, *and 300 Primary Forms*, Aberdeen, 1882.

② 在上一章中我们已经指出对《孟子》的第一个拉丁文全文翻译来自来华的耶稣会士卫方济。

方汉学的书籍,其中法文著作5本,英文著作5本。①

　　西方汉学界关于《诗经》翻译的书有拉丁文2本,英文7本,法文1本,最早的
一本于1830年在德国的图宾根出版。②《中国经典》的第五卷是理雅各对《春秋》
的翻译,他对自己所参考的西方汉学书籍做了说明,他说:"Bretshneider在1870
年的12月于《中国丛报》的第173页中将《春秋》翻译成欧洲语言,我在1871年在

---

①　*Le Chou-King*, *un des Livres Sacrés des Chinois*, *qui renferm les Fondements de leur ancienne Histoire*, *les Preincipes des Leur Gouvernement et de Leur Morale*, *Traduit et enrichi des notes*, *par Feu le P. Gaubil*, *Missionaire a La Chine*, Revu et corrige, &., par M. De Guiges, & A Paris, 1,770.

　　The Shoo King, *or the Historical Classic*, *being the most ancient authentic Record of the annals of the Chinese Empire*, *illustrated by Later Commentators*, Translated by W. H. Medhurst, Shangae, 1846.

　　Description Géographique, *Historique*, *Chronologique*, *Politique*, *et Physique*, *De L' empire de La Chine*, *et de la Tratarie Chinose*, &., par le P. J. B. du Halde dela compagnie de Jesus. Tomes quatre; fol. A Paris, 1,735.

　　Journal Astatique. Particularly the Numbers for April, May, and July, 1,836; for December, 1841; for May, and August and September, 1842.

　　Le Tcheou-li, *ou Rites des Tcheou*, *Traduit pour la première fois du Chinois*, par Feu Édouard Biot. Tomes deux; 8vol. Paris, 1851.

　　Charles Gutzlaff, *A Sketch of Chinese History*, *Ancietnt and Modern*, London, 1834.

　　Melanges Asiatiques & Par M. Abel-Remusat. Tomes deux; 8vo. Paris, 1826.

　　Egypt' s Place in Universal, *History. An Historical Investigation in Five Books*, By C. C. J. Baron Bunsen, Translated from the German by Chrles H. Cottrell, Esq., M. A. London, 1859.

　　Etudes sur L' astronmie Indienne et Chinoise, Par J. B. Biot. Paris, 1862.

　　T. Sacharoff, *The Numerical Relationship of the Population of China*, *During the 4000 years of its Historical Existence* & Member of the Imperial Russian Embassy in Peking. Translated into English by the Rev W. Lobscheid, Hong Kong, 1864.

②　*Confucii She-king*, *sive Liber Carminum. Ex Latina. P. Lacharme interpretatione*, edidit Juliu Mohl. Stuttgartiae et Tubingae; 1830.

　　Systema Phoneticum Scripture Sinice. Auctore J. M. Callery, *Missionario* Apostolico in Sinis. Maco, 1841.

　　Poeseos Sinicae Commentarii; *The Poetry of the Chinese*. By Sir John Francis Davis. New and augmented edtion, London, 1870.

　　A. Wylie. *Notes on Chinese Literature*, Shanghae, 1867.

　　Poésies de l' époque des Thang; *traduites du Chinois*, *pour la première fois*, *avec une étude sur l' art poétique en Chine*; *par le Marquis d' Hervey Saint-Denys*, Paris, 1862.

　　Frederick Porter Smith, *Contributions towards the Materia Medica and Natural History of China*, Medical Missionary in Central China Shang-hae, 1871.

　　N. B. Dennys, *Notes and Queries on China and Japan*, Edited by Hong Kong, 1867–1869.

　　The Chinese Recorder and Missionary Journal, Foo-chow.

　　C. J. Baron Bunse, *God in History*, *or the Progress of Man' s Faith in the Moral Order of the World*, Translated from the German, London, 1870.

　　George Bentham, *Flora Hongkongensis*, *a Description of the Flowering Plants and Ferns of the Island of Hong Kong*, London, 1861.

丛报的第51、52页很快回答了他。他说在40年前,在北京的东正教神父丹尼将《春秋》翻译成了俄语,但据我所知,这个译本从未出版。手稿还在。另外,《春秋》的部分译文被翻译成了俄语,被其他的俄罗斯汉学家发表。Bretshneider说《春秋》的第一个译本是由俄罗斯汉学家巴耶①用拉丁文所翻译的,在 Commentarii Academiae Scientiarum 第7卷中发表的,但我从未见到过这本书。"②

这样,我们看到在理雅各翻译《中国经典》时,他参阅过或提到的西方早期汉学著作有44本之多。

理雅各《中国经典》对欧洲汉学历史的介绍不仅仅体现在详尽地引证了欧洲汉学史的诸多学术著作,而且还在自己的各卷绪论中也插入了一些西方汉学家重要的学术论文,作为自己对《中国经典》的说明,例如在前面我们所介绍过的在《中国经典》第三卷对《书经》的解释的绪论中他直接刊出了传教士青年汉学家湛约翰所写的《古代中国人的天文学》,在第四卷中翻译了法国汉学家毕瓯用法文所写的《从〈诗经〉看古代中国礼仪的研究》。

在西方汉学史上,在中国经典的外译史上,理雅各的成绩和贡献是可圈可点的,将其称为19世纪中国经典的英译第一人实不为过。但作为一名英国的汉学家,他在对中国经典精神的理解上,在对中国经典的具体文本的理解和解释上都仍有相当多的问题需要讨论,这里既有思想理解上的问题,也有在翻译中的知识性问题。中国当代历史学家刘家和先生以理雅各的《尚书》翻译为例,从这两个

---

①　巴耶(Gottlieb Siegfried Bayer,1694—1738),德国历史学家,1792年到俄罗斯彼得堡科学院任古希腊罗马院士,后因兴趣转向中国研究,成为俄罗斯乃至欧洲最早的职业汉学家。参阅 T. S. Bayer (1738-1894) Pioneer Sinologist,Curzon Press,1896。

②　参阅《中国经典》第五卷,上海:华东师范大学出版社,2011年,第147页。参阅柳若梅等著:《沟通中俄文化的桥梁:俄罗斯汉学史上的院士汉学家》,北京:外语教学与研究出版社,2010年,第129页。

方面都做了具体的研究和说明。①

　　作为 19 世纪的西方汉学家,理雅各通过对中国经典的翻译,表达了他对中国文化历史的看法,这些观点与他广泛阅读中国历代的经典注释著作,特别是与他广泛阅读清代学者训诂著作分不开。在这样的研究中,理雅各也显示了他的学术见解,一旦将他的这些见解放在中国 19 世纪至 20 世纪的学术史中就会发现他的不少研究与观点是相当有价值的,值得我们深入思考。

　　例如,他对《春秋》真实性的评论和中国近代史学界的疑古思潮有异曲同工之感,正如刘家和先生所说的,在理雅各的《春秋》翻译出版以后,"在中国学术界首先出现了以康有为为代表的今文公羊学派,他们对于《春秋》《左传》的态度与理氏正好相反。可是,康氏所倡导的维新运动失败了。到了 20 世纪五四运动开始的时候,传统儒家意识形态已对知识界失去了号召力,'打倒孔家店'的口号直入云霄,在史学界随即也兴起了疑古的思潮。《春秋》被看作'最不成东西'的东西,《左传》也被视为刘歆之伪作,一切儒家经典都被视为过时的历史垃圾,激烈抨击的程度不知要比理氏高多少倍。尽管疑古学者与理氏在正面的方向指引上有所不同,但是二者同视中国文化不能再按老路走下去了,在这一点上双方则完全是一致的。也正是在这一点上,我们不妨把理氏对于《春秋》的见解看作是一

_____

① 　刘家和先生认为理雅各在对《尚书》的翻译中受英格兰作家托马斯·卡莱尔(Thomas Carly, 1795—1881)的影响,否认儒家的古圣先贤的整个理论体系是不符合中国的实际历史的。同样,理雅各根据当时西方的历史进步观,认为"进步成为西方思想的一个中心观念,即人类社会是由落后野蛮向先进文明进步而来的。依照这种观点,理氏认为在尧、舜的远古时代是不可能出现那样庞大的国家,而只能存在一些小邦或部落,他们的领袖们不可能是什么大帝国的皇帝,而只能是一些小邦或部落的君主或首长。正因为如此,理氏自然不会赞同儒家的'古胜于今'的历史观,毋宁相信'古文'的《五子之歌》里的话"。另外,他认为,三代政权的得失,关键在于实力,而不相信关键在君主是否有德。刘先生认为,"他的这一见解与儒家传统看法是截然不同的",就是说,中国历史上王朝的更迭,从表面上看是实力的问题,政权是否得人心这样的问题似乎不起决定作用。"然而,一个政权的最终成功或失败,却归根到底是由人心向背决定的。"因此,理雅各否定儒家的这个观点是不合理的。
　　在知识层面上,理雅各肯定《古文尚书》是个明显的不足,另外在具体词语的翻译上也看出他在一些具体问题上的翻译是有知识性错误的。参阅刘家和:《理雅各〈中国经典〉第三卷引言》,《中国经典》第三卷,上海:华东师范大学出版社,2011 年。
　　理雅各在翻译《书经》时,翻译到一半时认识到《古文尚书》的真实性是值得怀疑的,这样他采取了增加中文评论摘要的办法,说明这个问题。请见理雅各 1895 年版《中国经典》第三卷,第 297~299 页和 318~319 页,有关中国文本揭示前面章节被当作伪造内容的原因,请见第三卷第 361 页、第 380 页、第 433 页、第 561 页、第 612 页。参阅《中国经典》第四卷,费乐仁引言,上海:华东师范大学出版社,2011 年,第 3 页,注释 2。

种有意义的远见,他竟然先于当时中国学者而有见于此。当然,那也并非理氏个人的见识高于当时中国学者的问题,差别在于他和中国学者经历的是不同的文化背景和历史环境"①。

汉学家们对中国历史文化的研究大大开拓了中国学术研究的疆域,这些与中国学术界同行的汉学家们展示了中国文化的研究在世界范围内展开后,所呈现的多样性和复杂性。② 如何将他们的研究纳入对中国学术研究的整体思考之中,如何了解他们的研究成果,熟悉他们的研究路数和话语,如何在与其对话中合理吸收其研究成果,推进本土中国研究的进展,如何在与其对话中,坚守中国本土立场,纠正其知识与观点上的不足。这都是中国传统文化国际化发展必须解决的问题。自言自语已经不再可能,随汉学家起舞显然不是一个真正的学术立场。从陈寅恪提出的"预流"到清华国学院的"汉学之国学",前辈学者都有所尝试。今日的中国学术界在整体上仍显准备不足,十分可喜的是继刘家和先生之后,葛兆光的《宅兹中国:重建有关"中国"的历史论述》在这方面迈出了坚实一步。③ 这点在后面的研究中笔者还要再次展开。

(4)理雅各翻译的思想文化背景

理雅各在汉学研究上所取得的成就与其生活的经历有直接的关系,如果同法国儒莲所代表的欧洲汉学界相比,中国的实际经验,尤其是他在返回英国时的华北之行对他的思想产生了重要的影响。另一个重要的原因是他与中国文人的密

① 刘家和:《理雅各〈中国经典〉第五卷引言》,上海:华东师范大学出版社,2011年,第11~12页。
② 只要提一下瑞典汉学家高本汉(Klas Bernhard Johannes Karlgren,1889—1978)对中国近代语言学研究的影响,法国汉学家伯希和(Paul Pelliot,1878—1945)的敦煌研究和历史研究对中国近代历史学界的冲击就可以了。参阅桑兵:《国学与汉学——近代中外学界交往录》,杭州:浙江人民出版社,1999年。
③ 葛兆光:《宅兹中国:重建有关"中国"的历史论述》,此书表现出作者开阔的学术视野,将国外汉学家的研究纳入自己的研究之中,并给予自己独立而有见地的回答。这本书对中国历史的研究令我们耳目一新,也显示出中国学者对域外汉学家的正确态度。

切合作,费乐仁教授有一系列的论文,说明了他和这些文人之间的交往与互动。①

王韬1862年到港之后,对理雅各翻译后三卷《中国经典》都有所帮助,尤其是在理雅各翻译《诗经》上。王韬自己曾撰有《春秋左氏传集释》《春秋朔闰日至考》《春秋日食辨正》《春秋朔至表》等著作。理雅各在谈到王韬时说:"有时候我根本用不着他,因为一整个星期我都不需要咨询他。不过,可能有时候又会出现这样的需要,而此时他对我又有巨大帮助,而且,当我着手撰写学术绪论的时候,他的作用就更大了。"②王韬对理雅各也十分欣赏,他说:"先生独不惮其难,注全力于十三经,贯串考核,讨流溯源,别具见解,不随凡俗。其言经也,不主一家,不专一说,博采旁涉,务极其通,大抵取材于孔、郑而折中于程、朱,于汉、宋之学两无偏祖。译有四子书、尚书两种。书出,西儒见之,咸叹其详明该洽,奉为南针。"③理雅各在香港布道,王韬则因与太平天国的关系逃到香港,俩人在香港的合作促成了《中国经典》翻译事业的继续。这种合作如余英时所说:"理雅各如果不到香港,他便不可能直接接触到当时中国经学研究的最新成果,他的译注的学术价值将不免大为减色。另一方面,王韬到香港以后,接受了西方算学和天文学的新知识,这对于他研究春秋时代的历法和日蚀有了莫大的帮助。"④

理雅各在19世纪西方汉学史的特殊性在于它是一个介乎于传教士汉学家和

① 费乐仁:《重认路径:对何进善著作的若干看法》("Reconfirming the Way:Perspectives from the Writings of Rev.Ho Tsun-sheen," *Ching Feng*, December 1993, pp.218-259)、《述而不作:近代中国第一位新教神学家何进善(1817—1871)》;伊爱莲等著,蔡锦图编译:《圣经与近代中国》,香港:香港汉语圣经协会,2003年,第133~162页;《一神论的探讨:理雅各和罗仲藩的解经学思考》[Discovering Monotheistic Metaphysics:The Exegetical Reflections of James Legge(1815—1897)and Lo Chung-fan(d. circa 1850)in Ng On-cho, et.al., eds., *Imagining Boundaries:Changing Confucian Doctrines*, *Texts and Hermeneutics* (Albany:SUNY Press, 1999), pp.213-254.];《王韬与理雅各对新儒家忧患意识的回应》["The Response of Wang Tao and James Legge to the Modern Ruist Melancholy", *History and Culture*(Hong Kong)2(2001), pp.1-20,38],或参见林启彦、黄文江主编:《王韬与近代世界》,香港:香港教育图书公司,2000年,第117~147页。

② 转引自[美]吉瑞德著,段怀清等译:《朝觐东方:理雅各评传》,桂林:广西师范大学出版社,2011年,第520页。

③ 王韬:《弢园文录外编》卷8,1959年,第218页。参阅林启彦、黄文江主编:《王韬与近代世界》;费乐仁:《王韬与理雅各对新儒家忧患意识的回应》;姜燕:《理雅各〈诗经〉英译》(博士论文);张海林:《王韬评传》,南京:南京大学出版社,2007年;柯文:《在传统与现代性之间:王韬与晚清改革》,南京:江苏人民出版社,2006年;岳峰:《架设东西文化的桥梁:英国汉学家理雅各研究》,福州:福建人民出版社,2004年。

④ 余英时:《香港与中国学术研究》,见《余英时文集·第五卷·现代学人与学术》,桂林:广西师范大学出版社,2006年,第457页。

专业汉学家之间的一个人物，或者说是由传教士汉学家转变为专业汉学家的一个人物。这样一种身份使他对中国经典有自己的独特理解，这种理解直接反映在他对中国经典的翻译之中。因此，认真梳理出理雅各思想的特点是我们全面把握他的汉学成就的一个基本点。①

理雅各在香港传教期间所从事的《中国经典》翻译的基本思想立足点是认为在中国古代思想中有着一神论的信仰，②在中国的"五经"中有着和四福音书相类似的信仰。这是一个重要的观点，这个看法可以将他翻译《中国经典》、他崇敬中国古代文化与其每日所做的布道工作有机地结合起来。如他所说："传教士们应当祝贺他们自己，因为在儒家思想中有那么多关于上帝的内容。"③这样的一个立足点自然使他对孔子、对孟子的评价不高。在他对《春秋》一书的翻译中，对孔子的看法表明了他的文化立场。最初理雅各是相信此书为孔子所作的，后来认为此书不是孔子所作。在《中国经典》的第五卷绪论中，他用了大量的篇幅来证明《春秋》非孔子所为。他说："如果他们不再赞同《春秋》中所记载的这些和长期来他们已经接受与保持的信仰，那么，对中国人来说将是比任何帝国的衰落都要巨大的灾难性结果。当孔子的著作对他们来说已经完全不能再作为行为的指南时，中国人便将陷入危机的境地。如果我的《春秋》研究对他们确信这一点有帮助，并

---

① 费乐仁教授指出，作为一位国外传教士和汉学家，理雅各在做任何古代经文解释时，都会自己先研究并决定采用哪些资料的立场。理雅各对学术的态度来自当代苏格兰实在主义或常识哲学的研究和他在公理会教派受到的比较自由的福音派基督新教培养的经历。前者是建立在亚里士多德哲学观重新解释的基础上的。理雅各坚信每一个文化都有共同的真理，这类真理能够被理性的人通过仔细观察并且思考着人类的问题而发现。理雅各又从基督新教的立场上，认为每个人在上帝面前都有责任来决定他们的生活方式。因此，在做最后决定之前，人们应该认真思考任何有关上帝与其他人的问题。作为一位传教士学者和汉学翻译家，这些原则给理雅各建设性的引导。参阅费乐仁为《中国经典》第二卷所写的"引言"，上海：华东师范大学出版社，2011年，第11页。

② 参阅费乐仁著"From Derision to Respect: the Hermeneutic Passage within James Legge's (1815–1897) Ameliorated Evaluation of Master Kong('Confucius')"，载 *Bochumer Jahrbuch zur Ostasienforschung 26* (2002)，第53~88页。

③ 转引自[美]吉瑞德著，段怀清等译：《朝觐东方：理雅各评传》，桂林：广西师范大学出版社，2011年，第192~193页。

能促使他们离开孔子而另寻一位导师,那么我就实现了我终生的一个重大目标。"①

熟悉西方汉学史的人可以清楚地看到,理雅各这样的中国古代文化观并非他的创造,明末来华的意大利耶稣会士利玛窦,所采取的"适应政策"的基点就是承认中国古代有着和西方一样的上帝信仰,只是到以后中国的后儒们遗忘了这种信仰,传教士的任务就是唤醒中国人的这种信仰。所以,崇先儒而批后儒成为利玛窦的基本文化策略。在他的《天主实义》上卷第二篇中有段很有名的话:"夫至尊无两,唯一焉耳。曰天曰地,是二之也……吾天主乃古经书所称上帝也。《中庸》引孔子曰:'郊社之礼,所以事上帝也。'……《商颂》曰:'圣敬日跻,昭假迟迟,上帝是祗。'《雅》云:'唯此文王,小心翼翼,昭事上帝。'《易》曰:'帝出乎震。夫帝也者,非天之谓,苍天者抱八方,何能出于一乎。'……《汤誓》曰:'夏氏有罪,予畏上帝,不敢不正。'又曰:'惟皇上帝,降衷于下民,若有恒性,克绥厥猷惟后。'《金滕》周公曰:'乃命于帝庭,敷佑四方,上帝有庭,则不以苍天为上帝,可知。历观古书,而知上帝与天主,特异以名也。'"这些话全部都是引自《中庸》《诗》《书》《易》《礼》这些中国古代经典。② 理雅各在华期间在译名问题上坚持用"上帝"译名就和他的这一理解有关。理雅各晚年所写的《陕西西安府的景教碑,公元七八世纪基督教在中国的传播》(*The Nestorian Monument of His-an Fu in shen-his, China Relating to the Diffusion of Christianity in China in the Seventh and Eighth Centuries*),在这本书中"理雅各毫不犹豫地站在了伟大的利玛窦的'自由'方法一边,这种方法试图调和对中国的一些'宗教术语'和'祭祀习惯'的使用"③。

理雅各在离华前的华北之行对其以后的思想产生了重要的影响,特别是回到牛津后与比较宗教学家缪勒的共事,他在《东方圣书》中开始重新修订出版中国

---

① *The Chinese Classics*,vol.5.prolegomena,p.53.理雅各这样的学术立场很自然会受到中国学术界的批评,辜鸿铭在他的《中国学》《春秋大义》就直接点名批评了理雅各,尤其不赞同他的《论语》翻译。参阅岳峰:《架设东西方的桥梁:英国汉学家理雅各研究》,福州:福建人民出版社,2004 年,第183~185 页;黄兴涛:《文化怪杰辜鸿铭》,北京:中华书局,1995 年,第61 页。

② 关于利玛窦的研究参阅朱维铮:《利玛窦中文著译集》,上海:复旦大学出版社,2001 年;张西平:《跟着利玛窦来中国》,北京:五洲传播出版社,2006 年;林金水:《利玛窦与中国》,北京:中国社会科学出版社,1996 年。

③ [美]吉瑞德著,段怀清等译:《朝觐东方:理雅各评传》,桂林:广西师范大学出版社,2011 年,第351 页。

的古代文化经典,缪勒的比较思想为他提供了重新理解中国思想的角度和方法。
缪勒在第二届国际东方学大会上的发言很经典,他说:"首先,东方研究曾经被当
作同北方民族在罗马和雅典所学的课程一样来学习,那就是,在我们的世界之外,
还有别的世界,还有别的宗教、别的神话、别的法则,而且从泰利斯到黑格尔的哲
学史,并非人类思想的所有历史,在所有这些主题上,东方都为我们提供了平行的
相似性,即在所有包含在平行的相似性之中的比较的、检测的和理解的可能
性。"①显然,这和维多利亚时代的自由主义思潮是连在一起的,尽管在这种对异
文化的宽容中仍是以西方固有的文化价值为尺度来比较的,但已经承认了文化的
多元性,承认了"在我们的世界之外,还有别的世界,还有别的宗教、别的神话、别
的法则,而且从泰利斯到黑格尔的哲学史,并非人类思想的所有历史"。这已经走
出了基督教思想的狭隘理解。

我们可以将理雅各前后对孔子的评价做个对比。

在1861年版中,他写道:

> 但是现在我必须离开这位圣人。我希望我没有对他做任何不正确的评
> 论;但是经过对其人品和观点的研究,我不会将他称为一位伟大的人。虽然
> 他比同时代的官员和学者更为优秀,但他的目光不具备高瞻远瞩性。他对普
> 遍关注的问题没有提出新的见解。他没有推动宗教进步。他也不赞同社会
> 进步。他的影响力曾鼎盛一时,但终究会衰落。我认为,中华民族对他的推
> 崇将会快速而全面地消退。

1893年版中,他写道:

> 但是我现在不得不放弃研究这位圣人。我希望我没有对他做任何不正
> 确的评论。关于这位圣人的个性和观点,我研究他越多,就越尊重他。他是
> 一位很伟大的人,并且他的影响力对中国人来说是巨大的。他的教学说明了
> 一件重要的事情,那就是这位圣人属于基督学派。②

在1893年版中,理雅各将孔子称为"中国伟大圣贤""中国伟大哲学家"和

---

① [美]吉瑞德著,段怀清等译:《朝觐东方:理雅各评传》,桂林:广西师范大学出版社,2011年,第124页。

② 引自费乐仁:《理雅各〈中国经典〉第一卷引言》,上海:华东师范大学出版社,2011年,第12页。

"圣人"①,这里我们可以看到理雅各到晚年后在思想上的变化。但同时仍应看到作为一个基督徒汉学家,他的文化立场是不可能完全改变的。

如何看待理雅各这样的文化立场呢? 吉瑞德将"理雅各主义"解释为一种"汉学东方主义",其实用"东方主义"是不足以解释西方汉学历史的,②理雅各思想的复杂性和多面性是很难用一个后现代思潮和方法来解释的。③ 从中国学术研究和中国思想史的研究者来看,理雅各直到晚年仍未完全透彻地理解中国思想中的远古思想和孔子代表的儒家思想的关联及这种转变所形成的原因,仍是坚持认为远古的思想更为纯洁。他也一直未全面理解中国文化的"大传统"与"小传统"之间复杂和多元的关系,从而无法解释儒家所代表的知识阶层和民间信仰之间的关系。④ 对孔子地位的起伏与变迁他也很难从中国政治思想史的角度给予合理的说明。⑤ 同时,他的翻译也有许多可以讨论的地方。⑥

尽管"理雅各将自己整个生命用来发现、理解和评价这个古老的中国世界"⑦,但作为中国文化的一个"他者",他在苏格兰时期所奠基下的世界观,"苏格兰常识哲学学派,特别是此流派与福音教会形式的新教世界观之间的关联,业已成为了理雅各的强大理智全副武器。理雅各将其运用于评估日常生活中所发掘的多种多样的中国观点和立场,其中亦包括儒教典籍经文"⑧。理雅各永远不可能像一个中国学者那样来理解中国文化,像他同时代的中国文人那样来理解中国古代文化的经典。在理雅各对于孔子的解释中所呈现出来的文化本色是很正

---

① 参阅 1893 年版理雅各:《中国经典》第一卷绪论,第 11、87 页;参阅费乐仁:《理雅各〈中国经典〉第一卷引言》,上海:华东师范大学出版社,2011 年。

② 段怀清:《理雅各与维多利亚时代的英国汉学——评吉瑞德教授的〈维多利亚时代中国古代经典英译:理雅各的东方朝圣之旅〉》,《国外社会科学》2006 年第一期。

③ 参阅王辉:《理雅各〈中庸〉译本与传教士东方主义》,载《孔子研究》2008 年第 5 期;王辉:《理雅各的儒教一神论》,载《世界宗教研究》2007 年第 2 期;张西平:《对萨义德〈东方学〉的思考》,载《跨文化对话》第 22 期,南京:江苏人民出版社,2007 年。

④ 参阅 1893 年版理雅各《中国经典》第一卷绪论部分第 97~101 页对孔子宗教观的解释。

⑤ 参阅 1893 年版理雅各《中国经典》第一卷绪论部分第 92 页对孔子历史地位变化的评价。

⑥ 费乐仁认为,理雅各在翻译《孟子》时没有参考清代研究《孟子》的最重要的学者焦循的《孟子正义》。

⑦ 理雅各:《中国经典》第二卷,上海:华东师范大学出版社,2011 年,第 18 页;关于苏格兰哲学学派的影响及其历史,请参阅费乐仁著:《力争"人所当尽的本分"——理雅各和苏格兰新教在中国的相遇》第一卷,第 74~82 页和第 227~230 页。

⑧ 费乐仁:《中国经典》第二卷引言,上海:华东师范大学出版社,2011 年,第 11 页。

常的、很自然的。我们对理雅各在中国文化的翻译和解释上所做的工作表示尊敬和敬仰,一个人用其一生来传播中国的思想和文化,这令每一个中国人对其怀有崇高的敬意。同时,我们对理雅各在对儒家和孔子的解释中坚持自己的观点和立场表示理解。作为中国文化"他者"的理雅各,我们不能期待将其看成王夫之,看成黄宗羲。"他者"作为"异文化"的阅读者和批评者永远是其所阅读和观察文化反思自身和确立自身的对话者。跨文化之间的"误读"是文化间交流与思想移动的正常现象,对于这种"误读"既不能将其看成毫无意义的解释,像一些本土学者以一种傲慢的态度看待域外汉学那样,或者像跟随后殖民主义理论的那些学者,将这种"误读"作为西方帝国主义对中国文化的扭曲的铁证;同样,也不能因为这些在不同文化间的思想"转移者",这些架起文化之间桥梁的人的辛劳,对中国文化的尊敬而忽视他们的"误读"。简单地用西方学术界创造出来的"乌托邦"和"意识形态"这样的概念来对待文化之间的交流与理解,来解释这些文化间的"转移者"的复杂性格与特点是远远不够的。对西方汉学的研究,在方法论上必须有一种新的理论创新,无批判地移植西方时髦的理论,来解释西方汉学历史的复杂人物和复杂过程是远远不够的。①

西方汉学史上对理雅各的评价是复杂的,他的立场始终受到来自保守主义和自由主义两个方面的批评。② 无论理雅各坚信中国古代文化所具有的宗教性,还是当代汉学家已经完全抛弃了关于理雅各所认同的中国古代思想宗教性的论述,中国文化的独特性,中国文化与西方文化的巨大差异性都困扰着西方的汉学家。

---

① 问题在于中国学界一些人看不到西方汉学作为不同的知识和思想体系的学术产物,它的"异质性",特别是在当下中国文化走向世界之时,简单将西方汉学的一些经典译本拿来就用,而没有考虑其"异质性"。在这些学者眼中"汉学"或者说"中国学"就是关于中国的知识,它和"国学"及中国本土学者的研究没有太大的区别。这其实是很复杂的问题,一般而言在知识系统上,汉学家们的研究是可取的,在这点上是无中外之分的,但在知识的评价系统上,就十分复杂,要做跨文化的分析,例如理雅各。因此,在中国经典的翻译上不加批判和分析地采用西方汉学家的翻译是要格外谨慎的。湖南人民出版社出版的《汉英对照中国古典学术名著》丛书采用的是理雅各的"四书"译本,中国学者刘重德、罗志野校注。这本书将理雅各有价值的译注全部删去了,而对理雅各的译文并未做实质性的修改。

② [美]吉瑞德著,段怀清等译:《朝觐东方:理雅各评传》,桂林:广西师范大学出版社,2011 年,第341 页。

用"东方主义"是说不清这种文化间移动的复杂状态的,①我们必须看到理雅各作为文化之间的传播者,作为中国古代文化典籍的最有影响的翻译者,他所表现出来的矛盾与变化,所最终呈现出来的原有文化底色的坚持与对东方文化的重新理解都是文化间移动的必然产物,这些都必须在跨文化的角度给予理解和解释。②

因此,要将西方对中国经典的翻译研究放入西方近代的思想史中考察,这样的翻译研究绝不仅仅是一个翻译的技能问题,而是当西方面对东方思想时的理解问题。但这只是我们考察中国经典外译的一个维度,如果从中西文化交流的角度,从将中国介绍给世界,推动西方世界对中国理解的角度看,理雅各的工作是伟大的,是前无古人的。他是19世纪后半叶西方汉学的真正领袖。这里我用英国传教士艾约瑟(Joseph Edkins,1823—1905)和《中国评论》的主编艾德对他的评价来结束我对理雅各翻译中国经典的一个初步的研究。

> 他的目标在于打开并阐明中国人的思想领域,揭示人民的道德、社会和政治生活的基础。这种工作百年当中只可能被人们极为罕见地做一次。在做这件事的过程当中,他感觉到自己是在为传教士们以及其他一些学习中国语言和文学的学生们做一件真正的服务工作。他还认为,这也是为那些西方读者和思想者们服务。从国土面积幅员之辽阔,人口比例之众多,以及民族特性等来考虑,中国都可以说是世界上最重要的国家。获悉了儒家'圣经'所包含的内容,也就使我们处于一种有利的地位来判断其人民。从这里,欧洲的政治家可以看到其人民道德标准之本质。他们所阅读的历史,他们风格之楷模,他们的保守主义之基础,都可由此而得到评估。

> 如今,甚至即便在理雅各已经离开了我们,不再与我们一起的时候,他殚

---

① 段怀清认为,对于理雅各穷其一生的努力"简单地归因于一个传教士的宗教献身精神或者维多利亚时代所特有的一种对外扩张政策相呼应的文化狂热,显然过于牵强,甚至还是一种大不敬"。(参阅段怀清:《传教士与晚清口岸文人》,广州:广东人民出版社,2007年,第36页。)笔者认同这一观点。

② 这对我们当下的中国文化走出去的理论研究来说是一个亟待解决的文化理论问题,这里表现出两种倾向:一种观点认为,中国的文化典籍外国人很难准确理解和准确翻译,故主张中国典籍的外译应以中国学者为主;另一种观点认为,中国典籍的外译最终是给外国人看的,外语再好也好不过母语,从翻译的质量和数量上考虑,基本应由汉学家来翻译。如果以汉学家为主来进行翻译,理雅各的问题自然就会出现,如果中国典籍的外译都由中国人来翻译,这几乎是不可能做到的。关于这个矛盾我们在下面的翻译理论的讨论中还将展开。这里花笔墨谈理雅各就是为揭示出这个问题的复杂性。

精竭虑经年累月的付出,那些卷帙浩繁的译著,依然包含着丰富的事实,通过这些事实,欧洲和美国的观察者可以如此正确地判断中国人,因为这是他们生活的箴言,在他们的生活当中流行,这里所包含、所阐明的思想观点,规范着他们的学者和人民的思想。这里所包含的原则、打破了区域性界限,将整个民族连接在一起。想想《圣经》对于基督徒意味着什么;想想莎士比亚对于学习英国诗歌的学生意味着什么;想想《可兰经》对于穆罕默德的信徒们意味着什么,这些儒家经典通往普通的中国思想。将这些书置放在那些满怀着渴望地观望着《孟子》或者《书经》的人手上,就是一种最坚固结实的服务,一种最有用的进展。在他献身于这种工作期间,他为自己确立了这样一个目标,他不会背离这一目标,并且将直接的传教工作看成是需要或者接受他的首要关注。①

艾德在谈到理雅各的汉学翻译成就时说:"我们必须坦白地承认是理雅各博士的翻译工作使我们首先有机会阅读中国原始文献。我们坚信,无论是在中国还是在其他地方,再也没有一个外国人能像理雅各博士一样对中国的经典文献有如此深入、广泛而可靠的了解。""理雅各博士在年轻的时候就把研究、翻译和阐释中国经典作为自己的目标和荣耀。在中国的30年中,理雅各投入了他所有的闲暇时间和巨大精力,目的就是为了完成这一伟大的目标。如果有人花费时间对比他所翻译的《中国经典》中的第一部和最近的一部,就可以发现虽然理雅各在研究和分析枯燥无味的中国哲学过程中熬白了头发,但他的翻译仍然很好地保持了年轻人所特有的新鲜和朝气,并且他对中国经典的认识更加深入和广泛,对中国思想的评论也因为时间的流逝而愈加中肯和成熟,所以说他的翻译是非常可靠的。"②

3.刊物:《中国评论》——19世纪西方汉学专业刊物

(1)西方汉学历史中的《中国评论》

《中国评论》(*The China Review, or Notes and Queries on the Far East*)创办于1872年,停刊于1901年,是在香港出版的一份英文汉学期刊,在29年中共出版了

---

① 段怀清:《传教士与晚清口岸文人》,广州:广东人民出版社,2007年,第40~41页。

② 转引自王国强:《〈中国评论〉(1872—1901)与西方汉学》,上海:上海书店出版社,2010年,第138~139页。

25卷、150期。《中国评论》的创办人是英国人丹尼斯（N.B.Dennys,1840—1900），1876年后丹尼斯离开《中国评论》，德国汉学家艾德担任主编，其后霍近拿和波乃耶也先后担任过主编。按照王国强博士的研究，在《中国评论》的作者群体中以国籍可考者而论，英国人占了近63%，美国人约占15%，两者合计比例约78%，占了绝对的优势，因此，《中国评论》为英国汉学或者英美汉学的代表刊物。就作者的身份而言，在其骨干作者队伍中，传教士20人，占31%；外交官19人，接近30%；海关人员9人，港府职员7人，学者4人，医师3人，编辑和商人各1人①。

在19世纪后半叶西方汉学界无论是在欧洲本土还是在中国也有一系列的杂志，②但《中国评论》在这些杂志中具有鲜明的特点，从而使它在19世纪最后30年中在西方汉学的发展中起到了重要的作用。"《中国评论》是西方世界第一份真正的汉学期刊，它团结了在'亚洲地中海'地区从事外交、传教和殖民管理等工作的业余汉学家，同时也吸引了欧洲本土和美国的一些学院派汉学家的积极参与，该刊为19世纪最后30年欧美国家的汉学研究提供了一个'舞台'，对中国的语言、文学、科学艺术、民族、历史地理、法律等重要的领域均进行了不同程度的研究和探讨。与此同时，《中国评论》具有一定的学术自觉性，着力于建设一种更为严肃的学术研究规范，并对汉学研究中的一些方法问题做了较为深入的探讨。"③

在谈到《中国评论》的地位时，王国强将其定义为"西方世界第一份真正的汉学期刊"，其理由是《中国评论》已经摆脱了《中国丛报》的较为明显的宗教特点，在研究范围上又比在欧洲创办的《远东杂志》《通报》等更集中于中国本身的研

---

① 王国强：《〈中国评论〉（1872—1901）与西方汉学》，上海：上海书店出版社，2010年，第58页。

② 《印支搜闻》（Indo-Chinese Gleaner,1817-1824）、《亚洲学报》（Journal Asiatique,1822-1938）、《中国丛报》（Chinese Repository,1832-1851）、《教务杂志》（Chinese Recorder and Missionary Journal,1868-1941）、《凤凰》（The Phoenix,A Monthly Magazine for China,Japan & Eastern Asia,1870-1873）、《远东杂志》（Revue de L'Extrême-Orient,1882-　）、《通报》（T'oung Pao,1890-　）、《皇家亚洲文会北中国支会会报》（Journal of the North China Branch of the Royal Asiatic Society,1858-1948）、《中日释疑》（Notes and Queries on China and Japan,1858-1948）。

③ 王国强：《〈中国评论〉（1872—1901）与西方汉学》，上海：上海书店出版社，2010年，第263页。

究。这个结论在一定意义上有其合理性,但值得进一步商讨。①

　　鉴于本书的主题是研究中国经典的外译,因此,对于《中国评论》的其他方面这里不再展开,我们集中研究在中国典籍翻译上《中国评论》的特点与贡献。

　　(2)《中国评论》对中国典籍西译的推进

　　从西方汉学期刊的角度来看,《中国评论》对中国典籍的翻译达到了一个新的高度。对中国典籍的翻译始终是西方汉学的基本任务,是汉学家们展开中国文化历史研究的起点,许多汉学家为此付出了一生的努力,像上面讲到的理雅各。作为一份外文期刊,自然也将翻译作为自己的重要内容。《中国评论》在这方面做出了自己的贡献,这里我采用王国强博士所提供的一个表格,从中可以看出《中国评论》在对中国典籍翻译上的成果。②

　　通过本章附录3可以看出,《中国丛报》对中国典籍的翻译有28篇,《中国评论》所翻译的中国古代文化典籍有219篇,很显然,《中国评论》在对中国典籍的翻译上达到了一个新的高度,其翻译数量大大超过了《中国丛报》。③

　　(3)《中国评论》开拓了中国典籍西译的范围

　　从西方汉学史的角度看,《中国评论》的另一个重要贡献是拓宽了对中国典籍翻译的范围。《中国丛报》对中国典籍的翻译在翻译内容的选择上与当时基督教在华的背景相关,那时的来华传教士需要了解中国历史的常识性知识,这样他们大都停留在对中国最一般的历史文化知识的翻译上,例如,《三字经》《千字文》

---

① 从时间上看《中国丛报》肯定是要早于《中国评论》,在骨干作者队伍来看二者区别不大,都是以来华的传教士、外交官为主,这实际上是整个19世纪西方汉学的基本特点。在研究的内容和文章展开的方法上《中国评论》肯定比《中国丛报》进步,这是时代变化所需,但也不能说《中国丛报》是一份宗教性杂志,虽然主编是来华的传教士,虽然它在内容和方法上仍有旧的痕迹,但已经具备了一份汉学研究学术刊物的所有特征。(参阅尹文涓博士论文《〈中国丛报〉研究》),另外从学术角度看,《通报》实际上是真正走出了传教士汉学的笼罩,它应该说是一份在西方有重要影响力的汉学学术刊物,在学术方法和规范性上明显要高于《中国评论》,尽管它在文章的内容上涉及到东亚其他国家文化的研究,但这是这份刊物对汉学的理解问题,它实际上将整个汉文化圈作为研究对象。因此,将《中国评论》作为西方第一份真正的汉学杂志,这样的结论仍有些勉强。无疑,王国强博士的《中国评论》研究是极为深入的,只是在这个问题上笔者不完全认同王国强。

② 王国强:《〈中国评论〉(1872—1901)与西方汉学》,上海:上海书店出版社,2010年,第81~99页。

③ 王国强:《〈中国评论〉(1872—1901)与西方汉学》,上海:上海书店出版社,2010年,第82~99页。这里王国强对《中国评论》所做的中国典籍外译的论文做了一个很详细的书目。参阅段怀清、周俐玲编著:《〈中国评论〉与晚清中英文学交流》,广州:广东人民出版社,2006年。书中对《中国评论》在中国古代文化典籍的翻译做了深入的研究。

等这些蒙学的基础知识。而《中国评论》创刊时,基督教来华已经 65 年,这些在华的传教士、外交官对中国的认识已经大大加深了,因而,在对中国古代历史文献和典籍的翻译范围和内容上已经和《中国丛报》不可同日而语,《中国评论》典籍外译目录我们可以看到,这些译文不仅有中国古代文学的代表作《水浒传》《聊斋志异》《三国演义》《今古奇观》《东周列国志》等,还有中国历史的典籍,如《史记》《汉书》《三国志》《周书》《北史》《隋书》《旧唐史》《新唐史》这些中国正史最重要的著作。同时,他们还翻译了《大清律例》《洗冤录》《刑案汇览》这样关于中国法律的有关文献。如王国强所说:"总体而言,《中国评论》所翻译的中国典籍所涉及的范围比较广泛,显示了其时西方人在了解和研究中国文献方面的进步。"①

三、19 世纪中国文化经典对欧洲的影响

1.东西方文化之间的历史性转变:19 世纪

18 世纪中国是欧洲的榜样,从思想家到平民,中国都是其学习和生活的榜样,如托克维尔(Alexis de Tocqueville,1805—1859)在《旧制度与大革命》中所说的,对于法国的启蒙思想家们而言,"没有一个人在他们著作的某一部分中,不对中国倍加赞扬。只要读他们的书,就一定会看到对中国的赞美……他们心目中的中国政府好比是后来全体法国人心目中的英国和美国。在中国,专制君主不持偏见,一年一度举行亲耕礼,以奖掖有用之术;一切官职均经科举获得;只把哲学作为宗教,把文人奉为贵族。看到这样的国家,他们叹为观止,心驰神往"②。

为何到 19 世纪中国和西方的文化关系就发生了根本的扭转呢?中西之间发生了"大分流"?这是目前学术界的热点问题。G.Arrighi 说:"随着近代欧洲军商合一的民族国家体制在 1648 年的威斯特伐利亚条约中被制度化,中国的正面形象随后黯然失色了,这不是因为欧洲经济上成就有多么伟大,而是欧洲在军事力

---

① 王国强:《〈中国评论〉(1872—1901)与西方汉学》,上海:上海书店出版社,2010 年,第 103 页。
② [法]托克维尔:《旧制度与大革命》,北京:商务印书馆,2013 年,第 203 页。

量上的领先地位。欧洲商人和冒险家们早已指出过由士大夫阶级统治的国家在军事上的薄弱,同时也抱怨过在与中国贸易时遇到的官僚腐败和文化障碍。这些指控和抱怨将中国改写成一个官僚腐化严重且军事上不堪一击的帝国。这种对中国的负面评价又进而将中国纳入西方对中国的政治想象中,从而使得中国由一个值得仿效的榜样,变成了'英国模式'的对立面,后者在西方的观念中日益成为一种意识形态霸权。"①

从更长的历史来说,西班牙对南北美洲的征服,为欧洲市场提供中国急需的白银,欧洲才搭上了由中国主导的世界经济体系的末班车。② 西班牙人征服美洲的时候带去的欧洲人已经完全具有免疫力,但美洲当地人完全没有接触过其携带的疾病,由此造成了美洲原著民的大量死亡。"现在已很难确知美洲土著的死亡人数到底达到90%、95%还是98%(这种估算需要以美洲最初的人口基数为依据,而这一数据目前尚不确定),但很明显这一场浩劫在世界历史上是规模空前的。到1600年,欧洲人来到新大陆一个世纪之后,拉丁美洲的原著民人口数已降低到只有几百万。到1700年,当灾难波及北美洲时,最后只有几十万美洲土著在今天的加拿大和美国一带幸存下来。"③西班牙对美洲的侵入,不仅灭绝了那里已经高度发展起来的文化,而且,无意之间灭绝了美洲当地原住民。

"1700年印度是世界上最大的棉纺品出口国,其纺织品不仅是为了满足英国的需要,而且也是为了全世界的需要。除印度广大的国内市场外,东南亚、东非和西非、中东和欧洲是其主要的出口市场。……1750年印度的纺织品生产量足有世界的四分之一。"④1757年英国从普拉西战役开始了征服印度的历程,在此后的50年中,英国控制的范围日益扩大,1875年整个次大陆成为其正式的殖民地。⑤这只是印度开始衰退的第一步,长期以来英国是印度的棉纺织品出口国,但从把印度变为殖民地开始,角色的更换就开始了。18世纪时英国曾提高关税限制印

---

①　《从东亚的视野看全球化》,转引自韩毓海:《重新思考19世纪》(上),《书城》2009年第7期。

②　参阅贡德·弗兰克:《白银资本:重视经济全球化中的东方》,北京:中央编译出版社,2007年。

③　[美]杰克·戈德斯通著,关永强译:《为什么是欧洲? 世界史视角下的西方崛起(1500~1850)》,杭州:浙江大学出版社,2007年,第77页。[乌拉圭]爱德华多·加莱亚诺著,王玫等译:《拉丁美洲:被切开的血管》,北京:人民文学出版社,2001年。

④　[美]罗伯特·B.马克斯:《现代世界的起源——全球的、生态的述说》,北京:商务印书馆,2006年,第133页。

⑤　同上,第136~137页。

度棉纺织品在英国的出口,但现在他们成了印度次大陆的主人,英国棉纺织品进口印度的关税完全被取消了,由于价格低廉,很快印度本土的纺织品就开始败下阵来,从英国进口来的棉纺织品越来越多,印度的棉纺织厂破产的也越来越多,到1820年时已经有数以百万计的印度纺织业工人失业,"到1833年,孟加拉……的'逆工业化'已经相当严重。印度失去了一种伟大的艺术,而艺术家也失去了他们的职业。现在家庭妇女的纺锤已很少在纺棉场地上快速转动了。"①印度一度发达的棉纺织品业就是在这种殖民政策和"自由贸易"的政策下被英国击垮的,表面上亚当·斯密主张政府不干涉贸易,使贸易自由地发展,实际上英国在精心策划下击垮了印度的棉纺织业,将印度从棉纺织品的出口国变为进口国。"总而言之,19世纪以英国为中心的全球资本主义体系从始至终都离不开印度的进贡。由于印度的付出,英国才能在1792—1815年间将公共开支扩大了6倍,这一支出规模为随后半个世纪英国在资本商品工业中的龙头地位打下了基础。同样,由于印度的进贡,才可以使英国在其工业霸权已经动摇的情况下,不断巩固它在全球范围内进行资本积累的核心地位。"②

中国的丝绸、茶叶、瓷器从16世纪起已经成为欧洲人最喜欢的商品,喝茶已经进入英国人的日常生活,英国大量购买中国的茶叶,白银便开始流入中国。必须找到一种商品让中国人购买,以解决中国和英国之间的贸易顺差。在中国的传统医学中鸦片是作为医用的,英国人看到这一点,从1773年开始,英国获取了在孟加拉生产鸦片毒品的垄断权,通过各种途径将鸦片运往中国,开始了对中国的鸦片贸易。在19世纪30年代每年达到3400万盎司(约96.39万千克)的鸦片运进中国,同时白银开始向英国回流。当中国政府开始抵制鸦片贸易时,两个帝国的冲突就不可避免了。第一次鸦片战争,以中国失败而结束,英国迫使清政府签署《南京条约》,英国人获得了2100万银元赔偿并霸占了香港,由此拉开了西方列强对中国近100年的侵略和掠夺。

18世纪英国在与法国的连年战争中,于1713年签署了"乌德勒支条约",这

① Debendra Bijoy Mitra, *The Cotton Weavers of Bengal 1757-1833*, Calcutta: Calcutta Temple Press, 1978, p.98.
② [美]乔万尼·阿里吉、[日]滨下武志、[美]马克·塞尔登主编,马援译:《东亚的复兴:以500年、150年和50年为视角》,北京:社会科学文献出版社,2006年,第372页。

个条约使英国人成为向美洲大陆贩卖奴隶的贩子。英国赚上了第一桶金。

全球扩张、侵略、奴役与贩毒,经济的扩张与军事上的侵略,西方走上了全球发展之路,英国崛起。无疑,英国本身的工业革命也是重要的,英国的科技发展也是重要的,但仅仅从西方内部来看欧洲的崛起,认为"并不是殖民主义和武力征服导致了西方的崛起,而恰恰相反——是西方的崛起(依靠技术力量)和其他地区的衰落才使得欧洲强权得以在全世界不断扩张"①。这显然是无法解释英国的崛起的,这是在为英国的殖民主义辩护。如弗兰克(Andre Gunder Frank)所说:"那么西方是怎么兴起的呢? 如果说西方或西方的生产方式没有什么特殊之处,而且西方在1800年以前甚至不抱有任何霸权的奢望,那么只能得出这样的结论:肯定有另外一些因素起了作用,或者有另外一些尚未提到的情况使这些因素在其中起了作用。我们已经看到,迄今对这个问题所作的大多数探讨都不免牵强附会、生拉硬套,因为它们仅仅在欧洲路灯的光亮下寻找这些因素。但是,既然西方乃是全球世界经济的一个组成部分,西方的兴起就不可能完全凭借自身力量。相反,任何'西方的兴起'肯定是在世界经济之内发生的。因此,仅仅甚至主要在西方或其某个部分来寻找这种兴起的原因,是徒劳无益的。如果说这样做有什么'效用'的话,那只能是意识形态的效用,即抬高自己,贬低别人。"②

全球的财富开始向英国集中,18世纪后期时所说的英国工业革命像静静的小溪,19世纪欧洲的主要特征就是工业革命。工业革命在到了19世纪已经成为了奔腾的大江。"人类能够凭借汽船和铁路越过海洋和大陆,能够用电报与世界各地的同胞通讯。这些成就和其他一些使人类能利用煤的能量、能成本低廉地生产铁、能同时纺100根纱线的成就一起,表明了工业革命这第一阶段的影响和意义。这一阶段使世界统一起来,统一的程度极大地超过了世界早先在罗马人时代或蒙古人时代所曾有过的统一程度;并且,使欧洲对世界的支配成为可能,这种支

① [美]杰克·戈德斯通著,关永强译:《为什么是欧洲? 世界史视角下的西方崛起(1500—1850)》,杭州:浙江大学出版社,2010年,第83页。

② [德]安德烈·贡德·弗兰克著,刘北成译:《白银资本:重视经济全球化中的东方》,北京:中央编译出版社,2000年,第442~443页。

配一直持续到工业革命扩散到其他地区为止。"①技术的发明、财富的膨胀、人口的增长、城市的扩大,19 世纪的欧洲像穿上了神靴,快速发展起来。"无疑,当欧洲的资本和技术与不发达地区的原料和劳动力相结合、首次导致一个完整的世界经济时,世界生产率无法估量地提高了。事实上,世界工业生产在 1860 至 1890年间增加了三倍,在 1860 至 1913 年间增加了七倍。世界贸易的价值从 1851 年的64100 万英镑上升到 1880 年的 302400 万英镑、1900 年的 402500 万英镑和 1913年的 784000 万英镑。"②

彭慕兰(Kenneth Pomeranz,1958—)认真研究对比了欧洲和印度、中国在1750 年时各自在科学技术上的特点,他认为,"总的说来,认为 1750 年的欧洲已经拥有独一无二的综合科技水平的观点需要给以相当大的限制"。"尽管最近两百年的工业化总的来说是劳动的节约和对资本的需求,假定这始终是重大的发明创造的理由仍是一个时代的错误。"③彭慕兰想要表达的是,在 1750 年时,欧洲在科技上并未完全超过东方,将欧洲在现代化的胜出归结为科技是没有太多根据的。在他看来,欧洲和亚洲在 1750 年后的分流主要是新大陆的发现和英国在东方的殖民活动,通过新大陆的发现,英国解决了人与自然的矛盾,走上了效率性的发展道路,而中国走上了劳动密集性的道路。欧洲在扩张中获取了财富,财富奠基了社会的发展,社会的发展催生了科技的革命,在发展中扩张,在扩张中发展,移民的大规模展开、南北美洲和澳大利亚迅速欧化、对印度和中国的殖民战争、到非洲贩卖黑奴,欧洲人在一个世纪里统治了整个世界,英国走到了世界的前列。

拥有了世界财富的欧洲人,征服了整个世界的欧洲人在文化视野上大大扩展了,达尔文跑遍了世界,开始思考人类的整体性问题;英国的人类学家们在南太平洋的岛屿上做实地考察,人类学大大拓宽了范围;德国的语言学家们醉心于印欧语系的研究,将欧洲的文化视野转向亚洲。当他们的足迹遍及全球时,在精神上

---

① [美]斯塔夫里阿诺斯著,吴象婴、梁赤民译:《全球通史:1500 年以后的世界》,上海:上海社会科学院出版社,2009 年,第 291 页。

② [美]斯塔夫里阿诺斯著,吴象婴、梁赤民译:《全球通史:1500 年以后的世界》,上海:上海社会科学院出版社,2009 年,第 318 页。

③ [美]彭慕兰著:《大分流:欧洲、中国及现代世界经济的发展》,南京:江苏人民出版社,2008 年,第61 页。

开始有了霸气,文化的傲慢已经成为大多数思想家的主旨。如果说 18 世纪欧洲人是走出中世纪,打破自身的思想羁绊;那么 19 世纪欧洲人则是创造一个观念与文化的世界,为世界立法。他们俨然成为世界的主人。此时,欧洲学者们开始以整个人类的代表的身份规划学术、创建学科、评论文化、建立崭新的世界的文化史和人类精神史。

当欧洲人深入非洲,测量了新西兰的海岸,迷恋了印度文化的神秘时,自然不会再像 18 世纪那样只钟情于中国文化。不但如此,他们反观中国文化,开始以一种欧洲发展所带来的自豪感,居高临下地俯视着中国文化。中国热已完全消退,批判中国开始逐渐成为主流的声音。尽管 19 世纪西方汉学家们对中国的研究较之 18 世纪已经大踏步地进步了,汉学已经成为东方学中重要的一支,对中国的研究已逐步摆脱传教士汉学的羁绊,成为一门新的学科。对中国典籍的翻译相对于18 世纪来说是大大进步了,欧洲知识界所能读到的中国古代文化的基础性文献已经相当广泛,从本章上几节的研究,可以清楚地看到这一点。但汉学的进步和中国文化的影响似乎成了反比,此时在大多数西方思想文化领袖那里,东方已经成为衬托西方进步的一个对象,一个说明欧洲文化优越的有力证明。尽管仍有着相反的声音,中国仍被不少欧洲的文化人、作家和思想家迷恋着,但大趋势已经改变,中国开始失魅,东西方关系发生了根本的扭转。

2.黑格尔的中国文化观

黑格尔是 19 世纪欧洲思想家的代表,他的思想是 19 世纪欧洲智慧的结晶。他对待中国文化的态度,在 19 世纪的欧洲具有典型性意义。我们从黑格尔这里可以看出在 19 世纪欧洲的思想家是如何看待中国的,从而给我们展现出中国古代文化在这一时期在欧洲的接受与理解的一个维度、一个真实的画面。

在黑格尔的时代,中国古代文化典籍在欧洲已经有了许多译本。黑格尔在《历史哲学》和《哲学史讲演录》中提到的中国的古代文化典籍译本有:《玉娇梨》(雷慕沙译本)、《礼记》、《易经》、《春秋》、《书经》、《诗经》、《乐经》,从他的议论中可以看出卫匡国的《中国上古史》、冯秉正的《中国通史》、卫方济的《六部中华帝国经典》他都看过。黑格尔对中国文化也有过深入的研究,他曾专程赴巴黎听雷慕沙的中国文化课程。他对中国的研究和关注一直是其哲学创造的一个重要来源。可以这样说,当时在欧洲出版的关于中国历史文化、典籍制度的各类读本和翻译本,黑格尔大都有所涉猎。黑格尔《历史哲学》的第一篇就是从中国开始,他开篇就说:"历史必须从中华帝国说起,因为根据史书的记载,中国实在是最古老的国家。"黑格尔是认真读了当时所能看到的关于中国的典籍的,①他在历史的叙述上并没有太大的错误,他说:

> 中国人存有若干古代的典籍,读了可以绎出他们的历史、宪法和宗教。……中国人把这些文书都称为"经",做他们一切学术研究的基础。《书经》包含他们的历史,叙述古帝王的政府,并且载有各帝王所制定的律令。《易经》多是图像,一向被看作是中国文字的根据和中国思想的基本。这书是从一元和二元种种抽象观念开始,然后讨论到附属于这些抽象的思想形式的实质的存在。最后是《诗经》,这是一部最古的诗集,诗章的格调是各各不同的。古中国的高级官吏有着一种职务,就是要采集所辖封邑中每年编制的歌咏,带去参加常年的祭礼。天子当场评判这些诗章,凡是入选的便为人人所赞赏。除掉这三部特别受到荣宠和研究的典籍以外,还有次要的其他两部,就是《礼记》或者又叫作《礼经》,以及《春秋》;前者专载帝王威仪和国家官吏应有的风俗礼制,并有附录一种,叫作《乐经》,专述音乐,后者乃是孔子故乡鲁国的史记。这些典籍便是中国历史、风俗和法律的基础。……他们的历史追溯到极古,是以伏羲氏为文化的散播者、开化中国的鼻祖。据说他生存在基督前第二十九世纪——所以是在《书经》所称唐尧以前;但是中国的史家把神话和史前的事实也都算做完全的历史。②

从这里我们看到黑格尔读到了关于中国历史典籍的一些基本翻译著作。但黑格尔不是汉学家,他是哲学家,而且代表着德国古典哲学的顶峰。他并不关心中国历史文化的实际发展和历史,他思考的重点是如何将中国放入他宏大的哲学体系中。因此,对他的哲学了解是解开他的中国观的关键所在。

黑格尔把自己的哲学体系称为哲学百科全书,它由三部分组成:第一部分是"逻辑学",第二部分是"自然哲学",第三部分是"精神哲学"。逻辑学研究理念本

---

① 本书第一章中所列出的中国典籍的翻译书目,在黑格尔时代都是可以读到的。
② [德]黑格尔(G.W.Hegel)著,王造时译:《历史哲学》,上海:上海书店出版社,1999 年,第 124~125页。

身,自然哲学是研究理念的外化,即理念潜在于自然之中,研究理念的外在形式——自然。精神哲学是理念外化后回归,回到精神,这样理念经过外化为自然的过程,重新回到精神,并在精神、意识中得到自觉。这样,逻辑学、自然哲学和精神哲学成为他的哲学全书的组成部分。

黑格尔关于中国文化的论述主要在他的《历史哲学》和《哲学史讲演录》两本著作中,这两本书在黑格尔的哲学体系中都在"精神哲学"这个环节之中。

在黑格尔的哲学体系中,历史哲学是从属于法哲学中的国家学说的,这时客观精神已超出了单一民族的界限并在世界历史中运动。① 在黑格尔看来,国家生活成了向世界展示自己的工具,历史是以民族精神的更替形式来发展的,他说:"在世界精神所进行的这种事业中,国家、民族和个人都各按其特殊的和特定的原则而兴起,这种原则在它们的国家制度和生活状况的全部广大范围中获得它的解释和现实性。在它们意识到这些东西并潜心致力于自己的利益的同时,它们不知不觉地成为在它们内部进行的那种世界精神的事业的工具和机关。在这种事业的进行中,它们的特殊形态都将消逝,而绝对精神也就准备和开始转入它下一个更高阶段。"②这就是说,一个民族精神的发展只是世界精神发展的表现和工具,是它漫长系列的一个环节。"因为世界历史是'精神'在各种最高形态里的、神圣的、绝对的过程的表现——精神经过了这种发展阶段的行程,才取得它的真理和自觉。这些阶段的各种形态就是世界历史上各种的民族精神;就是他们的道德生活,他们的政府,他们的艺术、宗教和科学的特殊性。'世界精神'的无限冲动——它的不可抗拒的压力——就是要实现这些阶段;因为这样区分和实现就是它的'概念'。"③

这个世界精神的发展史是如何完成的呢? 是如何借着各个民族的精神外壳来表现自己的呢?"东方世界只知道一个人是自由的;希腊人和罗马人知道少数人是自由的;日耳曼各民族受了基督教的影响,知道全体人是自由的。"④他从时间和空间上来论证东方国家低于欧洲国家。从时间上,他认为东方社会在人类中

---

① 参见侯鸿勋:《论黑格尔的历史哲学》,上海:上海人民出版社,1982年,第47~49页。
② [德]黑格尔:《法哲学原理》,北京:商务印书馆,1982年,第353页。
③ [德]黑格尔:《历史哲学》,上海:上海书店出版社,1999年,第56页。
④ [德]黑格尔:《历史哲学》,上海:上海书店出版社,1999年,第111页。

的地位就像太阳升起给你的感觉一样。历史从东方开始,犹如太阳从东方升起,壮丽、辉煌,在阳光的灿烂中人忘记自我,全部笼罩在阳光中。太阳升起后,人们开始思考自己,自我与对象好像开始清楚起来,只有到了晚上,人们反思自己的一天,内心的太阳升起,这时个人和太阳之间是自觉的。太阳从西方落下,正如欧洲代表着人类意识的成熟和自觉。黑格尔说:"我们只要把上述想象的例子牢记在心,我们就会明白这是象征着历史——'精神'在白天里的伟大工作——的路线。"①东方是幼稚的,欧洲是成熟的。从空间上,黑格尔受到孟德斯鸠地理环境决定论的影响,他把地理环境分为三类:(1)干燥的高原及草原和平原;(2)大江大河流过的平原;(3)沿海地区。非洲是第一类,它不属于世界历史,亚洲是第二类,开始有所反省,形成了历史的一些关系,但仍不是自由意识的最高端,只有欧洲沿海地区才代表世界精神。"黑格尔把几乎全部的赞美都献给了欧洲地区,企图用自然条件的特殊性来论证欧洲在文明发展中的特殊作用。他断定,欧洲温和的气候,高山与平原、陆地与海洋的合理的相互交错,都有利于促使自由概念的发展。在他看来,亚洲只代表宗教原则和政治原则的开端,只有在欧洲这些原则才会得到发扬光大。"②

按照这样的理念和逻辑,黑格尔对中国历史、制度、文化与哲学做了全面的评述。

他认为道德和伦理在中国的政治体制中具有重要的地位。"中国纯粹建筑在这一种道德的结合上,国家的特性便是客观的'家庭孝敬'。中国人把自己看作是属于他们家庭的,而同时又是国家的儿女。在家庭之内,他们不是人格,因为他们在里面生活的那个团结的单位,乃是血统关系和天然义务。在国家之内,他们一样缺少独立的人格。"③黑格尔对中国的科举制度给予了肯定,认为中国除皇帝外,没有特殊的阶层,只有有才能的人才能当官。这点不仅其他国家值得学习,就是欧洲"也是可以拿它来做模范的"。

谈到中国的文字,黑格尔评价更是离奇,他认为,中国的象形文字是导致中国"僵化文明"的原因,"象形文字的书写方式使得中国口语语言不能达到客观准确

① [德]黑格尔:《历史哲学》,上海:上海书店出版社,1999年,第110页。
② 韩震:《西方历史哲学导论》,北京:北京师范大学出版社,2008年,第210~211页。
③ [德]黑格尔:《历史哲学》,上海:上海书店出版社,1999年,第114页。

性",因为,没有字母书写,文字的客观性是无法表达的,这样"象形文字的书面语言导致僵化的中国文明那样的哲学"①。

　　谈到《易经》,他说:"在《易经》中画有某种的线条,由此制定了各种基本的形式和范畴——这部书因此便被称为'命书'。"②但黑格尔认为从这点来看,中国人是"没有精神性"的。

　　黑格尔并不否认中国有哲学,"不过中国人也有一种哲学,它的初步原理渊源极古,因为《易经》——那部'命书'——讲到'生'和'灭'。在这本书里,可以看到纯粹抽象的一元和二元的观念;所以中国哲学似乎和毕达哥拉斯派一样,从相同的基本观念出发"③。显然,黑格尔是读过当时欧洲出版的关于孔子的书的,他认为"中国几部经籍的出版,以及关于道德的许多创著,都出于孔子的手,至今成为中国人风俗礼节的根本"。尽管孔子著作中也包含了许多道德箴言,但重复太多,他的思想仍不能出于平凡以上。这就是说,孔子的学说是很平凡的著作。在《哲学史讲演录》中他说,孔子只是一个实际的世间智者,在他那里思辨的哲学是一点也没有的——只有一些善良的、老练的、道德的教训。④《易经》有思辨性,但《易经》的哲学是浅薄的。⑤ 他对道家的思想给予较好的评价,但仍是从他自己的哲学出发,将道家的"无"说成他的哲学中的"绝对","这种'无'并不是人们通常所说的无或无物,而乃是被认作远离一切观念、一切对象——也就是单纯的、自身同一的、无规定的、抽象的统一。因此这'无'同时也是肯定的;这就是我们所叫作的本质"⑥。由于无的这种抽象性,它无法超越自己,转化为具体的存在,这样"如果哲学思想不超出这种抽象的开始,则它和中国人的哲学便处在同样的阶段"⑦。因此,道家的哲学最终也未被他所看上。

　　他总结说:"以上所述,便是中国人民族性的各方面。它的显著的特色就是,凡是属于'精神'的一切——在实际上和理论上,绝对没有束缚的伦常、道德、情

①　G.W.F.Hegel,J.N.Findlay,*Hegel's philosophy of mind*,London:Clarendon Press,1970,p.224.
②　[德]黑格尔:《历史哲学》,上海:上海书店出版社,2006年,第124页。
③　[德]黑格尔:《历史哲学》,上海:上海书店出版社,2006年,第126页。
④　[德]黑格尔:《哲学史讲演录》第1卷,北京:商务印书馆,1996年,第119~120页。
⑤　[德]黑格尔:《哲学史讲演录》第1卷,北京:商务印书馆,1996年,第126页。
⑥　[德]黑格尔:《哲学史讲演录》第1卷,北京:商务印书馆,1996年,第131页。
⑦　[德]黑格尔:《哲学史讲演录》第1卷,北京:商务印书馆,1996年,第131页。

绪、内在的'宗教'、'科学'和真正的'艺术'——一概都离他们很远。……虽然人人能够得到最高的尊荣,这种平等却适足以证明没有对于内在的个人作胜利的拥护,而只有一种顺服听命的意识——这种意识还没有发达成熟,还不能够认出各种的差别。"①

如何评价黑格尔对中国文化的论述,笔者认为以下三点是应该注意的。

第一,黑格尔不是汉学家,但从学术的角度,他对中国基本知识的阅读有误也是应该指出的。从他对中国的研究来看,他的阅读面是很广的,涉猎到中国文化的各个方面,可以说几乎当时翻译成欧洲语言的中国文化典籍他大都读过了,不然是无法涉猎这样广泛的领域。这里他的知识性错误也是很明显的,他说马嘎尔尼拜见乾隆皇帝时,乾隆皇帝 68 岁,显然有误。在讨论道家时,他说他们献身于对"道"的研究,认为一旦明白了道的本原,就掌握了普遍的科学,普遍的良药以及道德——也就获得了一种超自然的能力,能够飞升上天和长生不死。② 这里黑格尔混淆了道家和道教,尽管二者都献身于对"道"的研究,但道家只追求精神的自由,而道教却追求长生不老,肉体的自由。他将二者放在一起,显然没有理解它们的区别。黑格尔对中国泛道德主义做了批判,但认为"在中国人那里,道德义务的本身就是法律、规律、命令的规定。所以中国人既没有我们所谓法律,也没有我们所谓道德。"③尽管黑格尔对泛道德主义的批评有其深刻性,但在知识上有基本的不足,在中国并非因为道德的重要性就没有了法律,道德并不能代替法律。中国法律在西方的传播是在"1778 年,俄国汉学家列昂季耶夫选译了《大清律例》部分内容在俄国出版,受到当时女皇叶卡特琳娜的重视。这是目前已知的西方人首次将中国法律原典译为西方文字的尝试。1781 年,德国人亚力克司·里纳德夫

---

① [德]黑格尔:《历史哲学》,上海:上海书店出版社,2006 年,第 128 页;朱谦之先生认为黑格尔的《精神现象学》在结构上和《大学》相似,"可假定其受了《大学》译本的影响"。(参阅朱谦之《中国哲学对欧洲哲学的影响》,石家庄:河北人民出版社,1999 年,第 361~363 页)这个假设有些牵强,黑格尔对中国文化的吸收主要是放入其逻辑体系,《精神现象学》是黑格尔哲学的真正秘密,从逻辑体系上说《精神现象学》和《大学》逻辑一致,比较困难。在中世纪的托马斯·阿奎那的哲学中,他已经开始更多吸收亚里士多德的哲学,对人的认识过程已经有了很细微的分析,感觉、知觉、悟性这些概念都已经有了,而中国哲学主要是伦理学,对认知过程很少细分。因此,《精神现象学》基本逻辑主要是黑格尔对西方哲学吸收改造的结果。参阅张西平《中国与欧洲早期宗教和哲学交流史》一书中对传教士《灵言蠡勺》一书的分界和介绍。
② [德]黑格尔:《哲学史讲演录》第 1 卷,北京:商务印书馆,1996 年,第 124 页。
③ [德]黑格尔:《哲学史讲演录》第 1 卷,北京:商务印书馆,1996 年,第 125 页。

在柏林出版了《中国法律》一书,其中也选译了《大清律例》中一些与刑法有关的内容,但上述著作只是选译,在翻译过程中,对原作改动较大,加之语言因素,未在西方世界广泛流传,西方人仍然看不到完整的中国法律原典"①。1810年,英国外交家、英国中国学研究奠基人斯当东将《大清律例》翻译成英文,西方人才首次见到了完整的中国法典,黑格尔1822—1823年开始讲《历史哲学》,他应该读到斯当东的这个译本。这种知识的忽视是明显的。同时,由于当时中国典籍翻译有限,黑格尔只能读到当时已经出版的译本,这自然限制了他对中国的理解,他在自己的书中就没有谈过法家、墨家和名家,对佛教和宋明理学也缺乏更多的了解。他对春秋时的百家争鸣所知甚少,对中国文化的小传统基本不了解。这些情况都极大地限制了他对中国的理解。正如今日我们做西方哲学研究,如果对西方历史的基本事实有误,这在学术上是不允许的。黑格尔是伟大的哲学家,但他的汉学知识不足也是他中国观形成的一个影响因素。②

第二,他对东方文化和中国文化的认识有着浓厚的"欧洲中心主义",应该进行批评。黑格尔将人类的精神发展放在一个宏大的历史进程中去考虑是有价值的,但这种历史的历史性进程被他解释为欧洲是人类文明发展的高级阶段,则是有问题的。他认为历史是有一个决定的"东方",就是亚细亚。那个外界的物质的太阳便在这里升起,而在西方沉没。那个自觉的太阳也是在这里升起,散播一种更为高贵的光明。③ 而日耳曼民族把这种自由意识发展到了最高阶段。究其原因就在于欧洲人,特别是日耳曼人完全掌握了基督教精神。因为只有基督教是启示宗教,上帝在这里完全是公开的、透明的,没有任何秘密。"而在此之前的任何宗教都是有所遮蔽的,它并未存在于其真理中。"很显然,黑格尔以基督教精神来衡量世界各民族精神的价值,这种欧洲中心主义的立场是很明显的。有学者认为"黑格尔关于基督教和国家为了实现自由和充分展开精神的真实本质而结合的理想,造成了对世界史特别是对东方的歪曲解释。这

---

① 侯毅:《欧洲人第一次完整翻译中国法律典籍的尝试:斯当东与〈大清律例〉的翻译》,《历史档案》2009年第4期,第97~104页。

② 相对于今天的汉学家来说,黑格尔时代尽管已经有不少中国典籍翻译成欧洲语言,但仍是不全面的。所以"应该承认,黑格尔是在严重不利的条件下工作的。"[美]施泰因克劳斯编,王树人等译:《黑格尔哲学新研究》,北京:商务印书馆,1990年,第194页。

③ [德]黑格尔:《历史哲学》,上海:上海书店出版社,2006年,第148~149页。

些在殖民扩张时代不仅没有引起应有的注意,反而干脆被接受和认可了。如果我们用民主的和全球的眼光如实地说明东方的现代发展,包含在这里的空想就站不住了"①。这里黑格尔代表了 19 世纪西方文化精神,思想中弥漫着那种基督教的傲慢、西方的傲慢,对这样的一种文化态度做反思性批判是应该的,而不应继续站在黑格尔的文化立场上为这种"欧洲中心主义""基督教神圣论"辩护。对黑格尔这种"欧洲中心主义"的批判并不是对其哲学智慧的否定,而是对其学说的批判性继承。②

在中国文化的论述上,对黑格尔的观点更应加以批判的反思。他从比较哲学和比较宗教的角度对中国思想特点进行分析,认为中国是一个重集体、轻个人,重社会、轻个人的社会,中国思想的特点是道德高于理性,直觉高于思辨。在一定意义上他揭示出了中国思想文化社会的一些特征,有些分析也很深刻。但由于他所做的比较研究不是在对中国文化和西方文化平等相待的基础上展开的,而是在他设定的自己的宏大哲学体系中展开的,中国文化和思想在逻辑上已经被确定了位置。这样,即便黑格尔对中国文化也在一些个别之处说了些好话,例如,他认为由于中国有科举制度,从而没有固定的贵族等级制度等,他认为,这些应该介绍到欧洲来;即便他对中国文化的认识也不乏深刻之处,但这种深刻是建立在对中国文化根本否定的基础之上的。

首先,他认为世界精神是一个进化的历史过程,中国文化虽然早期十分灿烂,但那只是人类精神发展的幼年。从孔子思想的平淡无奇,可以看出其平庸,孔子思想根本谈不上哲学,中国也没有真正意义上的哲学。世界精神进化的高峰在西方、在欧洲、在日耳曼民族、在他的思想哲学之中。从这样的高度俯视中国文化,根本谈不上任何的尊重和平等。

---

① [美]施泰因克劳斯编,王树人等译:《黑格尔哲学新研究》,北京:商务印书馆,1990 年,第 198 页。
② 有的学者认为,黑格尔对东方文化的认识是正确的,我们所做的对黑格尔这种"欧洲中心主义"的批评是一种文化相对主义,他们认为:"东方民族的文化所以有如此之多的不可言说不可理喻的神秘东西,原因就在于东方民族的精神没有超越与自然的直接统一,而黑格尔的精神概念原则上能够彻底理解这种东西。至此,我们依据黑格尔的精神概念至少在原则上已经揭示了东方神秘主义的起源和奥秘,证明它客观上低于那能产生发达的理智意识的精神;由此,我们证明了,文化相对主义源于对精神概念的无知,它是站不住脚的。"显然,这种观点完全站在了黑格尔的立场上,缺少一种理性的反思。参阅卿文光:《论黑格尔的中国文化观》,北京:社会科学文献出版社,2005 年,第 165 页。

其次,他认为世界历史是一个理性的过程,理性是世界的主宰,世界历史的这种合理过程经历了"原始的历史""反省的历史"和"哲学的历史",中国知识处在"原始的历史"阶段,中国文化的特点是直觉而非理性。这样,即便是《易经》的思想,他们也达到了纯粹思想的意识,但并不深入,只停留在最浅薄的思想里面。这些规定诚然也是具体的,但这种具体没有概念化,没有被思辨地思考,而只是从通常的观念中取来,按照直观的形式和通常感觉的形式表现出来的。因此在这一套具体原则中,找不到对于自然力量或精神力量有意义的认识①。他从自己设定的理性历史观,完全看不到中国哲学和文化中的理性精神,将中国文化排除在理性之外。

最后,他认为"自由"是自我意识的产生和实现,也是"精神"和"理性"的唯一本性。世界精神的历史就是一个不断追求自由的历史,理性的世界就是一个自由的世界。黑格尔也将自己的哲学称为"自由的哲学"②。当世界历史成为"自由意识"演化和发展的历史时,由此,"自由"的发展程度就成为判断一个民族和国家精神高下的标准,"自由"程度越高的国家,越是理性的国家,反之同理,是非理性的国家。按照他的分析,东方国家和民族只知道一个人是自由的,希腊和罗马世界只知道一部分人是自由,而日耳曼民族却知道一切人是自由的。这样便推论出:包括中国在内的东方各国的政治体制是专制主义,希腊罗马是民主整合贵族政体,而日耳曼基督教国家则是民主政体。③

在这样的逻辑设计中,在这样的整体思考中,中国是处于边缘的地位,欧洲处于中心的地位,日耳曼人则处在核心的地位。这种欧洲中心主义的观点理应给予批评,"无论如何,黑格尔总把蔑视放在东方民族身上,而把赞誉和同情留给西方

---

① ［德］黑格尔:《哲学史讲演录》第1卷,北京:商务印书馆,2013年,第119页。
② ［德］黑格尔:《历史哲学》,上海:上海书店出版社,2006年,第19、110、111页。
③ ［德］黑格尔:《历史哲学》,上海:上海书店出版社,2006年,第21页。

世界。他失去了启蒙思想家那种宽容广博的精神,变得狭隘起来"①。

第三,黑格尔历史哲学的双重性。

维科(Giambattista Vico,1668—1744)提出,以往哲学家们倾全力认识自然界,这个世界既然是由上帝创造的,那就只有上帝才能认识;同时,他们却忽视对民族世界的思考,这个世界既然是由人类创造的,那么人类就能认识它②。这一观点对整个人文学科产生了重要的影响,西方的历史哲学就是沿着这个思路发展起来的。黑格尔全部哲学将历史归于思想,在其宏大的逻辑发展和思想演化中展现人类的历史。如恩格斯所说:黑格尔的思维方式不同于所有其他哲学家的地方,就是他的思维方式有巨大的历史感做基础。形式尽管是那么抽象和唯心,他的思想发展却总是与世界历史的发展平行着,而后者按他的本意只是前者的验证。真正的关系因此颠倒了,头脚倒置了,可是实在的内容却到处渗透到哲学中……他是第一个想证明历史中有一种发展、有一种内在联系的人……在《现象学》《美学》《哲学史》中,到处贯穿着这种宏伟的历史观,到处是历史的、在同历史的一定的(虽然是抽象的歪曲了的)联系中来处理材料的。③ 在黑格尔宏大的历史叙述和严密的逻辑设计中,包含了很多深刻的哲学思考,例如,历史与逻辑的一致原则,历史是一个由低到高、逐步发展的历史过程,人类历史是一个从不自由到自由的

---

① 韩震:《西方历史哲学导论》,北京:北京师范大学出版社,2008 年,第 216 页。但国内有些黑格尔哲学的研究者对黑格尔的哲学过于宠爱了,他们几乎完全认同黑格尔对中国文化的论述,"传统中国社会不允许有丝毫的主观自由、个人自由,这种情况在古代西方是不存在的"。"儒教道德把三纲五常君臣父子这种东西看作是出自人的自然本性,这证明这里并不存在自由意志,不存在自由意志自己决定自己的那种自由的自决性。"这是一种不自由的道德,是一种他律。儒家尊奉这种他律的道德之所以主观上并不感到他律的痛苦,这绝不是因为他们极大地伸张了个人的自由意志,而恰好是由于他们自觉地预先克服和取消了自由意志,这又是因为中国人"从未意识到自己是一个独立的个体,从未'离家出走'因而只有'反身而诚'即可发现自己事实上处于天然的伦理实体之中",故可知儒教道德只是"一种不自由的道德和没有意志的'自律','中国传统文化没有对真正道德(Moralität)的意识,而只有对伦理(Sittlichkeit)的认识'"。"黑格尔对儒教的道德意义的本质的解释是深刻的,无可反驳的。"原则上上述认识是完全正确的,是令人们不能不同意、接受的。"黑格尔把人人平等的中国社会称为农奴制,这是对战国后的中国社会性质的一个相当准确而深刻的认识。"参阅卿文光:《论黑格尔的中国文化观》,第 243、245、255、288 页。

② [意]维科:《新科学》,北京:人民出版社,1986 年,第 349 页。马克思说:"人类史同自然史的区别在于:人类史是我们自己创造的,而自然史不是我们自己创造的。"马克思:《资本论》第 1 卷,北京:人民出版社,1975 年,第 409~410 页。

③ 马克思、恩格斯著,中共中央翻译局译:《马克思恩格斯选集》第 2 卷,北京:人民出版社,1995 年,第 42 页。

过程,是一个充满矛盾并不断克服矛盾的过程。但这些都是在历史与精神的倒置中展开的,历史的发展表现在世界精神史的发展历程中。恩格斯指出:黑格尔的思维方式有巨大的历史感做基础。① 黑格尔自己也说过:"每个人都是他那时代的产儿。哲学也是这样,它是被把握在思想中的它的时代。妄想一种哲学可以超出它那个时代,这与妄想个人可以跳出他的时代……是同样愚蠢的。"②在这个意义上,黑格尔深刻地影响了马克思的历史观,马克思将人类历史还原到它的真实社会生活的基础上。

黑格尔对东方的论述和对中国文化的论述是在他的总体框架中展开,他的世界历史的框架既有十分深刻之处,也有明显的缺陷和不足。黑格尔对世界历史行程的图解的主要缺陷是:(1)从整体上,把历史变成一个从起点到终点的直线发展的模式;不仅从理论上是形而上学的,而且由于把东方民族放在低级阶段上,把日耳曼民族放在历史发展的最后阶段,从而带有了浓厚的民族沙文主义色彩。(2)由于形而上学的图式化,黑格尔把许多民族排斥在世界历史之外,如非洲黑人、美洲印第安人、东南亚各民族和澳洲土著等。……(3)把各个民族变成了世界精神进展的逻辑环节,从而否定了一个民族本身发展的历史。这意味着,古代希腊属于世界历史的范畴,现代希腊则不是;中国四千年所发生的事件没有任何意义。当然,世界历史在发展中往往有一个或几个民族在某一时期起带头作用,但这种作用并不是固定的,更不会完全停留在日耳曼民族身上。……(4)黑格尔拒绝谈论未来,表现了资产阶级的怯懦,因为历史的未来并不属于这个阶级。……对未来的憧憬恰恰是人类改造现实的一种力量源泉。人类的历史是有未来的,但未来并不属于资产阶级,更不属于普鲁士王国③。

19 世纪是西方开始发达兴盛的世纪,正像达尔文发展了自然的进化史一样,黑格尔也希望在自己的哲学中发现人类的进化史。这种学术和思想的理想,看出其朝气蓬勃和对自己思想力量的坚信。此时,中国文化和思想只是他表述自己宏大叙事的材料,正像伏尔泰和孟德斯鸠把中国文化和思想作为自己的思想材料和

---

① 马克思、恩格斯著,中共中央翻译局译:《马克思恩格斯选集》第 2 卷,北京:人民出版社,1995 年,第 121 页。
② [德]黑格尔:《法哲学原理》,北京:商务印书馆,1981 年,第 12 页。
③ 韩震:《西方历史哲学导论》,北京:北京师范大学出版社,2008 年,第 246~247 页。

武器一样。所不同的是:18世纪,在伏尔泰等人那里,中国文化是启蒙思想家理想的材料,把中国作为样板来批判欧洲中世纪的文化与思想;19世纪,在黑格尔那里,中国文化作为负面的材料,以此来证明欧洲的辉煌和日耳曼精神的伟大。所以,黑格尔对待中国文化的态度应是19世纪西方思想家的一个代表。① 有的学者认为,黑格尔的历史观从哲学上为西方的扩张奠基了基础,他看到了英国对印度的占领,甚至预测到了他死后十年的英国对中国的鸦片战争,"因为受制于欧洲人,乃是亚细亚洲各帝国必然的命运;不久以后,中国也必然会屈服于这种命运"②。黑格尔的历史哲学为19世纪西方的帝国主义扩张提供了正义的理由。在这里,哲学变成神话,知识变成意识形态,既然历史是民族与国家的存在方式,进步是绝对的,那么,停滞在过去的东方就没有任何存在的意义或者说是完全不合理的存在,西方文明征服、消灭它,也就成为合理、正义必然的行动。行动的西方与思想的西方正默契配合,创造一个在野心勃勃扩张中世界化的西方现代文明。③ 这可以说把黑格尔的历史哲学的政治含义讲到了极端。

3.叔本华对中国知识的肯定

从启蒙时期开始,在西方思想家中就有两种声音:为理性呐喊,为科学歌唱,坚信人类的意志和力量,颂扬功利主义道德观的合理性,这是启蒙思想的主流。与此同时,还有一股力量,它怀疑科学,强调价值理性,强调文化的多元,强调非理性,尊重自然,怀疑现代化,反对普遍的文化模式。前者是西方现代化理论的来源,后者是西方现代化的怀疑者和反对者,后现代主义的前身。这两种思潮始终是西方思想内部相互博弈、相互影响的力量。

19世纪无疑是启蒙思想所开启的现代化发展的鼎盛时期,同时也是后现代思潮的发端与肇始的时期。西方思想从来就不是铁板一块。在这样的背景下,多元的中国文化观在欧洲思想和文化中一直存在着,从而使中国传统文化在19世纪的接受和影响呈现出多重复杂的局面。

西方哲学从传统的柏拉图理性主义转向现代的非理性主义,其转折的关键人物是叔本华(Arthur Schopenhauer, 1788—1860)。他在《作为意志和表现的世界》

---

① 有的学者认为黑格尔的历史哲学为19世纪历史哲学的典型代表。

② [德]黑格尔著,王造时译:《历史哲学》,上海:上海书店出版社,2006年,第147~148页。

③ 周宁:《世界之中国:域外中国形象研究》,南京:南京大学出版社,2007年,第56页。

中构造了一个以意志为核心的哲学体系，通过确立直观（非理性）的认识论、意志本体论，颠覆了传统的西方哲学，为现代西方哲学的发展打开一条新路。

首先，他确立的由直观所建立的意志本体论与传统哲学由理性所建立的本体论的对立。传统哲学的基础是建立在主客对立，由此，主体认识客体，获得理性。叔本华认为，理性是一种基于主客相分的间接认识，而意志超越了主客相分。相反，世界本体就是一种意志，在意志中认识和被认识是合二为一的。如果说理性具有客观性，意志则完全是主观性的。如果说柏拉图通过确定主客相分，说明了理性的地位，也隐含了人与上帝的相分。而叔本华则通过意志将主客合一，突出人的主观意志，从而为现代哲学的发展打开大门。

其次，叔本华彻底颠覆了理性主义的传统，在他看来理性不过是非理性的意志所派生并为其服务的一个工具。人类的认识虽然分为直观和理性两种认识，但直观认识始终是理性认识的基础，理性认识只能在直观认识的基础上展开。

基于这样的立场，叔本华对黑格尔的哲学展开激烈的批判。他认为黑格尔所论述的绝对观念演绎世界的那套理论不过是对于人类正常认识过程的颠倒。抽象的概念不是凭空而来，而是在直观的基础上产生的。但黑格尔却把它完全颠倒了。这是将"颠倒了的世界作为哲学上的一出丑剧搬到墟场上上演"①，是"把一个普通的理智——大自然的单纯的制品——当作掌管人类精神、奇迹和圣物的东西而呈送给了判断力尚未成熟的最诚实而又易于轻信的年轻人"②。

由此，叔本华拉开了现代西方哲学的大幕，基于柏拉图和托马斯·阿奎那基督教神学、以理性为核心的西方传统哲学，开始面临叔本华的以意志为本体，以非理性为核心的挑战。

叔本华在《作为意志和表象的世界》中提到过《易经》，但他关于中国的论述主要体现在他的《作为意志和表象的世界》一书中，在这本书中他撰写了一节"汉学"，由此可见他对中国文化还是关注的。

首先，叔本华从反叛欧洲哲学的角度，批评欧洲对中国宗教的曲解，强调中国哲学与欧洲哲学的区别，从而表现出了一种文化多元性倾向。他批评 18 世纪来

①　［德］叔本华著，石冲白译：《作为意志和表象的世界》，北京：商务印书馆，1982 年，第 691 页。
②　［德］叔本华著：《充足理由律的四重根》，北京：商务印书馆，1996 年，第 121 页。

华耶稣会对中国宗教理解的错误,"十七、八世纪耶稣会传教士们都顽固地热衷于把他们自己相对较新的信仰学说传入这个古老的民族,他们还徒劳地力图在它那儿寻找这些信仰学说的早期踪迹,结果是他们并没有彻底地了解那儿占统治地位的信仰学说"①。直到叔本华的时代,欧洲人一直按照自己的信仰去理解中国,按照自己的宗教习惯来解释中国。由此,"一个十分错误的观点就播散了开来,那就是地球上所有的民族都崇奉一个唯一的、至少是一个最高的神和世界的创造者,这无非就好像是要欺骗中国人说,世界上所有的诸侯都对他们的皇帝有上贡的义务"。把基督教看成全世界普世的宗教,把欧洲人的信仰看成全世界共同的信仰,而一旦看到中国宗教文化中不同于欧洲的特点,他们就无法理解。叔本华揭示出了19世纪欧洲人世界观中的"欧洲中心主义"特点,他说:"欧洲人当他们研究亚洲的宗教时,首先就会停留在消极的立场上,停留在和事情实际上异在的立场上,因此我们就会看到一堆相关的,但对于积极的认识毫无促进作用的见解,所有这些见解的主旨都是说,一神教,当然就是唯一的,犹太人的学说,对于佛教徒和中国人来说都是异在的。""于是他们就从一个固定的前提出发,那就是在这儿也一定要找到有神论,尽管其形式是十分生疏的。但是,他们看到的是自己期望的落空和发现对于类似的事情的不好理解,甚至没有什么词语可以用来加以表达,于是按照他们进行研究的那种精神很自然的结果就是,他们对那些宗教的最初知识更多的是这些宗教并不包含的东西,而不是关于它们的积极的内容,而要认识这些内容,对于欧洲人的头脑来说,由于许多原因,又必然会感到困难……"②

显然,这样的批评暗含着对黑格尔那种以基督教为信仰的理性主义的批评,对基督教一神论的批判,同时意味着对其他宗教文化的肯定,这里叔本华的多元宗教观是值得肯定的。

那么,他认为的中国宗教特点是什么呢?是自然崇拜,是多神论和英雄的崇拜。"在那儿首先存在着一种全国性的对自然的崇拜,所有的人都崇拜自然。这种崇拜起源于上古时期……皇帝和达官贵人们在某个时候,或在重大事件之后公开献祭的这些祭品就属于这种对自然的崇拜,它们首先是被献给苍天和土地的,

---

① [德]叔本华著,任立、刘林译:《自然界中的意志》,北京:商务印书馆,1997年,第136页。
② [德]叔本华著,任立、刘林译:《自然界中的意志》,北京:商务印书馆,1997年,第140页。

冬至献给苍天，夏至献给土地，此外还献给所有可能的自然力量，如大海、高山、河流、风雨、雷电、火等等，每一种自然力量都归一个拥有许多庙宇的神仙管辖，此外，每一个省、每一个城市、每一个村庄、每一条街道，甚至一个家族的坟地，有时甚至连一个商人的货栈都由一个神仙管辖着，这些神仙一样拥有许多庙宇，当然最后两种神仙只接受私人的祭礼。而公共的祭礼是为那些伟大的先皇，王朝的奠基者，以及英雄人物，也就是所有那些由于他们的学说和行为而成为（中华）民族救星的人所举行的……"①

对自然宗教的介绍和说明，一方面是对欧洲主流思想的反叛，另一方面是对自己的自然意志论出场的铺垫。因为，在他那里康德那个不可认识、神秘的物自体，已经转换成为他所理解的意志，而意志就是表象世界、就是自然界。"照我的说法，这个自在之物，这个所有现象，因而是整个自然界的基础，无非就是那个我们直接地知道的，十分熟识的，我们在我们自己本身的内心看作为意志的东西，……因此，没有认识，它也能存在和显现自己，这就是整个自然界。"②将自然和意志统一，自然在意志中获得力量，显然，此时的自然相比黑格尔哲学中的自然有了根本性的变化，它再不是绝对理念的从属物，而是根本。只是这样的自然和中国的自然主义、自然崇拜是风马牛不相及的。

其次，通过对朱熹"天人合一"的理解，说明他的哲学。叔本华谈到朱熹时说："我认为，按我们的算法，他生活在12世纪。他是中国学者中最有名望的人，这是因为他是一个集大成者。他的著作是当今中国教育的基础，他有着至高无上的权威。"③他在当时出版的马礼逊的《华英字典》和在《亚洲杂志》上发表的《中国的创世理论》中发现了自己的理论和朱熹的理学是如此接近。这本杂志中有一段话"看来，'天'这个词表示'大者中最大者'，或'地上一切大者之上者'，然而在使用时，它的意义是不确定的，在欧洲语言中，'天空'这个词在使用时意义也是不确定的，然而其程度是无法和前者相比的"④。这里，天和人心是相同的。对叔本华最为震惊的是这样一段话："按照中国的一个权威的说法，天，由于最高的权力这一概念，被称作

---

① ［德］叔本华著，任立、刘林译：《自然界中的意志》，北京：商务印书馆，1997年，第136～137页。
② ［德］叔本华著，任立、刘林译：《自然界中的意志》，北京：商务印书馆，1997年，第19页。
③ ［德］叔本华著，任立、刘林译：《自然界中的意志》，北京：商务印书馆，1997年，第143页。
④ 同上。

主宰或统治者,另一个权威则这样说:'如果天没有意愿,那末也许牛就会生出马来,桃树就会开出梨花来',另一方面又说:天的精神也许可以从人类的意志为何物中推知!"叔本华感到这个表达几乎和自己的想法一样,在这句话的注释中,他又从马礼逊的《华英字典》核对了这段话,发现大体意思是一致的。叔本华甚至认为,这段话表达得太精辟了,乃至他认为如果不是自己的书比马礼逊的《华英字典》早 8 年出版,欧洲的读者一定认为自己是抄袭了中国的思想。"这最后一句话和我的学说的一致性是如此的明显和惊人,以致于如果这些话不是在我的著作出版了整整 8 年之后才印出来的话,人们很可能会错误地以为,我的基本思想就是从它们那儿得来的。"①

在马礼逊的《华英字典》中,这段话的中文是:"天以天下之心为心,古之论天者多以民心卜天。"英文的翻译是:"Heaven makes the mind of mankind it mind, in most ancient discussions respecting heaven, its mind or will was divined from what was the will of mankind."②

叔本华似乎从这段话,找到了自己哲学和朱熹哲学的共同点,以致他怕别人说他的哲学是抄袭了朱熹的哲学。实际上,叔本华对朱熹哲学的理解是似懂非懂,完全是自己主观的理解,善意的"误读"。

朱熹在《朱子语类》的确说过这样的话:

问曰:"今不知吾之心与天地之化是两个物事,是一个物事? 公且思量。"良久,乃曰:"今诸公读书,只是去理会得文义,更不去理会得意。圣人言语,只是发明这个道理。这个道理,吾身也在里面,万物亦在里面,天地亦在里面。通同只是一个物事,无障蔽,无遮碍。"

问:"程子谓:'天地无心而成化,圣人有心而无为。'"曰:"这是说天地无心处。且如'四时行,百物生',天地何所容心? 至于圣人,则顺理而已,复何为哉! 所以明道云:'天地之常,以其心普万物而无心;圣人之常,以其情顺万事而无情。'说得最好。"③

叔本华自以为朱熹的"天地之心"和自己的意志一致,这实在是一种误解。叔本华的自然界之意志完全是主观意志,在这个意义上和陆王心学倒有一定的切

---

① [德]叔本华著,任立、刘林译:《自然界中的意志》,北京:商务印书馆,1997 年,第 144 页。
② [英]马礼逊:《华英字典》第 1 卷,郑州:大象出版社,2007 年,第 576 页。
③ 《朱子语类》卷三十六,长沙:岳麓书社,1999 年,第 875 页。

合。陆九渊有"宇宙便是吾心,吾心便是宇宙",王阳明有"人者,天地万物之心也。心者,天地万物之主也。心即天,言心则天地万物皆举之矣。"因此,相比之下"陆王心学亦较朱子距此为近"①这个判断是正确的。

如果和黑格尔论中国哲学相比较,黑格尔是从否定的意义上来谈中国哲学的,而叔本华是从肯定的意义上来讨论中国哲学的,他希望从中国哲学中找到自己哲学的证据和支持,这同黑格尔把中国哲学放到一个已定的逻辑位置上加以评判是不同的。

最后,我们从叔本华这里看到中国古代文化典籍的翻译对他的影响,他读过雷慕沙的译著,读过儒莲所翻译的《孟子》,他希望有更多的中国古代文化著作在欧洲出版②,但由于他读过的中国文献有限,对中国的理解也有相当多的错误,例如他认为,"道教学说的意义和精神与佛教是完全一致"。在对待孔子学说的理解上几乎和黑格尔一样,认为孔夫子的学说"学者和政治家们对它特别感兴趣,从翻译过来的材料看,这是一种广泛的老生常谈,主要是有关政治和伦理的哲学,而又没有形而上学作为支撑,有些地方使人感到极其空洞无聊。"③佛教的理解充满错误。④ 他对中国文化的理解和黑格尔一样都是从自己的哲学体系出发,所不同的是,黑格尔将中国哲学和文化定位在人类文化的低级阶段,以此来证明他的日耳

---

① 《朱子语类》卷一,第 4 页。

② 在谈到叔本华所读到的朱熹的译本时他说:"此外,人们还注意到,这位朱熹的译者并不完全懂得朱熹的文章,而考虑到中文对欧洲人来说是十分困难的,和工具书的匮乏,确实也不能对他求全责备了。我们也就不能从中得到需要的说明。因此,我们不得不用这样一种希望来聊以自慰:随着和中国的交往变得更加自由,会有那么一个英国人有朝一日能使我们对于上面提到的这一典籍得到一个详细充分的介绍,而至今的介绍则仍是令人惋惜地感到过于粗疏了。"《自然界中的意志》,第 145 页。

③ [德]叔本华著,任立、刘林译:《自然界中的意志》,北京:商务印书馆,1997 年,第 137 页。

④ 汤用彤先生对叔本华的佛教观进行了批评,认为他基本上没有理解。他说:"反思是佛教觉悟的法门,而情感则是叔本华思想的核心。对于佛陀而言,'不思不想乃是死亡之路'。思想意味着控制或限制意志。对于叔本华而言,纯粹单调的生活乃是天才的本质特征。结果,佛教对痛苦的分析只不过表达了对人堕落的一面或未皈依者的洞见,痛苦并非他所感觉到的,而只是他所看到的。佛陀不允许信徒沉湎于情欲,阿罗汉应该是无情无欲的。另一方面,叔本华也思考人类的痛苦,将其归因于纵欲之心的躁动贪求。他并没有像不满于自己的空虚生活那样,厌恶人类的悲观。……他完全不欣赏印度。他的泛神论试图将混淆了善恶的形而上学蠢话,和他自己渴望把精神融入自然的情感渲泄溶和起来。悲观主义是他扩展追求其自我的领地的手段,而以不负责任的人本主义收尾。自然主义和浪漫主义在他的两种解脱方法中握起手来。这种梦幻曲不过是对'自觉意志的最深层历史,生活的最高秘密,追求,受苦,喜悦,人心的涨落'的认知。苦行主义则是和对将人的(毫无疑问是叔本华的)本性和世界核心的一切等同有关。"参阅汤用彤著,钱文忠译:《叔本华思想中的东方因素》,《中国文化研究》2001 年秋之卷。

曼哲学的伟大,而叔本华是从积极的方面来看待中国文化,以用以支持他对黑格尔哲学和欧洲思想的反叛。① 由此看来,用单一的模式来解释19世纪的中国文化影响是单薄的无说服力的。多维的中国,这大概是19世纪欧洲中国观的一个基本状况。

四、初步的研究总结

1789年的法国大革命的胜利和1793年最后一名在华的耶稣会士钱德明的去世,18世纪的来华耶稣会汉学时代结束了。1807年马礼逊入华则开启了19世纪西方汉学新的一页。如果我们从汉学史的角度对19世纪中国典籍的西译做个初步的总结,以下几点是比较重要的。

1.在对中国典籍的翻译上取得了重大的进展

德国著名汉学家傅吾康(Wolfgang Franke,1912—2007)认为19世纪汉学方面最杰出、经久不衰的成果是在翻译、词典和其他参考工具书等领域。② 他认为法国汉学家沙畹所翻译的《史记》至今仍然可用,理雅各的《中国经典》系列今天也是一部标准的译著代表,而儒莲、雷慕沙、伟烈亚力、顾赛芬、翟理斯等19世纪汉学家的译著在西方汉学史上都应有其地位。从考狄书目中我们已经可以看出,19世纪欧美汉学界对中国典籍翻译已经大大超过了18世纪传教士汉学时期对中国典籍的翻译,在数量上已经完全不是一个数量级。在内容上,已经大大突破了传统的对儒家的著作翻译和研究,他们已经开始注意道教、佛教的文献和研究。例如,在《中国丛报》中就刊登法国汉学家雷慕沙关于萨满教和佛教的研究。正如马礼逊在《中国丛报》上读到雷慕沙的这些文章所说的:"我们将欢迎这一出版物在中国的出现。迄今为止,佛教,特别是中国佛教,我们所知道的仍很少。因此,

---

① 叔本华在谈到黑格尔时说:"但是当今哲学中这种荒凉野蛮的状况:每一个人都可以对一些曾经使最伟大思想家大伤脑筋的问题随便发表意见,完全是由于无耻拙劣的黑格尔在哲学教授们的帮助下,能够将他的最怪异的想法拿到市场上兜售,并被当作30年来德国最伟大的哲学家而造成的一种结果。现在,人人都以为可以无耻地将他们麻雀脑袋想到的东西信口胡扯一番。"《自然界中的意志》,第11页。

② [德]傅吾康著,陈燕、袁媛译:《19世纪的欧洲汉学》,见张西平主编:《欧美汉学研究的历史与现状》,第123页。

任何有像雷慕沙这样对佛教的语言如此具有学识的学者提供的这些信息,都是很受欢迎的。"①

2.译者队伍发生了重大的变化

18世纪中国典籍的翻译基本上完全为来华的耶稣会士为主的天主教传教修会所垄断,19世纪对中国典籍的翻译的译者队伍则大大扩大了,由来华传教士垄断中国研究的时代已经成为过去,由此,职业汉学家和业余汉学家成为19世纪中国典籍翻译的基本队伍,这些业余汉学家由来华传教士、外交官、商人共同组成,而这样一支中国典籍的翻译队伍的身份是变动的,这成为19世纪汉学史的重要特点。

专业汉学诞生于法国,法国所以领军于欧洲专业汉学,恰恰是17—18世纪以来来华法国耶稣会士的这份丰厚的学术遗产,由此,奠基了19世纪前半叶法国汉学在欧洲的领袖地位。"在该世纪的整个上半叶,汉学研究将在法国组织起来,并在那里成为学院和书本中的一门学科……"②在上面第一节的研究中我们可以看到雷慕沙、儒莲及他们的弟子们等这些法国汉学家在中国古代文化典籍翻译上的贡献,这些欧洲本土的专业汉学家的翻译范围和翻译质量都足以和此前的来华耶稣会士相媲美。

业余汉学家的翻译队伍是由欧洲本土的业余汉学家和在中国本土的业余汉学家共同组成。在欧洲19世纪东方学的很多贡献是由业余的东方学家完成的,汉学研究也是如此,一些人完全出于兴趣展开汉学研究,从事中国典籍的翻译工作,他们不必为一份工资而工作,翻译中国典籍的时间也全部在业余时间。一个典型的例子就是法国汉学家毕瓯,"他是著名物理学家巴斯蒂特·毕瓯(Bapiste Biot,1774—1862)的儿子,后成为儒莲的学生,原来的专业是铁路工程师,放弃工程师职业后,毕生致力于汉学,他第一个把《周礼》译为西方文字"③。

而在中国的这些业余汉学家则十分混杂,王国强提出"侨居地汉学"的概念,他认为这些侨居在中国和相邻国家的汉学研究者和在欧美本土的汉学家有自己

①　Robert Morrison,*Buddhism*,*the Chinese Repository*,vol.I,p.155.
②　[法]戴密微:《法国汉学研究史》,载[法]戴仁主编,耿昇译:《法国当代中国学》,北京:中国社会科学出版社,1998年,第22页。
③　[德]傅海波著,胡志宏译:《欧洲汉学史简评》,载张西平编:《欧美汉学研究的历史与现状》,郑州:大象出版社,2006年,第112页。

的特点，"与'本土'的汉学研究相比，后两种类型的汉学研究者有更接近或直接生活在中国的便利条件，故而在研究内容、材料甚至方法上均与'本土'的汉学研究有所不同；并且这些研究基本上都是由那些远离'本土'，在中国及其周边国家和地区从事传教、外交和商贸等活动的而暂时或长期侨居在远东或者中国的侨民来完成。鉴于此，我们把后两种汉学形态统称为'侨居地汉学'，这是西方汉学研究在中国和中国周边地区的扩散、延伸和发展"①。笔者认为这是一个较好的概念，其实不仅仅在 19 世纪，在 17—18 世纪也存在，例如，来华传教的利玛窦、汤若望、南怀仁等人也是长期侨居中国，最后葬于中国。他们的汉学研究自然和在欧洲的业余汉学家像基歇尔、傅尔蒙有所不同，在 20 世纪上半叶这种侨居地汉学研究依然是一个重要的现象，这点在下一章我们还会涉及到。

这些侨居在中国周边的西方人中既有传教士，也有外交官，还有商人等，以《中国评论》为例，王国强将在该杂志上发表 3 篇文章的骨干作者为对象做了统计，结果是：传教士作者 20 人，占 31%；外交官 19 人，接近 30%；海关人员 9 人，港府职员 7 人，学者 4 人，医师 3 人，编辑和商人各 1 人。② 以《中国丛报》为例，19 世纪这些在远东的业余汉学家的水平是参差不齐，有些有较好的专业水平，有些基本处于业余状态。③ 段怀清将这些汉学家分为："文化道德驱动型""适应中国策略型""求知好奇兴趣型""学术专业型""混合型"。其实相当多的汉学家是混合型的，很难将其研究中国的特点分得过细，"几乎大多数汉学家对于汉学研究都经历了从最初的兴趣、好奇到稳定的、理性的、专业的、科学的研究，乃至成为终生研究方向的发展变化。从这一角度来说，大多数汉学家，也都属于混合型的汉学家"④。

19 世纪是西方各国专业汉学研究机构逐步建立起来的年代，德国汉学家傅海波说："直到 1860—1880 年间，希腊文和拉丁文杂交的'汉学'一词才转化为通常意义上的词汇，这个时期，中国研究和中国本身才逐渐凸显出来，成为学术上一

---

① 王国强：《〈中国评论〉（1872—1901）与西方汉学》，第 71 页。
② 王国强：《〈中国评论〉（1872—1901）与西方汉学》，第 34 页。
③ 参阅欧德理（Ernest John Eitel，1838—1905）在《中国评论》对德国汉学家花之安（Ernst Faber，1839—1899）的批评，见 The China Review，or Notes and Queries on Far East. Vol.2，No.1（1873.July），p.2.
④ 段怀清、周俐玲编著：《〈中国评论〉与晚清中英文学交流》，广州：广东人民出版社，2006 年。

个专门的课题。"①这样,这些在华的传教士和外交官在返回本国后转身就变成了职业汉学家。理雅各从中国回去后创立了牛津大学汉学系,翟理斯从中国返回后到了剑桥汉学系做教授,庄延龄(Edward Harper Parke,1849—1926),从中国返回后担任了曼切斯特大学教授,卫三畏从中国返回美国后创建了耶鲁大学东亚系。19世纪欧美的中国研究是一个变动的世纪,是各国专业汉学研究机构逐步建立和发展起来的世纪。因此,从事中国典籍翻译的这些汉学家们的身份也是变动的,这成为19世纪汉籍西译中非常独特的现象,从而和18世纪与20世纪的译者队伍形成了鲜明的区别。19世纪西方汉学是一个从传教士汉学向专业汉学逐步过渡的时期,从而在中国典籍翻译队伍上呈现出一种过渡性和混杂性,此时的译者虽然不少是传教士出身,但已经受到19世纪西方各种新兴社会学科兴起的影响,如比较语言学、比较宗教学、人类学等,这样他们的研究已经不像18世纪来华耶稣会士那样对中国的研究和翻译基本上在传教学的框架中展开,开始呈现出一种新的特点。但此时这些业余汉学家们旧的思想仍未完全消除,新的思想同时又呈现在他们的翻译中,因而,19世纪对中国典籍的翻译的这种过渡性和复杂性是它的重要特点。最典型的例子莫过于理雅各,他在香港所出版的《中国经典》和后来返回牛津后在《东方圣书》中的译文发生了较大的变化。理雅各个人的翻译风格和思想前后的变化绝非是他一个人的问题,而是整个19世纪西方汉学在翻译中国典籍时的基本特点:他们已经在努力走出传教学的立场,但那个旧传统的影响仍深深地笼罩着汉学家的思想;他们已经开始了新的尝试,用19世纪西方新的社会科学方法翻译和研究中国典籍,但尚未娴熟地掌握新的方法。这就是19世纪西方汉学的特点,前者使他们区别于17—18世纪的传教士汉学,后者又使他们不可与20世纪的专业汉学同日而语。

　　3.俄罗斯汉学家在中国典籍西译中的重要地位

　　以往的研究往往不能将俄罗斯汉学史放入整个欧洲汉学史的整体框架之中加以考察。在近代的世界汉学史上,西洋汉学、东洋汉学和俄罗斯汉学,本来是鼎足而三的。后者那种摈弃烦琐、经世致用的倾向独具一格,引人瞩目。可惜,限于

---

① 　[德]傅海波著,胡志宏译:《欧洲汉学简史》,载《国际汉学》第7期,第81页。

语言和资料,俄罗斯汉学在我国学人心目中长期疏离,并未得到足够的重视。①
在本章中我们对俄罗斯汉学家的汉籍西译成就做了初步的梳理,从而发现他们在
19 世纪对汉籍翻译的数量和品种都在西欧汉学界之上,尤其是对中国北方历史
文献的翻译上,更为突出。德国著名汉学家傅海波说,与近几个十年的情况相比,
必须承认俄国汉学在 19 世纪已达到令西欧汉学家感到惊讶的程度。② 比丘林、
瓦西里耶夫、巴拉第,这些 19 世纪的俄国大汉学家在汉籍西译上的成就值得我们
为其大书一笔,实际上只有将俄罗斯驻北京的东正教使团的汉籍西译成果纳入整
个西方汉学的中国典籍的翻译图景中,欧美汉学研究的共同体才能建立起来。③

4.中国典籍翻译语言发生变化,英语译本明显增加

在本章开篇时我们已经指出,19 世纪是英国人的世纪。国强,语言胜,国弱,
语言衰,作为文化标志的语言是随其国家的强弱而不断发生着变化的。"当罗马
帝国如日中天的时候,拉丁语被称作'世界语',在亚历山大大帝后继者的时代,
希腊语被称作'世界语',从 17 世纪至 19 世纪,法语也曾经是欧洲宫廷、贵族和外
交家的语言,但是,真正影响整个世界并得到广泛传播的语言却只有英语。在世
界各地,在欧洲、美洲、澳大利亚、非洲和亚洲,英语都安家落户了。"④

由于 17—18 世纪来华的传教士是代表罗马梵蒂冈教廷来传教的,葡萄牙对
东方拥有护教权,这样在将中国典籍翻译成欧洲语言时,首选的语言自然是罗马
教廷的官方语言——拉丁语或者对东方拥有护教权的国家语言——葡萄牙语,而
西班牙则是从墨西哥横跨太平洋进入东亚,当他们在菲律宾站稳脚跟后,汉籍西
译的西班牙语也就出现了。但在早期来华耶稣会士中除葡萄牙人外,意大利人居
多,这样意大利语也是常用的中国典籍翻译语言,像上一章所研究的罗明坚和利
玛窦。到 18 世纪中叶,来华的耶稣会士中法国人逐步增加,法国传教士入华的方

---

① 蔡鸿生为陈开科《巴拉第与晚清中俄关系》所写的序言,上海:上海书店出版社,2008 年。
② [德]傅海波著,胡志宏译:《欧洲汉学简史》,见张西平编:《欧美汉学研究的历史与现状》,郑州:
大象出版社,2006 年,第 116 页。
③ 参阅陈开科:《巴拉第与晚清中俄关系》,上海:上海书店出版社,2008 年。今年出版的西方汉学通
史性著作仍将俄罗斯汉学成就排除在外,这是欧美汉学史研究的一个遗憾。参阅 David B.Honey
ed,*Incense at the Altar:Pioneering Sinologists and the Development of Classical Chinese Philology*.New Ha-
ven,Connecticut,2001.
④ [德]汉斯·约阿西姆·施杜里希著,吕叔君、官青译:《世界语言简史》,济南:山东画报出版社,
2009 年,第 183 页。

式与传统耶稣会士来华有了重大区别。法语在当时欧洲成为上层社会的流行语言,特别是来华的法国耶稣会士都是"国王数学家",在研究能力上天赋很高,对中国古代文化研究用力也勤,这样将中国典籍翻译成法文的著作就多了起来。

19 世纪英国势力逐步进入亚洲地区,由此也推动了英国汉学的发展。"英国人所主导的与汉学研究有关的期刊与其殖民势力的扩张也有着极为合拍的一致性,19 世纪初期有在马六甲所刊发的《印支搜闻》,到了 19 世纪中后期则以香港的《中日释疑》和《中国评论》为主,进入 20 世纪前半叶又以上海的刊物如《新中国评论》《皇家亚洲文会北中国支会会报》为主要阵地。"①当英国人开始成为主导东亚的主要力量时,他们对汉学的研究也自然高涨起来,以英语为主的关于中国典籍的翻译著作和论文自然也就多了起来。这表现在早期在华出版的英文报刊上,"研读早期在华英文报刊,以及这一时期英美作者关于中国的其他论著,可以清晰地看到,它们共同鼓励或推动了西方中国研究的转向,即从 17—18 世纪以耶稣会士为主体的中国叙事,转向以英美商人—新教传教士为主体的中国叙事"②。

阚维民根据考狄书目做了一个汉学家国籍的统计,这个统计很有说服力,他写道:根据美国哥伦比亚图书馆《〈汉学文献目录〉索引》统计,从 16 世纪至 1924 年,西方汉学家共有 7737 位,其中 113 人至少发表或出版了 20 篇(部)以上论文(著作),笔者称他们是多产西方汉学家,其中英国为 37 人,法国 29 人,德国 12 人,美国 9 人,其他国家 7 人,不明国籍者 19 人。而在所有 37 位英国高产汉学家中,仅有 2 位逝世在 1850 年之前,6 位逝世于 1925 年之后,在华时间和汉学研究最佳年龄时段均在 19 世纪的占极大多数。这一事实在某种程度上已经说明,19 世纪的英国汉学研究队伍成为左右西方汉学研究的主导力量之一。③

17—18 世纪西人的汉籍西译从以拉丁语、葡萄牙语为主逐步转变为以法语为主,反映了 17—18 世纪期间欧洲各国实力的消长。而在 19 世纪英语最终成为汉籍西译的主要语言,这反映了英国在 19 世纪的国家实力和地位。汉籍西译语

① 王国强:《〈中国评论〉(1872—1901)与西方汉学》,第 141 页。

② 吴义雄:《在华英文报刊与近代早期的中西关系》,北京:社会科学文献出版社,2012 年,第 280 页。

③ 阚维民:《剑桥汉学的形成与发展》,载任继愈主编:《国际汉学》第 10 期,郑州:大象出版社,2004 年,第 196 页。

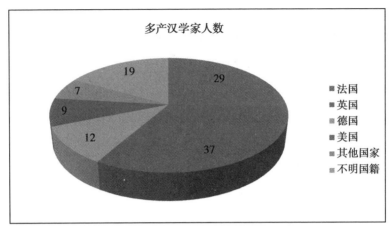

言的变迁实际反映了当时这些西方国家在欧洲实力的强弱与他们在中国利益的
大小和在东亚实力的消长。

结　语

19 世纪是西方势力向全球扩张的世纪,也是西方文化强盛的世纪,同时也是
西方国家内部经济实力和文化实力发生变化的世纪。在整个 19 世纪西方人文社
会科学已经完全走出中世纪的阴影,近代人文社会科学取代了 18 世纪的学科,以
新的学术形态和分类登上历史舞台。

在这样的历史文化背景下,西方的中国研究发生了重大的变化。18 世纪的
中国热完全消退,中国在西方的形象开始走向它的反面。"黄祸论"兴起,在帝国
主义瓜分中国的罪恶历史过程中,汉学作为西方东扩的知识后备军发挥着智库的
作用,从俄罗斯的东正教使团的汉学家到李希霍芬这样的半个汉学家,尚无汉学
家们可以摆脱帝国对其的影响和控制。尽管,由于各个国家与中国的政治和文化
关系有所不同,在其关联程度上有所不同,每个汉学家在这个历史过程中也有着
完全不同的取向,但这个总的历史背景无疑对 19 世纪的西方汉学产生了重要的
影响。本章对来华东正教使团汉学家的政治身份和作用的分析就说明了这一点。

在西方近代人文学科确立和成熟的 19 世纪,汉学研究的方法也受到其影响,
研究的广度和深度显然大大超过了 19 世纪,传教士汉学依然存在,但专业汉学已
日益成为主力。Sinology 作为一个术语正式登场。作为知识形态的西方汉学,在

意识形态和实证主义的双重性下发展,社会科学的方法开始成为其主导,传教士汉学的护教式研究渐渐退出历史舞台。在这一时期,西方汉学研究取得了前所未有的成就。

19世纪汉学研究著作中,法语依然是主要语言,但英语已经开始登上主角的历史舞台。对中国典籍翻译的内容也大大扩展了,我们可以看到汉籍西译的过程中,翻译语言已经发生了重要变化。英语翻译中国典籍在19世纪达到了它的高潮,这和英国当时的国家力量是相符的。① 当法国汉学家儒莲去世后,19世纪下半叶,欧洲汉学的大旗是由英国汉学扛起的。应该说,英国汉学引领西方汉学的时间也不长,随着理雅各1897年的谢世,当儒莲的弟子们成长起来后,当法国汉学家沙畹(Emmanuel-Edouard Chavannes,1865—1918)和他的弟子们登上历史舞台时,欧洲汉学的旗手又换成了法国人。

19世纪的中国文化通过汉学在西方的影响呈现出一个复杂、多面的形态,总体上中国文化在西方思想界的影响已经失色。尽管黑格尔曾经专程到巴黎听雷慕沙的课程,但他的中国观依然是19世纪欧洲人偏执的中国观的典型代表。与此同时,欧洲人开始以世界的主人来规划学科,建立体系,制定规则。以欧洲知识为核心的学科体系开始建立,此时东方只是作为一个地域性知识出现,在整体的学科构架中被彻底排斥到了边缘。一个典型的例子就是19世纪的法国汉学和哲学几乎同时作为一个学科建的,当雷慕沙任法兰西公学的汉学教授时,黑格尔的弟子维克多·库赞正在建立法国的哲学学科。此时汉学只是一个地域性知识,在世界普遍性知识和思想最高概括的哲学中,中国被逐出门外。维克多·库赞本人反问道:"在东方果真有过哲学这样的东西吗?"……答案是否定的。原因很简单:一个缺乏屈折(inflection)的语言是不可能引起反思(reflection)的。于是,差异不再是哲学层面上的了,而是更深一层的语言学层面上的了。"②当1816年印欧

---

① 在这个意义上巴雷特在他的《出奇的漠视:汉学著述与汉学家简史》(T.H.Barrett, *Singular Listlessness: A Short History of Chinese Books and British Scholars*, London, Wellsweep Press, 1989)一书中的观点是值得商讨的,作者在讨论英国汉学的成就时只是考虑到在英国本土的汉学家和成就,而没有看到在"侨居地"的英国汉学家们所取得的成就,按照王国强的看法就是"近代英国汉学最基本的地理格局是:'本土'与'域外'共存;且其重心不在'本土',而是在有'域外'汉学的远东地区。"由此,必须改变巴雷特这类学者对19世纪英国汉学的看法。(王国强:《〈中国评论〉(1872—1901)与西方汉学》,第148页。)

② [法]程艾兰:《法国汉学与哲学》,《文汇报》,2015年3月27日。

语成为德国人的研究成果时,梵语和希腊语的关系被发现,梵语作为屈折语被从
东方中划了出来,从而"导致中国被进一步孤立为绝对的'他者'"①。19 世纪汉
学作为一个学科相对于 18 世纪是大大进步了,但作为人类普遍知识思想的重要
地位,却被大大边缘化了。中国典籍的西译在一个更为广阔的空间中展开了,知
识的扩展使得欧洲思想文化界对中国的认识更为深入,为 20 世纪中国思想在西
方重新引起关注奠定了知识的基础。

---

① ［法］程艾兰:《法国汉学与哲学》,《文汇报》,2015 年 3 月 27 日。

附录 1:马礼逊的《大学》翻译

马礼逊在谈到儒家著作时说:"'四书'即《大学》《中庸》《论语》和《孟子》,为孔夫子的思想,但不是他自己写的,是由他的门徒保留和记录下来。有的'四书'版本没有注,供儿童记忆。有的版本则带有解释文字,这些由朱子所注。这也是用来逐字记忆的。第三种版本是前两个版本的结合,在同一页上,一段话叫合讲(Ho-kiang)'一个完整的句子'。这是对话体的教育。第四种版本是汇参(Hoei-tsan),其中包含各家之言。"

他采取了直译的方法,将《大学》翻译成了英文。

《大学》(Ta-hio)包含了"三个内容":一种良好德行的清晰说明、让人弃旧图新及如何达到尽善尽美的境界的清晰说明。

　　首先,确定你的目标,之后下定决心,一旦下定决心一定要坚定自己的信念,要锲而不舍,深思熟虑,最后必将达成所愿。万物都有本有末、凡事都有始有终;能知晓事物的本末始终,便接近理性。因此,希望普天之下共浴美德的国君,必须要先治理好自己的国家;要想治理好自己的国家,必须要先管理好自己的家庭;要想管理好自己的家庭,必须要先修养自己的德行;要想修养自己的德行,必须要先调整自己的内心;要想调整自己的内心,必须先净化自己的意念;要想净化自己的意念,必须要先完善自己的知识:知识的储备在于认识事物的本质。事物的本质是先存在的,而后被认识;认识了事物的本质之后,意念才能够纯净;意念纯净之后,内心才能端正;内心端正之后,才能修养德行;德行修养之后,才能管理好自己的家庭;家庭管理好之后,才能治理好国家;国家治理好之后,天下才能安静与幸福。上至天子(皇帝)下至百姓——所有的人都一样要在这一基础上建立自己的道德修养。

　　如果这一基础混乱了,却期待最终有好的结果,是没有道理的。有时候,该重视的不重视,不该重视的却重视,我们没有这样的信条。右边的这一部分经文(中国书籍的"右边部分"即为前一部分)为孔夫子的言论,由曾子记述而流传下来。①

曾子对其理解和阐述有十章，由曾子的学生所记录。过去的旧本残破错乱。现已由程子(Ching-tsi)修订，经由认真考证后，另外整理好次序如下：

《康浩》(Kang-kao)篇(《书经》的一篇)说："文王(Wen-wang)能弘扬美德。"《太甲》篇(《书经》的一篇)说："美德乃上天的恩赐。"《帝典》篇(《书经》的一篇)说："能弘扬美德。"这些都知晓崇高的德行。

以上是第一部分和对"弘扬道德的清晰说明"部分的解释。

汤王的浴盆上刻有："若你能每天更新自己，那么就应该天天如此。"《康浩》篇说："使民众自新。"《诗经》说："虽然周朝是个古老的国家，但是文王仍坚持更新它。"所以，有德行的人处处全力做到最好。以上是第二章和解释，"让民众更新"。

《诗经》上说："皇家都城周围千里之内，是人们向往的地方。"《诗经》又说："黄雀的叫声，回绕在山谷之中。"子(孔夫子)曰："连鸟类都知道自己的栖所，难道人还不如鸟类吗?"《诗经》上说："谦恭的文王，行事光明而恭敬!"国君的至善为仁慈；臣子的至善为恭敬；子女的至善为尽孝；父亲的至善为慈爱；社会成员的至善为诚信；——这些高尚的品质文王都具备。《诗经》上说："看那边淇(Ki)水的河岸，青翠的树木如此美丽而葱郁!"博学的卫国君王卫武公(Wu-kung)，像切削、雕琢象牙一般；像雕刻、打磨宝石一般! ——那么庄重严肃、如此坚忍不拔、多么令人敬佩的博学君王啊! ——始终不能叫人遗忘。他追求真理如同工人雕琢象牙一般，他修养自身的德行如同打磨宝石一般。他庄严的外表值得尊崇；他坚定的行为(决定)正义和体统——这样一位博学的君王；永远不会被人们遗忘；敬爱他的子民永远不会忘怀他高尚的德行和无限的仁慈!"《诗经》说："看那前代的文王和武王，不能让人遗忘；品行高尚的人延效了他们的智慧和仁慈，以他们为榜样奠定了家庭的基石。"当下人们的安逸生活便都是他们的功劳，都归功于他们；耕作的丰收也归功于他们。因此后代永远不会遗忘他们。"上述为"传"文第三章，解释

① "传"文说：前述的孔夫子的经文为一千五百四十六字经文之残存部分。事实上，朱熹将《大学》分为经一章，凡二百五十字，传十章，凡一千五百四十六字。马礼逊此第一条注释实为误读。

"达到尽善尽美的境界"。

(孔夫)子曰①:"听诉讼审理案子,我和其他人一样;但是我会尽我所能做到不让诉讼再次发生。我不允许任何无理取闹、强词夺理的人得逞。以此让人们心生畏服。这是知识的基础、这是知识的根本、这是知识的顶点。②上述为"传"文第五章,解释"追求知识以探究事物原理",现已遗失。我(朱夫子)在闲暇之余采用程子(Ching-tsi)观点为其做补充。"追求知识以探究事物原理"意为——欲使我的知识完备,就必须通过穷究事物的原理。因为人的心并非是无知的;天下万物并非是没有(相互区别)原理的。只是因为我们认识的原理未能穷尽,所以知识才不完备。因此,《大学》有必要从教育学者着手,让他们接触天下万物(以获得知识),通过已有的知识,可以更深入地穷尽万物的原理,达到认识的顶点。直到经过长期努力,事物变得日益准确并被透彻理解,万事万物无论外在表象还是内在属性、不管多么精微或庞大都无不认识到。那么,人心将会受到启迪。这便是穷尽万物原理、达到知识的顶点所隐含的意义。

所谓"调整意念"在于不欺瞒自己;在于憎恨邪恶,因为它们让人厌恶;在于喜爱美好的事物,因为它们能使人愉悦。这便是自得其乐。因此,君子独处时须勤勉有加。人闲居独处之时,做尽种种不善之事;坏事做尽、做到极致。他看到君子时,力图遮掩自己,或掩饰他邪恶的行径,并装出一副正人君子的姿态。当人们看到他(这般)就好像他们能看透他的心。这样有什么益处呢?(他意图就是欺骗?)这就是所谓的"外在的表现即为内在的真实"。因此,君子独处时须勤勉有加。曾子说过:"被十目注视、被十指所指,不可怕吗?"就像财富能装点舒适宅第一般,美德能修养我们的品性。当心胸宽广之时,人们体貌安详;所以,君子必须完善自己的意念。上述为"传"文第六章,解释"调整意念"。

所谓修养品性必须先端正心思。如果心因愤慨而焦躁,就无法端正;如果心因恐惧分神,就无法端正;如果心被爱的力量所控制,就无法端正;如果心被悲伤所压抑,就不能端正。如果心不在焉,你可能会视而不见、听而不

---

① 此段单独构成了"传"文的第四章。

② 注释者认为词句后面两句是多出来的话。

闻、食而不知其味。上述为"传"文第七章,解释"端正心思和修养德行"。

所谓要想管理好家族,必须要先修养自己的德行。人们(尚未修养)偏爱自己亲近之人、经常厌恶自己所看轻之事或人、偏向自己崇敬的人、偏袒自己喜好的人、偏向和自己志同道合的人。因此,喜欢某些人又了解他们的缺点;厌恶某些人又了解他们的优点;这种人在普天之下是少见的。因此有一句谚语说:"人都不知道自己孩子的缺点,农夫都不知道自己麦穗不饱满。"一个没有修养好品性、不能管理好家族的人就是这样。上述为"传"文第八章,解释"修养德行和管理家族"。

所谓想要治理好国家,必须先管理好家族。不能管教好一个家族的人,却能管教好一个国家的人——根本不会有这样的事!因此,君子不出家门,就能得到治理国家的教育。对父母的孝道适用效忠君王的原则;对兄长的敬爱之道是服侍上级的原则;对孩子的关爱之道是对待百姓的原则。《康诰》篇说:"就像母亲保护和抚养婴孩一般(君王应该保护培养百姓)。当婴孩天真地渴望什么的时候,尽管他的母亲可能不会尽合他的意愿,但也不至于相去甚远。一个母亲并不是先学会养育孩子再出嫁的。"当每个家族都修养德行,这个国家的德行便会提高;当每个家族都谦和有礼,这个国家便也会谦和有礼;当每个人都贪婪堕落,整个国家便会陷于混乱状态。这是第一个(政治)问题变动。这就是(谚语)所说的:"一句话败坏一件事。"一个人可以安定一个国家。尧和舜用仁爱统治国家,百姓就跟着效仿;桀和纣用暴戾统治国家,百姓也跟随效仿。那些命令百姓仁爱自己却不愿仁爱的君王,百姓不会顺从听命的。因此,君王必须自己修德,然后再去要求别人修德。必须自己拒绝腐化,然后才能禁止别人如此。自己做出不良行径,却能要求别人行善事——从来没有这样的先例。因此,能治理好国家的原则隐含在管理家族原则之中。《诗经》上说:"桃树多么让人赏心悦目啊;它的枝叶多么繁茂!新娘嫁到丈夫家,进入这个井然有序的家庭。"要先能把家管理得井然有序,然后才有能力指导和治理好国人。《诗经》上说:"让兄长和弟弟都能满意。"(这样)然后才能管教好国人。《诗经》上说:"君王的言行没有差错,为天下四方的表率。"履行作为父亲、儿子、兄长和弟弟的职责,百姓才能效法他。这就是说,治理国家的道理蕴含(等同于)管理家族的道理。上述为"传"文第九章,解释"齐家和治国"。

所谓平定天下在于治理好这个国家。居上位者赞扬德高望重的老人，整个国家将会有孝道；居上位者尊重长者，百姓将会尊敬自己的兄长；赞扬对孤儿的慈悲和怜悯之心，百姓将不会造反。国君便可以以己推人。也就是你讨厌你上面的人的所为，就不要强加于你下面的人；也就是你讨厌你下面人的所为，就不要同样去对待你上面的人；也就是你讨厌你前面人的所为，就不要同样去对待你后面的人；也就是你讨厌你后面人的所为，就不要同样去对待你前面的人；也就是你讨厌你右边人的所为，就不要转嫁给你左边的人；也就是你讨厌你左边人的所为，就不要转嫁给你右边的人。这就是所谓的"絜矩之道"。《诗经》上说："国君能做百姓的父母是多么让人欢欣雀跃啊。"爱百姓之所爱，恨百姓之所恨——这就是所谓的百姓之父母。《诗经》上说："看那巍峨的南山啊，岩石堆聚高大，极其危险。因此具有威胁性、眉头紧皱、有地位的殷(Yin)王，百姓都仰望你。"统治国家的人是不可有任何疏忽大意的。如果他违背百姓合理的意愿，帝国灭亡将会不可避免。《诗经》上说："殷朝在灭亡之前，有伟大的美德；能够达到上天(most high)的要求。我们从他们的一个例子可以看出(例如，殷朝狡猾的继承人就失去了皇位)，天命(great decree)并不是那么容易守住的。"这就是说，得民心者得到国家，失民心者失去国家。因此，一个国君首先要注重修养德行。如果他有了德行，便有了百姓；如果他有了百姓，便有了领土；如果他有了领土，便有了财富——有了财富，可以用来满足供给。德行是首位的，财富是末位的。当把首要的置于外而把末位的置于内，百姓便会萌生不和，你就是在教他们反抗。因此，当你聚敛财富的同时，你也失散了民心；相反，你散财于民的同时，你在汇聚民心。如果你的言语有悖于理性，那么你得到的回应也将是有悖于理性的。如果用不公正的手段获取了财富，那么财富也将会被别人用不公正的手段夺走。《康诰》篇说："天命(appointment of heaven)不是一成不变的；(有)德行便会得到它，反之则会失去它。"《楚书》(The book Tsie)上说："楚国并不视任何财富珍贵，只有美德最珍贵。"晋文公(Tsin-wen-kun)的舅舅(Fan)说："那些流亡国外的人没有什么价值，宗亲之间的爱才是有价值的。"

《秦誓》(Tsin-shi)上说："如果有一位大臣忠贞不二，似乎没有其他的资质(这包括所有资质)，但他心胸宽广就像能容纳所有的东西。当别人拥有能力，他像自己有这种能力一样高兴。当别人德艺双馨,他能心悦诚服,不仅仅是口头上的赞扬,而是真正地器重他。(这样的人)可以保护我的子孙后代和我的百姓。因此将会大有裨益。如果,别人有能力,他就嫉妒而厌恶;如果别人德才兼备,却被他压制而拒之门外,这样的人是不可容忍的。这样的人是不能保护我的子孙后代和百姓的。如果(是这样的话),难道不是很危险吗?"只有有德行之人才会远离这样的坏人,并把他们驱赶到四夷之地,不让他们留在国中。这表明了有德之人有理由爱人或厌恶人。发现贤才而不提拔,提拔他却不重用;发现奸人却不排斥他,排斥他却不把他驱赶远远的;这都是过错。爱民之所恨、恨民之所爱,是有悖于人的本性的。上天的惩罚必将落到这样的人头上。

君主有自己坚定的原则,忠诚信义,便会长久;骄傲便会灭亡。生产财富是一个重要的方面。让生产的人多一些;让消费的人少一些。让人们奋发向上;在不合适的季节不让他们劳作。勤俭节约,你的财富便会充足。好人会用财富提升人格,坏人则会不惜以人身为代价聚敛财富。从来未有国君喜爱仁德、百姓不爱尽职尽责的贤臣的。从来未有喜爱尽职尽责而做事半途而废的。从来未有国库亏空的情况。孟子(Mung-hien-tsi)说:"养了一匹马和一个马车的人就不应该再养鸡和猪。同理,夏天里保存冰的人就不应该再养牛和羊。一个拥有一千辆战车的国君,就不应该再有一个贪婪的大臣。如果他有一个贪婪的大臣,他可能还有一个盗贼。这意思是,一个国家不该以财富,而应当以正义为巨大的优势。如果一个国家的领导们都一心想着财富,他们必将招致小人,认奸为贤,并委任他们治理国家。但天灾人祸必将一齐降临;到那时候,即便他们有贤臣,却也不可能挽救了。反之,一个国家不应该寻求财富上的繁荣而应该寻求正义上的昌盛。上述为"传"文第十章,解释"治国和平天下"。

上述的十章"传"文:前四章从整体上娓娓道来,后六章进行详尽的陈述。第五章解释了仁慈的必要条件。第六部分指出什么是根本。初学之人应该刻苦勤奋。阅读之人应该仔细地学习,不能因为它接近(容易),便轻视它。

在译文中,马礼逊初步介绍了《大学》的基本内容,也做了自己的分析。在儒学西传史上,这篇文献具有重要的学术意义。在马礼逊入华前英国也翻译了由法国耶稣会士所翻译的"四书",但大都是从法文转译而来,马礼逊的这篇《大学》译文是英语世界中第一次从中文原文将《大学》翻译出来。

附录2:《中国丛报》中的中国典籍文献翻译及研究目录①

序号	英文篇名	中文译名	内容	分类	卷期	日期	页码
0038	Literary Notices	文艺通告	《三字歌注解》，1816年出版。介绍了《三字经》的发展历程，并附加了对其第一部分的翻译，主要宣扬有关孝悌之义，长幼之别的内容	文艺通告	1/6	1832.10	1/249
0045	Literary Notices	文艺通告	对《黄教教义问答》一书的评论。查理士·弗里德·纽曼（Charles Fried Neumann）译自中文并加注释，1831年伦敦出版。对该书进行了简介，并展示了纽曼对"十戒"，二十四条教规的翻译，对其中的部分内容进行了进一步阐释和介绍，也指出了纽曼翻译中的一些错误	文艺通告	1/7	1832.11	1/290
0049	Review: The Sacred Edict	书评:《圣谕》	逐条详尽解释，包括由雍正皇帝作增补，一清朝官吏解述的康熙皇帝的16条训语。介绍了这16条圣谕的背景，也涉及到圣谕布告的历史情况，也分析了《圣谕》这本书的基本风格，比如，由于是三人所作而本身具有多样性等，详见第305页。随后则是翻译及释义	书评	1/8	1832.12	1/302

① 本表是杨慧玲作为本课题的子课题完成的，在这里表示感谢。

（续表）

序号	英文篇名	中文译名	内容	分类	卷期	日期	页码
0121	Miscellanies	杂记	（2）中国的古典哲学。具体在第 318～319 页。涉及"四书"中孟子与一些反对者（如告子）的对话,孔子的翻译。该条目也收入了"哲学"类索引	杂记	2/7	1833.11	2/317
0244	Santsze King	《三字经》	一本与初等教育目的不协调的书:它的形式,篇幅,作者,对象,文体;译文与注解。这回是将《三字经》全文翻译都附上了,并有详细的注释和评论	书评	4/3	1835.7	4/110
0258	Tseen Tsze Wan	《千字文》	其格式,宗旨,风格和作者;译文与注解;中国初级教育必读的书。还介绍了《千字文》的两种译本	书评	4/5	1835.9	4/234
0267	Odes for Children	《押韵幼儿诗集》	该诗 34 节的英文译文。这也是一本初级教育的教科书,该文只呈现了译文	书评	4/6	1835.10	4/292
0277	Filial Duty	《孝经》	其作者及成书时间,特点及宗旨,译文及注解	书评	4/8	1835.12	4/350
0310	Imperial Ordinance	谕旨	1835 年 11 月 28 日皇太后 60 寿辰颁布的谕旨英译	谕旨	4/12	1836.4	4/581
0326	Primary Lessons	《小学》	中国幼童的启蒙教材之一;其特点和目的,阶段教程表;教材第一部的摘译（待续）	书评	5/2	1836.6	5/87
0363	Primary Lessons	《小学》（续）	第 2 部分:关于父子关系的译文和注解（待续）	书评	5/7	1836.11	5/311
0433	Examples of Filial Duty	《二十四孝故事》	对中国《二十四孝故事》的介绍和英译,它教导中国人孝敬父母,反映出中国人的观念	书评	6/3	1837.7	6/136

(续表)

序号	英文篇名	中文译名	内容	分类	卷期	日期	页码
0441	Primary Lessons	《小学》(续)	《小学》中关于君臣关系的第2部分第2章的译文,主要来源于《礼记》和《论语》。(待续)	书评	6/4	1837.8	6/191
0478	Primary Lessons	《小学》(续)	《小学》中关于夫妻关系的第2部分第2章的译文。(待续)	书评	6/8	1837.12	6/399
0504	Primary Lessons	《小学》(续)	《小学》中有关长幼、与朋友交往的内容选译	书评	6/12	1838.4	6/568
0682	Pih Jin Ko	《百忍歌》	《百忍歌》的英译及解释	书评	9/1	1940.5	9/52
0737	Astronomy of the Shoo King	《书经》中的天文学	对《书经》第3~8章的选译和注解。主要是介绍古代天文历法方面的知识,涉及有关时间概念的一些字词的释义	书评	9/8	1840.12	9/579
0755	Sketch of Matsoo Po	"妈祖"的故事	中国渔民崇奉的"妈祖"(天后)的故事。译自《搜神记》,故本条目也收入"文学类"索引	文化	10/2	1841.2	10/90
0767	Sketch of Kwanyin	观音简介	对中国观音菩萨(大慈大悲菩萨)的简介(叔未士译自《搜神记》)。该条目也收入"文学类"索引	文化	10/4	1841.4	10/191
0779	Sketch of Yuhwang Shangte	"玉皇大帝"的故事	中国神话中的至高神"玉皇大帝"的故事(叔未士译自《搜神记》)。附有有关"玉皇大帝""玄天上帝""老君""道君"等字词的注解,该条目也收入"文学类"索引	文化	10/6	1841.6	10/311
1072	The Syrian Monument	大秦景教流行中国碑	发现于西安府718年立的"大秦景教流行中国碑"。全文主要是碑文翻译,译为英、法双语,也附了原碑文。(在第19卷1850年第10期有一篇对该碑文的更正,具体在第19卷的第558页)	宗教	14/5	1845.5	14/207

（续表）

序号	英文篇名	中文译名	内容	分类	卷期	日期	页码
1161	The Character Jin	论"仁"字之真义	仁至难言。本文作者根据孔子、孟子等人关于"仁"的观点进行了探索。本文也涉及较多有关孔、孟思想的翻译和解释，还有对部分翻译的斟酌和解释，故也将此条目收入"典籍翻译"类	文化	15/7	1846.7	15/335
1164	Translation of a Buddhist Print	佛书译文	一段关于千手、千眼、大慈、大悲陀罗尼佛的佛书译文	宗教	15/7	1846.7	15/357
1169	A Confucian Tract	儒学小册子	一本劝人长存天理良心的儒学小册子，也附了原文	书评	15/8	1846.8	15/383
1176	Chinese Views of Intoxicating Liquor	中国人对饮酒的见解	从中国古代帝王的一篇《酒诰》看中国人对饮酒的见解。本文大部分内容是译文。但也有关于饮酒历史的信息，故也收入人历史类	文化	15/9	1846.9	15/439
1265	Readings in Chinese Poetry	中国诗选	《关雎》《卷耳》。本文主要是对这两首诗的翻译和解释，本条目也收入人"典籍翻译"类	书评	16/9	1847.9	16/458
1346	Remarks on the Tea Plants	茶的研究	译自中国作者的一部著作。本文主要介绍茶的品名及其产地情况	文化	18/1	1849.1	18/19

（续表）

序号	英文篇名	中文译名	内容	分类	卷期	日期	页码
1361	Bazin's Théâtre Chinois	巴赞的《元剧选集》	1838 年于巴黎出版。介绍了元杂剧剧作的体式、表演形式等情况；涉及《赵氏孤儿》等几部经典剧作的基本情况，并附有一部名为《相国寺公孙合汗衫》的剧本译文。本条目也收入"文学类"	书评	18/3	1849.3	18/119
1440	Mythological Notices	神话故事	中国一些与自然力有关的神话故事；译自《搜神记》。本条目也收入"文学类"	文化	19/6	1850.6	19/318
1451	Tract upon Nourishing the Spirit	《养神》	麦都思来信，附中文短文《养神》的译文	书评	19/8	1850.8	19/451

序号	英文篇名	中文译名	内容	分类	卷期	日期	页码	备注
0162	The Chinese Classics	中国经书	分"四书"和"五经"两部分，本文对各个部分进行了评介	书评	3/3	1834.7	3/109	其中也谈到了作者对几部中国经典（如《孝经》《诗经》《礼记》《中庸》《大学》《易经》《论语》等）的评论，指出了它们的不适合作为翻译参考范本的原因（如大简洁或减大瑕疵等），而认为孟子的著作比较适合效仿
0283	Revision of the Chinese Version of the Bible	修订《圣经》中文译本	修订《圣经》的必要性；修订方法的建议	书评	4/9	1836.1	4/398	
0516	Notices of Natural History	生物观察	中国植物学的最佳著作是李时珍的《本草纲目》；本文根据其他中国典籍，探索中国的动物：麋和穿山甲或食蚁兽。附《尔雅》中的图片。（待续）					该文还提到了《茶经》等书。该文虽有续文，但接下来的内容主要是介绍物种，几乎没有涉及具体的中国典籍，故暂时没有收入此索引

（续表）

序号	英文篇名	中文译名	内容	分类	卷期	日期	页码	备注
0539	Notices of Natural History	生物观察（续）	麒麟（待续）	生物	7/4	1838.8	7/217	介绍麒麟的同时，也援引了《三字经》，有关孔子的传说等
0545	Notices of Natural History	生物观察（续）	（1）凤凰；（2）龙；（3）龟（待续）	生物	7/5	1838.9	7/255	涉及了《本草纲目》的部分内容，如"龙骨是一种有用的药材"
0566	Notices in Natural History	生物观察（续）	（1）马（驴，骡）（待续）	生物	7/8	1838.12	7/398	多结合《本草纲目》和李时珍的话进行介绍
0575	Notices of Natural History	生物观察（续）	（1）蜂类，包含各种黄蜂和蜜蜂；（2）野蜂（待续）	生物	7/9	1839.1	7/490	除了《本草纲目》，还提到了《礼记》《诗经》中的内容
0641	The Shoo King	《书经》	其特点，内容提要等	书评	8/8	1839.12	8/392	主要涉及历史人物和历史的介绍，故也将本条目收入历史类索引

（续表）

序号	英文篇名	中文译名	内容	分类	卷期	日期	页码	备注
0728	E Tsung Kin Keen Yu Tsoan	《御传金镜御医》	按皇帝的旨意编纂的一部著名的医学著作；外国人可从中了解中国医学	书评	9/7	1840.11	9/492	主要是本书介绍，其中有三段书中的内容，不知是当时本书已被翻译选译，还是当时本书已被翻译成英文
0735	The Female Instructor	《女学》	衡量中国人道德观的书；1730年出版	书评	9/8	1840.12	9/543	介绍了《女学》（一本目的在于通过提出女子应有的美德，观念来教育女子的书），同时比较分析了《女诫》等有关伦理道德说教的书（ethical books），也涉及《诗经》等书。该条目也收入"文学类"
0770	Examination of Four Chinese Characters	对孟子及其门徒常用的4个汉字的注释	1830年于巴黎出版	语言	10/4	1841.4	10/228	这四个字是"以""於""子""乎"。本条目也收入"语言文字类"索引

（续表）

序号	英文篇名	中文译名	内容	分类	卷期	日期	页码	备注
1157	Chinese Terms for Deity	"Deity" 的中译	对《圣经》译本中用以表达 "Deity" 的几个词汇——"上帝""天""神" 的考察	语言	15/6	1846.6	15/317	考察的时候，较多援引中国经典，如《商书》《论语》《中庸》《大雅》等书的语句来确认 "上帝""天""神" 等字词的意义和用法，故将此条目收入 "典籍研究" 类。在 1846 年第 9 期还有一篇对这篇文章的评论，批评了将 "上帝" 译为 "神" 的译法，认为应该译为 "Shang ti"，但编辑并不同意他的看法。不过，在 1847 年 1 月的期刊上，还有评论赞同用 "上帝" 而反对用 "神" 来表示 "God"。对此，在 1847 年 2 月还有后续讨论，在麦都思的请求下，《中国丛报》刊登了米怜的相关评注。1847 年 3 月这场讨论还在继续

（续表）

序号	英文篇名	中文译名	内容	分类	卷期	日期	页码	备注
1197	Remarks on the Names of God	关于"God"（续）	谈汉语中最适于表达"God"的词汇和词组（续）	语言	15/12	1846.12	15/583	本文这部分内容援引了孟子子的话、《易经》、《史记》、《礼记》等书进行案讨，但它之前的篇幅较长。本文是续文，与典之前的内容与典籍关系不大，故暂时没有收入本索引
1204	Remarks on the Names of God	关于"God"（续）	续上期	语言	16/1	1847.1	16/34	本文开始讨论"Holy Spirit"如何翻译德的同题，作者在"风""气""灵"三字间抉择，援引了《三国志》等书中的内容进行阐述和讨论
1251	Term for the Holy Spirit	"Holy Spirit"一词	中文对"上帝"第三人称表达方法的研究	语言	16/7	1847.7	16/355	本文通过《中庸》的语句来考证"风""灵"等词的意义，在本文的结尾作者认为"灵"一词对应"spirit"更合适

（续表）

序号	英文篇名	中文译名	内容	分类	卷期	日期	页码	备注
1259	Bibliotheca Sinica	《中国图书丛刊》	已故米怜牧师的《中国图书丛刊》绪论；第一期:《明心宝鉴》	书评	16/8	1847.8	16/410	呈现了米怜书中对《明心宝鉴》的介绍和一段米怜所写的原文,《明心宝鉴》是有关品德修养,有说教功能的书
1269	Bibliotheca Sinica	《中国图书丛刊》	第3期:《圣谕广训》	书评	16/10	1847.10	16/504	本书由清朝官方颁布,有关道德责任,政治经济等方面
1282	Essay on the Term for Deity	关于"Deity"的中译问题	Elohim 和 Theos 两词的中译问题;美国圣公会来华主教文惠廉(W. J. Boone)撰(待续)	语言	17/1	1848.1	17/23	本文多次涉及麦都思译的《书经》等典籍,也介绍了周朝的历史信息,后涉及程子、朱子,以及他们有关"太极""理"等的思想,还引用了一些其他典籍,如《中庸》《五经通义》的内容。本文篇幅较长
1285	Essay on the Term for Deity	关于"Deity"的中译问题(续)	续上期	语言	17/2	1848.2	17/63	续文涉及《说文解字》《佩文韵府》《六书》等字典类书籍。篇幅较长

（续表）

序号	英文篇名	中文译名	内容	分类	卷期	日期	页码	备注
1287	Chinese Sacrifices	中国人的祭品	从《尚书》上的记载看中国人的祭品	文化	17/2	1848.2	17/103	
1290	Chinese Term for Deity	"Deity"的中译研究	关于把《圣经》中"God"一词贴切地翻译成中文的研究；麦都思撰（待续）	语言	17/3	1848.3	17/111	本文涉及《说文》等字典里对词义的解释，以及《左传》《大学》《论语》《孟子》等典籍的内容
1294	Chinese Term for Deity	"Deity"的中译研究（续）	续上期（待续）	语言	17/4	1848.4	17/167	涉及《御制集文》《诗经》等书的内容
1297	Chinese Term for Deity	"Deity"的中译研究（续）	续上期（待续）	语言	17/5	1848.5	17/215	涉及了《广博物志》中与"帝"有关的名称的介绍和讨论，还有其他传说中的"帝"，此外还援引了《说文》《六书故》等书
1301	Chinese Term for Deity	"Deity"的中译研究（续）	续上期（待续）	语言	17/6	1848.6	17/271	主要讨论"天""气""神""圣"等字，涉及《说文》、《易经》、《五车韵端》，孔子思想，《左传》、《周礼》、《淮南子》等。篇幅较长

（续表）

序号	英文篇名	中文译名	内容	分类	卷期	日期	页码	备注
1305	Chinese Term for Deity	"Deity" 的中译研究（续）	续上期	语言	17/7	1848.7	17/327	这回在分析"spirit"时讨论了"神""怪""妖""魂""魄""气"等字,后继续讨论"帝""神",涉及《礼记》《仪礼》等书
1319	Chinese Lexicography	中国词典学	《四库全书》中的词典书目介绍	语言	17/9	1848.9	17/439	
1328	Reply to Dr. Boone's Essay	对文惠廉一篇文章的评论	评论第17卷第1期第3篇（待续）	语言	17/10	1848.10	17/495	该文也是关于"Deity"的中译的,也涉及了《周礼》《左传》等书和一些未子等儒家代表人物的思想
1336	Reply to Dr. Boone's Essay	对文惠廉一篇文章的评论（续）	续上期（待续）	语言	17/11	1848.11	17/551	引用了《五经通义》《诗经》等书的内容,进一步讨论了"鬼""神""天""帝"等字的内涵

（续表）

序号	英文篇名	中文译名	内容	分类	卷期	日期	页码	备注
1341	Reply to Dr. Boone's Essay	对文惠廉一篇文章的评论（续）	续上期（待续）	语言	17/12	1848.12	17/607	涉及了对"道""德""阴阳"等概念的讨论；也通过有关尧、舜、禹、文王、秦始皇等中国古代帝王（包括神话中的帝王）的探讨，分析了"皇帝""帝"等词的内涵
1362	Notice of a Sabbath in the Yih King	《易经》中的安息日	一中国牧师论安息日及《易经》中对它的记载	宗教	18/3	1849.3	18/162	通过对《易经》部分内容的分析，解释"安息日"的概念，或译"算是'基督教中国化'的一种手段
1365	The Urh Ya	《尔雅》	介绍及评论	书评	18/4	1849.4	18/175	介绍了《尔雅》的名字意义，它与同公的关系等信息，呈现了它的两篇序，其中第二篇是郭璞所撰，并附有译文。本文作者也介绍了《尔雅》的内容
1392	Directions for Cultivation Cotton	棉花栽培的方法	译自《农政全书》第35章	农业	18/9	1849.9	18/455	

（续表）

序号	英文篇名	中文译名	内容	分类	卷期	日期	页码	备注
1425	*The Shwoh Wan, or Etymologicon*	《说文解字徐氏系传四十卷》		书评	19/4	1850.4	19/75	主要是概述本书的内容,其中包括两篇序言的英译,一篇原文为许慎所撰,一篇原文为光绪年间的 literary chancellor, member of the Imperial Academy 所写
1434	Movable Metallic Types in Chinese	中文活字印刷术	介绍中国活字印刷情况	印刷	19/5	1850.5	19/253	介绍活字印刷术的发展过程,其中引用了《格致镜原》《梦溪笔谈》等书的内容,用以介绍中国以往朝代的印刷技术
1445	Defense of an Essay	为一篇文章辩护	为谈论"Elohim"和"Theos"两词中译问题的一文辩护(待续)	语言	19/7	1850.7	19/351	本文作者为 W. J. Boone。在本文的后半部分涉及了朱子等人,《易经》等书中的一些观点,有关阴阳,五常,太极,理与心等概念。该文有续文,篇幅较长。不过基本上没有涉及具体的典籍了,偶尔提到《孝经》等书的只言片语,较为分散,故暂时没有收入此分类

（续表）

序号	英文篇名	中文译名	内容	分类	卷期	日期	页码	备注
1455	Animadversions on the Philological Diversions	《哲学的转化》评论	麦都思对菲洛（Philo）《哲学的转化》一文一条注释的批驳	书评	19/9	1850.9	19/492	涉及了《古文约编》等书的内容
1468	Defense of an Essay	为一篇文章辩护（续）	续第19卷第9期（待续）	语言	19/11	1850.11	19/575	本文篇幅较长，涉及《纲鉴易知》《中庸》等书，还涉及西方经典，如《奥德赛》等。还有续文，不过由于内容没有涉及中国典籍的内容或涉及太小，暂时没有收入本文分类
1500	Complete Collection of the Garden of Banians	《榕园全集》	介绍及评论	书评	20/6	1851.6	20/346	《榕园全集》为清人李彦章所著，包括了他的散文、序言、备忘录、诗文、布告等

附录3:《中国评论》所刊发的典籍外译论文目录

年份	卷期	题目	作者	所翻译之中国文献
1872	v.1-1	The Adventures of a Chinese Giant	H.S.	《水浒传》第三回、第四回(部分)
1872	v.1-1	A Chinese Farce—with an Introduction	里斯特	一部中国戏剧
1872	v.1-1	Rhymes from the Chinese(To a Successful Friend)	湛约翰	杜甫的诗《奉赠韦左丞丈二十二韵》
1872	v.1-2	The Adventures of a Chinese Giant	H.S.	《水浒传》第四回(续)、第五回
1872	v.1-2	Rhymes from the Chinese	里斯特	《玉娇李》(节译)
1872	v.1-3	The Adventures of a Chinese Giant—Translated from the Chinese(continued)	H.S.	《水浒传》第六回
1872	v.1-3	The Song of the Cloud Table on Mount Hwa Addressed to Yuen Tan-k'iu,by Li T'ai-pen	湛约翰	李白的诗《西岳云台歌送丹邱子》
1873	v.1-4	The Adventures of a Chinese Giant	H.S.	《水浒传》第七、八、九回(节译)
1873	v.1-4	Chinese Verse	嘉托玛	《茉莉花》
1873	v.1-5	The Foo on Pheasant Shooting	湛约翰	潘岳的《射雉赋》
1873	v.1-6	A Poetical Inscription	湛约翰	古诗《鼎湖半山亭》
1873	v.2-1	The Young Prodigy	阿连壁	一个神童的故事
1873	v.2-1	Chinese Songs for the Harp	湛约翰	《履霜操》和《江汉一首答孟郊》
1873	v.2-2	The Young Prodigy(continued)	阿连壁	一个神童的故事(续)
1873	v.2-2	The Azalea	司登得	《株子花》

（续表）

年份	卷期	题目	作者	所翻译之中国文献
1873	v.2-3	The Young Prodigy(continued)	阿连壁	一个神童的故事(续)
1873	v.2-3	Notes on Chinese Commercial Law	A.C.D.	中国商业法
1873	v.2-3	A Thousand Character Essay	翟理斯	《千字文》
1873	v.2-4	The Young Prodigy(continued)	阿连壁	一个神童的故事(续)
1873	v.2-5	The Young Prodigy(continued)	阿连壁	一个神童的故事(续)
1873	v.2-5	A Translation of Examination Papers Given at Wu Ch'ang	欧森南	一份考试试卷
1873	v.2-6	The Borrowed Boots	斐女士	《借靴》选自《琵琶记》
1873	v.2-6	Tales from the Liao Chai Chih Yi	阿连壁	选自《聊斋志异》
1874	v.3-1	Tales from the Liao Chai Chih Yi	阿连壁	选自《聊斋志异》
1874	v.3-1	The Hsi Yuan Lu, or Instructions to Coroners	翟理斯	译自《洗冤录》
1874	v.3-2	The Hsi Yuan Lu, or Instructions to Coroners	翟理斯	译自《洗冤录》
1874	v.3-2	Tales from the Liao Chai Chih Yi	阿连壁	译自《聊斋志异》
1874	v.3-2	Meng Cheng's Journey to the Great Wall	司登得	《孟姜女》
1874	v.3-3	Tales from the Liao Chai Chih Yi (continued from page 119)	阿连壁	译自《聊斋志异》
1874	v.3-3	Meng Cheng's Journey to the Great Wall(continued from page 119)	司登得	《孟姜女》
1874	v.3-3	The Hsi Yuan Lu, or Instructions to Coroners(continued from page 99)	翟理斯	译自《洗冤录》
1875	v.3-4	San Kuo Chih	X.Z.	《三国演义》
1875	v.3-4	Tales from the Liao Chai Chih Yi (continued from page 146)	阿连壁	译自《聊斋志异》
1875	v.3-4	Chinese Exporations of the Indian Ocean During the Fifteenth Century	梅辉立	译自《西洋朝贡典录》(节选)

（续表）

年份	卷期	题目	作者	所翻译之中国文献
1875	v.3-5	Tales from the Liao Chai Chih Yi (continued)	阿连壁	译自《聊斋志异》
1875	v.3-6	Chinese Explorations of the Indian Ocean During the Fifteenth Century	梅辉立	译自《西洋朝贡典录》（节选）
1875	v.4-1	Some Notes on the Yu-kung or Tribute of Yu	金斯密	《禹贡》翻译注释
1875	v.4-1	A Dream Concerning a Cash	司登得	咸丰年间的歌谣
1875	v.4-1	Tales from the Liao Chai Chih Yi	阿连壁	译自《聊斋志异》
1875	v.4-1	Classical Rhymes	里斯特	古诗
1875	v.4-2	Chinese Explorations of the Indian Ocean During the Fifteenth Century	梅辉立	译自《西洋朝贡典录》（节选）
1875	v.4-2	The Rat and the Cat in Hades	司登得	民间传说故事
1875	v.4-2	Pao-syethe Cleopatra of China	葛显礼	《东周列国志》第二回
1875	v.4-2	Classical Rhymes	里斯特	古诗
1875	v.4-3	Chinese Explorations of the Indian Ocean During the Fifteenth Century	梅辉立	译自《西洋朝贡典录》（节选）
1876	v.4-4	Pao-szethe Cleopatra of China	葛显礼	《东周列国志》第三回
1876	v.4-4	One Page from Choo Foo-rsze	湛约翰	朱熹《性理大全》之太极图第八篇
1876	v.4-4	The Expedition of the Mongols Against Java in 1293, A.D	葛路耐	《元史·爪哇传》
1876	v.4-4	The Wry-necked Tree	司登得	明末的歌谣
1876	v.4-5	The Lamentations and Death of Ch'ung Chen, the Last Emperor of the Ming Dynasty	司登得	《崇祯叹》
1876	v.5-1	Chinese Intercourse with the Countries of Central and Western Asia in the Fifteenth Century, Part I	贝勒	《明史》《大明一统志》（选译，注释多于翻译）

（续表）

年份	卷期	题目	作者	所翻译之中国文献
1876	v.5-1	The Captive Maiden	司登得	民间传说故事
1876	v.5-2	Chinese Intercourse with the Countries of Central and Western Asia in the Fifteenth Century, Part I (Continued from page 40)	贝勒	《明史》《大明一统志》
1876	v.5-3	Chinese Intercourse with the Countries of Central and Western Asia in the Fifteenth Century, Part I	贝勒	《明史》《大明一统志》
1876	v.5-3	The Beater's Song	司登得	《丁郎认父》
1876	v.5-3	The Law of Inheritance	阿查立	中国的继承法
1877	v.5-4	Chinese Intercourse with the Countries of Central and Westen Asia during the Fifteenth Century, Part II	贝勒	《明史》《大明一统志》
1877	v.5-4	A Legend of the Peking Bell-tower	白挨底	民间传说故事
1877	v.5-4	The Law of Inheritance	阿查立	中国的继承法
1877	v.5-6	A Legend of the T'ang Dynasty		译自唐代的传奇
1877	v.5-6	The Tang Hou Chi, a Modern Chinese Novel	欧森南	《荡寇志》七十一回，即该书第一回
1877	v.6-1	The Tang Hou Chi, a Modern Chinese Novel	欧森南	《荡寇志》七十二、七十三回
1877	v.6-1	The Law of Inheritance	阿查立	中国的继承法
1877	v.6-2	Translations of Chinese School-books		课本
1877	v.6-3	A Visit to the County of Gentlemen	翟理斯	《镜花缘》
1877	v.6-3	The Tang Hou Chi, a Modern Chinese Novel	欧森南	《荡寇志》七十四回
1877	v.6-3	Translations of Chinese School-books		课本
1878	v.6-4	Translations of Chinese School-books		课本

（续表）

年份	卷期	题目	作者	所翻译之中国文献
1878	v.6-5	The Tang Kou Chi, a Modern Chinese Novel	欧森南	《荡寇志》七十五回（未完）
1878	v.6-5	Translations of Chinese School-books		课本
1878	v.6-6	Chinese Allegory	翟理斯	中国寓言
1878	v.6-6	Ti Tsz Kwei, Rules for Sons and Younger Brothers		《弟子规》
1878	v.7-1	The Ballads of the Shi-king	X.Y.Z.	译自《诗经》
1878	v.7-1	Translations of Chinese School-books (continued from vol.6, p.330)		课本
1878	v.7-2	Translantions of Chinese School-books		课本
1878	v.7-2	The Ballads of the Shi-king	V.W.X.	译自《诗经》
1878	v.7-3	The Ballads of the Shi-king	V.W.X.	译自《诗经》
1878	v.7-3	Translations of Chinese School-books		课本
1879	v.7-4	The Ballads of the Shi-king	V.W.X.	译自《诗经》
1879	v.7-4	Translations of Chinese School-books		课本
1879	v.7-5	The Sadness of Separation, or Li Sao	V.W.X.	《离骚》
1879	v.7-6	Translations of Chinese School-books		课本
1879	v.7-6	The Ballads of the Shi-king	V.W.X.	《诗经》
1879	v.8-1	Translations from the Lü-Li, or General Code of Laws	哲美森	《大清律例》
1879	v.8-1	Translations of Chinese School-books		课本
1879	v.8-1	The Ballads of the Shi-king	V.W.X.	《诗经》
1879	v.8-3	The Ballads of the Shi-king	V.W.X.	《诗经》
1879	v.8-3	Translations of Chinese School-books		课本
1880	v.8-4	Translations from the Lü-Li, or General Code of Laws	哲美森	《大清律例》
1880	v.8-5	Translations from the Lü-Li, or General Code of Laws	哲美森	《大清律例》

（续表）

年份	卷期	题目	作者	所翻译之中国文献
1880	v.8-5	The Flower-Fairies School-books	巴尔福	课本
1879	v.8-3	Translations of Chinese School-books		课本
1880	v.8-6	Essay of a Provincial Graduate, with Translation	班德瑞	一份乡试的试题
1880	v.8-6	Translations from the Lü-Li, or General Code of Laws	哲美森	《大清律例》
1880	v.9-3	Translations from the Lü-Li, or General Code of Laws	哲美森	《大清律例》
1880	v.9-3	The Su Shu or Book of Plain Words	巴尔福	《素书》
1881	v.9-4	The Tai-hsi Kingor the Respiration of the Embryo	巴尔福	一部道家的经书
1881	v.9-5	The Principle of Nature	巴尔福	《淮南子》
1881	v.9-6	Translations from the Lü-Li, or General Code of Laws of the Chinese Empire		《大清律例》
1881	v.9-6	A Chinese Planchette Séance	巴尔福	《品花宝鉴》
1881	v.9-6	Record of Series of Chinese Officials Written by Themselves	朱尔典	清廷大吏的回忆录等资料
1881	v.10-1	The Double Nail Murders	司登得	《双钉案》
1881	v.10-1	The Yin-fu Classic or Clue to the Unseen	巴尔福	《阴符经》
1881	v.10-2	Translations from the General Code of Laws of the Chinese Empire with a Diagram	哲美森	《大清律例》
1882	v.10-5	Ssu-Lang's Visit to His Mother	司登得	《四郎探母》
1882	v.10-6	Cases in Chinese Criminal Law	哲美森	《刑案汇览》
1882	v.11-1	Hakka Songs	无名氏	客家山歌

（续表）

年份	卷期	题目	作者	所翻译之中国文献
1882	v.11-3	Extracts from the Diary of Tseng Hou-Yeh, Chinese Minister to England and France	朱尔典	曾纪泽的日记
1882	v.11-3	Some Chinese Popular Tales	白挨底	中国的神话传说
1883	v.11-4	Scraps from Chinese Mythology	波乃耶	中国的神话传说
1883	v.11-5	Scraps from Chinese Mythology	波乃耶	中国的神话传说
1883	v.11-6	Scraps from Chinese Mythology	波乃耶	中国的神话传说
1883	v.12-2	The Yi King, with Notes on the 64 Kwa	艾约瑟	《易经》
1883	v.12-3	Hakka Folk-Lore		客家的传说
1883	v.12-3	Scraps from Chinese Mythology	波乃耶	中国的神话传说
1883	v.12-3	Some Hakka-Songs	R.Eichler	客家的山歌
1884	v.12-4	The Mother of Mencius	阿恩德	《列女传》
1884	v.12-4	A Song to Encourage Thrift	白挨底	盗之歌
1884	v.12-4	Chiang-Yi's Apologues of the Fox and the Tiger,and the Dog	阿恩德	中国的寓言
1884	v.12-4	Scraps from Chinese Mythology	波乃耶	中国的神话传说
1884	v.12-5	Scraps from Chinese Mythology	波乃耶	中国的神话传说
1884	v.12-5	On Chinese Apologues	阿恩德	中国的寓言
1884	v.12-5	The Yi-king, with Notes on the 64 Kwa	艾约瑟	《易经》
1884	v.12-5	Chinese Fable		中国的神话
1884	v.12-6	Hakka Songs	庄延龄	客家山歌
1884	v.13-1	Hakka Songs		客家山歌
1884	v.13-1	On Chinese Apologues	阿恩德	中国的寓言
1884	v.13-1	Translation, A Man's a man for A' That	湛约翰	《什么歌》
1884	v.13-2	Scraps from Chinese Mythology	波乃耶	中国的神话传说

（续表）

年份	卷期	题目	作者	所翻译之中国文献
1885	v.13-4	The Restoration of the Jadestone Ring		《还玉佩》
1885	v.13-4	Names of Western Countries in the Shiki	艾约瑟	《史记·大宛列传》
1885	v.13-5	Contributions towards the Topography and Ethnology of Central Asia	庄延龄	《佩文韵府》
1885	v.13-6	Contributions towards the Topography and Ethnology of Central Asia	庄延龄	《佩文韵府》
1885	v.14-1	Contributions towards the Topography and Ethnology of Central Asia	庄延龄	《佩文韵府》
1885	v.14-2	The Danger of Piled-up Eggs	阿恩德	孙息垒蛋谏晋灵公
1885	v.14-2	Celestial Humour	太罗	《笑林广记》
1886	v.14-5	The Remains of Lao Tzu	翟理斯	《道德经》
1886	v.14-6	Important Hints as to the Behaviour of Boys	洪德馨	关于儿童教育
1886	v.15-1	Heroes and Villains in Chinese Fiction	太罗	《粉妆楼》
1886	v.15-2	Story of the Three Unselfish Literati	胡力稿	《今古奇观》（节译）
1886	v.15-2	The History of Chinese Literature, Illustrated by Literal Translations from Chinese Texts	艾德	《汉书·艺文志》
1887	v.15-4	Story of a Chinese Cinderella	胡力稿	《今古奇观》（节译）
1887	v.15-4	Chinese Poetry	庄延龄	张九龄的两首诗
1887	v.16-1	On the Term Chuan Chu as Applied to Chinese Characters	湛约翰	《说文通训定声》（节译）
1887	v.16-1	Poems of the T'ang Dynasty	庄延龄	《游子吟》等四首诗
1887	v.16-3	Chinese Poetry	庄延龄	三首诗

（续表）

年份	卷期	题目	作者	所翻译之中国文献
1888	v.16-4	A Critical Notice of 'The Remains of Lao Tsze, Retranslated', by Mr.H.A. Giles	理雅各	《道德经》
1888	v.16-5	Ancient Poems	庄延龄	古诗
1888	v.16-5	Contributions to Topography	庄延龄	《佩文韵府》
1888	v.17-3	Metrical Translation from the Shi King. The 'Man Wong' Decade of the Shi King	W.Jennings	《诗经》
1888	v.17-3	A Pasquinade from Formosa	白挨底	讽刺诗
1888	v.17-3	Budget of Historical Tales	胡力稿	《智囊补》
1888	v.17-3	Muk Lan's Parting. A Ballad	斯丹顿	《花木兰》
1889	v.17-4	Budget of Historical Tales	胡力稿	《智囊补》
1889	v.17-4	Metrical Translations from the Shi King. The 'Shang Min' Decade of Part Ⅲ	W.Jennings	《诗经》
1889	v.17-4	Muh-T'ien-Tsze Chuen	艾德	《穆天子传》
1889	v.17-5	Muh-T'ien-Tsze Chuen, or Narrative of the Son of Heaven〔Posthumously Called〕Huh	艾德	《穆天子传》
1889	v.17-5	Metrical Translations from the Shi King. The First Seven Odes of the Tang Decade of Part Ⅲ	W.Jennings	《诗经》
1889	v.17-6	The Willow Lute, a Chinese Drama in Five Acts	斯丹顿	《柳丝琴》
1889	v.17-6	Prolegomena to The Shan Hai Kiang, Translated from Original Sources	艾德	《山海经》
1889	v.18-1	Chinese Law, Translations of Leading Cases	杰弥逊	一部法律案例集

（续表）

年份	卷期	题目	作者	所翻译之中国文献
1889	v.18-2	On the Management of Silk Worms. A Translation from the Chinese Tso-t'ang	葛麟祥	养蚕之法
1889	v.18-2	Chinese Law. Extracts from the Ta-ching Lu Li	杰弥逊	《大清律例》
1890	v.18-4	The Adventures of an Emperor in Hell	太罗	民间传说故事
1890	v.18-6	The Published Letters of the Senior Marquess Tseng	庄延龄	曾纪泽的一封信
1890	v.18-6	Robber Tschik, a Satirical Chapter from Tschuang-tsi	嘎伯冷兹	《庄子》《史记·匈奴列传》（未完）
1892	v.20-1	The Turko-Scythian Tribes	庄延龄	《史记·匈奴列传》（未完）
1892	v.20-1	A Deep-Laid Plot and a Love Scene-From the San Kuo	邓罗	《三国演义》
1892	v.20-1	Chinese School-Books	艾德	课本
1892	v.20-2	The History of the Wu-wan or Wu-hwan Tunguses of the First Century. Followed by that of Their Kinsmen the Sien-pi	庄延龄	《三国志》
1892	v.20-2	Chinese School-Books	艾德	课本
1892	v.20-2	The Turko-Scythian Tribes	庄延龄	《史记·匈奴列传》（未完）
1892	v.20-3	Chinese Proverbs	韶泼	汉语中的格言
1893	v.20-6	The Downfall of the Emperor Yu Wang	胡力稿	《东周列国志》
1893	v.20-6	Chinese Proverbial Sayings	C.M. Ricketts	汉语中的格言

（续表）

年份	卷期	题目	作者	所翻译之中国文献
1893	v.20-6	Shun Ti's Vision, or a Presage of the Approaching Dawn. Translated from the Chronicles of 'Heroes and Heroines'	阿查立	《儿女英雄传》
1894	v.21-2	Proverbs in Daily Use among the Hakkas of the Canton Province	韶泼	客家话中的格言
1894	v.21-2	The Turko-Scythian Tribes (Continued from page 125, Vol. XX)	庄延龄	《汉书》卷九十四《匈奴列传下》(未完)
1894	v.21-3	The Turko-Scythian Tribes (Continued from page 119, Vol. XXI)	庄延龄	《汉书》卷九十四《匈奴列传下》(未完)
1894	v.21-3	Chinese Emigrants Abroad	无名氏	薛福成关于海外华侨的记载
1895	v.21-4	Turko-Scythian Tribes-After Han Dynasty	庄延龄	《后汉书》卷八十九《南匈奴列传》(未完)
1895	v.21-5	Turko-Scythian Tribes-After Han Dynasty	庄延龄	《后汉书》卷八十九《南匈奴列传》(续完)
1896	v.22-3	Proverbs in Daily Use among the Hakkas of the Canton Province	韶泼	客家话中的格言
1896	v.22-3	Peng Tsu-A Chinese Legend	斯丹顿	关于彭祖的传说
1897	v.22-4	The Golden Leaved Chrysanthemum, a Chinese Drama in Five Acts	斯丹顿	《金叶菊》
1897	v.22-4	Proverbs in Daily Use among the Hakkas of the Canton Province	韶泼	客家话中的格言
1897	v.22-5	Why the Lotus is Blue	富美基	一个印度神话故事
1897	v.22-5	Korean Folk Tales	E.B.Landis	朝鲜的民间故事
1897	v.22-5	The Golden Leaved Chrysanthemum, a Chinese Drama in Five Acts	斯丹顿	《金叶菊》
1897	v.22-5	Proverbs in Daily Use among the Hakkas of the Canton Province	韶泼	客家话中的格言

（续表）

年份	卷期	题目	作者	所翻译之中国文献
1897	v.22-6	Proverbs in Daily Use among the Hakkas of the Canton Province	韶泼	客家话中的格言
1898	v.23-1	The Tao—The King	D.J. Maclagan	《道德经》
1898	v.23-1	The Power of Love	富美基	日本的一个爱情故事
1898	v.23-2	The Tao—The King	D.J. Maclagan	《道德经》
1898	v.23-3	The Tao-teh King	D.J. Maclagan	《道德经》
1899	v.23-4	The Tao-teh King	D.J. Maclagan	《道德经》
1899	v.23-4	Translation of a Secret Memorial to the Emperor of China on the Jubilee	Rougemont	
1899	v.23-5	The Tao-teh King	D.J. Maclagan	《道德经》
1899	v.24-1	The Tao—The King Index	D.J. Maclagan	《道德经》
1899	v.24-2	Wu San Kuei	白挨底	民间故事
1899	v.24-2	The Tao—The KingIndex	D.J. Maclagan	《道德经》
1899	v.24-3	The Early Turks（From the CHOU SHU）	庄延龄	《周书》卷五十有关突厥的内容
1899	v.24-3	The Taoteh King. A Translation, with Notes	金斯密	《道德经》
1900	v.24-4	The Early Turks（From the PEH SHI and SUI SHU）	庄延龄	《北史》卷九十九、《隋书》卷八十四
1900	v.24-4	The Tao-teh King. A Translation, with Notes	金斯密	《道德经》

（续表）

年份	卷期	题目	作者	所翻译之中国文献
1900	v.24-5	The Early Turks (From the T' ANG SHU) (Continued from Vol.XXIV, p. 172)	庄延龄	《新唐书》卷二百一十五
1900	v.25-1	The Early Turks, Part Ⅱ (From the PEH SHI and SHUI SHU, Continued)	庄延龄	《北史》卷九十九突厥部分、《隋书》卷八十四
1900	v.25-2	The Early Turks, Part Ⅲ (From the PEH SHI and SHUI SHU, Continued)	庄延龄	《北史》卷九十九突厥部分、《隋书》卷八十四
1900	v.25-2	Illustrations of Chinese Criminal Practice	阿拉巴德	中国刑法的实践
1901	v.25-4	Manchurian Translation of Lao-Tzu's Tao-Te-Ching.Romanized Text.	沙谔文	《道德经》德文
1901	v.25-4	The Early turks, Part Ⅳ (From the Old T' ang Shu)	庄延龄	《旧唐书·突厥列传上》
1901	v.25-4	Illustrations of Chinese Criminal Practice	阿拉巴德	中国刑法的实践
1901	v.25-5	Manchurian Translation of Lao-Tzu's Tao-Te-Ching.Romanized Text	沙谔文	《道德经》
1901	v.25-5	The Early Turks, Part IV (From the T' ang Shu Continued from where it leaves off at Part I)	庄延龄	《旧唐书·突厥列传上》
1901	v.25-6	The Early Turks, Part V (From the Old T' ang Shu, and the New T' ang Shu)	庄延龄	《旧唐书·突厥列传上》,《新唐书·突厥列传上》(均未完)
1901	v.25-6	Chinese Nursery Rhymes	A.J.May	中国儿歌
1901	v.25-6	A Chinese Romance	丁义华	《好逑传》
1901	v.25-6	Cantonese Apothegms	司登得	广东的俗语

附录 4：1867 年以前汉籍西译要目①

伟烈亚力 撰 马 军 译注

经 部

《易经》

拉丁文：

Y-KING antiquissimus sinarum liber quem（《易经：中国最古之书》），耶稣会士雷孝思（Regis）②译，摩尔（Julius Mohl）③编辑，1834 年斯图加特、图宾根版。

《书经》

英文：

ANCIENT CHINA，The Shoo King，or the Historical Classic：Being the Most Ancient Authentic Record of the Annals of the Chinese Empire（《古代中国：最古的真实记录》），麦都思（W.H.Medhurst，Sen）④据最新注释本译，1846 年上海版。

法文：

LE CHOU-KING，un des livres sacrés des Chinois，qui renferme les Fondements de leur ancienne Histoire，les Principes de leur Gouvernement & de leur Morale（《书经：中国圣书之一，包含着古代历史的建立、政府和道德的基本原则》），已故在华传教士

---

① 本文译自英国近代传教士、汉学家伟烈亚力（Alexander Wylie，1815—1887）所撰《中国文献记略》（*Notes on Chinese literature*，1867 年上海美华书馆版）第 xiv 至 xxviii 页，原标题为 *Translations of Chinese Works Into European Languages*，现标题是译者所加。原文无注释，注释是译者所加。翻译过程中，对国内学者熟知的汉籍背景材料做了删节。读者要更详细、更全面地了解近代汉书西译的情况，还可参见：一、法国汉学家考狄（Henri Cordier，1849—1925）所著《西人论中国书目》（*Bibliotheca Sinica*，1878—1924 年版）；二、王尔敏编：《中国文献西译书目》，台湾商务印书馆 1975 年 11 月版；三、马祖毅、任荣珍：《汉籍外译史》，湖北教育出版社 1997 年 10 月版等。本文发表于《国际汉学》2010 年第 2 期，征得马军同意后作为附录收录本书。

② 雷孝思（1663—1738），法国耶稣会士，1689 年来华。

③ 摩尔（1800—1876），德国汉学家，长期旅居法国。

④ 麦都思（1796—1857），英国伦敦会传教士、汉学家。

宋君荣（Gaubil）①译注。德经（De Guignes）②对中文原文做了审订，附有新注、铜版画插图、有关《书经》遗漏之历史人物的许多材料，以及对《书经》所述时代的一个扼要研究和对《易经》等其他中国圣书的介绍。1770 年巴黎版。

《诗经》

拉丁文：

CONFUCII CHI-KING. sive Liber Carminum（《孔夫子〈诗经〉》），孙璋（Lacharme）③译，摩尔编辑，1830 年斯图加特、图宾根版。

《礼记》

法文：

LI-KI ou Memorial des Rites（《礼记》），加略利（J.M.Callery）④首次译自中文，附有注释、评论和原文，1853 年都灵版。

《春秋》

拉丁文：

巴耶（Bayer）⑤将其译成拉丁文，连同汉文，刊发在《彼得堡学术评论》（Commentaira Academiae Petropolitanae）第 7 卷，第 398 页起至末。

《周礼》

英文：

THE CEREMONIAL USAGES OF THE CHINESE（《中国礼仪的用法》），金执尔（William Raymond Gingell）⑥据中文译注，1852 年伦敦版。

法文：

LE TCHEOU-LI ou Rites des Tcheou（《周礼》），已故的毕瓯（Edouard Biot）⑦首次译自中文，有图表分析，1851 年巴黎版。

---

① 宋君荣（1689—1759），法国耶稣会士，汉学家，1721 年来华。
② 德经（1721—1800），法国汉学家。
③ 孙璋（1695—1767），法国耶稣会士，1728 年来华。
④ 加略利（1810—1862），法国外交翻译官，汉学家，原籍意大利，1836 年首次来华。
⑤ 巴耶（1694—1738），德国东方学家，曾受彼得一世邀请，入俄国科学院主持古代和东方语言教研室。
⑥ 金执尔，英国外交官，曾任驻厦门和汉口领事。
⑦ 毕瓯（1803—1850），法国汉学家。

《大学》

英文：

TRANSLATION OF *TA-HIO*（《〈大学〉译文》），马礼逊①译，收入其于 1812 年在伦敦出版的《中国女神》（*Horae Sinicae*）。蒙蒂西（Montucci）②后来将该书与 1817 年伦敦版的《两本预期中文词典的对比》（*A Parallel drawn between the two intended Chinese Dictionaries*）一同重刊。

英文：

TA-HYOU（《大学》），有练习集和每个字的注释，作为马士曼③的《汉语要素》（*Elements of Chinese Grammar*）刊出，1814 年赛兰坡（Serampore）版。

英文：

The Great Lesson of Life（《人生大课》），奚礼尔（C.B.Hillier）④译，刊《皇家亚洲文会中国支会报》（*Transactions of the China Branch of the Royal Asiatic Society*）第三册，香港，1851—1852 年。

法文、拉丁文、汉文合本：

LE TA HIO, ou la Grande Etude（《大学》），鲍狄埃（G.Pauthier）⑤译，包括完整的朱熹注等多种注释，1837 年巴黎版。

拉丁文、汉文合本：

CONFVCII TA HIO siue Philosophia cum interpretatione et scholiis qui busdam（《儒学〈大学〉》），最早的一个汉、拉丁文对照译文，刊巴耶的《中国博物》（*Museum Sinicum*）第 2 卷，第 237~256 页，1730 年版。

《中庸》

拉丁文、汉文合本：

TCHUNG YUNG（《中庸》），殷铎泽（Prosper Intorcetta）⑥译，1676 年果阿版。1672 年收入泰维诺（Thevenot）的《各种奇异旅行的叙述》（*Relations de divers Voya-*

---

① 马礼逊（1782—1834），英国伦敦会传教士，汉学家，1807 年来华。
② 蒙蒂西（1764—1829），意大利汉学家。
③ 马士曼（1768—1837），英国浸礼会传教士。
④ 奚礼尔（？—1856），英国商人、外交官。
⑤ 鲍狄埃（1803—1873），法国汉学家。
⑥ 殷铎泽（1625—1696），意大利耶稣会士。

ges curieux)时略去了汉文,题为《中国政治——道德学》(*Sinarum scientia politico—moralis*)。同样的译文又载《维也纳残羹》(*Analecta Vindobonensia*),以及卡略里(*Carheri*)的《中国杂记》(*Notizie varie dell Imperio della China*),1687 年版,题为《中国孔子主张的平衡学说》(*Scientiae Sinicae liber inter Confucii libros secundus*)。

汉文、满文、拉丁文、法文合本:

L' INVARIABLE MILIEU(《不变的中道》),雷慕沙(Abel Remusat)①译注,卷首有四书的提要,1817 年巴黎版。

《论语》

德文:

WERKE DES TSCHINESISCHEN WEISEN KUNG-FU-DSU UND SEINER SCHULER(《孔子与其学生的对话集》),肖特(Wilhelm Schott)②译注,1826 年哈雷(Halle)版,2 卷。

英文、汉文合本:

THE WORKS OF CONFUCIUS(《孔子著作》),文前有一篇关于汉语言文字的论文,马士曼译,1809 年赛兰坡版(此书仅译出了《论语》的前半部分)。

《孟子》

拉丁文、满文、汉文合本:

MENG-TSEU vel Mencium inter Sinenses philosophos,*ingenio*,*doctrina*,*nominisque claritate Confucio proximum*(《孟子的哲学、才干和信条》),儒莲(Stanislas Julien)③译注,1824 年巴黎版,2 卷,中文原文在第 1 卷。

儒经合编

拉丁文、汉文合本:

Ta-hio(《大学》),附有《论语》的第一部分,郭纳爵(Ignatius da Costa)④译,1662 年江西建昌府版。

法文:

---

① 雷慕沙(1788—1832),法国汉学家。
② 肖特(1807—1889),德国汉学家。
③ 儒莲(1799—1873),法国汉学家。
④ 郭纳爵(1599—1666),葡萄牙耶稣会士,1634 年来华。

TA-HIO(《大学》)、TCHONG-YONG(《中庸》),韩国英(Cibot)①译,刊《中国杂纂》(Memoires concernant l' histoire, les sciences, les arts, les moeurs, les usages, &c. des Chinois),第一册,第432~497页。

拉丁文:

CONFUCIUS SINARUM PHILOSOPHUS(《中国哲学家孔子》,又名《西文四书直解》),耶稣会士殷铎泽、恩理格(Christiani Herdtrich)、鲁日满(Francisci Rougemont)、柏应理(Philippi Couplet)②译,作为郭纳爵《大学》译本和殷铎泽《中庸》译本的新版对开本,收有《大学》《中庸》《论语》译文,无中文原文,附有柏应理所作中华帝国编年表,1687年巴黎版。

英文:

THE CHINESE CLASSICAL WORKS(《中国经书》),已故的牧师柯大卫③译,四书合编,1828年马六甲版。

法文:

CONFUCIUS ET MENCIUS(《孔子和孟子》),鲍狄埃译,四书合编,1841年巴黎版。

俄文:

SY CHOU GHEI, to iest' Tchetyre Knighi④(《四书解义》),列昂季耶夫(Alex. Leontief)⑤译自汉、满文,圣彼得堡科学院版,1780年。

拉丁文:

SINENSIS IMPERII LIBRI CLASSICI SEX(《中国六经》),耶稣会士卫方济⑥译,1711年布拉格版,收四书及《孝经》《小学》。

法文:

LES LIVRES CLASSIQUES de l' empire de la Chine(《经书》),这是卫方济《中国

---

① 韩国英(1727—1780),法国耶稣会士,1759年来华。
② 恩理格(1624—1684),奥地利耶稣会士。鲁日满(1624—1676),比利时耶稣会士。柏应理(1623—1692),比利时耶稣会士。
③ 柯大卫(? —1828),英国伦敦会传教士。
④ 此处伟烈亚力用英文字母替写俄文,俄文书名应为 Сы шу гэи,то есть четыре книги。
⑤ 列昂季耶夫(А.Л.Леонтьев,1716—1786),俄国传教士、汉学家,1742年来华。
⑥ 卫方济(1651—1729),比利时耶稣会士,1687年来华。

六经》拉丁文本的法译,书前有他对中华帝国的起源、自然情况、道德哲学的作用及政治的观察的介绍,1784年巴黎版,7卷。

法文:

LES LIVRES SACRES DE L' ORIENT(《东方圣书》),收有《书经》、四书、《摩奴法典》、《古兰经》,鲍狄埃译,1841年巴黎版。

英文、汉文合本:

THE CHINESE CLASSICS(《中国经典》),伦敦会理雅各①译注,计划出7卷,1861—1865年间已出3卷。第1卷收有《论语》《大学》《中庸》,第2卷收有《孟子》,第3卷收有《书经》。一个未收中文原文的简略译本由屈布纳(Trubner)先生出版,标题为《孔子的生活和讲学:带注释》(*The Life and Teachings of Confucius, with explanatory notes*)。

《孝经》

英译文:

裨治文牧师(Rev. Dr. Bridgman)②译,刊《中国丛报》(*Chinese Repository*),第4册,第345~353页。

法译文:

HIAO-KING, OU Livre Canonique sur la Piete Filiale(《孝经》),作为《古今中国人关于孝的主张》(*Doctrine ancienne et nouvelle des Chinois, sur la Piete Filiale*)一文,收入《中国杂纂》第28~76页,1779年巴黎版。

史　部

《竹书纪年》

英文:

THE ANNALS OF THE BAMBOO BOOKS(《竹书纪年》),理雅各译,插入其所译的《书经》序言中,第105~183页,1865年香港版。

法文:

---

① 理雅各(1814—1897),英国伦敦会传教士、汉学家。
② 裨治文(1801—1861),美国公理会传教士,1830年来华。

TCHOU-CHOU-KI-NIEN, *ou Tablettes Chronologiques du livre ecrit sur bambou* (《竹书纪年》),毕瓯译,1842 年巴黎版。此前曾连载在《亚洲杂志》(*Journal Asiatique*)1841 年 12 月和 1842 年 1 月。

《通鉴纲目》

法文：

HISTOIRE GENERALE DE LA CHINE(《中国通史》),北京传教士冯秉正(J.A. Marie de Moyriac de Mailla)①,1777—1785 年巴黎版,13 卷。

《洛阳伽蓝记》

德文：

PILGERFAHRTEH BUDDHISTISCHER PRIESTER von China nach India(《由华赴印朝圣的佛徒》),纽曼(C.F.Neumann)②译自《洛阳伽蓝记》第 5 册,1833 年柏林版。

《佛国记》

法文：

FOE KOUE KI ou Relation des Royaumes Bouddhiques(《佛国记》),雷慕沙译注,未完成即去世,后由克拉普罗特(Klaproth)和兰德雷斯(Landresse)③增补修订,1836 年巴黎版。后收入夏赫东(Charton)的《古今旅行者》(*Voyageurs Anciens et Modernes*)第 1 卷,加插图,1862 年巴黎版。

英文：

THE PILGRIMAGE OF FA HIAN(《法显的朝圣》),赖得利(J.W.Laidley)译自雷慕沙、克拉普罗特、兰德雷斯的《佛国记》法文本,加注释和插图,1848 年加尔各答版。

《大慈恩寺三藏法师传》

法文：

HISTOIRE DE LA VIE DE HIOUEN-THSANG(《玄奘生平》),儒莲译自中文,

---

① 冯秉正(1669—1748),法国耶稣会士,1703 年来华。
② 纽曼(1793—1870),德国汉学家,1829 年来华。
③ 克拉普罗特(1783—1835),德国东方学家。兰德雷斯,生卒年不详,法国汉学学者,雷慕沙的学生。

1853 年巴黎版。

《大唐西域记》

法文:

MEMOIRES SUR LES CONTREES OCCIDENTALES(《西方的国度》),儒莲译自中文,1857 年巴黎版,2 卷。

《真腊风土记》

法文:

DESCRIPTION DU ROYAUME DE CAMBOGE(《柬埔寨王国概述》),书前有取自中文材料的该国编年,雷慕沙译,1819 年巴黎版。此前曾刊发在《旅行年度消息》(*Nouvelles Annales des Voyages*)第 3 卷,和《新亚洲论集》(*Nouveaux Melanges Asiatiques*)第 1 卷,1829 年版。

《卫藏图识》

俄文:

*OPISANIE TIBETA v' nynechnem' ego sostoianii*①(《西藏志》),比丘林(Father Hyakinth)②译,1828 年圣彼得堡版。

法文:

DESCRIPTION DU TUBET(《西藏概述》),克拉普罗特根据比丘林的俄文本,经核对中文原本精译而成,1831 年巴黎版。

《海岛逸志》

英文:

THE CHINAMAN ABROAD(《海外华人》),麦都思译,1849 年收入上海《中国杂录》(*Chinese Miscellany*)第 2 册。

《异域录》

英文:

NARRATIVE OF THE CHINESE EMBASSY TO THE KHAN OF THE TOURGOUTH TARTARS(《中国使臣晋见吐尔扈特汗的经过》),小斯当东(Sir George Thomas

---

①　此处用英文字母替写,俄文书名应为 *Описание Тибта. В* нынешнем его состоянии.

②　比丘林(Н.Я.бичурин,1777—1853),俄国传教士、汉学家,1807 年来华。

Staunton)①译自汉文,附有多种译文,1821 年伦敦巴塞洛谬版。

俄文:

*POUTECHESTVIE KITAISKAGO poslanika Kalmuitskomou AioukeKhanou se opuitchaeff Rossiiskikh*②(《图理琛异域录》),列昂季耶夫译, 1782 年莫斯科版。

《靖海氛记》

英文:

HISTORY OF THE PIRATES(《海盗史》),纽曼译,有注释和图表,1831 年伦敦 版。

英文:

TSING HAI FUN KI(《靖海氛记》),施赖德(John Slade)译,刊《澳门杂录》 (*Canton Register*)第 11 卷,第 8 期起。

《大清律例》

英文:

TA TSING LEU LEE(《大清律例》),小斯当东译,附有原始文件和注释,1810 年伦敦版。

法文:

TA TSING LEU LEE(《大清律例》),小斯当东英文译著的法译,克鲁瓦(Felix Renouard de Sainte Croix)译注,1812 年巴黎版。

子 部

《小学》

英文:

裨治文选译第一、二册,连载《中国丛报》第 5 卷第 81~87 页、305~316 页,第 6 卷第 185~188 页、393~396 页、562~568 页。

---

① 小斯当东(1781—1859),英国汉学家、外交官。

② 此处用英文字母替写,俄文书名应为 Путешествие китайского посланника Тулишения к калмыцкому Аюке—хану。

《三字经》

英文：

A TRANSLATION OF SAN-TSI-KING（《三字经》），马礼逊译，收入《中国女神》（*Horae Sinicae*），1812 年版。蒙蒂西 1817 年重版。

英文：

SANTSZE KING（《三字经》），裨治文译，刊《中国丛报》第 4 卷，第 105 ~ 118 页。部分译文后收入裨治文 1841 年版的《汉文文献》（*Chinese Chrestomathy*）第 9 ~ 16 页。

英文：

THE SAN-TSZE-KING（《三字经》），马兰（Rev. S. C. Malan）选译，1856 年伦敦版。

英文、汉文合本：

SAN-TSZE-KING（《三字经》），附有一表收 214 个汉字部首，儒莲译，1864 年巴黎版。

拉丁文、汉文合本：

SAN-TSZE-KING（《三字经》），附有一表收 214 个汉字部首，儒莲译，1864 年巴黎版。

德文、汉文合本：

DIE ENCYCLOPADIE DER CHINESISCHEN JUGEND（《中国青年百科词典》），纽曼译，收入《中国学堂》（*Lehrsaal des Mittelreiches*）第 19 ~ 26 页，也收有中文，1836 年慕尼黑版。

俄文：

*SAN-TSEUI-TSEENG*①（《三字经》），有中文原文及俄文简明注释。

《千字文》

英文、汉文合本：

THE THOUSAND-CHARACTER CLASSIC（《千字文》），基德（S. Kidd）②译，作为

---

① 此处用英文字母替写，俄文书名应为 САНЪ-ЦЗЫ-ЦЗИНЪ。

② 基德（1799—1843），英国伦敦会传教士、汉学家。

附录收入 1831 年《英华书院报告》(*Report of the Anglo-Chinese College*),中文在最后。

英文:

THE 1000 *CHARACTER CLASSIC*(《千字文》),麦都思意译,作为附录收入他的《汉语、朝鲜语、日语对应词汇》(*Translation of a Comparative Vocabulary of the Chinese*,*Corean*,*and Japanese languages*),1835 年巴达维亚版。

英文:

TSEEN TSZE WAN(《千字文》),裨治文译,刊《中国丛报》第 4 卷,第 229~243 页。

德文:

TSIAN DSU WEN(《千字文》),霍夫曼(J.Hoffmann)①译,1840 年莱登版。是书亦为谢博德(Siebold)②和霍夫曼《日本图书馆》(*Bibliotheca Japonica*)的第三册。

法文、汉文合本:

THSIEN-TSEU-WEN(《千字文》),儒莲译注,1864 年巴黎版。

《京韵幼学诗题》

英文:

KEENYUN YEWHEO SHETEE(《京韵幼学诗题》),裨治文译,刊《中国丛报》第 4 卷,第 287~291 页。

《圣谕广训》

英文:

THE *SACRED EDICT*(《圣谕》),米怜(Rev.William Milne)③,译自汉文,1817 年伦敦版。

英文:

TRANSLATION of a portion of the Emperor Yong-tching's Book of Sacred Instructions(《雍正皇帝圣谕选译》),小斯当东译,刊《中国杂录》(*Miscellaneous Notices relating to China*)第 1~56 页,1859 年伦敦版。

---

① 霍夫曼(1805—1878),荷兰汉学家、日本学家。
② 谢博德,生卒年不详,荷兰日本学家。
③ 米怜(1785—1822),英国伦敦会教士,1813 年来华。

英文、汉文合本：

FIRST CHAPTER OF THE SHENG YU KUNAG HSUN(《圣谕广训》第一章)，威妥玛(Thomas Francis Wade)①译，收入他的《寻津录》(*Hsin Ching Lu*)第45~60页，1859年香港版。

俄文：

*MANJOURSKAGO I KITAISKAGO KHANA KAN'-SHA KNIGA*②(《世祖圣训》)，阿加福诺夫(Alexis Agafonof)③译，1788年彼得堡版。

《孙子》

法文：

LES TREIZE ARTICLES(《十三篇》)，钱德明(Amiot)④译自满文，收入他的 *Art Millitaire des Chinois*(《中国军事艺术》)，1772年巴黎初版。1782年收入《中国杂纂》第7册。

《吴子》

法文：

LES SIX ARTICLES(《六篇》)，钱德明译自满文，收入《中国军事艺术》。

《司马法》

法文：

LES CINQ ARTICLES(《七篇》)，钱德明译自满文，收入《中国军事艺术》。

《洗冤录》

荷兰文：

GEREGTELIJKE GENEESKUNDE，德理格斯(C.F.M.de Grijis)⑤译，收入 *Verhandelingen van Het Bataviaasch Genootschap van Kunsten en Wetenschapen* 第30卷，1863年巴达维亚版。

法文：

---

① 威妥玛(1818—1895)，英国外交官、汉学家，1840年来华。
② 此处用英文字母替写，俄文书名应为 Манжурско и китайского Шунь—Джихана книга。
③ 阿加福诺夫(А.Агафонов，1751—1794，另一资料为1758—1793)，俄国东正教驻北京传道团第六届学员、汉学家。
④ 钱德明(1718—1793)，法国耶稣会士、汉学、满学家。
⑤ 德理格斯，荷兰东方学者，生卒年不详。

Notice du livre Chinois Si-yuen(《洗冤录提要》),收入《中国杂纂》第 421~440
页,1779 年巴黎版。

英文:

Chinese Medical Jurisprudence(《中国法医学》),刊《皇家亚洲文会中国支会
报》第 4 册,第 87~91 页。

英文:

Se Yuen Luh(《洗冤录》),哈兰(W.A.Harland)译注,附有一系列案例,1855 年
香港版。

《农政全书》

英文选译:

DISSERTATION ON THE SILK-MANUFACTURE(《丝的制作》),麦都思译自
《农政全书》第 31~34 卷,刊《中国杂录》第 3 册。

《桑蚕辑要》

法文:

*RESUME DES PRINCIPAUX TRAITES CHINOIS sur la culture des Muriers et
l'education des Vers a Soie*(《关于桑蚕养殖的中国资料》),儒莲奉公共工程部
(Ministre des Travaux publics)之命,译自《授时通考》(*Cheou-chi-thong-kao*)的第
72~76 册,1837 年巴黎版。德理文(d'Hervey-Saint-Denys)①为此书所列的提纲,
作为附录刊在其所著的《对中国人的农业及园艺的研究》(*Recherches sur
l'agriculture et l'horticulture des Chinois*)第 221~258 页。

意大利文:

DELL'ARTE DE COLTIVARE I GELSI(《养蚕技艺》),博纳福(Mattes Bonafous)
转译自儒莲的法译本,1837 年都灵版。

德文:

UEBER MAULBEERBAUMZUCHT und Erziehung der Seidenraupen(《桑蚕种
植》),林德尔(Ludwig Lindner)转译自儒莲的法译本,1837 年斯图加特和图宾根
版。1844 年重版时加一副标题 *Zweite Auflage vermehrt mit Zusatzen und Anmerkun-*

---

① 德理文(1823—1892),法国汉学家。

gen von Theodor Mogling(《重版及西奥多·穆格林所作的附录和注释》)。

英文:

SUMMARY OF THE PRINCIPAL CHINESE TREATISES upon the Culture of the Mulberry and Rearing of Silkworms(《关于桑蚕养殖的中国资料》),此书是儒莲法文本的英文转译,1838年华盛顿版。

俄文:

O KITAISKOM CHELKOVODSTVE izvletchenno iz podlinnikh kiaiskikh sotchinenii(《中国的桑蚕养殖》),这是儒莲法译本的俄文转译,1840年圣彼得堡版。

《图注脉诀辨真》

拉丁文:

SPECIMEN MEDICINAE SINICAE(《中医临床》),索斯-卡赛拉努斯(Andreas Cleyer Has sos-Casselanus)编,1682年法兰克福版。完整收有卜弥格(Michael Boym)①所译的这部托名于王叔和的伪作。

法文:

SECRET DU POULS(《脉经》),赫苍壁(Hervieu)②节译自中文,收入杜赫德(Du halde)③的《中华帝国全志》(*Description Geographique, Historique, Chronologique, Politique, et Physique de l'Empire de la Chine et de la Tartarie Chinoise*)第3卷,第384~436页,1735年巴黎版。

英文:

收入杜赫德《中华帝国全志》英文本8开本第3卷第366~465页,1736年伦敦版;对开本第2卷第184~207页,1741年伦敦版。

《周髀算经》

法文:

TRADUCTION ET EXAMEN D'UN ANCIEN OUVRAGE CHINOIS intitule Tcheoupei(《对中国古书〈周髀〉的译注》),毕瓯译,1842年巴黎版。此前曾刊《亚洲杂志》(*Journal Asiatique*)1841年6月号。

---

① 卜弥格(1612—1659),波兰耶稣会士。
② 赫苍壁(1671—1745),法国耶稣会士,1701年来华。
③ 杜赫德(1674—1743),法国耶稣会士。

法文：

TEXTES DU LIVRE, *ou Fragment du livre Tcheou-pey*(《周髀片段》)，这是对此书最初部分的翻译，收入宋君荣的《中国天文学史》(*Histoire de l' Astronomie Chinoise*)，载《耶稣会士书简集》(*Lettres Edifiantes et Curieuses*)第 26 卷，1781 年巴黎版，1811 年图卢兹版。

英文：

Jottings on the Science of the Chinese(《中国算学笔记》)，伟烈亚力译，刊《北华捷报》(*North-China Herald*)1852 年，《上海年鉴与杂录》(*Shanghai Almanac and Miscellany*)1853—1854 年、《中日丛报》(*Chinese and Japanese Repository*)1864 年重刊。

德译文：

Die Arithmetik der Chinesen(《中国算学》)，比尔纳茨基(K.L.Biernatzki)译，刊格勒(Grelle)的《理论和应用数学杂志》(*Journal fur die reine und angewandte Mathematik*)，1856 年。

《钱志新编》

英译文：

CHINESE COINAGE(《中国铸币》)，奚礼尔选译，收有原著全部 329 幅中国及邻近国家的货币图解，刊《皇家亚洲文会中国支会报》第 2 册。

《景德镇陶录》

法文：

HISTOIRE ET FABRICATION DE LA PORCELAINE CHINOISE(《中国陶瓷制作史》)，儒莲译，附有赛夫勒帝国瓷器制造化学家萨勒维塔(Alphonse Salvetat)所作的注释和补充，以及霍夫曼译自日文的《关于日本瓷器的一篇论文的增补充》，1856 年巴黎版。

《天主实义》

法译文：

ENTRETIENS, *d' un Lettre Chinois et d' un Docteur Europeen*, *sur la vraie idee de Dieu*(《中国文人与欧洲学人关于神之真实含义的对话录》)，雅克神父(Father Jacques)译，刊《耶稣会士书简集》第 25 卷，第 143~385 页，1811 年图卢兹版。

《三国演义》

法文：

《三国志》(*SAN-KOUE-TCHY*)，帕维(Theodore Pavie)①译自皇家图书馆(Bibliotheque Royale)所藏的满、汉文本，2 卷，仅收有该书的前 44 回。

《正德皇游江南传》

英文：

THE RAMBLES OF THE EMPEROR CHING TIH IN KEANG NAN(《正德皇帝游江南》)，马六甲英华书院(Anglo-Chinese College)学生金生(Tkin shen，音译)译，该院院长理雅各作序，2 卷，1846 年伦敦版。纽约重版。

《好逑传》

英文：

HAU KIOU CHOAAN(《好逑传》)，附有：一、中国戏剧的情节和故事；二、中国谚语集；三、中国诗歌片段。4 册，1761 年伦敦版。此书译者不详，译稿发现自一个叫威尔金斯(Wilkinson)的绅士的文稿中，他偶尔去过广州，学习中文，成稿的时间是 1719 年，这是他留在中国的最后一年，他死于 1736 年。前 3 册书用英文，第 4 册用葡萄牙文。德罗莫尔主教(Bishop of Dromore)帕西(Dr.Percy)②将最后一册译成英文，并编辑了此书。

法文：

HAU KIOU CHOAAN(《好逑传》)，转译自英文本，1766 年里昂版，4 卷。

德文：

德·穆尔(De Murr)转译自英文本，1776 年莱比锡版。

荷兰文：

CHINEESCHE GESCHIEDENIS(《中国的离婚》)，1767 年阿姆斯特丹版。

英文：

THE FORTUNATE UNION(《幸福姻缘》)，德庇时(John Francis Davis)③译注，有图，附有一出中国悲剧，1829 年伦敦版，2 卷。

---

① 帕维(1811—1896)，法国东方学者，儒莲的学生。
② 帕西(1729—1811)，英国教士、东方学者。
③ 德庇时(1795—1890)，英国外交官、汉学家。

法文：

HAO-KHIEOU-TCHOUAN(《汉宫秋》)，基尧得·德阿赫西(Guillard D'Arcy)，1842 年巴黎版。

《玉娇梨》

法文：

IU-KIAO-LI, ou les Deux Cousines(《玉娇梨(双堂妹)》)，雷慕沙译，序言收有中、欧小说对照表，1826 年巴黎版，4 卷。小斯当东所译的《异域录》第一个附录，即第 227~242 页中收有《玉娇梨》前四回的摘要。

英文：

THE TWO FAIR COUSINS(《双堂妹》)，1827 年伦敦版，2 卷。

法文：

YU-KIAO-LI(《玉娇梨》)，儒莲新译，具有历史感和哲理性的评论，1864 年巴黎版，2 卷。

《平山冷燕》

法文：

PING-CHAN-LING-YEN(《平山冷燕》)，儒莲译，1860 年巴黎版，2 卷。

《白蛇精记》

法文：

BLANCHE ET BLEUE(《白和青》)，儒莲译，1834 年巴黎版。

《王娇鸾百年长恨》

英文：

WANG KEAOU LWAN PIH NEEN CHANG HAN(《王娇鸾百年长恨》)，斯罗思(Sloth)译，1839 年广州版。斯罗思是罗伯聃(Robert Thom)①的笔名。

德文：

WANG KEAOU LWAN PIH NEEN CHANG HAN(《王娇鸾百年长恨》)，冯·阿道夫·波特格(von Adolf Bottger)转译自英文本，1846 年莱比锡版。

---

① 罗伯聃(1807—1846)，英国外交官、汉学家。

《三舆楼》

英文：

SAN-YU-LOW(《三舆楼》)，德庇时译自中文，1816 年广州版。一个题为"The Three Dedicated Chambers"的修订本 1822 年出版于伦敦，收入在《中国小说：译自原文》(*Chinese Novels*, *translated from the originals*)第 153~224 页。

《合影楼》

英文：

THE SHADOW IN THE WATER(《水中影》)，德庇时译自中文，收入《中国小说：译自原文》第 51~106 页。

《夺锦楼》

英文：

THE TWIN SISTERS(《孪生姐妹》)，德庇时译自中文，收入《中国小说：译自原文》第 107~151 页。

《行乐图》

法文：

HING-LO-TOU(《行乐图》)，儒莲译，作为附录收入其译的《赵氏孤儿》(*Tchao-chi-kou-eul*)第 193~262 页，1834 年巴黎版。后又收入《印度喻言神话诗歌杂译集》(*Les Avadanas Contes et Apologues Indiennes*)第 3 卷，第 62~174 页，1859 年巴黎版。

《刘小官雌雄兄弟》

英文：

TSE-HIONG-HIONG-TI(《雌雄兄弟》)，儒莲译，作为附录收入其译的《赵氏孤儿》第 263~322 页。后又收入《印度喻言神话诗歌杂译集》第 3 卷，第 175~272 页，1859 年巴黎版。

《范鳅儿双镜重园》

汉文、英文合本：

FAN-HY-CHEU(《范希周》)，有注释及一个简短的中文语法，魏斯顿(Stephen Weston)译，1814 年伦敦版。

《宋金郎团圆破毡笠》

英文：

THE AFFECTIONATE PAIR(《恩爱伴侣》)，托马斯(P.P.Thoms)译，1820年伦敦版。

《四十二章经》

英文：

THE SUTRA OF THE FORTY-TWO SECTIONS，随军牧师毕尔(S.Beal)①译，刊《皇家亚洲文会报》(*The Journal of the Royal Asiatic Society*)，第19卷，第337~349页。

《金刚般若波罗密经》

英文：

VAJRA-CHHEDIKA(《金刚经》)，毕尔译自中文，刊《皇家亚洲文会报》新刊第1卷，第124页，1865年伦敦版。

德文：

施密特(Schmidt)②译自藏文，刊《圣彼得堡科学院论文集》(*Memoires de l'Academie des sciences de Saint Petersbourg*)，第6辑，第4册，第126页起至末。

《摩诃般若波罗密多心经》

英文：

THE PARAMITA-HRIDAYA SUTRA(《摩诃般若波罗密多心经》)，毕尔译自中文，刊《皇家亚洲文会报》新刊第1卷，第25~28页，1865年伦敦版。

《阿密陀经》

英文：

BRIEF PREFATORY REMARKS TO THE TRANSLATION OF THE AMITABHA SU-TRA(《阿密陀经》)，毕尔译自中文，刊《皇家亚洲文会报》新刊第2卷，第136~144页，1866年伦敦版。

---

① 毕尔(1852—1889)，英国佛学家。
② 施密特(И.Я.Шмидт,1779—1847)，俄国蒙学、藏学家。

《壹输庐迦论》

英文：

A BUDDHIST SHASTRA（《一篇佛经》），艾约瑟（J. Edkins）①译自中文，有注释，刊《上海文理学会报》（*Journal of the Shanghai Literary and Scientific Society*）第107～128 页，1858 年上海版。

《语林》

法文选译：

LES AVADANAS Contes et Apologues indiens inconnus jusqu' a ce jour suivis de Fables , de Poesies et de Nouvelles Chinoises（《印度中国喻言神话诗歌杂译集》），儒莲译，1859 年巴黎版，3 卷。

《佛门源流录·教理问答》

英文：

THE CATECHISM OF THE SHAMANS（《沙门教理问答》），纽曼译自中文，有注释和插图，1831 年伦敦版。

《道德经》

法文、汉文合本：

LAO TSEU TAO TE KING（《老子道德经》），儒莲译注，1842 年巴黎版。

法文、拉丁文、汉文合刊本：

TAO-TE-KING , ou Le Livre de la Raison Supreme et dela Vertu（《道德经：至理与善》），欧洲首刊本，收有薛蕙的完整注释，鲍狄埃译，第 1 分册，1838 年巴黎版。（近来鲍狄埃表示要对该书作全译。）

《太上感应篇》

法文：

LE LIVRE DES RECOMPENSES ET DES PEINES（《报应和苦难》），雷慕沙译注，1816 年巴黎版。

法文：

TRAITE DES RECOMPENSES ET DES PEINES（《报应和苦难》），克拉普罗特

————————————

①　艾约瑟（1823—1905），英国伦敦会传教士、汉学家。

译,收入其编的《满文文献》(*Chrestomathie Mandchou*)第211~221页,满文原文在该书的第25~36页,1828年巴黎版。

英文:

Kan Ying Peen(《感应篇》),刊1830年版《广州记录》(*Canton Register*)。

法文、汉文合本:

LE LIVRE DES RECOMPENSES ET DES PEINES(《报应和苦难》),儒莲译注,1835年巴黎版。

《文昌帝君阴骘文》

法文:

LE LIVRE DE LA RECOMPENSE DES BIENFAITS SECRETS(《秘善报应》),德·罗西尼(Leon de Rosny)译,1856年巴黎版。首刊《基督教哲学编年》(*Annales de Philosophie Chretienne*),第4卷,第14期。

《愚公遇灶神记》

法文:

LA VISITE DE L' ESPRIT DU FOYER A IU-KONG,儒莲译,1854年巴黎版。首刊儒莲译的《太上感应篇》第18~27页,1835年巴黎版。

《楚辞》

德文:

DAS LI-SAO UND DIE NEUN GESANGE(《〈离骚〉和〈九歌〉》),普菲茨迈尔(von Dr.Aug.Pfizmaier)①译,1852年维也纳版。

《御制盛京赋》

法文:

ELOGE DE LA VILLE DE MOUKDEN(《盛京赋》),钱德明译自满文,1770年巴黎版。

法文:

ELOGE DE LA VILLE DE MOUKDEN(《盛京赋》),克拉普罗特译自满文,载《满文文献》第235~273页,满文原文载第63~69页,1828年巴黎版。

---

① 　普菲茨迈尔(1808—1887),奥地利汉学家。

《花笺记》

英文：

CHINESE COURTSHIP(《中国的求婚》)，托马斯译，1824 年伦敦版。

荷兰文：

由巴达维亚的施古德(Gustave Schlegel)①出版。

英文：

湛约翰(J.Chalmers)②，刊《中日释疑》(*Notes and Queries on China and Japan*)1867 年。

《喜春光前众乐和》

英文：

THE CONQUEST OF THE MIAO-TSE(《苗子的征服》)，魏斯顿译自中文，1810 年伦敦版。

《御定全唐诗》

法文：

POESIES DE L' EPOQUE DES THANG(《唐诗》)，德理文首次选译，有注释及对中国诗歌的研究，1862 年巴黎版。

《赵氏孤儿》

法文：

TCHAO-CHI-COU-ELL, *ou le petit Orphelin de la Maison de Tchao* (《赵氏孤儿》)，马若瑟(Premare)③译，刊杜赫德的《中华帝国全志》第 339~378 页，1735 年巴黎版。

英文：

Tchao-chi-cou-ell, *or*, *the Little Orphan of the Family of Tchao. A Chinese Tragedy* (《赵氏孤儿》)，载杜赫德《中华帝国全志》英文 8 开译本，第 3 卷，第 193~237 页，1736 年伦敦版。又载该书对开版第 2 卷第 175~182 页，1741 年伦敦版。

英文：

---

① 　施古德(1840—1903)，荷兰汉学家。

② 　湛约翰(1825—1899)，英国伦敦会传教士、汉学家。

③ 　马若瑟(1666—1735)，法国耶稣会士，1698 年来华。

THE LITTLE ORPHAN OF THE HOUSE OF CHAO(《赵氏孤儿》),译自法文本,载《中国杂录》(*Miscellaneous Pieces relating to the Chinese*),第 1 卷,第 101 ~ 213 页,1762 年伦敦版。

法文:

TCHAO-CHI-KOU-EUL,ou l'Orphelin de la Chine(《赵氏孤儿》),儒莲译自中文,附有一些相关的历史材料,1834 年巴黎版。

《老生儿》

英文:

LAOU-SENG-URH(《老生儿》),德庇时译,1817 年伦敦版。

《汉宫秋》

英文:

HAN KOONG TSEW(《汉宫秋》),德庇时译注,1829 年伦敦版。又作为附录刊《幸福姻缘》(*The Fortunante Union*)第 2 卷,第 213~243 页。

《灰阑记》

法文:

HOEI-LAN-KI(《灰阑记》),儒莲译注,1832 年伦敦版。

《元人百种曲》

法文:

THEATRE CHINOIS(《中国戏剧》),巴赞(Bazin Aine)①首次译注,1838 年巴黎版。此书仅收有原著中的四种,即第 8、64、66 和 94 种,其中第一种《㑇梅香》(*Tchao-mei-hiang,ou Les Intrigues d'une Soubrette*)已经在 1835 年单独刊发。

《合汗衫》

英文:

THE COMPARED TUNIC(《合汗衫》),卫三畏(Dr.Williams)②转译自法文《元人百种曲》第 2 种,刊《中国丛报》第 18 期,第 116~155 页。

---

① 巴赞(1799—1863),法国汉学家。
② 卫三畏(1812—1884),美国传教士、外交官、汉学家。

《琵琶记》

法文：

LE PI-PA-KI(《琵琶记》),巴赞译,1841年巴黎版。

《借靴》

英文：

TSEAY-HEUE(《借靴》),艾约瑟译自《缀白裘》第206页,收入《汉语会话》(*Chinese Conversations*)第1~56页,1852年上海版。

《清文启蒙》

英文：

TRANSLATION OF THE TS' ING WAN K' E MUNG(《清文启蒙》),介绍满文语法的中文书,伟烈亚力英译汉,有一个满文文献介绍,1855年上海版。

《三合便览》

德文：

MANDSCHU-MONGOLISCHE GRAMMATIK(《满蒙语法》),甲伯连(von H.C.v. d.Gabelentz)①译出了该书的第二部,这是一个简略的蒙语语法,刊《蒙古学杂志》(*Zeitschrift fur die kunde des Morgenlandes*)第1卷,第255~286页,1837年哥廷根版。该书第一部分有关满语语法,被选译为《满汉语法》(*Mandschu sinesische Grammatik*),刊同一杂志第3卷,第88~104页,1840年哥廷根版。

---

① 甲伯连(1807—1873),德国满学、蒙古学家。

第二章

20世纪中国古代文化经典在西方的传播述略（上）

导　语

　　法国、英国在 19 世纪建立专业汉学后,20 世纪欧洲国家的专业汉学相继诞
生,1909 年德国在汉堡大学建立了殖民学院,它是德国第一个汉学系的前身。
1930 年荷兰莱顿汉学院成立,它成为荷兰汉学研究的重镇,创办于 1890 年的《通
报》主要是在 20 世纪得以发展,欧洲汉学有了一个正式的学术阵地。随着西方汉
学的发展,对中国古代文化典籍的翻译开始进入了一个新的时期。

　　"19 世纪初期欧洲汉学第一个学术活动在对于史学研究而言很有限制的条
件下进行。由于无人有机会访问中国,故来自中国的印刷品非常少。主要依靠欧
洲图书馆仅有的藏书即 17、18 世纪中国皇帝的赠品。这些藏书包括编年史、正
史、传记和百科全书、地方志、古籍汇编和注释、法令、法规、仪典和古地图。它们
只收藏在巴黎、柏林、圣彼得堡和伦敦的图书馆里。"①但 20 世纪后,西方汉学家
有更多机会来到中国。沙畹 1889 年第一次来到中国,就开始着手翻译中国史学
名著《史记》,1907 年他再次来到中国时,收集了大量的碑铭、舆图的文献,为以后

---

① 　[法]巴斯蒂:《19、20 世纪欧洲中国史研究的几个问题》,载《国际汉学》第 8 期,郑州:大象出版
　　社,2002 年。

的翻译打下了文件基础。伯希和1900年第一次来到北京,在随后敦煌文献的发现中起着重要的作用。20世纪初中国史学的几项重要发现——甲骨文、敦煌文献、汉晋居延边塞竹简、明清大库文献,极大地刺激了西方汉学家对中国古代历史文献的重视。马伯乐、葛兰言都来过中国,德国汉学创始人福兰阁则在中国做过德国驻中国的大使。这些促成了20世纪初期西方汉学的进一步发展。正如学者所指出的:"19世纪中期汉学环境的改变的直接后果表现为20世纪初期涌现出一批优秀的、年轻的学院式专家。在总结当今时代的西方的中国史研究时,我们会发现他们的成果不仅已经构成今日成果的渊源和先导,而且本身也是今日成果不可分割的一部分。这批成果的创造者已经从当年的年轻专家变成著名的欧洲汉学大师。"①

如前几章一样,我们只是从中国典籍的西译角度,选择三个视角——机构、人物、刊物,由此入手,梳理中国典籍西译在20世纪上半叶的进展,并期望将其作为一个导引,为今后的研究打下基础。由于20世纪是写作本书时的重点,我们将用两章展开研究,为保持全书在逻辑上的一致性,第三、第四两章按照一个统一的逻辑安排。

20世纪上半叶的中国典籍西译

1.机构——20世纪美国中国研究的源头:哈佛燕京学社

(1)20世纪美国中国研究的兴起

1877年6月耶鲁大学在美国设立了第一个汉学席位,卫三畏走马上任,由此拉开了美国本土的汉学研究。② 20世纪初美国的汉学研究队伍基本上是由从欧

① 胡志宏:《西方中国古代史研究导论》,郑州:大象出版社,2002年,第22页。参阅 Ming Wilson & John Cayley ed.*Europe Studies China.Papers from an International Conference on the Histoy of European Sinolog*,London:Han Shan Tang Books,1995。威尔森、约翰·凯利编:《欧洲研究中国》,《欧洲汉学史国际学术讨论会论文集》,伦敦:寒山堂书店,1995年。

② 参阅顾钧:《卫三畏与美国早期汉学》,北京:外语教学与研究出版社,2009年;仇华飞:《早期中美关系史研究:1784—1844》,北京:人民出版社,2005年;孔陈焱:《卫三畏与美国汉学研究》,上海:上海辞书出版社,2010年;卫三畏著,陈俱译:《中国总论》,上海:上海古籍出版社,2005年;张西平、吴志良、陶德民主编:《卫三畏文集》,郑州:大象出版社,2012年;《美国耶鲁大学图书馆藏卫三畏未刊往来书信集》1~23册,桂林:广西师范大学出版社。

洲转过来的欧洲汉学家组成的。德国籍汉学家柯马丁(Martin Kern)在其《德国汉学家在 1933—1945 年的迁移：重提一段被人遗忘的历史》一文中详细研究了德国汉学家因为纳粹的兴起而迁往美国的历史,从而使美国汉学获得了新的动力,如他所说:"谈到 1933 到 1945 年导致的对德国汉学的持续后果,应该记住的是,无论从德国角度出发来看损失是什么,中国研究在接纳移民的机构中——特别在美国,也在英国和法国——有巨大的收获。考虑到移民在放逐国的冲击,中国研究的发展可与人文学科内的其他领域及自然科学、社会科学、政治科学等量齐观。二战后美国汉学的大发展与移居国外者的努力分不开,他们也因此得到了在宜人的新环境中发挥他们创造力的新机会。而且,因为移民有了一个新环境,他们的学术水平也受到挑战,受新的动力所激发,他们现在已适应这种环境且游刃有余了。"①

这说明在美国汉学的发展中德国汉学家有着重要作用。

我们先说夏德(Friedrich Hirth, 1845—1927)。他 1870 年来到中国,在厦门做海关官员到 1895 年离开中国,整整在中国生活了 21 年。1902 年夏德应美国哥伦比亚大学的邀请,开创了哥大的汉学研究,在美国工作 15 年后,1917 年返回德国老家,在那里度过晚年。夏德在中国学术界有两件事较有影响:一是他的《大秦国全录》,朱杰勤译成中文后,中国史学界交口称赞②;二是胡适毕业于哥伦比亚大学,夏德做过他的博士考官③。

夏德在美国期间在汉学研究上也有不少贡献,从中国典籍的外译来看,最有影响的就是他和柔克义(William Woodwille Rockhill, 1854—1914)④合作将赵汝适的《诸蕃志》译成英文。这本书是南宋宗室赵汝适在做福建市舶司提举时所著,当时南宋和阿拉伯国家贸易兴隆,他见多识广,将所见所闻记录下来,此书成为研究中外交通史的重要著作。夏德在 1890 年左右开始翻译这本书,后来停了下来。

---

① 柯马丁(Martin Kern):《德国汉学家在 1933—1945 年的迁移:重提一段被人遗忘的历史》,载马汉茂、汉雅娜、张西平、李雪涛主编:《德国汉学:历史、发展、人物与视角》,郑州:大象出版社,2005年,第 257 页。

② 夏德著,朱杰勤译:《大秦国全录》,郑州:大象出版社,2009 年。

③ 王海龙:《哥大与现代中国》,上海:上海文艺出版社,2000 年。

④ 美国外交官,1905—1909 年任美国驻华大使,是第一个进入西藏的美国人,作为外交官汉学家,他对中国海外交通史有研究。

1904年当夏德得知柔克义想翻译这本书时就和他联系。两人很快达成合作意愿,着手翻译。"从两人的通信可以看出他们合作的方式是这样的:夏德先翻译一个初稿,然后寄给柔克义进行修订并做注解,最后再由柔克义撰写一篇导言。"① 此书翻译出版后受到了中外学术界的好评。② 夏德晚年在美国写的《中国古代历史》(*The ancient history of China to the end of the Chou dynasty*.New York :Columbia University Press,1903)等书都很好地介绍了中国文化,在文献的翻译上,他晚年对清代绘画感兴趣,所写的《一个收藏家关于清代画家的杂纪》(*Scraps from a collector's note book :being notes on some Chinese painters of the present dynasty*; *with appendices on some old masters and art historians*)和《中国的绘画艺术的原始文献》(*The story of Chang K'ién,China's pioneer in western Asia*)在中国绘画文献的西译与介绍上都有价值。③

劳费尔(Berthold Laufer,1874—1934)也是极为杰出的一位德国汉学家,他在东方语言的研究上,特别是藏文、蒙古文、西夏文的研究,对中国少数民族文献的翻译有着贡献。④

在中国古代文学典籍的翻译上,美国20世纪上半叶也有一定的积累。威特·宾纳(Witter Bynner,1881—1968)与江亢虎合作,将《唐诗三百首》翻译成了英文《群玉山头:唐诗三百首》⑤。在中国古代文学的翻译上我们不能不提到埃兹拉·庞德(Ezra Pound,1885—1972),他不仅仅是美国著名的现代诗人,也是中国经典和诗歌的翻译者。1913年他在伦敦从著名的东方学家厄斯特·费诺罗莎(Ernest Fenollosa,1853—1908)的遗孀那里得到了费诺罗莎在学习日文时,用日语

---

① 顾钧:《〈诸蕃志〉译注:一项跨国工程》,《书屋》2010年第2期 。

② 参阅冯承钧译:《西域南海史地考证译丛》,北京:商务印书馆,1995年;〔南宋〕赵汝适著,〔德〕夏德(F. Hirth)、〔美〕柔克义(W. Rockhill)合注,韩振华翻译并补注:《诸番志注补》,香港:香港大学亚洲研究中心,2000年。

③ 参阅程龙:《德国汉学家夏德及其中国学研究》,《社会科学辑刊》2011年第5期;姜梦菲:《德国汉学家夏德〈清代画家杂记〉浅析》,《美术大观》2011年第3期。

④ 他先后翻译出版了《一位藏族王后的小说》《苯教的赎罪诗》《密勒日巴》等文献,参阅龚咏梅:《劳费尔和他的汉学研究对美国中国学的贡献》,《海外中国学评论》第二期,上海:上海古籍出版社,2007年。

⑤ Hengtangtuishi,Kanghu Jiang,Witter Bynner,*The Jade Mountain*,*A Chinese Anthology Being Three Hundred Pomes of the Tang Dynasty 618-906*,N. Y. Knopf,1929.此书分别于1931年、1964年、1967年、1972年、1978年多次再版。

记录下来的中国诗歌,笔记中大约有150首中国古典诗歌,庞德完全根据自己的理解选取了18首以《神州集》为名出版,"这十八首诗实际包含了二十二首中文原诗,它们是 Song of the Bowmen of Shu(《诗经·小雅》中的《采薇》)、The Beautiful Toilet(《古诗十九首》中的《青青河边草》)、The River Song(李白的《江上吟》和《待从宜春苑奉诏赋龙池柳色初青听新莺百啭歌》,庞德误将它们当作一首,并将后一首冗长的标题讹译成诗句)、The River Merchat's Wife:A Letter(李白《长干行》)、Poem by the Bridge at Ten-Shin(李白《天津三月时》)、The Jewel Stair's Grievance(李白《玉阶怨》)、Lament of the Frontier Guard(李白《胡关绕风沙》)、Exil's Letter(李白《忆旧游寄谯郡元参军》)、Four Poems of Departure(王维《渭城曲》,李白《送友人入蜀》《黄鹤楼送孟浩然之广陵》和《送友人》)、Leave Taking Near Shoku(李白《送友人入蜀》)、Seperation on the River Kiang(李白《黄鹤楼送孟浩然之广陵》)、Taking Leave of a Friend(李白《送友人》)、The City of Chaon(李白《登金陵凤凰台》)、South-Folk in Cold County(李白《古风·代马不思越》)、Sennin Poem by Kakuhaku(郭璞《游仙诗·翡翠戏兰苕》)、A Ballad of the Mulberry Road(《古风十九首·陌上桑》)、Old Idea of Chaon by Rosoriu(卢照邻《长安古意》)和 To Emmei's "The Unmoving Cloud"(陶渊明《停云》)。①

引人注意的是他还翻译了"四书"等中国儒家经典。1928年翻译了《大学》,1942年他根据理雅各译本,将《大学》翻译成意大利文,1945年将《中庸》翻译成英文。

庞德所代表的新诗歌运动直接影响了对中国古典诗歌的传播,艾米·洛威尔(Amy Lowell,1874—1925)1921年出版的《松花笺》收入了从《诗经》到清代的中国各代的诗歌。②

在中国哲学和历史学典籍的翻译上这一时期也有进展,例如德效骞(Homer Hasenpflug Dubs,1892—1969),他是传教士的后代,后返回美国读书,1925年以荀

---

① 王文:《庞德与中国文化——接受美学的视阈》,博士论文,苏州大学,2004年。

② Florence Ayscough, *Fir-Flower Tables:Poems Translated from the Chinese.* English versions by Amy Lowell.Boston:New York:Houghton Mifflin Co.,1926.参阅张隆溪:《比较文学译文集》,北京:北京大学出版社,1982年;赵毅衡:《远游的诗神——中国古典诗歌对美国新诗运动的影响》,成都:四川人民出版社,1985年;钟玲:《美国诗与中国梦——美国现代诗里的中国文化模式》,桂林:广西师范大学出版社,2003年。

子为研究对象获得芝加哥大学的博士学位。1927 年、1928 年在伦敦出版《荀子:早期儒学的塑造者》①,该书被当代著名历史学家陈启云(1933—   )评为"20 世纪上半叶西方汉学对中国思想文化研究的佳作"。他还翻译了荀子的《荀子的著作》②。当然他最重要的贡献是对《汉书》的翻译。他在任泰(Jen T'ai)、崔先生(C.H.Ts'ui)、潘乐知(P'an Lo-zhi)等 3 名中国人的帮助下,翻译和注释了班固的《汉书》本纪部分。"1938 年,在卡耐基基金会资助下,出版了《〈汉书〉译注》的第一卷,此后又分别于 1944 年和 1955 年出版《〈汉书〉译注》的第二卷和第三卷 。《〈汉书〉译注》第一卷名叫《帝王本纪:〈汉书〉卷 1 至 5》(*The Imperial Annals*,Chapter 1-5,Vol.1),包括《汉书》卷 1 至卷 5 的译文,附中文原文及一张地图;第二卷名叫《帝王本纪:〈汉书〉卷 6 至 10》(*The Imperial Annals*,Chapter 6-10,Vol.2),包括《汉书》卷 6 至卷 10 的译文;第三卷名叫《帝王本纪:〈汉书〉卷 11 至 12 及〈王莽传〉》(*The Imperial Annals*,Chapter 11-12 and the Memoir of Wang Mang,Vol.3),包括《汉书》卷 11、卷 12 及卷 99,另附 8 个附录,即《公元 3 年以前的悼念习俗》、《食货志》节译、《王莽及其经济改革》、《刚卯护身符》及日食(4 篇)。"③该书的翻译底本为王先谦补注的《汉书》,并参考中外学者的相关著作,又有中国人协助翻译,荷兰汉学家戴闻达(J. J. L. Duyvendak,1889—1954)及其高徒、剑桥大学讲师龙彼得(P. Van Der Loon)校阅,成为"标准的中国史书英译本"。该书的前两卷于 1947 年获得法兰西研究院(Institut de France)授予的"儒莲奖"。④

像夏德、劳费尔、德效骞、赖德烈(Kenneth Scott Latourette,1884—1968)、恒慕义(Arthur W. Hummel,1884—1975)这批开创者奠基了美国汉学研究,他们的学术成就和贡献主要体现在如下几个方面:其一,他们有很高的汉语造诣,并将一些

① Homer H. Dubs, *The Philosophy of Hsüntze: Ancient Confucianism as Developed in the Philosophy of Hsüntze*.(Chicago, Ill. University of Chicago, 1925) Diss. Univ. of Chicago, 1925. (Xunzi) Homer H. Hsüntze Dubs,*The Moulder of Ancient Confucianism*.(London: A.Probsthain, 1927) Diss.Univ.of Chicago, 1925.(Repr.New York, N.Y.: Paragon Book Gallery,1966)

② *The Works of Hsüntze*.Translated from the Chinese; with notes by Homer H.Dubs.(London A.Probsthain, 1928) (Probsthain's Oriental series; vol.16) (Repr. Taipei :Ch'eng-wen,1973)

③ Ku Pan, *The history of the former Han dynasty*, A critical translation with annotations by Homer H.Dubs; with the collab of Jen T'ai and P'an Lo-chi.Vol.1-3,Baltimore:Waverly Press, 1938-1955.

④ 葛艳玲、刘继华:《汉学家德效骞与早期中罗关系研究》,《甘肃社会科学》2012 年第 3 期。

中国经典著作译成英文,从而使相当一批研究中国问题的学者绕过了语言障碍,
直接接触到中国的经典文献,使这些学者可以通过中国史料来研究中国、认识中
国。其二,这些学者总结了一套考证、整理和利用中国史料的有效方法,为后继的
美国汉学家开通了升堂入室的捷径。其三,微观汉学研究所涉及的课题往往带有
一种跨学科性质。特别是涉及中外关系史问题,这一特征更为突出。哪怕是研究
一种物品的传播范围,也必须考证不同地区对该物品的称谓,还要廓清原产地的
社会历史背景及经济条件、该物品得以传播的时代氛围、物品传播的路线和范围
及其影响,即必须从事历史、地理、经济、文化、博物学、语源学、民族学和民俗学诸
学科的综合研究,才能得出结论。微观汉学这种跨学科性质,为日后中国史研究
中的多学科综合研究树立了范例、积累了经验。其四,微观汉学研究虽然具有很
高的学术和学科价值,而且这种研究本身对于研究人员具有无限的兴趣和魅力,
但终究因研究课题过于狭窄,过于专门化,特别是漠视有关中国政治、经济和社会
变化这些重大课题的研究,所以在短期内很难看到社会功能价值(但微观汉学高
度精确的研究又成为日后有关中国历史研究的基石和支柱)①。

　　总体说,20世纪上半叶美国汉学处于积累时期。按照学术界现在对美国
汉学的分期,一般是:1877年以前为早期,这以在耶鲁建立汉学系为分界点,早
期主要是在华传教士的汉学研究;1877—1929年为中期,这是以哈佛燕京学社
的建立为分界点;1929年以后至今是后期。如果和20世纪后半叶相比,20世
纪的前半叶美国汉学研究显然是比较弱的。赖德烈1918年时曾说:"我们的大
学给予中国研究的关注很少,在给予某种程度关注的大约三十所大学中,中国
仅仅是在一个学期关于东亚概论性课程中被涉及,只有在三所大学中有能够称
得上对中国语言、体制、历史进行研究的课程。美国汉学家是如此缺乏,以至这
三所大学中的两所必须到欧洲去寻找教授。"②如此缺少汉学人才,自然谈不上
对中国典籍的翻译。

　　由于本书是按照世纪来展开研究的,从整个20世纪上半叶来看,美国中国学

---

① 张铠:《美国中国史研究专业队伍的形成及其史学成就——第一次世界大战至第二次世界大战》,
《中国史研究动态》1995年第7期。

② Kenneth S. Latourette, "American Scholarship and Chinese History," *Journal of the American Oriental So-
ciety*. Vol.38(1918), p.99. 转引自顾钧:《卫三畏与美国早期汉学》,北京:外语教学与研究出版社,
2009年,第6页。

发展的一个转折点是哈佛燕京学社(Harvard-Yenching Institute)①的成立,它的成立直接推动了美国对中国典籍的翻译,并为 20 世纪下半叶的中国学研究奠定了基础,了解了哈佛燕京学社就抓住了美国 20 世纪从汉学到中国学发展的关键点。因此,我们将其作为 20 世纪上半叶汉学机构的代表。②

关于哈佛燕京学社的研究学术界已经多有成果③,鉴于本书的主题,我们这里集中讨论哈佛燕京学社作为中美合作的学术机构,在推进中国文化典籍的翻译和中国文化的传播方面所做的工作。

(2)哈佛燕京学社的建立

哈佛燕京学社 1928 年成立时就将中国学研究作为其重要的任务。在双方的协议中对中国文化研究有明确的规定:"关于中国文化的研究方向,准备把经费首先资助那些课题,如中国文学、艺术、历史、语言、哲学和宗教史。共同的任务是在激发美国人的兴趣和利用近代批评手段来鼓励在中国的东方问题研究。"④美国设立这样的机构不是临时性的,不是仅仅为了让美国学者学学汉语,"而是首先保证在哈佛大学的西方学者和北京大学的研究者,为传播与保持中国文化而进行研究"⑤。学社最初设立时也有这样的想法,如司徒雷登曾认为,设立这个机构的目的就是"用西方研究外国文明的仪器设备和技术,去帮助中国人研究他们自己的文化,同时也帮助美国人学习中国文化,以便在他们的同胞中传播"⑥。后来哈佛的教授们在对中国做了访问后,开始从国家的利益考虑这个问题,如学者所说"20世纪初年,甲骨文的发现和部分敦煌经卷被劫夺到西方,刺激了西方汉学的发展,

①　在 20 世纪上半叶的汉学研究中类似哈佛燕京学社这样重要的研究机构还有在中国的《中德学志》、《华裔学志》、中法汉学研究所等,这里我们只选取哈佛燕京学社,其余不再展开论述。

②　美国在二战后关于中国的研究得到迅速发展,在中国典籍的翻译上取得了十分显著的成绩,关于这点我们只能在本书的文献一章中加以展开,从目录学的角度做一点评。

③　杰西·卢茨著,曾钜生译:《中国教会大学史》,浙江:浙江教育出版社,1987 年;司徒雷登著,程宗家译:《在华五十年——司徒雷登回忆录》,北京:北京出版社,1982 年;陈观胜:《哈佛燕京学社与燕京大学之关系》,张树华:《哈佛燕京学社及其引得编纂处》,两文俱载《燕大文史资料》第三辑。又见张寄谦:《哈佛燕京学社》,载章开沅主编:《中西文化与教会大学》,武汉:湖北教育出版社,1991 年,第 138~163 页。郝平:《无奈的结局》,北京:北京大学出版社,2002 年;《燕大文史资料》1~10 辑。

④　张寄谦:《哈佛燕京学社》,载章开沅主编:《中西文化与教会大学》,武汉:湖北教育出版社,1991年,第 141 页。

⑤　同上。

⑥　司徒雷登著,程宗家译:《在华五十年——司徒雷登回忆录》,北京:北京出版社,1982 年,第 58 页。

但美国在汉学研究上远远落后于法国。哈佛文理学院院长摩尔（Clifford H. Moore）当时曾说，哈佛'对亚洲研究的兴趣日益增长'。一些哈佛教授则认为中国文化的研究将对哈佛的亚洲研究有很大的帮助"①。而当时中国的非基督教运动也促使当时的教会大学非常关注中国文化的教育，教会大学许多方面比一般的民办或官办的大学做得还要好，司徒雷登也认为："加强中国学研究，是和中国的民族主义者取得一致立场的最佳途径。"②这样双方一拍即合，在中国文化的研究上取得了共识，从而开启了美国中国学研究的新阶段和中国典籍翻译的新局面。哈佛燕京学社的第一任社长是俄罗斯汉学家、伯希和的高足叶理绥（Serge Elisséeff，1889—1975），他于1934年正式就任，在哈佛大学哈佛燕京学社主任位置上做了23年。他对推动美国汉学的建立，建立美国汉学和欧洲汉学之间的学术联系发挥了重要的作用。③

我们从两个方面来研究哈佛燕京学社在推动中国典籍英译方面的成就。

（3）哈佛燕京学社来华美国汉学家们在中国典籍翻译和研究上的成果

哈佛燕京学社成立后所开展的重要活动就是双方互派研究生或访问学者，促进对中国文化的研究，美国方面在哈佛燕京学社的资助下，先后有一批青年学者被派到中国学习，这些人以后都成为美国中国学研究的骨干力量。他们是魏鲁男（James Roland Ware，1901—1977）、毕乃德（Knight Biggerstaff，1906—2001）、舒斯特（Carl Shuster，1904—1968）、施维许（Franke Earl Swisher，1902—1975）、卜德（Derk Bodde，1909—2003）、顾立雅（Herrlee Glessner Creel，1905—1994）、戴德华（George Edward Taylor）、西克门（Laurence Sickman）、赖肖尔（Edwin O. Reischauer）、宾板桥（Woodbridge Bingham）、芮沃寿（Arthur Frederick Wright）、饶大卫（David Nelson Rowe）、倪维森（David Shepher Nivison）、费正清（John King Fairbank，1907—1991）。

这批学者在对中国典籍的翻译上颇有贡献，魏鲁男在1950年翻译了《论语》（*The Best of Confucius.* Translated from the Chinese），1955年又重新翻译了这

---

① 陶飞亚、梁元生：《〈哈佛燕京学社〉补正》，《历史研究》1999年第6期。
② 《司徒雷登致诺思信》，1927年3月31日，联档：334/5116，第112页，转引自陶飞亚、梁元生：《〈哈佛燕京学社〉补正》，《历史研究》1999年第6期。
③ 阎国栋：《俄国流亡学者与哈佛燕京学社——读叶理绥俄文日记与书信》，载朱政惠主编：《北美中国学的历史与现状》，上海：上海辞书出版社，2013年，第514~528页。

本书,改名为《孔子语录》(*The Sayings of Confucius*),1968 年和 1980 年又以《论语》(*Confucius*)为名出版,他 1963 年还翻译了《庄子语录》(*The Sayings of Chuang Chou*),1966 年发表了《公元 320 年中国的炼丹术、医学和宗教:葛洪的内篇》(*Alchemy, Medicine and Religion in the China of A.D 320 : The Nei p' ien of Ko Hung*),这是当时英文学术界对《抱朴子内篇》最早最完备的译本,1981 年在纽约再版。毕乃德从哈佛大学毕业后,1928 年从父亲那里借了 1000 美元来到北京华北协和语言学校(North China Union Language School)学习语言,一年后他在北京成功地申请上首批美国派往中国学习的哈佛燕京学社的名额,1934 年在哈佛大学完成了自己的博士论文。1934—1936 年他又返回中国读博士后,1937 年后到康奈尔大学开创了该校的中国研究,1944—1945 年是美国国务院中国问题专家。他代表性的成果是《中国近代最早的官办学校》①,通过详尽的史料,研究了早期洋务运动的江南制造局福州船政学堂和晚清同文馆这些机构的外语教育展开的历史。他在文献翻译与介绍上的贡献主要是 1936 年他和邓嗣禹合著的《中国文献选编题解》(*An Annotated Bibliography of Selected Chinese Reference Works*),这是继伟烈亚力的《中国文献提要》出版后,西方汉学界第二本关于中国文献书目性著作。这本书于 1936 年出版,1950 年、1971 年两次再版,一直是 20 世纪前半叶西方汉学界的必读书,这本书中国古代文献的翻译占据了重要的位置。②

　　施维许是 1931—1934 年哈佛大学哈佛燕京学社的来华研究生,1941 年获得博士学位。他的主要作品是《中国对美夷的处理:中美关系研究,1841—1861》③、

① *The Earliest Modern Government Schools in China*, Ithaca, N.Y. : Cornell University Press, 1961.

② 毕乃德的主要代表著作有:*The change in the attitude of the Chinese government toward the sending of diplomatic representatives, 1860–1880*, Cambridge, Mass. : Harvard University, 1934; *The Far East and the United States*, Ithaca, N.Y. : Cornell University Press, 1943; *China : revolutionary changes in an ancient civilization*, Ithaca, N.Y : Cornell University Press, 1945; *Abridged historical atlas : a selection of historical maps from Atlas of world history*. ed. by Robert Roswell Palmer; contributing editors Knight Biggerstaff (et al.), New York, N.Y. : Rand McNally & Co., 1965; *Some early Chinese steps*, San Francisco, Calif. : Chinese Materials Center, 1975; *Nanking letters, 1949*, Ithaca, N.Y. : Cornell University, China-Japan Program, 1979; *Teng, Ssu-yü; Biggerstaff, Knight. An Annotated Bibliography of Selected Chinese Reference Works. Compiled by Ssu-yü Tang and Knight Biggerstaff*, Peiping : The Harvard-Yenching Institute, 1936. Rev. ed., Cambridge : Harvard University Press, 1950, 3rd ed.

③ *China' s Management of the American Barbarians : A Study of Sino-American Relation, 1841–1861*, New Haven : Yale University Press, 1953.

《共产党中国和国民党中国》、《在美的中国代表人物》、《评〈乾隆朝英使马嘎尔尼勋爵使华日记,1793—1794〉》①。在《中国对美夷的处理:中美关系研究,1841—1861》一书中也介绍和翻译了近代中国历史的部分重要历史文献。

卜德1909年生于上海,1919—1922年一直随父母在中国生活。1930年进入哈佛大学学习中文,并于1931—1937年作为哈佛燕京学社的学生来到中国。1937年他前往莱顿,师从著名汉学家戴闻达,并于1938年拿到了博士学位。1938—1949年回到美国宾夕法尼亚大学当讲师,开创了宾夕法尼亚大学的汉学研究。1948—1949年他又作为富布莱特基金学者来到北京。1950—1957年他一直担任宾夕法尼亚大学的汉学教授。1968—1969年担任美国东方学会的主席。1968—1971年同时担任美国亚洲研究学会主席。1974—1975年他来到英国和李约瑟(Joseph Terence Montgomery Needham,1900—1995)合作写作《中国科学技术史》的第7卷。卜德1985年被授予亚洲研究协会杰出学者奖。

卜德一生著作等身,其中对中国古代文化典籍的翻译和研究是他学术研究的重要内容。他的汉学研究的第一件事就是翻译《燕京岁时记》这本书。这是一本记录风物民俗的书,一年365天从新年开始逐日介绍各种节日、庙会、食物、游戏以及有关的名胜古迹,作者为满族人富察敦崇(礼臣),写于1900年,出版于1906年。显然,这是一本供民间使用的介绍风俗的书籍,虽然谈不上是中国文化的正典,但翻译这样的书对西方人了解中国民众的日常生活是很实用的。② 卜德所翻译的中文著作中在中国最有影响的是他1948年来北京时翻译冯友兰的《中国哲学史》和《中国哲学简史》,后来他在《冯友兰与西方》一文中说,这个译本在西方汉学系和哲学系一直是必读之书。③

对中国典籍的重视、对中国典籍翻译的重视还表现在他的学术创新上,最典

① 孙越生主编:《美国中国学手册》,北京:中国社会科学出版社,1993年,第431~432页。

② "1961年北京出版社根据原刻本重新标点排印出版(与清初潘荣陛的《帝京岁时纪胜》合为一册),这就是我们现在看到的通行版本。……在初版问世近三十年后,香港大学出版社于1965年推出了《燕京岁时记》英译的第二版,其后又于1968年和1987年两次重印这一版本。"见顾钧:《卜德与〈燕京岁时记〉》,载《民俗研究》2011年第3期。

③ Derk Bodde ed,*A Short History of Chinese Philosophy.By Fu Yu-lan*.New York:Macmillan,1948;*History of Chinese Philsophy*,*vol.* Ⅱ:*The Period of Classical Learning*(*from the second century B.C to the twentieth century A.D.*),By Fung Yu-lan.Translated by Derk Bodde,with introduction,notes,bibliography and index.Princeton:Princeton University Press,1953.

型的就是关于《论语·子罕》篇中孔子一句话的翻译。"子罕言利与命与仁",无论是古代的何晏、朱熹,还是西方著名的汉学家理雅各,都将词句中"与"作为连词"和"来理解,显然,这样的理解与孔子的整体思想是不符合的,孔子以仁为本,以命为天,怎能"罕言"闭口不谈呢? 年仅 23 岁的卜德在 1933 年 12 月《美国东方学会学报》(*Journal of American Oriental Society*)第五十三卷第四期上发表了《论语中使人困惑的一句》(*A Parplexing Passage in the Confucian Analects*),提出这里的"与"不应作为连词来理解,而应作为动词来理解,他"找到了一位知音——宋代学者史绳祖,他在《学斋占毕》一书中举了《论语》里四个'与'作为动词的例子……在此基础上史绳祖给出了自己对'子罕言利与命与仁'的独到见解:'盖子罕言者,独利而已,当以此句作一义。曰命曰仁,皆平日所深与,此句别作一义。'参考史绳祖的意见,卜德认为这里的'与'应该是'许'——'认同'的意思。根据这一理解,他把这句话翻译成:The Master rarely spoke of profit. But he gave forth his ideas concerning the appointments of Heaven, and also gave forth his ideas concerning perfect virtue."[1]顾钧对卜德的中国经典翻译的研究说明,汉学家在中国经典的理解上也会有新的发现,尽管他的这个看法来自史绳组,但他能不随何晏、朱熹的传统解释,能在前人基础上加以重新阐释,这说明他对经典解释的熟悉和学术上的创新。

卜德不仅翻译了近代中国文化的文献和著作,同时,对中国古代的文化也有深入的研究,这样对中国古代文化典籍的翻译自然成为其重要的工作。1938 年至 1940 年他先后出版了两部关于中国先秦史的研究著作,一部是《中国的第一个统治者:通过对李斯生活的探究展开的对秦朝的研究》[2],另一部是《中国古代的一位政治家,爱国者和将军》[3]。在这两部书中他对《史记》的部分内容作了翻译,特别是《中国古代的一位政治家,爱国者和将军》一书对《史记》中的吕不韦、荆轲、蒙恬的内容作了翻译,卜德成为西方汉学史上继沙畹后翻译《史记》的又一

---

[1] 顾钧:《"子罕言利与命与仁"的英译问题》,《读书》2013 年第 2 期。

[2] *China's first unifier:a study of the Ch'in dynasty as seen in the life of Li Ssu*(*280? -208 B.C.*),Leiden:E. J. Brill,1938,Diss.Univ.Leiden,1938,Hong Kong:Hong Kong University Press,1967.

[3] Ssu-ma,Ch'ien,*Statesman*,*patriot*,*and general in ancient China:three Shih chi biographies of the Ch'in dynasty*(*255-206 B.C.*).Translated and discussed by Derk Bodde.New Haven,Conn.:American Oriental Society,1940.

人。因为沙畹的译本并不是一个全译本,卜德的译本就比较有价值,这或许是他以后被英国汉学家崔瑞德(又译为杜希德,Denis Twitchett,1925—2006)和鲁惟一(Michael Loewe,1922—?)邀请加入《剑桥中国史》编写计划的《剑桥中国秦汉史》写作的原因。如他在第一章中所说:"本书将批判性地列举主要的史料和近代研究著作。在这里只提一下:最重要的单项史料是司马迁的不朽的《史记》,此书包括从远古传说时代至公元前100年前后的全部中国历史。"①他在这一章中引用了自己对《史记》人物的翻译。

　　而他的《古代中国的神话》和《中国的超自然志怪故事:干宝及其〈搜神记〉》则是将《艺文类聚》《绎史》《山海经》《左传》《淮南子》《国语》《楚辞》等古代文献中的神话传说和记录翻译成英文,并对其作学术性的研究和解释。他还翻译评介了一些传说故事和仙话,例如《印度魔术师》《蚕茧娘娘》《四川的长臂巨猿》等。卜德对中国古代神话的研究,他所提出的中国"神话历史化"(Euthemerization)和中国神话的"零星碎片"观点,对后来的西方汉学界的中国神话研究产生了影响。②

　　另外,他和莫里斯合作的《中华帝国的法律》③,是继斯当东后对中国法律西译的又一部重要著作。作者从清代案例汇编《刑案汇览》中精选出190例,对这些案例进行翻译,然后是分析和评议。卜德认为,这些案例"非常客观地描绘了一幅中国社会的实际图画。这些案例所展示的情况与中国哲学家对其祖国所作的描述实在有天壤之别",此书在西方汉学史上具有重要的学术地位,卜德通过这本书

———————

① [英]崔瑞德、鲁惟一编,杨品泉等译:《剑桥中国秦汉史》,北京:中国社会科学出版社,1992年,第33~34页。

② 参阅[俄]李福清著,马昌仪编:《中国神话故事论集》,北京:中国民间文艺出版社,1988年;李福清:《古典小说与传说:李福清汉学论集》,北京:中华书局,2003年。

③ [美]D.布迪、C.莫里斯著,朱勇译:《中华帝国的法律》,南京:江苏人民出版社,2003年。这里的D.布迪就是卜德。

向西方世界介绍了一个具有自己独特特点的中国法律系统。①

卜德还有一些重要的著作,这里不再一一介绍。

顾立雅1929年在芝加哥大学获得哲学博士,经劳费尔的推荐,1931—1935年他作为哈佛燕京学社研究员来华进修,在华期间正值中研院考古所的董作宾等人在安阳小屯进行长达十年的考古,顾立雅也几次前往安阳并和董作宾结下了长期的友谊。与此同时,他又跟北平图书馆金石部主任刘节学习研究甲骨文、金文等古文字,这些都对他以后的学术发展产生了重要的影响。他的《中国的诞生:中国文明成型期的研究》(*The Birth of China:A Study of the Formative Period of Chinese Civilization*)实际上就是他在北京期间发现的新材料的一个总结,此后发表的《中国古代文化研究》(*Studies in Early Chinese Culture:First Series*)进一步奠定了他在美国汉学乃至整个西方汉学的地位。因为,他所依据的文献和材料都是中国考古的新发现,这在以往西方汉学界对中国早期文明的研究中是没有的。顾立雅从研究中国早期文明开始他的学术生涯,以后他逐步拓宽自己的学术研究领域,在儒家研究、道教研究、中国古代政治制度研究等多方面取得了引人瞩目的成就。1975年钱存训先生和美国汉学家芮效卫(David. T. Roy)"共同邀请世界各国学者撰写有关先秦及汉代哲学、文学、历史、考古等专题论文十六篇,编成《古代中国论文集》一册,为他祝寿,以表扬他一生对中国文化教学、研究和培植人才所做出的贡献"②。

_____

① "清代案例汇编"包括《刑案汇览》《续增刑案汇览》和《新增刑案汇览》,这是一部浩大的案例汇编集,其作者鲍书芸、祝庆祺和潘文舫都有在刑部任职或者在地方做幕僚的经历,所选案例数量大、范围广,分类也十分详细。……阅读这些案例时所产生的那些鲜活的感觉与历史教科书给我们的那种历史厚重感与时空距离截然不同。案例所载的许多社会事件在我们当下的现实生活中依然时有发生,不断重现。如果能够以社会学的视角对案例加以对比分析,或许通过历史的明镜,我们对自身所处的社会将有一个更加客观、清醒的认识。由于其编撰者主要是从律法的角度对犯罪事实、犯罪过程和判罚结果进行陈述和记载,因而大多数案例在文字上非常简练,并且多有省略。对于经验丰富的法官来说,这种简练的文字已足以说明案情事实;但对于社会学研究来说,从这些简短的文字中了解案件的真实情况就有很大的困难,因为它们常常着眼于法律条文而隐没了具有重大社会学和心理学意义的事实。"选自杨松:《伦理情境下的博弈、仪式与象征:关于清朝中晚期士绅和庶民生活的个案研究》,见《社会》总第244期,2005年6月。

② 钱存训:《美国汉学家顾立雅教授》,《文献》1997年第3期。参阅钱存训:《留美杂忆:六十年来美国生活的回顾》,合肥:黄山书社,2008年;蒋向艳:《美国汉学家顾立雅的汉学研究》,《枣庄师范专科学校学报》2002年第1期。

　　从中国典籍的翻译角度看,顾立雅有较大的贡献,他 1937 年出版的《中国古代文化研究》"对其中所引用的原始文献以及考古资料都曾详加考订,如甲骨文的引证、《诗经》《商颂》和《今文尚书》中若干篇章的阐释、夏代及史前的探索,以及对商代种族、地理、文化等问题的商讨,都收入他的《中国古代文化研究》第一集,为研究中国古代史各个专题的重要参考资料"①。他的《申不害:公元前 400 年的中国政治家》(*Shen Buhai:a Chinese Political Philosopher of the Fourth Century B.C.*)一书则考证了申不害各类遗存的文献,对其做了详尽的考证,文献涉及《群书治要》《意林》《长短经》《唐宋白孔六帖》《初学记》《艺文类聚》《太平御览》《六臣注文选》《北堂书钞》《孔子集语》《说郛》等多种文献,对这些文献做了翻译并放于书后的附录之中。在西方汉学史上这是最早的对申不害文献的翻译与研究。顾立雅这种将翻译与研究混为一体的研究方法在他的多部著作中都有体现,例如关于道教的研究《何为道教及关于中国文化史的其他研究》(*What is Taoism and Other studies in Chinese Cultural History*)、儒家的研究《孔子与中国之道》(*Confucius and the Chinese way*)都是将翻译和研究融为一体,对文献做深入的校正。《孔子与中国之道》后所附的《论语的可靠性》就是他这种写作风格的一个典型体现。所以,我们在讨论顾立雅对中国古代文化典籍的翻译时必须将他的研究著作纳入其中一并考虑。

　　其实,不仅仅是要考虑其研究著作,就是顾立雅所编写的汉语教材也应该列入我们的研究之列,钱存训先生在谈到顾立雅时说,为了做好汉语教学他编了一本《归纳法中文文言课本》(*Literary Chinese by the Inducting Method.* Vol.Ⅰ: *Hiso Ching*,1948;Vol.2: *Selections from the Lunyu*,1939;Vol.3: *The Mencius.* University of Chicago,1952),在这套教材中他"将书中单字,以甲骨文、金文、说文、通行书体及

---

① 　钱存训:《美国汉学家顾立雅教授》,《文献》1997 年第 3 期。

其读音、部首、英文释义,逐一加以解释,再分别举例,以示每字的用法"①。表面上看这是一套汉语教材,实际上是集语言、思想及历史于一体的中英文对照读本,用教材的形式翻译了中国典籍。

在这批来华的哈佛燕京学社的研究生中还有大名鼎鼎的费正清、史华慈等,对于他们每个人在美国汉学史的地位与贡献在这里不再一一展开,从一个机构的角度来看,哈佛燕京学社的这批来华青年汉学家成为美国汉学发展的第一批栋梁

① 钱存训:《美国汉学家顾立雅教授》,《文献》1997 年第 3 期。这里我们列出顾立雅的代表性著作:

1.*Sinism :A Study of the Evolution of the Chinese World-view.*(Chicago, Ill.:The Open Court Publishing Co., 1929).Univ.of Chicago.

2.*On the Nature of Chinese Ideography.*(Leiden :E.J.Brill, 1936)(Tirage à part de T'oung pao;vol.32, livr.2−3)

3.*Studies in Early Chinese Culture:First Series.* (Baltimore, Md.:Waverly Press, 1937)(American Council of Learned Societies' studies in Chinese and related civilizations;no 3)

4.*The Birth of China:A Study of the Formative Period of Chinese Civilization.*(New York, N.Y.:Reynal, 1937)

5.*Literary Chinese by the Inductive Method.* Prepared by Herrlee Glessner Creel;ed.Chang Tsung-ch'ien, Richard C.Rudolph.Vol.1−3.(Chicago :University of Chicago Press, 1938−1952)(Rev.and enl.ed., 1948−1952) Vol.1 :The Hsiao ching(Xiao jing).Vol.2 :Selections from the Lun-yü(Lunyu).Vol.3:The Mencius, books 1−3(Mengzi).

6.*Newspaper Chinese by the Inductive Method.*Ed.by Herrlee Glessner Creel, Teng Ssu-yü.(Chicago, Ill.:University of Chicago Press, 1943)

7.*Translations of Text Selections and Exercises in Newspaper Chinese by the Inductive Method.*Prepared by Herrlee Glessner Creel and Têng Ssû-yü; assisted by Chou Nien-tz'u.(Chicago, Ill.:University of Chicago Press, 1943)

8.*Confucius:The Man and the Myth.*(New York, N.Y.:John Day, 1949)(Publiziert unter dem Titel *Confucius and the Chinese way.*New York, N.Y.:Harper, 1960)

9.*Chinese Thought, from Confucius to Mao Tse-tung.*(Chicago:University of Chicago Press, 1953)(Mao Zedong)

10.*Chinese Civilization in Liberal Education:Proceedings of a Conference, Held at the University of Chicago Nov.28, 29, 1958.*Ed.by Herrlee Glessner Creel.(Chicago, Ill.:University of Chicago, 1959)

11.*Confucius and the Chinese way.*(New York, N.Y.:Harper, 1960)(Harper Torchbooks; 63)

12.*The Origins of Statecraft in China.*(Chicago, Ill.:University of Chicago Press, 1970)

13.*What is Taoism? and Other Studies in Chinese Cultural History.*(Chicago :University of Chicago Press, 1970)

14.*The Western Chou Empire.*(Chicago, Ill.:University of Chicago Press, 1970)(The origins of statecraft in China; 1)(Zhou)

15.《儒家学说与西方民主》(台北:文史哲出版社, 1973); *Confucius:The Man and the Myth*, New York, N.Y.:John Day, 1949;*Confucius and the Chinese Way*, New York, N.Y.:Harper, 1960.

16.*Shen Buhai:A Chinese Political Philosopher of the Fourth Century B.C.*, Chicago:University of Chicago Press, 1974.

之材,费正清执教于哈佛大学、毕乃德执教于康奈尔大学、顾立雅执教于芝加哥大学、卜德执教于宾夕法尼亚大学、戴德华执教于华盛顿大学。在一定意义上可以说,没有这批哈佛燕京学社早期的来华留学生,就没有美国今天的中国学的繁荣。本书的主题是中国古代文化经典的外译,就此而言,这批青年汉学家在这方面有两个方面的贡献值得注意:

第一,他们接续了欧洲汉学的传统,推进了中国文献的翻译与研究。美国早期的"微观汉学"研究为美国汉学的发展奠定了基础。20 世纪 20 年代哈佛燕京学社的这批学者尚未崭露头角,但他们继承了"微观汉学"的传统,从上面的介绍中可以看到,像他们的老师一样,在文献的翻译、典籍的研究上下了功夫,取得了一些成就。以往在谈到这一点时讲他们与前辈的汉学家的不同点多,没有注意他们之间的学术传承,这种传承就是对中国典籍文本的翻译研究,这种语文学的传统,在他们身上仍然存在。说美国中国学与欧洲汉学传统没关系的学科观点,显然是不对的。当然,这种治学的传统也和他们在北京期间与中国学者的交往,受到中国学者的关心和帮助是分不开的,例如蒋廷黻对费正清的帮助。

第二,哈佛燕京学社的学者开始从传统汉学的研究转向现当代中国的研究。从哈佛燕京学社的学术传统来看,它的学术重点仍在以中国人文历史为内容的传统汉学研究,但以费正清为代表的这批哈佛燕京学社的来华青年学者,在中国的实际生活中他们的学术兴趣发生了变化,在其后来的学术生涯中他们的学术兴趣更多转向近现代中国的研究。

(4)哈佛燕京学社赴美中国学者在中国典籍翻译和研究上的成就

哈佛燕京学社成立后的一个重要决定就是在接受美国来华的青年汉学家以外,还接受中国研究生申请,依照燕京研究院标准来加以审核,学社提供奖学金,成绩优异的学生可去哈佛大学攻读博士,如历史学的齐思和(致中)、翁独健、王伊同、蒙思明、杨联陞、邓嗣禹等;考古学的郑德坤;日本文化与佛学的周一良;佛学与印度语言的陈观胜等。奖学金计划包括每年中文及历史系等文科研究生,可申请攻读学位或继续研究工作,款项足够包括学费、膳宿费及零杂费用。① 以往在谈到美国汉学的发展时很少有人注意到前往美国去的哈佛燕京学社的青年学

---

① 　张凤:《哈佛燕京学社 75 年的汉学贡献》,《文史哲》2004 年第 3 期,第 59~69 页。

者在中国文化典籍翻译和中国文化传播上的贡献。其实，他们也是 20 世纪上半叶在美国传播中国文化、介绍中国文化典籍的一支重要的学术力量。我们仅以杨联陞、洪业等人为例来说明这一点。

　　杨联陞先生于 1940 年在美国汉学家贾德纳（Charles Sidney Gardner）的邀请下来到美国哈佛大学读书，1942 年得到了哈佛燕京学社的奖学金继续他的学业。杨先生在 20 世纪 50 年代是撑起美国汉学界半边天的人，他在中国经济史、中国制度史、宗教史考古和艺术等诸多研究领域都有很高的成就，胡适称其为"最渊博的人"，哈佛燕京学社的社长、汉学家叶理绥（Serge Elisséeff, 1889—1975）称其为"最杰出的中国史学家"。杨先生在中国典籍翻译上的代表作是他的博士论文《晋书食货志译注》①，他的《中国货币与信贷简史》②、《汉学散策》③在美国中国学界和整个西方汉学界都很有影响。余英时在谈到杨联陞对美国汉学研究的贡献时说："我个人认为杨先生对于西方汉学界的最大贡献毋宁在于他通过各种方式——课堂讲授、著作、书评、学术会议、私人接触等——把中国现代史学传统中比较成熟而健康的成分引进汉学研究之中。"④如果将杨联陞的学术成果放在当时以费正清为代表的美国汉学家的研究转向，即从传统汉学研究转向近现代以中国研究为主的中国学研究的大的学术背景下考察，他的价值就很突出。萧公权后来在《问学谏往录》中说，当时的很多美国年轻的中国学家，急于发表文章，在学术上往往"断章取义"，这些做法受到了杨联陞的批评，也正因为如此，余英时说："由于杨先生存在，西方汉学界在 50、60 年代减少了许多像魏复古那样把'浮云'当作'树林'的事例，弭患于无形，这是他对汉学的一种看不见的贡献。""事实上，杨先生所接受的西方汉学主要在技术的层面，他真正继承并发扬的是 20 世纪在中国发展起来的文史研究的传统……他不但把中国新兴的史学传统带进了西方

①　Yang, Liensheng, "Notes on the Economic History of the Chin Dynasty," *Harvard Journal of Asiatic Studies* Vol.9, No.2（Jun.1946）, pp.107-185.

②　Yang, Liensheng, *Money and Credit in China*, Cambridge：Harvard University Press, 1952.

③　Yang, Liensheng, *Excursions in Sinology*, Cambridge：Harvard University Press, 1969.关于杨联陞的中文著作参阅《中国制度史研究》，南京：江苏人民出版社，2007 年；《国史探微》，台北：联经出版事业公司，1983 年；《中国文化中报、保、包之意义》，香港：香港中文大学出版社，1987 年；《杨联陞文集》，北京：中国社会科学出版社，1992 年。

④　余英时：《钱穆与中国文化》，上海：上海远东出版社，1994 年，第 173 页。

汉学界,而且继续在西方开拓这一传统。"①正是因这些学术贡献,杨先生于1965年荣获"哈佛燕京学社中国历史讲座教授"的称号,从而证明了他在20世纪前半叶的学术地位。

洪业(号煨莲)先生是燕京大学史学的开创者,也是哈佛燕京学社的创始人、中国近代史学的重要代表人物。他所建立的哈佛燕京学社引得编纂处在20世纪是著名的学术研究机构,从1930年到1951年前后历时20年,共编辑出64种引得(Index 索引),81册。这套"汉学引得丛刊(*Harvard-Yenching Institute Sinological Index Series*)"包括综合引得41种、特刊引得23种,除中国文献的引得外,还包括《日本期刊三十八种东方学论文篇目附引得》《一百七十五种日本期刊东方学论文篇目附引得》。哈佛燕京学社引得在中外学术界产生了长远的影响,余英时先生认为洪业与顾颉刚代表了"五四"以来中国史学界的一个主流,即史料的整理工作。②

洪业先生也是哈佛燕京学社中美学者交流计划的推动者,1946年他应邀赴美讲学后就一直在美国高校任教,1947—1948年担任哈佛大学东亚语文系客座教授,1948—1963年从夏威夷大学退休。他在美国也发表了一系列的英文著作和论文③,对美国汉学的研究做出了贡献,其中在中国古代文化典籍外译上的突出成就就是在1952年哈佛大学出版的《杜甫:中国最伟大的诗人》(*Tu Fu: China's greatest poet*)④,"此书于一九五二年由哈佛大学出版社出版,中外有关杜甫的著述,士林推为权威之作"⑤。洪业先生晚年居住在哈佛大学附近,他"在康桥的生活是平静朴检的:研究、写作,偶而作点学术演讲,而且义务辅导学生。好几代哈佛研究中国文学历史的学生陆续发现康桥有这位学问渊博的学者,像一座宝矿任

---

① 余英时:《中国文化的海外传介》,王元化主编:《钱穆与中国文化》,上海:上海远东出版社,1994年,第172页。

② 余英时:《顾颉刚、洪业与中国现代史学》,《中国史研究动态》1981年第8期,第16~19页。参阅马学良、李伟:《哈佛燕京学社汉学引得丛刊的文献学价值与思想》,《河北大学学报》(哲学社会科学版)2010年第2期。

③ 《〈蒙古秘史〉源流考》,《哈佛亚洲学志》14.3-14.4,1951年,第433~492页;《钱大昕题元史三诗的英译和注释》,《哈佛亚洲学志》19,1~2,1956,6 第1~2页;《关于唐开元七年(719)的一次史籍争论》,《哈佛亚洲学志》,20.1~2,1957,6 第74~134页。

④ 洪业著,曾祥波译:《杜甫:中国最伟大的诗人》,上海:上海古籍出版社,2012年。

⑤ 王仲翰、翁独健:《洪煨莲先生传略》,《文献》1981年第4期。

他们挖掘。他虽没有正式地位审查考试,但无数的博士论文在他的指导下完成"①。

王伊同是哈佛燕京学社留学计划的成员,1944年留学哈佛大学东亚语文系,获哲学博士学位。后去芝加哥大学、威斯康辛大学、哈佛大学、哥伦比亚大学、匹兹堡大学等校执教。终为匹兹堡大学荣誉退休教授。他在魏晋南北朝研究上卓有成就,著有《五朝门第》《南朝史》《王伊同学术论文集》等,他译有《洛阳伽蓝记》(*A Record of Buddhist Monasteries in LoYang*, Translate by Yi-tong Wang, Princeton University Press, 1984)。②

郑德坤,燕大学子,在燕大期间在顾颉刚和洪业指导下完成《水经注》的研究论文,作为哈佛燕京学社的中国留学生,1941年提交了《四川史前考古》(*Prehistoric Archaeology of Szechuan*, Dekun Zheng, Harvard University, 1941)的博士论文,并在剑桥大学出版社出版,被学界称为"四川考古学之父"。

邓嗣禹,燕大学子,1932年燕京大学毕业后,作为哈佛燕京学社成员,师从费正清,于1942年获博士学位,后长期任教于美国印第安那大学,并被哈佛等名校聘为客座教授。他的《中国考试制度史》③、《中国考试制度西传考》为重要著作。1936年他与毕乃德合著有《中国文献选编题解》,20世纪前半叶他和费正清在《哈佛亚洲研究》发表的一些论文,如《论清朝文书的传递》《论清朝文书的类别和应用》《论清朝外藩的朝贡制度》④都是涉及清朝历史文献和政治制度史研究的重要文章。邓嗣禹的一系列论文,例如《太平天国起义的新见解》《太平天国起义与捻军运动》《清朝政治制度》《太平天国起义史编纂》《太平天国起义和西方政权》,以及和费正清合著的《中国对西方的反应》,对美国中国学的发展有着重要的作用。

---

① [美]陈毓贤:《洪业传》,北京:北京大学出版社,1995年,第163页。
② 参阅《周一良致王伊同信》,《清华大学学报》(哲学社会科学版)2005年第1期。文中周一良提到在1980年前王伊同就出版了《洛阳伽蓝记》英文版的译本,并赠送给他,1981年5月28日信中提到王的译稿,由此,王伊同的译稿出版应该在1984年前。但一般仍认为是1984年出版,参阅大中华文库《洛阳伽蓝记》英译前言。
③ 邓嗣禹:《中国考试制度史》,长春:吉林出版集团有限责任公司,2011年。
④ 1968年他们将这三篇著作刊印成单行本,以《清朝的行政:三篇论文》为题出版(John King Fairbank Ssu-yu Teng. *Ch'ing Administration: Three Studies*, Cambridge, Mass.: Harvard University Press, 1968)。

他写过一篇短文,学界很少注意,题目是《中国学术世界化》,他在文中提到了西方汉学界对中国典籍的翻译,提醒中国学术界要注意在世界范围内展开中国学问的研究,注意汉学家的成果,这些意见十分重要,对我们今天的研究仍有意义。他说:

中国重要的问题,同时也是世界的问题,中国学术,同时也是世界学术的一部分。这是尽人皆知的。要想解决中国重要的问题,首先或同时要将世界的问题得到合理的解决。要想中国学术世界化,首先要了解世界学术的趋势,然后我们才知道努力的目标,与世界学术并驾齐驱,方能将中国学术发扬光大。

所谓中国学术世界化者,有两种可能的解释。第一,是将中国学术传播于世界,使世人对于中国文化发生景仰。第二,是用世界的科学知识,学术潮流,研究中国文化,使中国人于本国文化的研究,不致落在外国人对我们文化的研究之后。这两种解题,本文都可以包括,但着重点是在后一种。

……我们中国人所自豪的,是能够很彻底的了解中文,而辜鸿铭翻译的四书,反赶不上理雅各及苏慧廉(Soothhill)等人的译品;中国人翻译的唐诗,反而比不上从未来过中国的韦利的译品。然伯希和与韦利等人,还可以说是精通中西文字,其作品之优胜,使我们望尘莫及,在我们看来,还可聊以自慰。即不懂中文的赖德烈所作的《中国史》(*The Chinese, their History and Culture*)似乎比一般的中国历史课本还要好。现在中国重要的经史文哲等典籍已多半译成西文了,所以不懂中文的洋人也可以利用翻译作品写文章,研究中国学问;仿佛不懂梵文的人,可以利用佛藏研究佛理一样。至于近代中国的历史外交,政治经济,恐怕西方文字的记载,比中国文字还要多,甚至还要可靠一点,因为他们有言论及出版的自由。

所以现在研究中国学术,国学固须有根底,而英法德俄日意等国的文字,亦须精通一二种,当然是多多益善,凡是研究那一个时代的东西,如史前史、秦汉史等,或研究某一部门的学问,如音韵学、外交史、舆服、音乐等等,西洋人的著作,也须加以涉猎,然后能截长补短,发扬光大。

因此,简单地说,中国学术世界化,是要首先虚心,多学外国语言,多利用外人对我国学术的研究,我们更进一步,考核原著,发挥心得,使国人对本国文化的研究,不致瞠乎外人之后,而外人方能引用中国人的著述,尊重中国的学者,发扬中国的学术,因而提高国际地位。否则我们虽自夸为四千年的文明古国,为礼义廉耻之邦,而外国人到中国来,并看不出多少文明,多少礼义廉耻的观念。第二,我们要多翻译外国人有价值的著作,使不懂西文的人们,也能够知道外国人研究的结果。①

从这里可以看出邓先生长期在美国汉学界工作,熟悉西方汉学界历史,因而提出的建议十分中肯。他的这段话告诫我们:一是要重视西方汉学界,不要认为中国的学问只有中国人能做,只有中国人做得好;二是要知道,中国的古代文化典籍大部分已经有了翻译文本,外国人可以用这些翻译文本做学问了;三是要做好西方汉学名著的翻译工作。这三点建议至今仍是很有价值的。

1950年后哈佛燕京学社的中国留美学者留在美国工作的有"陈观胜、房兆楹、杜联喆、刘子键、邓嗣禹、王伊同等,都在美国各大学任要职"②。

哈佛燕京学社的这些留学生心中很清楚,"在正常情况下,人文学者出国深造之后总是愿意回到自己本土的学术环境中去工作,一方面可以更新本土的研究传统,另一方面也可以使个人的长处发挥得更充分。在抗日战争之前,中国文史学界虽然承认西方的'汉学'有它的重要性,但同时终不免把'汉学'看作边缘性的东西。因此第一流中国文史学者都宁可在国内发展自己的研究传统,也不肯长期留居西方做'汉学家'"③。但由于历史的原因,这批学者留在了美国。这样我们可以看到,在20世纪前半叶的美国汉学研究中,哈佛燕京学社的中国学者做出了特殊的贡献。在以往的美国中国学历史研究中对于他们的贡献没有给予充分重视,这是很遗憾的。应充分认识到这批学者在美国汉学发展历史中的作用,在中国古代文化在西方传播的特殊价值。

其一,从晚清开始,中国学者开始登上中国古代文化典籍外译的历史舞台。这个破冰者就是晚清中国驻法的外交官陈季同。"从1884年发表第一篇西文作

---

① 黄培、陶晋生编:《邓嗣禹先生学术论文选集》,台北:台湾食货出版社,1980年,第387~388页。
② [美]陈毓贤:《洪业传》,北京:北京大学出版社,1995年,第169页。
③ 余英时:《中国文化的海外媒介》,载《钱穆与中国文化》,上海:上海远东出版社,2012年,第171页。

品开始,到 1904 年最后一部著作出版,20 年间,陈季同以 Tcheng Ki-Tong 这一西文拼写名字在西方文坛声名鹊起。在清末文人中,几乎没有人比陈季同在西方更引人注目。陈的著作有英、德、意、西、丹麦等多种文字的版本,但实际上除中文外,他只用法文写作,其他西文作品都译自法文。"①虽然陈季同和辜鸿铭一时影响巨大,但都昙花一现,后继无人。哈佛燕京学社的这批中国学者不仅仅是继承了陈季同和辜鸿铭的中译外事业,更重要的是他们学在美国,工作在美国,开始正式进入美国的大学教育体制著书立说。显然,这和以外交官的身份或中国幕僚的身份从事外文写作有所不同。这是 20 世纪中国古代经典外译的一个重大特点,中国学者登上了历史舞台。

其二,他们更注重对中国文献的翻译与研究,直接继承中国史学的传统。经由他们翻译的这些中国经典至今仍是美国乃至整个西方在研究中国历史文化时的必读书。他们的学术存在使美国汉学的发展更为健康,像上面我们提到的杨联陞先生被称为"东方伯希和",他对美国汉学家学术中的不足的批评,使美国的青年汉学家更为谨慎。② 例如,对于美国中国学发展过于迅猛所产生的问题,杨联陞先生给予了严厉的批评。"尤其是美国中国学研究学者重于现代中国研究而割断历史、无视古今联系的实用主义研究态度,以及预设理论再以资料加以填补的随心所欲的研究方法,更是杨联陞所不能容忍的。"③邓嗣禹在协助费正清的教学过程中先后编辑出版了《中国参考著作叙录》《清朝文献介绍提要》《中国对西方的反应:文献通考,1839—1923》《中国对西方的反应:研究指南》,他翻译的中国著名历史学家李剑农的《中国近代政治史》成为美国研究生的必读书。在一定意义上可以说,费正清取得显著学术成就的一个重要原因,就是有了邓嗣禹这样的学生和合作者。

其三,他们保持住了哈佛燕京的学术传统,在美国对中国的研究从传统汉学研究的路径到现代中国学研究路径中,后者越来越强大,但是如果没有坚实的汉学研究的传统是很难做好近现代中国研究的。在这个转变中以杨联陞为代表的华裔学者对这个传统的坚持起到了重要的作用,如余英时所说:"最后,这批哈佛

---

① 李华川:《晚清一个外交官的文化历程》,北京:北京大学出版社,2004 年,第 55 页。
② 实际上由于当时美国的政治和文化情景,不少中国学者并未受到应有的尊重。
③ 刘秀俊:《"中国文化的海外媒介":杨联陞学术交往探要》,山东大学博士论文,2010 年。

燕京学社的赴美学者在日后不仅成为近代中国学术发展的骨干和脊梁,而且留在美国的杨联陞等人又培养出一批新的像余英时、杜维明这样的华裔汉学家,从而继续推动着美国对中国历史文化的研究。"①

正如吴原元所说,这批赴美的华裔汉学者,在赴美前大都在国内接受过较为系统的学术训练,到美后虽然失去了在中国社会中所有的支援系统,但却得到了美国的研究环境,更重要的是熟悉了解了西方的学术方法和范式。由此,他们在美所从事的中国文史研究,一方面是将在中国比较成熟的文史研究移植于美国,但另一方面他们的中国文史研究中也留下了深深的西方学术方法的烙印。作为既接受过中国和西方学术训练,同时且为这一代华人学者,他们在美从事的中国文史研究,毫无疑问是美国汉学的重要组成部分,对于美国汉学的发展以及美国的中国研究发挥着重要影响,起着不可替代的作用。②

哈佛燕京学社在20世纪上半叶的美国汉学发展史中起着重要的作用,它奠定了美国中国学研究的基础,开启了美国汉学界对中国典籍的翻译之路,同时也开启了中国学者翻译中国古代文化典籍,进入西方汉学界之门。

2.人物——20世纪西方汉学三大翻译家之一:卫礼贤

(1)卫礼贤中国经典翻译年表

卫礼贤,一位具有传奇色彩的德国同善会(General Evangelical Protestant Missionary Society,Weimar Society)③的传教士,年轻时受到德国伟大作家黑塞(Hermann Hesse,1877—1962)影响,黑塞称之为德国当时"最开明的、与教会格格不入

---

① 哈佛燕京学社在1936年创建了《哈佛亚洲研究》,这份刊物成为美国中国研究的重要学术期刊,特别是在20世纪上半叶这份刊物发表了大量的关于中国古代文化经典的翻译和研究型论文,因为篇幅原因,这里不做展开。

② 吴原元:《华人学者对美国汉学的影响与贡献——以20世纪40年代赴美华人学者为例》,载朱政惠主编:《北美中国学的历史与现状》,上海:上海辞书出版社,2013年,第296~312页。

③ "德国、瑞士等国牧师组成的国外布道差会,1884年成立于德国魏玛,故又名魏玛会。1898年德国占领胶州湾后,德皇传谕在青岛给予基督教会和天主教会传教基地各一块,该会遂派德国传教士花之安到青岛,企图建立教会,花之安翌年病亡后,又派德国传教士卫礼贤到青岛。该会以开办学校和医院为主,传教次之。1903年,在青岛开设礼贤书院,后建淑范女校、美懿书院、中德大学和华德医院。另在高密、济宁各设医院一处。1935年在青岛武定路建一小礼拜堂,每次聚会有二三十人。1941年青岛教会转由瑞士同善会代表黎义德负责,德国同善会代表苏保志分管礼贤中学,法国同善会代表安丽分管华德医院。该会1899年有传教士5名,传教点1处。1910年有传教士8名,学校5所,在校学生159名。1920年有传教士6名,学校3处,在校学生47名。"http://www.infobase.gov.cn/bin/mse.exe?K=a&A=79&rec=179&run=13.

的基督信奉者"。光绪二十三年(1897)山东德国传教区发生教案,为此德国强迫清政府签署了《胶澳租借条约》①,由此,德国"租借"胶州。1899 年德国同善会开始在德国招收中国的传教士,卫礼贤报名,并被选中。1899 年卫礼贤抵达青岛,开始了他在中国长达 22 年的生活。卫礼贤到青岛第二年,发生了高密事件。②由于他的周旋和协调,事件得到处理,他获得了山东政府的邀请,授予他"道台"。辛亥革命以后,晚清不少遗老来到青岛,在这里他不仅结识了京师大学堂总监督劳乃宣,开始了《易经》的翻译工作,而且结识了辜鸿铭、康有为等中国文化的著名保守主义思潮的代表人物。显然,这样的文化交往加深了他对中国传统文化的认识与理解,也促进了他的翻译事业。随着第一次世界大战的爆发,德国失去了胶州半岛的殖民地,1920 年卫礼贤结束了他第一次的来华生活,回到了德国。1921 年年底他又被柏林的外交部任命为德国驻中国大使馆的科学参赞,再次来到中国。这次他在中国虽然只有 2 年时间,但却丰富了他对中国的认识,在北京期间他开始和新文化运动的领袖们交往,开始和中国学术界的领袖们交往。蔡元培、胡适、梁启超、王国维、罗振玉、张君劢都成为他的座上客。显然,这段经历和他在青岛的经历形成了他对当代中国的完整记忆,并对他以后在德国的汉学生涯产生了持续的影响。

由于卫礼贤的中国典籍翻译在德国已经产生了较大的影响,1922 年法兰克福大学授予他荣誉博士。1923 年,他离开中国回到德国就任法兰克福大学汉学教授,开始了他的汉学生涯。有了这个舞台,卫礼贤在传播中国文化上更加得心应手,他成立了法兰克福汉学研究所(das Frankfurte China-Institut),1925 年研究所开幕时,外交部、普鲁士文化部、法兰克福市市长、法兰克福大学及中国驻柏林的公使馆官员和各个赞助团体(其中有科隆东亚博物馆、人类学协会和汉堡东亚协会)的代表在开幕式上致辞。③ 以这个研究所的名义,他先后邀请了蔡元培、胡

---

① 参阅余文堂:《普鲁士东亚的远征和〈中德天津条约〉的谈判与签订(1859—1862)》,载《中德早期关系史论文集》,台北:稻乡出版社,2007 年。

② 苏位智:《传教士·公正舆论·教案:由义和团时期的卫礼贤所想到的》,载孙立新、蒋锐主编:《东西方之间:中外学者论卫礼贤》,济南:山东大学出版社,2004 年。

③ 吴素乐(Ursula Ballin)著,任仲伟译:《卫礼贤——传教士、翻译家和文化诠释者》,载[德]马汉茂、汉雅娜、张西平、李雪涛主编:《德国汉学:历史、发展、人物与视角》,郑州:大象出版社,2005 年,第 479~480 页。

适、伯希和等中国和欧洲的研究中国的学问家来法兰克福讲学,他接着创办了
Sinica 和 *Chinesisch-deutscher Almanach* 学术刊物,使它们成为当时德国最有影响的
中国研究学术期刊。此时,卫礼贤的学术生涯走到了顶峰,他的影响已经远远超
出了汉学研究这个狭小的天地,从而在德国思想文化界产生了广泛的影响,荣格
(Carl Jung,1875—1961)成为他的朋友,黑塞成为他精神的阐发者,当然这些成就
也遭到了一些专业汉学家的嫉妒。1930 年 3 月 1 日卫礼贤走完了他生命的历程,
享年不到 57 岁。

　　理雅各、卫礼贤、顾赛芬三人被称为 20 世纪上半叶的西方三大汉学翻译家。
应该说,这个评价对卫礼贤来说是合适的,可以说,他一生对中国文化研究的成就
主要表现在他对中国经典文献的翻译上。

　　1902 年他在上海的德语画报上发表了他的第一篇译作《三字经》。①

　　1904 年他发表了自己的第一篇论文《孔夫子在人类杰出代表中的地位》。

　　1906 年他在《传教信息与宗教学杂志》第 21 卷的第 6 期上发表了《〈三国演
义〉三国故事选译》。这是他对中国古代小说翻译的初次尝试。

　　1910 年在他来到中国 10 年后开始出版了他的第一部中国经典的翻译著作
《论语》②;在卫礼贤这个译本前 100 年也有一个《论语》的译本,但内容已经陈旧
了,而他的这个译本人们认为"也超过了理雅各译本"③。

　　1911 年他将辜鸿铭的《中国对欧洲思想的抵抗》从英文翻译成了德文。④

　　1911 年他翻译了《道德经》,开始把老子的思想与生平介绍给德国的读者。⑤
"在所有的译本中,他的译本后来也许产生了最广泛的影响,其印行数量达到

---

① 《三字经》,载《远东》,1902 年第 2 期,第 169~175 页。

② Kung-futse.*Gespräche*(*Lun yü*).Aus dem Chinesischen verdeutscht und erläutert von Richard Wilhelm.
(Jena:Diederichs,1910).这一年他还写了《中国的学术和西方学术的区别》一文。(Wilhelm,Rich-
ard.*Unterschied der westlichen und der chinesischen Wissenschaft*.Bd.45 1910).

③ 孙立新、蒋锐主编《东西方之间:中外学者论卫礼贤》,济南:山东大学出版社,2004 年,第 15 页。

④ Ku,Hung-ming(Gu,Hongming).*Chinas Verteidigung gegen europäische Ideen:Kritische Aufsätze*.Hrsg.mit
einem vorw.von Alfons Paquet;Übersetzung von Richard Wilhelm,Jena:Diederichs,1911.Übersetzung
von Ku,Hung-ming(Gu Hongming).*The Story of a Chinese Oxford Movement*,Shanghai:Shanghai Mercu-
ry,1909.(2nd ed.with letter from Chinese official to German pastor,and appendices.1912).

⑤ *Laotse*,*Tao te king*:*das Buch des Alten vom Sinn und Leben*.Aus dem Chinesischen verdeutscht und
erläutert von Richard Wilhelm,Jena:Diederichs,1911.

14000 册。"①

1912 年他翻译并出版了《庄子南华真经》和《列子的太虚真经》两本书。② 花之安也翻译了《庄子》,但很可惜一直未能出版,卫礼贤的这本《庄子》译本应该说是德语区的第一个译本。

1914 年他从中国的《聊斋志异》《今古奇观》《三国演义》《东周列国志》《封神演义》《西游记》和《搜神记》中翻译汇集成了《中国的民间童话——世界文学中的童话第 2 编:东方童话》③,这一年他还翻译了儒家的重要典籍《孟子》④。花之安博士也翻译了《孟子》的部分章节,并以《道德基础上的国家学说》为名出版,卫礼贤这个译本出版后,在德国《孟子》的全译本就有了。

1920 年他翻译出版了《大学》。这个译本在青岛完成,仅有 23 页,并未公开出版。

1921 年出版了《东方之光》⑤,还翻译出版了《中国的神仙书》。

1922 年他以歌德的一组关于中国诗歌的名字为名,翻译出版了中国的诗歌和民歌,即《中德四季四时之歌》⑥,这一年他还出版了后来在欧洲产生重大影响的《中国人的生活智慧》⑦。

1923—1924 年他出版了一生翻译事业中影响最大的译著《易经》,这是他用了近十年的时间完成的一部经典翻译名著,也是他在青岛时和劳乃宣合作的一个产物。译本发表后受到学术界的高度评价,法国汉学家伯希和专门写文,给予高

① 孙立新、蒋锐主编:《东西方之间:中外学者论卫礼贤》,济南:山东大学出版社,2004 年,第 16 页。

② Dschuang Dsi.*Das wahre Buch vom südlichen Blütenland*:*Nan hua Dschen Ging*.Aus dem Chinesischen verdeutscht und erläutert von Richard Wilhelm,Jena:Diederichs,1912.

　　Wilhelm,Richard.*De-Ying-Hua-Wen ke-xue Zidian* = *Deutsch-Englisch-Chinesisches Fachwörterbuch*.Tsingtau:Deutsch-Chinesische Hochschule,1912.

③ *Chinesische Volksmärchen*,Übersetzt und eingeleitet von Richard Wilhelm.Jena:Diederichs,1914.

④ *Mong Dsi*(*Mong Ko*),Aus dem Chinesischen verdeutscht und erläutert von Richard Wilhelm,Jena:Diederichs,1914.

⑤ Wilhelm,Richard.*Licht aus Osten*.In :Genius.Buch 1,1921.

⑥ *Chinesisch-Deutsche Jahres-und Tageszeiten*:*Lieder und Gesänge*.Verdeutscht von Richard Wilhelm,Jena:Diederichs,1922.

⑦ Wilhelm,Richard,*Chinesische Lebensweisheiten*,Darmstadt :Otto Reichl,1922.

度评价。"这部译著确立了他在德语界的声望,并使他死后在国际上名声大震。"①这本书的翻译过程完全和一般人所想的常规翻译过程不同,卫礼贤自己写道:"我们进行着细致的工作。他(年迈的劳乃宣)用汉语讲解文章的内容,我做笔记。然后我把记录翻译成德语。接着我再脱离书本把我的德语译文翻回到汉语,由他检查我是否准确理解了所有的内容。再下来,还要对德文译文做一些修辞处理并讨论其细节。然后我还要对其进行三到四遍修改,并附上最重要的评论。翻译就是这样进行的。"②

1925 年在斯图加特出版了附孔子画像的关于孔子生平和思想的著作《孔子——生平与事业》,从而走出了《论语》译本,在更为广阔的文化空间对孔子做了介绍。③ 这一年他还出版了附有老子画像的《老子与道教》一书,介绍了老子的书和道教的思想。④

1925 年他在柏林出版了带有自传性质的《中国精神》。⑤

1926 年 他出版了《中国文学》。⑥ 这是德国汉学史上第一部系统介绍中国文学的著作。卫礼贤返回德国后所翻译的第一部著作《黄河精灵——中国的民间童话》,收于《克兰茨文库》第 66 册,迪斯特维克出版社,1926 年。

1927 年出版了介绍中国音乐的书《中国音乐》,从耶稣会士钱德明介绍中国音乐后西方汉学家关心这个领域的人不多。这一年他组织了法兰克福中国研究

---

① 在卫礼贤生前,荣格的学生 Cary F. Baynes 就把卫礼贤的这个译本译成英文,荣格写了前言,1951 年在美国和英国正式出版,不久这个英文本就被译成荷兰和意大利语,1956 年被译成葡萄牙语,1968 年又被译成法语,1969 年被译成西班牙语。时至今日,《易经》的英语版已经出版了无数次,参阅吴素乐(Ursula Ballin)著,任仲伟译:《卫礼贤——传教士、翻译家和文化诠释者》,载[德]马汉茂、汉雅娜、张西平、李雪涛主编:《德国汉学:历史、发展、人物与视角》,郑州:大象出版社,2005 年,第 477~478 页。

② 孙立新、蒋锐主编:《东西方之间:中外学者论卫礼贤》,济南:山东大学出版社,2004 年,第 18 页。Richard Wilhelm. *I Ging*, *Buch der Wandlungen*, *aus dem Chinesischen Verdeutscht und erläutert*. Jena 1924.后来在荣格的建议下,在拜恩斯(Cary F. Baynes)女士的努力下,卫礼贤的《易经》德文版被翻译成了英文版,1950 年在美国普林斯顿大学出版社分两卷出版,第二年在伦敦又出了英文版。后来在 1967 年出版第三版时将两卷本合为一卷本,卫礼贤的儿子卫德明增加了序言并加了书目索引。

③ Wilhelm, Richard, *Kung-Futse: Leben und Werk*, Stuttgart : Frommann, 1925.

④ Wilhelm, Richard, *Laotse und der Taoismus*, Stuttgart : Frommann, 1925.

⑤ Wilhelm, Richard, *Die Seele Chinas*, Berlin: Reimar Hobbing, 1926.

⑥ Wilhelm, Richard, *Die Chinesische Literatur*, Wildpark-Potsdam: Akademische Verlagsgesellschaft Athenaion, 1926.

所的业余戏剧爱好者排演了他翻译的一部中国戏剧《假新郎》。"据卫礼贤的夫人回忆,演出取得了巨大的成功。在欧洲舞台上,由当地演员演中国戏而取得成功,笔者不知是否有先例。"①这个剧本实际上是个改编本,"一部分取材于《水浒传》'花和尚大闹桃花山'一章,一部分取材于《今古奇观》'乔太守乱点鸳鸯谱'。……把两个故事,一处取一半,凑合起来,就成了《假新郎》一本戏剧"②。

1928年是他著述最丰厚的一年,这一年他不仅翻译出版了《吕氏春秋》(这本书在西方汉学上很少有人涉及。这个译本是较早的译本)③,同时他的学术视野也在扩大,写作出版了《中国文化史》《孔子与儒家》《东亚、中华文化圈的形成与变迁》。他的这些著作的出版表明已经不能将其简单地定位于翻译家,而是一位有深厚学养的汉学家。④其中《中国文化史》也是德国历史上的第一本,虽然只写到了明代,但能这样宏观地描述和介绍中国文化已经很不容易了。而《东亚、中华文化圈的形成与变迁》一书显示了卫礼贤宽阔的学术视野,这本书不是那种考据性的著作,而是一种大视角的描写,"最大限度地展现了卫礼贤把握历史发展主线并将其归结于文化哲学与世界政治展望的卓越天赋"⑤。这一年他的自传体著作《中国精神》在纽约出了英译本,这表明卫礼贤的学术影响开始走出德语区。

1929年他和荣格共同出版了《金花的秘密:中国生命之书》⑥,这是他们长期交往的一个结晶,1927年荣格结识卫礼贤后就发现他翻译的《易经》中有和自己思想暗合的内容,当1928年卫礼贤将自己翻译的中国典籍《长生术》寄给荣格时,"荣格从中发现了自己1913年以来形成的'集体无意识'的假说得到了

① 杨武能:《卫礼贤与中国文化在西方的传播》,载张良春:《国外中国学研究》第一辑,桂林:漓江出版社,1991年,第159页。

② 陈铨:《中国纯文学对德国文学的影响》,台北:学生书局,1971年,第13页。

③ *Chunqui-Frühling und Herbst des Lü Bu We.* Aus dem Chinesischen übersetzt und erläutert von Richard Wilhelm, Jena: Diederichs, 1928.

④ Wilhelm, Richard, *Geschichte der chinesischen Kultur*, München: F. Bruckmann, 1928. Wilhelm, Richard, *Kung-tse und der Konfuzianismus*, Berlin: de Gruyter, 1928. Wilhelm, Richard, *Ostasien: Werden und Wandel des chinesischen Kulturkreises*, Potsdam: Müller & Kiepenheuer, 1928.

⑤ 孙立新、蒋锐主编:《东西方之间:中外学者论卫礼贤》,济南:山东大学出版社,2004年,第22页。

⑥ *Das Geheimnis der goldenen Blüte: ein chinesisches Lebensbuch.* Übersetzt und erläutert von Richard Wilhelm; mit einem europäischen Kommentar von C(arl)G(utav)Jung, München: Dornverlag, 1929.

印证"①。

1930 年,在他去世的这一年,出版社又出版了他所翻译的中国重要的文化经典《礼记——大戴和小戴的礼仪书》,其中包含了《大学》与《中庸》的译本。② 这一年还出版了他的《中国经济心理》和《花笺记》的译本。③

尽管卫礼贤在 1930 年去世,但在德语世界,他的著作仍在不断地出版,这说明了他的学术的生命力。1940 年出版社出版了他翻译的中国的重要典籍《孝经》,这也是在德语世界的第一次翻译。④ 1956 年他的儿子卫德明(Helmut Wilhelm,1905—1990) 整理出版了他在 1914 年至 1915 年所翻译的《孔子家语》。⑤

卫礼贤一生勤勉,笔耕不止,真可谓著作等身,尽管我们以上列出了卫礼贤如此多的著作,实际上他在一些杂志上发表的众多的学术论文和短文,其中也涉及对中国文化典籍的翻译,例如,1904 年他就发表了《被抛弃者——〈诗经〉节译》《中国的儒教》等一系列关于中国文化的论文。至今这些仍未集合成书,他死后

---

① 参阅吴素乐(Ursula Ballin)著,任仲伟译:《卫礼贤——传教士、翻译家和文化诠释者》,载[德] 马汉茂、汉雅娜、张西平、李雪涛主编:《德国汉学:历史、发展、人物与视角》,郑州:大象出版社,2005 年,第 481 页。布雷斯劳:《中国哲学》(附 15 幅临摹画和 1 幅插图),希尔特出版社,1929 年,第 128 页。琼·约书亚译,莱昂内尔·翟尔斯作导论:《中国文化简史》(英译本),伦敦:海洛普出版社,1929 年,第 284 页。

② *Li Gi*,*das Buch der Sitte des älteren und jüngeren Dai*;*Aufzeichnungen über Kultur und Religion des alten China*.Aus dem Chinesischen verdeutscht und erläutert von Richard Wilhelm,Jena;Diederichs,1930.

③ Richard,Wilhelm,*Chinesische Wirtschaftspsychologie*,Leipzig;Deutsche Wissenschaftliche Buchhandlung,1930.Richard,Wilhelm,*Chinesisches*;*Gedichte hundert schöner Frauen*,*von Goethe übersetzt*.In;Chinesisch-deutscher Almanach für das Jahr 1929/30.

④ *Hiau ging*;*das Buch der Ehrfurcht*.Aus dem Chinesischen verdeutscht und erläutert von Richard Wilhelm;neu hrsg.von Hellmut Wilhelm,Peking;Verlag der Pekinger Pappelinsel,1940.

⑤ Richard,Wilhelm,*Der geistige Mittler zwischen China und Europa*.Hrsg.von Salome Wilhelm;mit einer Einleitung von Walter F.Otto,Düsseldorf;Diederichs,1956.*Kungfutse Schulgespräche(Gia Yü)*,Aus dem Chinesischen verdeutscht und erläutert von Richard Wilhelm;aus dem Nachlass hrsg.von Hellmut Wilhelm,Düsseldorf;E.Diederichs,1961.

也留下了一大批手稿至今尚未整理出版。① 研究20世纪上半叶的中国典籍西译史,研究德国汉学史,卫礼贤是一座绕不过去的高峰。②

我们可以从以下三个方面来评价卫礼贤在中国典籍翻译上的特点。

(2)卫礼贤的中国经典翻译开创了德国汉学的新篇章

德国汉学的发展在欧洲是比较落后的,英国汉学不如法国汉学,德国汉学不如英国汉学,尽管贾柏莲(Hans Georg Conon von der Gabelentz,1840—1893)在1878年已经作为东亚语言的副教授,但此时汉学仍拘泥于语言学系之中,真正独立出来是1909年在汉堡设立了一位汉学教授。此时理雅各开创的牛津汉学研究已经近30年。1932年孔好古(August Conrady,1864—1925)刚刚接手莱比锡汉学系教授职位,1933年纳粹就夺权成功,一时间"'狭隘的畛域之见,血腥与傲慢使汉学这一学科遭到了灾难性的打击',大学里正在逐步形成的这一学术专业明显

---

① *Liä Dsi :das wahre Buch vom quellenden Urgrund ;Tschung hü dschen ging ;die Lehren der Philosophen Liä Yü Kou und Yang Dschu.* Aus dem Chinesischen verdeutscht und erläutert von Richard Wilhelm, Jena: Diederichs, 1911.

　　Richard, Wilhelm, *De-Ying-Hua-Wen Ke-xue Zidian = Deutsch-Englisch-Chinesisches Fachwörterbuch*, Tsingtau: Deutsch-Chinesische Hochschule, 1912.

　　Richard, Wilhelm, *Der Lauschan*. Nach chinesischen Quellen bearbeitet; mit einem Beitrag von H (ans) Wirtz, Tsingtau :(s.n.), 1913.

　　Mong Dsi(Mong Ko), *Aus dem Chinesischen verdeutscht und erläutert von Richard Wilhelm*, Jena: Diederichs, 1914.

　　Richard, Wilhelm, *Aus Tsingtaus schweren Tagen im Weltkrieg*, Berlin :Hutten-Verlag, 1914.

　　Richard, Wilhelm, *Tsingtau und unsere Zukunft in China*, Görlitz :Hoffmann, 1915.

　　Pekinger Abende ;vertrauliche Mitteilungen. Von Richard Wilhelm. Bd.1-2.(Peking).

② 参阅2002 Leutner, Mechthild, *Kontroversen in der Sinologie :Richard Wilhelms kulturkritische und wissenschaftliche Positionen in der Weimarer Republik*, In :Berliner China-Hefte, Nr.23。笔者1994年在德国做学术访问,为了查找当年卫礼贤带回德国的书籍,笔者专程到法兰克福大学汉学系,访问了当时的汉学系主任——华裔学者张聪东教授,他告诉笔者二战时法兰克福被炸,中国研究所的书籍烟消云散。笔者当时非常惆怅。接着笔者又访问了当时的波鸿大学汉学系,汉学家马汉茂(Helmut Martin)接待了笔者,并详细给笔者介绍了他们的"卫礼贤翻译中心"的学术计划,马汉茂实际上是卫礼贤学术理想的继承者,他始终将翻译作为汉学研究的基本工作,他所翻译的李渔作品、毛泽东作品、邓小平作品、台湾文学等至今仍是德国汉学的重要学术遗产。笔者至今仍记得在他家中与他的太太廖天琪,他的同事傅熊(Bernhard Fuhre)、汉雅娜(Christiane Hammer)一起谈论卫礼贤的翻译的场景。如今,张聪东教授和马先生都已驾鹤西去,廖天琪已到美国生活,傅熊到英国SOAS工作,波鸿大学汉学系的"卫礼贤翻译中心"也不知是否存在,往事如烟。2010年笔者又到法兰克福大学汉学系访问,现今的汉学系主任是笔者的朋友阿梅龙,当谈起卫礼贤时,他告诉笔者,当年卫礼贤建立的"中国研究所"现在重新开始活动,由他在具体负责,并且已经将Sinica全部做成了电子版放在网上。看来德国汉学界并未忘记卫礼贤,他的事业在继续着。

倒退"①。夏德（Friedrich Hirth，1845—1927）、劳费尔（Bernthold Laufer，1874—
1934）等先后到了美国，这样我们看到其实在 20 世纪的前半叶，德国汉学研究的
力量主要在美国和中国。②

　　此时，德国汉学界从事中国典籍翻译的人寥寥无几。19 世纪时，老硕特（Wil-
helm Schott，1794—1865）在 1826 年出版了《中国的智者孔夫子及其弟子们的著
作》，《论语》作为第一卷出版。③ 20 世纪上半叶，在对中国古典小说的翻译上值
得一提的是孔舫之（Franz Kuhn，1884—1961，又被不少学者译为"库恩"）。1923
年他出版了《中国智慧》（Chinesische Staatsweisheit），这实际是他对《古今图书集
成》和《通鉴纲目》等中国文献翻译作品的汇集。1926 年他出版的《中国中长篇小
说》（Chinesische Meisternovellen）翻译了《东周列国志》的部分内容。④ 孔舫之是一
位十分勤奋的译者，他先后还翻译了《二度梅》《今古奇观》《金瓶梅》《三国演义》

①　费丁豪（Helmolt Vottinghoff）著，韦凌译：《从德意志帝国到第三帝国之间的中国学》，载［德］马汉
　　茂，汉雅娜，张西平、李雪涛主编：《德国汉学：历史、发展、人物与视角》，郑州：大象出版社，2005
　　年，第 135 页。

②　参阅李雪涛：《汉学与国学之互动：论民国时期德国汉学界与中国学术界之互动》，载《日耳曼学术
　　谱系中的汉学：德国汉学之研究》，北京：外语教育与研究出版社，2008 年。

③　Khung-Fu-Dsü，*Werke des chinsischen Weisen Khung-Fu-Dsü und seiner Schüler*，Zum ersten Mal aus der
　　Ursprache ins Deutsche übersetzt，und mit Anmerkungen von Wilhelm Schott，Halle：Renger：Berlin：C.H.
　　Jones，1826—1832.Habil.Univ.Halle，1826.Erste Übersetzung des *Lun yu* ins Deutsche.在介绍中国典籍
　　上他的另一个贡献就是为克拉普洛特（Heinrich Julius Klaproth，1783—1835）的《汉–满手稿目录》
　　做了续编，《书房满汉书光录》（Schott，Wilhelm，*Verzeichniss der chinesischen und mandschu-tungusisch-
　　en Bücher und Handschriften oder Königlichen Bibliothek zu Berlin：eine Fortsetzung des im Jahre 1822 er-
　　schienenen Klaproth'schen Verzeichnisses*，Berlin：Druckerei der Königlichen Akademie der Wissen-
　　schaften，1840）。

④　Kuhn，Franz，*Chinesische Staatsweisheit*，Darmstadt：Otto Reichel，1923.Übersetzung von Teilen aus *Gu jin
　　tu shu ji cheng*，*Jun dao zhi dao* und *Tong jian gang mu.Chinesische Meisternovellen.Aus dem chinesischen
　　Urtext übertragen von Franz Kuhn*，Leipzig：Insel-Verlag，1926，Übersetzungen aus *Dong Zhou lie guo zhi*，
　　Jin gu qi guan.

等"中国古典小说、各式短篇小说集和晚清时期的多部长篇小说"①。显然,他的
兴趣在古典文学。

卫德明在《华裔学志》上发表一篇书目,对 1938 年来所作的汉学著作做了收
集。袁同礼在 1947 年《图书季刊》(*Quarterly Bullentin of Chinese Bibliography*)上发
表文章,对 1939—1944 年德国汉学家的著作做了梳理(见该刊第 7 卷,第 21～46
页,*Sinological Research Work in Free China During The War Period 1937-1945*)。

从这两个书目的统计可以看出,在 20 世纪上半叶,德国汉学界对中国经典的
翻译,无人能与卫礼贤相比。尽管孔舫之在中国典籍的翻译上也取得了不可小视
的成绩,但如果我们将两人相比,孔氏有两点是远远不如卫礼贤的。

首先,在翻译的严谨性上孔舫之完全无法与卫礼贤相提并论。卫礼贤对中国
经典的翻译十分严谨,最有代表性的是他对《易经》的翻译,先后历时十年。他在
翻译中与中国学者劳乃宣反复切磋。关于这个翻译的过程李雪涛有十分细致的
描写。② 尽管在这个翻译中劳乃宣对《易经》的理解有着重要的作用,但德文毕竟
是由卫礼贤完成的。《易经》德文本的翻译,卫礼贤做出了决定性的贡献。相反,

---

① 雷丹(Christina Nedel)著,李双志译:《对异者的接受还是对自我的关照?——对中国文学作品的
德语翻译的历史性量化分析》,载[德]马汉茂、汉雅娜、张西平、李雪涛主编:《德国汉学:历史、发
展、人物与视角》,郑州:大象出版社,2005 年,第 593 页。孔氏的代表性译著如下:

　　1927 *Die Rache des jungen Meh oder das Wunder der zweiten Pflaumenblüte*(*Örl tu meh*).Aus dem
Chinesischen übertragen von Franz Kuhn.Leipzig:Insel-Verlag,1927,Übersetzung von *Er du mei*.(Kuh)

　　1928 *Das Perlenhemd:eine chinesische Liebesgeschichte*.Aus dem Urtext übertragen von Franz Kuhn.
Leipzig:Insel-Verlag,1928,Übersetzung einer Novelle aus dem *Jin gu qi guan*.(Kuh)

　　1930 *Kin ping meh:oder,Die abenteuerliche Geschichte von Hsi Men und seinen sechs Frauen*.Aus
dem Chinesischen übertragen von Franz Kuhn.Leipzig:Insel-Verlag,1930.Teilübersetzung von *Jin ping
mei*.(Kuh)

　　1932(Cao,Xueqin).*Der Traum der roten Kammer*.Aus dem Chinesischen übertragen von Franz Ku-
hn.Leipzig:Insel-Verlag,1932.(*Jin ping mei*).(Eur)

　　1939 *Chin p'ing mei:the adventurous history of Hsi Men and his six wives*.With an introd.by Arthur
Waley;transl.by Bernard Miall and Franz Kuhn,London:J.Lane,1939.(*Jin ping mei*).(Eur)

　　1939 *Die dreistöckige Pagode:altchinesische Liebesgeschichten*.Deutsch von Franz Kuhn.Berlin:Dom-
Verlag,1939.Übersetzungen aus Luo,Guanzhong.*San guo zhi yan yi*,Li,Yu(1).*Shi er lou*,*Jin gu qi
guan* und *Xie di zi*.(Kuh)

　　关于孔氏作品的详细介绍参阅:*Dr.Franz Kuhn*(1884—1961):*Lebensbeschreibung und Bibliogra-
phie seiner Werke*.Bearb.von Hatto Kuhn;unter Mitarb.von Martin Gimm;Geleitwort von Herbert Franke;
mit einem Anhang unveröffentlicher Schriften,Wiesbaden:F.Steiner,1980.

② 参阅李雪涛:《〈易经〉德译过程与佛典汉译的译场制度》,《读书》2010 年 12 月。

我们看孔舫之的翻译,他对中国古典小说的翻译,改写成分很大,从而造成在文化理解上的一些问题。① 当然,我们可以说文学作品和哲学与历史作品有着重要的区别,因而在翻译上文学作品的翻译要适当地灵活些。但对结构的完全改写,对情节的根本调整则是不妥的。孔氏译著的这些特点受到了后来汉学家的批评。

卫礼贤和孔舫之两人作为20世纪上半叶德国对中国文化典籍翻译的两大家,由于翻译质量的差别,所造成的后果是完全不同的。卫礼贤的代表性著作不少被翻译成了英文、法文、西班牙文等多种西方语言,特别是他的《易经》译本,几乎成为西方语言翻译《易经》的标准本和底本,一部译著在如此多的国家被广泛采用、转译,说明卫礼贤的这个译本得到了西方汉学界的整体认同,同时也说明卫礼贤已经成为20世纪上半叶整个西方汉学界的最重要的翻译家之一。因而,卫礼贤是德国汉学界在20世纪上半叶的杰出代表。而孔氏的作品几乎没有其他语种翻译,他的影响局限在德语文化圈中,无法在整个西方汉学界产生影响。

另一方面,就在德国文化内部来说,卫礼贤的译本对20世纪初的德国文学产生了重要的影响,而孔舫之的德译本尚做不到这一点。傅海波从哲学的角度肯定了卫礼贤的价值,他说:"儒家和道家经典著作所反映的中国思想世界一般来说没有受到德国哲学界的重视,只有极少数哲学家在他们的著作里或课堂上多少提及一点中国哲学,有一阵子读书人对中国思想的兴趣变得浓厚起来,这首先要归功于卫礼贤。他在世纪之交作为新教传教士去中国,返回德国后越发感到传教士有利于传播中国文化。他那数不清的著作已经或多或少地把中国的形象印刻在德国读者的心中。卫礼贤的翻译作品从整个成就来看不会很快被超越,至今几乎还没有更新的中国古典哲学著作的德文本问世。"当代德国汉学家顾彬(Wolfgang Kubin)从文学的角度肯定了卫礼贤的价值,他说:"19世纪末,德国许多作家都是通过卫礼贤的翻译而得以认识中国的文学和哲学的,如马丁·布伯(Martin Buber)、德布林(Alfred Döblin)、霍夫曼斯塔尔(Hugo von Hofmannsthal)、艾伦斯坦(Albert Ehrenstein)……如果没有卫礼贤,我们很难想象上个世纪末的德国会有这样的文学。"②显然,孔舫之德译著的影响尚达不到这样的高度。关于这点我们下

① 参阅王金波:《弗朗茨·库恩及其〈红楼梦〉德文译本:文学文本编译的个案研究》,博士论文抽样本。

② 顾彬著,曹卫东编译:《关于"异"的研究》,北京:北京大学出版社,1997年,第50~51页。

面还要专门论述,这里只是指出这一点,揭示出卫礼贤和孔舫之的区别。

实际上,如果我们放开眼界,从整个欧洲汉学历史角度来考察卫礼贤的学术成就,我们就会得出一个新的结论:在 20 世纪上半叶由于卫礼贤的翻译和研究,大大提高了德国汉学研究在欧洲汉学界的地位,他本人也成为这一时期整个欧洲汉学的旗手。

当儒莲 1873 年去世后,欧洲汉学的学术旗手是理雅各。儒莲谢幕时卫礼贤刚刚诞生,理雅各 1897 年去世,5 年后卫礼贤发表了他的第一篇译文《三字经》,13 年后德文版《论语》出版,德国汉学的卫礼贤时代开始了。从整个欧洲汉学来说,沙畹 1918 年去世,20 世纪上半叶法国汉学的代表人物是伯希和。伯希和继承了沙畹的历史学和语文学传统,在中国历史研究上,特别是由于敦煌的发现,他在敦煌研究上取得很大的成绩,这使他成为 20 世纪西方汉学的明星。而卫礼贤和伯希和同一年诞生,伯希和重考据与研究,卫礼贤重翻译与研究,伯希和继承了沙畹的传统,卫礼贤则继承了理雅各的传统。如果说儒莲去世后由于理雅各的存在,英国汉学开始领跑于欧洲汉学研究,那么沙畹去世后,由于卫礼贤的存在,德国汉学进入欧洲汉学的前列,并由他和伯希和领跑 20 世纪上半叶的欧洲汉学,他们也成为这一时期西方汉学的领袖。

(3)理解性翻译是卫礼贤中国经典翻译的关键

卫礼贤是 20 世纪西方汉学界一个十分特殊的人物,其实他不仅仅在 20 世纪的西方汉学史上是个特殊的人物,在整个西方汉学的历史上也是仅有的一个另类性人物。这种特殊性表现在两个方面,其一是他的汉学成就始终得不到本土同时代汉学家的认可,他与德国汉学家的分歧揭示出他的文化立场的特殊性;其二是他对中国的理解与感情在西方汉学史上几乎是前所未有的,这是整个西方汉学史上一个十分特别的特例。如果这两点抓不住,我们就无法理解和评价卫礼贤在汉学史上的地位,就无法把握他对中国古代文化典籍西传的贡献。

我们先看第一点。从上面的研究我们可以看到在 20 世纪初的西方汉学历史上卫礼贤对中国经典的翻译地位是很高的。但德国当时的汉学家们对他的成就不予承认。对福兰阁(Otto Franke,1863—1946)这位外交官出身的汉学家来说,中国历史的逻辑要比思想的逻辑重要得多,他从欧洲民族国家的历史与政治学说出发,很难理解作为文明型国家的中国在几千年历史中思想融合的作用。因而他认为卫礼贤对孔子的评价太高,在他看来秦始皇在中国更为重要,因为一个民族的形成与国家政治体制的形成是很重要的。"今天的中国人在认识到他们的世界观错误后,也正在走上封闭的国家之路,走出儒家体系的废墟。"①如果说福兰阁对卫礼贤的争论还保留着一种学术的姿态的话,佛尔克(Alfred Forke,1867—1944)则是逢卫必反,卫礼贤每发表一篇文章,佛尔克就会发表一篇批评的文章②,卫礼贤倾注十年心血所翻译的《易经》,在佛尔克看来只是一本算命占卜的书,没有什么思想价值。平心而论,职业汉学家们对卫礼贤的批评也并非完全没有道理,卫礼贤的所有论文均没有职业汉学家那种考据的论证,没有一种细读文本的语文学传统,从形式上这是他们无法接受的。由于卫礼贤不是科班的汉学家出身,这种因学术风格上的不同而形成的分歧是很自然的。即便是在今天专做卫礼贤生平研究的德国汉学家吴素乐(Ursula Ballin),在她的文章中也常常表现出那种专业汉学家对卫礼贤的轻慢的态度。③

在当时的汉学家看来卫礼贤只是一个为大众阅读而写的关于中国文化的通俗写作者,尚称不上是一位专业汉学家。但当时在德国有关中国的经典绝大多数是他翻译的,不论是一般的学者还是专业的汉学家都要读他的译著。这种现象在学术上和文化上都是一个矛盾。专业汉学家们对卫礼贤的刻薄与不满并非是个人意气之争,它反映出欧洲东方学存在的内在矛盾,以及在认识中国之后,他们在对欧洲文化认识上的分歧。

实际上卫礼贤无论是作为专业的汉学研究者和翻译者,还是作为对德国大众的关于中国文化的通俗写作者,将这两个方面分开是不可能的,作为汉学家的卫礼贤和作为大众读物作家的卫礼贤是一个人。当代德国汉学家罗梅君(Mechthild Leutner)对当时德国汉学界与卫礼贤的分歧与争论做了系统的阐述,她从以下六个方面做了分析:"客观性与党派性之间的对立关系""中国研究的方法:霸权还是平等?""为同行还是为广大知识界进行知识生产?""汉学是语言学还是哲学-历史学?""翻译是'客观的'还是带有主观印记的文化传递过程?""孔子是积极的

---

① 转引自范劲:《卫礼贤之名:对一个边界文化符码的考察》,上海:华东师范大学出版社,2011年,第236页。

② 同上,第243页。

③ 参阅《卫礼贤:传教士、翻译家和文化诠释者》,载《德国汉学:历史、发展、视角与人物》,郑州:大象出版社,2005年。

还是消极的历史人物?"①。

罗梅君的研究说明当时德国汉学界在汉学研究中所谓的客观性反映了他们对中国文化从来没有一种理解性的立场,如卫礼贤所说:"今天的汉学家一直都还没有摆脱那种以自己的标准来衡量非基督教地区事物的陈旧的神学偏见。我一如既往地确信,要真正理解那些对我们来说十分陌生的现象,如孔子,只有在充满爱意并抱有无偏见的理解愿望的基础上才是可能的。"②无偏见和有偏见,同情性理解和所谓客观性理解,这种对立是整个19世纪至20世纪的西方汉学面对中国这种古老的文明时,面对尚在现代化道路上探索和挣扎的中国社会现实时,两种基本的态度。西方汉学的主流是偏见性的理解,即便他们在将中国作为客观知识的研究上有贡献,但对于生命的中国,对于当下的中国的感情大多数是麻木的,中国不过是他们研究和认识的一个对象而已,犹如考古学家案头的一件出土文物一样。研究的态度是极其认真的、一丝不苟的,但这个文物和他自己的情感是毫无关系的。

我们承认,在把中国的原有知识体系纳入西方近代知识体系的历史过程中,这些汉学家发挥了重要的作用,他们在中国文明和历史的知识体系的探索上也有长足的进步。在1905年废除科举考试后,中国的知识体系需要在新的框架下重新叙述,在新的方法下重新研究。此时的汉学家们对中国的近代知识体系和研究方法的转型起着桥梁性的作用。在这个意义上,爱德华·萨义德在《东方学》中认为西方的东方学完全是一种"集体想象",是一种毫无任何可信度的语言技巧,是一种没有任何客观性的知识。③ 这样的评价是片面的。他忽视了西方东方学是一种知识论和方法论相结合的学术,是一个具有二重性的学术。④

① 参阅孙立新、蒋锐主编:《东西方之间:中外学者论卫礼贤》,济南:山东大学出版社,2004年,第113~159页。

② 转引自孙立新、蒋锐主编:《东西方之间:中外学者论卫礼贤》,济南:山东大学出版社,2004年,第128页。

③ 爱德华·W.萨义德:《东方学》,北京:生活·读书·新知三联书店,1999年。

④ 参阅张西平:《对所谓"汉学主义"的思考》,载朱政惠主编:《北美中国学研究的历史与现状》,上海:上海辞书出版社,2013年,第454页。同时那种将萨义德的理论照搬到西方汉学研究上的看法也是偏颇的,那种提出国内从事汉学研究,介绍西方汉学的学术工作是"汉学主义",是自我殖民化的认识,更是缺乏对西方汉学历史的深入了解和对中国近代学术史的了解。学术界一些人跟着西方跑,拿来别人的主义和理论来套中国的现实,是缺乏独立的思考与分析的表现。

同时,我们也认同萨义德对西方东方学的文化立场的批判,应该看到在汉学研究中西方汉学家们那种对待中国的居高临下的态度实际上是一种文化的偏见,而他们所谓的客观研究有时也要打上很大的问号。例如,在 20 世纪初,德国政府为巩固自己在中国的利益,向汉学家们征求他们对中国的意见,1901 年李希霍芬(Ferdinand von Richthofen,1833—1905)在给政府的报告中恳切告诫政府以眼下的日本为前车之鉴,提防中国有朝一日也会利用新掌握的现代技术知识,将西方民族文化在世界市场上打得落花流水。他把这个危险视为对欧洲的最大威胁。[1]1903 年在是否于中国开设德语学校的问题上,德国政府又一次征求汉学家们的意见,这次是佛尔克。他和李希霍芬不同,主张在中国开办德语学校,他"认为建立德国学校可以促进德国的利益……他觉得应仿照法国的计划,将培训的重点放在传授贸易知识上。这样,首先会使得德国的工商业受益"。而后来的福兰阁在给德国海军部的报告中也是主张从德国与其他西方国家的势力竞争的角度来考虑问题的,如果德国不积极参与在中国的文化活动,德国在东亚地区的文化影响就会逐步丧失,就会变得无关紧要,继而为德国的贸易和经济带来不良的后果。这正如萨义德所称第一次世界大战结束时,欧洲殖民地覆盖了地球总面积的85%,"说现代东方学一直是帝国主义和殖民主义的一个组成部分,并非危言耸听"[2]。萨义德对西方东方学的批评虽然片面,但却道出了很多真理。

这说明卫礼贤与德国汉学家们的分歧中虽然有学术分歧的成分,但根本上是汉学研究的文化立场上的分歧,即是同情性的理解、平等的文化立场还是偏见性理解和殖民态度的文化立场之间的分歧。当卫礼贤将中国的古代诗歌翻译以《中德的四季与晨昏》命名时,不少汉学家大怒,中国的诗歌怎么能和歌德并驾齐驱呢? 当卫礼贤说:"在东方哲学体系和同时代的西方-希腊世界的智慧之间,存在着明显的一致,这种一致以惊人的方式表明,中国精神具有丝毫不比西方差的、高度的思想奔放性,只要它不被打入儒家学说的僵化桎梏之中的话。"[3]汉学家们认

---

①　罗斯维他·莱因波特(Roswitha Reinbothe):《德国对华文化政策的开端与德国汉学家的作用》,[德]马汉茂、汉雅娜、张西平、李雪涛主编:《德国汉学:历史、发展、人物与视角》,郑州:大象出版社,2005 年,第 164~175 页。

②　萨义德:《东方学》,北京:生活·读书·新知三联书店,1999 年,第 159 页。

③　转引自孙立新、蒋锐主编:《东西方之间:中外学者论卫礼贤》,济南:山东大学出版社,2004 年,第134 页。

为这是将东方和西方不加区别,东方怎能和西方并驾齐驱呢? 卫礼贤一派胡言,他在思想上的混乱到了极点。

因此,从文化立场的分歧与对立来理解卫礼贤与当时德国汉学界的分歧与论争是我们理解卫礼贤的一个重要入口,是我们把握他汉学成就的关键所在。

这样我们进入第二点,他对中国的理解与感情。他在什么样的立场和程度上理解中国? 他如何协调自己原有的文化背景呢?《中国心灵》是卫礼贤精神史的展示,他开宗明义,说:"我有幸在中国度过了生命中二十五年的光阴。像每一个在这块土地上生活了许久的人一样,我学会了热爱这个国家。"①这是一个立场的表达,接着他从文化与思想的角度表述了自己这种文化立场形成与转变的原因。他说:"我有了第一个重大发现,这个发现简单得令人惊讶,所以没有几个欧洲人知道倒显得奇怪了。在中国的大型集市上,经常有成群的苦力在干活。他们被认为属于特别的种群:懒惰、粗鲁、狡诈,跟他们打交道的唯一方式就是推和打。这个智慧的结晶,被那些老练的行家早早地灌输给每一个新来者,这就是为什么在上海和广东,欧洲人和中国人年复一年地比邻而居,却互不理解,只服从获利和互相蔑视的欲望驱使的原因。我的发现不过是,他们不只是苦力,他们也是人,有人的欢乐和痛苦,不得不为生活奋斗,不得不通过自己的聪明和忍耐讨生活,不得不以或直或曲的方式走自己的路。是欧洲人对待他们的方式让他们以这种方式生活,谁以暴力对待他们,他们就以冷淡、僵硬、逃避的态度对付谁。对于压迫者的勃然大怒,他们只报以迟钝的一笑,对其他人,他们则把感情深深地藏在心里。我发现,他们是父亲、兄长、儿子,心系亲人,他们挣钱、存钱,冒着巨大的自我牺牲赡养年迈的双亲。在亲人当中,他们心甘情愿、无怨无悔地做着这一切,而面对敌人,他们又显示出极大的耐心和长久的受难力。这个发现为我打开了通向中国人心灵的道路。所有的民族都是友好的、忠实的、善良的,只要你以人道的方式对待他们,不要老想着从他那儿为自己获取什么,不管是金钱还是劳动,或者,更痛苦的,为了永久地奴役而企图改变他们,或诱使他们加入异己的制度。自然,在欧洲人面前坚持这样的发现并不是很容易,因为彼时另外一种完全不同的态度占优势地位。有很长一段时间,只要我坚持这个观点,我遇到的就只能是恼羞成怒。欧

---

① 卫礼贤著,王宇洁等译:《中国心灵》前言,北京:国际文化出版公司,1998 年,第 1 页。

洲人深信,一定要保护优越的欧洲文化不受'黄祸'的侵袭,但这些人并没有注意到,正是他们自己在采取攻势,在彻底败坏远东的伟大文化方面无所不用其极。一种文化也可能被致命的环境和建议所毒害。"①

这是一段极为重要的文化立场的表述,是否热爱中国,是否平等地对待中国,成为卫礼贤和专业汉学家们的分歧。而他对中国的热爱又是建立在对欧洲思想和文化失望的立场上的,批评欧洲,赞扬中国,这样的文化立场使卫礼贤必然受到职业汉学家的批评,"他被指责背离了德国的甚至整个欧洲-西方的立场,'沉溺于中国精神''献身于中国人'"②。罗梅君认为卫礼贤在这里继承了明清之际来华耶稣会—伏尔泰—莱布尼茨—沃尔夫的思想路线。其实如果将他和利玛窦与理雅各来作比较(因为,作为传教士,他们三人是有可比性的),就可以更清楚地看清卫礼贤在西方汉学史上与其前贤的联系与异同,更为清楚地看出他在理解中国和对待中国的感情上与利玛窦和理雅各的不同,从而突显出他在西方汉学史中的特殊地位与价值。

首先,在中国的生活经历上,卫礼贤更加深入中国社会。利玛窦在中国生活了28年,对中国有深入的了解,特别是与中国社会上层有很广泛的接触,这点和卫礼贤十分接近。他们都结交了很多中国上层的知识精英。卫礼贤和他的不同在于对社会下层的接触要广泛于利玛窦,利玛窦在经过短暂的肇庆生活后,在南昌、韶州等地基本上是在文人圈中生活,1601年利玛窦进入北京后基本上生活在京城的士人、儒家官僚的圈子里,这是由他的传教路线所决定的。而卫礼贤在青岛期间与农村有较多的接触。他不仅仅因高密事件而赢得了官府的信任,而且在长期的生活中也取得了底层民众的信任。早期他办德华学校,为中国的孩子们上课,以后他漫游胶东半岛,吃住在农家,对山东农村生活十分熟悉。他在《中国心灵》一书中对农村生活细节的描写,没有生活的实践是绝对写不出来的。如他所说:"当时,我在这些农村学校机构从事大量工作,这就必须经常进行长途旅行,……我们不得不用一整天的时间,穿山越岭,沿着中国乡村的道路,在大路的尘土中,在骄阳的暴晒下,颠簸而行,直到夜晚才能到达目的地。"正是在农民的土

---

① 卫礼贤著,王宇洁等译:《中国心灵》,北京:国际文化出版公司,1998年,第10~11页。
② 参阅孙立新、蒋锐主编:《东西方之间:中外学者论卫礼贤》,济南:山东大学出版社,2004年,第133页。

炕上,在泰山的山径上,在衍圣公的婚礼上,在胶州湾的渔船上,他认识了中国。如他所说:"因为从整体而言,中国是一个农民的民族,而农民的传统是健全而持久的。"①上至总统,下至乞丐,从文人到盗贼,卫礼贤在中国的感性生活中认识了中国,如张君劢所说:"卫礼贤不是文化研究者,而是一个文化经历者,一个文化领会者。"卫礼贤在中国的生活中所接触的范围要比利玛窦大得多。在这方面理雅各和卫礼贤不可同日而语,理雅各在香港的生活完全是在西方人的圈子里,基本上没有同中国人有更为广泛的接触,即便后来的北方之行,也是几个传教士的活动。他生活在中国的现实中,认识是在中国的书本中,他所理解的中国主要是通过中国经典文本来理解的。如上面我们在研究 19 世纪一章时所看到的,他对孔子的评价不高,这不仅仅是他在知识上的不足,更重要的是他在社会实践生活上深入得不够。因为,本质上孔子的学说是一种关于人的实践生活的学说,不深入生活实践是难以从本质上理解孔子的学说的。

理论是灰色的,生活之树长青。只有在长期的生活实践中才能体会到中国的博大与多彩、文化的稳定性与多元性、大传统与小传统之间的互动与相互影响。这些生活经历不仅仅使卫礼贤在思想上认同中国的文化,而且在生活习惯上也使他更加中国化,"在他最终返回祖国之后,他有时表现得几乎就像一个中国人,而他本人说,在中国就有人发现,他的思想和言谈比有些中国人还中国化"②。

其次,在对孔子和中国思想文化的评价上,卫礼贤更为深刻和准确。利玛窦对孔子的评价较为理性,他说:"中国哲学家中最有名的是孔子。这位博学的伟大人物,诞生于基督纪元前 551 年,享年 70 余岁。他既以著作和授徒,又以自己的身教来激励他的人民追求道德。他的自制力和有节制的生活方式,使他的同胞断言他远比世界各国过去所有被认为是德高望重的人更为神圣","孔子是中国的圣哲之师",因此,"中国有学问的人非常之尊敬他。"③这基本上是站在一个西方人立场上的客观的描述和评价。

理雅各对孔子的评价是复杂的,在香港期间他对孔子的评价不是很高,在

---

① 卫礼贤著,王宇洁等译:《中国心灵》,北京:国际文化出版公司,1998 年,第 131 页。
② 孙立新、蒋锐主编:《东西方之间:中外学者论卫礼贤》,济南:山东大学出版社,2004 年,第 6 页。
③ [意]利玛窦、[比]金尼阁著,何高济等译:《利玛窦中国札记》,北京:中华书局,1983 年,第 31~32 页。

1861年的《东方圣书》中,他谈到孔子时说:"但是现在我必须离开这位圣人。我希望我没有对他做任何不正确的评论;但是经过对其人人品和观点的研究,我不会称其为伟大的人。虽然他比同时代的官员和学者更优秀,但他的目光不具备高瞻远瞩性。他对普遍关注的问题没有提出新的见解。他没有推动宗教进步。他也不赞同社会进步。他的影响力曾鼎盛一时,但终究会衰落。我认为,中华民族对他的推崇将会快速而全面地消退。"

离开中国前的华北之行对他的心灵有很大的触动,多年后他仍津津乐道:"想到在过去近4000年中,中国历代帝王在他们的都城,敬拜唯一之上帝,这一事实真是让人感到奇妙而愉快。那天清晨,当我站在北京南郊的天坛之上,我的内心深处深深感受到了这一点。我脱了鞋,赤脚一步步登上天坛顶层。在大理石铺就的中心墙周围,纤尘不染,上面是天蓝色的拱顶,我跟朋友们一行手牵着手,我们一直吟唱着赞美上帝的颂歌。"这样,他在1893年时开始对孔子有了新的评价,他写道:"关于这位圣人的个性和观点,我研究他越多,就越尊重他。他是一位很伟大的人,并且他的影响力对中国人来说是巨大的。他的教学说明了一件重要的事情,那就是这位圣人属于基督学派。"①这里理雅各将孔子称为"中国伟大圣贤""中国伟大哲学家"和"圣人"②。

利玛窦和理雅各在对孔子的评价中有一点是共同的,即都是站在基督教的文化立场来评价他的。卫礼贤在对孔子和中国文化的评价上已经远远超过了利玛窦和理雅各。卫礼贤这种认识的超越首先不是站在西方人的立场上,而是将孔子放在人类思想文化的总体上来评价的。他说:"整个来看,人类历史集中于少数几个伟大人物,他们都是本民族的杰出代表,在历史进程的黑暗中放射出光芒与力量。……如果要根据这些人类代表所产生的影响来评价其意义,那么我们不得不承认,孔子在这一列中占有光荣的一席之地。他致力于三大领域,在每个领域都产生了巨大影响:政治家、社会伦理家和文学家。一个远古时代的国家,一个与古巴比伦和古埃及同时代的国家,历经各种暴风雨仍屹立于我们当代世界,这种今

---

① 费乐仁:《理雅各〈中国经典〉第一卷引言》,上海:华东师范大学出版社,2011年,第12页。参阅 *The Chinese Classics*,vol.1,Prolegomena.

② 参阅理雅各:《中国经典》第一卷绪论,1893年,第11、87页;参阅费乐仁:《理雅各〈中国经典〉》第一卷引言,上海:华东师范大学出版社,2011年。

天罕见的情形正是孔子的功绩;中华民族具有如此坚不可摧的社会与伦理基础,这个基础似乎是不可动摇的,没有任何管理上的不善能够摧毁它,这也是孔子的功绩;这个民族拥有一种解决一切生活疑问和为全人类三分之一人口提供了几千年精神生活基础的文学,一种纯粹的高度道德的文学,这种文学无疑也能传到广大青年人手中,为此中华民族也应当感谢孔子。"①

卫礼贤接着说了印度的佛祖、古希腊的莱克格斯、波斯的神秘宗教。应该说这是最早的人类文明轴心说,虽然他没有提出"轴心"这个概念,但思想是十分清晰的,这篇文章发表于1903年,而现在流行的雅斯贝尔斯(Karl Theodor Jaspers,1883—1969)的"轴心说"发表于1937年。② 雅斯贝尔斯也承认他读到了卫礼贤的书和文章,我们从思想史的角度应该承认卫礼贤的《孔子在人类代表人物中的地位》一文是雅斯贝尔斯"轴心说"的直接来源。现在再讲到"轴心说"时已经很少提到卫礼贤,平心而论,他才是这个理论的首创者。卫礼贤和雅斯贝尔斯的观点的学术意义在于对待东方文明或者欧洲以外的其他文明,他们是持一种平等的态度,而非一种居高临下的态度,是一种全人类的立场,而非欧洲的立场。就此而言,卫礼贤对孔子和中国文化的认识是高于利玛窦和理雅各的。

最后,在个人信仰和对待中国文化的态度之间卫礼贤走出了一条极为特殊的道路。作为来华的传教士,卫礼贤和利玛窦、理雅各有着共同的信仰,但他在华期间从来没有利玛窦那种"中华归主"的宗教情怀,也不像理雅各那样把牧师的布道作为自己每日生活的重要内容。张君劢写道:"卫礼贤到中国时是一位神学家和传教士,离开中国时却变成了儒家信徒。他曾对我说:'我作为传教士没有劝说任何中国人皈依基督教,这对我是一个安慰。'我之所以喜欢这个表白,不是因为卫礼贤看不出皈依基督教能为中华民族带来什么福祉,而是因为把自己从既有的认识和习惯中解放出来并转向新的人生目的,绝非一件轻松的事情。这里充分显示了卫礼贤人格的伟大。英国人理雅各翻译了很多中国的古典著作,但是在对中国人生活智慧的理解方面远不及卫礼贤。伯希和在研究中国古代作品的细致性

---

① 卫礼贤:《孔子在人类代表人物中的地位》,载蒋锐编译,孙立新译校:《东方之光:卫礼贤论中国文化》,北京:外语教学与研究出版社,2007年,第130页。

② 参阅李雪涛:《论雅斯贝尔斯"轴心时代"观念的中国思想来源》,载《现代哲学》2008年第6期。

方面超过了所有的汉学家,甚至超过了中国人,但他对中国文化的理解却是有限的。"①

张君劢的这个评价是正确的,卫礼贤作为传教士来到中国,但在中国的生活历程重新洗礼了他的精神世界,他对来华传教士在中国的行为采取了极为严厉的批判态度,认为"这些传教士只是搞破坏,也只有对骗子来讲,他们才有吸引力,他们仅仅是将教徒的原有文化传统进行掠夺,并没有赋予他们新的信仰,因此所有的基督徒都是些粗鲁无用的家伙,传教士的工作也是虚假的仁爱"②。当然,他认可明清之际来华耶稣会士的文化态度,对中国基督教的本色化也给予肯定,

作为一个基督徒,他自然看到基督教与中国文化之别,"中国文化所面对的是集体的人,是作为家庭、其他社会组织乃至世界国家之组成部分的人,为此它发展成为一种很高的类型。但它尚缺乏的是人的唯一性,即不可重复性、个性、内在神圣性"。这说的是基督教的那种对宗教的虔诚的神性,也就是"基督的体验,即对神的内心体验,不是某种在个人之外或之上的东西,而是一种内心深处起作用的东西,哪怕是当外在处境卑贱而痛苦的时候"③。卫礼贤这样说时是从中西文化对比的角度展开的,说明中国文化与以基督教为底色的西方文化在宗教感上的区别。

从他自己的内心来说,他已经更为倾向于中国文化,在1909年他所发表的《孔子的意义》一文中对中国文化与基督教文化的区别表示了认同与欣赏,他说:"我们知道,孔子对人性的理解完全是乐观主义的,原罪的概念对他们来说是完全陌生的。人的天性是善的……他不承认救世思想,……在这些思想中最终包含着伟大的真理。"④他被孔子的生命历程和人格力量所感染,在山东农村的土路上,他被那些烈日下光着屁股的孩子的自然生命力所感染,在与劳乃宣朝夕相处的译经过程中他慢慢地进入了中国的精神世界,在和胡适、蔡元培这些新潮大师的接触中他逐步看到了中国的未来和希望,正是这些历程使他抓住了中国文化的精

① 张君劢:《卫礼贤——世界公民》,载孙立新、蒋锐主编:《东西方之间:中外学者论卫礼贤》,济南:山东大学出版社,2004年,第27页。
② 卫礼贤著,王宇洁等译:《中国心灵》,北京:国际文化出版公司,1998年,第176页。
③ 卫礼贤著,蒋锐译,孙立新校:《中国人的生活智慧》,济南:山东大学出版社,2010年,第51页。
④ 卫礼贤著,蒋锐译,孙立新校:《东方之光:卫礼贤论中国文化》,北京:外语教学与研究出版社,2007年,第149页。

髓,理解了中国文化的本质所在。

从罗明坚、利玛窦明清之际的入华到晚清时马礼逊、理雅各再次来到中国,近400年来来华的天主教传教士和基督新教传教士有上千人之多,但只出现了一个卫礼贤这样的传教士,他在精神上皈依了中国文化,中国文化成为他重新理解自身文化的法器,成为解救他走出精神苦恼的文化路标。所以,不加分析地跟着萨义德跑的人,将西方汉学看成铁板一块,完全没有注意到"德国汉学的奠基人——卫礼贤,在他身上寻找反话语的突破潜力,因为他正象征了西方话语阵营内部那种挣破传统东方主义束缚的努力……"①,完全跟随着后殖民主义的话语,不加分析地认可这种理论,如果这样是无法解释这个另类的卫礼贤的,也完全无法理解他在中国经典西译历史中的地位与价值。

(4)在中国近代思想史中理解的卫礼贤的汉学研究

卫礼贤第二次来到中国后更为深入地接触了中国近代的知识分子,例如胡适、蔡元培、梁启超、张君劢等人。他在对中国文化的一些理解上也受到了这些学者的影响。据说,胡适在一次听了卫礼贤的《易经》讲演后十分满意,认为卫礼贤对《易经》的理解大体没有超过自己的解释。② 但如果认为"卫礼贤《易经》翻译的导言从三个方面谈《易经》思想:易、象、辞,完全是沿袭了胡适的框架",这是有待商榷的,甚至说胡适对中国哲学解释的整体思路也影响了卫礼贤,胡适从名学出发来重新解释中国哲学的思路"是对西方汉学工作的一个绝佳鼓励"③,这样的结论下得过于轻率了。说胡适将中国哲学科学化是对的,他在《中国古代哲学史》一书开篇就说"我这本书的特别立场是要抓住每一位哲人或每一个学派的'名学方法'(逻辑方法,即知识思考的方法),认为这是哲学史的中心问题"④。卫礼贤在一些观点上受到胡适影响是对的,但他对中国哲学的基本看法恰好是相反的方向。

如果说民国初年胡适是中国学术界、思想界向西方学习的代表,希望通过解

① 范劲:《卫礼贤之名:对一个边际文化符码的考察》,上海:华东师范大学出版社,2011年,第5页。
② 参阅范劲:《卫礼贤之名:对一个边际文化符码的考察》,上海:华东师范大学出版社,2011年,第155页。
③ 参阅范劲:《卫礼贤之名:对一个边际文化符码的考察》,上海:华东师范大学出版社,2011年,第155~165页。
④ 胡适:《中国古代哲学史》,台北:远流出版事业公司,1958年,第3~4页。

释出中国哲学中的科学和逻辑思想,从而与传统经学解释划清界限,那么卫礼贤则是在西方思想界,代表了批判西方思想的唯科学主义的人文主义思潮。因此,他在对中国哲学的理解上主要是从中国哲学和思想与西方哲学和思想的不同,从"异"的角度来理解的。这样他肯定不会从总的解释方向上认可胡适的思路,尽管在某些解释上会采用他的说法。如他所说:"中国人的生活智慧也有意识地致力于对现实的塑造,只不过处于核心的不是物的世界,而是人的世界,所以,我们立刻就能从其核心倾向中学到很多有价值的东西。"①

卫礼贤这样的立场在近代文化史上著名的"科玄论战"中表现出来。

20世纪以来中国文化思潮的发展与外部世界紧密相连,思想界在全面追随西方的浪潮中,仍有学者对西方的主流思想展开批评,而对西方的浪漫主义思想大加赞扬。例如,梁漱溟与柏格森(Henri Bergson,1859—1941)的生命哲学一脉相承,张君劢和倭伊铿(Rudolph Euken)为师徒关系,他将倭伊铿思想直接介绍到中国。梁启超旅欧回到中国后对第一次世界大战后欧洲文化的败落有了直接的感受。1918年11月第一次世界大战结束,年底,梁启超以巴黎和会中国代表团会外顾问的身份赴巴黎进行活动,之后游历欧洲诸国,至1920年年初回国。这次欧洲之行,对梁启超的思想产生了很大的影响。1904年他撰写《新大陆游记》时,文中洋溢着对中国固有传统的批判精神,而1920年从欧洲返回后,他对西方文明和东方文明的看法发生了重大的转变。这次回国之后宣扬西方文明已经破产,要用东方文明去"拯救世界",梁启超对待东西方文明的态度几乎来了个180度的大转变。② 梁启超旅欧回到中国后写道:"我可爱的青年啊,立正,开步走!大海对岸那边有好几万万人,愁着物质文明破产,哀哀欲绝的喊救命,等着你来超拔他哩。我们在天的祖宗三大圣(指孔子、老子、墨子——引者)和许多前辈,眼巴巴盼望你完成他的事业,正在拿他的精神来加佑你哩。"梁启超的变化在国内产生了影响。

1923年张君劢发表了《人生观》后,丁文江以《玄学与科学》回应,拉开了当时

① 卫礼贤:《中国人的生活智慧》,济南:山东大学出版社,2010年,第50页。
② "这样的一种'世纪末'心理导致了世界大战,连西方人自己也承认,'西洋文明已经破产了'。"梁启超归国后在中国公学演说道,"此次游欧,为时短而历地多,故观察亦不甚清切。所带来之土产,因不甚多,惟有一件可使精神受大影响者,即将悲观之观念完全扫清是已。因此精神得以振作,换言之,即将暮气一扫而空。"——《欧游心影录》

的科玄大论战。中国的科玄论战实际上是欧洲两大思潮在中国本土的反响,以张君劢为代表的人文主义思潮从中国的传统中找到了思想资源,来批判当时所引进的西方唯科学主义以科学来取代人生观的看法。卫礼贤此时将西方的人文主义思潮介绍到中国,通过阐发中国古代思想的人文价值,推动了中国近代保守主义的兴起。

卫礼贤在思想上迎合了张君劢代表的文化保守主义思想,在哲学的认识上他们是一脉相承的。作为一个西方人,他从中国文化中找到了希望,他同样对西方的逻辑主义、科学主义和帝国主义完全丧失了信心。这样,显然他在思想上成为中国人文主义思潮的精神盟友。卫礼贤的汉学实践和学术思想成为中国新保守主义的一个佐证或者说是一种理论支持。由此,我们才能理解张君劢对卫礼贤的高度评价,他说:"正当中国高呼'打倒孔家店,打倒旧文化!'的时候,外国对中国文化的兴趣却在觉醒。……卫礼贤曾是并且始终是这方面的创造者。他应当被安放到专门供奉文化交流的英雄们的殿堂之中。如果他是中国人,人们也许会把他供奉在文庙,那里会集了伟大哲人孔子的历代信徒。"①

在科玄论战中胡适的文化立场是很清楚的,他对丁文江的态度反映了他对张君劢的态度。② 所以,如果不从近代中国思想史的内部考察,而只是一般地考察作为汉学家的卫礼贤和中国近代思想的关系,那样是说不清卫礼贤在中国近代思想史中的影响和地位的。正如当代德国汉学家罗梅君所说:"从这一观点看,中国人的自我认知与汉学家对中国人的认知之间存在着明显的密切联系。……何种文化批评思潮,包括卫礼贤的思想,以及他们站在'西方立场'上的看法,共同影响着中国的新保守主义。"③所以,卫礼贤生活在中国,他与中国各类文人的交往,使他参与到了中国近代思想的变迁之中,他的变化和思想也直接影响了中国具有

---

① 孙立新、蒋锐主编:《东西方之间:中外学者论卫礼贤》,济南:山东大学出版社,2004 年,第 28~29 页。

② 参阅张君劢、丁文江等:《科学与人生观》,济南:山东人民出版社,1997 年;郭湛波:《近五十年中国思想史》,北平:人文书店,1924 年;贺麟:《五十年来的中国哲学》,沈阳:辽宁教育出版社,1989 年。

③ 罗梅君:《汉学界的论争:魏玛共和国时期卫礼贤的文化批评立场和学术地位》,载孙立新、蒋锐主编:《东西方之间:中外学者论卫礼贤》,济南:山东大学出版社,2004 年,第 151 页。

保守主义思想的知识分子。①

(5)卫礼贤的中国经典翻译对西方文化思想界的影响

在20世纪的中国典籍西传中,没有任何一个人的译本像卫礼贤的译本这样深入地卷入了自己国家思想文化的进程。

如果说利玛窦的《天主教传入中国》曾引起17世纪西方思想界的关注,那么卫礼贤的汉学实践在西方所引起的文化互动与互视要复杂得多和有意思得多,他对中国经典的翻译不仅将中国在更广泛和更深入的程度上带入了世界,同时,他的思想和感受,他对中国文化的重新解释,又搅动了德国近代思想的进程。我们只有从西方近代思想史角度来审视卫礼贤的汉学翻译和汉学实践时,才能在一个全球化史的背景下对他做出全新的诠释,才能揭示出其思想的价值与意义。

如果从西方近代思想文化史的角度来看卫礼贤的汉学思想和汉学实践,卫礼贤的中国观是建立在他的欧洲观基础上的。第一次世界大战后欧洲思想界弥漫着一种极为悲观的情绪,对欧洲文化的失望,对西方文化的厌倦。最有代表性的就是斯宾格勒(Oswald Spengler,1880—1936)的《西方的没落》,卫礼贤和斯宾格勒看法一致,他说:"斯宾格勒谈论西方的没落绝不是偶然的,西方的没落已经是当代的普遍感觉。就在我们产生西方走向没落的感觉时,东方却放射出越来越夺目的光芒。"②卫礼贤虽然对西方感到失望,但他既反对简单地照搬东方文化,特别是将中国文化生硬地拿到欧洲,也反对向后看的浪漫主义。他在哲学思想上检讨了欧洲文化问题的根源,介绍了中国哲学的本质,从而建议要学习中国文化的哲学观点。他认为,欧洲思想的本质是逻辑主义、理性主义,在欧洲人看来一切都是有因果律的,探究世界就是发现规律,这种单线条的思维方式是欧洲思想的基础。"整个世界被包围在一张由这类技术设施结成的网中,处于核心的始终是强

---

① 参阅张君劢:《卫礼贤——世界公民》,载孙立新、蒋锐主编:《东西方之间:中外学者论卫礼贤》,济南:山东大学出版社,2004年;范劲:《卫礼贤之名:对一个边际文化符码的考察》第四章,上海:华东师范大学出版社,2011年。科玄论战的问题至今仍有极大的思想史意义,参阅李泽厚:《中国现代思想史论》,北京:生活·读书·新知三联书店,2008年。

② 卫礼贤:《东方思想对西方复兴的意义》,载蒋锐编译,孙立新校:《东方之光:卫礼贤论中国文化》,北京:外语教学与研究出版社,2007年,第218页。

大的欧洲文化。这一切都建立在欧洲因果联系思想的系统观基础上。"①但以这种单线条的因果律为基础,以理性为主导的欧洲文化并不能全部揭示世界的真相,因为,在他看来,这只是世界的一个方面。而中国的思维方式更为周全。他以《易经》为例,说明在中国文化的世界观中,世界不是一个单纯因果律的机械装置,而是一个有着成长和发展的有机体,在东方,产生、发展、变化和消失才是事物的本质,一切都在运动中,一切都在变化中。这样他认为"我们不应把世界理解为只是由因果构成的空间,而是将其理解为一个时间过程,理解为一个处于时间变化中的概念"②。

在欧洲文化思潮中人文主义和科学主义是一个长期对立而相互影响着的思潮,从启蒙时代开始,卢梭就怀疑科学和理性,第一次举起了浪漫主义文化思想的大旗。一战前后的欧洲人文主义思潮再次兴起,对理性主义的怀疑、对逻辑主义的批评成为这一思潮的主要内容。直到 20 世纪下半叶出现的所谓的后现代主义,其实也是变了种的欧洲近代人文主义思潮的再现,欧洲传统浪漫主义的再现。这种思潮的特点是通过向后看,用对前工业化生活的怀想,来批判当下的机械主义;通过向东看,用东方的思想来解构西方的思想。欧洲的浪漫人文主义思潮基本上是从这两个方向与逻辑主义、机械主义的科学思潮展开斗争的。

显然,卫礼贤选择了后者。他不仅仅是选择了后者,而且通过翻译中国的典籍,以此为武器来表达自己的哲学思想。在法兰克福他通过两次组织中国文化讨论直接介入了欧洲思想界。③ 他对辜鸿铭的介绍,把《辜鸿铭〈中国对欧洲思想的抵抗〉》翻译成德语,使辜鸿铭在德国声名大噪,这是他用中国思想参与欧洲思想争论的表现。这样我们就可以看到卫礼贤对中国的钟情是基于他对欧洲深深的热爱。不过,他的过人之处在于,欧洲的传统人文主义思潮中很少有汉学家,真正懂得中国文化的人简直是凤毛麟角,他们只是拿东方作为一个"镜子",作为一个"他者"。而卫礼贤不仅仅是在个人生活的经历和感情上热爱中国,而且是真正

① 卫礼贤:《东方思想对西方复兴的意义》,载蒋锐编译,孙立新译校:《东方之光:卫礼贤论中国文化》,北京:外语教学与研究出版社,2007 年,第 221 页。
② 卫礼贤:《东方思想对西方复兴的意义》,载蒋锐编译,孙立新译校:《东方之光:卫礼贤论中国文化》,北京:外语教学与研究出版社,2007 年,第 222 页。
③ 参阅范劲:《卫礼贤之名:对一个边际文化符码的考察》第四章,上海:华东师范大学出版社,2011年。

了解中国文化精髓的人，《易经》所代表的中国哲学思想深深地打动了他、折服了他。他从哲学的角度说明了中国对世界的价值、对欧洲的价值。他用中国思想对欧洲机械主义进行批判，用《易经》思想对单一逻辑思想进行批评，这在当时的德国思想界都是独树一帜的。他的思想和论述，实际上超过了当时不少的欧洲哲学家和浪漫主义的理论家。国内学术界做20世纪西方哲学和文化思潮研究的学者几乎无人关注到卫礼贤思想，一旦将其放入20世纪的西方思想史中，实际上，他要比雅斯贝尔斯更先觉，要比海德格尔对东方的认识更全面。他对中国文化的世界性意义的认识不仅比莱布尼茨和伏尔泰要深刻，就是在整个西方思想文化界也难有相比肩者。在欧洲20世纪思想史中卫礼贤应具有重要的地位，只是他长期以来被忽视了。

卫礼贤的苦心没有白费，他的译著，他回到法兰克福后的一系列介绍中国文化的活动，在德国文化界和思想界留下深深的痕迹。德国著名文学家黑塞（Hermann Hesse，1877—1962）在自己的《我观中国》一文中介绍了自己的书房，"我踱至书库的一角，这儿站立着许多中国人——一个雅致、宁静和愉快的角落。这些古老的书本里写着那么多优秀而又非常奇特的具有现实意义的东西。在可怕的战争年代里，我曾多少次在这里寻得借以自慰、使我振作的思想啊！"①黑塞书房中的这些书很多就是卫礼贤的中国典籍的译本，卫礼贤的这些译本的思想深深地影响了黑塞的文学创作，他的诸多文学作品从中国文化中汲取了营养。如在他的代表作《荒原狼》中，主人翁在矛盾中极为痛苦，希望摆脱苦恼得到心灵的安静，写下禅味十足的诗句：

> 我侪今已脱风尘，
>
> 广寒宫里托劫身；
>
> 玉虚仙景无甲子，
>
> 男女老幼尽相亲。
>
> 下顾尘寰罪与恶，
>
> 恐怖谋杀与淫乐；
>
> 惨景衰图迭相出，

---

① 转引自孙凤城编选：《二十世纪德语作家散文精华》，北京：作家出版社，1990年，第53页。

> 谁能安睹甘默默！
>
> 试看人生如痉挛，
>
> 静观星斗正飞旋；
>
> 吐纳日华游宇宙，
>
> 天龙为友恣盘桓。
>
> 神爽心清不生灭，
>
> 永宿星空乐陶然。①

当代学者卫茂平认为："黑塞的超脱尘世看似带有某种佛性，实际上就其吐纳星空的气势来看，更近于庄子汪洋自恣，物我为一。"②

如果说黑塞是从文学角度吸收了卫礼贤的译本中的中国精神，那么荣格则是从自己心理学理论建构中将卫礼贤介绍的中国文化作为自己的基本支柱。荣格作为 20 世纪心理学的重要人物，他提出了"集体无意识"，即在个体意识之外人类全体成员心理上所遗传下来的沉积物。他在自己创造这个理论时读到了卫礼贤所翻译的《太乙金华宗旨》，一下子豁然开朗，从中国文化中发现了这种集体无意识的存在，证实了自己的理论。

由此，荣格对卫礼贤的翻译给予了高度的评价。他说："对于我来说，他最伟大的成就是他对于《易经》的翻译与论述。在我见到卫礼贤的译本之前，多年以来我一直在使用莱济的不太地道的译本，因此我充分认识到这两个译本之间的巨大差异。卫礼贤成功地通过一种新的与生动的方式，使这一古老的著作焕发生机。在此之前，不但很多汉学家，而且甚至很多现代的中国人，都把这一作品看作是一堆荒谬的魔法公式。没有哪部作品比《易经》更能代表中国文化的精神，千百年以来，中国最具智慧的人们一直在使用它，对它作出阐述。至少对那些明白它的意思的人们来说，无论它问世已经多少年，它都会万古长青。作为幸运的人群中的一员，我得益于卫礼贤的富有创造性的工作。作为一个中国大师的学生和中国瑜伽的入门者，卫礼贤通过自己的亲身经历和细致的翻译工作把《易经》带入我们的生活。对卫礼贤来说，《易经》的实际应用永远不会过时。……卫礼贤

---

① 李世隆等译：《荒原狼》，桂林：漓江出版社，1986 年，第 56 页。

② 卫茂平：《中国对德国文学影响史述》，上海：上海外语教育出版社，1996 年，第 438 页。

做的可不是一件小事,他为我们展示了一幅包容一切、色彩斑斓的中国文化的画卷,更重要的是,他传授给我们能够改变我们人生观的中国文化之精髓。"①

这里我们可以看到从翻译学的角度,卫礼贤的《易经》译本是多么的成功,他的译本完全被荣格所理解,并被其运用。② 他的译本所表达出来的思想深深地打动了荣格。荣格为西方著名学者,能够得到他这样的评价实属不易。

荣格接受卫礼贤,认同卫礼贤在于他们对欧洲文化有着共同的认识,都"已经厌倦了科学的专业化和逻辑性研究",希望从东方得到一种具有开启性的真理。因此,他从精神上理解卫礼贤所做的工作的意义。

他理解卫礼贤,认为卫礼贤的努力意味着他也要让自己的文化世界和精神天地重新改变,要以极大的谦卑向东方学习,他说:"要不是卫礼贤让他的那个欧洲的自己退出舞台,他永远也不会创造出这么完整的不带任何刻意与武断迹象的东方画卷。如果他坚持让东西方在他自己心中硬碰硬,他向我们展示真实中国的任务就不能完成。要完成这一命运交给他的使命,牺牲掉那个欧洲的卫礼贤是不可避免的,也是必须的。"③这是一个脱胎换骨的变化,没有这样的变化不可能理解中国文化的特质。

荣格给予卫礼贤的评价是前所未有的,认为他不仅"创造了连接东西方的桥梁,并给予了整个西方世界一个有着千年历史的珍贵文化遗产"。而且他认为卫礼贤的工作达到了极致的水平,"他的思想触动着全人类,现在如此,永远如此"④。这里荣格已经把卫礼贤放在了西方大思想家的高度。这样高度的评价不仅在 20 世纪的西方汉学史上是罕见的,就是在整个西方汉学史上都是极为罕见的。

卫礼贤——一个用自己的生命拥抱中国的汉学家,一个真正理解了中国文化精神特质的伟大翻译家,一个将中国文化化为自己思想与灵魂,从而展示出中国思想文化世界性意义,为人类文化发展指出发展方向的思想家。

---

① [德]卫礼贤、[瑞士]荣格著,邓小松译:《金花的秘密》,合肥:黄山书社,2011 年,第 88~89 页。
② 参阅范劲:《卫礼贤之名:对一个边际文化符码的考察》,上海:华东师范大学出版社,2011 年,第367~371 页。
③ [德]卫礼贤、[瑞士]荣格著,邓小松译:《金花的秘密》,合肥:黄山书社,2011 年,第 97 页。
④ [德]卫礼贤、[瑞士]荣格著,邓小松译:《金花的秘密》,合肥:黄山书社,2011 年,第 87~88 页。

3.杂志——中国学者开辟中国经典外译新领域:《天下》

（1）留洋学生对中国文化的传播

中国古代文化典籍从17世纪西班牙传教士高母羡将《明心宝鉴》翻译成西班牙语开始,"中学西传"拉开了它的大幕,但从17世纪至20世纪这300年间在西方传播中国文化的主体是来华的传教士或西方汉学家,中国人只是偶尔参与此事。最早从事中国典籍西译的或许是18世纪被传教士带到法国的黄嘉略,据说他翻译了《玉娇梨》的前三回,尽管没有出版,但中国人传播自己文化的序幕缓慢地拉开了。晚清中国驻法的外交官陈季同开始用法文出书,写下了中国人自主向西方传播中国文化的第一篇章。①

19世纪末到20世纪初的辜鸿铭无疑是中国人从事中国文化西传的重要人物。②

20世纪初的留学大潮兴起,中国的读书人中开始出现了一批中西兼通的新学者,特别是在西方的留学生活使他们认识到中国文化对其生命与国家的意义,他们开始自觉或不自觉地走上了向西方介绍中国文化的道路。前面所讲的首批哈佛燕京学社的中国留学生齐思和、翁独健、王伊同、蒙思明、杨联陞、邓嗣禹、郑德坤、周一良、陈观胜、洪业等,开始在美国介绍中国文化,而留学欧洲的陈受颐、陈世骧、梁宗岱、陈仲年、初大告等也拿起笔开始翻译中国的典籍,在欧洲发表。③

但19世纪以来中国的社会自然发展被西方强国的外部势力所打断,20世纪初更是一个中国向西方学习的艰难时期,此时的留学生在留学西方后"主要是'引进',而不是输出。这种逆差性决定了中国留学生只能充当吸收西方文化的'天使',不能去做传播中国文化的'传道者'。诚然,留学生在力所能及的范围内,向西方介绍了一些中国古典文化,如文学、史学、哲学、社会习俗、人文演化,而

---

① 陈季同从1884年发表第一篇西文著作到1904年最后一部著作出版,先后在国外出版了8部著作,将中国的戏剧、小说翻译成法文出版。参阅李华川:《晚清一个外交官的文化历程》,北京:北京大学出版社,2004年。

② 辜鸿铭1898年在上海出版了他的第一个儒家典籍英译本《论语》(*The Discourses of Confucius:A new Special Translation,Illustrated with Quotations from Goethe and other Writers*),1906年推出了他的《中庸》(*The Universal Order or Conduct of Life*)译本,以后还内部刊印了他的《大学》(*Higher Education*)译本。

③ 梁宗岱在《欧洲》杂志上发表了他翻译的王维的诗,并在1930年翻译出版了《陶潜诗选》;陈仲年翻译出版了《中国诗文选》;陈宝吉翻译了《西厢记》;朱家健1900年出版了法文版的《中国戏剧》。

且留学生本身涉足海外,就是一种中国形象的文化传播,但这并未构成留学生与近代中外文化交流的主体"①。

其实,此时的留学生身在西洋,心在中国,学的是西洋文化,精神传统上又摆脱不了中国传统,他们的内心常常处在苦恼之中,如吴宓所说"心爱中国旧日礼教道德之理想,而又思西方积极活动之新方法,维持并发展此理想",但二者之间充满矛盾,甚至背道而驰,这两种文化的冲突"则譬如二马并驰,宓以左右二足分踏马背而絷之;又以二手紧握二马之缰于一处,强二马比肩同进。然使吾力不继,握缰不紧,二马分道而奔,则宓将受车裂之刑"②。

上一节所研究的哈佛燕京学社早期赴美的中国青年学者,他们发挥作用也大都在 20 世纪下半叶,即便在他们成长起来后对美国的中国研究起到了一些重要作用,但其身份和角色决定他们在中国古代文化的西传上仍是一种辅助角色,或像萧公权所说,在学术研究上,他们是美国汉学家的一种"学术警察",而学术的主角不是他们。所以,无论是在客观上还是在主观上,留洋学生在向西方传播中国文化上虽有一定的贡献,但终因时代所限,扛不动中国文化向外传播之大旗。

(2)《天下》杂志横空出世

《天下》(*T'ien Hisa Monthly*)是民国期间中国人自主创办的一份旨在向西方世界介绍中国文化的英文杂志。这份刊物的诞生有两个人最为关键:一个是国民党的元老孙科,一个是留美的法学家吴经熊。

孙科在 1935 年 12 月成立了中山文化教育馆,旨在通过民间组织加大对孙中山思想的宣传以及展开文化和教育的工作,这样中山文化教育馆自然把教育和文化出版作为其重要的任务。中山文化教育馆表面上是一个民间文化机构,实际上同时也得到民国政府和一些省份政府的支持,因此,《天下》杂志早期获得了发展文化事业的足够资金。邓其峰在《国父思想之实践与阐扬者——孙哲生先生》中曾明确讲述了孙科成立中山文化教育馆的经过与想法,他写道:"先生首见及此,乃民国二十一年冬,在上海以个人资格,多次召开谈话会,极力倡议建立中山文化

---

① 李喜所:《近代留学生与中外文化交流》,天津:天津教育出版社,2006 年,第 3 页。参阅[美]史黛西·比勒著,张艳译:《中国留美学生史》,北京:生活·读书·新知三联书店,2010 年;刘晓琴:《中国近代留英教育史》,天津:南开大学出版社,2005 年。

② 吴宓:《吴宓日记》第 3 册(1927 年 6 月 14 日),北京:生活·读书·新知三联书店,1998 年,第 355 页。

教育馆,以阐扬国父遗教,俟党中央召开三中全会时,获得中央同志签名赞助,经数月的筹划,将建馆之计划大纲及章则,提请中央核准,且经教育部备案,遂于二十二年三月十二日国父逝世八周年纪念日在南京国父管理委员会,召开成立大会,先生亲任该馆理事长,负起宣扬国父遗教的实际责任,并郑重声明:'因鉴于吾国文化之衰落,实为国运杌陧之主因,兹为振起衰风,阐扬总理遗教,以树立文化基础,培养民族生命起见,爰成立中山文化教育馆,集中学术专家,研究中山先生之主义与学说。……本馆创办之始意与目的,纯为致力于学术之研究,既不受实际政治之牵制,尤不为任何关系所绊系。'"①

吴经熊(John C.H.Wu,1899—1986),民国期间著名的法学家,早年留学美国学习法律,后到欧洲访学。1930年从美国返回国内后,第二年就担任了南京政府立法院的委员,撰写了"五五宪法"。他是孙科的重要幕僚。《天下》杂志的创办与他有着直接的关系。他在自传体著作《超越东西方》一书中谈到《天下》杂志时写道:"《天下》的诞生,正如我生命中其他好事一样,是很偶然的事。我在《中国评论》的一次宴会上遇到了温源宁(Wen Yuan-ning),他曾是北京大学英国文学教授,我对这个人的学问和人格有很深的印象,后来我们成为朋友。一天,我们谈起了办一个中英文的文化和文学期刊——以有向西方解释中国文化的可能性。这只是一时之想,这样的一种期刊会显得曲高和寡,很少会有人订阅,不能自养。谁能资助它呢? 我们只是谈谈而已。"

"正巧,我在负责立法院的工作时,还兼任孙中山文教进步研究所宣传部部长。一天早上,我和孙科博士在公园散步时,谈到我和温源宁的谈话,出乎我意料,他对这件事比我还要热心。他马上说:'给我一个计划,研究所也许可以支持。'于是我们制订了一个计划交给他。他作为研究所主席立即同意了。我和源宁一起商量编辑部人选,决定请林语堂和全增嘏。他们两人毫不犹豫地接受了我们的邀请。……这样我们的工作就开始运转了。我们的办公室位于愚园路,'愚园'字意为'傻瓜的公园',正好用来描述我们。"②

从1935年8月创刊到1941年9月停刊,杂志每月15号出版,6、7两月休息。到

---

① 邓其峰:《国父思想之实践与阐扬者——孙哲生先生》(下),载《政治评论》第31卷第10期,第312~313页。

② 吴经熊著,周伟驰译,雷立柏校:《超越东西方》,北京:社会科学文献出版社,2002年,第229页。

1940年时出版了50期,从1940年8月改为双月刊,这样前后共出版了11卷56期。在抗战的年代,编辑部于1937年年底迁往香港,在香港出版。当时,《天下》主要靠别发洋行发行,除在中国内地发行外,别发洋行还在中国香港和日本、英国、德国、法国、美国等地区发行。由此,从一开始《天下》就是一个国际性的学术刊物。

在吴经熊的召集下,《天下》杂志编辑部会集了一批熟知中西方文化的学者,毕业于英国剑桥大学的温源宁、毕业于德国莱比锡大学的林语堂、毕业于美国哈佛大学的全增嘏、毕业于东吴大学的姚莘、毕业于美国印第安那大学的叶秋原。这些人有着共同的心愿:将中国介绍给世界。

孙科在《天下》创刊号中写道:以往通过宗教形态联系起国家之间的关系,现在经济之间的联系成为国家之间联系的主角,但实际上,文化之间的联系才是国家之间相互了解的重要方面。文化交往的载体是思想,文化没有边界,在文化之间的交往中,文化得以发展。没有文化上的理解就很难做到在政治和经济上的相互理解。他认为:"国家建立一个推动国际文化交流的机构,这是一个好的办法。我们中山文化教育馆就是这样的一个机构,在它的资助下《天下》才开始出版。作为一份中国人创办的杂志,《天下》更关心的是将中国介绍给西方,而不是相反,将西方介绍给中国。正如《天下》这个名字所意味的,'天下'就是'宇宙'。任何事关全世界人类利益的文章都可以在这里发表。因此,我们十分欢迎来自西方的学者的论文和那些对思想有兴趣,希望推动国际文化理解的文章。但我们拒绝发表关于当前政治争论的文章,那种纯粹个人性的文章我们也不予发表。"

"我们已故的孙中山博士最喜爱的一句名言是'天下为公',我们希望这个两千多年的梦想成真,《天下》就是为此目标努力的。"①

温源宁在创刊号的编者按语中提及:《天下》是一个思想性的文化杂志,而不是一个过于专业化的学术期刊,文化性和思想性是《天下》杂志区别于各类专业杂志的特点。因此,温源宁说:"作为中国人经营的一份月刊,毫无疑问,主题是关于中国的。但为了避免国际上的偏见,《天下》每期也至少刊出一篇非外人的文章,内容也不一定限制在中国,关键在于文章要对感兴趣的人有吸引力。"②《天

① 孙科:《前言》,《天下》1935年创刊号,北京:国家图书馆出版社,2009年,第4~5页。
② 《编者按》,《天下》1935年创刊号,北京:国家图书馆出版社,2009年,第10~11页。

下》中也有讨论外国文学等方面的文章,但主题是中国则是它的立刊之本,介绍中国文化是其主旨,这是它的最根本特点。

由中国人主办,超越政治的论争,以文化性和普遍性为特点,以向西方世界介绍中国为宗旨,这样的英文刊物在当时的中国是独一份。当时在中国的英文刊物很多,但绝大多数为西方人所办,在内容上也是以西方人的知趣为主,或者介绍西方文化,或者传播基督宗教,或者以研究中国为主,或者以政论为主,《天下》以其独特的身份、崭新的视角、学术的立场跻身于中国当时的英文期刊,真可谓是横空出世,使人耳目一新,开启了中国人自主向外部世界传播中华文化之先河。

这样鲜明的文化立场在当时的中国是很难得的,我们之所以说《天下》是横空出世,就是因为以这样的文化立场,办这样一个面向西方世界的杂志,在中国是第一次。《天下》的出现当然有它内在的原因,绝非几个文人心血来潮所至。

首先,20 世纪 30 年代是中国近代史发展的重要时期,虽然此时国内军阀混战,国共两党内战激烈,但从近代历史的角度来看,1927 年 4 月南京政府成立后全国总算有了个形式上的统一政府,结束了北洋政府以来的混乱局面,从而拉开了1927—1937 年史学界所说的"黄金十年"。只有国内的相对稳定发展,才会有孙科这样的站在国家立场的考虑,财政的相对稳定也奠定了《天下》的财政基础。

其次,从晚清以来的留学生教育,历经清政府、北洋政府两朝,到南京政府时,留学生教育开始逐步走向正轨,"1933 年 4 月 29 日,教育部公布了《国外留学规程》,该规程多达 46 条,对于公费生资格、考选办法、经费及管理等内容作了详细的规定,对于自费生资格、经费以及管理等也作了限定,而且还制定了公、自费学生呈领留学证书办法等,这是民国期间制定的最详备的留学政策"①。而此时,晚清和北洋时期的出国留学生已经开始在国内崭露头角,成为推动当时中国文化教育发展的重要力量。林语堂从德国回来,全增嘏从美国回来,叶秋原、吴经熊也从美国回来。有了人,就有了新的事业。同时,由于晚清以来的长期留学生运动,国内开始有了一批可以用英文写作的作者队伍,正是这批人保证了《天下》的学术质量。下面这个作者队伍表格很能说明问题。

---

① 刘晓琴:《中国近代留英教育史》,天津:南开大学出版社,2004 年,第 294 页。

《天下》主要的国内撰稿人(发表两篇及以上)①

编号	姓名	籍贯	教育背景	职业及活动	撰稿内容
1	胡先骕	江西新科	柏克莱大学农学士、哈佛大学植物分类学博士	执教于东南大学、北京大学等多所大学,"学衡派"主要成员之一	科学、诗歌
2	陈受颐	广东番禺	芝加哥大学文学博士	先后任教于岭南大学、北京大学	中外文学比较
3	邵洵美	浙江余姚	剑桥大学经济系	出版家、翻译家、新月派诗人	现代诗
4	钟作猷	四川双流	爱丁堡大学文学博士	在多所高校任教	英国文学
5	陈依范	特里尼达华侨	莫斯科绘画学院	新闻工作	中国艺术
6	郭斌佳	江苏江阴	哈佛大学历史学博士	先后任光华大学、武汉大学教授	中国历史
7	萧公权	江西泰和	康奈尔大学政治学博士	先后执教于数十所国内大学	政治学
8	金岳霖	湖南长沙	哥伦比亚大学哲学博士	先后任教于清华大学、西南联大	政治
9	骆传华	不详	社会学	中央宣传部国际宣传处	中国问题
10	夏晋麟	浙江鄞县	爱丁堡大学哲学博士	外交、高校	上海史、中国问题
11	吴光清	江西九江	密歇根大学图书馆学硕士、芝加哥大学图书馆学博士	北平图书馆、美国国会图书馆	中国图书事业
12	黄维廉	上海	不详	先后任职于南京中央大学图书馆、上海圣约翰大学罗氏图书馆	图书学

---

① 严慧:《超越与建构:〈天下〉与中西文学交流(1935—1941)》博士论文抽样本,第29页。

另外,《天下》也有着自己的基本读者群,这和上海当时的城市特点有着很大的关系。"从《上海租界志》的数字统计来看,1936年上海公共租界人口超过118万,其中华人超过114万。法租界人口接近50万,其中外国人为23398人。外侨人口数共计6.2万。1942年上海的外侨人数达到了最高峰8.6万人。……因此,20世纪30年代上海在远东的特殊地位及人口构成保证了《天下》在中国地区的读者群——对中西方文化交流感兴趣的外国人士和具有中西文化背景的中国知识分子。"①《天下》杂志创刊以来的外国作者,例如斯诺(Edgar Snow,1905—1972)、阿克顿(Harold Acton)、博克塞(C. R. Boxer)、拉铁摩尔(Owen Lattimore,1900—1989)等都是居住在上海的外国人。

(3)《天下》在传播中国古代文化经典上的贡献

《天下》是中国官方和知识界合作,以民间形式和学术形态首次主动面向西方传播中国文化的一份期刊,作为一本英文学术期刊,《天下》发挥了学术期刊兼容、广博的特点,以介绍中国文化为主旨,对中国文化的方方面面都有所涉猎,由于本书重点是对中国古代文化在西方的传播与影响的研究,因而这里的讨论仅仅局限《天下》对中国古代文化的介绍和传播方面,对《天下》在向西方介绍近现代文学和思想的文章以及作品的翻译不在此书讨论之列。②

我们从以下四个方面对《天下》在对中国古代文化的传播上所做的探索做一初步的总结和研究。

第一,开启了中国学者自主翻译中国古代文化经典的实践。

《天下》的编者们尽管大都留洋西方国家,但都对中华文化有着深厚的情感,吴经熊的《唐诗四季》是一部比较文学的著作,但书中所流露出的文化自信和企盼是清楚的,他在书中说:"唐朝衰亡后,千年以来中国在啜泣下生存着,直到现在它方才觉得灵魂深处的鼓舞,好似新春的蓬勃!严冬延搁已久,'春天还会远吗?'倘是祖国的将来还有一个黄金时代的话(我深信不疑),愿它的光比唐朝更灿烂,更辉煌!……在将来的黄金时代下,生活就是诗,否则它是不值得欢唱的!

---

① 严慧:《超越与建构:〈天下〉与中西文学交流(1935—1941)》博士论文抽样本,第15页。
② 《天下》对鲁迅作品的翻译,对现代小说、戏剧的介绍也颇有成就,参阅 *T'ien Hsia Monthly*, Vol. I. No.3;Vol. II.No.1;Vol. II.No.2,No.3,No.4 等一系列对中国现当代文学的翻译与介绍。

想到那时候的盛况,情不自禁的神往。"①

《天下》诞生于中华民族最为苦难之际,但它反映出中华民族在苦难面前的不屈和自强,实际上它是在文化上的抗战,是一种精神上的抗战,用文字向世界展示中华民族在苦难中的精神世界。吴经熊在评论《〈和平和战争时期的中国〉:蒋宋美龄的写作精选》这本书时,着眼就是这一点,他认为在宋美龄这本书中有一个统一的精神。这个贯穿本书始终的精神很难用语言描述,但是就像闻花的芬芳一样,或者说像在精心打理的花园里闻到的花的和谐香气,在每一处,人们都可以发现对贫困和弱小的同情,处处都可以找到对敌人的愤慨,处处可以找到改变他们命运的迫切渴望,处处可以看到一颗高贵的灵魂在指出向更好世界转变的道路。"我确信,我们不仅需要训练大脑,同样需要锻造心灵和双手。我希望学生能够把古老中国的美德与活力和强烈目的性结合起来,以重建一个新中国。"

这种民族立场、国家情怀是《天下》的编者们的文化立场,但《天下》的编者们将这种情怀表达在学术上,通过学术与文化来完成自己的文化情怀。虽然在《天下》创办之前已经有中国学者开始了将中国典籍翻译成外文的历史,上面我们曾提到过的晚清在法国出任外交官的陈季同,张之洞的幕僚,后来成为北大教授的辜鸿铭等,但像《天下》这样以中国学者为主导的,在全球以学术期刊形式稳定发行来向西方介绍中国文化的,在中国还是第一次。以吴经熊、温源宁、全增嘏、林语堂为核心,中国学者第一次如此主动、自觉地承担起了向外部世界介绍中国文化的使命。

《天下》几位编者对中国文化在西方的传播历史十分熟悉,他们知道只有当中国的思想传入西方后,西方世界才能理解中国文化价值的内核,对此,哲学专业出身的全增嘏说得十分清楚,他在《天下》1940年1月第1期的编者按语中说:"中国最早为西方国家所知是在罗马帝国时期,那时中国被称为'赛里斯'(serica),即丝绸的国家。从十六世纪耶稣会入华开始,中国的书籍才开始被翻译到西方。欧洲人从来华耶稣会的书简集中开始了解了孔孟的思想。这点就像西方人从《马可·波罗游记》中知道了神秘的中国②使用纸币和使用黑石头做燃料一样。

---

① 吴经熊:《唐诗四季》,沈阳:辽宁教育出版社,1997年,第8页。
② 这点有误,马可·波罗当时没有提到中国,书中讲的是契丹,将《马可·波罗游记》中的"契丹"确定为是中国则是来华的耶稣会士利玛窦所完成的。

从那时候起,欧洲开始有了中国热。上个世纪末,几乎所有的儒家经典都已经有了英文本、法文本。在英译本中,理雅各的译本影响最大,他也是最早把老子思想介绍到西方的人。在中国古代典籍中老子的《道德经》是被翻译成西方语言最多的书籍,其他的先秦诸子典籍直到最近才被陆续译成英文,例如墨子、杨朱、荀子等。去年出版的阿瑟·韦利的《中国古代三大思想方式》填补了西方知识界对韩非子认识的空缺。但是,只有在先秦以后的重要思想家被译介到西方后,西方的一般民众才可能对中国的哲学发展历史有一个全面的了解。"①

全增嘏的这段话说明《天下》的几个作者是熟悉中国文化在域外传播的历史的,知道西方汉学上的一些关键性人物,读过像理雅各等人翻译的中国经典。这样一个知识背景,说明了他们从事《天下》的编辑和写作时,对自己所从事的事业是很自觉的,知道其历史、意义。

《天下》的编者们在向英语世界介绍中国的历史文化时,首先从翻译中国的哲学思想和经典入手。在《天下》刊登出中国先秦诸子的古代哲学著作的翻译本有吴经熊 1939 年的《道德经》②;1940 年廖文魁所翻译的韩非子的《五蠹——一种政治学的非理智分析》③,这是他在伦敦出版的《韩非子全书:中国政治学经典》的第一卷的部分内容;1939 年赖发洛(Leonard A.Lyall)翻译的《列子杨朱篇》。赖发洛也是 20 世纪前半叶中国典籍的重要译者,1909 年翻译了《论语》,1932 年翻译出版了《孟子》。他翻译《列子杨朱篇》时也知道当时中国学术界对这本书的真伪有所争论,因为《杨朱篇》是东晋时张湛注附于《列子》中的,张湛在《列子序》中说,该篇为"仅有存者"之一。这样有的学者就认为杨朱的"为我论"不过是魏晋时代的产物。④

---

① 全增嘏:Editorial Commentary,*T' ien Hisa Monthly*.Vol.X.No.I,January 1940,p.5.

② 吴经熊:Lao tzǔ's the tao and its virtue,*T' ien Hisa Monthly*,Vol.Ⅸ.No.4－5,November－December 1939.

③ 廖文魁:Five Vermin:A Pathological Analysis of Politics.*T' ien Hisa Monthly*,Vol.X.No.2,February,1940.廖文魁(1905—1952)于 1931 年毕业于芝加哥大学,获哲学博士,回国后在中央政治学校、金陵大学等处任职。他著有《韩非子全书:中国政治学经典》(*The Complete Works of Han Fei Tzu:a classic of Chinese Political Science*,*Translated from Chinese with Introduction and Notes*),伦敦:亚瑟·普罗赛因(Arthur Probsthain),普罗赛因东方文学丛书 25~26 第一卷(310 页),1937、1939、1954 年;第二卷(338 页),1959、1960 年。

④ 参阅陈旦:《〈列子杨朱篇〉伪书新证》,《国学丛刊》第二卷第一期,1924 年。

1937 年 1 月 4 卷第 1 期:吴经熊评《论语》翻译,1938 年 3 月评《论语》翻译,1939 年 11 月 9 卷第 4 期评韦利的《论语》翻译,1939 年 11 月吴经熊翻译《道德经》。

对中国古代文学作品的介绍在《天下》中有很重的分量。在《天下》封底的介绍中明确地说"将重要的中国文学作品,包括诗歌、散文、小说、轶事,无论古今与体裁都将翻译成英文"。所以,对古代文学作品的翻译介绍成为中国学者在《天下》中所发表作品的最具有特色的内容之一。这和《天下》的几个骨干的兴趣有关,几个编辑中从事文学研究者居多,除全增嘏外,主编温源宁,编辑姚莘农、叶秋原、林语堂都是以文学研究为主,尽管在《天下》中发表的关于中国古代文化的译文也有汉学家所为,但显然中国学者所翻译的数量占绝对的优势,具体数字在下面读者会看到。

在笔者看来,最能体现出《天下》这个中国文人群体的文化自觉性的作品之一就是林语堂的《浮生六记》译本和吴经熊的连载《唐诗四季》。我们对这两部作品做一简要的分析。

《天下》首期的翻译栏目就以《浮生六记》开篇,连载三期,可见对这篇作品的重视。《浮生六记》是晚清文人沈复所作,但并不为世人所知,仅在自己的很小的朋友圈中有所流传。1877 年(光绪三年)晚清著名文人王韬的妻兄杨引传在苏州的一个书摊上发现此书手稿,但只有前四记。王韬等人如获至宝,"皆阅而心醉焉"。杨引传和王韬先后写了序和跋,将手稿排印出版。① 俞平伯对此书给予了很高的评价,1923 年 2 月校刊了《浮生六记》,写下了《重刊〈浮生六记〉序》和《〈浮生六记〉年表》。从此,《浮生六记》进入了读书人的世界。

林语堂 1935 年在《天下》创刊号中将其译为英文,1939 年汉英对照本由上海西风出版社出版,1942 年英译本在纽约出版。其实当时的中国学界对这本书关注并不多,除 1935 年上海世界书局在《美化文学名著》第六种刊出了《足本浮生六记》引起人们注意外,并无太多人研究。林语堂翻译的中国古代文化英译本主要有《浮生六记》《古文小品》《冥廖子游》《英译〈老残游记〉第二集及其他作品》等,而其中《浮生六记》影响最大。他将《浮生六记》作为他英译中国文化典籍的

---

① 参阅沈复:《浮生六记》,北京:北京人民文学出版社,1980 年,第 68 页。

第一个本子,说明了他的文化趣味和独特的文化眼光。

《浮生六记》为清代文人沈复的自传体的文学作品,他以不加雕琢、纯净自然的笔法描述了自己平凡但快乐充满诗意的夫妻生活。林语堂选择它,正是符合林语堂的文化趣味和审美趣味,他在译者序言中说:在这个故事中,我仿佛看到中国处世哲学的精华在两位恰巧成为夫妇的生平上表现出来。在他看来,在沈复夫妻身上体现出了"那种爱美爱真的精神和那中国文化最特色的知足常乐恬淡自适的天性"①。

另外,林语堂作为"五四"以来的新文化人,对中国文化有着自己的新理解,选择《浮生六记》反映出他的文化观,如陈寅恪所说:"吾国文学,自来以礼法顾忌之故,不敢多言男女间关系,而于正式男女关系如夫妇者,尤少涉及……以后来沈三白《浮生六记》之《闺房记乐》,所以为例外创作。"②林语堂选择了《浮生六记》也是表达自己的文化立场。

这两点对当时的西方世界来说都是很重要的。因为,19世纪以来,中国人在西方人眼中的形象完全改变了,中国热完全消退,"黄祸论"兴起,中国人的愚昧、僵化、落后成为西方人眼中中国形象的主基调。林语堂很清楚这些。所以,选择《浮生六记》,将其翻译成英文,就是通过一个普普通通的中国夫妻的生活,告诉西方人中国人的实际的生活状态和精神世界,并通过他们的实际生活状态,在他们的谈笑话语之间,在柴米油盐的日常生活中,说明中国传统文化的实质所在。如林语堂所说:"在他们面前,我们的心气也谦和了,不是对伟大者,而是对卑弱者让我们谦恭而敬畏;因为,我相信淳朴恬淡自然的生活才是世界上最美丽的东西。"③

林语堂在《生活的艺术中》中曾写道:"道家哲学和儒家哲学的涵义,一个代表消极的人生观,一个代表积极的人生观,那么,我相信这两种哲学不仅中国人有之,而也是人类天性所固有的东西。我们大家都是生就一半道家主义,一半儒家主义。"④在他看来理想的人生应是介于儒、道之间,"达则兼济天下,穷则独善其

① 林语堂:《〈浮生六记〉英译自序》,北京:外语教学与研究出版社,1999年。
② 陈寅恪:《元白诗笺证稿》,上海:上海古籍出版社,1978年,第99页。
③ 林语堂:《〈浮生六记〉英译自序》,北京:外语研究与教育出版社,1999年。
④ 林语堂:《生活的艺术》,哈尔滨:北方文艺出版社,1987年,第91页。

身"。这是典型的儒家的中庸观,一种中庸的生活哲学,也是大多数中国文人所选择的一种生活观。如他在序言中所说:"因为我在这两位无猜的夫妇的简朴的生活中,看他们追求美丽,看他们穷困潦倒,遭不如意事的磨折,受奸佞小人的欺负,同时一意求享浮生半日闲的清福,却又怕遭神明的忌——在故事中,我仿佛看到中国处世哲学的精华在两位恰巧成夫妇的人的生平上表现出来。两位平常的雅人,在世上并没有特殊的建树,只是欣爱宇宙间的良辰美景,山林泉石,同几位知心友过他们恬淡自适的生活——蹭蹬不遂,而仍不改其乐。"①所以,在林语堂选择了《浮生六记》作为译本时,他就把中国人的这种生活哲学介绍到了西方。

选择了《浮生六记》就是译者文化态度和立场的最好表白,说明恰恰是这种自然的夫妻生活是正常的中国人的生活,而所谓的封建礼教并不是中国人的追求。由此,林语堂才十易其稿,完成了《浮生六记》的翻译。如他自己所说:"素好《浮生六记》,发愿译成英文,使世人略知中国一对夫妻之恬淡可爱生活。民国二十四年春夏间陆续译成,刊登英文《天下》月刊及《西风》月刊。颇有英国读者徘徊不忍卒读,可见小册子入人之深。"②

从文化传播的角度来看,林语堂的文化立场、《天下》杂志的文化立场十分鲜明地表达了出来,民国文人郑逸梅说:"林语堂把《浮生六记》译成英文,已传诵寰宇。"③因此,《天下》将林语堂的翻译放在创刊号上发表,林语堂选择《浮生六记》作为其一生中国文化典籍英译的首篇,都表达了一种文化的自信和文化的自足立场,我们说《天下》是横空出世其意义就在这里。

至于林语堂在《浮生六记》中的翻译实践和翻译方法学界已多有研究,我们在下面的"理论篇"中专门讨论翻译问题,在那里笔者将会把林语堂的翻译思想和实践作为其重要内容展开,故在此不再赘言。

吴经熊无疑是《天下》的灵魂人物,他不但翻译《道德经》,也翻译中国古代的诗歌,在《天下》1936年1月号上他发表了《诗经随笔》④,在这篇长文中吴经熊不仅自己翻译了中国古代诗歌,同时还编入了西方汉学家的中国古代诗歌的翻译,

①　林语堂:《〈浮生六记〉英译自序》,北京:外语教学与研究出版社,1999年。
②　林语堂:《〈浮生六记〉英译自序》,北京:外语教学与研究出版社,1999年。
③　郑逸梅:《〈浮生六记〉佚稿之谜》,见《文苑花絮》,郑州:中州书画社,1983年12月,第91页。
④　吴经熊:"Some Random Notes on The SHI CHING,"*T'ien Hisa Monthly*,Vol.Ⅱ.No.1,January 1936,p.9.

其中编入了英国汉学家翟理斯翻译的中国古代诗经和法国汉学家葛兰言(Marcel Granet,1884—1940)翻译的中国古代诗经。吴经熊之所以将《诗经》作为他向西方介绍中国文学的一部作品,是因为,在他看来"作为中国的第一部诗集,《诗经》传达了最纯粹的诗性,让人们看到最强烈情感的自然倾泄,这些情感是如此强烈、如此炽热,充满渴望。这些最纯洁、最真挚的感情如同从最纯洁源头流出的净水一般,从人的内心直接流向读者"①。吴经熊编选翻译《诗经随笔》就是想向西方展示中国人的内心世界,"试图对中华民族的民族特性做一个概括,以便使西方的读者更好地理解中国诗歌的特性"②。所以,有些学者认为"吴经熊创办《天下》源于他自觉的中西文化交流使命感,所以《诗经随笔》带有强烈的目的性,是要通过中国最优秀的诗歌作品向西方世界展现中华民族的情感与心理世界"③。

但对吴经熊来说,他的诗歌翻译最成功、影响最大的是他在《天下》连载发表的《唐诗四季》,《唐诗四季》所表现的文化主体性产生了积极的影响,一位读者在来信中说:"世界之间的联系现在越来越紧密了,使世界各国之间相互了解,这是我们应该努力的。西方人在科学、文学与艺术发展上已经做出了贡献,中国也应对世界做出自己的贡献。将中国古典诗歌翻译成英文,这是我们与世界分享我们的祖先所留下的珍贵遗产的一种方法。目前,中国正处在抗日战争期间,但我们仍可以自豪地说,中国的精神与文化建设并未受到战争的影响,而在蓬勃的发展中。中国回报世界所给予的同情与祝福的最好方式,就是向世界展示我们文化所取得的成就。"④

对自己的文化充满自信是《天下》这群知识分子的文化立场,也是《天下》最重要的学术特点。

第二,全面地向西方介绍了中国古代文化。

《天下》通常有四个栏目——编者按语、文章、翻译、书评,偶尔也会刊出"记事"和"通信"。在这几个栏目中"翻译"栏目是专门对中国文化典籍的翻译,内容包括中国古代文化也包括当代文化,例如鲁迅、闻一多、沈从文等当代作家的作

① 吴经熊:"Some Random Notes on The SHI CHING,"*T'ien Hisa Monthly*,Vol.Ⅱ.No.1,January 1936,p.10.

② 吴经熊:"Some Random Notes on The SHI CHING,"*T'ien Hisa Monthly*,Vol.Ⅱ.No.1,January 1936,p.10.

③ 严慧:《超越与建构:〈天下〉与中西文学交流(1935—1941)》,第79页。

④ 《天下》1939年3月号,第18卷,第272页。

品,而对中国古代文化典籍的翻译占去了"翻译"栏目的半壁江山。例如,《天下》对中国古代诗歌的翻译情有独钟,为此投入了极大的热情,吴经熊除发表了《唐诗四季》外,还用李德兰(Teresa Li)的名字分别在《天下》的 1938 年 1 月第 6 卷第 1 期、1938 年 3 月第 6 卷第 3 期、1939 年 1 月第 8 卷第 1 期和 1939 年 10 月第 9 卷第 3 期上发表。《天下》在文学体裁的翻译上还有姚莘农翻译的戏剧《贩马记》《庆顶珠》,阿克顿翻译的《狮吼记》《林冲夜奔》和《牡丹亭》中的《春香闹学》等。

"文章"这个栏目以学者对中外文化的研究论文为主,这些论文既有介绍西方文化的学术论文,例如一些西方学者对西方文化的介绍,也有对当时中国文化时局问题的研究,例如 Randall Gould 在 1936 年 11 月第 3 卷第 4 期发表的《一个外国人眼中的新生活运动》等。但《天下》的"文章"专栏有相当一部分是对中国古代文化的研究论文,这些研究论文和"翻译"专栏的翻译文章形成一个呼应。

"书评"是《天下》杂志一个有特色的栏目,这里发表的书评并不仅仅是对在国内外新出版的著作的溢美之词,而是从学术上对其进行认真的评价,这是《天下》文化自足立场的最突出表现。这点我们在下面还会专门研究。如果从对中国文化的介绍角度来审视这个栏目,编者的立场十分清楚:以评论西方关于中国文化的著作为主要内容。

这里我们将"翻译""文章""书评"三个栏目中所涉及的与中国古代文化有关的翻译和研究、书评做一个初步的统计,这样我们便可以看到《天下》杂志对中国古代文化介绍的全貌。(见本章附录 2)

从《天下》的三个主要栏目所刊出的文章,我们可以看出:

《天下》翻译的中国古代文化作品 23 篇;

《天下》翻译的中国古代诗歌作品涉及 65 名作者;

《天下》发表的研究中国古代文化的论文 105 篇;

《天下》在"书评"栏目中所涉及的中国古代文化的书评 70 篇。

从这四组数字可以看出《天下》对中国古代文化的翻译、研究和介绍范围之广、数量之多是前所未有的,它涉及了中国文化的方方面面,经史子集无所不包,我们完全可以说,这是中国近代以来中国学者主导的全面向西方介绍中国文化的一份高质量的学术刊物。

第三,《天下》开启了中国学者与西方汉学家的积极合作。

　　20 世纪 30 年代的上海是东亚最大、最国际化的城市,各色各样的外国人生活在上海,作为一份英文杂志,《天下》在上海找到研究中国的外国人是十分容易的。从《天下》发表的文章来看,参与这份杂志写作的外国人成分很庞杂。如美国作家项美丽(Emily Hahn,1905—1997),她是《纽约客》杂志的记者,一生写了十多本关于中国的书,最著名的就是《宋氏三姊妹》,项美丽是经新月派文人邵洵美介绍进入《天下》这个文人圈,并成为一个作者的。在《天下》发表英文诗歌的 Julian Heward Bell 当时在武汉大学教授英国文学,类似这样的作者还有不少。

　　但对《天下》的学术地位产生重要影响的是一批西方的汉学家,他们成为《天下》的主要作者队伍,而且《天下》在与这批汉学家的合作中也积累了一些与西方汉学家合作、向西方介绍中国文化的成功经验,这是我们特别关注的。

　　与《天下》合作最为紧密的是老牌汉学家福开森(John Calvin Ferguson,1866—1945),福开森 1886 年来到中国,从事教育等各类社会活动,与中国社会上层有着多重紧密的关系,做过两江总督刘坤一和湖广总督张之洞的幕僚,1910 年因为赈灾募款得力,还被清廷赐二品顶戴。同时他与新派文人蔡元培、张元济、章太炎也都有交往,他是晚清时美国在华的神通广大的“中国通”。虽然他没有受过专业的汉学训练,但在中国长期的生活,与中国高层的密切交往,加之对中国文化的浓厚兴趣,使他在中国文化研究上也做出了自己的贡献。在一定意义上他是 20 世纪在中国的那种“中国通式的汉学家”的典型。① 《天下》创办时福开森已经近七十高龄,他阅读广泛,经历丰富,对中国艺术品有独到的见解,他编著的《历代著录画目》《历代著录吉金目》《艺术综览》至今仍是中国学术界研究中国艺术史的重要参考书。因此,福开森在《天下》撰稿 37 篇,成为《天下》杂志外国人中的第一撰稿人也是很自然的。鉴于福开森的社会地位,在中国和美国以及西方的影响,《天下》刊出他的稿件对于扩大《天下》的学术与文化影响力无疑是有益的。

---

① 　一般将西方汉学家分为专业汉学家和传教士汉学家,这是从信仰上来讲的,从身份上来分也可以分为“专业汉学家”“外交官汉学家”和福开森这样的“中国通汉学家”。这类汉学家没有固定的职业,他们当过外交官,但并不是终身,作为传教士但只是一个时段,但有一个共同点,即在中国长期生活,熟悉中国的方方面面,也有较为严肃的著作。他们和一般的中国通的不同在于,这批人并不仅仅是混迹于中国社会各个阶层,或从政或从商或从教,他们有一个共同的特点是热爱中国文化,并对中国文化的每一个方面都有自己的专深的研究。

福开森是一位经验丰富的社会活动家和品位很高的中国艺术品鉴赏家①,他在《天下》所发表的文章主要集中在这两个方面。就文章形式来说,主要发表在"书评"栏目和"文章"栏目中。例如发表在"文章"栏目中的《宋代的瓷器》《对伦敦中国艺术展的思考》《早期的中国瓷器》《中国的家具》《玉足的标准》《北京太庙》《宫廷画院》,在"书评"栏目中所发表的评论《殷周考》《中国的画家》《浑源青铜器》《宝绘集:J.P.Dubosc 收藏的十二幅中国画》《中国青铜器精选》等西方学者的论文都显示了他深厚的艺术鉴赏的功力,这些文章对西方人通过中国古代的艺术品来了解中国古代文明的发展自然是十分有价值的。而他所写的几篇评论晚清中国政治家的论文则显示出其对晚清社会的深入了解,例如他写的《林则徐》《曾国藩》《左宗棠》等几篇文章。

像福开森这样在《天下》发表如此多的论文的外国人并不多,他毕竟是一位长期浸淫在中国社会生活与文化中的老人。但在《天下》发表论文的外国人中也有不少是初出茅庐的青年汉学家,而其中这些青年汉学家中日后不少成为在西方具有重要影响的资深汉学家。在这个意义上,《天下》是西方汉学家成长的一个重要摇篮。

例如美国汉学家卜德(Derke Bodde)1936 年 2 月在《天下》发表《古代中国对科学及科学方法的态度》一文时,年仅 27 岁,作为哈佛燕京学社来华的首批留学生刚刚从中国返回美国。在上文我们研究哈佛燕京学社对美国汉学发展影响时提到过他。日后他成为美国宾夕法尼亚大学中国研究的开创者,在中国文化研究方面多有贡献。

欧文·拉铁摩尔(Owen J.Lattimore, 1900—1989) 自幼随父亲来到中国,年轻时开始在外国人在中国所办的企业和报社中谋职,1929 年开始在哈佛读书,1930—1933 年他是被哈佛燕京学社派往中国的青年汉学家,1934 年他成为《太平洋事务》(Pacific Affairs) 的编辑,1935 年他在《天下》杂志第一期发表《论游牧民族》(On the Wickedness of Being Nomads) 时刚刚进入学术界不久,这篇论文也预示着他以后的学术方向,以后拉铁摩尔成为美国中国学界研究中国少数民族和中国

① 参阅福开森著,张郁乎译:《中国艺术讲演录》,北京:北京大学出版社,2015 年;福开森、容庚编:《历代著录画目正续编》,北京:北京图书馆出版社,2007 年;罗覃、苗巍《两位中国艺术品收藏家的交汇——端方与福开森》,济南:山东画报社,2015 年。

内陆的专家,特别是他的《中国的亚洲内陆边疆》(*Inner Asian Frontiers of China*)在美国的中国学界有着重要的影响。①

福克斯(Walter Fuchs, 1902—1979)1926年来到中国后在沈阳做德语老师,1938年才来到北京的辅仁大学,他1937年在《天下》8月号上发表《开封府的华裔犹太人》(*The Chinese Jews of Kaifengfu*)一文时才35岁,那时他在学术上尚未出师,回到德国1951年师从海西西,1956年才坐上教授的位置。他的主要学术成就是在来华耶稣会的地图绘制研究上,他还是德国少有的几位精通满语的汉学家之一。②

这说明《天下》对西方汉学家无论资格深与浅都给予了一定的关照。如果我们总结一下《天下》与西方汉学的合作,以下几点对我们总结中国文化的传播规律与经验是很有启发的。

首先,注意团结著名的汉学家或东方学家,通过发表他们的作品来扩大中国文化的影响。《天下》在中国出版,由几名中国文人来主编,如果想走入西方学术界谈何容易,即便当时是在国内发行出版也面临着国内一系列的外文汉学杂志的竞争,如《教务杂志》、《密勒氏评论报》(*Mollard's Review*)等。在笔者看来,《天下》在西方产生影响,一炮打响而成功的第一原因在于:团结了一些当时著名的西方汉学家或东方学家,从而保证了刊物的学术质量。

例如,英国当时著名的远东学研究者、澳门学研究专家博克塞(Charles R. Boxer, 1904—1997),他当时虽然实际上是英军在远东的情报负责人,但其东亚研究已经在西方产生影响。估计他是通过项美丽的关系,进入《天下》这个圈子的。《天下》杂志转移到香港后他和项美丽结了婚。博克塞精通多国语言,他的研究集中在明清之际的东亚与澳门,例如1938年4月第6卷第4期上发表的《三百年前的澳门》,1938年8月第7卷第1期上发表的《1621—1647葡萄牙支援明朝抗

---

① [美]拉铁摩尔著,唐晓峰译:《中国的亚洲内陆边疆》,南京:江苏人民出版社,2010年。

② 季羡林先生曾对福克斯有过评价,他说:"他(福克斯)的研究范围非常广。他的取材都是有原始性的。在许多方面他都能开一条新路。他的每篇文章都几乎把握住一个新的问题。他所提出的问题有很多都是前人没有注意到的。关于明清两朝的地图他写过几篇很精辟的文章。他又精通满文,写过几篇讨论满洲语文的论文。对于尼布楚条约他也有过独到的研究。慧超旅行中亚印度的记述,他加了注释译成德文。他几年前出版的康熙时代天主教士的地图也是一部很重要的著作。"《季羡林文集》第六卷,南昌:江西教育出版社,1996年12月,第24~25页。

清的军事行动》,1941 年 4—5 月第 11 卷第 5 期上发表的《郑芝龙》至今仍是具有
很高学术价值的论文。这些论文都会给《天下》带来很好的学术声誉。日后博克
塞成为西方东方学研究中少有的东亚研究尤其是澳门研究的专家,晚年他致力于
整个葡萄牙扩张时期的研究,发表过关于葡萄牙在巴西、非洲、印度的扩张研究。
博克塞的博学、对原始档案的熟悉、视野的广阔、写作的勤奋都是后人难以企及
的,如一位英国的历史学家所说:"很难相信将来还会有另外一个博克塞那样的
人,他拥有百科全书式的学术知识、去地球上每一个角落收集第一手资料的出色
经历,他还有强迫自己著述的偏执狂(这类书如今健在的历史学家都不能写了),
他还是一个优秀的健谈者以及令人愉快的伙伴。"①对本书的研究来说,《天下》成
为二战期间博克塞研究的一个阵地,他不仅仅和项美丽一起生下了一个女儿,而
且两人的合作也促使他在《天下》发表了这些高水平的论文。尽管博克塞还谈不
上是严格的汉学家,他的研究主要是依据西方的文献来展开的,但他在《天下》的
这些论文对扩大《天下》在西方学术界的影响是毫无疑问的。②

又如,英国汉学家阿瑟·韦利(Arthur Waley,1888—1966)是继理雅各后英语
世界中中国典籍最著名的翻译家。20 世纪初他的作品已经开始出版,1918 年伦
敦康斯特布尔出版有限公司出版了他的《中国古诗一百七十首》(*A Hundred and
Seventy Chinese Poems*),该书很快被翻译成为法语、德语等语言。内收从秦朝至明
朝末年的诗歌 111 首,另有白居易的诗 59 首。1919 年 7 月在伦敦出版了《中国古
诗选译续集》(*More Translations from the Chinese*),内收李白、白居易、王维等诗人
的诗作多首。1919 年出版了《诗人李白》,书中附《导论》《李白的生平》及译诗说
明,收入李白的诗歌 23 首。1923 年出版《中国绘画研究介绍》(*Introduction to the
Study of Chinese Painting*),1934 年出版《对〈德道经〉的研究》(*The Way and its
Power:A Study of the Tao Te Ching and its Place in Chinese Thought*)。他对中国唐代

---

① 奥登(Dauril Alden)著,顾为民译:《博克塞:澳门与耶稣会士》,载[美]鄢华阳等著,顾为民译:《中国天主教历史译文集》,桂林:广西师范大学出版社,2010 年,第 86 页。

② C.R.Boxer, *Jan Compagnie in Japan*, *1660-1817*(1936);*Fidalgos in the Far East*, *1550-1770*;*Fact and Fancy in the History of Macao*(1948);*The Christian Century in Japan*(1951);*Salvador de Sá and the Struggle for Brazil and Angola*, *1602-1686*(1952);*South China in the Sixteenth Century*(1953);*The Dutch in Brazil*(1957);*The Great Ship from Amacon*(1959);*The Tragic History of the Sea*(1959);*The Golden Age of Brazil*, *1695-1750*(1962);*The Dutch Seaborne Empire*(1965);*The Portuguese Seaborne Empire*(1969).

诗歌有着持续的热情,1949 年发表了《白居易的生平及时代》(*The Life and Time of Po Chu*,*1771-846*),1950 年发表了《李白的生平及诗歌》(*The Poetry and Career of Li Po*,*701-762*),1956 年发表了《十八世纪中国诗人袁枚》(*Yuan Mei*:*Eighteenth Century Chinese Poet*),《天下》1937 年 10 月号发表了他的《月蚀诗及其同类作品》(*The Eclipse Poem and its Group*),此时韦利正如日中天,如一颗新星在西方汉学界冉冉升起,发表他的文章显然大大提高了《天下》的知名度和学术影响力。

这样的例子还有研究中国教会史的著名汉学家裴化行,从中国回到美国担任美国国家图书馆东亚部主任的恒慕义(Arthur William Hummel,1884—1975),这些人的文章所产生的学术影响是可想而知的。

《天下》的实践给我们一个重要的启示:将中国文化介绍给西方学术界,一个重要的途径是西方的汉学家,这些汉学家以中国文化研究为使命,或从学术上或从思想上从中国文化中汲取营养,在西方不断开拓对中华文明研究的学术空间,由此渐渐扩大了中国文化在西方的影响。对于这些汉学家的学术研究应给予应有的尊重,因为这个基本的事实要很清楚,中国文化在西方文化的传播与接受主要是由他们来完成的,而不是中国学者,尽管我们也可以发挥很重要的作用。[1]对于这些汉学家在学术上的成就与不足主要应放在一个学术的层面展开讨论,而不是简单的用一种"东方主义"来加以抛弃。[2] 这点我们在下面会有专门的研究。

其次,合作翻译——开启中国文化典籍西译的新模式。

《天下》杂志在"翻译"栏目中发表的中国文化译文中,有一些作品是由汉学家和中国学者联合翻译的,这是一个特别引起笔者兴趣的地方。笔者初步统计有以下几篇合作翻译:

---

[1] 目前中国国内对文化走出去的一些基本理解需要反思。例如,中国典籍的翻译一哄而上,这些著作只是在国内买卖,在国外几乎完全没有市场。因为,不少人忘记了一个基本事实:中国文化典籍的基本翻译是要依靠汉学家来完成的,我们可以做一些,但只是辅助性的。尽管我们也有林语堂这样的天才,但毕竟是少数,如果认为依靠五十来年我们外语教育所培养出来的外语队伍就可以完成这件事,就太乐观了。

[2] 关于笔者对国内一些学者借用萨义德的"东方学"理论对域外汉学的想象性的批评。

作品	合作译者		卷期
《现代诗两首》(邵洵美、闻一多作)	Harold Acton	陈世骧	1935 年 8 月第 1 卷第 1 期
《诗两首》(李广田作)	Harold Acton	陈世骧	1935 年 11 月第 1 卷第 4 期
《翠翠》(即沈从文的《边城》)	项美丽(Emily Hahn)	辛墨雷(邵洵美)	1936 年 1 月第 2 卷第 1—4 期
《无耻》(凌淑华作)	Julian Bell	凌淑华	1936 年 8 月第 3 卷第 1 期
《疯了的诗人》(凌淑华作)	Julian Bell	凌淑华	1937 年 4 月第 4 卷第 4 期
《声音》(邵洵美作)	Harold Acton	邵洵美	1937 年 8 月第 5 卷第 1 期
《苏东坡诗九首》	Harold Acton	胡先骕	1939 年 2 月第 8 卷第 2 期

在《天下》的"翻译"栏目中,对中国文化作品的翻译,无论是中国传统文化作品还是现代作品,从翻译者队伍来看是三类:一类是中国学者,一类是西方学者,一类是中外合作。初步统计在《天下》"翻译"栏目共发表了翻译文章 71 篇次[①],其中中国学者发表的翻译论文篇次是 52 次,西方学者参与"翻译"栏目发表的译作篇次是 4 次,中外学者联合翻译的文章篇次是 15 次。

从这个统计可以看出在《天下》的"翻译"栏目中,中外合作翻译的作品数量虽然并不大,但却是"翻译"栏目的重要内容。

在中国文化作品的翻译上当下有两种意见,一种意见认为中国文化特别是中国典籍的翻译主要应由中国学者来从事,一种意见认为中国典籍的翻译主要应由西方汉学家来做。从目前中国文化的外译的总量来看,主要作品是由西方汉学家来做的,由中国学者所翻译的作品也主要是生活在西方的华裔学者,真正由国内学者所翻译的作品是很少的。关于这一点我们在"文献编"中可以通过考狄书目和袁同礼书目来说明这一点。

《天下》的特点在于,在典籍的翻译上以中国学者为主体,这是由当时的文化环境所决定的,同时,作为一份由中国学者所主持的英文刊物,在翻译上中国学者

---

① 作品的连续翻译发表、统计是不按照作品数量统计的,而是按照《天下》每期实际发表的翻译文章来统计。

占主导地位,这显示出了《天下》的基本文化立场。但在笔者看来,《天下》所开创的中外合作翻译中国文化作品的尝试是值得肯定的。因为,从语言的角度来说,英语毕竟不是中国人的母语,在语感的掌握上、文化的理解上中国学者都要逊于西方汉学家,但在对中国文化的理解上,特别是有关古代经典文化的知识,西方汉学家一般要逊于中国学者。采取联合翻译、合作翻译应是一个理想的中国典籍外译的模式。

在《天下》"翻译"栏目中英国人哈罗德·阿克顿是一个引人注意的人物,这位意大利人的后裔,擅长研究欧洲文学,但他在北京期间不仅在 1939 年 4 月第 8 卷第 4 期、1939 年 8 月第 9 卷第 1 期、1939 年 9 月第 9 卷第 2 期上先后独立翻译了中国传统戏剧《春香闹学》《狮吼记》《林冲夜奔》剧本,还和多位中国学者合作翻译了一系列的作品,例如 1939 年 2 月第 8 卷第 2 期上他与胡先骕合译的《苏东坡诗九首》,与陈世骧合译的《现代诗两首》,与陈世骧合译李广田的《诗两首》等,他还与美国人阿灵顿(L. C. Arlington)合作翻译了 33 出京剧折子戏《戏剧之精华》(*Famous Chinese Plays*),他和陈世骧合作翻译,并于 1936 年在伦敦出版的《中国现代诗选》(*Modern Chinese Poetry*)是较早将中国现代诗歌介绍到西方的译本。①

《天下》开创了中外合作翻译的模式,这一模式需要我们认真地加以总结,从中提炼出一般性的经验,用于今后中国典籍的外译事业。

最后,平等地展开学术批评,推进汉学研究的进展。

《天下》在与西方汉学家的合作中并不仅仅是刊登其作品,而是与他们合作展开中国典籍和当代文学的翻译,同时他们也站在中国文化的立场对西方汉学的研究展开建设性的对话,其中也有福开森的评论,但主体是中国学者。

首先,《天下》的评论文章显示了编者的学术敏感性,通过"书评"栏目,展示

---

① 阿克顿是一位多产的作家,他发表了一系列的著作,例如:*Aquarium*, London: Duckworth, 1923; *An Indian Ass*, London: Duckworth, 1925; *Five Saints and an Appendix*, London: Holden, 1927; *Cornelian*, London: The Westminster Press, 1928; *Humdrum*, London: The Westminster Press, 1928; *The Last of the Medici*, Florence: G. Orioli, 1930; *The Last Medici*, London: Faber & Faner, 1932; *Modern Chinese Poetry* (with Ch'en Shih-Hsiang), London: Duckworth, 1936; *Famous Chinese Plays* (with L. C. Arlington), Peiping: Henri Vetch, 1937; *Glue and Lacquer: Four Cautionary Tales* (with Lee Yi-Hsieh), London: The Golden Cockerel Press, 1941; *Peonies and Ponies*, London: Chatto & Windus, 1941.

了中国学术界对西方汉学研究进展的熟悉与了解,甚至可以说了如指掌。例如,
美国汉学家顾立雅 1938 年出版了《对中国古文化的研究》,这是顾立雅具有代表
性的著作。很快,中国学术界就知道了这本书,叶秋原①在《天下》上发表文章,在
评论中,叶秋原认为顾立雅这本书是有贡献的,同时指出,在其关于商代史来源资
料的研究里,顾立雅犯了几个错误,如把殷墟随意理解成殷窟或者当成殷的废墟。
顾立雅总结了所有在安阳重要的发现,包括一些在本世纪初关于甲骨文的书。在
这些总结之后,他用较大篇幅讨论了关于中国早期三个朝代的编年史古书。顾立
雅教授像研究历史的中国学者一样,认为这些古代的记录并不可信,只是出于对
政治宣传的需要。因为这个原因,中国古代史的学术不得不寻求其他途径。幸运
的是,现在有成百上千的甲骨文,而且在安阳河其他地方也发现了很多同时代的
资料,为这一时期的研究带来了曙光。作者写道:我们有义务从头开始学起,在极
度科学地考察这些我们所能获得的同期的资料的基础上,尽我们所能重新建构一
幅拼接的历史画卷。② 由于顾立雅这本书是在安阳小屯考古发现的基础上写出
的,因此对中国上古时期的历史可信度开始有了信心。叶秋原说,关于"商朝人是
谁"的研究可能是本书中最为有趣的部分。不仅是因为它是书中最长的论述,占
据了 100 多页,而且它讨论和回顾了不同地区关于这一时期的人类学发现。作者
得出如下研究结论:

　　"中国在文化的连续性上是独一无二的。它的最突出的特点是接受变化而不
中断。这个特点可以一直追溯到商代之前的中国东北部的新石器时代文化。商
代文化,像所有其他伟大的文化一样是折中的,被很多种文化所影响。但是当这
些影响和技术被接受后,就遇到入侵中国的所有人、所有宗教和所有哲学相同的
命运。它们被吸收、发展并随着中国的发展而一起发展并且最终转变成为中国基
础的、富有特色的文化的一个有机组成部分。"③

---

① 叶秋原 1922 年时从杭州宗文中学毕业,其间与施蛰存、戴望舒等人有交往,并共同组织成立"兰
　社"。后赴美国留学,获社会学硕士学位。20 世纪 30 年代初回国后,在申报馆工作,并为《前锋周
　报》起草了《民族主义文艺运动宣言》。1936 年他在《震旦人与周口店文化》一书中曾提出将 Si-
　nanthropus pekinensis(即《北京人》)的中文名改为《震旦人》。此名称提出后曾在一定范围内被采
　用,终然未通行。后经吴经熊介绍进入《天下》编辑部。1948 年 3 月 2 日逝世,年仅 40 岁。
② T'ien Hisa Monthly,Vol IX,No.1,August,1939.
③ 同上。

"书评"栏目的评论

作品	外方	评论	卷期
《中国的艺术》	Leigh Ashton	温源宁	第2卷第4期(1936年4月)
《中国画中的专业术语》	Benjamin march	郭斌佳	第2卷第5期(1936年5月)
《曾国藩的精神世界》	Allan W. Watts	全增嘏	第3卷第1期(1936年8月)
《秘密的中国》	Egon Erwin Kisch	姚莘农	第3卷第2期(1936年9月)
《论语英译》	Leonard A Lyall	吴经熊	第4卷第1期(1937年1月)
《中国艺术》	R. L. Hobson Laurence Binyon Oswald Siren 等	全增嘏	第4卷第5期(1937年5月)
《西厢记》	Henry H. Hart	于乐天	第6卷第1期(1938年1月)
《论语》(Oxford University Press)	Craigdarrock		第6卷第3期(1938年3月)
China, *Body and Soul*	E. R. Hughes 著	全增嘏	第7卷第2期(1938年9月)
《牡丹园:中诗译集》	Henry H. Hart 译	李德兰	第8卷第3期(1939年3月)
《早期中国文化研究》	Herrlee Glessner Creel 著	叶秋原	第9卷第1期(1939年8月)
《论语》	Arthur Waley 译	福开森	第9卷第4期(1939年11月)
《中国艺术考》	John C. Ferguson	全增嘏	第10卷第1期(1940年1月)
《中国艺术本质论 中国建筑与庭院》	Arthur de Carle Sowerby Henry Inn and S. C. Lee	福开森 全增嘏	第11卷第3期(1940年12月—1941年1月)
《嵇康及其琴赋》	R.H.van Gulik	John C. Ferguson	第12卷第1期(1941年8—9月)

《天下》的周围是一批当时中国知识界兼通中西的知识分子,这些人大都在国外学习过,有很好的英文阅读能力,同时也有较好的中国古代文化训练和修养。这样他们对西方汉学的译本就会提出很中肯的意见,对汉学家的文本做深入的文本翻译研究。这些评论性文章在《天下》中虽然不占多数,但却体现了《天下》的文化志趣和文化自觉精神。

例如,中国学者于乐天(Yu Lo-T'ien)对亨利·哈特(Henry H. Hart)于1936

年在美国斯坦福大学和牛津大学出版的《西厢记》译本的批评就十分典型。①

于乐天首先肯定亨利·哈特的译本比以往的汉学家译本要好些。亨利·哈特的译作很精彩,尽力做到翻译准确。他通过与当时的中国学者熊式一的译本的比较来说明这一点。我们看看下面的对话:

> 莺莺云:"有人在墙角吟诗。"

> 红云:"这声音便是那二十三岁不曾娶妻的那傻角。"

亨利·哈特把这段对话译为:

Ying Ying:There is someone at the corner of the wall,reciting verses.

Hung Niang:The voice is that of that young twenty-two-year-old idiot who has not got himself a wife.

熊式一把这段对话译为:

Ying Ying:There is some one,at the corner of the wall,who is chanting a poem.

Hung Niang:The sound of the voice is exactly that of that foolish fellow who is twenty-three years old and still unmarried.

于乐天认为亨利·哈特译得比熊式一要好。首先,因为他的译文读起来更顺畅,而且,根据西方的年龄计算方法,张生的确应该是只有 22 岁。

于乐天又举了一个例子来说明自己的观点。

> 红娘说道:"张生,你见么? 今夜一弄儿风景分明助你俩成亲也。"

亨利·哈特将其翻译为:"Don't you see,Chang? Tonight there is a magic spell about,to favor your mutual joy."(第 123 页)这样的翻译保持了原汁原味。相比于亨利·哈特的译本,熊式一翻译得就比较生硬:"This evening,with its beautiful surroundings,is evidently assisting you and her to complete your union."

于乐天甚至认为,亨利·哈特在译本的一些表达方面上,比原本要好,他说:"整体来说,亨利·哈特的翻译非常精彩,可敬可佩。有的片段甚至译文比原文都

---

① 耿纪永《远游的寒山:英译第一首寒山诗》中说:"亨利·哈特是美国著名的汉学家,早年毕业于加州大学,获法学博士学位,然后赴中国学习和研究中国文学和文化。在一篇英译中国诗集的序言里,哈特明确表示了他对中国诗的热爱和高度评价。他称中国为 Mother China,认为中国比西方更文明,西方文化从中国受益良多,他说中国诗'是用最柔软的笔写在最薄的纸上的,但是作为汉民族的生活和文化的记录,这些诗篇却比雕刻在石头或青铜碑上更永垂不朽。'"见《中国比较文学》2012 年第 2 期。

要优美,比如说第82页的两处译文:

"My sorrow is deep as the murky sea,As vast as the earth,And as boundless as the blue heavens above.

"She has crushed the tender buds of the twin blossoms,And she has severed the cord which bound together two hearts fragrant with their love."

但作者对亨利·哈特翻译中的错误也并不回避,而是直言指出其翻译的错误。《西厢记》里一个很有意思的片段是:莺莺催促红娘去看看张生,但是红娘不愿前往,说:我去便了,单说'张生你害病,俺的小姐也不弱。'我把这段译为:All right then I will go.I will simply say to him,'Mr.Chang,you are sick,and my little mistress is not weak either.'这听起来似乎什么都没说,但其实却蕴含着这样的意义:她知道张生不是别的病,是相思病,也知道莺莺小姐也深深地爱上了张生。但是亨利·哈特的译文是:Well,then,I'll go,but I shall simply say,'Chang,sir,do you think you are the only person sick at heart? Is not my little mistress in like case?'(第94页)意为:那好,我去。但是我只会说:'张生,你以为只有你自己有心病吗? 我家小姐还不是和你一样。'他把意思译对了,但是原文中蕴含的幽默哪去了? 闲话中有深意的味道哪去了? 这句话熊式一翻译得更糟糕:Well,I will go.I will merely say to him:'Mr.Chang,you have caused my young mistress a very great affection.'好吧我去。但我只会对他说:'张生,你真的让我家小姐动情了。'这样译不符合原意,也没有想象力。"①

从这里我们可以看到《天下》对西方汉学家的典籍翻译持一种公正的学术态度。

综上所述,《天下》作为20世纪中国学者编辑的第一份面向英语世界介绍中国文化的杂志成就显著,他们在动荡的战争环境下所开创的事业如此辉煌,他们在中西文化交流史上留下了这些金玉般的篇章,他们宽大的文化情怀所催生出的文化成果,使我们这些后人高山仰止。这些历史性的篇章,应在中国近代学术史上留下重重的一笔,它所创办的理念与实践值得我们今天格外珍惜。中华民族在历经苦难与动荡后,我们重新回到了他们所开创的事业上来,此时,我们发现吴经

① 《天下》第6卷第1期,1938年1月,第92~95页。

熊、温源宁、林语堂、全增嘏那一代人的才华在今天的中文世界已经很难找到,固守中国传统的学人们大都无法像他们那样自如地游走在中西之间,用英文写作,介绍中华文化。百年欧风美雨后那些从西洋回来的学子已经很少再有他们那样的情怀,更谈不上有他们那一代人中西兼容的学识。文化的断裂已成为现实。

延绵几千年的中华文化,今天又到了一个新的时刻,一个三千年未见之大变局的历史关头,一个中华文化的复兴已是站在高山之巅遥望即来的时刻。

归来兮!《天下》!

结　语

20世纪上半叶的西方汉学的发展进入新的阶段,在中国古代文化经典西译上法国汉学仍是主力,但我们在写作中选取的是美国汉学初创期的哈佛燕京学社和德国的汉学家卫礼贤。前者是美国汉学的基础,因在20世纪后半叶中美国中国学突飞猛进,翻译数量极大,无法做一个整体展开研究。这样选择哈佛燕京学社作为美国中国学界从事中国典籍翻译的代表,相对完整,便于给予一个初步的总结。至于美国中国学界在20世纪对中国典籍的翻译研究和总结需要专门的课题展开研究,非本课题所能完成。卫礼贤的翻译代表了20世纪前半叶欧洲的最高水平,他的成就超出了单纯的中国文化经典的翻译,具有更为广泛的思想文化意义。中国学者进入中国经典的翻译是20世纪上半叶中国典籍西译史上最为重要的事件,《天下》杂志具有多项开创性意义和价值,它为20世纪下半叶更多中国学者进入这个领域打下了基础。

附录 1: 卫礼贤德译本《易经》序言和引言①

序　言

　　《易经》的翻译工作开始于十年之前。在 1911 年的中国革命之后,青岛成了众多最重要的中国旧式学者的居住地,我有幸在他们当中遇到了我十分敬仰的导师劳乃宣。他除了让我对《孟子》《大学》和《中庸》等著作有了更深的理解,还使我首次对《易经》这部著作产生了好奇。在他的十分内行的引导下,我像着了迷一样走进了这个陌生但又倍感亲切的世界。翻译是在对文本进行了详细讲解之后形成的。德文译文又被回译成中文,直到德文译本已能完全表达中文原著的原意,翻译才算定型。翻译工作正在进行的当头,可怕的世界大战爆发了。中国学者四散如风,劳先生去了曲阜,孔子的故乡:他与孔家有亲戚关系。翻译《易经》一事被搁置在一边,尽管在协助中国红十字会的工作——这是我在青岛被围期间所承担的一项任务之余,我从未停止过对古代中国人的智慧的探讨。下列情况可算是一个十分奇特的巧合:在城外的军营里,日本将军 Kamio 休息之时在读《孟子》,而我,一个德国人,也把空闲时间用于研究中国智慧。但是最幸运的要数一位中国老人,他如此沉湎于他的圣书,以至于一颗手榴弹落在他的身边也没有惊扰他的平静阅读。他伸手摸了一下手榴弹——这是枚臭弹,但又缩回手来,说它太烫了,然后他又读起他的书来。

　　青岛被"征服"了。尽管有一些其他工作要做,我还是能找到一点时间继续进行翻译工作。但是导师——我是与他一起开始这项翻译工作的——却远在外地,而我又不可能离开青岛。正当我一筹莫展的时候,劳先生寄来的一封信令我喜出望外。劳先生说他准备同我一起继续进行暂时中断的翻译工作。后来他真的来了,剩余的翻译工作也完成了。那是我与年迈的大师一起度过的内心激动的

---

① 刘元成、张家政根据英译本翻译,孙立新根据德文原著校译。感谢孙立新先生同意将译文收入本书。

美好时光。在译作的主要部分都完成的时候,命运又把我召回了德国。年迈的大师却随后与世长辞了。

"书各有命"(Habent sua fata libelli)。在德国,尽管我看上去好像已经远离古老的中国智慧了,但是偶尔也有一些出自这部充满神秘的书的建议在这里或那里落在欧洲好的土地上。当我在弗里德瑙(Friedenau)的一位朋友家中看到一本《易经》时,我是多么惊喜啊。这是一个非常精美的版本,我在北京曾花费一整天的时间,跑遍了所有书店,但最终还是徒劳。这个朋友可是一位真正的好朋友,他让我的这个惊喜变成了我的永久收藏,从此之后,这本书就伴随我旅行了半个世界。

我又回到了中国。新的任务落在我的身上。这时的北京已经出现了一个全新的世界,人和志趣都不同于以往。但我很快就在这里找到了一些帮助,并在北京一个夏天的酷热日子里,最终完成了翻译工作。后来,又经过一遍遍的修改校正,正式的文本终于成形,尽管还与我的愿望有不小的差距,但已经走得这样远,以至于我感觉到可以让它面世了。祝愿这部译作的读者们都能分享我在从事翻译工作时所享受到的对于真正智慧的喜爱。

卫礼贤

1923年夏,北京

引　言

《关于变化的书》——中文称《易经》——无疑是世界文化宝库中最重要的著作之一,它的起源可追溯到远古神话时期,直到今天,仍有众多杰出的中国学者在研究它。在三千多年中国古代历史中出现的所有伟大而重要的思想,几乎都与这本书有密切联系,要么是直接受到它的启发,要么是反过来对解释它的内容产生了影响。所以,可以肯定地说,在《易经》中有数千年最成熟的智慧得以加工成形。因此,毫不奇怪,中国哲学的两个分支,儒家哲学和道家哲学也都在这本书中有其共同的根基。这本书既为那位神奇的先哲老子和他的学生们创造出来的充满神秘而常常让人迷惑不解的道家思想洒上了新的光辉,也为许多在儒家思想传统中经常被当成公理而无须进一步检验的格言披上了耀眼的光环。

　　事实上,不仅仅是中国哲学,中国的自然科学和治国理政之术也从未停止从这个智慧源泉中汲取营养,所以,毫不奇怪,在汗牛充栋的儒家典籍中,唯有这本书逃过了秦始皇焚书坑儒的劫难。即使是中国人的日常生活也都浸透着这本书的影响。行走在中国城市的大街小巷上,你不仅可以在这里或那里的某个角落,看见一位算命先生端坐在用干净白布覆盖着的桌子旁边,笔砚在手,随时利用这本古老的智慧之书为问卦者应对生活中各种烦琐困扰提供相应的劝告和建议,而且还可以看到,许多公司的金字标牌——它们大都是装饰门面的长方形黑漆木板——也刻有一些符号,其华丽的辞藻一再令人回想起那些来自《易经》的思想和箴言。即使在诸如日本这样已经非常现代的国家,一向以机敏著称的政策制定者们,在遇到困境时,也不拒绝从这部古老的智慧书中寻求忠告。

　　不过,随着时间的推移,《易经》智慧所享有的巨大声望也使得大量外来的、起源于其他思想体系——大概也有一部分属于中国以外的思想体系——的神秘学说与它的学说联系在了一起。自秦汉王朝以来,某种形式主义的自然哲学越来越流行,它用一系列数字符号来包裹所有可想象的事物,并且通过具有二元论特征的、被加以严格推行的阴阳学说与取自《易经》的"五行生克"理论的结合,使中国的整个世界观越来越僵化和定型。于是,后来就发生了下列事情,这就是,此类日渐烦琐而又玄妙的冥想,像一团云雾似的把《易经》包围了起来,使它显得神秘莫测,而在它们把过去和未来的所有东西统统塞进这一数字体系中时,《易经》也就获得了高深莫测、无法理解的名声。这些玄学家干的另一件应当受到唾弃的坏事,就是在墨子及其学生时代无可争议地存在着的自由的中国自然科学的萌芽被扼杀了,取而代之的是一种单调乏味不受任何实际生活影响的写书人和读书人的传统。这就是为什么在相当长时期内,中国在西方人的眼中都是一具毫无希望的僵尸的原因。不过,我们一定不能忽略下列事实,即除了这种机械的数字神秘主义,还有一股生生不息的、深厚的人类智慧活水,以这本书作为其管道,一直在浇灌着人们的日常生活,赋予伟大的中国文化这种揭示生活智慧的成熟性,今天,面对这一真正扎根于大地的一息尚存的文化,我们几乎是满怀悲伤地钦佩这种成熟性。

　　那么,这本《易经》到底是一部什么书? 为了让大家对这本书及其学说有一个较好的理解,我们首先必须全力去掉那些像藤蔓一样利用各种可能性从外部渗透于书中的解说,不管这些解说所涉及的是古代中国术士迷信的神秘主义,还是同样属于迷信范畴的现代欧洲学者的理论,这些学者总是倾向于把他们在原始野人那里获得的经验运用于对所有历史性文化的研究之中。① 我们必须紧紧把握住这样一个基本原则,即对《易经》的解释必须从其自身和它所属的时代出发。秉持这一原则,再晦暗的东西也能显露出它的光辉,我们也就能认识到,《易经》这本书尽管非常深奥,但并不比其他经历了漫长历史从古代一直流传到我们现今时代的作品更难懂多少。

1.《易经》的运用

占卜之书

《易经》是从一些代表占卜结果的线条图像组合开始的。② 在古代,占卜到处都被加以利用,而最早的占卜结果仅限于回答是与不是。这种占卜解答方式也是《易经》赖以形成的基础。"是"就用一条简单的完整直线"———"来表示,而"否"则用中间断开的短线"— —"来表示。然而,大概很早就有了对占卜结果加以进一步区分的需求,所以便从简单的线条产生了通过加倍而形成的线条结合,从而出现了以下四种组合形式:

$$\quad\text{———}\qquad\text{— —}\qquad\text{— —}\qquad\text{— —}$$
$$\quad\text{———}\qquad\text{— —}\qquad\text{— —}\qquad\text{— —}$$

在上面这四种线条组合上,再各加一条线,就形成了八个三画卦。这八个三画卦被理解为在天上和在地上运行的事物的图像,与此同时,它们还被认为是处于不断变化、从一种状态转变为另一种状态的过渡之中的,就像世界上各种现象都处在不断相互转化的过渡状态一样。这样,我们就对《易经》有了一个基本概念。这八个三画卦是持续变化的过渡状态的象征,也是这样一些图像,它们自身也在不断地发生变化。其所关注的并不是处于静止状态的事物,不是现存事物本身,而是处于变化之中的事物的运动,这一点与西方人的习惯迥然不同,在西方,人们所关注的主要是事物本身。所以,这八个三画卦并非对事物本身的描摹,而

---

① 由于其怪异,我在这里谨提一下 Rev. Canon Mc Clatchie 在其 1876 年出版的著作《儒家易经或"变化的经典作品"翻译——附注释及附录》所做的荒诞不经且完全外行的尝试,即把"比较神话学"的主要理论运用于对《易经》的解说。

② 从这里讨论的情况来看,《易经》并非像一些人认为的那样是一部词典,这一点已无须进一步说明了。

是对它们的运动趋势的描摹。这八个图像所表达的意思越往后越丰富。它们代表了自然界中某些与它们的本质相符合的运动过程。它们也代表了一个由父亲、母亲、三个儿子、三个女儿组成的家庭，但不是在神话的意义上，不同于由众神居住的古希腊奥林匹斯，而是在那样一种抽象的意义上，也就是说，它们所展示的不是事物本身，而是事物的功能。

一旦我们对这八个作为《易经》形成基础的象征符号加以通盘审视，我们便会获得下列图表：

表 2-12

图像	卦名		特点	象征	家庭关系
☰	乾	创造者	强大	天	父亲
☷	坤	接受者	奉献、服从	地	母亲
☳	震	激昂	刺激的运动	雷	长子
☵	坎	深渊	危险	水	次子
☶	艮	静止	不动	山	三子
☴	巽	温柔	渗透	风，木	长女
☲	离	依附	发光	火	次女
☱	兑	愉悦	高兴	湖	三女

三个儿子代表着处于不同阶段的运动的元素：运动的开始、运动中的危险、运动的停止和完成；三个女儿代表着不同阶段的顺从的元素：温柔的渗透、清醒和适应、愉快的安宁。

为了使占卜结果更具多样性，很早时期人们就把这八个图像再加以联结，这样就得到了六十四个符号，其中每个符号都包含六个线条，要么是肯定性线条，要么是否定性线条。所有线条又都被看作是可以变化的，而一旦某一线条发生了变化，则整个符号所代表的状态也就过渡到另一种状态了。下面以加倍的坤（接受者，地）☷☷ 为例，加以说明。它代表的是大地的特性，以奉献精神著称，在一年四季中指代晚秋，此时所有的生命力量都进入了休眠期。如果其最下的一条线变成了阳爻，则整个卦就变成了复卦☷☳，回归。这个图像代表的是雷，在冬至日这一天在大地中搅醒所有的生命力，象征着重归于光明。

这个例子说明,要改变一个卦的性质,并不需要该卦中的所有的爻都发生变化,它只取决于某一特定的爻的性质。一支包含有不断增强的能动性的阳爻的改变可以转变成它的反面,成为阴爻;相反,一支不太强健的阳爻不会发生变化。这一原则也适用于阴爻。

对于那些被看作承载非常强大的积极的或消极的能量并可自行运动的个爻,在第二编《系辞》(第一部分第9章)和第三编最后部分论述占卜的运用的专章中有更为详细的介绍。这里仅作如下提示,自行运动的阳爻以数字九为标志,自行运动的阴爻以数字六为标志,而那些不运动的、在卦中只充当建筑材料而无特别意义的个爻,则用数字七(阳爻)或八(阴爻)来表示。因此,当人们在文本中读到"初九意思是……"时,就要明白此语是说,当位于第一位的阳爻以数字九来表示时,它具有下列含义……;相反,如果一支爻被冠以数字七,则在解释占卜内容时,可完全忽略该爻。同样的原则也适用于分别以数字六和数字八来代表的爻。在前面列举的例子中,我们提到了坤,接受者,该卦的构造如下:

8 最上爻　　　　　　　　　——

8 第五爻　　　　　　　　　——

8 第四爻　　　　　　　　　——

8 第三爻　　　　　　　　　——

8 第二爻　　　　　　　　　——

6 第一爻　　　　　　　　　——

从上列数字中可以看出,在解释本卦时,第一爻之上的五个爻都可以忽略不计,只有以数字六为代表的处于初爻位的爻才有独立的意义。通过它的改变,状态▤▤(坤,接受者)就过渡到了状态▤▤(复,回归)。

利用这种方法,我们就可以得到一系列以线条象征性地描述出来的状态,它们可以通过它们的线条的运动相互过渡(但并非必须过渡,因为,如果一个卦里的各爻都以数字七和八来表示,那么这个卦自身就没有发生变动,只是其作为一个整体的状态会被观察到)。

除了通过六十四卦所展现出来的变化规律和变化状态的图像,还有一点值得注意,这就是,各种形势都要求一种特别的行为方式,以便使自己可以适应这种行为方式。在各种形势中都有一种行为方式是正确的,另一种行为方式则是错误的。显然,正确的行为方式会带来好运,而错误的行为方式则会带来不幸。那么,在某种形势中,哪种行为方式是正确的呢?这个问题是至关紧要的。它是这样一个问题,它所导致的结果就是,与通常的算命书籍相比,从《易经》中可以获得更多的指教。如果一用纸牌占卜的女人告诉她的女顾客说,她会在八天内收到一张来自美国的汇款单,那么,对于该女顾客来说,除了等待该汇款单的到来或者不到来,她无所事事。这是一种已经被预先宣告的命运,它完全独立于人的作为和不作为。因此,所有的算命术都是没有什么道德意义的。而在中国,首次出现了这样的人,他对于已经宣告了未来情形的卦辞并不感到满意,而是提问:那我该怎么做呢?这种情形一旦发生,就必然会有一本书从算命书转变为智慧书。为《易经》带来这种变化的,是生活在公元前1000年前后的周文王和他的儿子周公旦,他们把有关正确行为的明确建议附加在先前只能默默无语地分别对一个接一个的具体情况的未来做出预测的卦和爻上。这样一来,人就成为了命运的共同塑造者;因为他的行为可以作为决定性因素介入世界大事,并且人们越是能够早早地通过《易经》认识到事态的萌芽,他的行为的决定性作用就越大,因为事态的萌芽是关键所在。只要事物尚处于形成阶段,它们就是可以被加以引导的。一旦事物发展成熟,它们就会成为强大无比的势力,对此,人只能软弱无力面对了。这样一来,《易经》就变成了一种纯属特殊类型的算命书,而卦和爻则以其运动和变化神秘地再现大宇宙的运动和变化。利用蓍草秆儿,人们就能获取某个点,从这个点出发,人们就可以了解事情的概况。有了这种概况,人们就可以指出正确的行为,可以告诉某人怎么做才能适应时势的需要。

所有这一切中唯一让我们的现代意识感到陌生的,是通过操作蓍草秆儿来获悉形势的这个方法。其操作程序看起来充满神秘,因为仅仅通过操作蓍草秆儿,人的无意识就可以变得活跃起来。并不是所有的人都具备同样的占卜能力。必须是头脑清醒、情绪沉稳的人,才会对隐藏于不起眼的蓍草秆儿中的宇宙作用有所感知。作为植物界的产物,这些蓍草秆儿与原始生命有着特殊的关系。它们来源于神圣的植物。

智慧之书

然而,意义更为重大的是《易经》一书的其他用途,即把它当作智慧之书来用。老子见过这本书,他的一些深奥难懂的名言警句都源于这本书的启发。事实上,他的整个思想世界也都贯穿着这本书的学说。孔子也见过这本书,并为之做出了大量的思想贡献。他还可能写下了一些解释性评述,并以讲课的形式把其他一些评述传授给他的学生。流传到我们所处时代的这本《易经》就是经过孔子编辑整理和加以注释的。

如果我们追问在这本书中一以贯之的基本观点,我们就只能局限于为数不多但却非常伟大的几个思想观念。

整本书的基本思想就是变化的思想。论语①讲道,孔夫子曾经站在一条河边发出下列感慨:"万事万物都像这条河一样川流不息,日以继夜"(逝者如斯夫)。这句话同样表达了变化的思想。已经认识到了变化的人,就不会再把他的注意力放在瞬息万变的单个事物上了,而是会把注意力集中于在所有变化中都发挥作用的永恒不变的规律上。这个规律就是老子所说的道,就是过程,就是一。为了自我实现,需要做出一个决定、一个规定。这个基本规定就是所有事物伟大的原始开端,就是所谓的"太极",其最初的含义是房屋的大梁。后来的哲学对这个原始开端进行了许多研讨。有的人把"无极",比"太极"更早的最原始开端,画成一个圆圈,"太极"则成了一个被分成明和暗、阴和阳两部分的圆圈 ☯ ,而这个符号在印度和欧洲也发挥着一定作用。但是对于《易经》的原始思想来说,所有诺斯替-二元论类型的玄思完全是陌生的。对于它来说,这个规定仅仅是房屋的大梁,也就是线条。但既然有了这个代表"一"的线条,"二"也就出世了。与此同时,上下、左右、前后的分别也就出现了,简言之,对立的世界诞生了。

这种对立观念通过阴阳这一对概念而闻名于世,并且产生了巨大影响,尤其是在秦汉两朝相互交替的转变时期,也就是在西方纪元开始之前,甚至还出现了一个专门讲授阴阳之术的学派。那时,《易经》被多方面地用作巫术之书,书中也掺杂了许多它原本并不知道的内容。自然,以阴阳、男女为原始原则的学说也在外国研究中国的学者当中引起了广泛关注。不少人根据已经得到证明的模式,猜测这里包含有阴茎崇拜的原始符号以及其他诸如此类的东西。必须指出,阴阳两

---

① 《论语》,Ⅸ,16。

词的原始含义并不包括上述内容,这一点可能会令那些发现者很感失望。阴的原始意义是"阴天""阴云笼罩",而阳的原始意义实际上是指"在阳光下飘动的旗帜"①,即"被光线照射到的"或者"明亮的"东西。后来这两个概念也被转用于某一座山或某一条河的明暗两面。就山而言,南面属阳,北面属阴;就河而言,河南属阴,河北属阳(因为在观看一条河时,河的南面呈现暗色,也就是说属阴,反射着阳光的河的北面则呈现亮色,也就是说属阳)。由此出发,这两个表达也被转用于《易经》,用来指代公开存在之物两种不断转换交替的基本状态。此外,必须注意的是,在《易经》原初的文本中,此种意义上的阴阳概念根本没有出现,就是在最古老的评述中也很少见,直到《系辞》——该文的某些部分已经明显地受到道家思想的影响,阴阳概念才具有了上述意义。在《对卦辞的评述》②中,人们不是讲阴阳而是讲"柔"和"刚"。

不过,不管人们还会对此发表什么高论,可以肯定的是,出于这两种力量的变化和过渡,现存事物便开始自行构建了,在此,变化部分地从一种状态到另一种状态连续转换,部分地像白天和黑夜、夏天和冬天那样,是自身相互关联的各种现象进行封闭的圆圈形循环运动。这种变化不是毫无意义的,否则,它就不可能从中给出任何知识了;这种变化是服从于贯彻于其中的规律即"真谛"或"道"的。

《易经》的第二个基本思想是它的理念学说(Ideelehre)。八个画卦显示的图像主要不是指某个具体事物而是指事物的变化状态。与之相连的则是一种思想,这种思想在老子和孔子的学说中均有明确表达,这就是,可见世界中的每个事物,都不过是不可见世界中的某一"图像",也就是说观念(Idee)的作用。相应地,现实世界中发生的每一件事都只是对于某个超越我们的意识的事件的模仿,而随着时间的推移,它到后来也会成为某个超越我们的意识的事件。只有圣人和智者能通过他们的直觉感知到这些观念,因为他们与较高层次的世界有联系。这样一来,这些圣人便能够对在现实世界中发生的事件进行决定性的干预,于是,人与天(也就是说超越我们的意识的观念世界)和地(也就是说可见的物质世界)联合起

---

① 参阅梁启超 1923 年 7 月 15 日和 22 日在中国杂志《努力周报》(*The Endeavor*)上发表的值得注意的详细论述,还可参阅 B.辛德勒(B. Schindler)在《泰东夏德纪念专号》(*Hirth Anniversary Volume von Asia Major*)上发表的《中国终极存在概念的发展》(*The Development of the Chinese Conceptions of Supreme Beings*)。

② 即《象传》。——本版译者注。

来，共同组成一种原始力量的三重性（Dreiheit）。现在，这种理念学说在两个意义上得到了运用。《易经》所指出的既是事件的图像，也是以这些图像来表达的尚处于初级阶段、未完全展示开来的（in statu nascendi）状态的形成过程。正如人们可以学会理解过去一样，通过《易经》的帮助，人们也认识了事物的萌芽，学会了预见未来。于是，这些以由线条组成的卦为基础的图像也就成为在通过它们所预示的形势下采取合乎时宜的行动的样板。利用这个方法，人们不仅可以适应自然的发展变化进程，而且正如人们在《系辞》中也做过此类非常有趣的尝试那样，所有人造的文化设施都可以追溯到这些理念和图像上。不管人们的具体做法有什么差异，就其基本思想而言，我们在这里所遇到的无疑是一个千真万确的真理。①

　　除了图像，还有作为第三个主要部分的卦辞也很值得注意。卦辞是对图像的文字描述。它们会告诉占卜的人，某个特定的行为到底是带来好运还是不幸，是令人后悔还是令人羞愧。卦辞能够让人自由地做出决定，暂时脱离从当时的形势中自动产生的现有发展方向，如果这一发展方向会导致不幸的话，借助于这个方法，人就能够使自己不受事件的强制。通过这些卦辞，也通过自孔子以来不断添加进来的评述，《易经》为它的读者打开了中国人生活智慧的丰富宝藏，同时也为它的读者提供了一种全面考察生活形态的方法，使他们能够借助于这种考察方法，有机地和自主地塑造自己的生活，使之与作为万事万物的基础的最终"真谛"，也就是"道"保持一致。

　　2.《易经》的历史

　　在中文文献中，有四位圣人被指为《易经》的作者，他们是伏羲、周文王、周公旦和孔子。

　　伏羲是一位神话传说中的人物，渔猎时代的代表，烹饪的发明者。如果把他说成是《易经》中的卦象的发明者，这就意味着，人们把这些卦象置于一个如此久远的时代，大大超出了历史记忆的范围。八个原始三画卦也都有其名称，但在中国语言（汉语言）中，这些名称并不曾出现，因此，也有人指出了这些卦象的外国起源。无论如何，这些卦象决不是古代文字符号，即使有人想要半偶然半有意识

① 参阅胡适在他的《中国逻辑方法的发展》（上海，1922 年）一书中所做的极其重要的论述，也参阅他在他的哲学史著作第一卷中所做的更为详细的阐释。

地把这个或那个古代文字符号与它们协调起来。①

很早以前，这八个三画卦就相互组合起来了。在古代，曾有两部汇编作品被人提及：一部是夏朝的《易经》，叫作《连山》，据说其第一卦是艮，静止，山；第二部是商朝的《易经》，叫作《龟藏》，其第一卦是坤，接受者。后者偶尔也被孔子提及，并被当作历史来看待。至于当时是否已经出现六十四卦的卦名，如果已经出现，它们是否同现今的《易经》中的名称相同，这是很难说的。

根据毫无理由质疑的一般传统，现有的六十四卦汇编出自周王朝的祖先周文王之手，他在被商纣王辛囚禁期间，为每个卦添加了简短的判辞。属于各爻的文字解说，即爻辞，则出自他的儿子周公旦之手。在周王朝的所有时间里，这部号称《周易》的书主要被当作占卜之书来使用，这一点可由古代的一系列历史记录加以证实。

这就是这本书在孔子发现它的时候所处的状态。孔子在年事已高的时候花费了大量精力来研究它，很有可能《对卦辞的评述》，即《象传》，就出自他手。《对于卦象的评述》，即《象传》，也可追溯到他那里，即使并不怎么直接。相反，第三部非常有价值并且十分详细的评述著作，即以问答的形式对个爻做出的评述，则是由他的学生或他的学生的学生编纂的，但是现在只有一些断篇残章得以保存（其中一部分被称为《文言》，一部分被称为《大传》，即《系辞》）。

在孔子的众多追随者中，似乎主要是卜商（子夏）承担了传播《易经》的任务。随着哲学玄思的进一步发展，正如它在《大学》和《中庸》中所表现的那样，此类哲学也在研究《易经》方面产生了越来越大的影响。围绕着这本书，有一系列著作问世，其残存部分——有的早，有的晚——都在所谓的《十翼》中依稀可见，但其内在价值和内容却是各不相同的。

在秦始皇焚书坑儒之际，《易经》逃脱了其他古典作品所遭受的噩运。但是，如果说有什么东西可以驳倒下列传说，即焚书事件使各种古书的所有版本都毁于一旦的话，那么《易经》的状态就是一个可以被用来进行反驳的证据，因为它并没有受到任何损坏。实际上，造成古书损坏的主要原因是上百年的艰难困苦、古代文化的衰落、文字系统的改变等。

---

① 这一点特别涉及坎卦☵，因为坎的形状跟水字的篆字字形 ⑶ 很相似。

《易经》在秦始皇统治时期牢固地树立起了其作为预言和巫术之书的地位，之后，在秦汉时期，大批方士蜂拥而至，并且大概是由邹衍率先倡导，后来又被董仲舒、刘歆、刘向等人进一步发挥的阴阳学说，充斥于对《易经》的解释之中。

从《易经》中清除这些垃圾的任务落在了伟大而睿智的学者王弼身上，是他把《易经》称为智慧之书而不是占卜之书。他的观点很快被人接受，方术学派的阴阳学说逐渐被抛弃，新兴的治国理政哲学越来越多地与《易经》相联系。在宋朝，《易经》被用作太极图理论的证据，而这个理论大概不是起源于中国的，直到大程子(程灏)写作了一部很好的关于这本书的评述为止，人们逐渐习惯于把《十翼》中包含的评述拆分开来，分门别类地编排到相对应的各卦之中。于是，这本书就在很大程度上成为一本与国家政治和个人生活相关的教科书了。然而，朱熹又试图恢复它作为占卜之书的功能，除了一篇简短而精练的对《易经》的评述，他还出版了一本导论，对他研究预言艺术的成果进行了详细介绍。

上个朝代①中的批判历史学派也对《易经》进行了深入研究，他们不赞成宋代学者的观点，强调那些从时间上说更接近《易经》的汉代评论家的观点，但是他们对于这部书的研究成果远不如他们对于其他古代经籍的研究成果大，因为汉代的评论家们说到底都是些巫师，至少是深受巫术思想影响的。康熙时期，有一个叫作《周易恒解》的很好的重编本问世，它把正文和十翼分开编排，并囊括了各朝各代最好的评述。现已完成的翻译就是以这个版本为蓝本的。

3.译文的编排

对于《易经》的翻译是遵循下列基本原则完成的，知晓这些原则大大有助于阅读书中的各章节。

文本的翻译尽可能短而精练，以便使它也用中文制造出来的远古印象得到充分的展现。因为我们不仅翻译了文本，而且还翻译了出自中国最重要的注疏家著作的摘录，所以这样做更有必要。这个摘录必须是尽可能条理清楚的。它可以使人们对于中国学者为理解这本书的内容而附加上的一些最重要的解说有所了解。个人思想与那些经常是意思非常接近的西方作品的比较也尽可能地省略了，即使有一些，也总是加以特别标示，这样做主要是为了使读者知道，本书中的文本和评

---

① 指清代。——本版译者注。

论是对中国人思想的真正复述。之所以要特别强调这一点，是因为一些基本原则
与基督教教义非常吻合，以至于它经常产生异乎寻常的影响。

为了使非专业人员也能够比较容易地读懂这本书，我们首先把带有客观解释
的六十四卦正文放在本书第一编。读者最好是从头到尾阅读这一部分，努力了解
它的思想观点，不要受到图形和卦象的干扰。例如，在读第一卦乾的时候，应随着
乾卦中各爻所代表的发展阶段，一步一步地追踪乾卦所代表的思想，正如名家所
描述的那样，在读的时候，就平静地接受所谓的龙的存在的观点。这样下来，读者
就会清楚地知道，中国人的生活智慧将会对各种各样的生活境况说些什么。

在本书的第二编和第三编中，有紧跟而来的对所有事物为什么会是这样的问
题的解答。在这里，我们把有助于理解卦的结构的最关键资料都编排在一起了，
但也仅限于那些必不可少的资料，以及尽可能是最古老的资料，正如在附录中有
所谓的《十翼》中的资料那样。只要可能，我们就把《十翼》中的资料拆分开来，编
排到相应的解说里，以便于读者能更好地理解它们，而其对各卦的客观描述已被
我们安排到第一编的摘要之中了。因此，对于那些想深入研究《易经》的人来说，
本书的第二编和第三编也是必不可少的。另一方面，考虑到西方读者的理解能
力，我们尽量避免一下子就把那么多非同寻常的东西都堆在一起。所以，通过这
种编排方法所产生的一些必要的重复是必须容忍的，因为它们对于全面理解这本
书是十分有用的。有一点可以被当作坚定的信念公开讲出，这就是：无论是谁，只
要他真正理解了《易经》的精神实质，他的经验和他对生活的真正理解就一定会
得到极大的丰富。

附录2:《天下》杂志所刊关于中国文化的作品目录

作品	作者	译者	卷期
《浮生六记》(第1章)	沈复	林语堂	1935年8月第1卷第1期
《书谱》序	孙过庭	孙大雨	1935年9月第1卷第2期
《浮生六记》(第2章)	沈复	林语堂	1935年9月第1卷第2期
《浮生六记》(第3章)	沈复	林语堂	1935年10月第1卷第3期
《浮生六记》(第4章)	沈复	林语堂	1935年11月第1卷第4期
《贩马记》(4幕剧)		姚莘农	1935年12月第1卷第5期
《庆顶珠》		姚莘农	1936年5月第2卷第5期
《乙酉扬州城守纪略》	戴名世	毛如升	1937年5月第4卷第5期
《古诗十四首》		李德兰 (吴经熊笔名)	1938年1月第6卷第1期
《古诗二十二首》		李德兰 (吴经熊笔名)	1938年3月第6卷第3期
《古诗五十六首》		李德兰 (吴经熊笔名)	1939年1月第8卷第1期
《苏东坡诗九首》	胡先骕	阿克顿 (Harold Acton)	1939年2月第8卷第2期
《春香闹学》		阿克顿 (Harold Acton)	1939年4月第8卷第4期
《狮吼记》		阿克顿 (Harold Acton)	1939年8月第9卷第1期
《林冲夜奔》		阿克顿 (Harold Acton)	1939年9月第9卷第2期
《列子杨朱篇》		Leonard Lyall	1939年9月第9卷第2期
《古诗五十首》		李德兰 (吴经熊笔名)	1939年10月第9卷第3期

（续表）

作品	作者	译者	卷期
《中国诗二十四首》		N. L. Smith and R. H. Kotrwall	1939 年 11 月第 9 卷第 4 期
《道德经》	老子	吴经熊译注	1939 年 11 月第 9 卷第 4 期
《道德经》	老子	吴经熊译注	1939 年 12 月第 9 卷第 5 期
《道德经》	老子	吴经熊译注	1940 年 1 月第 10 卷第 1 期
《五蠹》	韩非子	廖文魁	1940 年 2 月第 10 卷第 2 期
《列女传·贞顺传》		Balfour	1940 年 3 月第 10 卷第 3 期
《错斩崔宁》		李继唐	1940 年 4 月第 10 卷第 4 期
《儒林外史》（第 55 回）	吴敬梓	徐诚斌	1940 年 10—11 月第 11 卷第 2 期
《琴赋》	嵇康	高罗佩	1941 年 2—3 月第 11 卷第 4 期
《李煜、欧阳修词两首》		罗书肆	1941 年 4—5 月第 11 卷第 5 期

唐代以前中国古典诗歌

作者	数量	诗作
诗经	2	《邶风·静女、小雅·伐木》
项羽	1	《垓下歌》
阮籍	1	《咏怀十五》
陶潜	2	《杂诗十二之一》《饮酒（一）》
刘德仁	1	《村中闲步》
司空图	1	《秋思》
曹邺	1	《官仓鼠》
聂夷中	1	《咏田家》
高蟾	1	《金陵晚望》
李群玉	1	《感春》

唐宋诗

作者	数量	诗作
陈子昂	2	《登幽州台歌》《感遇诗三十八之五》
李白	3	《君马黄》《春夜洛城闻笛》《宣州谢朓楼饯别校书叔云》

（续表）

作者	数量	诗作
杜甫	4	《近无李白消息》《漫兴之七》《大云寺赞公房四首之三》《哀江头》
白居易	2	《问友诗》《游赵村杏花》
元稹	4	《酬乐天醉别》《古行宫》《得乐天书》《任醉》
李绅	1	《悯农诗》
顾况	1	《囝》
贾岛	1	《三月晦日送春》
李商隐	10	《无题》《锦瑟》《乐游园》《明神》《端居》《天涯》《嫦娥》《夜雨寄北》《落花》《韩冬郎即席为诗相送》
韦应物	1	《子规啼》
杜牧	1	《金谷园》
温庭筠	1	《碧涧驿晓思》
李山甫	1	《乱吼途中》
韦庄	1	《春愁》
杜荀鹤	1	《旅社遇雨》
程颐	1	《春日偶成》
杨巨源	1	《城东早春》
王中	1	《干戈》
文天祥	1	《逢有道者》
吴融	1	《情》
陆游	1	《示儿》
苏拯	1	《世迷》
苏轼	1	《纵笔之一》
陈与义	1	《春日》
杨万里	1	《初夏睡起》
刘克庄	1	《莺梭》
王逢原	1	《送春》
孙嘉树	1	《出门》

唐宋词

作者	数量	词作
李煜	17	《望江南·多少恨》《虞美人·春花秋月何时了》《子夜歌·寻春须是先春早》《长相思·云一过》《清平乐·别来春半》《长相思·一重山》《渔父·浪花有意千重雪》《望江南·多少泪》《长相思·冉冉秋光留不住》《破阵子·四十年来家国》《相见欢·无言独上西楼》《相见欢·林花谢了春红》《乌夜啼·昨夜风兼雨》《子夜歌·人生愁恨何能免》《望江南·闲梦远，南国正芳春》《望江南·闲梦远，南国正清秋》《蝶恋花·遥夜亭皋闲信步》
柳永	2	《蝶恋花·伫倚危楼风细细》《雨霖铃·寒蝉凄切》
晏殊	1	《浣溪沙·一曲新词酒一杯》
管监	1	《最落魄·春阴漠漠》
辛弃疾	5	《浪淘沙·身世酒杯中》《丑奴儿·少年不识愁滋味》《丑奴儿·近来愁似天来大》《贺新郎·甚矣我衰矣》《鹧鸪天·老病那堪岁月侵》
朱敦儒	4	《鹧鸪天·我是清都山水郎》《卜算子·古城一枝梅》《念奴娇·老来可喜》《西江月·日日深杯酒满》
范仲淹	1	《苏幕遮·碧云天》
张升	2	《离亭燕·一带江山如画》《浣溪沙·春半》
欧阳修	1	《玉楼春别后不知君远近》
苏轼	4	《水调歌头·明月几时有》《南乡子·重九》《卜算子·缺月挂疏桐》《西江月·世事一场梦》
王采	1	《渔家傲·日月无根天不老》
黄庭坚	1	《西江·断送一生惟有》
陆游	2	《钗头凤》《西江月·五柳坊中烟绿》
唐婉	1	《钗头凤》
刘克庄	1	《满江红·老子年来》
李清照	2	《渔家傲·天接云涛连晓雾》《声声慢》
陈妙常	1	《太平时·清净堂中不卷帘》
康海	1	《朝天子》
晏几道	1	《鹧鸪天·彩袖殷勤捧玉钟》
姚遂	1	《阳春曲》

清诗

作者	数量	诗作
张维屏	1	《杂诗》
赵翼	4	《论诗五首》之一、二、三,《舟行绝句》
黄仲则	1	《癸巳除夕偶成》
龚自珍	1	《己亥杂诗》

清词

作者	数量	词作
纳兰性德	11	《宿双林禅院有感》《菩萨蛮·新寒中酒敲夜窗雨》《采桑子·谁翻乐府凄凉曲》《沁园春·丁巳重阳前三日》《采桑子·而今才道当时错》《采桑子·明月多情应笑我》《太常引·晚来风凄寒花玲》《金缕曲(赠梁汾)》《菩萨蛮·白日惊飙动一半》《浣溪沙·谁道飘零不可怜》《蝶恋花·散花楼送客》
赵翼	1	《卜算子·春归》

"论文"栏目关于中国文化作品目录①

论文	作者	卷期
《真孔子》	吴经熊	1935 年 8 月第 1 卷第 1 期
《中国古代戏曲中的悲剧》	钱钟书	1935 年 8 月第 1 卷第 1 期
《中国画的民族特色》	温源宁	1935 年 8 月第 1 卷第 1 期
《中国古代的女性主义》	林语堂	1935 年 9 月第 1 卷第 2 期
《真孔子》	吴经熊	1935 年 9 月第 1 卷第 2 期
《中国的宗教艺术》	福开森(John C. Ferguson)	1935 年 10 月第 1 卷第 3 期
《太平天国》	简又文	1935 年 11 月第 1 卷第 4 期
《元杂剧的主题与结构》	姚莘农	1935 年 11 月第 1 卷第 4 期

---

① 《天下》所翻译的中国古代诗歌篇名转引自严慧:《1935—1941:〈天下〉与中西文学交流》博士论文抽样本。

（续表）

论文	作者	卷期
《古代中国的音乐艺术》	John Hazedel Levis	1935 年 11 月第 1 卷第 4 期
《中国书法美学》	林语堂	1935 年 12 月第 1 卷第 5 期
《汉代石雕略论》	腾固	1935 年 12 月第 1 卷第 5 期
《宋代的瓷器》	福开森 （John C. Ferguson）	1935 年 12 月第 1 卷第 5 期
《诗经随笔》	吴经熊	1936 年 1 月第 2 卷第 1 期
《昆曲的兴衰》	姚莘农	1936 年 1 月第 2 卷第 1 期
《曾国藩》	全增嘏	1936 年 2 月第 2 卷第 2 期
《古代中国对科学及科学方法的态度》	Derk Bodde	1936 年 2 月第 2 卷第 2 期
《中国园林在十八世纪的英国》	陈受颐	1936 年 4 月第 2 卷第 4 期
《中国建筑中屋顶的图案》	Mathias Komor	1936 年 4 月第 2 卷第 4 期
《对伦敦中国艺术展的思考》	福开森 （John C. Ferguson）	1936 年 5 月第 2 卷第 5 期
《李鸿章与中日甲午战争》	袁道峰	1936 年 8 月第 3 卷第 1 期
《玉石文化与人之生死》	J. Goette	1936 年 8 月第 3 卷第 1 期
《18 世纪欧洲文学里的赵氏孤儿》	陈受颐	1936 年 9 月第 3 卷第 2 期
《道家的莎士比亚》	吴经熊	1936 年 9 月第 3 卷第 2 期
《中国印刷业的发展》	吴光清	1936 年 9 月第 3 卷第 2 期
《以江苏、浙江两地为代表的中国园林》	董隽	1936 年 10 月第 3 卷第 3 期
《月蚀诗及其同类作品》	韦利（Arthur Waley）	1936 年 10 月第 3 卷第 3 期
《中国政治思想中的无政府主义》	肖公权	1936 年 10 月第 3 卷第 3 期
《美国东印度舰队司令 Lawrence Kearny 与中国的对外贸易》	Thomas Kearmy	1936 年 11 月第 3 卷第 4 期
《魏忠贤》	全增嘏	1936 年 11 月第 3 卷第 4 期

（续表）

论文	作者	卷期
《早期的中国瓷器》	福开森 （John C. Ferguson）	1936 年 12 月第 3 卷第 5 期
《中国在南海领域的扩张》	林幽	1936 年 12 月第 3 卷第 5 期
《中国史前民俗》	郭斌佳	1937 年 2 月第 4 卷第 2 期
《中国的家具》	福开森 （John C. Ferguson）	1937 年 3 月第 4 卷第 3 期
《辜鸿铭》	温源宁	1937 年 4 月第 4 卷第 4 期
《玉足的标准》	福开森 （John C. Ferguson）	1937 年 4 月第 4 卷第 4 期
《古代的歌妓》	姚莘农	1937 年 5 月第 4 卷第 5 期
《朱熹哲学思想及莱布尼茨对朱熹的解读》	裴化行 （Henri Bernard）	1937 年 8 月第 5 卷第 1 期
《作为政治家与教育家的唐文治》	唐庆治	1937 年 8 月第 5 卷第 1 期
《开封的华裔犹太人》	福克斯（Walter Fuchs）	1937 年 8 月第 5 卷第 1 期
《王充》	李思义	1937 年 9 月第 5 卷第 2 期
《印刷术发明前中国的藏书楼与藏书》	吴光清	1937 年 10 月第 5 卷第 3 期
《王充》(续)	李思义	1937 年 10 月第 5 卷第 3 期
《最后的举人》	福开森 （John C. Ferguson）	1937 年 11 月第 5 卷第 4 期
《戴名士》	毛如升	1937 年 10 月第 5 卷第 3 期
《中国艺术中的语言学与书法》	John Hazedel Levis	1937 年 12 月第 5 卷第 5 期
《北京太庙》	福开森 （John C. Ferguson）	1938 年 3 月第 6 卷第 3 期
《中国的兴起》	Emily Hahn	1938 年 3 月第 6 卷第 3 期
《基督教影响在中国与日本的兴衰》	Harry Paxton Howard	1938 年 3 月第 6 卷第 3 期

（续表）

论文	作者	卷期
《三百年前的澳门》	博克塞（C. R. Boxer）	1938 年 4 月第 6 卷第 4 期
《李贽：十六世纪的反传统人物》	肖公权	1938 年 4 月第 6 卷第 4 期
《唐诗四季》	吴经熊	1938 年 4 月第 6 卷第 4 期
《中国建筑中的外来影响》	董隽	1938 年 5 月第 6 卷第 5 期
《反清活动考》	L. Carrington Goodrich	1938 年 5 月第 6 卷第 5 期
《中国的天下主义与现代民族主义》	Harry Paxton Howard	1938 年 5 月第 6 卷第 5 期
《唐诗四季》（续）	吴经熊	1938 年 5 月第 6 卷第 5 期
《孤独的吟咏者》	Robin Hyde	1938 年 8 月第 7 卷第 1 期
《1621—1647 葡萄牙支援明朝抗清的军事行动》	博克塞（C. R. Boxer）	1938 年 8 月第 7 卷第 1 期
《唐诗四季》（续）	吴经熊	1938 年 8 月第 7 卷第 1 期
《孔子论诗》	邵洵美	1938 年 8 月第 7 卷第 1 期
《藏传佛教及其对中国佛教的影响》	John Calthorpe Blofeld	1938 年 9 月第 7 卷第 2 期
《武训传》	许地山	1938 年 10 月第 7 卷第 3 期
《晚明的基督教人文主义》	裴化行（Henri Bernard ）	1938 年 10 月第 7 卷第 3 期
《唐诗四季》（续）	吴经熊	1938 年 11 月第 7 卷第 4 期
《荷兰 Isaac Titsingh 使团 1794—1795 年出使乾隆始末》	博克塞（C. R. Boxer）	1939 年 1 月第 8 卷第 1 期
《Oliver Goldsmith 与〈中国信札〉》	陈受颐	1939 年 1 月第 8 卷第 1 期
《在中国佛教寺庙中的一段生活》	John Blofeld	1939 年 2 月第 8 卷第 2 期
《唐诗四季》（续）	吴经熊	1939 年 2 月第 8 卷第 2 期
《中国饮茶文化中的雅致艺术》	John Calthorpe	1939 年 4 月第 8 卷第 4 期

（续表）

论文	作者	卷期
《五代至清末中国的藏书楼与藏书》	黄维廉	1939 年 4 月第 8 卷第 4 期
《早期耶稣会士对崇祯帝的影响》	陈受颐	1939 年 5 月第 8 卷第 5 期
《澳门早期开埠地名 TAMAO 考》	J. M. Braga	1939 年 5 月第 8 卷第 5 期
《早期耶稣会士对崇祯帝的影响》	陈受颐	1939 年 8 月第 9 卷第 1 期
《阮籍和竹林七贤》	全增嘏	1939 年 8 月第 9 卷第 1 期
《唐诗四季》(续)	吴经熊	1939 年 8 月第 9 卷第 1 期
《创办出洋局及官费生历史》	容尚谦	1939 年 10 月第 9 卷第 3 期
《1514 年葡萄牙对东亚地区的描述》	J. M. Braga	1939 年 11 月第 9 卷第 4 期
《明末清初 (1500—1750) 海外中国人状况》	博克塞(C. R. Boxer)	1939 年 12 月第 9 卷第 5 期
《中国印章知识》	叶秋原	1940 年 1 月第 10 卷第 1 期
《唯实论的复兴》	James Feibleman	1940 年 2 月第 10 卷第 2 期
《郑樵:中国古代的目录学家》	吴光清	1940 年 2 月第 10 卷第 2 期
《唯实论的复兴》(续)	James Feibleman	1940 年 3 月第 10 卷第 3 期
《杂感:对翻译〈道德经〉的想法》	吴经熊	1940 年 3 月第 10 卷第 3 期
《葡萄牙人会永远占据澳门吗?》	博克塞(C. R. Boxer)	1940 年 4 月第 10 卷第 4 期
《太清楼贴》	福开森 (John C. Ferguson)	1940 年 5 月第 10 卷第 5 期
《明代水彩画》	吴光清	1940 年 8—9 月第 11 卷第 1 期
《中国地理知识的初期扩大》	陈观胜	1940 年 8—9 月第 11 卷第 1 期

（续表）

论文	作者	卷期
《汤因比的历史观》	James Feibleman	1940 年 8—9 月第 11 卷第 1 期
《宫廷画院》	福开森（John C. Ferguson）	1940 年 10—11 月第 11 卷第 2 期
《儒家的人生观》《孔子的人性观》	经乾堃	1940 年 10—11 月第 11 卷第 2 期
《早期美国的访问者》	Tomas E. La Fargue	1940 年 10—11 月第 11 卷第 2 期
《汤因比的历史观》（续）	James Feibleman	1940 年 10—11 月第 11 卷第 2 期
《中国人的道教思想》	林同济	1940 年 12 月—1941 年 1 月第 11 卷第 3 期
《中国艺术的精髓》	陈荣捷	1940 年 12 月—1941 年 1 月第 11 卷第 3 期
《中国古代婚姻类型与家族关系考》	许良光	1940 年 12 月—1941 年 1 月第 11 卷第 3 期
《汉子的未来》	沈有乾	1941 年 2—3 月第 11 卷第 4 期
《殖民地之前的香港》	S. F. Balour	1941 年 2—3 月第 11 卷第 4 期
《殖民地之前的香港》（续）	S. F. Balour	1941 年 4—5 月第 11 卷第 5 期
《郑芝龙》	博克塞	1941 年 4—5 月第 11 卷第 4—5 期
《滑稽文学》	全增嘏	1941 年 4—5 月第 11 卷第 5 期
《缅甸、印尼、越南三国间贸易路线简明史》	谷春帆	1941 年 8—9 月第 12 卷第 1 期
《中国画与日本画》	R. H. van Gulik	1941 年 8—9 月第 12 卷第 1 期

"书评"栏目关于中国文化的作品目录

作品名	评论者	原作者	卷期
《道德经》(译本的第227页)	吴经熊	韦利(Arthur Waley)	1935年9月第1卷第2期
《王安石评传》	全增嘏	柯昌颐	1935年9月第1卷第2期
《道与德:"道德经"机器在中国思想中地位研究》	吴经熊	韦利(Arthur Waley)	1935年9月第1卷第2期
《苏东坡的赋》	林语堂	李高洁(Cyril Drummond Le Gros Clark)	1935年10月第1卷第3期
《中国的书法》	林语堂	Lucy Driscoll and Kenji Toda	1935年11月第1卷第4期
《乾隆朝的文字狱》	郭斌佳	Luther Carringon Goodrich	1936年2月第2卷第2期
《中国艺术入门》	温源宁	Arnold Silcock	1936年2月第2卷第2期
《中国艺术背景》	温源宁	Hugh Gordon Porteus	1936年2月第2卷第2期
《西厢记》	姚莘农	熊式一译	1936年3月第2卷第3期
《殷周考》	福开森(John C. Ferguson)	斯德哥尔摩远东古物博物馆	1936年4月第2卷第4期
《嘉庆帝解读》	郭斌佳	A. E. Grantham	1936年4月第2卷第4期
《中国的艺术》	温源宁	Leigh Ashton	1936年4月第2卷第4期
《中国文化简史》	Edward Ainger	Benjamin March	1936年5月第2卷第5期

（续表）

作品名	评论者	原作者	卷期
《中国画中的专业术语》	郭斌佳	Benjamin March	1936 年 5 月第 2 卷第 5 期
《中国的画家》	福开森（John C. Ferguson）	Osvald Siren	1936 年 8 月第 3 卷第 1 期
《曾国藩的精神世界》	全增嘏	Allan W. Watts	1936 年 8 月第 3 卷第 1 期
《中国史纲要》	郭斌佳	F. L. Hawks Pott	1936 年 8 月第 3 卷第 1 期
《中国的诞生》	福开森（John C. Ferguson	Herlee Glessner Creel	1936 年 9 月第 3 卷第 2 期
《秘密的中国》	姚莘农	Egon Erwin Kish	1936 年 9 月第 3 卷第 2 期
《中国的玉器》	温源宁	Frank Davis	1936 年 9 月第 3 卷第 2 期
《中国地图》	福开森（John C. Ferguson	A. Herrmann	1936 年 10 月第 3 卷第 3 期
《刺痛双塔》	福开森（John C. Ferguson	Gustav Ecke and Paul Demieville	1936 年 10 月第 3 卷第 3 期
《中国镜像》	郭斌佳	Louis Laloy	1936 年 10 月第 3 卷第 3 期
《中国的缔造者》	郭斌佳	C. Wifrid Allan	1936 年 11 月第 3 卷第 4 期
《利玛窦对中国科学的贡献》	张珏哲	裴化行（Henri Bermard）	1936 年 12 月第 3 卷第 5 期
《清代文集篇目分类索引》	张珏哲	国家图书馆	1936 年 12 月第 3 卷第 5 期
《论语英译》	吴经熊	Leonard Lyall	1937 年 1 月第 4 卷第 1 期

（续表）

作品名	评论者	原作者	卷期
《庚子西狩丛谈》	全增嘏、吴永口述,刘治襄笔记	Ida Pruitt	1937 年 2 月第 4 卷第 2 期
《云冈石窟的佛教雕塑》	裴化行（Henri Bermard）	Mary Augusta Mullikin and M.Hotchkis	1937 年 3 月第 4 卷第 3 期
《浑源青铜器》	福开森（John C. Ferguson）	南京大学出版社	1937 年 3 月第 4 卷第 3 期
《中国音乐艺术基础》	Benjamin Z. N. Ing	John Hazede Levis	1937 年 3 月第 4 卷第 3 期
《中国艺术》	全增嘏	R. L. Hobson,Laurence Binyon, Oswald Siren	1937 年 5 月第 4 卷第 5 期
《王安石》	福开森（John C. Ferguson）	H. R. Williamson	1937 年 11 月第 5 卷第 4 期
《西厢记》	于乐天	Henry H. Hart	1938 年 1 月第 6 卷第 1 期
《宝绘集:J. P. Dubosc 收藏的十二幅中国画》	福开森（John C. Ferguson）		1938 年 1 月第 6 卷第 1 期
《生活的艺术》	全增嘏	林语堂	1938 年 2 月第 6 卷第 2 期
《牡丹亭》	福开森（John C. Ferguson）	Pro.Hundhausen	1938 年 2 月第 6 卷第 2 期
《左宗堂:旧中国的政治家和军事家》	全增嘏	W. L. Bales	1938 年 2 月第 6 卷第 2 期
《相思曲》	Emily Hahn	James M. Cain	1938 年 3 月第 6 卷第 3 期

（续表）

作品名	评论者	原作者	卷期
《论语》	Craigdarrock	苏慧廉译	1938 年 3 月第 6 卷第 3 期
China, Body and Soul	全增嘏	E. R. Hughes	1938 年 9 月第 7 卷第 2 期
《砚石》	福开森（John C. Ferguson）	米芾。R.H.van Gulik 译	1938 年 9 月第 7 卷第 2 期
《林则徐》《曾国藩》《左宗棠》	福开森（John C. Ferguson）	Gideon Chen	1938 年 10 月第 7 卷第 3 期
《中国史前陶器》	叶秋原	G. D. Wu	1938 年 12 月第 7 卷第 5 期
《牡丹亭》	李德兰	Henry H. Hart 译	1939 年 3 月第 8 卷第 3 期
《论语》	福开森（John C. Ferguson）	Aethur Waley 译	1939 年 11 月第 9 卷第 4 期
《唐代散文作品》	宋谊	E. D. Edwrds	1939 年 11 月第 9 卷第 4 期
《明初官窑考》	福开森（John C. Ferguson）	A. D. Brankstone	1939 年 12 月第 9 卷第 5 期
《中国基督教艺术的起源》	N. Maestrini	德礼贤（Pasquale d'Elia）	1940 年 1 月第 10 卷第 1 期
《中国艺术考》	全增嘏	福开森（John C. Ferguson）	1940 年 1 月第 10 卷第 1 期
《中国青铜器精选》	福开森（John C. Ferguson）	W. Perceval 编	1940 年 1 月第 10 卷第 1 期
《中国竹画集》	福开森（John C. Ferguson）	William Charles White	1940 年 1 月第 10 卷第 1 期
《京华烟云》	全增嘏	林语堂	1940 年 1 月第 10 卷第 1 期

（续表）

作品名	评论者	原作者	卷期
《古代中国墓砖画》	福开森（John C. Ferguson）	William Charles White	1940 年 3 月第 10 卷第 3 期
《亚洲内幕》	全增嘏	John Gunther	1940 年 4 月第 10 卷第 4 期
《中国之行》	Emily Hahn	M. C. Gillett	1940 年 4 月第 10 卷第 4 期
《吾家》	伍爱莲	林如斯、林太一	1940 年 4 月第 10 卷第 4 期
《中国古代三大思想方式》	福开森（John C. Ferguson）	Arthur Waley	1940 年 8—10 月第 11 卷第 1 期
《门口的野蛮人》	温源宁	Leinard Woolf	1940 年 10—11 月第 11 卷第 2 期
《家具进化史》	福开森（John C. Ferguson）	Lucretia Eddy Cotchett	1940 年 10—11 月第 11 卷第 2 期
《中国艺术本质论》	福开森（John C. Ferguson）	Arthur de Carle Sowerby	1940 年 12 月—1941 年 1 月第 11 卷第 3 期
《中国建筑与庭园》	全增嘏	Henry Inn and S. C. Lee	1940 年 12 月—1941 年 1 月第 11 卷第 3 期
《中国的亚洲内陆边疆》	凌岱	Owen Lattimore	1941 年 2—3 月第 11 卷第 4 期
《突厥之乱》	凌岱	Aitchen K. Wu	1940 年 12 月—1941 年 1 月第 11 卷第 3 期
《慈禧外传》	福开森（John C. Ferguson）	J. O. P. Bland and E.Backhouse	1941 年 4—5 月第 11 卷第 5 期
《中国之旅》	Thomas E. La Fargue	Emil S. Fischer	1941 年 4—5 月第 11 卷第 5 期
《航行》	Emily Hahn	Charles Morgan	1941 年 4—5 月第 11 卷第 5 期

第三章

20世纪中国古代文化经典在西方的传播述略（下）

导　语

动荡的 20 世纪,巨变的 20 世纪。

天玄地黄,沧桑巨变。中华人民共和国的成立是世界现代史中最重要的事件,它是中国文明史上崭新一页的开始。中华人民共和国的成立使中国的外部形象发生了根本性的变化。由于当时正处在冷战状态,中国站在以苏联为首的社会主义阵营,从而使中国在冷战的双方阵营处呈现出截然不同的形象:在以苏联为首的社会主义阵营,中国是同志加兄弟;在以美国为首的西方阵营,中国是一个可恶的专制政权。中华人民共和国一边倒的外交政策决定了它的外宣政策也是一边倒。

而 20 世纪 60 年代的中苏论战和 80 年代末的苏联东欧阵营的倒坍,以及中国的改革开放使世界政治格局呈现出新的形态。国际形势的巨变,直接影响了中国的外交政策,作为外交政策的辅助手段的外宣事业也随之发生了变化。

西方汉学则随着美国中国研究的崛起,美国的中国学家们已经挑起了中国研究的大旗,但欧洲汉学的传统仍在继续,中国典籍西译仍是西方汉学家们的基本工作之一。

对 20 世纪下半叶的中国古代文化典籍的外译和中国古代文化的外部传播研究,必须放在这个复杂多变的国际政治格局中来加以考察。

一、20 世纪上半叶的中国典籍西译

1.机构——中华人民共和国传播中国文化的重镇:外文局

如果说,《天下》杂志代表着 20 世纪上半叶民国政府和以吴经熊为代表的一批知识分子合作,向西方世界介绍中国古代传统文化的一次重要尝试,那么,中国外文出版发行事业局(以下简称"外文局")的历史则是 20 世纪下半叶中华人民共和国在对中国传统文化的海外传播上的一个代表。研究 20 世纪下半叶中国古代文化经典在西方的传播,无论如何是绕不过外文局这座巍峨的高山的,我们必须从这里开始,展开我们对 20 世纪下半叶中国古代文化典籍在西方的传播研究。

(1)外文局中国古代作品翻译出版史

对于中国古代文化经典的翻译历史,外文局在其 60 年的发展历程中大体可以分为两个阶段:

第一个阶段:1950—1976 年,从中华人民共和国成立到"文化大革命"的结束。

外文局又名中国对外出版集团,是和中华人民共和国同一天建立的。它的指导原则是:

一、宣传中国人民在中央人民政府及中国共产党领导下彻底进行革命斗争,恢复战争破坏,开展生产建设与文化建设,和争取世界持久和平与人民民主的活动。

二、强调中国与苏联及新民主主义国家,在苏联领导下的亲密团结,强调民主和平力量的不断增长;证实马列主义的普遍适用性和毛泽东思想在中国的伟大成就。

三、开展对亚洲殖民地国家的宣传,并逐步开始在世界范围反映亚洲殖民地人民的斗争,以使亚洲殖民地人民的斗争情况通过我们达于欧美各国人民,同时也使被帝国主义禁锢着的各个亚洲殖民地民族通过我们互相了解,交换经验,鼓舞斗志。①

万事起头难,一个崭新的国家,一个崭新的事业。在1950年外文局就出版了
《人民中国》半月刊的英文版和俄文版,《人民中国》《人民中国报道》等外文刊物。
在总结这一年工作时,外文局的领导认为:"总体来说:这一年来,我们依照共同纲
领,在中央人民政府一般宣传政策的正确领导下,在宣传国内建设生活和团结国
际友人,反帝,反侵略与坚持和平等方面,起了一定程度上的国家喉舌作用。"②但
面对这个崭新的事业,外文局面临着不少困难,其中之一就是外语人才,而中华人
民共和国成立时的那种政治观念也反映在他们对待人才的看法上。在1950年工
作总结中提到这一点,认为新干部外语能力不够,而"有由欧美资本主义国家回来
的留学生,有自小就在外国长大而不甚谙习中国语言的华侨,有长期服务于帝国
主义或国民党机关中的旧知识分子;一年来经过了社会发展史及各种时事和政策
学习,并以两个半月时间做了一次思想总结,或多或少批判了个人主义的旧人生
观,初步建立了为人民服务的意识。因此,我们的工作一直是在摸索、改造和培养
干部的努力下进行的"③。

培养新的知识分子,改造旧的知识分子,这是当时整个中华人民共和国在知
识分子上的基本政策,这样的政策也必然影响到以后外文局的译者队伍的文化视
野和文化态度,如果不了解从50年代开始到"文化大革命"这一时期的基本文化
政策,我们将无法了解在外文局从事中国古代文化经典翻译的那些知识分子的心
态和作品,例如杨宪益先生及其翻译。这点我们在下面会专门进行研究。

外文局成立后,截至1950年12月15日,共编译了24种44本小册子。就内
容论,这些小册子可以分为两类,一类介绍中国的革命经验,另一类介绍中华人民
共和国各方面的生活。第一类小册子,占全部小册子的28%,第二类小册子,占
72%。④ 这一年所翻译的文学作品只有一种,那就是赵树理的《田寡妇看瓜》,先后

① 《国际新闻局一九五〇年工作计划(草案)1950年2月10日》,周东元无、亓文公编::《中国外文
局五十年史料选编》(1),北京:新星出版社,1999年,第4页。
② 《国际新闻局一九五〇年工作计划(草案)1950年2月10日》,周东元无、亓文公编::《中国外文
局五十年史料选编》(1),北京:新星出版社,1999年,第13页。
③ 《国际新闻局一九五〇年工作计划(草案)1950年2月10日》,周东元无、亓文公编::《中国外文
局五十年史料选编》(1),北京:新星出版社,1999年,第12页。
④ 《国际新闻局一九五〇年工作计划(草案)1950年2月10日》,周东元无、亓文公编::《中国外文
局五十年史料选编》(1),北京:新星出版社,1999年,第26~27页。

被翻译成了捷克文、日文和保加利亚文。古代文化的作品一篇也没有翻译。

1950年第一年的工作方针大体预示了外文局第一阶段的工作特点,在一定意义上,也基本预示着60多年的工作基本特点,正如前局长杨泉在总结外文局60年的工作时所说的:"在不断的变动之中,有两个不变,这是了解和把握外文局的中心环节。一是党和国家领导人一直非常关心和支持我国的书刊对外宣传事业,毛泽东、周恩来、刘少奇、邓小平、宋庆龄等老一辈无产阶级革命家和以江泽民为核心的第三代领导集体,对外宣和外文局的工作都作过重要的批示和指示,从书刊外宣的指导思想、方针政策到书刊的内容、宣传艺术,从人员的调配、干部培训到机构设置,都有过明确的意见,至今仍有很强的指导意义。我们重温他们的这些教诲,深感有些基本要求到今天我们还远没有做好,尤其是对于外宣工作的要求。二是外文局的中心任务一直没有变,它承担着党和国家的书刊对外宣传任务。从根上来说,外文局就是为书刊对外宣传的需要应运而生的。"①外文局是国家的对外喉舌,国家立场是它的基本原则,一切都应从此出发来理解它的历史与成就,进步与问题。

在这一阶段,1952年《中国文学》(*Chinese Literature*)英文刊的出版是一件大事。② 在这一时期,外文局在翻译上仍是以翻译领袖的著作为主,起初"关于中国历史、地理、文化、艺术方面的,几乎一种也没有"③。第一次将中国历史文化著作、中国古代文化典籍的翻译提到工作日程之上是从1953年8月胡乔木在中宣部部务会议上关于《人民中国》方针问题的讲话开始的。他在讲话中说:"关于中国的基本知识的介绍:外国人对中国的事物一直不很明了,知识很少,而且有不少歪曲。在马可·波罗到中国以前,外国人根本不知道中国,那以后虽知道较多,但歪曲更多。因此,《人民中国》应该担负起这个政治任务,即与资产阶级长期以来所造成的影响做斗争,供给希望了解中国的读者以背景知识。这种知识对社会主

---

① 杨正全:《序》,周东元、亓文公编:《中国外文局五十年史料选编》(1),北京:新星出版社,1999年,第3页。
② 参阅中央人民政府政务院文化教育委员会主任郭沫若在1952年4月28日所写的《中央人民政府文教委就国际新闻局改组为外文出版社给政务院的报告(文教办[1952]第43号1952年4月28日)》,周东元、亓文公编:《中国外文局五十年史料选编》(1),北京:新星出版社,1999年,第45~47页。
③ 《外文出版社一九五三年工作计划(摘录)(1953年2月3日)》,周东元、亓文公编:《中国外文局五十年史料选编》(1),北京:新星出版社,1999年,第71页。

义国家一般的读者同样需要,因为,他们也知道得很少。

"在介绍这种知识时,我们可以按历史事件或人物的纪念来拟定题目。例如,可以通过鸦片战争、中日战争、太平天国,以及其他在历史上起过进步作用的事件或在历史人物的多少周年纪念来介绍这些基本知识;也可以介绍关于中国过去与亚洲各国的历史关系和文化交流,例如中国与日本、朝鲜民族的关系,西藏与内地的关系,以及世界先进科学在中国的传播等等。……同时,我们有计划地介绍中国一些文学艺术的作品,可以刊登一些现代的或者古典的作家作品,但是必须要有很漂亮的翻译。"①胡乔木的讲话后,外文局开始将中国古代文化知识的翻译、中国古典作品的翻译列入议事日程。两年后在对中国古代文化历史文化著作的翻译上开始有了新的进展,在1955年的总结中,开始从市场的反馈中感到"通过古典和近代文艺作品,不少外国读者改变了因长期反动宣传造成对中国人民形象的歪曲观念,增进了他们对中国丰富和悠久的文化传统的认识"。外文局开始有了一个对中国古代文化经典的翻译的三五年计划。② 这的确是一个新的开端,到1956年时已经将"编译一套介绍我国基本情况(如历史、地理等)的丛书约20种,一套我国古今文学名著的丛书约100种"的计划列入日程。③ 到1957年时,翻译刊登中国古代和近代文学作品的《中国文学》(英文)开始由季刊改为半月刊,发行量也有了明显的改变。《中国文学》成为向世界介绍中国古代文化作品的主要窗口。但在当时冷战的国际背景下,对外文化联络委员会在1959年按照毛泽东提出的"厚今薄古"的文化政策对中国古代文化和当代文化作品的发表比例做了规定。"在当代和'五四',古典作品的比例上似可适当增加'五四'的部分,因为'五四'新文化运动对于亚、非、拉丁美洲的民族文化发展,将是有帮助和影响的。为此,拟大体定为4(当代文学)、4("五四"时期作品)、2(古典作品)的比例"④。

外文局在这一时期,尽管以介绍和宣传中华人民共和国的社会经济发展,扩

① 《胡乔木同志在中宣部部务会议上关于〈人民中国〉方针问题的讲话》,周东元、亓文公编:《中国外文局五十年史料选编》(1),北京:新星出版社,1999年,第90页。

② 《外文出版社一九五三年至一九五四年图书编译出版工作总结(1955年2月23日)》,周东元、亓文公编:《中国外文局五十年史料选编》(1),北京:新星出版社,1999年,第109、114页。

③ 周东元、亓文公编:《中国外文局五十年史料选编》(1),北京:新星出版社,1999年,第123页。

④ 对外文化联络委员会:《对外文委〈关于外文出版社出版的四种外文刊物编辑方针的请示报告〉([59]联46致字第606号1959年4月7日)》,周东元、亓文公编:《中国外文局五十年史料选编》(1),北京:新星出版社,1999年,第159页。

大中华人民共和国的政治文化影响为主,但仍是关注了对中国古代文化经典的介绍和翻译问题,从而开辟了中华人民共和国对外传播的一个新的领域。尽管此时,在对中国历史文化与中华人民共和国文化思想建设的关系上尚在探索之中,但已经明确当代中国与中国历史文化之间的关系,开始摸索一个更好的对古典经典和文化的翻译介绍的途径和方式。在这一时期,关于对中国古代文化经典的介绍的作品主要是在《中国文学》中发表的,它是这一时期外文局对外翻译发表中国古代文化作品的主要阵地,其经验尤为重要。这点笔者将在下面专门研究。

第二个阶段:1976年至今。

粉碎"四人帮"后,国家建设进入新的阶段,特别是在十一届三中全会以后,实事求是,解放思想成为全党、全国的思想路线,外文局在对外文化宣传上开始呈现出新的气象。"解放思想就是使我们的思想比较合乎辩证唯物主义和历史唯物主义,比较实事求是! 否则就是不大解放。要做很多工作,当前主要要解决这个问题。"①中宣部副部长廖井丹说得很清楚:"什么叫思想解放? 思想解放就是要回到辩证唯物主义路线上来,……就是正确地解决了实事求是地对待'文化大革命'和'四人帮'遗留下来的许多重大问题。凡是不符合党的方针、政策的,统统都要改变过来,使之符合我们党的路线方针。三中全会主要是解决了这个根本性的问题,这个问题一解决,就给党,也给所有的单位打开了前进的道路,告诉了我们在工作比较繁杂的情况下,应该抓什么,干什么。"②

思想的解放,正确思想文化路线的确定,使外文局重启了对中国古代文化经典的翻译和介绍工作。外文局确定了如下改革措施:1.目前仍维持原定的以介绍中国当代优秀文学作品为主的方针,对古典和现代文学中的优秀作品也要有计划地做系统介绍。同时考虑今后做较大的改革,打破文学为主、作品为主、当代作品为主三个框框,改《中国文学》为《中国文学艺术》,文学和艺术并重,作品与评论并重,准备于1987年1月起正式易名改刊。2.适当扩大选题品种,包括访问记、札记、回忆录、评论、书评及古今绘画和工艺美术作品、作家介绍,评介戏剧、电影、音

①　《中宣部负责同志在听取外文局部分单位汇报改革方案时的插话(摘录)(1979年5月)》,周东元、元文公编:《中国外文局五十年史料选编》(1),北京:新星出版社,1999年,第449~450页。

②　《中宣部负责同志在外文局干训班开学典礼上的讲话(1979年10月8日)》,周东元、元文公编:《中国外文局五十年史料选编》(1),北京:新星出版社,1999年,第489页。

乐、舞蹈、曲艺等方面的新作品等。3.已发表并受到国外读者好评的优秀文学和
美术作品,拟不定期地汇辑出丛刊。4.发挥外国专家及翻译人员在编辑工作中的
作用并立社外顾问委员会。①

这说明,对中国古代文化的翻译介绍将向更为宽阔的空间扩展,同时开始注
意到在外文局的外国汉学家的翻译作用。

正是在改革开放以后,外文局的出版系列中关于中国古代文化经典的翻译著
作不断推出,西文版的《水浒传》四卷出版,西文版的《西厢记》《三国演义》《红楼
梦》等古典名著开始出版,《中国出土文物三百品》、《中国绘画三千年》、《孔子
传》(英文版)、《孙子兵法》(西文版)等一系列的翻译著作出版。也是在这一时
期,著名的"熊猫丛书"推出,一时好评如潮。关于"熊猫丛书"的起伏,下面我们
将专门研究,这里不再展开。

外文局这一时期翻译的中国古代文化经典中,与美国耶鲁大学合作的"中国
文化与文明"丛书最为成功。中国外文局与美国耶鲁大学的"中国文化与文明"
系列丛书大型合作出版项目始于 1990 年,该丛书开创了前所未有的新型合作出
版方式,它是外文局与国际合作出版的成功范例。中美两国领导人高度重视丛书
出版工作,美国前总统乔治·布什担任该项目美方委员会的名誉主席,联合国副
秘书长里德任美方总协调人;基辛格等 8 位前国务卿和耶鲁大学校长为顾问委员
会成员。中国前国家副主席荣毅仁曾担任此项目中方委员会的荣誉主席,全国人
大常委会原副委员长黄华任顾问委员会主席。1997 年首卷《中国绘画三千年》面
世以来,多本图书被中国国家领导人作为国礼赠予美国总统、国会图书馆和耶鲁
大学等,在美国政界、文化界、学术界备受关注与重视。迄今已出版了《中国古典
哲学概念范畴要论》《中国文明的形成》《中国雕塑》《中国书法》等 7 种图书,其中
多本图书在中美两国获得图书大奖。按计划还将陆续出版《中国陶瓷》《中国丝织
品》等,全部项目将涵盖多文种画册、中国文学名著、中国哲学思想三个系列 70 种图
书。这套书代表着新时期以来,外文局在中国古代文化出版上的最高成就。在 1998
年的工作部署中,外文局认为:"对外合作出版结出了硕果。经过几年来的艰苦努

---

① 《外文局领导小组关于工作情况和改革意见的报告([79] 外文办字第 215 号 1979 年 6 月 26
日)》,周东元、亓文公编:《中国外文局五十年史料选编》(1),北京:新星出版社,1999 年,第 481~
482 页。

力,我局与美国耶鲁大学出版社合作出版的'中国文化与文明'丛书首卷《中国绘画三千年》(中、英、法文版)隆重推出,中美双方在北京和纽约分别举行了首发式。该丛书其他各卷的编译出版工作也在顺利进行。这套丛书首卷的出版,使中国题材的图书通过西方有国际影响的出版社和发行商,在西方主流社会产生较大的影响。该书刚一出版,适逢江泽民主席访问美国,被作为代表团礼品,由江泽民主席赠送给克林顿总统、戈尔副总统、国会领导人及江主席的老师顾毓琇,对提高我局知名度、体现我局业务水准起到了很好的作用。"①

"中国文化与文明"从选题到作者队伍的确定,出版合作的模式,在多方面都做了有益的探索,为今后向世界介绍中国古代文化积累了宝贵的经验。

中国古代历史文化经典著作的翻译和介绍,在外文局向世界介绍中国的工作中仅仅是其一个方面。从1950年到今天,外文局在这一领域的发展过程中走过了不平凡的道路,取得了不平凡的成绩。从这里折射出整个国家对自己历史文化认识的起伏变迁的历史,反映出了我们走向世界的历程。作为国家队,外文局的努力与经验是值得学术界珍视和珍惜的,它的教训和所走过的弯路是值得我们重视和研究的。因为,将中国介绍给世界,将中国优秀的历史文化翻译成世界各种语言,这里不仅仅是一个简单的翻译和语言的转换问题,也不仅仅是一个单纯的学术问题。传统文化在我们自己文化思想中的地位,国家意识形态的变化,国家在世界文化交流与冲突中所在的位置,中国对外部世界的了解与熟悉,译者的文化视野与合作,出版的市场与开发与利用,接受语的反响等,这一切将文化的传播综合成为一个国家文化政策。它是一个国家软实力的重要表现,一种国家文化力量的扩展。这一事业代表了我们对世界的认知和对文化传播事业的探索,体现了我们对自己文化的逐步走向理性的认识和自信。

(2)《中国文学》对中国古代文化典籍的翻译

《中国文学》(*Chinese Literature*)创刊于1951年,它是由当时刚从英国返回国

---

① 《中国外文局一九九七年总结和一九九八年工作部署(1998年1月6日)》,周东元、亓文公编:《中国外文局五十年史料选编》(1),北京:新星出版社,1999年,第492页。

内的著名作家叶君健建议,后经周扬等同意后开始创建的。① 国家当时将其作为专门对外介绍中国文学的英文刊物。前三期是叶君健一个人负责,杨宪益等人帮助翻译,三期出版后在国外有了影响,这样"为了理顺工作关系,上级有关领导将叶君健调到新的专门出版对外宣传书刊的外文出版社(外文局的前身),并主持《中国文学》的工作。之后,又陆续调来杨宪益、戴乃迭、沙博理(Sidney Shapiro,1915—2014)、唐笙等专家。50年代中期又从作协调来何路同志负责编辑部的行政工作。一时间《中国文学》的编译力量,特别是翻译力量十分雄厚"②。作为一份面向西方读者,翻译、介绍中国文学的国家级刊物,自1951年创刊到2001年停刊,《中国文学》在50年里,共出版了590期,英文版共出394期,介绍作家、艺术家2000多人次,译载文学作品3200篇。这是中华人民共和国成立后向英语世界传播中国文学最重要的刊物。

《中国文学》作为一个文学刊物,它发表的作品包括了几乎所有的文学类型,小说、诗歌、散文、戏曲、杂剧、剧本、寓言、回忆录、相声、小品文等,在翻译的内容上既有古典文学也有当代文学、近代文学、解放区文学等。作为一份反映中华人民共和国文学成就和发展的期刊,当然是将当代文学作品的翻译放在首位。例如,1958年4月14日,《人民日报》发表社论《大规模地收集全国民歌》,全国大规模地开始了"新民歌"的创作和采风运动。《中国文学》在当年第6期就刊发了43首新民歌,1960年第4期又发表了选自郭沫若、周扬主编的《红旗歌谣》中的13首新民歌。中国当时的意识形态决定了《中国文学》的价值倾向,作为国家对外宣传的文学刊物,它不可能脱离这个总的环境。

1959年陈毅对《中国文学》编辑部同志的谈话在当时真可谓空谷之音。他希望《中国文学》增加它的可读性。③ 陈毅强调题材的多样性,但实际上这是很难落

---

① 叶君健的夫人苑茵女士曾在回忆录中写道:"经过一段时间的学习和锻炼,君健了解到自'五四'以后中国文学的发展,特别是解放以后的文学更是向前迈进了一大步。比如赵树理的写实作品《小二黑结婚》,作品生动活泼,使广大读者易于接受,《王贵与李香香》,以及老舍先生写的《龙须沟》等,都是描写解放后人民当家做主的好作品。……此时君健急不可待地向周扬同志提出建议:'办一种像《苏联文学》一样的刊物,把中国古典文学和现代文学介绍到世界去。'周扬同志对他的建议十分重视,便责令他负责组建这个刊物。"苑茵著,叶念伦整理:《往事重温》,上海:华东师范大学出版社,2008年,第142~143页。

② 吴旸:《〈中国文学〉的诞生》,《中国外文局五十年回忆录》,北京:新星出版社,1999年,第489页。

③ 习少颖:《1949—1966年中国对外宣传史研究》,武汉:华中科技大学出版社,2010年,第166页。

实的。在翻译作品的题材选择上,《中国文学》主要介绍在中国共产党领导下,在毛泽东文艺思想指引下的中国文学成就。这样,当代和近代作品成为主要翻译题材是很自然的。刊物译介的作品主要分为四大部分:古典作品(民间文艺)占 5%~20%;当代作品占 35%~45%;"五四"以来作品(现代作品)占 10%~25%;论文、文艺动态、作家画家占 25%。①

　　从 1953 年第 2 期选译了屈原的《离骚》开始,《中国文学》拉开了它对中国古代文学作品翻译的序幕。杨宪益先生说:"翻译、介绍屈原,那是因为当时人们视他为超越民族、国家的文化典型来加以纪念的。"②20 世纪 50 年代末,随着国内关于《红楼梦》问题的讨论,中国古典文学作品的翻译开始增多。从数量上看,杜甫、李白、王维、柳宗元、苏轼、陆游、陶渊明等人的作品开始刊出,包括吴敬梓的《儒林外史》、洪昇的《长生殿》、李朝威的《柳毅传》、李公佐的《南柯太守传》、李汝珍的《镜花缘》、刘勰的《文心雕龙》及《三国演义》《水浒传》《红楼梦》《西游记》等四大名著及《西厢记》《牡丹亭》《二十四诗品》等先后出版。1962 年 12 月和 1965 年 9 月先后翻译发表了苏轼的诗作 39 首。建安三曹、建安七子、唐宋八大家等多位古代著名诗人学者及其创作等都得到翻译出版。

　　《中国文学》对中国古典文学的翻译中,诗歌被翻译的最多,小说占的分量最重。刊物译介的古典小说的类型包括笔记小说、传奇小说、章回体小说、志怪小说,这些小说多以政治腐败、官场黑暗、人民疾苦为题材,反映封建社会的腐朽和没落,如《儒林外史》《水浒传》《西游记》《三国演义》《红楼梦》《长生殿》等名著名剧都有节译。有些作品是为了配合毛泽东提出的"不怕鬼"的思想,如选译《列异传》《幽明录》《搜神记》《佛国记》《聊斋志异》。很多作品的后面都加上了以"马列主义观点"对该作品和作者的解读,或者附上一篇按当下文艺政策对该作品或作家重新阐释的相关论文。比如从《红楼梦》看阶级斗争的重要性,1963 年是曹雪芹逝世 200 周年,刊物第 1 期译介了何其芳的《论"红楼梦"》和吴世昌的《"红楼梦"演变历史》两篇论文,把曹雪芹作为古典现实主义作家来纪念和讨论。③

---

① 转引自郑晔博士论文抽样本《国家机构赞助下的中国文学对外译介:以英文版〈中国文学〉(1951—2000)为个案》。

② 《中国文学三十年》,载《中国文学》1981 年第 10 期。

③ 郑晔博士论文抽样本《国家机构赞助下的中国文学对外译介:以英文版〈中国文学〉(1951—2000)为个案》,第 67~68 页。

《中国文学》的发展经历了三个时期:1951—1965 年的"创刊与成长期",
1966—1979 年的"波折与停滞期",1979—2001 年的"繁荣发展与成熟期"。①《中
国文学》作为中国向外部世界介绍自己文学作品的唯一窗口,在几十年的历程中
起到了传播中国文化的桥梁作用。作为中国文化传播的"国家队",它必然反映
国家的文化意志,从而,几十年的文化翻译也成为世界了解中国政治与文化变迁
的窗口。它所积累下的经验和教训、成就和影响都需要我们认真加以总结,针对
这一点我们将在最后一节详细加以展开。②

(3)"熊猫丛书"的翻译研究

"熊猫丛书"是在 20 世纪 80 年代由外文局推出的一套面向国外的译介中国
文化的丛书。当时杨宪益先生担任《中国文学》的主编,他从英国的企鹅丛书中
得到启示,建议出版"熊猫丛书"(*Panda Books*)。丛书一开始是先从《中国文学》
上已经发表的译作选出来,编辑丛书。随着丛书的快速发展,杨宪益等又组织了
新的作品的翻译。至 2009 年年底,据相关统计,"熊猫丛书"共出版英文版图书
149 种,法文版图书 66 种,日文版图书 2 种,德文版图书 1 种及中、英、法、日四文
对照版 1 种,共计 200 余种。

关于"熊猫丛书"的整体研究,耿强博士已经有专文研究,这里仅从"熊猫丛
书"中的古代文化和中国传统典籍的翻译入手做一初步研究。

首先,我们看一下"熊猫丛书"中当代文学著作和古代传统文学著作的翻译
目录。见本章附录 4。

从"熊猫书目"总目中我们可以看到,"熊猫丛书"的翻译出版是以中国现当

---

① 何琳、赵新宇:《〈中国文学〉的历史与文化价值》,《文史杂志》2011 年第 2 期;郑晔在其博士论文
中将《中国文学》分为四个时期:1951—1965 年:为工农兵服务;1966—1976 年:以阶级斗争为纲;
1977—1989 年:否定"文革"、反思"当代";1990—2000 年:"主旋律"被分化。

② 关于《中国文学》(英文版)的研究可参阅:徐慎贵:《〈中国文学〉对外传播的历史贡献》,《对外大
传播》2007 年第 8 期;田文文:《〈中国文学〉(英文版)(1951—1966)研究》,硕士论文抽样本;林文
艺:《〈中国文学〉(英文版)农村题材小说翻译选材探析》,《福建农林大学学报》(哲学社会科学
版)2013 年第 1 期;林文艺《英文版〈中国文学〉作品翻译选材要求及影响因素》,《龙岩学院学报》
2011 年第 8 期;林文艺:《〈中国文学〉(英文版)少数民族题材作品选材分析》,《武夷学院学报》
2012 年第 2 期;林文艺:《英文版〈中国文学〉译介诗经探究》,《东南学术》2012 年第 6 期;林文艺:
《英文版〈中国文学〉译介的少数民族形象分析:以阿诗玛和阿凡提为例》,《民族文学研究》2012
年第 5 期;林文艺:《二十世纪五六十年代〈中国文学〉(英文版)作品选译策略》,《福建论坛(社科
教育版)》2011 年第四期;林文艺:《为异域他者架设理解的桥梁:英文版〈中国文学〉的文化译介
及其传播功能》,《福州大学学报》(哲学社会科学版)2012 年第 4 期。

代文学作品的翻译为主的,传统文化的翻译虽然占据了一定的数量,但远远少于现当代文学的翻译。为何"熊猫丛书"这样确定自己的选题和翻译策略呢? 笔者认为有两条原因:

第一,"熊猫丛书"是在《中国文学》的基础上发展起来,《中国文学》的办刊思想直接影响了"熊猫丛书"的选题特点。《中国文学》英文版是 1951 年创刊,法文版是 1964 年创刊。《中国文学》以译介中国文学为主。文学部分既译介鲁迅以来的现当代优秀的文学作品,也译介自《诗经》以来的古代作品,这是因为中华人民共和国成立后,世界各国希望了解中国的当代文学,《中国文学》将中国当代文学作为主要内容是完全合理的,也符合国家发展对于文化对外传播的基本要求。《中国文学》的这个特点,在前几期就表现了出来。在 1951 年 10 月出版的《中国文学》第一期中发表了由沙博里翻译的《新儿女英雄传》,由杨宪益、戴乃迭夫妇翻译的长诗《王贵与李香香》。1952 年那一期又发表了由杨宪益、戴乃迭合译的《阿 Q 正传》(鲁迅)。1953 年《中国文学》出版了两辑,其中有由戴乃迭翻译的长篇小说《太阳照在桑干河上》。

改革开放以后,杨宪益就任《中国文学》主编,他 1981 年倡议出版"熊猫丛书","熊猫丛书"就是将在《中国文学》上曾经发表过的当代文学作品,尚未集结成书的集结出版。以后,随着丛书的发展,又增加了新译的作品。这样我们看到《中国文学》和"熊猫丛书"有着明显的接续关系,前者的选题和特点直接决定了在其后的"熊猫丛书"的选题和特点。"熊猫丛书"以当代中国文学的翻译为主,将中国古代文学作品放在第二位,这是符合它自身发展的逻辑的。

第二,20 世纪 80 年代的文化氛围决定了"熊猫丛书"的选题特点。

20 世纪 80 年代是思想解放的时代,是经历十年"文化大革命"后,文化界在长期的压抑后思想得到极大释放的时代。中国当代文学出现了前所未有的繁荣,新的作品像喷泉一样涌出,新的作家像雨后春笋一样成长起来,中国文坛出现了前所未有的繁荣。选择当代中国文学的作品,将其翻译成英文,介绍到国外,"'熊猫丛书'此举可谓吹响了新时期中国现当代文学'走向世界'的第一声号角,是新时期'走向世界'的最早努力"。这时涌现出来的作品"不仅是'文革'十年不能与之相比拟的,就是和'文革'前 17 年里那些单调的文学相比,新时期的文学也有长足的进步。国内文艺空前繁荣,当然也就大大地促进了我社对外文学编译事业的发展"。徐慎贵的这番话不仅仅是指《中国文学》,实际上也说出了"熊猫丛书"诞生的文化背景。

关于杨宪益与戴乃迭在"熊猫丛书"中的作用。

在"熊猫丛书"的中国传统文化经典的翻译中,杨宪益与戴乃迭的翻译占据了重要的位置。

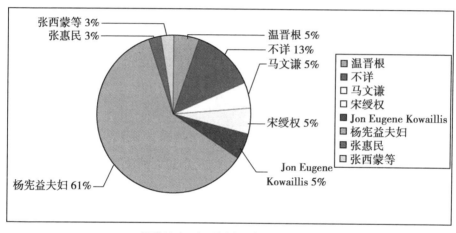

"熊猫丛书"主要译者翻译数量所占比

杨宪益夫妇将一生献给了中国的翻译事业,"熊猫丛书"只是其翻译生涯的一部分,研究者整理出一个他们一生的翻译作品表,从这里可以看出他们的翻译的整体旨趣。

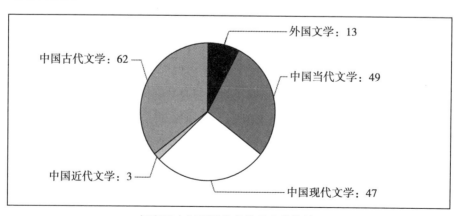

杨宪益夫妇翻译作品数量分类统计

杨宪益和戴乃迭无疑是中华人民共和国成立以来最重要、最有影响的翻译家,他们对"熊猫丛书"的贡献是决定性的,没有他们的努力,就没有"熊猫丛书"的成功。杨宪益先生晚年获得中国翻译终身成就奖,这个奖项是对他和戴乃迭一生翻译事业的肯定,同样也是对他在《中国文学》和"熊猫丛书"上所做出的重要贡献的肯定。

由于国际销售市场的萎缩,外文局于 2000 年停止了"熊猫丛书"的出版。学者在总结"熊猫丛书"时,认为其停止出版的一个重要的原因在于外文局和当时的"熊猫丛书"将主要精力放在了翻译的语言质量上,而忘记了翻译并不仅仅是一个语言的转换问题,"有些人之所以在这方面产生误解,根本在于他们坚持的翻译观实质是传统的语言翻译观,认为翻译是语言符码的转换,看不到或低估语言之外的影响因素能够塑造翻译的方方面面。我们应该坚持文化翻译观,即视翻译不仅仅是语言转换,更是跨文化传播,它涉及诸多文本外因素,其中起主导作用的往往是'译入语文化中的诗学、赞助人和意识形态三大要素'。它们决定了译本的归化或异化、接受或拒斥、经典或边缘。因此,通过文学译介促进中国文学的域外传播,必须在坚持高质量的翻译的基础上,跨出语言转换的藩篱,充分考虑接受方的文化、文学甚至地缘政治的语境,并及时调整自己的选材、翻译策略和方法及营销策略等。其中最应该引起我们注意的就是,在选材阶段不能仅仅按照发出方自己的标准选择那些我们喜欢的或认为重要的或水平高的作品和作家,我们还需将接受方的因素如读者对象的需要考虑进去"①。这些研究从跨文化的角度,从传播学的角度揭示了"熊猫丛书"的问题所在。

"熊猫丛书"后期的结局,不能仅仅从"熊猫丛书"的选题和发行数量来看,为何这套丛书的前半期市场效果很好,而进入 20 世纪 90 年代后直线下滑呢? 这里还有"熊猫丛书"之外的原因,这是杨宪益和外文局无法控制的。由于国际关系的变化,加之国内政策的调整,"我外文书刊对外发行变化较大,总发行量 1991 年为 650 多万册,1992 年为 590 多万册,1993 年为 240 多万册,1994 年为 205 万多册"②。"熊猫丛书"的命运给我们留下了深刻思考,需要我们从多方面总结外文

---

① 耿强:《文学译介与中国文学"走向世界":"熊猫丛书"英译中国文学研究》博士论文抽样本,上海外国语大学,2010 年。

② 李书文:《中国外文书刊在国际市场的地位》,《书刊对外宣传的理论与实践》,北京:新星出版社,1999 年,第 667 页。

局在中国文化传播上的经验和教训,仅仅从"熊猫丛书"本身的历史很难对其结局做出一个全面的结论。

改革开放以来,国家日益重视对中国古代文化的对外翻译工作,管理部门设立了中国图书对外推广计划,其中中国古代文化的图书成为重要的内容,这样,我们看到,中国对外的中国古代文化的翻译和出版已经开始多元化,外文局仍是主力军,但其他出版社也开始进入这个领域。

(4)外文局对中国古代文化传播60年的启示

第一,国家立场的必然性。

作为中国文化走出去的"国家队",外文局的文化翻译,特别是对中国古代文化的翻译从根本上受制于国家的总体文化政策。我们这里也是将外文局作为一个整体来研究,这样它的翻译动机、翻译目的就和一般个人的翻译完全不同,若考察其翻译成果,就必须首先考虑其本质性特点。

1950年,外文局的前身国际新闻局在其年度工作计划中指出新闻局的指导原则:"一,宣传中国人民在中央政府及中国共产党领导下彻底进行革命斗争,恢复战争破坏,开展生产建设和文化建设,和争取世界持久和平与人民民主的活动。二,强调中国与苏联及新民主主义国家,在苏联领导下的亲密团结,强调民主和平力量的不断增长;证实马列主义的普遍适用性,和毛泽东思想在中国的伟大成就。三,开展对亚洲殖民地国家的宣传,并逐步开始在世界范围内反映亚洲殖民地人民的斗争,以使亚洲殖民地人民的斗争情况通过我们达于欧美各国人民,同时也使被帝国主义禁锢着的各个亚洲殖民地民族,通过我们相互了解,交换经验,鼓舞斗志。"①这个指导原则虽然会随着时局变化,但外文局作为国家文化机构的性质和使命,至今没有任何变化。以上揭示了外文局作为国家外宣机构的基本性质和使命,这是我们了解外文局文化事业和翻译活动的根本出发点。

从传播学的角度来看,外文局承担的是代表中国本国进行"国际传播"的使命。国家之间的文化传播,必然受其本国利益的支配。这种行为下的文化传播是一个国家或文化体系针对另一个国家或文化体系所开展的信息交流活动,其目标

---

① 《国际新闻局一九五〇年工作计划》(草案)(1950年2月10日),《中国外文局五十年史料选编》,北京:新星出版社,1999年,第4页。

是要信息接受国了解信息输出国,培养其友善态度和合作愿望,并创造一个有利于信息输出国的国际舆论环境,取得最高程度的国际支持和合作。

所以,无论从翻译学的角度看,还是从传播学的角度看,外文局的性质都是十分明确的。国家立场是其必然的选择,是它存在的本质。其实这并非中国独有,任何国家都有传播自己文化价值的文化机构、出版机构等,这是一个常识,所以,那种希望外文局在其对外文化传播中,去意识形态化的观点是幼稚的。在这样的大背景下,翻译家个人的命运是受制于整体的性质的,脱离了这个背景去研究翻译家的翻译实践,是会有很多问题说不清的。

外文局"国家队"的性质决定了它与国家整体政策之间密不可分的关系,国家本身的文化政策和政治变动就成为决定其成败的关键原因。作为机构翻译的基本特点,为国家服务,不是单纯的个人翻译;作为国家传播文化的"国家队",外文局的文化态度是整个国家文化态度的晴雨表。因此,对外文局文化态度的评价,实质是对国家文化态度的评价。所以,对外文局这样的机构的文化翻译进行研究就必须在更大的层面上来展开,这样才能回答它在中国古代文化典籍翻译上的起伏与特点。

在明确了这个根本点之后,如何在对外的文化传播中表达"国家队"的文化意志,如何以更为切实的方式传播自己的政治理念,是非常重要的问题。如果仅仅将贯彻国家的文化意志作为自己的使命,而不很好地研究如何去贯彻、落实这一使命,那就会使文化的传播落空。

这里的核心问题就是:政治目的与传播手段的协调。外文局作为中国文化走出去的"国家队",其政治使命和性质是十分清楚的,但在如何完成自己的政治使命,有效地做好对外文化传播上,仍有探讨的空间。其中最重要的问题就是在自己的传播目的和传播手段之间如何协调。过度政治化,缺乏对传播对象的深入分析和了解,对对外传播文化的规律的把握不够深入,这些都是亟待考虑的。这方面,外文局在历史上曾有过深刻的教训。从外文局的图书发行效果就可以看到这一点。以拉丁美洲为例,中华人民共和国在拉丁美洲的文化传播行为,尤其是从1952年至1977年的26年间,有一个极为明显的特征,即中国书刊的对外发行与传播,基本是从属于国际政治、国家外交战略,文化政治性突出。这样的传播方略使我国迅速打开了拉美市场,但随着后来的中苏论战,在1952年至1961年第一

个十年里建立起来的国际书店,在 1962 年至 1976 年的第二阶段大幅萎缩,甚至
完全陷入停顿状态。如何服务国家的总体战略,是做好对外传播工作必须解决的
问题。由于国内的极左思想长期支配着思想文化界,从事外宣出版的外文局处在
尴尬的境地。对于这一点,外文局内部也有很深入的反思。曹健飞在《对外发行
的回顾与思考》中说:"长期以来,外文图书出版工作也受到'左'的路线的干扰,
片面强调'以我为主'的出版方针。在过去相当长的时间里,不顾客观需要,出版
了大量以阶级斗争为纲,配合国际斗争和国内政治运动的出版物,将外文图书出
版发行提高到'促进世界革命'等不恰当的地位。这类出版物,不仅以时事政治
小册子形式出现,而且在各类图书中都有,甚至在儿童读物、连环画里也有这方面
的内容。这类出版物由于在译文、印刷、装帧甚至在书名方面,与国外读者的需要
有一定的距离,因而不能适应国外图书市场的需求。这类出版物的大量出版发
行,社会效益和经济效益都是很差的。这是长期存在的严重问题。"①

外文局的教训说明,国家的文化意志并不能保证文化传播的效果。从传播学
和翻译学的角度来说,西方的一些理论认为"赞助人"控制、影响着译者。"赫曼
斯认识到翻译都是有目的的,离不开文本和语境,更脱离不了社会政治、权力关
系、意识形态,认为勒菲弗尔提出的意识形态、诗学和赞助人三要素能够直接解释
植根于社会和意识形态之中的翻译的影响,并为翻译的实证研究建立一个全面的
理论上和方法论上的框架做出了努力。"②"由此可见,意识形态、诗学和赞助人制
约着'翻译规范',尤其是当各种翻译规范之间发生矛盾或冲突的时候,'改写理
论'三要素决定了译者对翻译规范的选择,也制约着译本在译语环境的接受和影
响。"③这样的理论说明了社会环境与社会意识形态对译者"翻译规范"的影响,这
样的分析和理论对于以往长期沉溺于文本翻译的研究者来说,别开洞天。但必须
注意:当学术研究的重点开始从以往的文本翻译研究转向翻译的外部影响研究
时,外部影响和译者之间的关系,诗学与意识形态之间的关系并未完全说清楚。

① 曹健飞:《对外发行的回顾与思考》,《书刊对外宣传的理论与实践》,北京:新星出版社,1999 年,
第 654 页。
② 耿强:《文学译介与中国文学"走向世界":"熊猫丛书"英译中国文学研究》博士论文抽样本,上海
外国语大学,2010 年。
③ 郑晔:《国家机构赞助下的中国文学对外译介:以英文版〈中国文学〉(1951—2000)为个案》,上海
外国语大学博士论文,2012 年。

因为,翻译的文本既有其文学的一面,也有其内在知识客观性的一面,尤其是面对中国文化的文本时,在文史哲原本一体的情况下,文本既有文学性解释,也有知识性的叙述。当下的西方理论过于强调翻译者的外部影响,而在翻译文本的知识内容的传达问题上考虑不周,这是不全面的。文化传播与翻译的文化转换,既有超出文本的跨文化问题,超出语言和知识内容的问题,也有语言本身和文化知识本身的问题,这是内在联系的两个方面。

同时,从外文局的翻译实践中我们可以看到,即便在"赞助人""意识形态"的影响下,译者也可以凭自己的学识,呈现出不同的文学作品形态,正像我们可以被《拯救大兵瑞恩》感动,但不可能被一种完全政治化的电影《春苗》感动一样,同样是国家文化意志的控制,却有不同的传播文化效果。仅仅强调"赞助人""意识形态"的外在力量,并不能完全解释文化翻译作品的效果。

"统治阶级总是按照自己的意识形态和文学审美态度把一部分文学作品塑造成'经典'文本。在《中国文学》国家译介行为中,译介主体代表的是统治阶级的旨趣,因此,他们很大程度上会译介那些被树立为'经典'的作品,这些作品便有机会成为翻译文学的一部分。"①这样的观点仅仅说明了翻译文本和文学文本产生的重要方面,并未说明它的全部问题,在强调了文学的外在因素和翻译文本产生的外在因素后,并不能完全说明在文学翻译中,译者主体完全失去了功能。这样的看法将统治阶级的意识形态看得过于绝对,文学和译者都成了无足轻重的部分。显然,这样的理论分析在充分说明翻译的社会性作用时,走得太远了。

第二,意识形态的必要性。

中华人民共和国成立后,文化政策的变化决定了外文局在翻译中国古代文化上的起伏。中华人民共和国成立后,在外交上采取了"一边倒"的战略,这个战略直接影响了对外文化的传播情况,而采取这样的选择是当时唯一可能的选择。毛泽东也在《新民主主义论》中说:"社会主义的苏联和帝国主义之间的斗争已经进一步尖锐化,中国不站在这方面,就要站在那方面,这是必然的趋势。难道不可以不偏不倚吗? 这是梦想。全地球都要卷进这两个战线中去,在今后的世界中,'中

---

① 郑晔:《国家机构赞助下的中国文学对外译介:以英文版〈中国文学〉(1951—2000)为个案》,上海外国语大学博士论文,2012 年。

立'只是骗人的名词。"这就是中华人民共和国在两大阵营之间的选择。

新国家、新文化,在一定的意义上,国内的文化政策和国家的外交政策都是由当时的历史情况决定的。这个阶段突出新文化而轻视历史文化,在今天看来似乎有所偏颇,但实际上对外文局的文化出版政策做评价时,不能仅仅站在国内立场的角度来评价,必须从国内和国外两个视角加以观察。

当然,即便在冷战时期,外文局的翻译也并非仅仅局限在政治内容上,他们也同样展开了对中国历史文化的介绍,只是这种介绍的立场和角度与旧中国完全不同了。胡乔木在对外文局的谈话中指出:"关于中国的基本知识的介绍:外国人对中国的事物一直不很明了,知识很少,而且有不少歪曲。在马可·波罗到中国以前,外国人根本不知道中国,那以后虽然知道较多,但歪曲更多。因此,《人民中国》应该担负起这个政治任务,即与资产阶级长期以来对中国知识的歪曲所造成的影响作斗争,供给希望了解中国的读者背景知识。这种知识对于社会主义国家一般读者同样需要,因为他们知道得很少。在介绍这种知识时,我们可以按照历史事件或人物的纪念来拟定题目,例如,可以通过鸦片战争、中日战争、太平天国以及其他在历史上起过进步作用的事件或在历史人物的多少周年纪念来介绍这些基本知识;也可以介绍关于中国过去与亚洲各国的历史关系和文化交流,例如中国与日本、朝鲜民族的关系,西藏与内地的关系,以及世界先进科学在中国的传播等等。"①胡乔木的谈话指出了当时介绍中国历史文化的基本立场和目的,将对中国古代文化的翻译和出版,纳入到整个国家的文化规划之中。

这样我们才能解释从 1950 年到 1966 年间,外文局在中国古代文化出版上出现低谷的原因,我们就可以理解外文局在中华人民共和国成立后的 17 年间,在介绍中国古代历史文化方面的基本情况,并给予合理的说明。

外文局对外文化传播的特点,自然也影响了他们出版的中国古代文化典籍的翻译作品。最著名的就是杨宪益和戴乃迭翻译的《红楼梦》,杨宪益夫妇为了翻译这部中国文学名著,历经十几年,于 1980 年出版当时世界上第一部《红楼梦》全英文译本。与此同时,英国著名汉学家大卫·霍克思 (David Hawkes, 1923—

---

① 胡乔木同志在中宣部会议上关于《人民中国》方针问题的讲话,载于《中国外文局五十年史料选编》(1),北京:新星出版社,1999 年,第 90 页。

2009)用了10年时间,分别在1973年、1977年、1980年出版了英文版《红楼梦》分册,最后40回由霍克思的女婿、汉学家闵福德(John Minford,1946—)完成。由此,西方世界第一部全本120回的《红楼梦》出版。杨宪益的译本在国内获得了很高的评价,而霍克思的译本在西方汉学界也获得了很高的声誉。在西方汉学界关于《红楼梦》研究的著作和论文中,主要是读霍克思的译本,这里除了企鹅出版社和外文局出版社在书的宣传、包装上不在一个水平上,另外一个重要的原因是政治因素对翻译的影响。20世纪70年代后"国内红学研究的主流发生意识形态倾向的巨大转变,以胡适、俞平伯、吴世昌为代表的'新红学'考证式研究模式被彻底摒弃,取而代之的是以李希凡、蓝翎为首的,立足于马克思主义理论的文艺批评。这一研究模式不仅将'新红学'的重要研究成果全部抹杀,而且完全从阶级斗争的角度来诠释这部小说。杨氏夫妇翻译时也不免受其影响。例如,原文第30回提到'负荆请罪'这个典故,杨译本在脚注中特别解释说李逵是一个农民起义者,而宋江是一个投降派。(Yang & Gladys Yang,1978:443)"。这里说明译者仍然受到当时红学研究模式的影响,而不仅仅只是受到当时政治的影响。更为糟糕的是,外文出版社编辑出版时的"出版说明":"《红楼梦》是一部关于政治斗争的小说,是一部政治历史小说。……作者根据表达政治斗争主题的需要构思情节……因此,这部小说把庞大、复杂的艺术结构巧妙地融合在一起,完全反映了政治斗争的主题……这部作品意识形态方面的价值在于其融合了政治斗争,在于其通过展示四大贵族家庭的兴衰,真实地揭露了封建统治阶级的腐败堕落,指出了其必然灭亡的趋势,歌颂了大观园内奴隶们的反抗。"(Yang & Gladys Yang,1978:ii-vii)同时,"出版说明"还对"新红学"的成就做了批判:"……'五四'运动以来,出现了一批以反动作家胡适为首的'新红学家',他们对这部小说进行'研究'是出于反动统治的动机,因此,胡适和他的追随者宣扬反动的实用主义和唯心主义,通过他们的'研究'来反对马克思主义在中国的传播。"(Yang & Gladys Yang,1978:viii)

中国文化在海外的传播必须立足于读者的立场,必须考虑接受者的阅读习惯和文化背景,其实早在1963年陈毅在关于《中国文学》的谈话中就已经指出了文学作品的翻译问题,他说:"外文杂志不要都一味搞政治,搞硬的东西,而要多方面迂回作战。文学和政治不同,政治开门见山,文学要通过形象化的方法,慢慢说服,这里应该是五颜六色都有。高明的手法是搞一点政治,十分之一、十分之二,这样人家才可以接受。"①直到今天,陈毅的这个讲话仍是很有指导意义的。

60 年的历程,由于缺乏对传播对象的认真研究,在传播目的和传播手段上不能做细致的区分,加之极左思想的长期影响,外文局所出图书的效果大打折扣。直到今天,我们不少人仍习惯于那种将国内政治运作搬到对外文化传播上来,追求一种国内的轰轰烈烈,完全不知对外文化传播的基本规律,这是值得我们格外注意的。

在自己的发展历程中外文局已经开始认识到这一点,最值得总结的就是外文局与耶鲁大学出版社合作的《中国文化与文明》,这个合作开创了中国古代文化在海外传播的新模式、新思路。2008 年,美国休战基金会在北京举行隆重的仪式,向外文局和耶鲁大学出版社颁发了开拓奖。美方给予这套书高度的评价。这种合作模式的核心就是外文书的出版、中国古代文化典籍的翻译和研究,要面向读者,以需求为导向,以中外合作为基本的工作方式,打破以我为主的传统观念。文化走出去主要成绩是在国外,是在读者市场,中国古代文化的图书走出去,成功与否在于是否能真正走进国外常规的书店,进入一般读者的书架。那种在国内搞得热热闹闹,习惯于国内官场运作的图书,完全是在做文化秀和政治秀,这样的书看起来五光十色,其实是一堆废纸,毫无文化的意义。外文局 60 年的历史从正、反两个方面都已经充分证明了,我们必须回到文化本身,就文化传播的自身规律展开我们的工作,将文化传播的目的和手段有机地统一起来。

第三、从输出革命到输出文化。

通过以上基本数据统计我们可以看到,外文局 60 余年来在中国古代文化经典的翻译与出版这个历史进程中有以下几点:

其一,外文局对传播中国古代文化的成绩是巨大的。尽管在对中国古代文化经典的翻译和出版认识上经历了不同的历史阶段,但如果将外文局的对外传播工作和民国时期的《天下》杂志乃至和以后梁实秋所主持的文化外译工作相比,就可以明显看出,无论是在规模上还是在范围上,外文局在对中国古代文化的传播

---

① 陈毅同志关于《中国文学》的谈话记录(1963 年 8 月 3 日),载于《中国外文局五十年史料选编》(1),北京:新星出版社,1999 年,第 315 页。

工作方面都是民国时期所不可比拟的。

外文局是一个国家级的出版集团,自己拥有21种期刊,每年以20个语种,出版1000多种不同题材的出版物,有2亿多册图书在海外发行,这样的出版规模和多语种的出版能力在世界范围内也是不多见的。

其二,从学术质量上看,外文局的中国古代文化典籍翻译和出版在国内都是一流的水平。在翻译上杨宪益夫妇所翻译的中国古代文化典籍系列,至今在国内仍是一流的水平,外文局所出版的关于中国古代文化研究著作,在国内出版界也是无人可比的,上面提到的《中国文化与文明》就是一个典型。这套书的意义在于,它开启了中外合作出版中国古代文化图书的模式。这套书是外文局与美国耶鲁大学出版社合作的,它直接在国外主流图书渠道出版发行。以往的出版模式,书出了不少,但大多数图书进入不了主流的图书市场,实际的文化影响很小。这样的合作方式就改变了以往那种图书在中国出版,发行在国外的传统模式。

这套书也探索了中外学者的合作模式,双方共同书写了中国文明与文化。以往,西方出版的中国古代文化的著作,主要是由中国学者书写,但由于中国学者不了解西方读者的知识背景和接受情况,往往写出的东西虽然内容准确、学术深厚,但在西方实际的销售并不好。这套书采取中外学者合作的办法,吸收了国内外最优秀的学者,组成了强大的作者队伍。丛书所吸收的国内著名学者有:张岱年、杨新、邓绍基、傅熹年、何兆武、欧阳中石等;所吸收的美国学者有张光直、高居翰(James Cahill)、班宗华(Richard Barnhart)、屈志仁(James C. Y. Watt)、曾佑和、艾兰(Sarah Allan)、夏南悉(Nancy Shatzman Steinhart)、巫鸿、康大维、何恩之、雷敦和等。后来,连美国前总统老布什、前国务卿基辛格,中国的黄华、荣毅仁的名字都出现在合作双方的支持行列中,内行人看了这份作者名单无不赞叹。

正因为如此,《中国文化与文明》这套书是外文局几十年来在西方图书市场上销售最好的一套书,受到了西方学术界的高度评价。其中,《中国绘画三千年》获1997年度美国出版商协会和学术出版组最高奖;《中国书法艺术》获2008年度美国出版商协会艺术和艺术史最佳图书奖。2008年《中国文化与文明》丛书获美国休战基金会"拓展奖"。《中国书法艺术》入选中国新闻出版总署第二届"三个一百"原创图书出版工程。《中国绘画三千年》至今已经出版了5个文版,其中法文版于2003年出版,在法国大小书店热销。此外,韩文版和中文繁体字版也都销路畅通。这套书不仅仅是外文局在传播中国古代文化方面的经典之作,也在这个出版过程中探索了一条切实可行的中国古代文化走向世界的途径,它所体现出的经验至今仍有极大的指导性意义。

其三,从图书发行的角度来看,外文局的成绩也是巨大的。在发行上的巨大成绩,以国际书店和后来的中国国际图书贸易公司为主干。外文局的中国图书海外发行已走过了60年的道路,中国古代文化的发行是在这个发行的总体框架中的。中国图书在海外的发行大体可以分为两个阶段,1949年到1979年为第一阶段,1980年至2009年为第二阶段。

在第一个阶段,以国际书店为代表的第一批开拓者建立了遍及100多个国家拥有813家中国书刊经销单位的发行网络。由于中华人民共和国当时受到西方国家的围堵以及冷战的存在,外文局在对外文化传播上只能以意识形态为主,以政治宣传为主,其间虽也有对中国古代文化图书的发行,但数量极少。关于这一点,我们在下面还要专门总结和分析。

改革开放以后,外文局累计出版图书2万多种,总印数2亿余册,先后与国外进行版权贸易975种,是国内版权贸易数量最大的出版机构,其中有723种是由国内向国外转让版权。2010年,外文局的《中国道路——从科学发展观解读中国发展》《20个当代中国基本问题》《唐家璇回忆录》《对话:中国模式》《中国读本》《认识中国》《我和父亲季羡林》等一批反映当代中国的图书实现了版权的输出。同时,外文局所出版的中国传统文化的书籍也受到国外的欢迎,如《孙子兵法》《中医方法论》《红楼梦》《少年天子》《当代中国名家书画宝鉴》《宫藏扇画选珍》《中国古代木刻与新兴木刻》《中国青铜器》等。新时期,外文局充分利用国内和国际两个资源,取得了优异的成绩。2010年书刊出口贸易额达到2800万美元,占全国书刊出口总额的65%,继续遥遥领先于全国同行。

作为中国文化走出去的“国家队”,外文局的成绩是巨大的,地位是不可以动摇的。

第四,回归传统价值。

在探寻中国传统文化在当代中国价值重建的艰难历程中,中国共产党所面临的一个最重要的问题就是将来自欧洲的马克思主义中国化和本土化。毛泽东的思想路线最终被中国共产党确定为党的指导思想,根本上在于他走了一条将马克思主义中国化和本土化的道路。马克思主义的中国化和本土化的核心就是用中国的传统思想来表达中国化的革命思想,从中国传统文化中汲取智慧,使其融入到马克思主义理论之中,使这个来自欧洲的思想脱掉洋装。从宏大的历史叙述来看,这和中国文化对佛教的吸收,晚明后中国文化对西学的吸收是异曲同工的。

最典型的例子莫过于中国共产党思想路线的确立和表述,毛泽东在《改造我们的学习》中对"实事求是"做出了全新的解释。他指出:"实事"就是客观存在着的一切事物;"是"就是客观事物的内部联系,即规律性;"求"就是我们去研究。

60 年来在对外传播中,对中国历史文化的翻译传播有着很大的起伏与变化。

在 1949—1979 年的 30 年间,中国用多种外国语言文字翻译出版了以下 12 类的内容:

第一类为马克思列宁主义、毛泽东思想、邓小平理论。在这 30 年里,中国共用 44 种外文翻译出版,该类图书的品种数量为 3045 种;第二类为中国政治、法律类,30 年间共出版了 2709 种;第三类为社会科学总论类,共出版了 424 种;第四类为综合性图书,共出版了 1138 种;第五类为中国文化、科学、教育、体育类,30 年间共出版了 1232 种;第六类为中国文学类,共出版了 190 种;第七类为中国艺术类,共出版了 344 种;第八类为中国历史、地理类,30 年间共出版了 187 种;第九类为中国哲学、宗教类,共 24 种;第十类为中国医药类,共出版了 31 种;第十一类为中国经济类,共出版了 25 种;第十二类为语言、文字类,共出版了 7 种。下图为上述十二个内容分类示意图。

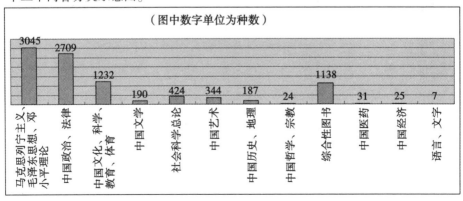

1949—1979 年中国文化外译的图书内容分类

由上图可看出,在1949—1979年的30年间,共翻译出版中国文化类图书的总品种数量为9356种,其中最多的是马克思列宁主义、毛泽东思想、邓小平理论这一分类,为3045种。而其中主要是毛泽东著作选集(一、二、三、四卷)、毛泽东各种著作的单行本、毛主席语录等,其他少量是马克思、恩格斯、列宁等著作的英译本,其中邓小平的讲话各个语种的外译出版品种数量为37种。

仅次于第一类的是中国政治、法律类,在中译外的2709种政治、法律类文献中,包括中华人民共和国宪法、土地法、中国共产党党章、党代会文件、政治会议决议、历次人民代表大会文件、中国与其他国家建交公报、联合声明等法律性文件、外交公告。

这两类内容占据了整个中国文化外译图书总品种的62%,体现了前30年间中国对外译文的文化特征。这两类图书集中了中国政府和中国共产党对于当时国际局势的政治思考和哲学判断,具有鲜明的时代政治特征。

在中译外的第五、第六、第七、第八类图书中,1232种文化、科学、教育、体育类图书、190种文学图书、344种艺术图书和187种地理、历史类外译图书,这些图书在当时的特殊历史时期虽是作为毛泽东思想及政治、法律等文献的辅助对外翻译出版的,但却获得了久远的传播效果。①

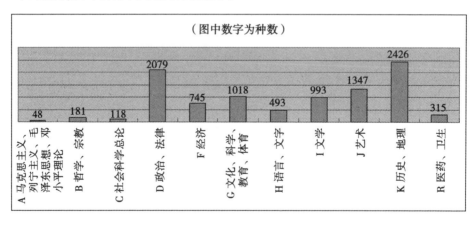

（图中数字为种数）

A 马克思主义、毛泽东思想、邓小平理论 48
B 哲学、宗教 181
C 社会科学总论 118
D 政治、法律 2079
F 经济 745
G 文化、科学、教育、体育 1018
H 语言、文字 493
I 文学 993
J 艺术 1347
K 历史、地理 2426
R 医药、卫生 315

1980—2009年中国文化外译图书内容分类品种②

---

① 何明星:《中国文化对外翻译出版60年》,《出版发行研究》,2013年第6期,第28页。

② 本表数据来源均为《全国总书目》,依据其中的"外国文字图书目录"编制成本表。其中,1980—2003年为纸介,2004—2009年为光盘数据。

上图数据显示,1980 至 2009 年的 30 年间,翻译成多个语种出版的图书,累计共有 9763 种①。最高的是历史、地理类,达到 2426 种;其次是中国政治、法律类,为 2079 种;再次为中国艺术类,为 1347 种;文化、科学、教育、体育类,为 1018 种(其中包含中国武术类);中国文学类 993 种;中国经济类 745 种;语言、文字类 493 种;医药、卫生类 315 种;哲学、宗教类 181 种;社会科学总论类 118 种;最少的为马克思主义、列宁主义、毛泽东思想、邓小平理论类,为 48 种。从总品种来看,后 30 年仅比前 30 年的 9356 种多 407 种,总量上并没有增加多少,但从翻译出版的内容分类来看,前后 30 年呈现截然不同的面貌。

最为显著的不同就是,前 30 年最多的是马克思列宁主义、毛泽东思想、邓小平理论这一类内容,在 1980—2009 年的 30 年间成为最少的一类,仅有 48 种。而前 30 年排名第八位的历史、地理类图书成为大宗品种,总数达到 2426 种,占后 30 年出版品种总数的 25%,这是前后 30 年对比最为显著的不同。②

中国近 30 年对传统文化价值的认识达到了前所未有的高度。2011 年 10 月 18 日所召开的中共第十七届六中全会通过的《中共中央关于深化文化体制改革推动社会主义文化大发展大繁荣若干重大问题的决定》是一个对中国文化重新认识的极为重要的决定。《决定》提出了"文化复兴是整个中华民族复兴的最后标志。从这个意义上,这个会议不仅吹响了文化复兴的号角,同时也吹响了中华民族复兴的号角"。会议所提出的文化自觉、文化自信为中国文化走出去奠定了思想基础。《决定》指出"当今世界正处在大发展大变革大调整时期,世界多极化、经济全球化深入发展,科学技术日新月异,各种思想文化交流交融交锋更加频繁,文化在综合国力竞争中的地位和作用更加凸显,维护国家文化安全任务更加艰巨,增强国家文化软实力、中国文化国际影响力的要求更加紧迫"。这段话更是表明了中国传统文化的核心内容已经成为中国重建自己新的中华文化的重要资源,对自己文化的自信才产生出使文化走向世界的理想。

对中国文化的回归,从传统文化中汲取智慧,开创性地发展具有中国特色的社会主义理论,这些在思想和文化上的重大变化是近 30 年来中国文化海外传播

---

① 按照本报告中国大文化内容分类的统计口径,累计出版的品种数量要少于按照语种统计的数量。

② 何明星:《中国文化对外翻译出版 60 年》,《出版发行研究》,2013 年第 6 期,第 28 页。

蓬勃发展的根本原因,也是外文局在近 30 年来对中国古代文化典籍翻译和出版
中取得一系列重大成就的根本原因。

1979—1990 年外文局所属机构中外合作出版项目(历史、地理类)①		
时间	合作国家、出版社	合作项目摘要
1979 年 6 月	法国 Arthhaud 出版社	《人民画报》与该出版社合作出版法文版《丝绸之路》
1979 年 10 月	美国读者文摘杂志社	《人民画报》社出版,该杂志社包销《中国风光》画册,第一版 4000 册,再版 15000 册,不久销售一空
1979 年 11 月	美国立新书店	外文出版社与该公司合作出版英文版《苏州园林》,美方负责出版、印刷、发行,并支付中方版税
1979 年 11 月	美国 Hwong Publishing 公司	国际书店与该公司合作翻译出版《中国概貌》英文版,美方支付中方版税
1980 年 2 月	美国时代明镜出版公司下属哈利·艾布拉姆斯出版社	《人民画报》与其合作出版《中国文物》画册英文版
1980 年 9 月	意大利皮钦出版社	国际书店与其合作出版《针灸经穴图》意大利文版,意方负责翻译、印刷、发行并支付中方版税
1981 年 2 月	日本极东书店	《人民中国》连载的《中国历史之旅》在该社出版
1981 年 2 月	日本讲坛社	《人民中国》连载的《中国史话》在该社出版
1981 年 4 月	日本美乃美出版社	外文出版社自 1980 年 12 月起与其签订了《贵州苗族蜡染图案》《大足石刻艺术》《中国陶瓷》《永乐宫壁画》4 本画册合同,1982 年 5 月出版。这是第一次与日本签订画册合作出版合同
1982 年 4 月	日本小学馆	《人民中国》连载的《丝绸之路的今与昔》在该社出版

---

① 来源《中国外文局五十年大事记(一)(二)》,北京:新星出版社,1999 年 5 月。

（续表）

1979—1990年外文局所属机构中外合作出版项目(历史、地理类)		
时间	合作国家、出版社	合作项目摘要
1982年8月	美国哈利·艾布拉姆斯出版社	外文出版社与其合作出版《探索青藏高原的奥秘》英文版
1983年12月	美国布莱克敦出版社	《人民画报》与其合作出版《中国菜谱》，印刷2.5万册，在英、法、澳发行
1984年12月	日本美乃美出版社	外文出版社与其合作出版《新疆克孜尔壁画》(上、下集)
1987年11月	加拿大莫塞克出版社	外文出版社与其合作出版《中国历史图册》

我们之所以在这里对中共的马克思主义中国化与中国传统文化之间的关系和认识历程做这样展开的论述，主要是因为在21世纪的中国古代文化经典在海外的传播中，中国日益成为一个主要的力量。长期以来以西方汉学家为主体，对中国古代文化典籍的翻译和传播的结构将发生改变，即便翻译者仍是西方汉学家，但其背后以中国外文局为代表的中国力量的推动作用将越来越大。对于这个重大的转变，我们必须说明其内在根由和逻辑。

第五，中国文化走出去的重要实践。

外文局作为中国文化走向世界的"国家队"，它的实践经验都具有全局性意义。笔者认为，外文局在近30年来，对中国古代文化的翻译、出版和传播中以下三个方面是十分重要的。

首先，将国内学术翻译力量和国外翻译力量结合起来，开启国际化战略。我们讨论许渊冲先生的翻译成就时指出，中国学者也可以在一些中国古代文化典籍的翻译领域做出很大的贡献。但总体上来说，中译外这项事业是一个以汉学家为主体的事业，中国学者是不可以包办这项事业的。从国内学术界的学术素养来看，许渊冲、杨宪益之后很难找到有这样中西学养兼备的学者。外文局作为中国文化走出去的"国家队"，它有不可推卸的责任，要做好中国古代文化典籍的翻译工作，从其60年的经验来看，中外合作对中国典籍的翻译是一个成功的经验。杨宪益夫妇的翻译工作量占据了外文局中国古代文化典籍翻译的半壁江山，其原因在于戴乃迭这个英国汉学家与杨宪益的完美结合。今后应继续坚持这个成功的经验,邀请更多的汉学家来华长期生活和工作。同时,将自己的翻译工作安排在世界范围内展开,打破国内与国外之间的壁垒,在互联网的时代这已经完全可能了。外文局近十余年所施行的本地化政策都是非常成功的,选题来自当地,译者来自当地,发行进入当地,这就是"三贴近"的落实。这样中国古代文化及整个中国文化的图书才可能有效进入到各国的图书市场中,真正将中国文化传播到国外。

目前,外文局的本土化战略已经初见成效,《今日中国》的西班牙语版成绩明显,本土化之前该杂志在墨西哥只有 26 个订户,目前已经达到了 630 个订户,比本土化之前增长了 23 倍。但是,在笔者看来,外文局的本土化只是其国际化的第一步,真正的目标是将其打造成一个国际化的出版集团,在全球主要国家落地,进入图书市场,将走出去这样一个由内向外的被动战略转化成为一个自身具有国际市场和国家文化能力的国家级文化企业。目前,在中国出版社走出去的历史中,真正在国外立足的寥寥无几,而只有外文局的本土化政策获得了成功,这自然和它的传统优势分不开。但不应停留在一份或几份杂志的本土化,而是整个集团的本土化,将国内和国外两个市场完全打通,使自己立足于国际大出版集团的前列。

从思想文化的角度来看,中国古代文明的智慧对于后工业社会的西方来说,有着独特的价值;中国当代社会的巨大进步表示其文化的内在的统一,这些经验对于非西方国家也有着启示意义。我们期待着外文局这个使中国文化走出去的"国家队"在未来的中国腾飞历史中扮演更为重要的角色。

其次,将理想与市场结合起来。在外文局的图书走出去的过程中,贸易类图书和非贸易类图书的关系如何处理一直是一个大问题。从文化的角度来看,这是一个传播理想和传播途径的问题,是一个政治目标和市场关系的问题。

由于有了贸易的观念,版权贸易开始活跃,本土化战略开始实施,外文局的图书贸易发生了巨大的变化。2005 年以来连续蝉联全国版权贸易的榜首,到 2008 年收入已达到 8.08 亿元,是 2001 年 2.16 亿元的 3.74 倍。2008 年全局发行图书 3463 万册,是 2001 年 722 万册的 4.8 倍;发行期刊 1.53 亿册,其中发行外刊 3463 万册。这个成绩是巨大的,正如蔡名照所说:"对外文局来说,加强经营具有特殊的意义,不仅要通过提高经营收入增强自我发展能力,重要的是通过市场推广扩大宣传的覆盖面和影响力。"

当然,作为一个"国家队",在全局上将贸易图书作为重点的方向是正确的,但重点是研究在市场运作情况下如何展开中国文化的传播。目前,尽管中国图书走出去已经迈开了步伐,但可以看到中国古代文化在海外的传播并不理想,图书仍很难进入主流发行渠道,关于中国文化的图书仍是以消费性图书为主,如食谱、气功、中医等类图书。如何像外文局和美国耶鲁大学的合作那样,使中国古代文化的图书走进主流仍是一个待破解的难题。

最后,文化对外传播主体的多元化已成定局。

长期以来,外文局在中国对外文化传播事业中占有主导性地位,特别是在中国文化著作的翻译方面更是无人可比。但随着国家文化事业的发展,中国文化的外部传播日益成为一个紧迫的国家重大任务,在政府的推动下,对外传播的事业进一步展开,市场化机制开始起作用,文化对外传播主体的多元化已成定局。

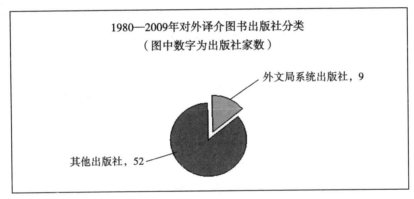

1980—2009 年 30 年出版对外翻译图书的出版机构分类图

由上图可以发现,中国在 1980 年至 2009 年 30 年间的翻译出版单位,已经达到 61 家,占全国约 600 家出版社的 10%左右,一改前 30 年 98%由外文局所属系统出版社独家翻译出版的局面,这也正是我国对外翻译出版单位在经济改革开放的大潮中逐步走向市场化、多样化的一个重要标志。

众所周知,出版单位作为文化传承、知识生产的重要组织单位,在 20 世纪 70 年代之前一直被纳入国家政府行政序列,对外文化翻译服务于对外宣传长达 30 多年,造成翻译人才局限在一个或者几个新闻、出版单位之中,文化译介的范围、品种受到严格控制。改革开放之后,随着文化体制改革的步伐加快,不断有新的对外翻译图书出版单位加入,长期由一个单位垄断的局面被打破,对外翻译事业出现千帆竞发的局面,出现了以国家级专业出版单位为主力阵营,地方出版单位纷纷加入的新局面。

以下列出 1980 年至 2009 年 30 年间的出版机构名单,除外文局系统 9 家出版机构之外,其他专业出版社、地方出版社的比例为 85%,它们是:外语教学与研究出版社、中国对外翻译出版公司、中国财政经济出版社、高等教育出版社、新华出版社、国际文化出版公司、少年儿童出版社、中国民族摄影艺术出版社、五洲传播出版社、中国国际广播出版社、人民文学出版社、人民卫生出版社、世界图书出版公司、中国摄影出版社、中国民族摄影出版社、中国旅游出版社、现代出版社、三联出版社、商务印书馆、北京出版社、北京美术摄影出版社、青海人民出版社、内蒙古人民出版社、湖南人民出版社、山东科学技术出版社、山东人民出版社、山东美术出版社、齐鲁书社、上海科学技术出版社、上海人民美术出版社、上海外语教育出版社、上海美术出版社、上海教育出版社、上海文艺出版社、上海译文出版社、华东师范大学出版社、黄山书社、鹭江出版社、复旦大学出版社、译林出版社、西藏人民出版社、四川人民出版社、辽宁美术出版社、浙江人民出版社、西湖书社、云南人民出版社、新疆人民出版社、甘肃人民出版社、漓江出版社、吉林人民出版社、湖北人民出版社、陕西人民美术出版社等 52 家。前后 30 年翻译出版机构的不同,也是中国对外翻译出版 60 年历史的另外一个基本特征。

除政府推动、众多出版机构积极参与之外,第二个变化就是大量外国出版机构与中国出版单位一道,积极介入中国对外翻译事业,开创了中外专业机构协力翻译介绍中国文化的新局面。从传播效果、语言文字水准等方面,都是前 30 年所没有的。

外国出版机构介入到中国对外翻译事业中来的标志,就是由国务院新闻办公室、国家新闻出版总署联合主持的"中国图书对外推广计划"和全国哲学社会科学办公室主持的"中华学术外译计划"的实施。"中国图书对外推广计划"自 2006 年开始实施,截止到 2010 年底,"中国图书对外推广计划"工作小组已同美国、英国、法国、德国、荷兰、俄罗斯、澳大利亚、日本、韩国、越南、巴西等 46 个国家 246 家出版社签订了 1350 项资助出版协议,资助出版 1910 种图书,涉及 26 个文版。2011 年共与 29 个国家 124 家出版机构签订了 240 个资助协议,涉及 240 个项目,文版 20 个,资助金额超过 1500 万元,"中国图书对外推广计划"成为推动中国出版"走出去"的重要推手之一。

　　"中国图书对外推广计划"的组织机构同时还承担了另外一个推动中国文化著作走出去工程,即"中国文化著作出版工程"。该工程于 2009 年正式启动,2011 年继续顺利推进,共与 8 个国家 16 家出版机构签订了 18 个资助协议,涉及文版 5 个,资助金额超过 3600 万元。2011 年被纳入工程的项目有:五洲传播出版社的《中国丛书》和《人文中国》,中国青年出版社的《魅力中国系列丛书》,外文社的《21 世纪中国当代文学书库》,中华书局的《文物中国史》,中国人民大学出版社的《中国现代美术思潮》和《朱永新教育作品集》,黄山书社的《新版中国美术全集》,安徽美术出版社的《中国国家博物馆馆藏系列》,北京大学出版社的《中华文明史》,中央文献出版社的《毛泽东传》,安徽少儿出版社的《全国优秀儿童文学奖获奖作家精品书系》,社科文献出版社的《国际关系评论》,中国对外翻译出版有限公司的《多媒体中国通史》,辽宁科技出版社的《中国当代建筑大系》,浙江大学出版社的《中国智能科学与技术研究前沿》及商务印书馆的《中国法律丛书》。

　　全国哲学社会科学办公室主持的"中华学术外译计划",由国家社会科学基金支持,2010 年启动,项目旨在促进中外学术交流,推动我国哲学社会科学优秀成果和优秀人才走向世界。主要资助我国哲学社会科学研究的优秀成果以外文形式在国外权威出版机构出版,进入国外主流发行传播渠道,增进国外对当代中国和中国哲学社会科学及中国传统文化的了解,推动中外学术交流与对话,提高中国哲学社会科学的国际影响力。外译资助语种 2010 年有英文、法文、西班牙文、俄文、德文 5 种,2011 年又增加了日本语、韩语和阿拉伯语,外译语种达到 8 种。"中华学术外译计划"自 2010 年开始实施,当年立项资助 13 项,其中《中国走向法治 30 年》英文版、《中国治理变迁 30 年》英文版、《中国社会变迁 30 年》英文版、《中国经济转型 30 年》英文版、《中国佛教文化》英文版等均获得出版发行。2011 年资助两批共达到 40 项,其中高等教育出版社、中国人民大学出版社、外语教学与研究出版社、社会科学文献出版社、广东人民出版社等多家获得资助。由"中国图书对外推广计划"和"中华学术外译计划"的推动,中国对外翻译事业形成了政府推动,众多专业及地方出版机构积极参与的崭新格局。

这两个中国政府支持的外译计划,从其资助的翻译语种上看,仅涉及 26 个语种,与 1949—1979 年这 30 年的 44 个语种相比,还有一定差距,但这些语种的翻译出版,却是由许多外国翻译家、外国出版机构参与并组织实施的。因此,在对传播对象国读者接受心理的把握上,以及译介质量方面,应该说都是那 30 年所不可比拟的。

在中国图书对外推广网上,列出了近 100 年来曾经翻译中国文化作品的中外翻译家名单,其中,中国国内翻译家有 642 位,外籍翻译家为 75 位。这个名单可能并不全面,有些也已经离开人世,但这种分类体现了新世纪中国文化外译的一种世界视野。

这种政府主持,以专项基金形式大力推动中国文化对外传播的做法,一个直接效果就是提高了中国文化在国际文化格局中的地位,增加了中国文化产品的竞争力,并使得许多国家主动翻译出版中国经济、文学、艺术、历史等方面内容的图书,形成一股"中国热"。

在 2000—2010 年的 10 年间,中国当代文学作品的海外出版机构多达 121 家,分布在 27 个国家。以越南、法国、韩国、美国为最多,分别为 23 家、20 家、16 家、10 家。尤其是美国、英国的出版机构,多属于世界级的出版集团。以刚刚获得 2012 年诺贝尔文学奖的莫言作品为例,其英文版《红高粱》《生死疲劳》《天堂蒜薹之歌》《丰乳肥臀》《酒国》《师傅越来越幽默》《红高粱家族》等 7 部作品,在全世界馆藏量分别是 644 家、618 家、504 家、472 家、398 家、357 家、265 家,出版单位就是企鹅集团和它所属美国维京出版社(New York:Viking)、美国纽约阿卡德出版社(New York:Arcade Pub),译者均是著名翻译家葛浩文,传播范围和影响力堪称历史之最。尤其是《红高粱》一书的英文版在美国的图书馆收藏数量达到了 602 家,覆盖美国 40 多个州、郡的公共图书馆和社区图书馆,这样一个覆盖广泛的图书馆数量是 1979 年之前难以想象的。

1983 年至 2009 年,全世界翻译出版当代中国文学作品的语种数量为 24 个,语种最多的是法语,翻译出版了 50 种,英语 43 种,越南语 33 种,韩语 25 种,日本语 7 种,德语 5 种,西班牙语 5 种,阿拉伯语 1 种。显然这个语种数字是挂一漏万的,有很多遗漏。这主要是因为 WORDCAT 数据库的覆盖范围的局限性,仅仅收录了主要发达国家的大型图书馆数据,一些中小图书馆数据并不在其中。但由于这个数据体现的是绝大部分为海外出版社主动翻译出版中国当代文学作品,语种数量虽然仅仅有 24 种,但是与 1979 年之前中国第一代文化对外传播工作者想尽办法动员、说服海外出版机构翻译出版中国图书的时代相比,仍然是一个巨大的进步。

此外,还需要提及一点的是,世界文坛上出现的"中国热",与改革开放以来经过 30 年的高速发展,中国经济实力显著增强密切相关。但同时也与中国对外文化翻译事业几代人的前赴后继、不懈努力有关。①

这一节我们讨论的是外文局,研究的是中国出版界如何将中国古代文明介绍到世界。目前,中国迅速崛起,中国的崛起改变了世界大的政治和经济文化格局。中国的崛起是工业革命以来人类最重大的事件,它崛起的意义并不仅仅意味着是一种经济和政治力量的崛起,而是一个古老文明的崛起,是有别于西方工业文明文化的崛起。当然,中国也是以工业化国家、现代人类文明的继承者的身份进入到现代世界的核心的。但应看到,中国文化包含着超越工业文明的许多智慧,中国古代文明的智慧不是博物馆中已经死去的东西,而是面对近 400 年来西方文明崛起所带给人类和地球的苦难与问题,中国古代文明有着西方思想完全不具有的智慧。在这个意义上,将当代中国与古代中国统一起来,将传播古代文明作为发展当代世界文明的一部分是一个重要的理念。外文局的使命就在于此。

这是一个伟大的开始,我们期待着。

2.人物——20 世纪中国古代文化外译的典范:许渊冲

在 20 世纪下半叶的中国典籍翻译的历史上,如果我们选择人物的话,中国的许渊冲先生,无疑是一个绕不过的丰碑,无论是将其放在国际汉学的范围内,还是将他放在中国近百年的中译外的历史上来看,许渊冲都是一个典范。他不仅仅给我们提供了丰硕的翻译作品,也写了大量的关于翻译理论的文字,这些都成为我们研究 20 世纪中国古代文化经典在域外传播的宝贵财富。

(1)许渊冲的中国典籍翻译成就

许渊冲先生是 20 世纪中国的一位大翻译家,他在中译外和外译中两条战线上同时展开,这本身就十分罕见。同时,在中国典籍外译中,他在英文和法文两个

---

① 何明星:《中国文化对外翻译出版 60 年》,《出版发行研究》,2013 年第 6 期,第 31 页。

语种同时展开,这更是无人可比。"书销中外五十本,诗译英法唯一人"的确是他真实的写照。许渊冲在中国典籍翻译上的成就可以从以下几个方面加以说明。

第一,从中国古代经典的翻译数量上,许渊冲的翻译成就显著。

在 20 世纪的西方汉学界,翻译中国文学作品数量最多的是英国汉学家阿瑟·韦利(Arthur David Waley,1889—1966),韦利是一个奇特式的人物,自学成才,成为 20 世纪整个西方汉学界的一座丰碑,英国汉学家霍克思曾说过:"韦利一共出版了 36 部长篇的汉学著作,这种产量只有在那些随意删改的译者或者侦探小说家那里才有可能。"①

韦利从 1916 年出版他的第一本中国古代诗歌翻译集《中国诗歌》(*Chinese Poems*)开始,到 1963 年他在 *Bulletin of the School Oriental Studies Vol. XXVI* 上发表最后一篇关于敦煌诗歌研究的论文 'A Song From Tun-huang' 为止,尽管在翻译上涉猎了中国古代文化的许多方面,但他成就最大、影响最大的仍是诗歌。

许渊冲先生用中、英、法三种语言出版了 50 多部著作。用英语、法语翻译了二千多首诗歌。从翻译诗歌的数量上,许先生要多于韦利,在翻译的语言上,韦利只是用英语来翻译中国诗歌,而许先生用英语和法语两种语言来翻译,这也是韦利无法相比的。

第二,从翻译的质量上,许渊冲先生的翻译在许多方面高于同时代的西方汉学家。诗歌从一种语言翻译成另一种语言是相当困难的,由于其语言的简约性和内容上所包含的文化深刻性,有人认为诗歌甚至是不可翻译的。② 但由于诗歌代表了一个文化的精华,在理解一个文化时,如果不知道这个文化中的诗歌这一文学形式,我们就很难全面理解这个文化。因此,尽管诗歌不可译的声音不断,但诗歌翻译总是翻译领域中新人辈出、成果不断的领域。西方汉学界对中国古代诗歌的翻译如果从来华耶稣会士翻译《诗经》算起,也经历了近 400 年的时间。如果将许渊冲的中国诗歌外译放入西方汉学的脉络中,我们从所翻译诗歌的质量上加以考察,许渊冲先生虽然在这个领域是一个后来者,但其贡献仍是很大的。

在对中国古典诗歌内容的理解上,许渊冲先生明显高于西方汉学家。在比较

---

① David Hawkes, "Obituary of Dr Arthur Waley," *Asia Major*, Volume 12, Part 2, 1966, p.145.
② 王以铸:《论诗之不可译》,《编译参考》1981 年第 1 期。

中国学者和西方学者关于古典诗歌的翻译时,他说:"美国人译的杜诗更能体现西方文化的'求真'精神,中国人的译文更能显示东方文化的'求美'传统。但姜词《扬州慢》包含的文化典故太多,没有英美人译文,只有中国人的译作。这又说明了中美文化的一个差异。译文只能使人'知之',很不容易使人'好之'。"①在许渊冲看来,对诗歌内容的理解是诗歌翻译的关键,由于中国古典诗歌的用典很多,包含的历史文化内容厚重,这样对西方汉学家来说是一个很艰巨的事情,在这一点上,中国学者对于内容的理解要胜西方汉学家一筹,所以,许渊冲说,西方汉学家只能"知之",不能"好之"。他经常对英国汉学家佛来遮(Tr.W.J.B.Fletcher)和美国汉学家宾纳的作品展开讨论和批评。

他用唐诗中刘长卿的《逢雪宿芙蓉山主人》一首诗的西方译者和中国译者的作品对比来说明自己的这个观点。这首诗的原文是:

日暮苍山远,天寒白屋贫。柴门闻犬吠,风雪夜归人。

第一种翻译:The daylight far is dawning across the purple hill.

And white the house of the poor with winter's breathing chill.

The house dog's sudden barking,which hears the wicket go.

Greets us at night returning through driving gale and snow.

第二种翻译:I Stay with the Recluse of Mount Hibiscus.

Dark hills distant in the setting sun.

Thatched hut stark under wintry akies.

A dog barks at the brushwood gate.

As someone heads home this windy,snowy night.

第三种翻译:At sunset hillside village still seems far;

Cold and deserted the thatched cottages are.

At wicket gate a dog is heard to bark;

With wind and snow I come when night is dark.

许渊冲从中西文化的对比中,对这三种翻译做了评述。他说:"唐诗的三种英译文,第一种的译者是英国人,第二种的是美国人,第三种的是中国人。第一种英

---

①　许渊冲:《诗词·翻译·文化》,《北京大学学报》(哲学社会科学版),1990 年第 5 期。

译把'日暮'改为'日出',把'苍山'改成'紫山',这样就把唐诗中'暮色苍茫'的灰暗情调换成了朝霞漫天的紫红彩色,也就把中国古代的文化翻成了西方现代的文化了。'夜归人'译成'我们',这又破坏了原诗的孤寂感;'犬吠'似乎也在欢迎'我们'胜利归来,这就把意气消沉的唐诗译成意气风发的英诗。……由此可见,英诗译者往往自觉不自觉地按照西方文化的精神来解释中国文化。"①

许渊冲先生性格直爽开朗,他的名言是"自豪使人进步,自卑使人落后"。因此,在谈到他的翻译和西方汉学家的翻译时,他丝毫不回避自己的翻译和自己的成就,他在《典籍英译,中国可算世界一流》这篇文章中举出了两个例子,说明自己的翻译比西方汉学翻译要强,这里加以引用,以说明这个问题。

《无题·其二》

> 飒飒东风细雨来,芙蓉塘外有轻雷。
>
> 金蟾啮锁烧香入,玉虎牵丝汲井回。
>
> 贾氏窥帘韩掾少,宓妃留枕魏王才。
>
> 春心莫共花争发,一寸相思一寸灰。

李商隐这首诗是一首艳情诗,回忆他与情人的相会,表达一种思念。其中"金蟾啮锁烧香入,玉虎牵丝汲井回"这两句尤其让人费解,如果中国文学知识不足,很难解释。许渊冲先生认为,这两句诗的意思是"早晨打井水的时候,诗人就离开他所相思的情人回家了。这两句诗是影射一次幽会的。"他认为,英国汉学家所翻译的:

> A gold toad gnaws the lock. Open it, burn the incense.
>
> A tiger of jade pulls the rope. Draw from the well and escape.

这个译文表面上看和原文几乎字字对等,但在内容的理解上相差甚远。他用自己的译文做对比:

> When doors were locked and incense burned, I came at night;
>
> I went at dawn when windlass pulled up water cool.

许先生认为:"这个译文既没有译'金蟾',也没有译'玉虎',可以说是很不形似的了,但却基本传达了原诗的内容,不形似而意似。至于诗人在'入'与'回'之

---

① 许渊冲:《诗词·翻译·文化》,《北京大学学报》(哲学社会科学版),1990年第5期。

间的良宵一刻值千金,却尽在不言中了。"①所以,在他看来,自己的译文"不但意似,而且神似",而汉学家的译文只是"形似"。他通过这两个例子,来说明英国汉学家所说的"我们几乎不能让中国人去翻译唐诗"的观点是不正确的。当然,这并不是说,所有西方汉学家在唐诗的翻译上都不行,平心而论,西方汉学家在唐诗的翻译上也有佳作,例如美国汉学家宇文所安(Stephen Owen,1946—　　)②。但由于唐诗中用典较多,特别是像李商隐这样的诗人,其诗歌内容的理解和解释,许多西方汉学家是不知所云的,在这个意义上许渊冲的自豪和批评是合理的。他在谈到英国汉学家翟理斯的诗歌翻译时说:"英国有个叫 Strachey 的文学家,认为 Giles 的翻译是当代最好的诗。Giles 是在 19 世纪末期搞的翻译,已经 100 多年了。他最大的问题,就是译文不够忠实;他不懂中文,误译是在所难免的。所以,我就把他的诗改得更加忠实一些。对于他的译诗,我能接受的就接受,可以改进的就改进,在这个基础上,更向前走一步。"③尽管在中国古典诗歌英译是用散文体还是用诗歌韵体,许渊冲先生赞同翟理斯的韵体翻译方法,不赞同韦利等人的散文体翻译方法,但对翟理斯的翻译他客观评价,译得好的诗歌他充分肯定,译得不好的诗歌他就改译。

这样的例子还有很多,许渊冲先生在翻译中的一个重要讨论者就是西方的汉学家,这些汉学家的翻译作品成为他进一步展开自己翻译的前提,所以,在《诗经》的翻译上、在《长恨歌》的翻译上他都是不断地与像韦利等这些重要的汉学家讨论、争辩,应该说,许渊冲先生保持了自己的翻译特点,他对西方汉学家所翻译诗歌的改写是成功的,他的翻译也显示出一名中国学者的深厚学养。

(2)许渊冲在中国典籍翻译理论上的贡献

许渊冲不仅在翻译实践上取得了骄人的成绩,同时,在翻译理论上也做出了重要的贡献,特别是在中译外的翻译理论上独树一帜。他曾经总结了自己的翻译理论,他说:"中国学派的文学翻译却要求优化,传情而又达意。我评论文学翻译

①　许渊冲:《诗词·翻译·文化》,《北京大学学报》(哲学社会科学版),1990 年第 5 期。
②　参阅宇文所安著,胡秋蕾、王宇根、田晓菲译:《中国早期诗歌的生成》,北京:生活·读书·新知三联书店,2012 年;《晚唐:九世纪中叶的中国诗歌(827—860)》,北京:生活·读书·新知三联书店,2011 年。
③　张智中:《许渊冲先生访谈录》,《外语论坛》2003 年第 2 期。

标准是:一要达意,二要传情,三要感动。正如孔子说的,'知之者不如好之者,好之者不如乐之者'。知之就是理解,达意;好之就是喜欢,传情;乐之,就是愉快,感动。形似而意似的翻译能使人知之,传达意美才能使人好之,传达三美(意美、音美、形美)更能使人乐之,如把'关雎'译成 Cooing and Wooing,传达三美,可以用等化、浅化、深化(三化)的方法。等化包括对等、等值、等效,如把'死生契阔'译成 meet or part,live or die;浅化指一般化、抽象化,如把'千里目''一层楼'译成 a grander sight,a greater height;深化是指特殊化、具体化,如把'杨柳依依''雨雪霏霏'译成 Willows shed tear 和 Snow bends the bough。总之,我把文学翻译总结为'美化之艺术',就是三美,三化,三之(知之,好之,乐之)的艺术。三美是诗词翻译的本体论,三化是方法论,三之是目的论,艺术是认识论。"①他还提出了"创优似竞赛"的理论。

学者将他这套理论做了总结和分析,把他提出的"美化之艺术,创优似竞赛"作为他的翻译理论的总概括,而"实际上,这十个字是拆分开来解释的。'美'是许渊冲翻译理论的'三美'论,诗歌翻译应做到译文的'意美、音美和形美',这是许渊冲诗歌翻译的本体论;'化'是翻译诗歌时,可以采用'等化、浅化、深化'的具体方法,这是许氏诗歌翻译的方法论;'之'是许氏诗歌翻译的意图或最终想要达成的结果,使读者对译文能够'知之、乐之并好之',这是许氏译论的目的论;'艺术'是认识论,许渊冲认为文学翻译,尤其是诗词翻译是一种艺术,是一种研究'美'的艺术;'创'是许渊冲的'创造论',译文是译者在原诗规定范围内对原诗的再创造;'优'指的是翻译的'信达优'标准和许氏译论的'三势'优势、劣势和均势说,在诗歌翻译中应发挥译语优势,用最好的译语表达方式来翻译'似'是'神似'说,许渊冲认为忠实并不等于形似,更重要的是神似;'竞赛'指文学翻译是原文和译文两种语言与两种文化的竞赛"②。

关于许渊冲翻译理论的特点,它在中国典籍外译实践中的价值,笔者认为以下几点是应特别注意的。

其一,在翻译理论上,特别是在中译外的翻译理论上,反对生硬地套用西方的

---

① 许渊冲:《中国学派的古典诗词翻译理论》,《外语与外语教学》2005 年第 11 期。
② 张进:《许渊冲唐诗英译研究》,硕士论文抽样本,第 19 页;参阅张智中:《许渊冲与翻译艺术》,武汉:湖北教育出版社,2006 年。

翻译理论。20世纪90年代以来,西方翻译理论涌入我国,运用这些西方翻译理论来研究翻译的著作开始大量出版。许渊冲通过自己的翻译实践,对在中国流行的翻译理论提出了批评,反对在中译外过程中套用西方的翻译理论。在谈到奈达的"动态对等理论"时,他认为,这个理论在中英互译的翻译实践中是不符合的,"为什么呢? 从理论上讲,动态对等论可以适用于西方文字之间的互译,因为根据电子计算机的统计,西方主要文字的词汇大约有90%是对等的,例如英文和法文 to be or not to be 译 être ou non pas être 就可以说是对等了。但中文和西方文字大不相同,据电子计算机统计,大约只有40%可以对等,而50%以上都找不到对等词"①。他通过具体的翻译实例,以自己所建立的"优化翻译法"来评价西方翻译学中的对等理论,对这种西方翻译理论做了批评。他说:"(1)对等译法比优化译法要容易得多;(2)对等译法可以适用于西方文字之间的互译,不完全适用于中西互译;(3)优化译法既可用于中西文学翻译,也可用于西方文字之间的文学翻译。"②许渊冲在20世纪90年代以来关于翻译理论的辩论中是孤独者,但实践证明,他从自己的翻译实践中总结出来的翻译理论是有价值的。

从另一个角度来看这场讨论时,我们可以体会到它更大的文化意义。百年来中国人文学科基本上都是拿西方理论来套中国的实际。理论上的崇拜西方,跟随西方理论界跑是一个普遍的问题。当然,西方的人文社会科学理论有相当多是有价值的,是西方学者深入思考和创造的结果,问题在于,如何在中国文化语境中消化这些理论,如何发现其中不适应中国文化特点而加以抛弃和改造。如果放到中国整个的人文学科来看,像许渊冲这样的学者,敢于对西方的理论提出挑战,敢于根据自己的实践修正和批评西方的理论的人实在太少了。

其二,坚持从翻译实践中总结翻译理论,建立中国自己的翻译理论。许渊冲之所以敢于对西方的翻译理论提出挑战,根本原因在于他自己就是一个翻译家,一个有外译中和中译外双重丰富实践经验的翻译家,而不是一个空头的理论家。目前在国内翻译理论研究领域,有不少学者谈起翻译理论口若悬河,但自己本身

---

①　许渊冲:《谈中国学派的翻译理论:中国翻译学落后于西方吗?》,《外语与外语教学》2003年第1期。

②　许渊冲:《谈中国学派的翻译理论:中国翻译学落后于西方吗?》,《外语与外语教学》2003年第1期。

并未从事过真正的翻译实践。尤其在中译外方面,一些翻译理论研究者只是凭借着外译中的理论来改造中译外的理论。许渊冲说:"关于翻译理论与翻译实践的关系,我认为实践是第一位的,理论是第二位的;也就是说,在理论和实践有矛盾的时候,应该改变的是理论,而不是实践。……要用实践来检验理论,而不是用理论来检验实践。文学翻译理论如果没有实践证明,那只是空头理论,根据我 60 年的经验,我认为空论没有什么价值。"①许渊冲翻译实践的一个重要方面是中译外,目前的西方翻译理论几乎没有涉及这个问题,据我所知韦利曾写过关于中文翻译成英文的理论文章②,但他在西方翻译理论界并未有影响,而在中国,能在外译中和中译外两方面都有杰出贡献的只有许渊冲先生。所以,在许先生看来所谓的西方翻译理论其实并不全面,这些理论基本没有涉及西方语言和中文之间的关系,这些理论顶多只是西方各种语言之间翻译实践的总结。因此,许渊冲下面的观点无疑是正确的。他说:"其次,翻译理论应该是双向的,也就是说,既可以用于外文译成中文,也可以应用于中文译成外文。因此,没有中外互译的经验,不可能提出解决中外互译问题的理论。目前,世界上用中文和英文的人最多,几乎占了全世界人口的一小半,因此,中文和英文可以说是全世界最重要的文字,中英互译是国际间最重要的翻译,而西方翻译家和翻译理论家没有一个出版过一本中英互译的文学作品,他们不可能提出解决中英互译问题的翻译理论。"③这场争论实际给我们提出了一个问题,中国学者能否根据自己的实践来提出理论。就中译外来说,当年王国维先生在评价辜鸿铭的翻译时做过一些总结,我们在第三编(理论编)时会讲到,林语堂先生、梁实秋先生也都讲过一些,但大都比较零碎。系统地提出自己的中译外翻译理论的,近百年来中国学术界只有许渊冲一人。更难得的是,他所提出的这些理论全部是在自己的翻译实践,而且主要是在中译外的翻译中提出来的。

(3)许渊冲翻译理论的中国特色

努力从中国文化本身的传统来总结翻译理论,这是许渊冲翻译理论的重要特

---

① 许渊冲:《实践第一,理论第二》,《上海科技》2003 年第 1 期。

② Arthur Waley.*Notes on Translation*.参阅 Arthur Waley.*The Secret History of the Mongols and other Pieces*, NewYork. 1964.

③ 许渊冲:《实践第一,理论第二》,《上海科技》2003 年第 1 期。

点。许渊冲的翻译理论表达简洁、明了,像"美化之艺术",就是"三美、三化、三之",其中"三之"就是"知之、好之、乐之",这样的表达非常中国化,但这样的表达却是许渊冲先生从中国文化本身汲取营养所做的创造性转化。"三美"之说来源于鲁迅,鲁迅在《汉文学史纲要》中指出:"诵习一字,当识形音义三:口诵耳闻其音,目察其形,心通其义,三识并用,一字之功乃全。其在文章,则写山曰峻嶒嵯峨,状水曰汪洋澎湃,蔽芾葱茏,恍逢丰木,鳟鲂鳗鲤,如见多鱼。故其所函,遂具三美:意美以感心,一也;音美以感耳,二也;形美以感目,三也。"1978年,许渊冲在自己翻译的《毛泽东诗词四十二首》英文、法文版的序言中正式把鲁迅的这个观点运用到对中国古代诗歌的外译上,提出了他的"三美"理论。许渊冲的"三之"理论也是从中国文化中提取出来的。孔子在《论语·雍也篇》中说:"知之者不如好之者,好之者不如乐之者。"他在《外语与外语教学》1998年第六期的《知之·好之·乐之·三之论——再谈发挥译文语言优势》一文中,正式将其运用到自己的翻译理论中,并同时将孔子的这个思想和王国维的《人间词话》的思想结合起来,加以总结。他说:"我想这话可以应用到翻译上来,那就是说,忠实的译文只能使读者'知之',忠实而通顺的译文才能使读者'好之',只有忠实通顺而又发挥了优势的译文才能使读者'乐之'。王国维在《人间词话》中说:'古今之成大事业大学问者,必经过三种之境界。'昨夜西风凋碧树,独上高楼,望尽天涯路',此第一境也。'衣带渐宽终不悔,为伊消得人憔悴',此第二境也。'众里寻他千百度,回头蓦见(当作"蓦然回首"),那人正(当作"却")在灯火阑珊处',此第三境也。'我想这话如果应用到翻译上来,第一境可以说是'知之'境,第二境是'好之'境,第三境是'乐之'境。'乐之'是翻译的最高境界,是读者对译者的最高评价,是翻译王国的桂冠。"他自己也明确地指出,自己的翻译理论来自中国文化和前辈学者,是对他们的继承和发扬,他说:"为什么说'美化之艺术'是中国学派的文学翻译理论呢?因为'美'字取自鲁迅的三美论(意美以感心,音美以感耳,形美以感目),'化'字取自钱钟书的化境说,'之'字取自孔子的知之,好之,乐之;'艺术'取自朱光潜的艺术论('从心所欲而不逾矩'是一切艺术的成熟境界)。此外,我还把文学翻译总结为'创优似竞赛','创'字取自郭沫若的创作论,'优'字就是翻译要发挥译语优势,要用最好的译语表达方式;'似'字取自傅雷的神似说,'竞赛'取自叶君健的竞争论。这10个字取自中国的翻译大家,所以可以说是中国学派的文学翻译理论。"①

许渊冲翻译理论中最具有特色和创造性的是他从《易经》中所汲取的智慧，从《易经》中总结出的翻译理论。他所提出的译者八论，极有智慧，他说："翻译学也可以说是《易经》，'换易语言'之经；自然，译学的八论和《易经》的八卦是形同实异的，现在解释如下：

一论：译者一也（☰），译文应该在字句、篇章、文化的层次上和原文统一。

二论：译者依也（☱），译文只能以原文字句为依据。

三论：译者异也（☲），译文可以创新立异。一至三论是翻译的方法论。

四论：译者易也（☳），翻译要换易语言形式。

五论：译者意也（☴），翻译要传情达意，包括言内之情，言外之意。

六论：译者艺也（☵），文学翻译是艺术，不是科学。四至六论是翻译的认识论，也可以算是'译者依也'的补论。

七论：译者益也（☶），翻译要能开卷有益，使人'知之'。

八论：译者怡也（☷），文学翻译要能怡性悦情，使人'好之''乐之'。七八论是翻译的目的论。"②

译学八论之间的逻辑关系是"译者一也"，是翻译的理想，翻译就是两种语言的统一；"译者依也"，翻译只能以原文字句为依据；"译者异也"，就是译文可以创新立异；"译者易也"，翻译就是转换语言；"译者意也"，就是要求翻译要传情达意；"译者艺也"，说明翻译是一门艺术；"译者益也"，指出翻译要开卷有益；"译者怡也"，指出翻译应该怡性悦情。

他套用《道德经》的语言所总结的翻译理论，在语言上达到了炉火纯青的地步，在理论上也完备而简洁，这是近百年来中国学者对翻译理论的最精彩总结。

译可译，非常译。

忘其形，得其意。

得意，理解之始；

忘形，表达之母。

---

① 许渊冲：《中国学派的古典诗词翻译理论》，《外语与外语教学》2005 年第 11 期。

② 许渊冲：《译学与〈易经〉》，《北京大学学报》1992 年第 3 期。

故应得意,以求其同;

故可忘形,以存其异。

两者同出,异名同理。

得意忘形,求同存异;

翻译之道。①

中国学者翻译中国古代文化从陈季同开始已有近百年,其间辜鸿铭、林语堂、吴经熊、杨宪益等都有翻译的佳作,林语堂、杨宪益也谈过自己的翻译理论,但像许渊冲这样翻译中国古代文化经典如此之多,在翻译理论上如此全面展开的唯有他一人。许渊冲的翻译理论是在同当代学者的论战中、在自己的翻译实践中逐步积累和总结出来的。尽管对他的翻译理论仍有不同意见,但如果将其翻译理论放在一个大的文化背景下考察,其贡献和学术意义就十分明显。

百年来中国学术界都是以西为师,用西方的理论来分析自己研究的领域和问题,这样的学术路径在一些研究领域是完全可以的,例如国际关系、政治学、社会学等,但一旦涉及中国的问题,在这些领域就必须注意其理论的适应性问题。而在中国文化研究领域,十分悲哀的是,绝大多数研究者也都在使用着西方人文社会科学的理论,这并非说在中国文化研究中不可以使用西方的理论,而是说,在用这些理论处理中国的材料时要更加小心和谨慎。缺乏从自己文化根基总结本研究领域的基础性学术理论,这是目前中国人文研究领域最严重的问题。许渊冲先生尖锐地指出:20世纪中国翻译理论界,大多是从西方语言学派摘取片言只字,用于中文,并无多少经验,并无多少翻译实践,更无杰出成果,却妄自尊大……

许渊冲翻译理论的文化价值在于:

首先,中国当代的人文社会科学理论,应逐步走出"以西为师"的"学徒时代",不能依靠仅仅援引外部的理论和思想来支撑中国的实践。我们看到绝大多数中国的人文学术研究者仍在重复着西方的各种理论,无论是古典的还是后现代的,食洋不化,从骨子里的崇洋是很多人的通病。在这个意义上,许渊冲的学术实践和理论对整个人文学术都有着极大的启示。

其次,要注重自己的社会现实和实践,将其作为学术发展的生命源泉。尽管

---

① 张智中:《许渊冲与翻译艺术》,武汉:湖北人民出版社,2006年,第527页。

近400年来中译外的主体是西方汉学界,但从陈季同开始,中国学者已经进入这个领域,并开启了自己的实践。许渊冲的理论并非是自己编造出来的,而是从自己的实践中总结出来的,他实践的数量和规模在中译外的历史上都是完全值得肯定的。我想,许渊冲如果没有这大量的翻译实践,他是总结不出来这些理论的。没有一种学术是在空中楼阁中产生的,中国当下正经历着前所未有之巨变,社会发展之迅速,社会进步之猛烈是前所未有的。百年来对外来文化,特别是对西方文化的学习和吸收,终于产生出今天这样宏大复杂的社会局面。但在如此丰富、多样的社会实践面前,很多学者不能投入其中,而是醉心于连自己也搞不清楚的一些西方理论,来解释今日之中国。关注中国当下的社会实践,投身到这种实践中,才能创造出新的理论。许渊冲先生正是在近30年来的中译外大量翻译实践中,才脱颖而出,创造出自己独特的翻译理论。

再次,中国的理论必须是自己民族的语言。许渊冲在自己的翻译实践中,努力从中国文化的土壤,从近代文化的发展历史来总结翻译的理论。这些理论无论在表述上、在概括的内容上都表现出中国气派、中国风格。他的语言表达尤其值得注意,对照一下目前国内翻译界的人所使用的语言,几乎绝大多数是洋腔洋调。翻译理论的表达,表面上是一个语言问题,实际上反映了一个学术的自主和自觉。"海德格尔曾引述洪堡的观点说:一个民族有可能给予它所继承的语言另一种形式,使之完全变成另一种崭新的语言;换言之,它可能不改变语言的语音、形式和规律,而把崭新的东西赋予语言,使同一个外壳获得另一个意义。"①在语言上许渊冲表现了极大的创造性,如果将其放入当代中国人文学术中,这无疑是最具有中国特色的学术语言。

最后,学术心理上的自足是学术创新的基础。自己不自信,如何谈创新?读一读许渊冲这段话,就足以看出他的学术心理状态是多么的自觉。他说:"在我看来,现在世界上有十多亿人用中文,又有十多亿人用英文,所以中英文是世界上最重要的语言。中、英文之间的差距远远大于西方语言之间的差距,因此,中英互译的难度远远大于西方语言之间的互译。直到目前为止,世界上还没有一个外国人出版过中英互译的作品;而在中国却有不少能互译的翻译家,成果最多的译者已有

---

① 转引自吴晓明:《论中国学术的自我主张》,《学术月刊》2012年第7期。

四十种译著出版。因此,以实践而论,中国翻译家的水平远远高于西方翻译家。而理论来自实践。没有中英互译的实践,不可能解决中英互译的理论问题。因此,能解决中英(或中西)互译实践问题的理论,才是目前世界上水平最高的译论。"①

一般人读到许先生这段话时,初步感觉似乎在自我陶醉,但细想一下,这个论断是正确的。在中国典籍外译的历史上,许渊冲先生是一个里程碑,他的翻译理论不仅仅是在翻译领域具有重要的学术意义,同样在整个人文学术研究领域也具有着重要的学术意义和文化意义,他的思想和道路对即将走出和正要走出学术"学徒期"的中国学术界来说,对绝大多数人文学者来说都是一个榜样、一面旗帜。

3.杂志——《华裔学志》在中国文化传播上的贡献

(1)《华裔学志》小史

1935 年创办于北京辅仁大学的《华裔学志》(*Monumenta Serica*:*Journal of Oriental Studies of Catholic University of Peking*)是至今为止西方汉学界最有影响的汉学刊物,它在 20 世纪下半叶的中国文化海外传播和西方汉学的发展中有着重要的影响和贡献,本节将对它的这个贡献做初步的梳理和研究。

19 世纪末和 20 世纪初,在西方公开出版的汉学刊物主要有创办于 1890 年的《通报》(*T'oung Pao*),《华裔学志》1935 年创刊是比较早的,在《华裔学志》创办后一年,《哈佛亚洲研究期刊》(*Harvard Journal of Asiatic Studies*)创刊,后成为美国汉学研究期刊的领军型刊物。所以,在西方汉学界,《华裔学志》和《通报》并称双雄。在中国 20 世纪的外文期刊史上《华裔学志》也有着自己不可动摇的学术地位。民国时期,天主教和基督教团体在中国发行的刊物超过 400 种。例如:1867 年创刊的《教务杂志》(*The Chinese Recorder and Missionary Journal*),是老牌的英文传教学和汉学的学术期刊;在上海发行的《皇家亚洲学会中国北部分会期刊》(*Journal of the North China Branch of the Royal Asiatic Society*)②,有着悠久的历史;《新中国评论》(*The New China Review*)是 1919—1922 年间在上海出版的一份英文汉学期刊,它的前身《中国评论》(*The China Review or Notes and Queries on the Far East*)也是早期在中国十分有影响的一份英文汉学期刊③。"就天主教而言,则有

① 许渊冲:《译学要敢为天下先》,《中国翻译》1999 年第 2 期。
② 参阅王毅:《皇家亚洲研究北中国支会研究》,上海:上海书店出版社,2005 年。
③ 参阅王国强:《〈中国评论〉(1872—1901)与西方汉学》,上海:上海书店出版社,2010 年。

《华裔学志》的前身 Bulletin of the Catholic University of Peking(《北平天主教大学学报》);《辅仁学志》(Fu Jen Magazine),此为学志的中文对等刊物;最后则是《华裔学志》,此三种皆由圣言会在北京出刊。另有《震旦杂志》(Bulletin de l'Université Aurore),此由耶稣会在上海出刊。就新教而言,则有《燕京学报》《金陵学报》《岭南学报》《史学年报》及 Journal of the West China Border Research Society(《中国西界研究学会期刊》)"①。

尽管《华裔学志》创刊晚于这些期刊,但学术影响很快得到承认,根据罗文达(Richard Löwenthal)在他的《中国宗教期刊出版》(The Religious Periodical Press in China)中的说法,"《华裔学志》因其学术立论中肯,而广为汉学圈所接受"。就是在《华裔学志》创办20年后,德国著名汉学家傅海波在谈到这一点时说,"要谈到在中国发行的最重要的汉学期刊,非北平天主教辅仁大学的《华裔学志》莫属"②。其重要原因是这份期刊是中国学者和外国汉学家联手创办的学术刊物,在学术上充分反映了中外学术的进展,而不像其他英文汉学刊物只是在华外国汉学家的学术园地。

研究这份汉学刊物,我们不能不提到两个重要人物,一个是杂志的创始人德国汉学家鲍润生(Francis Xavier Biallas,1878—1936)和中国历史学家陈垣。鲍润生是创办辅仁大学的一个重要人物,也是圣言会所培养的第一个专业汉学家。他曾师从多位欧洲著名汉学家,先在莱比锡师从孔好迪(Alfred Conrady,1864—1925),后在柏林师从佛尔克(Alfred Forke,1867—1944)、高延(Jan J.M.de Groot,1854—1927),后来又在巴黎师从伯希和学习汉学。③ 这为他日后在中国的汉学研究和创办《华裔学志》打下了学术基础。

在他来到中国之前就给自己制订了在中国展开汉学研究的计划:1.对中国的国家、人民、风俗习惯、语言、历史文化发展做科学的调查研究;2.与其他传教士合作出版各种作品,之后为东亚发行一份特别的期刊;3.促进在中国的传教士与天主教友好合作;4.在中国成立一个作者之家,收藏中国的作品、翻译作品,特别是

---

① 巴佩兰:《〈华裔学志〉及其研究所对西方汉学的贡献》,《世界汉学》2005年第1期。
② 参阅 H. Franke, Sinologie. Bern 1935.
③ 参阅柯慕安(Miroslav Kollár):《鲍润生神父(Franz Xaver Biallas,1878—1936):〈华裔学志〉(Monumenta Serica)的创办者——他的生平与事业》,魏思齐编辑:《有关中国学术性的对话:以〈华裔学志〉为例》,新北:辅仁大学出版社,2003年。

要成立一个很好的汉学图书馆。① 他的汉学修养使他对这份刊物的创办原则有了自己的理解,在谈到这份刊物时,他说:"选择北京为学志诞生地的理由:'目前的北京是旧文化的中心,同时也成为中国科学发展的核心点。中西学者共同合作,展望未来东亚研究的最佳成果,殊堪可期。"②

在《华裔学志》创刊号,鲍润生在编者按语中表达了他的编辑学术思想,"本期刊的宗旨可由期刊名称及第一期的内容看出来。我们的用意是提供大众各种资料,以便研究中国及其邻近国家的人民、语言和文化,同时也不忽视民族学和史前史的领域。在各类文章、书评中我们要提供给我们的读者当代学术研究的最新成果。最后我们希望,在研究工作上占有天时地利的远东学生,能在本期刊中找到鼓励和引导。我们也欢迎各类学术性文章,也包括一些有争议性的文章。但是这类文章应避免任何人身的攻击"③。

陈垣(1880—1971)先生是《华裔学志》的中方执行编辑之一。鲍润生神父是《华裔学志》的奠基人,但很不幸,在《华裔学志》第一期即将出版之时,他染上了伤寒病,很快离开了人间,但他留下的这份汉学刊物至今仍是连接中国和西方汉学界的重要桥梁之一。④

《华裔学志》的三个任务,即:1.应用西方最新的研究方法学整理、组织中国的历史数据。2.编纂和翻译相关参考书籍,协助中外学者的研究工作。3.借由书刊的出版和向外流通,发布汉学研究领域的最新发现和研究成果,促进国际学术合作。⑤

正是在陈垣和鲍润生的合作下,《华裔学志》诞生了,在《华裔学志》第一期第

① 参阅柯慕安(Miroslav Kollár):《鲍润生神父(Franz Xaver Biallas SVD,1878—1936):〈华裔学志〉(Monumenta Serica)的创办者——他的生平与事业》,魏思齐编辑:《有关中国学术性的对话:以〈华裔学志〉为例》,新北:辅仁大学出版社,2003年,第52页。

② 《北平天主教大学学报》(Bulletin of the Catholic University of Peking)1934年第2页,转引自巴佩兰:《〈华裔学志〉及其研究所对西方汉学的贡献》,《世界汉学》2005年第1期。

③ 参阅柯慕安(Miroslav Kollár):《鲍润生神父(Franz Xaver Biallas SVD,1878—1936):〈华裔学志〉(Monumenta Serica)的创办者——他的生平与事业》,魏思齐编辑:《有关中国学术性的对话:以〈华裔学志〉为例》,新北:辅仁大学出版社,2003年,第80页。

④ 关于鲍润生著作目录和生平大事记,参阅柯慕安(Miroslav Kollár):《鲍润生神父(Franz Xaver Biallas SVD,1878—1936):〈华裔学志〉(Monumenta Serica)的创办者——他的生平与事业》,魏思齐编辑:《有关中国学术性的对话:以〈华裔学志〉为例》,新北:辅仁大学出版社,2003年。

⑤ 《倾听未来计划》,见《辅仁学志》(4),1935年10月,第157页。

244 页上,陈垣做了一首诗献给鲍润生,由此可以看出两人之间的密切关系。

闻鲍润生司铎编楚辞书此为赠

陈垣

屈子喜为方外友,骞公早有楚辞音。

如今又得新知己,鲍叔西来自柏林。

演西也是西来客,天问曾刊艺海尘。

此日若逢山带阁,引书定补鲍山人。

毫无疑问,1935 年到 1949 年是《华裔学志》确立自己的理想并奠定自己的办刊方针的 15 年,以后虽然它辗转日本、美国,最后于 1972 年回到德国 Sankt Augustin 小镇,《华裔学志》一直保持着最初的学术定位、学术品格,一直将中国文化的研究作为其主旨。已故卜恩礼博士(Heinrich Busch,1912—2002)担任《华裔学志》主编 40 余年。他说过:"《华裔学志》的创办者和出版者都将其视之为一本普通的汉学刊物,因而这本刊物具备了这样一个特点:它促成众多有关中国传教史文章的出现。中国专家协助编辑部的工作人员,尤其在提建议的方面发挥了作用。这一实际情况及刊物的出版促进了外国对于中国及其传统文化的理解和尊重,这些都是很有裨益的,因为它有助于影响那些受过良好教育的中国人对于传教士及教会的态度。"①77 年过去了,《华裔学志》已经出版 58 卷,另有 61 部"华裔丛书"、19 部"华裔选集",这个成就在西方汉学史是很少见的,在 20 世纪很少有这样的学术杂志,在如此长的时段,对中国文化的研究取得如此巨大的成果。如果从中国文化在西方的传播和研究的角度或者从西方汉学史的角度来审视《华裔学志》的学术特点,它的贡献是很大的。

(2)《华裔学志》在中国古代文化的翻译上的特点

《华裔学志》将典籍翻译作为立刊之本。陈垣先生确立的办刊原则的第二条就是"编纂和翻译相关参考书籍,协助中外学者的研究工作",这里将翻译中国的文献作为重要的任务提了出来。创办人鲍润生的博士论文就是关于《楚辞》的研

---

① 任大援:《从宗教关怀到文化关怀——〈华裔学志〉:东学西渐的一个期刊个案》,感谢任大援教授赠送本人这篇文章电子版。关于《华裔学志》历史研究的主要论文有:马雷凯(Roman Malek):《〈华裔学志〉:1935—1985》。

究。1927年他在莱比锡大学"以研究屈原的文学著作而获博士学位。① 1928年在《皇家亚洲文会北中国支会会报》上发表《楚辞》研究论文《屈原生平与诗作》，其中选取《东皇太一》《山鬼》《惜诵》《卜居》《渔父》和《天问》(针对性地选取了其中十二行)等篇目。1933年来华以后入北平辅仁大学担任教职，同时致力于汉学研究。1935年创办国际汉学杂志《华裔学志》，并在第一期杂志上发表屈原《九章》研究论文，其中全文翻译该诗"②。

由于鲍润生本人的汉学修养及中国学者的共同努力，《华裔学志》一直把对中国古代经典的翻译作为重点。从《华裔学志》所刊的对中国古代经典的翻译来看，一个重要特点就是翻译内容涉猎广泛。③

《华裔学志》对中国古代文学著作的翻译有：

屈原《九歌》(第1期，鲍润生)。

《杜甫诗诗歌》[五卷，查赫(Erwin von Zach)翻译，分别发表在第1—4期]。④

《杜甫的绝句》(第29期，Shirleen Wong用英文所翻译)。⑤

《曹操的诗》(第2期，Stefan Balázs和Diether von den Steinen翻译)。⑥

枚乘的《七发》(第29期，David R. Knechtges和Jerry Swanson所翻译)。⑦

《孙绰的〈游天台山赋〉：一个神秘主义者对天台山的攀登》(英文)(第20期)。⑧

西方汉学对《昭明文选》的研究自翟理斯1901年的《中国文学史》提到以后，历经百年，马瑞志的这篇翻译是继俄籍汉学家马古礼(Georges Margouliès)出版了

---

① 他的博士论文题为《屈原的〈远游〉》(K'Üh YÜan's Fahrt in die Ferne)。

② Biallas，Franz Xaver，S.V.D.，*Die Latzten der neun lieder K'Ü YÜan's*(Übersetzt)；参阅巴佩兰：《〈华裔学志〉及其研究所对西方汉学的贡献》，《世界汉学》2005年第1期；何文静：《楚辞在欧美世界的译介与传播》，《三峡论坛》(三峡文学理论版)。

③ 巴佩兰女士在分析《华裔学志》的特色中未将这一条列出，笔者认为西方汉学的学术期刊，对中国古代文化的翻译始终是其基本的内容，这是汉学家们展开研究的基础。

④ Zach，Erwin von，*Aus den Gedichten Tu Fu's*(nach der Ausgabe des Chang Chin)，V Buch 1-5 Übersetz.

⑤ Yang，Shirleen S，*The Quatrainas*(Chueh-chu)of Tu Fu，142-162.

⑥ Balázs，Stefan，*Ts'ao Ts'ao*，zwei Lieder(translation)，410-420.

⑦ Knechtges，David R.and Swanson，Jerry，*Seven Stimuli for the Prince*：The Ch'i-fa of Mei Ch'eng，99-116.

⑧ Mather，Richarde B.，*The Mysticala Ascent of T'ie-T'ai Mountains Sun Ch'o's Yu-Tien-ta'-shan*，226-245.

《〈文选〉辞赋译注》,德国汉学家何可思(Eduard Erkes,1891—1958)发表了宋玉《风赋》和《神女赋》的英文译文,美国著名汉学家、哈佛大学教授海陶玮(James Robert Hightower,1915—2006)的《〈文选〉与文体理论》以后,在《文选》翻译上的进一步完善。①

《〈童冈古歌〉译注》(第 49 期,由 David Holm 翻译),这是作者发现的广西东兰县壮族古抄本,属于中国少数民族文学的重要古代诗歌译本。

《华裔学志》所翻译的中国历史典籍有:

《裴学海的〈古书异议举例〉四补》(第 10 期,方志彤译)。

《关于大同东南的一通元朝时期的碑文》(第 10 期,Grootaers,W 翻译)。②

萧大亨的《北虏风俗》(第 10 期,Henry Serruys 翻译)。③

《周代的青铜文字(铜器铭文)》(第 11 期,Max Loehr 翻译)。

《关于周朝的国法理论——〈邓析子〉全书和片断的研究》(第 12 期,由卫德明翻译)。

《周代铜器铭文中一条关于调息功夫的记载》(第 13 期,由 Hellmut Wilhelm 翻译)。

《〈淮南子〉研究:导论、翻译、评析》(第 16 期,Eva Kraft 翻译)。

《〈白居易传〉——〈旧唐书〉卷 166 的翻译及注解》[第 17 期,由尤金·法菲尔(Eugene Feifel)翻译]。

《最近发掘的周朝穆天子时期的铜器铭文》(第 19 期,由 Noel Bardard 翻译)。

《耶律楚材的〈西游录〉》[第 21 期,由 Igor De Rachewiltz(1929—　)翻译]。

《关于〈元朝秘史〉中的一些军事术语》[第 26 期,由 Nicholas Poppe(1897—1991)翻译]。

《十八世纪早期的台湾土著居民:黄叔璥的〈番俗六考〉》(第 28 期,由 Laurence G Thompson 翻译)。

《明太祖的〈纪梦〉》(第 32 期,由 Romeyn Taylor 翻译)。

① 陈才智:《西方〈昭明文选〉概述》,引自中国文学网。

② Grootaers,Willem A., *Une stèle chinoise de L' époque mongole au sud-est de Ta-t' ong*(Chansi-Nord).

③ Serruys,Henry 司律思, *Pei-Lou Feng-sou. Les coutumes des esclaves septentrionaux de Hsiao Ta-heng suivi des Tables*, pp.117-208.

《许慎的〈五经异义〉》(第 32 期,由 Roy Andrew Miller 翻译)。

《〈后汉书·皇后纪〉相法笺证》[第 50 期,由高杏佛(Cordula Gumbrecht)翻译]。

《华裔学志》所翻译的中国古代宗教的经典有:

《永嘉证道歌:译文、导言、注释》[第 6 期,Walter Liebenthal(1886—1982)翻译],这是一首禅宗的诗歌,唐代高僧永嘉玄觉(665—713)作。唐代翰林学士杨亿记述了永嘉禅师拜见六祖慧能时的一段精彩对话,对话是诗体形式,没有注释无法读懂。

《抱朴子·内篇》1—4 卷、第 11 卷(第 6 期、第 9 期、第 11 期,由 Eugene Feifel 翻译和注解),这是道教文献在西方早期的翻译。

《试将一部宋版佛典〈普明菩萨会〉译为德文》[第 25 期,由 Friedrich Weller(1889—1980)翻译]。

《吴筠(公元 8 世纪道教诗人)〈心目论〉译注》(第 46 期,由 Livia Kohn 翻译)。

开辟四裔研究新领域,推动中国学术发展。

中国近代学术研究内容之一是对中国边疆史的研究。关于西域史的研究是其中一个重要的方面,这一方面是由于敦煌文献的发现,提供了文献基础。另一方面也是由于西方汉学家多以治中外交通史为其所长,中外交通之学涉及四裔,语言能力要求较高,这对于以治经学为主的传统学者来说困难不小。如学者所言"道咸以来,海通大开,中外交涉增多,边疆史地之学日见兴盛,加以西方考古重心逐渐东移,中国边疆及域外民族文物史料大量发现,刺激了相关研究的深入拓展。但更重要的背景原因,当是西学东渐,中体动摇,欧洲汉学挟此余威,由四裔而入腹心"①。

《华裔学志》作为西方汉学研究的重镇,它也必然将中国边疆史地的研究作为其重点。例如,Antoine Mostaert(1881—1971)对鄂尔多斯方言和语法的研究,司律思(Henry Serruys,1911—1983)对西藏语言和历史的研究,福克斯对满族文献的研究在当时西方汉学界都具有领先的地位。下面列出一些文章就是一个证明。

———————————

① 桑兵:《国学与汉学——近代中外学界交往录》,杭州:浙江人民出版社,1999 年,第 23 页。

《关于伊朗文佛教经书的礼记》(Friedrich Weller,德文,第 2 期)

《关于 Martin 先生在内蒙古发现的若干碑石残迹》(陈垣,英文,第 3 期)

《关于琉球群岛语言的新研究》(Matthias Eder,德文,第 4 期)

《具有历史资料意义的战争画像:1765 年清军在新疆的作战画像以及此后的战争画像》(福克斯,德文,第 4 期)

《内蒙古发现的土耳其碑刻》(K. Groenbech,英文,第 4 期)

《朝鲜文献记载的关于满洲烟草的早期历史(1630—1640)》(福克斯,德文,第 5 期)

《中国人眼中远西的大秦:对它历史与地理的研究》(Albert Herrmann,德文,第 6 期)

《〈海录〉——中国关于西方国家的旅行记录的先驱》(陈观胜,第 7 期)

《中国的印刷术在菲律宾的传播》(裴化行,法文,第 7 期)

《〈Koke Sudur〉中关于元代蒙古人的描写》[海西希(Walther Heissig,1913—2005),德文,第 8 期]

《蒙文图书的重新印刷和出版》(海西希,德文,第 8 期)

《乾隆、道光年间关于战争画像的铜版底稿(附道光年间安南铜版稿 10 幅)》(福克斯,德文,第 9 期)

《关于康熙对噶尔丹的战争》(福克斯,德文,第 9 期)

《焉夷和焉耆,突厥和月氏》(王静如,英文,第 9 期)

《关于元朝用蒙文对汉文文献的翻译》(福克斯,德文,第 11 期)

《内蒙古的墓刻和石碑:斯文赫定(Sven Hedin,1865—1952)在内蒙古最后的远征(1927—1935)及发现》(Johannes Maringer,德文,第 14 期)

《东林书院及其政治和哲学的意义》(卜恩礼,第 14 期)

《帆船时代来到巴黎的中国旅行者以及中国对十八世纪法国文学之影响》(荣振华,第 23 期)

《耶稣会士闵明我对教皇特使多罗抵达中国的报道》(柯兰霓,第 42 期)

中外交通史的研究是清末民初中外学术界关注中国研究的重点,尤其西方汉学界在这方面颇有建树,《华裔学志》保持了西方汉学的这一特色,许多研究文章具有很高的学术水平。法国著名汉学家伯希和在《华裔学志》首期开卷中就希望

加大这一方面的研究,并认为在华的传教士具有独特的优势。司律思和 Paul Ser-
ruys(1912—1999)兄弟既是《华裔学志》的编辑顾问,也是藏学和蒙古学的专家,
他们的中国边疆史研究很有特色。① 中国学界所熟悉的刚和泰(Alexander von
Stael-Holstein,1876—1973)关于西藏历法的论文《论西藏人的六十进位》(*On the
Sexagenary Cycle of the Tibetans*)②至今在学术上仍有很高的价值。德国汉学家福
克斯的中国地图史研究,满文、蒙古文研究也很有价值,在来华传教士的地图绘制
研究上,至今他的论文仍是必须参阅的。

特别是在研究 1500—1800 年间中西方文化交流史方面,《华裔学志》所发表
的论文有着重要的学术史地位,例如卜恩礼,这位《华裔学志》主编在第 14 期发表
的《东林书院及其政治和哲学的意义》具有很高的学术价值。

(3)宗教史研究尤其是中国基督教史研究是其重要特色

对中国宗教史的研究是《华裔学志》的重要特点,《华裔学志》作为德国天主
教圣言会(SVD)主办的学术刊物,关心中国宗教史研究是理所应当的,值得注意
的是在这些宗教史研究中并未有护教的特点,而是站在学术的角度对中国宗教展
开研究,这些关于宗教研究的论文同样保持了高度的学术品格。如学者所指出
的,《华裔学志》“这种研究都是基督教传教及传教士的历史,丝毫未对文化内容
表现出宣教学上的关切,当然更未展现对一般中国社会、政治历史内容中的中国
基督徒或基督宗教有任何兴趣”③。对犹太教、景教、佛教、伊斯兰教、道教、儒教
在《华裔学志》中都有体现,特别是对中国基督教史的研究,《华裔学志》有着特殊
的地位。陈垣、福克斯、裴华行这些中国基督教史研究的大家,在《华裔学志》上
都有重要文章。直到今天,学术界仍认为《华裔学志》的这些论文对学术研究有
着指导意义。④ 但在学术界最有影响的仍是它所刊出的对中国天主教史的研究。

---

① 有关司律思的生平作品,参阅《华裔学志》第 33 期(1971—1978)。
② 参阅《华裔学志》第 1 期,第 277～314 页。
③ 鲁保禄(Paul Rule):《从传教士的传奇到中国基督宗教史》(*From Missionary Hagiograph to the His-*
tory of Chinese Christianity),见魏思齐编辑:《有关中国学术性的对话:以〈华裔学志〉为例》,新北:
辅仁大学出版社,2003 年,第 149 页。
④ “知名的传道历史学家及《传教新经》(1945 年)的创建者 Johannes Beckmann S. M. B.(1901—
1971)就曾经在 1954 年的一份评论中提到:《华裔学志》开始书册就对中国传道历史有不能小看
的科学论文分析之文章。”参阅巴佩兰:《〈华裔学志〉及其研究所对西方汉学的贡献》一文,见魏思
齐编辑:《有关中国学术性的对话:以〈华裔学志〉为例》,新北:辅仁大学出版社,2003 年。

这些研究论文都有着很高的学术水准。

《十七至十八世纪天主教在中国的传播以及它在中国的文化史演变中的地位》（第 1 期，裴化行作）

《中国及其近邻国家科学地图绘制工作的诸发展阶段（16 世纪至 18 世纪末期）》（第 1 期，裴化行作）

《关于天主教在远东的历史的标记》（第 1 期，裴化行作）

《唐代（618—907 年）的景教寺院及大唐景教碑的发现地点》（第 2 期，Drake, F.S. 作）

《汤若望关于天文历法的著作（〈崇祯历书〉〈西洋新法历书〉）》（第 3 期，裴化行作）

《吴渔山》（第 3 期，陈垣）

《俄国与中国的第一个条约——1689 年的尼布楚条约的不同文字译本》［第 4 期，福克斯（Walter Fuchs，1902—1979）］

《圣教规程》（第 4 期，Verhaeren, H.）

北京《北堂耶稣教遣使会 1862 年图书目录》（第 4 期，Thierry, J.B.）

《北堂图书馆的中文书目》（第 4 期，Verhaeren, H.）

《北堂的图书馆小史》（第 4 期，Joseph van den Brandt）

《南怀仁对汤若望的科学工作的继承》（第 5 期，裴化行）

《汤若望与中国和尚木陈忞》（第 5 期，陈垣，德文 D.W.Yang 译）

《天主教在海南岛的开端》（第 5 期，Dehergne, J.）

《欧洲著作的中文编辑——葡萄牙人来华及法国传教士到北京后的编年书目》（第 10 期，裴化行，Henri Bernard）

《卫匡国〈新编中国地图集〉德文版》（第 12 期，Verhaeren）

《卜弥格（1612—1659）的著作》（第 14 期，Szczesniak, Boleslaw）

《利玛窦〈交友论〉注解》（第 14 期，方豪）

《关于利玛窦（Matteo Ricci）的〈交友论〉的进一步注解》（第 15 期，德礼贤）

《有关中国天主教传教史的最新出版物（1945—1955）》（第 15 期，Beckmann, Joh., S.M.B）

《明代中国的天主教教区 1581—1650》（第 16 期，荣振华）

《汤若望的双半球星图》(第18期,德礼贤)

《欧洲为适应中国的精心努力:从法国传教士到北京至乾隆末期的天主教编年书目(1689—1799)》(第19期,裴化行)

《1776—1778年位于北京的法国耶稣会馆的财产》(第20期,J. Dehergne)

《艾儒略(1582—1649)介绍给中国的一个欧洲伟大形象:〈西方问答〉导论、译文、注解)(第23期,John L.Mish)

《利玛窦(Matteo Ricci)在中国的传教活动:对十六世纪引导文化改变的努力的一个实例研究》(第25期,Greorge L. Harris)

《关于两种满语的天主教教义问答手册》(第31期,魏汉茂)

《一份关于明朝覆灭的欧洲文件》(第35期,陈纶绪)

《耶稣会士罗明坚(1543—1607)与其中国诗》(第41期,陈纶绪)

《从1707年耶稣会士白晋给耶稣会安多的报道看〈明史〉中的利玛窦》[第41期,柯兰霓(Claudia von Collani)]

《耶稣会闵明我(1638—1712)对教宗特使多罗(1668—1710)抵达中国的报导》[第42期,柯兰霓(Claudia von Collani]

《徐渭(1521—1593)二首中文诗中的罗明坚(1543—1607)》(第44期,陈纶绪)

《〈不得已辩〉从耶稣会教士论战文字看天主教与儒家调和之成败》(第45期,Klaue,Matthias)

《徐甘第大(1607—1680)与中国十七世纪天主教的发展》(第46期,Gail King)

《〈南宫署读〉(1620年)、〈破邪集〉(1640年)与西方关于南京教案(1616—1617年)的报导》[第48期,杜鼎克(Dudink,Adrian)]

《黄虎之穴:利类思(1606—1682)和安文思(1609—1677)在张献忠王朝》(第50期,许理和)

关于中国基督教史的研究论文的作者大都是20世纪研究中西方文化交流史的著名学者,像20世纪30年代的法国学者裴化行,德国学者福克斯,意大利学者德礼贤,中国学者陈垣、方豪等都是这一研究领域的开拓者。20世纪下半叶作者中荷兰的许理和,德国的柯兰霓,法国的谢和耐,比利时的杜鼎克、陈纶绪等对这个研究领域的推进都有着重要的贡献。

这一类研究论文对于梳理和研究中国文化在西方的传播有何价值呢？从狭义的研究角度来看，这类文章属于中国天主教史研究，但从广义的研究角度来说，这类研究论文是我们揭示中国文化传向西方世界的途径和历史的最重要研究。因为，中国文化在西方的传播，从文献角度和从精神角度起源于耶稣会入华的明清之际，正是以罗明坚、利玛窦为代表的耶稣会入华才拉开了中国文化西传的序幕。西方关于中国文化的知识是在传教士汉学的基础上逐步积累起来。如果我们梳理清楚中国文化在西方的传播则非从传教士汉学入手不可，这个环节搞不清楚，以后中国文化在西方的传播我们就无法真正搞清。在这个意义上，这类学术论文是我们展开研究中国文化西传的重要组成部分。目前，在西方学术界只有《华裔学志》以此类论文作为重点发表，《通报》等刊物也发表这类论文，但是在数量上无法和同时期的《华裔学志》相比。所以，笔者认为，《华裔学志》这类学术论文在整个西方学术界的汉学研究中都具有着重要的学术地位。西方汉学有着自己的学术脉络与传统，了解并掌握这个传统和脉络是我们展开中国文化外传轨迹研究的基本内容，传教士汉学是西方汉学的一个重要的历史阶段，我们只有从这里入手才能真正揭开中国文化外传的序幕。《华裔学志》的学术意义就在于此。

《华裔学志》的另一个学术意义在于，从晚明开始，中国的历史已经纳入世界史，传教士汉学具有双面性，一方面它属于西方汉学的一个环节，另一方面，传教士们长期生活在中国，其中有不少人长眠于中国。他们的著作，无论是中国的还是外文的，都已经构成中国近代历史的一个重要组成部分。在这个意义上，对传教士汉学的研究不仅仅是在研究西方汉学史，做中国文化西传的研究，同时也是在做中国近代的历史。因为，他们是近代以来西学东渐的主体。在这个意义上，传教士汉学和当代那些学院派的职业汉学家有着很大的不同，这些职业汉学家和中国当代的实际生活与发展没有任何直接的关联，中国对于他们只是书本上的中国；而传教士汉学家，中国对于他们就是生命，他们已经深深卷入到中国近代历史的变迁之中，因此，他们既是中国的研究者，同时也构成了中国历史的一部分。这样的复杂性和多面性，在西方汉学刊物中只有《华裔学志》深刻地认识到这一点。这是它的学术价值。

谈到《华裔学志》,我们必须提到《华裔学志》丛书,这是《华裔学志》汉学研究的一个重要的方面,例如陈垣先生的《元西域人华化考》(*Western and Central Asians in China under the Mongols. Their Transformation into Chinese*)就是在这套丛书中出版的。从 1986 年 Roman Malek 担任这套丛书的主编后,一批传教士汉学家的专题研究著作在这套丛书中出版。例如《耶稣会士白晋的生平与著作》.(*P. Joachim Bouvet S. J.-Sein Leben und sein Werk*)①,《柏应理——中西文化的桥梁》(Jerome Heyndrickx ed. *Philippe Couple*, *S. J.*(1623—1693). *The Man who Brought China to Europe*),《汤若望:中国传教士、皇家天文学家和顾问》(Alfons Vath S.J. *Johann Adam Schall von Bell S.J. Missionary in China*, *kaiserlicher Astronom und Ratgeber am Hofe von Peking 1592—1666. Ein Lebens und Zeitbild*),《道德启蒙:布尼茨与沃尔夫论中国》(Julia Ching Willard G.Oxtoby. *Moral Enlightenment Lebniz and Wolff on China*),《南怀仁的欧洲天文学:内容、翻译、注释》[Noel Golvers. *The* "*Astronomia Europea*" *of Ferdinand Verbiest*, *S. J*(*Dillingen 1687*), *Text*, *Translation*, *Notes and Commentaries*],《南怀仁:耶稣会传教士、科学家、工程师和外交家》[John W. Witek ed. *Ferdinand Verbiest*(1623—1688): *Jesuit Missionary*, *Scientist*, *Engineer and Diplomat*]②,《中国礼仪之争:它的历史和意义》(D. E. Mungello. *The Chinese Rites Controversy*:*its History and Meaning*),《西学和基督教在中国:汤若望的贡献和影响》[Roman Mlek ed. *Western Learning and Chritianity in China. The Contribution and Impact of Johann Adam Schall von Bell*(1592—1666)],《西儒艾儒略(1582—1649)及其中国与基督宗教的对话》[Tiziana Lippiello and Roman Malek eds. "*Scholar from the West*" *Giulio Aleni S. J.*(1582—1649) *and the Dialogue between China and Christianity*],《中国文化——根据朱宗元(约 1616—1660)中介绍欧洲文化内容》(Dominic Sachsenmaier. *Die Aufnahme europäischer Inhalte in die chinesische Kultur durch Zhu Zongyuan*(*ca.1616—1660*),《耶稣基督的中国面孔》(Roman Malek ed. *The Chinese Face of Jesus Christ*),《李九标的〈口铎日抄〉一位晚明基督徒的日志》(Kouduo richao .*Li Jiubiao's Diary of Oral Admonitionds. A Late Ming Christian Jour-*

---

① ［德］柯兰霓:《耶稣会士白晋的生平与著作》,郑州:大象出版社,2009 年。
② 魏若望:《传教士·科学家·工程师·外交家——南怀仁》,北京:社会科学文献出版社,2001 年。

nai）。

(4)《华裔学志》始终与中国学术界保持着密切的关系

在 20 世纪下半叶的西方汉学期刊中,《华裔学志》有着鲜明的特点,它仍然保持着欧洲汉学的传统,而不像美国中国学界的那些学术期刊大多都转向了中国近代和当代历史的研究。它的另一个特点就是,从其诞生起就与中国学者有着密切的学术联系,这样的学术特点,在一般西方汉学期刊中也很少见到。创刊后陈垣先生是《华裔学志》的主编,编委会中,中国方面的编辑成员除陈垣以外,文学院院长沈兼士(1887—1947)、历史系主任张星烺(1881—1951)、西语系主任英千里(1901—1969)、编辑助理方志澎等学者也在其中,他们对杂志的学术水平保持和杂志的出版都发挥了重要作用。

特别值得一提的是沈兼士在每期《华裔学志》中所做的"刊物简评"review of reviews,他在第二期的征稿说明中说:

"应来自各方的要求,我们打算今后在'刊物简评'这一部分中,不仅包括汉语和非汉语的汉学文章以及相关期刊的题目,而且包括用汉语和日语写就的文章的英文概要。由此,我们希望使海外的学者同步了解这里进行的研究工作。事实上,扩大的'刊物简评'最终可能成为一本独立的出版物,以中文的或外文的模式。它将扼要地涵盖一些边缘学科如考古学、人类学、种族学和古生物学等方面的文章。然而,由于总有这样一种危险:即评论者可能只抓住一些枝节的东西,而忽略了文章作者本人认为是本体的和本质的东西,因此,我们向文章作者建议给他们的文章加上'作者概要',也就是一个大约 5 到 20 行或 100 到 300 个字符的综述,可以用小号字体印在文章的开头。这种方法的优点是显而易见的。作者本人必须保证不被误解,不使自己通常长篇而费解的文章被错误弄得面目全非,或者使其完全被忽视,或者使其只能被相当有限的读者所了解。这些优点比起一篇浓缩的'作者概要'所花费的些许功夫来说,是完全值得的。"①

可以说,《华裔学志》开设的"刊物简评"栏目对当时汉学研究有一定的影响。

中国学者不仅仅参与了《华裔学志》的编辑工作,同时,也是它的重要作者,

---

① 译自 Rud. Rahmann, S. V. D. : *Monumenta Serica Journal of Oriental Studies of the Catholic University of Peking* Vol. Ⅱ 1936–1937 Johnson Teprint Corporation New York · London 1970, 第 260 页, 转引自任大援:《中国学者与〈华裔学志〉》,《国际汉学》,2007 年第 2 辑。

任大援教授对中国学者在《华裔学志》上所发表的论文做了个统计。

从1935年《华裔学志》创刊,到1949年,共有14位中国学者发表了22篇文章(详见下表)。①

《华裔学志》第1~13期中国学者发表文章列表

姓名	题目	期次	备注
陈垣	《切韵》及其鲜卑作者	1	英千里译
	关于 D. Martin 先生在内蒙发现的若干碑石残迹	3期:1分册	英千里译
	吴渔山晋铎250周年纪念	3期:1分册	E.Feifel 译
	汤若望与中国和尚木陈忞	5	Yang,D.W.译
费孝通	中国血缘关系制度问题	2	
沈兼士	试论"鬼"的原始意义	2	英千里译
	初期意符字	12	
张星烺	泉州波斯人驻军之叛乱(1357—1366)	3期:2分册	
Ch'iang I-hung	中国古代医学文献中关于人体寄生虫起源的论述	3期:2分册	&Hoeppli,R.
Chen,H.S	北京恭王府及其王府花园	5	&Kates,G.N
陈观胜	《海录》——中国书写西方国家旅行记的先驱	7	
方志浵	E.Erkes教授关于屈原《天问》次序之变更	7	
	裴学海的《古书疑义举例》四补(翻译)	10	
	《汪穰卿笔记》中一则关于伪造名画的趣闻	10	
	《九经三传沿革例》著者考	11	
	关于《广韵声系》	11	
杨树达	古代中国倒装宾语	7	方志浵译
王静如	焉夷和焉耆,突厥和月氏	9	方志浵译
杨宗翰	小云石海涯(1286—1324)	9	
陈宗祥	傈僳和水田部落的双系制度和氏族划分	12	赵卫邦译
季羡林	印度巴利语中的"照亮自己"	12	
裴文中	兰州天主教教堂收集的史前陶器	13	

① 任大援:《中国学者与〈华裔学志〉》,《国际汉学》,2007年第2辑。

在西方汉学界《通报》是第一份学术刊物,《华裔学志》虽然比起那些在中国创办的西方传教士主导的杂志成立得晚了一些,但它一亮相就表现出其学术的追求,从而和那些有较强宣教色彩的刊物有了区别。在20世纪下半叶的西方汉学史上,《华裔学志》在中国文化的西传方面有着不可磨灭的学术贡献。

二、20世纪中国文化经典对西方的影响:以庞德为例

晚清后,中国国门被西方强行打开,到20世纪初,西方的商会、教会、驻外使节已经大批进入中国,由早期入华传教士们所塑造的那些中国形象开始动摇,特别是在19世纪后期以后更是这样。"晚至1840年,大多数西方人可能还在接收这些定型的观点,但是,英中之间这一年爆发的敌对冲突使得那些习以为常的认识渐渐瓦解。许多在这场战争之后著书立说的作者们宣称:中国不再是一个不为人知、裹着秘密和神秘外衣的区域。1842年之后,欧洲和美国的公众不再相信少数被允许进入中国疆界的旅行者和传教士们那些有趣和夸张的报告中提供的有关中国问题的信息了。"①

正像上面研究中国古代文化在19世纪的西方所产生的影响时所说的,20世纪初,西方对中国古代文化的理解认识和接受完全和18世纪时一样,西方思想界对中国古代文化典籍的理解,都是他们站在自己的学术体系和思想立场上来理解的。只是由于时代的变迁,问题和想法完全变了,故呈现出了不同于18世纪乃至19世纪的一些特点。20世纪西方现代化的进展,使其内含的现代性矛盾日益突出,从而也使他们对中国古代文化的认识日益分化。而20世纪后半期,特别是20世纪末中国的快速崛起,在西方思想界引起了新的震动,使西方对中国的理解、对中国古代文化的理解,呈现出更为复杂的局面。在这一章中,我们无法全面展开论述20世纪中国古代文化经典在西方传播后所产生的影响,也无法概括出西方思想文化界在20世纪对中国认识的整体特点,这需要专门深入的研究。本章仍是采取本书写作的基本方法,通过节点式的研究,力图从个案中探究中国古代文化经典在西方的影响,为今后更为深入、宏大的研究打下基础。

---

① [美]马森:《西方的中华帝国观》,北京:时事出版社,1999年,第104页。

1.庞德与中国文化的连接

美国意象派诗人埃兹拉·庞德是 20 世纪西方诗坛上影响巨大的诗人。帕金斯（D. Perkins）在他的《现代诗歌史》中评道："庞德是英国和美国影响最大，一定意义上也是最好的诗歌批评家。"M. Kayman 在其著作《庞德的现代主义：诗歌的科学》中评道："说庞德是英美现代派的奠基人和首要代表，这并不夸张。"①庞德一生诗作、论文集、翻译文集 70 多部，成为英美现代诗歌的一座里程碑，而庞德所取得的这些成就的主要原因就是他几乎倾尽一生对中国文化，特别是儒家文化的学习、翻译、吸收与创造，中国文化成为他走向英美现代诗歌顶峰的重要原因，庞德是 20 世纪中国古代文化在西方影响的典型代表。

早在庞德结识对其产生重大影响的费诺罗萨（Ernest Fenollosa，1853—1908）之前，他通过阅读翟理斯的《中国文学史》（*A History of Chinese Literature*）在《格利柏》（GLebe）杂志上发表了他的"仿中国诗"四首：《仿屈原》（*After Ch'u Yuan*）、《扇诗，致皇上》（*Fan-Piec for Her Imperial Lord*）、《刘彻》（*Liu Ch'e*）及至今无法确定的"*Ts'ai Chi'h*"（*Cai Chi*）。当然，他对中国文化的全面接触，并开始影响他的诗歌创作是 1912 年他在伦敦生活期间偶然结识了美国诗人、东方学家厄内斯特·费诺罗萨的遗孀玛丽·费诺罗萨②，她正在寻找整理她已故丈夫遗稿的人，玛丽·费诺罗萨读过庞德的"仿中国诗"，两人一见如故，她很快就感到庞德就是她苦苦寻找的整理她丈夫遗稿的最合适人选。不久，就把这批遗稿分批寄给了庞德，从此，庞德开始了他的通过中国古代文化创作现代诗歌的历程。

2.庞德对中国古典文化的研读、翻译和他的现代诗歌创作

费诺罗萨的笔记中记录了大约 150 首中文诗，其中有屈原、宋玉、班婕妤、白

①　转引自陶乃侃：《庞德与中国文化》，北京：首都师范大学出版社，2006 年，第 2 页。

②　"厄内斯特·费诺罗萨（Ernest Fenollosa，1853—1908）是美国诗人，东方学家。他是西班牙裔美国人，自哈佛毕业后，到东京大学教经济与哲学，自此改攻东方学，主要研究领域是日本美术。著有长诗《东方与西方》，认为中国文化唯心、唯思，而西方文化过于物质主义。1896 年至 1900 年，他再次到日本游学，向有贺永雄、森海南等著名学者学习中国古典诗歌和日本诗歌、诗剧，做了大量的笔记。1908 年他逝世后，他的寡妻玛丽·费诺罗萨（Mary Fenollosa）出版了他的著作《中日艺术时代》（*The Epochs of Chinese and Japanese Art*）。但是费诺罗萨翻译，只是中国诗笔记（其中每首诗有原汉文、日文读音，每个字的译义和串解），显然不能原样付梓。于是玛丽·费诺罗萨试图找到一个合适的诗人与她死去的丈夫'合作翻译'。"参阅赵毅衡：《诗神远游：中国如何改变了美国现代诗》，上海：上海译文出版社，2003 年，第 18 页。

居易、李白、陶潜、王维等诗人的作品,庞德从中选取了 19 首,编译成册,取名《神州集》或《中国诗抄》,诗集全名为:*Cathay*:*Translations by Ezra Pound*,*For the Most Part from the Chinese of Rihaku*,*From the Notes of the Late Ernest Fenollosa*,*and the Decipherings of the Professors*,*Mori and Ariga*,它们是 *Song of the Bowmen of Shu*(《诗经·小雅》中的《采薇》);*The Beautiful Toilet*(《古诗十九首》中的《青青河畔草》);*The River Song*(李白:《江上吟》和《侍从宜春苑,奉诏赋龙池柳色初青,听新莺百啭歌》,庞德误将它们当作一首,并把后一首冗长的标题讹译成诗句);*The River Merchant's Wife*:*A Letter*(李白:《长干行》);*Poem by the Bridge at Ten Shin*(李白:《天津三月时》);*The Jewel Stair's Grievance*(李白:《玉阶怨》);*Lament of the Frontier Guard*(李白:《古风五十九首其十四·胡关绕风沙》);*Exile's Letter*(李白:《忆旧游寄谯郡元参军》);*Four Poems of Departure*(王维:《渭城曲》,李白:《送友人入蜀》《黄鹤楼送孟浩然之广陵》和《送友人》);*Leave-Taking Near Shoku*(李白:《送友人入蜀》);*Separation on the River-Kiang*(李白:《黄鹤楼送孟浩然之广陵》);*Taking Leaves of a friend*(李白:《送友人》);*The City of Chaon*(李白:《登金陵凤凰台》);*South-Folk in Cold County*(李白:《古风五十九首其六·代马不思越》);*Sennin Poems by kakuhaku*(郭璞:《游仙诗·翡翠戏兰苕》);*A Ballad of the Mulberry Road*(佚名《陌上桑》);*Old Idea of Chao by Rosoriu*(卢照邻:《长安古意》)和 *The Unmoving Cloud*(陶渊明:《停云》)。

我们以一首诗,看庞德的翻译中的文化转换。

以下是《采薇》原文:

> 采薇采薇,薇亦作止。
>
> 曰归曰归,岁亦莫止。
>
> 靡室靡家,狁之故;
>
> 不遑启居,狁之故。
>
> 采薇采薇,薇亦柔止。
>
> 曰归曰归,心亦忧止。
>
> 忧心烈烈,载饥载渴。
>
> 我戍未定,靡使归聘!
>
> 采薇采薇,薇亦刚止。

日归日归，岁亦阳止。

王室靡盬，不遑启处。

忧心孔疚，我行不来！

彼尔维何？维常之华。

彼路斯何？君子之车。

戎车既驾，四牡业业。

岂敢定居，一月三捷。

驾彼四牡，四牡骙骙。

君子所依，小人所腓。

四牡翼翼，象弭鱼服。

岂不日戒？狁孔棘！

昔我往矣，杨柳依依。

今我来思，雨雪霏霏。

行道迟迟，载渴载饥。

我心伤悲，莫知我哀。

以下是庞德的译文：

Song of the Bowmen of Shu

Here we are, picking the first fern-shoots

And saying: When shall we get back to our country?

Here we are because we have the Ken-nin for our foemen,

We have no comfort because of these Mongols.

We grub the soft fern-shoots,

When anyone says "Return", the others are full of sorrow.

Sorrowful minds, sorrow is strong, we are hungry and thirsty.

Our defence is not yet made sure, no one can let his friend return.

We grub the old fern-stalks.

We say: Will we be let to go back in October?

There is no ease in royal affairs, we have no comfort.

Our sorrow is bitter, but we would not return to our country.

What flower has come into blossom?

Whose chariot? The General's.

Horses,his horses even,are tired.

They were strong.

We have no rest,three battles a month.

By heaven,his horses are tired.

The generals are on them,the soldiers are by them.

The horses are well trained,the generals have ivory arrows and quivers orna-
mented with fish skin.

The enemy is swift,we must be careful.

When we set out,the willows were drooping with spring,

We come back in the snow,

We go slowly,we are hungry and thirsty,

Our mind is full of sorrow,who will know of our grief?

这里我们看到中文诗歌中的韵律完全没有了,中文诗歌的短句变成了英文的散文式表达,中文诗的句式结构也发生了变化,中文诗歌所特有的托物寄情没有了。但庞德在英文中用语简洁、明快、鲜明也很突出。中国的古典诗歌变成了美国的现代诗歌。正如赵毅衡所说:"从历史角度看,《神州集》不仅是庞德的第一次真正的成功,也是中国古典诗歌在美国的第一次真正的成功。自此以后,中国诗受人瞩目。"①

《神州集》的诗歌对中国古典诗歌的理解和变动,使它"具有翻译与创新的双重性,但绝不是艾略特所说的'原作'。我们把它看作庞德对中国古典诗的再创作性翻译较为恰当。主要理由是庞德的再创作并没有从本质上改变原诗"②。对《神州集》的整理是庞德迈向汉学研究的坚实一步,也是他开始东西方诗歌融合创作的一个新的开始。

他移居意大利后,沿着《神州集》的方向,继续长达几十年的对儒学和中国历

---

① 赵毅衡:《诗神远游:中国如何改变了美国现代诗》,上海:上海译文出版社,2003 年,第 166 页。

② 陶乃侃:《庞德与中国文化》,北京:首都师范大学出版社,2006 年,转引自 Pearlman, *The Barb of Time:On the Unity of Ezra Pound's Catos*,*New York*,*Oxford University Press*,1969。

史文化的学习、移植与诗歌创作。这突出地表现在其用一生经历所创作,最终也未完成的鸿篇巨制《诗章》中,乃至有人认为,儒家思想是"《诗章》全诗的哲学思想支柱"①。

1926年所发表的《诗章第13》是他对《四书》的翻译与改写,他所用的"主要参考书是法国汉学家波蒂埃(M. G. Pauthier, 1801—1873)的法译《四书》(*Les Quartre livres de Philosophie Morale et Politique de la Chine*, 1841),他分别改写了《论语》的《子罕篇第九》的"达巷党人曰:'大哉孔子!博学而无所成名。'子闻之,谓门弟子曰:'吾何执?执御乎?执射乎?吾执御矣。'"《先进篇第十一》中的"子路、曾皙、冉有、公西华侍坐。子曰:'以吾一日长乎尔,毋吾以也。居则曰:'不吾知也!'如或知尔,则何以哉?'子路率尔而对曰:'千乘之国,摄乎大国之间,加之以师旅,因之以饥馑;由也为之,比及三年,可使有勇,且知方也。'夫子哂之。'求!尔何如?'对曰:'方六七十,如五六十,求也为之,比及三年,可使足民。如其礼乐,以俟君子。''赤!尔何如?'对曰:'非曰能之,愿学焉。宗庙之事,如会同,端章甫,愿为小相焉。''点!尔何如?'鼓瑟希,铿尔,舍瑟而作,对曰:'异乎三子者之撰。'子曰:'何伤乎?亦各言其志也。'曰:'莫春者,春服既成,冠者五六人,童子六七人,浴乎沂,风乎舞雩,咏而归。'夫子喟然叹曰:'吾与点也!'三子者出,曾皙后。曾皙曰:'夫三子者之言何如?'子曰:'亦各言其志也已矣。'曰:'夫子何哂由也?'曰:'为国以礼,其言不让,是故哂之。''唯求则非邦也与?''安见方六七十如五六十而非邦也者?''唯赤则非邦也与?''宗庙会同,非诸侯而何?赤也为之小,孰能为之大?'"

同时庞德也分别引用改写了《大学》和《中庸》部分内容。引用改写《大学》的内容是:"大学之道,在明明德,在亲民,在止于至善。知止而后有定,定而后能静,静而后能安,安而后能虑,虑而后能得。物有本末,事有终始,知所先后,则近道矣。古之欲明明德于天下者,先治其国;欲治其国者,先齐其家;欲齐其家者,先修其身;欲修其身者,先正其心;欲正其心者,先诚其意;欲诚其意者,先致其知;致知在格物,物格而后知至,知至而后意诚,意诚而后心正,心正而后身修,身修而后家齐,家齐而后国治,国治而后天下平。"引用《中庸》的内容是第二十章第一节:"哀

① 陶乃侃:《庞德与中国文化》,北京:首都师范大学出版社,2006年,第148页。

公问政。子曰：'文武之政，布在方策。其人存，则其政举；其人亡，则其政息。人道敏政，地道敏树。夫政也者，蒲卢也。故为政在人；取人以身，修身以道，修道以仁。仁者，人也，亲亲为大；义者，宜也，尊贤为大。亲亲之杀，尊贤之等，礼所生也。(在下位，不获乎上，民不可得而治矣。)故君子不可以不修身；思修身，不可以不事亲；思事亲，不可以不知人；思知人，不可以不知天。'"

作为诗人，他从儒家吸取思想，但他的翻译完全是改写的翻译，一切根据自己的诗作需要。如学者所说"《诗章十三》的写作已经脱离了他是先按原文改写和再创性翻译的写法，完全是以他个人的创作需要为主导。所有《四书》的引用并未按原章句的题旨发展，而是根据他的写作需要从自己的记忆中信手拈来，加以想象，发挥为巧妙的诗性表达。整体结构仍以'会意'集合模式为主，集合《四书》相关的片语。全篇衔接精工而不留斧凿痕迹，显得天衣无缝，但同时又暗合了《论语》的散片特点与'问答'文体，实为一个内外皆顾的有机整体。"①

如果说庞德钟情于儒家文化的话，他对道家思想也十分欣赏，《诗章 47》就是在曾国藩的孙女曾保荪的帮助下完成的。这首诗是对宋代文人画家宋迪的《潇湘八景图》的一种改写，从中可看出庞德对道家思想的认同。

学者研究后认为庞德读过的《潇湘八景图》文字如下：

《潇湘八景图》

平沙落雁

古字书空淡墨横，

几行秋雁下寒汀。

芦花错作衡阳雪，

误向斜阳刷冻翎。

远浦归帆

鹭界青山一抹秋，

潮平银浪接天流。

归樯渐入芦花去，

---

① 陶乃侃：《庞德与中国文化》，北京：首都师范大学出版社，2006 年，第 160~161 页。

家在夕阳江上头。

山市晴岚
一竿酒斾斜阳里，
数簇人家烟嶂中。
山路醇瞑归去晚，
太平无日不春风。

江天暮雪
云淡天低糁玉尘，
偏舟一叶寄吟身。
前湾咿轧数声橹，
疑是山阴乘兴人。

洞庭秋月
西风剪出暮天霞，
万顷烟波浴桂花。
渔篷不知羁客恨，
直吹寒影过芦花。

潇湘夜雨
先自空江易断魂，
冻云影雨湿黄昏。
孤灯篷里听莆瑟，
只向竹枝添泪痕。

烟寺晚钟
云遮不见梵王宫，
殷殷钟声诉晚风。

此去上方犹远近，

为言只在此山中。

渔村夕照

薄暮沙汀惑乱鸦，

江南江北闹鱼虾。

呼童买酒大家醉，

卧看西风零荻花。

我们看庞德的翻译。从这个翻译中可以看出，他采取不同于翻译儒家经书的方法，诗歌中不再支离破碎，有了中国诗歌的意境。如赵毅衡所说："如果说庞德在其他地方坚持儒家思想，《七湖》明显是道家精神的产物。"①

献给七湖，不知是谁写的诗：②

雨；空阔的河；远行，

冻结的云里的火，暮色中的雨

茅屋檐下有一盏灯。

芦苇沉重，垂首；

竹林细语，如哭泣。

秋月，山从湖中升起

背倚着落日，

夜晚像一幅云幕，

抹去了轻波；而桂树

枝干尖细，刺穿夜幕，

芦荻丛中一支凄凉的曲调。

风从山背后

吹来钟声。

---

① 赵毅衡：《诗神远游：中国如何改变了美国现代诗》，上海：上海译文出版社，2003年，第140页。

② 这里用的是赵毅衡的翻译。

帆船四月过去，十月可能归来

船消失于银光中；缓缓地；

只有太阳在河上燃烧。

在秋旗抓住落日的地方

只有几缕炊烟与阳光交叉。

然后，雪急落于河上

整个世界盖上白玉

小船像一盏灯在河上漂

流水似乎冻住了，而在山阴

却有人自在悠闲

雁扑向沙洲

云聚集在窗口

水面空阔；雁字与秋天并排

乌鸦在渔灯上喧噪

光亮移动于北方天际；

那是孩子们在翻石头抓虾。

一千七百年清来到这些山间

光亮移动于南方天际。

生产财富的国家却因此而负债？

这是丑事，是盖利翁。

这条河静静地流向 TenShi

虽然老国王建造运河是为取乐

卿云烂兮

纠缦缦兮

日月出兮

旦复旦兮

日出;工作

日落;休息

掘井而饮水。

耕田而吃粮

帝王的权力？对我们有什么意义？

第四度;静止度。

降服野兽的力量。

3.庞德对中国文化吸收的思想意义

庞德对中国文化的吸收不是一时之兴趣,而是贯穿其一生;不是仅仅为了一种猎奇,而是其思想内在倾向与追求的自然体现。在意大利的囚笼中,唯一能支持他精神的就是他随身所带的儒家经典和他每日坚持不懈地翻译儒家经典。在西方20世纪文化史上,庞德对中国文化的态度无疑是个典型,值得从思想角度加以深入考察。

(1)中国文化的丰富性成为西方思想的重要资源

1909年庞德的母亲曾建议他写一部"西方史诗",他在回信中问道:"西方有何德何能,值得为其修写史诗?"①庞德毅然转向东方,在那里他发现了中国的文化。首先,在中国文化中,庞德看到了完全不同于西方文化的异域文化,一种多样性的文化,这与他主张的一种世界文学观念是相符的。作为一个诗人,作为一个意象派诗歌的领袖,他从中国诗歌中发现了与自己所追求的诗歌相近的诗歌表现形式,这自然让他兴奋。尽管庞德在英文诗歌所努力创造的现代诗歌和中国古代诗歌完全不同,但中国古代诗歌重意象、重直觉,在这些方面却有着一定的相似性。可以说,庞德在中国诗歌中找到了自己的理想。

中国历史的悠久、博大和深远更使庞德感受到,这是东方之根,文明之源。正像他一直钟情于希腊文化一样,他开始将中国古代文化收入自己的创作之中。例如,他在《诗章》中对中国历史的记述。

《诗章53》写道:

① 转引自孙宏:《论庞德的史诗与儒家经典》,《外国文学评论》1999年第2期,转引自 Mary D. Rachewiltz, "Pound as Son:Letters Home." *The Yale Review*,75(1986),p.324.

黄帝发明如何制砖,

元妃是养蚕法的首创者,

这些都是黄帝时代的金钱。

黄帝于公元前 2611 年,

测定管箫的尺度,

削竹管吹奏乐曲,

黄帝一家有四位皇妃,二十五子。①

《诗章 53》描写了中国远古时代的帝王有巢氏、燧人氏及伏羲氏如何治国:

有巢氏教人折枝造屋,

燧人氏搭台教人以物易物,

教人结绳记事,

伏羲氏教人种麦,

公元前 2837 年,

人们至今不知道他的陵墓在何处,

在高耸的柏树边,在坚硬的围墙中。②

在《诗章 53》,直接用汉字书写"尧、舜、禹"以赞扬这些圣君治水、修桥、降低

---

① Ezra Pound. *The Cantos of Ezra Pound*, New York : New Directions, 1970, p.262.庞德所读到的这本书是来华耶稣会士冯秉正所翻译的《中国通史》(*Histoire Générale de la Chine*)法译本,共十二卷,4 开本,1777 年、1783 年巴黎刊行。后由 Frang.Rossi 译成意文,三十五卷,8 开本,Sienne 刊行。再经奥斯定会会士 P.Jamin 神父压缩成简史两卷,4 开本,至今仍是手稿(现存里昂)。(Cordier, Bibl., p.585)冯秉正《中国通史》由 Grosier 负责发行,由 Le Roux des Hautesrayes 主持。这部译本是以《通鉴纲目》为蓝本编译的。冯秉正的译著是选译本,并非全译本;但在译著内充实了《通鉴纲目》之外的很多其他内容,特别是明清两代的重要历史。这增加的内容主要择自《资治通鉴纲目》满文译本,这是他奉康熙之命而编译的,共九十七卷。冯神父锲而不舍地用了 6 年多时间完成了他的不朽杰作,并把它赠予里昂图书馆,于 1737 年到达那里。著名学者 Freret 非常重视这部译著,自愿负责出版事宜,并由国库拨款印行。但因 Freret 因病逝世,事告中断。里昂地方政府把这部著作共十二卷转赠给 Grosier,后由他负责发行。(H. Cordier, *L'imprimerie*(1901), p.Ⅵ;Ⅰ Biblioth., pp.583 seq.Delandine, Catal, des MSS.de la Biblioth.de Lyon, pp.38-39, Sommervogel, Bibi., Vol.332-333.)《通鉴纲目》共分三部分,其中以宋司马光的部分为主,内容包括自公元前 425 年至公元 960 年的中国历史,于 1084 年完成。公元前 425 年之前的历史,后由金履祥(13 世纪人)作前编,为早期史。第二部分为正编,即司马光编撰的部分。第三部分为续编(自 960 年至 1368 年),由陈仁锡编。本书原称《通鉴》,后由朱熹作纲目,以纲为经,以目为传,便于读者一目了然。[法]费赖之著,梅乘骐、梅乘骏译:《明清间在华耶稣会士列传》,第 721~722 页。

② Ezra Pound, *The Cantos of Ezra Pound*, New York : New Directions, 1970, p.262.

税收的治国之策,直接用汉字书写"皋陶"颂扬其辅佐舜、禹的贤臣之美德。《中国诗章》中列举了许多中国古代政治家,从周文王、周武王、周公、秦始皇、刘邦、唐太宗、忽必烈、朱元璋一直写到康熙、雍正、乾隆,庞德认为他们都是尊崇孔子思想的圣贤君王,并因此使国家安康富足,社会和谐稳定,人民温饱有加。

从这里可以看出,中国文化的丰富、悠久是吸引庞德的重要原因。中国文化在世界文化史的独特性在于,由于北临大漠,东面大海,西临高山,它的文化从未受到外来文化的大规模的入侵,造成文化的中断。这样中国文化成为人类历史上至今唯一从古至今没有中断的文化,它的历史悠久令许多西方文人感叹与敬仰。中国文化的另一独特之处在于中国文化是在相对封闭的地理环境内的各民族的融合,黄河流域的农耕文明与草原民族的游牧文明经过了长时期的接触、冲突与融合,形成了中原文化与草原文化、西部文化、南方文化多种文化的交融,呈现出色彩斑斓的文化色彩。如果讲中国文化与欧洲文化的关系,最突出的一点在于,两大文化都是独立形成的,在形成自己的文化内核前,双方基本上没有交流。在这个意义上中国文化与欧洲文化的差异性十分明显,作为文化的他者,中国文化为其提供了完全不同的另一种文化符号,这样中国文化从启蒙时代开始一直受到西方文化的重视,无论是颂扬还是批评,中国文化都成为西方文化反观自己的重要参考系。庞德是一个典型,从这里我们看到中国文化的悠久和丰富是它吸引西方学者关注的重要原因。

(2)对西方现代社会的不满:中国思想成为思想创造重要的资源

资本主义文化有着内在的深刻矛盾,如丹尼尔·贝尔(Daniel Bell,1919—2011)所说:"回顾历史,可以看到资产阶级社会有双重的根源和命运。一个源头是清教与辉格党资本主义,它不仅注重经济活动,而且强调品格(节制、诚实、以工作为天职)的塑造。另一个源头是世俗的霍布斯学说,它本身是一种激进的个人主义,认为人的欲壑难填。虽然这种个人欲望在政治领域受到君主制的限制,它在经济和文化领域却肆意蔓延。这两种冲动力长期难以和睦相处。但这种紧张关系逐渐消失了。如上所述,美国的清教思想已经沦落成为乖戾的小城镇心理,它只讲究所谓的体面。世俗的霍布斯学说养育了现代主义的主要动机——追求无限体验的贪欲。新官僚机构的出现侵蚀了社会自我管理的自由主义观点;在此影响下,把历史看作是开放而进步的辉格党世界观业已寸步难行,尽管它尚未完全垮台。以往支撑所有这些信念的基础都被彻底粉碎了。"①这里指出了资本主义,特别是美国的政治思想和内在矛盾,物欲成为其基础,真正的新教精神已经瓦解。

庞德对西方资本主义文化失去希望,他寄托于希腊文化,寄托于东方文化,他在儒家思想中发现了中国人的理想,而他的《诗章》就是这一理想的宣言书。他指出,西方"需要孔子",因为"需要的含义在于缺乏,患病者需要求医,需要某种他不具备的东西。孔子是一剂良药"②。庞德始终将儒学作为自己创作的重要源泉,1928年和1940年分别用英文和意大利文两度翻译《大学》,1938年根据冯秉正的《中国通史》,写下了《中国诗章52—61》,表达了他的政治理想;他还翻译了《诗经》,1947年他的英译《大学》《中庸》出版。我们从他《诗章》的写作过程可以看出庞德对儒家的学习和理解过程,从《诗章第13》到《中国诗章》(第52—61),最后到《比萨诗章》(第74—84),在这些著作中庞德日益加深了对儒家思想的理解,儒家思想成为他构架自己理想国的思想来源。仅在《比萨诗章》中,他就引用了《大学》2次,《中庸》4次,《论语》21次,《孟子》9次。

他认为"整个西方理想主义是一片丛林,基督教神学也是一片丛林"③,正如艾略特找到了印度教、叶芝找到了神秘教一样,庞德找到了中国和中华文明。在他看来西方文学艺术之所以问题丛生,根本在于社会制度问题丛生,这样他不仅仅是在文学艺术中寻找解决的办法,他开始寻求自己的政治理想。因此,当庞德1920年离开伦敦时,他希望找到一种真正理想的社会制度。从古希腊看到了理想,他从意大利的文艺复兴的普罗旺斯看到理想,但这些仍不足以支撑他的理想。他继续寻找,转向了东方。如他在自己的诗句中所写"杏花,从东方吹到西方,我一直努力不让花凋落"。艾略特(Thomas Stearns Eliot,1888—1965)在1928年曾问:"庞德先生信仰什么呢?"庞德未明说自己皈依什么或者信仰什么,他的回答是:我多少年来回答此类问题时告诉提问人去读孔子和奥维德。在1934年,庞德在《日界线》("Date Line")一文中公开答复:"我信仰《大学》。"四年后,他的《文化指南》(Guid to Kulchur)一书首页印上了"一以贯之"四个汉字。庞德这四个字

① [美]丹尼尔·贝尔著,赵一凡、蒲隆、任晓晋译:《资本主义文化矛盾》,北京:生活·读书·新知三联书店,1989年,第128~129页。

② Ezra Pound,*Immediate Need of Confucius. Impact:Essays on Ignorance and the Decline of American Civilization*.Noal Stock ed.,Chicago:Henry Rognery Co.,1960,p.203.

③ 转引自蒋洪新:《庞德的翻译理论研究》,《外国语》2001年第4期。

亦可解释为他要"以儒教信仰终其一生"。在 1955 年,他再一次重复自己的誓言:
"我信仰《大学》。"①

庞德在儒家中看到了一种高尚的道德主义理想,对物欲的批评,对人精神世界的追求。庞德第一篇尊孔文章《孔门晚辈弟子明毛之语》(*The Words of Ming Mao 'Least among the Disciples of Kung-Fu-Tse*)就是批评英国东方学家海尔(William Loftus Hare,1868—1943)《中国人的利己主义》一文,指出儒家思想高于杨朱思想之处,在于对人类精神生活的追求,他在文章中说:"杨朱说孔夫子'生无一日之欢',可是我们读到,夫子听到曼妙的音乐之后曾迷狂三日,或者用道家的话说,三日忘形。要说这么一个具有审美情趣的人'无一日之欢',岂不愚蠢!至于杨朱及其与利己主义的联系,还是孔子的教诲来得真切。他教人要以内心的尊严为乐,而不要心为物役。这样,即便他只是一个渔夫,死的时候也会心安理得。至于桀纣之流,他们的快乐来自生而为王的地位,奢侈的生活从天而降。他们只是因袭了王位,与生俱来拥有寻欢作乐的机会,他们凭什么当榜样,诱使命运寻常的人们,空有恣情享乐的本事,空有施展这种本领的欲望,却要将他们所有的生命都耗费在追求虚饰的欲望上,追求数不清的锦绣佳人、亭台楼阁、宝马香车!杨朱的劝告其实完全算不上自我主义,因为这些说法教人依赖世上的一切,却不教他自立。而这种自立才是儒家哲学的核心。"②很显然,这里他是从人文精神的角度来理解儒家思想,也抓住了儒家思想的关键所在。

庞德对儒学的热情并非一时一事,他将儒学作为其精神和思想的重要支点。"在 1915 年 2 月发表的《文艺复兴》(*The Renaissance*)一文中,他重申:'本世纪人们将从中国看到又一个希腊。'同年,他撰文讽刺大英博物馆东方学家比宁(Laurence Binyon,1869—1943)'一味倾听 19 世纪欧洲的蠢话,一味想把中国与过去的西方硬扯在一起'。1918 年,他又在一篇书评中批评阿瑟·韦利'总是放不下对东方施恩的架子'。1937 年,在《孔子之迫切需要》(*Immediate Need of Confucius*)

---

① 转引自钱兆明、管南异:《逆向而行——庞德与宋发祥的邂逅和撞击》,《外国文学》2011 年第 6 期。

② 转引自钱兆明、管南异:《逆向而行——庞德与宋发祥的邂逅和撞击》,《外国文学》2011 年第 6 期。

一文中,他进一步指出,'西方接触远东的时代,正是其堕落的时代'"。①从 1914 年开始到晚年的《比萨诗章》,儒学一直是他的思想和灵感的来源。如学者所说:"在《比萨诗章》中,我们读到了自古至今的世界文明史,也聆听到了古代圣哲的教诲;诗中既表达了诗人对中国古代圣人和盛世的敬仰,也抒发了诗人树立理想、兴国安邦的豪情壮志,当然也写出了诗人自我深省时的忧叹和希望泯灭时的懊丧。《比萨诗章》是世界真实历史的写照,是中西方文化的大融汇;儒家思想作为诗人表达思想感情的主要元素在诗里贯穿始终,诗人的思想中充满了儒家的道德精神。"②

庞德对儒家思想的这些认识至今仍有其意义,尽管他是从自己所生活的时代来理解儒家思想的,但却看到了儒家思想的本质特点之一——对道德生活的追求。面对资本主义制度所释放出的个人享乐主义,儒家思想无疑是一个解毒剂。禁欲主义是不对的,但纵欲享乐也同样是错误的,在现代思想的背景下,阐发儒家的当代意义是重要的。

(3)从跨文化的视角来理解庞德

如何理解庞德对中国文化的解释? 如何理解庞德的儒学情结? 学术界看法并不一致,有两种认识:一种是将庞德归为东方主义而加以批评;另一种则是认为庞德的儒学人只是其个人乌托邦,与真实的儒学没有关系。从跨文化的角度来看,这两种看法都需要辨析。

我们先看第一种认识。一些研究者认为,"如果换一个角度审视庞德与中国文化的关系,就可以发现庞德对待中国文化的肤浅理解。往深层挖掘,更可以看出庞德歪曲中国汉字、儒家思想的文学错误。作为英美现代派诗歌的开创者,庞德的诗才固然无可怀疑,但他对中国文化的许多肆意曲解之处,却是他文人生涯中的败笔。在本文看来,庞德实际上是一位浅薄的儒者,却是一位顽固的西方中心论者"③。

---

① 转引自钱兆明、管南异:《逆向而行——庞德与宋发祥的邂逅和撞击》,《外国文学》2011 年第 6 期。

② 王贵明:《〈比萨诗章〉中的儒家思想》,《国外文学》(季刊),2001 年第 2 期。

③ 罗坚:《西方中心主义的变奏:重评庞德的中国文化态度》,《湖南师范大学社会科学学报》2009 年第 2 期。

庞德肯定不是一个中国式的儒家,他是一个美国现代派的诗人,他是从自己的社会生活环境和历史传统来理解儒学的,从上面的介绍可以看出,他对儒家思想怀抱着人文主义的理想,并自认为坚信儒家思想。萨义德所说的"东方主义"是指西方的东方学在文化和学术上的帝国主义,将东方在学术上贬低,在文学上进行歪曲和丑化,这样整个西方的东方学是帝国主义的,如他所说:"因此有理由认为,每一个欧洲人,不管他会对东方发表什么看法,最终都几乎是一个种族主义者,一个帝国主义者,一个彻头彻尾的民族中心主义者。如果我们偶尔能想起人类社会——至少是那些发展程度较高的文化——在处理'异质'文化时除了帝国主义、种族主义和民族中心主义外几乎没有提供任何别的东西,这一说法所带给我们的痛苦也许会稍许减轻。因此,东方学助长了试图对欧洲和亚洲进行更严格区分的总体文化压力并被其助长。我的意思是,东方学归根到底是一种强加于东方之上的政治学说,因为与西方相比东方总处于弱势,于是人们就用其弱代替其异。"①

相反,我们在庞德那里没有看到他对待儒家的居高临下,没有看到他对待中国文化的歪曲与污蔑。"由此可以看出,庞德所表现的中国是一个理想化的中国,而不是一个妖魔化的中国。虽然庞德也将自己的某些价值观和'他者'观念投射到他的'中国'之中,但是他的'东方主义'绝不是萨义德所说的'东方主义',而是正好相反"②。

的确,萨义德的《东方学》一书也提出了许多深刻的思想,但其理论上的不足也是很明显的,这点我们在理论篇将详细展开。问题在于,中国学术界已经习惯了将西方的时髦理论套用到中国,不管哪种理论,都不加分析地加以套用,这是一种理论软骨的表现。显然,上面的那种观点就是对萨义德理论的套用,而不是对研究对象做深入地分析,根据实际情况做出自己的判断。

在这个问题,美国华裔学者钱兆明在《"东方主义"与现代主义:庞德和威廉斯诗歌中的华夏遗产》(Qian Zhaoming. *Orientalism and Modernism*: *The Legacy of China in Pound and Williams*. Duke University Press, 1995.) 中对从东方主义角度批

① 萨义德:《东方学》,北京:生活·读书·新知三联书店,1999 年,第 260 页。
② 张剑:《翻译与表现:读钱兆明主编〈庞德与中国〉》,《国外文学》2007 年第 4 期(总第 108 期)。

评庞德的观点进行了批驳。他认为,不能将庞德的《华夏集》看成是他自己的创作,他首先是一种对中国古代诗歌的翻译,是他对中国古代诗歌的解释,这种解读把中国看成是积极地影响西方的力量而不仅仅是接受注视的被动对象。《"东方主义"与现代主义》一开始钱兆明就指出了他所使用的东方主义与萨义德东方主义概念的区别,"萨义德的东方主要是指穆斯林的东方。我所说的东方指的是远东地区,特别是中国……对萨义德而言,东方主义是一种文化和政治事实……而对我而言,它是一个文学概念"①。这就是说,庞德的诗歌创作首先是从翻译中国古代诗歌开始的,而不能仅仅看成庞德的创作,如艾略特所说的"庞德为我们的时代发明了中国诗歌",实际上庞德的成果在于他对中国古代诗歌的吸收和转化。这反映出了东方是可以影响西方的,东方并不是一个单纯的被关注者,他同样是一个文化的输出者。要走出萨义德的理论,重新评价庞德。

　　如果以上的批评是将庞德归为东方主义,从而在总体上否认了庞德的文化意义,那么对他以拆字的方法对待中国文化典籍的批评,主要是从翻译的角度展开的。

　　一些学者认为"庞德对中国汉字的理解,是他与中国文化之关系的重要部分。他从美籍汉语研究者厄内斯特·费诺洛萨继承到的'会意图示法'是他解读汉字的基础。庞德将这建立在主观臆断基础上的'会意图示法'广泛应用于翻译儒家经典与诗歌创作,结果是以讹传讹,使得翻译出来的作品荒唐不堪,写出的诗作晦涩难懂"②。

　　庞德的确是使用拆字的方法来进行自己的诗歌创作的,这点他受到了费诺洛萨的影响,在《比萨诗章》中这种拆字方法的诗歌创作达到了高潮。赵毅衡统计,检查整部《诗章》,庞德嵌入的无数汉字中,用了五次以上的汉字有 14 个:

---

①　王勇智:《庞德译作〈华夏集〉研究中的"东方主义"视角述评》,《学术探索》2013 年 3 月,转引自 Qian Zhaoming, *Orientalism and Modernism: The Legacy of China in Pound and Williams*. Duke University Press,1995。

②　罗坚:《西方中心主义的变奏:重评庞德的中国文化态度》,《湖南师范大学社会科学学报》2009 年第 2 期。

正,14 次,(包括"正名"5 次)	人,8 次
明,10 次	仁,7 次
本,10 次(包括"本业"6 次)	端,7 次
止,9 次	日,7 次(即"日日新")
新,8 次(包括"日日新"7 次)	中,7 次
灵,8 次	显,6 次
旦,8 次	周,5 次①

庞德对汉字的理解并不全面,在中国文字的形成中,先人们不但用象形法,还用"指事""会意""形声"等方法造字。其中用形声法来解释其构造的字占绝大多数。这种由形旁、声旁、语素、字义综合构成的汉字在汉语史上最为通行。但庞德的"会意图示法"并不是一种语言学的工作,这样,在一些学者看来,"在庞德所翻译的儒家经典中,处处可以看见他对汉字进行随意拆解。形象地说,一个个汉字都被他粗暴地拆成碎片,然后被强行附加种种意义。例如他把'新'字解作'一把举起的斧子正去砍一棵树';把'慎'字解释成'在右边的眼睛直视心灵深处';把'學'字解释为'在大脑的臼里研磨玉米';把'诚'字理解成'太阳的长矛以语词的形式投射到精确的位置';'德'字被解释成'直视心灵深处的结果';'志'字被解释成'官员站立在心之上'(上'士'下'心');'得'字被解释成'在适当的时候成功,前缀行为在太阳转动之际产生效果';'道'字被解释成'脚印与脚携头而行'"②。

如何看待庞德诗歌创作中"会意图示法"呢?能否说庞德这是在歪曲中国文化?这需要做跨文化的分析,而不能仅仅从这种方法的本身来加以评价。③

首先,他用"会意图示法"主要是创意一种美学和诗学,而不是语言学,他明

---

① 赵毅衡:《诗神远游:中国如何改变了美国现代诗》,上海:上海译文出版社,2003 年,第 311 页。

② Pound Ezra, *Confucius*. New York:New Directions Publishing Corporation,1983. 转引自罗坚:《西方中心主义的变奏:重评庞德的中国文化态度》,《湖南师范大学社会科学学报》2009 年第 2 期。

③ 钱钟书先生谈过庞德,他在谈德国汉学家翻译他的《围城》一书时说:"庞德对中国语文的一知半解、无知妄解、煞费苦心的误解增强了莫妮克博士探讨中国文化的兴趣和决心……庞德的汉语知识常被人当作笑话,而莫妮克博士能成为杰出的汉学家;我们饮水思源,也许还该把这件事最后归功于庞德。可惜她中文学得那么好,偏来翻译和研究我的作品;也许有人顺藤摸瓜,要把这件事最后归罪于庞德了。"钱钟书:《钱钟书集·写在人生边上的边上》,北京:生活·读书·新知三联书店,2001 年,第 171 页。

确声称:"我们面前这本书不是讨论语言学的,而是一切美学基本原则的研究。"①
他要为美国的新诗运动找到一个诗学的基础,"庞德所需要的,实际上是为美国新
诗运动中既成的事实找辩解理由,为结论找推理,而他的目的就是要建立一种诗
学,这种诗学要求语言直接表现物象以及物象本身包含的意蕴"②。正因为此,庞
德自己特别看重这个创造,他说:"如果我对文学批评有任何贡献的话,那就是我
介绍了表意文字体系。"③

如果从思想角度考察,他实际上想从汉字获得一种思想的力量,希望借助汉
字走出习惯已久的西方逻辑思维的模式。他用这种方法对《诗经》的翻译就十分
明显。《邶风·柏舟》起首二行"泛彼柏舟,亦泛其流。耿耿不寐,如有隐忧",庞
德从"耿"字拆出一个"耳"(ear),一个"火"(flame),于是有"耳内的火焰"(flame
in the ear),原诗中的"耿耿不寐"经此一译,变得具体形象化了。

> Pine boat a-shift
>
> on drift of tide,
>
> or flame in the ear,
>
> sleep riven...

(松柏之舟随波飘荡,耳内的火焰撕裂睡眠)

《诗经》中《大雅》"崧高"篇:"崧高维岳,骏极于天。"庞德从"崧"字中读出了
"盖满松树的山";从"岳"中找出被围起来的"言",即回声;从"极"字中找出了撑
住天的木。④

我们不能从汉字学的角度来评价庞德翻译中的拆字问题,而应从比较文学与
跨文化的角度对他的创造加以理解。这样我们看到"庞德的《诗经》翻译又是典
型的'介入式翻译',即不以'信'为目的,而作任性误译。他进行的是半翻译半创
作,是寻找一种积极的写作或阅读方式。从总体上说,他的努力是成功的。虽然
他译的《诗经》在美国诗坛造成的震动,远不如当年的《神州集》,但也是美国当代

---

① 赵毅衡:《诗神远游:中国如何改变了美国现代诗》,上海:上海译文出版社,2003 年,第 249 页,原
引自 Ezra Pound:*Preface to The Chinese Written Character as a Medium for Poetry*,1936,p.7。

② 赵毅衡:《诗神远游:中国如何改变了美国现代诗》,上海:上海译文出版社,2003 年,第 249 页。

③ 转引自赵毅衡:《诗神远游:中国如何改变了美国现代诗》,上海:上海译文出版社,2003 年,第 254
页,原引自 Ezra Pound:*A Visiting Card*,1942,p.36。

④ 参阅袁靖:《庞德〈诗经〉译本研究》博士论文抽样本,2012 年。

诗不可不读的一部'作品'。就文笔之优雅洒脱而言,我个人认为其它英译《诗经》几十种,无人能望其项背"①。

从思想深处来讲,庞德对欧洲文明充满了焦虑,他在中国文化中、在汉字中找到了自己的理想。因此,我们不能简单地将其作为"东方主义"而加以批判。

庞德是 20 世纪研究中国经典的重要人物,又是从自身文化解释和运用中国古代文化智慧,解决西方文化问题的引渡者,他把中国古代文化的经典介绍到了西方文化之中,"他庞德不仅崇尚儒学,奉孔子为最高神灵,而且还将古老中国的所有辉煌全部归功于孔子,归功于儒家思想。在他看来中国历史上只要尊孔弘儒,中国就会繁荣昌盛,反之就衰落分裂,他的目的是要用中国的历史作西方的镜鉴,让混乱的西方学习东方圣哲的政治智慧"。正如杰夫·特威切尔所说:"请记住庞德对孔子感兴趣,不是把他作为博物馆的宝物,而是把孔子的思想或者是把庞德对孔子思想的理解带给当代西方读者,这样就明显地凸现了这位圣人与当今时代的关联。"②对中国文化的吸收,使他在西方诗歌的创作中标新立异,成为影响一代人的重要诗人。③

三、初步的研究总结

由于本书的写法采取的是抽取每一个历史时段中重要的人物、刊物和机构这样三个节点,来初步描述中国古代文化经典在域外的传播的历史,因此,这里的总

---

① 赵毅衡:《诗神远游:中国如何改变了美国现代诗》,上海:上海译文出版社,2003 年,第 288 页。
② [美]伊兹拉·庞德著,黄运特译:《庞德诗选:比萨诗章》,桂林:漓江出版社,1998 年,第 298 页。
③ 关于庞德的研究,近年来已经出版和发表了一系列的学术论文和著作:赵毅衡《意象派与中国古典诗歌》(《外国文学研究》1979 年第 4 期)、丰华瞻《意象派与中国诗》(《社会科学战线》1983 年第 3 期)、王军《艾兹拉·庞德与中国诗》(《外语学刊》1988 年第 1 期)、韩燕红《庞德对汉字的接受与误读》(《邯郸师专学报》2001 年第 4 期)、胡向华《汉字与艾兹拉·庞德的立文之道——表意文字法》(《国外文学》2003 年第 1 期)、蒋洪新《庞德的〈七湖诗章〉与潇湘八景》(《外国文学评论》2006 年第 3 期)、姜蕾《意象派诗人埃兹拉·庞德的中国文化情结》[《辽宁大学学报》(哲学社会科学版)2007 年第 4 期]、罗朗《意象的中西合奏与变奏》(《解放军外国语学院学报》2004 年第 5 期)、冒键《踩高跷的"孔子":庞德与中国古典文化》(《当代外国文学》2002 年第 2 期)、李贻荫、毛红旗《埃兹拉·庞德妙译〈诗经〉》(《中国翻译》1994 年第 3 期)、李玉良《庞德〈诗经〉翻译中译古喻今的"现实"原则与意象主义诗学》(《外语教学》2009 年第 3 期)、刘象愚《从两例译诗看庞德对中国诗的发明》(《中国比较文学》1998 年第 1 期)、吴伏生《汉诗英译研究:理雅各、翟理斯、韦利、庞德》(北京:学苑出版社,2012 年)。

结就不再是一个总体性的研究总结,只能是一个针对以上我的研究的一个初步总结,本书的目的也在于通过初步的研究推动研究的深入展开。立于这样的基点,笔者认为中国古代文化经典在域外的翻译和传播的研究有以下几点是值得注意的。

1.美国中国学的兴起

"美国汉学研究的转型开始于 20 世纪 20 年代,重要的标志之一是 1925 年太平洋关系学会(Institute of Pacific Relation)的建立。由于该学会的出现,传统意义上的汉学开始打破古典语言文学、历史、思想文化的纯学术研究壁垒,转向侧重现实问题和国际关系问题的研究新领域,从而揭开了地区研究的序幕。"①尽管美国中国学的兴起以从对古代中国的研究转向近代中国的研究为其标志,但对中国古代文化经典的翻译和研究从未停止,并且不断发展,出版了大量的译著和研究成果。美国中国学的兴起,美国中国学对中国典籍翻译的成就得益于以下三点:

第一,欧洲学者转入美国后所带来的欧洲汉学传统。"二战后美国汉学的大发展与移居国外者的努力分不开,他们也因此得到了在宜人的环境中发挥他们创造力的新机会。而且,因为移民有了一个新环境,他们的学术水平也受到挑战,受新的动力所激发,他们现在已适应这种环境且游刃有余了。"②仅以德国学者为例,就有一批优秀的汉学家进入美国任教,他们仍保持着欧洲语文学的传统,将文献的翻译、整理和注释作为治学的重要内容。例如劳费尔,他语言能力强,兴趣广泛,留下了大量的关于中国历史文化的翻译著作和文章,"劳费尔的研究使得美国学者能够直接接触并阅读中国典籍,尤其是对一些生僻语言的翻译和研究,如藏文,更为独特。美国中国学的发展,其中一个大的障碍就是掌握中文、藏文、蒙文等东方语言的人太少。劳费尔在这方面进行了大量的奠基工作,他利用自己的东方语言专长,为美国汉学和中国学日后的发展,做出了重要贡献。……同时,由于劳费尔到美国后所撰写的作品主要是用英文撰写,其中涉及到很多中国典籍、欧洲汉学研究成果,这为美国学者掌握中国历史与文化、了解欧洲汉学的研究成果,

---

① 张西平主编:《西方汉学十六讲》,北京:外语教学与研究出版社,2011 年,第 384 页。
② 马汉茂等主编:《德国汉学:历史、发展、人物与视角》,郑州:大象出版社,2005 年,第 257 页。

提供了极大的语言便利"①。赖德烈当年谈到美国著名的汉学家时,说美国有三名著名的汉学家,他们是劳费尔、夏德和福克(A.Forke),②但三位教授都是德国人。像劳费尔这样的学者还不少,这是一批人,正是他们在美国接续了欧洲汉学的传统,使中国古代文化经典的翻译得以在美国不断发展起来。

第二,哈佛燕京学社为美国专业汉学的发展奠定了基础。费正清在谈到美国汉学的发展时说:"美国的汉学人员培训却停滞不前。只是从大约 1930 年起,美国学术团体理事会、洛克菲勒基金会和哈佛燕京学社才开始扶持有关中国和日本研究的专业训练。"③正如上面的研究所证明的,以费正清这批最早的来华留学的哈佛研究学社的学者为代表,美国中国研究进入了它的专业研究阶段,其中一个重要的标志就是这些学者或者自己翻译中国古代文化的典籍,例如卜德等,或者组织同事与学生翻译中国古代文化典籍,例如费正清等。尽管这些人在 20 世纪美国中国学的文献翻译数量上很少,但他们是开创者,以后的一切发展,都是在他们的基础上展开的。笔者之所以选择哈佛燕京学社作为一例,其用意也在这里。

第三,中国留美学者在中国古代文化经典翻译上的贡献。在哈佛燕京学社的研究中,我也将首批留学美国的中国学者列入其中。今日我们研究美国中国学的发展,必须注意中国留美学者在这个研究领域中的贡献。除我们上面研究中提到的陈观胜、房兆楹、杜联喆、邓嗣禹、王伊同这些学者外,"中国的抗战及内战,使许多中国学者来美国执教,如赵元任(Chao Yuen Ren,1892—1982)、李方桂(Li Fang-Kuei,1902—1987)、萧公权(Hsiao Kung-chuan,1897—1981)、洪业(William Hung,1893—1980)、邓嗣禹(Teng Ssu-yu,1906—1988)、杨联陞(Yang Lien-Sheng,1914—1990)、刘子健(James T.c.Liu,1919—1993)、杨庆堃(Yang C. K.,1911—1999)、许烺光(Francis L. K. Hsu,1909—1999)、刘大中(Liu Ta-Chung,1914—1975)、周舜莘(Chou Hsun-hsin)、何炳棣(Ho Ping-ti,1917—2012)、袁同礼(Yuan

---

① 龚咏梅:《劳费尔汉学研究述评》,载朱政惠主编:《中国学者论美国中国学》,上海:上海辞书出版社,2008 年,第 249 页。

② "福克教授主要关心中国哲学家,他翻译了公元前 1 世纪异端哲学家王充卷帙浩繁的著作《论衡》,这部作品是潜心学术且学识广博的一个极佳证明。"赖德烈:《美国学术与中国历史》,载朱政惠主编:《美国学者论美国中国学》,上海:上海辞书出版社,2009 年,第 6 页。

③ 费正清:《七十年代的任务》,载朱政惠主编:《美国学者论美国中国学》,上海:上海辞书出版社,2009 年,第 136 页。

Tung-li,1895—1965)等。他们谙熟中文资料,又能掌握当代的研究方法,对于美国的中国研究发挥了关键性的扶翼之功。他们与美国已经有所成就的学者彼此之间,亦师亦友,却经常自居客位,让学者叱咤风云,成就学者的领导地位"①。

在翻译方面,王际真(Chi-chen Wang,1899—2001)翻译了《红楼梦》,余国藩翻译了《西游记》,方志彤(Achilles Fang,1910—1995)翻译了《文赋》,这方面的例子有很多,不再一一列举。

在西方的中国研究中,20世纪,特别是20世纪下半叶,美国具有领先的地位,在中国典籍的翻译上也取得了很大的成就。由于本书的主旨决定,笔者不可能对其意义展开研究,但这里所说的三点至少是在研究中国典籍在美国的翻译出版时,不可缺少的视角。②

2.新的尝试

中国古代文化典籍西译历史上最重要的事件是从20世纪开始,中国学者开始进入中国典籍西译这个领域。19世纪末陈季同开启了中国典籍的西译,到20世纪已经开始吸引更多中国学者的加入。民国期间的《天下》杂志,在中国典籍西译历史上具有划时代的意义,尽管杂志主要是由吴经熊、温源宁等人负责,但他们的背后是孙科,是民国政府。在这个意义上,《天下》杂志是近代中国历史上第一次自觉地将中国文化西译作为国家的文化工作安排。如果说《天下》是民国政府的初步尝试的话,中华人民共和国成立后外文局的成立及其翻译工作的展开是中国典籍翻译上最重大的文化事件。在上面的研究中我们可以看到,外文局几十年来走过的风风雨雨,以及他们所获得的经验和教训。这方面的研究刚刚开始,学术界应对外文局的历史展开更为深入的研究,从而总结出更为全面的经验和教训。

3.中国文化的自觉:文化"走出去"

如果说在中华人民共和国成立后,在中国文化的外传上是外文局一枝独秀的话,那么,改革开放后,随着中国经济的快速发展,国家文化政策发生了较大的变

---

① 张海惠主编:《北美中国学:研究概述与文献资源》序,北京:中华书局,2010年,第4页。

② 参阅张海惠主编:《北美中国学:研究概述与文献资源》;朱政惠主编:《北美中国学的历史与现状》;朱政惠:《美国学者论美国中国学》《中国学者论美国中国学》;乐黛云、陈珏编:《北美中国古典文学名家十年文选》。

化,最重要的就是"中国文化走出去"战略方针的确定。改革开放以来,中国以崭新的姿态重新回到世界体系之中,经济的快速发展,使中国的经济触角在全球展开,由此,在新的历史时期,中国文化以新的方式"走出去"被提到国家战略发展的层面。

"走出去"首先是作为推动经济发展的一个政策提出来的。2000 年 10 月,中共十五届五中全会第一次明确提出要实施"走出去"战略,全会所通过的《中共中央关于制定国民经济和社会发展的第十个五年计划的建议》中明确指出:"实施'走出去'战略,努力在利用国内外两种资源,两个市场方面有新的突破。"这样"走出去"作为一个缩略语开始在国家发展的战略层面出现。这预示着中国社会发展的一个新的阶段的开始,中国将开始在国际范围内展开自己的经济与文化发展。

经济在外向型发展,经济活动的"走出去",必然带动文化的"走出去",因此,中国文化"走出去"的政策就应运而生。在 2002 年 7 月的全国文化厅局长座谈会上,文化部部长孙家正就指出:"要以更加开放的姿态融入国际社会,进一步扩大对外文化交流,实施'走出去'战略,着力宣传当代中国改革和建设的伟大成就,大力传播当代中国文化,以打入国际主流社会和主流媒体为主,充分利用市场经济手段和现代传播方式,树立当代中国的崭新形象,把我国建设成为立足亚太、面向全球的国际文化中心。"①这里已经展示中国在全球发展自己文化的决心和理想。

到中共十六大时,"走出去"已经成为全党的共识。十六大报告中明确指出:"实施'走出去'战略是对外开放新阶段的重大举措。"2004 年 9 月,中共十六届四中全会通过的《中共中央关于加强党的执政能力建设的决定》明确指出,"推动中华文化更好地走向世界,提高国际影响力"。2005 年 10 月,胡锦涛在十六届五中全会上指出:"社会主义先进文化建设要加快实施文化产品'走出去'战略,推动中华文化走向世界。"从四中全会到五中全会,国家对文化"走出去"的战略日益明晰,开始提出加快文化产品"走出去",从而将观念和手段开始统一,中国文化"走出去"有了明确的路径。2006 年 9 月发布的《国家"十一五"时期文化发展规划纲

---

① 孙家正:《关于战略机遇期的文化建设问题》,《文艺研究》2003 年第 1 期。

要》中将文化"走出去"放在一个战略位置,从文化产业的角度对在国际上发展我国文化产业做了部署。

为落实文化"走出去"战略,在中国文化著作的翻译方面,国家确立了两个重要项目:由国务院新闻办公室、国家新闻出版总署联合主持的"中国图书对外推广计划"和全国哲学社会科学办公室主持的"中华学术外译计划"。"中国图书对外推广计划"自2006年实施以来,截止到2010年底,"中国图书对外推广计划"工作小组已同美国、英国、法国、德国、荷兰、俄罗斯、澳大利亚、日本、韩国、越南、巴西等46个国家246家出版社签订了1350项资助出版协议,资助出版1910种图书,涉及26个文版。"中国图书对外推广计划"成为推动中国出版"走出去"的重要推手之一。

"中国图书对外推广计划"所推动的翻译也包含了部分重要的中国古代文化的著作,如安徽美术社的《中国国家博物馆馆藏系列》,北京大学出版社的《中华文明史》等。

全国哲学社会科学办公室主持的"中华学术外译计划",由国家社会科学基金支持,2010年启动,项目旨在促进中外学术交流,推动我国哲学社会科学优秀成果和优秀人才走向世界。主要资助我国哲学社会科学研究的优秀成果以外文形式在国外权威出版机构出版,进入国外主流发行传播渠道,增进国外对当代中国和中国哲学社会科学及中国传统文化的了解,推动中外学术交流与对话,提高中国哲学社会科学的国际影响力。这种以政府主持的专项基金形式大力推动中国文化对外传播的做法,一个直接效果就是提高了中国文化在国际文化格局中的地位,增加了中国文化产品的竞争力,并带动了世界其他国家主动翻译出版中国历史文化著作。

结语:漫长的20世纪

20世纪是动荡的世纪,是世界大变革的世纪。

20世纪初美国逐步从英国人手里接下西方资本主义的头把交椅,然后,西方主导了世界体系,全球化的发展,跨国公司在全球更大的扩张和组织生产,西方的话语权成为其资本与意识形态扩张的重要手段。

20 世纪后期,中国的崛起无疑是 20 世纪最重大的事件,中国不仅仅是作为一个政治大国和经济大国跻身于世界舞台,它也必将以文化大国向世界展示自己的文化的丰富性和多样性,展示中国古代文化的智慧。因此,正像中国的崛起必将改变已有的世界政治格局和经济格局一样,中国文化的海外传播,中国古代文化典籍的外译和传播,必将把中国思想和文化带到世界各地,从而从根本上将逐渐改变 19 世纪以来形成的世界文化格局。

20 世纪下半叶,中国典籍外译史上最重大的事件是中华人民共和国成立后有了专门的从事中国文化外译与出版的机构——外文局。长期以来,在中国翻译史的研究中很少有学者将其作为学术研究的对象,只是到了近年来,才开始受到学界的关注。无论从翻译的规模还是在翻译的数量和语种上来看,外文局的工作都是非常突出的,其走过的道路也具有非常典型的意义。20 世纪下半叶中国古代文化经典的翻译进入真正的多元化时期,国家机构、中国学者、域外的华裔学者、汉学机构共同组成了一个多元、多彩的翻译队伍。而 20 世纪下半叶随着中国的改革开放和国家整体崛起,西方汉学界加大了对中国典籍的翻译,其翻译的品种、数量都是前所未有的。[①] 虽然至今我们尚不能将其放在一个学术框架中加以统一的研究与考量,但大势已定,中国文化必将随同中国的整体崛起而日益成为具有更大影响的文化,西方文化独霸世界的格局必将被打破。

意大利著名经济学家阿锐基从宏观经济与政治的角度对 21 世纪的发展做出了略带悲观色彩的预测,他认为在今后世界有三种结局:

"第一,旧的中心有可能成功地终止资本主义历史的进程。在过去 500 多年时间里,资本主义历史的进程是一系列金融扩张。在此过程中,发生了资本主义世界经济制高点上卫士换岗的现象。在当今的金融扩张中,也存在着产生这种结果的倾向。但是,这种倾向被老卫士强大的立国和战争能力抵消了。他们很可能有能力通过武力、计谋或劝说占用积累在新的中心的剩余资本,从而通过组建一个真正全球意义上的世界帝国来结束资本主义历史。

---

① 李国庆:《美国对中国古典及当代作品翻译概述》,朱政惠、崔丕主编:《北美中国学的历史与现状》,上海:上海辞书出版社,2013 年,第 126~141 页;张海惠主编:《北美中国学:研究概述与文献资源》,北京:中华书局,2010 年;马汉茂等主编:《德国汉学:历史、发展、人物与视角》,郑州:大象出版社,2005 年。

　　第二,老卫士有可能无力终止资本主义历史的进程,东亚资本有可能渐渐占据体系资本积累过程中的一个制高点。那样的话,资本主义历史将会继续下去,但是情况会跟自建立现代国际制度以来的情况截然不同。资本主义世界经济制高点上的新卫士可能缺少立国和战争能力,在历史上,这种能力始终跟世界经济的市场表层上面的资本主义表层的扩大再生产很有联系。亚当·斯密和布罗代尔认为,一旦失去这种联系,资本主义就不能存活。如果他们的看法是正确的,那么资本主义历史不会像第一种结果那样由于某个机构的有意识行动而被迫终止,而会由于世界市场形成过程的无意识结果而自动终止。资本主义[那个"反市场"(anti-market)]会跟发迹于当代的国家权力一起消亡,市场经济的底层会回到某种无政府主义状态。

　　最后,用熊彼特的话来说,人类在地狱般的(或天堂般的)后资本主义的世界帝国或后资本主义的世界市场社会里窒息(或享福)之前,很可能会在伴随冷战世界秩序的瓦解而出现的不断升级的暴力恐怖(或荣光)中化为灰烬。如果出现这种情况的话,资本主义历史也会自动终止,不过是以永远回到体系混乱状态的方式来实现的。600 年以前,资本主义历史就从这里开始,并且随着每次过渡而在越来越大的范围里获得新生。这将意味着什么? 仅仅是资本主义历史的结束? 还是整个人类历史的结束? 我们无法说得清楚。"①

　　就此而言,中国文化的世界影响力从根本上是与中国崛起后的世界秩序重塑紧密联系在一起的,一切尚在进程之中,路曼曼其修远兮,吾将上下而求索。

---

① ［意］杰奥瓦尼·阿锐基:《漫长的 20 世纪——金钱、权力与我们社会的根源》,南京:江苏人民出版社,2001 年,第 418~419 页。

附录 1：外文局 1953—1976 年所出版的关于中国
古代文化的外译图书目录①

1953 年
英文书目

屈原.离骚[M].北京：外文出版社,1953.

1954 年
英文书目

白行简等著.唐代传奇选[M].北京：外文出版社,1954.

艾黎.历代诗选[M].北京：新世界出版社,1954.

董聚贤等改编,刘继卤绘.东郭先生[M].北京：外文出版社,1954.

法文书目

董聚贤等改编,刘继卤绘.东郭先生[M].北京：外文出版社,1954.

1955 年
英文书目

洪昇.长生殿[M].北京：外文出版社,1955.

沈既济等.唐代传奇选[M].北京：外文出版社,1955.

德文书目

白行简等.唐代传奇选[M].北京：外文出版社,1955.

印尼文书目

董聚贤等改编,刘继卤绘.东郭先生[M].北京：外文出版社,1955.

1956 年
英文书目

打渔杀家[M].北京：外文出版社,1956.

邵甄、吴廷瑄编,王叔晖绘.孔雀东南飞(连环画)[M].北京：外文出版社,
1956.

---

① 本书目是首次整理发表,在此感谢参与目录整理的于美晨同学。

法文书目

邵甄、吴廷琯编,王叔晖绘.孔雀东南飞(连环画)[M].北京:外文出版社,1956.

德文书目

董聚贤、徐涤编,刘继卤绘.东郭先生(连环画)[M].北京:外文出版社,1956.

邵甄、吴廷琯编,王叔晖绘.孔雀东南飞(连环画)[M].北京:外文出版社,1956.

印尼文书目

邵甄、吴廷琯编,王叔晖绘.孔雀东南飞(连环画)[M].北京:外文出版社,1956.

日文书目

邵甄、吴廷琯编,王叔晖绘.孔雀东南飞(连环画)[M].北京:外文出版社,1956.

1957 年

英文书目

〔清〕吴敬梓.儒林外史[M].北京:外文出版社,1957.

中国民间故事选(一)[M].北京:外文出版社,1957.

宋明平话小说选[M].北京:外文出版社,1957.

浙江昆苏剧团.十五贯[M].北京:外文出版社,1957.

法显.佛国记[M].北京:外文出版社,1957.

田汉.白蛇传[M].北京:外文出版社,1957.

西南川剧院.柳荫记(川剧)[M].北京:外文出版社,1957.

〔清〕蒲松龄原著,程十发编绘.画皮(彩色连环画)[M].北京:外文出版社,1957.

吴奇改编,李天心绘.药草山(彩色连环画)[M].北京:外文出版社,1957.

吉志西改编,颜梅华绘.马头琴(连环画)[M].北京:外文出版社,1957.

吴宝基摄影.梁山伯与祝英台(明信片,16 张)[M].上海:上海人民美术出版社,1957.

上海人民美术出版社编辑.大闹天宫(明信片,6 张)[M].上海:上海人民美术出版社,1957.

法文书目

吴奇改编,李天心绘.药草山(彩色连环画)[M].北京:外文出版社,1957.

吉志西改编,颜梅华绘.马头琴(连环画)[M].北京:外文出版社,1957.

俄文书目

邵甄、吴廷琯编,王叔晖绘.孔雀东南飞(连环画)[M].北京:外文出版社,1957.

董聚贤、徐涤编,刘继卤绘.东郭先生(连环画)[M].北京:外文出版社,1957.

吴奇改编,李天心绘.药草山(彩色连环画)[M].北京:外文出版社,1957.

吴宝基摄影.梁山伯与祝英台(明信片,16张)[M].上海:上海人民美术出版社,1957.

上海人民美术出版社编辑.大闹天宫(明信片,6张)[M].上海:上海人民美术出版社,1957.

德文书目

中国古代寓言选(上)[M].北京:外文出版社,1957.

〔清〕蒲松龄原著,程十发编绘.画皮(彩色连环画)[M].北京:外文出版社,1957.

吴奇改编,李天心绘.药草山(彩色连环画)[M].北京:外文出版社,1957.

吴宝基摄影.梁山伯与祝英台(明信片,16张)[M].上海:上海人民美术出版社,1957.

上海人民美术出版社编辑.大闹天宫(明信片,6张)[M].上海:上海人民美术出版社,1957.

越南文书目

吴奇改编,李天心绘.药草山(彩色连环画)[M].北京:外文出版社,1957.

吉志西改编,颜梅华绘.马头琴(连环画)[M].北京:外文出版社,1957.

印尼文书目

吴奇改编,李天心绘.药草山(彩色连环画)[M].北京:外文出版社,1957.

吉志西改编,颜梅华绘.马头琴(连环画)[M].北京:外文出版社,1957.

吴宝基摄影.梁山伯与祝英台(明信片,16张)[M].上海:上海人民美术出版社,1957.

上海人民美术出版社编辑.大闹天宫(明信片,6张)[M].上海:上海人民美术出版社,1957.

西班牙文书目

董聚贤、徐涤编,刘继卤绘.东郭先生(连环画)[M].北京:外文出版社,1957.

邵甄、吴廷瑄编,王叔晖绘.孔雀东南飞(连环画)[M].北京:外文出版社,1957.

日文书目

董聚贤、徐涤编,刘继卤绘.东郭先生(连环画)[M].北京:外文出版社,1957.

中国民间故事选(一)[M].北京:外文出版社,1957.

邵甄、吴廷瑄编,王叔晖绘.孔雀东南飞(连环画)[M].北京:外文出版社,1957.

吉志西改编,颜梅华绘.马头琴(连环画)[M].北京:外文出版社,1957.

缅甸文书目

中国古代寓言选(上)[M].北京:外文出版社,1957.

中国民间故事选(一)[M].北京:外文出版社,1957.

邵甄、吴廷瑄编,王叔晖绘.孔雀东南飞(连环画)[M].北京:外文出版社,1957.

董聚贤、徐涤编,刘继卤绘.东郭先生(连环画)[M].北京:外文出版社,1957.

〔清〕蒲松龄原著,程十发编绘.画皮(彩色连环画)[M].北京:外文出版社,1957.

吴奇改编,李天心绘.药草山(彩色连环画)[M].北京:外文出版社,1957.

吉志西改编,颜梅华绘.马头琴(连环画)[M].北京:外文出版社,1957.

印地文书目

〔清〕蒲松龄原著,程十发编绘.画皮(彩色连环画)[M].北京:外文出版社,1957.

吴奇改编,李天心绘.药草山(彩色连环画)[M].北京:外文出版社,1957.

1958 年

英文书目

〔元〕关汉卿原著,杨宪益、戴乃迭译.关汉卿剧作选[M].北京:外文出版社,1958.

干宝等著,杨宪益、戴乃迭译.汉魏六朝小说选[M].北京:外文出版社,1958.

〔唐〕蒋放等著,颜惠庆编译.中国古典短篇小说选[M].北京:外文出版社,1958.

〔元〕王实甫原著,洪曾玲改编,王叔晖绘.西厢记(连环画)[M].北京:外文出版社,1958.

中国评剧院,杨宪益、戴乃迭译.秦香莲(评剧)[M].北京:外文出版社,1958.

〔元〕关汉卿原著,吴伯棋改编.谭记儿(连环画)[M].北京:外文出版社,1958.

广东粤剧团整理,戴乃迭译.搜书院(粤剧)[M].北京:外文出版社,1958.

程十发插图.一棵石榴树的国王(中国民间故事选集第三集)[M].北京:外文出版社,1958.

中国民间故事选集第二集[M].北京:外文出版社,1958.

中国民间故事选集第四集[M].北京:外文出版社,1958.

丰子恺插图.中国古代寓言选(上)[M].北京:外文出版社,1958.

盛强改编,钱笑呆、陶干臣绘.秦香莲(连环画)[M].北京:外文出版社,1958.

王弘力编绘.天仙配(彩色连环画)[M].北京:外文出版社,1958.

法文书目

〔明〕朱素臣原著,何如译,浙江省十五贯整理小组整理.十五贯[M].北京:外文出版社,1958.

中国古典寓言选(上)[M].北京:外文出版社,1958.

白行简等著.唐代传奇[M].北京:外文出版社,1958.

〔明〕吴承恩原著,良士、徐弘达编绘.火焰山(连环画)[M].北京:外文出版社,1958.

〔元〕王实甫原著,洪曾玲改编,王叔晖绘.西厢记(连环画)[M].北京:外文出版社,1958.

王弘力编绘.天仙配(彩色连环画)[M].北京:外文出版社,1958.

德文书目

〔元〕关汉卿原著,吴伯棋改编.谭记儿(连环画)[M].北京:外文出版社,1958.

施华滋译.中国民间故事选(第一集)[M].北京:外文出版社,1958.

米谷绘.中国民间故事选(第二集)[M].北京:外文出版社,1958.

〔明〕吴承恩原著,良士、徐弘达编绘.火焰山(连环画)[M].北京:外文出版社,1958.

西班牙文书目

爱米尔尼亚·卡尔瓦哈尔译，丰子恺插图.中国古代寓言选（上）[M].北京：外文出版社，1958.

〔明〕朱素臣原著，何如译，浙江省十五贯整理小组整理.十五贯[M].北京：外文出版社，1958.

王弘力编绘.天仙配（彩色连环画）[M].北京：外文出版社，1958.

〔元〕王实甫原著，洪曾玲改编，王叔晖绘.西厢记（连环画）[M].北京：外文出版社，1958.

盛强改编，钱笑呆、陶干臣绘.秦香莲（连环画）[M].北京：外文出版社，1958.

〔明〕吴承恩原著，良士、徐弘达编绘.火焰山（连环画）[M].北京：外文出版社，1958.

越南文书目

中国民间故事选（第一集）[M].北京：外文出版社，1958.

中国民间故事选（第三集）[M].北京：外文出版社，1958.

程十发插图.一棵石榴树的国王（中国民间故事选集第三集）[M].北京：外文出版社，1958.

〔元〕王实甫原著，洪曾玲改编，王叔晖绘.西厢记（连环画）[M].北京：外文出版社，1958.

〔元〕关汉卿原著，吴伯棋改编.谭记儿（连环画）[M].北京：外文出版社，1958.

〔明〕吴承恩原著，良士、徐弘达编绘.火焰山（连环画）[M].北京：外文出版社，1958.

王弘力编绘.天仙配（彩色连环画）[M].北京：外文出版社，1958.

董聚贤、徐涤编，刘继卤绘.东郭先生（连环画）[M].北京：外文出版社，1958.

印尼文书目

〔明〕吴承恩原著，良士、徐弘达编绘.火焰山（连环画）[M].北京：外文出版社，1958.

〔元〕关汉卿原著，吴伯棋改编.谭记儿（连环画）[M].北京：外文出版社，1958.

盛强改编，钱笑呆、陶干臣绘.秦香莲（连环画）[M].北京：外文出版社，1958.

〔元〕王实甫原著,洪曾玲改编,王叔晖绘.西厢记(连环画)[M].北京:外文出版社,1958.

王弘力编绘.天仙配(彩色连环画)[M].北京:外文出版社,1958.

印地文书目

丰子恺插图.中国古代寓言选(上)[M].北京:外文出版社,1958.

程十发插图.一棵石榴树的国王(中国民间故事选集第三集)[M].北京:外文出版社,1958.

〔元〕王实甫原著,洪曾玲改编,王叔晖绘.西厢记(连环画)[M].北京:外文出版社,1958.

盛强改编,钱笑呆、陶干臣绘.秦香莲(连环画)[M].北京:外文出版社,1958.

〔元〕关汉卿原著,吴伯棋改编.谭记儿(连环画)[M].北京:外文出版社,1958.

王弘力编绘.天仙配(彩色连环画)[M].北京:外文出版社,1958.

缅甸文书目

〔元〕王实甫原著,洪曾玲改编,王叔晖绘.西厢记(连环画)[M].北京:外文出版社,1958.

〔明〕吴承恩原著,良士、徐弘达编绘.火焰山(连环画)[M].北京:外文出版社,1958.

盛强改编,钱笑呆、陶干臣绘.秦香莲(连环画)[M].北京:外文出版社,1958.

〔元〕关汉卿原著,吴伯棋改编.谭记儿(连环画)[M].北京:外文出版社,1958.

王弘力编绘.天仙配(彩色连环画)[M].北京:外文出版社,1958.

1959 年

英文书目

黎新绘.将相和(连环画)[M].北京:外文出版社,1959.

西班牙文书目

张光宇等插图.中国民间故事选(第一集)[M].北京:外文出版社,1959.

张光宇等插图.中国民间故事选(第二集)[M].北京:外文出版社,1959.

越南文书目

黎新绘.将相和(连环画)[M].北京:外文出版社,1959.

印地文书目

〔明〕吴承恩原著,良士、徐弘达编绘.火焰山(连环画)[M].北京:外文出版社,1959.

吉志西改编,颜梅华绘.马头琴(连环画)[M].北京:外文出版社,1959.

阿拉伯文书目

中国古代寓言选(上)[M].北京:外文出版社,1959.

〔元〕关汉卿原著,吴伯棋改编.谭记儿(连环画)[M].北京:外文出版社,1959.

〔元〕王实甫原著,洪曾玲改编,王叔晖绘.西厢记(连环画)[M].北京:外文出版社,1959.

黎新绘.将相和(连环画)[M].北京:外文出版社,1959.

王弘力编绘.天仙配(彩色连环画)[M].北京:外文出版社,1959.

荷兰文书目

〔明〕吴承恩原著,良士、徐弘达编绘.火焰山(连环画)[M].北京:外文出版社,1959.

1960 年

英文书目

中国民间故事选(第五集)[M].北京:外文出版社,1960.

法文书目

中国古代寓言选(下)[M].北京:外文出版社,1960.

黎新绘.将相和(连环画)[M].北京:外文出版社,1960.

〔元〕施耐庵原著,石红改编,卜孝怀绘.野猪林(连环画)[M].北京:外文出版社,1960.

俄文书目

〔元〕施耐庵原著,石红改编,卜孝怀绘.野猪林(连环画)[M].北京:外文出版社,1960.

越南文书目

〔元〕施耐庵原著,石红改编,卜孝怀绘.野猪林(连环画)[M].北京:外文出版社,1960.

印地文书目

黎新绘.将相和(连环画)[M].北京:外文出版社,1960.

1961 年

英文书目

〔元〕施耐庵原著,石红改编,卜孝怀绘.野猪林(连环画)[M].北京:外文出版社,1961.

德文书目

丰子恺插图.中国古代寓言选(上、下合订本)[M].北京:外文出版社,1961.

法文书目

〔元〕王实甫原著,洪曾玲改编,王叔晖绘.西厢记(连环画)[M].北京:外文出版社,1961.

西班牙文书目

丰子恺插图.中国古代寓言选(上、下合订本)[M].北京:外文出版社,1961.

〔元〕施耐庵原著,石红改编,卜孝怀绘.野猪林(连环画)[M].北京:外文出版社,1961.

阿拉伯文书目

〔元〕施耐庵原著,石红改编,卜孝怀绘.野猪林(连环画)[M].北京:外文出版社,1961.

世界语书目

〔元〕王实甫原著,洪曾玲改编,王叔晖绘.西厢记(连环画)[M].北京:外文出版社,1961.

1962 年

英文书目

冯至编选,(新西兰)路易·艾黎译.杜甫诗选[M].北京:外文出版社,1962.

张光宇等插图.中国民间故事选(第一集,译文修订版)[M].北京:外文出版社,1962.

杨宪益、戴乃迭译.唐代传奇(译文修订版)[M].北京:外文出版社,1962.

〔明〕吴承恩原著.孙悟空(连环画)[M].北京:中国建设杂志社,1962.

法文书目

程十发插图.中国民间故事选(第三集)[M].北京:外文出版社,1962.

德文书目

沙更世插图.中国民间故事选(第四集)[M].北京:外文出版社,1962.

杨永青插图.中国民间故事选(第五集)[M].北京:外文出版社,1962.

泰文书目

丰子恺插图.中国古代寓言选(第一集)[M].北京:外文出版社,1962.

米谷插图.中国民间故事选(第二集)[M].北京:外文出版社,1962.

〔元〕王实甫原著,洪曾玲改编,王叔晖绘.西厢记(连环画)[M].北京:外文出版社,1962.

盛强改编,钱笑呆、陶干臣绘.秦香莲(连环画)[M].北京:外文出版社,1962.

世界语书目

董聚贤、徐涤编,刘继卤绘.东郭先生(连环画)[M].北京:外文出版社,1962.

1963 年

英文书目

沙更世插图.中国民间故事选(第四集)[M].北京:外文出版社,1963.

晴帆编,徐正平、陈光镒绘.鲁班学艺(连环画)[M].北京:外文出版社,1963.

西班牙文书目

晴帆编,徐正平、陈光镒绘.鲁班学艺(连环画)[M].北京:外文出版社,1963.

德文书目

〔明〕吴承恩原著,钱笑呆绘.孙悟空三打白骨精(连环画)[M].北京:外文出版社,1963.

晴帆编,徐正平、陈光镒绘.鲁班学艺(连环画)[M].北京:外文出版社,1963.

杨永青绘.愚公移山(连环画)[M].北京:外文出版社,1963.

世界语书目

晴帆编,徐正平、陈光镒绘.鲁班学艺(连环画)[M].北京:外文出版社,1963.

阿拉伯文书目

晴帆编,徐正平、陈光镒绘.鲁班学艺(连环画)[M].北京:外文出版社,1963.

泰文书目

董聚贤、徐涤编,刘继卤绘.东郭先生(连环画)[M].北京:外文出版社,1963.

杨永青绘.愚公移山(连环画)[M].北京:外文出版社,1963.

越南文书目

晴帆编,徐正平、陈光镒绘.鲁班学艺(连环画)[M].北京:外文出版社,1963.

印地文书目

杨永青绘.愚公移山(连环画)[M].北京:外文出版社,1963.

乌尔都文书目

杨永青绘.愚公移山(连环画)[M].北京:外文出版社,1963.

1964 年

英文书目

〔明〕吴承恩原著,王星北改编,赵宏本、钱笑呆绘.孙悟空三打白骨精(连环画)[M].北京:外文出版社,1964.

法文书目

〔明〕吴承恩原著,王星北改编,赵宏本、钱笑呆绘.孙悟空三打白骨精(连环画)[M].北京:外文出版社,1964.

1965 年

英文书目

七姊妹(中国民间故事选,第六集)[M].北京:外文出版社,1965.

乌尔都文书目

音勺编文,杨永青绘.愚公移山(连环画)[M].北京:外文出版社,1965.

1966 年

德文书目

杨永青绘.愚公移山(连环画)[M].北京:外文出版社,1966.

印地文书目

音勺编文,杨永青绘.愚公移山(连环画)[M].北京:外文出版社,1966.

乌尔都文书目

音勺编文,杨永青绘.愚公移山(儿童画册)[M].北京:外文出版社,1966.

1974 年

西班牙文书目

〔明〕吴承恩原著,王星北改编,赵宏本、钱笑呆绘.孙悟空三打白骨精(连环画)[M].北京:外文出版社,1974.

意大利文书目

〔明〕吴承恩原著,王星北改编,赵宏本、钱笑呆绘.孙悟空三打白骨精(连环画)[M].北京:外文出版社,1974.

世界语书目

〔明〕吴承恩原著,王星北改编,赵宏本、钱笑呆绘.孙悟空三打白骨精(连环画)[M].北京:外文出版社,1974.

日文书目

〔明〕吴承恩原著,王星北改编,赵宏本、钱笑呆绘.孙悟空三打白骨精(连环画)[M].北京:外文出版社,1974.

1975 年

越南文书目

〔明〕吴承恩原著,王星北改编,赵宏本、钱笑呆绘.孙悟空三打白骨精(连环画)[M].北京:外文出版社,1975.

附录 2:外文局 1978—1999 年出版的关于中国古代文化的图书目录①

1978 年
英文书目

〔清〕曹雪芹、高鹗著,杨宪益、戴乃迭译,戴敦邦插图.红楼梦(一)[M].北京:外文出版社,1978.

〔清〕曹雪芹、高鹗著,杨宪益、戴乃迭译,戴敦邦插图.红楼梦(二)[M].北京:外文出版社,1978.

朝鲜文书目

〔清〕曹雪芹、高鹗著,杨宪益、戴乃迭译,戴敦邦插图.红楼梦(一)[M].北京:外文出版社,1978.

1979 年
英文书目

〔明〕吴承恩著,李士伋插图,詹纳尔译.孙悟空大闹天宫——中国古典名著《西游记》有关章节[M].北京:外文出版社,1979.

〔汉〕司马迁著.史记选[M].北京:外文出版社,1979.

法文书目

〔明〕吴承恩著,唐澄编文,严定宪等绘.大闹天宫(儿童画册)[M].北京:外文出版社,1979.

德文书目

〔明〕吴承恩著,唐澄编文,严定宪等绘.大闹天宫(儿童画册)[M].北京:外文出版社,1979.

西班牙文书目

〔明〕吴承恩著,唐澄编文,严定宪等绘.大闹天宫(儿童画册)[M].北京:外文出版社,1979.

---

① 本书目是首次公开发表,在此感谢参与书目整理的于美晨同学。

葡萄牙文书目

〔明〕吴承恩著,唐澄编文,严定宪等绘.大闹天宫(儿童画册)[M].北京:外文出版社,1979.

孟加拉文书目

〔明〕吴承恩著,唐澄编文,严定宪等绘.大闹天宫(儿童画册)[M].北京:外文出版社,1979.

泰文书目

〔明〕吴承恩著,唐澄编文,严定宪等绘.大闹天宫(儿童画册)[M].北京:外文出版社,1979.

乌尔都文书目

〔明〕吴承恩著,唐澄编文,严定宪等绘.大闹天宫(儿童画册)[M].北京:外文出版社,1979.

瓦西里文书目

〔明〕吴承恩著,唐澄编文,严定宪等绘.大闹天宫(儿童画册)[M].北京:外文出版社,1979.

阿拉伯文书目

〔明〕吴承恩著,唐澄编文,严定宪等绘.大闹天宫(儿童画册)[M].北京:外文出版社,1979.

1980 年

日文书目

任朴编,赵洪武绘.八百鞭子(连环画)[M].北京:外文出版社,1980.

李洪恩根据同名美术电影改编,段孝萱等摄影.哪吒闹海(连环画)[M].北京:外文出版社,1980.

唐澄编文,严定宪等绘.大闹天宫(少儿画册)[M].北京:外文出版社,1980.

朝鲜文书目

〔清〕曹雪芹、高鹗著,杨宪益、戴乃迭译,戴敦邦插图.红楼梦(二)[M].北京:外文出版社,1980.

泰文书目

李洪恩根据同名美术电影改编,段孝萱等摄影.哪吒闹海(连环画)[M].北京:外文出版社,1980.

印地文书目

任朴编,赵洪武绘.八百鞭子(连环画)[M].北京:外文出版社,1980.

李洪恩根据同名美术电影改编,段孝萱等摄影.哪吒闹海(连环画)[M].北京:外文出版社,1980.

孟加拉文书目

李洪恩根据同名美术电影改编,段孝萱等摄影.哪吒闹海(连环画)[M].北京:外文出版社,1980.

姜成安、吴带生编绘.人参姑娘(少儿画册)[M].北京:外文出版社,1980.

僧伽罗文书目

唐澄编文,严定宪等绘.大闹天宫(少儿画册)[M].北京:外文出版社,1980.

斯瓦希里文书目

任朴编,赵洪武绘.八百鞭子(连环画)[M].北京:外文出版社,1980.

李洪恩根据同名美术电影改编,段孝萱等摄影.哪吒闹海(连环画)[M].北京:外文出版社,1980.

英文书目

罗贯中、施耐庵著,沙博理译.水浒传(上卷)[M].北京:外文出版社,1980.

罗贯中、施耐庵著,沙博理译.水浒传(中卷)[M].北京:外文出版社,1980.

罗贯中、施耐庵著,沙博理译.水浒传(下卷)[M].北京:外文出版社,1980.

〔清〕曹雪芹、高鹗著,杨宪益、戴乃迭译,戴敦邦插图.红楼梦(三)[M].北京:外文出版社,1980.

马得编绘.宝葫芦(少儿画册)[M].北京:外文出版社,1980.

姜成安、吴带生编绘.人参姑娘(少儿画册)[M].北京:外文出版社,1980.

絮兮、剑文改编,甘武炎、张达平绘画.双龙出洞(少儿画册)[M].北京:外文出版社,1980.

李洪恩根据同名美术电影改编,段孝萱等摄影.哪吒闹海(连环画)[M].北京:外文出版社,1980.

法文书目

马得编绘.蛐蛐(少儿画册)[M].北京:外文出版社,1980.

马得编绘.宝葫芦(少儿画册)[M].北京:外文出版社,1980.

马得编绘.牛郎织女(少儿画册)[M].北京:外文出版社,1980.

马得编绘.东郭先生(少儿画册)[M].北京:外文出版社,1980.

〔明〕吴承恩原著,马得编绘.三借芭蕉扇(少儿画册)[M].北京:外文出版社,1980.

姜成安、吴带生编绘.人参姑娘(少儿画册)[M].北京:外文出版社,1980.

綮兮、剑文改编,甘武炎、张达平绘画.双龙出洞(少儿画册)[M].北京:外文出版社,1980.

任朴编,赵洪武绘.八百鞭子(连环画)[M].北京:外文出版社,1980.

李洪恩根据同名美术电影改编,段孝萱等摄影.哪吒闹海(连环画)[M].北京:外文出版社,1980.

德文书目

任朴编,赵洪武绘.八百鞭子(连环画)[M].北京:外文出版社,1980.

李洪恩根据同名美术电影改编,段孝萱等摄影.哪吒闹海(连环画)[M].北京:外文出版社,1980.

马得编绘.蛐蛐(少儿画册)[M].北京:外文出版社,1980.

马得编绘.宝葫芦(少儿画册)[M].北京:外文出版社,1980.

马得编绘.牛郎织女(少儿画册)[M].北京:外文出版社,1980.

马得编绘.东郭先生(少儿画册)[M].北京:外文出版社,1980.

〔明〕吴承恩原著,马得编绘.三借芭蕉扇(少儿画册)[M].北京:外文出版社,1980.

綮兮、剑文改编,甘武炎、张达平绘画.双龙出洞(少儿画册)[M].北京:外文出版社,1980.

西班牙文书目

白行简等著.唐代传奇[M].北京:外文出版社,1980.

李洪恩根据同名美术电影改编,段孝萱等摄影.哪吒闹海(连环画)[M].北京:外文出版社,1980.

马得编绘.蛐蛐(少儿画册)[M].北京:外文出版社,1980.

马得编绘.宝葫芦(少儿画册)[M].北京:外文出版社,1980.

马得编绘.牛郎织女(少儿画册)[M].北京:外文出版社,1980.

马得编绘.东郭先生(少儿画册)[M].北京:外文出版社,1980.

〔明〕吴承恩原著,马得编绘.三借芭蕉扇(少儿画册)[M].北京:外文出版社,1980.

姜成安、吴带生编绘.人参姑娘(少儿画册)[M].北京:外文出版社,1980.

粲兮、剑文改编,甘武炎、张达平绘画.双龙出洞(少儿画册)[M].北京:外文出版社,1980.

葡萄牙文书目

任朴编,赵洪武绘.八百鞭子(连环画)[M].北京:外文出版社,1980.

马得编绘.蛐蛐(少儿画册)[M].北京:外文出版社,1980.

马得编绘.宝葫芦(少儿画册)[M].北京:外文出版社,1980.

马得编绘.牛郎织女(少儿画册)[M].北京:外文出版社,1980.

马得编绘.东郭先生(少儿画册)[M].北京:外文出版社,1980.

〔明〕吴承恩原著,马得编绘.三借芭蕉扇(少儿画册)[M].北京:外文出版社,1980.

意大利文书目

唐澄编文,严定宪等绘.大闹天宫(少儿画册)[M].北京:外文出版社,1980.

世界语书目

唐澄编文,严定宪等绘.大闹天宫(少儿画册)[M].北京:外文出版社,1980.

1981 年

日文书目

梅樱编绘.人参果(儿童画册)[M].北京:外文出版社,1981.

〔清〕曹雪芹、高鹗著.红楼梦[M].北京:外文出版社,1981.

泰文书目

韩菊改编,贺友直等绘.曹冲称象[M].北京:外文出版社,1981.

薛雪编绘.猪八戒学本领(儿童画册)[M].北京:外文出版社,1981.

印地文书目

纪华改编,杜大恺绘画.鲁班学艺(儿童画册)[M].北京:外文出版社,1981.

孟加拉文书目

薛雪编绘.猪八戒学本领(儿童画册)[M].北京:外文出版社,1981.

纪华改编,杜大恺绘画.鲁班学艺(儿童画册)[M].北京:外文出版社,1981.

韩菊改编,贺友直等绘.曹冲称象[M].北京:外文出版社,1981.

乌尔都文书目

纪华改编,杜大恺绘画.鲁班学艺(儿童画册)[M].北京:外文出版社,1981.

阿拉伯文书目

纪华改编,杜大恺绘画.鲁班学艺(儿童画册)[M].北京:外文出版社,1981.

英文书目

冯梦龙等著,杨宪益、戴乃迭译.宋明平话本[M].北京:外文出版社,1981.

中国古代寓言选[M].北京:外文出版社,1981.

薛雪编绘.猪八戒学本领(儿童画册)[M].北京:外文出版社,1981.

韩菊改编,贺友直等绘.曹冲称象[M].北京:外文出版社,1981.

纪华改编,杜大恺绘画.鲁班学艺(儿童画册)[M].北京:外文出版社,1981.

法文书目

梅樱编绘.人参果(儿童画册)[M].北京:外文出版社,1981.

薛雪编绘.猪八戒学本领(儿童画册)[M].北京:外文出版社,1981.

韩菊改编,贺友直等绘.曹冲称象[M].北京:外文出版社,1981.

纪华改编,杜大恺绘画.鲁班学艺(儿童画册)[M].北京:外文出版社,1981.

德文书目

梅樱编绘.人参果(儿童画册)[M].北京:外文出版社,1981.

姜成安、吴带生编绘.人参姑娘(儿童画册)[M].北京:外文出版社,1981.

韩菊改编,贺友直等绘.曹冲称象[M].北京:外文出版社,1981.

薛雪编绘.猪八戒学本领(儿童画册)[M].北京:外文出版社,1981.

纪华改编,杜大恺绘画.鲁班学艺(儿童画册)[M].北京:外文出版社,1981.

西班牙文书目

程十发插图.孔雀姑娘(中国民间故事选)[M].北京:外文出版社,1981.

梅樱编绘.人参果(儿童画册)[M].北京:外文出版社,1981.

薛雪编绘.猪八戒学本领(儿童画册)[M].北京:外文出版社,1981.

韩菊改编,贺友直等绘.曹冲称象[M].北京:外文出版社,1981.

纪华改编,杜大恺绘画.鲁班学艺(儿童画册)[M].北京:外文出版社,1981.

世界语书目

韩菊改编,贺友直等绘.曹冲称象[M].北京:外文出版社,1981.

1982 年

朝鲜文书目

〔清〕曹雪芹、高鹗著.红楼梦[M].北京:外文出版社,1982.

日文书目

匡荣改编,王弘力画.十五贯(连环画册)[M].北京:外文出版社,1982.

印地文书目

丰子恺插图.中国古代寓言选[M].北京:外文出版社,1982.

唐澄编文,严定宪等绘.大闹天宫(少儿画册)[M].北京:外文出版社,1982.

孟加拉文书目

〔明〕吴承恩原著,王星北改编,赵宏本、钱笑呆绘.孙悟空三打白骨精[M].北京:外文出版社,1982 年.

乌尔都文书目

马得编绘.牛郎织女(少儿画册)[M].北京:外文出版社,1982.

董聚贤、徐涤编,刘继卤绘.东郭先生(连环画册)[M].北京:外文出版社,1982.

僧伽罗文书目

李洪恩根据同名美术电影改编,段孝萱等摄影.哪吒闹海(连环画册)[M].北京:外文出版社,1982.

阿拉伯文书目

董聚贤、徐涤编,刘继卤绘.东郭先生(连环画册)[M].北京:外文出版社,1982.

马得编绘.牛郎织女(少儿画册)[M].北京:外文出版社,1982.

李洪恩根据同名美术电影改编,段孝萱等摄影.哪吒闹海(连环画册)[M].北京:外文出版社,1982.

英文书目

〔明〕吴承恩原著,詹纳尔译.西游记(一)[M].北京:外文出版社,1982.

匡荣改编,王弘力画.十五贯(连环画册)[M].北京:外文出版社,1982.

施耐庵原著,上海人民美术出版社编辑.误入白虎堂(中国古典小说故事连环画册)[M].北京:朝华出版社,1982.

法文书目

匡荣改编,王弘力画.十五贯(连环画册)[M].北京:外文出版社,1982.

俄文书目

褚斌杰编,杨永青插图.中国古代神话选[M].北京:外文出版社,1982.

1983 年

日文书目

梅樱编绘.九色鹿(儿童画册)[M].北京:外文出版社,1983.

梅樱编绘.九色鹿(本书根据香港海峰出版社影印)[M].北京:外文出版社,1983.

印地文书目

梅樱编绘.九色鹿(儿童画册)[M].北京:外文出版社,1983.

叶毓中插图.飞来峰及人间天堂的其他故事(根据西湖民间故事选编)[M].北京:外文出版社,1983.

孟加拉文书目

沈纳兰等译,米谷插图.水牛斗老虎(中国民间故事选)[M].北京:外文出版社,1983.

程十发插图.孔雀姑娘(中国民间故事选)[M].北京:外文出版社,1983.

梅樱编绘.九色鹿(儿童画册)[M].北京:外文出版社,1983.

乌尔都文书目

丰子恺插图.中国古代寓言选[M].北京:外文出版社,1983.

程十发插图.孔雀姑娘(中国民间故事选)[M].北京:外文出版社,1983.

梅樱编绘.九色鹿(儿童画册)[M].北京:外文出版社,1983.

僧伽罗文书目

姜成安、吴带生编绘.人参姑娘(儿童画册)[M].北京:外文出版社,1983.

阿拉伯文书目

叶毓中插图.飞来峰及人间天堂的其他故事(根据西湖民间故事选编)[M].

北京:外文出版社,1983.

丰子恺插图.中国古代寓言选[M].北京:外文出版社,1983.

沈纳兰等译,米谷插图.水牛斗老虎(中国民间故事选)[M].北京:外文出版社,1983.

白行简等著.唐代传奇选[M].北京:外文出版社,1983.

梅樱编绘.九色鹿(儿童画册)[M].北京:外文出版社,1983.

英文书目

闵福德译,贺友直等插图,钟敬文撰序.中国民间故事[M].北京:新世界出版社,1983.

[新西兰]路易·艾黎译.白居易诗选(二百首)[M].北京:新世界出版社,1983.

〔清〕刘鹗著.老残游记[M].北京:《中国文学》杂志社,1983.

诗经选[M].北京:《中国文学》杂志社,1983.

梅樱编绘.九色鹿(儿童画册)[M].北京:外文出版社,1983.

施耐庵原著,上海人民美术出版社编.野猪林(中国古典小说故事连环画)[M].北京:朝华出版社,1983.

法文书目

褚斌杰编,杨永青插图.中国古代神话选[M].北京:外文出版社,1983.

梅樱编绘.九色鹿(儿童画册)[M].北京:外文出版社,1983.

德文书目

梅樱编绘.九色鹿(儿童画册)[M].北京:外文出版社,1983.

俄文书目

七姊妹(中国民间故事选)[M].北京:外文出版社,1983.

西班牙文书目

七姊妹(中国民间故事选)[M].北京:外文出版社,1983.

梅樱编绘.九色鹿(儿童画册)[M].北京:外文出版社,1983.

世界语书目

姜成安、吴带生编绘.人参姑娘(少儿画册)[M].北京:外文出版社,1983.

1984 年

英文书目

唐宋诗文选[M].北京:《中国文学》杂志社,1984.

〔明〕吴承恩原著,詹纳尔译.西游记(二)[M].北京:外文出版社,1984.

〔明〕吴承恩原著,晨雪改编,刘积昆绘.大闹黑风山(少儿画册)[M].北京:外文出版社,1984.

〔清〕蒲松龄原著,毛水仙编绘.白秋练(连环画)[M].北京:外文出版社,1984.

〔清〕蒲松龄原著,于如龙改编,陈惠冠绘.仙人岛(少儿画册)[M].北京:外文出版社,1984.

〔清〕蒲松龄原著,林楹改编,王菊生绘.红玉(连环画)[M].北京:外文出版社,1984.

〔清〕蒲松龄原著,曹作锐改编,杜大恺绘.崂山道士(少儿画册)[M].北京:外文出版社,1984.

〔清〕蒲松龄原著,明扬改编,张增木绘.阿宝(少儿画册)[M].北京:外文出版社,1984.

〔明〕吴承恩原著,方原改编,冯永路绘.猪八戒做女婿(少儿画册)[M].北京:外文出版社,1984.

法文书目

〔明〕吴承恩原著,晨雪改编,刘积昆绘.大闹黑风山(少儿画册)[M].北京:外文出版社,1984.

〔明〕吴承恩原著,张文改编,于长海、曾蓁绘.巧斗黄袍怪(少儿画册)[M].北京:外文出版社,1984.

〔清〕蒲松龄原著,于如龙改编,陈惠冠绘.仙人岛(少儿画册)[M].北京:外文出版社,1984.

〔清〕蒲松龄原著,毛水仙编绘.白秋练(连环画)[M].北京:外文出版社,1984.

〔明〕吴承恩原著,高明友改编,曾昭安、刘积昆绘.孙悟空归正(少儿画册)[M].北京:外文出版社,1984.

〔明〕吴承恩原著,许力改编,陆新森绘.孙悟空出世(少儿画册)[M].北京:外文出版社,1984.

〔清〕蒲松龄原著,林楹改编,王菊生绘.红玉(连环画)〔M〕.北京:外文出版社,1984.

〔清〕蒲松龄原著,曹作锐改编,杜大恺绘.崂山道士(少儿画册)〔M〕.北京:外文出版社,1984.

〔清〕蒲松龄原著,明扬改编,张增木绘.阿宝(少儿画册)〔M〕.北京:外文出版社,1984.

〔明〕吴承恩原著,方原改编,王启中、曹淑芝绘.流沙河收沙僧(少儿画册)〔M〕.北京:外文出版社,1984.

〔明〕吴承恩原著,方原改编,冯永路绘.猪八戒做女婿(少儿画册)〔M〕.北京:外文出版社,1984.

德文书目

干宝等著.汉魏六朝小说选〔M〕.北京:外文出版社,1984.

〔明〕吴承恩原著,晨雪改编,刘积昆绘.大闹黑风山(少儿画册)〔M〕.北京:外文出版社,1984.

〔明〕吴承恩原著,张文改编,于长海、曾蓁绘.巧斗黄袍怪(少儿画册)〔M〕.北京:外文出版社,1984.

〔清〕蒲松龄原著,于如龙改编,陈惠冠绘.仙人岛(少儿画册)〔M〕.北京:外文出版社,1984.

〔清〕蒲松龄原著,毛水仙编绘.白秋练(连环画)〔M〕.北京:外文出版社,1984.

〔明〕吴承恩原著,高明友改编,曾昭安、刘积昆绘.孙悟空归正(少儿画册)〔M〕.北京:外文出版社,1984.

〔明〕吴承恩原著,许力改编,陆新森绘.孙悟空出世(少儿画册)〔M〕.北京:外文出版社,1984.

〔清〕蒲松龄原著,林楹改编,王菊生绘.红玉(连环画)〔M〕.北京:外文出版社,1984.

〔清〕蒲松龄原著,曹作锐改编,杜大恺绘.崂山道士(少儿画册)〔M〕.北京:外文出版社,1984.

〔清〕蒲松龄原著,明扬改编,张增木绘.阿宝(少儿画册)〔M〕.北京:外文出版社,1984.

西班牙文书目

丰子恺插图.中国古代寓言选[M].北京:外文出版社,1984.

奴隶与龙女(中国民间故事选)[M].北京:外文出版社,1984.

神鸟(中国民间故事选)[M].北京:外文出版社,1984.

〔明〕吴承恩原著,晨雪改编,刘积昆绘.大闹黑风山(少儿画册)[M].北京:外文出版社,1984.

〔明〕吴承恩原著,张文改编,于长海、曾蓁绘.巧斗黄袍怪(少儿画册)[M].北京:外文出版社,1984.

〔清〕蒲松龄原著,于如龙改编,陈惠冠绘.仙人岛(少儿画册)[M].北京:外文出版社,1984.

〔清〕蒲松龄原著,毛水仙编绘.白秋练(连环画)[M].北京:外文出版社,1984.

〔明〕吴承恩原著,高明友改编,曾昭安、刘积昆绘.孙悟空归正(少儿画册)[M].北京:外文出版社,1984.

〔明〕吴承恩原著,许力改编,陆新森绘.孙悟空出世(少儿画册)[M].北京:外文出版社,1984.

〔清〕蒲松龄原著,林楹改编,王菊生绘.红玉(连环画)[M].北京:外文出版社,1984.

〔清〕蒲松龄原著,曹作锐改编,杜大恺绘.崂山道士(少儿画册)[M].北京:外文出版社,1984.

〔清〕蒲松龄原著,明扬改编,张增木绘.阿宝(少儿画册)[M].北京:外文出版社,1984.

〔明〕吴承恩原著,方原改编,王启中、曹淑芝绘.流沙河收沙僧(少儿画册)[M].北京:外文出版社,1984.

日文书目

〔清〕蒲松龄原著,毛水仙编绘.白秋练(连环画)[M].北京:外文出版社,1984.

〔清〕蒲松龄原著,于如龙改编,陈惠冠绘.仙人岛(少儿画册)[M].北京:外文出版社,1984.

〔清〕蒲松龄原著,林楹改编,王菊生绘.红玉(连环画)[M].北京:外文出版社,1984.

〔清〕蒲松龄原著,曹作锐改编,杜大恺绘.崂山道士(少儿画册)[M].北京:外文出版社,1984.

〔清〕蒲松龄原著,明扬改编,张增木绘.阿宝(少儿画册)[M].北京:外文出版社,1984.

阿拉伯文书目

七姊妹(中国民间故事选)[M].北京:外文出版社,1984.

〔明〕吴承恩著.火焰山(中国古典小说《西游记》节选)[M].北京:外文出版社,1984.

〔明〕罗贯中著.赤壁之战(中国古典小说《三国演义》节选)[M].北京:外文出版社,1984.

阿布·贾拉德译.宝刀(中国民间故事选)[M].北京:外文出版社,1984.

〔清〕蒲松龄原著,于如龙改编,陈惠冠绘.仙人岛(少儿画册)[M].北京:外文出版社,1984.

〔清〕蒲松龄原著,毛水仙编绘.白秋练(连环画)[M].北京:外文出版社,1984.

〔清〕蒲松龄原著,林楹改编,王菊生绘.红玉(连环画)[M].北京:外文出版社,1984.

〔清〕蒲松龄原著,曹作锐改编,杜大恺绘.崂山道士(少儿画册)[M].北京:外文出版社,1984.

〔清〕蒲松龄原著,明扬改编,张增木绘.阿宝(少儿画册)[M].北京:外文出版社,1984.

泰文书目

宝刀(中国民间故事选)[M].北京:外文出版社,1984.

七姊妹(中国民间故事选)[M].北京:外文出版社,1984.

〔明〕吴承恩原著,晨雪改编,刘积昆绘.大闹黑风山(少儿画册)[M].北京:外文出版社,1984.

〔明〕吴承恩原著,张文改编,于长海、曾蓁绘.巧斗黄袍怪(少儿画册)[M].北京:外文出版社,1984.

〔清〕蒲松龄原著,毛水仙编绘.白秋练(连环画)[M].北京:外文出版社,1984.

〔明〕吴承恩原著,高明友改编,曾昭安、刘积昆绘.孙悟空归正(少儿画册)[M].北京:外文出版社,1984.

〔明〕吴承恩原著,许力改编,陆新森绘.孙悟空出世(少儿画册)[M].北京:外文出版社,1984.

〔清〕蒲松龄原著,林楹改编,王菊生绘.红玉(连环画)[M].北京:外文出版社,1984.

〔清〕蒲松龄原著,明扬改编,张增木绘.阿宝(少儿画册)[M].北京:外文出版社,1984.

〔明〕吴承恩原著,方原改编,王启中、曹淑芝绘.流沙河收沙僧(少儿画册)[M].北京:外文出版社,1984.

〔明〕吴承恩原著,方原改编,冯永路绘.猪八戒做女婿(少儿画册)[M].北京:外文出版社,1984.

朝鲜文书目

李英淑、金光烈译.孔雀姑娘(中国民间故事选)[M].北京:外文出版社,1984.

蔡桂玉、金光烈译.水牛斗老虎(中国民间故事选)[M].北京:外文出版社,1984.

〔明〕吴承恩著,安义运译.西游记(一)[M].北京:外文出版社,1984.

龚荣先、钟学译.宝刀(中国民间故事选)[M].北京:外文出版社,1984.

印地文书目

白行简等著.唐代传奇选[M].北京:外文出版社,1984.

〔明〕吴承恩原著,晨雪改编,刘积昆绘.大闹黑风山(少儿画册)[M].北京:外文出版社,1984.

〔明〕吴承恩原著,张文改编,于长海、曾蓁绘.巧斗黄袍怪(少儿画册)[M].北京:外文出版社,1984.

〔清〕蒲松龄原著,于如龙改编,陈惠冠绘.仙人岛(少儿画册)[M].北京:外文出版社,1984.

　　〔清〕蒲松龄原著,毛水仙编绘.白秋练(连环画)[M].北京:外文出版社,
1984.

　　〔明〕吴承恩原著,高明友改编,曾昭安、刘积昆绘.孙悟空归正(少儿画册)
[M].北京:外文出版社,1984.

　　〔明〕吴承恩原著,许力改编,陆新森绘.孙悟空出世(少儿画册)[M].北京:外
文出版社,1984.

　　〔清〕蒲松龄原著,林楹改编,王菊生绘.红玉(连环画)[M].北京:外文出版
社,1984.

　　〔清〕蒲松龄原著,曹作锐改编,杜大恺绘.崂山道士(少儿画册)[M].北京:外
文出版社,1984.

　　〔清〕蒲松龄原著,明扬改编,张增木绘.阿宝(少儿画册)[M].北京:外文出版
社,1984.

　　〔明〕吴承恩原著,方原改编,王启中、曹淑芝绘.流沙河收沙僧(少儿画册)
[M].北京:外文出版社,1984.

　　〔明〕吴承恩原著,方原改编,冯永路绘.猪八戒做女婿(少儿画册)[M].北京:
外文出版社,1984.

乌尔都文书目

〔清〕蒲松龄著.聊斋志异选[M].北京:外文出版社,1984.

孟加拉文书目

中国古代寓言选[M].北京:外文出版社,1984.

宝刀(中国民间故事选)[M].北京:外文出版社,1984.

　　〔明〕吴承恩原著,晨雪改编,刘积昆绘.大闹黑风山(少儿画册)[M].北京:外
文出版社,1984.

　　〔明〕吴承恩原著,张文改编,于长海、曾蓁绘.巧斗黄袍怪(少儿画册)[M].北
京:外文出版社,1984.

　　〔清〕蒲松龄原著,于如龙改编,陈惠冠绘.仙人岛(少儿画册)[M].北京:外文
出版社,1984.

　　〔清〕蒲松龄原著,毛水仙编绘.白秋练(连环画)[M].北京:外文出版社,
1984.

〔明〕吴承恩原著,高明友改编,曾昭安、刘积昆绘.孙悟空归正(少儿画册)[M].北京:外文出版社,1984.

〔明〕吴承恩原著,许力改编,陆新森绘.孙悟空出世(少儿画册)[M].北京:外文出版社,1984.

〔清〕蒲松龄原著,林楹改编,王菊生绘.红玉(连环画)[M].北京:外文出版社,1984.

〔清〕蒲松龄原著,曹作锐改编,杜大恺绘.崂山道士(少儿画册)[M].北京:外文出版社,1984.

〔清〕蒲松龄原著,明扬改编,张增木绘.阿宝(少儿画册)[M].北京:外文出版社,1984.

〔明〕吴承恩原著,方原改编,王启中、曹淑芝绘.流沙河收沙僧(少儿画册)[M].北京:外文出版社,1984.

〔明〕吴承恩原著,方原改编,冯永路绘.猪八戒做女婿(少儿画册)[M].北京:外文出版社,1984.

1985 年
泰文书目

褚斌杰编,杨永青插图.中国古代神话选[M].北京:外文出版社,1985.

孔雀姑娘(中国民间故事选)[M].北京:外文出版社,1985.

神鸟(中国民间故事选)[M].北京:外文出版社,1985.

印地文书目

七姊妹(中国民间故事选)[M].北京:外文出版社,1985.

宝刀(中国民间故事选)[M].北京:外文出版社,1985.

孟加拉文书目

七姊妹(中国民间故事选)[M].北京:外文出版社,1985.

〔明〕吴承恩原著.孙悟空大闹天宫(中国古典名著《西游记》有关章节)[M].北京:外文出版社,1985.

阿拉伯文书目

〔元〕关汉卿原著,海地·阿拉维译.关汉卿剧作选[M].北京:外文出版社,1985.

斯瓦希里文书目

〔清〕蒲松龄原著,张治强、孙宝华译.聊斋志异选[M].北京:外文出版社,
1985.

英文书目

黄裳著.京剧故事集[M].北京:外文出版社,1985.

神鸟(中国民间故事选)[M].北京:外文出版社,1985.

李树芬改编,刘绍荟画.中国民间故事:灯花姑娘[M].北京:外文出版社,
1985.

〔明〕吴承恩原著,高明友改编,曾昭安、刘积昆绘.孙悟空归正(少儿画册)
[M].北京:外文出版社,1985.

〔明〕吴承恩原著,许力改编,陆新森绘.孙悟空出世(少儿画册)[M].北京:外
文出版社,1985.

〔清〕蒲松龄原著,苗杰改编,黄鸿仪画.聊斋志异:奇妙的蟋蟀[M].北京:朝
华出版社,1985.

法文书目

七姊妹(中国民间故事选)[M].北京:外文出版社,1985.

孔雀姑娘(中国民间故事选)[M].北京:外文出版社,1985.

李树芬改编,吴儆芦画.白鹅女:中国民间故事[M].北京:外文出版社,1985.

奴隶与龙女(中国民间故事选)[M].北京:外文出版社,1985.

神鸟(中国民间故事选)[M].北京:外文出版社,1985.

〔清〕蒲松龄原著,苗杰改编,黄鸿仪画.聊斋志异:奇妙的蟋蟀[M].北京:朝
华出版社,1985.

德文书目

奴隶与龙女(中国民间故事选)[M].北京:外文出版社,1985.

〔明〕冯梦龙等著.宋明平话选[M].北京:外文出版社,1985.

〔明〕吴承恩原著,方原改编,王启中、曹淑芝绘.流沙河收沙僧(少儿画册)
[M].北京:外文出版社,1985.

俄文书目

李树芬改编,刘绍荟画.中国民间故事:灯花姑娘[M].北京:外文出版社,1985.

西班牙文书目

〔清〕蒲松龄原著,苗杰改编,黄鸿仪画.聊斋志异:奇妙的蟋蟀[M].北京:朝华出版社,1985.

〔明〕吴承恩原著,方原改编,冯永路绘.猪八戒做女婿(少儿画册)[M].北京:外文出版社,1985.

葡萄牙文书目

七姊妹(中国民间故事选)[M].北京:外文出版社,1985.

孔雀姑娘(中国民间故事选)[M].北京:外文出版社,1985.

宝刀(中国民间故事选)[M].北京:外文出版社,1985.

1986 年

朝鲜文书目

李英淑,金光烈译.七姊妹(中国民间故事选)[M].北京:外文出版社,1986.

〔明〕吴承恩原著,安义运译.西游记(二)[M].北京:外文出版社,1986.

日文书目

婷婷改编,尹口羊绘画.孔雀公主:中国民间故事[M].北京:外文出版社,1986.

蒋振立编绘.石汉和田螺:中国民间故事[M].北京:外文出版社,1986.

范曾绘.范曾画集[M].北京:外文出版社,1986.

姜渭渔画,王启中改编.金色的海螺(连环画册)[M].北京:外文出版社,1986.

泰文书目

〔明〕吴承恩原著,丁宇真改编,张健平、齐均绘画.大战通天河(连环画册)[M].北京:外文出版社,1986.

中国古代寓言选[M].北京:外文出版社,1986.

婷婷改编,尹口羊绘画.孔雀公主:中国民间故事[M].北京:外文出版社,1986.

〔明〕吴承恩原著,许力改编,于长海绘画.勇斗青牛精(连环画册)[M].北京:外文出版社,1986.

〔明〕吴承恩原著,高明友改编,官其格、高振美绘画.勇擒红孩儿(连环画册)[M].北京:外文出版社,1986.

〔明〕吴承恩原著,高明友改编,胡立滨绘画.真假孙悟空(连环画册)[M].北京:外文出版社,1986.

〔明〕吴承恩原著,韩双东改编,朱青贞、周大光绘画.莲花洞(连环画册)[M].北京:外文出版社,1986.

〔明〕吴承恩原著,蔺傅新改编,梁丙卓、严志绘画.智降狮猁王(少儿画册)[M].北京:外文出版社,1986.

印地文书目

〔明〕吴承恩原著,丁宇真改编,张健平、齐均绘画.大战通天河(连环画册)[M].北京:外文出版社,1986.

丁宇真改编,黄景绘画.长发妹:中国民间故事[M].北京:外文出版社,1986.

婷婷改编,尹口羊绘画.孔雀公主:中国民间故事[M].北京:外文出版社,1986.

蒋振立编绘.石汉和田螺:中国民间故事[M].北京:外文出版社,1986.

〔明〕吴承恩原著,唐澄编文,高明友节写,严定宪等绘画,王启中、曹淑芝改绘.孙悟空大闹天宫(连环画册)[M].北京:外文出版社,1986.

姜渭渔画,王启中改编.金色的海螺(连环画册)[M].北京:外文出版社,1986.

〔明〕吴承恩原著,许力改编,于长海绘画.勇斗青牛精(连环画册)[M].北京:外文出版社,1986.

〔明〕吴承恩原著,高明友改编,官其格、高振美绘画.勇擒红孩儿(连环画册)[M].北京:外文出版社,1986.

〔明〕吴承恩原著,高明友改编,胡立滨绘画.真假孙悟空(连环画册)[M].北京:外文出版社,1986.

〔明〕吴承恩原著,李树芬改编,张健平、齐均绘画.偷吃人参果(少儿画册)[M].北京:外文出版社,1986.

孟加拉文书目

〔明〕吴承恩原著,丁宇真改编,张健平、齐均绘画.大战通天河(连环画册)[M].北京:外文出版社,1986.

〔明〕吴承恩原著,方原改编,傅红绘画.子母河(少儿画册)[M].北京:外文出版社,1986.

婷婷改编,尹口羊绘画.孔雀公主:中国民间故事[M].北京:外文出版社,1986.

蒋振立编绘.石汉和田螺:中国民间故事[M].北京:外文出版社,1986.

[明]吴承恩原著,唐澄编文,高明友节写,严定宪等绘画,王启中、曹淑芝改绘.孙悟空大闹天宫(连环画册)[M].北京:外文出版社,1986.

姜渭渔画,王启中改编.金色的海螺(连环画册)[M].北京:外文出版社,1986.

[明]吴承恩原著,韩双东改编,朱青贞、周大光绘画.莲花洞(连环画册)[M].北京:外文出版社,1986.

[明]吴承恩原著,李树芬改编,张健平、齐均绘画.偷吃人参果(少儿画册)[M].北京:外文出版社,1986.

乌尔都文书目

白行简等著,伊西迪亚克译.唐代传奇选[M].北京:外文出版社,1986.

阿拉伯文书目

婷婷改编,尹口羊绘画.孔雀公主:中国民间故事[M].北京:外文出版社,1986.

神鸟(中国民间故事选)[M].北京:外文出版社,1986.

斯瓦希里文书目

姜成安、吴带生编绘.人参姑娘(少儿画册)[M].北京:外文出版社,1986.

任德耀著,蔡宝梅译.马兰花[M].北京:外文出版社,1986.

韩菊改编,贺友直等绘.曹冲称象(少儿画册)[M].北京:外文出版社,1986.

英文书目

汉魏六朝诗文选[M].北京:《中国文学》杂志社,1986.

明清诗文选[M].北京:《中国文学》杂志社,1986.

梅兰芳编剧,魏莉莎译.凤还巢[M].北京:新世界出版社,1986.

[明]吴承恩原著,李士伋插图,詹纳尔译.西游记(三)[M].北京:外文出版社,1986.

唐代传奇选[M].北京:《中国文学》杂志社,1986.

历代笑话选[M].北京:《中国文学》杂志社,1986.

[明]吴承恩原著,贞环改编,胡立滨绘画.三借芭蕉扇(少儿画册)[M].北京:

外文出版社,1986.

〔明〕吴承恩原著,丁宇真改编,张健平、齐均绘画.大战通天河(连环画册)[M].北京:外文出版社,1986.

〔明〕吴承恩原著,方原改编,傅红绘画.子母河(少儿画册)[M].北京:外文出版社,1986.

丁宇真改编,黄景绘画.长发妹:中国民间故事[M].北京:外文出版社,1986.

斗犀夺珠:中国民间故事[M].北京:外文出版社,1986.

〔明〕吴承恩原著,许力改编,张健平、齐均绘画.计盗紫金铃[M].北京:外文出版社,1986.

婷婷改编,尹口羊绘画.孔雀公主:中国民间故事[M].北京:外文出版社,1986.

蒋振立编绘.石汉和田螺:中国民间故事[M].北京:外文出版社,1986.

〔明〕吴承恩原著,方原改编,蔡荣绘画.西梁女国[M].北京:外文出版社,1986.

〔明〕吴承恩原著,唐澄编文,高明友节写,严定宪等绘画,王启中、曹淑芝改绘.孙悟空大闹天宫(连环画册)[M].北京:外文出版社,1986.

姜渭渔画,王启中改编.金色的海螺(连环画册)[M].北京:外文出版社,1986.

〔明〕吴承恩原著,汤光佑改编,李士伋绘画.变法斗三仙[M].北京:外文出版社,1986.

〔明〕吴承恩原著,刘治贵、张京改编,黄景绘画.狮驼岭上伏三魔[M].北京:外文出版社,1986.

〔明〕吴承恩原著,许力改编,于长海绘画.勇斗青牛精(连环画册)[M].北京:外文出版社,1986.

〔明〕吴承恩原著,高明友改编,官其格、高振美绘画.勇擒红孩儿(连环画册)[M].北京:外文出版社,1986.

〔明〕吴承恩原著,高明友改编,胡立滨绘画.真假孙悟空(连环画册)[M].北京:外文出版社,1986.

〔明〕吴承恩原著,李树芬改编,张健平、齐均绘画.偷吃人参果(少儿画册)[M].北京:外文出版社,1986.

〔明〕吴承恩原著,温承德改编,成丁、一清绘画.盘丝洞[M].北京:外文出版社,1986.

〔明〕吴承恩著,蔺傅新改编,梁丙卓、严志绘画.智降狮狲王(少儿画册)[M].北京:外文出版社,1986.

法文书目

宋明话本选[M].北京:《中国文学》杂志社,1986.

黄盛发编.屈原及其离骚[M].北京:外文出版社,1986.

〔清〕蒲松龄原著,外文出版社编.聊斋志异选[M].北京:外文出版社,1986.

〔明〕吴承恩原著,贞环改编,胡立滨绘画.三借芭蕉扇(少儿画册)[M].北京:外文出版社,1986.

〔明〕吴承恩原著,丁宇真改编,张健平、齐均绘画.大战通天河(连环画册)[M].北京:外文出版社,1986.

丁宇真改编,黄景绘画.长发妹:中国民间故事[M].北京:外文出版社,1986.

〔明〕吴承恩原著,许力改编,张健平、齐均绘画.计盗紫金铃[M].北京:外文出版社,1986.

婷婷改编,尹口羊绘画.孔雀公主:中国民间故事[M].北京:外文出版社,1986.

蒋振立编绘.石汉和田螺:中国民间故事[M].北京:外文出版社,1986.

〔明〕吴承恩原著,方原改编,蔡荣绘画.西梁女国[M].北京:外文出版社,1986.

李树芬改编,刘绍芬绘画.灯花姑娘:中国民间故事[M].北京:外文出版社,1986.

〔明〕吴承恩原著,唐澄编文,高明友节写,严定宪等绘画,王启中、曹淑芝改绘.孙悟空大闹天宫(连环画册)[M].北京:外文出版社,1986.

姜渭渔画,王启中改编.金色的海螺(连环画册)[M].北京:外文出版社,1986.

〔明〕吴承恩原著,汤光佑改编,李士伋绘画.变法斗三仙[M].北京:外文出版社,1986.

〔明〕吴承恩原著,刘治贵、张京改编,黄景绘画.狮驼岭上伏三魔[M].北京:外文出版社,1986.

〔明〕吴承恩原著,许力改编,于长海绘画.勇斗青牛精(连环画册)〔M〕.北京:外文出版社,1986.

〔明〕吴承恩原著,高明友改编,官其格、高振美绘画.勇擒红孩儿(连环画册)〔M〕.北京:外文出版社,1986.

〔明〕吴承恩原著,韩双东改编,朱青贞、周大光绘画.莲花洞(连环画册)〔M〕.北京:外文出版社,1986.

〔明〕吴承恩原著,李树芬改编,张健平、齐均绘画.偷吃人参果(少儿画册)〔M〕.北京:外文出版社,1986.

〔明〕吴承恩原著,温承德改编,成丁、一清绘画.盘丝洞〔M〕.北京:外文出版社,1986.

〔明〕吴承恩原著,蔺傅新改编,梁丙卓、严志绘画.智降狮狌王(少儿画册)〔M〕.北京:外文出版社,1986.

德文书目

褚斌杰编,杨永青插图.中国古代神话选〔M〕.北京:外文出版社,1986.

中国古代寓言选〔M〕.北京:外文出版社,1986.

斗犀夺珠:中国民间故事〔M〕.北京:外文出版社,1986.

〔明〕吴承恩原著,贞环改编,胡立滨绘画.三借芭蕉扇(少儿画册)〔M〕.北京:外文出版社,1986.

〔明〕吴承恩原著,丁宇真改编,张健平、齐均绘画.大战通天河(连环画册)〔M〕.北京:外文出版社,1986.

〔明〕吴承恩原著,方原改编,傅红绘画.子母河(少儿画册)〔M〕.北京:外文出版社,1986.

婷婷改编,尹口羊绘画.孔雀公主:中国民间故事〔M〕.北京:外文出版社,1986.

蒋振立编绘.石汉和田螺:中国民间故事〔M〕.北京:外文出版社,1986.

李树芬改编,吴儆芦画.白鹅女:中国民间故事〔M〕.北京:外文出版社,1986.

李树芬改编,刘绍芬绘画.灯花姑娘:中国民间故事〔M〕.北京:外文出版社,1986.

〔明〕吴承恩原著,唐澄编文,高明友节写,严定宪等绘画,王启中、曹淑芝改绘.孙悟空大闹天宫(连环画册)[M].北京:外文出版社,1986.

姜渭渔画,王启中改编.金色的海螺(连环画册)[M].北京:外文出版社,1986.

〔明〕吴承恩原著,刘治贵、张京改编,黄景绘画.狮驼岭上伏三魔[M].北京:外文出版社,1986.

〔明〕吴承恩原著,许力改编,于长海绘画.勇斗青牛精(连环画册)[M].北京:外文出版社,1986.

〔明〕吴承恩原著,高明友改编,官其格、高振美绘画.勇擒红孩儿(连环画册)[M].北京:外文出版社,1986.

〔明〕吴承恩原著,高明友改编,胡立滨绘画.真假孙悟空(连环画册)[M].北京:外文出版社,1986.

〔明〕吴承恩原著,李树芬改编,张健平、齐均绘画.偷吃人参果(少儿画册)[M].北京:外文出版社,1986.

〔明〕吴承恩原著,温承德改编,成丁、一清绘画.盘丝洞[M].北京:外文出版社,1986.

俄文书目

丁宇真改编,黄景绘画.长发妹:中国民间故事[M].北京:外文出版社,1986.

沈纳兰等译,米谷插图.水牛斗老虎(中国民间故事选)[M].北京:外文出版社,1983.

李树芬改编,吴儆芦画.白鹅女:中国民间故事[M].北京:外文出版社,1986.

姜渭渔画,王启中改编.金色的海螺(连环画册)[M].北京:外文出版社,1986.

西班牙文书目

〔明〕吴承恩原著,贞环改编,胡立滨绘画.三借芭蕉扇(少儿画册)[M].北京:外文出版社,1986.

〔明〕吴承恩原著,丁宇真改编,张健平、齐均绘画.大战通天河(连环画册)[M].北京:外文出版社,1986.

丁宇真改编,黄景绘画.长发妹:中国民间故事[M].北京:外文出版社,1986.

〔明〕吴承恩原著,许力改编,张健平、齐均绘画.计盗紫金铃[M].北京:外文出版社,1986.

婷婷改编,尹口羊绘画.孔雀公主:中国民间故事[M].北京:外文出版社,
1986.

蒋振立编绘.石汉和田螺:中国民间故事[M].北京:外文出版社,1986.

〔明〕吴承恩原著,方原改编,蔡荣绘画.西梁女国[M].北京:外文出版社,
1986.

李树芬改编,刘绍芬绘画.灯花姑娘:中国民间故事[M].北京:外文出版社,
1986.

〔明〕吴承恩原著,唐澄编文,高明友节写,严定宪等绘画,王启中、曹淑芝改
绘.孙悟空大闹天宫(连环画册)[M].北京:外文出版社,1986.

姜渭渔画,王启中改编.金色的海螺(连环画册)[M].北京:外文出版社,
1986.

〔明〕吴承恩原著,汤光佑改编,李士伋绘画.变法斗三仙[M].北京:外文出版
社,1986.

〔明〕吴承恩原著,刘治贵、张京改编,黄景绘画.狮驼岭上伏三魔[M].北京:
外文出版社,1986.

〔明〕吴承恩原著,许力改编,于长海绘画.勇斗青牛精(连环画册)[M].北京:
外文出版社,1986.

〔明〕吴承恩原著,高明友改编,官其格、高振美绘画.勇擒红孩儿(连环画册)
[M].北京:外文出版社,1986.

〔明〕吴承恩原著,韩双东改编,朱青贞、周大光绘画.莲花洞(连环画册)[M].
北京:外文出版社,1986.

〔明〕吴承恩原著,高明友改编,胡立滨绘画.真假孙悟空(连环画册)[M].北
京:外文出版社,1986.

〔明〕吴承恩原著,李树芬改编,张健平、齐均绘画.偷吃人参果(少儿画册)
[M].北京:外文出版社,1986.

〔明〕吴承恩原著,温承德改编,成丁、一清绘画.盘丝洞[M].北京:外文出版
社,1986.

〔明〕吴承恩原著,蔺傅新改编,梁丙卓、严志绘画.智降狮猁王(少儿画册)
[M].北京:外文出版社,1986.

葡萄牙文书目

婷婷改编,尹口羊绘画.孔雀公主:中国民间故事[M].北京:外文出版社,1986.

姜渭渔画,王启中改编.金色的海螺(连环画册)[M].北京:外文出版社,1986.

世界语书目

丁宇真改编,黄景绘画.长发妹:中国民间故事[M].北京:外文出版社,1986.

姜渭渔画,王启中改编.金色的海螺(连环画册)[M].北京:外文出版社,1986.

1987 年

泰文书目

斗犀夺珠:中国民间故事[M].北京:外文出版社,1987.

印地文书目

〔清〕蒲松龄原著.聊斋志异选[M].北京:外文出版社,1987.

〔明〕吴承恩原著,武廷杰改编,曾蓁绘画.七绝山(少儿画册)[M].北京:外文出版社,1987.

丁宇真改编,黄景绘画.长发妹:中国民间故事[M].北京:外文出版社,1987.

〔明〕吴承恩原著,孙锦常改编,官其格、高振美绘画.计闹钉耙宴(少儿画册)[M].北京:外文出版社,1987.

〔明〕吴承恩原著,王燕荣改编,鄢修民绘画.劝善施雨(少儿画册)[M].北京:外文出版社,1987.

〔明〕吴承恩原著,冯幽君改编,成丁、一清绘画.四探无底洞(少儿画册)[M].北京:外文出版社,1987.

〔明〕吴承恩原著,方原改编,蔡荣绘画.西梁女国[M].北京:外文出版社,1987.

〔明〕吴承恩原著,许力改编,于长海绘画.勇斗青牛精(连环画册)[M].北京:外文出版社,1987.

〔明〕吴承恩原著,高明友改编,胡立滨绘画.真假孙悟空(连环画册)[M].北京:外文出版社,1987.

〔明〕吴承恩原著,莫雪仪改编,毛水仙、杜希贤绘画.悟空擒玉兔(连环画册)[M].北京:外文出版社,1987.

斯瓦希里文书目

丁宇真改编,黄景绘画.长发妹:中国民间故事[M].北京:外文出版社,1987.

鲍光满改编,龙念南绘画.香蕉娃娃:中国民间故事[M].北京:海豚出版社,1987.

英文书目

〔明〕吴承恩原著,武廷杰改编,曾蓁绘画.七绝山(少儿画册)[M].北京:外文出版社,1987.

〔明〕吴承恩原著,孙锦常改编,官其格、高振美绘画.计闹钉耙宴(少儿画册)[M].北京:外文出版社,1987.

〔明〕吴承恩原著,王燕荣改编,鄢修民绘画.劝善施雨(少儿画册)[M].北京:外文出版社,1987.

〔明〕吴承恩原著,冯幽君改编,成丁、一清绘画.四探无底洞(少儿画册)[M].北京:外文出版社,1987.

〔明〕吴承恩原著,青亚改编,曾昭安、曾大军绘画.扫平假西天(少儿画册)[M].北京:外文出版社,1987.

〔明〕吴承恩原著,莫雪仪改编,毛水仙、杜希贤绘画.悟空擒玉兔(连环画册)[M].北京:外文出版社,1987.

〔清〕蒲松龄原著,舒瑛改编,潘小庆绘画.莲花公主[M].北京:朝华出版社,1987.

〔清〕蒲松龄原著,舒瑛改编,沈启鹏绘画.婴宁公主[M].北京:朝华出版社,1987.

法文书目

斗犀夺珠:中国民间故事[M].北京:外文出版社,1987.

乔治·雅热译.唐诗三百首[M].北京:国际文化出版公司,1987.

〔明〕吴承恩原著,武廷杰改编,曾蓁绘画.七绝山(少儿画册)[M].北京:外文出版社,1987.

〔明〕吴承恩原著,王燕荣改编,鄢修民绘画.劝善施雨(少儿画册)[M].北京:外文出版社,1987.

〔明〕吴承恩原著,冯幽君改编,成丁、一清绘画.四探无底洞(少儿画册)〔M〕.北京:外文出版社,1987.

〔明〕吴承恩原著,青亚改编,曾昭安、曾大军绘画.扫平假西天(少儿画册)〔M〕.北京:外文出版社,1987.

〔清〕蒲松龄原著,舒瑛改编,潘小庆绘画.莲花公主〔M〕.北京:朝华出版社,1987.

〔清〕蒲松龄原著,舒瑛改编,沈启鹏绘画.婴宁公主〔M〕.北京:朝华出版社,1987.

德文书目

〔明〕吴承恩原著,孙锦常改编,官其格、高振美绘画.计闹钉耙宴(少儿画册)〔M〕.北京:外文出版社,1987.

〔明〕吴承恩原著,王燕荣改编,鄢修民绘画.劝善施雨(少儿画册)〔M〕.北京:外文出版社,1987.

〔明〕吴承恩原著,冯幽君改编,成丁、一清绘画.四探无底洞(少儿画册)〔M〕.北京:外文出版社,1987.

〔明〕吴承恩原著,青亚改编,曾昭安、曾大军绘画.扫平假西天(少儿画册)〔M〕.北京:外文出版社,1987.

西班牙文书目

〔明〕吴承恩原著,孙锦常改编,官其格、高振美绘画.计闹钉耙宴(少儿画册)〔M〕.北京:外文出版社,1987.

斗犀夺珠:中国民间故事〔M〕.北京:外文出版社,1987.

〔明〕吴承恩原著,王燕荣改编,鄢修民绘画.劝善施雨(少儿画册)〔M〕.北京:外文出版社,1987.

〔明〕吴承恩原著,冯幽君改编,成丁、一清绘画.四探无底洞(少儿画册)〔M〕.北京:外文出版社,1987.

〔明〕吴承恩原著,莫雪仪改编,毛水仙、杜希贤绘画.悟空擒玉兔(连环画册)〔M〕.北京:外文出版社,1987.

〔清〕蒲松龄原著,舒瑛改编,潘小庆绘画.莲花公主〔M〕.北京:朝华出版社,1987.

〔清〕蒲松龄原著,舒瑛改编,沈启鹏绘画.婴宁公主[M].北京:朝华出版社,
1987.

葡萄牙文书目

中国古代寓言选[M].北京:外文出版社,1987.

〔明〕冯梦龙等著.宋明平话选(上)[M].北京:外文出版社,1987.

〔明〕冯梦龙等著.宋明平话选(中)[M].北京:外文出版社,1987.

〔明〕冯梦龙等著.宋明平话选(下)[M].北京:外文出版社,1987.

丁宇真改编,黄景绘画.长发妹:中国民间故事[M].北京:外文出版社,1987.

鲍光满改编,龙念南绘画.香蕉娃娃:中国民间故事[M].北京:海豚出版社,
1987.

1988 年

英文书目

龙的传说[M].北京:中国文学出版社,1988.

孙锦常、艾华改编,何山、桂润年绘画.两个石匠:中国民间故事[M].北京:海
豚出版社,1988.

姜慕晨搜集,林扉改编,叶毓中绘画.宝船:中国民间故事[M].北京:海豚出版
社,1988.

李广庥改编,张世明绘画.梦游蚂蚁国:中国民间故事[M].北京:海豚出版社,
1988.

叶菱改编,黄炜、常保生绘画.猎人海力布:中国民间故事[M].北京:海豚出版
社,1988.

法文书目

龙的传说[M].北京:中国文学出版社,1988.

孙锦常、艾华改编,何山、桂润年绘画.两个石匠:中国民间故事[M].北京:海
豚出版社,1988.

姜慕晨搜集,林扉改编,叶毓中绘画.宝船:中国民间故事[M].北京:海豚出版
社,1988.

叶菱改编,黄炜、常保生绘画.猎人海力布:中国民间故事[M].北京:海豚出版
社,1988.

德文书目

姜慕晨搜集,林扉改编,叶毓中绘画.宝船:中国民间故事[M].北京:海豚出版社,1988.

李广麻改编,张世明绘画.梦游蚂蚁国:中国民间故事[M].北京:海豚出版社,1988.

叶菱改编,黄炜、常保生绘画.猎人海力布:中国民间故事[M].北京:海豚出版社,1988.

西班牙文书目

叶菱改编,黄炜、常保生绘画.猎人海力布:中国民间故事[M].北京:海豚出版社,1988.

俄文书目

叶菱改编,黄炜、常保生绘画.猎人海力布:中国民间故事[M].北京:海豚出版社,1988.

日文书目

孙锦常、艾华改编,何山、桂润年绘画.两个石匠:中国民间故事[M].北京:海豚出版社,1988.

孟加拉文书目

奴隶与龙女(中国民间故事选)[M].北京:外文出版社,1988.

阿拉伯文书目

〔清〕蒲松龄原著.聊斋志异选[M].北京:外文出版社,1988.

李洪恩根据同名美术电影改编,段孝萱等摄影.哪吒闹海(连环画)[M].北京:外文出版社,1988.

意大利文书目

中国古代寓言选[M].北京:外文出版社,1988.

葡萄牙文书目

神鸟(中国民间故事选)[M].北京:外文出版社,1988.

1989 年

英文书目

〔战国〕庄子原著,冯友兰译.道家经典[M].北京:外文出版社,1989.

〔清〕蒲松龄原著,王起等编选、注释.聊斋志异选［M］.北京:外文出版社,1989.

张京改编,孙景波画.淌来儿:中国民间故事［M］.北京:海豚出版社,1989.

法文书目

褚斌杰编,杨永青插图.中国古代神话选［M］.北京:外文出版社,1989.

张京改编,孙景波画.淌来儿:中国民间故事［M］.北京:海豚出版社,1989.

西班牙文书目

褚斌杰编,杨永青插图.中国古代神话选［M］.北京:外文出版社,1989.

〔明〕冯梦龙等著.宋明平话选(上)［M］.北京:外文出版社,1989.

〔明〕冯梦龙等著.宋明平话选(下)［M］.北京:外文出版社,1989.

阿拉伯文书目

夏阿班译.斗犀夺珠:中国民间故事［M］.北京:外文出版社,1989.

晓丁改编,钟蜀珩画.石榴:中国民间故事［M］.北京:海豚出版社,1989.

张京改编,孙景波画.淌来儿:中国民间故事［M］.北京:海豚出版社,1989.

印地文书目

晓丁改编,钟蜀珩画.石榴:中国民间故事［M］.北京:海豚出版社,1989.

张京改编,孙景波画.淌来儿:中国民间故事［M］.北京:海豚出版社,1989.

乌尔都文书目

晓丁改编,钟蜀珩画.石榴:中国民间故事［M］.北京:海豚出版社,1989.

张京改编,孙景波画.淌来儿:中国民间故事［M］.北京:海豚出版社,1989.

孟加拉文书目

晓丁改编,钟蜀珩画.石榴:中国民间故事［M］.北京:海豚出版社,1989.

张京改编,孙景波画.淌来儿:中国民间故事［M］.北京:海豚出版社,1989.

意大利文书目

宝刀(中国民间故事选)［M］.北京:外文出版社,1989.

白行简等著.唐代传奇选［M］.北京:外文出版社,1989.

葡萄牙文书目

褚斌杰编,杨永青插图.中国古代神话选［M］.北京:外文出版社,1989.

〔清〕蒲松龄原著,王勃改编,梁培龙画.报恩虎［M］.北京:海豚出版社,1989.

青蛙骑手:中国民间故事[M].北京:外文出版社,1989.

张京改编,孙景波画.淌来儿:中国民间故事[M].北京:海豚出版社,1989.

斯瓦希里文书目

魏金枝编写,黄炯相译.中国古代寓言选[M].北京:外文出版社,1989.

晓丁改编,钟蜀珩画.石榴:中国民间故事[M].北京:海豚出版社,1989.

张京改编,孙景波画.淌来儿:中国民间故事[M].北京:海豚出版社,1989.

世界语书目

晓丁改编,钟蜀珩画.石榴:中国民间故事[M].北京:海豚出版社,1989.

1990 年

英文书目

〔唐〕王维著.王维诗选[M].北京:中国文学出版社,1990.

〔唐〕蒋放等著,颜惠庆编译.中国古代短篇小说选[M].北京:外文出版社,1990.

干宝等著,杨宪益、戴乃迭译.汉魏六朝小说选[M].北京:外文出版社,1990.

〔明〕吴承恩原著,詹纳尔译.西游记[M].北京:外文出版社,1990.

菊子改编,于化鲤绘画.孔雀的故事[M].北京:外文出版社,1990.

〔清〕蒲松龄原著,王勃改编,梁培龙画.报恩虎[M].北京:海豚出版社,1990.

法文书目

牧人和山鹰:中国民间传说故事选[M].北京:外文出版社,1990.

点石成金的故事[M].北京:海豚出版社,1990.

德文书目

牧人和山鹰:中国民间传说故事选[M].北京:外文出版社,1990.

西班牙文书目

牧人和山鹰:中国民间传说故事选[M].北京:外文出版社,1990.

点石成金的故事[M].北京:海豚出版社,1990.

日文书目

点石成金的故事[M].北京:海豚出版社,1990.

阿拉伯文书目

〔明〕吴承恩原著,唐澄编文,严定宪等绘.大闹天宫[M].北京:海豚出版社,

1990.

马达选编.中国古代动物寓言选[M].北京:外文出版社,1990.

印地文书目

褚斌杰编,杨永青插图.中国古代神话选[M].北京:外文出版社,1990.

奴隶与龙女(中国民间故事选)[M].北京:外文出版社,1990.

点石成金的故事[M].北京:海豚出版社,1990.

乌尔都文书目

〔明〕吴承恩原著,唐澄编文,严定宪等绘.大闹天宫[M].北京:海豚出版社,

1990.

马达选编.中国古代动物寓言选[M].北京:外文出版社,1990.

孟加拉文书目

马达选编.中国古代动物寓言选[M].北京:外文出版社,1990.

菊子改编,于化鲤绘画.孔雀的故事[M].北京:外文出版社,1990.

葡萄牙文书目

点石成金的故事[M].北京:海豚出版社,1990.

1991 年

英文书目

〔唐〕王维著.王维诗选[M].北京:中国文学出版社,1991.

陈家宁编.中国古典小说精选[M].北京:新世界出版社,1991.

〔明〕吴承恩原著,詹纳尔译.西游记(一)[M].北京:外文出版社,1991.

德文书目

廖旭和选编,叶毓中插图.中国民间故事精萃[M].北京:外文出版社,1991.

西班牙文书目

马达选编.中国古代动物寓言选[M].北京:外文出版社,1991.

颜象贤编,缪印堂插图.中国古代笑话选[M].北京:外文出版社,1991.

〔清〕曹雪芹、高鹗著,杨宪益、戴乃迭译,戴敦邦插图.红楼梦(一)[M].北京:
外文出版社,1991.

〔清〕曹雪芹、高鹗著,杨宪益、戴乃迭译,戴敦邦插图.红楼梦(二)[M].北京:
外文出版社,1991.

〔清〕曹雪芹、高鹗著,杨宪益、戴乃迭译,戴敦邦插图.红楼梦(三)[M].北京:外文出版社,1991.

〔清〕曹雪芹、高鹗著,杨宪益、戴乃迭译,戴敦邦插图.红楼梦(四)[M].北京:外文出版社,1991.

印地文书目

王宏志主编.中国历史故事(一)[M].北京:外文出版社,1991.

孔雀姑娘(中国民间故事选)[M].北京:外文出版社,1991.

乌尔都文书目

中国民间故事[M].北京:外文出版社,1991.

僧伽罗文书目

蒋振立编绘.石汉和田螺:中国民间故事[M].北京:海豚出版社,1991.

斯瓦希里文书目

阎恒宝编.中国历代笑话选[M].北京:外文出版社,1991.

〔清〕蒲松龄著.聊斋志异选(第二册)[M].北京:外文出版社,1991.

1992 年

法文书目

詹同编绘.中国十个节日传说[M].北京:海豚出版社,1992.

阿拉伯文书目

詹同编绘.中国十个节日传说[M].北京:海豚出版社,1992.

〔清〕曹雪芹著,阿卜杜·卡里姆译.红楼梦(上)[M].北京:外文出版社,1992.

印地文书目

詹同编绘.中国十个节日传说[M].北京:海豚出版社,1992.

王宏志主编.中国历史故事(二)[M].北京:外文出版社,1992.

王宏志主编.中国历史故事(三)[M].北京:外文出版社,1992.

乌尔都文书目

詹同编绘.中国十个节日传说[M].北京:海豚出版社,1992.

孟加拉文书目

詹同编绘.中国十个节日传说[M].北京:海豚出版社,1992.

僧伽罗文书目

〔明〕吴承恩原著,唐澄编文,严定宪等绘.大闹天宫[M].北京:海豚出版社,1992.

意大利文书目

〔清〕蒲松龄著.聊斋志异选[M].北京:外文出版社,1992.

1993 年

英文书目

任继愈新译.道家经典:老子[M].北京:外文出版社,1993.

西班牙文书目

〔清〕吴敬梓著.儒林外史(上)[M].北京:外文出版社,1993.

〔清〕吴敬梓著.儒林外史(下)[M].北京:外文出版社,1993.

阿拉伯文书目

〔清〕曹雪芹著,阿卜杜·卡里姆译.红楼梦(下)[M].北京:外文出版社,1993.

1994 年

英文书目

许渊冲译.诗经[M].北京:中国文学出版社,1994.

〔清〕曹雪芹、高鹗著,杨宪益、戴乃迭译,戴敦邦插图.红楼梦[M].北京:外文出版社,1994.

〔明〕罗贯中著,罗慕士译.三国演义(上)[M].北京:外文出版社,1994.

〔明〕罗贯中著,罗慕士译.三国演义(中)[M].北京:外文出版社,1994.

〔明〕罗贯中著,罗慕士译.三国演义(下)[M].北京:外文出版社,1994.

法文书目

〔明〕冯梦龙著.小夫人金钱赠少年:《警世通言》作品选[M].北京:外文出版社,1994.

西班牙文书目

〔春秋〕孙武著.孙子兵法[M].北京:外文出版社,1994.

1995 年

英文书目

〔明〕罗贯中著,罗慕士译.三国演义[M].北京:外文出版社,1995.

〔明〕吴承恩著.西游记:第一卷[M].北京:外文出版社,1995.

法文书目

朱晓亚译.中国文化 ABC——三字经[M].北京:外文出版社,1995.

〔明〕冯梦龙著.蔡瑞虹忍辱报仇:《醒世恒言》作品选[M].北京:外文出版社,1995.

1996 年

英文书目

沙博理编译.中国文学集锦:从明代到毛泽东时代[M].北京:中国文学出版社,1996.

蒲松龄等著,张西蒙等译.明清文言小说选[M].北京:中国文学出版社,1996.

世界语书目

〔清〕曹雪芹著,谢明玉译.红楼梦(第二卷)[M].北京:中国文学出版社,1996.

1997 年

英文书目

李燕译绘.易经画传[M].北京:外文出版社,1997.

法文书目

〔明〕罗贯中原著,刘振源改编绘.三国演义[M].北京:朝华出版社,1997.

德文书目

李燕译绘.易经画传[M].北京:外文出版社,1997.

韩亚洲等编绘.黄帝内经:养生图典[M].北京:海豚出版社,1997.

印地文书目

〔明〕罗贯中原著,刘振源改编绘,刘明珍译.三国演义[M].北京:朝华出版社,1997.

孟加拉文书目

〔明〕罗贯中原著,刘振源改编绘,张金暖译.三国演义[M].北京:朝华出版社,1997.

1998 年

英文书目

〔宋〕李昉等编,张光前译.太平广记选[M].北京:外文出版社,1998.

西班牙文书目

李燕译绘.易经画传[M].北京:外文出版社,1998.

1999 年

英文书目

元光编.中国道家故事选[M].北京:外文出版社,1999.

外文局中国古代文化书目分类统计

时段	译著(册)	画册(册)	总量(册)
1949—1976 年	57	111	168
1977—2009 年	449	311	760

外文局中国古代文化书目 60 年统计

60 年出版总量(册)	译著(册)	语种
928	506	21

外文局出版的各语种外文图书出版量统计(1949—2009 年)

语种	出版量
阿拉伯语	40
朝鲜语	12
德语	75
俄语	14
法语	131
荷兰语	1
孟加拉语	40
缅甸语	11
葡萄牙语	24
日语	27
僧伽罗语	6
世界语	10
斯瓦西里语	14
泰语	35
乌尔都语	19

（续表）

语种	出版量
西班牙语	96
意大利语	6
印地语	65
印尼语	9
英语	279
越南语	14

附录3:《中国文学》刊登中国古代文化经典译文目录

出版年（刊号）	栏目名	作者	标题	译者	备注
1953 (2)		Chu Yuan 屈原	*Li Sao* 离骚	NA	
1954 (2)	Tang Stories	Sheng Chi-tsi / Li Chao-wei / PaiHsing-chien / Li Kung-tso	*Jen the Fox Fairy* / *The Dragon King's Daughter* / *Story of a Singsong Girl* / *Governor of the Southern Tributary State* 唐传奇四则	NA	
1955 (1)	Tales from the Sung and Yuan Dynasties		*Fifteen Strings of Cash* / *The Jade Kuanyin* / *The Double Mirror* 宋元小说三则 十五贯	Yang Hsien-yi and Gladys Yang 杨宪益,戴乃迭	
1955 (2)		Tu Fu 杜甫	*Selected Poems* 诗歌选	Rewi Alley	10首

(续表)

出版年(刊号)	栏目名	作者	标题	译者	备注
1955 (3)	Stories from the Ming Dynasty		The Courtesan's Jewel Box The Beggar Chief's Daughter The Merry Adventures of Lan Lung 明代小说三则	Yang Hsien-yi and Gladys Yang 杨宪益,戴乃迭	
1955 (4)		Ssu-ma Chien 司马迁	Four Biographies: The Lord of Hsin ling Ching Ko Li Kuang Kuo Hsieh 《史记》列传四则:魏公子列传(信陵君) 李将军列传	Yang Hsien-yi and Gladys Yang 杨宪益,戴乃迭	
1956 (1)		Pu Sung-ling 蒲松龄	聊斋志异选编 Tales of Liao-chai:A selection Lazy Wang Tien the Hunter The Rakshas and the Sea Market A Dream of Wolves The Exorcist Marries a Fox	Gladys Yang and Yang Hsien-yi 戴乃迭,杨宪益	
1956 (3)		Fa-Hsien 法显	Record of Buddhist Countries 佛国记	NA	天竺中部和锡兰游记

（续表）

出版年（刊号）	栏目名	作者	标题	译者	备注
1956 (4)		Chu Su-chen ［清］朱素臣	*Fifteen Strings of Cash*（A Kunchu Opera） 十五贯（昆曲）	Yang Hsien-yi and Gladys Yang 杨宪益，戴乃迭	
1958 (1)	Selections From The Classics	Li Ju-chen 李汝珍	*A Journey into Strange Lands* 镜花缘	Gladys Yang 戴乃迭	第7-40回
1958 (2)	Selections From The Classics	Tao Yuan-ming 陶渊明	*Poems* 诗歌选	Andrew Boyd	15首
1959 (2)		Han Yu 韩愈	*Prose Writing* 散文选	Yang Hsien-yi and Gladys Yang 杨宪益，戴乃迭	12篇
1959 (4)	Yueh-fu Songs	Anonymous 匿名	*The Bride of Chao Chung-ching* 乐府诗	Eric Edney and Tsao-Tun	
1959 (6)	Selections From The Classics	Pu Sung-ling 蒲松龄	*Two Tales from "Liao-chai"* 聊斋志异故事两则	Yang Hsien-yi and Gladys Yang 杨宪益，戴乃迭	《促织》《偷桃》
1959 (7)	Selections From The Classics		*The White Snake*（a Sung Dynasty Tale） 白蛇传（宋代小说）	Yang Hsien-yi and Gladys Yang 杨宪益，戴乃迭	

（续表）

出版年（刊号）	栏目名	作者	标题	译者	备注
1959（9）	Selections From The Classics	Ssu-ma Chien 司马迁	Hsiang Yu 项羽	Yang Hsien-yi and Gladys Yang 杨宪益，戴乃迭	
1959（12）	Selections From The Classics		Outlaws of the Marshes（an excerpt from the novel） 水浒传（节选）	Sidney Shapiro 沙博理	第7—10回
1960（1）	Selections From The Classics	Tang Hsien-tsu 汤显祖	The Peony Pavilion（an excerpt） 牡丹亭	Yang Hsien-yi and Gladys Yang 杨宪益，戴乃迭	第4出；第7出；第9出；第10出；第13出；第16出；第20出；第25出；第26出
1960（3）	Selections From The Classics	Pei Hsing	Tale of the Late Tang Dynasty 唐传奇	Yang Hsien-yi and Gladys Yang 杨宪益，戴乃迭	The General's Daughter The Jade Mortar and Pestle The Prince's Tomb

（续表）

出版年（刊号）	栏目名	作者	标题	译者	备注
1960 (6)	Han Dynasty Ballads		By the Roadside Mulberry / Song of the Orphan / 陌上桑；孤儿行	Eric Edney and Yu Pao-chu	
1960 (8)	Traditional Operas		The Counterfeit Seal (a Fukien Opera) / Li Kuei the Black Whirlwind (A Peking Opera) / 黑旋风李逵（京剧）	Yang Hsien-yi and Gladys Yang 杨宪益，戴乃迭	
1960 (9)	Classical Heritage	Li Po 李白	Selected Poems 诗选	Collective Work 集体	
1960 (12)	Classical Heritage		Selections from Old Chinese Fables 古代故事选	NA	来自《战国策》《韩非子》《孟子》等书
1961 (1)	Classical Heritage	Wu Cheng-en 吴承恩	The Pilgrimage to the West (an excerpt from the novel) 西游记	Yang Hsien-yi and Gladys Yang 杨宪益，戴乃迭	第59—61回
1961 (7)	Classical Heritage	Pai Chu-yi 白居易	Poems 诗选	Yang Hsien-yi and Gladys Yang 杨宪益，戴乃迭	

（续表）

出版年 （刊号）	栏目名	作者	标题	译者	备注
1961 （8）	Traditional Drama		A Princess Gets Smacked (A Shanxi Opera)	Yang Hsien-yi 杨宪益	
1961 （10）	Sung Dynasty Essays	Wang Yu-cheng	The Bamboo Pavilion at Huangkang	NA	
		Fan Chung-yen 范仲淹	Yuehyang Pavilion 岳阳楼记		
		Ou-yang Hsiu 欧阳修	The Roadsides Hut of the Old Drunkard		
		Su Shih 苏轼	First Visit to the Red Cliff; Second Visit to the Red Cliff 前赤壁赋；后赤壁赋		
		Chao Wu-chiu	A Visit to the Hills North of Hsingcheng		
1961 （12）	Selections from the Classics	Anonymous 匿名	Strange Encounter in the Northern Capital 宋代话本	Yang Hsien-yi and Gladys Yang 杨宪益，戴乃迭	
1962 （1）	Selections from the Classics	Lo Kuan-chung 罗贯中	The Battle of the Red Cliff 三国演义（节选）	Yang Hsien-yi and Gladys Yang 杨宪益，戴乃迭	第43—46回

（续表）

出版年（刊号）	栏目名	作者	标题	译者	备注
1962 (2)	Selections from the Classics	Lo Kuan-chung 罗贯中	*The Battle of the Red Cliff*(Concluded) 三国演义（节选）	Yang Hsien-yi and Gladys Yang 杨宪益，戴乃迭	第47—50回
1962 (3)			*Selections from the Book of Songs* 诗经选	Yang Hsien-yi and Gladys Yang 杨宪益，戴乃迭	15首
1962 (7)	Selections from the Classics	Wang Wei 王维	*Poems* 诗歌选	Yang Hsien-yi and Gladys Yang 杨宪益，戴乃迭	19首
1962 (8)	Selections from the Classics	Liu Hsieh 刘勰	*Carving a Dragon at the Core of Literature* 文心雕龙	Yang Hsien-yi and Gladys Yang 杨宪益，戴乃迭	神思，风骨，情采，夸饰，知音
1962 (9)	Selections from the Classics	Cheng Ting-yu 郑廷玉	*A Slave to Money*(A Yuan Dynasty Opera) 看钱奴买冤家债主（元代戏曲）	Yang Hsien-yi and Gladys Yang 杨宪益，戴乃迭	楔子，第1—4折

（续表）

出版年 (刊号)	栏目名	作者	标题	译者	备注
1962 (10)	Selections from the Classics	Pu Sung-ling 蒲松龄	*Tales from Liao-chai* 聊斋志异节选	Yang Hsien-yi and Gladys Yang 杨宪益、戴乃迭	
1962 (11)	Selections from the Classics	Kuei Yu-kuang 归有光	*Essays* 散文选	Yang Hsien-yi and Gladys Yang 杨宪益、戴乃迭	5 篇
1962 (12)	Selections from the Classics	Su Shih 苏轼	*Poems* 诗词选	NA	27 首
1963 (2)	Selections from the Classics	Kung Shan-jen 孔尚任	*The Peach blossom Fan* 桃花扇	Sheh Kun-shan	
1963 (4)	Selections from the Classics	Ssu-ma Chien 司马迁	*Historical Records* 史记	Yang Hsien-yi and Gladys Yang 杨宪益、戴乃迭	
1963 (5)	Selections from the Classics		*Yueh-fu Folk Songs* 乐府诗	Yang Hsien-yi and Gladys Yang 杨宪益、戴乃迭	

（续表）

出版年（刊号）	栏目名	作者	标题	译者	备注
1963（7）	Selections from the Classics	Ssu-kung Tu 司空图	The Twenty-four Modes of Poetry 二十四诗品	Yang Hsien-yi and Gladys Yang 杨宪益，戴乃迭选	
1963（8）	Selections from the Classics	Lu Yu 陆游	Poems 诗选	Yang Hsien-yi and Gladys Yang 杨宪益，戴乃迭选	
1963（10）	Selections from the Classics	Shih Nai-an 施耐庵	Heroes of the Marshes（an excerpt from the novel, Chapters 14–16）	Sidney Shapiro 沙博理	
1963（12）	Selections from the Classics	Li Ho 李贺	Poems 李凭箜篌引;雁门太守行;梦天;金铜仙人辞汉歌;老夫采玉歌;致酒行;长歌续短歌;感讽;神弦曲;江楼曲;将进酒	Yang Hsien-yi and Gladys Yang 杨宪益，戴乃迭选	
1964（1）	Selections from the Classics		Anecdotes of the Warring States 战国策	Yang Hsien-yi and Gladys Yang 杨宪益，戴乃迭选	
1964（2）	Selections from the Classics	Hsin Chi-chi 辛弃疾	Poems 诗选	Yang Hsien-yi and Gladys Yang 杨宪益，戴乃迭选	

（续表）

出版年（刊号）	栏目名	作者	标题	译者	备注
1964 (4)	Selections from the Classics	Liu Chi	Two Fables:The Monkey Man / The Orange Vendor	Yang Hsien-yi and Gladys Yang 杨宪益,戴乃迭	
1964 (6)	Selections from the Classics	Tsao Hsueh-chin 曹雪芹	Dream of the Red Chamber (an excerpt, chapter 18-20)	Yang Hsien-yi and Gladys Yang 杨宪益,戴乃迭	
1964 (7)	Selections from the Classics	Tsao Hsueh-chin 曹雪芹	Dream of the Red Chamber (an excerpt, chapter 32-34)	Yang Hsien-yi and Gladys Yang 杨宪益,戴乃迭	
1964 (8)	Selections from the Classics	Tsao Hsueh-chin 曹雪芹	Dream of the Red Chamber (an excerpt, chapter 74-77) 红楼梦（第74-77回）	Yang Hsien-yi and Gladys Yang 杨宪益,戴乃迭	
1965 (1)	Selections from the Classics	Chang Chieh and Wang Chien	Tang Dynasty"Yueh-fu" Songs 唐代乐府诗	Yang Hsien-yi and Gladys Yang 杨宪益,戴乃迭	
1965 (3)	Selections from the Classics	Fan Cheng-ta 范成大	Poems 诗选	Yang Hsien-yi 杨宪益	

（续表）

出版年（刊号）	栏目名	作者	标题	译者	备注
1965 (5)	Selections from the Classics	Lu Yu 陆游	*Poems* 诗选	Yang Hsien－yi and Gladys Yang 杨宪益,戴乃迭	
1965 (7)	Selections from the Classics	Hsin Chi－chi 辛弃疾	诗选 *Poems*	Yang Hsien－yi 杨宪益	
1965 (9)	Selections from the Classics	Su Shih 苏轼	*Poems* 诗选	Yang Hsien－yi and Gladys Yang 杨宪益,戴乃迭	
1965 (11)	Selections from the Classics	Wang An－shih 王安石	*Poems* 诗选	Yang Hsien－yi and Gladys Yang 杨宪益,戴乃迭	
1966 (4)	Selections from the Classics	Kung Tzu－chen 龚自珍	*Poems* 诗选	Yang Hsien－yi and Gladys Yang 杨宪益,戴乃迭	
1966 (5)	Selections from the Classics	Wu Cheng－en 吴承恩	*Pilgrimage to the West* (a chapter from the novel, chapter 27) 西游记	Yang Hsien－yi and Gladys Yang 杨宪益,戴乃迭	

（续表）

出版年（刊号）	栏目名	作者	标题	译者	备注
1977（11）	Stories	Tsao Hsueh-chin 曹雪芹	A Dream of Red Mansions 红楼梦（节选）	NA	第27—28节
1977（12）	Sketches	Tsao Hsueh-chin 曹雪芹	A Dream of Red Mansions（Chapters 40 and 41）红楼梦（第40—41回）	NA	第40—41节
1978（5）	Two Poems	Chu Yuan 屈原	The Lady of the Hsiang;Mourning the Lost Capital 湘夫人;哀郢	NA	2首
1978（9）	Stories	Chia Yi 贾谊	Han-Dynasty Verse Essays 汉赋	NA	《鵩鸟赋》
1978（9）			Han-Dynasty Ballads 汉乐府	NA	5首
1978（12）	Introducing Classical Chinese Literature	Szu-ma Chien 司马迁	Lord Ping-yuan and Yu Ching 史记	NA	译者可能是 Hsu The-cheng

（续表）

出版年（刊号）	栏目名	作者	标题	译者	备注
1979 (2)	Introducing Classical Chinese Literature	Tsao Tsao and Others Poems 曹操,曹植,陶渊明,谢灵运等	诗选	NA	译者可能是 Hsu Kung-shih,共7首
1979 (5)	Introducing Classical Chinese Literature	Li Bai 李白	Poems of Li Bai 诗选	NA	《行路难》等9首
1979 (5)	Introducing Classical Chinese Literature	Du Fu 杜甫	Poems of Du Fu 诗选	NA	《登岳阳楼》等6首
1979 (7)	Introducing Classical Chinese Literature	Bai Juyi 白居易	Poems of Bai Juyi 诗选	NA	5首诗
1979 (9)	Introducing Classical Chinese Literature	Han Yu 韩愈	Prose Writings of Han Yu 散文选	NA	2篇
1979 (9)	Introducing Classical Chinese Literature	Liu Zongyuan 柳宗元	Prose Writings of Liu Zongyuan 散文选	NA	4篇
1979 (11)	Introducing Classical Chinese Literature	Jiang Fang 蒋防	Prince Huo's Daughter 《霍小玉传》		

（续表）

出版年 （刊号）	栏目名	作者	标题	译者	备注
1980 （2）	Introducing Classical Chinese Literature	柳永、晏殊、欧阳修、晏几道、秦观、周邦彦、李清照、辛弃疾	Selected "Ci" of the Song Dynasty 词选	NA	8首
1980 （4）	Introducing Classical Chinese Literature	Ma Zhiyuan;Guan Hanqing;Bai Pu 马致远、关汉卿、白朴	"San-Qu" Songs of the Yuan Dynasty 散曲选	NA	4篇
1980 （7）	Introducing Classical Chinese Literature	Feng Menglong 冯梦龙	The Old Gardener 《醒世恒言》之《灌园叟晚逢仙女》	NA	
1980 （9）	Introducing Classical Chinese Literature	Pu Songling 蒲松龄	Selections from the "Strange Tales of Li-aozhai" 《聊斋》节译:《崂山道士》、《娇娜》	NA	
1980 （9）	Introducing Classical Chinese Literature	Lie Zi; Shen Zi; HanFeiZi 列子、申子、韩非子等	Five Old Chinese Fables 古代故事选	NA	5篇

（续表）

出版年（刊号）	栏目名	作者	标题	译者	备注
1980 (10)	Folktales of the west Lake		*The Bright Pearl*	NA	
1980 (10)	Folktales of the west Lake		*Golden Ox Lake*	NA	
1980 (12)	Introducing Classical Chinese Literature	Qiu Yuan 丘园	*The Drunken Monk* 《虎囊弹》之《山门》	NA	
1980 (12)	Folktales of the west Lake		*The Stone Incense Burner*	NA	
1980 (12)			*The Search for the Sun*	NA	
1981 (2)	Introducing Classical Chinese Literature	Yuan Hongdao 袁宏道	*Tiger Hillock;A Trip to Manjing;Evening Trip Along the Su Dike;A Journey to Peach Blossom Spring* 虎丘记;满井游记;西湖游记;游桃花源记		4篇

（续表）

出版年（刊号）	栏目名	作者	标题	译者	备注
1981 (6)	Introducing Classical Chinese Literature	Xu Xiake 徐霞客	A Visit to Yandang Mountain; On Taihua Mountain 游雁荡山日记；游太华山日记	Song Shouquan	2篇
1982 (2)		Luo Yin 罗隐	Selections from "Slanderous Writings" 英雄之言；说天鸡；吴宫遗事；三帝所长；秋虫赋；荆巫；畏名	Yang Xianyi 杨宪益	7篇
1982 (4)		Ji Yun 纪昀	Selections from "notes of yue-wei hermitage" 《阅微草堂笔记》选（十一则）	Yang Xianyi 杨宪益	
1982 (10)	Classical Literature	Feng Menglong 冯梦龙	Yang Jiaoai Gives His Life to Save His Friend 羊角哀舍命全交	Gladys Yang 戴乃迭	
1982 (11)		Wu Cheng'en 吴承恩	Journey to the West (excerpts) 《西游记》节选	W.J.F Jenner	第18—19回
1982 (12)		Liu E 刘鹗	Selections from "The Travels of Lao Can" 《老残游记》节选	Yang Xianyi and Gladys Yang 杨宪益，戴乃迭	

（续表）

出版年（刊号）	栏目名	作者	标题	译者	备注
1983（3）			Selections from the "Book of Songs" 诗经选	Hu Shiguang 胡世光	20首
1983（5）		Gong Zizhen 龚自珍	Gong Zizhen's writings: My Plum Tree Infirmary; A Renunciation of Wit; a poem; Written at night on the 20th of the 10th Month When Kept Awake by a High Wind; Boundless My Grief; Written on the Bank of the Huai River on the 12th of the 5th Month; Four Poems Written in 1839; in My Youth 龚自珍诗文选:病梅馆记;又怀心一首;兰台序几流;十月廿夜大风,不寐,起而书怀;己亥杂诗(七首)	Yang Xianyi 杨宪益	5首
1983（7）		Xu Zhonglin 许仲琳	The Tale of Nezha——three Chapters from the "Canonization of the Gods" 《封神演义》节选	Hu Shiguang 胡世光	第12—14回
1983（10）		Liu Ji 刘基	Selected Fables from "Yu Li Zi" 《郁离子》寓言选	Shen Zhen	18篇

（续表）

出版年 （刊号）	栏目名	作者	标题	译者	备注
1984 （1）	Selections from "The Storyteller's Bell"	Shen Qifeng 沈起凤	Selections from "The Storyteller's Bell" Peach Blossom Village A Mermaid Servant The Man Who Subdued Tigers A Village Girl 沈起凤小说四篇：桃天村,鲛奴,壮夫缚 虎,村姬	Hu Shiguang 胡世光	
1984 （3）	Four Stories from "Random Notes After Chatting at Night"	He Bang'e 和邦额	Two Wrongly-Matched Couples Mr Lu's Adventure Sister Zhi the Fox Fairy Tan the Ninth 《夜谈随录》四篇：米芗老;陆水部;阿 稺;谭九	Hu Shiguang 胡世光	

（续表）

出版年（刊号）	栏目名	作者	标题	译者	备注
1984 (4)	Biographical Literature	Gao Qi; Huang Zongxi; Hou Fangyu; Wei Xi 高启；黄宗羲；侯方域；毛先舒；魏禧	The Story of a Gambler Who Loved Cock-fights / Account of Liu Jingting / Ma, an Opera Singer / A Biography of Dai Wenjun / The Story of Big Iron Hammer 书博鸡者事；柳敬亭传；马伶传；戴文进传；大铁椎传	Hu Shiguang 胡世光	
1985 (1)	Classical Chinese Humour		Sixteenth-century Humour Compiled by a Noted Scholar 明代笑话十六则	Jon Kowallis 甘棠	
1985 (3)	Selections from "Notes from the Dreaming Brook"	Shen Kuo 沈括	Selections from "Notes from the Dreaming Brook"《梦溪笔谈》选	Hu Shiguang 胡世光	一位来代科学家和历史学家的观察
1986 (3)		Ma Zhongxi 马中锡	The Wolf of Zhongshan 中山狼传	Simon Johnstone	

（续表）

出版年 （刊号）	栏目名	作者	标题	译者	备注
1986 （4）	Classical Stories	Song Maocheng 宋懋澄	*The Pearl Shirt*；*Liu Dongshan* 珍珠衫记；刘东山	Simon Johnstone	
1987 （1）	Classical Stories	Wu Xiangju 吴梦斤	The Doctor Monk of Jinshan Temple 金山寺医僧	Simon Johnstone	
1987 （2）	From " tales of Li- aozhai"	Pu Songling 蒲松龄	*From " Tales of Liaozhai" Rouge*；*Sunset Cloud* 聊斋志异之《胭脂》《晚霞》	Simon Johnstone	
1993 （1）	Classics	Zhai You 瞿佑	*The Tale of Cuicui* *The Tale of the Golden Phoenix Hairpin* 翠翠传；金凤钗记	Paul White	英文写作者姓为 Zhai，但是中文是瞿
1993 （2）	Classics	Si-ma Qian 司马迁	*The Jesters* 《史记·滑稽列传》（节选）	Yang Xianyi and Gladys Yang 杨宪益、戴乃迭选	
1993 （3）	Classics	Na-lan Xingde 纳兰性德	*Eight Ci Poems by Na-lan Xingde* 词选	Paul White	词8首

（续表）

出版年 （刊号）	栏目名	作者	标题	译者	备注
1993 (4)	Classics	Pu Songling 蒲松龄	Three Stories from Tales of Liaozhai: Grace; The Snake Charmer; Wang the Six 《聊斋志异》之《翩翩》《蛇人》《王六郎》	Li Guoqing 李国庆	
1995 (2)	Classical Poetry	Gao Shi, Cen Shen 高适, 岑参	(Gao Shi) Song of Yan; Song of Yingzhou; On Hearing a Flute Tune on the borderland. (Cen Shen) Song of White Snow to Secretary Wu's; Return to the Capital; Song of Luntai to Chancellor Feng on the Westbound Expedition; Song of Walking-horse River to the Departure of the Army on the Westbound Expedition 高适,岑参边塞诗一组	Hu Shiguang 胡世光	
1995 (3)	Classical Chinese Literature	Yuan Zhen, Huang-fu mei 元稹,皇甫枚	The story of Yingying; The story of Bu Feiyan 莺莺传;飞烟传	Hu Shiguang 胡世光；Wen Jingeng	

（续表）

出版年 （刊号）	栏目名	作者	标题	译者	备注
1995 (4)	Classical Literature	Liu Yiqing; HuangFu mei; Kong Pingzhong; Zhou Mi; Chen Qiyuan; Cheng Wenxian 刘义庆;皇甫枚; 孔平仲;周密;陈 其元;程文宪	A Girl Who Sold Face Powder; Queyao, a Maid Servant; Li Guangyan resists Tempta- tion; Yan Rui, an Unyielding Courtesan; Punishing a Martial Xiucai with a Trick; Mei Gu Persuades his wife 卖胡粉女子;却要;李光颜力拒女色; 严蕊不屈;周密;戏惩武秀才;梅谷化妻	Huang Zongyin	

附录 4: "熊猫丛书"总目

中文书名	英文书名	作者	译者	出版单位	出版年	备注
《三部古典小说节选》	Excerpts from Three Classical Chinese Novels	李汝珍/罗贯中/吴承恩	杨宪益与戴乃迭	Chinese Literature (CL)①	1981	
《边城及其他》	The Border Town and Other Stories	沈从文	戴乃迭	CL	1981	
《春天里的秋天及其他》	Autumn in Spring and Other Stories	巴金	王明杰/戴乃迭/沙博理/唐笙/杨毅	CL	1981	
《新凤霞回忆录》	Reminiscences	新凤霞	戴乃迭	CL	1981	
《聊斋故事选》	Selected Tales of Liaozhai	蒲松龄	杨宪益与戴乃迭	CL	1981	
《老残游记》	The Travels of Lao Can	刘鹗	杨宪益与戴乃迭	CL	1981	
《三十年代短篇小说选(1)》	Stories from the Thirties（Ⅰ）	叶圣陶/许地山/王统照/柔石/杨振声/胡也频/王鲁彦/张天翼/罗纾	戴乃迭/唐笙/沙博理/张培基/Yu Fanqing/Zhang Su/Zuo Cheng	CL	1982	

① 《中国文学》(CL)主编杨宪益于1981年倡议出版"熊猫丛书"(丛书以国宝熊猫为标记)。一经推出,立即受到国外读者的广泛欢迎和好评,许多书重印或再版。由于丛书的作用日益重要,1986年正式成立了中国文学出版社(CLP),承担出版《中国文学》杂志、"熊猫丛书"和中文文学书籍的任务。

（续表）

中文书名	英文书名	作者	译者	出版单位	出版年	备注
《三十年代短篇小说选(2)》	Stories from the Thirties(Ⅱ)	吴组缃/端木蕻良/魏重芝/艾芜/叶子	Yu Fanqing/戴乃迭/沙博理/Wen Xue/唐笙	CL	1982	
《正红旗下》	Beneath the Red Banner	老舍	Don J.Cohn	CL	1982	
《北京的传说》	Beijing Legends	金受申	戴乃迭	CL	1982	
《孙犁小说选》	Blacksmith and the Carpenter	孙犁	不详	CL	1982	
《李广田散文选》	A Pitiful Plaything and Other Essays	李广田	戴乃迭	CL	1982	
《春天里的秋天及其他》	Autumn in Spring and Other Stories	巴金	王明杰/戴乃迭/沙博理/唐笙/杨毅	CL	1982	重
《萧红小说选》	Selected Stories of Xiao Hong	萧红	葛浩文（Howard Goldblatt）	CL	1982	
《黑鳗》	Black Eel	艾青	杨宪益/Robert C.Friend	CL	1982	
《湘西散记》	Recollections of West Hunan	沈从文	戴乃迭	CL	1982	
《新凤霞回忆录》	Reminiscences	新凤霞	戴乃迭	CL	1982	重
《中国当代七位女作家选》	Seven Contemporary Chinese Women Writers	茹志鹃/黄宗英/宗璞/谌容/张洁/张抗抗/王安忆	Yu Fanqing/王明杰/宋绶全/戴乃迭/Shen Zhen/胡志挥	CL	1982	

（续表）

中文书名	英文书名	作者	译者	出版单位	出版年	备注
《聊斋故事选》	Selected Tales of Liaozhai	蒲松龄	杨宪益与戴乃迭	CL	1982	重
《王蒙小说选》	The Butterfly and Other Stories	王蒙	不详	CL	1983	
《中国当代七位女作家选》	Seven Contemporary Chinese Women Writers	茹志鹃/黄宗英/宗璞/谌容/张洁/张抗抗/王安忆	Yu Fanqing/王明杰/宋绶全/戴乃迭/Shen Zhen/胡志挥	CL	1983	重
《赤橙黄绿青蓝紫》	All the Colours of the Rainbow	蒋子龙	王明杰	CL	1983	
《芙蓉镇》	A Small Town Called Hibiscus	古华	戴乃迭	CL	1983	
《当代优秀小说选》	Contemporary Chinese Short Stories	张贤亮/张弦/古华/汪曾祺/金水/He Xiaohu/韩少功/邓友梅/梁晓声	胡志挥/王明杰/W. J. F. Jenner/Kuang Wendong/宋绶全/Shen Zhen	CL	1983	
《单口相声故事选》	Traditional Comic Tales	张寿辰等	戴乃迭	CL	1983	
《边城及其他》	The Border Town and Other Stories	沈从文	戴乃迭	CL	1983	重
《老残游记》	The Travels of Lao Can	刘鹗	杨宪益与戴乃迭	CL	1983	重
《诗经选》	Selections from the Book of Songs	不详	杨宪益戴乃迭/Hu Shiguang	CL	1983	

（续表）

中文书名	英文书名	作者	译者	出版单位	出版年	备注
《萧乾小说选》	Chestnuts and Other Stories	萧乾	萧乾等	CL	1984	
《五十年代小说选》	Chinese Stories from the Fifties	秦兆阳/杜鹏程/王愿坚/马烽浩然/李準	Yu Fanqin/沙博理/唐笙/戴乃迭等	CL	1984	
《刘绍棠中篇小说选》	Catkin Willow Flats	刘绍棠	Alex Young/胡志挥/Rosie Roberts/宋绥全等	CL	1984	
《郁达夫作品选》	Nights of Spring Fever and Other Writings	郁达夫	唐笙/杜博妮/戴乃迭/Don J.John	CL	1984	
《聊斋故事选》	Selected Tales of Liaozhai	蒲松龄	杨宪益与戴乃迭	CL	1984	重
《三部古典小说节选》	Excerpts from Three Classical Chinese Novels	李汝珍/罗贯中/吴承恩	杨宪益与戴乃迭	CL	1984	重
《唐宋诗文选》	Poetry and Prose of the Tang and Song	李白等	杨宪益与戴乃迭	CL	1984	
《中国当代七位女作家选》	Seven Contemporary Chinese Women Writers	茹志鹃等	王明杰等	CL	1985	重
《北京的传说》	Beijing Legends	金受申	戴乃迭	CL	1985	重
《丁玲小说选》	Miss Sophie's Diary and Other Stories	丁玲	W.J.F.Jenner	CL	1985	

（续表）

中文书名	英文书名	作者	译者	出版单位	出版年	备注
《春天里的秋天及其他》	Autumn in Spring and Other Stories	巴金	王明杰/戴乃迭/沙博理唐笙/杨毂	CL	1985	重
《老舍小说选》	Crescent Moon and Other Stories	老舍	Don J.Cohn/戴乃迭/沙博理/W.J.F.Jenner	CL	1985	
《茹志鹃小说选》	Lilies and Other Stories	茹志鹃	不详	CL	1985	
《芙蓉镇》	A Small Town Called Hibiscus	古华	戴乃迭	CL	1985	重
《浮屠岭及其他》	Pagoda Ridge and Other Stories	古华	戴乃迭	CL	1985	
《绿化树》	Mimosa and Other Stories	张贤亮	戴乃迭/Rui An/胡志挥/王明杰	CL	1985	
《赤橙黄绿青蓝紫》	All the Colours of the Rainbow	蒋子龙	王明杰	CL	1986	重
《邓友梅小说选》	Snuff-Bottles and Other Stories	邓友梅	戴乃迭	CL	1986	
《北京人》	Chinese Profiles	张辛欣/桑晔	戴乃迭/W. J. F. Jenner/Delia Davin & Cheng Lingfang/Geremie Barmè/Don J. Cohn/Stephen Fleming/Elizabeth Campbell/Frances Wood/Carde Murray	CL	1986	

（续表）

中文书名	英文书名	作者	译者	出版单位	出版年	备注
《芙蓉镇》	A Small Town Called Hibiscus	古华	戴乃迭	CL	1986	重
《张洁小说选》	Love Must Not Be forgotten	张洁	戴乃迭等	CL	1986	
《中国当代七位女作家选》	Seven Contemporary Chinese Women Writers	茹志鹃等	王明杰等	CL	1986	重
《明清诗文选》	Poetry and Prose of the Ming and Qing	不详	杨宪益	CL	1986	
《唐代传奇选》	Tang Dynasty Stories	不详	杨宪益与戴乃迭	CL	1986	
《汉魏六朝诗文选》	Poetry and Prose of the Han, Wei and Six Dynasties	不详	杨宪益与戴乃迭	CL	1986	
《历代笑话选》	Wit and humor from old Cathay	廖静文	Jon Eugene Kowallisis	CL	1986	
《北京人》	Chinese Profiles	张欣辛/桑晔	戴乃迭/W. J. F. Jenner/Delia Davin & Cheng Ling fang/Geremie Barmè/Don J. Cohn/Stephen Fleming/Elizabeth Campbell/Frances Wood/Carde Murray	Chinese Literature Press (CLP)	1987	重

（续表）

中文书名	英文书名	作者	译者	出版单位	出版年	备注
《三部古典小说节选》	Excerpts from Three Classical Chinese Novels	李汝珍/罗贯中/吴承恩	杨宪益与戴乃迭	CLP	1987	重
《闻一多诗文选》	Selected Poems and Essays of Wen Yiduo	闻一多	戴乃迭/Gloria Rogers/Vincent Shin/Julia Lin/Kai-yu Hsu/葛浩文/Yin Shuxun/George Cheng/夏志清等	CLP	1987	
《冯骥才小说选》	The Miraculous Pigtail	冯骥才	不详	CLP	1987	
《高晓声小说选》	The Broken Betrothal	高晓声	不详	CLP	1987	
《人到中年》	At Middle Age	谌容	不详	CLP	1987	
《萧红小说选》	Selected Stories of Xiao Hong	萧红	葛浩文（Howard Goldblatt）	CLP	1987	重
《叶圣陶作品选》	How Mr Pan Weathered the Storm	叶圣陶	Wen Xue/Simon Johnstone/唐笙/Zhang Su/Yu Fanqin/戴乃迭/Alison Bailey/Ying Yishi	CLP	1987	

（续表）

中文书名	英文书名	作者	译者	出版单位	出版年	备注
《张洁小说选》	Love Must Not Be forgotten	张洁	戴乃迭等	CLP	1987	重
《绿化树》	Mimosa and Other Stories	张贤亮	戴乃迭/Rui An/胡志挥/王明杰	CLP	1987	重
《茅盾作品选》	The Vixen	茅盾	戴乃迭/沙博理/Simon Johnstone	CLP	1987	
《世界各地(汉英对照全二册)》	One World	靳羽西	不详	CLP	1987	
《芙蓉镇》	A Small Town Called Hibiscus	古华	戴乃迭	CLP	1987	重
《流逝》	Lapse of Time	王安忆	戴乃迭	CLP	1988	
《红夜》	Red Night	端木蕻良	葛浩文	CLP	1988	
《火花》	Sparks	叶君健/(Chun-chan Yeh)	Ian Ward	CLP	1988	
《冯骥才小说选》	The Miraculous Pigtail	冯骥才	不详	CLP	1988	重
《边城及其他》	The Border Town and Other Stories	沈从文	戴乃迭	CLP	1988	重
《玛拉沁夫小说选》	On the Horqin Grassland	玛拉沁夫	不详	CLP	1988	

（续表）

中文书名	英文书名	作者	译者	出版单位	出版年	备注
《箓竹山房》	Green Bamboo Hermitage	吴组缃	Yu Fanqing/戴乃迭/Linda Javin/David Kwan/Jeff Book/Denis Dewar/Geremie Barmè	CLP	1989	
《老井》	Old Well	郑义	David Kwan	CLP	1989	
《村愁》	Vendetta	马烽	不详	CLP	1989	
《张洁小说选》	Love Must Not Be forgotten	张洁	戴乃迭等	CLP	1989	重
《蓝屋》	The Blue House	程乃珊	Jeff Book/Frances McDonald/Janice Wickeri/李国庆/Zhang Zhengzhong/William R.Palmer	CLP	1989	
《中国优秀短篇小说选 1949—1989》	Best Chinese Stories (1949—1989)	残雪等	不详	CLP	1989	
《爱，在夏夜里燃烧》	Love That Burns on a Summer's Night	玛拉沁夫	不详	CLP	1990	
《单口相声故事选》	Traditional Comic Tales	张寿辰等	戴乃迭	CLP	1990	重
《老舍小说选》	Crescent Moon and Other Stories	老舍	Don J.Chon/戴乃迭/沙博理/W.J.E.Jenner	CLP	1990	重

（续表）

中文书名	英文书名	作者	译者	出版单位	出版年	备注
《中国当代七位女作家选》	Seven Contemporary Chinese Women Writers	茹志鹃等	王明杰等	CLP	1990	重
《龙的传说》	Dragon Tales: A Collection of Chinese Stories	戴乃迭	戴乃迭	CLP	1990	
《对口相声》	Comic Sketches	不详	Simon Johnstone	CLP	1990	
《黑骏马》	The Black Steed	张承志	Stephen Fleming	CLP	1990	
《李广田散文选》	A Pitiful Plaything and Other Essays	李广田	戴乃迭	CLP	1990	重
《死水微澜》	Ripples Across Stagnant Water	李劼人	不详	CLP	1990	
《晚饭后的故事》	Story After Supper	汪曾祺	Denis Mair/Jeff Book/Kuang Wendong/Suzanne Convery/胡志挥等	CLP	1990	
《闻一多诗文选》	Selected Poems and Essays of Wen Yiduo	闻一多	戴乃迭/Gloria Rogers/Vincent Shin/Julia Lin/Kai-yu Hsu/葛浩文/Yin Shuxun/George Cheng/夏志清等	CLP	1990	重

（续表）

中文书名	英文书名	作者	译者	出版单位	出版年	备注
《中国当代寓言选（英汉对照）》	Contemporary Chinese Fables	本书收录了 33 位作家的 76 篇作品	黄瑞云	CLP	1990	
《北京旅游点的传说》	Sights with Stories in Old Beijing	熊振儒	熊振儒等	CLP	1990	
《麦秸垛》	Haystacks	铁凝	Li Ziliang/王明杰/Zha Jianying/Stephen Fleming/ Zhang Maijian/Suzanne/ Convery/Jeff Book/Rosie Roberts/Denis Mair	CLP	1990	
《唐宋诗文选》	Poetry and Prose of the Tang and Song	李白等	杨宪益与戴乃迭	CLP	1990	重
《历代笑话选》	Wit and humor from old Cathay	廖静文	Jon Eugene Kowallisis	CLP	1990	重
《王维诗选》	Laughing Lost in the Mountains—Selected Poems of Wang Wei	王维	不详	CLP	1990	
《禁宫探秘》	Behind the Veil of the Forbidden City	于善浦/上官丰等	不详	CLP	1991	

（续表）

中文书名	英文书名	作者	译者	出版单位	出版年	备注
《伏羲伏羲》	*The Obsessed*	刘恒	David Kwan	CLP	1991	
《黑的雪》	*Black Snow*	刘恒	葛浩文	CLP	1991	
《命若琴弦》	*Strings of Life*	史铁生	不详	CLP	1991	
《女性三部曲》	*The Women Trilogy*	白峰溪	Guan Yuehua	CLP	1991	
《藏北游历》	*Glimpses of Northern Tibet*	马丽华	不详	CLP	1991	
《当代女性作家选》(2)	*Contemporary Chinese Women Writers* Ⅱ	方方	不详	CLP	1991	
《天狗》	*The Heavenly Hound*	贾平凹	不详	CLP	1991	
《欧美环游记》	*Dairy of a Chinese Diplomat*	张德彝	不详	CLP	1992	
《湘西散记》	*Recollections of West Hunan*	沈从文	戴乃迭	CLP	1992	重
《黑纽扣》	*The Black Button*	梁晓声	Yang Nan/Shen Zhen/马爱英/刘思聪/Christine Ferreira/Christopher Smith	CLP	1992	
《相片》	*The Photograph*	冰心	Jeff Book	CLP	1992	
《一分钟小说》	*One-Minute Stories*	不详	不详	CLP	1992	

（续表）

中文书名	英文书名	作者	译者	出版单位	出版年	备注
《西藏：系在皮绳扣上的魂》	A Soul in Bondage – Stories from Tibet	Tashi Dawa	不详	CLP	1992	
《都市风流》	Metropolis	孙力/余小惠	David Kwan	CLP	1992	
《穆斯林的葬礼》	The Jade King: History of a Chinese Muslim Family	霍达	关月华/钟良弼	CLP	1992	
《扬子江摇篮曲》	Broad Sworder	马宁	刘士聪	CLP	1993	
《孔子》（历史小说）	Confucius	杨书案	刘士聪	CLP	1993	
《幸存的人》	The Defiant Ones	益希丹增	David Kwan	CLP	1993	
《画上的媳妇》	Lady in the Picture（Chinese Folklore）	钟振奋编	不详	CLP	1993	
《啊！青鸟》	Oh! Blue Bird	陆星儿	不详	CLP	1993	
《芭蕉谷》	Banana Valley	艾芜	不详	CLP	1993	
《当代中国女作家》（3）	Contemporary Chinese Women Writers III	王安忆/陆星儿	不详	CLP	1993	
《陶渊明诗选》	Selected Poems by Tao Yuan-ming	陶渊明	不详	CLP	1993	

（续表）

中文书名	英文书名	作者	译者	出版单位	出版年	备注
《龙的传说》	Dragon Tales: A Collection of Chinese Stories	戴乃迭	戴乃迭	CLP	1994	重
《北京旅游点的传说》	Sights with Stories in Old Beijing	熊振儒	熊振儒等	CLP	1994	重
《不谈爱情》	Apart from Love	池莉	马爱英/John McLaren/Stephen Fleming/Scudder Smith/王明杰/Wang Weidong	CLP	1994	
《听画》	Recluse of the Heavenly House	王为政	刘士聪	CLP	1994	
《官场》	The Corridors of Power	刘震云	不详	CLP	1994	
《杨乃武与小白菜》	The Scholar and the Serving Maid (A Qing Dynasty Mystery)	方艾	Yu Fanqin and Esther Sa	CLP	1994	
《梅雨之夕》	One Rainy Evening	施蛰存	不详	CLP	1994	
《啊! 青鸟》	Oh! Blue Bird	陆星儿	不详	CLP	1994	重
《诗经选》	Selections from the Book of Songs	不详	杨宪益与戴乃迭/Hu Shiguang	CLP	1994	

（续表）

中文书名	英文书名	作者	译者	出版单位	出版年	备注
《唐宋诗文选》	Poetry and Prose of the Tang and Song	李白等	杨宪益与戴乃迭	CLP	1994	重
《北京人》	Chinese Profiles	张欣辛/桑晔	戴乃迭/W. J. F. Jenner/ Delia Davin & Cheng Ling-fang/Geremie Barmè/Don J. Cohn/Stephen Fleming/ Elizabeth Campbell/Fran-ces Wood/Carde Murray	CLP	1995	重
《当代中国女作家 (3)》	Contemporary Chinese Women Writers Ⅲ	王安忆/陆星儿	不详	CLP	1995	重
《芙蓉镇》	A Small Town Called Hibiscus	古华	戴乃迭	CLP	1995	重
《南京大屠杀》	Lest We Forget: Nanjing Mas-sacre, 1937	徐志耕	不详	CLP	1995	
《裸野》	The Naked Fields	储福金	不详	CLP	1995	
《秋菊打官司》	The Story of Qiuju	陈源斌	Anna Walling	CLP	1995	
《少年天子》	Son of Heaven	凌力	David Kwan	CLP	1995	
《空坟》	Unfilled Graves	阿城	Chen Haiyan	CLP	1995	

（续表）

中文书名	英文书名	作者	译者	出版单位	出版年	备注
《画上的媳妇》	Lady in the Picture (Chinese Folklore)	钟振奋编	不详	CLP	1995	重
《银饰》	For Love of a Silversmith	周大新	不详	CLP	1995	
《孙子兵法与评述（英汉对照）》	Sun Zi: The Art of War With Commentaries	谢国良评注	张蕙民	CLP	1995	
《中国文学集锦：从明代到毛泽东时代》	A Sampler of Chinese literature: from the Ming Dynasty to Mao Zedong	沙博理编译	沙博理编译	CLP	1996	
《沙狼》	The Desert Wolf	郭雪波	马若芬等	CLP	1996	
《晚雨》	Heavenly Rain	贾平凹	马若芬等	CLP	1996	
《隐形伴侣》	The Invisible Companion	张抗抗	白润德	CLP	1996	
《风雪定陵》	The Dead Suffered Too – The Excavation of a Ming Tomb	岳南/杨仕	章挺权	CLP	1996	
《紫宫探秘》	Behind the Veil of the Forbidden City	于善浦/上官丰等	不详	CLP	1996	重

（续表）

中文书名	英文书名	作者	译者	出版单位	出版年	备注
《中国当代女作家选（5）方方专辑》	Contemporary Chinese Women Writers V – Three Novellas by Fang Fang	方方	关大卫等	CLP	1996	
《明清文言小说选》	Short Tales of the Ming & Qing	蒲松龄等	张西蒙等	CLP	1996	
《寒山诗选》	Encounters with Cold Mountain–Poems by Han Shan	寒山子	不详	CLP	1996	
《唐末诗文选》	Poetry and Prose of the Tang and Song	李白等	杨宪益与戴乃选	CLP	1996	重
《金江寓言选》	Jinjiang:Selected Fables	金江	樊祖鼎	CLP	1997	重
《孔子》	Confucius:A Novel	杨书案	刘士聪	CLP	1997	重
《老舍小说选》	Crescent Moon and Other Stories	老舍	Don J.Cohn/戴乃迭/沙博理/W.J.F.Jenner	CLP	1997	重
《老子》	Lao Zi	杨书案	刘士聪	CLP	1997	
《穆斯林的葬礼》	The Jade King:History of a Chinese Muslim Family	霍达	关月华/钟良弼	CLP	1997	重

（续表）

中文书名	英文书名	作者	译者	出版单位	出版年	备注
《当代女性作家选》(2)	Contemporary Chinese Women Writers II	方方等	不详	CLP	1997	重
《芙蓉镇》	A Small Town Called Hibiscus	古华	戴乃迭	CLP	1997	重
《秋菊打官司》	The Story of Qiuju	陈源斌	Anna Walling	CLP	1997	重
《小小说选（英汉对照）》	Anecdotal One-minute Stories	孙方友等	熊振儒等	CLP	1997	
《笑画连篇》	Five Yuan for a Slap on the Face	不详	戴乃迭等	CLP	1997	
《张洁小说选》	Love Must Not Be forgotten	张洁	戴乃迭等	CLP	1997	重
《七侠五义》	The Seven Heroes and Five Gallants	石玉昆/俞樾	宋绶权等	CLP	1997	
《镖头杨三》	Deliverance-Armed Escort and Other Stories	聂鑫森	不详	CLP	1998	
《敦煌遗梦》	Dunhuang Dreams	徐小斌	不详	CLP	1998	

（续表）

中文书名	英文书名	作者	译者	出版单位	出版年	备注
《天津江湖传奇》	*King of the Wizard*	林希	孙艺风/沙勤迪/李国庆	CLP	1998	
《张欣小说选》	*Contemporary Chinese Women Writers – Four Novellas by Zhang Xin*	张欣	马若芬/熊振儒/孙艺风/李芸贞	CLP	1998	
《中国当代女作家选》(7)	*Contemporary Chinese Women Writers VII*	不详	不详	CLP	1998	
《中国当代女作家选》(6)	*Contemporary Chinese Women Writers VI*	张辛欣等	章思英等	CLP	1998	
《中国当代寓言选》(英汉对照)》(第二集)	*Contemporary Chinese Fables II*	收有艾青,冯雪峰,严文并等38位中国当代著名作家创作的112篇寓言佳作	不详	CLP	1998	
《追忆逝水年华》	*Vanished Spring: Life and Love of a Chinese intellectual*	许渊冲等	许渊冲等	CLP	1998	
《太极(英汉对照)》	*The Supreme Ultimate*	顾偕	刘志敏	CLP	1998	
不详	*Cherished Dawn Blossoms: A Retrospective of Chinese Literature*	Du Xia (editor)	不详	CLP	1998	

(续表)

中文书名	英文书名	作者	译者	出版单位	出版年	备注
《中医谳趣》	Episodes in Traditional Chinese Medicine	白静风	章挺权	CLP	1998	
《初刻拍案惊奇》	Amazing Tales First Series and Second Series	凌濛初	温晋根	CLP	1998	
《二刻拍案惊奇》	Amazing Tales Second Series and Second Series	凌濛初	马文谦	CLP	1998	
《风雪定陵》	The Dead Suffered Too – The Excavation of a Ming Tomb	岳南/杨仕	章挺权	CLP	1999	重
《闻一多诗文选》	Selected Poems and Essays of Wen Yiduo	闻一多	戴乃迭/Gloria Rogers/Vincent Shin/Julia Lin/Kai-yu Hsu/葛浩文/Yin Shuxun/George Cheng/夏志清 等	CLP	1999	重
《端木蕻良小说选 (英汉对照)》	Selected Stories by Duanmu Hongliang	端木蕻良	不详	CLP	1999	
《施蛰存小说选》	Selected Stories by Shi Zhecun	施蛰存	不详	CLP	1999	
《当代优秀小说选》	Contemporary Chinese Short Stories	张贤亮/张弦/古华/汪曾祺/金水/He Xiaohu/韩少功/邓友梅/梁晓声	胡志挥/王明杰/W. J. F. Jenner/Kuang Wendong/宋绶全/Shen Zhen	CLP	1999	重

（续表）

中文书名	英文书名	作者	译者	出版单位	出版年	备注
《沈从文小说选》	*Selected Stories by Shen Cong-wen*	沈从文	戴乃迭选	CLP	1999	
现代文学系列《艾芜小说选（汉英对照）》	*Selected Poems by Ai Wu*	艾芜	不详	CLP	1999	
《朝花夕拾——古代诗歌卷（英汉对照）》	不详	不详	不详	CLP	1999	
《唐宋散文诗选（英汉对照）》	*Selected Prose from the Tang and Song Dynasties*	不详	不详	CLP	1999	
现代文学系列《艾青诗选（汉英对照）》	*Selected Poems by Ai Qing*	艾青	不详	CLP	2000	
现代文学系列《孙犁小说选（汉英对照）》	*Selected Stories by Sun Li*	孙犁	不详	CLP	2000	
现代文学系列《闻一多诗文选（汉英对照）》	*Selected Poems and Essays by Wen Yiduo*	闻一多	不详	CLP	2000	重
现代文学系列《叶圣陶小说散文选（汉英对照）》	*Selected Poems and Prose by Ye Shengtao*	叶圣陶	不详	CLP	2000	

（续表）

中文书名	英文书名	作者	译者	出版单位	出版年	备注
《芙蓉镇》	A Small Town Called Hibiscus	古华	戴乃迭	Foreign Language Press (FLP)	2001	重
《芙蓉镇》	A Small Town Called Hibiscus	古华	戴乃迭	FLP	2003	重
《北京的传说》	Beijing Legends	金受申	戴乃迭	FLP	2004	重
《诗经选》	Selections from the Book of Songs	不详	杨宪益与戴乃迭/Hu Shiguang	FLP	2004	重
《流逝》	Lapse of Time	王安忆	戴乃迭	FLP	2005	重
《蓝屋》	The Blue House	程乃珊	Jeff Book/Frances McDonald/Janice Wickeri/李国庆/Zhang Zhengzhong/William R.Palmer	FLP	2005	重
《达紫香悄悄地开了》	The Mountain Flowers Have Bloomed Quietly	陆星儿	唐笙/Anne – Marie Traeholt and Mark Kruger	FLP	2005	
《原野上的羊群》	A Flock in the Wilderness	迟子建	熊振儒等	FLP	2005	
《麦秸垛》	Haystacks	铁凝	王明杰等	FLP	2005	重

（续表）

中文书名	英文书名	作者	译者	出版单位	出版年	备注
《不谈爱情》	Apart from Love	池莉	王明杰等	FLP	2005	重
《北京旅游点的传说》	Sights with Stories in Old Beijing	熊振儒	熊振儒等	FLP	2005	重
《龙的传说》	Dragon Tales	戴乃迭	戴乃迭	FLP	2005	重
《中国小说选集》	An Anthology of Chinese Short Short Stories	周大新等（共收录 111 篇）	黄俊雄（Harry J. Huang）	FLP	2005	
《北京的传说》	Beijing Legends	金受申	戴乃迭	FLP	2005	重
《初刻拍案惊奇》	Amazing Tales First Series and Second Series	凌濛初	温晋根	FLP	2005	重
《二刻拍案惊奇》	Amazing Tales Second Series and Second Series	凌濛初	马文谦	FLP	2005	重
《七侠五义》	The Seven Heroes and Five Gallants	石玉昆/俞樾	宋绶权等	FLP	2005	重
《汉魏六朝诗文选》	Poetry and Prose of the Han, Wei and Six Dynasties	不详	杨宪益与戴乃迭	FLP	2005	重
《唐宋诗文选》	Poetry and Prose of the Tang and Song	李白等	杨宪益与戴乃迭	FLP	2005	重

（续表）

中文书名	英文书名	作者	译者	出版单位	出版年	备注
《老残游记》	The Travels of Lao Can	刘鹗	杨宪益与戴乃迭	FLP	2005	重
《唐宋诗文选》	Poetry and Prose of the Tang and Song	李白等	杨宪益与戴乃迭	FLP	2006	重
《北京的传说》	Beijing Legends	金受申	戴乃迭	FLP	2007	重
《蓝屋》	The Blue House	程乃珊	Jeff Book/Frances McDonald/Janice Wickeri/李国庆/Zhang Zhengzhong/William R.Palmer	FLP	2007	重
《唐宋诗文选》	Poetry and Prose of the Tang and Song	李白等	杨宪益与戴乃迭	FLP	2007	重
《三部古典小说节选》	Excerpts from Three Classical Chinese Novels	李汝珍/罗贯中/吴承恩	杨宪益与戴乃迭	Chinese Literature Press（CLP）	1981	
《聊斋故事选》	Selected Tales of Liaozhai	蒲松龄	杨宪益与戴乃迭	CLP	1981	
《老残游记》	The Travels of Lao Can	刘鹗	杨宪益与戴乃迭	CLP	1981	
《聊斋故事选》	Selected Tales of Liaozhai	蒲松龄	杨宪益与戴乃迭	CLP	1982	重

（续表）

中文书名	英文书名	作者	译者	出版单位	出版年	备注
《老残游记》	The Travels of Lao Can	刘鹗	杨宪益与戴乃迭	CLP	1983	重
《诗经选》	Selections from the Book of Songs	不详	杨宪益与戴乃迭/胡世光	CLP	1983	
《聊斋故事选》	Selected Tales of Liaozhai	蒲松龄	杨宪益与戴乃迭	CLP	1984	重
《三部古典小说节选》	Excerpts from Three Classical Chinese Novels	李汝珍/罗贯中/吴承恩	杨宪益与戴乃迭	CLP	1984	重
《唐宋诗文选》	Poetry and Prose of the Tang and Song	李白等	杨宪益与戴乃迭	CLP	1984	
《明清诗文选》	Poetry and Prose of the Ming and Qing	不详	杨宪益	CLP	1986	
《唐代传奇选》	Tang Dynasty Stories	不详	杨宪益与戴乃迭	CLP	1986	
《汉魏六朝诗文选》	Poetry and Prose of the Han, Wei and Six Dynasties	不详	杨宪益与戴乃迭	CLP	1986	
《历代笑话选》	Wit and Humor from old Cathay	廖静文	Jon Eugene Kowallis	CLP	1986	

附录 5：杨宪益夫妇译作目录

序号	原作名称	原作作者	译者	出版单位	出版时间	备注	所属时期
1	《老残游记》	刘鹗	杨宪益、戴乃迭	Allen & Unwin Publishing House of London	1948		中国近代文学
2	《为新中国奋斗》	宋庆龄	杨宪益、戴乃迭	人民出版社	1952		中国当代文学
3	《鲁迅生平及他思想发展的梗概》	冯雪峰	杨宪益、戴乃迭	中国文学	1952（2）		中国当代文学
4	《伟大的爱国诗人屈原》	郭沫若	杨宪益、戴乃迭	中国文学	1952（2）		中国当代文学
5	《原动力》	草明	杨宪益、戴乃迭	外文出版社	1953		中国当代文学
6	《风云初记》	孙犁	杨宪益、戴乃迭	外文出版社	1953		中国现代文学
7	《青春之歌》	杨沫	杨宪益、戴乃迭	外文出版社	1953		中国当代文学
8	《暴风骤雨》	周立波	杨宪益、戴乃迭	外文出版社	1953		中国现代文学
9	《离骚》	屈原	杨宪益、戴乃迭	外文出版社	1953		中国古代文学

（续表）

序号	原作名称	原作作者	译者	出版单位	出版时间	备注	所属时期
10	《屈原》（话剧）	郭沫若	杨宪益、戴乃迭	外文出版社	1953		中国现代文学
11	《雪峰寓言》	冯雪峰	杨宪益、戴乃迭	外文出版社	1953		中国现代文学
12	《柳毅传：唐代传奇选》		杨宪益、戴乃迭	外文出版社	1954		中国古代文学
13	《白毛女》	贺敬之	杨宪益、戴乃迭	外文出版社	1954		中国现代文学
14	《王贵与李香香》	李季	杨宪益、戴乃迭	外文出版社	1954		中国现代文学
15	《周扬文艺论文集》	周扬	杨宪益、戴乃迭	外文出版社	1954		中国现代文学
16	《长生殿》	洪昇	杨宪益、戴乃迭	外文出版社	1955		中国古代文学
17	《宋元朝故事选》		杨宪益、戴乃迭	外文出版社	1955（1）		中国古代文学
18	《关汉卿杂剧选》	关汉卿	杨宪益、戴乃迭	外文出版社	1956		中国古代文学
19	《度荒》	白危	杨宪益、戴乃迭	外文出版社	1956		中国当代文学
20	《打渔杀家》		杨宪益、戴乃迭	外文出版社	1956	京剧	中国现代文学
21	《柳荫记》		杨宪益、戴乃迭	外文出版社	1956	川剧	中国当代文学
22	《鲁迅选集》（1）	鲁迅	杨宪益、戴乃迭	外文出版社	1956		中国现代文学

（续表）

序号	原作名称	原作作者	译者	出版单位	出版时间	备注	所属时期
23	《鲁迅选集》(2)	鲁迅	杨宪益、戴乃迭	外文出版社	1957		中国现代文学
24	《牧歌》	维吉尔	杨宪益、戴乃迭	人民文学出版社	1957		外国文学
25	《儒林外史》	吴敬梓	杨宪益、戴乃迭	外文出版社	1957		中国古代文学
26	《中国古代寓言选》		杨宪益、戴乃迭	外文出版社	1957		中国古代文学
27	《杜十娘怒沉百宝箱——宋明平话选》	冯梦龙,凌濛初	杨宪益、戴乃迭	外文出版社	1957		中国古代文学
28	《早期神话故事选》		杨宪益、戴乃迭	中国文学	1957(4)		中国古代文学
29	《阿诗玛》	李广田整理	杨宪益、戴乃迭	外文出版社	1958		中国当代文学
30	《十五贯》		杨宪益、戴乃迭	外文出版社	1958	昆曲	中国当代文学
31	《白蛇传》		杨宪益、戴乃迭	外文出版社	1958	京剧	中国当代文学
32	《汉魏六朝小说选》		杨宪益、戴乃迭	外文出版社	1958		中国古代文学
33	《不怕鬼的故事》	张友鸾(编)	杨宪益、戴乃迭	外文出版社	1958		中国当代文学
34	《中国古典文学史》	冯沅君	杨宪益、戴乃迭	外文出版社	1958		中国古代文学
35	《中印人民友谊史话》	金克木	杨宪益、戴乃迭	外文出版社	1958		中国当代文学

（续表）

序号	原作名称	原作作者	译者	出版单位	出版时间	备注	所属时期
36	The Forsaken Wife		杨宪益、戴乃迭	外文出版社	1958	Pinchu Opera	外国文学
37	《新民歌》		杨宪益、戴乃迭	中国文学	1958（6）	43首	中国当代文学
38	《鲁迅选集》（3）	鲁迅	杨宪益、戴乃迭	外文出版社	1959		中国现代文学
39	《地心游记》	凡尔纳	杨宪益	外文出版社	1959		外国文学
40	《春》	李大钊	杨宪益、戴乃迭	中国文学	1959（5）		中国现代文学
41	《西藏抒情诗》		杨宪益、戴乃迭	中国文学	1959（5）		中国古代文学
42	《夜》	Fou Chou	杨宪益	中国文学	1959（6）		中国现代文学
43	Brides Galore		杨宪益、戴乃迭	中国文学	1959（7）	川剧	中国当代文学
44	The Cloud Maiden	Yang Mei-ching	杨宪益、戴乃迭	中国文学	1959（8）		中国当代文学
45	《论文学和艺术》	鲁迅	杨宪益、戴乃迭	中国文学	1959（9）		中国现代文学
46	《青春的闪光》	刘白羽	杨宪益、戴乃迭	中国文学	1959（11）	散文	中国现代文学
47	Our Party and Our Reader	Han Pei-ping	杨宪益、戴乃迭	中国文学	1959（11）		中国当代文学
48	《阿Q正传》	鲁迅	杨宪益、戴乃迭	外文出版社	1960		中国现代文学

（续表）

序号	原作名称	原作作者	译者	出版单位	出版时间	备注	所属时期
49	《牡丹亭》	汤显祖	杨宪益、戴乃迭	中国文学	1960（1）		中国古代文学
50	《晚唐传奇选》	裴铏	杨宪益、戴乃迭	中国文学	1960（3）		中国古代文学
51	《诗二首》	殷夫	杨宪益、戴乃迭	中国文学	1960（5）		中国现代文学
52	《反帝斗争的连锁反应》	郭沫若	杨宪益	中国文学	1960（7）		中国当代文学
53	《致古巴诗》	郭小川等	杨宪益	中国文学	1960（7）		中国当代文学
54	《长征轶事》		杨宪益、戴乃迭	中国文学	1960（8）		中国现代文学
55	《致刚果人民诗》	闻捷	杨宪益、戴乃迭	中国文学	1960（10）		中国当代文学
56	《海市》	杨朔	杨宪益、戴乃迭	中国文学	1960（11）		中国当代文学
57	《革命烈士诗选》		杨宪益	中国文学	1960（12）		中国现代文学
58	《诗二首》	Li Yeh-kuang	杨宪益	中国文学	1960（12）		中国现代文学
59	《鲁迅选集》（4）	鲁迅	杨宪益、戴乃迭	外文出版社	1961		中国现代文学
60	《故事新编》	鲁迅	杨宪益、戴乃迭	外文出版社	1961		中国现代文学
61	《红旗谱》	梁斌	杨宪益、戴乃迭	外文出版社	1961		中国现代文学

（续表）

序号	原作名称	原作作者	译者	出版单位	出版时间	备注	所属时期
62	《"西沙群岛"诗四首》	柯岩	杨宪益、戴乃迭	中国文学	1961（1）		中国当代文学
63	Life Beckons-In Memory of Felix Moumie	杨朔	杨宪益、戴乃迭	中国文学	1961（2）		中国现代文学
64	Books Written in Blood-on reading No Answer From Cell 7	刘白羽	杨宪益、戴乃迭	中国文学	1961（2）		中国现代文学
65	《诗二首》	Pao Yu-tang	杨宪益、戴乃迭	中国文学	1961（3）		中国当代文学
66	《林则徐》	叶元	杨宪益、戴乃迭	中国文学	1961（4）	电影剧本	中国当代文学
67	《诗选》	陈毅	杨宪益、戴乃迭	中国文学	1961（8）		中国当代文学
68	The Faithless Lover		杨宪益、戴乃迭	中国文学	1961（10）	川剧	中国当代文学
69	《评雪辨踪》		杨宪益、戴乃迭	中国文学	1961（10）		中国古代文学
70	《长江三日》	刘白羽	杨宪益、戴乃迭	中国文学	1961（10）	诗歌	中国现代文学
71	《登峨眉山》	徐迟	杨宪益	中国文学	1961（11）		中国现代文学
72	Strange Encounter in the Northern Capital		杨宪益、戴乃迭	中国文学	1961（12）		中国当代文学

(续表)

序号	原作名称	原作作者	译者	出版单位	出版时间	备注	所属时期
73	《刘三姐》		杨宪益、戴乃迭	外文出版社	1962	八幕歌剧	中国当代文学
74	《赤壁战鼓》		杨宪益、戴乃迭	外文出版社	1962	七幕话剧	中国现代文学
75	《诗三首》	Chen Hui	杨宪益、戴乃迭	中国文学	1962(2)		中国现代文学
76	《杜甫传》	冯至	杨宪益、戴乃迭	中国文学	1962(4)		中国当代文学
77	《诗六首》	鲁特夫拉木·木力夫	杨宪益、戴乃迭	中国文学	1962(6)		外国文学
78	《〈文心雕龙〉节选》	刘勰	杨宪益、戴乃迭	中国文学	1962(8)		中国古代文学
79	《守财奴》	Chen Ting-yu	杨宪益、戴乃迭	中国文学	1962(9)		中国当代文学
80	《诗十二首》	田间	杨宪益、戴乃迭	中国文学	1962(10)		中国现代文学
81	By My Window	刘白羽	杨宪益	中国文学	1963(3)	散文	中国现代文学
82	While Herons and Sunlight Cliff	Ho Wei	杨宪益、戴乃迭	中国文学	1963(5)		中国现代文学
83	《诗品》	司空图	杨宪益、戴乃迭	中国文学	1963(7)		中国古代文学
84	《诗十六首》	Lu Yu	杨宪益、戴乃迭	中国文学	1963(8)		中国古代文学

（续表）

序号	原作名称	原作作者	译者	出版单位	出版时间	备注	所属时期
85	《诗九首》	臧克家	杨宪益、戴乃迭	中国文学	1963（9）		中国当代文学
86	《白光》	鲁迅	杨宪益、戴乃迭	中国文学	1963（11）		中国现代文学
87	《长明灯》	鲁迅	杨宪益、戴乃迭	中国文学	1963（11）	小说	中国现代文学
88	《诗一首》	N. Sayntsogt	杨宪益	中国文学	1964（1）		外国文学
89	《〈战国策〉选》		杨宪益、戴乃迭	中国文学	1964（1）		中国古代文学
90	《诗六首》	殷夫	杨宪益、戴乃迭	中国文学	1964（4）		中国现代文学
91	《寓言二则》	Liu Chi	杨宪益	中国文学	1964（4）		中国古代文学
92	A Village in Hopei	Ho Chi fang	杨宪益、戴乃迭	中国文学	1964（6）		中国当代文学
93	《诗八首》	鲁迅	杨宪益、戴乃迭	中国文学	1964（7）		中国现代文学
94	《〈红楼梦〉摘译》	曹雪芹	杨宪益、戴乃迭	中国文学	1964（7）		中国古代文学
95	《〈红楼梦〉摘译》	曹雪芹	杨宪益、戴乃迭	中国文学	1964（8）		中国古代文学
96	《芦荡火种》		杨宪益、戴乃迭	中国文学	1964（9）	样板戏	中国当代文学
97	Young Folk in a Remote Region	吴玉萧	杨宪益、戴乃迭	中国文学	1964（11）		中国当代文学

（续表）

序号	原作名称	原作作者	译者	出版单位	出版时间	备注	所属时期
98	*Pillar of the South*	Tsao Jo-hung	杨宪益	中国文学	1965（2）		中国当代文学
99	《诗十一首》	Lu Yu	杨宪益、戴乃迭	中国文学	1965（5）		中国古代文学
100	《红灯记》		杨宪益、戴乃迭	中国文学	1965（5）	样板戏	中国现代文学
101	《诗二首》	Liu Chen	杨宪益、戴乃迭	中国文学	1965（6）		中国古代文学
102	*Childhood Dreams*	Sun Yu-tien	杨宪益、戴乃迭	中国文学	1965（6）		中国当代文学
103	*East Flows the Mighty Yangtze*	Sha Pai	杨宪益、戴乃迭	中国文学	1965（8）		中国当代文学
104	《诗四首》	Liang Shang-chuan	杨宪益、戴乃迭	中国文学	1965（10）		中国当代文学
105	*Friendship Power Station*	Chi Chi-kuang	杨宪益、戴乃迭	中国文学	1965（12）		中国当代文学
106	*A New Worker*	Wang Fang-wu	杨宪益、戴乃迭	中国文学	1965（12）		中国当代文学
107	《明朝散文四首》		杨宪益、戴乃迭	中国文学	1966（2）		中国古代文学
108	《诗四首》	Chang Yung-mei	杨宪益、戴乃迭	中国文学	1966（3）		中国古代文学

（续表）

序号	原作名称	原作作者	译者	出版单位	出版时间	备注	所属时期
109	《诗二首》	Lu Chi	杨宪益、戴乃迭	中国文学	1966（6）		中国古代文学
110	The Girl Driving Yaks	Fou Chou	杨宪益、戴乃迭	中国文学	1966（6）		中国当代文学
111	The Hammer Forged with Blood	Chi Chi-kuang	杨宪益、戴乃迭	中国文学	1966（6）		中国当代文学
112	《无声的中国：鲁迅作品选》	鲁迅	杨宪益、戴乃迭	牛津大学出版社	1970		中国现代文学
113	《野草》	鲁迅	杨宪益、戴乃迭	外文出版社	1974		中国现代文学
114	《朝花夕拾》	鲁迅	杨宪益、戴乃迭	外文出版社	1976		中国现代文学
115	《〈史记〉选》	司马迁	杨宪益、戴乃迭	外文出版社	1976		中国古代文学
116	《红楼梦》	曹雪芹	杨宪益、戴乃迭	人民文学出版社	1978—1980	3卷	中国古代文学
117	《奥德修斯》	荷马	杨宪益	人民文学出版社	1979		外国文学
118	《中国古典小说节选》		杨宪益、戴乃迭	中国文学出版社	1981	"熊猫丛书"	中国古代文学
119	《〈聊斋〉选》	蒲松龄	杨宪益、戴乃迭	中国文学出版社	1981	"熊猫丛书"	中国古代文学
120	《明代话本选》		杨宪益、戴乃迭	中国文学出版社	1981	"熊猫丛书"	中国古代文学

（续表）

序号	原作名称	原作作者	译者	出版单位	出版时间	备注	所属时期
121	《呐喊》	鲁迅	杨宪益、戴乃迭	外文出版社	1981		中国现代文学
122	《彷徨》	鲁迅	杨宪益、戴乃迭	外文出版社	1981		中国现代文学
123	《罗兰之歌》		杨宪益	上海译文出版社	1981		外国文学
124	《〈我走过的道路〉序》	茅盾	杨宪益	中国文学	1981（7）		中国当代文学
125	《卖花女》	萧伯纳	杨宪益	中国对外翻译出版公司	1982		外国文学
126	《罗隐和他的〈谗书〉》	邓魁英	杨宪益	中国文学	1982（2）		中国当代文学
127	《〈谗书〉七则》	罗隐	杨宪益	中国文学	1982（2）		中国古代文学
128	《〈阅微草堂笔记〉选》	纪昀	杨宪益	中国文学	1982（4）		中国古代文学
129	《近代英国诗抄》	艾略特等	杨宪益	人民文学出版社	1983		外国文学
130	《〈诗经〉选》		杨宪益、戴乃迭	中国文学出版社	1983	"熊猫丛书"	中国古代文学
131	《龚自珍诗选》	龚自珍	杨宪益	中国文学	1983（5）		中国古代文学
132	《沈从文的中国历代服饰研究》	黄裳	杨宪益	中国文学	1983（5）		中国当代文学

（续表）

序号	原作名称	原作作者	译者	出版单位	出版时间	备注	所属时期
133	《龙的传人》	侯德健	杨宪益	中国文学	1983（9）	歌词	中国当代文学
134	《唐末诗文选》		杨宪益、戴乃迭	中国文学出版社	1984	"熊猫丛书"	中国古代文学
135	《寓言十六则》	黄永玉	杨宪益	中国文学	1984（1）		中国当代文学
136	《西方影响与民族风格》	唐弢	杨宪益	中国文学	1985（1）		中国当代文学
137	《温庭筠词选》	温庭筠	杨宪益、戴乃迭	中国文学	1985（4）		中国古代文学
138	《古趣集》	丁聪	杨宪益、戴乃迭	新世界出版社	1986		中国当代文学
139	《汉魏六朝文选》	陶渊明	杨宪益、戴乃迭	中国文学出版社	1986	"熊猫丛书"	中国古代文学
140	《明清诗文选》		杨宪益、戴乃迭	中国文学出版社	1986	"熊猫丛书"	中国古代文学
141	《红楼梦》	曹雪芹、高鹗	杨宪益、戴乃迭	商务印书馆	1986	节译本	中国古代文学
142	《古罗马戏剧选》	普劳图斯	杨宪益	人民文学出版社	1991		外国文学
143	《古希腊抒情诗选》		杨宪益	工人出版社	1995		外国文学
144	《古代散文卷》		杨宪益、戴乃迭	外语教学与研究出版社	1998		中国古代文学
145	《古代诗歌卷》		杨宪益、戴乃迭	外语教学与研究出版社	1998		中国古代文学

（续表）

序号	原作名称	原作作者	译者	出版单位	出版时间	备注	所属时期
146	《古代小说卷》		杨宪益、戴乃迭	外语教学与研究出版社	1998		中国古代文学
147	《现代散文卷》		杨宪益、戴乃迭	外语教学与研究出版社	1998		中国现代文学
148	《现代诗歌卷》		杨宪益、戴乃迭	外语教学与研究出版社	1998		中国现代文学
149	《现代小说卷》		杨宪益、戴乃迭	外语教学与研究出版社	1998		中国现代文学
150	《李白诗选》	李白	杨宪益、戴乃迭	外语教学与研究出版社	1999		中国古代文学
151	《杜甫诗选》	杜甫	杨宪益、戴乃迭	外语教学与研究出版社	1999		中国古代文学
152	《陆游诗选》	陆游	杨宪益、戴乃迭	外语教学与研究出版社	1999		中国古代文学
153	《王维诗选》	王维	杨宪益、戴乃迭	外语教学与研究出版社	1999		中国古代文学
154	《辛弃疾诗选》	辛弃疾	杨宪益、戴乃迭	外语教学与研究出版社	1999		中国古代文学
155	《苏轼诗选》	苏轼	杨宪益、戴乃迭	外语教学与研究出版社	1999		中国古代文学
156	《陶渊明诗选》	陶渊明	杨宪益、戴乃迭	外语教学与研究出版社	1999		中国古代文学
157	《圣女贞德》	萧伯纳	杨宪益	漓江出版社	2001		外国文学
158	《〈楚辞〉选》	屈原	杨宪益、戴乃迭	外文出版社	2001		中国古代文学

（续表）

序号	原作名称	原作作者	译者	出版单位	出版时间	备注	所属时期
159	《乐府》		杨宪益、戴乃迭	外文出版社	2001		中国古代文学
160	《唐诗》		杨宪益、戴乃迭	外文出版社	2001		中国古代文学
161	《宋词》		杨宪益、戴乃迭	外文出版社	2001		中国古代文学
162	《凯撒和克莉奥佩特拉》	萧伯纳	杨宪益	人民文学出版社	2002		外国文学
163	《老残游记》	刘鹗	杨宪益、戴乃迭	外文出版社	2005		中国近代文学
164	《临江亭》		杨宪益、戴乃迭	中国文学		川剧	中国近代文学
165	《秦香莲》		杨宪益、戴乃迭	中国文学			中国古代文学
166	《打金枝》		杨宪益、戴乃迭	中国文学			中国古代文学
167	《炼印》		杨宪益、戴乃迭	中国文学			中国当代文学
168	《搜书院》		杨宪益、戴乃迭	中国文学			中国古代文学
169	《维摩诘所述经变文》		杨宪益、戴乃迭				中国古代文学
170	《燕子赋》		杨宪益、戴乃迭				中国当代文学
171	《弘明集》		杨宪益、戴乃迭			摘译	中国古代文学

（续表）

序号	原作名称	原作作者	译者	出版单位	出版时间	备注	所属时期
172	《苗族创世诗》		杨宪益、戴乃迭				中国古代文学
173	《中国戏剧史》		杨宪益、戴乃迭				中国现代文学
174	《资治通鉴》	司马光	杨宪益、戴乃迭			从战国到西汉	中国古代文学

* 感谢王雯路翻译整理了这个目录。

20世纪中国古代文化经典域外传播研究书系

张西平 总主编

20世纪中国古代文化经典在域外的传播与影响研究导论(下)

张西平 著

中原出版传媒集团

大地传媒

大象出版社

·郑州·

第二编

理论编

在"历史编"我们初步勾勒了从19世纪到20世纪中国古代文化经典在域外传播的历史,这一编我们将对在中国古代文化典籍外传历史中所呈现出来的一些理论性问题展开初步的探讨。

　　如果从理论上讲,中国古代文化典籍在域外传播涉及的许多问题都值得研究,由于篇幅所限,我们在本编只对四个问题展开研究,一是重新认识中国文化的价值,二是明确中国文化的当代价值,三是中国古代文化经典翻译研究,四是全球化视野下的中国文化经典外播研究。这四个问题是关涉理解和展开中国古代文化经典在西方传播研究的核心问题。

第四章

重新认识中国文化的价值

导　语

　　研究中国古代文化经典在西方的传播并不仅仅是一个中国文化西传史的研究,它同样是一个对中国文化的价值意义重新认识的思想过程。对中国文化的价值和意义的认识,有了新的视角、新的视域,我们开始以世界的眼光来反思中国文化的价值和意义。晚清以后的百年,中国以西为师,对待中华文化的态度是以批判为主要导向,无论是向美英学习,还是向苏俄学习,大体都是如此。我们很少考虑自己的文化在世界文化范围内的价值和意义,很少考虑中国文化在世界文明中的贡献,很少知道中国文化经典西译后对西方文明和文化发展的影响与贡献。近30多年的发展,使中国重新回到世界的舞台中心,在我们继续拥抱世界,接纳吸收外来文明的同时,告别以西为师的时代开始了。文化自觉要做的第一件事就是重新认识我们自己的文化。一个从事中国文化外传的学者不可能对自己的文化采取一种鄙视的态度,如果这样做学问,这种学问就是伪学问。任何学问都有价值立场,如果没有对中国古代文化经典所包含的文化价值的重新认识,我们的研究就仅仅是一堆没有灵魂的知识。我们必须回到中国文化价值这个核心的问题上来。

一、文化自觉与文化外播

1.重建世界文化格局

我们在"历史编"的论述中已经提到,中国文化经典的西译从晚明时期已经开始,那时翻译的主体是来华的传教士①。晚清后中国与西方的关系发生了根本性的变化,西方的炮舰打断了中国社会缓慢的自然成长,中国被纳入西方控制的世界体系之中。从此,"以西为师"成为中国文化百年的主调,百年欧风美雨,西方文化迅速进入我们的生活、进入我们的语言、进入我们的精神世界。从宏大的历史叙事来看,尽管这是无奈的选择,但这促成了中国文化新的再生和发展,虽然是被动的。

百年来中国知识界所从事的工作主要是介绍西方文化,因此翻译西学经典成为知识分子当仁不让的职责。虽然在民国时期有《天下》杂志横空出世,于危难中传播中国文化的普世价值。中华人民共和国成立后有外文局力挽狂澜,在西方文化的围剿中,为中华人民共和国辩护。但从总体上看,中译外在中国百年的文化格局中是无足轻重的。

如果中国的国家实力仍排在世界的 100 位之后,国家仍处在积弱积贫之中,我们不可能考虑中国文化的输出问题,那时解决的是如何渡过国家和文化的危机问题。但今天中国已经走到世界舞台中心,文化的输出,中国文化经典的外译就自然成为我们应该考虑的问题。在与西方文化的相处中,我们应承认这样的现实,今天这个世界的规则是西方发达国家制定的,他们在世界的文化格局中占据着主导性的地位。我们需要考虑的是如何走出"西方中心主义"的文化格局,开创新的世界文化格局,因为西方文化只是世界多元文化中的一支,在文化问题上不能完全由西方主导。由此,中国文化经典的外译及其研究就成为一个重建世界文化格局的重要的问题。

如何重新认识中国文化的价值,理解中国古代文化经典外播的文化意义,首先就要有文化的自觉。这是我们从事这一研究的起点。

---

① 关于中译外的翻译主体问题,我们在下一章专门研究,这里不再展开。

2.文化自觉的三层含义

文化自觉这个概念是费孝通先生在 1997 年的一个会议上提出来的,他说,
"文化自觉"这四个字也许表达了当前思想界对经济全球化的反应,是世界各地
多种文化接触中引起的迫切要求,要求知道:我们为什么这样生活? 这样的生活
有什么意义? 这样生活会为我们带来什么结果? 也就是说,人类发展到现在已经
开始要知道我们的文化是从哪里来的,是怎样形成的,它的实质是什么,它将把人
类带到哪里去。①

费老这里讲的文化自觉包含了三层含义:第一,文化自觉的提出是对全球化
的回应。这是说费老是在什么样的文化背景下提出这个问题的。从 20 世纪 80
年代开启的全球化浪潮,打破了地域文化的界限,各种文化以前所未有的速度相
遇,西方文化借助经济全球化的迅速发展向全球扩张。此时"文化成为了一个舞
台,各种政治的、意识形态的力量都在这个舞台上较量。文化不但不是一个文雅
平静的领地,它甚至可以成为一个战场,各种力量在上面亮相、相互角逐"②。按
照萨义德的看法,全球化是那些大资本的公司推动的,是西方的帝国主义推动的,
因此"由于帝国主义的存在,所有的文化都交织在一起,没有一种是单一的、单纯
的"③。在西方强势的文化面前,与其相遇的文化自然会有反抗、抵御与文化身份
认同的焦虑。从改革开放到费老提出文化自觉,中国的知识界对全球化有了新的
认识,从最初的拥抱全球化到认识到全球化并不是完全的西方化,看到全球化的
本质是"资本主义生产体系在新的历史条件和技术条件下所做的新一轮合理化调
配。……我们会看到'全球化'背后所隐藏的特殊的价值论述。这种假'普遍'之
名的特殊价值观决定了全球化过程内在的文化单一性和压抑性。因此,当代中国
知识分子不得不考虑的是,如何在'全球化'的背景下保持文化的自主性? 如何
让价值的、伦理的、日常生活世界的连续性按照自身的逻辑展开,而不是又一次被
强行纳入一种'世界文明主流'的话语和价值系统中去。这并不是说,面对全球
化过程,我们一定要强调中国文化的特殊性、不可兼容性、甚至对抗性;而是说,我

---

① 费孝通:《反思·对话·文化自觉》,载《北京大学学报》(哲学社会科学版)1997 年第 3 期。
② 爱德华·W. 萨义德著,李琨译:《文化与帝国主义》,北京:生活·读书·新知三联书店,2003 年,
第 4 页。
③ 爱德华·W. 萨义德著,李琨译:《文化与帝国主义》,北京:生活·读书·新知三联书店,2003 年,
第 22 页。

们要在历史发展的非连续性当中考虑连续性的问题,要寻找一个中国现代性历史经验的当代表达形式"①。

张旭东的这段话应该是对费老提出文化自觉这一概念的时代背景和思想原因的最好解释,说明费老提出这一概念不是一个纯粹的学理讨论,它是对全球化在中国展开后,当代中国知识分子对全球化所引起的文化问题的一个回答。

费老提出文化自觉的核心问题是对中华民族自己的文化认同。在全球化背景下如何保持自己文化的特色:"我们为什么这样生活,这样的生活有什么意义?"这是给我们提出:在当今世界上做一个中国人的理由何在,意义何在? 我们这样的一个民族文化持续到今天价值何在? 费老在今天提出这些问题的原因在于在全球化的背景下,中国开启的改革开放使中国真正告别农业社会,工业化社会开始成为我们日常的生活,在这样的情况下我们怎样生活才有意义? 我们的历史文化凝结成的文化传统生活有没有价值? 如何处理我们的历史文化和当下的现代化文化,这成为我们必须回答的问题。

文化认同当然是一个当代的概念,但如果从长时段、大历史来看,这个问题对中国这样的多民族国家来说一直是存在的,佛教传入中国后,面对这种外来文化,儒家士大夫们也经历了一个漫长的吸收的过程,在佛和儒之间当时就有一个身份认同的问题。韩愈出于复兴儒学的需要,写下了《原道》《原性》《与孟尚书书》《谏迎佛骨表》等一系列的文章,后因他上书反对迎佛骨,激怒了皇帝而被贬。写下了著名的《左迁至蓝关示侄孙湘》。

> 一封朝奏九重天,夕贬潮州路八千。
>
> 欲为圣明除弊事,肯将衰朽惜残年。
>
> 云横秦岭家何在? 雪拥蓝关马不前。
>
> 知汝远来应有意,好收吾骨瘴江边!

但历史的发展和韩愈的主张相反,佛教文化终于融入到中国文化的主流之中。到晚明时,儒、释、道三教合一已经成为当时的文化主流。中国文化悠久的历史证明:包容性是中国文化的根本性特征。中华文化受到外来文化影响最大的有两

---

① 张旭东:《全球化时代的文化认同:西方普遍主义话语的历史批判》,北京:北京大学出版社,2005年,第1~2页。

次,一次是佛教文化的传入,一次是基督教文化的传入。在"历史编"中我们已经涉及这个问题。

文化自觉的第三层含义就是,对文化的发展的展望。费老和他的老师马林诺夫斯基(Malinowski,Bronislaw Kaspar,1884—1942)一样对西方殖民主义充满了反感,因为,西方文化在其扩张的过程中把大量的多民族的原生态文化摧毁了,把异于西方文化的多样性文化同质化了,全球化的发展使人类日益失去文化的多样性。谈到他的老师的这个观点时,费老说:"人类必须有一个共同的一致的利益,文化才能从交流而融合。这个结论很重要,是他从非洲殖民地上看出来的。换句话说,殖民主义不可能解决文化共存的问题。我们中国人讲,以力服人为之霸,以理服人为之王。霸道统一了天下,也不能持久,王道才能使天下归心,进入大同。维持霸道的局面,可能最后会导致原子战争,大家同归于尽。我希望避免同归于尽,实现天下大同。"①

3.文化自觉的学术意义

费老提出了一种理想主义的世界文化观:"各美其美,美人之美,美美与共,天下大同。"②这个原则就是在自身文化认同条件下的多元文化观。显然,这是我们开展中国文化经典在域外传播研究的文化立场和学术基本出发点。如果说自晚清起中国文化自然发展历程被打断后,西方文化以强势进入,百年来对西方文化的吸收虽然充满苦难与艰辛,但中华文化并未中断,变迁的中华文化在断裂中保持着连续性。

对自己文化的认同,对近代以来所形成的当代文化的合法性的认同,这是一个学术的基本立场。如果没有这个学术的基本文化立场,开展中国文化在域外传播研究的文化意义就全部失去,从而使这个研究变成一堆死去的知识,研究者的文化立场完全没有了。每一个从事中国文化在域外传播研究的研究者都应对近代中国文化的形成有一个清醒的认识。

---

① 费孝通:《从反思到文化自觉和交流》,《读书》1998 年第 11 期。
② 费孝通:《从反思到文化自觉和交流》,《读书》1998 年第 11 期。

二、重新认识确立中国古代文化的价值

1.中国文化价值的传播是关键

"历史编"的研究已经提到,中国古代文化在世界文化史中有着自己独特的价值和地位,从 16 世纪以来中国古代文化以它独有的魅力感动过许多西方的哲人,中国思想和文化曾是西方长期仰慕的文化。19 世纪后,随着西方的崛起,中国日益被妖魔化,在文化的较量中,中国古代文化经典所承载的思想和价值似乎完全失去了意义,中国文化开始被分裂,一个是躺在博物馆中的中国古代文化,一个是充满矛盾的中国当代文化。

今天,中国文化走出去已经被列为国策。文化如何走出去?文化传播的规律告诉我们,20 世纪中国古代文化经典在域外传播的历史告诉我们,文化走出去的核心是价值观念的输出。只有在人类历史上所形成的共同的文化价值基础上,阐明本民族的文化价值,才会让别人接受,东海、西海乃一海,天下同心、同理。对真、善、美的追求是人类共同的理想。阐明中国古代文化经典的价值,揭示其在中国历史环境中所形成的文化价值的普遍性意义,就成为我们开展中国文化域外传播研究的基本文化立场,也是我们今天常讲的中国文化走出去的核心。一个没有文化价值的文化是永远不会打动人的,一个没有文化意义的文化是永远不会传播开来的。20 世纪中国古代文化经典在西方的传播历史并不仅仅是一种知识的传播,它更是一种思想的交流,是一种中国古代文化价值的传播。所以,从学理上认识到中国古代文化经典的意义,才能揭示出中国古代文化 400 年来在西方传播绵延不绝的根本原因,这也是我们今天做好中国文化走出去的关键所在。一种文化能否被传播、被接受、被理解,核心是它的价值是否具有意义。

2.中国古代文化:世界文化史上的奇迹

中国在世界上被称为"四大文明古国"之一,所谓的"文明古国"指的是创造出人类最早文化形态的国家。一般来讲"四大文明古国"包括古埃及、古巴比伦、中国和古印度。本书所确定的主题是代表古代文明中中国精神的中华传统文化在当代的价值。

华夏先民因生息于黄河流域,四裔环绕,故自称"中华",意为地处中原的华

夏民族。中华的"中",意为华夏民族居四方之中;中华的"华"意为华夏民族是具有文化的民族。章太炎先生曾说过:"中华之名词,不仅非一地域之国名,亦且非一血统之种名,乃为一文化之族名。"①

中国文化产生在东亚大陆,它西隔高山,北接大漠,东临大海,因而这种相对独立的地理单元对中国文化的产生和发展有着两个重要的影响:

第一,相比其他文化,它是相对独立发展起来的文化形态,在基本未受到其他文化的影响下,它独立完成了自身文化的发生和创建,确立了自己的文字、思维方式、社会结构。只是在此之后,它才逐渐与其他文化相接触,虽然外来文化对其也产生了较大的影响,但中华文化的系统和态势已经基本确立了。

第二,由于这样独特的地理环境,使得中华文化产生和发展基本上未受到外来异族的冲击,进而中断自己发展的进程。长城内外是故乡,汉民族和长城外草原民族的融合过程是中华民族自身发展的过程,其间的冲突不仅没有中断中华文化的发展,反而成为中华各民族不断融合的历史过程,成为中华文化发展壮大的过程。而其他原生性文化,如古埃及文化、玛雅文化,早已后继无人,文化从此中断;而古巴比伦文化和古印度文化经过多次的外族入侵,其原文化形态已经被深深地叠压在文明的底层,与现代文化形态断绝,使其仅仅成为考古学的对象,而再无现实的文化意义。在世界各个原生文明中,唯有中华文化没有发生文化的中断,历经数千年而持续不断,这在世界文化史上是仅有的现象。

中华文化不仅始终保持着独立的、一以贯之的发展系统,而且长期以来以其文化的高度发展影响着周边的文化。从秦至清大约两千年间,中国始终是亚洲历史舞台上的主角,中华文明如同水向低处奔流一样,强烈地影响着东亚国家。日本、朝鲜乃至后来独立的越南,都是以中国为文化母体,大规模地吸纳中国文化,并在此基础上构建了符合他们自己民族特点的文化体系。在 19 世纪以前,以中国文化为中心,形成了包括中国在内的日本、朝鲜、越南的汉字文化圈。由此,成为与基督教文化圈、东正教文化圈、伊斯兰教文化圈和印度文化圈共存的世界五大文化圈之一。

中国文化当时在世界上的地位可以用藏在巴黎的一个敦煌卷子中的内容来

---

① 章太炎:《中华民国解》,《民报》第十五期,1907 年 7 月。

表达,这是一位来中国礼偈的梵僧的一首诗:

礼五台山偈一百一十二字

长安地阔查难分,中国中天不可论。

长安帝德谁恩报,万国归朝拜圣君。

汉家法度礼将深,四方取则慕华钦。

文章浩浩如流水,白马䭾经远自临。

故来发意远寻求,谁为明君不暂留。

将身岂惮千山路,学法宁辞度百秋。

何期此地却回还,泪下沾衣不觉斑。

愿身长在中华国,生生得见五台山。

德国哲学家黑格尔说:"所有历史都走向基督,而且来自基督。上帝之子的出现,是历史的轴心。"这种将基督教历史观作为人类历史观的"历史轴心"说,显然是站在欧洲基督教的立场上来讲的,是欧洲中心主义的产物,它并不能概括整个人类的历史。德国现代哲学家卡尔·雅斯贝尔斯对人类历史提出更为合理的解释。他将人类文化历史划分为四个阶段:第一阶段为"普罗米修斯的时代",即语言、工具的产生和火的使用的时代;第二阶段为公元前 5000 年到前 1000 年间,四大文明古国的出现;第三阶段以公元前 500 年左右为中心,从公元前 800 年到公元前 200 年,人类文明同时在中国、印度、巴勒斯坦和希腊开始奠基;第四阶段为从公元前 200 年至今,其中从 17 世纪开始进入科学和技术的时代。他侧重分析了人类文明发展的第三个阶段,并提出"轴心时代"(Axial Period)的概念,用以匡正黑格尔的基督教历史观。

他说,要是历史有一个轴心的话,我们必须依靠经验在世俗历史中来寻找,把它看成是一种对所有人都重要的情况,包括基督教徒在内。它必须给西方人、亚洲人以及一切人都带来信念……在公元前 800 年到公元前 200 年间所发生的精神过程,似乎建立了这样一个轴心。在这时候,我们今天生活中的人开始出现。让我们把这个时期称之为"轴心的时代"。在这一时期充满了不平常的事件。在中国诞生了孔子和老子,中国哲学的各种派别的兴起,这是墨子、庄子以及无数其他人的时代。在印度,这是优波尼沙(Upanishad)和佛陀的时代,如在中国一样,所有哲学派别,包括怀疑主义、唯物主义、诡辩派和虚无主义都得到了发展。……

祆教提出它挑战式的论点,认为宇宙的过程属于善与恶之间的斗争……先知们奋起:以利亚(Elijah)、以赛亚(Isaiah)、耶利米(Jeremiah)……希腊产生了诗人荷马(Homer),哲学家巴门尼德(Parmenides)、赫拉克利特(Heraclitus)、柏拉图(Plato),还有悲剧诗人以及修昔底德(Thucydides)和阿基米德(Archimedes)。这些名字仅仅说明这个巨大的发展而已,这都是在几世纪之内单独地也差不多同时地在中国、印度和西方出现的。①

雅斯贝尔斯的这段论述实际上是从历史角度对世界文化发展总体格局的一个总结,"轴心时代"是整个人类文明发展至今的一个起点和基础。也如中国文学家闻一多所说"中国和其余那三个民族一样,在他开宗第一声歌里,便预告了他以后数千年间文学发展的路线……我们的文化大体上是从这一刚开端的时期就定型了"②。

中华文化是世界文化上的奇葩,它是唯一一支存活下来的人类远古文化,在世界文化发展的很长一段时间里,中华文化不仅明显高于周边的文化,同时也高于其他文化圈,特别是在唐代,在整个欧亚大陆上,中国是世界文化总体格局中的中心,正如著名科学史专家贝尔纳指出的,"中国在许多世纪以来,一直是人类文明和科学的巨大中心之一"③。

3.中华古代文化的基本特征

中华文化是一个延绵不绝、高峰迭起的发展系统,在这悠久的历史文化传统中,它的最基本的特征是什么呢?

(1)大一统的国家民族理念

钱穆先生在谈到中国文化的特征时首先就指出"国家"与"民族"的融合是理解中国文化的根本出发点。他说:"我们要讲述中国文化史,首先应该注意两事。第一是中国文化乃由中国民族所独创,换言之,亦可说是由中国国家所独创。'民族'与'国家',在中国史上,是早已'融凝为一'的。第二事由第一事引申而来。正因中国文化乃由一民族或一国家所独创,故其'文化演进',四五千年来,常见

---

① 雅斯贝尔斯:《智慧之路》,田汝康、金重远选编:《现代西方史学流派文选》,上海:上海人民出版社,1982年,第39页。
② 闻一多:《文学的历史动向》,《闻一多全集》第十卷,武汉:湖北人民出版社,1993年,第17页。
③ [英]贝尔纳:《历史上的科学》序言,北京:科学出版社,1981年。

为'一线相承','传统不辍'。只见展扩的分数多,而转变的分数少。"①

　　作为地名的"中国"二字,目前所见,最早出现于1963年在陕西宝鸡周原出土的"何尊"。铭文称:"惟武王既克大邑商,则迁告于上天曰:'余其宅兹中国,自之辟民。'"其意为周武王在攻克了商的王都以后,举行了一个庄严的仪式报告上天:"我已经据有中国,自己统治了这些百姓。"后来,中国这一概念也被作为文明和文化的意义使用,而不仅是地理的概念,《史记·赵世家》所记载的公子成的话最为明确,公子成说:"中国者,盖聪明睿知之所居也,万物财用之所聚也,贤圣之所教也,仁义之所施也,诗书礼乐之所用也,异敏技能之所试也,远方之所观赴也,蛮夷之所义行也。""由此,'中国''中华'与'夷狄'之别,也渐由地理区域之别,渐变成为文化与文明之别。"②

　　从民族来说,经过长期的接触融合,中华民族从上古到秦汉,从以华夏族为主干的中原文化至满人入关到现代,不断地吸收、融合和扩大与更新,从而形成民族生命之河。中华各民族文化,例如历史上的匈奴、鲜卑、羯、氐、羌、契丹、辽、金等民族的文化,都融汇于中国文化的血脉之中。没有这种融合,也就没有中国文化的博大精深。各民族文化在趋同汉文化的同时,仍保留着自己民族文化的特色,犹如一个大家庭的兄弟一样。"我们可以说,中国民族是禀有坚强的持续性,而同时又具有伟大的同化力的。"③

　　从国家来说,秦统一中国后,中国成为当时世界上最大的帝国,秦始皇修长城,原本是为了防御草原民族的入侵,但数千年的中国历史却是:长城内外是故乡。元朝和清朝所代表的草原民族政权的建立不仅没有中断中华文化的历史,反而使其融入到中华民族的大家庭之中,成为中华民族新的血液,使中华帝国的版图在一定的地理单元中形成更为统一的国家。"正因为中国民族不断在扩展中,因此中国的国家亦随之而扩展。"

　　所以,只有从这个角度来理解中国的历史,才能真正理解中国文化的基本特

---

① 钱穆:《中国文化史导论(修订版)》,北京:商务印书馆,1994年,第21页。

② 王学典:《答基辛格问》,《中华读书报》2013年4月3日。

③ 钱穆:《中国文化史导论(修订版)》,北京:商务印书馆,1994年,第23页。大一统的民族国家观念的形成也和中国各派思想家的倡导有着直接的关系,墨家求"尚同",儒家求"大同",汉儒董仲舒说:"春秋大一统者,天地之常经。古今之通谊也。"(《天人三策》,载《汉书·董仲舒传》)

点。正如钱穆所说:"中国人常把民族观念消融在人类观念里,也常把国家观念消融在天下或世界的观念里。他们只把民族和国家当作一个文化机体,并不存有狭义的民族观与狭义的国家观,'民族'与'国家'都只为文化而存在。因此两者间常如影随形,有其很亲密的联系。'民族融合'即是'国家凝成','国家凝成'亦正为'民族融合'。中国文化,便在此两大纲领下,逐步演进。"①

西方国家一些人从自己国家的历史出发,特别是仅从罗马帝国解体后欧洲近代单一民族国家形成的历史来理解中国,他们无法理解中国多民族、大一统的国家形态,不知道中国人这样的民族心理和大一统的国家形态认同是深深扎根在中国独有的文化历史背景中的,从而做出许多在一般中国民众看来可笑和无知的事情,如承认西藏为一个独立的国家。②

(2)持久趋同的文化生命力

中华文化的连续性和持久性是整个人类文明史上所独有的。上面我们提到中国独特的地理环境是其文明未遭到其他文明侵入的重要原因。从世界历史看,尼罗河流域的古代埃及文化、幼发拉底河和底格里斯河流域的苏美尔、腓尼基地区文化、克里克岛上的爱琴文化以及迈锡尼、古波斯、古希腊等诸多的古代文化系统,都是建立在比较单一的水系和平原上,地理上缺少保护其文化的自然屏障,从而一旦外族文化入侵,文明就会发生断裂。显赫一时的古罗马文化就是因日耳曼人的大举入侵而开始瓦解的。

大一统的国家民族理念与现实也是中华文化长久不衰的重要原因,从夏商周三代到清末,中国的政治未曾发生过外在的断裂,它是通过一种不断的"内部调整"的方式达到了一种超稳定的完整架构。

中华文化的这种强大生命力,还表现在它的同化力、融合力、延续力和凝聚力等方面。佛教文化的传入并最终的中国化,有力地说明了这一点。佛教开始流传于尼泊尔、印度一带,它并不是中国本土的文化,在1世纪的两汉时期开始传入中国,经过魏晋、隋唐几百年的发展,佛教高僧的东渡,佛教经典的翻译,中土僧人的西行求法,都不能使佛教文化完全征服中国的士大夫。佛教在中国传播的最后结

---

① 钱穆:《中国文化史导论(修订版)》,北京:商务印书馆,1994 年,第 23 页。
② 从西方汉学家到西方政治家在对中国的认识上仍有许多问题,这点我们在下面会继续展开这个问题的讨论。

果是产生了它的最大的派别——禅宗这个完全本土化的佛教宗派。同时，它又促生了中国儒学的最高结晶——宋明理学，外来的佛教完全融入中华文化之中，成为中国文化的一部分。犹太人遍布全球，而且顽强地保持着他们自己的宗教信仰和思维方式，而他们来到中国的开封后，这个被称为"挑筋教"的外来宗教最终消融在中国文化的汪洋大海之中。

中国文化的强大生命力还表现在它具有历久弥坚的凝聚力。这种凝聚力表现为文化心理的自我认同感和超地域、超国界的文化群体归属感。早在西周时期，中华先民便有了"非我族类，其心必异"的观念，表达了从文化心理特质上的自我确认。正因如此，直到今天，数以千万计漂泊天涯的华侨、华裔，有的在异国他邦生儿育女，传宗接代，但他们的文化脐带，仍然与中华母亲血肉相依，在他们的意识中，一刻也未曾忘记自己是中华儿女，炎黄子孙。这种文化的认同感成为中华民族近代以来屡遭劫难而不分裂的重要原因，成为近 30 年来中华民族伟大复兴的重要文化力量。

中国文化的同化力和融合力是在历史中形成的，因此它不是简单的偶然的文化现象，而是一种文化生命力的表现。具有如此强大的文化生命力的民族，在世界历史上都是少见的。汤因比在 20 世纪 70 年代初期，曾在与日本学者池田大作的对话中说："就中国人来说，几千年来，比世界上任何民族都成功地把几亿民众，从政治文化上团结起来。他们显示出这种在政治、文化上统一的本领，具有无与伦比的成功经验。"

在世界文化史上唯有中国文化历经数千年，持续至今而未曾中辍，表现出无与伦比的延续力，历史上罕见的持久趋同的文化历史意识。

（3）宗法伦理的社会制度

中华先民栖息在东亚大陆这块辽阔的原野上，他们很早就开始从事定居的农业生产。"一村唯两姓，世世为婚姻，亲疏居有族，少长游有群。"白居易这首诗很好地描述了农村的生活。农业生产的特点使血缘宗法制度成为氏族社会的形态，在氏族社会解体后，以血缘关系为基本形态的宗法制度延续了下来。这点和希腊社会以海上贸易为主从而造成了血缘关系的解体有很大的不同。农业社会以家庭为单元的生产特点，造成中国政治制度中的重要特点"家国同构"，即家庭和国家在组织结构上具有共同性：父系家长制。由此衍生出中国的宗法伦理。中国传统的"五伦",君臣、父子、夫妇、兄弟、朋友中,血缘关系占三,而君臣关系和朋友关系也可以从血缘中推衍出来。这样,中国的社会伦理、国家伦理都是从家庭伦理中演绎出来的。孝亲成为中国道德的根本,由孝亲推及为忠君,所谓"君子之事亲孝,故忠可移于君;事兄悌,故顺可移于长;居家理,故治可移于官"①。如梁启超所说:"吾国社会之组织,以家族为单位,不以个人为单位,所谓齐家而后国治是也。周代宗法之制,在今日其形式虽废,其精神犹存也。"②

宗法血缘制度的社会结构对中华民族的心理、伦理、文化产生了重大的影响,从而使伦理学成为中国文化之本,三纲五常伦理观念成为中华文化之核心。这样的社会制度和伦理特点成为中国在农业文明时期社会稳定、文明发展的重要原因。

近代以来,在中华民族走向现代化的历程中,不少学人开始反思和批判这种血缘宗法的社会制度和以孝亲父权为核心的伦理体系。当作为制度的儒学解体以后,当以家庭为单元的农业生产逐步纳入社会化大生产的历史进程开启以后,在现代中国社会制度建立以后,如何消除封建家长制度的消极影响,建立适应现代社会的新的伦理体系,成为近代以来中国思想界关注的重要问题;同时,在现代化社会建立的过程中又如何继承中华伦理传统中的合理因素,使其转化成中国现代社会伦理的资源,成为当代中国文化重建的重要内容。

三、重新解释中国文化的近代命运

1.中国文化的融合性特点

中国文化在其漫长的发展历程中,能始终保持着强大的生命力就在于它始终保持着文化的自我更新的能力,在于它对外来文化的宽容和融合。先秦诸子百家的争鸣使中国文化达到了它的第一个高潮,表现出了中国文化思想的深刻与内在的张力,为以后的中国文化发展奠定了一个坚实的基础。魏晋以来,易、老、庄、佛开始融合,儒、释、道会通,从而产生了唐代博大精深、气势恢宏的文化气象,使中

---

① 胡平生、陈美兰译注:《礼记·孝经》,北京:中华书局,2007 年,第 265 页。
② 梁启超:《新大陆游记》,《饮冰室合集》第四册《专集》第二十二,北京:中华书局,1989 年,第 121 页。

华文化达到了它的第二个高潮。宋元明清,在佛教的推动下,儒学发展到了它的新的阶段——理学,从而使这个古老的思想学派有了更为深刻、更为周密的运思和更为缜密的学术体系,由此,中华文化走向精微深邃。

截至 16 世纪的千余年间,中国人在物质生产和精神生产方面都远远走在世界各民族的前面,对人类文明和文化的发展做出了重大的贡献,正如英国著名学者李约瑟所说,此时的中国"走在那些创造出著名'希腊奇迹'的传奇式人物的前面,和拥有古代西方世界全部文化财富的阿拉伯人并驾齐驱,并在公元 3 到 13 世纪之间保持一个西方所望尘莫及的科学知识水平了"①。

近代以来,从文艺复兴以后特别是英国工业革命以后西方逐步走向现代社会。中国与欧洲发展的速度差距拉大,开始落后于西方。1840 年,当英国的炮舰轰毁了虎门炮台后,中国进入了一个刻骨铭心的百年磨难之中,中华文化也开始了它的又一次的裂变和更新。正如梁启超所说:"中国自数千年以来皆停顿时代也,而今则过渡时代也……中国自数千年来,常立于一定不易之域,寸地不进,跬步不移,未尝知过渡之何状也。虽然,为五大洋惊涛骇浪之所冲激,为十九世纪狂飙飞沙之所驱突,于是穿古以来,祖宗遗传深顽厚锢之根据地遂渐渐摧落失陷,而全国民族亦遂不得不经营惨憺,跋涉苦辛,相率而就于过渡之道。"②

2."中体西用"之说

百年苦难,百年思考,在这个历史过程中,中国知识分子对中国文化的命运与前途展开了激烈的争论。洋务派的代表张之洞在《劝学篇》中首次提出"中体西用"之说,"中学为内学,西学为外学;中学治身心,西学治世事。"这是近代以来儒家对西方文化的一次正式的回应。张之洞的这个回应具有重要的进步意义,因为"这样一来,儒家经典已不再具有无所不能的绝对权威性,儒学由'内圣'推及到'外王'的逻辑结构就遭到了破坏,这是破天荒的事情,是一个历史性的进步"③。洋务派所推动的改革最终以甲午海战的失败为终结,此时国人已经认识到仅仅学习西方的技术和购买军火并不是解决中国文化的新的出路。

由此,由器物层面的改革推向政治制度的改革,"观大地诸国,皆以变法而强,

---

① 李约瑟:《中国科学技术史》第 1 卷总论序言,北京:科学出版社,1975 年。
② 梁启超:《过渡时代论》,《清议报》第 82 期,1901 年。
③ 张岱年、方克立主编:《中国文化概论》,北京:北京师范大学出版社,1994 年,第 451 页。

守旧而亡"①。康有为、梁启超开启了戊戌变法,这是一次肤浅、短命的政治变革,但也是一次深刻而意义深远的思想启蒙和文化运动。"纵有千古,横有八荒。前途似海,来日方长。美哉我少年中国,与天不老,壮哉我中国少年,与国无疆。"②梁启超这激越的文字,在文化界乃至整个社会引起重大的反响。经严复、章太炎等晚清先进知识分子的努力,在传统与变革之间,本土文化和外来文化之间所展开的激烈争论,进一步揭示了中国文化在西方文化冲击下所面临的困境和矛盾,由此开启了新一轮的关于中国文化变革的争论。

3.中国文化命运的争论

从辛亥革命到五四运动,知识界关于当代中国文化的命运展开了激烈的争论。这场争论大体分为三个阶段:第一个阶段为1915年的《新青年》创刊到1919年的五四运动爆发,这一时期主要争论中西文化的异同、优劣。第二阶段主要讨论东西方文化的关系、二者的本质特点,以及如何协调二者的关系。1920年梁启超发表《欧游心影录》,梁漱溟发表《东西方文化及其哲学》,使讨论进入第三阶段,从一般性中西文化的比较研究深入到如何建设一个新的中华民族的文化,从而在世界文化中确立自己的地位。

这场关于中国文化的大讨论说明了中国传统文化在走向现代文化的过程中必然伴随着激烈的文化躁动。知识分子开始争论在巨大时代变迁中如何协调历史与现实,如何处理传统与发展的新文化、新道路。这是中国社会本身在经历从古代文明向现代文明转变中,在文化上发生的剧烈的调整。

在20世纪30年代又发生了一场关于中国文化走向的争论,陈经序和胡适提出的"全盘西化"和萨孟武、何炳松、陶希圣提出的"中国本位文化",争论的实质仍是中国文化的现代出路。"化中外为古今"的全盘西化派,以西洋文明为其旨归;"化古今为中外"的本土文化派,以中国文化为其旨归。熊十力则认为:"中西之学,当互济而不可偏废"③"中西文化宜互相融合""中西学术,合之两美,离则

① 康有为:《应诏统筹全局折》,姜义华、张荣华编校:《康有为全集》第四册,北京:中国人民大学出版社,第17页。
② 梁启超:《少年中国说》,《饮冰室合集》第一册《文集之六》,北京:中华书局,1989年,第12页。
③ 熊十力:《读经示要》卷一,上海:上海书店出版社,2009年,第56页。

两伤"①。综合古今中外才是正确的方向。

4.中国近代文化的混杂性特点

"拒绝外来养料滋补,固步自封的文化必然沉沦衰亡;同时,不能在本地土壤扎根的外来文化,也不可能垂之久远,必然萎黄凋零。只有在当代亿万民众实践的基础上兼采中外、贯通古今的文化,才根深叶茂,苍劲挺拔。"②

按照这样的理解,近代中国文化的形成既不是从天上掉下来的,也不是本土固有的,也就是说,近代以来所形成的中国文化既不是全盘西化,完全从西方搬来的异国文化在中国的嫁接,也不是中国古代原有文化的自然生成。作为后发现代化国家的中国,在西方外来势力的干扰下,打断了它自身发展的过程,从16世纪以来,中国已经不可能在自己固有的文化发展的逻辑中演化前进。而中华文化固有的深厚底蕴,中国人民顽强的奋进和努力的探索,也不可能使外来文化毫无改变地移植到中国。"中国近现代新文化既非单纯的西学之东渐,也非中华传统文化全方位的直接延续,而是西学与中国传统文化相杂交、相化合的产物。"③

同欧洲的现代化相比,中国社会的现代化要复杂得多。在近百年的历程中,中国在困顿中发展,中国知识分子在与西方文化的相互磨砺中对中国文化的现代化之路做着艰苦的探索。罗荣渠先生认为:"三十年代的文化争论是二十年代的文化争论的继续和扩大,从'东方化'引出中国本位观点,从'西化'引出'现代化'的观点,表明中国思想界对中国发展道路的思想认识在逐步深化中,把现代化的基本概念确定为工业化、科学化、合理化、社会化,在这些年中基本形成。中国知识界通过自身的思想论辩与探索得出的现代化概念,与战后西方学者根据马克斯·韦伯的观点提出的现代化概念,是基本一致的。……我们知道,近年来西方流行的一种现代化理论,这是二次大战后美国学术界提出来的,对中国人来说是一种舶来品。这种理论传到了中国,人们认为现代化的观点是一个洋玩意儿。实际上中国现代化运动从自己的实践中提出现代化的概念和观点,早于西方的现代化

---

① 熊十力:《十力语要初读》,郑州:大象出版社,2017年,第45页。
② 冯天瑜、何晓明、周积明:《中华文化史》第2卷,上海:上海人民出版社,2005年,第920页。
③ 冯天瑜、何晓明、周积明:《中华文化史》第2卷,上海:上海人民出版社,2005年,第924页。

理论约20年。"①

这样,我们看到现在中国当代文化是在世界全球化的过程中逐步展开和形成的,它是中外文化交融互通的结果,它是在中国社会告别自然经济,走向工业社会历史进程中的一个产物。这是我们走向现代化的中国人民的一份宝贵的文化和学术遗产,其间既有先贤们对中国传统文化的珍视、呵护,也有对外来文化义无反顾的学习和吸收,或保守、或激进,但正是在他们的争论中、在他们的彷徨中、在他们的苦恼中,历史将他们的思想和生命融会成我们今天生活的文化:中国现当代文化。

四、充分认识中国当代文化的意义

我们要向世界说明中华文化的现代价值,首先就要说明中华文化在中国现代化进程中的价值,我们要向世界宣示中华文化的普世性意义,首先就要说明中国文化在中国人的现代生活中的不可取代的价值。如果中国文化是一个死去的文化,它就没有任何必要向外传播,如果我们不说明中国文化是一个活着的文化,我们就无法解释今天13亿中国人的精神生活。

5000年的历史留给了我们宝贵的文化遗产,近400年的艰苦探索使我们古老的文化涅槃再生,强大富饶的当代中国使我们感到自豪与骄傲。

1.中国现代文化的思想逻辑

由于中国文化的主体——儒家文化是一个有宗教性而无严格宗教信条的思想派别,所以不像一些具有严格宗教信条的文化,对其他外来文化具有排他性。中国文化具有伟大的包容精神,它是世界上少有的具有吸收外来文化的母体文化,中国古代文化对佛教文化的吸收就是一个伟大的例证。正是佛教的传入才激发出宋明理学——这个儒家思想发展的最高峰,经过600多年的发展佛教在中国有了自己的中国形态——禅宗。在明代时中国的儒、释、道三教合一,这些都证明了这一点。

从晚明以来中国正经历着它第二次伟大的文化吸收和融合:对西方文化的吸

---

① 罗荣渠主编:《从"西化"到现代化:五四以来有关中国的文化趋势和发展道路的论争文选》上册,合肥:黄山书社,2008年,第26~27页。

收和融合,从而形成了它的现代文化。在这期间它经历了三个阶段,从而使中国文化有了新的形态、新的内容。

第一个阶段,从晚明万历年间到乾隆年间,约 300 年,是对西方文化的最初接触和学习阶段。从晚明以来,中国文化和思想面临的一大问题就是如何消化各类西方人所带来的西学。在明末清初之际,西学还是以一种平和的态度在中文的话语环境中扩大影响,文人举子们也是以平和的态度看待西学。虽然其间文化的冲突也时有发生,但耶稣会“合儒”的传教路线,使士人在读这些“西儒”的书时,尚有自己本土文化的底气。在这个意义上我们才可以理解为何李约瑟将明清之际的中西文化交流称为“两大文明之间文化联系的最高范例”,许理和将其称为“中西关系史上一段最令人陶醉的时期”,这是“中国和文艺复兴之后的欧洲高层知识界的第一次接触和对话”。在这个阶段,双方相互慕恋,中西方文化在一种平等状态下相互学习,中国文化从而开始了它的重要变迁。清中期出现“乾嘉学派”绝不能仅仅归因于清初的文字狱、满族人的文化压迫政策,它产生的一大原因是来华的耶稣会士所介绍的西学。今天中国的学术仍受着乾嘉学派的影响。

第二个阶段,从晚清到中华人民共和国成立,这是中国人在西方人的压迫下、蹂躏下,痛苦的学习西方的过程,这是一个作为西方的“老师”不断欺压、侵略自己的“学生”——中国的历史。西方以殖民者的身份来到中国,使中国传统的文化从制度上瓦解。晚清时局剧变,中西文化关系发生了根本性的变化。如美国中国学家任达(Douglas R. Reynolds)所说:“在 1898 年百日维新前夕,中国的思想和体制都刻板地遵从了中国人特有的源于中国古代的原理。仅仅 12 年后,到了1910 年,由于外国的影响,中国人的思想和政府体制已经起了根本性的变化。从根本性的含义来说,这些变化是革命性的。在思想方面,中国的新旧名流(从高官到旧绅士、新工商业者与学生界)改变了语言和思想的内涵,一些机构以至主要传媒也借此表达思想。在体制方面,他们按照外国模式,改变了中国长期以来建立的政府组织,改变了形成国家和社会的法律制度。”这种重大的变化在学术上就是“援西入中”,以“六艺”“四部”为基础的知识体系和框架解体了,中国现代知识体系和学科建构开始逐步形成。这个阶段的最大成果就是中国人通过学习来自西方的马克思主义,并将其中国化,在中国共产党的领导下实现国家独立,完全摆脱了西方的压迫,结束了半殖民时代。

第三个阶段,从中华人民共和国成立到今天。在毛泽东的领导下,中国人赶走了中国领土上的西方殖民者,实现了国家的独立与民族的自觉。因此,毛泽东及中华人民共和国前17年的实践,仍是当代中国思想的重要遗产,以他为代表的中国共产党人在中国现代化道路上做出了重要的探索。费正清认为:"毛确信,中国文化是一项伟大的、也许是一项独一无二的历史成就,这种成就加强了他的民族自豪感。另一方面,他目标十分明确,就是要用渊源于民族传统的思想和价值去丰富马克思主义,并使它成为革命转变、并最终西方化的强有力的思想武器,而不是用披着马克思主义外衣的新教条主义去取代它。"①

邓小平、胡耀邦等人开启的改革开放使中国重新焕发出前所未有的活力和青春。对西方文化的学习和理解在这一时期达到了新的阶段。中国每年以8%~10%的速度取得了人类历史上前所未有的发展,其成就之巨大令世界惊愕,其发展之快令世界刮目相看。这样伟大的成就必有伟大文化的支撑。西方少数人所鼓吹的"中国崩溃论"一再被历史所嘲笑。中国在一些西方人看来是文化的另类,其实中国的发展有着自己的逻辑,它所取得的伟大成也并非空中楼阁,中华文化是其伟大成就的思想支撑。中国的古代、近代和现代文化并不是一个断裂的文化,中国古代文化并未死亡,它以新的形态存活在当代文化中,从近代以来,中国传统文化所面临的主要问题是如何消化西方文化,总的来看,这个问题的答卷是令人满意的。中国有着自己的文化和历史,它不需要也不可能完全按照西方的道路实现自己的现代化。学习西方乃至世界各种先进和优秀的文化,为我所用,在自己文化的基础上创造新的文化,近400年的中国文化的演变大体是沿着这样的逻辑发展的。中国文化并不是一个博物馆的文化,一个只是发古人之幽思的死去的文化,它是活着的,它是发展的。从晚明以来中国文化的400年历史有着一个一以贯之的逻辑和思路:学习西方,走自己的路。这样的自觉性使得中国文化获得新生。

2.中国现代文化的问题意识

作为后发现代化的国家,中国近代寻求现代化之路走过了自己独特的道路,

---

① [美]R.麦克法夸尔、[美]费正清:《中国革命内部的革命:1966—1982》,北京:中国社会科学出版社,1992年,第2页。

这样一条独特的道路对我们生活于其中的中国文化产生了根本性的影响。近代以来关于中国文化命运的讨论，从来就是和中国近代的现代化发展道路问题联系在一起的，或者说这是一个问题的两个方面。所以，只有认真从思想上梳理近百年的中国知识界关于中国现代化的讨论，关于中国文化命运的讨论，我们才能真正认识到当代中国知识界对中国文化与现代化讨论的出发点，才能看清我们生活于其中的中国当代文化的本质特点，从而对中国现代化进程的复杂性和艰巨性以及对中国文化在新形势下如何创新有一个更为清醒的认识。近百年来中国知识分子在关于中国文化和西方文化关系的讨论中留给了我们哪些问题呢？

（1）文化决定论的思路

"中国现代化思想运动的一大特色在于它始终是从文化层次来讨论中国出路问题。"①在罗荣渠先生看来，从文化的角度来讨论中国现代出路是没有问题的，但把中国现代化的后发性归结为中国文化就成为一个问题。这样很容易得出"中国的失败自然是他文化的失败，西洋的胜利自然亦是他文化的胜利"②的结论，这种文化决定论的思路不仅完全否认中国传统文化的现代性意义，而且在对中国现代化道路的思考时很自然就会忽略了中国社会经济和政治等重大问题。近代中国知识分子这个思想上的弱点，在毛泽东的晚年思考中充分表现出来，这就是"文化大革命"的悲剧。因此，走出文化决定论，在更为广阔的角度思考中国现代之路和中国文化之重建才是一条正确的道路。

（2）文化的现代性与后现代性的双重困境

"近百年来中国现代化的过程，是被动适应世界现代化挑战的过程。"这就是说相对于西方发达国家，中国是一个后发现代化的国家。从中国自己的历史发展轨迹来看，沿着中国历史自身发展的逻辑，它也可以完成从农业文明向工业文明的演进，完成从传统向现代的演进。但现代化运动又是和全球化运动互为表里的综合运动，西方在这个进程中从后者变成了前者，资本的扩张本性促使着已经现代化的西方国家在全球扩张。如马克思所说："资产阶级既然榨取全世界的市场，

①　以下的几个问题均引自罗荣渠先生的《中国近百年来现代化思潮演变的反思（代序）》一文，载罗荣渠主编：《从"西化"到现代化：五四以来有关中国的文化趋势和发展道路的论争文选》，合肥：黄山书社，2008年。

②　梁漱溟：《中国民族自救运动之最后觉悟》，《梁漱溟全集》（5），山东：山东人民出版社，1992年，第104页。

这就使一切国家的生产和消费都成为世界性的了。……过去那种地方的和民族的闭关自守和自给自足状态已经消逝,现在代之而起的已经是各个民族各方面互相往来和各方面相互依赖了。物质的生产如此,精神的生产也是如此。各个民族的精神活动的成果已经成为共同享受的东西。民族的片面性和狭隘性已日益不可能存在,于是由许多民族的和地方的文学形成了一个世界的文学。"①中国原有的自然成长的道路被西方所打断。从而,被动、急迫、短促构成中国走向现代化道路的基本特点。

另一方面,我们要特别注意的是当中国开始走现代化之路时,西方已经开始有了"后现代"的问题,即后现代的思潮,对现代化的批判与反思。马克思的思想就是立于这个基本点展开的社会理论。这样对中国来说就是双重性问题同时出现在我们的面前,既然要走现代化之路就要学习西方现代化的理论和思想,批判封建主义,克服农业社会的思想和观念;但当我们面对西方后现代思潮时,我们又要警惕西方的现代化理论和思想。对在被西方侵略与凌辱的过程中开始走现代化之路的中国来说,接受对西方资本主义批判的马克思主义是有历史的根由的。中国是站在后现代的立场上,或者站在马克思主义的立场上来理解现代化,从而主要是从一个批判的角度来理解西方的现代化思想和历史。学习西方,但同时已经获得西方对自己的批判的思想,在这个意义上,在当代中国社会主义思想仍是它的一个重要文化遗产。

这样两个不同的角度使中国的知识分子在认识西方的现代化道路时产生了困惑,从而在对中国文化的现代命运的理解时就会比过去多了一个视角,但却更为彷徨乃至混乱。梁漱溟和梁启超对中西文化的一些认识就是摇摆于二者之间,毛泽东晚年错误的思想根源也与这种双重问题的困扰有一定的联系。这样一个双重性的问题直接影响到包括中国共产党人在内的中国近代优秀知识分子对现代化和中国文化命运的理解。正如罗荣渠先生所说:"中国知识界还没有来得及对近代资本主义的发展及其历史进步性取得较深入的认识和应有的评价,对资本主义的各种批判已纷至沓来。……由于对资本主义和社会主义两者作为工业社会的共同特征缺少认识,也就很难对现代社会的共同发展规律具有深刻认识。这

---

① 马克思:《共产党宣言》,载《马克思恩格斯全集》第 4 卷,北京:人民出版社,1958 年,第 469 页。

是中国现代思想认识上的一个重大弱点。对于现代世界新文明,不论是西方人创造的还是东方人创造的,要想拿来并不那么轻松,必先认真学习,只有深入理解,才能吸收,只有融会贯通才能超越,这在世界文化交流史上大概已成定论。"①

但这样双重的矛盾和双重的使命也使得中国的现代化道路不可能照搬西方的道路,从而开始有了文化觉醒。虽然这样的觉醒常常伴随着彷徨,在两种使命、两种任务面前常常使中国人对孰轻孰重、孰先孰后看得不太清楚,常常出现摇摆和争论。但正是在这样的争论中,中国文化的现代化开始自觉,中国的现代化道路开始渐明。因此,西方在看待中国特色的社会主义理论时绝不能仅仅作为一个意识形态的符号,它是上面提到的中国现代化进程中所面临的双重矛盾的一个当代解决的方案,它的提出有着深刻的历史根基,绝不仅仅是一个政治的符号。

3.百年探索,百年争论

"传统与现代性的矛盾,这是现代化运动过程中不可避免的冲突。"一般认为,现代化的历史过程必然造成传统和现代化的冲突,传统文化愈深厚的国家,这种冲突就愈加持久。这样的观点从一般性看是正确的,但中国近代化的历史却证明"中国的现实思想生活却正是沿着折中的道路在走着,具体的表现为不中不西、半中半西、亦中亦西,甚至是倒中不西。这说明民族传统事实上是既离不开也摆不脱的。传统与现代性是现代化过程中生生不断的'连续体',背弃了传统的现代化是殖民化或半殖民化,而背向现代化的传统则是自取灭亡的传统"②。"不中不西、半中半西、亦中亦西,甚至是倒中不西",这样的描述即说明了近代中国知识分子对现代化认知的争论所形成的实际历史现实,也说明了如何处理现代化和传统文化这对矛盾是前辈留给我们的重大课题。

罗荣渠先生认为,我们的前辈并未给我们一个完整的答案,"自从中国在异质文化冲击下失落了自己的天朝传统以来,中国知识界对现代化的认识经历了艰苦的历程,最后才达到朦胧的中国式的现代化认识。……但什么是'中国化'? 什么是'中国国情'? 到底也没有很好解决。要么是鼓吹中国事事不如人,而惟洋

---

① 罗荣渠主编:《从"西化"到现代化:五四以来有关中国的文化趋势和发展道路的论争文选》,合肥:黄山书社,2008 年,第 38~39 页。

② 罗荣渠主编:《从"西化"到现代化:五四以来有关中国的文化趋势和发展道路的论争文选》,合肥:黄山书社,2008 年,第 39 页。

是崇;要么是宣扬狭隘民族主义,而盲目排外。前者导致思想浮游无根,产生精神失重现象。后者导致封闭性自满,甚至盲目至大"①。

百年探索,百年争论,中国近代知识分子在面对西方文化的传入和中国现代化道路,以及由此所引起的中国文化的现代变革面前表现出了前所未有的活跃,前所未有的彷徨,前所未有的分裂和矛盾。

但这样的文化争论最终通过中国共产党人的胜利和掌握中国政权,中国再次获得统一从而使中国文化呈现出新的形态。而中国共产党人的不断探索,对自身的不断反思和批判,开拓出了新的道路,使中国文化呈现出新的气象、新的局面。

五、中华文化——我们的精神家园

1.国家独立是民族文化自觉的前提

国家的独立、民族的自觉是中国文化百年变更的一个重要成果,中华民族在中国共产党的领导下获得国家的独立和民族文化的再生有着中国历史和文化的内在逻辑。西方国家不少人总是按照自己的文化传统和意识形态来理解中国的现代史,指责中国的现实。这里既有知识上的不足,也有西方文化傲慢的原因。美国著名中国学家费正清告诫西方人"要了解中国,不能仅仅靠移植西方的名词。它是一个不同的生命。它的政治只能从其内部进行演变性的了解"②。他又说:"中国国家和社会的现时状况是一种单独进行的进化和演变的最终结果,它与希腊-罗马,犹太教-基督教式的西方的演进相去甚远。"按照费正清的理解,文化民族主义、在西方帝国主义压迫下的国家独立与民族存亡的思想、中国几千年的传统文化,所有这些构成了以毛泽东为代表的中国共产党人在中国取得政权的重要原因。不管你是否完全认可费正清的结论,但有一点任何人都无法否认,中国传统文化在近代的发展中出现了断裂和裂变,但这种断裂和裂变只是在外在的文化形式上,从其内核上传统文化以其新的形态延续下来,中华人民共和国的成立及

---

① 罗荣渠主编:《从"西化"到现代化:五四以来有关中国的文化趋势和发展道路的论争文选》,合肥:黄山书社,2008 年,第 42 页。
② [美]R.麦克法夸尔,[美]费正清:《剑桥中华人民共和国史》(1949—1965)第 14 卷,北京:中国社会科学出版社,1990 年,第 14~15 页。

其由毛泽东所代表的中国共产党人构建的中国特色的马克思主义成为现代中国的一个现实,并成为今日中国最重要的文化遗产。

尽管经过"文革"后毛泽东所创造的那种革命文化走过了它的"萌芽、成长、高涨和泡沫化的全过程"①。但作为社会主义的遗产,仍是我们今天在重建中国文化时要不断解构和消化的内容,无论从对其的批判反思,还是对其的吸收与转化。

2.伟大的三十年

弹指一挥间,沧桑巨变。"文革"的结束,改革开放时代的开始拉开了中国现代化历史最为壮观、最为复杂、也最为深刻的一段历史的序幕。中国在短短30年内完成了几乎西方几百年的发展道路。"中国现在不仅发生了世界最大规模的工业化,也发生了世界最大规模的城市化。今天中国所发生的事情,人类历史上即使发生过,也没有这样大的规模。……中国现在经历的超大规模转型是人类历史上前所未有的。第一规模大,第二速度快,第三我们称之为'压缩饼干式'的——把其他国家二百年甚至更长时间的发展压缩在这个进程之中,第四就是各类矛盾凸显。"②举一个很小的例子,按照专家的预测,到2020年中国住宅面积存量,可能等于2002年欧盟15个国家花了上百年时间积累下来的所有住宅的存量总和。仅此一斑就可以知道,改革开放30年来中国人民所取得的重大成就,这是整个人类历史上从所未有的在如此大的范围内、在如此众多的人口条件下所发生的社会进步和变迁。每一个中国人都为中国取得这样的伟大成就而感到自豪。

3."三千年未有之变局"

中国经济的快速发展,中国社会的急速转型,中国与外部世界的迅速结合,所有这些都使发展的中国在巨大进步的同时也产生了巨大的矛盾。如狄更斯(Charles John Huffam Dickens,1812—1870)在《双城记》中所说的:"这是最好的时代,这是最坏的时代;这是智慧的时代,这是愚蠢的时代;这是信仰的时期,这是怀疑的时期;这是光明的季节,这是黑暗的季节;这是希望之春,这是失望之冬;人们

---

① 祝东力:《中国:文化大国的兴衰与重构》,载玛雅编:《战略高度:中国思想界访谈录》,北京:生活·读书·新知三联书店,2008年,第343页。

② 胡鞍钢:《胡温五年实证评估报告》,载玛雅编:《战略高度:中国思想界访谈录》,北京:生活·读书·新知三联书店,2008年,第25、26页。

面前有着各样事物,人们面前一无所有;人们正在直登天堂,人们正在直下地狱。"
人类历史上从未有过的如此大规模的进步与发展,人类历史上从未有过的矛盾与
问题,所有这一切都在短短的 30 年间一下子涌到了中国人的面前。这给中国人
的心理带来了巨大的冲击,无论是喜悦还是苦恼都是前所未有的,同时也给中国
文化的现代转型提出了前所未有的挑战。

中国思想和中国文化在中国社会这辆快速前进的列车上有些眩晕。思想从
未像现在这样活跃,观念从未像现在这样有分歧。但这正是伟大创造的开始,这
正是古老文明再生的开始。中国文化从未中断,它至今仍是中国人赖以生存的精
神家园,它至今仍是中国人应对复杂世界的智慧来源。30 年的改革开放,中国取
得了人类史前所未有的进步和成就,同时,中国人的思想和文化也得到了前所未
有的张扬和发展。那种认为中国当下思想的混乱和争论是传统文化彻底死亡后
的表征,是现代中国失去文化之根后的表现,这样的看法是肤浅的。思想的混乱
和思想的彷徨是有的,这正是中国传统文化在新形势下再生前的阵痛;对"文化大
革命"中教条的、极左的马克思主义的批判后所造成的思想迷失是有的,但这正是
形成新的有中国自己民族特色的马克思主义的前奏;对自由主义迷信与反思,在
彷徨中的思考与选择,这正是中国文化走向自觉的开始。

一些西方的思想家们完全不知道中华文化在今天存在的方式,也不知道这种
思想活跃所带来的思想新生的力量。一个伟大的时代总有着伟大的文化支撑。
我们从不粉饰我们在寻求真理道路上所犯过的错误,我们正是在自己的错误的反
思中成长和进步;这点中国要比那些把自己全球化初期所犯下的血淋淋的罪恶加
以掩饰的一些西方思想家和政客们真诚得多。在西方文化面前,我们从不自卑,
我们不仅有着令全世界羡慕的人类唯一保留下来的古代文化,同时,中华民族以
其极大的创造性,在发展着这个文化,使其更加灿烂辉煌。在世界多民族的文化
中,中华文化为世界文化的发展做出了杰出的贡献。

今天发展的中国以更大的包容性吸收着各种外来文化,在这个"三千年未有
之变局"的伟大历史转折中,中国的传统文化作为它的底色,为现代文化的创新提
供了智慧和思想,近现代文化的变迁和发展成为我们今天创造新文化的出发点。
正像经过 600 年的消化和吸收,中国彻底完成了对佛教的吸收一样。400 年来对
西方文化的吸收与改造为今天中华文化的涅槃再生打下坚实的基础,中国以其特

有的古代文化资源和现代文化再生的历程可以给当代世界展示其文化的独特魅力，可以为今天的世界提供一种古代与现代融为一体的智慧与思想。中国传统文化经过近代和当代的洗礼，以新的形态存活在中国人的心中，经过近现代西方文化洗礼后的中华文化仍是我们中国人的精神家园。在探索中行进的中国人并未迷路，在困顿中创新的中国人并未停止探索。矛盾与苦恼时时缠绕着我们，因为我们知道，这一切都是崭新的。在向世界学习的过程中，我们的文化观念开始开阔，在消化外来文化之时，我们开始自觉。在发展中我们获得新生，在伟大的历史成就面前我们有理由为我们的文化感到自豪。中国近 30 年所取得的伟大成就完全可以和人类史上任何一段最辉煌的历史相媲美，我们有理由将自己的精神价值和 3000 年来的思想积淀介绍给世界，与各国人民分享中国的智慧。

结　语

对中国典籍西译的研究是在改革开放以后的新时期展开的，作为西方汉学研究的一个基础性研究领域，这几乎是一个全新的研究领域。从知识论上讲，我们应遵循学术的规律，逐步展开研究。但任何历史都是当代史，对西方汉学研究的兴起，对中国古代文化典籍西译研究的兴起是在我们经历了 20 世纪 80 年代的全面拥抱西方后，一种文化自觉在学术上的体现。这种看似极为学术的研究领域的背后有着极为强烈的文化变动，只有从这个角度来把握这个领域，才会体会到这个研究的当代价值和思想意义。

走出现代与传统的对峙。"东方与西方，现代与传统"的二元对峙，是近代以来西方给东方国家所设定的一个思想圈套，这点在马克斯·韦伯的著作中可以看得很清楚。20 世纪中国革命的实践，特别是近 40 年来中国的改革开放进程，已经彻底消解了这种二元的对峙。习近平主席在纪念孔子诞辰 2565 周年大会上的讲话，表明了在中国现代化的进程中，传统文化所具有的价值。

"从历史的角度看，包括儒家思想在内的中国传统思想文化中的优秀成分，对中华文明形成并延续发展几千年而从未中断，对形成和维护中国团结统一的政治局面，对形成和巩固中国多民族和合一体的大家庭，对形成和丰富中华民族精神，对激励中华儿女维护民族独立、反抗外来侵略，对推动中国社会发展进步、促进中国社会利益和社会关系平衡,都发挥了十分重要的作用。"

"世界上一些有识之士认为,包括儒家思想在内的中国优秀传统文化中蕴藏着解决当代人类面临的难题的重要启示,比如,关于道法自然、天人合一的思想,关于天下为公、大同世界的思想,关于自强不息、厚德载物的思想,关于以民为本、安民富民乐民的思想,关于为政以德、政者正也的思想,关于苟日新日日新又日新、革故鼎新、与时俱进的思想,关于脚踏实地、实事求是的思想,关于经世致用、知行合一、躬行实践的思想,关于集思广益、博施众利、群策群力的思想,关于仁者爱人、以德立人的思想,关于以诚待人、讲信修睦的思想,关于清廉从政、勤勉奉公的思想,关于俭约自守、力戒奢华的思想,关于中和、泰和、求同存异、和而不同、和谐相处的思想,关于安不忘危、存不忘亡、治不忘乱、居安思危的思想,等等。中国优秀传统文化的丰富哲学思想、人文精神、教化思想、道德理念等,可以为人们认识和改造世界提供有益启迪,可以为治国理政提供有益启示,也可以为道德建设提供有益启发。对传统文化中适合于调理社会关系和鼓励人们向上向善的内容,我们要结合时代条件加以继承和发扬,赋予其新的含义。希望中国和各国学者相互交流、相互切磋,把这个课题研究好,让中国优秀传统文化同世界各国优秀文化一道造福人类。"

在中国当前"前所未有地靠近世界舞台中心,前所未有地接近实现中华民族伟大复兴目标、前所未有地具有实现这个目标的能力和信心"的时刻,中国知识界已经开始走出西方中心主义的魔咒,文化自信和文化自觉开始成为思想的主流。

第五章

中国文化的当代价值

导　语

中国古代文化经典中包含了哪些智慧？为何在 400 年的历史长河中中国古代文化经典感动过那么多的西方人？中国 400 年来与西方文化的分分合合的根本原因在哪里？如果我们不能从理论上厘清中西之间在思想上的基本差别，我们就说不清这段历史，我们就无法深入研究中国古代文化经典的西译，无法批判性地研究西方汉学家们在中文和欧洲语言之间所做的文字和思想的转换。因此，我们必须从理论上彻底搞清中西文化的特质，彻底搞清中国文化的当代价值和意义。由此，我们才能从容地回顾历史，从容地展望未来。

一、从人类中心主义到天人合一

1.人类中心主义的困境

自欧洲启蒙运动以来，人的解放、科学的追求成为西方社会的思潮。康德（Immanuel Kant，1724—1804）是启蒙运动时期最重要的思想家之一，德国古典哲学的创始人。同时，他也是天文学家、星云说的创立者之一。他提出"人是目的"时，这种"人类中心主义"就基本完成了它的理论形态。按照这样的理解，在人与自然的价值关系中,人是主体,自然是客体。在人与自然的伦理关系中,人是目的,自然是完全服从于人的要求的。人类的一切活动都是为了满足自己的生存和发展的需要,不能达到这一目的的活动,就是没有任何意义的活动,因此一切应当以人类的利益为出发点和归宿。整个近代西方社会就是一个人不断征服自然、改造自然的历史过程。西方的这种人类中心主义的核心是,人是一种自在的目的,是最高级的存在物,因而他的一切需要都是合理的,可以为了满足自己的任何需要而毁坏或灭绝任何自然存在物,只要这样做不损害他人的利益,把自然界看作是一个供人任意索取的原料仓库,全然不顾自然界的内在目的性。

现代社会的逻辑是基于这样一种假设,人的能力是无限的,经济和科技都是可以无限发展的,由经济和科技发展产生的所有问题是可以通过经济和科技的进一步发展来解决的。但随着人类对自然的征服,人们发现自己所居住的家园——地球并不是一个可以供人类无限消耗的对象。环境的恶化,地球家园的破坏,使人们重新反思人类的行为。西方所提供给世界的这套现代理论有了问题。

2.天人合一思想的精髓

中国传统文化中"天人合一"的思想可以溯源于商代的占卜。《礼记·表记》中说:"殷人尊神,率民以事神。"殷人把有意志的神看成是天地万物的主宰,万事求卜,凡遇征战、田猎、疾病、行止等,都要占卜求神,以测吉凶祸福。这种天人关系实际上是神人关系。孔子作为儒家学说创始人,从一开始便对天有一种很深的敬意。他告诉弟子:"天何言哉! 四时行焉,百物生焉,天何言哉!"(《论语·阳货》)这里所说的天,就是自然界。四时运行,万物生长,这是天的基本功能。这里的"生"字,明确肯定了自然界的生命意义,是对天即自然界有一种发自内心深处的尊敬与热爱,因为人的生命与自然界是不能分开的。

董仲舒把儒家的"义理之天"的"义理"向宗教神学的方向推进,认为天有意志,有主宰人间吉凶赏罚的属性。"人之(为)人本于天",所以人的一切言行都应当遵循"天"意,凡有不合天意而异常者,则"天出灾害以谴告之"。董仲舒通过对天人合一的解释,为儒家文化和汉帝国的统治者找到一个终极的支撑。儒家的天人合一不仅仅是在终极关怀上讲的,这种天人合一也是由儒家核心概念自然包含的。"仁"是儒家核心,"仁爱"是中华民族最核心的价值理念。在孔子之前就已经有了"仁""仁爱"的思想,是孔子第一次把"仁爱"作为礼乐文明的核心精神,把

"仁"界定为"爱人":"樊迟问仁,子曰:'爱人。'"孔子又提出了"泛爱众而亲仁"的思想。由仁爱推至"亲亲而仁民,仁民而爱物"。由爱亲人扩展到爱陌生人,由爱百姓扩展到爱万物,爱草木鸟兽、瓦石山水。宋儒张载讲:"民吾同胞,物吾与也。""这是一种宇宙家族的思想,包容性很强,表明天、地、人、物、我之间的情感相通,痛痒相关,表达了一种普遍的同情心、爱心与正义感。这也就包含了我们今天所谓生态环保的意思。"①

从"天人合一"的角度去理解人和自然,这是中国思想的特点。因此,从一开始,天与人就不可分,要说明人的问题,就必须从天开始。这就是儒学"天人合一"的思想。我们不能从一般的西方观念来理解中国的天人合一。一般的西方人所理解的天人关系,是指人与自然、主观与客观的关系问题,这里实际上已经预设了二者的分而存在。儒学所说的天人关系,其深刻的内涵是承认自然界具有生命意义,具有自身的内在价值。也就是说,自然界不仅是人类生命和一切生命之源,而且是人类价值之源。正因为如此,这一问题才成为中国哲学不断探讨、不断发展的根本问题。这里,人和自然是一种特殊关系,作为自然的天是一种生命哲学,天的根本意义是"生"。"生生之谓易","天地之大德曰生",天与人内在相连,这是儒家天人合一理论的基本出发点。显然,中国的"天人合一"思想对于西方近代以来的天人二分,把自然作为主体人的征服对象而被无限使用,以及那些科学至上主义者是一个很好纠正。

20世纪,西方著名历史学家汤因比就看到西方启蒙以来的理性主义给人类带来的问题。他认为科学技术的盲目发展,不但无助于人类精神境界的提高,而且将给人类带来毁灭性的灾难。汤因比认为需要一种新的政治哲学把世界统一成为一个整体,能担当这个重任的,不是欧美,也不是欧化国家。他认为,中国"天人合一"的思想与儒、释、道三家学说中,包含着力求与自然和谐的思想,是有希望的文化。

3."天人合一"思想的当代价值

经历了30年的改革,当代中国思想界已经开始逐步走出近代知识分子在追求现代化和克服现代化弊端两者之间摇摆的误区,对西方文化科学开始理性地接

① 郭齐勇:《仁爱:中国人固有的根本》,《光明日报》2014年9月3日。

受并对其弊端进行反思。这样两个思考维度,使思考变得具有重要的意义。一方面,我们深知文化传承对于一个国家、一个民族的行为意识和社会制度路径选择具有巨大影响,从而珍视中国传统文化所提出的"天人合一"的思想。另一方面,我们又认识到文明进步对于人类社会发展具有决定性意义。文化基于历史传承,文明基于科学进步,两者虽相互影响,却遵循着各自的规律。当代中国就是在这两种力量的促动下开始逐步走向协调和良性互动的结果,从而使中国当代的思想界对自己的传统文化的传承再不是发古人之幽思,做一种浪漫主义的思考,而是提升自己的文化传统用以回答时代之问题,解决西方百年发展之焦虑。在学习西方文明时再不盲从,而是将其发展历史中的问题与进步一同考问,批判其在历史进步中所犯下的历史性罪恶,反思其主客相分的思维方式的问题和弊端。

"天人合一"的思想对于当下的世界发展来说,可以给我们提供以下有价值的思考:

第一,人与自然和谐相处。《周易》说:"夫大人者,与天地合其德,与日月合其明,与四时合其序,与鬼神合其吉凶。先天而天弗违,后天而奉天时。"按照自然的要求展开人类的活动,不再把征服自然作为人类的终极目的,而是把与自然的和谐相处作为终极目的。

第二,爱护自然,尊重自然生命。孔子说:"钓而不纲,弋不射宿。"话里包含了一种对自然生命的博大情怀。北宋理学家张载所说的"民吾同胞,物吾与也",人与一切自然生命相连,这是一种基于天人合一的伟大自然主义。

第三,物我两忘,在天人合一中陶冶情操。天人合一不仅仅是一个社会理想的追求,也是人的精神世界的一个重要修养维度。在人与自然、天地的相融中,走出个人小我的狭小天地,在自然的大我中获得精神的升华。

改造自然,但立足于可持续发展;相信人的力量,但不再认为它是一个无限的力量,对自然的敬畏与爱护成为人的全部活动的出发点。当代中国所提出的"和谐的发展观""可持续的发展观",正是奠基在中国传统的"天人合一"思想基础上的,是在充分反思西方近代科学至上主义等思想的弊端后提出来的。克服近代以来西方思想家所提出的主体客体相分、主体改造客体的人类中心主义思路,从中

国的天人合一传统中汲取智慧,这是中国传统文化对于当代世界的一个重要贡
献①。

二、从神人相对到人文精神

1.西方近代以来神人相分产生的问题

西方社会从启蒙运动以来,神开始失魅。特别是经过宗教改革和法国大革命
后,西方的宗教精神开始衰落,工业化社会所开启的现代社会生活与基督教的信
仰之间开始出现越来越大的问题。孔德说西方近代社会就是从神的时代到科学
实证的时代。科学的进步,人的精神从基督教信仰中解放出来后所焕发的朝气和
力量,使西方人扬帆万里,征服五洲。这样在西方的精神世界里面临一个深刻的
矛盾:他们的基督教历史文化传统如何和现代社会协调。当尼采说"上帝死了"
时,西方在精神上的危机已经表现出来。从尼采的结论中引出了一个重要结论:
既然对基督教上帝的信仰崩溃了,那么,建立在这一信仰基础上的全部价值观念,
包括整个欧洲的传统道德观念,也就随之倒塌了。"于是,对我们来说,地平线好
像重新开拓了。""当一个人放弃了基督教信仰,他也就被剥夺了遵从基督教道德
的权利。"基督教是一个体系,一旦它的基本观念——对上帝的信仰——被打破,
整个体系也就被粉碎,不再剩下任何东西。

现代社会生活本质是一个世俗化的生活,这和中世纪那种在神的笼罩下的信
仰生活有着根本的区别。如何安顿日益媚俗的现代生活中的心灵成为近代以来
西方思想界焦虑的问题。马克斯·韦伯用基督新教伦理来解释资本主义的兴起,
说明基督教在文化上对现代社会的支撑性作用,但宗教信仰与现代生活之间的张
力与紧张并未消除。

2.儒家的人文精神

任何民族早期都存在原始的宗教信仰,中华民族也不例外,在甲骨文中,我们
的先祖也将自己的祖先称为"帝"或"上帝",卜辞说,上帝经常发布命令,以超越

---

① 历史并非设计,当下中国在发展与自然之间的理念是正确的,但实践却要经历一个长期的过程,
能否成功,有待时日。

自然的力量支配着人间社会。但从商到周,中国文化开始发生了重要的变化,周人开始从殷人的"先鬼而后人"的鬼神文化中逐步走出来,转向"先人而后鬼"的宗法文化,"敬德保民"说明统治者开始将重点转向人世间,而从周王自称"天子",确立了宗法血缘制度后,在社会制度上割断了人神之间的脐带。正如王国维所说,殷周之变,旧文化灭,新文化兴。

孔子所代表的儒家则从理论上完成了这种从鬼神信仰到关注人世间生活的重大而深刻的转变。"敬鬼神而远之""未知生,焉知死"。孔子已经将神"悬隔"了起来,作为终极的"天"还在,但关注的重心已不再是鬼神的世界,而是现实的生活世界。孔子学说的诞生,标志着中国文化完成了从苍天到人生的重大转变。

以儒家文化为代表的中华文化有着自己的宗教关怀,但以它为核心的中华文化不再是一个宗教性的文化,而是一个着力解决人生现实问题,充满人文主义精神的文化。这样的人文主义精神是和农耕社会的生活状态完全相符的,是其宗法血缘社会的自然表现。如钱穆先生所说:"中国人的人道观念,却另有其根本,便是中国人的'家族观念'。人道应该由家族始,若父子兄弟夫妇间,尚不能忠恕相待,爱敬相与,乃谓对于家族以外更疏远的人,转能忠恕爱敬,这是中国人所绝不相信的。'家族'是中国文化一个最主要的柱石,我们几乎可以说,中国文化,全部都从家族观念上筑起,先有家族观念乃有人道观念,先有人道观念乃有其他的一切。"[1]儒家学说的核心是"仁","仁者爱人"(《论语·颜回》),立足血缘而不拘泥于血缘,爱人也就是"爱众""泛爱众",从而,从孔子开始的中国文化体现了一种东方的人文精神。神还在,但不再威严,天作为最终的支撑还在,但已经不再掌握命运的一切。儒家的半宗教和半哲学使其可以游离于宗教与社会之间,使其更适应日益世俗化的社会生活。

3.当代中国人文精神

"我们理想的世界,是人文的世界。人文润泽人生,人文充实人生,人文表现人性,人文完成人性。"[2]这里讲的人文,是中国古代所谓的人文化成的含义上讲的"人文化成",则一切文化皆在其中,当然包括宗教文化。唐君毅先生认为,中

---

[1]　钱穆:《中国文化史导论(修订版)》,北京:商务印书馆,1994年,第50~51页。
[2]　唐君毅:《人文精神之重建》,北京:九州出版社,2016年,第33页。

国的人文思想,从来不与天对,即今天的不与神对,也就是说不是一种反神论的人文精神。

我认为这里唐先生对儒家的"敬鬼神而远之""未知生,焉知死"的思想做了现代的解释。其一,现代精神最根本在于思想和文化的宽容,包括对各种宗教的宽容和理解。宗教不仅仅在远古是人类文明的伟大拐杖,在中世纪是人类文明的载体,在今天我们仍要从宗教历史和思想中学习人类的历史和思想。所以,儒家在很早的时候就体悟到这一点,对神存而不论。在一个日益物化的世界里,宗教的存在,宗教精神中包含着的早期人类的精神和人类历史的文化都是值得我们敬畏的。中国古代文化从先鬼而后人过渡到先人而后鬼,对天的敬畏和对神存而不论要比西方走过的一个彻底反神从而产生"上帝死后"的精神恐慌要高明。儒家人文精神的当代意义在于,它以宽宏、兼容的现代精神,与有神论并存,包容其他宗教信仰,涵摄佛、道、耶,与各种文明和宗教对话,从而获得更大的智慧,以展开现代社会生活。由此,我们才能对民间的一切历史信仰形态都给予理解,真正理解中国小传统和大传统的关系,从而放活底层信仰,使社会充满活力。

其二,中国传统人文精神的核心是如何在世俗世界中生活,天、地、人三才中,人为核心,"通天地人曰儒","未能事人,焉能事鬼",儒家的重点在人世,正是在这个意义上,"子不语怪力乱神"。由此,儒家对于现实生活如何展开做了非常详细的论述,从而为人在现实、世俗中的生活提出了准则和要求。与西方中世纪精神和现代精神之间的脱节相比较,中国的传统文化中更为圆润,从而也更能为现代生活提供生命的意义。

儒家是个具有宗教精神的思想体系,但它重点在于入世,而入世生活的复杂、险恶往往使儒家的理想主义显得迂腐。此时道家的自然主义成为中国人完成宗教依托的重要手段。"在人生层面上,道家也是采取了与儒家不同的论辩方式,但均具有相似的人生目的。……儒家的目标在于追求一个充满'浩然之气'的刚健有为的人生;道家则从相对的立场出发,企图达到一种淳朴、无为、守柔、不争的和谐人生。"①"达则兼济天下,穷则独善其身",在人生和自然这两个广阔的天地中,人的心灵既得到宗教般的抚慰,也得到人生理想的提升。"道家的自然主义与儒

---

① 李中华:《中国文化概论》,北京:华文出版社,1994年,第165页。

家的人文主义黏合在一起,甚至难分彼此,终于在中国文化中取代了宗教的地位。"①儒道互补,就是人的世俗生活和脱俗的自然生活的相互补充,在现代化社会中,这仍然是中国人重要的精神生活之道。同时,对于那些脱离了神,已经无法再用严格的宗教信仰来满足自己的精神生活的西方人来说,中国式的精神生活方式是一个可以借鉴的文化形态。

中国传统文化的人文精神并不和科学精神相对立,"尊德性,道问学",问学就是求知,就是知识论的传统,中国传统文化中也有追问自然的科学精神,道德论的传统和知识论的传统在中国传统文化中同时存在,不然无法回答在整个农业文明时期,中国在自然科学上对人类的巨大贡献。不能用西方现代科学的方式来问为何近代科学没有在中国发生。所谓的李约瑟难题是"中国有灿烂的古代文明,为何没有开出近代科学之花?",但笔者认为这是一个站在西方文化角度对中国的误解,或者说是个伪问题。因为,我们可以反过来问,西方有着灿烂的希腊文明,但为何在农业革命时代远远落后于中国?另外,当代中国在科学技术上已经突飞猛进,这个问题不解自破。这个问题的反向提问更有合理性,即近代科学技术为何在西方发生?正像我们可以问,人类农业文明的顶峰为何在中国实现一样。关于这个问题不是本书的重点,我们无法展开,只是在指出,中国科学技术的发展有着一条不同于西方的方式和道路。

应该看到中国传统文化的重点在人世间,有对自然的追问和思考,但相对薄弱。近代以来,胡适等人对墨子的重视和研究就是想挖掘中国传统文化的这方面的资源。每种文明都有其特长,近代以来,西方科学取得长足的发展,学习西方的科学精神,发扬这种精神是必须的、必要的。

但我们应看到儒家人文主义的当代价值主要在于对于西方近代以来的唯科学主义的倾向的纠正,正如唐君毅先生所说:"近代精神之本源,则重在对于外在的客观自然社会之了解,及实际改造自然的知识之追求,与政治经济事业之完成,以实现人之理想,满足理性之要求。……然而近代人,因太重实际知识之追求,与事业之完成,遂恒未能真自觉其潜在之目标,乃只事沉没其精神于所知自然界,与

---

① 李中华:《中国文化概论》,北京:华文出版社,1994 年,第 166 页。

所悬之似外在之客观的理想之实现。"①西方近代以来的精神沉醉于外在知识和自然的追求,而忽略了内在人的德行与修养。唐君毅希望用儒家内圣外王之道来纠正西方近代精神之不足。

这里的内圣当然不是传统意义上的儒家圣人,而是人文精神之陶冶和保持。这里的外王也不是仅仅将政治之庙堂作为人生的理想,而是吸收西方近代精神、科学精神。所以,儒家的人文精神在当代来说,是对西方近代精神的纠正,是新形势下对"内圣外王"的解释。在我们看来"社会政事,科技发展,恰恰是人之精神生命的开展。因此,中华人文精神完全可以与西学、与现代文明相配合,……它不反对宗教,不反对自然,也不反对科技,它可以弥补宗教、科技的偏弊,与自然相和谐,因而求得人文与宗教、与科技、与自然协调地健康发展"②。

所以,正像韦政通所说,儒家的人生态度和基督教、佛教的人生态度的根本区别在于"基督教和佛教,都必须追寻一现实人生以外的世界,来安顿人生,儒家则主张就在我们生存的世界里来安顿人生,来表现人生的价值。这是儒家的平凡处,也是儒家的伟大处。……传统儒家在解决人生问题的成就上,不足之处自甚多,但解决问题的基本态度,实代表一种高于其他宗教的智慧,当有其不可磨灭的价值"③。

三、从西方的个人主义到儒家的"为己之学"

1.西方近代以来的个人主义

西方文艺复兴以后,神开始逐步地解魅,对现实生活的关怀,对自然和艺术的热爱成为热点,个人主义作为一种思潮开始逐步登上西方思想的舞台。以人为本,人的欲望,人的尊严,人的情感,总之,人开始成为出发点和目的。17世纪法国哲学家笛卡尔提出"我思故我在"时,他不仅仅是完成了一种哲学上认识论的转向,同时也开始将人放到了哲学思考的核心,作为主体的人是哲学的起点。当

---

① 唐君毅:《人文精神之重建》,北京:九州出版社,2016年,第128页。
② 郭齐勇:《中华人文精神及其当代价值》,载王文章、侯样祥主编《中国学者心中的科学·人文》,昆明:云南教育出版社,2002年,第686页。
③ 韦政通:《中国文化概论》,长春:吉林出版集团有限公司,2008年,第121页。

路德的新教把对上帝的信仰从教会交给信徒自己时,个人的心灵就可以自由地和上帝交往,而上帝又特别欣赏那些勤勉而且有事功的人。这样基督教新教为个人主义的欲望和新兴的资本主义提供了一个宗教的说明。而当英国哲学家霍布斯和洛克提出"人生而自由平等""天赋人权"以后,个人主义开始有了自己的政治主张。契约论的提出则说明国家的本质就是保护个人的利益。个人主义就从观念转化为政治制度的诉求。

当资本登上舞台以后,经济学家们开始揭示这种新的经济活动的本质,亚当·斯密认为,人追求自己的幸福和利益是本能的,利己是生而有之的,因此,法律只要保护好个人的利益,经济就会发展起来。所谓"看不见的手"就是个人对自己的私利最关心、最了解,国家无须干涉,市场采取自由政策,各种利益会自然博弈成功。国家其实就是个人之组合,个人利益是本质,国家无须管理太多,市场自然会去平衡各种利益冲突。到此,个人主义完成了它的经济理论。

这样我们看到个人主义是西方文化的核心,它的积极方面在于:从历史上,它促使人和社会从神权的统治下走了出来,人的权利、人的尊严成为全部社会活动和个人生活的最重要原则,极大地发挥了个人生命的积极性;从社会的发展而言,它促使了西方国家制度对个人私利的保护,人权思想的产生和经济上的自由主义。这样一种思想和资本主义生产方式是完全相符的。

但个人主义有着自己的局限性,当自私成为生命的全部基础时,高尚开始消失;当经济完全以个人的奋斗来调节整个社会生活时,"看不见的手"并不能解决经济生活的全部问题。个人主义在张扬个体生命的同时,也把自己变成了孤岛。西方个人主义的两面性是显而易见的。

2.儒家的为己之学

孔子在《论语·宪问》中说:"古之学者为人,今之学者为己。"孟子在《孟子·告子上》中说"人人有贵于己者",通过自己的修养,而不是外在的因素使自己道德得到提升,"君子求诸己,小人求诸人"(《论语·卫灵公》)。那种认为儒家思想中没有主体性思想,没有对自我价值的认识肯定是对中国传统思想的无知。儒家的"为己"之说和西方的个人主义最大的区别在于,儒家认为个人的自我完善,个人价值的实现不仅不排斥他人,反而是在尊重他人、完善他人中实现的。"己欲立而立人,己欲达而达人"(《论语·雍也》),通过"利他"完成"成己"。这是一种很高的道德境界,在个人和群体关系上,在自我和他人关系上,儒家这种主体观念,个人价值都要比西方的完全的个人主义更为完善。儒家这种思想也可以从另一个角度来说,"己所不欲,勿施于人"(《论语·卫灵公》)。这是一种何等宽容高尚的君子精神。冯友兰在《中国哲学小史》中指出:"'为仁之方'在于'能近取譬',即谓为仁之方法在于推己以及人也。'因己之欲,推以知人之欲',即'己欲立而立人,己欲达而达人',即所谓忠也。'即己之不欲,推以知人之不欲',即'己所不欲,勿施于人',即所谓恕也。实行忠恕即实行仁。……孔子一贯之道为忠恕,亦即谓孔子一贯之道为仁也。为仁之方法如此简易。"①中国儒家的"为己"之学就是"忠恕",这是一种人类群体生活中的高尚的道德主义。"中西文化的不同,在于西方文化把人看作独立的个体,从'上帝造人'或'自然状态'说,每一个人都是生而独立、平等、自由的,西方近代的人权观念源于此;而以儒家思想为主流的中国文化是把人看作处于一定社会伦理关系中的一个角色,如果不讲人伦,'饱食煖衣,逸居而无教',那就不成其为人,'则近于禽兽'。西方文化重个体,重自由,重权利(所谓"每个人都是社会的一个股东,从而有权支取股本"——潘恩语);而中国文化重关系,重絜矩之道,重义务(所谓"伦理本位","互以对方为重"——梁漱溟语)。就此而言,这里确实不能'遽分其优绌';从人类历史和人权观念的发展看,二者应该相互补绌,相互吸取对方的长处。"②

在儒家这种成己而成人,修己以安人的理想中,包含了一种宏大的社会理想,"先天下之忧而忧,后天下之乐而乐"成为中国传统知识分子的人格理想和社会责任。

3.儒家"为己之学"的当代意义

早期儒家的"为己之学"在整个人类思想上都有着重要的意义,但也应看到,在后期儒家的发展中儒家重视群体的道德原则得到一步步的强化,到宋明理学时,朱熹提出"己者,人欲之私也"(《大学或问》),甚至提出"无我",希望求"大无我之公"(朱熹《西铭论》),这样一种群体至上、社会至上的道德追求必然压抑个人的发展和个体的多样性,而且将个体的价值完全压缩在道德和伦理的维度,从

---

① 冯友兰:《中国哲学小史》,北京:中国人民大学出版社,2005年,第7页。
② 李存山:《儒家的民本与人权》,《孔子研究》2001年第6期。

而无法在社会制度上保障个人的发展,这正是后期儒家之问题。近代以来,中国知识分子对后期儒家这种思想的批判,对国民性的反思仍有着当代的价值。牟宗三认为,"儒家既承认普遍性,也承认个体性,如'仁'即普遍性之精神实体,而'亲亲而仁民,仁民而爱物'即表示一差别性(个体性)。孟子坚决地反杨、墨,即因墨子讲兼爱,而兼爱不能表现个体性,无个性与价值(其讲天志,即代表一普遍性);而杨朱主为我,即不表现普遍性,无理想,故力辟之。但儒家要将普遍性返回到个体性使有统一之表现,则仍是不够"①。

建立保证个体自由之经济、社会制度,从儒家成己的个体伦理思想扩展为整个社会制度的对人的尊重仍是我们今天之努力。对中国传统的继承并非重返后儒时代的压抑个体的集体主义,而是在现代社会基础上,对儒家"为己之学"的重新解释,对近代人类进步的基本理念的吸收。

但这种对个人的尊重,对个人价值的认同并不是西方的完全的个人主义,个人主义是一种建立在完全不考虑他人与社会的个人欲望之上的自然主义。当今的全球金融危机再次证明西方经济学上的"自由主义"之问题,并由此反思西方经济学上的"自由主义"的理论和哲学之基础:个人主义的问题。正如有的学者所说,西方学术理论对个人主义解释总是归于人与生俱来的自私自利动机,并坚信个人自私自利的动机必然导致社会秩序,但这里总是有一个前提,那就是上帝的存在,或者学术地说,自然供给(空间或形式等)是无限的,无视这个前提而得到结论就造成了完全误解了人性的结果,这也使无数学者陷入纷争或不能自圆其说的泥坑。当前的金融危机再次暴露出建立在个人主义基础上的西方经济运作体制的严重问题,华尔街上资本的贪婪,那种永远无法满足的个人私欲的极端膨胀,造成了全球经济金融的危机。在这样的时刻我们必须重新反思西方的个人主义思想和制度的问题。

上帝死了,西方的个人主义陷入困境,而中国传统的"为己之说"经过创造性转化,通过吸收部分西方的思想可以为现代社会提供新的价值体系。由此可知,"极端的个人主义和极端的大公主义"都是一种思想的片面,"因此贯通普遍性与

---

① 牟宗三主讲,蔡仁厚辑录:《人文讲习录:中西哲学的会通》,桂林:广西师范大学出版社,2008 年,第 110 页。

个体性,实为解开时代之死结之不二途径"①。在这个意义上,重新给儒家的"为己""成己"之说做一现代解释,将是对世界思想的一个贡献。

在吸收西方近代的自由、民主思想的基础上,在弘扬中国传统的"为己"之说,中国将自己的理想定位为以人为本。社会主义的核心价值是什么?这就是"每个人的自由发展是一切人的自由发展的条件",这里马克思的人的自由全面发展,亦即以人为本,是社会主义这一新的社会形态的核心价值取向,是消除物役、消除人役,实现人的彻底解放、人的真正自由的根本途径,儒家的"为己之说"和西方的"人权之说"都可以概括在其中,这是把社会、公民凝聚在中国特色的社会主义这面旗帜下的精神力量和精神纽带,这正是中国特色的社会主义核心价值所在。

四、从价值排他到和而不同

1.基督教的排他性

从宗教学的常识来看,世界上任何一个一神论的宗教都具有排他性,这是宗教的性质所然。从一神论的宗教看来,在众多宗教信仰中只有一种信仰是绝对真实的,在众多的神中只有自己所信奉的神是唯一的真神,其余则是偶像,其他信仰皆为谬误。这种宗教的排他论者在真理问题上有一种绝对化的观点,而这也是宗教的本性的表现,如果自己所信仰的宗教不是唯一的真理,那么它就不值得信仰,事实上任何一个教派的教徒只要他表示对自己所信仰的宗教忠心,就自然产生了一种内在的排他性。排他论是一神论宗教的正统立场。基督教是典型的排他论宗教,认为整个世界的诞生、人类的出现都要从《圣经》中才能得到解释,上帝是世界的创造者,耶稣是上帝之子。在基督教看来,他们的神学理论具有普世性。宗教学者希克甚至批评"这样的上帝我把它视为魔鬼!"

在全球化的初期,西方正是在这样的基督教排他性思想的指导下走出地中海,走向世界,从而造成了在西方早期的扩张中对印第安文化、玛雅文化,对非洲文化、东亚洲文化的破坏与摧残。

---

① 牟宗三主讲,蔡仁厚辑录:《中西哲学的会通》,桂林:广西师范大学出版社,2008年,第113页。

在全球化的今天，虽然西方在对待异文化态度方面已经有了较大的改观，但基督教排他性的思想仍根深蒂固，最有代表性的就是美国哈佛大学教授塞缪尔·亨廷顿（Samuel P. Huntington）所提出的"文明冲突论"。亨廷顿认为在未来世界里，美国独霸世界的局面将不复存在。在美国之外将会出现与美国实力相当的国家和地区，欧盟、中国、俄罗斯、日本和印度，将来可能还有巴西和南非，或许再加上某个伊斯兰国家，将成为影响世界的主要活动者。这样，在人类历史上，全球政治首次成了多极的和多元文化的。美国及西方基督教文化独霸天下的时代结束了。在这个多元的世界中，对西方基督教文明构成挑战的就是东亚儒教文明与中东伊斯兰文明，文明的冲突将成为下个世纪的主要形态。尽管亨廷顿的文明冲突论受到了西方一些思想家的批判，但他的文明冲突论的提出绝非偶然，这个理论是长期以来西方基督教文明占据垄断地位在思想上的表现，是深藏于西方一些思想家脑中的基督教排他主义的一个表现。

在全球化的今天，亨廷顿文明冲突论的提出再次表现出西方思想的危机，西方文明模式的危机。因为，这种排他性的宗教观和文明观无法适应多元文化下的全球的发展与融合。正是在这个背景下，我们应重新看待中国文明中的"和而不同"思想的价值。

2.中国传统的"和而不同"

"和合"这个概念最早出现于《国语·郑语》中，"商契能和合五教，以保于百姓者也"（五教，即父义、母慈、兄友、弟恭、子孝）。这是说，通过对百姓的五种道德义务和规范的教育，可以使他们安身立命。可见，和谐是目标，道德则是达致和谐的途径。《墨子·尚同》中也出现过"和合"一词，"内者父子兄弟作怨恶，离散不能相和合"，说的是家庭和谐的问题。"和而不同"，这句话出自《论语·子路第十三》。原话是："君子和而不同，小人同而不和。"何晏《论语集解》对这句话的解释是："君子心和，然其所见各异，故曰不同；小人所嗜好者同，然各争利，故曰不和。"就是说，君子内心所见略同，但其外在表现未必都一样，比如都为天下谋，有些人出仕做官，有些人则教书育人，这种"不同"可以致"和"；小人虽然嗜好相同，但因为各争私利，必然互起冲突，这种"同"反而导致了"不和"。"和而不同"实际上揭示了在学术论辩中，君子要汲取别人的有益思想，纠正自己的不足，力求公允，这叫"和而不同"；反之，小人则只会随声附和，从不提出自己的独立主张，这叫"同而不和"。显然,孔子是赞成"和而不同"的。

春秋战国时期百家争鸣,诸子百家政见各异,但目的都是论证"治道"。"周秦之际,士之治方术者多矣,百家之学,众技异说,各有所出,皆有所长,时有所用。虽然,阴阳、儒、法、刑、名、兵、农之于治道,辟犹燎之于盖,辐之于轮也。"①重和趋同,在追求共同目标的情况下,有着不同派别、不同思想、不同方法。对这些不同,容纳不同,这是中国文化的重要特点。中华文化的发展就是在各种思想和不同文化的相互交流、相互渗透中发展,正是兼容并包,才形成了中华文化的多样性。"在中国文化中,儒道互补,儒法结合,儒佛相融,佛道相通,援阴阳五行入儒,儒佛道三教合一,以至对基督教、伊斯兰教等外来宗教的容忍和吸收,都是世人皆知的历史事实。尽管其间经历了种种艰难曲折,中国文化在各种不同价值系统的区域文化和民族文化的冲击碰撞下,逐步走向融合统一,表现了'有容乃大'的宏伟气魄。在民族价值观方面,中国文化素以礼仪道德平等待人,承认任何民族的文化都有其价值。"②

这样"和而不同"不仅是君子的出世之道,也是中华文化在其发展中的一个基本原则,从而成为中华文化经久不衰的奥秘和根本的特点。

3."和而不同"是多元文化相处的基本原则

全球化使世界上各种文化有了更多了解和接触,但全球化绝不是文化的同质化。我们应看到,经济全球化是一把双刃剑,各种文明在交流的同时,那些弱小的文明形态的存在和发展也产生了问题。有专家测算,今天人类语言的消亡速度是哺乳动物濒临灭绝速度的两倍,是鸟类濒临灭绝速度的四倍。据估计,目前世界尚存的五六千种语言,在 21 世纪将有一半消亡,200 年后,80% 的语言将不复存在。语言多样性就像生物多样性一样至关重要。一种语言的消亡绝不亚于一个物种的灭绝。语言消亡了,通过该语言代代相传的文化、知识就会消失。人类文化的多样性首先依赖于语言的多样性。孔子说:"君子和而不同,小人同而不和。"他认为,以"和为贵"而行"忠恕之道"的有道德、有学问的君子应该做到能在不同中求得和谐相处;而不讲道德、没有学问的人往往强迫别人接受他的主张而

---

① 许维遹:《吕氏春秋集释》,北京:中华书局,2009 年,第 3 页。
② 张岱年,方克立主编:《中国文化概论》,北京:北京师范大学出版社,1994 年,第 391 页。

不能和谐相处。"和而不同"是儒家文化用作处理不同文化之间关系的重要原则,中国传统文化的最高理想是"万物并育而不相害,道并行而不相悖"。这种"和而不同"的思想为多元文化共处提供了取之不尽的思想源泉,成为我们今天追求和谐世界的一个历史根由。

2007 年在巴黎召开的第 33 届联合国教科文组织大会上通过的《保护文化内容和艺术表现形式多样性国际公约》指出:"文化多样性是交流、革新和创作的源泉,对人类来讲就像生物多样性对维持生物平衡那样必不可少。"中国历来主张:"维护世界多样性,提倡国际关系民主化和发展模式多样化。世界是丰富多彩的。世界上的各种文明、不同的社会制度和发展道路应彼此尊重,在竞争比较中取长补短,在求同存异中共同发展。"人类文化的多样性、文明的多样性,是人类社会的基本特征和人类文化存有的基本形态。当今世界拥有 60 亿人口,200 多个国家和地区,2500 多个民族,五六千种语言。各个国家和地区,无论是历史传统、文化背景、宗教信仰,还是社会制度、价值观念和发展阶段,都存在种种差异,整个人类文明也因此而交相辉映、多姿多彩。尊重和有意识地保持世界文化和文明的多样性,是维护世界和平与发展的保障,是人类社会不断进步的标志,尊重和推动不同语言和文明的借鉴、融合与发展是全人类的共同责任。

儒家"和而不同"的智慧也得到世界许多思想家的认同。天主教梵蒂冈第二次大公会议以来,积极主张宗教和文明间的对话,天主教神学家毕塞尔(Eugen Biser)认为,梵蒂冈第二次大公会议使天主教的信仰发生了三个方面的转变:"从服从性转变为理解性信仰","从表白性转变为体验性信仰","以及从功效性转变为负责性信仰"①。从这样的解释中我们看到宗教之间对话的必要性和不可避免性。

西方自由主义的代表人物以赛亚·柏林(Isaiah Berlin,1909—1997)对自由主义做出新的解释,他坚决反对启蒙运动以来的西方文化的一元论和西方文化的至上论,柏林重新发现维柯和赫尔德的重要性,揭示出他们的贡献在于在西方思想史上第一个打破了一元论的统治,高倡价值多元论和文化多元论。"柏林一生的

---

① 毕塞尔:《跨越第三个千年的门槛——基督宗教能否成功迈入?》,载卓新平主编:《宗教比较与对话》第 1 辑,北京:社会科学文献出版社,2000 年,第 17 页。

全部努力,就是致力于把维柯和赫尔德提出的价值多元论和文化多元论提升到自由主义基础和核心的高度。柏林的所有论述事实上都可以归结为一点,即不懈地批判各种形式的价值一元论和文化一元论,不懈地论证今日被称为'柏林自由主义'的核心观念,即:价值的多元性及其不可通约性(the plurality and the incommensurability of values),不同文化与文明的多样性及其不可通约性(the multiplicity and the incommensurability of different cultures and civilizations)。"①

这样,我们看到,在全球化的今天,无论是西方的宗教学家还是哲学家,对西方长期以来占主流地位的文化一元论思想进行了反思,开始回到一种文化多元论和文明对话的立场上来。中国文明延续几千年而不中断,其重要的原因就在于儒家所主张的"和而不同"的文化观,中国文化的发展史也证明了只有文化和宗教间的不断对话,文化才能健康,文明才能持久,社会才能发展,这是中国文化为当代世界文化发展与文明的和谐相处所贡献出的一个极为有价值的思想和文化的原则。

中国传统的"和而不同"的理念现在已经成为中国新外交路线的基础,成为中国处理国际事务的基本理念,这就是 2005 年 4 月 22 日,胡锦涛同志参加雅加达亚非峰会,在讲话中提出,亚非国家应"推动不同文明友好相处、平等对话、发展繁荣,共同构建一个和谐世界"。两个多月后的 7 月 1 日,胡锦涛出访莫斯科,"和谐世界"被写入《中俄关于 21 世纪国际秩序的联合声明》,第一次被确认为国与国之间的共识,标志着这一全新理念逐渐进入国际社会的视野。"和而不同"已经成为中国的基本外交政策:"我们主张,各国人民携手努力,推动建设持久和平、共同繁荣的和谐世界。为此,应该遵循《联合国宪章》宗旨和原则,恪守国际法和公认的国际关系准则,在国际关系中弘扬民主、和睦、协作、共赢精神。政治上相互尊重、平等协商,共同推进国际关系民主化;经济上相互合作、优势互补,共同推动经济全球化朝着均衡、普惠、共赢方向发展;文化上相互借鉴、求同存异,尊重世界多样性,共同促进人类文明繁荣进步;安全上相互信任、加强合作,坚持用和平方式而不是战争手段解决国际争端,共同维护世界和平稳定;环保上相互帮助、协力推进,共同呵护人类赖以生存的地球家园。这是中国传统智慧在当代的发扬和

---

① 甘阳:《柏林与"后自由主义"》,载《读书》1998 年第 4 期,第 39 页。

继承。"习近平同志在纪念孔子诞辰 2565 年大会上,解释了儒家的"和而不同"的思想,并将其作为处理文明之间、文化之间相互关系的准则。习近平同志讲道:"第一,维护世界文明多样性。'物之不齐,物之情也。'和而不同是一切事物发生发展的规律。世界万物万事总是千差万别、异彩纷呈的,如果万物万事都清一色了,事物的发展、世界的进步也就停止了。每一个国家和民族的文明都扎根于本国本民族的土壤之中,都有自己的本色、长处、优点。我们应该维护各国各民族文明多样性,加强相互交流、相互学习、相互借鉴,而不应该相互隔膜、相互排斥、相互取代,这样世界文明之园才能万紫千红、生机盎然。丰富多彩的人类文明都有自己存在的价值。要理性处理本国文明与其他文明的差异,认识到每一个国家和民族的文明都是独特的,坚持求同存异、取长补短,不攻击、不贬损其他文明。不要看到别人的文明与自己的文明有不同,就感到不顺眼,就要千方百计去改造、去同化,甚至企图以自己的文明取而代之。历史反复证明,任何想用强制手段来解决文明差异的做法都不会成功,反而会给世界文明带来灾难。第二,尊重各国各民族文明。文明特别是思想文化是一个国家、一个民族的灵魂。无论哪一个国家、哪一个民族,如果不珍惜自己的思想文化,丢掉了思想文化这个灵魂,这个国家、这个民族是立不起来的。本国本民族要珍惜和维护自己的思想文化,也要承认和尊重别国别民族的思想文化。不同国家、民族的思想文化各有千秋,只有姹紫嫣红之别,而无高低优劣之分。每个国家、每个民族不分强弱、不分大小,其思想文化都应该得到承认和尊重。强调承认和尊重本国本民族的文明成果,不是要搞自我封闭,更不是要搞唯我独尊、'只此一家,别无分店'。各国各民族都应该虚心学习、积极借鉴别国别民族思想文化的长处和精华,这是增强本国本民族思想文化自尊、自信、自立的重要条件。"由此可见,儒家的"和而不同"思想已经成为中国处理世界各种文明和文化的基本原则,也显示出了它的强大生命力。

五、初步的思考

1.通古今之变,融中西一体

如果我们对以上的论述做个初步的总结,我们就会认识到:19 世纪西方在走向现代社会的历史进程中,为人类的思想宝库贡献了自己的智慧,"自由、平等、博爱、人权",这些观念已经成为人类共有的价值观念,中国在现代化的进程中,在自己的历史文化背景下,也会吸收这些价值观念。今天,在中国走向现代化的历史进程中,它将从自己传统的文化中提取智慧,使古老的中国观念焕发出新意,为人类的精神和文化发展做出自己的繁荣贡献。

如果说西方近代以来走的是"天人相分"的道路,以征服自然为其目标,那么今天的中国走的是"天人合一"的道路,在克服"人类中心主义"的基础上,追求人与自然的和谐。

如果说西方近代以来所面临的最主要问题是神人相分,从而使西方的现代生活和自己的历史信仰产生了不可弥合的割裂。那么,中国在今天走向现代化之路时,在尊重各种宗教传统的情况下,将更为珍视自己的人文传统,在世俗的日常生活中追求生命的意义,在中国大小传统的合一中,安顿自己的生命价值,树立自己的道德理想。

如果说西方近代文化在"个人主义"这个根基上诞生了现代社会、经济、政治等运作模式,在取得前所未有的成就的同时,患上无法治疗的个人私欲为整个社会发展动力的癌症。那么,今天中国在充分吸收西方近代民主、平等、人权的基础上,通过充分发挥自己的"为己之说"传统,真正创造一个"每个人的自由发展是一切人的自由发展的条件"的社会。

如果说西方现代社会的发展在推动全球化的历史进程中曾做过重大的贡献,那么在同时,西方文化也必须做出深刻的反省,检讨在其地理大发现时代对印第安文化、对玛雅文化、对非洲文化的灭绝,检讨当代一些西方精英对非基督教文化的排斥。同样,在全球化时代快速崛起的中国,已从自己的文化传统中的"和而不同"思想中吸取了智慧,提出了"和谐世界"这个意义非凡的理念,其普世价值得到绝大多数国家和人民的认同。

2.历史与当代的连续性:一个中国

人类告别农业社会,迈向工业社会已经近 300 年。这个伟大的历史进程今天正在世界上人口超多、历史超长、国土面积超大的中国展开。这是人类历史上一次最宏大的历史变迁,前所未有的人类改变自己的伟大社会变革!这个历史过程中它呈现出了前所未有的复杂性和多样性,中国 30 年改革开放的历史给整个中国乃至整个世界所带来的影响和变化是连中国人自己都无法预料的,中国人民正在以自己的勤劳和智慧创造这人类历史的奇迹。30 多年中国巨变的历史证明：所有这些伟大的成就都必然和它伟大的文化紧密相关，灿烂辉煌的东方古代文明从来就没有被摆进历史的博物馆，它不仅仅活在中国近百年来追求历史进步、国家独立富强的可歌可泣，乃至悲壮的历史进程中，同时也活在今天中国人民丰富多彩的日常生活中。如习近平所说"从历史的角度看，包括儒家思想在内的中国传统思想文化中的优秀成分，对中华文明形成并延续发展几千年而从未中断，对形成和维护中国团结统一的政治局面，对形成和巩固中国多民族和合一体的大家庭，对形成和丰富中华民族精神，对激励中华儿女维护民族独立、反抗外来侵略，对推动中国社会发展进步、促进中国社会利益和社会关系平衡，都发挥了十分重要的作用"。历史之中国和现代之中国是一个有着内在历史逻辑联系的中国。历史中国为现代中国奠基了思想的基础，现代中国使古老的文明重新焕发出青春。

结　语

岁月沧桑，大江东去，伟大的中国人民用自己百年的奋斗史，用自己极其复杂的百年思想争论和磨砺的历史，在它吸收人类各种文明的基础上，为今天的世界提供了宝贵的思想观念，并用这些普世性的观念丰富了人类思想的宝库。

2014 年习近平用六句话对中华优秀传统文化进行了概括："讲仁爱、重民本、守诚信、崇正义、尚和合、求大同。"如果同西方的文化观念比较而言，还可以表达为"天人合以别于西方的天人相分；人文重以别于西方的基督教本色、讲仁爱以别于西方的个人主义；求大同以别于西方中心主义"。

这样，在比较的意义上，我们也可以说，中国文化的特点在于："合天人、重人文、讲仁爱、求大同。"

中国人在向西方学习的过程中，在其百年探索中所得到的：民主、平等、自由、公正这些从西方文化中汲取的价值将融入这些传统价值中，成为中国人的精神家园。

在现代化道路上前进的中国人民对国家的理想就是：建立一个以人的全面自由发展为目标的，繁荣、富强与公正和谐的社会，这是中国特色的社会主义的魅力所在，也是当下中国社会的核心价值所在。

我们对世界的期望就是："推动不同文明友好相处、平等对话、发展繁荣,共同构建一个和谐世界。"

这两大理想的精神来源正是中国传统文化,一个古老的文明用自己新的发展为人类的精神世界做出了自己的贡献。

第六章

中国文化经典西传的翻译研究

导　语

　　中国古代文化经典的西译在理论上所面临的一个重要问题是翻译问题,百余年来中国所从事的主要是"援西入中",绝大多数翻译研究都是在"西学东渐"的背景下展开的,而常见的翻译理论基本上是舶来品。"中译外"开始扭转了中国翻译的方向,一个新的领域的展开带来了理论上的探索,中国典籍西译在翻译上的特点是什么? 是否可以总结出新的翻译理论? 一切都在探索中。

一、"外译中"和"中译外"

1.翻译与文化

　　研究中国古代经典在域外的传播,翻译是我们必须关注的重要问题之一。翻译是文化之间传播与交流的途径,人类走出自己的文化圈,睁眼看世界首先就是通过翻译来完成的。翻译通过语言之间的转换完成了文化之间的理解与转换,因此,翻译并不仅仅是一个语言问题,它本质上是一个文化问题。没有对《圣经》的一系列翻译,就没有罗马帝国文化的统一和欧洲思想的基础;没有对佛经几百年的翻译,中国就不可能有儒学发展的新阶段——宋明理学。翻译与文化的关系由此可见一斑。因此，这里讨论的不是关于中国典籍西译的技术性问题，而是讨论翻译中的文化问题。

文化自身的变迁和发展依赖于文化之间的交流和翻译，文化的传播与扩展也同样依赖于翻译，翻译使文化走出单一的文化圈，展示自己的文化魅力。

在人类的翻译历史中有两种翻译实践活动：一种是将外部文化译入本土文化之中，我们称之为"译入"。另一种是将本土文化译入外部文化之中，我们称之为"译出"。几乎每一种大的有影响的文化都会面临这两方面的问题。对中国文化的发展来说，这就是"外译中"和"中译外"的问题，是文化的接受与文化的输出问题。前者说的是将外部世界的文化经典翻译成中文，后者说的是将中国古代文化经典翻译成外文。

这里所指的译入和译出是指翻译活动中两种完全不同指向的翻译活动。所谓译入指的是将外部文化翻译成母语介绍到本国文化之中，所谓的译出指的是将母语文化的经典翻译成目的语传播到域外国家。

这两种不同指向的翻译活动实际上是国家之间文化交流在翻译上的表现。每一个国家的文化发展历史上都有文化的交流，都存在翻译，自然也都有译入和译出的问题。鉴于本书的主题，我们是站在中国文化本位立场上来讨论这个问题的，因此我们这里只讨论将中国文化翻译传播到域外文化之中的现象。

从中国翻译史的角度来看，中国的翻译历史之悠久，翻译文献数量之多，世界上很难找到一个国家与其相比，如季羡林先生所言："无论是从历史的长短来看，还是从翻译作品的数量来看，以及从翻译所产生的影响来看，中国都是世界之'最'。"①在漫长的翻译历史和实践中，中国逐步形成了具有自己特色的翻译理论和方法，如罗新璋所说："我国的译论，原作为古典文论和传统美学的一股支流，慢慢由合而分，逐渐游离独立，正在形成一门新兴的社会科学学科——翻译学。而事实上，一千多年来，经过无数知名和不知名的翻译家、理论家的努力，已形成我国独具特色的翻译理论体系。……据此，案本—求信—神似—化境，这四个概念，既是各自独立，又是相互联系，渐次发展，构成一个整体的。"②

_____

① 季羡林：《〈中国翻译词典〉序》，林煌天等编：《中国翻译词典》，武汉：湖北教育出版社，2005 年。
② 罗新璋、陈应年编：《翻译论集》，北京：商务印书馆，2009 年，第 19～20 页。

但我们必须看到,在我国近千年的翻译实践中主要展开的是外译中,即将域外文献翻译成中文,无论是古代大规模的佛经的翻译,还是近代大规模的对西方文献的翻译,都是如此。根据文献记载中国学者最早将中国古代文化经典翻译成外文、传播出去的翻译实践是玄奘受命翻译《道德经》,"寻又下敕,令翻《老子》五千文为梵言,以遣西域"①。但该实践是否真正属于中国经典外译还存在争议。②从上面的历史研究中我们可以看到,中国古代文化经典的翻译外传起源于晚明来华的耶稣会士,而中国人最早进入这个领域的可能是陈季同和辜鸿铭,历史并不长。关于这点,当代翻译理论家刘宓庆先生指出:"目前西方并没有形成着眼于全方位文化的、有系统的文化翻译理论,例如社科学术如东方哲学翻译中的'文化转换'问题就不容忽视,但未见著述。这显然不是说明目的语读者(西方学术界及一般读者)已经很满意长期以来西方译者遵循的路子了。实际上东方学术著作的外译如何解决文化问题还是一块丰腴的亟待开发的处女地。"③

2."外译中"和"中译外"的共同特点

译入和译出作为中国文化主体所面临的两种翻译活动,两者既有共同点也有着重大的区别,应该一一厘清。

从两者的共同性而言:

其一,从译入与译出两种不同的翻译指向来看,它们在翻译的本质上仍具有高度的共同性,都是语言与意义之间的转换活动。

翻译的本质是译者和原文之间的一种文化与语言的交往活动,两者的关系是言与道、文与道之间的关系。任何思想和文本的意义都是可以通过语言来表达

---

① 道宣:《京大慈恩寺释玄奘传节要》,载罗新璋,陈应年编:《翻译论集》,北京:商务印书馆,2009年,第70页。

② 玄奘可能将梵文经典从汉文反译回梵文,这就是《心经》。徐文堪先生在《心经与西游记》(《东方早报》,2011年10月15日)中认为,《心经》或称《般若心经》,全名是《般若波罗蜜多心经》,梵文为 *Prajāpāramitā-hrdaya-sūtra*。这是一部在东亚流传极广的佛经,可谓妇孺皆知。玄奘与《心经》的关系非常密切,陈寅恪(1890—1969)先生对此早有研究。陈先生在1930年发表论文《敦煌本唐梵对字音般若波罗蜜多心经跋》(原载《国学论丛》第二卷第二期,收入《金明馆丛稿二编》,上海:上海古籍出版社,1980年,第175~177页),首次对敦煌 S.2464 号卷子进行研究。关于《般若心经》的来历和性质,有许多不明之处。那体慧认为这是一部出自中国的伪经,可能就是由玄奘从汉文"回译"成梵文,这一观点越来越受到重视,但仍有待更深入的研究。尽管如此,在笔者看来,玄奘只是将原梵文的经书在翻译成中文后,又将其反译成梵文,因而还谈不上是中国经典的外译。

③ 刘宓庆:《中西翻译思想比较研究》,北京:中国对外翻译出版公司,2005年,第272页。

的,包括通过母语外的其他语言来表达。虽有"言不尽意"和"得意忘言"之说,
"但言不可尽意却可表意,文不可尽道却可载道。因言为心之声,为意之形。……
意属形而上,言属形而下,前者为一,后者为多。二者颇似哲学中谈论的体与用、
道与器的关系。就此理解,意与言、原本与译文,应是统一的,道可传,意可宣"①。
这个基本道理无论中外概莫能外,意义与语言之间、原文与译文之间的互通性才
是整个人类的文化翻译得以进行的前提。这正是"人同此心,心同此理"。在这
个意义上,无论是外译中,还是中译外,译入和译出都没有本质的区别。

　　其二,翻译在文体上的问题,无论是译入还是译出大体也是有共同性的。梁
启超在谈到佛教文献的翻译时说:"翻译文体之问题,则直译意译之得失,实为焦
点。其在启蒙时代,语义两未娴洽,依文转写而已。若此者,吾名之未熟的直译。
稍进,则顺俗晓畅,以期弘通;而于原文是否吻合,不甚厝意。若此者,吾名之未熟
的意译。然初期译本尚希,饥不择食;凡有出品,咸受欢迎。文体得失,未成为学
界问题也。及兹业浸盛,新本日出,玉石混淆。于是求真之念骤炽,而尊尚直译之
论起。然而矫枉太过,诘鞫为病;复生反动,则意译论转昌。卒乃两者调和,而中
外醇化之新文体出焉。此殆凡治译事者所例经之阶级,而佛典文学之发达,亦其
显证也。"②

　　直译还是意译,这是个贯穿于中国整个佛教翻译历史的问题,这个问题不仅
仅是外译中时所面临的主要问题,同样,在中国经典翻译成外文时也面临这个问
题。19世纪末,当时来华的英国汉学家翟理斯把唐诗译成英文,他用的是韵文
体。这种译法受到了当时英国文学界的好评。后来英国汉学家韦利认为翟理斯
用韵的方法可能损害了诗的含义,他主张用散文体来翻译中国古代诗歌,只要表
达了诗歌的含义就可以。许渊冲先生认为,翟理斯和韦利之分歧实际上"开始了
唐诗翻译史上的诗体与散体之争。一般说来,散体译文重真,诗体译文重美,所以
散体与诗体之争也可以升华为真与美的矛盾"③。在笔者看来,虽然翻译佛经和
翻译唐诗在文本上有所区别,一个是宗教的,一个是文学的。但这种区别只是西

①　贺麟:《谈谈翻译》,《中国社会科学院研究生院学报》1990年第3期。
②　梁启超:《翻译文学与佛典》,见罗新璋、陈应年编:《翻译论集》,北京:商务印书馆,2009年,第99
　　~100页。
③　许渊冲:《〈唐诗三百首〉序》,北京:高等教育出版社,2001年,第3页。

方近代学科分类兴起以后才开始出现,佛经中也有大量的文学作品。因此,在翻译唐诗时的两种翻译文体之争,大体和翻译佛经的文体之争有着一定的共同性。在谈到这一点时许渊冲用杨振宁所翻译杜甫的"文章千古事,得失存心知"为例来说明真与美两种翻译风格的差别。

杨振宁的译文是:

A piece of literature is meant for millennium.

But its ups and downs are known already in the author's heart.

许渊冲举出了两种不同的译文:

(1)A poem many long long,long remain.

Who knows the poet's loss and gain!

(2)A poem lasts a thousand years.

Who knows the poet's smiles and tears!

许先生认为杨振宁的译文准确,是典型的科学家风格,但音节太多,不宜入诗。他将翻译中国古代诗歌的这两种风格做了不同的评价和分析,认为"科学派的译文更重'三似':形似、意似、神似;艺术派的译文更重'三美':意美、音美、形美。科学派常用对等译法;艺术派则常用'三化'译法:等化、浅化、深化。科学派的目的是使读者知之,艺术派则认为'知之'是低标准,高标准应该是'三之':知之、好之、乐之"①。

许渊冲所说的科学派和艺术派翻译的两种文体之别,主要指的是在如何翻译中国古代诗歌上的区别。这样我们看到,将佛教的经文从梵文翻译到中文,从印度传入中国和将中国古代的诗歌从中文翻译成英文,从中国传入西方,这是完全不同的两种翻译指向。但如果我们从翻译中的文本和译者的关系来研究,就会看到这两种完全不同的翻译指向,在本质上都是译者和原本之间的关系,都是译者在面对文本时,采取何种文体更为合适的问题。玄奘在翻译佛经时,为保证翻译的准确,在音和义的翻译上提出"五不翻",从而使他翻译的佛经就是今天对照原本也十分严谨。但如果只注意真,就可能像鸠摩罗什所说:"改梵为秦,失其藻蔚。

① 许渊冲:《〈唐诗三百首〉序》,北京:高等教育出版社,2001年,第9~10页。

虽得大意,殊隔文体。有似嚼饭与人,非徒失味,乃令呕哕也。"①法国汉学家顾赛芬(Séraphin Couvreur,1835—1919)所翻译的《诗经》基本上是直译,句对句的翻译,至今这个译本在西方仍受到欢迎。开启近代中国学者中译外的辜鸿铭先生,在翻译《论语》和《中庸》时恣意汪洋,完全按照适应西方文化传统和英国语言特点来翻译,结果译本一样受到了西方的欢迎,这点我们下面还要专门研究。

这些说明尽管外译中和中译外在语言转换方向上完全相反,但在各自的翻译实践中,在如何处理文本和译文之间的关系上,大体上都有两种翻译风格之争,因此,这种在翻译文体上的争论有着很大的相似性。

其三,外译中和中译外的共同性最根本在于这两种翻译活动都是双语之间的转换。两种翻译实践活动都是在原有语和目的语之间的转换,只是翻译方向是完全相反的,但无论翻译的指向如何不同,这两种翻译活动都与汉语有关。由此,对汉语的理解和认知成为这两种翻译活动成败之关键。汉语本身的特点决定了无论是将外文译成中文,还是将中文译成外文,在翻译实践中都受制于汉语的基本特点及对它的文本意义的理解。

中文的基本特点是什么呢? 汉语没有严格的语法,谈到这一点时,章学诚说:"有一定之法,又无一定之法","文成法立,未尝有定格也。传人适如其人,述事适如其事,无定之中有一定焉"(《文史通义》)。王力先生说:"语法学虽然在中古时代,曾经一度随着佛教传入中国(当时叫做"声明"),但是没有得到发展。我国古代学者、作家,在研究语言时,也提出了一些语法概念,但只是零碎的,常常作为注解来出现的,而不是系统的语法著作。至于虚词的解释,也只是当做词汇问题来解决。直到清末,中国才有系统的语法学。"②

《马氏文通》以后中国语言学走上了一条现代语言学之路,但这个过程是一个复杂的历史过程。"这就是,一方面诞生了中国现代语言学,从传统走向现代,但另一方面是使中国语言学自觉地中断了汉语悠久的传统。"③中国语言的最根本性特点是汉字,"汉语基本上是以字为单位的,不是以词为单位的。要了解一个合成词的意义,单就这个词的整体去理解还不够,还必须把这个词的构成部分(一

---

①　〔梁〕释慧皎:《高僧传》卷二《晋长安鸠摩罗什》,北京:中华书局,1992 年,第 53 页。

②　王力:《中国语言学史》前言,太原:山西人民出版社,1981 年,第 3 页。

③　徐通锵:《汉语字本位语法导论》,济南:山东教育出版社,2008 年,第 4 页。

般是两个字)拆开来分别解释,然后合起来解释其整体,才算是真正彻底理解这个词的意义了"①。从秦始皇确定"书同文"的国策之后,汉字成为中国文化的深层结构。汉字作为中国语言的核心,其特点决定了中文发展的全部历程。

如果和西方语言学相对比,西方语言学走的是一条以语法研究为中心的研究之路,而中国走的是一条以汉字为基础的语义和语用研究之路。

只有了解中国语言的这个基本特点,才能做好中外语言的翻译,从这个意义上说,无论是中译外,还是外译中,都必须建立在对中文的理解上。钱钟书在谈到佛经翻译时说"吾国古来音译异族语,读者以音为意,望字生义,舞文小慧。……佛典译行,读者不解梵语,因音臆意,更滋笑枋"②。这是在讲从外译中后,本是以音翻译成中文,而在中文环境中又是按照字的意义来理解这些译音字,从而闹出笑话。

刘宓庆先生指出英国汉学家霍克思在屈原《天问》英译本上的一系列错误,大都是霍克思对汉字,特别是古语汉字的理解上的问题。③

汉字和汉语的特点在译入和译出的翻译实践过程中所扮演的角色与所起到的作用是不同的,这点我们下面还要专门研究。但以汉字为基础展开翻译活动是中译外和外译中的共同特点。

从这个角度说,无论是译入还是译出,无论翻译的指向是从外语到母语,还是从母语到外语,这两种翻译实践活动仍具有高度的共同性,这种共同性表现在翻译活动都受制于汉语自身的特点。④

3."外译中"和"中译外"的不同特点

由于翻译的指向不同,造成了译入和译出的差别。这种差别可以从翻译策略的几个方面看出。翻译策略主要讨论:翻译的目的,即为什么翻译,为谁而译;翻

---

① 王力为周士琦《实用解字组词词典》一书所写的序言,《王力文集》第20卷,济南:山东教育出版社,1991年,第407页。

② 钱钟书:《译音字望文穿凿》,《管锥篇》第四册,北京:中华书局,1979年,第1458页。

③ 参阅刘宓庆:《文化翻译论纲》,北京:中国对外翻译公司,2007年,第110~114页。

④ 从中国当下的翻译实践来看,译者主要是外语专业毕业的学者,这些学者的外语能力一般都要强于中文专业的学者,但在中文的理解上,在对中国文化传统的理解上,外语专业的译者要比中文专业的学者逊色得多。这是几十年的外语教育体制所造成的。这样一个基本的现状对中国当下的翻译实践产生了深远的影响,无论是外译中,还是中译外。如果想要真正做好中国文化的外传,中国文化典籍的翻译,应尽快改革外语院校的教学体制,将对中国文化的学习和训练、将中文水平的提高列入外语大学的重点工作之中。

译选择,即翻译什么,为什么确定一定的文本;翻译方式,即如何翻译,为什么这样翻译。翻译策略上的不同实际涉及翻译理论中的文化与翻译的问题,尤金·奈达(Eugene A. Nida)说:"对于真正成功的翻译而言,熟悉两种文化甚至比掌握两种语言更为重要,因为词语只有在其作用的文化背景中才有意义。"①近年来,西方翻译理论界运用福柯话语理论开展翻译研究,这方面成果颇多。就此,我们不在这里专门展开②,而是紧紧围绕着外译中和中译外在翻译上的不同展开研究。在展开这种差别研究时,我们会批判性的使用意识形态与翻译关系理论这个分析的方法。这里我们展开外译中和中译外的差别研究的目的在于:揭示出中国文化典籍外译的一般性规律,从而开拓出中译外理论的基础研究。

(1)翻译目的不同

翻译目的涉及为什么翻译、为谁而译的问题。

从外译中和中译外的历史来看,这两种翻译实践活动在翻译的目的和翻译后阅读的对象上是完全不同的。

外译中:译者翻译的内容是介绍外国文化的而不是介绍中国文化的,翻译的目的是扩展外国文化,而不是扩展中国文化;翻译是因中国文化的内在需求,而不是外国文化的需要;翻译后阅读的对象是中国人而不是外国人。译者所从事的是文化输入,而不是文化输出。

中译外:译者翻译的内容是中国文化,而不是外国文化;翻译的目的是传播和介绍中国文化,而不是为了介绍外国文化;翻译是外国文化有内在需要;翻译后阅读的对象是外国人而不是中国人;译者所从事的是文化输出,而不是文化输入。

我们先通过考察外译中的历史来证明这一点。

魏晋南北朝时,佛教大兴,佛典翻译兴盛,根本原因在于当时社会文化的需要。汤用彤将魏晋南北朝时佛教兴起的原因归纳为四个:一是时局动乱,"乱世祸福,至五定轨,人民常存侥幸之心,占卜之术,易于动听。……佛教之传播民间,报应而外,必亦藉方术以推进,此大法之所以兴起于魏晋,原因一也"③。二是魏晋

---

① Eugene A. Nida, *Language Culture and Translation*, Shanghai: Shanghai Foreign Language Education Press, 1993.

② 关于意识形态与翻译研究的论文与著作,参阅许钧:《翻译论》,武汉:湖北教育出版社,2003 年,第 213~242 页。

③ 汤用彤:《汉魏南北朝佛教史》,北京:北京大学出版社,1997 年,第 133~134 页。

时空谈之风盛行，"贵介子弟，依附风雅，常为能谈玄理之名俊，其赏誉僧人，亦固其所。此则佛法之兴得助于魏晋之清谈，原因二也"①。三是民族杂居所致"汉魏之后，西北戎狄杂居。两晋倾覆，胡人统治。外来之教益以风行，原因三也"②。四是道安翻译之功，"晋时佛教之兴盛，奠定基础，实由道安，原因四也"③。佛教文献译入中国与印度没有关系，这是魏晋文化与历史变迁之需要，读中文佛教文献的是中国人，不是印度人。

晚明时最早引入西学的徐光启之所以对利玛窦介绍的西学感兴趣，就是因为晚明时王学兴盛，空谈心性，他有所不满，而感到利氏所介绍的西学"实心、实行、实学，诚信于士大夫"④。译入西方科学是为了挽救晚明之颓势，希望通过翻译西方科技书籍达到强国之目的。同时，徐光启作为晚明士大夫正式入了教，信仰上皈依了天主教，这就不能仅仅从实学的角度来解释，而应从思想的角度说明当时西学对中国士大夫的吸引。徐光启说："臣尝论古来帝王之赏罚，圣贤之是非，皆范人于善，禁人于恶，至详极备。然赏罚是非，能及人之外行，不能及人之中情。又如司马迁所云：颜回之夭，盗跖之寿，使人疑于善恶之无报，是以防范愈严，欺诈愈甚。一法立，百弊生，空有愿治之心，恨无必治之术，于是假释氏之说以辅之。其言善恶之报在于身后，则外行中情，颜回、盗跖，似乎皆得其报。谓宜使人为善去恶，不旋踵矣。奈何佛教东来千八百年，而世道人心未能改易，则其言似是而非也。说禅宗者衍老庄之旨，幽邈而无当；行瑜伽者杂符箓之法，乖谬而无理，且欲抗佛而加于上主之上，则既与古帝王圣贤之旨悖矣，使人何所适从、何所依据乎？必欲使人尽为善，则诸陪臣所传事天之学，真可以补益王化，左右儒术，救正佛法者也。"⑤徐光启这段话说得极为精彩，这里翻译西学之书并不仅仅是一个技能的需要，而是中国本身思想的需要。对当时中国人的精神生活来说，徐光启感到仅仅靠道德不能解决全部的问题，而引进的佛教在学理上也有问题，对于中国这样以伦理而生的国度来说，徐光启认为很多问题说不清楚，这是自己内在思想的紧张的和不完善的表现。这样引进西学就成为中国思想内在之需要。明清之际，西

① 汤用彤：《汉魏南北朝佛教史》，北京：北京大学出版社，1997年，第133~134页。
② 汤用彤：《汉魏南北朝佛教史》，北京：北京大学出版社，1997年，第135页。
③ 汤用彤：《汉魏南北朝佛教史》，北京：北京大学出版社，1997年，第135页。
④ 徐光启：《〈泰西水法〉序》，王重民辑：《徐光启集》上册，北京：中华书局，1963年，第66页。
⑤ 徐光启：《辩学章疏》，王重民辑：《徐光启集》下册，北京：中华书局，1963年，第432~433页。

学兴起,一时洛阳纸贵,利玛窦的《坤舆万国全图》竟然被翻刻了十二次之多,读西学书的都是明清之际的士人学子。①

晚清时对西学的翻译成为当务之急,康梁变法失败后革新派更加认识到介绍西洋新思想的重要性,此时翻译西洋之书成为维新派实现自己政治主张的一个重要手段。如梁启超所说:"译书真今日之急图哉!天下识时之士,日日论变法。然欲变士,而学堂功课之书,靡得而读焉;欲变农,而农政之书,靡得而读焉;欲变工,而工艺之书,靡得而读焉;欲变商,而商务之书,靡得而读焉;欲变官,而官制之书,靡得而读焉;欲变兵,而兵谋之书,靡得而读焉;欲变总纲,而宪法之书,靡得而读焉;欲变分目,而章程之书,靡得而读焉。"②梁启超把整个社会变革的希望都寄托于翻译西洋书籍上,"今日之天下,则必以译书为强国第一义,昭昭然也",翻译背后的政治诉求之强烈、翻译目的之明确充分看出了梁启超的政治理想。

从这里我们可以看到外译中的翻译,在译入的目的上是和中国本身的文化需求紧密相连的,译书是为了给中国人看的,不是给印度人看的,也不是给罗马人看的,更不是给英国人看的,而是中国人自己的需要。从翻译学来说,翻译的目的和对象都很清楚。

用后殖民主义来解释外译中的历史和实践是有困难的,因为中国翻译史说明,中古时期中国对佛教经典的翻译和晚明时期对西学经典的翻译,并不存在一个外部的强势文化对中国文化的压迫,而是中国文化内在发展的需要。这里特别强调的是晚明西学的引入,很多人将其和晚清等同,似乎当时中国文化危机,葡萄牙、西班牙强势进入中国。这是完全不知当时的历史。晚明时中国虽然内部问题不少,但其国力仍是东来的葡萄牙和西班牙无法相比的,葡萄牙初来时也曾和明军交火,但在军事上根本无法取胜。利玛窦采取的合儒政策是迫不得已之策。晚清时则是另一种情况,此时用后殖民主义解释还沾些边,但用魏晋佛教的传入和晚明西学的引进则完全不妥。

从翻译的目的论来看,尽管唐之译入佛经、明之译入西学、晚清之大规模译入西学都有着不同的背景,但站在中国文化本位立场来考察,翻译都是为了中国文

---

① 　参阅徐海松:《清初士人与西学》,北京:东方出版社,2000年。

② 　梁启超:《变法通议》,《饮冰室合集》,北京:中华书局,1989年,第67页。

化自身的变革,翻译接受的对象都是中国本国文化的民众,进一步说,译入是为了自己的文化而翻译,翻译的受众也是中国文化的民众。翻译的效果也受到本国文化接受程度的影响,从翻译学上来说,就是目的语对作品的接受决定着翻译的实际效果。中国历史上译入的共同点是对外来文化来说的,目的语国家的文化内在需要是外来文化译入一个国家成功与否的关键。而用后殖民主义、权力论等尚说不太清楚。① 后殖民主义主要是从西方国家与后发展国家之间的文化关系来评论翻译的,但对于中国这样悠久文化历史的国家,对于它与外部世界的关系,必须从长时段来看,必须走出19世纪以后西方的各种理论,从更大的历史视角来看待外译中的问题。

当然,外译中还有另一种形态:外国人直接将外文译成中文,在中国出版。明清之际的来华耶稣会士等天主教传教士最为明显,利玛窦翻译《几何原本》、高一志(Alfonso Vagnoni,1566—1640)将翻译和写作混为一体,用中文向明清士人们介绍了《修身西学》《齐家西学》《圣母行实》等一系列著作,而意大利传教士利类思(Ludovico Buglio,1606—1682)则把托马斯·阿奎那的《神学大全》以《超性学要》为名,几乎将它翻译成中文,晚清的来华基督新教传教士也继承了天主教传教士的这个传统,开始用中文写作,将《圣经》翻译成中文。②

这一类外译中从译者主体上和以中国学者为主的外译中相比,在翻译目的上是不同的,利玛窦从事外译中是为天主教在中国的传播,如他所说:"虽知天主之寡,其寡之益尚胜于知他事之多。原观《实义》者,勿以文微而微天主之义也。若夫天主,天地莫载,小篇孰载之!"③中国学者翻译西学则是为了自身文化,与传播天主教无太大干系。即便是入了教,在积极推进西学东渐方面,也是将"天学"和"儒学"合为一体来理解的,如李之藻在《〈天主实义〉重刻序》中所说:"昔吾夫子语修身也,先事亲而推及乎知天。至孟氏存养事天之论,而义乃綦备。盖即知即

---

① 参阅张南峰:《中西译学批评》,北京:清华大学出版社,2004年,第147~159页。
② 参阅张西平:《传教士汉学研究》,郑州:大象出版社,2005年。笔者将这类作品称为"西学汉籍",这是一个值得深入开拓研究的学术领域。
③ 李之藻:《〈天主实义〉重刻序》,朱维铮主编:《利玛窦中文著译集》,上海:复旦大学出版社,2001年,第99页。

事,事天事亲同一事,而天,其事之大原也。"①这就是说,在儒家思想中是有"天"的说法,而且事亲和事天是一致的,只是过去讲天少了,忽视了天的含义。这里李之藻所理解的"天"也和利玛窦所理解的有较大区别。

在外译中的两种译者群体中,尽管在翻译的选择上有所不同,但共同点是十分明确的:翻译的目的是介绍外国文化,而不是介绍中国文化;翻译成中文后的作品的读者是中国士人,而不是西方读者。

接着,我们再来研究中国经典的外译,中译外显然属于译出。我们首先从译者主体是外国人这一角度来考察,以理雅各的中国古代经典翻译为例来看这个问题。理雅各是西方汉学史上最重要的中国古代经典文献的翻译者,他的翻译目的何在? 英国来华传教士艾约瑟对理雅各翻译中国经典的目的讲得很清楚,他说:"他的目标在于打开并阐明中国人的思想领域,揭示人民的道德、社会和政治生活的基础。这种工作百年当中只可能被人们极为罕见地做一次。在做这件事的过程当中,他感觉到自己是在为传教士们以及其他一些学习中国语言和文学的学生们做一件真正的服务。他还认为,这也是为那些西方读者和思想者服务。从国土面积幅员之辽阔、人口比例之众多、民族特性等来考虑,中国都可以说是世界上最重要的国家。获悉了儒家'圣经'所包含的内容,也就使我们处于一种有利的地位来判断其人民。从这里,欧洲的政治家们可以看到其人民道德标准之本质。他们所阅读的历史,他们风格之楷模,他们的保守主义之基础,都可由此而得到评估。如今,甚至即便在理雅各已经离开了我们,不再与我们一起的时候,他殚精竭虑、经年累月地付出,那些卷帙浩繁的译著,依然包含着丰富的事实,通过这些事实,欧洲和美国的观察者可以如此正确地判断中国人,因为这是他们生活的箴言,在他们的生活当中流行,这里所包含、所阐明的思想观点,规范着他们的学者和人民的思想。"②

为西方青年汉学家的汉语学习服务,为来华的传教士服务,为西方的读者服

---

① 李之藻:《〈天主实义〉重刻序》,朱维铮主编:《利玛窦中文著译集》,上海:复旦大学出版社,2001年,第99页。

② Helen Edith Legge, *James Legge: Missionary and Scholar*, London: The Religious Tract Society, 1905 Chapter IV.转引自段怀清:《传教士与晚清口岸文人》,广州:广东人民出版社,2007年,第40~41页。

务。理雅各翻译的目的在于：对来华的传教士来说使他们了解中国，从而使他们更好地传播福音；对西方读者来说，要了解中国传统的悠久与伟大，以便"处于一种有利的地位来判断其人民"。他的目的是很清楚的，正如他自己所说："对于儒家经典，我已经具有足以胜任将其翻译成英文的中文学术水平，这是五到二十年辛勤钻研的结果。这样的努力是必须的，这样世界上的其他民族就可以认识这个伟大的帝国了，而且特别是我们传教士给这里的民众传教，也需要充分的智慧，这样才能够获得长久的结果。我认为，这将有助于未来的传教士们的工作，如果所有儒家经典都能够翻译出版并且还附有注解的话。"①

简单地将理雅各的翻译和对中国经典的阐释套用一个后殖民主义的理论并不妥当②，他有着对中国古代文化的尊重，有着从学理上对中国文化的浩大与广博的敬佩。尽管如此，他的翻译不是为了中国，而是为了西方，他的读者是西方文化界而不是中国文人。这一点同样清楚。

接着，我们再从译者的主体是中国人这一角度来考察，以辜鸿铭对中国经典翻译为例来加以说明。辜鸿铭是中国近代文化史上十分特别、具有重要文化意义的学者，他对欧洲文化的了解在当时几乎无人可比，他对儒家文化的坚信使他成为晚清时期守成主义的代表人物。如他自己所说："由于我青年时代基本上在欧洲度过，因此我刚回国时对中国的了解反不如对欧洲的了解。但非常幸运的是，我回国后不久，就进入了当时中国的伟人、湖广总督张之洞的幕府。我在那儿待了多年。张之洞是一位很有名气的学者，同时也是一位目光远大的政治家。由于这种契机，使得我能够同中国最有修养的人在一起朝夕相处，从他们那儿，我才对中国文明以及东方文明的本质稍有解悟。"③但辜鸿铭有一个贡献，学者以往重视不够，这就是他是中国近代以来最早将中国经典翻译成英文的中国人之一，甚至可以说，是中国历史上留有翻译文本可查的中国文化外译第一人（玄奘的《老子》译本只有记载，没有译本可查），因此，他在中译外上的实践和思想应成为重要的

---

① 转引自段怀清：《传教士与晚清口岸文人》，广州：广东人民出版社，2007年，第44页。
② 正如段怀清所说："如果将理雅各（1815—1897）几乎穷其一生，矢志于翻译、阐释和传播中华古代经典的文化壮举，简单地归因于一个传教士的宗教献身精神或者维多利亚时代所特有的一种与对外扩张政策相呼应的文化狂热，显然过于牵强，甚至还是一种大不敬。"段怀清：《传教士与晚清口岸文人》，广州：广东人民出版社，2007年，第36页。
③ 辜鸿铭著，黄兴涛等译：《辜鸿铭文集》下册，海口：海南出版社，1996年，第311~312页。

学术遗产。①

辜鸿铭做《论语》《中庸》翻译的一个直接的原因,就是他不满意当时汉学家们对中国经典的翻译,不满意汉学家们对中国文化的理解和解释。他对他们的批评相当刻薄,他说翟理斯"能够翻译中国的句文,却不能理解和阐释中国思想","在翟理斯博士的所有著作中,却没有一句能表明他曾把或试图把中国文学当作一个有机整体来理解的事实"②。他认为翟理斯对孔子思想的翻译完全不沾边,伟烈亚力所写的《中国文献纪略》一点中国文学的味道都没有,而英国汉学家巴尔福所翻译的庄子的《南华经》"简直就是胡译"③。

对于当时在中国经典翻译上已经大名鼎鼎的理雅各,他也丝毫没有客气。他说:"那些中国经典的翻译必然被做,也是时代的必然要求。理雅各博士完成了它,结果出了一打巨大的、规模骇人的东西。……面对着这些卷帙浩繁的译著,我们谈起来都有点感到咋舌。不过必须承认,这些译著并不都令我们满意。"④

正是基于此,他才开始动手翻译《论语》,在英译《论语》的序中,他开宗明义,毫不客气地指出了自己的翻译就是针对理雅各翻译的不足,他说:"自从理雅各博士开始发表关于'中国经典'翻译的最初部分,迄今已 40 年了。现在,任何人,哪怕是对中国语言一窍不通的人,只要反复耐心地翻阅理雅各博士的译文,都将禁不住感到它多么令人不满意。因为理雅各博士开始从事这项工作的时候,他的文学训练还很不足,完全缺乏评判能力和文学感知力。他自始至终都表明他只不过是一个大汉学家,也就是说,只是一个对中国经书具有死知识的博学的权威而已。我们遗憾地得知这位大汉学家最近刚刚去世,但是为了公正地纪念他,必须指出,尽管他的工作尽了力所能及的努力,是完全严谨的,但他却没能克服其极其僵硬和狭隘的头脑之限制,这是他的性情气质造成的结果。……对于绝大多数英国读

---

① 陈季同从 1884 年开始发表西文著作,到 1904 年先后出版多部法语著作,但他没有翻译中国古代文化经典,他的法文著作有:《中国人自画像》(*Les Chinois peints par eux-mêmms*)、《中国人的戏剧》(*Le théâtre des Chinois*)、《中国故事集》(*Les contes Chinois*)、《中国的娱乐》(*Les Plaisirs en Chine*)、《黄衫客传奇》(*Le roman de L' homme jaune*)、《巴黎人》(*Les Parisiens peints par un Chinois*),参阅李华川:《晚清一个外交官的文化历程》,北京:北京大学出版社,2004 年。
② 辜鸿铭著,黄兴涛等译:《辜鸿铭文集》下册,海口:海南出版社,1996 年,第 108 页。
③ 辜鸿铭著,黄兴涛等译:《辜鸿铭文集》下册,海口:海南出版社,1996 年,第 123 页。
④ 辜鸿铭著,黄兴涛等译:《辜鸿铭文集》下册,海口:海南出版社,1996 年,第 121 页。

者而言,我们却不能不认为,理雅各博士在其译著中所展示的中国人之智识和道德的装备,正如同在普通英国人眼中中国人的穿着和外表一样,必定会使其产生稀奇古怪的感觉。"①

有了西方汉学家这个对手,有了对理雅各所翻译的中国经典文本的极端不满,辜鸿铭开启了近代以来中国人的第一次中国经典的英译。批评理雅各所代表的西方汉学家的中国经典译本,这只是辜鸿铭开始从事中国经典外译的一个外在目的。对于辜鸿铭来说,还有着更为深刻的思想文化根由。

辜鸿铭对中国典籍翻译的根本目的是由他的文化立场决定的。辜鸿铭对西方文化十分熟悉,对西方文化典籍和人物、历史如数家珍,辜鸿铭的时代正值欧洲第一次世界大战前夕,欧洲一片混乱,思想上也很混乱。辜鸿铭认为西方社会以个人为中心、以金钱为生活目的的思想是有问题的,他站在浪漫主义批判的立场上,认为"商业主义精神笼罩世界各地,尤以英美为最,它构成了当今世界的大敌"②。

正是从精神的层面,他高度评价了中国文化,认为"真正的中国人就是有着赤子之心和成年人的智慧、过着心灵生活的这样一种人。简言之,真正的中国人有着童子之心和成年人的智慧。中国人的精神是一种永葆青春的精神,是不朽的民族魂"③。一些人将辜鸿铭看成一个守旧主义者,一个民粹主义者,这显然是不对的。多年的留学生生活,使他对西方文化有着切身的理解和体会,知其长处,知其短处所在。所以,他面对这样的批评,辜鸿铭明确给予回答,阐明自己的基本文化立场,他说:"因为常常批评西洋文明,所以有人说我是个攘夷论者,其实,我既不是攘夷论者,也不是那种排外思想家。我是希望东西方的长处结合在一起,从而消除东西界限,并以此作为今后最大的奋斗目标的人。"④

辜鸿铭所持的文化立场是兼容中西的文化立场,但面对当时中国社会一切以西洋为重,一切以西为师的思潮,从当时的情况来说,辜鸿铭这样的工作也和"甲午以后中国社会历史文化背景紧密相关。自甲午以后,中国士大夫阶层和思想界

① 辜鸿铭著,黄兴涛等译:《辜鸿铭文集》下册,海口:海南出版社,1996 年,第 345~346 页。
② 辜鸿铭著,黄兴涛等译:《辜鸿铭文集》下册,海口:海南出版社,1996 年,第 16 页。
③ 辜鸿铭著,黄兴涛等译:《辜鸿铭文集》下册,海口:海南出版社,1996 年,第 35 页。
④ 辜鸿铭著,黄兴涛等译:《辜鸿铭文集》下册,海口:海南出版社,1996 年,第 303 页。

逐渐形成一种要求在政治制度和文化观念上追逐西方、改革中国的浪潮,而此时的辜鸿铭却对儒家文化的信念日益加强并最终完全折向了儒家传统"①。

辜鸿铭批评西方文化的弊端,阐述中国文化的主旨和大义。显然,这和当时中国社会文化倾向有所不同,现在看来,他对中西文化的评判,他的基本文化立场基本是正确的、合理的。辜鸿铭和那些对西方文化一窍不通,一味死守传统的保守派不同,他对慈禧太后的评价应更多从国家文化立场来考虑,而不应仅仅从国内文化生态来考虑。在这个意义上,辜鸿铭对今天中国文化的重建有着重要的文化意义。他说:"通过对东西文明的比较研究,我很自然地得出了一个重大的结论,那就是,这养育滋润我们的东方文明,即便不优越于西方文明,至少也不比他们低劣。我敢说这个结论的得出,其意义是非常重大的,因为现代中国人,尤其是年轻人,有着贬低中国文明,而言过其实地夸大西方文明的倾向。"②他的翻译目的十分清晰,就是希望自己的翻译使"受过教育的有头脑的英国人,但愿在耐心地读完我们这本译书后,能引起对中国人现有成见的反思,不仅修正谬见,而且改变对于中国无论是个人,还是国际交往的态度"③。这样的话在当时是石破天惊之语,就是对今天的中国思想文化界来说,也是极为重要的良言。

从翻译学的角度来看,辜鸿铭的翻译活动揭示出了中译外和外译中在翻译目的上的不同。尽管辜鸿铭在中译外上有着多重目的,作为一个中国学者,他的根本在于弘扬中国文化,在于说明母语的文化优势和特征。④

这样我们看到同样是中译外,由于译者主体不同,在翻译目的上是有所区别的:理雅各翻译中国经典是为了更好地传教,辜鸿铭翻译中国经典是为了弘扬中国文化。这样两个角度一直延续到今天,特别是在当今中国,越来越多的中国学者参与中译外的翻译实践活动后。这点我们在下面还会专门讨论,这里不做展开。尽管在中译外上由于译者主体的不同,从而使翻译目的呈现出多维性和复杂性,但有一个共同点:所有中译外译者的目的是向中国以外的国家和地区的民众

————————

① 黄兴涛著:《文化怪杰辜鸿铭》,北京:中华书局,1995 年,第 75 页。
② 辜鸿铭著,黄兴涛等译:《辜鸿铭文集》下册,海口:海南出版社,1996 年,第 312 页。
③ 辜鸿铭著,黄兴涛等译:《辜鸿铭文集》下册,海口:海南出版社,1996 年,第 346~347 页。
④ 辜鸿铭虽然是侨居马来西亚,但汉语仍是其母语。

介绍中国文化,他们面对的读者是外国人,不是中国人。① 这和外译中所表现出来的希望通过翻译将外部文化引入母语文化,改造母语文化完全不同。当然,读者群体的不同是很明显的。外译中的读者是中国民众,中译外的读者是国外民众。

同样,辜鸿铭的翻译实践也告诉我们,译入和译出的翻译目的是完全不同的。译入是译者主体为学习外来文化而翻译,译出是为了介绍本土文化而翻译。译入是为自己本土民众的阅读而翻译,译出的阅读目的则是目的语的国家民众,这和译者主体的本土民众没有关系。这种翻译目的的不同,翻译后阅读对象的不同,使他们在翻译的语文文化内涵上有着重大的区别。② 辜鸿铭就说:"我们努力按照一个受过教育的英国人表达同样思想的方式,来翻译孔子和他弟子的谈话。此外,为了尽可能消除英国读者的陌生和古怪感,只要可行,我们都尽量去掉所有那些中国的专有名称。"③

(2)在语言转换上的不同

在语言特点上,译入和译出有着重大的区别,前者是将外语转换成中文,后者是将中文转换成外文。看起来这种区别是很明显的。这种语言不同方向的转换包含着语言学上的一些重大问题。潘文国教授根据他对汉、英两种语言结构的研

---

① 上面在研究《中国文学》时,我们看到,到它的后期,由于杂志销售出了问题,开始出版中英文版,面向中国学习英语的读者,直到今天,中国典籍的翻译仍存在这个问题,这个问题我们将在下面展开讨论。

② 从文化的接受来说,文化需要论是理解译入和译出的关键,在这点上二者是相同的。应该说,当时辜鸿铭对《论语》和《中庸》的翻译也受到了西方一些汉学家的好评,译著还被收入当时在西方较有影响的"东方智慧丛书"。但对于19世纪的英国来说,并没有一种像当时中国强烈介绍西方文化那样强烈接受中国文化的需求,因此,辜鸿铭的翻译在英语世界并未产生很大的影响,他只是在学术圈中产生了一些影响,尽管他和俄罗斯思想家、文学家托尔斯泰有着一定的联系和影响。这说明,译入和译出在目的论上的共同点在于:无论是译入还是译出,只有在目的语文化有接受需求时,这种翻译活动才能产生文化的效果。也就是说,只有在目的语文化有一种接受的需要,作为外部文化的译入和译出才会在目的语文化中产生效能和影响。文化的接受与影响不仅和一种文化的宣传与造势完全不同,同时也和一种翻译的主体的自我动机的强烈与弱小没有太大的关系。上个世纪中国文化界对于东欧弱小国家的文学情有独钟,翻译很多东欧文学作品,东欧文学曾对中国近代文学的发展和形成产生过重要的影响,但东欧国家当时并不强大,也没有强烈的将其文学作品翻译到中国的愿望。反之,辜鸿铭个人对中国文化的传播动机和热情不可谓不强烈,用力不可谓不深,但对西方文化的影响并不大。文化需要论是翻译社会效用的根本原因,无论是译入还是译出。

③ 辜鸿铭著,黄兴涛等译:《辜鸿铭文集》下册,海口:海南出版社,1996年,第346页。

究,认为中文和印欧语之间有两大区别,"一是英语(包括其他印欧系语言)是形态型语言,而汉语是语义型语言;二是英语(包括其他印欧系语言)是形足型语言,而汉语是音足型语言。这两个特点在翻译实践上的表现是,第一条决定了'外译中'和'中译外'的过程完全不同,前者主要是'做减法'的过程,即把各种表示形态的挂件一一减去,而后者主要是'做加法'的过程,即把本来没有的形态标志一一添上。'做减法'是从有到无,比较简单;而'做加法'是从无到有,相当复杂。什么该加,什么不该加,该加的加多少,不该加的又通过什么手段表现,的确需要动脑子。做减法的理论不能简单地用于做加法的实践上,因而中译外不能简单地运用外译中的理论,而需要建立自己的理论。……由此可见,中译外的'加法研究'和外译中的'节律研究'体现了两种翻译各自的特色"①。

两种翻译的语言转换方向完全相反,自然对翻译的理解也是不同的,实际上潘文国由此提出完全将西方的翻译理论套用到中国的翻译实践上是有问题的,特别是套用到"中译外"的翻译实践上。因为,至今为止,西方的翻译理论基本上是在印欧系语言内翻译的实践的总结,这样一种翻译实践的总结和提升,其理论是建立在"西西互译"的实践上的。将这套"西西互译"的翻译理论套用到"中西互译"的翻译实践中并不适用。潘文国认为在"西西互译"中基本上是在"均质印欧语"中发生的,而"中西互译"则是在遥远距离的语言之间的翻译,这样他认为"只有把'西西互译'与'中西互译'看作是两种不同性质的翻译,因而需要不同的理论,才能以更主动的态度来致力于中国译论的创新"②。

这是一个极有创建的观点,在翻译学上是值得认真思考的。

(3)文化立场的不同

外译中是外来文化的输入,中译外是中国文化的输出。文化输入是外部文化在中国的传播,说明外部文化的价值;文化输出是中国文化在外部世界的传播,揭示中国文化的价值。由于文化立场的不同,从而形成不同的文化传播策略,也影响着翻译策略。

---

① 潘文国:《中籍外译,此其时也——关于中译外问题的宏观思考》,《杭州师范学院学报》(社会科学版),2007年第6期。

② 潘文国:《中籍外译,此其时也——关于中译外问题的宏观思考》,《杭州师范学院学报》(社会科学版),2007年第6期。

4."外译中"和"中译外"不同的哲学原因

"外译中"和"中译外"的不同不仅仅表现在语言上,更根本的在于中西哲学思维的不同对翻译的影响,这两种翻译所面临的问题是两种思维方式不同所形成的翻译困境。这种困境就是如何理解中国与西方两种哲学思维及其表达。在第五章中我在讨论"中国文化的当代价值"时,实际是做一个宏观层面的中西文化和哲学的对比研究。或许有些读者在读到笔者的第四章和第五章时,会感到其内容似乎游离于本书的主题,实则不然。因为,要研究中国古代文化在西方的翻译、传播、接受,它的前提就是要对中国文化有一个本质性的了解,对中国文化的古代形态和当代形态之间的关联有一个了解,研究者也要有一个文化立场。没有这种基本的文化理解和文化立场是很难做好这样的研究的。笔者读到不少关于中国文化典籍外译的论文,这些论文普遍的不足就是对中国文化本身的理解不足,这样无法判断汉学家的翻译。另一个方面的问题就是,在理解中国文化上尚可,但对西方哲学和文化所知甚少,这样面对传教士的典籍译本,面对汉学家的译本的评价基本说不到点子上。因此,本书在第四章和第五章的内容对于进入研究西方汉学、研究中国古代文化西传、研究中国古代文化典籍西译的学者来说是必要的。这里即将展开的对"外译中"和"中译外"的不同原因的分析,就是笔者立足第四章和第五章的基本理解。

中西思维之间有着重大的区别,虽然面对的是一个世界,但由于地域与文化的差异,形成了各自独立的哲学思考方式。法国汉学家谢和耐(Jacques Gernet,1921—2018)认为,中国文化是唯一完全独立于西方文化之外,成熟发展起来的一种文化。[①] 这种观点认为中西哲学是两类完全不同的哲学思维和完全不同的表达,在将中国哲学著作翻译成西方语言时主要是强调中国思想概念的特殊性,翻译者无法将其归化为目的语的哲学概念,翻译时表现出中国哲学思维之异是必要的。

我们考察这种思维方式的不同对外译中和中译外翻译实践产生的影响。西方哲学是以论证本体论(ontology)为核心,通过对存在——这个根本的普遍性或

---

① [法]谢和耐著,耿昇译:《中国和基督教——中国和欧洲文化之比较》,上海:上海古籍出版社,1991 年。

共相的不断追问,从而形成一套理性思维的理论。中国哲学不关心生命之外的世界本体论的问题,它是以人世间的生活为中心展开的生活世界,如果说西方哲学是以事实判断为特征,中国哲学则是以价值判断为特征。①

对中西哲学之别的这种看法大多数西方哲学家也是认同的,黑格尔站在否定的角度来看这种差别,认为中国根本没有哲学,没有西方这种对存在追求的哲学,在黑格尔看来,在孔子的思想中看不到深刻的哲学研究,更谈不上思辨,仅仅是"善与诚实的道德"而已。在他眼中孔子就是一个俗得不能再俗的老头儿,毫无精彩之处。但当代法国哲学家(汉学家)于连(François Jullien,1951—　)不同意黑格尔的这种看法,他从肯定的角度来看待中西哲学的差别。他认为从表面上看,孔子的言论松散,但言简意赅,而且,在孔子简单的回答之中,我们可以发挥出无限的可能性意义。他认为在孔子生平的那些具体事件中,在那些具体的论述中得以开启整体的意义,可以阐明道理;也就是说,有关的联系使我们通过简单渐进的扩展,从有限、局部的面貌过渡到有关全面的范围:因而不存在像具体(可见)与抽象(可知)之间那种转化,一种代表性的关系也不因此建立起来。② 这实际在讲中国思维的特殊性,它不是像希腊哲学那样去追问事物背后的概念,从而将世界二元化,分成抽象和具象。在孔子那里没有这样的路向,不问这样的问题。他只给你具体的答案,让你推想,这样那种西方式的思维关系在孔子那里就不存在。

所以,于连认为黑格尔的问题在于他把那些应该看成通过一种或另一种迂回方法指明渐进途径的各种标志的东西,当作一般和抽象的(从否定意义上讲)的方法,这是说黑格尔实际在用西方的问题方式来套孔子,孔子的意义不在于从特殊事件中抽象出一般概念,像柏拉图那样。如果从于连的迂回策略来看孔子,孔子的思想价值在于"指示",在于从简单出发的"扩散、包容的方式"。

显然,于连也是从外部、从西方来看中国的,只是结论不同而已。黑格尔在看中国时,手中已经有了一把西方的尺子,以此为标准来衡量中国的思想,裁减中国思想,而于连看中国时,手中也有一把西方思想的尺子,但他不用它来裁减中国思想,反而来用中国的思想来检验西方思想的尺子。

---

① 方朝晖:《从 ontology 看中学与西学的不可比性》,《复旦大学学报》(社会科学版)2001 年第 2 期。
② [法]于连著:《迂回与进入》,北京:生活·读书·新知三联书店,1998 年,第 3 页。

所以,黑格尔认为中国没有哲学,没有存在概念,没有上帝概念,没有自由概念,这成为中国思想的问题和缺点。但于连却反其道而行之,认为在中国没有存在概念,没有上帝概念,没有自由概念,这不是中国的错,反倒是中国思想的独特之处,是合理的、正常的。①

这在翻译上的表现很明显。两种思维方式特点、两种语言特点决定了在"西译中"和"中译西"时呈现出不同的特点,由此,在翻译上就要注意这两种基于不同哲学思维与语言特点的翻译所形成的各自的特点。本文所指的"外译中"主要是"西译中",本文这里所指的"中译外"主要是指"中译西"。

"外译中"是一个如何将抽象概念具象化的过程,如何将逻辑性思维转换成伦理性思维的过程。晚明时期耶稣会入华后在如何翻译 Deus(God)这个概念时就极为困难,利玛窦为适应中国文化采用《诗经》中的已有概念"上帝"或者佛教已有的概念"天主"来翻译,但后来龙华民认为这两个中文概念无法表达 Deus 那种丰富性和抽象性,不仅 Deus 所包含的道成肉身的那种人格神的特点反映不出来,更要害的在于 Deus 那种"三位一体"的超验性在中文的概念中根本无法表达出来。于是,在利玛窦死后他主张将 Deus 直译为"徒斯"。耶稣会内部的"礼仪之争"由此拉开序幕。这个争论实际上一直持续到晚清新教传教士来华,近 300年争论不休。

又如,在"外译中"时,对西方哲学的核心概念 Being 如何翻译,中国哲学界纠缠了几十年尚未得到很好的解决,有人翻译成"存在",有人翻译成"相",有人译为"是",有人干脆认为不可译,因为在中文语法中没有一个像英文 Being 所对应的词语,在中文古代的语法系统中没有"是"作为系动词。从哲学上讲中国古代没有希腊那样的哲学思考方式,巴门尼德关于"存在"之问,在中国古代思想家中不存在。这并非说中国思想不如希腊,而是中国古代的哲人沿着另一条思考路线

---

① 张西平:《汉学作为思想和方法论》,见弗朗索瓦·于连著《(经由中国)从外部反思欧洲——远西对话》序言,张放译,郑州:大象出版社,2005 年,第 6 页。

发展了。①

晚清以后由于读书人开始学习西方哲学,留学于西方,精读西方哲学。返回中国后开始用西方哲学概念表达中国哲学概念,由此,拉开了近百年的以西方哲学"格义"中国哲学的历史序幕,从谢无量到胡适、到冯友兰都未跳出这个圈子。直到今日,国盛带动文化自觉,学界恍然大悟,发觉百年中国哲学史的研究和表述走上了一条违背中国哲学思维的危险之道。但近代以来,西学已经深深地进入我们的语言系统,重新按照中国哲学的思想表达几乎已经不可能了。已经无法退回到中国古代自己的思想系统,继续沿着西人思维表达自己显然不行。呜呼! 前不见古人,后不见来者,百年西学东渐的翻译已经把我们置于一个极为尴尬的境地。翻译对国家文化影响如此之大,在世界文化史上也不多见。②

在中国哲学翻译成西方语言时,在翻译上面临着相反的问题,即如何用西方的抽象的概念表达中国的具象思维概念,如何用西方逻辑思维语言表达中国伦理性思维语言。

从中国典籍翻译的角度,一些中国学者也是认同这种差别的,因此,在翻译时强调中西思想的不同性,反对归化式的翻译。最著名的就是王国维对辜鸿铭《中庸》英文的翻译。王国维认为辜鸿铭的《中庸》翻译有两个根本性的错误,其一是翻译时把中国思想概念统一于西方思想概念之中,其二是"以西洋哲学解释《中庸》"。

前者,辜鸿铭在翻译时"求统一之弊",原因在于没有认识到中西思想概念之不同。王国维开篇就说:"然《中庸》虽为一种之哲学,虽视诚为宇宙人生之根本,

①　参阅汪子嵩、王太庆:《关于"存在"和"是"》,《复旦大学学报》(社会科学版)2000 年第 1 期;王路:《论"是"与"存在"》,《云南大学学报》(社会科学版)2008 年第 6 期;王路:《"是""所是""是其所是""所是者"——关于亚里士多德〈形而上学〉中几个术语的翻译》,《哲学译丛》2000 年第 2 期;王路:《Being 与系词》,《求实学刊》2012 年第 2 期;王路:《是与真——形而上学的基石》,北京:人民出版社,2003 年;宋继杰主编:《BEING 与西方哲学传统》,保定:河北大学出版社,2002 年。

②　参阅刘笑敢主编:"中国哲学与文化"第一辑《反向格义与全球哲学》,桂林:广西师范大学出版社,2012 年;谢无量编著:《中国哲学史》,郑州:河南人民出版社,2016 年。张汝伦:《中国哲学的自主与自觉——论重写中国哲学史》,《中国社会科学》2004 年第 5 期;张耀南:《走出"中国哲学史"研究的"格义"时代》,《哲学研究》2005 年第 6 期。

然与西洋近世之哲学固不相同。"①王国维说,子思所讲的"诚"不是费希特的"自我"(Ego),不是谢林的"绝对"(Absolute),不是黑格尔的"理念"(Idea),不是叔本华的"意志"(Will),这样,辜鸿铭用这些"近世之哲学以述古人之说,谓之弥缝古人之说则可,谓之忠于古人则恐未也"。为何呢?因为中国哲学和西方哲学不一样,它没有一种准确性的表述,在不同的文本环境中,词语的意义不尽相同,有时意义很大,有时则小。这样在我们将中国典籍翻译成外文时就遇到困难,如他所说:"若译之为他国语,则他国语之与此语相当者,其意义不必若是之广;即令其意义等于此语,或广于此语,然其所得应用之处,不必尽同,故不贯串不统一之病,自不能免。而欲求其贯串统一,势不能不用意义更为广之语;然语意愈广者,其语愈虚,于是古人之说之特质渐不可见,所存者其肤廓耳。译古书之难,全在于此。"②这里王国维用一种逻辑的说理之法,说明如果中西哲学概念完全统一,当然很好,但实际上并不统一。这样,翻译者就处在两难境地:不追求概念的统一,双方无法理解;追求与西方概念的统一,则中国古代思想的特质就不见了。他认为辜鸿铭把《中庸》中的"中"译为"Our true self",将"和"译为"Moral order",将"性"译为"Law of our Being",将"道"译为"Moral Law"都是犯了"求统一之弊"。

后者,"以西洋哲学解释《中庸》"从而"增古书之意义",这是说由于辜鸿铭用西方哲学概念翻译《中庸》,从而在他的翻译中扩大了《中庸》的意义。例如,"诚则形,形则著"是说人若能诚于本性,这样内心的澄明就会表现于外"著则明",辜鸿铭翻译为"Where there is truth,there is substance.Where there is substance,there is reality",王国维认为"substance""reality""eternal""infinite""transcendental"这些都是西方哲学的概念,这些概念并不能对应中国哲学的概念,在他看来,中国的"无息""久征""悠远""博厚""高明"这些概念都是无法用西方哲学概念来表达的。

当王国维这样批评辜鸿铭时,实际上他对中西哲学之间有一个基本的观点,那就是这两套思想系统很难通约。因为,每个民族的思想都有其独特性,"国民之

---

① 王国维:《书辜氏汤生英译〈中庸〉后》,见罗新璋、陈应年编:《翻译论集》,北京:商务印书馆,2009年,第 262 页。
② 王国维:《书辜氏汤生英译〈中庸〉后》,见罗新璋、陈应年编:《翻译论集》,北京:商务印书馆,2009年,第 262 页。

性质各有所特长,其思想所造之处各异,故其言语,或繁于此而简于彼,或精于甲而疏于乙。……抑我国人之特质,实际的也,通俗的也;西洋人之特质,思辨的也,科学的也,长于抽象而精于分类,对世界一切有形无形之事物,无往而不用综括(Generalization)及分析(Specification)之二法,故言语之多,自然之理也。吾国人之所长,宁在实践之方面,而于理论之方面,则以具体的知识为满足,至分类之事,则除迫于实践之需要外,殆不欲穷之究也"①。

从这样的基本点出发,他甚至认为中国思想很难翻译成外国语,例如"《中庸》之第一句,无论何人不能精密译之"。这样他批评辜鸿铭的两种翻译错误就是很自然的。在文章最后,他总结了辜鸿铭"中译西"的两条错误,"要之,皆过于求古人之说统一之病也。至全以西洋之形而上学释此书,其病反是;前病失之于减古书之意,而后者失之于增古书之意。吾人之译古书,如其量而止则可矣,或失之减或失之增,虽为病不同,同一不忠于古人而已"②。

在这个问题上,当代美国著名汉学家安乐哲(Roger T. Ames, 1947—   )和他的合作者也是这样的思路,在中国典籍的翻译上反对用一般的西方哲学思想概念来表达中国的思想概念,因此,他在翻译中国典籍时着力于揭示中国思想异于西方的特质。

例如,一般西方汉学家都把中文中的"仁"翻译成"Good",但安乐哲认为这样的翻译不能体现出中国哲学的特点,他认为:"仁者是一个公认的典范。其他人在绝无处在强制的情况下,心悦诚服于其成就,并且遵循其模式,修养自己的人格。"③由此,他和罗思文(Henry Rosemont)将"仁"译为"Authoritativeness, authoritative"作为其在英文中的对应词。他认为以往的中国哲学的翻译"最初,中国哲学文献由于'基督教化'而为西方读者所熟知,晚近则被套进诗化、神秘化及超自然化的世界观框架里。迄今为止,西方哲学研究视野中的关于中国哲学的探讨,

① 王国维:《论新学语之输入》,见罗新璋、陈应年编:《翻译论集》,北京:商务印书馆,2009年,第259页。
② 王国维:《书辜氏汤生英译〈中庸〉后》,见罗新璋、陈应年编:《翻译论集》,北京:商务印书馆,2009年,第264页。对王国维的批评学界也有相反意见。
③ [美]安乐哲、[美]罗思文:《〈论语〉的哲学诠释比较哲学的视域》,北京:中国社会科学出版社,2003年,第51页。

往往是将中国哲学置入与其自身毫不相干的西方哲学范畴和问题框架中加以讨论"①。他和他的合作者认为哲学并不只属于西方,用西方哲学的概念翻译中国哲学本身就是有问题的。"是一种文化偏见"而由于"缺乏自觉自明意识,翻译者不能意识到他们自身伽德玛式的偏见"。他们明确地表明了挑战以往西方汉学界的翻译的意图,"我们试图既具有颠覆性、又具有计划性地挑战既有的阐释。也就是说,我们的出发点是认定中国哲学术语的现行译法往往没有充分尊重既存西方世界观和常识同早期中国文化发生时的生活与思考方式之间的差异。西方翻译者一般将最先跃入其脑际的、最符合西方语言习惯的、感觉最舒服的词语视为最贴切的翻译,但这种译法意味着西方人把原本不熟悉的术语未经思索就译出来了。传统的译法将'道'译成'the Way','天'译为'Heaven','德'译为'Virtue',这些都是给中文强加上与其无关的文化假设的典型例子"②。

当然,安乐哲与他的合作者在求异时并非将中西哲学置于一种对立状态,而是仍然用一种创造性的解释"促进了中西思想、文化的交流和对话,遵循的是一种既尊重中西差异,又谋求共同发展,或者说'求同存异'的伦理模式"③。

中译外的这种求异翻译,说到底仍是处于对中西语言之不同而引发的。如安乐哲所说:"在西方,逻辑和语义的清晰是理性主义最为赞赏的东西,它们的作用就是产生统一的定义,而该定义也保证不会有歧义。"而中国哲学在语言特点上相反,"清晰的反面就是含混——是一种表达不清思想和情感的状态。然而,中国古代哲学文本中,隐喻式的、含义丰富的语言比清楚的、准确的、辩论式的语言更受青睐,这种强烈的对比给翻译中国哲学文本的译者造成了特殊的负担。对于中国人来说,与清楚相对的不是混乱,而是含混。含混的思想意味着可以用各种各样的意义来解释。每一个重要的中国哲学概念构成一个意义场,可以选择其中任何一种意义来做解释"④。

"语言是世界的边界",两种思维方式特点、两种语言特点决定了在"西译中"

① [美]安乐哲:《我的哲学之路》,《东方论坛》2006年第6期。

② [美]安乐哲:《我的哲学之路》,《东方论坛》2006年第6期。

③ 参阅谭晓丽的博士论文:《和而不同——安乐哲儒学典籍合作英译研究》,复旦大学,2011年。关于安乐哲的翻译学术界也有不同的意见。

④ Ames, Roger T. & Hall, David L, *Focusing the Familiar: A Translation and Philosophical Interpretation of Zhongyong*, Honolulu: University of Hawaii Press, 2001, p16.

和"中译西"时呈现出不同的特点,由此,在翻译上就要注意这两种不同方向的翻译所形成的各自的特点。基于语言和哲学思维的不同所形成的"中译西"和"西译中"是两种不同的翻译实践,我们应该重视对"中译外"理论的总结,现在流行用"西西互译"的翻译理论来解释"中西互译"是有问题的,来解释"中译外"更是一个问题。这对中国翻译界来说应是一个新的课题,因为,在"中西互译"中,我们留下的学术遗产主要是"外译中",中国学术界的翻译实践并未留下多少"中译外"的经验,尽管我们也有辜鸿铭、林语堂、陈季同、吴经熊、杨宪益、许渊冲等这些前辈的可贵实践。所以,认真总结这些前辈的翻译实践,提炼"中译外"的理论是一个亟待努力的工作。同时,在对比语言学和对比哲学的研究上也应着力,以为"中译外"的翻译理论打下一个坚实的理论基础。①

二、译者主体研究（1）——传教士汉学家的中国经典外译研究

如果展开对"中译外"更进一步说对"中译西"翻译理论的研究,译者主体的问题就必然提到我们研究的面前,在"历史编"的叙述中,我们可以看到中国文化典籍的外译已经有 400 多年的历史,而翻译的主体主要是传教士和汉学家,只是到了近代以来,中国学者才开始登上"中译外"的历史舞台。不同的翻译主体,形成不同的"中译外"的特点,无论是从翻译学的角度还是从中国文化域外传播的宏观角度,中国典籍翻译的主体问题都是我们必须加以研究的。尽管在上一节我们已经简单涉及了这个问题,这里仍有必要展开全面研究。

从中国古代文化典籍的外译历史来看,来华传教士有着重要的贡献,以往我们在谈到"西学东渐"时强调来华传教士的作用较多,但谈到"中学西传"时讲得较少。实际上来华传教士这两个方面都有很大的贡献。通过"历史编"的研究我们可以看到,他们在中国经典外传方面的贡献有三个方面:一是动手最早,是中国典籍外传的开拓者;二是数量巨大,在 20 世纪上半叶前,他们是中国典籍翻译的主力军;三是功劳不小,他们推动了西方汉学家的中国典籍翻译。这些在"历史

---

①　潘文国认为:"'外译中'和'中译外'也是相对不同的实践,因而也需要不同的理论。"参阅潘文国:《中籍外译,此其时也——关于中译外问题的宏观思考》,《杭州师范学院学报》(社会科学版)2007 年第 6 期。

编"的研究中已经做了深入的分析,我们这里要对作为翻译主体的来华传教士所做的典籍外译做理论上的分析。

1.对传教士汉学的研究评价的两种维度

对传教士汉学家们所从事的中国典籍翻译的评价,国内学术界有两种不同的看法。这种分歧主要表现在历史研究领域和文化理论及翻译理论研究领域。

从历史学界来说,学者从肯定的角度来解释传教士汉学的居多。大多数学者认为从传教士所介绍的西学来看,在当时的情况下,传教士起到了一种文化交流的桥梁作用。因为,中国正经历从传统社会向现代社会的转变,外部世界文化的传入,对于中国传统文化的变革与发展起到积极作用。对传教士在华期间所从事的"中学西传"(中国典籍的翻译)历史学界也基本持一种肯定态度,认为来华传教士的翻译工作推动了中国文化走向世界。当然,在基本肯定来华传教士在中西文化交流中的作用的同时,对其文化身份在中西文化交流中的影响和角色,也有一定的分析和批判,但其主流是加以肯定的。①

历史学界的这种学术取向与对中国基督教史研究范式的转变有关。在改革开放以前中国基督教研究的基本范式是"文化侵略模式",认为传教士来华是与西方帝国主义近代对华的侵略联系在一起的,因此,20世纪80年代前的学术论文基本上是批判式的研究。但随着对中国近代史研究的深入,"文化侵略模式"已经无法解释来华传教士在中国的复杂身份和文化活动。这样,便产生了"中西文化交流史模式""现代化模式",这些研究模式的基本取向都是将来华传教士在华的活动,放在中国近代史的更为广阔的历史视野中加以考察,放在中国近代以来现代化进程的大背景下考察,放在全球化史的中西文化互动中考察。这样视角的转变就使得学者在研究来华传教士在华活动时,开始注意其积极的方

---

① 参阅沈福伟:《中西文化交流史》,上海:上海人民出版社,2006年;张国刚等著:《明清传教士与欧洲汉学》,北京:中国社会科学出版社,2001年;张国刚:《从中西初识到礼仪之争——明清传教士与中西文化交流》,北京:人民出版社,2003年;张国刚、吴莉苇著:《启蒙时代欧洲的中国观:一个历史的巡礼与反思》,上海:上海古籍出版社,2006年。

面,或者将其复杂的多维性展现出来,而不再是以一种简单的方式来做一维的判定。①

从文化研究和翻译研究领域来说,后现代理论是其重要的思想来源。福柯(Michel Foucault,1926—1984)的权力与话语理论后,这种理论就开始在中国流行。② 福柯的理论对整个人文学术都产生了重大的影响。19 世纪的历史学以兰克(Leopold von Ranke,1795—1886)理论为旨归,学术在追求事实的真,但从福柯理论开始,他对所谓历史事实的真提出根本性的质疑,因为,任何事实都是主体表述的,主体的表述是以语言展开的,他认为近代以来那种相信人的语言表述可以通向真理完全是幻觉,他反对 18 世纪以来的人文主义,克罗齐(Benedetto Croce,1866—1952)所宣布的"历史主义即真实的人文主义"被彻底的否定。任何知识都是人所叙述的,而叙述者的权力对知识的表达有着根本性的影响。由此,权力成为说明知识的重要法则,这样后现代史学不再将学术的兴趣放在知识的真与假上,他们感兴趣的是知识是如何在权力的运作下产生的,在权力背景下的话语权是如何取得支配地位的。他们不再关心对象与知识的客观性,关心的是谁在表达知识和真理,主体的权力、主体的意识形态和表达的语言成为研究的重点。③

20 世纪 90 年代巴斯奈特(Susan Bassnett)和勒弗菲尔(André Alphons Lefe-vere)在其主编的《翻译·历史·文化》(Translation, History and Culture)一书中揭示了翻译和权力之间的关系,认为所谓的翻译史实际上就是一种文化对另一种文化进行塑造的权力的历史。从另一个角度来说,任何人不可能脱离生活于其中的意识形态,这种话语操纵翻译者,只是译者没有明确地感受到。同时,后殖民主义也作为后现代学术思潮被介绍到中国。"后殖民理论是一种多元文化理论,通常

---

① 参阅陶飞亚、杨卫华:《基督教与中国社会研究入门》,上海:复旦大学出版社,2009 年;张西平、吴志良等编:《架起东西方交流的桥梁:纪念马礼逊来华 200 周年学术研讨会论文集》,北京:外语教学与研究出版社,2011 年;[美]本杰明·艾尔曼著,王红霞等译:《中国近代科学的文化史》,上海:上海古籍出版社,2009 年;苏精:《中国,开门! 马礼逊及其相关人物研究》,香港:基督教中国宗教文化研究社,2005 年。

② 参阅福柯:《知识考古学》,北京:生活·读书·新知三联书店,2007 年。

③ 参阅黄进兴:《后现代主义与史学研究》,北京:生活·读书·新知三联书店,2008 年;陈启能:《"后现代状态"与历史学》,《东岳论丛》2004 年第 2 期;张广智、张广勇:《史学:文化中的文化》,上海:上海社会科学院出版社,2003 年;韩震:《历史哲学中的后现代主义趋势》,《学术研究》2004年第 4 期等。

被认为发端于 19 世纪后半叶欧洲殖民体系的瓦解,在印度独立之后逐渐演变成一种崭新的意识,然后糅合葛兰西(Antonio Gramsci,1891—1937)的'文化领导权'理论、法侬(Frantz Fanon,1925—1961)的反殖民主义写作理论,最后发展为声势浩大的文化批评话语。后殖民理论主要研究殖民时代结束之后宗主国与殖民地之间的文化话语权力的关系,以及有关种族主义、文化帝国主义等新问题。"①"后殖民翻译研究"是由道格拉斯·罗宾逊(Douglas Robinson,1900—2002)首先提出来的。这个理论被引入我国后很快被学者运用到中译外的研究上。②

有了以上的理论背景,在对传教士汉学翻译研究上就有新的视角,学者们开始注意传教士在翻译中国典籍时,是如何运用其特殊的身份和权力对中国古代经典文化的翻译再基督化,他们在这种翻译中再次从文化和精神上殖民中国。由此,一些学者认为"传教士们翻译《论语》及其他儒家经典,主要是以宗教为取向,以基督教为评判标准的,是基督教优越论和西方文化中心主义的反映。为了证明基督教在中国典籍中早已存在的事实,他们极力在儒教和基督教之间寻找共同点,用耶稣基督的教义来诠释孔子的思想,倡导孔子伦理与基督教义相符。他们的最终目的是使基督教更快更彻底地征服中国,使中国早日'福音化'。所以在翻译中出现了很多歪曲、挪用、篡改和附会情况"③。

究竟应该如何看待传教士的中国古代文化经典的翻译呢?笔者认为,福柯的话语理论的确给我们提供了一种研究传教士儒学典籍翻译的新的视角,但显然仅仅这样一个视角是不足以解释传教士汉籍翻译中的复杂性的,因为,按照这种理论,如有的研究者所认为的,传教士对于中国典籍的翻译只是一个歪曲者、一个篡改者,他们翻译的复杂特性无法得到说明,因此,需要从多个角度对传教士的中国经典的翻译展开研究,提供多维度的说明。

2.解释的合理性——传教士中国典籍翻译研究的新角度

这里我们试图用伽达默尔的解释学翻译理论从另一个角度对传教士的中国典籍翻译做一说明。伽达默尔的解释学认为,任何翻译不能是对原文本的完全无

① 参阅廖涛:《"后殖民"的殖民——对后殖民翻译理论适用性的思考》,《长春理工大学学报》(社会科学版)第 23 卷第 2 期,2010 年 3 月。

② 参阅陈历明:《从后殖民主义视角看〈红楼梦〉的两个英译本》,《四川外语学院学报》2004 年第 6 期;王辉:《后殖民视域下的辜鸿铭〈中庸〉译本》,《解放军外国语学院学报》2007 年第 1 期。

③ 杨平:《西方传教士〈论语〉翻译的基督教化评析》,《中国文化研究》2010 年冬之卷。

遗漏的复制,而是一种对原文本的创造,但这种创造仍受到原文本内容的制约,翻译者不能随意的曲解原文本的意义,而是在此基础上的一种理解和解释,因此,所有的翻译都是一种解释。如伽达默尔本人所言:"翻译过程本质上包含了人类理解世界和社会交往的全部秘密。"①他提出"理解的历史性"和"视界融合"可以为我们理解传教士中国经典翻译提供另一个视角。所谓"理解的历史性"是说,人是历史性的存在,任何人无法消除自身的历史连续性和历史所赋予的局限性。任何翻译者对原文本的理解都是历史性的,这种历史性使翻译者的理解总是带有偏见,因为译者无法超越时空,完全客观地来理解文本。这样来看,理解中的偏见具有积极性,不断地在新的理解中产生新的偏见。在伽达默尔看来,问题并不在于抛弃偏见,而在于对正确的和错误的偏见加以区别。如他所说:"在对某一文本进行翻译的时候,不管翻译者如何力图进入原作者的思想感情或是设身处地把自己想象成原作者,翻译都不可能纯粹是作者原始心理过程的重新唤起,而是对文本的再创造,而这种再创造乃受到对文本内容的理解所指导,这一点是完全清楚的。"②所谓的"视界融合"(fusion of horizons)是说,在文本翻译者和文本作者之间有着不可消除的鸿沟,这是由历史距离造成的。所以文本的意义不只是由原作者最初的意图所决定的,它同时也由解释者的历史处境所决定。翻译者的译介是为了理解原文本作者的意图,当然,任何一个文本的原作者也都希望自己的作品被理解,但如何将翻译者的理解和原作者的原意结合起来,将这两种理解统一起来呢?伽达默尔认为原文本的作者自然有他创作时的原始视界,而翻译者、解释者也很自然具有当下解释时、翻译时的具体时代氛围中形成的视界,但历史已经成为过去,这种由时间距离和历史的变迁而引起的差距是任何解释者和翻译者都无法消除的。由此,他主张在翻译的过程中,将历史上作者的视界和今天翻译者、理解者的视界融合在一起,形成一个全新的视界。这样理解的可能性、翻译的可能性就有了基础。③ 在这种理解下就没有一个终极性的、永不可变动的文本,文本的意义是在和理解者、翻译者一起的互动中形成了文本的"效果历史",这样传统

---

① 曾晓平译:《语言在多大程度上规范思想》,伽达默尔著,严平编选:《伽达默尔集》,上海:上海远东出版社,2003 年,第 182 页。

② [德]伽达默尔著,洪汉鼎译:《真理与方法》下卷,上海:上海译文出版社,1999 年,第 492 页。

③ [德]伽达默尔著,洪汉鼎译:《真理与方法》下卷,上海:上海译文出版社,1999 年,第 494 页。

翻译学上所追求的绝对忠实是永远不可能实现的,也是根本不存在的。

　　一方面,从解释学的角度来看,来华传教士在中国典籍的翻译中站在基督教的立场翻译,这是很自然的,他们的翻译是具有历史的合理性的。传教士在历史中,在自己的文化和宗教的历史中,从基督教徒的身份出发的解释是"理解的历史性"的表现。这样的分析不再是对传教士翻译的一种价值评断,而是对其翻译活动的历史性的客观分析,说明了其历史的合理性。而在后殖民主义的翻译理论视角下的分析,最后落脚在对传教士汉籍翻译的价值评判上,从而使传教士的翻译活动失去历史的合理性。这样的结论似乎重新回到"文化侵略"研究模式上对来华传教士的评价。实际上,宗教、贸易、战争是人类历史上文化交流的三种基本途径。正像从印度和西域来到中国的僧人传播佛教一样,来华的天主教传教士在华传播天主教是很自然的、很正常的。他们在理解和解释异文化时,从自己的文化立场出发进行阐释,这种文化现象在几千年的人类文化交流史上一直存在。这样,当利玛窦向欧洲人说:我们"有理由同情这些人民并祷告上帝拯救他们,而不是对他们感到厌烦以及丧失从不幸中解救他们的一切希望。应该记住他们已蒙蔽在异教的黑暗中长达数千年之久,从没有或几乎没有看到过一线基督教的光明"①。对利玛窦来说,这是再正常不过的一种宗教立场的表述,这种表述是其历史性的表现,这样的立场无对错之分,只是表明了他身份的历史特点。

　　利玛窦应是最早将儒学介绍到西方的人之一,他一直将翻译"四书"作为自己的一个重要任务,在1594年11月15日的信中他首次提到自己翻译"四书",他说:"几年前我着手翻译著名的中国'四书'为拉丁文,它是一本值得一读的书,是伦理格言集,充满卓越的智慧之书。"②利玛窦翻译"四书"是为了传教,为了落实耶稣会的适应政策,这是毫无疑问的。他在给教内的信中说:"我们曾从他们的经中找到不少和我们的教义相吻合的地方。过去这数年,我由良好的教师为我讲解六经、'四书',获知如一位天主、灵魂不在不灭、天堂不朽等思想全都有。当我和儒者交谈时,时常询问他们有关他们信仰的问题,同时借这些机会,把我们的信仰介绍给他们。"③这里利玛窦说得很清楚,他在"四书"中发现了文化的共同点,他

① ［德］利玛窦著,何高济等译:《利玛窦中国札记》,北京:中华书局,1983年,第87页。
② ［德］利玛窦著,罗渔等译:《利马窦书信集》第3册,台北:光启出版社,1986年,第143页。
③ ［德］利玛窦著,罗渔等译:《利马窦书信集》第3册,台北:光启出版社,1988年,第209页。

通过求同来传播天主教的信仰。他坚信自己这种"学术传教"的方式在当时是正确的。他说:"我们迄今和中国士大夫们交往谨小慎微,他们异口同声地称誉我们为学者、圣贤,我真希望我们能始终保有这个名誉。现在我们中间已有许多品行端正,对神学有研究的神父,大家更勉力学习深奥的中国学问,因为只知道我们自己的学术,而不通晓中国人的学问是毫无用处,于事无补的……我个人的看法是情愿在这样的情形下归化一万人信天主,而不愿在其他的光景下使全中国皈依。"①

我们初步研究了罗明坚对《大学》的翻译,已经说明了这一点。利玛窦所翻译的"四书"至今尚未发现,但在他的翻译中一定是将儒家和基督教相类比,用基督教的语言来解释儒家思想,这是毫无疑问的。② 从解释学的道理说,任何人在说明新知识时,都受到其自身原有的知识和思想的影响,这种"前见"是无法消除的。仅仅用权力话语理论来谈传教士们的儒家著作翻译,用后殖民主义的翻译理论来研究传教士的汉籍翻译得出的只是否定性结论。似乎这些传教士的翻译完全是主观性的。但从解释学的角度看,传教士的翻译是有其历史的合理性的,这样的解释不仅仅是从翻译的结果来评判,同时也从译者的主体历史性来评判。真正需要我们研究的是:应将利玛窦和传教士们这样的文化态度放在历史的进程中考察其成绩与问题。

另一方面,我们要搞清,他是在什么历史背景下看待基督教和儒家这两种文化的。在利玛窦那个时代,他的文化态度是非常伟大的。如果他返回欧洲,他对待中国文化的这种态度,一定会将其送往宗教裁判所。后来的"礼仪之争"就是因为来华传教士对待中国文化的不同态度所引起的。如果从当时的世界史来看,对比西班牙在南北美洲的扩张,西班牙传教士和入侵者对待玛雅文化和印第安文化的态度,利玛窦对待中国文化的态度放在世界文化交流史上都是前无古人的。历史的多维性和复杂性用一种理论无法解释,用后殖民主义的翻译理论解释西班牙传教士在南北美洲的翻译或许是有效的,但套到17—18世纪的中国,套到来华的耶稣会士的翻译活动上则是苍白的。由此,可以看到,罗明坚和利玛窦等来华

① ［德］利玛窦著,罗渔等译:《利玛窦书信集》下册,台北:光启出版社,1988年,第415页。
② 罗明坚对《大学》的翻译已经有确实的文献,研究同样证明了这一点,参阅张西平:《西方汉学的奠基人罗明坚》,《历史研究》2001年第3期。

耶稣会士在翻译中将儒家经典采用基督教化完全是一种文化的理解。这样的理解现在看来在文化交流时，在不同文化相遇时是再正常不过的了，但在当时大航海时代，在西方第一次向全球扩张时期，这样的文化态度实属罕见。这说明了历史的复杂性。从解释学来说，翻译者的历史性如何界定？伽达默尔并未给予系统的说明。从欧洲的宗教历史来看，这是一种历史性，这是翻译者自身生活的历史性；从中国当时的历史看，这也是一种历史性，这是译者所在的目的语国家文化的历史性；从西班牙在南北美洲的野蛮行径来看，这也是一种历史性，这是对译者所处时代的横向比较的历史性。只有将这三种历史性综合考虑，才能给予译者主体的翻译以合理的说明。由此，我们看到，解释学所说的"理解的历史性"仅仅局限在翻译者本人的历史性是不够的，而应给予更为广阔的理解。我们可以称之为"理解的多维历史性"。

另外，利玛窦在看待儒家文化和基督教文化时，基本立场是"求同存异"，他承认"先儒"而批评"后儒"，通过对中国上古三代时期原儒的宗教信仰的肯定，来寻找天主教和儒家的切合点。但是，即便在求同之时，他也并没有像一些学者所说的"用基督教经院哲学穿凿附会的方法任意诠释中国经典，力图从中找出天主创造世界、灵魂不灭、天堂和地狱的存在并非虚构的依据"[1]。利玛窦在谈到儒家学派时，很清醒地说："在欧洲所知的所有异教徒教派中，我不知道有什么民族在其古代的早期是比中国人犯更少错误的了。从他们历史一开始，他们的书面上就记载着他们所承认和崇拜的一位最高的神，他们称之为天帝，或者加以其他尊号表明他既管天也管地。……孔子是他们的先师，据他们说发现了哲学这门学问的乃是孔子。他们不相信偶像崇拜。……真正的儒家并不教导人们世界是什么时候、以什么方式以及由谁所创造的。……他们根本不谈论恶人在地狱受惩罚的事。较晚近的儒家则教导说，人的肉体一死，灵魂也就不复存在，或者只存在一个很短的时间。因此，他们不提天堂或地狱。"[2]这里我们既可以从解释学得到说明，看到利玛窦在对儒学的解释中既承认它和基督教的不同点，也强调基督教和儒学的共同点。一些学者仍认为利玛窦在解释儒家时"用基督教经院哲学穿凿附

---

[1]　参阅杨平：《西方传教士〈论语〉翻译的基督教化评析》，《中国文化研究》2010 年冬之卷。

[2]　［德］利玛窦著，何高济等译：《利玛窦中国札记》，北京：中华书局，1983 年，第 99~101 页。

会的方法任意诠释中国经典",其实并非这样简单,利玛窦的这种解释面对的是饱读经书的群儒,他任意的诠释如果没有章法,何以使那样多的晚明大儒相信他的理论。这些学者这样讲时,说明其对晚明的中西文化历史基本没有认真研究过。利玛窦在其"适应政策"下对儒学做出的解释并非是一种颠倒和歪曲,而是类似伽达默尔所说的"视野融合"。

当然,解释学作为一种翻译理论也并非十全十美。在解释学看来,文本似乎是永远变动的,它的意义只能随着解释者而不断地丰富和变迁。这里解释学对翻译者的解释文本意义的强调过大,似乎文本是被动的,没有基本意义的。这样解释就会走向相对主义。但从利玛窦的解释中,我们看到儒家文本的基本意义是存在的。所以,不仅仅翻译时译者的理解是历史的,文本同样是历史的。哈姆雷特永远是哈姆雷特,尽管在解释者的笔下有一千个哈姆雷特,他的基本身份并未变。孔子也永远是孔子,无论传教士如何解释,利玛窦并未把他解释成耶稣。

由此,我们看到,在利玛窦那里既有对儒家和基督教之间相同或接近思想与传统的分析,也有对儒家和基督教世界观不同的分析,讲"同"时,利玛窦是传教策略,讲"异"时,这是利玛窦的基本立场。所以,不应该用一种理论简单地来解释历史,而应该具体说明文化间相遇时,在翻译上呈现的特点及其原因,并将其放入历史的进程中加以分析和评估。解释学尽管也有不完善之处,但显然相对于后殖民主义的权力话语理论来说有较大的合理性。实际上,从西方哲学的发展来说,他们都是沿着主体,沿着解释者这个方向展开自己的理论。同时,我们在借用西方这些理论时,不能简单地搬来就用,而应将其放在实际的文化历史中加以分析。"理论是灰色的,生命之树长青。"任何理论都有其界限,任何理论都是对前辈的反叛,这种反叛在其创造性的同时,自然会忽视其他所反叛对象的合理性的一面。西方哲学的演化史已经反复证明了这一点。

3.历史合理性:对传教士中国经典翻译的评判

评价传教士对中国典籍的翻译时,要做历史性的具体分析。晚明时罗明坚、利玛窦入华,开启了长达300多年的西方传教士汉学的历史,其间有相当多的来华传教士参与了对中国典籍的翻译,并且在相当长的一段时间内他们一直充当着中国经典西译的主力军。这点在"历史编"的研究中我们已经做了初步的梳理。对这批中国经典的翻译者展开研究时,历史性原则是我们必须把握的。就是说,尽管这个群体都被称为传教士,但由于教派的不同、在华时期的不同、汉学水平的不同、国籍的不同,使他们在对待中国文化的态度和翻译的态度上,在汉学翻译的水平上都参差不齐,我们很难对这个群体在翻译上做出一个整体性判断,何况学术界刚刚开始真正展开传教士的汉文经典译本的研究。做整体性的判断时应该持谨慎的态度。

从大的历史时期来看,1800 年前以耶稣会为代表的来华天主教传教士对中国经典的翻译和 1840 年后以基督新教为代表的来华传教士对中国经典的翻译有一定的区别。① 目前学术界相当多的人分不清晚明至清中期与晚清这两个时段的不同,不能从全球史的角度、从宏观上来把握中国与西方的关系。不少学者习惯于以晚清来推晚明,用分析晚清的方法来分析晚明和清初。其实,在全球史上,在这两个时期,中国与西方的关系是相当不同的,1800 年前由于康乾盛世,中国国力相对强大,此时来华的传教士对待中华文明时并不存在晚清时期的那种"西方中心主义"的观念。反之,18 世纪的中国热反映了中国文化在西方思想文化领域的地位,当时的主流西方知识界对中国是一种崇敬和学习的态度。当然,即便在 1800 年前来华传教士来中国也是为了"中华归主"这个战略目标,在解释儒家文化时也是站在基督教的文化立场上来解释的,但由于中西文化关系大体平衡,因此,传教士对待中国文化基本上是尊敬的、友好的。而 1800 年后,特别是 1840年后由于中西关系开始逆转,整个西方思想文化界对中国文化态度开始转向反面,停滞与落后成为西方对中国的基本认知。西方中心主义开始成为来华传教士的一个基本文化态度,这样许多来华的传教士,特别是基督新教的传教士对待中国文化的态度是鄙视的。② 中国和西方之间不同的文化态势,不同的历史时期,决定了传教士对待中国文化的不同态度,从而在中国典籍的翻译上,就表现出了较大的区别。

传教士汉学的发展也经历了不同的阶段,不对这些不同阶段做具体的分析,笼统地做出一些结论是很容易的,但这对于历史研究并无益处。所以,对传教士

① 1823 年马礼逊入华,从 1823 年到 1840 年基督新教对中国典籍的翻译处于一个变动时期。

② 当然,这是一个总体性的分析,在 19 世纪的历史中仍有一些传教士并非如此,例如天主教传教士雷鸣远(Frederic Lebbe,1877—1940)、基督新教传教士卫礼贤,所以,进行历史细节分析时仍要具体分析。

的中国经典翻译的评价，一定要做历史的分析，一定要将不同时期的来华传教士的不同经典译本放在具体的历史脉络中加以研究。

我们先来看看，晚明至清中前期时来华耶稣会士对中国经典的翻译。由于利玛窦所确立的"合儒易佛"的原则，尽管耶稣会士从宗教立场上是为了归化中国，但在其文化立场上并未有鄙视儒家的态度，相反是一种理解的态度。柏应理在《中国哲学家孔子》的前言中说："我们知道，他们整个哲学的精华和核心主要包含在四本书里。谁如果没有从青少年时代背诵'四书'，他就不能被称为文人。谁从'四书'中汲取的政治道德知识越多，谁就能越快地被提拔到士大夫阶层，享有荣誉，获得官职；因为中国人把源于'四书'的每一条特殊原则都当作永恒真理。因此，耶稣会士们秉着宏伟的决心，第一次努力从事这项工作。为了理解这些书，他们付出无数的辛劳和汗水。在这些书中，没有任何一处反对理性和自然法；相反，倒有许多地方支持它们。因此，耶稣会士们乐意用心地学习它们，并为己所用。"①

对待孔子他们也充满崇敬的心情，"因此，欧洲的古人从没有像中国人对待孔子那样，把如此多的信仰和重视给予任何欧洲的哲学家们——依我之见，甚至于德尔菲的阿波罗神谕都没有。这位哲人（孔夫子）并不与福音的教义和光明相悖；恰恰相反，我们完全可以相信，中国人会满怀惊讶和喜悦地注意到，他们那闪烁着那么多理性火花的书籍，他们为之付出巨大努力的书籍，将会把他们的同胞领向福音。当然，因为孔夫子在中国的诸邻邦中有着非常大的威信，谁还会看不出一个如此杰出的人物对于在那里的传教士来说会多么有用呢？"②这里柏应理的宗教立场是很明显的，但对孔子与儒家的态度并不是仇视与敌意。"我们不能不承认，出于传教的考虑，传教士……认为，儒家经典不违背基督教，他们试图强调其共同点。虽然字面翻译还比较忠诚于原文，不过，有时却使原意弯曲。不过，我个人认为，我们不能停留在翻译是否正确的问题上。如同梅约翰教授所说，我们无法把孔子所说的每一句话的历史意义找回来。确实，我们只能通过一代一代

---

① 参阅柏应理的《中国哲学孔子》一书的前言，这里用的是梅谦立等人的拉丁文原文翻译打印稿第44页，此书即将在大象出版社出版，在这里表示对梅谦立等译者的感谢，感谢他们同意我在这里引用他们未发表的译稿。

② 梅谦立手稿46页。

所传下来的诠释来理解《论语》。……即使耶稣会传教士对宋明理学有所保留，他们还是无法摆脱宋明理学对《论语》的诠释。在某种程度上说，我们今天也是如此。"①这样一个论断是合理的。

这一时期天主教来华传教士在中国典籍的翻译上受到"礼仪之争"的影响。"礼仪之争"本质上是一个欧洲自身文化面对东方文化时所产生的分歧和争论，其间所产生的索隐派及其他耶稣会士都深深卷入其中，这说明了母体文化对翻译者的影响。这段历史恰恰是对话语权力理论的解构。"礼仪之争"所造成的不是来华传教士依托基督教话语对中国文化居高临下的"规范"，而恰恰是翻译者自身文化权力的混乱，从而对翻译造成影响。历史的吊诡就在于此，想用一种时髦理论来解释复杂的历史往往是要碰壁的。

显然，从这两种情况来看，晚明至清中前期来华传教士的中国典籍翻译和后殖民主义理论所说的那种情形有很大的不同。如果仅仅是因为他们是传教士就将其翻译工作说成是一种"文化侵略"，显然结论太简单了。

我们再来看看 1800 年以后来华的基督新教传教士对中国经典的翻译。柯大卫（David Collie，1791—1828），是最早来到东方的基督新教传教士，1822 年来到马六甲传教，后在马礼逊创建的英华书院担任中文教师。他于 1828 年翻译"四书"（*The Chinese Classical Work Commonly Called the Four Books；Translated，And Illustrated with Notes*），他在序言中说："如果将译文仔细加以修订，引述一些最权威的注释加以解释；再随时添加一些按语，点明作品在宗教与道德两方面的根本性错误——这类错误俯拾皆是，译本或许对（英华）书院内学习英语的华人学生有所助益：一则可以帮助他们学习英语，二则——更重要的一点——可以引导他们对那些著名的中国圣贤所传播的一些极端有害的错误（fatal errors）作出认真反思。"②柯大卫站在基督教文化立场上，充满了对儒家文化的蔑视。在谈到孔子时，柯大卫也没有耶稣会士的那种恭敬之语，他说："他所有的作品中，没有一点是习惯思考的普通人无法企及的。那些必须借助神启才能了解的重大问题，孔子未能置一词。他很少谈及最高存有（Supreme Being）的性质与统治；对来世避而不

① 梅谦立：《〈论语〉在西方的第一个译本》（1687 年），《中国哲学史》2011 年第 4 期；参阅梅谦立：《孔夫子》《最初西文翻译的儒家经典》，《中山大学学报》2008 年第 2 期，第 48 卷。

② 转引自王辉：《鸠占鹊巢，抑儒扬耶：柯大卫四书译本析论》，《东方翻译》2012 年第 2 期。

谈;至于一个罪孽深重的世界如何才能按照上帝的形象加以改造,重获 God 的欢心,他更是讳莫如深。"①他谈到孟子时说:"尽管孟子在知识和行为上都冒充完美,他却常常偏离纯粹的道德原则。所有未经神圣启示指导的人,无不如此。"②

　　这里我们似乎听到了黑格尔对孔子的评价,这和 18 世纪中国热时,伏尔泰和莱布尼茨对孔子的评价完全不同。19 世纪后,西方对中国的认知完全颠倒了过来,此时来华的基督新教传教士再没有耶稣会那种对儒学和孔子的敬畏之心,耶稣会那种试图通过求同来改造儒学的想法,被一种对儒学的批评和鄙视所取代。

　　我们对来华传教士这样区分,并不是为 18 世纪的来华耶稣会士们辩护。他们在对中国经典的翻译中也是尽可能地糅进天主教的思想。像美国学者孟德卫(D. E. Mungelo)研究所表明的,他们在《大学》的翻译中将"仁"译成"虔诚与仁慈"(pietate & clementia),将"义"译成"虔诚"(fidelitatem),在《中庸》的翻译中将"圣人"翻译成"圣徒"(saint;holy man)③,这些都表明他们的文化立场,但同时也如孟德卫所说:"有明显的证据可以证明耶稣会士在翻译和解释'四书'时确实表现了基督教思想和传教的意图。但是承认这个并不太令人惊讶的事实之后,我们可以补充一点:耶稣会士的解释大部分是对中文原文合理的阐述。"④

　　17—18 世纪的来华耶稣会士和 19 世纪来华的基督新教传教士的区别主要在于对待中国文化的总体态度发生了变化。二者的共同点都是希望"中华归主",使中国基督教化,但前者对中国文化和文明是一种尊敬的态度,至少可以说是一种平等的态度,尽管双方在信仰上差别巨大,但利玛窦提出"适应政策"本身就表明耶稣会的文化态度。19 世纪来华传教士也和他们的前辈耶稣会一样从事汉学研究,从事中国经典的翻译,但在对待中国文化的态度上和 18 世纪来华的耶稣会士已经有了很大的区别。他们再没有对中国的尊重,而是居高临下地俯视中国。同样是希望归化中国,但采取的方式已经不一样了,像柯大卫对孔子和《论语》的

---

① 转引自王辉:《鸠占鹊巢,抑儒扬耶:柯大卫四书译本析论》,《东方翻译》2012 年第 2 期。参阅《传教士〈论语〉译本与基督教意识形态》,《深圳大学学报》(人文社会科学版)第 24 卷第 6 期。

② 转引自王辉:《鸠占鹊巢,抑儒扬耶:柯大卫四书译本析论》,《东方翻译》2012 年第 2 期。

③ 参阅[美]孟德卫著,陈怡译:《奇异的国度:耶稣会的适用政策及汉学的起源》,郑州:大象出版社,2010 年,第 302、312 页。

④ 参阅[美]孟德卫著,陈怡译:《奇异的国度:耶稣会的适用政策及汉学的起源》,郑州:大象出版社,2010 年,第 302、312 页。

态度就十分明显。对于这些传教士的汉学研究应该采取一种批判的态度,指出其西方中心主义的立场,正如王辉在批评柯大卫时所说的,"柯氏所代表的,是文化交往中典型的传教士范式,是文化与宗教领域的帝国主义。传教士与其他帝国主义者或许有着这样那样的不同:他们手中拿着《圣经》而不是枪炮,他们眼中看到的是'异教'而不是利益,他们心中盘算的是'拯救'而不是掠夺。但整体而言,他们对于宗教文化意义上的'他者'所抱持的傲慢与偏见,比起来华的其他西人群体,恐怕有过之而无不及。他们虔诚地相信,基督教就是最高的真理。其他文化的圣经,要么是邪说惑世,需要彻底批判;要么是浅陋偏狭,需要基督教'成全'"①。这样一种批判的学术态度在传教士汉学研究中是不可缺少的一个基本立场,当然,历史的复杂性,传教士群体的复杂性仅仅用一种批判的立场是不能完全揭示的,但它却是我们研究时必须坚持的一种方法之一。

这样我们看到在传教士汉学的不同阶段,他们对待儒家、对待中国文化采取了不同的态度,我们应该加以区分,进行深入的研究。其实,即便是 19 世纪来华的基督新教传教士也不是铁板一块,他们对待中国文化的态度也各不相同。在"历史编"中我们所介绍的德国传教士卫礼贤就是一个典型的例子。当然,即便是 18 世纪来华耶稣会士对儒家友善的态度也是为了"中华归主"。但在不同时期的传教士汉学呈现出不同的特点,这是一个事实,我们总不能按照一个理论、一个模式来解释复杂和多维的历史。

通过以上的分析可以看到,我从解释学的角度说明,传教士中国典籍翻译中的解释应具有历史的合理性,强调对传教士的中国经典翻译评判要做历史的具体分析。说明传教士汉学作为西方汉学的一个形态,它的多样性和复杂性,对拿一种理论来解释这个复杂的群体是不够的,对不同时段的传教士,用一种理论来解释是简单的。

4.走出浪漫主义历史观

这里我们还需要一种更为深刻的历史观来支撑我们对传教士汉学研究的分析,即在做这种分析时要有两个维度:历史的道德维度与历史的理性维度,浪漫主义的历史观仅仅从道德角度来衡量历史,这是不够的。后现代理论的浅薄就表现

---

① 王辉:《鸠占鹊巢,抑儒扬耶:柯大卫四书译本析论》,《东方翻译》2012 年第 2 期。

在这里,尽管黑格尔的历史观艰涩和神秘,但它要比后现代史学的历史观深刻得多。如果只是以后现代的历史观看待历史,就只能停留在浪漫主义的情怀之中,在他们眼中历史总是充满罪恶、血腥,但实际的历史在大尺度的进程中是向着理性发展的,人类的历史是一部文明进程的历史,从野蛮到文明,人猿相揖别;从传统到现代,人类告别耕作,开始工业化生活。其间的每一步都血迹斑斑,充满罪恶。这种罪恶将永远被钉在十字架上,由良知和道德拷问和锤打,但同时,在血腥与罪恶中,历史总体向着文明迈进。唯有此,我们才会在中华百年苦难中,看到希望,我们才会在鞭挞西方列强对中国的百年掠夺和欺辱中,看到历史罪恶中残酷与进步共生,血腥与革命同步。浪漫主义的历史观是美丽的,但却苍白无力。正如黑格尔所说,恶是历史发展的动力。恩格斯延续了这一思想,他说:"在黑格尔那里,恶是历史发展的动力借以表现出来的形式。这里有双重的意思,一方面,每一种新的进步都必然表现为对某一神圣事物的亵渎,表现为对陈旧的、日渐衰亡的、但为习惯所崇奉的秩序的叛逆。另一方面,自从阶级对立产生以来,正是人的恶劣的情欲——贪欲和权势欲成了历史发展的杠杆,关于这方面,例如封建制度和资产阶级的历史就是一个独一无二的持续不断的证明。但是,费尔巴哈就没有想到要研究道德上的恶所起的历史作用。历史对他来说是一个令人感到不愉快的可怕的领域。"[1]后殖民主义的翻译理论就是在这个问题上过于浪漫,对历史的思考虽然有其独特一面,但毕竟无法解释复杂的历史过程,无法回答传教士对中国典籍翻译的复杂维度。仅仅用价值形态来考察历史是有问题的,这是后殖民主义理论的缺陷。所以,对来华传教士研究来说,"文化侵略研究模式""现代化研究模式""中西文化交流史研究模式"都可相存而不悖,不同的模式揭示出来华传教士这个群体的多维复杂的一个方面。

历史有多复杂,中译外的历史就有多复杂,翻译只是多维复杂历史的一个表现。当后现代主义哲学和史学在西方盛行时,黑格尔的历史哲学像死狗一样被抛到了一边,其实不仅仅是黑格尔的哲学,整个 19 世纪的哲学都已经成为昔日的黄花,无人问津。中国学术界的问题在于追风,总是要有一个西方理论在手,解释起

---

[1]　恩格斯:《路德维希·费尔巴哈和德国古典哲学的终结》,《马克思恩格斯全集》第 21 卷,北京:人民出版社,1965 年,第 330 页。

来似乎才有底气。当下后现代理论盛行,就一股风地用这种理论来解释一切。这是我们的悲哀之处。

传教士汉学只是西方汉学阵营中的一部分,只是它学术形态的一种。通过对传教士汉学的研究,我们应进入西方汉学的主体:西方汉学家,20世纪他们已经取代了传教士成为中国经典翻译的主体。西方汉学作为中国知识在异地的一种形态,尽管它在知识上和中国本土的知识有着千丝万缕的联系,但它毕竟已经成为西方知识体系中的一种——东方学中的一支。对它的把握与分析是我们必须面对的,作为中国典籍翻译的主体之一,我们也必须加以展开研究。

三、译者主体研究(2):西方专业汉学家的中国经典外译研究

研究中国经典的外译,专业汉学家是我们必须面对的一个群体。在我们"历史编"的研究中也介绍了专业汉学家的中国典籍翻译工作,如韦利、卜德等。上面我们专门研究了传教士汉学家作为翻译主体的问题,现在我们讨论专业汉学家作为中国古代典籍翻译主体的有关问题。

从20世纪80年代,对域外的中国学或者汉学的介绍和研究已经成为当代中国学术重建的一个重要部分;在中国古代文化经典的翻译中,西方汉学家的翻译成果与问题已经成为我们今天展开中译外工作必须面对的。但直到今天,如何批判西方的专业汉学家,如何评价西方专业汉学家的中国典籍翻译工作,至今仍未有一个统一的认识。当然,作为学术问题,有不同的认识是很自然的。本书作为研究20世纪中国古代文化在域外的传播历史的导论,笔者希望针对这些争论和不同意见,与诸君交换意见。

1.西方专业汉学家在中国典籍翻译史的地位

西方专业汉学家在中国文化西传的历史过程中占据着非常重要的地位,甚至可以说,在中国古代文化典籍的翻译传播方面西方专业汉学家占据着主导型的地位。没有这个群体的努力,西方文化思想界不可能像今天这样了解中国文化的基本内容。这是一个基本的事实,即今天在西方学术界流行的关于中国典籍的译本

绝大多数是由汉学家这个群体翻译的。① 中国学者进入这个领域是在很晚的时候才开始的。

在下面的"文献编"中我们将会介绍关于中国文化西传和中国典籍翻译的重要书目,对这些重要的书目我们在这里不做展开,这里我们仅仅从西方汉学家对中国典籍翻译的数量上做一个初步的归纳和统计。

(1)袁同礼的《西文汉学书目》②中西方汉学家翻译统计

袁同礼的《西文汉学书目》是继考狄书目后最为全面的西方汉学书目,时间是 1926—1948 年。这本书的详细介绍我们将在下一编中展开,这里仅仅是从中国典籍翻译的译者主体调查的角度对袁同礼的《西文汉学书目》中的汉学家翻译者和中国学者的翻译者做一个初步的统计和研究。③

关于儒家经典著作的翻译情况,笔者统计如下:

关于《易经》的翻译共有 13 部翻译和研究的著作,德文翻译和研究著作 7 篇,英文翻译和研究著作 4 部,法文翻译和研究著作 2 篇。

《易经》的 13 部西方语言翻译和研究著作中,中国人的翻译和研究著作有 4 部,他们是:

(1)《易经》原本(带附录)及英文译本(英文)　沈仲涛　译

ICHING. The Text of Yi king（and its appendixes）Chinese Original，with English Translation by Z. D. Sung,沈仲涛. Shanghai,China Modern Education Co.,1935. xvi,369,ii p. incl. diagrs.

(2)Liou,Tse-Houa,刘子华(Liu,Tzü-hua). *La Cosmologie des Pa Koua et l'astronomie Moderne. Situation Embryonnaire du Soleil et de la Lune.* Prévision d'une nou-

---

① 西方汉学从历时性发展上可分为:游记汉学阶段、传教士汉学阶段和专业汉学阶段,但实际的历史要比这个划分更为复杂,这样的划分主要从历史发展阶段来讲。从个人来讲,有些汉学家是传教士汉学家和专业汉学家两者兼于一身,例如理雅各、卫礼贤。实际上他们两人在作为专业汉学家出现时,身份发生了变化,这个变化对他们的翻译也产生了影响,在"历史编"中我们已经研究了这个问题。即便今天,我们所接触的一些西方汉学家,其身份也有二者兼于一身,他们是汉学家也是天主教的修会成员。

② *China in Western Literature：Acontinuation of Cordier' Sibliotheca Sinica.*

③ 袁同礼《西文汉学书目》的一大特点是将中国学者的译著列出,并标出中文名字,这在西方文献学上是一个突破,由此,我们就可以展开对译者的译本统计。以下统计全部摘自《袁同礼著书目汇编2》,北京:国家图书馆出版社,2010 年。

velle planète, Paris, Jouve, 1940.

(3)《易经》符号(英文)　沈仲涛著

SUNG, Z. D., 沈仲涛, [Shen, Chung-t' ao]. *The Symbols of Yi king*; *or The Symbols of the Chinese Logic of Changes.* Shanghai, China Modern Education Co., 1934. iii, [2], viii, 159 p.incl. diagrs.

(4) Yuan, Kuang 圆光. *I ging*: *Praxis Chinesischer Weissagung.* Übersetzung besorgte Fritz Werle. München. O. W. Barth, 1951.

这样我们看到在《易经》的翻译上中国学者的翻译和研究占到总数的 30%。

关于《书经》的翻译和研究共有 4 部,全部为西方学者所做。

关于《诗经》的翻译和研究共有 12 部著作,只有 1 本中国学者的译著:

Tchang, Tcheng-Ming. 张正明(Chang, chêng-ming).*Le parallélisme dans les vers du* Cheu king. Changhai. Impr.et librairie de T' ou-sè-wè, Zi-ka-wei; Paris, P. Geuthner(1937).

中国学者占《诗经》翻译和研究总数的 0.8%。

关于《礼记》《春秋》《左传》的翻译和研究共有 9 部,全部为西方汉学家所做。

关于"四书"的翻译和研究共 113 部①,其中中国学者独立翻译和研究的有 6 部,它们是:

(1)《四书》*Confucian Classics*, *Translated from the Chinese Texts*, *Rectified and Edited with an Introd. by Cheng Lin*,郑麐(Shanghai, World Publishers, 1948).

(2)孔子的智慧(英文)　林语堂编译

Confucius. *The Wisdom of Confucius*, *Edited and Translated with Notes by Lin Yutang*,林语堂. New York, The Modern Library; London, H. Hamilton [1938] xvii, 290 p.illus.(The modern library of the world's best books).

(3)孔子的智慧(英文)　林语堂编译　黄如珍注

CONFUCIUS.*The Wisdom of Confucius*, *Edited and Translated with Notes by Lin Yutang*; *Illustrated by Jeanyee*, *Wong*,黄如珍. New York, Modern Library [1943] xvii, [1], 265, [1] p.illus.(incl. map)col. Plates.(Illustrated modern library).

———————————

① 　这里包含不断再版的版本,这是一个出版总数的统计。

（4）理雅各译本中的孔子哲学（英文）　黄如珍注

Confucius. *The Philosophy of Confucius in the Translation of James Legge. With Illus. by Jeanyee Wong*，黄如珍. Mount Vernon，N. Y.，Peter Pauper Press［1953？］220 p.illus.

（5）大学和中庸（英文）　黄如珍译

TA-HSUEH. *The Great Learning and the Mean-in-action*；*Newly Translated from the Chinese*，*with an Introductory Essay on the History of Chinese Philosophy*，*by E. R. Hughes*. London，J. M. Dent［1942］；New York，E. P. Dutton，1943. xii，176 p.

（6）Congucius：*The Great Digest and Unwobbling Pivot. Stone Text from Rubbings Supplied of Willian Hawley*；*a Note on the Stone Edition*，*by Achilles Fang*（方志彤）. *Translation and Commentary by Ezra Poud.*（New York，1951）

这样我们看到，这6部由中国学者参与的"四书"翻译中，其中1部是黄如珍对理雅各译本的注释，一部是方志彤的注释、庞德的翻译，这两部实际只能算是中国学者与西方学者的合作翻译。林语堂的两部实际上只能算成一部，由此，中国学者独立翻译的"四书"只有两部。

袁同礼《西方汉学书目》中中国典籍翻译译者统计表

序号	项目	总数	西方学者	西方学者研究所占比例	中国学者	中国学者研究所占比例
1	《易经》的翻译	13 部	9 部	69%	4 部	31%
2	《书经》的翻译和研究	4 部	4 部	100%	0	0
3	《诗经》的翻译和研究	12 部	11 部	92%	1 部	8%
4	《礼记》《春秋》《左传》的翻译和研究	9 部	9 部	100%	0	0
5	"四书"的翻译和研究	113 部	111 部	98%	2 部	2%
6	关于中国古代文化经典的翻译	151 部	114 部	75%	7 部	5%

尽管这仅仅是袁同礼书目中的数字,但这些数字却说明:中国典籍的外译主力是西方汉学家,其中专业汉学家在其中发挥了重要的作用。这是一个基本的历史事实,尽管中国学者作为译者主体登上中国典籍西译的历史舞台具有重要意义,这点我们在下一节要专门研究,但不能否认一个基本的事实,中国古代文化的典籍是由西方汉学家所翻译的。而且从未来的发展来看,中国典籍的外译主力仍是各国的汉学家。英国著名汉学家葛瑞汉说过"在翻译上我们几乎不能放手给中国人,因为按照一般规律,翻译都是从外语译成母语,而不是从母语译成外语的,这一规律很少例外"①。一些中国学者对这样的观点不认可,其主要立论是从翻译的文化角度展开的。从文化学角度来看翻译的确有一定的意义,在译本的选择等问题上,中国学者和外国学者肯定是有差别的。这点我们在下一节具体展开讨论。但从语言的角度,从母语的角度,由本民族学者从事"'译入'的优势是明显的,第二语言的学习和掌握确实很难达到母语水平"②,这点作者也承认"译入的翻译,母语使用者具有天然的优势,因为他最熟悉、最有发言权、也最理解语言中的一些微妙之处"③。如果展开视野,中国典籍的外译并非只是翻译成英文、法文等西方语言,同样要翻译成东欧的语言、非洲的语言、亚洲各国的语言,在这方面我们除在西方语言的外译上有成功的例子外,在其他语言的翻译上成功的例子并不多。因此,中国典籍的外译主力是各国的汉学家,这应该是一个常理,即便是在英语领域我们有了林语堂这样典型的成功例子,但仍然必须承认,中国典籍英译的主力是西方汉学家,这是由翻译的基本规律所决定的,这是由语言之间转换的基本特点所决定的。

(1)《中国文献西译书目》西方汉学家翻译统计

王尔敏先生的《中国文献西译书目》是继袁同礼先生之后,中文学术界最早系统的整理出版的中国典籍外译书目的著作。这本书的范围"以西方文字所翻译中国历代文献之书籍篇章为主。所涉年代自上古以迄现代,力求其全。无论大小

---

① 这是英国汉学家葛瑞汉(Angus Charles Graham,1919—1991)所说,他说"we can hardly leave translation to the Chinese,since there are few exceptions to the rule that translation is done into,not out of one's own language"。转引自潘文国:《译入与译出——谈中国译者从事汉籍英译的意义》,《中国翻译》2004 年第 2 期。

② 潘文国:《译入与译出——谈中国译者从事汉籍英译的意义》,《中国翻译》2004 年第 2 期。

③ 潘文国:《译入与译出——谈中国译者从事汉籍英译的意义》,《中国翻译》2004 年第 2 期。

雅俗,凡有知见,均必收录"①。这个目录共收录译者 1219 名,已经查明的中国译者 217 人。② 这样,我们看到中国学者作为译者仅占译者总数的 5.6%,而西方汉学家占译者总数的 95.4%,在这个数目中西方专业汉学家的翻译数量占大多数。

我们从历史和语言两个角度说明,中国文化在西方的传播中汉学家起到了根本性的作用,正是由于他们近 400 年来的不懈努力,特别是职业汉学家的努力,中国典籍的主体部分已经被翻译成了各种西方语言,西方思想界对中国的认识正是通过他们的翻译而认识中国的,从伏尔泰到海德格尔(Martin Heidegger, 1889—1976),从爱默生(Ralph Waldo Emerson, 1803—1882)到汤因比(Arnold Joseph Toynbee, 1889—1975),他们都是在读汉学家的翻译中认识到东方文明的价值,认识到中国文化的价值。我们应该对西方汉学家的努力与工作给予公正、客观的评价,我们应该对长期以来以翻译中国古代文化经典为其志业的西方汉学家给予敬意,西方汉学家在中国古代文化典籍翻译和西传中的地位是不可动摇的。

2.从跨文化的角度看待西方专业汉学的翻译工作

如何看待西方专业汉学家的学术研究工作? 如何评价这个西方学术的群体? 这是我们研究西方专业汉学家对中国典籍翻译的一个重要方面。为此,笔者认为应首先回答这个问题。

(1)从西方汉学与国学之间的历史与现实关系,看待西方专业汉学家的价值。从历史上看,中国学术界与西方专业汉学界一直有着较好的良性互动。因为近代以来"中国学术界的主流派提倡按照西方汉学或东方学的方法研究中国……20 世纪 30 年代以前,中国学术界对国际汉学的关注主要集中于著名学者个人及其研究成果,而且不少人是由于留学等因缘,如冯承钧之于伯希和(P. Pelliot)、杨堃之于葛兰言(Marcel Granet)、姚从吾之于福兰克、郑寿麟之于尉礼贤(R. Wilhelm)"③。前面在"历史编"中已经指出,西方汉学作为近代西方东方学的一个分支在 19 世纪初已经诞生,而西方文化势力在全球展开后,中国文化和学术的传统

---

① 王尔敏编:《中国文献西译书目》(*A Bibliography of Western Translation of Chinese Works*),台北:台湾商务印书馆,1975 年,第 1 页。

② 编者在书中说明,中国学者在西方出版的翻译著作署名全部为罗马注音,这样有些中国学者回译到中国原名需要核对,书中有一些中国学者中文名字尚无法准确回译成中文,在目录中编者一律注明"未详"。这样的数量在全书中比例很小,我们在统计中未将这一部分译者列入其中。

③ 桑兵:《国学与汉学——近代中外学界交往录》,杭州:浙江人民出版社,1999 年,第 11 页。

渐被断裂,中国作为后发现代化国家开始被强行地纳入到西方主导的全球化历史进程中。此时,中国以注经为其特点的中国传统学术逐渐退出历史舞台,以西方汉学为主体的中国文化的叙述模式逐渐登上历史舞台。在这样的背景下,近代以来以吸纳西学为主的学者,例如王国维、陈寅恪、胡适、赵元任这些人,与西方汉学积极互动,逐渐成为学术界之主流。在这个历史的转变中,汉学其实成为近代中国学术演进的一个重要外部因素,成为催化现代中国文化研究方式的重要推手。① 在这个意义上学者认为,近代以来的国学研究实质上是"汉学之国学"这是有一定的道理的,"汉学化的国学是什么意思呢? 就是世界化的,就是跟世界学术的研究接轨、合流的一个新的国学研究,当年以陈寅恪为代表的清华国学院在国学研究上主要是吸收西方汉学和日本汉学的研究方法,将中国的学问在世界学术空间中展开,与国外汉学展开积极的对话,同西方的人文社会科学展开积极对话,这才是今日国学发展之正确的途径"②。

(2)从当代中国学术的发展来看,20世纪80年代以来,对域外汉学的翻译和研究始终是中国当代学术发展的一个重要方面。国学的研究和汉学的译介在近30年的学术发展中一直有着良性的互动。初步统计20世纪80年代以来海外汉学的学术著作被翻译成中文的已经有300多本,这些汉学(中国学)对中国学术界还是产生了重要的影响。正如余英时先生所说的,中国本土的学者"今天必须面对一个不容忽视的事实:从日本、欧洲到北美,每一天都有关于中国古今各方面的研究成果问世。如果我们继续把这些成果都称之为'汉学',那么'汉学'与中国本土的'国学'已经连成一体,再也分不开了"。实际上在当今中国的学术界出现了"'双峰对峙'的两派'中学'——其一是自家内省的'国学',其二是别人旁观的'汉学'"。对中国本土学者来说"要求每个学者对本专业在世界范围内的进展了如指掌,有点不切实际,但将海外中国学家的贡献纳入视野,对生活在中国的新一代学者来说,不但可能,而且必须"。非如此无法把握当代学术研究的进展,例如,就文学研究来讲,从夏志清的《中国古典小说导论》出版以来,中国近代文学史的研究几乎完全变了样,长期被忽视的张爱玲、钱钟书、沈从文的作品成为20

---

① 左玉河:《中国近代学术体制之创建》,成都:四川人民出版社,2008年。

② 张西平:《国学与汉学三题》,《清华大学学报》(社会科学版)2010年第6期。

世纪 80 年代研究的热点。

李学勤先生对 20 世纪 80 年代以来的海外汉学热给予了充分的说明,他说:"国际汉学研究作为一个学科迅速成长,是由于它适应了中国学术界及公众的需要。人们希望知道,外国汉学家是怎样看待和研究中国的。……由于历史的原因,中国学术界与国际汉学界的交流沟通尚有待加深扩大。国际汉学研究作为一种专门学科发展,将有益于中国进一步走向世界。"①

所以,无论是历史还是今天,专业汉学家的著作对中国近代以来的学术发展产生了直接的影响。这种对中国学术界实际发展的影响是不可以轻巧地用一句"汉学主义"所能否认的。

(3)关于"汉学主义"的争论。近年来学术界有个别学者认为,目前中国学术界所展开的对域外汉学的研究,对西方汉学的翻译工作,是一种自我殖民化的"汉学主义"。例如,一些学者说:"这些学者认为广义的汉学与其说是一门学问或知识体系,不如说是一种意识形态,汉学包容在汉学主义中。耶稣会会士曾经构筑了一个基督教神话的中国,现代哲学家又开始构筑一个启蒙神话的中国。文艺复兴是'地理大发现'的时代,启蒙运动则是'文化大发现'的时代。地理大发现启动西方的世界性扩张大潮,启蒙主义者跟在冒险家后面,在观念中进行'知识扩张',在东西二元空间与过去、现代、未来三段时间框架中构筑知识中的世界秩序:西方是自由民主、理性进步的,属于文明的现代;东方是奴役专制、愚昧停滞的,属于野蛮或半文明的古代。在启蒙大叙事中,汉学界定的中国形象成为现代性的'他者';中国是进步秩序的他者——停滞的帝国;中国是自由秩序的他者——专制的帝国。在此汉学已经不仅表述知识,而且表述权力。因为一旦确立了民主与专制、文明与野蛮的对立观念,并肯定民主消灭专制,文明征服野蛮是历史进步的必然规律,西方殖民主义帝国主义扩张就获得某种似是而非的'正义性'。"②

汉学没有了学术的合法性,西方汉学家的中国典籍翻译自然就没有了合法性,中国学术界对西方汉学的研究也没有了合法性。20 世纪 80 年代以来对西方汉学著作的翻译,对西方汉学家翻译中国典籍的研究都成了一种自我殖民化。看

① 李学勤:《应加强国际汉学研究》,载张西平编:《他乡有夫子:汉学研究导论》上册,北京:外语教学与研究出版社,2005 年,第 11~13 页。

② 周宁:《汉学或"汉学主义"》,《厦门大学学报》(哲学社会科学版)2004 年第 1 期。

起来是一个理直气壮的分析,但实际上,这样一种分析是借助于萨义德的"东方主义"在中国的一个蹩脚运用。这样一个理论,作者的皇皇大作,其实在理论上没有太多的创造,在历史事实的研究上大而化之,将历史归于自己的理论框架之中,完全套用西方的后殖民主义,在一些鲜丽的文字背后反映出作者理论的贫瘠和知识的匮乏。

3.全面认识西方汉学

以下我们从知识论的角度来回答所谓对"汉学主义"自我殖民化的批评。

(1)对汉学的理解问题。在上面的那段关于西方汉学的表述中有概念性的混淆和常识性的知识错误。"广义汉学"和"狭义汉学"是作者的一个发明,实际上在西方作为专业的汉学和作为一般思想和文化观念中的中国认识或中国形象是有很大的区别的,前者是将中国作为 19 世纪后的东方学中的一个学科领域研究的成果,后者是在不同时期思想文化界和一般民众对中国的想象。显然,前者作为知识体系是有着自身要求的客观性,当然这种客观性是西方知识体系观照下的,后者只是西方的思想家和民众根据西方不同时期的文化需求所做的想象。从后现代理论来看,任何知识都是具有意识形态的①,但即便如此,作为知识的中国和作为想象的中国是有着重要的区别的。作者将二者之间的区别模糊化,甚至将二者混淆起来,从而使我们对西方汉学的讨论,在讨论的对象上发生了混乱。

(2)"汉学主义"观点在历史知识上的缺乏。作者对启蒙时期欧洲历史和文化观念的表述有着常识性的错误,对启蒙时期的欧洲中国观念的表述也有常识性错误。

启蒙时期(Siècle des Lumières)通常是指在 18 世纪初到 1789 年法国大革命这一时期。② 从全球化史来看,启蒙时期是处在西方世界第一次全球扩张的 1500—1763 年这一时段③,从中国和西方关系史来看,启蒙时期是处在 1500—

---

① 对后现代理论的问题在下面展开,这里暂时不做评论。

② 参阅罗芃、冯棠、孟华:《法国文化史》,北京:北京大学出版社,1997 年。这是从法国历史角度来断代的。

③ 这个划分是以巴黎和约的签署,法国的失败和英国的胜利为其断代。参阅[美]斯塔夫里阿诺斯著,吴象婴等译:《全球通史:1500 年以后的世界》,上海:上海社会科学院出版社,1999 年,第 182 ~184 页。

1793 年这一时段。1500—1800 年这是启蒙时期所处的总的历史背景。① 但具体到启蒙时期我们可以简要说是 18 世纪,这是所有学者的共识。

这一时期的世界历史特点是,随着地理大发现,欧洲人开始在全世界范围内扩张,虽然他们对北美洲太平洋海岸、对撒哈拉以南非洲等并未了解,但"欧洲人在直到 1763 年为止的这一时期中,已获得有关世界大部分海岸线的知识"②。从中西关系看,西方人无法像对待北美洲的印第安人那样对待中国人和以中国为核心的东亚,西方势力尚不能在这里呼风唤雨,"在非洲、中东、南亚和东亚,欧洲人必须等到 19 世纪才能宣称他们的统治"③。新的全球经济史研究表明,当时的中国是世界经济发展的右车轮,如果把欧洲说成是另一个全球经济发展的车轮的话。当时全球白银的流动是以中国为中心的。④ 那个时候,东亚和印度在整个世界经济史中具有重要地位,"在 1800 年以前,欧洲肯定不是世界经济的中心。无论从经济分量看,还是从生产、技术和生产力看,或者从人均消费看,或者从比较'发达的''资本主义'机制的发展看,欧洲在结构上和在功能上都谈不上称霸"⑤。

由于中国和西方在经济上的差距,此时的文化关系完全不像这些学者所说的是"西方是自由民主、理性进步的,属于文明的现代;东方是奴役专制、愚昧停滞的,属于野蛮或半文明的古代。在启蒙大叙事中,汉学界定的中国形象成为现代性的'他者';中国是进步秩序的他者——停滞的帝国;中国是自由秩序的他者——专制的帝国"。实际情况恰恰相反,这个时期中国是西方的榜样,西方仰慕着中国,如安德烈·贡德·弗兰克所说:"到 17 世纪末,在有文化的欧洲人中几乎没有人完全不被(亚洲的形象)所触动,因此,如果在当时欧洲的文学、艺术、学术和文化中看不到这种影响,那就确实太奇怪了。拉克和范克利举出史实来证明这

---

① 1773 年,耶稣会解散,1793 年马嘎尔尼访华,中西关系一个时代结束。

② [美]斯塔夫里阿诺斯著,吴象婴等译:《全球通史:1500 年以后的世界》,上海:上海社会科学院出版社,1999 年,第 214 页。

③ [美]斯塔夫里阿诺斯著,吴象婴等译:《全球通史:1500 年以后的世界》,上海:上海社会科学院出版社,1999 年,第 227 页。

④ [德]贡德·弗兰克著,刘北成译:《白银资本:重视经济全球化中的东方》,北京:中央编译出版社,2008 年。

⑤ [德]贡德·弗兰克著,刘北成译:《白银资本:重视经济全球化中的东方》,北京:中央编译出版社,2008 年。

一点：在这两个世纪里，欧洲传教士、商人、远洋船长、医生、水手、士兵以及其他旅游者用欧洲各种主要语言撰写、翻印和翻译了数以百计的有关亚洲的书籍。其中至少有25部关于南亚的重要著作，15部关于东南亚的重要著作，20部关于亚洲群岛的重要著作，60部关于东亚的重要著作，其他短篇的著述就数不胜数了。印度帝国被认为是世界上最富有、最强大的国家之一，但是中国则始终是最令人叹为观止的，被欧洲人当作最高的榜样。亚洲哲学受到推崇，但是艺术和科学较为逊色；医学、手工艺和工业以及这些方面的专家都受到高度的尊重，还往往被人们所效仿。"①"17世纪和18世纪初叶，中国对欧洲的影响比欧洲对中国的影响大得多。西方人得知中国的历史、艺术、哲学和政治后，完全入迷了。"②

只是到了19世纪以后，西方才完全控制了这个世界，"过渡期"结束了。此时，西方的社会科学理论开始编制一套"东方与西方""现代与传统"的理论。

因此，这些学者在表述这些观念时，完全混淆了18世纪前和19世纪两个不同的历史发展时期，完全将在两个不同时期西方所形成的中国观念和中西方文化关系的观念混淆，用19世纪西方中心主义所确立的观念作为整个东西方文化的一以贯之的观念。

这里作者还有一个常识性的错误，认为"经典汉学研究的是古代中国，纯粹文本中的中国。这种学科假设的真正意义前提是，中国是一个停滞在历史的过去，没有现实性的国家，一种已经死去的文明"。这显然是站在19世纪西方汉学的立场来讨论的，西方汉学的实际历史并不是这样的，经典汉学并不是只研究古代中国，纯粹文本的中国。利玛窦研究的是他生活于其中的中国，那是一个活生生的中国。卫匡国写下的《鞑靼战记》是当时的中国政治史，并不是一个书本的中国，是明清鼎革史的当代记录。

作者在文章的第一部分似乎也承认西方对中国的认知分为两个阶段，他说："八个世纪的广义的西方汉学历史，可以以1750年为界分为美化和丑化两个阶段。西方汉学中的中国热情在1750年前后达到高潮的同时，衰落开始，进入丑化

---

① ［德］贡德·弗兰克著，刘北成译：《白银资本：重视经济全球化中的东方》，北京：中央编译出版社，2008年，第11页。
② ［美］斯塔夫里阿诺斯著，吴象婴等译：《全球通史：1500年以后的世界》，上海：上海社会科学院出版社，1999年，第233页。

阶段。其转折的原因一般认为有两个方面,一是'事实'的,一是'势利'的。'事实'的原因,据说是因为交通贸易的发展促成知识的进步,西方对中国的认识加深了,发现了所谓'真相',不再受那些别有用心的传教士或有口无心的商人水手的蒙蔽。'势利'的原因是中西政治经济势力平衡的变化,1750 年前后,工业革命、海外扩张、政治改革、文化启蒙,已经使欧洲在经济军事政治文化方面胜于中国,西方向东方扩张也将进入最后的凯旋阶段。"①这里作者所说的西方对中国态度转变的两条原因,第二条"势利"人人皆知,第一条仍体现出作者上面所指出的混淆 18 世纪和 19 世纪两个阶段西方对中国的认识,认为西方 18 世纪时对中国的热情是受到了来华耶稣会的蒙骗,其实中国并不是那样美好。

18 世纪欧洲对中国的认识与 19 世纪对中国的认识发生重大的逆转,从亚当·斯密(Adam Smith,1723—1790)到黑格尔(Georg Wilhelm Friedrich Hegel,1770—1831),他们不再像伏尔泰、莱布尼茨那样看待中国。我们应该看到,欧洲对中国的认识无论是赞颂还是批评,从一开始"中国就被欧洲塑造为一个有助于加强欧洲人自我意识的对立的文化实体,而且随着欧洲人自我评价的变化,这个对立文化实体的价值也在摇摆"②。从跨文化研究来看,这样的观察是正确的,任何一种文化对异文化的理解首先都是从自己文化的需要出发的,"多少都带有本位主义性质的文化误读的存在"。但从哲学上主体对客体的认识固然受到主体的权力、意识形态的影响,但客体并未消失,主体对客体的形象塑造无论多么本体化、本位主义地误读,但关于客体的知识对主体的认识并非毫无作用。客体存在的状态,客体与主体的实际关系仍直接或间接影响着主体对客体的认识、描述和形象化。

中国晚明至清中期的强大和富有是一个历史的事实,同欧洲相比,18 世纪中欧之间,中国并不处于下风;而晚清后中国在西方强行进入后,中断了自己的自然历史进程,被强行纳入到西方人所制定的世界体系之中。此时的中国被动与败落已经成为定局。两个中国,两种状态,两段历史,西方的中国观在一种连续性中发生变化,这也完全可以从西方学者著作中、从一系列的历史的论述中找到证据。

---

① 周宁:《汉学或"汉学主义"》,《厦门大学学报》(哲学社会科学版)2004 年第 1 期。
② 张国刚、吴莉苇:《启蒙时代欧洲的中国观:一个历史的巡礼与反思》,上海:上海古籍出版社,2006年,第 426 页。

这两个不同时期是不能混淆来说的。当然,我们并不是沉醉于 18 世纪西方对于中国的敬仰,也并不否认 19 世纪西方对中国的刻薄的批评。但我们可以感受到我们太多的学者受到 19 世纪以来西方理论和学说的影响,似乎这个世界一直都是这样,西方所解释的现代化理论成为天经地义,而历史上中国似乎一直是西方的附庸。晚清后百年,对我们知识界的理解影响太大了,乃至不相信有一个欧洲敬仰中国的时代,或者将这种 18 世纪的中国热作为欧洲主体自我的调节,似乎和所面对的客体——中国无关;或者不从历史出发,用 19 世纪西方中国知识的偏见来否认欧洲关于中国知识演进的过程。①

所以,知识常识的不足,对中西文化关系的历史知识掌握不足,自己又被西方中心主义的话语所支配,才会出现作者这样的判断。因此,应该从西方中心主义中反省的正是作者本人。

(3)"汉学主义"观点缺乏对西方汉学史知识上的缺乏。这些学者从后现代主义对知识的合法性质疑出发,来质疑西方汉学的合法性。他们的思路是汉学在西方的学科体系中属于东方学,而在西方的学科体系中历史学、经济学等的研究对象是西方文明的世界,而人类学、东方学是研究野蛮的非西方的学问。作为东方学一个分支的汉学研究是一个死去的文明,一个博物馆的知识,即便当代的"中国学"研究也并未有多少改进,无非是传统汉学研究"死去的中国文明",当代中国学研究一个"西方现代化的中国"。表面上当代中国研究似乎比传统汉学研究更接近中国,在作者看来并非如此,"从 1848 年的卫三畏的《中国总论》到 1948 年《美国与中国》,百年美国的中国研究,总体上是误解多于了解、虚构多于真实。以后的 50 多年也并没有多少改观"②。因为,无论西方汉学在哪个阶段上,它总是意识形态的,或者是"早期显性的意识形态时代",或者是"隐形的意识形态阶段",或者是"若隐若现的意识形态阶段",这样,作者就问西方汉学究竟是科学的

① 关于《白银资本:重视经济全球化中的东方》和《大分流:欧洲、中国及现代世界经济的发展》所引起的讨论说明我们要走出"西方中心主义"的艰难,笔者并不主张"中国中心主义",但中国回到世界经济、政治的中心已经现实地存在,对中国的知识界来说,彻底地清理西方 19 世纪所形成的知识与理论框架,批判性地吸收其合理之处,重新理解中国,是一个重要的问题。发展中的中国有无数的问题,"剪不断,理还乱",但对思想文化界来说,走出"西方中心主义"乃是重新理解中国的关键。

② 周宁:《汉学或"汉学主义"》,《厦门大学学报》(哲学社会科学版)2004 年第 1 期。

学科,还是一种意识形态,将汉学说成一种"客观的认识"是值得商榷的,实际上他主张"汉学更像是一种'叙事',一种能够主动地选择、表现、结构、生成意义的话语,其随意性并不指涉某种客观的现实,而是在特定文化意识形态语境下创造表现意义"①。

究竟如何看待已经存在400多年的西方汉学?究竟如何看待已经进入西方知识体系近200年的西方专业汉学?是否像以上作者所说,西方汉学是没有任何客观性的一种西方自我的叙述,一种没有客观性的西方特定的意识形态。笔者认为这样的看法是十分片面的。作者对西方汉学的历史知识有着严重的缺陷和不足。

汉学作为西方学科的一支,其知识的客观性是不容怀疑的。在这方面法国汉学的研究最为显著,沙畹对中亚和中国关系的研究、对唐代文明的研究,伯希和对敦煌的研究、对中外关系史的研究、对马可·波罗游记的研究、对郑和的研究都具有开创性和奠基性。法国汉学家还可以举出一连串的名字,马伯乐、葛兰言、戴密微(Paul Demiéville,1894—1979)、谢和耐等,正如法国学者在评论沙畹时所说:"沙畹在有生之年,以其耀眼的光芒而显赫一世,致使我们现在感到他是独自一人称霸于当时的汉学舞台。从本世纪初叶开始,簇拥在他身边的是众多既才华横溢又学识渊博的门生。他们继承了沙畹的遗产,并将巴黎所拥有的'西方汉学之都'的桂冠一直维持到第二次世界大战结束。"②同时,法国汉学家对中国典籍的翻译也做出了重要的贡献,沙畹所翻译的《史记》、葛兰言所翻译的《诗经》、白乐日(Etienne Balazs,1905—1963)所翻译的《隋书·食货志》都是西方汉学家对中国典籍翻译的经典性著作。

19—20世纪初的西方汉学史是在客观主义史学和实证主义的史学基础上发展起来的,尼布尔、兰克是客观主义史学的代表人物,将这种史学思想系统化并广为传播,兰克对传统史学的主要贡献是他建立了一套完整的史料考订和辨析史料的方法,这一套方法为历史学成为科学的研究奠定了基础。实证主义作为一种哲学思潮是由法国哲学家孔德(Auguste Comte,1798—1875)所创立的,这种思潮对西方史学也产生了重要的影响。法国汉学的史学考证主要是一种语文学传统,他

---

① 周宁:《汉学或"汉学主义"》,《厦门大学学报》(哲学社会科学版)2004年第1期。
② [法]苏鸣远:《法国汉学五十年:1923—1973》,载戴仁编,耿昇译:《法国中国学的历史与现状》,上海:上海辞书出版社,2010年,第124页。

们通过对古文献文本的细读与考证,来寻求历史的真理,这种语文学的传统与客观主义的史学和实证主义的史学思想有着内在的联系。"这一对文本神圣天性的敬畏和对文本顶礼膜拜的态度,颇有几分19世纪晚期法国历史学家的旧实证主义史学的风格,对于他们来说,所有的真理都蕴藏在文本中,只可惜它几乎总是处于晦暗不明的状态。历史需经过缜密的文献处理——就如同实验室中化学家们所进行的有条不紊的工作——发现提炼真理,从而有益于智慧的活跃、人文的引导及社会的进步。"①这种客观主义史学和实证主义的史学在史料的发现与考证、文本的整理与注释方面有着历史的贡献,而法国汉学的这种方法也同样受到了中国学术界的认可。傅斯年在谈到伯希和时说:"伯先生之治中国学,有几点绝不与多数西洋之治中国学者相同:第一,伯先生之目录学知识真可惊人,旧的新的无所不知;第二,伯先生最敏于利用新见材料,如有此样材料,他绝不漠视;第三,他最能了解中国学人之成绩,而接受人,不若其他不少的西洋汉学家,每但以西洋的汉学为全个范域。"②

这里是以法国汉学家为例来说明这个问题的,域外汉学家,无论东洋的汉学家还是西洋的汉学家,在几百年乃至更长的历史过程中,他们致力于研究中国文化历史,为海外汉学留下了他们的学术遗产,他们对中国历史文献的翻译和注释,对中国历史和文学、宗教的研究成果不仅仅是海外汉学界的学术成果,也同样是值得中国学术界尊重的学术成果。用后现代史学的观点,对200年来的西方汉学做出简单的评价,用一句这些成果都是"意识形态的叙事"来加以否定是极为轻率的态度,是极为不严肃的结论。

(4)"汉学主义"观点在跨文化理论上不足。提出"汉学主义"的学者不仅在知识上严重不足,在文化理论的运用和分析上也有着明显的不足。在分析西方的中国观时,分清西方对中国客观认识的推进和文化误读两个方面的区别与联系。不同文化之间的交流史、文化之间的相互理解,任何人对异文化的理解和解释都受到自己已有文化观念的制约,因此,文化误读是文化交流中所必然产生的,是文化之间的理解所不可避免的。但是否由此可以得出一个结论:所有文化之间的理

---

① [美]韩大伟:《传统与寻真——西方古典汉学史回顾》,《世界汉学》2005年第1期。
② 转引自桑兵:《国学与汉学——近代中外学界交往录》,杭州:浙江人民出版社,1999年,第118页。

解都是误读，都是意识形态呢？显然不能这样说。我们以传教士的汉学来说，耶稣会在向欧洲介绍中国时受到其教派立场的影响，特别是在"礼仪之争"以后，为了维护耶稣会的立场，他们对中国的介绍、对儒家的介绍都有着护教的成分。

　　例如，耶稣会士李明《中国近事报道》(*Nouveaux mémoires sur l'état présent de la Chine*)在法国出版后引起了很大的争论，数十次审查后得以出版。他为了赢得西方读者，特别是教会的满意，在书中说"中国人告诉我们，孔子经常说：'真正的圣人在西方。'这句格言深深镌刻在学者们的脑海，所以，六十五年后，当我主降生于世，Nimti 皇帝有感于他的话，还有挥之不去的睡梦中出现来自西方的那人的形象，于是遣使去此方向，并命令使者一直向西去，直到遇见上天让他认识的那位圣人"①。这位圣人就是西方天主教在东方传教的圣多默(St. Thomas)，显然这是一种对中国文化、对孔子的误读。但是否就可说李明的书满篇都是荒唐话，毫无真实可言呢？显然也不能这样说。李明在书中对儒家学说的介绍，对中国地理、历史、风俗的介绍大都是真实的、可信的。

　　又如利玛窦的《中国札记》，书中对耶稣会适应路线的解释是有着明显的教派立场的，但同时，书中对自己在中国的经历，对中国的历史和文化的介绍，仍是真实的。如果说他对圣多默来过中国的说法是其宗教立场的表现，那么，他对契丹和中国关系的考证无疑是他作为汉学家的一个重要贡献。②

　　所以，即便是传教士汉学家的著作也不能因其包含着护教的成分，其误读的内容更多，就否认其在文化交流史中的地位。"利玛窦到达中国，标志着汉学史上一个重要时期的来临。我们毫不夸张地奉他为'西方汉学'之父。"③这是中外学术界一致的结论。历史的复杂性是任何理论都所不及的，客观主义和实证主义的史观揭示了历史被记述时的一个重要方面，记述是有真实性的，文献为证，历史是真；后现代主义的史观揭示了历史总是逝去的故事，没有人在现场，一切都是史家的记述，任何记述都有主观因素在其中，历史只是记述者的艺术。尽管客观主

---

① ［法］李明著，郭强、龙云等译：《中国近事报道：1687—1692》，郑州：大象出版社，2004 年，第 181 页。

② 参阅林金水：《利玛窦与中国》，北京：中国社会科学出版社，1996 年；［法］裴化行：《利玛窦评传》，北京：商务印书馆，1993 年。

③ 戴仁编，耿昇译：《法国中国学的历史与现状》，上海：上海辞书出版社，2010 年，第 6 页；参阅张国刚等著：《明清传教士与欧洲汉学》《从中西初识到礼仪之争——明清传教士与中西文化交流》。

义的史学有其不足,但后现代的史学观毕竟走得太远了。把西方汉学说成"更像是一种'叙事',一种能够主动地选择、表现、结构、生成意义的话语,其随意性并不指某种客观知识,而是特定文化意识形态下创造表现意义"。这样的观点其实并无任何新意,不过是拾起了西方后现代史学的话语而已。

笔者在一篇关于研究西方早期汉学中影响最大的一本书《中国图说》的文章中曾经指出,欧洲早期汉学中的想象、幻觉部分一直是有的,如上面对基歇尔的分析,但这种想象的成分和幻觉的成分是与他们对中国认识的精确知识的增长交织在一起的。我们既不能说欧洲早期汉学完全是意识形态的产物,是虚幻的,毫无真实性可言,也不能说此阶段的汉学研究完全以真实材料为准,毫无虚幻。

这点在基歇尔的《中国图说》中表现得很清楚,我们研究者的任务是分析出哪些成分、哪些内容是意识形态的产物,是想象,哪些内容是精确知识的推进。当然,既便是想象部分我们不仅不否认其价值,还可以从想象部分入手探究欧洲早期汉学的另一面:即在欧洲文化变迁史中的作用。

所以,对西方早期汉学必须做具体的分析,而不能一概而论。在西方对中国认识的历程中真实知识的增长和想象部分之间,在不同的时期其比例也是不一样的。应做历史性的具体分析,勾画出二者之间的互动与消长,不能一概认为西方的东方知识统统是幻觉。

推而广之,任何历史研究者,不可能没有推论的部分,因为史学的基本方法是在史料基础上的叙事与解释,而史学家无论采取其中哪一种方法,也受其时代意识形态的影响。也就是说,后现代主义的史学观揭示出了历史研究中的意识形态因素是对的,但不能由此而把历史研究看成史学者主观的推论,史学者完全是意识形态的结果,历史从此失去真实性。

我们在研究中应对主观推论和意识形态不同的程度给予分析,同时给予这种意识形态背景一个说明。这样才能做到史实客观,使历史能接近真实。① 如王夫之所说历史学的任务是"设身于古之时势,为己之所躬逢,研虑于古之谋为,为己之所身任"②。这种传统的史学观仍有基本的价值。

① 杜维运:《后现代主义的吊诡》,《汉学研究通讯》2002 年 2 月,第 1~3 页。
② 王夫之:《读通鉴论》卷末·叙论四,北京:中华书局,1975 年,第 1114 页。

4.关于对美国中国学的评价

这位作者说："费正清在1948年版的《美国与中国》中指出，美国对华的观念'或是一厢情愿、主观主义、感情用事，或者干脆就是一无所知'。他将美国的中国观分为四种类型，'离奇的、理想化的、幻灭的或社会学的'，统称为'我们的中国传说'，实在令人失望。从1848年的卫三畏的《中国总论》到1948年《美国与中国》，百年美国的中国研究，总体上是误解多于了解、虚构多于真实。以后的50多年也并没有多少改观，莫舍尔出版于1990年的《被误解的中国》绝望地指出，无知、误解、一厢情愿、异想天开，依旧是美国文化构筑中国形象的基础。即使是一些研究著作，也难以摆脱各种幻象，因为中国研究基本上是意识形态。"①

这段话是对美国中国研究的整体性评价，无论是在知识的判断上，还是在对美国中国学研究历史的了解上都是值得讨论的。在至今尚无一本研究美国中国学历史的著作，也无系统的研究美国中国学的论文的情况下，作者敢于做出这样整体性的评判，实在令笔者吃惊。

（1）正确认识费正清。费正清自己对美国中国学的评价是一种学术的反省，不能作为对美国中国学研究的整体评价。《美国与中国》是费正清的成名之作，这本书在1948年出版后"造成轰动效应，引起美国学术界、新闻界和政界人士的广泛兴趣。以后的30多年时间里，这本书几经修改，5次再版，成为西方汉学经典著作"②。当时中国正处在内战时期，美国所支持的蒋介石政权摇摇欲坠，美国此时究竟应该采取何种中国政策，美国应该把中国放在自己势力的什么地位，美国应该如何看待日益崛起的中国共产党。他在书中批评"美国在20世纪40年代的对华政策的墓碑上首先应指出美国对于中国形势的严重无知"③。费正清这本书之所以引起朝野轰动就在于他满足了当时美国对中国的急切的了解。在1983年此书再版时，费正清在开卷就说："此书之所以拥有读者，我想是由于它致力于总结我们对中国的认识。"④从学术上讲，这本书在整体框架上认识冲击反应式，对中国儒家的评价，对中国文化的整体评价，乃至对当时时局的分析都有许多可

①　周宁：《汉学或"汉学主义"》，《厦门大学学报》（哲学社会科学版）2004年第1期。
②　［美］邓鹏：《费正清评传》，成都：天地出版社，1997年，第58页。
③　［美］邓鹏：《费正清评传》，成都：天地出版社，1997年，第77页。
④　费正清：《美国与中国》，北京：世界知识出版社，2003年，第3页。

以讨论之处。但在 400 页的篇幅中做出对中国和美国关系的一种宏观分析,对中国历史文化的简略介绍,这显示出了费正清高度的概括能力和文化政治视野。作为一种宏观论述的书籍,他不可能在中国历史文化的细节上展开,但总体上材料是可靠的,分析也较为客观,尤其对中国当时时局的分析证明了他的一些洞见。所以,这位作者用《美国与中国》中的这段话作为自己的理论证明是完全不对题的,费正清这本书就是要纠正当时美国对中国认识的幻象和误解,而不是美国汉学界的成熟观点。

(2)美国中国学研究的进步。美国中国学的研究是为其国家利益,但不能否认在其知识上的进步。这位作者认为"百年美国的中国研究,总体上是误解多于了解、虚构多于真实"。作为一个学者做出这样的判断实在令人吃惊,因为,这说明作者对美国中国学的基本著作和人物恐怕都没有做过个案的研究,不然不会做出如此低级的结论。孙越生先生在其主编的《美国中国学手册》中指出:"据 1972 年和 1978 年出版的舒尔曼等编的《关于中国的博士论文——西文目录》(1945—1970)和续编(1970—1975)的统计,外国人研究中国的西文博士论文篇数,1945—1950 年为 211 篇,1951—1960 年为 736 篇,1961—1970 年为 1435 篇,1971—1975 年为 1573 篇。从 1949—1970 年的 21 年中共完成 2217 篇,而其中美国即占 1401 篇,另外苏联占 209 篇。这不仅说明国外对中国研究的发展规模有成倍增长的趋势,而且更说明美国在数量上独占鳌头的地位。"[1]根据美国的统计,"1963 年,全美国仅有 33 人获得中国研究博士学位,而到了 1993 年,服务于美国大学、政府、新闻界、企业界的各类中国研究专家已逾万人,其中仅效力于跨国公司、基金会、法律事务所等机构的专家就达到 5300 人之多"[2]。美国中国学专家林白克对 1595—1970 年期间福特基金会在中国学领域的投资规模提供了具有相当权威性的数字:"福特基金会单独投资约 3000 万美元,而美国政府和大学一道通过国防教育法也开支了大体相同的数额。"[3]

这些都是学术界公认的数字,这是无法用一两句轻佻的文学话语来解释的。美国政府和各类基金会为研究中国所投入的费用成千上万,难道这些真金白银都

① 孙越生主编:《美国中国学手册》增订版序言,北京:中国社会科学出版社,1993 年,第 10 页。
② 转引自顾钧:《卫三畏与美国早期汉学》,北京:外语教学与研究出版社,2009 年,第 1~2 页。
③ 韩铁:《福特基金会与美国的中国学(1950—1979)》,北京:中国社会科学出版社,2004 年,第 1 页。

打了水漂？美国那些著名大学培养的上千名研究中国的博士和学者，难道他们都在做着无用功？几十年来美国出版的上千部的博士论文难道都是一堆废纸？现在每天在美国各类智库和基金会服务的上万美国中国研究专家和学者都是白痴？

（3）中国学术界对美国中国学研究的进步。显然，这位学者完全不了解中国学术界对美国中国学研究的进展，近30年来中国学术界所翻译的海外中国学著作中美国中国学的书最多，中国年青一代学者对美国中国学熟悉和研究的程度已经有了很大的进步。朱政惠先生所带领的团队成绩显著，侯且岸先生所带领的团队令人瞩目，刘东先生在翻译出版美国中国学著作上的贡献之大无人可比，在文化史上葛兆光的研究、在清史领域杨念群等人的研究都是学术界非常重要的成果。

5.关于后殖民主义理论的思考

读者可以看到，提出"汉学主义"的学者所依据的理论基础是萨义德的《东方学》，萨义德的《东方学》构成了一些学者提出"汉学主义"的基本出发点。而在笔者看来恰恰萨义德的《东方学》本身是值得反思的。

（1）萨义德的《东方学》研究范围的局限性。萨义德的《东方学》主要研究的是西方东方学中的近东，最远涉及印度，因为他认为在讨论欧洲在近东和伊斯兰的经历时完全可以不考虑其在远东的经历。在他把汉学与西方的伊斯兰学做比较时，他说："与此形成鲜明对照的是，印度学和汉学中陈词滥调与大众文化陈词滥调之间的交流关系却远没有这么繁荣，尽管二者之间同样存在着相互影响、相互借用的关系。在汉学家和印度学家与伊斯兰和阿拉伯学家所取得的收获方面，也没有多少相似之处。"①

萨义德也承认"东方主义"的提出与他自己的个人身份和经历是有着直接的联系的。提出这些并不否认《东方学》的一些观点和看法对分析汉学的知识背景和文化态度分析是有一定价值的，但这个基本的情况也同时提醒我们，萨义德对中国和欧洲之间的文化关系了解是很少的，他的"东方主义"的分析主要建立在18世纪末到19世纪欧洲的伊斯兰研究的基础上，由此而得出的一些结论是无法完全套用在中国和欧洲的漫长文化历史关系之中的。知识的局限，决定了其理论

---

① 萨义德著，王宇根译：《东方学》，上海：上海三联书店，1999年，第442页。

的局限。因此,将萨义德的"东方主义"运用到中国和欧洲的关系时,用其作为分析西方汉学的理论支点时就明显地具有局限性。

(2)萨义德的《东方学》在阿拉伯学研究上的不足。即便将萨义德的《东方学》限定在欧洲的近东研究和阿拉伯学研究上,人们对其的误解也是同样存在的。《东方学》发表后所引起的争论,萨义德明确指出,决不能把东方主义归结为对西方的仇恨和对民粹主义的赞同。这是从政治上讲的。如果从学术看,萨义德认为"我的书所带来的一个不幸的后果是,此后人们几乎不可能在中性的意义上使用'东方学'一词,它几乎变成了一种骂人的话。他的结论是,仍然愿意用这一词来描述'一门有自身局限、相当乏味但却行之有效的学术研究学科"①,他甚至声明式地写下下面这段话:"我从来就未曾说过东方学是邪恶的或令人反感的或在所有东方学家的作品中都以同一副面孔出现。但我的确说过东方学这一行当与帝国主义强力有着特殊的历史关联。"②

(3)萨义德的《东方学》理论支点的问题。萨义德的《东方学》在哲学上有两个基本的支撑点:其一,揭示出学术和政治的关系,没有所谓的纯学术、真正的学术,所有一切知识的研究都是和知识产生的政治环境连在一起的,一切知识的叙述都与叙述者背后的权力联系在一起。由此,欧洲关于东方的知识都是和其殖民扩张联系在一起。东方学不是从天上掉下来的客观知识,而是和基督教的全球扩展、欧洲的殖民政策联系。"欧洲的殖民地覆盖了地球总面积的85%。说现代东方学一直是帝国主义和殖民主义的一个组成部分,并非危言耸听。"③

其二,任何一个文化体系的文化话语和文化交流通常并不包含"真理",而只是对它的一种表述。语言本身是一种高度系统化的编码体系。就书面语言而言,萨义德认为"不存在直接在场(presence),只存在间接在场(re-presence)或表述(representation)"。这样关于东方的书面书写和真实的东方本身是无关的。这讲的是知识的表达和知识对象之间的关系问题。

这两点基本上都来自福柯。福柯的哲学所代表的后现代主义哲学是对19世纪以来西方实证主义的解构。萨义德所立足的第一点其实质是知识的叙述和叙

---

① 萨义德著,王宇根译:《东方学》,上海:上海三联出版社,1999年,第438页。
② 萨义德著,王宇根译:《东方学》,上海:上海三联出版社,1999年,第439页。
③ 萨义德著,王宇根译:《东方学》,上海:上海三联出版社,1999年,第159页。

述者权利之间的关系,真理的产生过程和真理本身的关系。在福柯看来,所有话语都是和权利相通的,谁在说,说什么,话语被谁掌握,谁就有说话的权利。这样所有的知识都是权利意志,这说明我不敢说出真理和客观知识。上个世纪80年代后他对殖民主义的文化霸权批判,直接成为后殖民主义的议论支撑。

萨义德的理论支撑的第二点,是语言和对象的关系问题。任何语言都是表达,任何书面语言都是对事件的记述。德利达提出文本之外别无他物,由此,以历史全部化为文本,而文本都是语言的符号,真实的历史消失在语言符号之中。对本质主义的批判是后现代主义的基本立场,但在强调知识的相对性时如果走得太远,就离开了真实。关于语言与对象的关系从古希腊的高尔吉亚(Gorgias,约前483—前375)开始就已经揭示了人类思维与表达,词与对象之间的矛盾与关系。

后殖民主义是后现代主义在东方和第三世界知识分子中的变体,萨义德也不否认自己的理论和福柯后现代主义之间的关系。

将西方汉学作为"汉学主义"列入批判之列,在理论上基本套用了萨义德的理论,其理论并无多少创造。

四、译者主体研究（3）：一种批评的中国学

当我们批评那种认为国内学者做域外汉学研究就是"自我殖民化"的观点的时候,是否就完全认同了域外对中国学术的研究呢? 或者说我们就全盘接受了域外汉学研究的观点,不加批判地吸收到我们自己的研究成果之中呢? 完全不是这样,我们应该建议一种批评的中国学研究,这种批评的中国学是站在中国学术自身的立场上,在一种开放的态度下与域外汉学界、中国学研究展开对话;是秉承着一种学术的态度和精神,从跨文化的角度对域外汉学的历史展开研究,将其对中国文化的误读给予一种历史性的解释,对西方汉学的西方中心主义和基督教本位主义给予学术的批判。对当代的域外中国研究也将采取实事求是的态度,吸取其研究之长,批评其研究之短,在平等的对话中推进中国学术的建设和研究。

文化自觉和学术自觉是我们展开域外中国学研究,展开西方汉学史研究的基本出发点;开放与包容的文化精神是我们对待域外汉学家的基本文化态度;求真与务实的批判精神是我们审视西方汉学的基本学术立场。从这三个方面出发,我

们在历时性的西方汉学历史发展的脉络中展开我们的学术性批判和跨文化视角
下的包容性理解的解释,这样一种学术展开是对作为中国古代文化典籍翻译主体
的西方汉学家的深入研究的另一个重要侧面。

1.传教士汉学研究中的文化批判问题

传教士汉学研究的一个部分属于中国基督教史研究的范围,另一部分则隶属
于西方思想文化史的部分。我们就隶属于中国基督教史这一部分来讨论,在对中
国基督教史的研究方法上,学术界经历了"文化侵略模式""中西文化交流模式"
"现代化模式""全球地域化模式"。就西方学术界来说,在研究的范式上经历了
"传教学研究范式""西方中心论:冲击—回应模式""传统—现代模式及帝国主义
论""中国中心观""后殖民理论的东方学:一种有限的解释方式。"①在我们研究
传教士汉学时,尽管由于时代的变化,1500—1800 年期间中西文化关系和 19 世纪
后的中西文化关系不同,对西方传教士汉学形成了重要的影响。这点我们在上面
研究翻译问题时已经做了细致的分析。但是无论是早期来华的天主教传教士还
是后期来华的新教传教士都是相同的:其一,他们都有同样的基督宗教立场,"中
华归主"是他们共同的目标;其二,在传教士的汉学著作中都有着西方中心主义的
文化立场。对于这两点我们不仅不能回避,而且应该从文化和学术上对这两点进
行说明,这样的学术批判可以使我们更好认识到传教士汉学在中国典籍翻译上的
特点与问题。

从前者来说,无论是利玛窦还是郭实腊(Karl Gützlaff,1803—1851)都是西方
的传教士,他们都在西方先后的全球扩张中来到中国。即便是利玛窦,他也承担
着为葡萄牙国家利益服务的任务。在西班牙吞并葡萄牙的 60 年(1580—1640)
中,西班牙传教士桑切斯来到中国后被抓,经罗明坚解救后到了澳门。桑切斯有
一个攻打中国的计划,这个计划罗明坚和利玛窦也是知道的。当然,这个计划没
有实现,利玛窦的伟大之处在于他通过自己在中国的生活认识到基督教在中国传
播只能采取"适应政策"。但适应政策的目的是"中华归主",这在他的书信中、在
他的著作中写得都是很明确的。

19 世纪来华的基督教传教士群体比较复杂,在对待中国文化的态度上不能

---

① 参阅陶飞亚:《基督教与中国社会研究入门》,上海:复旦大学出版社,2009 年,173~179 页。

一概而论,但其宗教立场则是没有差别的,无论是直接为西方帝国主义势力服务的郭实腊还是以学术研究为主的理雅各。这在他们的著作中都有明确的论述。

在对待来华传教士的汉学研究时,我们批评 20 世纪前半叶的那种"文化侵略模式"的简单研究模式,也不需要走到另一端,采取"护教"的态度,对来华传教士在中国传教中的劣迹不回避,而应采取实事求是的态度,对像郭实腊这样的传教士的问题应给予揭露。对当时西方教会在整体上与西方帝国主义势力的结合应该给予批判。① 目前在传教士汉学研究上,特别是在中国基督教史的研究上,回避西方教会于 19 世纪在中国整体上与西方帝国势力联盟这个问题应该引起学术界的注意。从以晚清教案研究为主,转变为以西方教会在中国近代化进程的贡献研究为主,这是中国学术界从改革开放以来中国基督教史研究的重大转变。应该肯定这个转变的合理性,因为仅仅从"文化侵略"模式研究不能反映中国基督教史的全貌。但也不可忽视在全球化初期西方教会在中国历史上存在的问题。

不需要用萨义德的东方主义理论的支持,我们就有这样的传统和历史,只是在对西传传教士汉学的批判研究不仅仅是从意识形态上的谴责和政治上的批评,同时,揭示出传教士汉学所包含的这种西方中心主义和基督教一元史观的理论问题所在。作为宗教性的立场和作为政治性立场所体现出来的西方中心主义是不同的,西方汉学中作为政治性的西方中心主义立场应从学术和意识形态两方面同时展开批评,而对于宗教性立场的基督教以元史观所体现出的西方中心主义,则应从学术上给予讨论和批评,从宗教学上给予分析和理解,从宏观历史进程上给予合理的理性说明。没有这样一种立场,我们便无法全面展开传教士翻译的研究。

有一点应引起学术界的注意,目前的中国基督教史研究和传教士汉学研究过多地有教会背景的学术机构支持,无论在学术生态上还是在学术研究上都存在问题。我们应该感谢教会系统的研究机构对于近 30 年来中国大陆基督教历史和神学研究的支持,正是在他们的帮助下,中国基督教研究才迈出艰辛的步伐,传教士

---

① 近 30 年来关于中国基督教史的研究大都有教会支持,他们对推进中国基督教史的研究做出了贡献,但一些学术会议教会色彩过重,特别是关于来华耶稣会的研究,境外耶稣会学术机构参与中国学术活动过多,一些传教士汉学家自以为是,自认为掌握学术话语,对中国国内学术研究说三道四,拉帮结派,这应引起学术界关注。中国学术界在对来华耶稣会研究上的成就是一些自诩为学术领袖的耶稣会士的汉学家们所不能相比的。

汉学研究才得以起步。① 在今后的长期学术研究中教会机构作为中国基督教研究的支持者和推动者都是合理的,应该给予肯定。

但有两个问题学术界应引起注意:

第一个问题,在中国基督教研究上中国的学术研究机构要保持自己的学术目标和学术立场。教会研究机构支持的研究当然在文化倾向上从肯定基督教作用的角度展开中国基督教史的研究,从宗教立场上这是完全可以理解的,从学术上,西方教会的研究在中国近代化大叙事中的作用目前仍然薄弱,需要继续加强。笔者认为应继续支持在国内外教会研究机构的支持下展开中国基督教史的研究。但作为中国的学术研究机构应该有比境外的教会研究机构更为广阔的学术眼光和学术立场,更应保持学术的独立性和自觉性。这样中国基督教史的研究才能更为全面、更为客观。例如,近 30 余年来,尚无一所中国的学术机构召开过有关 19 世纪以来西方教会在中国所产生的问题,并进行合理批判的学术研讨会。我们不需要政治化的那种批判立场,但对 19 世纪以来西方教会在中国所产生的问题的学术性批判是不能缺少的。我们不需要丑化一些来华的传教士,我们也不需要美化一些来华的传教士;我们不需要站在不加分析的单纯的政治立场上对 19 世纪西方教会在中国的行为进行批判,同样,我们也不需要对西方教会在中国近代历史上的作用只唱赞歌。因为教会本身已经开始自我反省,而一些学者还在无原则地歌功颂德,这显然是不可取的。

中国学术的独立性和自觉性还表现在中国基督宗教史的研究要跨越教派与国别的局限上。以天主教为例,境外耶稣会的学术力量最强,对中国学术界的影响最大。当然我们也必须承认在明清之际来华耶稣会的传教士学术贡献最大,汉学研究水平也最高。但同时,也应看到就明清之际来华的传教士来说,没有其他天主教来华传教的修会对耶稣会以外的其他修会的研究,我们很难展开中国天主教史的全面的研究。我们现在对来华方济各会的研究、对巴黎外方传教会的研究等显然不够。这种新的研究格局的形成是我们对天主教来华传教士研究的基础。

从目前中国基督宗教史的研究来看,中国国内学术界的研究已经取得了很重

---

① 香港中文大学的崇基神学院暑期班,由中国社会科学院基督教研究中心与香港基督教研究机构合作连续召开了十余年的中国基督教研究的"神仙会",在中国基督教研究历史上是功不可没的。

要的进展,黄一农先生、汤开建先生、金国平先生等的学术研究成果在研究的许多方面都已经超过了一些海外天主教汉学家。无论是在中文文献还是在西文文献的发现和研究上。可以这样说,经过 30 年的学术进展,目前在明清天主教史的中文文献研究上,中国学者已经取得了决定性的发言权。但仍有一些国内学者仍将一些国外的汉学家奉为神明,对中国学术界的成果视而不见,这是一种学术上的无知表现。

第二个问题,要在传教士汉学翻译的研究上加大力度。传教士汉学是发生在明清中西文化交流的历史过程中的。一般来讲,著名的来华传教士,无论是天主教传教士还是基督新教的传教士都在两个方面同时努力,并做出贡献。这就是,向中国介绍西方文化,传播基督宗教;同时,向西方介绍中国,传播中国文化。但目前境外教会学术机构主导的学术研讨会主要集中在"西学东渐"的研究上,也就是中国基督教会史的研究上。上面我们说过,这样的研究也是应该加强的。但来华传教士的另一方面贡献即对中国文化的介绍和研究被关注得较少,对传教士在"中学西传"上的研究相对薄弱。甚至在一些重要的全面研究中西文化交流史的会议上,在其后的学术出版中也被压缩为"西学东渐"、中国基督宗教史研究史的内容,"中学西传"的内容完全不见了。例如 2001 年由中国社会科学院世界宗教研究所与美国旧金山利玛窦中西文化历史研究所共同主办的"明末清初中西文化交流国际学术研讨会",在这个会议上有相当多的论文是关于传教士在向西方介绍中国文化或者是欧洲早期汉学的论文,有些论文写得也相当优秀。但在编辑论文集时,这些内容都不见了,书名为《明末清初中西文化交流国际学术研讨会:相遇与对话》,但留在论文集中的只是"西学东渐"的内容,而"中学西传"的内容基本没有了。显然,这本论文集是由境外有教会背景的学术机构的那些西方汉学家们所决定和主导的。这本书的出版很明显看出一些西方汉学家在明清中西文化交流史的研究中,将这个中西互动、广阔丰富的历史压缩为西方基督教征服中国的历史。这样的编辑思想的背后就是"西方中心主义"。而实际上,像我们在上面的"历史编"研究中已经指出,中外相当多的学者认为,在明末清初的中西文化交流中,中国对西方的影响更大。正如法国学者所指出的,来华耶稣会士的各类以西方语言所写的汉学著作"在整整一个世纪里吸引了知识界,不仅仅向他们提供了一些具有异国情调的冒险活动,而且还提供了一种形象和思想库。欧洲发现了它不是世界的中心,于是便寻找方位坐标和可比因素。耶稣会士书简就如同其他游记一样,广泛地推动了旧制度的崩溃。"①

文化的交流历来是互动的,中国文化是否也影响过欧洲呢? 有过! 而且一度曾对欧洲文化产生了重要的影响,这就是17—18世纪。法国学者毕诺的《中国对法国哲学思想形成的影响》对此有过深入研究。这本书告诉我们,在欧洲走出中世纪思想的时候,它借用的是儒家思想,或者说当时的欧洲,特别是法国学者是在讨论中国的思想和哲学中反思了他们自己的思想。在伏尔泰那里,在培尔那里,在莱布尼茨那里,他们都是从自己的理论出发汲取了中国的思想。这就说明在中国文化和欧洲文化之间是互动的,而不像我们过去所理解的只是我们要单方面地学习西方文化。正如作者所说:"欧洲发现中国时正值路易十四最辉煌的时代。中国是一个完全不同的国家,具有完全不同的风俗。它的文明也不同,但无论是其古老的历史,还是其辉煌成就,都丝毫不逊色于欧洲文明。中国在某些方面可能落伍于欧洲,但在另外某些方面则大大超过欧洲。无论如何,我可以对这一切进行比较。我试图进行的这种比较,就已经限制了欧洲人的思想,因为这就是承认欧洲的至高无上的地位并非是无可争辩的。"

书中的这些历史事实不仅提醒我们在研究欧洲思想史时,要注意外部思想的影响,实际上世界近代思想的形成在当时是在中西思想的互动中形成的。过去在研究欧洲文化和思想史时很少注意这个角度。同时,我们需要重新反思近代以来我们对自己文化的定位。当然,这并不是否认近代以来我们向西方学习的历程,实际上那是历史,我们也否认不了。这样,我们一方面可以走出"欧洲中心主义"的神话,在中国传统文化中寻求可以融合到现代文化中的因素;另一方面也可以使我们在对传统文化进行判和审视时有更为开阔的视野,把中西双方的思想变动放在一个共同的历史平台上。有了这种认识,我们会对来华传教士的汉籍翻译研究更为自觉,而不是随着一些西方汉学家跑。

一些中国学者套用西方汉学家的研究模式,缺乏学术自觉。个别汉学家认为在16—18世纪中西文化交流史的研究中,应该从过去侧重对传教士的研究转向

① [法]安田朴、谢和耐等著,耿昇译:《明清间入华耶稣会士和中西文化交流》,四川:巴蜀书社,1993年,第17页。

对中国教徒和文人对基督教反应的研究,说这是所谓的"汉学的转向"。这个提法对西方汉学研究这段历史是有学术价值的。熟悉西方关于16—18世纪中西文化交流史的研究的学者会感到,对西方汉学界来说,这样的"汉学转向"有一定的道理。但如果把这样的口号移植到中国当代学术研究的境遇中就未必合适。因为,做中国基督教史研究的学者都知道,陈垣先生一开始做中国基督教史研究时,就是从中国对基督教的接受入手,从中文文献入手的,对我们的学术传统来说没有这种转向。恰恰相反,从中国学术界对关于16—18世纪中西文化交流史的研究来看,我们在继承陈垣先生的传统,注意从中文文献入手推进研究以外,我们在整体上所缺的正是传教士汉学的研究,对传教士中国典籍翻译的研究,这样的需求是和西方汉学界需求完全相反的。一些学者认为这所谓的"汉学转向"是了不得的事,如果将其放入中国自己的传统,这完全不是一件新的提法。在这个研究领域中西方的一些汉学家感觉太好了,现在是他们听听中国学者的意见的时候了。

对传教士的汉学著作中的西方中心主义应给予批判。卫三畏给中国的定位是"现存异教国家中最文明的国家",这在当时大概是对中国比较好的评价了,但这里西方中心主义的立场是很明显的。后来的中国基督教史汉学家赖德烈指出:"卫三畏希望纠正19世纪以来西方对中国的轻蔑与无知,但他没有从当时一种居高临下的优越感中解放出来,他确信,虽然中国绝不是未开化的国家,但中国在文明程度上要落后于基督教国家……他生活在中国的年代,清王朝正在走向衰落,庞大的中华帝国已经被数量很小的英国军队打败,并且处在内战中。当他将中国和工业化革命后日益富强的西方世界进行比较时,他几乎不可能再有18世纪欧洲人看待康乾盛世时那种敬畏和羡慕心情。"[1]

当代学者王立新将基督教汉学家的中国研究,特别是对中国近代化的设计归纳为"泛基督教论"和"基督教救中国论"。这两条都是传教士汉学中的西方中心主义的表现,认为西方科技发达就是因为有基督教,中国如果走现代化之路就只有基督教化才是唯一的出路。作者指出:"在中国近代史上,无论是洋务派的中体西用论还是维新派的制度变革模式在一定历史时期内都曾具有一定的合理性。但是传教士对中国发展道路的设计却从根本上是错误的,它并非从中国的实际需

---

[1]　转引自顾钧:《卫三畏与美国早期汉学》,北京:外语教学与研究出版社,2009年,第138页。

要和利益出发,而是从西方和传教的利益出发,他们的设计不仅无助于中国的独立和富强,相反会把中国的现代化运动引入歧途,因而是有害的。泛基督教论与基督教救中国说反映出传教士具有强烈的宗教和文化优越性以及殖民主义妄想,因而必须彻底抛弃和批判。"①

2.实事求是地对待西方汉学研究著作中的错误

学术研究追求的是真理,历史研究的基础是事实。西方汉学家在对中国的研究中在常识和知识上的错误是常有的,对于这些知识性和常识性的错误,对于他们在翻译中的基本错误都应该本着学术的精神给予指出。

这点在传教士汉学中表现比较突出,许多来到中国的传教士并未受过专业的汉学研究训练,即便经过若干年了解了一些中国情况,对中国的历史文化也是一知半解,郭实腊搞不清贾宝玉是男是女,吉德把《三国演义》看成统计学的书,这样常识性的错误非常常见。即便是像理雅各这样传教士汉学的佼佼者,在知识上的错误也是很明显的。

不仅仅是传教士汉学家,即便是当代的专业汉学家,在其研究的过程中也会出现常识性的错误。例如,1997年美国亚洲学会的最佳著作奖给了芝加哥大学的著名汉学家何伟亚(James L. Hevia),用以表彰他的《怀柔远人:马嘎尔尼使华的中英礼仪冲突》一书的学术成就,但美国汉学家周锡瑞认为书中有相当多的常识性翻译的错误,他说:"何著所附词汇表中的错误令我吃惊。这里'huangdi'(皇帝)被写成'黄帝';'gongcha'(实为"gongchai"即贡差之误拼)被写成'页差','gongdan'(贡单)也随之被写成'页单';'恳求无厌'成了'恳求无压';'冒渎无厌'成了'冒卖无厌';或许最令人惊异的是,'一视同仁'竟被写成'一视同人'。此类词汇错误,很难使人相信作者能够训练有素地使我们更加接近清代文献的原意。"②

又如,美国著名中国音韵学家柯维南(Weldon South Coblin,1944—　)近年出版了《东汉音注手册》(A Handbook of Eastern Han Sound Glosses),这是一本专门汇集东汉语音资料,讨论东汉古音及其方音特色的专著,在当代西方汉学的音韵学

①　王立新:《美国传教士与晚清中国现代化》,天津:天津人民出版社,1997年,第503~504页。
②　周锡瑞:《后现代式研究:望文生义,方为妥善》,载黄宗智主编:《中国研究的范式问题讨论》,北京:社会科学文献出版社,2003年,第48页,。

研究上,柯维南教授是一个重要的学者,他对汉藏语言的研究受到学界重视,1986年,柯维南教授在德国华裔学志研究所出版了《一个汉学家的汉藏语词汇对照手册》(*A Sinologist's Handlist of Sino-Tibetan Lexical Comparisons*),1987年,他与李方桂先生合作出版了《古藏语碑文研究》(台北历史语言研究出版)。这些专著都极有价值,后者更是古藏语研究之重要著述。① 尽管柯维南在西方汉学界的中国语言研究中是一位重量级的学者,他的著作也都是西方著名的汉学机构所出版,但在内容上仍有缺漏、错误,对此,中国学者虞万里先生在《国际汉学》上发表长篇论文,对柯维南的《东汉音注手册》一书中的问题,逐一做了订补。在文章的最后,虞万里做了一个总结,他说:"以上分别对《东汉音注手册》中三礼资料进行了订正和补遗。订正部分,分五大类,十三项。一般多为一条资料中有一处差误,也偶有二处者。以异文作汉读者1条,以经文作汉读者1条,非汉读入汉读者3条,汉读入非汉读者2条,作者不明或误标作者4条,例字颠倒者4条,例字讹误者16条,篇名错误者25条,篇名不全者8条,篇名拼音误者2条,汉读代码误者21条,代码例式与原文不符者33条,无代码例者29条,总计149条。补遗部分,依《周礼》《仪礼》《礼记》之序。《周礼》杜子春85条,其中同字重复4条;郑兴2条;郑众73条,其中同字重复者10条;郑玄77条,其中重复者15条。《礼仪》郑玄26条,其中同字重复者5条。《礼记》郑玄93条,其中同字重复者13条。总计356条。由于三礼的汉读资料较为复杂,许多问题涉及到经义和版本校勘。柯先生虽说以《汉魏音》为主要参考书,但具体每条资料未明确交代版本所出。"②

　　我这里大段引用虞万里先生的文章,目的就在于,这是一篇非常专业的文章,在知识上实证性很强,不易转述。同时,从这段长引文中读者可以看到即便是西方一流的汉学家,在其研究中也会有知识上的差误,任何一位西方的汉学家都不可自以为是西方知名大学的教授,在汉学研究上就可以保证没有差误。学问无东西,知识无国界。即便是中国学者在从事自己的研究中也常常有知识的差误,中国学者在母语的环境中尚且如此,西方汉学家出现这些错误是完全可以理解的。

①　虞万里:《柯维南〈东汉音注手册〉三礼资料订补》,见任继愈主编:《国际汉学》第5期,郑州:大象出版社,2000年,第502页。

②　虞万里:《柯维南〈东汉音注手册〉三礼资料订补》,见任继愈主编:《国际汉学》第5期,郑州:大象出版社,2000年,第546页。

但这并不意味着对这些知识性的差误可以视而不见,对西方汉学家的这些知识性的差误,中国学者理应从学术角度加以批评。对汉学家在翻译中国典籍中的知识性差误,中国学者应给予实事求是的批评。像柯维南这样著名的教授在其著名的代表性著作中出现如此多的差误,在西方汉学界仍是存在的。在文学史、历史研究等领域都有类似的情况。随着中国学术界对汉学历史研究的深入,我们会发现很多如雷贯耳的大汉学家在其翻译上的知识性差误,在其研究上的知识性缺漏。

目前在中国学术界逐步展开的国别汉学史研究成绩可喜,"有胜于无",学术总是一步步地发展、丰富和积累起来的。国别汉学史作为一个学术史研究的领域,它探究的是中国历史文化在域外各国的传播和发展,这样学派的梳理、人物介绍、历史的沿革、名著的分析就成为其基本内容。从日本学者石田幹之助的《欧洲之汉学研究》,到中国学者莫东寅的《汉学发达史》,中国学者在汉学史的研究上已经取得重大的历史性进步。李庆先生的《日本汉学史》更是洋洋洒洒,有五卷之巨。中国学术界从事域外汉学研究的学者应该继续沿着这个方向前进,写出更为系统的国别汉学史。

但是,我们必须记住的是,汉学史的书写一方面是我们从事西方东方学研究的一个部分,自然要熟悉各国的历史文化对其东方学研究、对其汉学研究的影响。但是,各国的汉学史毕竟是对中国历史文化的研究,尽管汉学家们在知识的解释和理解上有着自己的文化特点,但就知识本身,它是对中国历史文化的转述和记载。对于这一部分,中国学者有责任对其展开批评,指出其贡献,指出其不足。汉学史的研究不仅仅是我们对汉学学术发展的梳理,不仅仅成为对一些著名汉学家的颂词,也是中国学者与汉学家们的对话。显然,在这方面我们做得尚不到位。在对国别汉学史的研究中,在对汉学家的研究中,需要我们努力与汉学家们展开学术性的对话。

在这方面,学术界也有了进展,严绍璗先生的几名高足对日本汉学家的研究已经不仅仅停留在对汉学家历史的介绍,而是对学术和知识展开了对话性研究。这说明,批评的中国学展开有赖于中国学术界对汉学研究的深入展开,有赖于中国学术界各个专业学者进入汉学研究这个领域,与汉学家展开对话。只有此时,中国学术才能在世界上真正展开,对汉学的研究才从介绍发展到真正的研究阶段。西方一些汉学家便再不能轻蔑中国学者的研究。让东方学回到东方,汉学研究回到其故乡,这是很自然的。中国学者在绝大多数的中国历史文化研究中居于世界的领先地位,这是不可否认的,每一个西方汉学家当其著作被翻译成中文时,当其学术著作在中国出版时,他们就应做好接受中国学者的质疑和考问的准备。

理雅各和韦利在翻译《诗经》时,都把"窈窕淑女,君子好逑"的"君子"翻译成"王子"(Prince),把"淑女"翻译成"王妃"或"贵妇"(noble lady)。①

3.走出西方汉学研究的范式,重建中国学术的叙述

批判的中国学不仅仅在于纠正西方汉学家在知识上的差误、在常识上的缺漏,重要的是要逐步走出汉学家中国研究的一些范式,重建中国学术的叙述。

中国作为一个后发现代性的国家,至晚清后中国历史与文化的自然发展历史被西方列强强行打断,这是资本第一次全球化发展的一个结果,是西方国家对世界财富的第一次强行掠夺。从大历史观上,这是不可阻挡的历史进程。但这样的历史进程不仅仅对中国的经济、政治是灾难性的,对于历史与文化、精神与信仰同样是灾难性的。"19世纪后半叶中国所经受的屈辱和灾难使传统的以自我为中心的中国进行了痛苦的自我反省、重新评价和重新组织。下面我们将沿着这一过程的轨迹,看看中国人是怎样慢慢地、勉强地试图首先在军事领域,其次在经济领域,再次在社会和文化领域,最后再在政治领域仿效西方模式的。"②1905年废除科举以后,中国传统的学术叙述就开始面临重大的危机,西学的传入,新学堂的建立,中国传统知识和西学知识两种体系在和学术传统的交织中,中国传统的学术叙述处于下风。此时西方汉学随着西学进入中国并开始进入中国知识分子的视野。

如果说,晚明时利玛窦所代表的传教士对中国知识的表达虽然被传统士大夫们接受,但其知识的框架的叙述方式和中国历史文化并不完全融合,此时士大夫们只是将其作为传统知识的补充而已。而到晚清时,新学堂的建立,汉学家进入中国教育体制之中,无论是传教士汉学家还是职业的汉学家已经逐步产生影响。桑兵说:"欲知下世纪中国学术发展的大道何在,应对近代学术的利弊得失详察深究,而与国际汉学界的交往,为其中重要内容。"此话有理,中国对西学的最终接受表现在对西方汉学研究中国模式的接受,西学作为外学只是工具,只有当其运用

---

① 参见吕叔湘:《中诗英译比录》,上海:上海外语教育出版社,1980年。

② [美]斯塔夫里阿诺斯著,吴象婴等译:《全球通史:1500年以后的世界》,上海:上海社会科学出版社,1999年,第469页。

到自身文化的分析时,它才由外而入内。这个由外而入内的转换就是西方汉学。"从 20 世纪 30 年代起,欧美学者渐有由日文论著入手治汉学之端倪,当时中国学者深以为耻,力图扭转。然而半个多世纪过去,征兆蔚为风气,反而愈演愈烈。国人不仅因中体动摇而自毁体系,似乎对国际汉学的批判能力也日趋减弱,使之日益脱离本土学术的制约。有学者以为:'研究中国历史文化的学术,如果脱离中国人的阅读批评,自成一个世界,实在是最畸形的事!对于我们也是很可耻的事!以历史为生命的中华民族,是不应该懒惰到有如此"雅量"的。'不幸事实正是如此。"①

由于整个对中国传统文化叙述的模式通过西方汉学接受了西学的学术方式,但由于中国文明史是完全独立于西方文明自身发展起来的一个文化体系,完全套用西方的知识体系来解释中国的文化历史显然是有问题的。如果中国学术摆脱西方中心主义的文化叙述,将根据自己的传统和历史给予合理的解释,这样就自然使得当代中国学术的重建应该从梳理西方汉学的研究模式进入中国传统历史叙述方式入手,进而厘清得失,接续传统,融合新知。这是一个很大的题目,在这样一个导论性著作中是不能全面展开的,笔者也尚无这样的学力来完成此事。笔者试图从一个例子来说明这个问题的重要性,以此说明批评的中国学的学术对话的核心所在。

关于中国民族国家的叙述。印裔美国汉学家杜赞奇(Prasenjit Duara)在他的《从民族国家拯救历史:民族主义话语与中国现代史研究》(*Rescuing History from the Nation：Questioning Narratives of Modern China*)一书中,从后现代史学出发,认为"中国的历史不能再被天真地当作西方史或真实的中国历史。我们必须关注叙事的政治,不论是我们在理解中所运用的修辞手段的政治,还是想我们呈现他们的世界观的历史演员所运用的修辞手段的政治。"②过去一切的历史都是和权力相关的,都要重新考虑,而中国近代以来的中国历史叙述受到了启蒙运动以来的西方史学观的影响,作为后现代史学结构对象的启蒙史观,自然也包括了中国的历史观。

---

① 桑兵:《国学与汉学——近代中外学界交往录》绪论,杭州:浙江人民出版社,1999 年。
② [美]杜赞奇著,王宪明等译:《从民族国家拯救历史:民族主义话语与中国现代史研究》,南京:江苏人民出版社,2009 年,第 27 页。

这本书从一个侧面提醒我们西方史观通过汉学对我们的历史影响,近代以来中国史学跟随西方史学的日本汉学,例如,桑原骘藏《支那史要》按照西方史学分类来研究中国历史分类对中国史学的影响,尽管也有雷宗海等史学家对这种分类提出异议。杜赞奇是以此来展开他的论述的。这就是,在西方史学界现在在后现代史学的支配和影响下,开始解构启蒙以来的国家民族观念,今天他自然可以用这个方法来再次批评近代以来中国史学界在启蒙史观下构筑的中国历史观,其核心就是,中国也是一个"想象的共同体",并不是一个具有同一性的国家,因此,要真正研究历史,就必须消解民族国家这个虚构,来重新书写历史。

本尼迪克特·安德森的《想象的共同体:民族主义的起源与散布》一书是杜赞奇的理论来源,在安德森看来民族、民族属性与民族主义只是一种"特殊的文化的人造物"。他说:"这些人造物之所以在18世纪末被创造出来,其实是从种种各自独立的历史力量复杂的'交汇'过程中自发地萃取提炼出来的一个结果;然而,一旦被创造出来,它们就变得'模式化'(modular),在深浅不一的自觉状态下,它们可以被移植到许多形形色色的社会领域,可以吸纳同样多形形色色的各种政治和意识形态组合,也可以被这些力量吸收。"[1]安德森对民族国家的理解是从欧洲历史出发的,欧洲历史上宗教、文化和政治交织在一起,民族国家的历史是在近代以后,随着宗教改革和民族语言的产生逐步发展起来的,国家的疆域与文化的疆域并不统一。这和中国作为一个文明型国家的历史完全不同。因此,杜赞奇用安德森的分析方法来解释中国的历史是有问题的。

很高兴读到葛兆光先生的《宅兹中国:重建有关"中国"的历史论述》,他对杜赞奇这套说法保持了高度的警惕。作者问道:"需要追问的是,这种似乎是'从民族国家拯救历史'的方法和立场本身,是否又过度放大了民族、宗教、地方历史的差异性,或者过度看小了'中国'尤其是'汉族中国'的历史延续性和文化同一性?因为它们也未必完全是根据历史资料的判断,有可能只是来自某种西方时尚理论的后设观察,成为流行的后殖民理论的中国版,那么,它背后的政治背景和意识形态如何理解?"[2]

---

① [美]本尼迪克特·安德森著,吴叡人译:《想象的共同体:民族主义的起源与散布》,上海:上海人民出版社,2005年4月,第4页。
② 葛兆光:《宅兹中国:重建有关"中国"的历史论述》,北京:中华书局,2011年,第5页。

同时作者的学术视野也涉及日本汉学,对日本汉学界通过研究"四裔之学"、亚洲研究来消解中国历史的论述也给予正面的回答。从明治时代开始,日本汉学界在"追随西方民族与国家观念和西方中国学,逐渐形成日本中国学研究者对于中国'四裔'如朝鲜、蒙古、满洲、西藏、新疆的格外关注,他们不再把中国各王朝看成是笼罩边疆和异族的同一体。这一原本只是学术研究的取向,逐渐变成一种理解中国的观念,并在二战前后的日本(历)史学界形成热门话题。"①

仅此一例说明西方汉学在对中国历史文化的理解和研究时,总是容易受到西方知识体系的影响,从而对中国在文明形态和发展历史上与欧美有较大差别的注意不够。这样的例子还有不少,例如关于日本汉学界对中国近代历史的划分问题,所谓的"宋代革命论"的提出,中国学术界多有批评;近年来美国汉学界常用后现代史学方法研究中国历史文化,研究中国的理论构架和中国历史材料之间很难融合。所以,一方面,我们应该看到域外汉学的存在标志着中国的学问和知识已经在世界范围内展开,这是中国文化影响力的表现。另一方面,也要和汉学家展开对话,对这种异域的学问做一种跨文化的理解,在学术上展开严肃的对话和批评。对西方汉学崇拜的时代应该结束了,一个平等对话的时代开始了。

结　语

中译外,或者更为准确地说"中译西"的理论探讨刚刚开始,我们必须认识到,这是一个亟待开拓的学术领域,只是躺在西方的翻译理论上已经不足于解释"中译西"的几百年翻译历史。对中国文化经典的翻译研究有两个基本支点:一个是历史,一个是理论。对历史没有深入研究,不仅仅会犯常识性的错误,而且由于没有文献的开拓和历史的坚实研究,导致在理论上无法有新的创造。反之亦然,没有理论的翻译史研究是一堆没有灵魂的材料,结果,历史成为任人打扮的小姑娘。而脱离了中国翻译史的基本历史研究,套用西方流行的翻译理论,一旦用来分析中国典籍外译的历史,就会出现这样或那样的错误,对后殖民主义翻译理论的崇拜,将其用在汉学翻译的研究中,满篇"洋词",看似新鲜,其实价值不大。

---

① 葛兆光:《宅兹中国:重建有关"中国"的历史论述》,北京:中华书局,2011年,第9~10页。

中国典籍的翻译是复杂多维的领域,翻译主体不同,译本就不同,译者研究一直是翻译理论的重点。翻译揭示了文化之间的相遇与交错,这是一个交错的文化史,多维的思考,文化的自觉是开拓翻译理论的前提。

附录：阿瑟·韦利论翻译①

　　开篇我要说的，看似显而易见但又不是真的那么明显，否则就不会经常被忽视甚至背道而驰了。翻译的目的不同，所需的翻译方法也就不同。如若翻译的是法律文书，只需传达文意即可；但如若翻译的是文学作品，不仅要传达情感还需要顾及语法意义。作者融自身的情感——愤怒、怜悯和喜悦——于原著之中，通过他的韵律、他的强调和他严谨的选词来表达。如果译者在阅读时"感受"不到，仅简单地罗列出一连串无韵律的字典意义，他可能自认为是"忠实"于原文，但事实上却完全歪曲了原文。

　　在《薄伽梵歌》(*Bhagavad Gita*，意译《世尊歌》)近尾声部分，有一段话有力而唯美：战士阿朱那(Arjuna)受上帝启示，最终抛开了所有的顾忌。战争开始，他是一名士兵，他必须去战斗，即便敌人是他的朋友和亲属。关于他的话，有如下几种不同的标准译文：

　　(1)噢，永不倒下的一位！通过你的帮助我的无知被摧毁，我已经得以记起(我的义务)；我(现在)不再疑虑；我现在应该按照你告诉我的去进行(战斗)！

　　(2)被摧毁的是我的幻觉；借尔恩典，噢 Achutya，知识已被我得到。我决意不再迟疑。我会遵尔言而行。

　　(3)我的困惑已经消失远去；借尔恩典我已经得以记起，噢，从不倒下者。我站定不再迟疑。我要践行尔言。

　　(4)我的困惑已被摧毁，我已经得以记起靠尔的帮助，噢，坚定的一位。靠尔恩惠；我确定无疑，我的疑虑已去；我要践行尔言。

　　译文(1)除了毫无韵律之美，还画蛇添足颠倒了原文的词序并且还在括号中增加了完全不必要的注释。如若有读者读诗至此，还需要被告知阿朱那此时所记起的以及他打算去做的是什么，那么此时读者必定极为心不在焉而不值得去迎

_____

① 刘美华译。

合。译文(2)比较好些;但是 Achutya 这一称号并未向读者传达任何意义,似乎像其他三位译者那样翻译要更好一些。那像四位译者一样都力求保留梵文风格把"记得"取而代之以"得以记起"是否有意义呢? 在译文(3)中,如果"消失"后面没有"远去"一词更为押韵,"远去"在此并未增加任何意义。但是,我认为译文(3)(Barnett 教授译)是这四者中最好的。译文(4)"我确定无疑"为一败笔,尽管从语源学意义上来说是对原著正确的诠释,但是以此表达"我已决意"并非合适。

我建议如此翻译:

你,不朽的神,	You,god imperishable,
已打碎了我的幻觉,	Have broken my illusion,
通过你的恩典我已记得。	By your grace I have remembered.
我坚定立场,不再疑虑不决,	I take my stand,I doubt no longer,
我将执行你的命令。	I will do your bidding.

我并不自诩这能好过对原作无力的效仿;但我认为它要比其他四个译文更为有气势、更押韵。毫无疑问,四位译者都意识到他们翻译的是一首美妙的诗中最为关键的部分,但我并不能在他们的译文中找到这种感觉。

确实对于某些关键性的段落或行句,译者从一开始就感觉到,把它译好将是至关重要的。不是替换或接近就可以解决的。在《源氏物语》(*The Tale of Genji*)"浮舟"(Ukifune)一章的尾声有这样一段:浮舟在她的两个情人中间左右为难,决定投河自杀。她的侍女右近(Ukon)为她出谋划策却让她烦恼不堪。

这一段字面直译为:

右近,靠近躺卧处:"因此只有当人想事情时,因为想事情的那人的灵魂会迷路,确实可能会是噩梦。一旦决定这样或那样,那么无论如何会好起来的!"她叹了口气。(浮舟)把软布蒙在她脸上,躺着,就是如此。

这里所说的梦,显然(正如注者所指出的)指的是浮舟的母亲前一夜所做的那个"怕得不愿提及"的梦,此段我翻译如下:

此时右近来陪她小坐一会儿。"如果一个人像你现在这样折磨自己,我们都知道会怎么样:他的灵魂就会脱壳还到处游荡,这也就是你母亲会做这些噩梦的原因。没什么好担心的。你就拿定主意这样或那样,就万事大吉了。至少是这么希望的。"她说着叹了口气。

浮舟躺在那里用柔软的床单把脸蒙得紧紧的。

右近绝非粗野之辈。但是她比浮舟社会地位低得多,并且这(尽管我不曾打算在我直译中提出来)从她对动词的使用上就可以表达出来。译者必须让她对女主人说话时像个下人,但是我们不能忘记她又是浮舟老奶妈的女儿,她是女主人的心腹侍女。那么译者就必须要明确表达她火上加油、一翻好意却适得其反,出无用的主意把浮舟逼到绝望的地步。我是否阐述太过而破坏了这一段的深刻?我认为没有。大概25年之后,我又回头看,依然不想作任何改动,我甚至感觉,如果右近说的是英语,她大概就会这么说。

关于这一段,没有其他译文可以和我的译文做比对。如果有的话,我可能会忽然感觉我的译文译得一团糟。这样一说,我想到的是能剧《卒都婆小町》(*Sotoba Komachi*)的一段话:

> Oh how fell she from splendor,
>
> How came the white of winter
>
> To crown her head?
>
> Where are gone the lovely locks, double-twined,
>
> The coils of jet?
>
> Lank wisps, scant curls wither now on wilted flesh,
>
> And twin-arches, moth-brows, tinge no more
>
> With the hue of far hills.

我在1921年是这么翻译的,这并不是拙劣的版本。但我必须承认,我最近在凯内(Donald Keene)所编的选集中读到Sam Houston Brock所译的《卒都婆小町》,我变得不那么坚定了。他的译文如下:

> How was ever such loveliness lost?
>
> When did she change?
>
> Her hair a tangle of frosted grass
>
> Where the black curls lay in her neck
>
> And the colour lost from the twin arched peaks
>
> Of her brow.

我顿时感觉我的译文是那般的冗赘不堪,并且还企图以不合适的方式改进原文。但这并不意味着我对 Brock 先生的译文完全满意。如果说我的译文太过诗意，那么我认为他的译文则过于散文化，而且我怎么都不认为那句"of her brow"是他译文的点睛之笔。

中国小说《西游记》中有绝佳的一段，关于三藏成佛之后看到自己脱却的尘躯顺水流去：

> 三藏惊愕地看着。悟空笑道："莫怕，师父，那个就是你。"八戒也说："是你，是你。"沙僧拍着手喊道："是你，是你。"船家也应和着说："你去了，可贺可贺。"

海伦·海斯（Helen Hayes）在她（1930 年）的译文中这段话翻译如是：

> 一具尸体从他们旁边漂过，师父看到他很害怕。但在前面的孙悟空说："师父，不要惊慌。这不是别人，是您自己的。"那船家也应声说道："这尸体是你自己的，你应该知道快乐！"

（原作中的）关键在于重复两个简单的字（shi ni），如果译者对这一重复不耐烦了，译得就像只有两个人在对话，在我看来，如此便破坏了这一整段。第二点需要注意的是那船家说"可贺"（k'o ho），他用的是日常祝贺的话，如果遇到升迁的官员可以这么说，用于三藏从凡夫俗体行满成佛，便很奇怪。海伦·海斯的"你应该知道快乐！"（May you know joy！）和（必需的）陈腐的客套话相去甚远，人们不会这样向他人道贺。

这就把我们引到了语态的问题上。当翻译散文对话时，译者应该让人物的话语是说话人正常的言谈。译者应该像小说家聆听他塑造的人物说话一样去聆听。那是明显而真切的。但是，无论是远东还是欧洲的译者在翻译时，似乎大多都没有遵循这一原则。

以 Beatrice Lane 译的能剧《土蜘蛛》（Tsuchigumo）译文为例。一个名为胡蝶（Kochō）的小妾说的话："拿着医生开的药，我，胡蝶，已经来到。请求这样告诉他。"（Bearing medicine given by the doctor, I, Kochō, have come. Pray tell him so.）会有人这样说话吗？这段意译为："请告诉老爷，胡蝶从侍医长那里给他抓了些药来。"（Please tell his Honour that Butterfly has come with some medicine for him from the Chief Physician.）

译者也不必是文学天才方能避免我所引述的这类翻译的洋泾浜（pidgin）。

只要简单地养成聆听交谈的习惯即可。不能参阅原文的读者会理所当然地倾向于这种"古怪的"英语是源于译者值得称赞地忠于原作者的语言风格,并有一种参透作者思想而感到安慰的感觉。甚至有人跟我说,读得顺畅的译文不可能传达原文的真正意思。但事实上,正如上述例子,如果把古怪的译文跟原文做对比,通常会发现,奇怪的地方都是主观臆断的结果,并丝毫没有原文的语风。实际上,在表达自己的思想时,那些写作高手(除非他们在一定程度上受过翻译训练),在面对外语原文时,更容易失去所有正常的表达能力。我曾经编辑过一卷书,书中文章为几位考古学家翻译德国同行的文章,这些考古学家们在表达自己的观点时个个文采斐然。所翻译的那些文章材料纯粹是技术性的和具体性的;译者们也非常清楚作者用意。但除了那可怜至极的洋泾浜译文,他们的翻译一无所成。面对德语语句,他们完全找不到步调。

我用了"受过翻译训练"这个表达,因为我相信即便是翻译文学作品(不仅仅是技术信息)也有很多可以学习的。毕竟,译者不必甚至也最好不是一位创作天才。译者的角色更像是音乐的演奏者,这和作曲家是有区别的。最起码,他必须对字句和韵律有一定的敏感度。但是我确信,这种敏感度就像对音乐的敏感度一样,可以被极大地激发和增强。

一位(我敬仰的)法国学者最近在论及译者时写道:"译者们应该让自己隐藏于原作之中,让读者真正了解原作,让原作说话。"除非是极少数诸如"猫追老鼠"(the cat chases the mouse)这类直白而具体的陈述,很少能在另一种语言中找到逐字对应的句子。如此一来,翻译就演变为在不同的近义词中做选择的问题。比如,在英语中,不能说"让他们把自己隐藏在原作之后"。大可这样说:"他们应该隐藏自己,让原作说话",诸如此类。我总是发现说话的是我,而非原作。我曾几百次长久地面对原作,完全明白其含义,但要用英语表达出来,力求既要用一系列正确的字典意义,同时还要表达出原作的重点、语气和修辞,我却无从下笔。

这位法国学者继续说:"一味追求美感,译者便与忠实背道而驰。"我更愿意说译者的真功夫始于"追求美感"。在此之前,外语知识当然是必要的根本,但是那是语言学的范畴,和我所讨论的翻译艺术无关。当然,确实有一些作品只有逻辑意义,而无关感情。但是此类作品尤其在远东可谓绝无仅有。即便是哲学作品,对于情感的诉求向来也都是多于逻辑。

在我翻译中文诗 6 年前后,仅仅凭本能的引导,我发现自己无意识地遵循一种规律。这便是:一个汉语音节就有一个重音。重读的音节也有可能会并列出现,比如:

深山无人径(On the hígh hílls nó creature stírs)

重读音节也有可能被最多三个非重读音节分开,比如:

依然弄扁舟(I have stíll to travel in my solitary bóat.)

我想这就是杰拉尔德·曼利·霍普金斯(Gerard Manley Hopkins)(我未曾拜读过)所说的"跳跃韵"。我的译文没有韵脚,因为我发现用韵会让译者偏离原作。但是,即便不用韵,行末一字的发音和用韵一样重要。此外,在自由诗中,各行之间优美的音韵关系与标准的、传统的韵节一样重要。然而,有时用韵者们确实酝酿得令人难以置信。一位译者,姑且隐其姓名,译有以下两行诗:

This little grandchild,5 years short of 12,

As yet can neither spin nor deeply delve.

相信与否,原作所说的是:

The little children cannot yet help with the ploughing or weaving.

与此同时,尽管这位译者译得一塌糊涂,但是我对他的用韵毫不质疑,因为他所有的经验和工作都用于琢磨用韵写诗了。译者必须采用自己最得心应手的工具。这立刻让我想到 19 世纪把欧洲小说译成中文的翻译大家林纾(Lin Shu)的话,当有人问他为何把狄更斯(Dickens)的小说译成古汉语而非现代白话文时,他回答说:"因为古汉语才是我所擅长的。"

从这位非凡的人物故事中,我们确实可以学到很多翻译方面的经验,因此,我想用多些篇幅在他身上。通过引述他所译《孝女耐儿传》(*The Old Curiosity Shop*,即《老古玩店》)的序言来介绍他:

予尝静处一室,可经月,户外家人足音,颇能辨之了了,而余目固未之接也。

今我同志数君子,偶举西士之文字示余,余虽不审西文,然日闻其口译,亦能区别其文章之流派,如辨家人之足音。

林纾(1852—1924)涉入译界或多或少有些偶然,之前,他已经是一位著名文学家、评论家,其文言文文风简洁、清晰而有力。1893 年,他的一位名叫王子仁(Wang Tzu-jen,即王寿昌)的年轻朋友刚从法国留学归国,给他带回一本小仲马

（Dumas）的小说《巴黎茶花女遗事》（*La Dame aux Camélias*），并用日常的汉语白话口头传译给他，林纾便开始转译成文言文，这是一件很奇怪的事，因为尽管有一些中文短篇故事是用文言文写成，但是，中文长篇小说无一例外都是用白话文写成的。他的译文刊行了，并取得巨大的成功。

在接下来的 25 年里，他大概有 160 篇译作问世。他对王子仁敬重万分，却再也没能够合作，王子仁似乎是英年早逝了。但是王子仁的两个侄子懂法语，和他合作翻译过多种作品。20 年后，其中一位帮助林纾翻译了森彼得（Bernardin de Saint-Pierre）的《离恨天》（*Paul et Virginie*，又《保尔和薇吉妮》）。在他从译大概 25 年的时间里，他至少有 16 位翻译合作者。这些人大多是才华横溢且受过高等教育的年轻人，他们曾被派出国学习诸如海事工程之类的实用学科。他们很快投身于各自事业，成为外交家或政府官员，因而不能长久协助林纾翻译是很自然而然的。

当然，林纾的翻译方法也有很多不可取之处。在他"听足音"的比喻中，他或多或少承认自己不谙外文，这就好像一个盲人在画展里，朋友们可以告诉他关于画的全部，却不能展现画的真实景象。这种译法自然疵误百出，他不间断地收到全国各地读者寄来的勘误表。是他那强有力和生动的风格，以及他对诉于他那些故事的强烈感受，让他成为了一名出类拔萃的译者。他在所译夏绿蒂·杨支（Charlotte Yonge）的《鹰梯小豪杰》（*The Eagle and the Dove*）的序中写道："书中之人即吾亲切之戚畹。遭难为悲得志为喜则吾身直一傀儡而著书者为我牵丝矣。"

他的翻译速度惊人。仅 1907 年一年时间，他发表的译作有司各特（Scott）的《十字军英雄记》（*The Talisman*）和《剑底鸳鸯》（*The Betrothed*）、狄更斯的《孝女耐儿传》和《滑稽外史》（*Nicholas Nickleby*，即《尼古拉斯·尼克尔贝》）、华盛顿·欧文（Washington Irving）的《拊掌录》（*Sketch Book*，即《见闻札记》）、阿瑟·毛利森（Arthur Morrison）的《神枢鬼藏录》（*The Hole in the Wall*），以及数篇柯南·道尔（Conan Doyle）与其他畅销作家的一些小故事。

他在译界声名鹊起或许得益于他译狄更斯的作品。他翻译了狄更斯所有重要的小说，我曾把他的一些译文段落和原作进行对比。从表面上看，他把狄更斯的作品译成古汉语似乎有些怪诞。但结果却恰恰相反。狄更斯不可避免地变成了另外一个作家，且在我的印象中他变成了一位更好的作家。他那夸张的修饰、过度的阐述和泛滥的饶舌等弊病都不复存在了。原作的幽默依旧,但是被一种精确的、简洁的风格所取代;狄更斯每一处因失控的热情产生的败笔,林纾都会使其平静而有效。

基于此,或许你会质疑林纾是否可以称得上是译者。但就译狄更斯小说而言,我认为,无论从何程度来看,都不该认为他是"改述"或"改编"。无论如何,他是一名传达者,在可能的范围内,最大量地把欧洲小说介绍给中国,而中国小说(因禁锢于祖先传统而失宠于当代小说家)正是因为他,方才枯木逢春。我已经提及我们从林纾的成就中所学到的长处。首先,无论是直接翻译还是间接转译,最重要的是译者要以文为乐。我想提的另一个例子,是阿克顿(Harold Action)和李宜燮(Lee Yi-hsieh)合译的《警世恒言四故事》(*Four Cautionary Tales*),他们的合译方式在一定程度上与林纾和合作者工作方式相同。这可以说明译作会产生多大的差别。

不管译者风格是当代的还是古典的都不重要。有的作家自幼对《圣经》耳濡目染,《圣经》风格使用起来得心应手。我打算以鲁斯(Gordon Luce)的《玻璃宫史》(*The Glass Palace Chronicle of the Kings of Burma*)为例。经过深思熟虑、前后一致的古香古色的译文和技艺不精湛的译者无意义的偶尔搬弄的经文语调(比如,把"these two"写成"these twain")的译文相比,可谓天壤之别。

下面所言关乎所翻译书籍的选择。1910 年前后,小说家兼翻译家曾朴(Tseng P'u)在北京看望林纾,曾向林解释说,他所做的工作只不过是在现存的汗牛充栋的唐传奇的基础上,增加一系列从海外拿来的洋材料,从而创作出新的不同的唐传奇。曾朴说,此种做法并不会对中国文学的前途产生多大的影响。此外,他建议林纾,制订一份巨著清单,根据年代、国别和文学流派来分类,然后按顺序系统地逐一翻译。林纾解释说自己不懂外文,他无法胜任这一清单,他选择自己既有的工作方式也是别无他法。他的朋友们所带给他的都是名作,无须按照一个既定的次序去翻译它们。如若曾朴事前了解林纾的个性(这么看来他俩事前并未谋面),他就会知道让林纾按日程来翻译是多么不可思议的一件事情。此外,尽管林纾从事翻译主要是因为他酷爱翻译,据我所知,他也未曾想要"影响中国文学的前途",但他毕生丰硕的译述生平却在事实上改革了中国小说。

至于项目和日程的可取性,这个问题再一次被明显地提上日程。文化宣传对于部分人来说是新热点,很多政府资助的组织正忙于列一些必须翻译的作品清单。一些懂语言知识却没有文学细胞的年轻人,被拉过来从事翻译工作,他们对此丝毫没有特别的热情,能引起他们兴趣的是他们能跻身于官方拟定的"名著"清单中。我感觉这种体制是不会持续发展的。重要的是,译者应该对他所翻译的作品感到兴奋,应该有一种日夜萦绕心头、必须把它译成自己母语的感觉,应该有一种译作不完成便坐立不安、心神不宁的状态。"名著"未必永远是名著,且可能随时被淘汰出局。这其中有一些作品之所以能跻身名著之列,是缘于各种外在的和相较临时的因素。甚至不久前,在我童年时代,一首题为"Cassaby Anchor"的诗也曾为"名作",当时不得不背诵它。或许有一天,它将会再次回到那个地位;但是同时,让译者博览群书,并选择能为之兴奋而迫不及待要翻译的作品。如果它们今天还不是"名著",很可能明天就是。日本人寄翻译信念于委员会。出版于1940年《万叶集》(*Manyōshū*)(日本最早一部诗选)的翻译似乎是由20个人(其中只有一位不是日本人)合译的。效果甚佳,但我确定,这要归功于那位西方人拉尔夫·霍奇森(Ralph Hodgson),显然,在翻译的最后阶段,他享有自由决策权。丛书的下一种便是日本能剧(Japanese Noh Drama)(1954年版),此剧可能由18人合译;但是肯定没有拉尔夫·霍奇森那样的西方诗人,能拥有我认为的在合译前者时那样的自由。结果,剧中的抒情诗部分被简单地译成了散文,还当作诗一般随意分行印刷,例如:

> In recent years
>
> I have lived a country life.

日本委员会觉得"遗憾"的是,日本的文学的翻译至今仍由外国人做主译人。相反,我却认为,译者把作品翻译成母语似乎总是要更好一些。译者是不大可能驾驭外文所有资源的,即便是词汇都足以让译者捉襟见肘,再到韵律,就完全不知所措了。

此篇散乱的翻译小议主要是关于远东的,因为那是我自己的经验所在。但是我所说的这些,也几乎同样适用于欧洲语言的外译。恐怕我有点自恃清高的感觉。我挑了别人译文的弊病,在多数情况下我还是更喜欢自己的翻译。但我认为人们偏爱自己的译作是人之常情。毕竟,译者还是根据自己的品味和鉴赏力来翻译的,自然偏爱自己的译作甚于别人的,就像人们偏爱穿自己的鞋走路一样。

第七章

全球化视野下的中国文化经典外播研究

导　语

　　中国典籍的西译绝不仅仅是一个知识论的问题,它涉及对自身文化的认识,涉及对翻译的重新理解,涉及对西方汉学如何认识。以上几章我们对中国文化的外译所涉及的几个问题做了初步的探索,本章将对全书做一个小结,从中国古代文化典籍的外译历史和实践的探索中对中国文化在全球的传播做一个初步的展望。

一、从跨文化角度把握中国古代文化典籍的西译

　　通过以上各篇文章的研究,我们看到在中国文化走向世界的 400 年的漫长历史中,中国文化经典在西方有着漫长的传播历史,这个传播历史给我们留下了许多宝贵的经验和教训。当今日崛起的中国充满文化复兴的伟大理想,重启新一轮的中华文化走出去的重大决策时,认真总结中华文化外传的 400 年历史,特别是在西方传播的历史,梳理其基本历史,总结其基本规律,研究其基本方法就显得十分重要。因为,任何决策都应建立在坚实的学术研究基础上,仅仅凭借热情是远远不够的。历史永远是人类的教科书。正像自然科学的探索者总是不断把研究

的触角伸向更远的太空一样,人文学者的探索总是不断把研究的触角伸向历史的深处,以求获得历史的智慧。中国古代文化经典在西方传播的 400 年,笔者认为以下几点是我们应该注意的。

1.西方汉学家是中国文化经典西传的翻译主体

从中国古代典籍西译的历史来看,翻译的主体是西方的汉学家,这个结论是可以从考狄书目和袁同礼书目中得到坚实的数据支撑的。在上面我们曾专门讨论了"中译外"和"外译中"的区别问题,其目的在于厘清"中译外"在翻译学上的特点,同时我们也在翻译主体一部分详细讨论了西方汉学家作为译者主体的成就与问题,无论是传教士汉学家还是专业汉学家。

在这里我们再次明确提出这个问题是目前在中国文化走出去的实践中,中国文化经典的翻译主体问题究竟是西方汉学家还是中国学者,以及如何看待中国学者的翻译作用,这是一个涉及当下如何做好中国古代文化经典翻译的全局性的理论和实践问题。目前的争论在于:一些学者认为,中国古代文化经典的翻译,中国学者可以作为翻译的主力,汉学家只是作为辅助的一部分;另一种意见则认为,中国典籍西译的主力是西方汉学家,而不是中国学者,中国翻译家只是作为一个辅助性的角色出现,不可能作为翻译的主力军。

从学术上说,关于如何看待中国学者从事中国典籍的外译问题,学术界意见并不一致。英国汉学家葛瑞汉(Angus Charles Graham,1919—1991)认为"在翻译上我们几乎不能放手给中国人,因为按照一般规律,翻译都是从外语译成母语,而不是从母语译成外语的,这一规律很少例外"("we can hardly leave translation to the Chinese,since there are few exceptions to the rule that translation is done into,not out of,one's own language")①。潘文国先生认为葛瑞汉完全剥夺中国学者的翻译资格是没有道理的,葛瑞汉的重要理由是从翻译学上讲"翻译只能是译入母语,而不是译出母语的问题"。潘文国认为,译出从理论上有三个侧面:一个是语言层面,一个是文学层面,一个是文化层面。如果从前两个侧面来看,"西人"的优势是明显的,第二语言的学习和掌握确实很难达到母语的水平。但从文化层面则很难说,在翻译文本的选择上,如何展开翻译等问题都和文化立场有关。

---

① 转引自潘文国:《译入与译出:谈中国译者从事汉籍英译的意义》,《中国翻译》2004 年第 2 期。

　　应该说,潘先生这三个理由都是成立的,否认中国学者进入中国典籍的英译的资格是没有理由的,在中国典籍英译的历史上,除林语堂外,有相当多的华裔学者从事中国经典的翻译,并取得了不俗的成绩。他的第三条理由也同样有道理,因为,任何翻译都是文化的输出,都是价值观念的传播,这都涉及文化立场问题。

　　在这个问题上有些学者大体和潘先生的看法一致,如王岳川先生。他认为,西方汉学家的中国典籍的翻译,误读比比皆是。因为,西方汉学家对中国文化的认识"无论是强调相似相同还是主张绝对相异,往往自说自话,相似的成为附庸,复制和不完善的模仿,相异的成为异端、边缘和野蛮的象征,且将对本土的沉默误以为懦弱或附和。中国之形象的重新发现之所以不能依仗西方汉学家,原因也在乎此"①。由此,王岳川提出由中国学者主导,做文化输出,分别翻译 300 本中国古代、当代的思想文化著作,拍摄 100 集中国的电视文化片,向海外发行。

　　从实践的角度来看,学者们的这些建议和想法已经开始在中国的行政部门产生了影响,目前在新闻出版总署的工作和国家社科基金安排的项目都有关于中国典籍的翻译。中国政府的经费充足,在这方面的投入日益增大。

　　应该如何看待西方汉学家和中国学者的中国古代典籍的翻译呢? 这就涉及一个重要的问题,中国典籍外译的主体是谁? 如何看待中国学者和汉学家的翻译作用问题。

　　笔者从以下两个方面做一尝试性探讨。

　　首先,在中国古代典籍的外译数量上中国学者是无法和西方汉学家相比的。我们当然承认,从 19 世纪辜鸿铭的翻译开始,在译出这个领域中很多中国学者都是很优秀的。像杨宪益的《红楼梦》译本,像陈荣捷的《中国哲学文献选编》,像洪业先生的《杜甫诗歌翻译》,像留法华裔学者李治华的《红楼梦》法文译本,等等,这些在中国典籍外译的历史上都有着不可取代的地位。近年来在中国古代文化典籍的泰文翻译上北京外国语大学邱苏伦教授也取得令人瞩目的成就,她翻译的《大唐西域记》泰文版受到泰国学术界和读书界的高度评价。

　　但我们必须承认一个基本点:从目前的考狄书目和袁同礼书目的基本统计来看,在全世界范围内从事中国古代典籍翻译的主力军是各国的汉学家,从西方来

────────────

① 王岳川:《发现东方》,北京:北京大学出版社,2011 年,第 279~280 页。

说更是如此。这是一个基本的事实。特别是在英语以外的其他欧洲语言上，这点就更为突出，例如意大利语、葡萄牙语等。做出这样的判断时绝不能仅仅局限在英语的范围。

另外，葛瑞汉所说的"翻译只能是译入母语，而不是译出母语的问题"是有道理的，这点潘文国先生也是承认的。中国学者的外语再好，也不是母语，因此，在文学和语言上中国学者从事中译外相对于西方汉学家有着明显的不足。近年来由于中国的崛起，中国在对外文化传播上有了较大的热情和较多的经费，使一些学者认为，中国学者可以承担起中译外的主要任务，为此一些单位制订了宏大的计划，投入了相当的费用。在笔者看来，这是对中译外语言特点和文学特点不了解所致，中国学者有这样的资格来做此事，也可以从事一些这方面的工作，但如果中国学者作为主力军，这就有问题了。对中国国内的中国典籍翻译的评价的一个重要标准是这些翻译的中国典籍在海外销售如何，被读者接受了多少。中国学者所从事的这些典籍翻译是否被国外的一般读者所接受，这是一个至今未解决的问题。对此王宏印先生指出："毋庸讳言，虽然我们取得的成就很大，但是国内的翻译、出版的组织和质量良莠不齐，加之推广和运作方面的困难，使得外文形式的中国典籍的出版发行多数限于国内，难以进入世界文学的视野和教学研究领域。有些译作甚至成了名副其实的'出口转内销'产品，只供学外语的学生学习外语和翻译技巧，或者作为某些懂外语的人士的业余消遣了。在现有译作精品的评论研究方面，由于信息来源的局限和读者反应调查的费钱费力费时，大大地限制了这一方面的实证研究和有根有据的评论。一个突出的困难就是，很难得知外国读者对于中国典籍及其译本的阅读经验和评价情况，以至于影响了研究和评论的视野和效果，有些译作难免变成译者和学界自作自评和自我欣赏的对象。"①

应该说，王宏印先生这段话揭示了目前国内学术界中国典籍外译的现状。

2.从比较文学与跨文化角度看待西方汉学家翻译的误读问题

王岳川先生在他的书中提出了西方汉学家翻译中的误读问题，他希望是一种忠实的中国文化典籍翻译，而不是像西方传教士汉学家那样的误读式的翻译。显然，这样的看法缺乏比较文学的视角，也就是说在研究中国典籍外译时，如果没有

---

① 王宏印：《中国文化典籍英译》，北京：外语教学与研究出版社，2009 年，第 6 页。

这个跨文化的视角,比较文学的方法许多问题是说不清的。

误读是翻译中的常态,无论是外译中,还是中译外,这里除由于文化之间的转换所造成的知识上的不足产生的误读外①,文化理解上的误读更是比比皆是。甚至是故意的误译,完全按照自己的理解来解释中国典籍,最明显就是美国诗人庞德。1937 年他只带有理雅各的译本,没有带词典,由于理雅各的译本本身就有中文原文,他就自己瞪眼看书中的汉字,从中理解《论语》,并自称这是"注视字本身"法,瞪眼看汉字三遍就有了新意,开始翻译。例如《论语·公冶长第五》:"子曰:道不行,乘桴浮于海。从我者,其由与? 子路闻之喜。子曰:由也,好勇过我,无所取材。"朱熹注:"不能裁度事理","理雅各按照朱注译。庞德不同意,因为他从'材'字中看到'一棵树加半棵树',马上想到孔子需要一个'桴'。于是庞德译成'Yu likes danger better than I do. But he wouldn't bother about getting the logs'.(由比我喜欢危险,但他不屑去取树木。)庞德还指责理雅各译文'失去了林肯式的幽默'。后来他甚至把理雅各译本称为'丢脸'(an infamy)"②。庞德的这种译文完全是为自己所用,谈不上忠实,但庞德的译文却在美国和西方产生了影响。日本比较文学家大塚幸男说:"翻译文学,在对接受国文学的影响中,误解具有异乎寻常的力量。有时拙劣的译文,意外地产生极大的影响。"③庞德就是这样的翻译家,他翻译了《论语》《中庸》《孟子》《诗经》等中国典籍,但他一个汉字不认识,完全借助理雅各的译本,但他又不依靠理雅各的译本,而是在此基础上根据自己的想法来翻译,他把《中庸》翻译为"不动摇的枢纽"(unwobbling pivot),将"君子而时中"翻译成"君子的轴不摇动"(The master man's axis does not wobble),这里的关键在于他认为"中"是"一个动作的过程,一个某物围绕旋转的轴"。只有有了比较文学和跨文化理论的视角,我们才能理解庞德这样的翻译,同时,从这个角度来理解来华耶稣会的索隐派对《易经》的解释,对中国经典的理解,也就很自然了。

在比较文学看来,文学的译本一旦被翻译成不同的语言,它就成为各国文学

---

① 英国著名汉学家阿瑟·韦利在翻译陶渊明的《责子》时将"阿舒已二八"翻译成"A-Shu is eight-een",显然是他不知在中文中"二八"是指十六岁,而不是十八岁。这样知识性的翻译错误是常有的。

② 赵毅衡:《诗神远游:中国如何改变了美国现代诗》,上海:上海译文出版社,2003 年,第 282 页。

③ 大塚幸男:《比较文学原理》,西安:陕西人民出版社,1985 年,第 101 页。

历史的一部分，"在翻译中，创造性的叛逆几乎是不可避免的"①。这种叛逆就是在翻译时对原语言文本的改写，任何译本只有在符合本国文化时，译本才会"获得了第二生命"。正是在这个意义上谢天振先生主张将近代以来的中国翻译界对外国文学的翻译作为中国近代文学的一部分，它不再隶属于外国文学，这些译本是中国近代文学的一部分，为此，他专门写了《中国现代翻译文学史》②。这个观点给我们提供了理解被翻译成西方语言的中国古代文化典籍的新视角。

英国比较文学者 A.C.格雷厄姆在谈到中国的诗的翻译时，举了一个很典型的例子，即杜甫的《秋兴八首》中的一联诗句的翻译来说明汉学翻译中的叛逆性创造。

杜甫的原句是："丛菊两开他日泪，孤舟一系故园心。"

第一种翻译（艾米·洛威尔）

The myriad chrysanthemums have bloomed twice. Days to come—tears.

The solitary little boat is moored, but my heart is in the old-time garden.

第二种翻译（洪业）

The sight of chrysanthemums again loosens the tears of past memories；

To a lonely detained boat I vainly attach my hope of going home.

第三种翻译（格雷厄姆）

The clustered chrysanthemums have opened twice in tears of other days；

The forlorn boat once and for all, tethers my homeward thought.

同样的诗句为何翻译出来差别如此之大？格雷厄姆说："之所以差别这样大，是因为英语必须作出诗人在原文里用不着作的选择。是花开还是泪流开，系住的是舟还是诗人的心？'他日'是指过去，还是指未来的某一天，这一天很可能像他在异乡看见菊花绽开的两个秋天一样悲哀？泪是他的眼泪，还是花上的露珠？这些泪是在过去的他日还是在未来的他日流下的，或者他现在是在为他日的哀愁而流泪？他的希望全系在可以载他回家的舟上，还是在想象中回到故乡，看到了在故园中开放的菊花？各家的评注已经提出了这里提出的大部分解释，而理想的译

---

①　韦斯坦因:《比较文学与文学理论》,长春:辽宁人民出版社,1987 年,第 35 页。

②　谢天振:《中国现代翻译文学史》,上海:上海外语教育出版社,2004 年。

文应能包含所有这些理解;这就是那种含义达到最复杂丰富程度的语言。"①

这正是应了中国的古话"诗无达诂"。谢天振先生认为以上这些英语中的杜诗"只能说它们是杜诗的译本,却不能说它们是杜诗"②。实际上这些被翻译成西方语言的中国典籍、中国古代文学已经进入对象国的文化史和文学史之中,成为它们自己文化学术历史的一个组成部分。所以,中国古代典籍的外译,已经不能仅仅从忠实还是不忠实的角度来判断其学术价值的高低,已经不能仅仅从语言和文字之间的转换,来理解这些译本的文化意义。应该看到,中国古代文化经典在西方的翻译就是中国文化通过译者与西方文化的一种交流,是文化之间的一种转换,这些译本已经呈现出多重文化的特征。

3.中国译者的地位

从历史的角度看,中国学者进入中国典籍的翻译历史要短于西方汉学家对中国古代文化典籍翻译的历史,从翻译的数量来看,中国学者的翻译数量要少于西方汉学家的翻译数量。从图书的发行和出版情况来看,目前中国学者所主导翻译的中国古代文化作品真正进入西方的图书市场要远远少于西方汉学家的翻译作品。时间短、数量少、发行有限,这三个基本情况说明,在中国典籍的外译、出版方面,中国学者和出版界尚不能充当主力军。这种状况是由多种原因造成的,在短时期内恐怕很难改变。因此,笔者认为,在世界格局中的中国典籍外译和出版,特别是在西方国家的中国典籍外译和出版,中国学者作为译者仍处在边缘状态。我们必须冷静地面对这个问题,文化走出去是一个长期的艰苦过程,文化的传播是不能用大跃进的办法来解决的,单纯的政治热情,轰轰烈烈的场面对于文化的传播都无济于事。中国译者必须卧薪尝胆,做好长期的准备。

以上是一个总体性的分析,但并不妨碍有些例外。前面我们所研究的许渊冲先生就是一个例外。许渊冲先生目前在全球范围内,特别是在中国和西方,就翻译中国古代文化经典的数量和语种,特别是在翻译中国古代诗歌方面无人可以与其相比。前面的研究已经证明,尽管英国著名汉学家阿瑟·韦利在翻译中国文化典籍的范围上要大于许渊冲先生,但在中国古代诗歌的翻译上,他远不及许先生,

---

① [英]A. C. 格雷厄姆著,张隆溪译:《中国诗的翻译》,载张隆溪选编:《比较文学译文集》,北京:北京大学出版社,1982 年,第 226 页。
② 谢天振:《比较文学与翻译研究》,上海:上海外语教育出版社,2011 年,第 136 页。

尤其许渊冲从事英、法两种语言的中国典籍翻译,目前看真是他所说的世界第一人。不仅仅在翻译的数量上,在中译外的理论上,许渊冲先生都有重要的贡献,如他所说:"在我看来,现在世界上有十多亿人用中文,又有十多亿人用英文,所以中英文是世界上最重要的语言。中、英文之间的差距远远大于西方语言之间的差距,因此,中英互译的难度远远大于西方语言之间的互译。直到目前为止,世界上还没有一个外国人出版过中英互译的作品;而在中国却有不少能互译的翻译家,成果最多的译者已有四十种译著出版。因此,以实践而论,中国翻译家的水平远远高于西方翻译家。而理论来自实践。没有中英互译的实践,不可能解决中英互译的理论问题。因此,能解决中英(或中西)互译实践问题的理论,才是目前世界上水平最高的译论。"①

尽管许渊冲先生有如此大的贡献,做出了如此大的成绩,但在中国文化典籍的西译大格局中并不能改变中国译者的边缘性地位。目前我们尚未看到有年轻的学者能像许渊冲先生一样。目前在中国译界活跃的大都是 20 世纪 50 年代以后出生的学者,这些人大都是外语专业出身,曾经留学国外,对中国古代文化比较陌生。中国文化学养的不足是目前中青年翻译者最大的问题,因为,理解是翻译的根本,而语言则是基础,如果只有一个好的基础,对自己文化的理解跟不上,那样从事中译外就会产生问题。

因此,目前过多强调中国学者比西方汉学家更为适合从事翻译中国古代文化经典,这样的判断需要十分谨慎。许渊冲只是一个例外。随着杨宪益等老一代学者的去世,随着许渊冲先生年事渐高,笔者认为新一代的中国译者尚挑不起中国典籍外译的重担,中国译者会在相当长的一段时间内处在边缘地位。这是历史给我们留下的苦果,大约需要一两代人的过渡,中国学术界才会产生像林语堂、许渊冲这样的译者。我们必须耐心等待,因为文化的高潮是不会像盖楼房那样快的。即便将来产生了像林语堂这样优秀的翻译家,也得承认,中国学者仍不能成为中国文化典籍外译的主力军,特别是在非英语的国家更是如此。

4.放飞了的风筝——被误读了的中国文化

我们说在世界范围内展开中国文化的研究,说中国典籍的外译揭示中国文化

---

① 许渊冲:《译学要敢为天下先》,《中国翻译》1999 年第 2 期。

的世界性意义,并不是说西方国家完全按照我们的理解接受了中国古代文化的精神,而是说,中国文化通过这些古代文化典籍的翻译,进入了西方文化之中,开启了西方人对东方和中国的理解,这些理解和接受已经构成了他们文化的一部分。尽管这种被误读的中国文化在不同时期的西方文化史中呈现出不同的形态,但它们都说明了中国文化作为他者存在的价值和意义。这种误读尽管变了形,但它们总是和真实的中国有着这样和那样的联系。已经融入了西方文化中的这种变了形的中国文化和中国自身的发展已经是两种形态的中国文化。不能用对中国自身文化的理解来看待这种变了形的中国文化,反之,也不能以这种变了形的中国文化作为标准来判断真实发展中的中国文化。从西方的文化史来说,后殖民主义只是从其批判的方面说明西方的东方文化观的特点和原因,而 18 世纪的中国热则是从肯定的方面说明中国对欧洲的影响。其实无论是从批判的方面还是从肯定的方面,中国文化作为西方文化的他者,成为西方文化眼中的变色龙是注定的。这些变化并不能改变中国文化自身的价值和它在世界文化史中的地位,但恰恰是这样的不同反映,在不同时期对中国的不同认知,说明中国文化已成为塑造西方文化的一个重要外部因素,中国文化的世界性意义从而彰显出来。

从中国文化史来看,这种远游在外,已经进入西方文化史的中国古代文化并非和中国自身文化完全没有联系,这种被误读和变形了的中国文化总是这样或那样与真实的中国、真实的中国文化和精神相关联,这样一种文化的纽带一直存在。笔者反对后现代理论下的比较文学解释,这种解释完全割断了被误读和变形的中国文化与真实中国文化之间的精神关系。我们完全不可跟着后现代的殖民主义思潮跑,将这种误读的中国文化看成纯粹的西方人的幻觉,似乎这种中国形象和真实的中国是没有任何关系的。笔者认为,在西方文化中被误读的中国文化和真实的中国文化之间的关系,很像在云端飞翔的风筝和牵动着它的放风筝者之间的关系。这是一只飞出去的风筝,它随风飘动,但线还在,只是细长的线已经完全无法解释飞翔的风筝上下起舞的原因,因为,那是风的作用。完全将风筝的飞翔说成放风筝的人的作用是片面的,但将飞翔的风筝说成它在自由地翱翔也是违背事实的。

正是在这个意义上,笔者对建立在 19 世纪实证主义哲学基础上的兰克史学理论持一种谨慎的态度,同时,对 20 世纪后现代理论的文化理论更是保持时刻的警觉,用两种理论都无法说明中国和西方之间复杂多变的文化关系,用其任何一面都无法说清西方的中国形象。中国文化在世界的传播和影响,西方对中国文化的接受需要用一种新的理论加以说明。这就是笔者一直对那些看起来洋洋洒洒的解释西方中国形象的著作保持一种距离的原因。

二、中西文化关系发展的三阶段

在"历史编"中我们研究了中国古代文化典籍在西方传播的各个历史时期,我们可以从这种典籍的翻译,揭示出中国和西方文化关系变迁的漫长历史过程,在一个长时段中看清中国和西方的文化关系是很重要的,因为历史的真相只有在长时段的发展中才能展现出来。

中国和西方在欧亚大陆架的两端,中古时期在丝绸之路的驼铃中,文化的交流主要停留在器物阶段上。大航海以后,海路打通,西班牙和葡萄牙这两个伊比利亚半岛上的国家开启了人类历史的全球化时代,葡萄牙由西非海岸进印度洋,越马六甲海峡,到达南中国海,西班牙沿大西洋西行,由墨西哥跨太平洋到达吕宋岛。由此,来华传教士开启了中国文化典籍外译与西传。从400年前西班牙传教士高母羡翻译明代儒家伦理格言《明心宝鉴》开始,到今天西方汉学家对中国古代文化经典持续不断地翻译与出版,在这样一个长达400年的历史时段中,我们大体可以通过中国古代文化经典的西译看出中国文化在西方的传播轨迹。这是一个由高到低,再由低向高的波浪形起伏历史过程,在西方文化世界中中国成为典型的变色龙,但正是在这样的长时段的变化中,我们才可以从变动的历史风云中,梳理出一些规律性的东西。

16—18世纪是中西方文化关系的蜜月期。

"耶稣会士是第一批影响世界的人,他们最先在某种程度上让世界网络变成了世界体系。在耶稣会士的视野里,到中国传教有着特殊的意义,这是所有传教地区声望最高的,最需要知识而又最不需要回报的。"与此同时,"在塞维利亚的世界经济体系中,中国贸易业有特殊的作用。……对新的国际宗教组织和世界经济体系,中国都是一个地平线,她将为微观的共同市场和世界信息的循环,提供最大的单个要素"①。中国当时在世界经济中的地位是:富庶和强大。这个地位和它在世界初期全球化中的作用,决定了西方对中国的文化态度。以来华传教士为翻译主体,开启了中国文化西传的第一个高潮,此阶段中国典籍西译的数量之大就是今天看起来也是很惊人的,按照考狄书目统计,16—18 世纪 200 年间,西方出版了上百部关于中国研究的各类图书。由于译者的主体是来华的传教士、耶稣会士,他们所翻译的中国典籍显然是经过他们加工过的,特别是在礼仪之争之后,为了耶稣会在华事业,教派之争更大地影响了他们的翻译,"Confucianism"就是他们所发明的一个词语,在中文中并没有对应的词汇。

尽管在欧洲思想界也有"贬华派",但当时欧洲思想界的主流对中国文化持一种热情的态度,最典型的就是伏尔泰和莱布尼茨。伏尔泰认为:"中国人的历史书中没有任何虚构,没有任何奇迹,没有任何得到神启的自称半神的人物。这个民族从一开始写历史,便写得合情合理。"②莱布尼茨认为:"人类最伟大的文明与最高雅的文化今天终于汇集在了我们大陆的两端,即欧洲和位于地球另一端的——如同'东方欧洲''Tschina'(这是"中国"两字的读者)。我认为这是命运之神独一无二的决定。也许天意注定如此安排,其目的就是当这两个文明程度最高和相隔最远的民族携起手来的时候,也会把它们两者之间的所有民族都带入一种更合乎理性的生活。"③这里充满了对中国文化的敬仰。

19—20 世纪上半叶中国和西方的文化关系是不平等关系。

峰回路转,随着英国工业革命的兴起,科学的进展,法国大革命、英国革命,从 18 世纪晚期到 20 世纪上半叶,东西方关系发生根本性的逆转。在亚洲除日本以外,其余基本已经被欧洲人所控制,在此期间即便当时中国和奥斯曼帝国在名义上仍保持着独立,实际上那只是因为西方列强在如何瓜分像中国这样的大国上有着分歧,才形成表面上的一种独立。可以这样说,"到 1914 年时,欧洲已称霸全球。这是一个漫长过程的非凡顶峰,这一漫长过程从 500 年前葡萄牙船长开始沿

---

① [英]S.A.M.艾兹赫德著,姜智芹译:《世界历史中的中国》,上海:上海人民出版社,2009 年,第268~269 页。

② 伏尔泰著,梁守锵译:《风俗论:论各民族的精神与风俗以及自查理至路易十三的历史》,北京:商务印书馆,1995 年,第 74~75 页。

③ [德]莱布尼茨著,梅谦立等译:《中国近事:为了照亮我们这个时代的历史》,郑州:大象出版社,2005 年,第 4 页。

非洲海岸摸索前进时就开始了。现在,随着权力的史无前例的集中,欧亚大陆的一个半岛已成了世界的中心"①。

经济的强大、政治势力的扩张使欧洲人再没有任何谦卑的文化态度,西方就是一切,东方就是无足轻重。在黑格尔眼中孔子的儒学再没有莱布尼茨眼中那样神奇,中国根本没有哲学。亚当·斯密从外贸的角度已经在他的学说中宣判了中国死刑。对于当时中国的知识分子来说是相当痛苦与矛盾的,青年时代的毛泽东曾说过,要救中国只有一条路,学习西方。但老师总是欺负学生,这真是万般无奈。读西方的书,到西方去留学,接受西方的思想,已经成为知识精英的必选之路。西方的一切都是好的,"甚至喝白兰地酒也是一种美德;凡不是英国的都值得怀疑。"②此时,中国自己的文化已经成为一种必须抛掉的文化包袱,五四运动中"打倒孔家店"口号的提出,标志着中华文化的古老体系在当时国人心中已经轰然倒塌。尽管有着梁漱溟这样的人,从新的角度来讲述中国文化的意义,有学衡派在西学与国学之间力求平衡,将中国传统文化的精华保留下来,但西方文化的强大已经无法阻挡。

在这一时期中国文化典籍的外译仍在继续,无论是新教传教士还是西方专业汉学家们还在做着基础性的学术工作,但此时中国古代文化已经是一个死去的文化,一个博物馆中的文化。它精致、高深、艳丽,它只是西方的贵族们饭后茶余品尝的一杯清茶,是西方汉学家知识考古的一个饶有兴趣的玩物而已。马克斯·韦伯在其《儒教与道教》中已经像黑格尔一样宣布了中国文明在现代化道路面前的死刑。第一次世界大战后,西方思想与文化出现短暂的衰败,一些西方哲人在战争的废墟中遥望中国和东方,如汤因比(Arnold Joseph Toynbee,1889—1975)等人,但在西方文化阵营中这只是凤毛麟角,尚形不成对中西文化关系的根本改变。因此,19—20世纪上半叶中国和西方的文化关系,是不平等关系,是奴役与被奴役的关系,是主流文化与依存文化的关系。此时的中国文化不要说世界意义,它连起码的地域文化的意义也都丧失了。

---

① ［美］斯塔夫里阿诺斯著,吴象婴等译:《全球通史:1500年以后的世界》,上海:上海社会科学院出版社,1999年,第562页。
② ［美］斯塔夫里阿诺斯著,吴象婴等译:《全球通史:1500年以后的世界》,上海:上海社会科学院出版社,1999年,第565页。

20 世纪上半叶,西方在全球的势力达到了它的顶端。"西方世界如今是人类命运的主宰者。似乎十分有悖常理但又千真万确的是,对西方实际统治的反抗已大大有助于完成西方文化对世界的征服。为了确保自己的生存,世界其余地区不得不模仿西方。正是西方的方式、信仰和目标已为人们所接受,并被用来同西方的控制作斗争。"①

中国的崛起开启了中西文化关系的回归——平等的文化关系。

20 世纪下半叶冷战结束,华沙条约集团瓦解,苏联解体。一时一些西方学者认为这是历史的终结,西方完成了对全球的真正统治。但令世界真正震撼的是中国在近 30 多年中的崛起,这是一个有着超大国土的国家的崛起,这是有着超多人口的国家的崛起,这是一个有着超长文化历史的文明型国家的崛起,这是一个政治体制和文化传统与西方文化有着重大区别的东方大国的崛起。中国的崛起不仅是 20 世纪历史的重大事件,也是人类现代化历史中最重大的事件。美国学者威廉·W.凯勒说:"中国的经济崛起和政治转型既是全球政治经济历史中的重大事件,也是亚洲经济、技术、外交和安全联盟等诸多领域变革的主要动力。""中国的崛起就像历史上其他大国的崛起一样,代表了一种全球制度的结构性改变,涉及外交、安全和商业,很可能会带来不稳定,甚至战争。"②从这位美国战略家的话语中我们已经感受到中国崛起对西方的影响。

中国的崛起必然带来文化的发展,中国的崛起必然带来对统治世界近 400 年的欧美文化的冲击,对于这种文化格局的变化,西方思想和文化界至今仍不适应,唱衰中国仍是西方主流媒体的主调。西方如何回到一种正确的文化态度上,回到多元文化共存的立场上,仍是一个有待考察的问题,尽管在欧洲和美国已经有相当多的有识之士对西方帝国文化提出了尖锐的批评,积极倡导多元文化的对话,但这种声音并不占主流。因此,中国和西方目前的文化关系处在一个重要的调整期,对西方来说,如何继承它们 18 世纪中国观的文化遗产,回到一个正常的文化心态上来,清醒认识到西方文化统治世界的时代一去不复返了,一个文化共生的

---

① [美]斯塔夫里阿诺斯著,吴象婴等译:《全球通史:1500 年以后的世界》,上海:上海社会科学院出版社,1999 年,第 876 页。

② [美]威廉·W.凯勒等编,刘江译:《中国的崛起与亚洲的势力均衡》,上海:上海人民出版社,2010 年,第 3、14 页。

时代到来了,这是一个亟待解决的问题。但我们相信,中国文化和西方文化平等对话的新时期一定会到来。

因此,400 年的中西文化关系历经了三个大阶段:蜜月期——文化相互仰慕;不平等时期——西方文化统治世界,中国追随西方文化;平等对话时期——多元文化的共存共生,中国文化真正显示出世界性的文化意义。

十余年前笔者在《中国与欧洲早期宗教和哲学交流史》一书中曾提出,中国和西方应该重新回到平等对话的起点上来,十余年过去了,至今笔者仍保留这种看法,正如笔者在书的总序中所写的:"西方所孕育出的商品文化是一种矛盾,它一方面为个性的发展提供了更为广阔的空间,但另一方面它却在使人平白化,单一化,从卢梭以来的西方浪漫思潮几百年来一直在西方文化内部进行着批判西方主流文化的工作。

历史是一个圆,在这个圆的任何一点上似乎都能看到一条直线,但相对于整个历史,那只是一个点。今天,我们必须走出点,而从整个圆来看历史。19 世纪东西方所形成的东西观都应重新检讨,尤其是西方。文化交流与对话的前提是对对方的承认和尊重,丧失了这个前提就根本不存在对话。在这个意义上,中西双方应回到明清间的初识阶段,回到'大航海时代',重新梳理四百年来的中西关系史,回到平等对话的元点上来。"①

三、传播主体的困境——中国知识界在思想与文化上的争执

本书通过对长达 400 年的中国古代文化典籍西传历史的研究,我们可以看到,一种文化在域外的传播能否成功,取决于两个基本条件,一个是接受方的心态,一个是传播者的心态。从西方接受者的心态来看,目前中西文化关系如上所讲正处在调整和转变期,从整体上来看,至少在目前一段时间西方的文化心态并未转变过来。对于中国文化的复兴,西方主流意识形态仍是持批判的态度,近年来西方借助各种问题对中国政治制度和社会问题的批评,大多并不出于善意,有些也并非出于恶意,而是一种疑惑。因为,中国的崛起是近 200 年来世界现代化

---

① 　张西平:《中国与欧洲早期宗教和哲学交流史》,北京:东方出版社,2001 年,第 11 页。

历史中的一个另类。按照西方已定的价值观念无法完全理解当下的中国,或者希望中国继续发展,或者希望这个另类崩溃,或者无法解释。这是一个古老而崭新的中国,是一个西方文化尚不能完全理解的中国。但大江东去,中国的崛起已经不可以阻挡,世界文化格局的改变已经开始,西方能否认识到中国文化的本质特点,回到一个正确的文化立场上来,决定着中西文化关系能否渡过这充满矛盾与误解的调整期。回到平等对话,回到多元文明共存的文化关系上,这是西方文化最正确的选择。西方文化能否完成这个态度的转变,不仅决定着中国文化在西方乃至在整个世界的传播,而且也决定着西方文化未来发展的命运。因此,中国文化的重新复兴,中国文化在世界文化中彰显其文化价值,并非只是我们努力就能做到的。目前这个世界文化的主导者——西方文化的态度,对中国文化的世界影响力的提高、中国文化海外传播有着重要的影响。

文化传播的成功与否还取决于另一个重要的方面,即传播者对自己文化的理解和解释,如果传播者向外部世界介绍的文化是清晰的、明了的、充满智慧的,这样的文化就一定会被理解和接受。但目前我们所面临的困境恰恰在于:当下在中国,我们的知识界在对待中国文化的整体理解与解释上,在解释中国当代文化和古代中国传统文化关系上仍处在混乱之中,中国知识界在如何向外部世界传播中国文化上存在着严重的分歧。这已经成为中国文化是否能在世界上真正传播开来的关键所在,因为,任何一种文化传播的成功都不可能是在传播主体的自我认识混乱、传播主体对自身文化表达矛盾与混乱中完成的。本书的重点并不在这个问题,也不可能在有限的篇幅中对这个问题展开深入的研究,但笔者认为,这已经成为我们做好中国文化外播工作的一个基本前提,也是展开中国文化海外传播历史与理论研究的一个关键,这个问题已经到了不得不说的时候,故,这里用一节篇幅做一简单论述。

百年以西为师,当代中国知识分子的知识体系和思想观念基本上是在西方的学术框架和思想影响下形成的。同时我们自己的传统知识和文化也是在百年西学东渐中,被纳入了西方近代的学术体系后表述出来的。重建中国文化与学术是当代中国思想文化界的重大使命,但否认近400年的西学东渐和中国近代知识体系的形成是荒唐的,试图回到西人东来前中国自己的原有知识体系和思想观念的表达是幼稚的。因为,今天中国的话语已经完全和以前不同了,在400年的西学东渐中,我们的文化融入了大量具有西方时代性和进步性的文化观念,丰富了我们的文化观念,使中华文化在当代呈现出一种崭新的文化形态。

作为后发现代化国家的中国,我们的文化表达和叙述已经不再按照它的自然逻辑的表达和叙述,中国文化的自然发展史从清后期以来已经被打断,被强行纳入到西方文化主导的世界文化体系之中。当下崛起的中国希望在西方主导的文化体制中重新获得平等的对话权利,这将是一件十分艰难的事!被长期压抑的现代化激情在短短的30多年中爆发出来的中国,在其取得令世人瞩目的成就的同时,我们突然感到一个大国的崛起必然是文化的崛起,但在30多年快速发展的同时,资本这把双刃剑也将人们引向拜金主义,浓重的重商主义风气在给我们带来前所未有的思想开放的同时,也给我们的思想与文化的发展带来了前所未有的尴尬与困惑,给文化的崛起带来前所未有的困境和艰难。这表现在两个方面:

其一,中国学术界对近400年西学东渐的历史尚未完成系统的研究和梳理,对自己近代的思想文化史尚未完成系统的说明和整理,尚未形成一个成熟的中国当代文化体系,西学、国学处在一个艰巨的磨合期,而由于中国的快速崛起,我们不得不面临向世界重新说明中华文化的价值,完整表达中国文化的价值和世界性意义的问题。

其二,近代中国的历史和思想证明,对封建思想的清理仍是一个长期任务,“文革”的悲剧记忆犹新,现实生活中沉渣时时浮起。文化自觉和自信表现在两个侧面,一个是始终对自己的文化持一种清醒的认识,批评其漫长的历史中的文化痼疾,使其文化的主流和底色凸显出来,成为民族文化的优秀传统。在这个意义上鲁迅并未过时,尽管在当时的条件下,作为思想家和文学家的他在一些用语上显得激进,但其自省精神仍是我们重建中国文化的精神来源。正像没有伏尔泰、尼采这些西方文化内部的批判者就没有西方文化的不断更新一样,崛起的中国仍需要这样的维度。文化自觉和文化自信的另一个方面就是,在文化心态上必须对自己的历史文化敬重,将其作为文化大国崛起的基础。因为,在新时代被重新解释的中国思想和文化的主线肯定是以传统文化为底色展开叙述的,中国的现代之路肯定能走出一条自己特色的中国道路。一切以西方文化为师的时代过去了,作为中国这样有着世界唯一传下来的古代文化的大国,它的精神价值的主流不可能是生硬地将西方当代文化嫁接到中国文化的复兴之中。由此,在“文化底色"与"转型创新"之间就出现了紧张,这种紧张感就是我们在文化走出去中如何处理历史中国与当代中国的文化关系,如何说明中国传统的当代意义。

中国古代文化在世界的传播任务的完成首先是传播者对自身文化清醒的认知与充分的理解,唯有此,才能在世界范围内说明中国文化的价值,中国道路的意义。显然,困境在于我们自己。而社会转型期的动荡与矛盾重生,又给我们理解与说明这个快速发展的中国增加了困难,中国思想和文化处在前所未有的混乱时期,一个百家争鸣的时期,一个新思想诞生的前夜。如何在历史的表象中洞察到历史的真谛,越过思想的表层,揭示中国文化的当代价值和世界意义,这是中国思想界的重要任务。

我曾在《东方的希望》一文中表达了对重建中国文化和学术的思考,引出来可以作为这一节的总结,向世界说明中国文化价值的意义与当代困境。我在文章中是这样写的:

> 2011年是辛亥百年,百年来的中国是在向西方学习中发展与变迁的,百年欧风美雨给了我们哪些东西呢?当代经济学家温铁军先生从经济学的角度总结了百年辛亥以来的基本经验,他认为,"在经济基础的洋务运动和上层建筑的戊戌维新之后,中国已在教育、军事乃至政治体制上采取西制。……后来我们知道,引进西制及人才没能救活被内外战争搞得财政崩溃、地方弄权的清王朝"。而民国之亡,很少人注意从整个世界经济和西方的危机的角度加以考察,温铁军则认为,1929年—1933年西方大危机所导致的中国白银大量外流已经埋下了国民党失败的种子:"所以说,民国先亡于无储备之西制财政金融崩溃,后亡于无军饷之西制军事失败。天可怜见的,西制也没能救民国。"对今天来说,温铁军认为,"有个现实需要承认:辛亥逾百年,中国至今仍是不得不承担西方国家转嫁过来的制度成本的后发国家。如果没有另辟蹊径的创新能力,则难逃玉石俱毁之宿命"。他的结论是:"告别百年西制崇拜。"

> 尽管对温铁军的观点也有争论,但一些人没有看到,他并不是否认百年来向西方的学习,而是以一个经济学家的视角,从长时段的百年世界经济发展的角度,说明今天的世界经济仍在西制之中。在这样的体制中的中国的发展面临着一个根本性的问题,即如何对待这个400年来已经统治全球的西方

制度,如何超越这个制度的不足,中国的发展的真正困局在此。这是中国百年来的一个结:我们以西为师,但老师总是在欺负学生。正是这样的结,使新中国走上一条独特的、想超越老师的道路。中国超大的国土、超长的历史文化、超多的人口,使我们这种"一万年太久,只争朝夕"的梦想屡屡受挫,只好耐下心来向这个"总是欺负学生的老师"学习,但心中不爽。而今天,当我们在奋斗中走到了中心时,这样的念头自然在心中涌动。

其实,不仅仅是在经济上,在文化上亦是如此。现代化源于西方,对欧美来说,现代化与文化意识的解放、自我的实现是同步的,但当欧美的现代化向全球扩展时,西方在全球的发展给殖民地国家带来的是灾难。在黑格尔所说的"历史的狡计"中,后发现代化国家被带上西方所开辟的现代化轨道,在灾难中并非没有进步。历史在恶中进步,精神也得到释放。或许像王船山所说的"秦以私天下之心而罢侯置守,而天假其私以行其大公,存乎神道",但必须看到作为后发现代化的国家,其文化上的内在矛盾,一直内存于我们的精神之中。在追求现代化的过程中,我们的文化在接受西方优秀文化的同时,也已经受制于"文化帝国主义"的控制。或许对那些历史短暂的小国来说,西方文化这些洋玩意儿还能完全被接受。但对于历史文化比西方文化还要久远的中国来说,这几乎是不可能的。环看今日中国的文化,本土的文化已经面目全非,但它在,它仍在我们的生活中,隐隐地在我们精神世界的深处。而在表层的生活中,我们的确已经完全西化了,甚至在如何表达自己的文化上都已经有了困难,因为言语已经完全辞不达意。崛起的中国在自身文化和已经进入自己骨髓的西方文化之间痛苦地徘徊和挣扎。

或许像中国古代文化吸收佛教文化的历史那样,我们当下的混乱和苦恼只是因为"张载"未出,"二程"显世还有待时日。总有一天中国会像消化佛教那样把一百年来的西方文化彻底消化,让新的"宋明理学"再生,新的"朱熹"横空出世,把中国文化提升到新的世界的高度。但西方文化和东汉后进入中国的佛教文化有着根本性的区别,这或许只是白日做梦。目前的现实是,走向世界强国,中国已经是指日可待,走向文化强国,结束百年来的中西混杂,重建一个立足自身文化之根而又有强烈时代感,将西方文化化解于其中的新的中国文化形态尚未出现。

应该清醒认识到,虽然地理大发现后西方文化渐成强势文化,但东方有着比西方文化还要悠久的文化历史,有着自己完全独立于西方的一整套价值体系和精神世界。①

四、中国文化海外传播——一个崭新的学术研究领域

长期以来中国学术界在展开中国古代文化的研究中基本上是在中国自身的文化范围内展开的,通过本书初步的梳理,我们可以看到,从晚明后中国的知识和思想已经传播到西方,同时,西人对中国典籍的翻译和研究开始使中国的古代思想和知识呈现出前所未有的一个形态:中国学术和思想展开的空间大大扩大了,开始以一种世界性的学问在全球展开,走出了以前的东亚汉字文化圈;从事中国学术和思想的研究者大大增加了,汉学家开始进入这个领域,无论是传教士还是专业的汉学家。

空间的扩大和研究主体的扩大不仅仅标志着中国古代文化和思想影响的扩大,说明关于中国的学问和知识已经不再属于中国学术界独有,但同时,这种在中国以外的中国研究形态又反馈中国自身的研究和变迁,从而呈现出中国学术和思想研究的多维性和复杂性。我曾在《国学与汉学三题》一文中对这种复杂性和对中国近代学术的影响做过这样的分析。

海外汉学(中国学)从其诞生起就同中国学术界有着千丝万缕的关系,特别是西方汉学,在一定意义上中国近现代学术的产生是和西方近现代的汉学发展紧密联系在一起的,也就是说中国近现代学术之建立是中国本土学者与汉学家们互动的结果。利玛窦与徐光启,理雅各与王韬,王韬与儒莲,伯希和与罗振玉,胡适与夏德、钢和泰,高本汉与赵元任等等,汉学家与中国学人的交往我们还可举出许多例子,正是在这种交往中双方的学术都发生了变化,互为影响,相互推动。戴密微在厦门大学任教,卫礼贤执教于北大讲坛,陈寅恪受聘于牛津、剑桥,在 20 世纪二三十年代双方的交往比今天还要频繁。就中国来说,正是在这种交往中,中国学术逐步地向现代化形态发展。

---

① 张西平:《东方的希望》,见《中华读书报》2012 年 3 月 7 日。

当年傅斯年在谈到伯希和的学问时说:"本来中国学在中国在西洋原有不同的凭藉,自当有不同的趋势。中国学人,经籍之训练本精,故治纯粹中国之问题易于制胜,而谈及所谓四裔,每以无比较材料而隔膜。外国学人,能使用西方的比较材料,故善谈中国之四裔,而纯粹的汉学题目,或不易捉住。今伯先生能沟通此风气,而充分利用中国学人成就,吾人又安可不仿此典型,以扩充吾人之范围乎。"这说明了当时汉学对中国学人的启示。实际上近现代以来,中国学术对西域的研究日益加强,引起许多学者感兴趣,这显然是受到了西方汉学家的影响。胡适在1916 年 4 月 5 日的日记中说:"西人之治汉学者,名 Sinologists or Sinoloques,其用功甚苦,而成效殊微。然其人多不为吾国古代成见陋说所拘束,故其所著书往往有启发吾人思想之处,不可一笔抹煞也。"

这里胡适已认识到汉学的特点,以后胡适在与汉学家钢和泰交往中改变了原来认为汉学家治学"成效殊微"的看法,而是直接向钢氏求教于梵文。而他对瑞典汉学家高本汉的评价更说明西方近代汉学对中国学术的影响,高本汉以治音韵学而著称,胡适说:"近年一位瑞典学者珂罗倔伦(即高本汉)费了几年工夫研究《切韵》,把 260 部的古音弄的(原文如此)清清楚楚。林语堂先生说:'珂先生是《切韵》专家,对中国音韵学的贡献发明,比中外过去的任何音韵学家还重要。'(《语丝》第四卷第二十七期)珂先生成绩何以能这样大呢? 他有西洋音韵学原理作工具,又很充分地运用方言的材料,用广东方言作底子,用日本的汉音吴音作参证,所以他几年的成绩便可以推倒顾炎武以来 300 年的中国学者的纸上功夫。"①鉴于西方汉学的这一成就,他号召青年人要掌握新的研究方法,那时再重新整理国故,便可"一拳打倒顾亭林,两脚踢翻钱竹江"。

当时西方汉学对中国学界的冲击非常之大,以致陈垣先生说:"现在中外学者谈论汉学,不是说巴黎如何,就是说日本如何,没有提到中国的,我们应当把汉学中心夺回中国,夺回北京。"②其实中国近代学术从传统的注经转变为现代社会科学的方法,一个重要因素是受启于海外汉学。陈寅恪任教清华之初,遵循地道的欧洲汉学及东方学方法,讲授欧洲东方学研究之目录学。赵元任和李方桂的语言

①　胡适:《胡适文存》第三卷,上海:上海亚东图书馆印行,商务印书馆发行,1940 年,第 203~205 页。
②　转引自郑天挺:《五十自述》,《天津文史资料选辑》第 28 辑,1984 年,第 8 页。

学研究走出传统的小学,而采取现代语言学的方法,一个重要原因就是受到高本汉汉语言学研究的影响。这说明汉学和我们自己本土的学术传统有着内在的联系。

在这个意义上陈来提出"汉学之国学"是有一定的道理的,如他所说"汉学化的国学是什么意思呢?就是世界化的,就是跟世界学术的研究接轨、合流的一个新的国学研究",当年以陈寅恪为代表的清华国学院在国学研究上主要是吸收西方汉学和日本汉学的研究方法,将中国的学问在世界学术空间中展开,与国外汉学展开积极的对话,同西方的人文社会科学展开积极对话,这才是今日国学发展之正确的途径。

汉学在学术对象上是中国的历史文化,但它是在各国的学术传统中发展的,从而必然受到本国学术传统和方法的影响。从西方汉学来说,它是西方学术的一部分,是其东方学的重要分支。它和西方哲学与社会思想之间的互动,至今我们仍不能说得很清楚。如果这个问题搞不清楚,对域外汉学只是采取一种知识论的立场,不能揭示其背后的方法论,那么,我们最终也很难把握好域外汉学。

陈寅恪在谈到学术发展时说:"一时代之学术,必有其新材料与新问题。取用此材料,以研求问题,则为此时代学术之新潮流。治学之士,得预于此潮流者,谓之预流。其未得预者,谓之未入流。此古今学术史之通义,非彼闭门造车之徒,所能同喻者也。"[①]今日中国学术之发展,掌握域外汉学研究成果已经成为研究之前提,无论在问题意识上还是在研究材料上,海外汉学界的成果都是令国内学者不可以忽视的。尽管近年来我们在汉学的知识论和思想背景研究这两个方面都有了长足的进步,但从国内国学发展的需要来看,仍然不够,需要我们卧薪尝胆,扎扎实实地做好这些工作。这是其一。

其二:汉学研究与中国文化的重建。

随着中国的快速崛起,中国学术界逐步走出了晚清以降"西方中心主义"的学术框架,不再像过去那样在"现代与传统""东方与西方"的二元对峙的框架中思考问题。文化自觉需要我们了解近百年的学术思想和学术体系。这几年关于"反向格义"的争论,在一定意义上是如何看待晚清以来的"西学东渐"对中国人文社会科学的影响。这里当然涉及对西方汉学或者日本汉学的评价问题。正如

---

① 陈寅恪:《金明馆丛稿二编》,北京:生活·读书·新知三联书店,2001年,第266页。

我们在上面所指出的,如果近代以来是"汉学之国学",那么这些在西方学术体系和西方学术观念下所产生的现代学术体系、现代学术话语的合理性在哪里?

实际上西学在中国的影响还远不止晚清,对西学的接受从晚明就开始了。明清之际的来华传教士笔耕之勤是今天我们无法想象的,根据我近年来的研究,这些来华的传教士和入教文人大约写下了近千部中文著作和手稿,如果加上那些反教儒生所写的著作就是一个更大的数量。明清之际的传教士汉学和今天专业汉学的重大不同是,前者生活在中国,用中文写作。从方以智到刘献庭,从王夫之到黄宗羲,明清之际的中国文人很多都受到他们的中文著作的影响。如果梳理"西学东渐"的历史,则必须从这一时期开始,唯有此,才能揭示出从晚明以来中国学术思潮的变迁,合理地说明中国近代学术和思想的产生,为我们重新建立新的中国学术和思想体系奠定一个扎实的学术基础。

这样,我们看到,如果真正走出"西方中心主义",站在中国立场上书写我们自己的本土知识,阐明中国自己的独有学术思想价值,那么,彻底地梳理晚明以来传教士汉学的发展在中国思想学术中的影响,彻底地梳理清近代以来"西学东渐"对我们表达中国本土知识和思想所取得的成就和问题,就成为我们学术建设和思想建设中的一个重要任务。这就揭示了汉学研究和中国学术文化重建的复杂关系。①

近年来对域外汉学的研究大大向前推进了,对中国典籍的翻译研究也呈现出前所未有的发展,一大批年轻学者进入这个研究领域,也涌现出了一批非常优秀的博士论文。应该看到这是一个全新的研究领域,这里不仅仅对研究者的外语能力提出了基本的要求,同时,对研究者的学术视野和跨学科研究能力也提出了非常高的要求。对中国古代文化典籍外传的研究是在翻译学、宗教学、比较文学几个领域交叉展开的,研究者必须问学于中西之间,在中国古代文化和西方近代文化之间游移。同时,研究者面临着双重的挑战:每一个研究者必须面对中国国内学术界的拷问,同时,研究者也始终有一个永恒的对话者:西方汉学家。尽管困难重重,但这一研究领域仍吸引着一批批勇敢的探索者。

---

① 张西平:《国学与汉学三题》,《清华大学:哲学社会科学学报》2011 年第 6 期。此处引用略有改动。

中国古代文化典籍的外译不仅仅是一个单纯的学术问题,同时也是一个文化的自信问题,尤其在西方文化主导的今日世界更具有文化意义。当年辜鸿铭翻译《中庸》和《大学》的目的十分清楚,他在解释自己的翻译时说:

> 关于道德责任感,每一个曾有过文明的民族最优秀的文学作品中,都能找到以各种方式对之所作的阐述。不过最引人注目的是,正如我在译本附录的注释中所显示的,在现代欧美最优秀和最伟大的思想家的最近著述中,能找到与这本写于两千年前的书同样的形式和语言的阐述,而这,正是该书特有的价值所在。就我有限的知识来看,在所有欧洲文学作品中,无论是古代的还是现代的,都没有见过像在这本小书中所发现的那样简单明了到了极点,同时又如此完整而丰富的关于道德责任感或道的阐说。

> 最后,我希望说的是,如果这本出自中国古代智慧的小书能有助于欧美人民,尤其是那些正在中国的欧美人更好地理解"道",形成一种更明白更深刻的道德责任感,以便能使他们在对待中国和中国人时,抛弃那种欧洲"枪炮"和"暴力"文明的精神和态度,而代之以道,无论是以个人的方式,还是作为一个民族同中国人交往的过程中,都遵从道德责任感——那么,我将感到我多年理解和解释这本书所花费的劳动没有白费。①

结　语

百年欧风美雨,百年一切以西为师过去了。天地苍黄,今日中国在社会物质发展上终于赶上了"老师"的步伐,超越欧美发展的前景也不太遥远。但作为后发现代性国家,百年文化批判,文化的中断与接续,文化吸收与创造已经成为一个极为重要的文化问题,没有精神与文化的浴火重生,中国文化永不能真正地复兴。应该从这样的角度来重新审视辜鸿铭,来评判他的中国经典的翻译工作。

一个新的时代到来了,继承辜鸿铭的理想,展开中国古代文化典籍的翻译已经成为当代中国学术界新的使命,愿本书能为这个伟大的学术事业做出绵薄的贡献。

---

① 辜鸿铭:《辜鸿铭文集》(下册),海口:海南出版社,1996年,第512~513页。

第三编

文献编

　　西文之中国文献学之初议做中国学问,文献学是其基础。"文献学"一词源于1920年梁启超在《清代学术概论》中所说的"全祖望亦私淑宗羲,言文献学者宗焉。"他在《近代三百年学术史》中说:"明清之交各大师,大率都重视史学——或广义的史学,即文献学。"当代文献学大家张舜徽先生在谈到中国文献学时,总结历史,阐明近义,对中国文献学做了很好的表述,他说:"我国古代,无所谓文献学,而有从事于研究、整理历史文献的学者,在过去称之为校雠学家。所以,校雠学无异成为文献学的别名。凡是有关整理、编纂、注释古典文献的工作,都由校雠学担负了起来。假若没有历代校雠学家们的辛勤劳动,尽管文献资料堆积成山,学者们也是无法去阅读、去探索的。我们今天,自然要很好的继承过去校雠学家们的方法和经验,对那些保存下来的和已经发现的图书、资料(包括甲骨、金石、竹简、帛书),进行整理、编纂、注释工作,使杂乱的资料条理化、系统化,古奥的文字通俗化、明朗化。并且进一步去粗取精,去伪存真,条别源流,甄论得失,给研究工作者们提供方便,节省时间,在研究、整理历史文献方面,做出有益贡献,这是文献学的基本要求和任务。"①

　　张舜徽先生所讲的中国文献学的范围是中文文献。但至晚明以后,中国的历史已经纳入到全球史之中,晚清之后,更是被拖入以西方世界为主导的世界历史

---

① 张舜徽:《中国文献学》,上海:上海世纪出版集团,2009年,第3页。

之中。这样,来华的传教士,做生意的西方各国东印度公司,驻华的外交官和汉学家留下了大批关于研究中国的历史文献,翻译了大批关于中国古代的历史典籍。由此,中国文化开始以西方语言的形态进入西方文化之中,关于中国近代历史的记载也不再仅仅是由中文文献组成。这样,西方中国研究中的文献问题就成为西方汉学之基础,同样也构成了研究中国近代历史的重要文献。这里我们还简略掉了中国文化在汉字文化圈的传播和影响,那有更长的历史,更多的历史文献,或者以中文形态,或者以东亚各国的文字形态存在着,形成东亚文明史的一个整体。由于本书仅仅限于西方汉学的研究,对中国文化在东亚的传播和影响不做研究和展开。

　　根据张舜徽的理解,我们可以说,在西方汉学的历史中也同样存在一个西方汉学文献学的研究领域,西方汉学文献学作为一个西方汉学研究的基础研究领域是完全存在的。进一步扩展来讲就是"西方语言的中国文献学"。金国平建议建立"西方语言中国史料学",而来华传教士的西方语言文献是其中重要的内容。他认为,"只要充分地利用在华传教士留下的这批宝贵历史遗产,比堪汉语史乘,从新的视角对已知史料进行新的诠释,披沙觅金,某些较具有争议的重大历史事件真相的发潜彰幽不无可能"①。

　　从全球史研究的新进展来看,如果打破欧洲中心主义的世界史写作,就必须将全球化的进程纳入世界史之中,这个进程不是东方被动地适应西方,而是一个互动的过程。从全球化史的角度构建中国历史,中西之间的互动就成为关键,由此,传教史和贸易史就成为必须研究之材料。从东西互动的角度来构建中国史,就必须将"西学东渐"和"中学西传"作为一个整体来把握,中国近代历史就不仅仅是一个西化的历史,同时也是一个西方不断吸收东方,从而促进西方变化的历史,由此,西方汉学史的研究就成为全球化史研究的关键。同时,中国近代的历史也不是仅仅局限于中文文献,这样,西文之中国文献成为完整记载中国近代历史不可或缺的基本文献。如果确立这样的史观,西方语言的中国文献整理就成为基础性的工作,在这个意义上金国平所说的"西方语言中国史料学",或者"西方语

---

① 金国平:《构建"西方语言中国史料学"之初议》,载金国平、吴志良《过十字门》,澳门:澳门成人教育学会,2004 年,第 283 页。

言中国文献学"就成为学术界必须做的基础性工作。"西方语言的中国文献学"
包括:凡是由西方文字出版的关于中国的书籍、藏于西方档案馆尚未出版的关于
中国的档案、手稿、资料。

中国文献学作为一门学问包括目录、版本、校勘。同样西方语言中国文献学
大体也包括这几个方面,不过呈现出不同的特点。

清代著名学者王鸣盛说:"凡读书,最切要者,目录之学。目录明,方可读书。
不明,终是乱读。""目录之学,学中第一紧要事,必从此问途,方能得其门而入。"[1]

西方语言的中国文献学亦是如此。西方关于中国的历史记载已经有几百年
历史,关于中国的研究著作、中国游记同样浩如烟海,如果不从目录入手,则完全
不知从何读书。考狄书目、袁同礼书目是目前最基础的书目,各类专业书目也有
多种,只有对这些书目都烂熟于心,方可摸到西方汉学发展之脉络。

版本学是文献学之基础之一,它主要研究各种中文版本的源流,比较刻本之
优劣,鉴别各种版本之真伪。

西方的中国研究同样存在版本学的问题,在16—18世纪关于中国的知识是
一个剽窃流行的时代,海员的记载、传教士的著作在欧洲相互传抄,相互翻译出
版。一部重要的著作很快就有各种语言的翻译。从16—19世纪,随着欧洲各国
实力的变迁,关于中国记载的语言也在不断变化。因为,在19世纪前中国典籍的
翻译以传教士为主,传教士翻译的这些中国典籍的译本在欧洲呈现出非常复杂的
情况。17世纪时传教士的一些译本是拉丁文本的,例如柏应理和一些耶稣会士
联合翻译的《中国哲学家孔子》,这里包括了《论语》《大学》《中庸》,这本书的影
响很大,很快就有了各种欧洲语言的译本,有些是节译,有些是改译,如果我们没
有西方汉学文献学的知识,一定搞不清这些译本之间的关系。

18世纪欧洲的流行语言是法语,会法语是上流社会的标志。恰好此时来华
的传教士已经由意大利籍转变为以法国耶稣会士为主。这些法国来华的传教士
学问基础好,对中国典籍翻译极为勤奋。法国传教士的汉学著作中包含了大量的
对中国古代文化典籍的介绍和翻译,例如来华耶稣会士李明返回法国后所写的
《中国近事报道》(*Nouveaux mémoires sur l'état présent de la Chine*,1687—1692),

---

[1]　王鸣盛:《十七史商榷》卷二十二,卷一。

1696 年在巴黎出版,他在书中介绍了中国古代重要的典籍"五经",同时介绍了孔子的生平,李明所介绍的孔子的生平在当时欧洲出版的来华耶稣会士的汉学著作中是最为详细的。这本书出版后在 4 年内竟然重版五次,并开始有多种译本。如果我们对法文本和其他文本之间的关系不了解,就很难做好翻译研究。

19 世纪后英语逐步取得霸主地位,英文版的中国典籍著作逐渐增加,版本之间的关系也更为复杂。美国诗人庞德在翻译《论语》时既看早年由英国汉学家柯大卫(David Collie)翻译的第一本英文版"四书",也参考理雅各的译本,如果只是从理雅各的译本来研究庞德的翻译肯定不全面。

因此,认真比较西方出版的关于中国的书籍的各种版本以及各种版本之间的关系,是做好西方汉学之必需,是做好西方语言中国文献学之基础。

"校勘学是研究总结校勘工作的一般性方法和规律的专门学问。"张舜徽说,"在雕版印刷术没有发明以前,书籍都由手写。在抄写过程中,有时不小心在字体上加了一笔或者减少了一笔,便成为另一个字,直接改换了文句的原意,影响到内容的真实,甚至牵涉到古代制度的认识……以致引起许多混乱。"①这说的是稿本转写和抄写的问题需要校勘。"至于古书在长期写、刻的过程中,有时无意识地掉了一个字,或者添了一个字;由于一个字的不同,便直接影响到内容的真相,带来许多不必要的争论和纠纷。对于做研究工作的人来说,关系尤大。"②这就提出中国文献学中校勘的重要性。

这对西方语言的中国文献学来说是同样存在的,只是在形态上有所不同。目前西方国家的档案馆中藏着大量的关于中国的手写档案,例如《耶稣会在亚洲》(*Jesuítas na Ásia*)档案文献原藏于葡萄牙的阿儒达图书馆(Biblioteca da Ajuda),它是从 1549 年沙勿略到达日本后西方传教士在远东传教活动的真实原始记录。全部档案共 61 卷,均为手抄本,计三万页。文献是以拉丁文、葡萄牙文、西班牙文和意大利文及法文写成。这批文献最早是由葡萄牙耶稣会神父若瑟·门丹哈(José Montanda)和若奥·阿尔瓦雷斯修士等于 1742—1748 年对保存在澳门的日本教省档案室的各个教区整理而成的。在这些教区中包括北京、广州、南京以及

①　张舜徽:《中国文献学》,上海:上海世纪出版集团,2009 年,第 71~72 页。
②　张舜徽:《中国文献学》,上海:上海世纪出版集团,2009 年,第 75 页。

交趾支那、老挝、柬埔寨等地。他们将这些原始文献加以分类、整理和编目,最后抄录,形成这批档案。

这批文献是研究中国清代天主教史和明清中西文化交流史及清代社会史的最重要的一手文献,它包括向耶稣会总会的年报告表,教区内的通信,发生在康熙年间的"礼仪之争"的伦理学和神学的争论,宗座代牧与罗马传信部争论的报道,耶稣会殉难者列传,澳门、日本和中国教区的主教和各省会长记载,航行于澳门和日本之间的黑船所载的货物表,澳门及各省会修会的财产清单,传教士之间的通信等。这些文献为我们提供了清中前期的许多重要的情况,许多文献都是中文文献所没有记载的。

类似这样的档案文献在西方还有很多,对于欧美所收藏的关于中国的外文文献,至今无论是欧美学术界还是中国学术界均无一个基本的书目介绍。这批文献的基本特点是以手稿为主,基本内容是原始的传教报告、贸易报告、外交档案等。

但如果使用这批文献就有一个对文献的校勘问题。对于西文文献的校勘来说,它有着悠久的传统,1933 年胡适在为陈垣先生的《元章校补释例》一书所写的序中对中西校勘学做了比较,他说:"西洋印书术起于十五世纪,比中国晚了六七百年,所以西洋古书的古本保存多,有古本可供校勘,是一长。欧洲名著往往译成各国文字,古译本也可供校勘,是二长。欧洲很早就有大学和图书馆,古本的保存比较容易,校书人借用古本也比较容易,所以校勘之学比较普及,只算是治学的人一种不可缺少的工具,而不成为一二杰出的人的专门事业,这是三长。在中国刻印书流行以后,写本多被抛弃了;四方邻国偶有古本流传,而无古书古译本;大学与公家藏书又都不发达,私家学者收藏有限,所以一千多年来,够得上科学的校勘学者,不过两三人而已。"①

对于西方语言的中国文献来说,在校勘上更有中西之共同特点,也是一个专门之学问。我们要学习西方校勘学的经验②,但这批文献又有其自身的特点,需要我们特别注意。

一是这批文献数量之大令人惊讶,数量之大超出一般学者之想象。英国东印

---

① 胡适:《胡适文集》(5),北京:北京大学出版社,1998 年,第 122 页。
② 苏杰编译:《西方校勘学论著选》,上海:上海人民出版社,2009 年。

度公司关于中国的手稿文献,荷兰东印度公司关于中国的手稿文献,梵蒂冈传信部关于中国的手稿文献等,这些文献加起来可以绕地球几圈。至今我们中国学术界对这批关于中国的手稿文献没有一个基本的把握。

二是这批关于中国的西文手稿辨读困难。由于这些手稿文献大都是 16—19世纪的欧洲各类语言的手稿,辨读十分困难。即便在西方,能辨读这些手稿也需要专门的训练。对中国学者来说,这就更加困难。外语能力、历史知识、西方校勘学的训练都需要具备。目前,能辨认这些手写稿的中国学者不多。笔者在国外看到这些手写稿时,如果转写只能求教于国外学者,因为自己不具有这样的辨认能力。这样转写就是第一难事。

三是这些文献内容的核对困难。尽管是西方语言的文献,但其内容是关于中国的。如上边所说的文献《耶稣会在亚洲》,其中相当多的文献内容是对中国各地传教的记载。这样即便是一般的西方汉学家,如果不是专业的研究者,即便转写成现代西方语言,这些内容对他们来说也是陌生的,如果核对其中的内容更是要有专业的知识,尤其是涉及中国古代的地名、人名,正确理解极为困难。因为记载这些文献的西方人当时并未有统一的拼读中国文字的法则,加之许多人又生活在中国各地,方言、口音夹杂其中,使人完全不知所云。即便后来威妥玛汉语拼音系统出现后,也减轻不了多少核对的困难。

四是翻译更为复杂和困难,来华的传教士翻译了很多中国经典,但将这些经典回译成中文是件很难的事,有些译者直接就将中文原文套入翻译之中,这样看似准确,但缺少了跨文化的视角,不知两种文化之间的翻译所产生的"误译"和"误读"实为正常。

在笔者看来,西方语言之中国文献的研究整理是比中国文献学和西方本身的文献研究整理都要困难的学问。

中国文献学的目的是"辨章学术,考镜源流",对学术之发展有一个宏观之了解和把握;西方语言之中国文献学亦是如此。尤其从事中国古代文化经典在西方的翻译和传播研究,一定要从文献学入手,从目录学入手,这样才会保证我们在翻译研究上对版本之间的复杂关系有一个清楚的了解,为研究打下坚实的基础。中国学术传统中"辨章学术,考镜源流"的传统在我们致力于西方汉学研究时是同样需要的。

另一方面,国家目前对汉籍外译投入了大量的费用,国内学术界也有相当一批学者在从事这样的事业。但我们在开始这项工作时应该摸清西方汉学界已经做了哪些工作,哪些译本是受欢迎的,哪些译本问题较大,哪些译本是节译,哪些译本是全译。只有清楚了这些以后,我们才能确定新的翻译政策。显然,由于目前我们在西方汉学的文献学上做得不够理想,对西方汉学界近400年来对中国古代文化经典的翻译情况若明若暗。这样,国内现在确立的一些翻译计划是重复的,这在学术上是一种浪费。即便国内学术进行重译,也需要建立在前人的基础上展开。这点我们做得不够理想。

因此,建立西方语言的中国文献学是展开西方汉学研究之基础,是做好中国典籍外译和流播研究之基础,同时,也是在全球范围内展开中国历史文化研究,将中国史放入全球史中加以研究的基础性工作。本书作为研究中国古代文化经典西译的导论,其基本任务并不是在某一个中国典籍西译的具体文本上展开研究,也不是对某一个在中国古代文化典籍西译上的重要汉学家,例如理雅各、韦利这样的就具体文本展开深入研究,而是对其历史做一初步的梳理,以从宏观上展示中国典籍西译的历史阶段和文化背景;对展开中国典籍西译的理论与方法展开初步的研究,从理论上把握展开这一领域研究的基本理论与方法。从文献学上对做好西方语言的中国文献研究的方法提出一个初步的设想,以期引起学界之重视,开启西方语言之中国文献之研究和整理,是中国学术发展的一个基础性工作。只有将这批西方语言的中国文献彻底掌握时,我们才能真正写出在全球史背景下的中国近代历史文化之研究,才能揭示出中国文化在西方的影响,才能在全球史的背景下说明中国文化之意义。

西文之中国文献学是一门崭新之学问,作为研究导论我这里不能一一展开,下面,笔者仅仅从目录学的角度做一个初步的勾勒,以使研究者沿着前人之研究深入展开。

第八章

考狄《汉学书目》与中国典籍西译

导　语

在西方汉学文献学中,目录学是其中重要的内容,而谈起西方汉学的目录学,则一定要从考狄的《汉学书目》(*Biblioteca Sinica* , *Dictionnsaire Bibliographique des ouvrages Relatifs à l' Empire chinois*)说起。

考狄的家庭原籍法国萨瓦省,他于 1869 年进入中国,两年后就成为"皇家亚洲协会"中国北方分部的图书管理员,由此开始了他的汉学生涯。他于 1876 年离开中国,1925 年去世。考狄是一位极其勤奋的汉学家,一生著作等身,伯希和在他去世后所写的传记中还说"他写出了厚厚的五卷作品:《1857—1858 中国旅行记》(*L' expédition de Chine de 1857 - 1858*) (1905 年) ,《1860 年中国旅行记》(*L' expédition de Chine de 1860*)》(1906 年) ,最蔚为大观的则是《1860—1902 年间中国与西方国家关系史》(*Histoire des relations de la Chine avec les puissances occidentales 1860—1902*) (1901—1902 年,三卷本) ,每一卷都充满翔实的史料;如今,一部名为《中华帝国国际关系(1910—1918)》(*The international relations of the Chinese Empire* 1910—1918) 的书,实际上很多都参考使用了此五卷本中涉及 1834 至

1911 年间的部分,汲取了其中的英语档案。① 如今,任何人若想要讨论鸦片战争到辛亥革命期间的中国,这五卷本的巨制都是不可或缺的资料来源。

最后,不知疲倦的考狄先生,又于 1920—1921 年间在热特内出版社推出了《从上古到满清帝国衰落期间的中国与外国关系通史》(*Histoire générale de la Chine et de ses relations avec les pays étrangers depuis les temps les plus anciens jusqu'à la chute de la dynastie mandchoue*)。坦率地说,这部四卷本的作品是考狄的心血结晶,并一定会对研究者有用——其销售量已证明了这一点。②

但纵观考狄的一生,其最大的成就还是在汉学和东方学文献上,而其中最引后世学界称道的就是他编写《汉学书目》和创办《通报》这两件事。

一、考狄《汉学书目》简介

按照考狄的看法,较早编写的西方汉学书目是由 Andreae 博士和 Geiger 先生编辑的《汉字文法增广总目:汉学书目》(*Han-tsé-wen-fá-chou-kouang-tsóng-mou* , *Bibliotheca Sinologica*)③。这本书目 1864 年在法兰克福印行。在此之前,美国来华传教士卫三畏在《中国丛报》(*Chinese Repository*) 上也刊出过书目,皮聂罗(Pinelo)的《东方学书目概要》(*Epitome de la Biliotheca Oriental*) ,此后,德国汉学家穆麟德(Paul Georg von Möllendorff, 1847—1901) 所编的《中国书目手册》(*Manual of Chinese Bibliography* , *Being a List of Works and Essays Relating to China*. London, 1876) 是较早的一个汉学书目④,而法国汉学家考狄所编写的《汉学书目》(*Bibliotheca Sinica*) 则是在前人一系列的专题书目和片段性书目的基础上完成的最为完整的西方汉学书目。《汉学书目》(*Bibliotheca Sinica*) 的第一版于 1881—1885 年出版,1893—1895 年又做了增补;它的第二版,于 1902—1908 年出版,内

---

① 这是指马士的《中华帝国对外关系史》一书。

② 伯希和《考狄传》,《法国百科全书式的汉学家考狄》。

③ *Han-tsé-wen-fá-chou-kouang-tsóng-mou*. *Bibliotheca Sinologica*. Uebersichtliche Zusammenstellungen als Wegweiser durch das Gebiet der Sinologischen Literatur von Dr. med V. Andreae und John Geiger. Als Anhang ist beigefugt: Verzeichniss einer grossen Anzahl ächt chinesischer Bücher nebst Mitteilung der Titel in chinesischen Schrifzeichem. Frankfurt.

④ 参阅王毅《皇家亚洲文会北中国支会研究》第 50 页,感谢王毅提供该书原文书名。

容比第一版有大幅增加,以后又增补了1922—1924年的内容。①

考狄之所以能完成这部西方汉学目录之学的奠基之作,与他在上海(英国)皇家亚洲文会北中国支会(The North-China Branch of Royal Asiatic Society)担任图书馆馆长有关,这家图书馆虽然藏书的总量不大,但却"收藏了16、17世纪以来出版的关于中国和远东方面的外文图书",被称为"中国境内最好的东方学图书馆"。② 考狄在《汉学书目》序言中讲述了自己从事这一研究的想法。

差不多10年前,当我抵达中国时,当我开始对这一庞大的帝国进行历史、科学、道德与风俗方面的研究时,我发现自己面对所有最初进入一个无限深广的研究领域的人所面临的困境。置身于这数量极为巨大、以各种语言完成、处理主题极尽繁复的有关中国的出版物之间,谁能给我指点迷津?我的第一个反应是求助于合理编排的书目:而这种书目并不存在;这迫使我自己动手对所能得到的这类著作进行某种挑选,某种分类整理。希望能够使其他人免除我自己正不得不做的这种无益而烦琐的工作,我产生了这个想法:一部精心编制的与这个中央帝国有关的著作目录的出版,将能够对那些研究远东方面的学者和对远东问题感兴趣的人有所裨益。

我刚到上海不久,由于被任命为(英国)皇家亚洲文会北中国支会(习称亚洲文会)的图书馆馆长,就开始着手这家学术团体的藏书编目工作。

亚洲文会的图书馆藏书大约有1300册,其中有关一般意义的东方书籍和专门研究中国的一大部分书籍,都是伟烈亚力先生转让的;藏书中还包括数量可观的由各种学术机构编辑的连续出版物和文献汇编。这个图书馆的藏书目录于1871年年底出版③:尽管在法国和英国的先期研究,已经为我准备了文献编目方面的经验,这个目录的编纂对我还是起到了一种有关崭新研究领域的导入作用,而且给了我一种特殊的敏觉,文献目录学方面的敏觉,如果可以这样表述的话;它对我从事中国书目手册的编纂是必不可少的。我为

---

① 相传陈寅恪先生从欧洲返回中国后,在清华国学院开始的一门课就是西方东方学书目,讲的就是考狄书目。
② 参阅王毅:《皇家亚洲文会北中国支会研究》,上海:上海书店,2005年,第49页。
③ 《皇家亚洲学会北中国支会图书目录(包括伟烈亚力先生的藏书)》,由亨利·考狄有系统地分类编辑,上海Ching-foong印书局印行,大8开,viii-86页。

了完成那本书目所积累的笔记和所做的研究,促使我决定实施我刚到上海时就有的想法,为那些由西方人写作的有关中国问题的著作,做某些无疑更有实力的其他人对欧洲各国问题已经做过的工作。我也比较多地考虑到批评界对某种第一次尝试所会表现的宽容:之所以说第一次尝试,是因为在我开始着手收集本书的基本材料时,中国书目索引被我们的先驱者忽略了,那些构成本书所必需的基本信息几乎分散在四面八方。①

考狄的另一个重要贡献就是与德国汉学家施古德(Gustav Schlegel,1840—1903)一起于1890年在荷兰的Brill出版了国际汉学的综合性刊物《通报》,伯希和认为"创刊《通报》并使之持续下去,也可能是考狄能够为东方学作出的最大的贡献"。② 这里我们不再展开。

考狄在序言中介绍了这本书目的编排方式,他说:

> 本书包括五个大的部分,它们将依次分别处理以下专题:第一,有关狭义的中国;第二,关于外国人在中国;第三,有关外国人与中国人的关系;第四,有关中国人在外国;第五,有关中国的附属国。

> 第一,狭义的中国这部分,将包括概论这个帝国的著作,包括关于它的地理、它的自然史、它的历史的著作,关于它的宗教、它的科学、它的艺术、它的语言和文学、它的风俗和道德礼仪的著作。

> 第二,在第二部分,我们将依次研究对外国人开放的港口,西方人根据罗马历史学家和阿拉伯人等来源获得的对中国的知识,以及自从中世纪直到今天的旅行者。

> 第三,中国的外交史将在这一部分占有地位,在这里我们将会看到与各个不同的外交使团相关的文献,以及与天朝和外国列强缔结的各种条约相关的文献。

> 第四,中国人在外国这部分,我们将有机会显示中央帝国的居民在他们的国土之外进行的远游,从佛教徒的朝圣,直到郭大人的使团出使伦敦,而且

---

① 考狄著,韩一宇译:《我与汉学书目之缘》,张西平主编:《国际汉学》第17辑,郑州:大象出版社,2009年。此处引用略有改动。

② 伯希和:《法国百科全书式的汉学家考狄》,见[法]戴仁编,耿昇译:《法国中国学的历史与现状》,上海:上海辞书出版社,2010年,第232页。

我们还要研究向国外移民和对待苦力(劳工)的问题。

第五,最后,我们将周游中国的殖民地和附属国:满洲,蒙古,伊犁,西藏,在此之外,我们还将加上琉球群岛和朝鲜。①

《汉学书目》是展开西方汉学史研究的基础性工具书,《汉学书目》提供给我们已经翻译成西方语言的中国古代文化典籍书目和西方汉学对中国古代文化的研究成果,只有在我们系统地掌握和了解了西方汉学研究的基本成果后,我们才能在他们的基础上展开我们的翻译和研究,因此,了解并熟知考狄的《汉学书目》是我们做好中国古代文化经典外译研究的第一步工作。

二、考狄《汉学书目》中国典籍翻译书目举要

目前中国学术界十分重视中国古代文化经典文献的翻译工作,在考狄书目中我们可以看到,这项工作也一直是西方汉学界的重点,他们为此投入了大量的精力,出版了大量的译本。这些译本国内学者在研究时虽然也讲到过,但往往不全面。这里列出一些书目,便可以大体看到在 1921 年前西方汉学界对中国典籍的翻译概貌。

《山海经》序言(英语)

中国关于楼兰古国的信息(英语)

中国历代帝王年表(周—清)(英语)

张之洞的《劝学篇》(英语)

《史记》第四卷(31~42 章)(法文)

周之兴(英语)

《论衡》(英语)

周朝末年以前的中国古代史(英语)   著者:夏德

《汉书》翻译序言(英语)   著者:H.H.Howorth

元代帝王表(英语)   译者:慕阿德

---

① 原文如此。考狄著,韩一宇译:《我与汉学书目之缘》,张西平主编:《国际汉学》第 17 辑,郑州:大象出版社,2009 年。

东汉三大将军——班超、班勇、梁懂——节选自《后汉书》(法文) 译者:沙畹

《北辕录》(法文) 译者:沙畹

《书经》——第一部分:虞书(德语) 译者:克拉普洛特

《诗经》(德语) 译者:Johann Cramer

《诗经》(德语) 译者:Friedrich Rückert

《诗经》(德语) 译者:史陶斯

孔子与孟子——中国国家伦理哲学之"四书"(德语) 译者:John Cramer

《中庸》(德语) 译者:Reinhold von Plaenckner

东方系列,第 4 卷——中国皇帝光绪与皇太后慈禧——1898 年的上谕(法文) 译者:Jérôme Tobar

《论语》(英语)

《书经》(英语) 译者:Walter Gorn Old

道家和儒家思想注(英语) 译者:花之安

《三字经》(英语) 译者:翟理斯

《书经》(英语)

《书经》选译(英语)

《论语》(英语) 译者:辜鸿铭

《论语》(英语) 译者:翟林奈

基督徒对孟子注解的索引(英语) 著者:P.Kranz

《庄子》节译(英语) 译者:翟林奈

近代"四书"评注(英语) 编者:H.M.Woods

《论语》(英语) 译注者:翟林奈

《论语》(英语) 译者:L.A.Lyall

《论语》(英语) 译者:苏慧廉

《礼记》(英语) 译注者:John Steele

《孝经》(英语) 译者:Ivan Chen

《论语》(英语)

《论语》(英语) 译者:Miles Menander Dawson

列子:道家学说(英语)　　　译注者:翟林奈

王充《论衡》第一部分哲学篇(英语)　　　译者:Alfred Forke

王充《论衡》第二部分杂文篇(英语)　　　译者:Alfred Forke

王阳明传习录(英语)　　　译者:F.Goodrich Henke

杨朱的乐园(英语)　　　译者:Anton Forke

《圣谕广训》(第二版)(英语)　　　译者:鲍康宁

《搜神记》之玉皇上帝(英文)　　　译者:J.L.Shuck

道教文献:伦理、政治与思辨(英文)　　　译者:Frederic Henry Balfour

《道德经》(英文)　　　译者:E.H.Parker

《道德经》(英文)　　　译者:P.J.Maclagan

《道德经》(英文)　　　译者:T.W.Kingsmill

《道德经》(英文)　　　译者:C.Spurgeon Medhurst

老子《道德经》的满文译本(罗马拼音文本)(英文)　　　注音:E.V.Zach

《道德经》(英文)　　　译者:Paul Carus

中国之光:老子的《道德经》(英文)　　　译者:I.W.Heysinger

《孟子》(德文)　　　译者:卫礼贤

感应篇(英文)　　　译者:Frederic Henry Balfour

中日《大明三藏圣教目录》(英文)　　　编者:南条文雄

中国诗歌(法文)　　　译者:Charles Laurent

广集华文(法文)　　　编者:Edmond Nordemann

考城隍(法文)　　　译者:Hoa King-chan

中国戏剧——空城计(法文)

神禹碑正义(德语)　　　译者:克拉普洛特

考狄书目中还有西方汉学对中国古代文化研究的重要著作,这里列举出一些,说明西方汉学界对中国古代文化经典的研究情况。

古代文献中佛陀的经典(法文)　　　著者:保罗·卡鲁斯

摩尼教与化胡经(法文)　　　著者:伯希和

戏剧在中国(法文)　　　著者:Léon Charpentier

中国戏剧(法文)　　　著者:Victor Delaporte

中国编年史——作为亚洲各民族历史的来源(德语) 著者:夏德

《春秋》的问题与董仲舒的《春秋繁露》(德文) 著者:福兰阁

我们在这里对考狄书目中所列出的中国古代经典的翻译与研究做一个简单的结构性分析。

第一,从语言上分析。

考狄书目典籍翻译部分各语言文章数量

	英语	法语	德语
数量	45	8	8

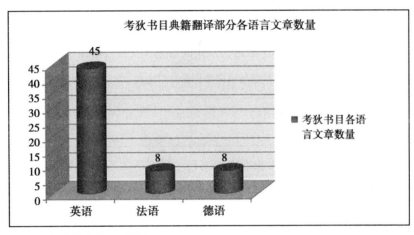

第二,从学科内容上分析。

考狄书目典籍翻译部分内容分类统计

	文学	哲学	宗教	历史	社会政治、生活及其他
数量	8	29	3	13	8

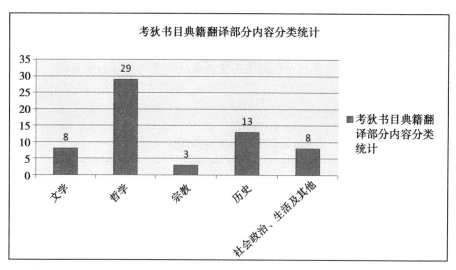

第三,考狄书目所列出的中国古代经典的研究著作语言的结构性分析。

考狄书目研究著作语言对比表

	法语	德语
数量	6	2

这里我们尚不能一一列举出在考狄书目中所有的关于中国古代文化典籍的翻译目录和研究目录,但从这些目录可以看出在1921年前西方汉学界已经对中国典籍的翻译做了大量的工作,对这些典籍也做了较为深入的研究。至今中国学术界尚未对这些译本做较为系统的研究和梳理,并对其做出合理的评价。

三、对考狄书目的一个基本评价

考狄的《汉学书目》在西方汉学发展史上的贡献是巨大的,尽管在此之前也有不少汉学家做了类似的工作,但考狄是集大成者,在这个意义上,他是西方汉学文献学的奠基人。从文献学的角度来看,考狄的《汉学书目》以下几点是我们应注意的。

1.《汉学书目》是首个最权威的西方汉学书目

在考狄书目之前,关于西方汉学的书目也有几个,但影响不大、流传不广。自从考狄书目出版后,其他关系西方汉学的书目基本上销声匿迹,考狄书目成为在西方汉学界最权威、流传最广、被西方汉学界完全接受的基础性书目。考狄书目之所以达到这样的效果，取得这样的成就，主要在于两点：第一，书目全，考狄书目所录入的书目是任何在此以前关于中国研究的书目所不可比拟的，数量之大要超出以前书目的几倍；第二，所记录的书籍和文献可靠。由于当时在编制这个书目时，他有得天独厚的条件，绝大多数的汉学书籍他都能看到，因此，他在《汉学书目》中所提供的书目，绝大多数是他亲自过眼的，他利用的是一手材料，而不是拾别人之牙慧。考狄在编制目录的过程中也表现出一个汉学家严格的学术态度，凡是进入目录，未经他亲自过眼的书，他均标出星号，以提醒读者。因此，考狄书目的第一个特点就是他所提供的文献书目可靠性极大。

2.考狄《汉学书目》进一步完善了西方汉学著作的初步分类

根据德国汉学家魏汉茂研究，第一个编制西方汉学书目的是穆麟德，他的第一本书目是 1876 年在上海出版的 *Manual of Chinese Bibliography，Being a List of Works and Essays Relating to China*，这个目录在汉学文献学上的贡献也是很明显的，因为他开启了一个西方汉学文献目录学的工作，如作者所说："毋庸置疑，对于生活在远东地区的外国人来说，有关中国的各种出版物的编撰是必不可少的。即使某些个别领域，特别是语言学和历史记录领域的出版物，已有了相对精确的目录，但关于泱泱中华的全面的文献却没有得到详尽的处理。"

"在中国，能提供这方面材料的只有数量有限的个人收藏，并且我们也十分清醒地认识到这本书里仍难免会存在许多纰漏。其中主要的缺陷在于，许多题目来自二手材料并且会包含错误的信息。"

"尽管如此，我们还是要出版这尚欠完善的作品，目的是为学术圈里的读者填补这项显而易见的空白。同时我们也希望此书的出版能促使一本更详尽的关于中国的书目的出炉。另外，在期刊里发表的零散的材料，尤其是那些来自英国殖民地和中国的材料，在欧洲鲜为人知并且几乎无处可寻。据我们了解，我们此次的尝试开了将此类材料集中编纂的先例。这对于欧洲大众来说也不无裨益。"①

他的分类系统是这样安排的：

中国语言和文学

中华帝国

---

① 参阅魏汉茂：《西方学界有关中国书目的简介》抽样本，该文收入了再版的考狄《汉学书目》之中。

历史和年表

地理和旅行

自然历史

中国和中国人

与外国人的交流

土著居民,苗族,客家族

外省的中国①

考狄前,西方汉学的文献学家们对西文汉学书目也有一个初步的分类,考狄在做这些工作时,显然参考了这些前人的分类方法,在此基础上,他的分类更为全面,大大推进了西方汉学文献学的书目分类体系。穆麟德的分类体系都对考狄有一定的影响,我们可以做一个对比:

普通作品

地理

人种志

气象学

自然史

人口

政府

法律

历史

宗教

科学与艺术

语言与文学

行为风俗

外国对中国的了解

贸易

条约开放港口

---

① 　参阅魏汉茂:《西方学界有关中国书目的简介》抽样本,该文收入了再版的考狄《汉学书目》之中。

外交关系

中国对外了解

旅游、大使馆

移民

鞑靼(满族、蒙古族)

新疆

西藏

朝鲜

琉球(群岛)

两人大都将中国与外部的关系作为编目的一个重要出发点,所不同的是,考狄在分类上更为仔细,如学者所说:"从考狄的内容分类上看,它是从中国和外部世界的关系上来划分汉学研究领域的,反映了当时包括考狄自己在内的西方汉学家对汉学研究内容的归纳和总结。"①鉴于考狄书目的影响,考狄的这个汉学书籍编目在西方汉学文献书目编目上具有重大的影响。可以这样说,考狄开创了西方汉学目录学和文献学,在西方汉学史上功不可没,在我们研究中国典籍外译时,这是我们的必备之书。

3.考狄《汉学书目》的历史局限

任何事业在开创之初都是不圆满的,考狄的汉学文献学事业也是如此。伯希和在纪念他的文章中,尽管对考狄的评价充满赞誉之词,但也不无遗憾地说:"尽管他已经付出过巨大辛劳,却始终处于不完善状态,他必须再从中补入其他著作。"②这是指,在考狄《汉学书目》中尚未编入俄罗斯和中亚研究的著作。考狄在他的《汉学书目》前言中说:"书目提要类著作的编排可以有三种不同的操作方式:第一种以作者的姓氏字母排序,像在 Brunet 的书中做的那样;第二种以年代排序,如泰尔诺-孔邦(Termaux-Compans)的书所做的;第三种以材料本身分类,在巴黎出售的大部分书目著作都属于这一种编排方式。最后一种方式显然最具有科

---

① 张红扬:《考狄的〈中国学书目〉和袁同礼的〈续考狄中国学书目〉》,国家图书馆编:《袁同礼纪念文集》,北京:国家图书馆出版社,2012 年,第 290 页。
② 伯希和:《法国百科全书式汉学家考狄》,[法]戴仁编,耿昇译:《法国中国学的历史与现状》,上海:上海辞书出版社,2010 年,第 229 页。

学性,也最方便使用,尤其是如果它有作为附录出现的一个以字母排序的作者索引的话。我们尝试结合这三种方式,把各种著作分章编排,在每一章之内,它们又按年代排序;最后以一个按字母排序的索引来为这部有条理的书目提要收尾。"①

　　由此看出,考狄自己心中是十分清楚的,这样一个大型书目,必须有一个索引系统,但直到考狄去世,《汉学书目》也没有出现索引系统,这不能不说是一个很大的遗憾。考狄是心有余而力不足,人生常常是这样,有很多事情想做,但时间却不够了,于是匆匆而去,撒手人寰,事业留给后人,一代代人相接。②

　　考狄书目的另一个待研究的是他的分类体系。考狄是第一个开辟西文汉学文献分类体系的人,但他当时的分类体系是依据西方与中国的关系来展开的。现在看来,这个分类体系并非完整,尤其是将西藏等列为中国之外,将朝鲜和越南作为中国所属国,这些分类显然受到当时思想和文化背景的影响。如何做好西文汉学文献和书籍的分类至今仍是一个值得研究的问题。

结　语

　　陈寅恪先生从欧美游学回国后在清华国学院所开的第一门课就是考狄的《汉学书目》,此后他曾多次托图书馆从欧洲购买东方学的书籍,也大都从《汉学书目》中查阅。考狄的《汉学书目》对治中国的学问的作用不言而喻,同时,这本书目也是研究西方汉学史的必读之书。伯希和在谈到考狄的《汉学书目》时认为美中不足的就是《汉学书目》没有编制索引系统,今天,我们北外海外汉学研究中心与德国著名东方学文献专家魏汉茂先生合作,在他的辛劳下编制出了第一部考狄《汉学书目》的索引。2017 年带有完整索引系统的考狄书目已在中华书局出版,书名为《西人论中国书目》,这本书的出版也算是对考狄学术的最好纪念。

① 考狄:《我与"汉学"书目之缘》,见张西平主编:《国际汉学》第 17 辑,郑州:大象出版社,2009 年。
② 1926 年中国的汉口俱乐部图书馆还专门印行了一个索引,来解读考狄的目录(*Bibliography of China:Being a Rough Index to Cordier's Bibliotheca Sinica Columns*,Hankow Club Library,1926),1953 年纽约也编制了一本考狄《汉学书目》的作者索引(Author Index to the BIBLIOTHECA SINICA of Henri Cordier),但这也是一个内部刊印本,尚未正式出版。北外中国海外汉学研究中心委托德国著名汉学家魏汉茂编制了一个考狄《汉学书目》的索引,考狄的《汉学书目》连同新的索引已于 2017 年在中华书局出版,书名为《西人论中国书目》。

附录:亨利·考狄(Henri Cordier,1849—1925)生平

伯希和①

1925 年 3 月 16 日,考狄工作了一整个上午,直到写完亚历山大·荷西(Alexander Hosie)的讣告才放下笔,这篇文章登在最新一期的《通报》杂志上。这一天,埃及部长 S.E.Fakhry Pacha 为参加完开罗地理学大会即将离开的法国代表团提供午宴,考狄作为地理学会会长赴宴。就在他登上 Majestic 酒店的台阶时,一阵突如其来的痛苦让他倒在了正巧走到他旁边的龙歇尔(Roncière)先生身上。人们赶紧将他送回家,他缓缓入睡,当天晚上就停止了呼吸。考狄在人世间的最后一天也正是他这一生的真实写照:无休无止而又亲力亲为的繁重劳动,以及对科学事业一丝不苟的忠实态度,使他无愧于人们将其推举为科学研究的领袖之一。在超过半个世纪的岁月中贡献了丰富而卓越的研究成果之后,他彻底地倒下了,并没有尝到疾病缓缓侵蚀的痛苦过程。仍然活着的我们,在谈到命运、死亡这一问题时,不能奢望比这更好的结局了。

考狄的家庭原籍法国萨瓦省。其祖父杰罗姆·考狄(Jérôme Cordier),出生于萨瓦省法沃尔日(Faverges)附近,后定居于卡尔瓦多斯省(Calvados)的利雪市(Lisieux),以钟表匠为营生,1823 年 5 月 3 日,他在壮年时不幸去世,并被埋葬于斯。其遗孀安娜·维罗尼克·杜佛雷(Anne Véronique Touflet)在他去世后还活了很长时间,直到 1878 年 10 月 25 日以 95 岁高龄在利雪辞世。

杰罗姆·考狄有三个儿子:老大约瑟夫·杰罗姆·考狄(Joseph Jérôme Cordier),终身未娶,1879 年 11 月 1 日在卡昂(Caen)逝世,时年 73 岁;二儿子厄尔内斯特·欧也尼·考狄(Ernest Eugène Cordier)正是本文主人公亨利·考狄的父亲,1880 年 8 月 5 日在巴黎去世,享年 69 岁;小儿子保尔·吕西安·考狄(Paul Lucien Cordier)幼年夭折于利雪。

厄尔内斯特·欧也尼·考狄尽管出生在利雪(1812 年 1 月 10 日),却也可以自称为撒丁岛人,不过看来他很干脆地接受了法国国籍。早年他曾前往美国,先

---

① 文章载于 1925 年第 24 卷《通报》杂志,第 1~15 页。本文由郭瑶译注。

做商品代理人,后从事银行业。1848 年他与法裔美国女人维克多莉亚・爱米丽・亨利叶特・乌丁(Victoire Amélie Henriette Oudin)在亚巴拉马州(Alabama)的莫比尔市(Mobile)结婚。1849 年 8 月 8 日,亨利・考狄在新奥尔良出生。1852年,厄尔内斯特・欧也尼・考狄将妻子和儿子送回利雪市,自己则由于事业关系留在美国,二儿子维克多(Victor)恰于此时在利雪出生(1889 年去世于新加坡)。厄尔内斯特本人于 1855 年回到巴黎,并把全家迁到巴黎。其第三子于勒(Jules)1857 年出生,如今是退休的步兵上校。

　　亨利・考狄在杜菲耶学校(Institution Tuffier)念完小学,1857 年转至夏普塔尔初中(Collège Chaptal),他的大弟弟也进入同一所中学;1865 年又进入马森学院(Institution Massin),然后念完了查理曼高中(Lycée Charlemagne)的课程。此间,其父受命要在中国上海建立一家贴现银行的分行(une agence du Comptoir d'Escompte),于 1859 年远赴中国,不久后将妻子和幼子接来同住。两个年龄稍长的儿子则去住到亲戚卡耶波特(Caillebotte)家,多亏了这家人,他们为考狄做了肖像画,并诚挚地将它捐给了国家。厄尔内斯特及家人于 1864 年从中国回到法国。1865 年,亨利・考狄第一次与父亲一起远赴英国;之后的 1867 至 1869 年,为了深入学习英语,他又在英国住了两年。随后他本想进入夏尔特学院(Ecole des Chartes)继续学习,不过,其父从儿子的事业前程考虑,决定让他去上海,在那里父亲已经交下了许多朋友。就这样,1869 年 2 月 18 日,考狄从马赛港登船,经过两次中转之后于 4 月 7 日到达上海,随后进入美国的大公司 Russell & C.,并立刻被授予重要职位,他在这个职位上一直待到他回国的那一天:1876 年 3 月 31 日①。

　　他此次回国本来只为度假。1877 年 3 月 9 日他再次从马赛登船准备去远东,不过这次他在苏伊士收到普罗斯贝尔・吉盖尔(Prosper Giquel)的电报,此人乃福州(Foutcheou)兵工厂的创始人,他在电报中邀请考狄到巴黎担任中国国情培训任务(Mission chinoise d'instruction)的秘书,考狄接受了这一邀请回国。之后的岁月中,他虽多方游历:遍游欧洲,去过南北美洲,甚至到过非洲,却再也没有回到中国——尽管他将这个国家作为余生半个世纪之研究的主题。1886 年 5 月 25 日,考狄与玛格丽特・伊丽莎

① 在向 1908 年 11 月 27 日出版的《伦敦与中国快报・五十周年纪念特刊》(London and China Express 50th Anniversary Number)供稿的《一些个人的回忆》(Some personal recollections)一文中,考狄自己回忆了这个时期的一些事情。

白·博得里(Marguerite Elisabeth Baudry)小姐结婚,二人可算青梅竹马,博得里小姐的父亲是加里尼亚尼书店(la Galignani's Library)的股东之一。

在当时的中国,众多欧洲人轻易地沉迷于远东的生活方式之中,考狄对他们不屑一顾,而只与以下这些当时也在中国的、工作严肃认真的人来往:卫三畏(S. Wells Williams)、布列特施奈德(Bretschneider)、阿尔芒·大卫神父(l'abbé Armand David)、费赖之神父(Aloys Pfister),特别是 19 世纪在中国生活过的两位最好的汉学家:(俄国的)巴拉第(Palladius)和(英国的)伟烈亚力(Wylie)。在法国定居后,考狄便开始全身心地投入学术研究。他可能从青年时期即对目录学感兴趣。从他的遗稿中,人们发现一则 1868 年 2 月 8 日用英语介绍书商纪尧姆·弗朗索瓦·德·布尔(Guillaume François De Bure)的短文。在其已发表的 1870 年 11 月 10 日的一封信的第一面,就有一个签名曰"藏书狂"(A Bibliomaniac)。1871 年,亦即到中国的第二年,考狄成为皇家亚洲文会北中国支会的荣誉图书管理员;1872 年他开始钻研图书馆系统分类法,并为此贡献了所有的业余时间①。此外,在去中国之前,以及在中国期间,他还收藏了一大批藏书。当他在法国定居之后,本想把这批书从中国运回来,可惜 1877 年 6 月 17 至 18 日夜间,这批书与"眉公"号(Mékong)一起在拉斯-阿凡角(la pointe Ras-afun)(位于索马里的加尔答菲角

---

① 本文试图回顾考狄的所有主要作品,不过笔者认为并没有必要提供详细的书目。如有需要,读者可以从《考狄作品书目》(*Bibliographie des oeuvres de Henri Cordier*)一书中找到所有的线索,此书乃考狄亲自写就,于 1924 年 8 月在保尔·热特内(Paul Geuthner)出版社出版,小 8 开(petit in 8 carré),8 页序言加 151 页正文,并附考狄肖像(请参阅《通报》,1924 年第 272 期)。本文所附的肖像正是来自这本书。承蒙热特内先生将此照片慷慨提供给我们。除此书所载的考狄作品之外,还有以下几篇需要补充:1.《勃固回忆录》(*Mémoires sur Pégou*),载于《通报》,1924 年,第 99~152 页;2.阿巴蒂先生(M. Abadie)的《上东京民族志》(*Les Races du Haut-Tonkin*)简介,同上,第 156~157 页;3.G.德·瓦赞(G de Voisins)的《中国旅行记》(*Voyage-Ecrit en Chine*)简介,同上,第 157 页;4.约瑟夫·博维(Joseph Beauvais)讣告,同上,第 162 页;5.卡洛·皮伊尼(Carlo Puini)讣告,同上,第 162 页;6.《首尔传教纪事——关于朝鲜 1839 和 1846 年殉教者的资料汇编》一书简介,同上,第 271 页;7.亨利·舍瓦利耶(Henri Chevalier)讣告,同上,第 286 页;8.亚历山大·荷西先生(Sir Alexander Hosie)讣告,同上,第 395 页;9.为欢迎暹罗王子普拉查特拉(Purachatra)所作简短演说,载于《地理杂志》(*La Géographie*),1924 年 7~8 月刊,第 238~239 页;10.在弗朗兹·施拉德(Frantz Schrader)葬礼上的演讲,载于《地理杂志》(*La Géographie*),1924 年 12 月刊,第 680~681 页;11.译作:儒尔丹·卡塔拉尼·德·塞维拉克(Jourdain Catalani de Séverac)所著 *Mirabilia Descripta*(于 1925 年在热特内出版社出版);12.保尔·亚力(Paul Jarry)的《巴尔扎克最后的住宅》(*Le dernier logis de Balzac*)简介,《老巴黎协会》(*Commiss. du vieux Paris*),1924 年 5 月 31 日刊;13.《远东》(*L'Extrême-Orient*),载于 *Ilist. Gén. Des peuples*,拉鲁斯(Larousse)出版社,1925 年第一期,第 373~380 页。

cap Gardafui)沉没了。之后,考狄又孜孜于重新积累一批数量可观的藏书。对于考狄,首要的也是最重要的一点在于:他是一名目录学家、书目编制者,同时也是一位珍本收藏家。

多亏了这种藏书家的思维方式,我们今天才得以看到以下这些珍贵的目录,它们几乎涵盖了所有用欧洲语言书写的与远东有关的书籍:《汉学书目》(*Bibliotheca Sinica*)(第一版,1881—1885 年,1893—1895 年增补;第二版,出版于 1902—1908 年,内容比第一版有大幅增加,并于 1922—1924 年增补);《日本书目》(*Bibliotheca Japonica*)(1912 年);《印度支那书目》(*Bibliotheca Indosinica*)(1912—1915 年)。不过,尽管他付出了巨大的劳动,这些作品却并非完美①,并不可避免地存在一些错误。此外,这三本书目中只有《日本书目》有索引。不过我们可以期待法国远东学院将给《印度支那书目》配上索引。至于《汉学书目》,其索引工作在考狄去世前已进行得差不多,且考狄夫人愿意为此工作收尾。这些索引能衡量出书目的作用和价值,因为尽管它们号称是为整个远东而做,但事实上却没有一点关于印度或穆斯林世界的内容,这无疑让人惋惜。而且我们不久就会感受到,从考狄彻底停止工作的那一天起,关于远东本身的书目方面的信息从此也将变得匮乏。

应吉盖尔之邀,考狄于 1877 年 3 月 26 日抵达马赛港。之后迅速与他一年前结识的学者们重新联系上。1877 年 3 月 19 日,他向《评论杂志》(Revue critique)投了第一份稿,内容是对路易·德·贝克(Louis de Backer)的书《中世纪之远东》的书评——是一篇恶评,不过该书的确罪有应得②。初试锋芒之后,考狄开始进行历史地理学的研究,这一学科后来成为其成就中最出色的方面之一。不久后他与查理·施费尔(Charles Schefer)取得联系,此人系东方语言学院(Ecole des Langues Orientales Vivantes)的理事,重要的东方学家,能娴熟使用阿拉伯语、土耳其

---

① 《汉学书目》中有不少缺文、缺字的现象,在对俄语写就的书籍和关于中亚的书籍进行介绍时尤为明显。

② 关于路易·德·贝克先生的这本书,我只用抄下其第 425 页的这条注释就够了:"大隼(Gerfaux),即鹿(cerfs);源自拉丁语 cervus,cervi,cervos"(此注释张冠李戴,作者借此证明其作者并没有科学负责的态度。——译者注),然而还是有些人对其持赞赏态度。

语及波斯语,同时也是一位热爱藏书之人①。1881 年考狄在东方语言学院接替去世的鲍狄埃(Pauthier)讲授远东历史、地理及法律等课程之后,他与施费尔之间的联系就几乎是日常性的了。从第二年,即 1882 年开始,施费尔与考狄开始了一部巨著的编制:《用于地理历史研究的 13 至 16 世纪末的游记与资料汇编》(*Recueil de Voyages et de Documents pour servir à l'histoire de la géographie depuis le XIII siècles jusqu'à la fin du XVIe siècle*),第一篇是 H.哈利斯(H.Harrisse)的《让·卡波和塞巴斯蒂安·卡波》(*Jean et Sébastien Cabot*),这部巨著到 1923 年已经出到第二十四卷了。在这部皇皇巨制中,考狄只作为其中一卷的编者出现②,不过却是很重要的一部:《十四世纪真福修士鄂多立克·德·波尔德诺讷的亚洲行记》(*Les Voyages en Asie au XIVe siècle du bienheureux frère Odoric de Pordenone*),巴黎,1891 年,8开,684 页。该书注释极多,反映了考狄对此进行过极为广泛的研究。不过可惜的是,考狄是根据鄂多立克本人翻译的古法语版进行编制的,其中大部分名词都残缺不全,因此正确的词在正文中依然找不到,而是被置于注释之中。也许今后有必要根据拉丁文原文再重新翻译一次。

在出版鄂多立克游记的同一年,考狄在《通报》上发表了一篇关于让·德·曼德维尔(Jean de Mandeville)的文章,以书目为主。不过他转向中世纪旅行家的标志却是《马可·波罗游记》。从中国回来后,考狄被介绍给上校亨利·玉尔(Henry Yule)先生——当时一位颇受人爱戴的科学学者,为人亦很通情达理,他于 1866年发表了《中国与通往彼处之路》(*Cathay and the Way thither*),继而于 1871 年发表了《马可·波罗先生游记》(*The Book of Ser Marco Polo*)。玉尔关于马可·波罗的原版书在市面上已见不到,本世纪初曾有人设想要将其重印,可惜玉尔已在1889 年 12 月 30 日逝世。后来学者们的作品在涉及远东时,只能不断重复引用其

---

① 《汉学书目》中常有从施费尔先生所藏的古书中征引的内容。不过我个人曾见到过不少出自施费尔先生藏书的作品,而考狄却没有看到这些书。

② 之前有一卷计划要归入考狄名下,作为第十七卷,拟根据波杰(Pogge)的拉丁文本"尼古罗·孔蒂(Niccolo Conti)"游记由考狄译成法语并作注。不过后来第十七卷被改成由 L.多雷(L.Dorez)编著的《杰罗姆·莫朗游记》(*Itinéraire de Jérôme Maurand*)。关于这位尼古罗·孔蒂,考狄最终不过发表了一篇书目性的论文,登在 1899 年的《通报》上(与另一篇关于瓦尔特玛 Varthema 的文章同时发表)。从 1896 年即宣布要进行的尼古罗·孔蒂游记翻译,在他去世前已展开,但是死神阻止了他。

之前的有限版本,原因就是在 25 年之间,这一学科并没有取得任何进展,例如伟烈亚力、梅辉立(Mayers)、布列特施奈德、白挨底(Playfair)等人的作品均是如此。幸运的是,在具有自由主义精神的编辑约翰·慕莱(John Murray)的支持下,玉尔对此事另有见解。他们决定出版该书的修订版,要求是在充分尊重玉尔原文的基础上,进行必要的修改或补充,而这一艰巨的任务交给了考狄。考狄顺利地完成了这项工作。新的版本出版于 1903 年,并于 1920 年出版了增补卷《注释及附录》(Notes and Addenda)。考狄在其注释中加入了截至 1920 年时能找到的几乎一切关于马可·波罗的书籍和事物,使得这位威尼斯旅行家的作品更为清晰明朗。不过这并不意味着关于马可·波罗的研究可以到此为止。且不论根据后来来自东方尤其是中国的材料可以对此书作出许多新的评论,仅就此书所引用的文本本身而言,亦多有可商榷处。考狄在新版中保留了玉尔的原始英文文本——这一点确实可以理解;但是这些文本并非都忠实于原始材料,玉尔那折中主义的作风有时会在其作品中留下一些颇为可疑的句子,同时却删去了更为权威和重要的部分;最后,在玉尔的版本中,各种各样的专有名词往往指代不明,而且在一些情况下,他所提供的拼写也并非最好的。因此我认为,下一位《马可·波罗游记》的编者应当首先对手稿材料进行再一次的核对检查。

在约翰·慕莱重出《马克·波罗游记》之前的 1866 年,玉尔出版了《中国与通往彼处之路》,当时是为哈克路特协会(Hakluyt Society)而作。这部作品现在市场上也找不到了。哈克路特协会的顾问委员会见考狄再版《马可·波罗游记》取得巨大成功,便建议他也同样重版《中国与通往彼处之路》。这第二版,把原来的两卷分为四卷,出版于 1913 至 1916 年。与《马可·波罗游记》相比,玉尔的这部作品更是一部领先于时代之作,因此校对修改的任务显得尤为必要。考狄在这次再版中一如既往,令人敬佩地搜集参考了截至当时所有关于此主题的作品,而且这一版还配备了一份比《马可·波罗游记》还要完备的索引,它定将成为一座丰富的信息矿藏。不过,其中的部分章节已经过时,或即将过时,因为 P.高鲁博维西(P.Golubovich)、A.C.穆尔(Rev.A.C.Moule)以及许多其他人近来的研究已经展示或将要揭示出不少新的资料,都是关于中世纪时曾走遍或走过部分通往中国之路的旅行家和传教士们的。惜乎考狄再也无法享受这些新的发现和更详尽的报道给他带来的乐趣了。

　　直到考狄生前的最后一天,欧洲到过亚洲的旅行家都是他的研究重点之一。去世时,他刚刚同意将其翻译并注释的稿件中的 Mirabilia descripta 付梓,这部书乃是多米尼坚·儒尔丹·卡塔拉·德·塞维拉克(Dominicain Jourdain Catala, de Séverac)①所作。在此他还是沿袭了玉尔的路数,后者曾将儒尔丹修士的作品译成英文,一卷本,于1863年在哈克路特协会出版。不过由于玉尔此书乃他在这一领域的首部探索之作,不免留下诸多可完善处,因此考狄这次终于认为最好是完全重写此书,并署上自己的名字。

　　远东书目和中世纪旅行家,一般来说,这两个领域就足够一位学者倾注毕生心力了。考狄的学术兴趣却远不止于此,他还发表过诸多其他领域的作品。因为在1881年担任过远东历史、地理及法律课程的兼职教师,1888年转正;又从1886年开始在政治科学自由学院(Ecole libre des Sciences politiques)担任了多年教师,他在历史和地理方面的作品涵盖了整个远东地区。这位非常爱国的学者首先还很"殖民"(Cet homme très patriote était un "colonial" de la première heure)。1731年他在上海时,结识了弗朗西丝·贾尼埃(Francis Garnier),后者应杜普雷(Dupré)元帅之命前往东京完成任务,结果光荣牺牲。贾尼埃是一位有行动力的人,同时还是一位学者,玉尔对他评价甚高。他去世后,考狄为他撰写了一篇感人至深的讣告;之后,1874年年底,他又写了《东京近事记》(*Narrative of Recent Events in Tong-King*)一文,1875年发表,在远东地区引起了一些反响。回到法国后,考狄曾为《评论杂志》、《论争报》(*Journal des Débas*)、《宗教史杂志》(*Revue d' histoire des religions*)、《历史杂志》(*Revue historique*)等报纸杂志撰稿。然而当时没有一份杂志能大量发表关于远东的作品和资料。通过开办一份名为《远东》杂志(*Revue de l' Extrême-Orient*)的期刊,在 E.勒鲁(E.Leroux)出版社出版,他认为问题得到了解决。然而,这份刊物1882年出版第一卷至1887年出版第三卷之后便没有下文了。造成该期刊夭折的原因之一是无法印刷汉字。不久,他与薛力赫(Gustave Schlegel,也译施古德)合作筹办了一份国际性的刊物《通报》(*T' oung Pao*),莱顿(Leyde)的布里尔(E.J.Brill)出版社负责印刷出版,届此,考狄终于找到了可以大

①　考狄采用的拼写是 Jourdain Catalani de Séverac。鉴于此书尚未问世,我在此并不能完全同意他选择此拼写的原因。

显身手的阵地。《通报》第一期于1890年问世。且不说当时在欧洲没有第二家学术机构专门为远东学而设,甚至直到1912年的《东亚杂志》(*Ostasiastische Zeitschrift*)问世之前,《通报》都是唯一一份远东学杂志。创建并维持《通报》,可能是考狄为东方学所作的最大贡献。

在第一份《远东》杂志面世之前,考狄就已写好了第一卷(没有第二卷)关于《十八世纪中国之法国》(*La France en Chine au XVIIIe siècle*)的资料,于1883年出版;并在1910年补上了它的对应部分:《十八世纪法国之中国》(*La Chine en France au XVIIIe siècle*)。从1886年到1893年,《大百科全书》(*Grande Encyclopédie*)前十七卷中所有关于远东的部分都是由考狄撰写的;同样,拉维斯(Lavisse)和朗博(Lambaud)编著的《世界通史》(*Histoire générale*)中关于远东部分的章节也都由考狄包揽。1892年,他成为公共教育部科学历史工作协会(Comité des travaux historiques et scientifiques du Ministère de l'Instruction publique)的成员,为该协会会刊《历史地理学与描述地理学通报》(*Bulletin de géographie historique et descriptive*)撰写了多篇论文,其中第一篇(1895年)即《法兰西国王查理五世之加泰罗尼亚地图集中的远东》(*L'Extrême-Orient dans l'Atlas catalan de Charles V roi de France*)。其他作品则被登载于以下几种刊物上:《外交史杂志》(*Revue d'histoire diplomatique*)、《地理学会会刊》(*Bulletin de la Société de Géographie*)、东方语言学院老师们在东方学会议或该机构成立百年纪念会议之时出版的会议论文集、《亚洲报》(*Journal Asiatique*);另外,在1908年他被选入法兰西研究院(l'Institut)之后,还在《金石美文学院院志》(*Comptes rendus de l'Académie des Inscriptions et Belles-lettres*)和《学者报》(*Journal des Savants*)上发表了多篇论文。以上论文,包括《通报》上的文章,有多篇被选中,一字未改地重印在《东方地理与历史杂纂》(*Mélanges d'histoire et de géographie orientales*)上,该书分四卷,由MM.梅森讷福(MM.Maisonneuve)出版社在1914到1923年间陆续出版。

为了研究,考狄常常去外交部档案馆查阅17、18世纪,以及法国王朝复辟和七月王朝时期的档案,并获得了查阅19世纪下半叶档案的特权。通过这项研究,他写出了厚厚的五卷作品:《1857—1858中国旅行记》(*L'expédition de Chine de 1857—1858*)(1905年),《1860年中国旅行记》(*L'expédition de Chine de 1860*)(1906年),最蔚为大观的则是《1860—1902年间中国与西方国家关系史》(*His-*

toire des relations de la Chine avec les puissances occidentals 1860-1902）（1901—1902
年，三卷本），每一卷都充满翔实的史料；如今，一部名为《中华帝国国际关系
（1910-1918）》[The International Relations of the Chinese Empire（1910—1918）] 的
书，实际上参考使用了此五卷本中涉及 1834 至 1911 年间的部分，汲取了其中的
英语档案。如今，任何人若想要讨论鸦片战争到辛亥革命期间的中国，这五卷本
的巨制都是不可或缺的资料来源。

　　最后，不知疲倦的考狄先生，又于 1920—1921 年间在热特内出版社出版了
《从上古到满清帝国衰落期间的中国与外国关系通史》（Histoire Générale de la
Chine et de ses Relations avec les Pays Étrangers Depuis les Temps les Plus Anciens
Jusqu'à la Chute de la Dynastie Mandchoue）。坦率地说，这部四卷本的作品是考狄
的心血结晶，并一定会对研究者有用——其销售量已证明了这一点，而且英译本
也正在计划中——但是，从某种角度来说，这只是因为目前并没有另一本同样性
质的书，而并非因为考狄的作品本身无懈可击。本书中，"中国与外国关系"这一
部分写得相当不错，因为这是考狄最重要的一个研究领域。不过，中国通史这一
部分就并非如此。这一任务本就过于繁重，学术界还只是刚刚开始开拓这一广阔
的领域。考狄确实曾在中国生活过，但是他并不能直接阅读中文原文。因此对于
这一主题，他大部分是参考了冯秉正神父（M. de Mailla, 1669—1748）的《中国通
史》（Histoire Générale de la Chine），而后者本身也不过是中国人于 12 世纪编纂的
史书及其续编的翻译，而且还并非完全忠实于原著。如今，学术界需要更新关于
中国及其他地方的资料，这一要求比以往任何时候都更迫切。上述考狄的《通
史》，尽管做得一丝不苟，但有些章节在其刚出版时即已宣告过时。

　　前文似乎将考狄的成就局限在"东方"这一领域内了，其实他的活动远远不
止于此。考狄具有极为广泛的好奇心，更有着无与伦比的记忆力，他总能找到时
间来进行他所感兴趣的各种各样的研究。尽管不是职业的美国学研究者，他却一
直关注这一领域的发展状况。1893 年，他成为巴黎美国学家协会（Société des
Américanistes de Paris）的秘书长，而且他关于美国的多篇论文为《美国杂纂》
（Mélanges américains）中的一卷提供了素材，此卷出版于 1913 年，梅森讷福出版
社。在科学工作协会（历史地理学和描述地理学部）、地理学会、金石美文学院
中，他一直都是美洲、亚洲旅行家的发言人。他对法国和外国的文学和历史问题

也非常熟悉,曾为《研究者与好奇者之间》(*Intermédiaire des Chercheurs et des Curieux*)做了大量的注。在纯文学领域,他主要做过一些书目类的作品:《博马舍书目》(*Bibliographie des Oeuvres de Beaumarchais*)(1883年),《关于阿兰-勒内·勒萨日作品的书目性论文》(*Essai Bibliographique sur les Oeuvres d'Alain-René Lesage*)(1910年);在荣誉冠军书店(Librairie Honoré Champion)出版司汤达全集之际应邀所作的《司汤达书目》(*Bibliographie Stendhalienne*)(1914年);还有《加斯东·马斯佩罗书目》(*Bibliographie des Oeuvres de Gaston Maspero*)(1922年),这是向老友致意之作。最后,考狄还是老巴黎的忠实爱戴者。继1899年成为巴黎史迹之友协会委员会(Comité de la Société des Amis des Monuments Parisiens)会员后,他在1918年又加入了老巴黎协会(Commission du Vieux Paris);他对于巴黎及其郊区的古代地形很有兴趣,除在《学者报》上发表过多篇文章之外,这种兴趣更集中地体现在以下两篇论文中:《巴黎一角,里尔路二号——东方语言学院》(*Un Coin de Paris, L'Ecole des Langues Orientales Vivantes, 2, rue de Lille*)(1913年),《内斯勒旅馆(法兰西四国学院)年鉴》[*Annales de l'Hôtel de Nesle*(*Collége des Quatre-Nations-Institut de France*)](1916年)。

以上就是这位在多方面都具有天赋的学者的学术活动。下面应该谈谈他这个人,这方面他也做得出类拔萃。考狄基本上可以说是一位社会活动家,他是众多社团的成员,也是许多行会午宴及晚宴的座上宾,被来自各方面的尊崇热爱①所包围。我相信,自1876年回到法国之后,他没有漏掉一场东方学家的会议,除1902年在河内(Hanoi)召开的远东研究会之外,那次他直到最后一刻还在惋惜无法参加。无论在法国还是国外,法国政府、地理学会以及法兰西研究院都曾无数次地选派他为代表;因此,他曾作为法国政府代表参加了1910年在布宜诺斯艾利斯举办的第十七届美洲学家国际会议。有时,召唤还来自外国:1904年他被邀请参加(美国)圣-路易斯的会议,1905年应邀去好望角,参加由大不列颠协会(British Association)举办的会议②。他所获得的荣誉更是不胜枚举:荣誉勋位勋

① 这种尊崇热爱在1924年12月18日,人们为其举办的75岁生日晚宴上得到了充分的体现。参见《地理》(*La Géographie*),1925年1月刊,第83~86页;《法国亚洲协会通报》(*Bulletin du Comité de l'Asie Française*),1925年2月刊,第76~79页。作者H.Froidevaux。

② 他曾带回一卷《非洲游记》,巴黎,不定期(1906年),8开。

章获得者(1921 年),法兰西研究院成员(1908 年),法国书目学会主席(1908 年),第五十二届学者学会大会主席(1914 年),亚洲学会副会长(1918 年),地理学会主席(1924 年),科学历史工作协会历史地理学与描述地理学部部长(1918 年),东方语言学院副院长(1919 年),民俗协会会长(1918 年),厄尔内斯特·勒南(Ernest Renan)协会会长(1921 年),国家地理协会副会长(1920 年),同时还是众多法国及国外科学研究协会的荣誉会员,其中最值得一提的是 1921 年成为皇家亚洲学会(Royal Asiatic Society)荣誉会员,大不列颠学院通讯员(corresponding Fellow de la British Academy)。他对于所有参与的会议都很有热情,并能很好地履行各项职责。在所有这些机构中,最让他有归属感的要属法兰西研究院。在他生命的最后几年里,几乎每天都要来这里工作,研究院图书馆的一个角落已成为他的专属办公地,他把最常查阅的书籍都摆在那里。除了周日上午他一般在自己家,其他时间要找他,都应该来研究院,他总是在那里,迎接每一位来访者,时刻准备着给人家提供一条信息、一个建议或是一种支持。

这位学者一生都简朴而亲切。他非常愿意提携后辈,而对他们的要求不过是热忱工作。考狄用毕生的研究著作为远东学奠定了极有价值的基础,同时,他不仅通过自己的学术成果,还通过与学术界的交往活动,对当今一代的法国远东学研究者们产生了巨大的影响,使他们有了方向,也使远东学得到蓬勃发展。作为蒙他垂顾,并且真心敬爱他的我们,将永远真心感激他为我们所做的一切。①

登载有考狄讣告的刊物有:《金石美文学院院志》,1925 年,第 86~89 页,作者:Ch.-V. Langlois;《地理》,1925 年 4~5 月刊,第 395~402 页;《学者报》,1925 年 3~4 月刊,第 80~83 页,作者:H. Dehérain;《中国快报》(The China Express and Telegraph),1925 年 4 月 16 日,第 252~253 页,作者:A. G. Angier(这一篇非常有意思);《法国亚洲协会通报》(Bulletin du Comité de l'Asie Française),1925 年 3~4 月刊,第 97 页;《时代周刊》(The Times),1925 年 5 月 12 日,作者:Sir Ed. Denison Ross(被 J.R.A.S 转载,1925 年,第 571~572 页);《东方学院院报》(Bulletin of the School of Oriental Studies)第三卷,第 855~856 页,作者:W. Perceval Yetts;《地理学报》(Geographical Journal),1925 年 4 月刊,第 179 页;《印度支那杂志》(Revue In-

① 考狄的父母葬在利雪,但他本人长眠在耶尔(Yerres)的塞纳-瓦兹(Seine-et-Oise)墓地。

dochinoise),1925 年 3~4 月刊,第 349~351 页,匿名[作者实为 Paul Boudet;后由他本人转载至《法国印度支那书目》(*Bibliogr. De l' Indochine Française*),第 8 期补编,1925 年 3 月,河内,1925 年,8 开,第 1~3 页]。

第九章

袁同礼的《西文汉学书目》与中国典籍西译

导　语

　　袁同礼先生在中国学术史上的地位是多方面的,他是对中国文化的复兴有过重大贡献的学者之一。在中国图书馆界谈起袁同礼先生大都是从他在中国图书馆学方面的贡献来说的,很少人从他建立中国的西方汉学文献目录学的角度来看他对中国图书馆事业的奠基性贡献,也很少有人考察他在西方汉学史上的贡献。直到近年来随着中国国家图书馆出版了《袁同礼著书目录汇编》后,学术界才开始注意他在西方汉学史方面的贡献。[①]　这里我们侧重从这个角度说明袁同礼先生的学术贡献。

[①]　潘梅在《袁同礼晚年的目录著作及其价值》一文中列举了近年来对袁同礼先生的研究论文。"在袁同礼的目录著作出版后,不少学者撰写了书评或研究文章。如关于《西文汉学书目》的研究文章有:温国强《袁同礼与〈西方文献中之中国〉》(2002年)、余丰民《袁同礼〈西文汉学书目〉分类体系浅析》(2008年)、周欣平《袁同礼和他的〈西文汉学书目〉》(2010年)、张红扬《考狄的〈中国学书目〉和袁同礼的〈续考狄中国学书目〉》(2010年)。关于《中国留美同学博士论文目录》的书评有:钱存训的 *Review:A Guide to Doctoral Dissertations by Chinese Students in America 1905–1960*(1962年)、薛光前 *Tung-li Yuan,A Guide to Doctoral Dissertations by Chinese Students in America,1905–1960*(*Book Review*)(1962年)。对《现代中国数学研究目录》的书评有:柏石义 *Tung-li Yuan,Bibliography of Chinese Mathematics,1918–1960*(1963年)。对《袁同礼中国艺术考古西文目录》的书评有:Margaret Medley 的 *Review of The T.L.Yuan Bibliography of Western Writings on Chinese Art and Archaeology*(1975,edited by Harrie A.Vanderstappen)、林嘉琳(Katheryn M.Linduff)的 *Review of The T.L.Yuan Bibliography of Western Writings on Chinese Art and Archaeology*(1975,edited by Harrie A.Vanderstappen)、舒悦的《评〈袁同礼的中国艺术及考古西文文献书目〉》(2008年)。这从侧面反映了学术界对袁氏目录的重视。"载《大学图书馆学报》2011年第4期。

一、袁同礼对《西文汉学书目》的编制

袁同礼是中国近代图书馆事业的奠基人。"袁同礼先生的一生,是为中国现代图书馆事业奠定永久基础的辉煌一生。其嘉言懿行,将成为世世代代中国图书、文献、信息情报工作者学习的楷模和典范,历劫不磨,归于不朽。"①袁同礼主持北平图书馆以来就十分重视西方东方学之研究,认为"以此通中外图书之邮,为文化交通之介"②。北平图书馆成立后,东方学图书的收集是一个重点,在新建的北平图书馆开馆之时,袁同礼《国立北平图书馆之使命》一文中就指出:"外文图书方面,举凡东西洋学术上重要之杂志,力求全份;古今名著积极搜罗,而于所谓东方学书籍之探究,尤为不遗余力……"所以,从北平图书馆建馆起,袁同礼就将西方东方学书籍作为重要的收藏内容,这自然包含着西方汉学的著作。1932 年收入了汇文学校所藏的,还有美国毕德格(W. N. Pethick)所藏的关于东方学之书500 多册,"1934 年,先生乘赴欧洲之便,在西班牙购入 Santa Maria 先生旧藏东方学书籍,内有 200 余种十七八世纪出版的书"。同时,他组织北平图书馆编制东方学和中国学书目,"如 1935 年至 1936 年度,《馆藏图书馆西文书目》和《馆藏中国问题西籍分类目录》出版,后一目录共收录书籍 6000 种,采用美国国会图书馆的分类法,书末并附有人名和书名索引。专题目录为研究提供了便利,有利于学术的发展。"③1957 年袁同礼受聘于美国华盛顿国会图书馆,在此期间完成了一系列汉学书目,从而奠定了他在西方汉学的学术地位。

1958 年出版的《西文汉学书目》(*China in Western Literature：a Continuation of Cordier's Bibliotheca Sinica*)是"接着说",书名全译应是《西方文献里的中国——续考狄之〈汉学书目〉》,全书收录了从 1921 至 1957 年间发表的西方汉学专题著作,包括英文、法文、德文,后来又添加了葡萄牙文(关于澳门)的作品。全部书目

---

① 徐文堪:《永怀中国现代图书馆事业的奠基者袁同礼先生》,国家图书馆编:《袁同礼纪念文集》,北京:国家图书馆出版社,2012 年,第 13 页。

② 见曹志梅,孔玉珍:《留学欧美与袁同礼图书馆学思想之形成》,《徐州师范大学学报》第 24 卷第 4 期。

③ 彭福英:《袁同礼与国立北平图书馆的西文建设》,国家图书馆编:《袁同礼纪念文集》,北京:国家图书馆出版社,2012 年,第 148 页。

共 18000 种。这是继考狄后西方汉学界当时最全的汉学研究著作目录。"袁先生的这部著作是 20 世纪西方汉学研究的必读书。难能可贵的是在编辑这本书时,袁先生还亲自阅读了书中收录的英、法、德文有关中国研究的 18000 种著作中的大部分书籍,走访了美国和欧洲的许多重要图书馆,并和许多作者进行了交谈。他的这种严谨治学的精神一直为人称道。"①

袁同礼先生在编制了《西方文献里的中国——续考狄之〈汉学书目〉》后,又一口气编制了一系列的汉学书目,这些是:

《中国经济社会发展史目录》(*Economic and Social Development of Modern China a Bibliographical Guide*,1956)。这是为胡佛研究所编辑的一本关于现代中国社会经济发展的书目,它包括了英文、德文、法文的各类书籍和期刊,值得一提的是在书目后编制了中国学者的中外文名字对照表。

《新疆研究文献目录:1886—1962》(日文本 *Classified Bibliography of Japanese Books and Articles concerning SINKIANG*)。近代以来西域研究渐成中国学术研究之重点,袁同礼作为文献学大家自然给予关注,他在这本目录的序言中说:"新疆古称西域,久为我国西北之屏障。十九世纪以还,中原多故,战乱频仍,塞外边陲鲜暇顾及。英俄两大强邻,凭借其政治经济之力,逐于葱岭内外,举世瞩目。欧美学者遂移其视线,转向中亚一丛,探讨史地,实地考察,勤成巨帙。新疆一隅,因此成为各种科学研究之宝藏。"②这个目录是对日本中国学研究的一个重要的学术目录,袁同礼之后,至今尚无人再做这样的目录,即便今天读起来,这也仍是一本学术价值很高的域外中国学研究目录。这本书是他在美国与日本中西文化交流史研究大家石田幹之助相遇后在石田幹之助的高足边渡宏的合作下编制的一本目录。在书后附有《新疆研究丛刊出版预告》,内有袁同礼编著的《新疆研究文献目录》的中文版和西文版,但这次中国国家图书馆所编的《袁同礼著书目录汇编》中没有收录《新疆研究文献目录》的中文版和西文版,只收录了日文版。③

《现代中国数学研究目录》(*Bibliography of Chinese Mathematics*,1918-1960)。

---

① 周欣平:《袁同礼和他的〈西文汉学书目〉》,国家图书馆编:《袁同礼纪念文集》,北京:国家图书馆出版社,2012 年,第 275 页。
② 袁同礼编著:《袁同礼著书目录汇编:海外中国学研究书目系列》(1),北京:国家图书馆出版社,2010 年,第 251 页。
③ 或许将来能看到出版袁同礼先生所编的《新疆研究文献目录》的中文版和西文版。

这是袁同礼 1963 年在美国所出版的一本中国研究目录,数学研究的历史属于中国科学技术史的一部分,从利玛窦到李善兰,近代以来中国和西方的数学史家对此都有很深的研究,但从未有人做过这样专题的目录。著名留美华裔数学家陈省身在前言中说,这部目录涵盖了近代以来中国数学的发展。目录既包含有西方学者的研究,也包含中国学者的研究。① 袁同礼在前言中说,他之所以从 1918 年开始,是因为这个目录是以在西方数学界发表的论文为基本对象的,1918 年有了第一个中国学者胡达(明复)在西方数学杂志上发表的论文。② 显然,这是一本西文文献中近代中国数学史研究的重要目录。

《胡适先生西文著作目录》(*Bibliography of Dr. Hu Shih's Writings in Western Languages*)。这是袁同礼与尤金·德拉菲尔德(Eugene L. Delafield)两人合作编制的目录,最初发表在《中央研究院历史语言研究所集刊》上,这是最早的胡适英文著作目录,当代留美华裔学者周资平的《胡适英文文存》也是在这个目录基础上逐步完善起来的。③

《中国音乐书谱目录》(*Bibliography on Chines Music*)。袁同礼原著,梁在平教授增订。袁同礼先生最初编辑关于中国音乐用英文、法文、德文发表的论文目录三百多种,后梁在平将 Richard A. Waterman 和 William Lichtenwanger 等人编辑的 *Bibliography of Asintic Musica* 约 300 种编辑在一起出版。这自然是西方汉学研究的重要书目,中国音乐西传是中国文化西传的一个重要组成部分,袁先生编辑这个目录开始虽然只有 300 多种,但却有开拓之功。④

《中国留美同学博士论文目录》(*A Guide to The T. L. Yuan Bibliography by Chinese Students in America*, *1906-1960*)。

《中国留英同学博士论文目录》(*Doctoral Dissertations by Chinese Students in Great Britain and North Ireland*, *1916-1961*)。

《中国留学欧洲大陆同学博士论文目录》(*A Guide to Doctoral Dissertations by*

---

① 袁同礼编著:《袁同礼著书目录汇编:海外中国学研究书目系列》(1),北京:国家图书馆出版社,2010 年,第 357 页。

② 袁同礼编著:《袁同礼著书目录汇编:海外中国学研究书目系列》(1),北京:国家图书馆出版社,2010 年,第 361 页。

③ 胡适著,周资平编:《胡适英文文存》,北京:外语教学与研究出版社,2012 年。

④ 参阅陈艳霞著,耿昇译:《华乐西传法兰西》,北京:商务印书馆,1998 年。

Chinese Students in Continental Europe, *1907-1962*)。

上述三部中国留学欧美博士论文共收入了 4717 篇博士论文,数量之大、目录收入之细,至今尚无人可以超过。"以上三种目录,可知 20 世纪前半期中国学者自欧美大学取得最高学位者不下四五千,在中国现代化的过程中,自有一定的贡献和影响。袁先生的调查和著录十分详细,是中国现代史的一项重要的第一手记录。"①

《俄文汉学书目,1918—1958》(*Russian Works on China*, *1918-1958*);

《美国图书馆藏俄文汉学书目,1918—1960》(*Russian Works on China in American Libraries*, *1918-1960*, 1961)。

这两本书目是因为在袁先生的《西方文献里的中国——续考狄之〈汉学书目〉》中没有收入俄文汉学书目,他感到十分遗憾。为此,定居美国后重新学习俄文,编制这两部书目。(见书目后补充内容)

《中国艺术考古西文目录》(*The T. L. Yuan Bibliography of Western Writings on Chinese Art and Archaeology*, *1957*)。这本书目是袁同礼生前未完成之遗著,他去世后由美国芝加哥大学的范德本(Harrie Vanderstappen)教授对其遗著进行整理、编辑后,于 1957 年在伦敦 Mansell 出版社出版。(见书目后补充)

从以上的基本目录我们可以看出,袁同礼作为中国近代图书馆事业的奠基人,他不仅仅在中国的图书馆事业的发展上呕心沥血,做出了巨大的贡献,而且他本人在西方汉学文献学、目录学上有着重大的贡献,在汉学目录收集的范围上和数量上都已经大大超越了他的前辈考狄。关于这点我们在下面要专门展开研究。因为袁同礼先生的汉学书目极为广泛,我们无法一一将其所有目录中关于中国古代文化经典的翻译目录摘录出来,这里只是从他最重要的西方汉学目录学的代表性著作《西方文献里的中国——续考狄之〈汉学书目〉》中摘录部分相关目录,从

---

① 钱存训:《纪念袁同礼先生》,国家图书馆编:《袁同礼纪念文集》,北京:国家图书馆出版社,2012年,第 1 页。至今为止的中国留学史研究尚未完全充分利用这三本重要的学术目录,袁同礼先生的这三本书仍是研究中国近代教育史的最重要基础文献。

中可以看出自 1921 年考狄书目后西方汉学中对中国古代文化经典翻译的大致情况。①

二、袁同礼《西文汉学书目》中国典籍翻译书目举要

袁同礼在他的书名中就表明是接着考狄来做的。他编制了从 1921 年到 1954 年期间的西方出版的关于中国研究的书目,自然也包括了数量可观的关于中国古代文化典籍的翻译书目。袁同礼之后西方再没有编出一本统一的类似的书目,一方面是中国研究的进展速度太快,另一方面是中国研究的范围在快速地扩大,在传统的人文学科的思路下已经很难把握这快速发展的中国研究。这里笔者摘录了一些中国古代文化典籍外译的书目,以使学界了解该书目在这方面的贡献。

西汉的历史(英文)②　班固　著,德效骞　译

《晋书·顾恺之传》(英文)　陈世骧　译

《晋书·吐谷浑传》(英文)　Thomas D.Carroll　译

《晋书·前秦苻坚传》(英文)　Michael C.Rogers　译

《周书·苏绰列传》(英文)　Chauncey S.Goodrich　译

《三国志》(英文)　方志彤　译

《史记·卷 101 至 102,袁盎、晁错、张释之、冯唐列传》(德文)　德博　译

《吕氏春秋》(德文)　吕不韦　著,卫礼贤　译

---

① 1990—1996 年 9 月笔者在中国国家图书馆工作,但是正处在学术的转型期,在任继愈先生的指导下我开始进入明清入华传教士研究和西方汉学研究,这期间对我影响较大的有两件事,一是结识了参考部的王丽娜先生,她致力于西方汉学史的研究,当时她正在做国家图书馆所藏西文汉学书目的工作。工作时经常与她见面,从中受益匪浅,从而对西方汉学的文献学有了初步的了解。二是国家图书馆 20 世纪 90 年代后影印出版了《国立北平图书馆馆刊》,当年袁同礼先生对西方汉学十分重视,每期馆刊上都有西方汉学书目的介绍,这引起了我很大的兴趣,我用一段时间逐本将这份馆刊关于西方汉学的书目读完,对于我后来的西方汉学研究有了很大的帮助。

② 这里所选择的袁同礼的《西方文献里的中国——续考狄之〈汉学书目〉》中部分书目的摘录均从本项目的一个子课题《考狄书目与袁同礼书目》的成果中摘录而来,我在使用中做了校正和修改。该项目的负责人为全慧、康太一,其中袁同礼书目中的英文书名的翻译是由郭瑶、于美晨、胡文婷、康太一完成的,法文部分书名的翻译是由刘国敏、李慧和全慧来完成的,德文部分书名的翻译是由林霄霄和罗颖男完成的。对于他们的工作在这里表示感谢,没有这些同学的努力,这部分的写作是无法完成的。

《汉书·王莽列传》(德文)　班固　著,施翰基　编译

《史记·龟策列传》(德文)　Herbert Pohl　译

《礼记》(法语)　毕瓯　译

《春秋》《左传》(法语)　顾赛芬　译

《易经》(带附录)(英文)　沈仲涛　译

《易经》(英文)　Cry F.Baynes　译(自卫礼贤本)

创造力:《易经》研究之介绍(附英译本)(英文)　米尔斯　著

《易经》(德文)　卫礼贤　译

《书经》(英文)　高本汉　译

《书经》注释(英文)　高本汉　译

《诗经》(英文)　L.Cranmer-Byng　译

《诗经》(英文)　理雅各　译

《诗经》(英文)　阿瑟·韦利　译

《诗经》(英文)　高本汉　译

《诗经》(英文)　庞德　译

《诗经》(德文)　W.M.Treichlinger　译

《韩诗外传》(英文)　韩婴　著,海陶玮　译

《诗经·宋风》之韵(英文)　高本汉　译

《诗经》索引(英文)　P.Van Der Loon　著

《书经》(法语、拉丁语)　顾赛芬　译

《诗经》(法语、拉丁语)　顾赛芬　译

《礼记》(德文)　卫礼贤　译

四书(英文)　理雅各　译注

四书(英文)　郑麟　译

四书(英文)　Duncan Greenlees　编译

四书(理雅各的《论语》译本)(英文)　Y.Ogaeri　编

《中庸》(英文)　赖发洛、King Chien-kün　译

《中庸》(英文)　庞德　译

《论语》(英文)　赖发洛　译

《论语》(英文)　翟林奈　译注

《论语》(英文)　阿瑟·韦利　译注

《论语》精选(英文)　魏鲁南　译

《论语》(英文)　庞德　译

理雅各译本中的孔子哲学(英文)　黄如珍　注

《论语》(英文)　魏鲁南(又译 魏鲁男)　译

《论语》(英文)　庞德　译

四书(法语、拉丁语)　顾赛芬　译

《中庸》(法语)　雷慕沙　译

《中庸》述评(法语)　Yoshio Yakeuchi　著

四书(法语)　Pierre Salet　评译

儒家经典(法语)　Alfred Doeblin　选注

《论语》(德文)　W.Plügge　译

《论语》(德文)　Haymo Kremsmayer　译

《论语》(德文)　卫礼贤　译

《孟子》(德文)　卫礼贤　译

《孟子》(英文)　赖发洛　译

《孟子》(英文)　翟林奈　译

《大学》(英文)　庞德　译

《大学》和《中庸》(英文)　修中诚　译

《荀子》(英文)　德效骞　译注

程颐的哲学思想(英文)　程颐　著,蔡咏春　编译

人性论(英文)　朱熹　著,道成　译注

《道德经》(英文)　Isabella Mears　试译

《道德经》(英文)　Walter Gorn Old　评译

老子语录(英文)　翟林奈　译

《道德经》:理性与美德之经(英文)　Paul Carus　编译

老子(《道德经》)(英文)　Shuten Inouye　译/评注

道及其力量(英文)　阿瑟·韦利　著

老子的道与无为（英文）　Bhikshu Wai-Tao,Dwight Goddard　译

老子的《道德经》（英文）　A.L.Kitselman II　编译

《道德经》（英文）　胡子霖　译注

《道德经》（英文）　欧阳心农　译

《道德经》（英文）　Walter Gorn Old　评译

老子的道与德（英文）　吴经熊　译注

《道德经》（英文）　初大告　译

老子的生命之道（英文）　柏宾（又译 威特·宾纳）　译

接受之道（《道德经》）（英文）　Hermon Ould　译

老子的"道德"（英文）　Frederick B.Thomas　译注

老子的智慧（英文）　林语堂　译注

《道德经》（英文）　Orde Poynton　译

真理与自然（《道德经》）（英文）　郑麟　编译

河上公评老子（英文）　叶乃度　译注

《道德经》（英文）　戴文达　译注

生命之道（《道德经》）（英文）　R.B.Blakney　译

《道德经》（德文）　卫礼贤　译

《道德经》（德文）　史陶斯　译,W.Y.Tonn　修订

老子与《道德经》（德文）　梅薏华　译

《道德经》（德文）　Walter Jerven　译

老子学说注解（德文）　Werner Zimmermann　译

老子（德文）　G.Müller　著

一位中国神秘主义者的沉思:庄子哲学选读（英文）　翟林奈　编

《庄子》选读（英文）　冯友兰　编译

道:伟大的启明光（英文）　淮南子　著,莫安仁　译注

庄子:南华真经（德文）　卫礼贤　译

《庄子》（德文）　施翰基　译

公孙龙著作（英文）　白珠山　编译

周子通书（德文）　周敦颐　著,格罗贝、艾士宏　译

六祖慧能法宝坛经(英文)　慧能　著,黄茂林　译

《华严经》(英文)　吕碧城　译

无门关(英文)　慧开　著,Nygen Senzaki/Saladin Reps　译

太乙金华宗旨(德文)　卫礼贤　编译

奖惩之书 (太乙金华宗旨)(法语)　雷慕沙　译

炼金术士游记:邱长春道士的游历(英文)　李志常　著,阿瑟·韦利　译

《文赋》(英文)　陆机　著,方志彤　译

《文赋》(英文)　陆机　著,陈世骏　译

《离骚》(英文)　屈原　著,林文庆　译

《招魂》(英文)　屈原　著,阿瑟·韦利　译

《离骚》(英文)　屈原　著,杨宪益、戴乃迭　译

《九歌》(英文)　屈原　著,阿瑟·韦利　译

李白的诗歌和成就(英文)　阿瑟·韦利　著

《长恨歌》(英文)　白居易　著,任泰　译

作为谏官的白居易(英文)　尤金·费菲尔　译

白居易生平(英文)　阿瑟·韦利　著

苏东坡作品选(英文)

《赤壁怀古》(英文)

苏东坡的律诗(英文)

李后主的诗(英文)　李煜　著,刘冀凌　译

陆游的匕首,中国的爱国诗人(英文)　钱钟书　著

《金瓶梅》(英文)

金色莲花(英文)

《春梦琐言》(英文)

《浮生六记》(英文)　沈复　著,林语堂　译

《红楼梦》(英文)　曹雪芹、高鹗　著,王际真　译

李商隐(英文)　E.D.Edwards　译

《儒林外史》(英文)　吴敬梓　著,杨宪益　译

《老残游记》(英文)　林疑今、葛德顺　译

《老残游记》(英文)　Harold Shadick　译

《聊斋志异》(英文)　翟理斯　译

《聊斋志异》(英文)　邝如丝　译

《画皮》(英文)　蒲松龄　著,Yu Fan-chin　译

《三国演义》(英文)　罗贯中　著,Brewitt-Taylor　译

《水浒传》(英文)　Albert Ehrensyein　译

《水浒传》(英文)　赛珍珠　译

《水浒传》(英文)　J.H.Jackson　译

《本草纲目》(英文)　李时珍　著,伊博恩　译

《本草纲目》:矿物质和石材在中医中的使用概要(英文)　李时珍　著,伊博恩　编译

《本草纲目》中的中草药(英文)　伊博恩　编译

目录中也收入了中国学者的翻译著作,这是考狄书目所不及的。

城子崖史前遗址发掘报告(英文)　傅斯年、梁思永等　著,梁思永　译(简介)

城子崖:龙山镇黑陶文化遗址(英文)　李济等　编著,Kenneth Starr　译

四川史前考古(英文)　郑德坤　著

四川考古研究(英文)　郑德坤　著

同时,这个书目在年度上跨入 20 世纪后半叶,这样新中国的出版物也含在其中。例如,杨宪益先生的作品。

《老残游记》(英文)　杨宪益、G.M.Taylor　译

《儒林外史》(英文)　吴敬梓　著,杨宪益　译

《汉学书目》中也有各国汉学家研究中国古代文化的代表性著作。

中国琵琶知识(英文)　高罗佩　著

稽康及其琴赋(英文)　高罗佩　著

中国的门廊(英文)　劳费尔　著

德国典籍中文译本的标题索引(德文)　福兰阁　著,在张绍典协助下与傅吾康共同编纂

康熙时期耶稣会士图集,中国与外国人(德文)　福克斯　著

中华帝国史(德文)　福兰阁　著

张良与陈平——汉代开国时期的两位政治家(德文)　鲍吾刚　著

中国古代哲学史(德文)　佛尔克　著

中国古代生活智慧(德文)　阿瑟·韦利　著

中国的生活智慧(德文)　卫礼贤　著

中国哲学(德文)　卫礼贤　著

人与存在(德文)　卫礼贤　著

东方的智慧(德文)　卫礼贤　著

中国的文明(法语)　葛兰言　著

古代中国(法语)　马伯乐　著

中国的封建制度(法语)　葛兰言　著

马勒布朗士的神和朱熹的理(法语)　庞景仁　著

三、袁同礼《西文汉学书目》的学术特点与贡献

正如当年考狄书目出版后一时洛阳纸贵一样,袁同礼的《西文汉学书目》出版后在西方汉学界也引起了很大的反响,成为研究西方汉学的必读之书。它的学术贡献大体可以从以下几点加以说明。

1.袁同礼的《西文汉学书目》促进了美国中国学

考狄《汉学书目》编制时,美国本土还谈不上有正规的汉学研究。而且考狄书目毕竟只是到 1894 年,袁同礼在自己的序言中开篇就指出这一问题,急需一个新的书目来补充考狄书目的不足。① 劳费尔等一批欧洲汉学家移居美国后,美国的汉学才逐步发展起来。同时,在 20 世纪初中国留学生开始进入美国,费正清等一代青年汉学家开始来中国访问,美国汉学逐步兴起。袁同礼的书目恰好反映了这一时期的西方汉学进展,这样美国汉学的发展就成为其重点内容之一。如周欣平所说:"袁同礼先生的这部著作正好为 20 世纪前 50 年的美国汉学研究文献体

---

① 　参阅顾均:《卫三畏与美国早期汉学》,北京:外语教学与研究出版社,2009 年;孔陈焱:《卫三畏与美国汉学研究》,上海:上海辞书出版社,2010 年。

系做了一个总结,其历史地位不言而喻。它反映的正是从 20 世纪 30 年代到 50 年代这段美国汉学迅速崛起的历史。"①所以,如果说考狄书目主要反映的是以法国为代表的西方汉学的早期研究进展,那么袁同礼书目则反映了以美国为代表的西方汉学的研究进展。

这种变化在目录中也反映了出来,例如关于抗日战争就有 30 页,包括了中日条约、日本侵华战争、日本进攻上海、国际联盟有关日本侵略中国文件、1937 年日本侵华文件、汪伪政权材料等,这不仅反映了袁先生的爱国之心,也看出在目录的选择上,西方汉学学术研究的变化。当代中国的研究已经成为袁同礼书目的一个重要内容,这恰好和美国中国学所关注的重点是完全一致的。袁同礼书目和考狄书目由于时代不同,在收录的书目上已经有很大的变化。当代学者认为"《西方汉学书目》中收入大量政治、经济、军事和国际关系方面的著作和文献,就是这个时期美国汉学研究的写照。所以,今天我们说袁同礼先生的这本著作是对美国汉学研究兴起与发展所做的极好诠释,实不为过"②。

2.袁同礼的《西文汉学书目》首次收录了中国学者的研究著作

袁同礼书目的另一个重要特点就是收录了大量中国学者,特别是留学西方的青年学者的著作和论文目录,这是考狄书目所完全不具备的,在考狄的时代中国学者能用外文写作的人寥寥无几,在考狄书目中仅有辜鸿铭、陈季同等极少的中国人的著作。晚清后留学大潮涌起,一大批中国青年学者开始在西方学习读书,并开始在西方文献中留下他们的著作。这些人的著作进入了袁同礼的学术视野,这样一个变化反映了西方汉学的一个重要变化。考狄做书目时,传教士汉学家还是主体,到袁同礼做书目时,职业汉学家已经成为西方汉学的主力军。以往,我们在研究西方汉学发展时,往往将目光仅仅局限在西方汉学家,其实,20 世纪西方汉学发展的一个重要变化就是中国学者开始进入西方汉学的阵营之中,并开始日益发挥重要的作用和影响。这点,在杨联陞、余英时等人的著作中多有提及。但在今天的西方汉学史研究中尚未系统地从历史和学术角度对这个问题加以整理,

① 周欣平:《袁同礼和他的〈西文汉学书目〉》,国家图书馆编:《袁同礼纪念文集》,北京:国家图书馆出版社,2012 年,第 275 页。

② 周欣平:《袁同礼和他的〈西文汉学书目〉》,国家图书馆编:《袁同礼纪念文集》,北京:国家图书馆出版社,2012 年,第 276 页。

20 世纪西方汉学的发展与中国国学的发展是一个互动的过程,既有像桑兵所研究的西方汉学对中国学术的影响,也同样存在着中国学人的学术活动对西方汉学发展的影响。这点在美国中国学的发展中尤为明显。

袁同礼先生是最早意识到这一点的人,他的《西文汉学书目》如此大规模收录中国学者的研究成果,在西方文献中,尤其在西方汉学文献学中,这恐怕是第一次。在中国古代文化典籍的翻译上,中国学者也开始成为一支重要的学术力量。林语堂、方志彤、洪业、王际真、陈世骧等一批学者开始在西方汉学界崭露头角。袁同礼在《西文汉学书目》完成后,连续做了《胡适先生西文著作目录》《中国留美同学博士论文目录》《中国留英同学博士论文目录》《中国留学欧洲大陆同学博士论文目录》,显然是这一思想的继续,从中可以看到袁同礼的这一努力既有他希望将近代以来中国学者留学活动做一个文献和目录上的梳理,也蕴含着希望说明中国学者在西方汉学发展中的作用。这是一个未竟的事业,希望在以后的研究中,后来的青年学者能充分利用袁同礼先生的书目,从学理和历史上梳理清楚这段历史,进一步从中国学者对西方汉学发展的贡献角度研究西方汉学与中国学术交错的相互影响史。

3.袁同礼目录在编目上更为合理

袁同礼的《西文汉学书目》在书目的编制上也较考狄书目有了很大的改进,他在序言中已经明确指出,考狄的书目尽管对读者有着重要的价值,但几十年来,汉学研究已经有了巨大的进展,这些新的成果对于专业研究者来说也是很陌生的,需要来填补这个空缺,这个续编就是为此而编辑的。① 面对编制西方汉学书目这个新的问题,他也认为自己的目录编制或许是主观的,但是尽力满足新的需要。

上面我们已经介绍,考狄书目主要是从中国与外部世界关系的角度来编制自己的书目体系的,而袁同礼书目则更注重书目分类的新系统和逻辑关系,使其更为严谨。袁同礼书目是按照"书目与参考书""总结性著作""地理与游记""历史""传纪""政治与政府""陆军、海军与空军""法律法规""对外关系""经济与工商""社会状况与社会问题""哲学""宗教""教育""语言""文学""建 筑 与 美

---

① 袁同礼:《西文汉学书目》序言。

术""音乐与运动""自然科学""农业与林业""医药与公共卫生""东北各省(满洲)""蒙古与蒙古语""西藏""新疆""台湾""香港""澳门"等28大类排列。每个一级类目下,又分为二级类目,在二级类目下又有三级类目,这样层层推演,级级相连,使整个书目分类十分清晰。

袁同礼书目的这套书目分类的方法主要来自美国国会图书馆的分类法(LCC),这套分类法,在袁同礼赴美国前已经比较熟悉。袁同礼的图书分类思想,最早是受到杜威十进分类法(DDC)的影响。DDC于1910年传入中国。由于杜威分类法具有简明的标记符号,能容纳新的学术著作,各级类目逐级细分,层次清楚,比较详尽,在当时引起了图书馆界的重视。袁同礼在当北图馆长之时,聘请了刘国钧负责对DDC的改订,使之符合中国实际。刘国钧的中国图书分类法为袁同礼所重视,由中华图书馆协会审定并推广到全国使用。此外,袁同礼早在国会图书馆实习期间,已对国会图书馆分类法(LCC)有了一定的接触,而此次书目编撰工作又是他在国会图书馆工作期间完成的,因此,LCC的分类体系必是他参考的重要依据。对比该书目和LCC的分类体系,我们可以看出该书目前21个大类类名,均可在LCC中找到,或合并类目,或分立类目。① 他的书目中的"总论性著作""法律法规""历史""教育""自然科学"这些书类名称都是按LCC的大类名来设立的;而像"哲学""宗教""语言""文学"这类类名则是将LCC的"哲学、心理学和宗教""语言和文学"分类拆开,变成独立的类别。

袁同礼的汉学书目分类也有自己的创造性,对于一些严格分类和学术研究重点相冲突时,他以学术为主来分类,从而更方便学者的使用。"在地理分类下,为方便计,不能仅从字义上去理解,例如,敦煌考古大发现和新疆考古发现一起并列在新疆下,而不是(完全按照地理位置去理解)列在甘肃下,这样的分类理由是,分类体系必须有裁决,它并不需要所有读者的认同。"②③

4.袁同礼书目首次刊出中文人名

袁同礼书目在汉学书目上的另一个大的贡献是关于中国学者中文名字的处

---

① 余丰民:《袁同礼〈西文汉学书目〉分类体系浅析》,《图书馆理论与实践》2008年第4期。
② 转引自张红扬《考狄的〈中国学书目〉和袁同礼的〈续考狄中国学书目〉》一文,国家图书馆编:《袁同礼纪念文集》,北京:国家图书馆出版社,2012年,第283页。
③ 至今在中国国内的西文汉学图书的分类问题并未完全解决,中图分类法主要是应用于中文图书,而西文图书则采取杜威分类法。

理。在考狄书目中是没有中国学者的名字的,不仅仅是学者的人名,还包括一些历史人物的人名,全部采取拼音方法来解决。中国学者在阅读和翻译西方汉学历史著作时最大的难题之一就是如何还原这些中国学者的汉语人名。传教士汉学时期,每个传教士在不同的地区传教,对中国人名的拼写都不一样,这使我们对这些中国人名一筹莫展,无法判定。即便到 19 世纪后威妥玛-翟理斯拼音系统出现,西方汉学的中国人名拼音系统开始走向统一,但这个系统仍有很多问题。

袁同礼作为中国学者,深知中国学者在阅读西方汉学著作时所面临的困难,因此,他在序言中就将这个问题的解决作为他的书目的一个重要问题提出。他说:"在过去三十年中,中国作者的数量在西方语言文献中大大增加了,但在他们的标题中并未出现他们的中文名字。"①这在如何辨识这些中国学者的名字时出现了很多困难。袁同礼为此下了很大的功夫来考证这些中国学者的名字。李书华写道:"守和利用其知识与经验,先由各有关刊物或书籍中,找出中国留学生而获得博士学位者之西文姓名、论文题目、获得学位地点和年代,及论文发表的刊物名称。如疑某人似有博士学位而未查出者,便函请原校查覆,或向熟人询问后再查。复次守和亲自访问欧美各大图书馆和各大学,以证实其找出之结果是否正确。再次为填入论文著作人的中文姓名与其生年,此系最困难之事。中文姓名可查出者,均分别填入;其查不出者,则函托熟人代查,或托熟人转托友人代填。"②在《中国留美同学博士论文目录》的自序中,袁同礼曾谈到这项工作的难度:"没有标准的罗马化拼写方案,相当多的作者并不完全按照中文发音对其姓名进行罗马化拼写,缺乏相关的参考工具书,基于上述局限,可以想见,要辨认出作者的中文姓名是何等困难。"③为查找到这些中文人名,他动用了各种关系,与汉学家通信,甚至给使馆写信,在他编制中国留学生博士论文目录时,他函请蒋复璁代填中国留德学生的中文姓名:"兹有留德同学数人之中文姓名,未能在留德同学名单内予以查明,用特奉上,请就所知者,赐予填注,凡不知者,并盼转询其他友人,早日赐覆,感荷无似。"④信函附件所询 Chang Pao-yuan、Liang Chiang、Li Huan-hsin、Li-

①　袁同礼:《西文汉学书目》序言。

②　潘梅:《袁同礼晚年的目录著作及其价值》,载《大学图书馆学报》2011 年第 4 期。

③　Tung-li Yuan, *A Guide to Doctoral Dissertations by Chinese Students in America 1905-1960*, *Washington*, *D.C.*: *Sino-American Cultural Society*, 1961: xv-xvi.

④　潘梅:《袁同礼晚年的目录著作及其价值》,载《大学图书馆学报》2011 年第 4 期。

ang Ssu-mu 等人,"最后在《中国留学欧洲大陆同学博士论文目录》中,分别标注为张宝源、梁强、李焕燦、梁师目。此外,他还与蒋彝(画家、诗人、作家、书法家)、郑德坤(考古学家)、查良鉴(法学家)等一大批相关人士通信,多为询问著者的中文姓名、生卒年、中国留学生名单等,或请求代填某些目录作品的细节信息"①。

袁同礼先生的书目在西方汉学史上具有重要的学术价值,学者这样评价考狄书目和袁同礼书目在分类上的贡献:我们认为考狄《中国学书目》博大精深、复杂多样、兼收并蓄;袁同礼《续考狄中国学书目》严谨细致,凡收入者必考证,条理分明,检索便捷。这两种书目各自存在局限,它们都是对于所有种类的有关中国的论述的全面普查,它们意在记录和描述,而非选择和排斥。这两部书目都以其完整性和准确性受到西方汉学界的一致好评,成为西方汉学研究的必备的重要参考书。② 实际上,由于袁同礼书目在后,考狄书目在前,所以,无论是在编排体例上,收入范围上,还是在索引系统的编排上,袁同礼书目都比考狄书目大大前进了一步,将西方汉学文献学大大向前推进了一步。就像恒慕义在该书序中所说的那样,在考狄书目以后,学术界一直希望能出版一本接续考狄书目的汉学书目书,现在袁同礼先生实现了这个理想。袁先生并不是仅仅通过复印本来做的书目,而是对这 18000 本书全部亲自过眼翻阅,他曾遍访美国各地及欧洲各国著名的东亚图书馆,几乎对每张卡片及原著都一一核对,以辨真伪。恒慕义对袁先生的学术精神给予了高度肯定。③

袁同礼《西文汉学书目》所著录的文献比任何一家图书馆的目录都要全面、准确。这无疑是对一部专题书目的最高评价。对于中国学术界来说,更应记住袁同礼先生在西方汉学研究上及在西方汉学文献学上的贡献,我们在谈到中国学术界对西方汉学的研究历史时很少提到袁同礼先生,这是一种学术的重大疏漏。应将袁同礼的汉学相关书目作为海外汉学研究专业的必读书目,作为中国近代史研究的必读书目,以补上这个尴尬的漏缺。

---

① 潘梅:《袁同礼晚年的目录著作及其价值》,载《大学图书馆学报》2011 年第 4 期。这批中国学者的罗马注音的名称将为今后研究中国留学史、研究中国近代学术史打下基础,在学术上意义重大,只是学界尚未意识到这一点。
② 张红扬:《考狄的〈中国学书目〉和袁同礼的〈续考狄书目〉》一文,国家图书馆编:《袁同礼纪念文集》,北京:国家图书馆出版社,2012 年,第 292 页。
③ 恒慕义:《袁同礼书目》前言。

结 语

袁同礼先生 1965 年病故。著名西方汉学刊物《通报》发了他的讣告,讣告中写道:"1929 年,中国第一座国家现代图书馆,国立北平图书馆在北平建成。这座图书馆仅仅是清代图书馆的延续和扩建,但是其运行手段完全跟上了时代的潮流。袁同礼先任副馆长,后晋升馆长。

经营图书馆遇到的困难和考验从未让他退缩。相反,他不遗余力地寻找和保护了许多珍贵作品和手抄本。与此同时,他也为北京大学图书馆的发展做出了巨大的贡献。他还是故宫委员会和文物保护委员会成员之一。

二战期间,国立北平图书馆先是临时迁到云南昆明,之后又迁到四川重庆,在那里,大量珍贵文献开始向公众开放。战后,图书馆又迁回北平。1948 年起,袁同礼成为联合国中国代表团成员之一。他曾几次被中国政府派往国外,尤其是在英国和美国处理一些关于文化方面的事物。

1949 年,他携全家离开北京并前往美国定居。首先担任斯坦福大学研究院编纂主任。之后进入美国国会图书馆担任顾问,这项工作他一直做到退休前(1965 年 1 月)。

在他旅居牛津时我很荣幸认识了他。当时我是牛津大学中文分馆馆长。在与 Homer Dubs 合作翻译 Han-Zhou 时,袁同礼先生从美国前来。他此行的目的一方面是收集关于中国的外文出版文献,另一方面是照顾病重的儿子。

在袁同礼到来前几天,我的朋友蒋彝,现居美国,通知了我他即将到来的消息,并请求我帮助他在牛津安排住所。当我见到袁同礼先生,我便被他的博学深深吸引。我不知道他在牛津大学待了多久,但通过在中文分馆、在他的居所与他的多次交谈,我对他有了真正的了解。

袁同礼既是一名高级官员又是杰出学者。他对中国国内思想的变迁有着深刻的理解,这使得他对中国国内图书馆的管理能够做到与时俱进。他出版过诸多专著和其他各种作品,这些作品成为其他学者做研究的工具书。他酷爱京剧,且是内行。他爱北京,因为他在这里出生并度过了人生的大部分光阴。

像大多中国学者一样,他热爱文学。他重感情,乐于施舍,十分正派,单纯而乐观。他学识渊博，却从未涉足政坛。在我看来，他从未利用过自己的影响力来提高个人身价。他一直被书籍和文献资料所吸引，我们可以说他的作品只包含这个学科。

1958年，他发表了著作 *China in Western Literature*。就像副标题所说的那样，这是考狄(Cordier)的作品《汉学书目》的延续，参考了一些1921年至1957年出版的与中国有关的英文、法文、德文或者葡文作品。这部重要的工具书多年后为研究者提供了巨大的帮助。之后，袁同礼又在其中加入了俄国出版的关于中国和日本作品的文献资料，以及20世纪初中国在欧美留学的留学生的博士论文目录。"①

能在《通报》上发表讣告，这说明袁同礼的学术成就得到了整个西方学术界的认可，袁同礼所开创的西文中国文献学事业成为我们今天治学的出发点。重建西文中国文献学是当下中国学术界，特别是历史文献学领域、中国图书馆领域的一个重要任务，我们应继承袁同礼先生的事业，使中国学者重新领跑西文中国文献学事业。

民国一代学者的学术精神至今仍值得我们深深地敬仰，袁同礼先生是他们之中的一员。如今中国学术的发展落在了我们这一代人的肩上，深感我们与他们的差距太大了。我曾在一篇文章中表达了这样的想法：一代人做一代人的事情。我们是"文革"结束恢复大学和研究生教育时进入学堂的，跟着老师一步步走上学问的道路，当明白自己的学术使命时，已经是进入花甲的人了。我很敬仰民国期间开创现代中国学术的那一代人，今天看起来在局部或细节上那时的学问也已经被超越了，但他们的学术精神仍强烈影响着我们这一代。我特别佩服日本学术界扎实的学术精神，译本做得很好，在基础文献上下了大功夫，几十卷的兰学资料和大航海后西学东来材料都整理了出来，那是要耗去时间和精力的，但正是这样，后一代人的学问整体上在进步。我们也需要这样的献身精神，不是为自己，而是为整个中国学术的进步做些事。

中国现在处于三千年未有之大变局，是产生大思想家大学问家的时候，中国学术腾飞的时代已经来临或即将来临。但如果准备不足，就会出现很多问题。当

---

① 此讣告是我的学生郭瑶翻译的，我略作修改，在此表示感谢。

年梁启超、王国维、陈寅恪都已经认识到这一点,国学的发展必须在国际学术大范围内展开,但这需要一代人或几代人投入这个事业中,才能真正在国际学术的范围内展开中国学术的研究。要做的事很多,要一步步来做。①

<hr />

① 参阅笔者的《海外汉学研究有很多基础性工作要做》一文,《中华读书报》2011 年 11 月 2 日。

第十章

中国古代典籍西译：中文文献基础书目

导　语

了解西方汉学的发展和中国古代典籍的西译，考狄书目和袁同礼书目无疑是必读书目，但除此之外，在中文学术界也先后出版了一些重要的学术书目，这些书目无论是中国学者所编还是西方学者所编后翻译成中文，对于我们研究中国典籍的西译都是十分重要的，因此研究这些书目是我们的一项基础性工作。本章我们对中文学术界所编写的关于西方汉学的基础书目做一简单研究。

一、中西文化交流与中国目录学的变迁

西学东渐是近代中国学术变迁的最重要原因，读西学书、翻译西学著作成为热门话题，梁启超说："国家欲强，以多译西书为本；学子欲自立，以读西书为功。"①从康有为的《日本书目志》和梁启超编纂的《西学书目表》，新的分类法开始进入中国传统的目录学之中，之后 1899 年徐维则的《东西书录》、1902 年顾燮

---

① 　梁启超：《西学书目表》《西学书目表序列》，转引自黄爱平主编：《中国历史文献学》，北京：中国人民大学出版社，2010 年，第 365 页。

光重印后更名的《增版东西书录》,1920 年周贞亮的《书目举要》,1922 年朱家治的《欧美各国目录学举要》,由此,中国传统的目录学在西学的冲击下开始发生大的变化,1926 年杜定友的《图书目录学》,1928 年郑鹤生的《中国史部目录》,1931年刘纪泽的《目录学概论》,1933 年姚名达的《目录学》、刘异的《目录学》,1934 年汪辟疆的《目录学研究》,1935 年的《译书经眼录》,西学书目不断出现。1935 年周贞亮的《目录学》,1944 年的《校雠目录学》,都以新的形式出版。

由于西方学术目录系统渐被学术界所接受,从而逐渐改变了中国的传统目录学,同时,传统的书楼开始转变为现代化的图书馆。在这个转变过程中,尽管没有出现关于西方汉学的专题书目,但学术界的眼界已经大大开阔了,开始关注中国文化在域外的传播,例如 1932 年孙楷第的《日本东京图书馆所见中国小说书目》,这是一本研究中国古代汉籍在域外传播的目录。《清华大学图书馆书目》中已经把各国藏书书目作为九大分类之一,眼界已经放开到全世界。在晚清的传统书目中已经开始将晚明后的西学书目列入其中,例如《千顷堂书目》《四库全书总目提要》。姚名达的《中国目录学史》中已经把《天主教与基督教之目录》作为专题书目列入其中。姚名达所列出的张赓的《道学家传》《圣教信证》《耶稣会士著述目》、王韬的《泰西著述考》中虽然所列的均是来华耶稣会士的中文书目,但从西方汉学的角度来看,这些来自欧洲的传教士的中文著作具有双重性质:一方面,这些书是中国基督教史的一部分,中国史的一部分;另一方面,这批中文著作也同时是西方汉学的书目,只不过是以中文形态表现出来。

最早开始关注来华传教士的西文写作,关注来华传教士在中国典籍翻译上的贡献的是方豪先生。他 1943 年所写的《十七八世纪来华西人对我国经籍之研究》一文是中西文化交流史研究史中的一篇重要论文,文中将来华耶稣会士的汉籍西译作为一个重要内容加以研究,初步梳理了这个历史过程。文后列出重要的传教士汉学家 20 人名单。尽管这篇文章不是书目,但却为研究者提供了较为丰富的研究汉籍西译的书目信息。

二、中国学术界出版的关于中国典籍西译目录选介

1949 年以后,中国大陆的图书馆界尚未独立编撰出来一部中国文化西传的

文献综述或者目录性的学术著作,袁同礼先生的传统目前在中国国家图书馆基本
失传。① 台湾学者在这方面走在大陆学者的前面。由此可见,关于这一领域的研
究还相当薄弱,许多基础性的工作尚未展开。② 因此,以下的书目介绍分为两类:
一种是从外文翻译成中文的著作和书目中涉及中学西传的有关目录和书目,另一
种则是中国学术界自己编制出来的中学西传的书目。

1."石田幹之助书目",《欧人之汉学研究》。1934 年由朱滋萃从日文翻译的
石田幹之助的《欧人之汉学研究》是民国期间所出版的最重要的西方汉学研究著
作,这本书 1932 年在日本出版,1934 年就被朱滋萃翻译成中文,应该说,在当时的
情况下,这种学术交流的速度还是相当快的。尽管这本书是一个研究型的西方汉
学史的学术著作,但在书后他所附录的"研究东洋史者必读的欧西书"实际是个
西方汉学研究专题书目,283 条书目不仅涵盖了西方汉学主要的研究性著作,同
时也包含了不少西方汉学家对中国古代典籍的翻译著作。③

2."费赖之书目",《在华耶稣会士列传及书目》。费赖之的《在华耶稣会士列
传及书目》(*Notices Biographiques et Bibliographiques sur Les Jésuites de L'ancienne
Mission de Chine,1552–1773*)是研究中西文化交流史最重要的基础书目,同时,也
是最为重要的研究中学西传的基础书目。冯承钧先生"于 1935 年开始翻译此书,

---

① 中国国家图书馆百年馆庆时曾将收藏海外汉学书籍作为一个重要的传统,并召开了国际学术会
议,成立了海外中国学文献中心,一时受到学界好评。但不到两年时间,这个中心便被撤销,使学
界感到奇怪。袁同礼所努力的将中国国家图书馆发展成全球最大的中国学藏书馆的愿望早已完
全被遗忘了。笔者供职于国家图书馆时,参考研究部尚有"中国学室",当年,笔者就是在任继愈
先生带领下编辑了《国际汉学》,逐步迈进这一领域。目前看到国家图书馆的这一现状,实在感到
悲凉。唯一令人欣慰的是国家图书馆出版社尚有眼光,开始大规模复制出版西方汉学的期刊,受
到学界赞扬。

② 笔者在国家图书馆工作过一段时间,在外文图书和外文期刊的编目上,我国图书馆界仍有大量工
作可做。目前图书馆已经编制出《民国总书目》,但迄今为止,仍未编制出《民国外文图书目录》和
《民国外文期刊目录》,新中国成立后外文局在中国文化的翻译和出版上做了大量的工作,但至今
为止尚无一本系统性的出版书目,而《全国总书目》所刊出的以外文局为主体的中国外文出版物
的书目,仅有中文书名,没有外文书名,作为外文图书,在书目中没有外文书名这显然是不合适
的。仅此可略见一斑,中国图书馆界和出版界在中国出版的外文书刊的编目上亟待努力。

③ 这个书目表明日本学者在研究中国时,已经不再仅仅局限于汉语文献,不再仅仅参考中国学者的
研究成果,西方汉学的研究成果和翻译著作也开始进入他们的视野。1943 年出版的莫东寅的《汉
学发达史》是中国学者第一本研究西方汉学的专著,但如果仔细研读,就会发现,莫东寅的书主要
内容大都是来自石田幹之助的这本书。当然,尽管如此,它仍是有意义的。因此,北外海外汉学
研究中心 2007 年在大象出版社再版了这本书。

当时他计划随译随刊,故将全书分为十卷,1938 年即将此巨著译完。但仅于 1939 年由长沙商务印书馆出版了一册(第一第二两卷,即原书前五十人传)。其后八卷冯先生在 1946 年故去前终未能出版"①。后在中华书局谢方先生等人的努力之下,北京大学图书馆将冯承钧尚未出版的译稿交由中华书局出版。② 这本书目既是研究明清之际西学东渐的重要书目,也是研究明清之际中国古代文化典籍外译的重要目录。郝镇华先生在出版整理冯先生译稿时,在书后编辑了一个人名索引和一个《本书在传重要译著书目》。来华耶稣会士是中西文化交流的桥梁,他们既用中文写作,也用拉丁文和母语写作,这样他们留下两大类著作和文献。用中文呈现出来的著作和文献,其内容主要是介绍西方文化。学界将他们在西学东渐上的贡献和著作称为"西学汉籍"。这批文献对研究中西文化交流史和中国天主教史、明清历史都十分重要。若从西方汉学的角度来考察,这批"西学汉籍"的著作和文献也应归于西方汉学之列,也可以成为"中文汉学文献"。无论是将其归于明清史研究范围,还是将其归于西方汉学范围之内,这些都非本书所研究的主题。③ 从中国文化西传角度来看,我们只能将目标锁定在他们在"中学西传"上的贡献和著作上,我们可以简称为"西文汉学文献"。现将书目中来华耶稣会士所写的西文文献及中国古代文化经典的翻译书目列举如下:

费赖之著作中来华耶稣会士西文文献及西文汉学著作初步统计

	作者	作品
1	范礼安(6 传)	(1) *De Chinensium admirandis* 《中国奇闻》
2	罗明坚(7 传)	(2) *China,seu humana institutio* 《中国人事机构》

---

① 郝镇华、陆峻岭:《在华耶稣会士列传及书目》后记,北京:中华书局,1995 年。

② 1997 年天主教上海教区光启社出版了梅乘骐和梅乘骏的另一译本,因为是教内发行,学术界知道的不多,但此本在不少方面翻译得比冯承钧本要更为完善。

③ 笔者正在从事罗马梵蒂冈图书馆明清中西文化交流史文献的复制和整理工作,随后将出版首批的 45 卷文献,目前,西方汉学界也做了不少工作,先后出版了《徐家汇藏书楼明清天主教文献》《罗马耶稣会档案馆藏明清天主教文献》《法国国家图书馆藏明清天主教文献》等,但笔者认为,明清中西文化交流史的中文文献中国学者应该成为整理和研究的主力,西方汉学家目前所做的工作值得肯定,但真正的点校和研究的任务还要中国学者来完成。这方面的工作,中国学者已经开始做了,不久会有更多的整理成果呈现给学术界。

（续表）

	作者	作品
3	利玛窦(9 传)	(3)*Annua della Cina del 1606 et 1607* 《一六〇六和一六〇七年年报》； (4)*De christiana expeditione apud Sinas suscepta* 《基督教远征中国史》； (5)*Tetrabiblion Sinense de moribus* 《四书》； (6)Il a traduit du chinois et latin l'histoire des vieux Chinois,où l'on voit les dogmes et la doctrine des anciens philosophes de cette nation,dans le dessein de faire voir leurs erreurs,et de mieux combattre les maximes qu'ils avaient,et qui choquaient les lois de la raison 利玛窦曾译中国古代哲理格言为拉丁文
4	麦安东(10 传)	(7)5 novembre 1585,au P.Rodriguez,racontant son voyage à Canton 一五八五年十一月五日致骆入禄神甫书,述其赴广州事； (8)Cartas escritas em 22 de nov.1585.Il raconte son voyage à Canton et à Hang-tcheou 一五八五年十一月二十二日书,述其赴广州及绍兴事； (9)Carta as P.de Sande,Chao-tcheou,10 fév.1586 一五八六年二月十日致孟三德神甫书,作于韶州； (10)Carta as mesmo Padre,Chao-tcheou,8 sept.1586 一五八六年九月八日致孟三德神甫书,作于肇庆； (11)Carta escrita as P.de Sande,Chao-tcheou,8 sept.1588 一五八八年九月八日致孟三德神甫书,作于韶州
5	孟三德(11 传)	(12)Carta escrita de Macao,28 sept.1589,au P.Général,sur la nouvelle Mission de Chine 一五八九年九月二十八日在澳门致耶稣会会长书报告中国新传道会事； (13)De missione legatorum Japonensium ad Romanam Curiam... dialogus ex ephemeride ipsorum legatorum collectus 日本使节赴罗马教廷日记所载对话纪要

（续表）

	作者	作品
6	郭居静（15 传）	（14）*Praelum exspectant：De altera vita*　《迎接战斗：论来世》； （15）*Vocabularium ordine alphabetico europaeo more concinnatum，et per accentus suos digestum*　《音韵字典》； （16）*Cartas animas de Chine*　《中国年鉴》
7	龙华民（17 传）	（17）*Traité sur quelques points de la religion des Chinois*　《关于中国宗教若干点之记录》； （18）*Litteræ annuæ e Sinis*　《中国年报》； （19）*Breve relazione del regno della Cina*　《中国简报》； （20）Lettre du P.Nicolas Lombard écrite sur la Chine，l'an 1598（18 oct.，de Chao-tcheou），au T.R.P.Claude Aquaviva，Général de la Compagnie de Jésus　一五九八年十月十八日，华民在韶州致耶稣会长阿瓜维瓦书
8	庞迪我（19 传）	（21）Avis du P.Jacques de Pantoie，s.-j.sur le succez de la religion chrestienne au royaume de la Chine　庞迪我神甫所撰关于中国基督教之意见书； （22）*4 cartes，une pour chaque partie du monde*　《四大洲地图》
9	李玛诺（20 传）	（23）Lettres au R. P. Général Vitelleschi，1630，sur la question controversée alors，si on pouvait donner à Dieu le nom de Chang-ti 上帝 et qu'il résout affirmativement　一六三〇年上会长威特勒斯奇书，关于天主是否可称上帝问题，主张上帝名称可用； （24）*Litteræ annuæ de Sinis de 1619 datées de Macao，7 déc.1619，et celles de 1625，datées de Kia-ting，1e mars 1626*　一六一九年十二月七日作于澳门之《中国年报》及一六二六年三月一日作于嘉定之类似年报
10	费奇规（21 传）	（25）*Il a réfuté les arguments du P.Longobardi dans un mémoire sur les noms chinois de Dieu*　《驳龙华民汉文天主名称之非》
11	高一志（26 传）	（26）*Litteræ annuæ sinenses anni 1618*　《一六一八年中国年报》

（续表）

	作者	作品
12	熊三拔(30 传)	(27) Commentariolum de Sinensium festorum erroribus 中国俗礼简评
13	金尼阁(32 传)	(28) *Annales Regni Sinensis*, 4 tom.in-fol 《中国年鉴》； (29) *Pentabiblion Sinense* 中国五经
14	郭纳爵(75 传)	(30) De Sanctissima Trinitate 《论天主教圣三》； (31) Traduction latine du Ta-hio 拉丁文《大学》译本
15	何大化(78 传)	(32) Historia de China, dividada em seis idades, tirada dos libros chinos e portugueses, com hum appendix da monarchia tartarica 中国六阶段分期史，摘自中国与葡萄牙书籍，备有清朝附录； (33) Asia Estrema, entra nella a fé; promulgase a ley de Deos, pe los Padres da Companhia de Jesus 耶稣会在远东传布信仰、宣传天主律法
16	潘国光(79 传)	(34) De Sinensium ritibus politicis acta, seu R.P.Francisci Brancati, S.J., Dominicum Navarrette, ord.prædic 论中国礼仪：耶稣会士潘国光神甫用他在华传教三十四年的实践对多明我会士闵明我的答复
17	安文思(88 传)	(35) *Doze excellencias da China* 《中国十二优点》； (36) *Relacão das tyranias obradas por Cang-hien chungo famoso ladrão da China, em e anno 1651* 《一六五一年中国著名大盗张献忠暴行记》； (37) *Relation de son voyage de la province de Kiang-nan à celle du Se-tch'oan* 《江南四川行纪》； (38) *Commentaire sur les livres de Confucius* 《孔子书注》
18	卫匡国(90 传)	(39) *Novus atlas sinensis* 《中国新图志》； (40) *Sinicæ historiæ decas prima* 《中国先秦史》； (41) *De bello tartarico* 《鞑靼战纪》； (42) *Brevis relatio de numero et qualitate christianorum apud Sinas* 《中国基督教徒数量和素质简述》； (43) *Grammaire chinoise* 《中国文法》

（续表）

	作者	作品
19	卜弥格（93 传）	（44）*Flora Sinensis* 《中国植物》； （45）Monument découvert à Si-ngan fou en 1625：*Gloria regni sinensis crux* 《中国植物》一书后附一六二五年发现之西安景教碑文； （46）*Briesve relation de la notable conversion des personnes royales, et de l' état de la religion chrestienne en la Chine* 《中国皇室成员入教及教会情况简报》； （47）*Clavis medica* 《中医脉诀》； （48）*Tabula chinensis* 《中国地图》； （49）*Præcipui casus œdificationis qui contigerunt PP* 《传教所遇到的困难》； （50）*Sinicus catechismus* 《中国要理问答》； （51）*Fructus et arbores* 《果与树》； （52）*Mathesis sinica* 《中国占星术》； （53）*Moralis philosophia Sinarum* 《中国伦理学》 *Medicus sinicus* 《中国医学》； （54）*Historia animalium sinensium* 《中国动物学史》； （55）*Rerum sinensium compendiosa descriptio* 《中国事务简要介绍》； （56）*Documenta P. Michaelis Boym, s. j., missi ad Sanctam Sedem Apostolicam reddere obedientiam ab Impératrice Helena. Reginis et Principe Constantino* 《耶稣会士卜弥格神甫受烈纳皇太后、皇太子当定与皇后赴教廷奏称皈依圣教文件》
20	利玛第（99 传）	（57）*Relação da conversão a nossa sauta Fé, da Rainha e Principe China* 《中国皇帝与皇后接受信仰报告》
21	刘迪我（102 传）	（58）*De Sinensium ritibus politicis acta* 《论中国礼仪之争》； （59）*Tractatus apologeticus* 《钦天监事件辩护书》； （60）*De præfectura mathem* 《论钦天监监正职》

（续表）

	作者	作品
22	聂仲迁（104 传）	（61）*Histoire de la Chine sous la domination des Tartares，de 1651 à 1669* 《一六五一至一六六九年间鞑靼统治时代之中国历史》； （62）*Relation sur les rites chinois* 《关于中国礼仪之记录》； （63）*PP.Balat et Grêlon…de Jejuniis apud Sinas* 《论中国之斋戒》； （64）*Advertencias sobre o livro do P.F.Dom* 《对多明我会士闵明我神甫所著一书的该注意之点》； （65）*Relation sur les événements qui ont suivi l'exil de Canton* 《神甫们发配广州后之遭遇》
23	柏应理（114 传）	（66）*Confucius Sinarum philosophus* 《中国哲学家》； （67）*Tabula chronologica Monarchiæ Sinicæ* 《中华帝国历史年表》
24	毕嘉（118 传）	（68）*Incrementa Ecclesiæ Sinicæ a Tartaris oppugnatæ* 《鞑靼人入关后中国天主教之发展》； （69）*Dissertatio apologetica，scripta anno 1680，de Sinensium ritibus politicis* 《中国礼仪问题之辩论》； （70）*De rilibus Ecclesiæ Sinicæ permissis apologetica dissertatio* 《对中国礼仪可以沿用之申辩》； （71）*Dubia quædam ad PP.Pekinenses spectantia* 《对北京几位神甫的怀疑》
25	白乃心（119 传）	（72）*Iter e China in Mogor* 《中国至莫卧尔之行》； （73）*Briesve et exacte response ponse du P.Jean Grueber à toutes les questions que lui a faites le sérénissime grand-duc de Toscane* 《简单明确之答复》； （74）*Notizie varie dell'imperio della Cina* 《中华帝国杂记》（*Vie de Confucius* 《孔子传》）

（续表）

	作者	作品
26	殷铎泽（120 传）	（75）*Testimonium de Cultu Sinensi*　《中国礼仪证信》； （76）*Grand Traité du P.Intorcetta en réponse au P.Navarrete*　《铎泽答闵明我神甫书》； （77）*Sapientia sinica , ou traduction latine du Ta-hio*　《大学》译本； （78）*Sinarum scientia politicomoralis , ou traduction latine du Tchong-yong*　《中庸》译本； （79）*Confucii vita*　《孔子传》； （80）*xám lén*　《上论》译本； （81）*e Paraphrase complète de tous les livres de Confucius*　《孔子遗作全解》； （82）*Lucubratio de tetrabiblio Confucii*　《四书释义》
27	鲁日满（122 传）	（83）*Historia Tartaro-Sinica nova（ ab ann. 1660 ann. 1666）*　《鞑靼中国新史》
28	南怀仁（124 传）	（84）*Astronomia Europæa sub Imperatore tartaro-sinico Camhy appellato , ex umbra in lucem revocata*　《康熙亲政后在清帝国一度遭受遏抑的欧洲天文学又大放异彩》； （85）*Liber organicus astronomiæ europæ apud Sinas restitutæ sub Imperatore Sino-tartarico Cam-hy appellato*　《康熙皇帝时代中国重新采用欧洲天文学综述》
29	闵明我（135 传）	（86）*Brevis relatio eorum quæ spectant ad declarationem Sinarum Imperatoris K' ang-hi , circa cœli , Confucii et avorum cultum*　《北京耶稣会神甫对康熙皇帝有关敬天、祀孔和敬奉祖先谕旨之简述》

（续表）

	作者	作品
30	安多（163 传）	（87）*Indicæ expeditiones Societatis Jesu a calumniis vindicatæ*《为耶稣会传教事受诬告申辩书》； （88）*Brevis relatio eorum quæ spectant ad declarationem Sinarum Imperatoris Kam-hi，circa Cæli，Confucii，et avorum cultum，datam anno 1700.Accedunt primatum doctissimorumque virorum et antiquissimæ traditionis testimonia.* 《对于康熙皇帝有关祀天、祭孔、祭祖礼仪含义的御批、中国历代帝王和著名学者的观点以及悠久民间传统习惯的扼要汇报》； （89）*Mémorial（sur la légation du cardinal de Tournon）envoyé en Europe par le P.Ant.Thomas* 《关于一七〇六年教皇专使铎罗奉使事寄送欧洲之记录》； （90）*Récit de ce qui s'est passé à Pecquin entre l'Ⅲme Seigneur Charles Maillard de Tournon et les Pères Jésuites qui demeurent en cette ville* 《教宗钦使铎罗大主教在北京期间和耶稣会士相处经过汇报》； （91）*4.Summa de todo estado da missão da China anno 1705*《一七〇五年中国传教区发展概况》； （92）*Annotationes contra authorem moralis practicæ Jesuitarum* 《反耶稣会士实践论札记》； （93）*Epistola ad Summum Pontificem scripta a PP.Soc.Jesu in Sinis，cum responsione Imperatoris Sinarum ipsis data circa Sinicos ritus，oblata SSmo D.N.Clementi Ⅺ，Panormi，1702；insérée dans：Déclaration de l'empereur de la Chine touchant les cérémonies chinoises* 《一七〇二年在华耶稣会神甫呈罗马教宗克莱芒十一世书》，附《康熙皇帝答复有关中国礼仪问题御批》后，载入《中国皇帝敕谕》

（续表）

	作者	作品
31	卫方济（169 传）	（94）*Sinensis imperii libri classici sex*；*nimirum*：*Adultorum schola*，，*Immutabile medium*，*Liber sententiarum*，*Mencius*，*Filialis observantia*，*Parvulorum schola*　《中国六部古典文学:大学、中庸、论语、孟子、孝经、小学》； （95）*Philosophia sinica*　《中国哲学》； （96）*Historica notitia rituum et ceremoniarum sinicarum*　《中国作家关于追悼已故祖先和亲友礼仪之记述》； （97）*Tao-té-king*　《道德经》； （98）*Doctrinx sinicæ brevis indagatio*　《中国哲学简评》； （99）*Memoriale e circa veritatem et substantiam facti*，*cui innitur Decretum san. mem. Alexandri* Ⅶ，*edictum die 23 martii 1656*，*et permissivum Rituum Sinensium*　《关于教宗亚历山大七世批准实行中国礼仪诏书之记录》； （100）*Responsio ad libros super editos….supra controversiis sinensibus*　《对有关中国礼仪问题言论之答复》； （101）*Memoriale et summarium novissimorum testimoniorum sinensium*　《对中国学者关于礼仪问题之论证的摘要》 （102）*Traité sur l'art dramatique*　《论戏剧艺术》*Abrégé de l'histoire des guerres civiles de la Chine de 1674 à 1686*《一六七四至一六八六年间中国内战史略》； （103）*Scripta aliqua circa controversiam de ritibus sinicis*　《有关中国礼仪之争杂录》

（续表）

	作者	作品
32	白晋（171 传）	（104）*Etat présent de la Chine* 《中国现状》； （105）*Portrait historique de l'empereur de la Chine présenté au roi* 《康熙皇帝》； （106）*Observata de vocibus Sinicis T'ien et Chang-ti* 《中国语言中之天与上帝》； （107）*Idea generalis doctrinæ libri I-king* 《易经释义》； （108）*une Dissertation sur le Che-king* 《诗经研究》； （109）*Summa eorum quæ inter PP. Gallos Regis christianissimi mathematicos，et Lusitanos，in sinensi imperio gesta sunt，ab exeunte anno 1691 ad annum 1694*《一六九一至一六九四年为虔诚的法国国王所派天文专家法国神甫和葡萄牙神甫在中华帝国所作历算成绩总结汇报》
33	李明（172 传）	（110）*Nouveaux Mémoires sur l'état présent de la Chine* 《中国现势新志》； （111）*Réponse à la lettre de MM. des Missions-Etrangères au Pape sur les ceremonies chinoises* 《外国传教会士关于中国礼仪问题上教皇书之答辩》
34	张诚（173 传）	（112）*Observations historiques sur la Grande Tartarie* 《塞外历史观察》； （113）*Relations de 8 voyages dans la Grande Tartarie de 1688 à 1699* 《一六八八年至一六九九年八次塞外行记》； （114）*Traité en latin sur l'usage présent de l'astronomie dans le tribunal des Mathématiques* 《天文学在现今钦天监中之使用》

（续表）

	作者	作品
35	刘应（174 传）	（115）*Histoire de la Grande Tartarie*　《鞑靼史》； （116）*Dissertation sur le titre de Khan*　《汗号论》； （117）*Monument du Christianisme en Chine*　《中国基督教碑文》； （118）*Notice sur le livre chinois I-king*　《易经说》*Histoire de la religion des philosophes chinois*　《中国哲学家之宗教史》； （119）*Ritualis sinensium capila*　《*Hiao*，*Tée*，*Seng*，*Tci ta*，*Tciy*，*Tci tum*》《礼记》（《郊特牲》《祭法》《祭统》）； （120）*Chou-king*　《书经》； （121）*De religione Tao-se*　《论道教》； （122）*De perfecta imperturbabilitate*　《中庸》； （123）*Dissertatiuncula de religione brachmanica*　《婆罗门教简介》； （124）*Confucii vita a Cum-san-mei*　《孔子第五十六代孙传》； （125）*De religione sinico-brachmanica*　《论中国婆罗门教》； （126）*Sinensium kalendarii historia*　《中国历书沿革》； （127）*Chronologix siniae codices* Ⅳ　《中国〈四书〉之年代》； （128）*Trois édits de l'empereur de la Chine*　《中国皇帝上谕三件》； （129）*Testament de l'impératrice*　《中国皇帝遗诏一件》； （130）*Sur les Cérémonies et les sacrifices des Chinois*　《华人之礼仪及牺牲》； （131）*Eloge de 7 philosophes chinois*　《中国七子赞》； （132）*Des antiquités de la Chine et des autres parties du monde* 《中国与世界其他各国之古代》*Yuen，seu Sinico-mongolicæ dynastiæ historia*　《元史》
36	纪理安（198 传）	（133）*Documenta selecta*　《文献选集》； （134）*Acta Pekinensia*　《北京文书》； （135）*Compendium actorum Pekini…*《北京文书概要》

（续表）

	作者	作品
37	庞嘉宾（220传）	（136）*Relatio sepulturæ magno orientis apostolo Sto Francisco Xaverio erectæ in insula Sanciana anno Domini 1700* 《上川岛建堂记》； （137）*Historica relatio controversi æ de ritibus aliquot sinicis*《中国礼仪之争始末》
38	巴多明（233传）	（138）*Histoire de la Chine* 《中国史》； （139）*Le Code de la nature* 《自然法典》； （140）*Routier tartare de Hami à Harcas* 《哈密喀尔喀行纪》； （141）*Refutatio querelarum illmi F.M.Ferreriis，episcope Ephestiensis，contra PP.Gallos s.j.* 《驳埃弗斯登西主教费雷里指责法国耶稣会士书》
39	马若瑟（235传）	（142）*Lou chou si I* 《六书析义》； （143）*Sin-king tchen kiai* 《信经真解》； （144）*Recherches sur les temps antérieurs à ceux dont parle le Chouking，et sur la mythologie chinoise* 《书经时代以前时代与中国神话之寻究》； （145）*L' Orphelin de la maison de Tchao* 《赵氏孤儿》； （146）*Notitia linguæ sinicæ* 《汉语札记》； （147）*Selecta quædam vestigia præcipuorum religionis christianæ dogmatum ex antiquis Sinarum libris erula* 《中国古籍中之基督教主要教条之遗迹》； （148）*Extraits traduits du Chou-king* 《书经》； （149）*Huit odes traduites du Che-king* 《诗经》； （150）*Essai d' introduction préliminaire à l' intelligence des king* 《经书理解绪论》； （151）*Tria opuscula：An missionarii possint ac interdum debeant citare gentium monumenta in favorem christianæ religionis?*《作为一个传教士，对中国古典文献是否可以而且应该按天主教教义来理解》；

（续表）

	作者	作品
		（152）*Doctrinæ 12 propositionum Sinis applicantur*　《将十二信德用之于中国》; （153）*Variæ quæstiones circa libros king et eorum usum proponuntur et solvuntur*　《怎样应用〈五经〉和解决其中的问题》; （154）*Antiquæ traditionis selecta vestigia, ex Sinarum monumentis eruta*　《中国经书古说遗迹选录》; （155）*De rebus sinicis*　《论中国事务》; （156）*Tao-té-king*　《道德经》; （157）*Dissertation sur les lettres et les livres de Chine*　《论中国语言文字》; （158）*De tribus antiquis monumentis quæ Sinæ vocant*《Sam-y》《中国古代三部古典著作——"三易"》
40	雷孝思(236 传)	（159）*Atlas général de la Chine*　《中国全图》; （160）*Traduction latine du I-king*　《易 经》*Observations géographiques et historiques sur la carte du Tibet*　《根据西藏地图所作的地理历史观察》; （161）*Concordia chronologica Annalium Sinensis Imperii cum epochis historiæ nostræ*　《中华帝国年鉴和西方年历对照》; （162）*Notice sur les King*　《诸经说》
41	薄贤士(241 传)	（163）*Eclaircissements sur les controverses de la Chine*　《中国礼仪之争问题之说明》

（续表）

	作者	作品
42	殷弘绪（242 传）	（164）*l' oeil de bambou* 《竹笋说》； （165）*L'art de rendre le peuple heureux* 《使民安乐术》（译文）； （166）*traduction du chapitre des examens particuliers des jeunes étudiants déjà maîtres ès arts* 《考试章程》（译文）； （167）*les règlements d'une Académie de savants* 《翰林章程》（译文）； （168）*Mémoire sur le gin-seng（jen-chen）* 《人参说》； （169）*Moeurs de Chine* 《中国风俗》； （170）*Caractères et moeurs des Chinois* 《中国人之性格和风俗》； （171）*Quatre Histoires traduites du Chinois* 《中国故事四编》； （172）*Extrait du Tch'ang-cheng* 《长生术》； （173）*Extrait du livre intitulé：L'art de rendre le people heureux* 《使民安乐术》； （174）*Dialogue où un philosophe chinois expose son sentiment sur l'origine et l'état du monde* 《中国某哲学家关于世界起源与状况之问答》； （175）*Extrait d'un ancien livre chinois sur la manière d'élever et de nourrir les vers à soie* 《中国某古书所志养蚕之法》； （176）*Extrait d'un livre chinois sur les monnaies* 《中国某书所志之货币说》； （177）*Traité sur les différentes monnaies qui ont encore cours en Chine* 《论中国现在使用之各种货币》； （178）*Réflexions pour l'intelligence d'un point important dont il est souvent parlé dans l'histoire chinoise* 《对"中国史"中常言要点之考释》

（续表）

	作者	作品
43	傅圣泽（243 传）	（179）*Tabula chronologica historiæ sinicæ* 《中国历史年表》； （180）*T'ien yuen wen-ta* 《天元问答》； （181）*Remarques et explications, en latin et en français, dans le Chen ming wei Tchou* 《神明为主》； （182）*Tao-té king ping chou* 《道德经评注》*Rituale domesticum Sinensium cum notis* 《中国家庭礼规,附注释》； （183）*Sentiments de l'évêque d'Eleuthéropolis sur la doctrine et les livres des Chinois anciens et modernes* 《傅圣泽主教对于中国古今学说之观念》； （184）*Che-king* 《诗经》； （185）*Essai d'introduction préliminaire à l'étude des king* 《诸经研究绪说》； （186）*Epistola ad Papam de Sinarum ritibus christianæ religioni contrariis* 《为中国礼仪问题上教皇书》
44	赫苍壁（259 传）	（187）*Le secret du pouls* 《图注脉诀辨真》； （188）*Recueil impérial* 《康熙钦定"古文渊鉴"》； （189）*Extraits traduits d'une compilation sur le même objet, faite sous la dynastie des Ming* 《明人辑古文之选译》； （190）*Extraits traduits d'un livre chinois intitulé : Lié niu tchoan* 《刘向〈列女传〉选译》； （191）*Sententia unius missionarii（P. Hervieu）circa ritus sinicos controversos* 《关于中国礼仪问题之裁定》； （192）*Recueil de divers ouvrages des plus célèbres auteurs chinois* 《中国名人著述集》*Che-king* 《诗经》； （193）*Notæ in quoddam scriptum clandestinum, hispanica lingua exaratum pro Dno Pedrini, contra PP. Soc. Jesus qui sunt Pekini* 《驳斥某些人用西班牙文祖护德理格神甫以攻击北京耶稣会神甫匿名谤文的若干要点》

（续表）

	作者	作品
45	汤尚贤（264 传）	（194）*L' Explication d' un grand nombre de passages difficiles du livre I-king*　《〈易经〉不少段落之说明》
46	冯秉正（269 传）	（195）*Histoire générale de la Chine*　《中国史》*Grande Carte manuscrite de la Chine*　《中国大地图》； （196）*Carte de la Tartarie chinoise et des pays limitrophes dressée*　《中国所属鞑靼地域及附近各处地图》； （197）*Carte des pays compris entre L'Amour , la mer du nord（glaciale） et mer Orientale*　《黑龙江北海东海间舆地全图》； （198）*Mœurs et usages des Chinois*　《中国之风俗习惯》； （199）*Version littérale du I-king*　《〈易经〉译文》； （200）*10 che-kou , ou tambours de pierre*　《北京国子监石鼓文录》
47	费隐（274 传）	（201）*Informatio pro veritate contra iniquiorem famam sparsam per Sinas cum calumnia in PP. Soc. Jésu , et detrimento Missionis , communicata missionariis in Imperio Sinensi*　《辩明耶稣会士受谤书》
48	张貌理（291 传）	（202）*Traduction , en latin , du testament de K'ang-hi（ mort 20 déc. 1772）*　《康熙遗诏拉丁文译文》
49	戴进贤（297 传）	（203）*Notitiœ circa SS. Biblia Judæorum in Cai-fum-fu , in imperio Sinensi*　《开封府犹太圣经小志》； （204）*Litterœ patentes imperatoris Sinarum K'ang-hi*　《康熙皇帝诏书》； （205）*Succincta narratio eorum quæ Sinis contigere circa et post publicatum , mense Augusto 1716 , præceptum apostolicum super prohibitis ritibus*　《一七一六年八月禁用中国礼仪训令宣布后中国待遇情形之简明叙述》

（续表）

	作者	作品
50	严嘉乐（301 传）	（206）*Plan des deux villes chinoise et tartare de Pékin* 《北京内外城图说》
51	徐大盛（305 传）	（207）*Scientiæ eclipsium ex imperio et commercio Sinarum illustratæ* 《中国交蚀图录》
52	宋君荣（314 传）	（208）*Histoire abrégée de l'astronomie chinoise* 《中国天文史略》； （209）*Traité de l'astronomie chinoise* 《中国天文纲要》； （210）*Chou-king* 《书经》； （211）*Histoire de Gen-tchis-can et de la dynastie des Mongou* 《元史与成吉思汗本纪》； （212）*Situation de Ho-lin en Tartarie* 《和林方位考》； （213）*Histoire de la grande dynastie des Thang* 《大唐朝史》； （214）*Notice sur les Liao occidentaux* 《西辽史略》； （215）*Traité de la chronologie chinoise：tome XVI des Mémoires concernant les Chinois* 《中国年代纪》； （216）*Description de la ville de Pékin* 《北京志》； （217）*Mémoires sur le Tonkin，la Cochinchine，le Tibet，les îles Lieou-K'ieou et la conquête du royaume des Éleuthes* 《安南、西藏、琉球及征服额鲁特记》； （218）*Notice des plus anciens catalogues des constellations chinoises* 《汉文星宿最古名录》； （219）*Observations faites à la Chine sur les comètes depuis l'an 147 av.J.C.jusqu'en 1367* 《公元前一四七年至公元一三六七年中国对于彗星之测验》*Catalogue très abrégé des comètes chinoises* 《中国彗星简录》； （220）*Traduction du Pou-t'ien-ko* 《步天歌》； （221）*Les Juifs de Chine* 《中国之犹太人》 *Réflexions politiques sur les Européens faites par l'empereur K'ang-hi entendues par le P.Gaubil et écrites de mémoire* 《康熙皇帝对于西士之政治感想》； （222）*Le I-king et le Li-ki* 《易经》《礼记》译文；

（续表）

	作者	作品
		(223) *Histoire des Mongou, de 1206-1370* 《蒙古史稿》; (224) *Des pays de Coconor, Sifan, Tibet, et des différents pays entre Hami et la Mer Caspienne* 《青海、西番、西藏与哈密和里海之间诸国录》; (225) *De la Grande Muraille et de quelques lieux de la Tartarie* 《长城及蒙古若干地区》; (226) *Des ancêtres et de la mort de Gen-shis-can* 《成吉思汗之祖先及成吉思汗之死》; (227) *Situation du Japon et de la Corée* 《日本与高丽之方位》; (228) *Sur le monument de la religion chrétienne* 《基督教碑文》
53	孙璋（324 传）	(229) *Traduction du Che-king* 《诗经》; (230) *Traduction du Li-ki* 《礼记》; (231) *Traduction française du Kia-tse-hoei-ki* 《薛应旂〈甲子会记〉》
54	吴君（334 传）	(232) *Remarques sur la chronologie chinoise* 《中国大事记备考》; (233) *Réponse à diverses questions d'Astruc sur les maladies vénériennes chez les Chinois* 《答复阿斯特鲁克所询关于中国花柳病诸问题》
55	魏继晋（349 传）	(234) *Relation de la captivité et du martyre des PP. Henrique et de Athemis* 《蒙难记》

（续表）

	作者	作品
56	刘松龄（351 传）	（235）*Mappa geographica urbis Macao et circumregionis*　《澳门市郊地图》； （236）*Carte de la Tartarie centrale*　《鞑靼区域中部地图》； （237）*Mémoire présenté en 1747 à l'empereur K'ien-long pour défendre la religion pendant la persécution de 1746–1748*　《一七四七年为教难事上乾隆皇帝辩护疏》； （238）*Mémoire chinois présenté au même empereur en 1768*　《一七六八年因钦天监人员枉诉为天主教辩诬上皇帝疏》； （239）*Traduction en portugais de la lettre de l'empereur de Chine au roi de Portugal*, 1753　《一七五三年乾隆皇帝致葡萄牙国王国书》； （240）*Description de l'Observatoire de Pékin*　《北京观象台记》； （241）*Dénombrement des habitants de la Chine*　《中国户口调查》
57	汤执中（361 传）	（242）*Mémoire sur la manière singulière dont les Chinois fondent la corne à lanterne*　《华人制造灯角之异法》； （243）*Mémoire sur le vernis de Chine*　《中国漆记》； （244）*Manière de faire les feux d'artifice chinois*　《中国烟火制法》； （245）*L'Élevage des vers à soie*　《养蚕法》
58	蒋友仁（377 传）	（246）*Description … en chinois d'un oiseau singulier d'Afrique envoyé par le tsong-tou de Canton, dont aucun lettré n'avait connaissance*　《异鸟说》； （247）*Traduction du Chou-king*　《书经》

（续表）

	作者	作品
59	钱德明（392 传）	（248）*Eloge de la ville de Moukden et de ses environs* 《御制盛京赋译注》； （249）*Rituel des Tartares-Mandchous* 《满人礼仪》； （250）*Hymne tartare-mandchou chanté à l'occasion de la conquête des deux Kin-tch'oan, au Tibet* 《平定金川颂》； （251）*Explication du monument gravé sur pierre en vers chinois, composé par l'empereur K'ien-long sur les conquêtes qu'il fit des Eleuths, en 1757* 《一七五七年石刻御制平定厄鲁特诗之说明》； （252）*L'antiquité des Chinois prouvée par les monuments* 《由载籍证明中国之远古》； （253）*Introduction à la connaissance des peuples qui ont été ou qui sont actuellement tributaires de la Chine* 《中国新旧属国志绪言》； （254）*Recueil de suppliques, lettres de créance et autres pièces adressées à l'empereur* 《表章奏疏集》； （255）*Table chronologique de tous les souverains qui ont régné en Chine* 《历代帝王年表》； （256）*Abrégé chronologique de l'histoire universelle de l'empire chinois* 《中国通史编年摘要》； （257）*Monument de la transmigration des Tourgouths des bords de la mer Caspienne dans la Chine, au nombre de 300,000* 《记述土尔扈特部落三十万人自里海沿岸东徙之碑文》； （258）*Observations sur le livre de M. Paw; Recherches philosophiques sur les Chinois et les Egyptiens* 《对于波氏所撰〈对于中国人与埃及人之哲学的寻究〉之批评》； （259）*Vie de K'ong-tse* 《孔子传》；

（续表）

	作者	作品
60	韩国英(419 传)	（260）*Abrégé historique des principaux? de la vie de Confucius* 《孔传大事略志》； （261）*Abrégé de la vie des principaux disciples de K' ong-tse* 《孔门诸大弟子传略》； （262）*Portraits des Chinois célèbres dans mémoires* 《中国名人谱》； （263）*Art militaire des Chinois d' après L' Art de la guerre de Sun Tzu* 《中国兵法》； （264）*Mémoire sur la musique des Chinois tant anciens que modernes* 《中国古今乐记》*Mémoire sur les danses religieuses des anciens Chinois* 《中国古代宗教舞》； （265）*De la doctrine et des livres chinois* 《中国书籍学说》； （266）*Explication du monument de Yu* 《禹碑之说明》； （267）*Almanach impérial de Pékin* 《北京钦定历书》； （268）*Ecritures des peuples tributaires de la Chine* 《中国诸属国文字》； （269）*Note sur l' homme de bronze* 《用铜人习针术说》
		（270）*Essai sur l' antiquité des Chinois* 《中国古代论》； （271）*Traduction de Ta-hio et du Tchong-yong* 《大学》《中庸》译文； （272）*Notice sur les vers à soie sauvages et sur la manière de les élever* 《野蚕说与养蚕法》； （273）*Notice sur le frêne de Chine, nommé: hiang-tchun* 《说香椿》； （274）*Notice sur le cotonnier arbre et le cotonnier herbacé* 《说木棉草棉》； （275）*Notice sur la culture et l' utilité du bambou* 《说竹之种植与功用》； （276）*Traduction du poème: le jardin de Se ma Koang* 《诗之译文：司马光之园》；

（续表）

作者	作品
	（277）*Mémoire sur les serres chinoises*　《记温室》； （278）*Notice de quelques plantes，arbrisseaux etc.de la Chine*　《说若干种中国植物》； （279）*Requête à l'empereur pour la cérémonie du labourage*　《请亲耕疏》； （280）*Essai sur les jardins de plaisance*　《说娱乐庭园》； （281）*Mémoire sur l'intérêt de l'argent en Chine*　《记中国利息》； （282）*Mémoire sur la petite vérole*　《记痘症》*Notice du livre：Si-yuen-lou*　《说〈洗冤录〉》； （283）*Notice sur le《cong-fou》*　《说"工夫"》　*Observations de physique et d'histoire naturelle faites par l'empereur K'ang-hi*　《康熙几暇格物编》； （284）*Quelques compositions et recettes pratiquées chez les Chinois*　《华人若干方剂》　*Notice sur le ché-hiang*　《说麝香》； （285）*Notices sur le mo-kou-sin et le　《lin-tchi》（agaric），espèces de champignons，et sur le　《pe-tsai》（pé-ts'ai，chou chinois）*　《说蘑菇蕈、灵芝、白菜》； （286）*Notices sur différents objets*　《说诸物》　*Notice du royaume de Ha-mi*　《志哈密国》； （287）*Sur le passage de l'écriture hiéroglyphique à l'écriture alphabétique*　《象形文字之转为字母文字》； （288）*Essai sur la langue et les caractères des Chinois*　《论中国语言文字》； （289）*Autre Essai sur la langue et les caractères des Chinois*　《别论中国语言文字》； （290）*Sur la poterie de Chine*　《中国陶器》　*Essai sur les jardins de plaisance en Chine*　《说中国之娱乐庭园》；

（续表）

作者	作品
	（291）*Pensées*, *maximes et proverbes extraits des livres chinois* 《感想、格言、谚语》; （292）*Notice sur le pêcher* 《说桃树》; （293）*Notice sur le mou-chou-kouo-tse, le chou-keou（sorte de mûrier）, le tsée-tsao* 《说木树果子、构树、赤枣》; （294）*Sur le cinabre, le vif-argent et le ling-cha* 《说朱砂、水银和灵砂》; （295）*Sur le borax* 《说硼砂》; （296）*Sur les plumails（plumeaux）chinois* 《说中国毛帚》; （297）*Sur les Arts-Pratiques en Chine* 《说中国之实用艺术》; （298）*Sur les chevaux* 《说马》; （299）*Sur les pivoines* 《说牡丹》; （300）*Sur le tsao-kia* 《说皂荚》; （301）*Essai sur la longue vie des hommes dans l'antiquité et principalement en Chine* 《论古人特别是中国古人之长寿》; （302）*Notice sur les abeilles, la cire et la manière de la blanchir* 《说蜂蜜与蜜变白色之法》; （303）*Sur les pierres de yu* 《说玉》; （304）*Sur les tuiles vernissées* 《说琉璃瓦》 *Sur l'hirondelle* 《说燕》; （305）*Sur le cerf* 《说鹿》; （306）*Sur la cigale* 《说蝉》; （307）*Traduction de quelques pièces ae poésie chinoises* 《中国诗若干首之译文》 *Parallèle des mœurs et usages des Chinois avec les mœurs d'usages décrits au livre d'Esther* 《华人风俗习惯与一斯帖书所志风俗习惯之比较》; （308）*Mémoire sur les Juifs de la Chine* 《记中国之犹太人》

	作者	作品
61	高类思（428 传）	（309）*L' Essai sur l' antiquité des Chinois* 《中国古代论》； （310）*Notice historique des victoires de K' ien-long* 《乾隆武功纪略》
62	晁俊秀（430 传）	（311）*Relation de la révolte des Miao-tse , de la conquête du pays par le général A-koei et de son triomphe à pékin* 《将军阿桂平苗记》； （312）*Dénombrement des habitants de la Chine* 《中国人口调查》； （313）*Relatio de suppressione Societatis in Sinis , ad admodum reverendos religiososque Patres s.j.in Russia Alba sub ditione seremissimæ atque clementissimæ Imperatricis Russiarum degentes* 《中国耶稣会废止记》
63	金济时（431 传）	（314）*Chroniques météorologiques de Kiang-ning fou* 《江宁府〈气象汇录〉》； （315）*Des bêtes à laine en Chine* 《中国之毛畜》 *Préparation du petit indigo* 《小蓝之调制》； （316）*Mémoire sur l' usage de la viande en Chine* 《记中国肉食》； （317）*Observations sur les plantes , les fleurs et les arbres de Chine qu' il est possible et utile de se procurer en France* 《可能移植法国的中国植物花木之观测》； （318）*Réparations et additions faites à l' observatoire bâti dans la maison des missionnaires français* 《法国传教会建筑气象台之修理与扩充》； （319）*Mémoire sur la valeur du taël d' argent en monnaie de France* 《记银两合法国货币之价值》
64	甘若翰（433 传）	（320）*Testament de l' empereur K' ang-hi* 《康熙皇帝遗诏》
65	贺清泰（436 传）	（321）*Traduction en italien des Instructions sublimes et familières de l' empereur Cheng-tzu-quogen-hoang-ti* 《圣祖仁皇帝家训》
66	卢若望（442 传）	（322）*Flora Cochinchinensis* 《南圻特产植物》

尽管目录中所列有部分内容是传教士给会内的报告,但大都涉及到对中国当时情况和历史的介绍和翻译。从这个目录我们可知,学术界对来华耶稣会士的研究还有多大的空间,中国国内学术界对来华耶稣会士的西文文献和汉学著作基本上尚未展开研究,只是近年来刚刚开始。①

3.“伟烈亚力书目”,《1867 年前来华基督教传教士列传及著作目录》(Alexander Wylie, *Memorials of Protestant Missionaries to the Chinese Giving a List of their Publications and Obituary Notices of the Deceased*)。这个目录在一定的意义上是费赖之书目的姊妹篇,前者是集中于明清之际,后者是集中于晚清,前者的传主是天主教传教士,后者的传主是基督新教传教士。全书记录了 338 名来华传教士的传记和著作。如果和来华的耶稣会士相比,这些来华的新教传教士兴奋点在《圣经》的中文翻译上。如作者开篇所说:“基督新教在中国传教事业的开始,是同《圣经》的翻译紧紧联系在一起的。传教士的先驱者为此付出了大量的时间和心血,其继任者也同样将此视为最重要的任务。”②尽管和来华耶稣会士相比,他们在“中学西传”上的贡献完全不是在一个台阶上,但在这个历史过程中,他们还是做了些工作,伟烈亚力书目也反映了这一点。

1)马礼逊的西文著作:

《中国女神:中国通俗文学译文集》(*Horae Sinicae; Translations from the Popular Literature of the Chinese*),该书包括《三字经》《大学》和其他一些篇章段落,出版不久就已非常稀见。

《中文英译》,此文献是对清朝京报的翻译(*Translations from the Original Chinese, with Notes*)。

《中国大观》(*A View of China, for Philological Purpose*)。

《1816 年英政府遣使清廷要闻实录》(*A Memoir of the Principal Occurrences during an Embassy from the British Government to the Court of China in the Year 1816*)。

《广东巡抚发布的特别公告》(*Translation of a Singuflar Proclamation Issued by*

---

① 参阅计翔翔:《17 世纪中期汉学著作研究》,上海:上海古籍出版社,2002 年;张国刚、吴莉苇等著:《明清传教士与欧洲汉学》,北京:中国社会科学出版社,2001 年;吴莉苇:《当诺亚方舟遭遇伏羲神农——启蒙时代欧洲的中国上古史论争》,北京:中国人民大学出版社,2005 年。

② 伟烈亚力著,倪文君译:《1867 年以前来华基督教传教士列传及著作目录》序言,桂林:广西师范大学出版社,2011 年。

the Foo-yuen of Canton）。

2）米怜的西文著作：

《圣谕广训》（*The Sacred Edict*）。

3）麦都思的西文著作：

《中国杂记》（*The Chinese Miscellany*）。

4）柯大卫的西文著作：

《注解本英译四书》（*The Chinese Classical Works*，*Commonly Called the Four Books*，*Translated and Illustrated with Notes*）。

5）郭实腊的西文著作：

《中华帝国史：从远古述至太平天国起义》（*Geschichte des chinesischen Reihes von den ältesten Zeiten*，*bis auf den Ftieden von Nanhing*）。

《中国古代和近代史概述》（*A Sketch of Chinese History*，*Ancient and Modern*）。

《中华大帝康熙传》（*Memoir of Kang-hi*，*Emperor of China*）。

《前任皇帝道光生平及北京宫廷实录》（*The Life of Taou-kwang*，*Late Emperor of China*；*with Memoirs of the Court of Peking*）。

《开放的中国：中华帝国地理、历史、风俗、习惯、艺术、制造、商业、文学、宗教以及法律等概览》（*China Opened*；*or*，*A Display of the Topography*，*History*，*Customs*，*Manners Arts*，*Manufactures*，*Commerce*，*Literature*，*Religion*，*Jurisprudence*，*etc*，*of the Chinese Empire*）。

6）卫三畏的西文著作：

《中国地志》（*Chinese Topography*）。

《中国总论》（*The Middle Kingdom*）。

7）理雅各。因为在前面我们已经做了专题研究,这里不再列出他翻译的中国古代文化经典的书目。

8）伟烈亚力的西文著作：

《清文启蒙：满语汉字文法及满文文献简介》（*Translation of the Ts'ing Wank'e*，*Mung*，*a Chinese Grammar of the Manchu Tartar Language*；*with Introductory*，*Notes on Manchu Literature*）。

《伦敦会上海图书馆图书目》（*Catalogue of the London Mission Library*）。

9)秦右(Rev.Benjamin Jenkins)的西文著作:

《三字经》(*The Three Character*)。

《千字文》(*The Thousand Character Classic*)。

10)湛约翰的西文著作:

《汉族起源:试论汉族同西方各族在宗教、迷信、艺术、语言以及传统上的联系》(*The Origin of the Chinese:An Attempt to Trace The Connection of the Chinese with Western Nations in Their Religion,Superstitions,Arts,Languages,and Traditions*)。

这是从伟烈亚力书目中所能找到的晚清来华的基督新教传教士用欧美语言所写的翻译或接受中国古代文化的著作,当然,这些传教士关于对中国文化的相当一些作品是在《中国丛报》上发表的。例如,在《中国丛报》第18卷第49页,发表了专门讨论如何翻译中国哲学经典著作的论文(*Remark on Philosophy of the Chinese,and the Desirableness of Having Their Classical and Standard Authors Translated into the English*),第193页发表了专门介绍宋代哲学家朱熹生平与著作的论文(*Memoir of the Philosopher Chu,Who Flourished during the Sung Dynasty in the Twelfth Century;by Kau Yu,A.D.1697.Translated from the Chinese,with Remarks upon his Character and a List of his Writings*)。

伟烈亚力在《中国丛报》第18卷中所发表的《英法语言中的中文学习、中国典籍翻译和研究中国的著作目录》,仅就翻译中国典籍的目录(*Translation from the Chinese*)来看,在这个目录中从殷铎泽1662年翻译的《大学》算起,到1841年西方一共翻译了103部中国古代文化典籍著作,这里也包含雷慕沙在巴黎所出版的翻译著作;他所列出的当时英法两种语言中研究中国的著作,从1588年出版的门多萨的《中华帝国史》算起,到卫三畏1848年所出版的《中国总论》,一共出版了43部著作。

伟烈亚力只是统计在英语和法语中出版的书籍,但从伟烈亚力的这本《1867年前来华基督教传教士列传及著作目录》中,我们可以看到,基督新教来华传教士除像理雅各这样极个别的人以外,他们绝大多数已经不再从事汉学研究的工作,更谈不上从事中国典籍的翻译工作,如果和费赖之上面的书目相比,这些来华的传教士对中国古代文化的态度已经发生了很大的变化。从这个书目,可以印证我们在历史编研中的一些结论。

4.《中国丛报目录》。《中国丛报》我们在历史编中已经做过介绍,《中国丛报》从1832年5月创刊到1851年停刊,在这长达20年的时间里,发表了大量关于中国研究、中国报道、中国书评、基督教发展等各方面的消息与论文、译文。这些文章中包含了大量的中国典籍外译内容,具体目录我们在历史编已经公布,这里不再展开。

5.《中国评论目录》。《中国评论》的基本情况我们在历史编中也做过介绍,它"是西方世界第一份真正的汉学期刊,它团结了在'亚洲地中海'地区从事外交、传教和殖民管理等工作的业余汉学家,同时也吸引了欧洲本土和美国的一些学院派汉学家的积极参与,该刊物为19世纪最后30年欧美国家的汉学研究提供了一个'舞台',对中国的语言、文学、科学艺术、民族、历史、地理、法律等重要的领域均进行了不同程度的研究和探讨。与此同时,《中国评论》具有一定的学术自觉性,着力建设一种更加严肃的学术研究规范,并对汉学研究中的一些方法问题做了较为深入的探讨"①。这份刊物中关于中国典籍的翻译目录是很有价值的,我们在历史编已经做过介绍,这里不再展开。

6.《中国国家图书馆外文善本目录》②。这本目录收入西文善本1234本,其中有些是非常重要的西方汉学书目,特别是欧洲早期汉学家对中国文学作品的翻译出版物,非常珍贵。学术界尚未对这本目录中西方汉学书目加以介绍,这里列出一些关于中国古代经典翻译和研究的书目:

1)Guignes,Joseph de,1721-1800.《中国古代哲学评论》(*Essai historique sur l'étude de la philosophie chez les anciens chinois.*—Paris:[s.n.],1777)。

2)Helman,Isidore-Stanislas,1743-1806?,《孔子生平简史》(*Abrégé historique des principaux traits de la vie de Confucius,célèbre philosophe chinois par Helman…*—Paris:P.Graveur,1788?)。

3)Walter R.Old.《老子的〈道德经〉》(*The Book of the Path of Virtue:or,A Version of the Tao-Teh-King of Lao-Tze;with an Introduction & Essay on the Tao as Presented in the Writings of Chuang-Tze*,Madras:Theosophical Society,1894)。

---

① 王国强:《〈中国评论〉(1872—1901)与西方汉学》,上海:上海世纪出版集团,2010年,第263页。
② 顾犇主编:《中国国家图书馆外文善本书目》,北京:北京图书馆出版社,2001年。

4)米怜《圣谕广训》(康熙的圣旨)(*The sacred edict:containing sixteen maxims of the emperor Kang-He,amplified by his son,the emperor Yoong-Ching;together with a paraphrase on the whole,by a mandarin /tr.from the Chinese original,and illustrated with notes*,London:Printed for Black,Kingsbry,Parbury,and Allen,1817)。

5)《孟子》(*Mom Zu:explicatio e Mom Zu kiuen che i*.这是一部没有作者和年代的《孟子》翻译的拉丁手稿。

6)Webb,Joseph,1735-1787,ed.Intorcetta,Prospero,1626-1696,tr.Couplet,Filippo,1622-1693,joint tr.这是殷铎泽等人翻译、柏应理编辑的《中国哲学家孔子》一书的英文版《中国哲学家孔子生平和道德说教》(*The Life and Morals of Confucius,a Chinese Philosopher:…Being One of the Choicest Pieces of Learning and Morality Remaining of that Nation.*—2nd ed.—London:J.Souter,1818.Reprinted from the edition of 1691,and edited by Josephus Tela[pseud.].The 1691 edition was published under title:*The Morals of Confucius,and was Translated and Abridged fom the Latin Translation of the Three Books of Confucius*,by Rev.Fathers P.Intorcetta,F.Couplet and others:Confucius Sinarum Philosophus)。

7)I.Kem,Hendrik,1833-1917,ed.II.Nanjio,Bunyiu,ed.《妙法莲花经》(*Nyayabindutikatippani,tolkovanie na sochinenie darmottary,Nyäyabindutikä* /sanskritskii tekst c primiechaniiami,izdal.F.I.Shcherbatskoi.—St.Petersbourg:Conunissionnaires de I' Académie imperial des sciences,1909)。

8)龙华民《论中国宗教的若干问题》(*Traite sur quelques points de la religion des Chinois* /par le R.Pere Longobardi.—Paris:Jacques Josse,1701),这是礼仪之争的重要文献,这个1701年的法文本十分珍贵。

9)殷铎泽等译《西文四书直解》(《中国哲学家孔子》)(*Confucius sinarum philosophus,sive scientia sinensis*.Latine exposita.Studio & opera Prosperi lntorcetta.—Paris:D.Horthemels,1687),这是《中国哲学家孔子》一书在巴黎出版的第一版,版本极其珍贵。

10)殷铎泽译《中庸》(《中国政治道德学说》)(*Sinarum scientia politico-moralis* /P.Prospero Intocetta,Sicvlo Societatis Iesv in Lvcem edita.—[S.I.:s.n.],1669.Text in Chinese,Romanization and Latin Scientiae Sinicae,Liber secvndvs Chvm Yvm.Medivm constanter tenendvm.Versio literalis.L.I−12 printed on the side of paper and folded Chinese style,13−26 printed on both sides）。这是殷铎泽在广州和果阿期间出版的《中庸》译本,非常珍贵。

11）《中国哲学家孔子的道德观》（*La morale de Confucius*,*philosophe de la Chine.*—Amsterdam：P.Savouret,1688）,礼仪之争时期的重要历史文献,版本珍贵。

12）儒莲译《孟子》（*Meng Tseu vel Mencium inter Sinenses philosophos*,*ingenio*,*doctrina*,*nominisque claritate Confucio proximum*/edidit,Latina interpretatione,ad interpretationem Tartaricam utramque recensita,instmxit,et perpetuo communentario,e Sinicis deprompto,illustravit Stanislaus Julien.—Paris：[s.n.],1824−26.2 v.;22 cm）。

13）金尼阁《基督教远征中国史》（*De Christiana expeditio ne apvd Sinas*,*suscepta ab societate Iesv*：*ex P.Matthaei Ricii eiusdem societatis comentariis*,*libri V ad S.D.N. Pavlvmv.In quibus sinensis regni mores*,*leges atq instituta & novae illius ecclesiae difficillima primordia accurate & summa fide describuntur.*Auctore P.Nicolao Trigavtio.—[S. I.：s.n.],1615）。中文版的《利玛窦札记》是根据这个本子的英文版翻译而成,这是 1615 年第一版,非常珍贵。

14）沙畹《西突厥史料》[*Documents sur les Tou-Kiue*（*Turcs*）*occidentaux*,*recueillis et commentés*/par Edouard Chavannes.—St. Pétersbourg：Commissionnaires de I'Acadèmie Impériale dt Sciences,1903]。

15）理雅各《中国经典》（*The Chinese Classics with a Translation*,*Critical and Exegetical Notes*,*Porlegomena*,*and Copious Indexes.*ln seven v（—Hongkong：The Author ; London：Trûbner& Co.,1861−1872）。

16）柯大卫（Rev.David Collie）《四书》（*The Chinese Classical Work Commonly Called the Four Boules*/tr.and illus.with notes,by the Late Rev.David Collie.—[S.I.]：Printed at the Mission Press,1828）。

17）德庇时《汉宫秋》（*Han Koong Tsew*,*or*,*The Sorrows of Han*：*a Chinese Tragedy*/tr.from the original,with notes,by John Francis Davis.—London：Printed for the Oriental Translation Fond,1829）。

18）宋君荣《书经》译注,附马若瑟《书经以前时代与中国神话之寻究》和刘应《易经简介》（*Le Chou-king*,*un des livres sacrés des Chinois*,*qui renferme les fondements de leur ancienne histoire,les principes de leur gouvernement & de leur morale*;ouvrage re-cueilli par Confucius.Traduit & enrichi de notes,par Feu le P.Gaubil.,.Rev.& cor.sur le texte chinois,accompagné de nouvelles notes,de planches gravées en taille-douce & d'additions tirées des historiens originaux,dans lesquelles on donné l'histoire des princes omis dans le Chou-king. Par M. de Guignes … On y ajoint un Discours préliminaire,qui contient des recherches sur les tems antérieurs à ceux dont parle le Chou-king,& une notice de/I'Y-king, autre livre sacré des Chinois.—Paris:N. M. Tilliard,1770）。

19)雷慕沙译《玉娇梨》(*Iu-kiao-li*:*ou*,*Les deux cousines*;*roman chinois*,traduit par m.Abel-Rémusat;précéde d'une préface où se trouve un parallèle des romans de la Chine et de ceux de I'Europe.—Paris:Moutardier,1826.4 v.in 2.:fronts.;18.5 cm）。

20)《西厢记》(*Promessa sposa...a due*/traduzione dal Cinese[per]Dr.G.Senes.—Empoli:Traversari,1904）。

21)德庇时译《老生儿》(*Laou-seng-urh*:or,r,"An heir in his old age",a Chinese drama.—London:J.Munay,1817）。

22)德庇时译《中国小说集》(*Chinese Novels*:*Translated from the Originals*;*to Which are Added Proverbs and Moral Maxims*,*Collected from Their Classical Books and Other Sources*.The whole prefaced by observations on the language and literature of Chi-na/by John Francis Davis,F.R.S.—London:John Murray,1822）。

23)德庇时译《好逑传》(*The Fortunate Union*,*a Romance*/tr.from the Chinese o-riginal,with notes and illustrations,to which is added,a Chinese tragedy,by John Fran-cis Davis.—London:Printed for the Oriental Translation Fund,and sold by J.Murray, 1829）。

24)高明(Aine,Bazin)译《琵琶行》(*Le Pi-pa-ki ou*,*L'Histoire du Luth*,*drame chinois de Kao-Tong-kia*,tr.Sur le texte original par M.Bazin Aine.—Paris:L'impr. Royale,1841.Royale,1841）。

25)雷慕沙译《赵氏孤儿》(*Tchao-chi-kou-eul*,*ou*,*L'orphelin de la Chine*:*drame en prose et en vers*,*accompagné des pièces historiques qui en ont fourni le suj*,*de nouvelles et de poésies chinoises* /Traduit du Chinois,par Stanislas Julien.Moutardier,1834）。

26）儒莲译《白蛇传》（*Blanche et bleue*：*or*，*Les deux couleuvres-fées.*，*roman chinois*/traduit par Stanislas Julien.—Paris：C.Gosselin，1834）。

27）儒莲译《中国小说集》（董卓之死及其他）（*Nouvelles chinoises*：*La mort de Tong-Tcho*，*Le portrait de famille ou la peinture mystérieuse*，*Les deux frères de sexe différent*/tr.de M.Stanislas Julien.—Paris：L.Hachette r.de M.Stanislas）。

28）儒莲译《太上感应篇：中法文善恶报应集》（*T'ai shang kart ying p'ien. French & Chinese. Le livre des récompenses et des peines*，*en Chinois et en Français.*，*accompagné de quatre cents légendes*，*anecdotes et histoires*，*qui font connaître les doctrines*，*les croyances et les moeurs de la secte des Tao-ssé*/Traduit du chinois par Stanislas Julien.—Paris：Oriental Translation Fond，1835）。

这本书目对外文善本没有一个基本的定义。何为外文善本？从何时开始的外文书籍可以作为善本对待？书目的前言未做任何交代，因此这本书目中所列出的外文书目鱼龙混杂。其中有非常重要的外文手稿，例如，国家图书馆所藏最早的一份西文手稿，《中文天主教教义问答手册手稿片断》（V/BX 1960/R49 Chinese.—［S.I.；s.n.l.1—？ Chinese.—［S.I.；s.n.］，I—？［8］p.；27 cm.With Romanization and notes in Latin.Manuscrits.I.Catholic church.2.Catechisms & creeds.I.Ricci，Matteo，1552-1610①）。同时该书目也收有1959年出版的外文目录，例如，1959年出版的《中华人民共和国成立十周年纪念》。② 尽管如此，这个目录仍是我们展开中国文化海外传播的基础性工具书之一。

7.《上海图书馆西文珍本书目》③，这个书目实际上是当年徐家汇藏书楼的西文珍本书目，一共收录了1800种西文珍本图书书目，时间从1515—1800年，涉及哲学、宗教学、地理、数学、天文学等多个学科的内容，"其中以早期汉学著作最引人注目"。④ 对这个目录收录许多珍贵的早期西方汉学书籍，列出以下几种，便可

① 关于这篇文献笔者有专门的研究，参阅张西平：《中国与欧洲早期宗教和哲学交流史》，北京：东方出版社，2001年。

② 这样的书目如何能代表中国国家图书馆的专业水平？袁同礼的学术传统，特别是关于西方汉学文献学的传统，在当下的中国国家图书馆基本已经丧失。当然，也要感谢编者，在这本书中还是提供了一些非常重要的西方汉学文献的信息。

③ 上海图书馆编：《上海图书馆西文珍本书目》，上海：上海社会科学出版社，1992年。

④ 同上书，第 i 页。

知其藏品的特点:

1)殷铎泽的《中国哲学家孔子》(843 号,*CONFUCIUS SINARUM PHILOSO-PHUS*,*sive Scientia Sinensis Latine exposita*.Studio & Opera Prosperi Incorcetta,Christiani Herdtrich,Francisci Rougemont,Philippi Couplet,Patrum Societatis Jesu.Jussu LUDOVICI MAGNI Eximio Missionum Orientalium & Litterariae Reipublicae bono e Bibliotheca regia in lucem prodit.Adjecta est Tabla Chronologica sinicae monarchiae ab hujus exordio ad haec usque tempura.Parisiis,Apud Danielem Horthemels,1687)。

2)殷铎泽《中国智慧》(440 号:*Sapietia Sinica*,Exponente P.Ignacio a Costa Lusitano Soc.les.a P.Prospero Intorcetta Siculo eiusd.Soc.Orbi proposita.Kién Cham in urbe Sinae Prouinciae Kiam si;1662)。

3)殷铎泽的以下两本书很难见到:①Intorcetta,Prospero,SJ.1626-1696.*COMPENDIOSA NARRATIONE.Dello Stato della Missione Cinese*,cominciando dall' Anno *1581 fino al 1669*.Offerta in Roma.Alli Eminentissimi Signori Cardinali della Sacra Congregatione de Propaganda Fide.Dal P.Prospero Intorcetta della Compagnia di Giesù,Missionario,e Procuratore della Cina:con l'aggiunta de' Prodigij da Dia operati;e delle Lettere venute dalla Carte di Pekino con felicissime nuove.In Roma,per Francesco Tizzoni,1672.②*INTRODUCTIO AD SACRAM.SCRIPTURAM,AD USUM ORDINANDORUM*.Omnis Scriptura divinitus inspirata utilis ad docendum,ad arguendum,ad corripiendum,ad erudiendum injustitia,ut perfectus sit homo Dei,ad omne opus bonum instructus.2.Tim.Cap.3.CADOMI,Apud Joannem Poisson,1762.

4)卫方济《中国六经》(1247 号,*LES LIVRES CLASSIQUES DE L'EMPIRE DE LA CHINE*,recueillis PAR LE PERE NOEL,precédés d'Observations sur l'origine,la nature et les effets de la philosophie morale et politique dans cet empire.A Paris,Chez De Bure,Barrois aîné & Bassois jeune,1784-1786)。这是1784 年的法文翻译版,尽管是译本,但也很珍贵。

5)卫方济《中国六经》(1248 号,*SINENSIS IMPERII LIBRI CLASSICI SEX*,*nimirum ADULTORUM SCHOLA,IMMUTABILE MEDIUM,LIBER SENTENTIARUM,MEMCIUS,FILIALIS OBSERVANTIA,PARVULORUM SCHOLA*,e Sinico idiomate in latinum traducti A P.FRANCISCO NOEL Societatis JESU MISSIONARIO.Pragae,Typis

Universitatis Carolo-Ferdinandeae, 1711)。这是 1711 年《中国六经》在布拉格出的第一版。

6）宋君荣《书经》（675 号，*LE CHOU-KING, UN DES LIVRES SACRES DES CHI-NOIS qui renferme les Fondements de leur ancienne Histoire, les principes de leur gouver-nement et de leur morale.* OUVRAGE RECUEILLI PAR CONFUCIUS. Traduit et enrichi de notes par feu le Père Gaubil, Missionnaire à la Chine. Revu et corrigé sur le Texte Chinois, accompagné de nouvelles notes, de planches gravées des Historiens Originaux, dans lesquelles on donne l' Histoire des Princes omis dans le Chou-King, par M. DE GUIGNES, Professeur de la langue Syriaque au Collège Royal de France, de l' Académie Royale des Inscriptions et Belles-Lettres, Interprète du Roi pour les Langues Orientales, Garde de la Salle des Anuques du Louvre, Censeur Royal, et Membre des Sociétés Royales de Londres et de Gottingue. On y a joint un Discours préliminaire qui contient des Recherches sur les tems antérieurs à ceux dont parle le Chou-King et une Notice de l' Y-King, autre Livre Sacré des Chinois. A Paris, Chez N.M.Tilliard, 1770)。

7）克莱耶尔（Cleyer, Andreas）《中医指南》（425 号，*SPECIMEN MEDICINAE SINICAE, sive OPUSCULA MEDICA ad Mentem SINENSIUM*, Continens I. De Pulsibus Libros quatuorè Sinico translatos. II. Tractatus de Pulsibus ab erudito Europaeo collectos. III. Fragmentum Operis Medici ibidem ab erudito Europaeo conscripti. IV. Excerpta Liter-is eruditi Europaei in China. V. Schemata ad meliorem praecedentium Intelligentiam. VI. De Indiciis morborum ex Linguae coloribus & affectionibus. Cum Figuris aeneis & lig-neis; Edidit ANDREAS CLEYER Hasso-casselanus, V. M. Licent. Societ. Indiae in nova Batavia Archiater, Pharmnacop. Director & Chirurg. Ephorus. FRANCOFVRTI, Sumptibus Joannis Petri Zubrodt, 1682)。这就是波兰来华耶稣会士卜弥格介绍的中医著作，被克莱耶尔所剽窃出版。①

此外，目录中还有许多西方在 17—18 世纪研究中国的著作，例如，基歇尔的《中国图说》（878 号），李明的《中国近事报道》（958 号，*DES CEREMONIES DE LA*

---

① 爱德华·卡丹斯基：《关于卜弥格中医著作的说明》，见爱德华·卡丹斯基著，张振辉、张西平译：《卜弥格文集》，上海：华东师范大学出版社，2013 年，第 66~67 页。

CHINE),龙华民的那篇引起礼仪之争的《关于中国宗教的几个问题》(1016号,
TRAITE SUR QUELQUES POINTS DE LA RELIGION DES CHINOIS),莱布尼茨的
《中国近事》(977号,*NOVISSIMA SINICA HISTORIAM NOSTRI TEMPORIS ILLUS-*
TRATURA),利玛窦著、金尼阁改写的《基督教征服中国史》(1749号,*HISTOIRE*
DE L' EXPEDITION CHRESTIENNE AV ROYAVME DE LA CHINE);南怀仁的《欧洲
天文学史》(1792号,*Liber Organicus Astronomiae Europeae,apud Sinas restitutae sub*
Imperatore sino-tartarico Cam-Hy appellato,auctore P.Ferdinando Verbiest Flandro bel-
ga Brugensi è Societate Jesu,academiae astronomicae in regia Pekinensi praefecto,
1668)等等。这本目录编写方式完全按照《北堂书目》形式,书目的合作者是美国
旧金山利玛窦中西历史文化研究所,因此,在目录的著录等各方面都较之《中国国
家图书馆外文善本书目》要强得多、好得多。书目出版后也受到了中外学术界的
好评。①

　　8.《北京大学图书馆藏西文汉学珍本提要》。这是北大图书馆组织编写、张红
扬主编的一本西方汉学书目。这是目前大陆图书馆界编辑的第一本西文汉学书
目。这是从事西方汉学史研究、中西文化交流史研究的学者必读之书,相对于《中
国国家图书馆外文善本书目》和《上海图书馆西文珍本目录》,这本目录在编入的
目录数量上少于前两种书目,但在学术质量上与前两种书目相比丝毫不差,甚至
在有些方面还要高于前两种。

　　首先,北京大学图书馆的馆藏西文图书来源不凡。它第一个来源是同文馆的
西文藏书,到1948年时北京大学的西文藏书已经达到128104册,这代表着中国
本土图书馆对西文图书的收集成绩。1952年院系调整后,著名的燕京大学合入
北京大学,燕大的58万册图书一并合入北大图书馆,其中约12万册西文藏书也
在其中,这是中国教会大学对西文藏书之精华代表。在这期间,图书馆又吸纳了
中德学会、中法大学等机构的相关旧藏,最后关于西方汉学的图书达两万册,"经

① 　美国中西文化研究的著名学者孟德卫(D.E.Mungello)在《中西文化交流史杂志》(*Sino-Western Cul-*
tural Relations Journal)1994年第16期发表书评,中国研究中外交通史著名学者龚方震在《学术集
林》第3期发表《评〈上海图书馆西文珍本书目〉》。这目录是马爱德先生(Edward J.Malatesta,S.
J.)在中国所做的重要学术工作之一,笔者曾与马爱德先生出版《利玛窦全集》工作,这个计划虽然
因多种原因,至今未能出版,但在和马先生的合作中常被其高尚人格力量所感动。他去世的前一
周,我们在北京行政学院分手,几天后他在上海去世。在这里笔者对他表示深深的怀念。

过一个多世纪的辛勤搜求、反复研读和精心守护,已成为嘉惠学林的珍贵历史文化遗产"①。

其次,北大图书馆的西文藏书不仅仅数量可观,质量也上乘,原因在于这批西文书是经过袁同礼、向达、梁思庄、洪业这些大家挑选、管理的。上面我们已经介绍了袁同礼先生和洪业先生,向达先生作为中西交通史研究的大家,对西文汉学书籍自然十分关心,在他担任图书馆馆长的 8 年,北大的西文汉学书籍得到不断发展。正是在这些前辈大师的努力之下,北大图书馆这批特藏形成了自己的特色,如张芝联先生所说:"在北大图书馆收藏的西文图书中,最值得人们重视的,是其中 20 世纪初以前出版的有关中国的西文图书多达两万册,而图书的收藏往往因其专题性质而具有特殊的学术价值。"②

最后,在编排形式上使用也更为方便,由于北大西文汉学书籍收藏太多,故这本书目只收录了其中 330 本,可谓精中之精。在书目的呈现形式上采取提要的方式,有书影,有中文简介,大大方便了读者。因为西方早期汉学的著作涉及西方多种语言,非一般学者所能全部掌握,对每本书做一中文提要,就嘉惠于学界。这个特点是中国国家图书馆和上海图书馆的西文善本目录所不及的。

这本书目所提供的西方汉学的经典之作和中国古代文化典籍的翻译书目极为珍贵,即便在西方的一般图书馆也很难找到。这些年我在欧洲多次访学,查询西文汉学书籍,对此颇有体会。今天在北大就可以看到这些书籍倍感亲切,现列出一些书目,学界同仁便可知道这些书的价值。

关于 18 世纪前的西方汉学书籍列举如下:

1)钱德明《中国杂纂:北京传教士关于中国历史、科学、艺术、风俗、习惯录》,法文,1776—1791 年;

2)若昂·德·巴罗斯《亚洲十年史》,葡萄牙文,1628 年;

3)杜赫德《中华帝国全志》,法文,1735 年;

4)方济各《中国礼仪》,拉丁文,1700 年;

---

① 张红扬:《红楼其神　燕园其魂　兼收并蓄　洋粹分鉴:北大图书馆西文汉学珍本收藏及研究》,载张红扬主编:《北京大学图书馆藏西文汉学珍本提要》,桂林:广西师范大学出版社,2009 年。

② 张芝联为该书所写的序言:《北京大学图书馆藏西文汉学珍本提要》,桂林:广西师范大学出版社,2009 年。

5)殷铎泽《1581—1669 中国传教状况报告》,意大利文,1672 年;

6)《耶稣会书简集》,法文,1780—1783 年;

7)基歇尔《中国图说》,拉丁文,1667 年;

8)李明《中国近事报道》,法文,1697—1698 年;

9)安文思《中国新史》,英文,1688 年;

10)冯秉正《中国通史》,法文,1777—1785 年;

11)卫匡国《中国新图志》,拉丁文,1655 年;

12)约翰·尼霍夫《荷使初访中国记:荷兰东印度公司出使中国大鞑靼可汗皇帝》,法文,1665 年;

13)罗历山大《亚历山大·德罗德神父在中国和其他东方王国的旅行和传教》,法文,1655 年;

14)利玛窦《基督教远征中国记》,法文,1617 年;

15)汤若望《1581—1669 年耶稣会传教士在华正统信徒之兴起和发展报告》,拉丁文,1672 年;

16)曾德昭《大中国志》,意大利文,1643 年;

17)弗朗西斯·塞拉诺《福安教案》,西班牙文,1750 年;

18)贾科莫·贾钦托·塞里《对中国一切有罪礼仪之维护者出版物的反驳或检视——以 1694 年希俄斯岛事件为中心兼论〈捍卫教廷裁决〉》,意大利文,1710 年;

19)居伊·塔夏尔《泰国王派遣到印度和中国的耶稣会士暹罗旅行记》,法文,1686 年;

20)诺埃尔·亚历山大《在华多明我会士传教辩护书》,法文,1700 年。

关于中国古代文化典籍的翻译著作列举如下:

1)贝勒《元明人西域史地丛考》,英文,1910 年,这是耶律楚材《西游录》、李志常《长春真人西游记》等文献的翻译;

2)乔治·多马·斯当东《大清律例》,英文,1819 年;

3)波蒂埃《天竺部汇考》,法文,1840 年,这是《古今图书集成》中的"天竺部总论"翻译,实为《大唐西域记》卷之二"印度总论"的翻译;

4)雷慕沙《佛国记》,法文,1836 年;

5)罗伯聃《王娇鸾百年长恨》,英文,1839年,这是对《今古奇观》第十一卷的翻译;

6)西蒙·福歇《中国哲学家孔子的道德观》,介绍了《大学》《中庸》《论语》等,翻译孔子格言80余条;

7)巴赞《琵琶记》,法文,1814年,这是《琵琶记》的法文全译本;

8)克拉普罗特《满文选集》,法文,1928年,这是将《名贤集》《太上感应篇》《御制盛京赋》等译成法文;

9)理雅各《中国经典》,英文,1893—1895年;

10)泰奥多尔·帕维《三国志通俗演义》,法文,1845—1851年;

11)德庇时《汉宫秋:一个中国悲剧》,英文,1829年,这是对元杂剧的翻译;

12)名教中人《好逑传》,法文,1766年,英文,1829年,这是一位中国人所译,真实姓名不知;

13)钱德明《乾隆御制盛京赋》,法文和意大利文,1770年;

14)圣-莫里斯·德·圣-洛《中国兵法与军事科学现状》,法文,1773年,内含钱德明翻译的《孙子》《吴子》《司马法》《六韬》等;

15)古斯塔夫·施古德《花笺记》,荷兰文,1865—1866年,《花笺记》是明末清初广东弹词木鱼歌作品;

16)儒莲《大唐西域记》,法文,1857—1858年;

17)冯秉正等《易经》,拉丁文,1834—1839年;

18)毕瓯《周礼》,法文,1851年;

9.《中国文献西译书目》①。王尔敏的目录是继袁同礼之后在中文学术出版界第一本由中国学者所编的中文和西文对照双语目录。这本目录在中国典籍西译的文献学上具有重要的地位和价值。王尔敏在书的"叙录"中说明了自己编辑这本书的起因,"然中国典籍为西方学者瞩目而锴探者,迄今已数百年,累计成果,堪称繁复。我国原居于被动,不免因冷漠而疏忽。既以中国古籍之传译西方者,犹不能粗得梗概,尚何能知他人所专注之重点,所承受之影响,以及所衍生之观感。由是欲以是编为探讨之入门,或能借以见西人对中国文化之用心,与积年

---

① 王尔敏:《中国文献西译书目》,台北:台湾商务印书馆,1975年。

所获之成就,进而以了解中国文化在西方世界所产生之意义"①。

由此看出,关于西方汉学著作的分类体系一直没有统一,袁同礼书目面向的是西方学者,他的"有按主题分类与按地区分类两个标准,带有一定主观性,目的是反映西方汉学的研究重点,以方便读者检索"②。王尔敏的书目分类则是面向中国学术界研究汉学所用,从中国学者对西方汉学研究的把握入手,这样"所收录之翻译著作,就数量观之,思想、文学与历史三大类,实占众多之优势。足以明见西方汉学家所投注之心血劳力,与其把握之重点"③。这样王尔敏书目并未按照地区来分类部分,而基本上按照中国学术界传统的理解来分大类和子类,因而,在分类上王尔敏书目就中国学术界使用来说较为方便。

王尔敏书目所附三个引得《书名引得》《著者引得》《译者引得》,这三个引得对于掌握西方汉学和中国典籍的外译都是十分有价值的。

这本书目在学术史上有较高的地位,它毕竟是袁同礼先生去世后,由中国学者所编辑的在中国出版的第一本中国典籍西译的书目。但同袁同礼书目相比,特别是同袁同礼的系列书目相比仍有相当大的差距,袁同礼在编辑汉学书目时所有的书基本都是过眼的,"在目录编撰过程中,他除了翻阅美国各大图书馆、档案馆、美术馆、博物馆的资料外,还奔赴欧洲查阅资料,并不厌其烦地写信向友人或学者请教、求证或索取资料。此点,从袁同礼为《西文汉学书目》撰写的自序中所感谢的众多学者和机构,我们可以感知得到;从相关学者的记述中,也能略窥一二。④而王尔敏书目尚做不到这一点。

王尔敏书目出版于 1972 年,但他在目录中并未将袁同礼书目已经收入其中的编入自己的书目,这是一个遗憾。另外,如果同袁同礼的西方汉学书目相比,最大的不足在于,袁同礼书目在外文人名和中国人名的著录上十分用力,特别是关于中国学者的外文著作,基本都注有中文人名,这点给学界极大的方便,今天我们要研究近代中外文化交流史,研究中国典籍外译史,袁同礼的目录提供了极大的方便。王尔敏书目尚未做到这一点。最后,由于这本目录编辑在 30 余年前,目前

① 　王尔敏:《中国文献西译书目》,台北:台湾商务印书馆,1975 年,第 1 页。
② 　潘梅:《袁同礼晚年的目录著作及其价值》,《大学图书馆学报》2011 年第 4 期。
③ 　王尔敏:《中国文献西译书目》,台北:台湾商务印书馆,1975 年,第 1 页。
④ 　潘梅:《袁同礼晚年的目录著作及其价值》,《大学图书馆学报》2011 年第 4 期。

西方汉学的翻译进展不能完全反映在其中。尽管如此,笔者仍给王尔敏先生以敬意,感谢他的开拓之功。

10.《汉籍外译史》,马祖毅、任荣珍著。这部书是近年来国内出版的第一本研究中国文化经典在域外翻译的著作,具有开拓之功。但这本书作为工具书使用时要注意它的两点不足:其一,书中所提供的中国经典外译的信息基本上是从二手文献转述而来,没有提供一手的外文原版信息,这点使这本书完全无法和王尔敏的书目相比,从而很难将其作为工具书来使用;其二,由于作者是从各类中文著作中转述而来,内容重复和外文的错误很多。① 学界对这本书已经有批评,作为汉籍外译书目的早期研究者,这本书有其历史地位,但其不足已经十分明显,这里不再赘述。

11.《美国中国学手册》(增订版),孙越生、陈书梅主编。孙越生先生是中国改革开放以来展开域外中国学研究的开创者和奠基人,由他所推动出版的《国外藏学研究概况》《日本中国学家》《俄苏中国学手册》及这本手册,是当时中国学术界最早开始的域外中国学研究成果。这四本书出版后在学术界产生了很大的影响。增订版在内容和体例上都和第一版有所变化,如孙先生在前言中所说:"初版的学者名录(美籍华裔和非华裔两部分)共收入 1045 人,再版已增至 1870 人,而且著录项目与内容均有增加;机构名录由 146 个增至 352 个;收藏中文资料的图书馆名录由 50 个增至 105 个;中国学专题书名录由 131 种增至 543 种;发表中国学文章的期刊名录由 120 种增至 223 种;基金会和奖学金、补助金名录由 79 个增至124 个。"②从这段话中可以看出,《美国中国学手册》的增订版和第一版有了较大的区别。尽管这本书已经出版 10 余年,关于美国中国学的工具书也不断出现,但

① 许冬平在《〈汉籍外译史〉还是汉籍歪译史》一文中指出:"概言之,这本书的问题主要有以下几个方面:一、人名错讹及相关问题,这是问题的重灾区。第 72 页的'江榕培'应该是大连外国语学院教授'汪榕培'先生;第 269 页的'Fai-yi Lin'应为'Tai-yi Lin',是林语堂先生的女儿林太乙,应该使用她的中文名;第 386 页多处的'沙迪克'应为'谢迪克',其曾经在燕京大学的西洋文学系任教。……二、书名,报刊译名的错误,汉语书名的错误。第 8 页'第一个占据法兰西学院汉语教授席位的是译过《玉梨娇》……'中的《玉梨娇》,在第 173 页则是'黄嘉略翻译《玉娇梨》……法国著名汉学家雷慕沙(Abel-Rémusat,1788—1832)才将《玉娇梨》全部译成法文"。显然《玉娇梨》才是正确的书名。见《光明日报》2011 年 8 月 21 日;另参阅《译林》2007 年第 5 期严武的《〈汉籍外译史〉指谬》一文。

② 孙越生:《增订版前言》,《美国中国学手册》(增订版),北京:中国社会科学出版社,1990 年,第 12页。

这本书的学术价值仍然存在,仍然是从事美国中国学研究者不可缺少的一本工具书。

由于书中在每个汉学家后面提供了543种中国学研究的专题书目,这些书目对于了解美国中国学学术发展的历史,对于了解美国中国学学界在翻译和研究中国古代文化经典上的贡献和成果都是十分重要的。安平秋、郝平主编的《北美汉学家辞典》在所提供的汉学家名录上尽管比较新,但明显在人数的记载上少于孙越生的这本书,由于《北美汉学家辞典》以健在的美国汉学家人名收录为主,这样孙越生这个手册所提供的1870人的美国汉学家名录及他们的研究成果就显得十分重要。

这本书的另一个值得称赞的地方在于,书中所提供的《美国资助中国学研究的基金会、奖学金和补助金》、《美国收藏中文资料的图书馆》、《在美出版的中国学工具书》、《美国刊载研究中国问题的期刊》、《华人在美中国研究博士论文题录》(1945—1987)是我们了解美国中国学研究的基本材料,这些内容无论是在安平秋的书中,还是在近期出版的张海默的《北美中国学:研究概述与文献资料》中都是没有的。从这里可以看出当年孙越生先生推进国内学术界的域外中国学研究的一些思路。①

12.《欧洲中国学》,黄长著、孙越生、王祖望主编。这是目前国内唯一一本欧洲中国学研究手册,全书包括欧洲16个国家。对于每个国家,编者都有汉学发展历史的介绍,然后是对重要汉学家的介绍。尽管这本书不是一本专门介绍欧洲各国汉学界翻译中国古代文化典籍的专业工具书,但在学者进行欧洲汉学研究和中国文化海外传播研究时,仍不失为一本必读之书。书中仍提供了大量关于中国古

---

① 孙越生先生在前言中表达了他对展开国内海外中国学研究的设想,这些设想即便在今天也未实现。他说:"中国研究,不仅仅是外国人的事,首先应该是中国人自己的事。但是,如果不利用世界的智力来研究中国,这是极大的损失。日本,在中曾根的倡导下,在他卸任首相前夕就成立了一个广泛利用'外脑'的'日本研究中心'。早在本书出版问世的1981年之前,我个人就产生过创建'国际中国学交流协进会''国际中国学中心图书馆''国际中国学服务中心'和'国际中国学基金会'的系列构想。本丛书和本〈手册〉的编辑出版,就是想为这一构想的逐步实现铺下最初的几块基石。我期待中国明达之士会有一天去实现这个爱国的理想。"笔者有幸,曾就海外中国学研究专程请教孙先生,先生的热情指点和他的学术理想深深感染了我,当时对我沿着他指出的方向前进起到了重要的作用。孙先生已经驾鹤西去,他的这一理想在逐步实现,虽然至今仍未实现他的全部理想,但学术的进步是很明显的,希望在我们这一代他的理想能全部实现。

代文化典籍在欧洲传播的信息。

例如,英国汉学家包腊(Edward Charles Bowra,1841—1874),他于1868年翻译了《红楼梦》的前八回,并且是在当时中国的一份英文刊物《中国杂志》(*The China Magazine*)上发表的。在《红楼梦》翻译研究中很少有人注意到这个译本。①

邓罗(Brewitt-Taylor,Charles Henry,1857—1938),1925年在上海别发洋行(Kelly and Walsh Ltd.)出版了他翻译的《三国演义》(*San Kuo Chih Yen I,or Romance of the Three Kingdoms*),编者认为这是至今为止唯一一本《三国演义》的英文全译本。②

荷兰汉学家高罗佩(Robert Hans Van Gulic,1901—1967),1956年翻译了中国法医学著作《棠阴比事》(*T'ang-Yin-Pi-Shih:Parallel Cases From under the Pear Tree*)。③

当然,这本书毕竟是在1990年中期所编写的,有的还是在1980年所编辑的,原主编孙越生、王祖望都已去世,黄长著先生接续前贤,完成这本大书,惠嘉学界,应以赞许。虽然书中所提供的一些信息也已经陈旧,但在中国学术界的西方汉学史的研究史上仍是有地位的。④

13.《北美汉学家辞典》,安平秋、安乐哲主编。这是中国全国高校古籍整理研究工作委员会与美国夏威夷大学的合作成果,全书收录了500余位美国和加拿大的汉学家的信息。这部辞典使很多汉学家有了具体的联络方式,每个汉学家的主要代表性著作也列入其中,这对于研究中国古代文化典籍在北美的传播和影响是颇有价值的。书中提供了不少关于中国典籍英译的具体信息。

例如,康儒博(Campany,Robert Ford)的《中国中世纪早期的佛教与道教译文》;艾龙(Eide,Elling O)翻译的《李白诗集》;林理彰(Lynn,Richard John)翻译的

---

① 黄长著、孙越生、王祖望主编:《欧洲中国学》,北京:社会科学文献出版社,2005年,第280页;参阅姜其煌《欧美红学》,郑州:大象出版社,2005年。

② 黄长著、孙越生、王祖望主编:《欧洲中国学》,北京:社会科学文献出版社,2005年,第281页。显然,这本书编辑比较早,《三国演义》全译本的第二个译本1992年由美国汉学家罗慕士(*Moss Roberts*)翻译,由美国加利福尼亚大学出版社和北京外文出版社出版。参阅陈晓莉、张志全《〈三国演义〉两个英译本中回目的翻译》,《重庆大学学报》(社会科学版)2011年17卷第4期。

③ 黄长著、孙越生、王祖望主编:《欧洲中国学》,北京:社会科学文献出版社,2005年,第430页。

④ 参阅阎纯德、吴志良主编:《列国汉学史书系》,北京:学苑出版社,2012年;张西平主编:《国际汉学研究书系》,郑州:大象出版社,2010年。

《易经》;梅维恒(Victor H.Mair)翻译的《道德经》等。长期以来,很多学者认为美国中国学主要是研究中国近代以来的历史,不像欧洲汉学那样关注中国古代文化的研究,这部辞典可以证明这种认识是如何远离北美汉学研究的现状。

显然,由于此部辞典编辑在孙越生先生的《美国中国学手册》之后,它的内容要更新一些,特别是提供了绝大多数汉学家的中文名,这是一个重要贡献,由于收录的汉学家大都在世,这为学术界与北美汉学家的联系提供了很多方便。但在美国中国学研究的历史上,特别是在已故的汉学家介绍方面就要少于孙越生的《美国中国学手册》,也许为了读者便于携带,书中所有的汉学家的著作均为中文书名,而没有附录英文原文,作为汉学的工具书,这反而造成在中国查阅原著的不便。

14.《北美中国学:研究概述与文献资源》,张海惠主编。这是近年来对美国中国学进展介绍得较为全面和系统的一本书,撰写本书由两批人组成。学术综述部分的作者不少是美国中国学研究的大家,如裴宜理(Elizabeth J.Perry)、罗友枝(Evelyn Rawski)、艾尔曼(Benjamin A.Elman)、伊维德(Wilt Idema)等,这样由汉学家"来总结和反思文章,能比较客观、准确地讲明相关领域研究状况,包括学术资源、发展特点、前沿所在,使这本著作具有颇高的学术内涵和资讯价值"①。文献与资源部分的作者大都是由当下在美国各大学东亚图书馆的专业人员来写的,"他们凭借自己的专业知识和技能,对北美近年来有关中国研究专题文献的开发与利用给予了梳理和阐述。不论是对某一具体数据库的介绍,还是对某一类专题文献的叙述,都为读者提供了海外中国学,特别是北美中国学研究文献资源的重要信息"②。该书提供了大量的关于中国典籍西译的信息和书目信息。

例如在道教经典翻译方面,加州大学出版社推出的《道教经典系列》(*Daoist Classics Series*)先后共出版了葛洪的《神仙传》《太平经》《老子想尔注》;

夏威夷大学和黑田佛教与人类价值研究所出版的《黑田东亚佛教研究系列与翻译系列著作》(*Kuroda Institute Studies in East Asian Buddhism*);

著名汉学家夏含夷(Edward L.Shaughnessy)的《西周史料:铭刻的青铜器皿》

①　张海惠主编:《北美中国学:研究概述与文献资源》,北京:中华书局,2010 年,第 908 页。

②　张海惠主编:《北美中国学:研究概述与文献资源》,北京:中华书局,2010 年,第 6 页。

（*Sources of Western Zhou History*：*Inscribed Bronze Vessele*.Berkeley：University of California Press,1991）；

韩南（Patrick Hanan）翻译《肉蒲团》（*The Carnal Prayer* Mat.1990）、《风月梦》（*Courtesans and Opium*：*Romantic Illusions of the Fool of Yangzhou*,2009）；

著名汉学家白之（Cyril Birch）翻译《牡丹亭》（*The Peony Pavillion*）、《娇红记》（《小姐与丫环：娇红记》）［*Mistress and Maid*（*Jiaohongji*）by Meng Chengshun,2001］。

书目方面信息量很大,例如《西文民间宗教研究书目：1995 至今》（*Bibliography of Western Language Publications on Chinese Popular Religion*,*1995 To Present*）,《中国经济史研究文献指南：唐至元》（*A Guide to Source of Chinese Economic History*,*A.D.618-1368*,Hartwell,1994）,《蒙古统治下的中国政府：参考资料指南》（*The Government of China Under Mongolian Rule*：*A Reference Guide*,1990）,《明史研究手册》（*A Research Manual for Ming History*）。

书中还提供了大量的美国中国学研究的数字化资讯,例如杨继东的《电子资源在北美中国学界的利用和影响》,邹秀英的《〈亚洲研究文献目录数据库〉（BAS）：了解海外中国学研究之必备》,杨涛的美国中国学博士论文《文献资源概述和目录学之研究》,这些文章信息量很大,对于国内学术界加深了解美国中国学是十分有价值的。

在目前的海外中国学研究中,美国中国学的研究成果最多,所翻译的美国中国学的书最多,这说明了中国学术界对美国中国学的研究是正确的和重要的。"从西方学术界形势论,将来的中国研究可能不再是列在'主流'学术圈外的一片'边区'。一百多年来的成果,无论质量抑或数量,'中国研究'已可与主流的西方研究相埒。下一步,中国研究将融入'学科'之内,以'中国研究'的成果,参加建构理论的依据。"①许倬云先生的这段话说明了海外中国研究发展的趋势,认真思考他的这个判断,更可以提高我们对海外中国学研究的重视,注重基础文献,加深理论研究。

---

① 张海惠主编：《北美中国学：研究概述与文献资源》,北京：中华书局,2010 年,第6页。

15.《法国中国学的历史与现状》,[法]戴仁编,耿昇译。① 这是研究法国中国学的最基本工具书,这本书 1998 年首次出版,2010 年在上海辞书出版社再版。2010 年再版后书的内容增加了一倍,更为丰富。全书包括"法国的中国学研究史""法国历史上中国学家""法国当代中国学研究大师""法国对中国学各个学科的研究""法国各大学与科研机构的中国学研究""法国的中国学刊物与图书文献中心"几个部分。如果将其与《北美中国学:研究概述与文献资源》相比,两本书各有千秋。这本书有三个重要的特点:其一,"法国的中国学研究史"这一部分分量较重,几乎就是一部法国汉学简史,作者又都是法国汉学各个研究领域的专家,因而,该书给读者提供了法国汉学的概貌。其二,对历史上重要的汉学家有专门的介绍,西方学术界有一个传统,即在学者逝世后,都有当时的重要学者对其学术生涯作一个详细的介绍和评述。书中的这一部分主要来自对法国汉学家在《通报》上发表的一系列论文的翻译,这些文章出自法国汉学家之手,提供了很好的视角和材料。其三,2010 年再版中耿昇提供了一批重要的书目,这是 1998 年译本所没有的,这些书目是研究法国汉学和中国文化在法国传播与接受的基础性书目,从西方汉学文献学来说,是极为有价值的。我列出书中的重要书目:

唐史研究专家戴何都汉学著作目录;

耶稣会士汉学家研究专家荣振华神父主要汉学著作目录;

耶稣会士汉学家研究专家裴化行神父主要汉学著作目录;

藏学研究专家巴科教授藏学著作目录;

女藏学研究家玛塞尔·拉露藏学研究目录;

蒙古史与中亚史研究专家韩百诗论著和论文目录;

中国经济史研究专家白乐日教授主要汉学著作目录;

当代汉学大师谢和耐教授主要汉学著作目录;

法国汉学界研究中国占卜书目;

法国汉学家敦煌学研究论著要目;

法国汉学家研究入华耶稣会士问题的著述目录;

---

① 戴仁(Jean-Pierre Drège),法国高等实验研究学院教授、法兰西学院汉学研究所所长,兼该院与国家科研中心合办的中国写本、金石图像研究组主任。

法国汉学界道教研究书目；

法国汉学界中国传统生物学研究书目；

汉学家哈密屯研究论著书目；

法国汉学家路易·巴赞突厥学著作目录；

法国汉学界蒙古学研究著作书目；

法国汉学家布隆多藏学研究著述目录；

法国利氏学社著述目录；

法国《中国研究》1—14 卷目录。

如果与张海惠主编的书相比，耿昇先生的这本书仍有两处需要改进，第一，当代法国汉学研究的进展相对比较弱一些，这本书大约在 10 年前成书，这次虽然增加了一些内容，但主要仍在历史部分。书中所列出的法国当代汉学大师仅有谢和耐一人，显然是少了些。第二，书中对法国汉学界在电子文献和数据库的进展上介绍明显不够，是否法国汉学界在文献的电子化和数据库建设上真不如美国？这需要进一步了解后方可以下结论。

16.《中诗英译索引（汉至唐）》[*Research Guide to English Translation of Chinese Verse*（*Han Dynasty to T' ang Dynasty*）]。这是香港中文大学在 1977 年所编辑的一本中国诗歌英译的索引工具书。全书以汉代、三国、晋代、南北朝、隋朝、唐朝几个时期为时段，全面检索了已经翻译成英文的诗歌篇目，全书收录了 331 位诗人的 2953 首被翻译成英文的诗歌。书后附录了古典诗歌被译为英文的题名索引和首句索引，中文诗歌作者索引和诗人作品被译数量索引及译者索引。这是一本学术质量很高的关于汉至唐代期间中国古代诗歌被译为英语的人物、题目、译者的索引书，对于深入研究中国古代诗歌在英语世界的传播和翻译十分有价值。①

17.《英译中文诗词曲索引：五代至清末》（ *Guide to Classical Chinese Poems in English Translation：Five Dynasties through Qing*）②，这是上一本工具书的姊妹篇。编者接续上一本书，对中国古代诗歌在英语世界的传播从唐朝后一直做到了清朝。将两本书放在一起，我们就对中国古代诗歌在英语世界的翻译与传播有了一

---

①   Kai-chee Wong, Pung Ho and Shu-leung Dang, *A Research Guide co English Translation of Chinese Verse*（*Han Dynasty to T' ang Dynasty*）, Beijing: The Chinese University Press, 1977.

②   汪次昕编：《英译中文诗词曲索引：五代至清末》，台北：台湾汉学研究中心编印，2000 年。

个整体性了解。这本书是台湾汉学研究中心委托美国加州大学戴维斯分校东亚图书馆汪次昕女士编著的。全书"收录1999年以前所出版的中文诗、词、曲之英文译本及期刊123种，包含作家612人，作品约6700首"①。书中的几个附录也十分实用，《作者朝代一览表》《威妥玛拼音作者姓名转换表》《作者中文姓名笔画索引》。

对中文学术界来说，仅有这个索引是无法更好使用这本索引的，因为，索引所使用的中国古代诗词的各种英译名和研究著作如果无法读到，这本索引就没有太大的价值。为此，我们将书中所列的关于中国古代诗词的各种英文翻译的书目和研究书目，选部分书目翻译出来，供学者使用。

《中华隽词101首》（*101 Chinese Lyrics*）；

《汉诗一百七十首》（*170 Chinese Poems*）；

《宋词三百首》（*300 Song Lyrics*）；

《花间集》（*Among the Flowers；the Hua-chien chi*）；

《中国文学选集：从早期到14世纪》（*Anthology of Chinese Literature：from Early Times to the Fourteenth Century*）；

《哥伦比亚中国传统文学选集》（*The Columbia Anthology of Traditional Chinese Literature*）；

《中国文学选集：初始至1911年》（*An Anthology of Chinese Literature：Beginnings to 1911*）；

《中国古典爱情诗词选》（*Chinese Classical Love Poems*）；

《英译宋代词选》（*Anthology of Song-dynasty Ci-poetry*）；

《中国诗词选译》（*Book of Chinese Verse*）；

《宋代"兄弟"：中国诗歌与诗学》（*A Brotherhood in Song：Chinese Poetry and Poetics*）；

《宋朝诗词》（*Beyond Spring：Tz'u Poems of the Sung Dynastry*）；

《汉语诗歌》（*Before Ten Thousand Peaks：Poems from the Chinese*）；

《中国十七世纪的抒情诗人》（*Chinese Lyricists of the Seventeenth Century*）；

---

① 汪次昕编：《英译中文诗词曲索引：五代至清末》，台北：台湾汉学研究中心编印，2000年。

《哥伦比亚中国诗歌选集:从早期到十三世纪》(*The Columbia Book of Chinese Poetry:from Early Times to the Thirteenth Century*);

《哥伦比亚中国元明清诗歌选集》(*The Columbia Book of Later Chinese Poetry: Yuan,Ming,and Ch'ing Dynasties,1279–1911*);

《中国古诗英译》(*A Chinese Market:Lyrics from the Chinese in English Verse*);

《梅花与宫闱佳丽:中国诗歌阐释》(*The Flowering Plum and the Palace Lady: Interpretations of Chinese Poetry*);

《元曲 50 首:十三世纪中国诗歌》(*Fifty songs from the Yuan:Poetry of 13th Century China*);

《中国诗歌瑰宝:从〈诗经〉到现在》(*Gems of Chinese Poetry:from the Book of Songs to the Present*);

《牡丹园:中国古诗英译集》(*A Garden of Peonies:Translations of Chinese Poems into English Verse*);

《风的召唤:宋朝诗词歌赋的翻译》(*The Herald Wind:Translations of Sung Dynasty Poems,Lyrics and Songs*);

《袁枚诗话选注》(*I don't Bow to Buddhas:Selected Poems of Yuan Mei*);

《李清照诗歌全集》(*Li Ch'ingzhao:Complete Poems*);

《十八世纪农妇贺双卿的生活和诗歌》(*Leaves of Prayer:The Life and Poetry of He Shuangqing,a farmwife in Eighteenth Century China*);

《玉琵琶》(*A Lute of Jade*);

《北宋主要词人》(*Major Lyricists of the Northern Sung,A.D.960–1126*);

《雾起时分:宋诗选集》(*Moments of Rising Mist:a Collection of Sung Poetry*);

《梅尧臣与宋初诗歌的发展》(*Mei Yao-ch'en and the Development of Early Sung Poetry*);

《九个僧侣:北宋佛教诗人》(*The Nine Monks:Buddhist Poets of the Northern Sung*);

《夜游:中国诗歌》(*Night Traveling:Poems from the Chinese*);

《兰舟:中国女诗人诗选》(*The Orchid Boat:Women Poets of China*);

《有朋自远方来:圣朝汉诗一百五十首》(*Old Friend from Far Away:150 Chi-*

nese Poems from the Great Dynasties);

《汉诗 100 首》(*One Hundred Poems from the Chinese*);

《陆放翁诗文选》(*The Old Man Who Does as He Pleases*:*Selections from the Poetry and the Prose of Lu Yu*);

《咏梅词》(*Plum Blossom*);

《云游集:诗歌与散文》(*Pilgrim of the Clouds*:*Poems and Essays*);

《论诗:元好问的文学批评》(*Poems on Poetry*:*Literary Criticism by Yuan Haowen*,*1190-1257*);

《企鹅中国韵文选集》(*The Penguin Book of Chinese Verse*);

《明清诗文选》(*Poetry and Prose of the Ming and Qing*);

《唐宋诗文选》(*Poetry and Prose of the Tang and Song*);

《西湖诗选》(*Poems of the West Lake*:*Translations from the Chinese*);

《元朝诗歌》(*Poetry of the Yuan Dynasty*);

《东坡之路:苏轼诗歌表达的发展》(*The Road to East Slope*:*the Development of Su Shi's Poetic Voice*);

《晚明诗人和评论家袁宏道浪漫的视野》(*The Romantic Vision of Yuan Hungtao*,*Late Ming Poet and Critic*);

《苏东坡诗词新译》(*Su Dong-po*:*a New Translation*);

《宋朝诗歌》(*Song Dynasty Poems*);

《不朽之歌:中国古诗集》(*Song of the Immortals*:*an Anthology of Classical Chinese Poetry*);

《石湖:范成大的诗歌》(*Stone Lake*:*the Poetry of Fan Chengda*,*1126-1193*);

《韦庄的词》(*The Song-poetry of Wei Chuang*,*836-910 A.D.*);

《葵晔集》(*Sunflower Splendor*:*Three Thousand Years of Chinese Poetry*);

《歌唱本源:中国画家吴历诗歌中的自然和上帝》(*Singing of the Source*:*Nature and God in the Poetry of the Chinese Painter Wu Li*);

《苏东坡诗选》(*Selected Poems of Su Tung-P'o*);

《宋朝诗人苏东坡选集》(*Su Tung-P'o*:*Selections from a Sung Dynasty Poet*);

《世外桃源的歌声:元代散曲研究》[*Songs from Xanadu*:*Studies in Mongol-dy-*

nasty Song-poetry（San-chu）〕

《世外桃源的散曲》（Song-poems from Xanadu）；

《唐宋时期诗选》（Selected Poems of Tang & Song Dynasties）；

《中国诗歌传统的转变：姜夔和南宋词》（The Transformation of the Chinese Lyrical Tradition：Chiang K'uai and Southern Sung）；

《唐宋词一百五十首》（Golden Treasury of Chinese Lyrics）；

《诗人画家唐寅》（T'ang Yin，Poet/Painter，1470-1524）；

《生命之酒：元朝时期道家饮酒曲赋》（The Wine of Endless Life：Taoist Drinking Songs from the Yuan Dynasty）；

《等待独角兽：中国末代王朝诗词》（Waiting for the Unicorn：Poems and Lyrics of China's Last Dynasty，1644-1911）；

《人境庐内：黄遵宪的诗歌》（Within the Human Realm：the Poetry of Huang Zunxian，1848—1905）；

《陆放翁的诗歌》（The Wild Old Man：Poems of Lu Yu）；

《浣纱集：韦庄的生平和诗选》（Washing Silk：the Life and Selected Poetry of Wei Chuang，834? -910）；

《吴文英与南宋词艺术》（Wu Wenying and the Art of Southern Song Ci Poetry）；

《元明清诗一百五十首》（Golden Treasury of Yuan，Ming，Qing Poetry）；

《中国诗歌五百年 1150—1650》（Five Hundred Years of Chinese Poetry，1150-1650）；

《宋诗介绍》（An Introduction to Sung Poetry）；

《杨万里》（Yang Wan-li）；

《英译中国诗词选》（Chinese Poems with English Translations）；

《中华隽词》（Chinese Lyrics）。

这些译本有些是在国内出版，但大都是在国外出版，这里我们翻译出来，意在从这些古典诗歌的翻译著作中进一步深入研究中国古代诗歌在英语世界的传播。

18.《中国古典诗歌英文及其他西文语种译作及索引》，张海惠、曾英姿、周珞编纂。这本 2009 年在中国出版的索引是在前两本索引基础上展开的，因为《英译中文诗词曲索引：五代至清末》出版于 1990 年，这样作者将自己的索引定于近 20

年，"之所以这本工具书以反映最近二十年之译作为主，不仅是因为这期间的译作数量可观，还因为大部分二十年前的英美译作已经被包括在其他已出版的集子或类似工具书之中，而这一时段则是一个空白"①。

这部索引的最重要贡献在于将国内出版的古典诗歌的翻译放入检索之中，将其和在西方出版的古典诗歌翻译融为一体，这为比较文学和翻译学研究提供了方便。如编者所说，"鉴于中国学者及翻译家不仅对中国古典诗歌意境、意象、修辞、用典、音韵的了解有着天然优势，而且近二十年的译作也甚为丰硕"②。该书收录了 1990 年以来近百种在中国大陆、中国台湾、中国香港、北美及欧洲出版的有关唐代以前古典诗歌的研究著作和翻译作品集，同时也收录了少量未被上面提到的两种同类工具书收录、出版于 1990 年以前的中国古典诗歌研究著作和翻译作品集中的翻译作品。编者说，这本工具书为约 2500 首英、法、德、俄、意大利、西班牙等文种的中国唐代以前诗歌译作提供了出处，以英文译作为主。这是改革开放以后留学美国后留在美国东亚图书馆工作的学者所做，平心而论，书的贡献是有的，但若对比袁同礼先生的书目，无论在编排上，还是在后面的索引安排上仍有较大的差距。对一个阅读以西文为主的读者来说，诗歌的外文译名和作者的汉学家中文人名最为重要，而编者却提供的是古代诗歌的原中文名字和诗歌首句的中文，尽管这种检索在阅读中也是有价值的，但对中国学者来说，显然不如袁先生的编排和检索更有利于读者的查阅和检索，何况这是在中国大陆出版，面向中国读者的工具书，更应考虑中文读者的需求。西方汉学著作的书目和检索自袁同礼先生开创以来，仍需中国学者不断努力，继承袁先生的学术遗产。③

19.《中国古代小说戏剧名著在国外》，王丽娜编著，学林出版社，1988 年。这本编著是改革开放以来对域外汉学研究产生重要推动作用的一本工具书，是最早从文学角度介入海外汉学研究的一个基础性书目，在一定意义上这本书至今仍具

---

① 张海惠、曾英姿、周珞编纂：《中国古典诗歌英文及其他西文语种译作及索引》，北京：国家图书馆出版社，2009 年，第 1~2 页。

② 张海惠、曾英姿、周珞编纂：《中国古典诗歌英文及其他西文语种译作及索引》，北京：国家图书馆出版社，2009 年，第 1~2 页。

③ 关于中国古代诗歌在西方的传播与翻译，学术界已经有了很大的进展，吴伏生：《汉诗英译研究：理雅各、翟理斯、韦利、庞德》，北京：学苑出版社，2012 年；江岚：《唐诗西传史论：以唐诗在英美的传播为中心》，北京：学苑出版社，2009 年。

有一定的工具书价值。这本书对《三国演义》《水浒传》《西游记》《红楼梦》《三言二拍》《聊斋》《儒林外史》《好逑传》《镜花缘》《东周列国志》《封神演义》等 29 部中国古典小说,对《赵氏孤儿》《西厢记》《元曲选》《汉宫秋》《金钱记》《鸳鸯被》《玉镜台》《灰阑记》《岳阳楼》《窦娥冤》《牡丹亭》《望江亭》《琵琶记》《长生殿》《桃花扇》等 46 部中国古代戏剧在域外的传播做了概述性的介绍,列出了在域外传播的学术性书目。

这本书与一般的汉学学术性书目有较大的区别,这主要表现在:其一,该书将中国古典小说和古代戏剧的重要海外藏本列入其中,这是域外汉籍的研究范围,但对于中国古代小说和戏剧的翻译研究有一定的学术价值。其二,书中介绍了中国古典小说和古代戏剧的少数民族译本在国外的收藏情况,这部分文字不多,但其他书目中很少提及,这是该书的特色之一。其三,书中所列的中国古典小说和戏剧的译文范围较为广泛,其中既有西方语言,也有亚洲语言。在西方语言中尽管以英语、法语、德语为主,但也有俄语和东欧语言的译本,例如《三国演义》,作者提供了爱沙尼亚语的译本、波兰文译本、越南文译本、朝鲜文译本、泰文译本和日文译本。其四,书中除提供各国,特别是西方汉学界对中国古典小说和戏剧的译本书目外,也提供了西方汉学对中国古典小说和戏剧的研究著作目录。例如,书中就列出了西方汉学界关于《三国演义》的研究性著作目录 27 部,关于海外研究翻译中国古代戏剧的译著和研究性著作 165 部。其五,书中也提供了一些学术研究信息,例如书中附了已故的俄罗斯著名汉学家李福清的《〈三国演义〉在国外补遗》一文和《美国学人关于中国叙事体文学学术研讨会简介》,并在书后附上了国外部分翻译家、学者简介。

这本编著反映了 20 世纪末中国学术界对域外汉学研究尚处于起步阶段的特点,无论在书目的收集上还是在对中国古典小说与戏剧域外传播的研究综述上,都有待进一步丰富和完善。尽管如此,这是迄今为止国内学术界唯一一本关于中国古典小说和戏剧海外传播的综合性书目,因此,它仍具有实用价值,在学术发展史上有一定的地位。①

20.《中国古典戏剧研究英文论著目录》(1998—2008)(上、下)，林舒俐、郭英德著。这是发表在《戏剧研究》第79、80期的长篇目录，所著录的目录仅仅限于英文范围之内，时间限定于1998年至2008年，目录包括研究著作、博士论文和研究论文三种。尽管这个目录篇幅不长，但还是提供了英语汉学界对中国古典戏剧研究和翻译的不少信息。目录以著作和论文为主，但也包含了部分英语汉学界对古典戏剧翻译的目录。例如，白之所翻译的《牡丹亭》，吴清云所翻译的《繁华梦》，魏莉莎(Wichman-Walczak，Elizabeth A.)和范兴所译的《昭君出塞》，陈凡平所译的中国皮影戏《观音寺》，高乔治(Kao，George)所译的《赵盼儿风月救风尘》等。如果将这个目录和王丽娜的书结合起来看，读者就会对中国古代戏剧在域外的翻译和传播有更为全面的看法，特别是近10余年来的新的学术发展。

21.《西方道教研究编年史》，[法]索安著，吕鹏志、陈平等译。这原是发表在法国远东学院京都分院院刊《远东亚洲丛刊》(*Cahiers d' Extreme-Asie*)第5期(1989—1990)上的长篇研究报告，原题为 *A Chronicle of Taoist Studies in West 1950-1990*。这本书是目前中文研究领域关于西方道教研究信息量最大的一本书，也是我们了解中国道教文献在西方翻译出版情况最为详尽的一本书，因而，可以作为中国古代文化经典外传研究的基本工具书来阅读。从作者下面对该书的归纳中可以看出这本书的学术价值，尤其涉及工具书的功能。作者说，这本书并不试图完全罗列出1950—1990年间的道教研究成果，但它包括了书中提到的每一部论著。出版物的囊括或遗漏并不反映我个人的赞成或反对，而是受制于如下的标准：

　1)1950—1990年间具有持久价值的一流道教出版物；

　2)有迄今未探讨过的论题的开拓性研究；

　3)未发表的博士论文和重要的会议论文；

　4)1950年以前的一些尚未过时的出版物；

---

① 笔者在中国国家图书馆供职期间，多次向王丽娜先生请教，当时笔者仍徘徊在西方哲学研究和海外汉学研究之间，王丽娜当时在这方面已经开拓出一片天地，她的成绩对我是一个极大的鼓舞。应该说，她是我最初进入海外汉学研究的老师，对于王丽娜先生当年的指点和帮助，在此表示一个晚辈的感谢。

5）与道教无直接联系的一些有用的背景研究；

6）日本人以西文发表的一些研究论著；

7）一些对于学者们来说特别重要的中文和日文出版物；

8）欧洲和日本出版的道教研究书目；

9）原始资料索引书目。①

这本书后的书目很有价值，提供了大量的信息，例如：

柏夷（Bokenkamp，Stephen R.）所翻译的《道教文献，第一部分》（*Taoist Literature*，Part I.W.Nienhauser Jr.ed.*The Indiana Companion to Traditional Chinese Literature*）；

戴闻达（Duyvendak，J.J.L.）的《道德经——道路及其美德之书》（*Tao te ching：The Book of Way and its Virture*）；

韦利（Waley，Arthur）《道德经》（*The Way and its Power*）；

华兹生（Watson，Burton）《庄子全集》（*The Complete Works of Chuang*）；

苏远鸣（Soymié，Michel）《道教书目——西文研究著作》（*Bibliographie du taoisme，Etudes dans les Langues occidentales*）②。

22.《欧美佛教学术史：西方的佛教形象与学术源流》，李四龙著，北京大学出版社 2009 年出版。这是中国学术界第一本系统介绍欧美佛教研究的著作，全书从印度学传统、巴利语传统、汉学传统、藏学传统、中亚传统、美国的佛教与学术、佛教学术的方法论反省、动态了解的信息渠道等八章全面介绍了欧美的佛教研究。与本书主题相关的内容主要是第三章"汉学传统"。在历史编中我们已经知道雷慕沙所翻译的第一本书就是《法显传》（《佛国记》）③，儒莲翻译了《大慈恩寺三藏法师传》④和《大唐西域记》⑤。但此书还提供了大量的关于汉传佛教典籍被翻译成欧美语言的各种版本的信息，以及在欧美的佛教研究著作中所包含的大量的对汉传佛教典籍的翻译的内容。

---

① ［法］索安著，吕鹏志、陈平等译：《西方道教研究编年史》，北京：中华书局，2008 年，第 13 页。

② 参阅陈耀庭著：《道教在海外》，福州：福建人民出版社，2000 年。

③ Jean-Pierre Abel-Rémusat，*Foe Koue Ki ou Relation des Royuaumes Bouddhiques de Fa hian*，Paris：Landress，1836.

④ Stanislas Julien，*Histoire de La Vie de Hiouen-thsang et de ses voyages dans I' Inde*，Paris，1853.

⑤ Stanislas Julien，*Mémoires sur les Contrées occidentales de Hiouen-thsang*，Paris，1857-1858.

例如，沙畹的四卷本的《选自中国〈大藏经〉的五百寓言故事》①；

布桑（Poussin, Louis de la Vallée, 1869—1938）将玄奘编的"这部 10 卷本《成唯识论》译为法文，并作校注，在巴黎分为上下两册出版，1948 年还出版了该书的索引。还有一项重要的工作，是布桑把世亲的《俱舍论》从汉译本译为法文，1923—1931 年分为六册在巴黎出版"②。

布桑的学生拉摩（Étienne Lamotte, 1903—1983）所翻译的《大智度论》③《摄大乘论》④，都是极其重要的汉传佛教典籍的西方语言翻译本；

戴密微所翻译的《弥兰王问经》等，还提供了互联网上的《译为西文的汉语佛教典目录》⑤。笔者认为这是一本十分难得的关于中国佛教在欧美传播的工具书，如果放在当代中国学术界对汉学研究的范围内考察，它具有开创性的学术价值，因为，至今中国学术界在西方的儒学研究、道教研究及文学、历史、哲学等多个方面尚未有这样一本系统介绍欧美对中国古代文化经典的翻译和研究的著作。即便将其放到欧美的佛教研究领域，这本书也是十分重要的，该书在内容和研究上显然已经大大超越了狄雍（Jong, J. W. De, 1921—2000）的《欧美佛学研究小史》（*A Brief History of Buddhist Studies in Europe and America*. Tokyo：Kōsei Publishing Co., 1997）。楼宇烈先生称李四龙之作为"迄今为止国内第一部最全面系统地研究、介绍欧美地区佛教学术研究的历史和现状的一部专著"实不为过。

23.《宋代研究工具书刊指南》，［美］包弼德（Peter Bol）、［比利时］魏希德（Hilde De Weerdt）著⑥。这本工具书收录了"与宋一代社会各方面研究相关的包

---

① Edouard Chanvannes, *Cinq Cents Contes et Apologue Extraits du Tripitaka Chinois*, 4 vols. I-III, Paris, 1901–1911；IV, Paris, 1935.

② 李四龙：《欧美佛教学术史：西方的佛教形象与学术源流》，北京：北京大学出版社，2009 年，第 223~224 页。

③ Étienne Lamotte, *Le traité de la grande vertu de sagesse de Nāgārjuna*, Vol. I, Lureaux du Muséon, 1944；Vol. II, 1949；Vol. III, 1970.

④ Étienne Lamotte, *La Somme du Grand Véhcule d' Asanga（Mahāyāna-samgraha）*, 2 Vols. Louvain：Bureaux du Muséon, 1938—1939.

⑤ *Bibliography of Translation from the Chinese Buddhist Canon into Western Languages.*

⑥ ［美］包弼德（Peter Bol）、［比利时］魏希德（Hilde De Weerdt）：《宋代研究工具书刊指南》，桂林：广西师范大学出版社，2008 年。

括中、日、韩、英、法、德等六国的参考文字"①,编者是美国汉学家,从所收录的内容来看,主要是为西方汉学界研究宋史的学者所用,这样,这本工具书偏重的是中国本土的宋史研究的基本工具书。从中国学术界对域外汉学研究的角度来看,在严格的意义上它算不上一本专门介绍西方汉学宋史研究、宋代文献的西文翻译研究的工具书。但它仍提供给我们了解西文学术界对宋代研究的最基本的书目,例如,在西文的累积目录中,书中提供了《1946 年至 1965 年有关宋代的西文著述》(*Bibliographie des travaux en langues occidentales sur les Song parus de 1946 à 1965*)、《五代宋辽夏金元英文著述目录》(*A Bibliograph of English Language Sources on the Five Dynasties,Sung,Liao,Hiao,Chin and Yuan*),在中文出版的西方汉学工具书十分稀少的情况下,这仍是一本可用的工具书。

24.《剑桥中国史》,[美]麦克法夸尔(Roderick Mac Farquhar)、[美]费正清编,俞金戈等译。《剑桥中国史》是一部由西方汉学家为西方读者所写的关于中国历史的书籍。《剑桥中国史》设计规模宏大,几乎吸收了当代最优秀的中国历史研究的西方汉学家和部分在西方汉学界工作的华裔中国学者。这是一套西方汉学的名著,并非专门研究中国古代文化经典外传的工具书,笔者在这里之所以介绍给读者,放入工具书之列,在于在这套书中西方汉学家在文献上坚持了他们一贯的严谨态度,如李学勤先生在序言中所说,他们"广泛引用了文献材料,而且很注意文献的辨伪和考订,这是西方中国学家一贯坚持的作风,大家可以看到,本卷各章的引文,大多注意了使用经过整理校订的版本,包括中国、日本以及西方学者的各种注释"②。这套书的注释,为中国学术界提供了大量的关于中国古代文化经典被翻译成欧美语言的信息,因此,我们完全可以将这套书作为了解西方汉学的最基本的工具书,掌握中国古代文化经典外传与翻译的最基本工具书。

我仅以《剑桥秦汉史》为例,列出书中关于中国古代文化经典的翻译著作的部分目录,就可以清楚地看到这一点。

毕瓯(Édouard Biot,1803—1850)翻译了《周礼》(*Le Tcheou-li ou Rites des Tacheou*.2vols.Paris,1851)。

沙畹《〈史记〉译注》,第1—5卷,1895—1905年(*Les Mémoires Historiques de Se-Ma Ts' ien*. Vol.I—V.Paris:Ernest Leroux,1895-1905)。

沙畹《斯坦因在东突厥斯坦发现的中国文书》(*Les documents chinois découverts par Aurel Stein dans les sables du Turkestan Oriental*.Oxford:Oxford Univ.Press,1913)。

沙畹《泰山:试论中国礼拜的仪式》(*Le T' ai chan*.Paris:*Annales du Musée Gui-met*,1910)。沙畹的第一篇论文就是《史记·封禅书》,他详尽地翻译了这篇文献,为他以后研究泰山打下了基础。在《泰山:试论中国礼拜的仪式》一书中,他不仅对泰山的所有碑刻做了深入的研究,而且将山上上百种碑刻全部翻译成了法文。

毕汉斯(Hans Bielenstein)《〈前汉书〉各种凶兆的解释》[*An Interpretation of the Portents of the Ta' ien Han-shu*,22(1950)]。

毕汉斯《后汉的铭文和列传:历史学比较》(*Later Han Inscriptions and Dynastic Biographies:A Historgraphical Comparison*,in *Proceeding of the International Conference on Sinology*,*Section on History and Archaeology*.Taipei:Academia Sinica 1981)。

小克伦普(J.I.Crump)《战国策》(*Chan-kuo ts' e*.Oxford:Clarendon Press,1970)。

德效骞《〈汉书〉译注》,三卷(*The History of the Former Han Dynasty*.3 vols.Bal-timore:Waverly Press,1938-1955)。

方志彤《英译〈三国志〉》(*The Chronicle of the Three Kingdoms*.2vols,Cambrige,Mass.:Harvard Univ.Press,1952-1956)。

埃松·盖尔、彼得·布德伯格、T.C.林:《〈盐铁论〉卷二十至卷二十八译注》[*Discourses on Salt and Iron*(*Yen T' ieh Lun*:*chaps.XX-XXVIII*).*Journal of the North China Branch of the Royal Asia Society*,65(1934),Taipei:Ch' eng-Wen Publishing Co.,1967]。

格雷厄姆《〈庄子〉内篇七篇及其作品》(*Chuang-tzu:The Seven Chapters and Other Writing from the Book Chuang-tzu*.London:George Alle and Unwin,1981)。

以上这些例子,说明如果从事中国古代文化海外传播和翻译的研究,《剑桥中国史》是必读之书。

25.《近三十年国外"中国学"工具书简介》,冯蒸编著,中华书局,1981年。这是改革开放以来最早出版的关于海外汉学研究的著作之一,是迄今为止唯一一本关于海外汉学工具书介绍的著作。笔者在本篇开篇就提出建立西方汉学文献学的设想,文献学的第一要务就是建立书目,熟悉目录,因而,这本书尽管已经出版 30 余年,但今天读起来仍具有很大的学术价值。

书中所提供的欧美汉学界所编辑的目录对我们研究中国古代文化经典在域外的翻译和传播具有很大的价值,例如《中国作品英、法、德译目录》(*A List of Published Translations from Chinese into English, French and German*),"此书分为文学和诗歌两册。第一册文学,由五大部分组成,即小说、故事、民间传说、历史逸事、戏剧,以书名音译排列为主。第二册主要是诗歌,并收入文学论文、书信等。分汉代、汉代以后到初唐、唐代、五代、宋各个时期,再以作者的名字为序。所收资料,仅限于第二次世界大战以前用英、法、德文出版的中国文学作品,包括散见在杂志上的短篇。本书所收的这三种文字的中国文学作品的译文,比较完全,可以了解中国文学作品介绍到英、法、德等国的情况"①。

由于在下一章我们将专门介绍欧美出版的关于中国经典的翻译和研究的书目,这里,对冯蒸这本工具书就不再展开介绍。

三、简短小结

当下中国学术界对域外汉学表现出前所未有的热情,研究著作每年都在涌现,中国政府推动中国学术"走出去"的力度也在不断增大,但从学术而言,目前在基础性书目上做得不够理想。没有基础性书目的编制,任何一个学科都是无法取得根本性进步的,目前大量重复性研究著作和论文的出版及发表就说明了这一点,而国家在中国古代文化典籍的翻译和出版上所投入的大量的费用更显得行政力量的强大和学术力量的弱小。因而,对中国文化在域外传播的基础性调查,对关于中国古代文化经典在域外翻译的基础性书目的整理,将是中国学术界的一个基础性的工作。令笔者欣慰的是,我们现在可以看到一些学者的努力,李四龙的《欧美佛教学术史:西方的佛教形象与学术源流》和张海惠的《北美中国学:研究概述与文献资源》的出版,标志着在海外汉学文献学上,我们已经开始迈出了坚实

---

① 　冯蒸编著:《近三十年国外"中国学"工具书简介》,北京:中华书局,1981 年,第 139 页。

的步伐。无论是国别文献还是学科文献目录上，都开始有了实质性的进步。同时，我们应该看到费赖之的《在华耶稣会士列传及书目》的翻译是前辈学者在国家最动乱的年代完成的，我们希望继续沿着冯承钧先生所开辟的道路，将西方汉学的基础性书目翻译整理出版，因为这个领域是涉及世界各个语言的，没有人能阅读所有的文献；如果不注重基础性文献的建设，整个海外汉学的研究、中国典籍外播历史的研究、中西文化交流史的研究都无法取得实质性进步。很可惜，目前像冯承钧先生这样的翻译家已经十分稀少了，耿昇先生实属凤毛麟角。应该给从事西方汉学名著翻译和工具书翻译的翻译家们应有的学术地位。期望年轻的后生们，在国家繁荣的今天，能继承冯承钧先生的事业，从容地展开自己的西方汉学文献的翻译事业。因为，对中国学术来说，最薄弱的环节就是从晚明后以西文记载的中国历史与文化，对于这个文献浩如烟海的研究领域，需要一两代人的努力才能初步完成。如果这批西文文献中国学术界不完全掌握，我们就谈不上从全球化的角度研究中国历史；同时，我们也无法重新改写由西方学者主导的世界历史著作。我们期待着不断有像冯承钧先生这样的基础性的文献目录和学术史的著作出版。

结　语

由于笔者孤陋寡闻，尚不能对在中国大陆出版的关于海外汉学的研究书目悉数阅览，遗漏是必然的；而对台湾、香港和澳门相关书目笔者能力有限，尚不能全面了解，这里刊出的只是作者手中私人藏有的目录，这样可能遗漏了大量关于这一主题的书目。如果有这些不足，希望读者谅解，同时，笔者将虚心接受学界批评，不断丰富这一主题的写作。

第十一章

中国古代典籍西译：西方文献基础书目

导　语

　　尽管从朱滋萃开始,我们已经翻译了一系列的西方汉学文献学的基础性书目,特别是冯承钧先生所翻译的《在华耶稣会士列传及书目》更是直接推动了国内学术界对西方早期汉学的研究。尽管近年来国内学术界在建立中文的西方汉学文献学方面也有了长足的进步——从台湾王尔敏先生的《中国文献西译书目》,到冯蒸的《近三十年国外"中国学"工具书简介》、王丽娜的《中国古代小说戏剧名著在国外》、李四龙的《欧美佛教学术史:西方的佛教形象与学术源流》,受到学界好评的书目不断出版,但面对西方汉学的快速发展,中文翻译的西方汉学基础书目和国人所编制的西方汉学基础书目仍显不足,不足以有力地支持我们展开中国古代文化典籍西传的研究,不足以支持我们对西方汉学快速发展的各学科状况有一个基本性的了解。至今,从总体上我们对中国文献在西方汉学界的翻译状况仍是一知半解。这样,我们需要了解西方汉学界的文献学家们所编制的基础性书目。

一、西文汉学目录学：研究西方汉学的基础

在开篇中我已经指出，需要建立西方汉学文献学，它包含两个方面：一方面是中国学术界对西方汉学文献和目录的整理，如上一章所研究和列举的一些重要书目；另一方面就是尚未翻译成中文的西方文献中的汉学书目。做西方汉学研究，做中国文化在域外的传播研究，后一部分的文献和目录更为重要。西方汉学作为西方东方学的一支，在学术上有着自己优良的传统，由于中国远离欧美，在长期的文化交流和接触中，西方关于中国的历史记载是十分庞杂的，因此，如果不从文献学和目录学入手，将无法把握其发展脉络和纲要。

在西方汉学的文献学方面，西方学者已经做了大量的工作。考狄在编制《汉学书目》时，开卷就说："差不多十年前，当我抵达中国时，当我开始对这一庞大的帝国进行历史、科学、道德与风俗方面的研究时，我发现自己面对所有最初进入一个无限深广的研究领域的人所面临的困境。置身于这数量极为巨大、以各种语言完成、处理主题极尽繁复的有关中国的出版物之间，谁能给我指点迷津？我的第一个反应是求助于合理编排的书目；而这种书目并不存在；这迫使我自己动手对所能得到的这类著作进行某种挑选，某种分类整理。希望能够使其他人免除我自己正不得不做的这种无益而烦琐的工作，我产生了这个想法：一部精心编制的与这个中央帝国有关的著作目录的出版，将能够对那些研究远东方面的学者和对远东问题感兴趣的人有所裨益。"①这样，考狄在前人基础上，将西方汉学的目录学推向了一个新的阶段。他的目录"包括五个大的部分，它们将依次分别处理以下专题：第一，有关狭义的中国；第二，关于外国人在中国；第三，有关外国人与中国人的关系；第四，有关中国人在外国；第五，有关中国的附属国"②。

我们前面已经用了两章单独介绍了考狄书目和袁同礼书目在西方汉学目录学上的奠基性作用，并将其目录中与中国古代文化经典传播相关的部分目录做了摘译。但西方汉学文献学在考狄、袁同礼两大书目之外，仍有许多基础性的书目，

①　考狄：《汉学书目》序言。
②　考狄：《汉学书目》序言。

这需要我们专门加以研究。

二、中国古代典籍西译及西方汉学基础目录举要

1.《中国书目手册：有关中国的著作及论文》(*Manual of Chinese Bibliography*, *Being a List of Works and Essays Relating to China*, by Paul Georg von Möllendorff)。

从西方汉学的目录学历史来说，第一部试图列出所有有关中国的出版物的著作是 1876 年出版的，由穆麟德编辑书目。

西方早期汉学的发展是一个充满剽窃与转抄的时代，特别是在 17—18 世纪，遥远的东方，古老的中国使西方人感到神奇，但真正到过中国的人很少，于是对来华传教士汉学著作的转抄和剽窃成为当时关于中国写作的重要内容。但这种二手的、以转抄所写作的中国文化研究是否完全没有意义呢？并非如此。17—18 世纪的欧洲思想的转变，绝大多数的思想家是阅读了这些二手材料和二手翻译材料才获得了东方的思想和智慧。因此，系统整理这些书目仍是有意义的。（见本书第八章）

因此，这个目录对于我们梳理西方早期的汉学发展史有重要价值。

2.《北堂书目》(Lazarist Mission, Peking, *Catalogue of the Pei-Tang Library*, Peking Lazarist Mission Press, 1949)。由惠泽霖(H. Verhaeren, C.M)所组织编辑的《北堂书目》是研究中西文化交流史最重要的书目，关于北堂藏书的历史和现状，学术界也有一系列的研究。① 近期中国国家图书馆出版社所复印出版了《北堂书目》，李国庆、孙利平不仅重新将惠泽霖的《北堂书史略》重新译出，而且写了长篇序言《北堂书及其研究利用：历史与现状》，这些研究主要集中在北堂藏书历史和藏书数量、种类的研究。学术界对北堂藏书的内容研究也早已展开，方豪先生，天文学界的席泽宗、江晓原、冯锦荣，音乐学界的陶亚兵等都对北堂藏书的具体藏书展开过深入的探讨。但目前所有这些研究主要集中在对"西学东渐"方向上的文

① 方豪：《明季西书七千部流入中国考》、《北堂图书馆藏书志》、《北堂图书馆法文书及拉丁文书目》、《方豪六十自定稿》(上册)，台北：学生书局，1969 年；计翔翔：《金尼阁携西书七千部来华说质疑》，《文史》第 41 期，北京：中华书局，1996 年；毛瑞方：《明清之际七千部西书入华及其影响》，《文史》2006 年第 3 期。

献研究上。学术界关注北堂藏书，《北堂书目》也主要是从中国天主教史研究、近代中国科技史研究的角度来把握的。以往谈到的中西文化交流史研究，实际上仅仅是西方文化传播中国历史的研究，对中国文化传播西方史的研究所谈甚少。这样，到目前为止，尚未有学者从中国文化西传史的角度，从西方汉学史的角度来具体研究《北堂书目》。

笔者认真研究《北堂书目》后发现，尽管它主要以西方中世纪和近代的著作为主，但在这批藏书中仍包含着一小批来华传教士和当时的欧洲学者所写的一些研究中国文化的著作，同时也同样包含了一些来华传教士所翻译的中国古代文化典籍的著作。因此，《北堂书目》也是我们从事西方汉学史研究和中国文化西传研究的基本书目。现将书目中有关这一主题的部分书目列举如下：

1）杜赫德的《中华帝国全志》（第 257 号，*Description géographique historique，chronologique，politique，et physique de l'Empire de la Chine et de la Tartarie Chinoise，enrichie des Cartes générales et particulières de ces Pays，de la Carte générale & des Cartes particulières du Thibet，& de la Corée，& ornée d'un grand nombre de Figures & de Vignettes gravées en Taille-dou ce.Par le P. J. B.Du Halde，de la Compagnie de Jésus…，Paris，1735*）；

2）基歇尔的《中国图说》（*China monumentis，qua Sacris quà Profanis，nec non variis naturae & artis spectaculis，aliarumque rerum memorabilium argumemtis illustrata，Auspiciis Leopoldi Primi，Roman.Imper.semper Augusti…，Amstelodami，1667*）；

3）李明的《中国近事报道》（*Nouveaux mémoires sur l'état présent de la Chine.Par le P.Louis le Comte de la Compagnie de Jésus，Mathématicien du Roy，Paris，Chez Jean Anisson，1696*）；

4）冯秉正的《中国通史》（*Histoire générale de la Chine，ou Annales de cet Empire；traduites du Tong-kien-kang-mou，Par le feu Père Joseph-Arme-Marie de Moyriac de Mailla，Jésuite François，Missionaire à Pékin：Publiées par M. l'Abbé Grosier，et dirigées par M.le Roux des Hautesrayes…，Paris，Chez Ph.D.Pierres，［et］Clousier，1777-1785*）；

5）曾德昭的《中国通史》（*Histoire universelle de la Chine，1667*）；

6）巴耶的《中国博览》（*Museum Sinicum.In quo Sinicae Linguae et Literaturae ra-*

tio explicatur…,Petropoli,ex typographia Academiae Imperatoriae,1730）；

7）柏应理等人的《中国哲学家孔子》；

8）卫匡国的《中国新图志》（*Novvs Atlas Sinensis*）；

9）《历史、科学、救世研讨丛书选编》（Possevino,Antonio,SJ,1533/4-1611）（*Bibliotheca selecta de ratione stvdiorvm*,ad Disciplinas,& ad Salutem omnium gentium procurandam.Recognita novissime ab eodem,et avcta,et in duo Tomos distributa.Triplex additus index,alter librorum,alter Capitum…tertius Verborum & Rerum Venetiis Apud Altobellum Salicatium 1603.Ist ed.Roma,1593）。

《北堂书目》中收有大量的西方早期汉学书目,特别令人惊讶的是当年罗明坚返回欧洲后,第一次把《大学》翻译成拉丁文,在当时耶稣会的重要人物波赛维诺（Possevino,Antonio,SJ,1533—1611）①所主编的译本杂志上发表了《大学》的部分译稿,这本书在西方也不易找到,但在《北堂书目》中竟藏有 1593 年和 1603 年两个版本。这再次证明了《北堂书目》的学术价值。

在上一章我们讲到《上海图书馆西文珍本书目》和《中国国家图书馆外文善本书目》,它们和《北堂书目》一起构成我们研究中国文化早期在西方传播、早期西方汉学史的基础性书目。笔者通过认真翻检这些目录并对照欧洲一些图书馆的书目发现,这些藏书即便在欧洲收藏界也是十分稀少的。这就为中国本土学者在中国展开研究这一领域提供了方便,而不必跑到欧洲图书馆查阅这些书。②

3.《1920—1955 西方期刊和论文集中中国研究文章索引》（*Index Sinicus：a catalogue of articles relating to China in periodicals and other collective publications；1920-*

---

① 波赛维诺 1533 年出生,1559 年加入耶稣会,以后成了耶稣会会长麦古里安（Mrecurlan,1573—1581 在任）的秘书,就是麦古里安把范礼安派到了东方传教。波赛维诺以后作为罗马教皇的外交官被派到德国、匈牙利、葡萄牙、俄国等地工作,晚年从事文学和神学研究,其中最重要的成果便是百科全书式的《历史、科学、救世研讨丛书选编》。

② 2004 年、2006 年笔者曾两度访问德国汉诺威附近的小城沃尔芬比特（Wolfenbuttel）的奥古斯特公爵图书馆（Herzog August Bibliothek）,在那里做了 4 个多月的学术访问。这个图书馆以收藏 17—18 世纪的手抄本图书为主,同时,也有大量的 17—18 世纪关于欧洲出版的关于中国的图书,莱布尼茨曾任过这个图书馆的馆长。但现在看来,这个图书馆所藏的关于中国的图书,在中国的这三大目录中能够找到不少,尽管没有奥古斯特公爵图书馆丰富,但仍会给中国学者带来很大的方便。在这里我对当年邀请我访问奥古斯特公爵图书馆的汉杰克博士（Dr.Geiger）、郎宓榭教授（Michael Lackner）和图书馆馆长施寒微（Helwig Schmidt-Glintzer）等德国朋友们表示感谢,没有他们的帮助,将不会有我对西方早期汉学著作的熟悉和了解。

1955)〔John·Lust;Werner Eichhorn〕。

　　这是一本很有特点的汉学研究论文索引,论文选取的不仅仅是正式连续出版的期刊,还包括一些学术会议论文集,特别是小型的学术会议论文集,以及一些著名教授荣休时所出版的纪念文集。在西方学术界有一个传统,每当一名教授荣休后,学术界的同行们会为他出版一本纪念文集,这样的纪念文集绝不仅仅是溢美之文,而是这个领域中最有影响的学者所写的关于这个研究领域的学术论文,因而,这样的论文集往往代表着某个学科或领域的最高研究成果,但由于这些论文集印数很少,往往不易找到。同时,这本目录还包括涉及中国研究的世界性主要学会的论文集,世界语言学学会、世界哲学学会、世界科学史学会等。目录一共收入了正式期刊889种,纪念文集和论文集135种,世界级学会文集18种。Lust先生将所有这些各类的研究中国的杂志、辑刊收集在一起共有1042种,他所收集的杂志之广是前所未有的。

　　这本目录的分类完全按照西方现代学术体系,因此,它实际是一个既包括传统文学、历史人文学科研究目录,也包括了社会科学各个门类的目录。其具体分类为:一般性研究著作;地理学研究;历史研究;政治与政府研究;军队:海、陆、空军;法律与法规;对外关系;经济、工业和商业;社会学;人类学、民族学和少数民族;哲学;宗教;教育;语言;文学;考古与艺术;音乐与体育;科学技术;农业与林业;医学与公共卫生;满族;蒙古;西藏;新疆与中亚;西夏;香港;澳门。

　　索引系统包括作者人名索引、主题词索引两套系统。这样这本书目工具书使用起来十分方便。如果我们检索中国古代文化经典的翻译,可以从书名主题词检索,输入"论语",我们就可以检索到汤用彤先生在1945年所写的《王弼对〈易经〉和〈论语〉的新解释》〔9443 T'ANG.Yung-t'ung.Wang Pi's new interpretation of the I Chiy and Lun-yu.Walter Liebeathal.*HJAS*(1947i,PP.z24-166)〕这里的Walter Liebeathal是译者,*HJAS*是《哈佛亚洲研究》(*Harvard Journal of Asiatic Studies*)杂志的缩略语。

　　如果从人名输入检索,汤用彤先生还发表了《在印度佛教和中国佛教系统中关于早期"口译"的方法》〔10115 TANG,Yung-tung.On 'ko-yi',*The Earliest Method by Which Indian Buddhism and Chinese Buddhism were Synthesised*.(Trans.M.C.Rogers.)Radhahtishnan(1951).pp.276-286〕

　　这本目录不仅仅对研究中国古代文化经典在西方的翻译与传播有重要价值，同时也是我们研究西方中国(汉学)的重要学术书目。这本目录被西方汉学界称为与考狄和袁同礼齐名的重要汉学目录。考狄和袁同礼的目录是书，而 Lust 的目录是论文。由此，它成为研究西方汉学的必读书目。

　　4.《1850 年前西方出版的关于中国的书》(John Lust, *Western Books on China Published to 1850, in the Library of the School of Oriental and African Studies*, Universitv of London Bamboo Publishing Ltd., 1987)。这是 Lust 先生的又一杰作，是他整理英国伦敦亚非学院所藏的截止到 1850 年前西方关于中国的书所得的一个目录，1987 年在英国出版，简称"Lust 书目"。在中西文化交流史上，1800 年大体是一个转折点，因为 1793 年耶稣会解散，这样中国与欧洲的联系桥梁中断了，尽管遣使会接管了在北京的耶稣会，但再不可能像耶稣会士那样展开中西文化之间的沟通了。同年，马嘎尔尼访华，英国试图通过谈判打开中国门户的想法完全落空。40 多年后，第一次鸦片战争爆发。中西文化关系进入了它的第二个阶段，将 16—18 世纪的中国和欧洲之间的较为平等的交往画上了句号。

　　"Lust 书目"是一部基本涵盖了中西文化交流史第一阶段时期，西方来华传教士、商人、使团、游客等各类人物回到欧洲后所写的游记、回忆录等西方语言的著作。同时，在这些以传教士为主体的著作中也包含着大量他们对中国典籍翻译的著作。在中西文化交流史的第一个阶段，由于双方大体在平等的氛围下展开交流，东方的思想文化对西方产生了重大的影响，这样，"Lust 书目"中也包含了一批当时从未来过中国的一些欧洲文化人、学者、哲学家所写的关于中国的著作。这些著作大体反映了当时中国文化的影响。

　　这个目录包含了 654 本著作，目录在编排上有著作、题目和主题索引，使用起来十分方便。作者在开篇列出了一个目录中文献的学术分类情况，对于我们了解这个目录较为重要。

	The collection	Number of titles	Number of fiches
1	Encyclopaedic works	59	533
2	Collective compilations	21	572
3	Miscellaneous writings, Notebooks	18	70

（续表）

	The collection	Number of titles	Number of fiches
4	Bibliography, Libraries	4	9
5	Chinese Studies, Polemics	7	11
6	Geography	76	289
7	Travels	103	1234
8	History, General works, Historiography	63	421
9	International relations	42	216
10	Economic affairs	5	14
11	International trade	34	156
12	Chinese society	22	89
13	Confucian classics, Philosophy	34	142
14	Education	7	17
15	Religions of China	130	473
16	Language	93	495
17	Literature	26	94
18	Arts, Architecture	11	27
19	Sciences	61	110
20	Handicraft industries	16	29
21	Hongkong	2	10
22	Chinese inspired works, Pastiches	15	94

　　这个书目是与一套缩微胶片一起出版的,中国国家图书馆购买了这套胶片,可以在国家图书馆缩微阅览室借阅。据说,浙江大学历史系和南开大学历史系也都购买了这套胶片,北外中国海外汉学研究中心也购买了这套胶片。有了这套胶片,对西方早期汉学的研究就十分方便,1850 年前西方出版的关于中国的出版物的大部分可以在这个目录中找到。由于西方在 1850 年出版的关于中国的书,英文版的并不多,许多是法文、拉丁文、葡萄牙文、西班牙文和意大利文,Lust 先生为了英国学界使用方便,在不少拉丁文著作后都配有简单的英文介绍,从而使更多的学者可以使用这套文献。

　　随缩微胶片所配的书本式目录使用起来也十分方便,书后有两套检索系统:

一套是著者检索系统,一套是书名检索系统。你只要按照索引查找自己希望得到
的书,在书本目录中都可以查找到书号,然后再借阅缩微胶片,在胶片阅读器上阅
读,或者转换成 PDF 文件。

举几个例证:

1)安文思《中国新史》(*Nouvelle relation de la China*,Paris,1688,JL57);

2)莱布尼茨《中国近事》(*Novissima Sinica*,*historiam nostri temporis illustrata*,1699,JL92);

3)伟烈亚力《亚洲皇家学会图书馆中文书目》(*Catalogue of the Chinese Library of the Royal Asiatic Society*,London,1838,JL130);

4)雷慕沙《有引言说明的中文和鞑靼-满文语言文学》(Rémusat,J.P.A.*Programme du cours de langue et de littérature chinoses et de Tartare Mandchou*,*précédé du discours prononcé à la première séance de ce cours*,Paris,1815,JL141);

5)柏应理《简明中国历代年表》(Couplet,P.*Synopsis chrinilogica monarchiae sinicae*,Paris,1696,JL393);

6)Brosset,M.F.《诗经与中国诗歌的随笔》(*Essai sur le Chi-King*,*et sur l'ancienne poésie chinoise*,Paris,1828,JL720);

7)柯大卫(Collie,D.)《中国古代经典四书》(*The Chinese Classical Work Commonly Called The Four Books*,Malacca,1828,JL723);

8)柏应理《中国哲学家孔子》;

9)殷铎泽《中国政治道德学说》(*Sinarum scientia politico-moralis*,Paris,1696,JL730);

10)汤若望(Schall von Bell,J.A.)《中国基督教史》(*Geschichte der chinesishen Mission...*,Wien,1834,JL845),这是从拉丁文 1665 年版本《耶稣会在华传教史 1581—1669》一书的翻译,此书学术价值很高,至今尚未有中文译本;

11)马礼逊《中国女神:中国通俗文学译文集》(*Horae Sinicae*:*Translations from the Popular Literature of the Chinese*,London,1812,JL1090)。

5.《阿瑟·韦利书目》(*A Bibliography of Arthur Waley*,*Francis A Johns*,The Athlovne Press London and Atlantic Highlands,1988)。毫无疑问韦利是 20 世纪西方汉学界最重要、最有影响的中国古代文化经典的翻译者。他的汉学研究涉及中国古

代文化的哲学、宗教、文学、历史等多个研究领域,而在中国古代文学的翻译上至今西方汉学界仍无人可以与之比肩。汉学家霍克思说他的成就令人吃惊。国内学术界已经开始关注他,但由于韦利著述丰厚,至今所有的研究均在韦利学术成就的一个领域中展开,如果全面展开对韦利的汉学成就研究,这是一本不可多得的好的工具书。

6.《外文期刊汉学论评汇目》,台湾图书馆与之在对国际汉学研究上较之大陆要动手更早,在许多方面做得也比大陆更好,尤其在图书文献方面,中国国家图书馆完全无法与之相比。① 1985 年,台湾图书馆将 1980 年建立的"汉学研究资料及服务中心"更名为"汉学研究中心",开始出版《汉学研究通讯》、《汉学研究》、《外文期刊汉学论评汇目》(Current Contents of Foreign Periodicals in Chinese Studies)等学术刊物。《外文期刊汉学论评汇目》是了解国际汉学研究进展的一份学术信息刊物,它共收录了 74 种外文期刊,其中西文外文期刊 51 种,日韩等汉学研究期刊23 种。《外文期刊汉学论评汇目》所收录的西文汉学研究期刊大都是西方汉学界最重要、最有影响的汉学期刊,例如 Archiv Orientdni, Arts of Asia, Asian Folklore Studies, Asian Geographer, Asiatische Studien, the China Quarterly, Chinese Sociology and Anthropology, Chinese Studies in Philosophy, Journal of the American Oriental Society, The Journal of Asian Studies, Journal of Chinese Philosophy, The Journal of the Royal A-siatic Society, Philosophy East and West 等,由于这份期刊在收录内容上包含了中国研究的各个方面,既有传统历史中国之研究,也有社会科学门类的当代中国之研究。下表是我们从该期刊的部分收藏中摘录出的有关西方汉学界关于中国典籍翻译和研究的目录。②

---

① 中国国家图书馆完全放弃了袁同礼的学术传统是非常遗憾的事。

② 在此感谢台湾图书馆汉学研究中心的耿立群,她提供给我了部分《外文期刊汉学论评汇目》,从而使我们能够对其内容做专门的检索。在中国文化研究和海外汉学研究的工具书研究方面,台湾图书馆做得十分出色。如他们所出版的林庆彰先生主编的《经学研究论著目录》《日本研究经学论著目录》《乾嘉学术论著目录》《日本研究经学论著目录》,台北:学生书局,1998 年;林庆彰教授主编的《日本儒学研究书目》、黄文吉主编的《词学研究书目》等都是研究海外汉学很好的工具书。很遗憾,现在台湾图书馆这个外文翻译目录已经停办了多年,希望有朝一日能恢复起来。

《外文期刊汉学论评汇目》
中国古代文化译文摘录①

卷次/时间	西文期刊	页码	英文篇名	中文篇名	作者/译者
第一卷第一期/1984 年 2 月	Journal of the American Oriental Society Vol. CIII, No. 3 July-September 1983	601	A Textual Note on the I Ching	《易经》文本注释	Jeffrey. K. Riegel
第一卷第二期/1984 年 5 月	Journal of the American Oriental Society Vol. 103, No.3 July-September 1983	601	A Textual Note on the I Ching	《易经》文本注释	Jeffrey K. Riegel
第一卷第四期/1984 年 11 月	T'oung Pao Vol. LXIX, No. 4-5 1983	261	Word and Word History in the Analects:the Exegesis of Lun yu IX.1	《论语》子罕第儿 注释	William G. Boltz
第二卷第四期/1985 年 11 月	Harvard Journal of Asiatic Studies Vol.45,.No.1 1985	225	The Eighteenth Chapter of an Early Mongolian Version of the Hsiao Ching	《孝经》之早期蒙古语译本,第十八章	F. W. Cleaves
第三卷第二期/1986 年 5 月	Renditions Nos.21-22 Spring-Autumn 1984	137	Five Poems-by Cao Xueqin, Li He, Ruan Ji and Wei Zhuang	曹雪芹,李贺,阮籍与韦庄的五首诗	D. Hawkes（tr.）

① 这个摘录是我的学生潘琳博士所翻译和编制的,在此表示感谢。

（续表）

卷次/时间	西文期刊	页码	英文篇名	中文篇名	作者/译者
第三卷第二期/1986年5月	*Renditions* Nos.21–22 Spring–Autumn 1984	142	Li Po:*The Hard Road to Shu*	《蜀道难》李白	A. C. Graham(tr.)
第三卷第二期/1986年5月	*Renditions* Nos.21–22 Spring–Autumn 1984	179	Six Poems-by anon., Bai Juyi,Jiang Jie and Xin Qiji	六首诗歌——出自无名氏,白居易,蒋捷与辛弃疾	A. Cooper(tr.)
第三卷第二期/1986年5月	*Renditions* Nos.21–22 Spring–Autumn 1984	187	Fifteen Selected Lyrics—by Bai Juyi, Huangfu Song, Wei Zhuang and Wen Tingyun	15首歌词选——出自白居易,皇甫嵩,韦庄及温庭筠	D. C. Lau(tr.)
第三卷第二期/1986年5月	*Renditions* Nos.21–22 Spring–Autumn 1984	200	Li Ch'ing-chao:*Double Brightness*	《醉花阴》李清照	J. Minford(tr.)
第三卷第二期/1986年5月	*Renditions* Nos.21–22 Spring-Autumn 1984	201	Lu Yu:Seven Poems	陆游七首诗(《晓坐》等)	B. Watson(tr.)
第三卷第二期/1986年5月	*Renditions* Nos.21–22 Spring-Autumn 1984	205	Wu Wen-ying:Five Tz'u Songs	吴文英五首词	G. S. Fong(tr.)

（续表）

卷次/时间	西文期刊	页码	英文篇名	中文篇名	作者/译者
第三卷第二期/1986 年 5 月	*Renditions* Nos.21-22 Spring-Autumn 1984	215	Fifteen Yuan sanqu by anon, Guan Hanqing, Guan Yunshi, Lu Zhi, Ma Zhiyuan, Qiao Ji, Ren Yu, Xu Zaisi, Yun Kanzi, Zhang Kejiu and Zhang Yanghao	十五首元散曲——出自无名氏,关汉卿,贯云石,卢挚,马致远,乔吉,任昱,徐再思,云窐子,张可久及张养浩	C. H. Kwock & G. G. Gach(trs.)
第三卷第二期/1986 年 5 月	*Renditions* Nos.21-22 Spring-Autumn 1984	230	Ten Ming Songs—by Liu Xiaozu, Wang Pan, Xue Lundao and Zhu Zaiyu	十首明散曲——出自刘晓诅,王磐,薛论道及朱载堉	K. C. Leung(tr.)
第三卷第二期/1986 年 5 月	*Renditions* Nos.21-22 Spring-Autumn 1984	360	Tai Fu-ku and Yuan Hao-wen;Poems on Poetry	《论诗绝句》戴复古,元好问	J. T. Wixted(tr.)
第三卷第四期/1986 年 11 月	*Journal of Chinese Language and Literature* Vol. XI June 1986	299	ShenBing-sun; Han Yu n the Xu Tang Shi Hu(XI)		J. W. Lee(tr.)
第三卷第四期/1986 年 11 月	*Renditions* No.23 Spring 1985	6	Feng Menglong: Wang Xinzhi's Death,and How It Saved His Whole Family	《汪信之一死救全家》冯梦龙	J. Page & C. T. Hsia(tr.)
第三卷第四期/1986 年 11 月	*Renditions* No.23 Spring 1985	47	Wu Youru: Selections from the Dianshizhai Pictorial	《点石斋画报》(节选)吴友如	D. J. Cohn(tr.)

（续表）

卷次/时间	西文期刊	页码	英文篇名	中文篇名	作者/译者
第三卷第四期/1986 年 11 月	*Renditions* No. 23 Spring 1985	104	Li Bo: Four Poems	李白四首诗	M. Kwan (tr.)
第三卷第四期/1986 年 11 月	*Renditions* No. 23 Spring 1985	108	Li Yu: Five Lyrics	李煜五首词	S. So (tr.)
第五卷第一期/1988 年 2 月	*Renditions* No. 24 Autumn 1985	13	Selections from *Jin Ping Mei*	《金瓶梅》（节选）	D. T. Roy (tr.)
第五卷第二期/1988 年 5 月	*Ming Studies* No. 24 Fall 1987	39	The Question of Li Yan as Seen from The Genealogical Records of the Li Clan of Qi County (trs. by R. V. Des Forges)		X. S. Li
第五卷第三期/1988 年 8 月	*Chinoperl Papers* No.14 1986	1	*Glowing Clouds in an Azure Sky*: A Newly Discovered Royal Pageant (translated by L. L. Mark and S. H. N. Cheung)		X. L. Wu
第五卷第三期/1988 年 8 月	*Chinoperl Papers* No.14 1986	97	*The Wall*, a Folk Opera in Four Acts (translated and annotated with an Introduction by L. C. Chang and V. H. Mair)		S. L. Pu

（续表）

卷次/时间	西文期刊	页码	英文篇名	中文篇名	作者/译者
第七卷第一期/1990 年 2 月	Renditions No. 32 Autumn 1989	9	Three Tales from the Tang Dynasty	三篇唐代(传奇)故事	G. Dudbridge(tr)
第七卷第一期/1990 年 2 月	Renditions No. 32 Autumn 1989	20	Liu E, The Sequel to Lao CanYou-ji:Chapters 7–9	《老残游记》(续)七至九章 刘鹗	T. C. Wong(tr.)
第七卷第一期/1990 年 2 月	Renditions No. 32 Autumn 1989	133	Li Qingzhao, Selected Poems	李清照词选	Bing Xin (tr.)
第七卷第二期/1990 年 5 月	East and West Vol.37, Nos. 1–4 December 1987	337	Shun' ei, The School of Mount Niu-t' ou and the School of the Pao-T' ang Monastery		S. Vita(ed. & trs .)
第八卷第三期/1991 年 8 月	Renditions No.33–34 1990	9	The Book of Lü Buwei; Excerpts	《吕氏春秋》(节选)	C. C. Wang(trs.)
第八卷第三期/1991 年 8 月	Renditions No.33–34 1990	24	Sima Qian;Shi ji ;The Biography of Lord Shang	《史记·商君列传》司马迁	B. Watson(trs.)
第八卷第三期/1991 年 8 月	Renditions No.33–34 1990	35	Fan Ye;Hou Han shu;Biographies of Recluses	《后汉书·逸民传》范晔	B. Watson(trs.)

（续表）

卷次/时间	西文期刊	页码	英文篇名	中文篇名	作者/译者
第八卷第三期/1991 年 8 月	*Renditions* No.33–34 1990	52	Wang Fu:*Thinking of Worthies*	《思贤》王符	M. J. Pearson(trs.)
第八卷第三期/1991 年 8 月	*Renditions* No.33–34 1990	58	Yan Zhitui:*Yan's Family Instruction:Excerpts*	《颜氏家训》（节选）颜之推	D. C. Lau (trs.)
第八卷第三期/1991 年 8 月	*Renditions* No.33–34 1990	63	Han and Six Dynasties Parallel Prose Kong Rong:*Memorial Recommending Mi Heng*; Li Mi:*Memorial Expressing My Feelings*; Lu Ji:*Disquisition on the Fall of a State*; Pan Yue:*Dirge for Yang Zhao*	汉代及六朝《荐祢衡疏》孔融;《陈情表》李密;《辨亡论》陆机;《杨荆州诔》潘岳	D. R. Knechtges(trs.)
第八卷第三期/1991 年 8 月	*Renditions* No.33–34 1990	111	Song Qi:*Biography of Li Bai*	《李白传》宋祁	W. Dolby(trs.)
第八卷第三期/1991 年 8 月	*Renditions* No.33–34 1990	116	Li Bai:*Two Prose Pieces*	李白的两篇文	S. P. E. Almberg
第八卷第三期/1991 年 8 月	*Renditions* No.33–34 1990	120	Lu Guimeng:*A Monument to Rustic Temples*	《野庙碑》陆龟蒙	D. E. Pollard(trs.)

（续表）

卷次/时间	西文期刊	页码	英文篇名	中文篇名	作者/译者
第八卷第三期/1991年8月	Renditions No.33–34 1990	123	Su Shi: Dongpo's Miscellaneous Records:Excerpts	《东坡杂记》(节选)苏轼	E. Hung(trs.)
第八卷第三期/1991年8月	Renditions No.33–34 1990	141	Zhong Sicheng:Preface to Ghost Register	《录鬼簿·序》钟嗣成	D. E. Pollard(trs.)
第八卷第三期/1991年8月	Renditions No.33–34 1990	144	Fang Xiaoru:The Mosquito Dialogue	《蚊对》方孝儒	W. Dolby(trs.)
第八卷第三期/1991年8月	Renditions No.33–34 1990	148	Gui Youguang:Two Essays	归有光的两篇文	D. E. Pollard(trs.)
第八卷第三期/1991年8月	Renditions No.33–34 1990	155	Zhang Dai:Six Essays	张岱的六篇文	D. E. Pollard and S.Y. Kian(trs.)
第八卷第三期/1991年8月	Renditions No.33–34 1990	167	Four Examination Essays of the Ming Dynasty Tang Shunzhi:Zi Mo Holds on to the Middle; Tao Wangling:The Master asked about Gongshu Wenzi; Ai Nanying:The people are of supreme importance; Tan Yuanchun:Zeng Xi was fond of eating jujubes	四篇明代八股文《子莫执中,执中为近之,执中无权,犹执一也》唐顺之;《子问公叔文子》陶望龄;《民为贵》艾南英;《曾皙嗜羊枣》谭元春	A. Lo(trs.)

（续表）

卷次/时间	西文期刊	页码	英文篇名	中文篇名	作者/译者
第八卷第三期/1991 年 8 月	Renditions No.33–34 1990	182	Wang Fuzhi: Three Excerpts from Shi Guangzhuan	《诗广传》（节选）王夫之	S. K. Wong(trs.)
第八卷第三期/1991 年 8 月	Renditions No.33–34 1990	188	Feng Menglong: Preface to the Hall of Laughter	《笑府·序》冯梦龙	E. Hung(trs.)
第八卷第三期/1991 年 8 月	Renditions No.33–34 1990	190	Shi Chengjin: Preface to a Good Laugh	《笑得好·自序》石成金	E. Hung(trs.)
第八卷第三期/1991 年 8 月	Renditions No.33–34 1990	192	Yuan Mei: Thoughts on Master Huang's Book Borrowing	《黄生借书说》袁枚	D. E. Pollard(trs.)
第八卷第三期/1991 年 8 月	Renditions No.33–34 1990	195	Fang Bao: Life in Prison	《狱中杂记》方苞	D. E. Pollard(trs.)
第八卷第三期/1991 年 8 月	Renditions No.33–34 1990	201	Gong Zizhen: Two Essays	龚自珍的两篇文章	J. Wickeri(trs.)
第八卷第三期/1991 年 8 月	Renditions No.33–34 1990	205	Lin Shu: Three Essays	《析廉》《湖心泛月记》《湖之鱼》三篇 林纾	C. Chu(trs.)
第八卷第三期/1991 年 8 月	Renditions No.33–34 1990	210	Two Travel Essays on European Cities Li Shuchuang: On Brighton; Xue Fucheng: At a Parsian Oil Painting Exhibition	《卜来敦记》黎庶昌；《观巴黎油画记》薛福成	E. Hung(trs.)

（续表）

卷次／时间	西文期刊	页码	英文篇名	中文篇名	作者／译者
第八卷第四期／1991 年 11 月	*Journal of Asian History* Vol.24 1990	105	Memoiron on the Campaign Against Turfan（An annotated translation of *Hsü Chin's P'ing-fan shih-mo* written in 1503）	《于谦平反始末》译注	Y. C. Lam
第九卷第三期／1992 年 8 月	*T'ang Studies* No.8–9 1990	97	Po Chu-I's *Song of Lasting Regret*：A New Translation	白居易《长恨歌》新译	P. W. Kroll
第九卷第三期／1992 年 8 月	*T'ang Studies* No.8–9 1990	105	Another Go at the *Mao Ying Chuan*	韩愈《毛颖传》新译	E. O. Eide
第九卷第四期／1992 年 11 月	*The Journal of Chinese Philosophy* Vol.19, Nos.1–2 March-June 1992	81	One is All；Translation and Analysis of the *Hsin-hsin ming*	《信心铭》译释	D. Pajin
第十卷第一期／1993 年 2 月	*Mongolian Studies* Vol. XV 1992	137	The Fourth Chapter of an Early Mongolian Version of the *Hsiao ching*	《孝经》之早期蒙古语古译本第四章	F. W. Cleaves
第十卷第四期／1993 年 11 月	*Mongolian Studies* Vol. XV 1992	137	The Fourth Chapter of an Early Mongolian Version of the *Hsiao ching*	《孝经》之早期蒙古语古译本第四章	F. W. Cleaves

（续表）

卷次/时间	西文期刊	页码	英文篇名	中文篇名	作者/译者
第十一卷第一期/1994 年 2 月	*Central Asiatic Journal* Vol.37, Nos.1–4 1993	198	The Tibetan Translations of the *Samdhinirmocana-sūtra* and *Bka'gyur Research*	《解深密经》与《甘珠尔》藏文译本	J. Powers
第十一卷第四期/1994 年 11 月	*Mongolian Studies* Vo.17 1994	1	The Sixth Chapter of an Early Mongolian Version of the *Hsiao-ching*	《孝经》——早期蒙古语译本第六章	F. W. Cleaves
第十二卷第一期/1995 年 2 月	*Renditions* Nos.41&42 Spring & Autumn 1994	1	Letters Between Qin Jia and His Wife Xu Shu	〔东汉〕秦嘉与其妻徐淑书信	G. Malmqvist(tr.)
第十二卷第一期/1995 年 2 月	*Renditions* Nos.41&42 Spring & Autumn 1994	7	Cao Pi: *Two Letters to Wu Zhi*, Magistrate of Zhaoge	《与吴质书》曹丕	B. Watson
第十二卷第一期/1995 年 2 月	*Renditions* Nos.41&42 Spring & Autumn 1994	12	Cao Zhi: *Letter to Yang Dezu*	《与杨德祖书》曹植	R. M. W. Ho
第十二卷第一期/1995 年 2 月	*Renditions* Nos.41&42 Spring & Autumn 1994	15	Tao Qian: *Letter to His Sons*	《与子俨等疏》陶渊明	J. R. Highower
第十二卷第一期/1995 年 2 月	*Renditions* Nos.41&42 Spring & Autumn 1994	18	Bao Zhao: *Letter to My Younger Sister upon Ascending the Bank of Thunder Lake*	《登大雷岸与妹书》鲍照	J. L. Su

（续表）

卷次/时间	西文期刊	页码	英文篇名	中文篇名	作者/译者
第十二卷第一期/1995年2月	Renditions Nos.41&42 Spring & Autumn 1994	25	Jiang Yan: Letter in Response to Yuan Shuming	《报袁叔明书》江淹	T. P. Chang & D. R. Knechtges
第十二卷第一期/1995年2月	Renditions Nos.41&42 Spring & Autumn 1994	32	Wang Wei: Letter from the Hills to Scholar Pei Di	《山中与裴迪秀才书》王维	C. Birch
第十二卷第一期/1995年2月	Renditions Nos.41&42 Spring & Autumn 1994	34	Li Bai: Letter to Governor Han of Jingzhou	《与韩荆州书》李白	C. Birch
第十二卷第一期/1995年2月	Renditions Nos.41&42 Spring & Autumn 1994	38	Han Yu: Letter to the Chancellors	《上宰相书》韩愈	K. P. Huang
第十二卷第一期/1995年2月	Renditions Nos.41&42 Spring & Autumn 1994	46	Liu Zongyuan: Letter to Han Yu Discussing the Duties of Official Historian	《与韩愈论史官书》柳宗元	D. Twitchett
第十二卷第一期/1995年2月	Renditions Nos.41&42 Spring & Autumn 1994	51	Bai Juyi: Letter to Yuan Zhen	《与元九书》白居易	S. Owen
第十二卷第一期/1995年2月	Renditions Nos.41&42 Spring & Autumn 1994	56	Ouyang Xiu: To Wang Yuanshu, a Letter of Enquiry Concerning a Character on an Ancient Tombstone	《与王源叔问古碑字书》欧阳修	T. H. Barrett
第十二卷第一期/1995年2月	Renditions Nos.41&42 Spring & Autumn 1994	60	Sima Guang: Letter to Wang Anshi	《与王介甫书》司马光	C. Y. Chu & D. E. Pollard

（续表）

卷次/时间	西文期刊	页码	英文篇名	中文篇名	作者/译者
第十二卷第一期/1995 年 2 月	Renditions Nos.41&42 Spring & Autumn 1994	73	Wang Anshi：Reply to Sima Guang	《与司马谏议书》王安石	J. Jamieson
第十二卷第一期/1995 年 2 月	Renditions Nos.41&42 Spring & Autumn 1994	76	Su Shi：Reply to Bi Zhongju	《答毕仲举书》苏轼	X. Y. Yang
第十二卷第一期/1995 年 2 月	Renditions Nos.41&42 Spring & Autumn 1994	79	Li Qingzhao：Letter to the Academician Qi Chongli	《投翰林学士綦崇礼启》李清照	S. P. E. Almberg
第十二卷第一期/1995 年 2 月	Renditions Nos.41&42 Spring & Autumn 1994	85	Gui Youguang：To the Students at My Mountain Lodgings	《山舍示学者书》归有光	R. E. Hegel
第十二卷第一期/1995 年 2 月	Renditions Nos.41&42 Spring & Autumn 1994	89	Zong Chen：Letter to Liu Yizhang	《报刘一丈书》宗臣	D. Kane
第十二卷第一期/1995 年 2 月	Renditions Nos.41&42 Spring & Autumn 1994	92	Xie Zhaozhe：Letter from the Capital to a Friend	《京邸与人书》谢肇淛	D. Pattinson
第十二卷第一期/1995 年 2 月	Renditions Nos.41&42 Spring & Autumn 1994	94	Yuan Hongdao：Letter to Gong Weichang	《与龚惟长先生书》袁宏道	D. E. Pollard
第十二卷第一期/1995 年 2 月	Renditions Nos.41&42 Spring & Autumn 1994	98	Chen Hongxu：A Further Letter to Zhou Lianggong	《再与乐园书》陈宏绪	D. Pattinson

（续表）

卷次/时间	西文期刊	页码	英文篇名	中文篇名	作者/译者
第十二卷第一期/1995 年 2 月	Renditions Nos.41&42 Spring & Autumn 1994	102	GuYanwu:Discussing the Matter of Learning with a Friend	《与友人论学书》顾炎武	D. C. Lau
第十二卷第一期/1995 年 2 月	Renditions Nos.41&42 Spring & Autumn 1994	106	Hou Fangyu:To Ruan Dacheng on Leaving Nanjing,1643	《癸未去金陵日与阮光禄书》侯方域	D. E. Pollard
第十二卷第一期/1995 年 2 月	Renditions Nos.41&42 Spring & Autumn 1994	110	Xia Wanchun:From the Death Cell,to His Mother	《狱中上母书》夏完淳	D. E. Pollard
第十二卷第一期/1995 年 2 月	Renditions Nos.41&42 Spring & Autumn 1994	114	Wang Zhizhen:Reply to Zhang Yihu	《复张友鸿》王士祯	D.Pattinson
第十二卷第一期/1995 年 2 月	Renditions Nos. 41&42 Spring & Autumn 1994	118	Fang Bao: Letter to Wang Kunsheng	《与王昆绳书》方苞	C. T. Hsia
第十二卷第一期/1995 年 2 月	Renditions Nos.41&42 Spring & Autumn 1994	123	Yuan Mei:Reply to Wang Dashen	《答汪大绅书》袁枚	C. Y. Chu
第十二卷第一期/1995 年 2 月	Renditions Nos.41&42 Spring & Autumn 1994	128	Yao Nai:Letters to His Grandnepheus:Excerpts	《与侄孙书》(节选)姚鼐	F. Tsai
第十二卷第一期/1995 年 2 月	Renditions Nos. 41&42 Spring & Autumn 1994	133	Zeng Guofan:Letter to His Younger Brothers	《与弟书》曾国藩	J. Wickeri

（续表）

卷次/时间	西文期刊	页码	英文篇名	中文篇名	作者/译者
第十二卷第一期/1995 年 2 月	Renditions Nos. 41&42 Spring & Autumn 1994	138	Xue Fucheng:Reply to a Friend on the Banning of Opium Smoking	《答友人论禁洋烟书》薛福成	C. Y. Chu
第十二卷第一期/1995 年 2 月	Renditions Nos.41&42 Spring & Autumn 1994	144	Gong Weizhai: Letter from the Snow-Swan Studio	《雪鸿轩尺牍》龚未斋	C. C. C. Sun
第十二卷第一期/1995 年 2 月	Renditions Nos.41&42 Spring & Autumn 1994	149	Xujiacun:Two Letters from the Autumn Floods Studio	《秋水轩尺牍》许葭村	M. Cheung
第十二卷第一期/1995 年 2 月 出版	Renditions Nos.41&42 Spring & Autumn 1994	153	Liang Qichao: Letter to His Wife Huixian	《与蕙仙书》梁启超	O. Stunt
第十二卷第一期/1995 年 2 月	Renditions Nos.41&42 Spring & Autumn 1994	160	Lin Juemin:Last Letter to His Wife	《与妻书》林觉民	E. Hung
第十二卷第二期/1995 年 5 月	T' ang Studies Nos.8-11 1990—1993	97—105	Po Chü-i' s Song of Lasting Regret:A New Translation	白居易《长根歌》新译	P. W. Kroll
第十二卷第二期/1995 年 5 月	T' ang Studies Nos. 8 - 11 1990—1993	107—111	Another Go at the Mao Ying chuan	韩愈《毛颖传》新译	E. O. Eide

（续表）

卷次/时间	西文期刊	页码	英文篇名	中文篇名	作者/译者
第十三卷第一期/1996 年 2 月	Asian Music Vol.26 No.2 Spring/Summer 1995	196	Yue Ji Record of Music: Introduction, Translation, Notes, and Commentary	乐记:简介、译文、注释及评论	S. Cook
第十三卷第二期/1996 年 5 月	Renditions No. 43 Spring 1995	16—24	Pu Songling, *Ma Jiefu*	《马介甫》蒲松龄	Y. Wu
第十三卷第二期/1996 年 5 月	Renditions No.43 Spring 1995	77—78	Bai Juyi and Chen Ziang, Two Classical Poems	两首古诗,译自白居易及陈子昂诗作	C. Mulrooney
第十三卷第二期/1996 年 5 月	Renditions No. 43 Spring 1995	79—104	Ma Zhiyuan, Autumn Moon Over Dongting Lake: Twenty-four Sanqu lyrics to the tune *Sho yang qu*	《寿阳曲·洞庭秋月》(二十四首)马致远	L. G. Wang
第十四卷第一期/1997 年 2 月	Renditions No. 46 Autumn 1996	47—68	Xin, Seven Poems on Getting Drunk	辛弃疾:七首词	D. E. Pollard
第十四卷第一期/1997 年 2 月	Renditions No. 46 Autumn 1996	58—83	Li, *Te Painted Barges of Yangzhou*: excerpts	《扬州画舫录》李斗	L. Borota
第十四卷第一期/1997 年 2 月	Renditions No. 46 Autumn 1996	1—16	Buddhism and Daoism in The 180 Precepts Spoken by Lord Lao	老子言论 180 句中的佛教和道教	B. Penny

（续表）

卷次/时间	西文期刊	页码	英文篇名	中文篇名	作者/译者
第十四卷第二期/1997 年 5 月	*East Asian History* No. 9 June 1995	23—46	*Seven Dialogues from the Zhuangzi*	《庄子》的七段对话	J. F. Billeter;M. Elvin
第十五卷第四期/1998 年 11 月	*Journal of Chinese Religions* No.26 1998	135—143	Myth and Fragments of a Qin Yi text:A Research Note and Translation	秦夷文献中的神话与片段:研究与翻译	C. A. Cook
第十七卷/2000 年汇编本	*Mongolian Studies* Vol. 23 2000	69—137	The *Oyun Tülkigür* or "Key to Wisdom": Text and Translation Based on the MSS in the Institute for Oriental Studies at St. Petersburg	《智慧钥匙》:基于圣彼得堡东方研究所手稿的文本及翻译	N. S. Yakhontova
第十七卷/2000 年汇编本	*Mongolian Studies* Vol. 23 2000	17—42	The *Twelve Deeds of the Buddha*:A 19th Century Buriat Translation of the Hymn	《佛陀的十二事迹》:19 世纪布利亚特语译本	Marta Kiripolská

7.《中国古典小说:研究与欣赏研究论文与书目指南》(*Classical Chinese Fiction:A Guide to Its Study and Appreciation Essays and Biliographies*, Winston L.Y.Yang, Peter Li and Nathan K.Mao,1978),这是一本研究中国古典小说在西方汉学界研究与翻译的必读工具书。在书的前言中,编者指出,近二三十年来中国的古典小说不断被翻译成西方语言,开始被读者所阅读。同时,关于研究中国古典小说的历史和论文也不断增加,各种中国古代的短篇小说也被翻译出来。这种趋势并不仅仅存在于中文文献的研究者中,它在西方学者中也受到了重视。编者认为,编辑一部关于中国古典小说在西方的翻译和研究的指南性的书籍十分必要。这本书是对中国古代小说的研究与介绍,并提供了一个进一步研究的注释性的书目。提供给读者的有:中国历史年表,中文发音词表,西文学术期刊来源表,中文作者表、题目、主题词等。在收录的语言上,有英语、法语、德语的各种翻译文献和研究论著与论文。这本工具书可以为汉学系的学生、教师甚至喜欢中国古代小说的读者所使用。书中提供的书目对于在西方学习研究中国文学的人是很有用的。这本书也是献给长期在哥伦比亚大学教授中国古代文学的王际真教授的80岁生日的。

对于一般的阅读者和研究者而言,要想进入中国古典小说的研究范围,应知道这些小说的历史背景与文化特点。论述部分就是对中国古代小说提供一个历史文化背景的介绍和说明,并对重要的中国古代小说做一个评论。这对西方的读者来说是十分重要的。

在书目部分中,书目的选择原则上,编者认为所收录的是重要的有影响的被翻译成西方语言的小说,这些小说和评论取自已经翻译出版的小说,或者已经在学术期刊上发表了的学术译文,也包括汉学界对小说的研究和评论的文章。这个书目收集的是从1951年到1976年25年间的西方翻译和研究中国古代小说的目录和评论,在书中大约有850个题目。

这本书的书目部分做得很有特点。第一部分是书目在中国文献中的来源与出处,对中国文学的研究和中国文学的选集的一般性介绍,中西的比较研究,已经翻译成西文中国古典小说的目录和评论。第二部分是中国古典小说书目。第二部分的编排十分实用,编者按照朝代,例如,六朝的著作,列出翻译的文献和书目,然后是对六朝著作的研究,以下是唐、宋、明、清依次展开,这样读者可以清晰了解到每个时期中国古典小说被翻译成西方语言的目录及西方汉学研究的成果。在书目的最后一部分是域外汉学研究领域对中国古代文化小说的混杂性研究书目，提供了包括日本在内的汉学界对古代小说的研究论著和论文目录。书后附录了《中国古代文学作者、标题、术语的词汇表》，词汇表采取罗马注音和汉字对照形式，最后是一个以英文字母排序的索引。

这是一本很有实用价值的研究西方汉学界对中国古代小说翻译与研究的工具书。

8.费正清（J. K. Fairbank, 1907—1991）编《西方语言中关于现代中国的书目导读》（*Bibliographical Guide to Modern China：Works in West Languages*），这本书成书于 1948 年 4 月，在哈佛大学国际和地区研究委员会的资助下，以油印印刷，非官方出版，本书是为中国研究的初学者提供的书目工具书，费正清在编辑这本工具书时是针对原有的关于中国的书目要么是针对中国历史文化整体，要么是针对对外关系，或者当代出版物，缺少对所引用著作的研究范畴和学术价值的描述。本书改变了这一状况。哈佛大学的中国地区研究项目主要针对从 1898 年开始的中国广泛的革命进程，从 1946 年开始，在该项目组很多成员的帮助下，这本导读得以完成，但是费正清也在前言中承认，"作为导读，其本身还有一些值得怀疑的判断，但是比原有的书目要好得多"。这本书共 80 页，包括九部分：一、常规参考书；二、现代中国之前的一些成就；三、西方的影响；四、现代中国：政府和政治；五、经济；六、社会；七、现代文学；八、亚洲内部；九、美国对华政策。其中对中国政治、经济、社会的研究书目部分篇幅最长，在引用的文章中以星号（＊）来区分其学术价值，没有星号（＊）的表明价值一般，而有星号（＊）的表明学术价值很高。

9.傅汉思（Hans H. Frankel, 1916—2003）编《中古史译文目录（220 年—960年）》（*Catalogue of translations from the Chinese dynastic histories for the period 220-960*）。1957 年加利福尼亚大学出版社首次出版，1974 年绿林出版社征得原出版社同意后再版。众所周知，中国古代王朝史包含很多具体的历史信息，大部分从来没有被翻译或者呈现给西方读者。尤其被忽视的是从汉朝到宋朝这一阶段。尽管如此，还是有很多这一时期的历史翻译著作。这本目录收录了 2000 多篇关于中国历史文献的译文并列出出处与中国文本相对应。当然，这本目录收录范围也有几个局限：只有释义而非翻译的被排除掉。这本目录只包含英语、法语、德语三种语言,其他西方语言的译文不包含在内。这本书的可靠之处在于,每一个列举的条目都与原有的历史文本核对过,以往在西方翻译出版的一些关于中国的历史译文,如果找不到译文的底本,就没有被收录。本目录主要涉及二十四史中的十六部史书,因此,被分成十六部分,沿用历史学的传统顺序来排列译文。每一部分以大写字母 A-P 标明。被引用的译文段落也根据它们在中国文本的位置和页数标明。当同一段译文有不同翻译版本时,会按出版顺序列出不同版本。本目录使用多重引证来相互参照。读者可以使用三种方法来检索,通过其在中文文本中的位置来检索、通过翻译者的姓名索引检索或者通过主题索引检索。这本目录是西方汉学的集体成果,书中列举的翻译者来自很多国家,其中 37 个美国人、31 个中国人、26 个德国人、23 个法国人、21 个英国人、12 个日本人,还有荷兰人、奥地利人、俄国人、印度人、印度尼西亚人、捷克人、意大利人、瑞典人等。这是一本质量很好的关于中国历史的译文目录书。

10.美国威斯康辛大学倪豪士(William H. Nienhanser)先生主编的 *Bibliography of Western Works on Tang Dynasty Literature*,收录了 1957 年秋以前研究唐代文学的西文(包括英文、法文、德文、荷兰文、意大利文、俄文、西班牙文、瑞典文等)论著。

11.《近代中国研究书目介绍》(*Premodern China：A Bibliographical Introduction*),这是美国密歇根大学 1971 年编制和出版的一个中国近代研究的书目。书的第一部分是从汉学的角度对书目做了一般性介绍,第二部分是对西方语言中的中国近代研究书目概览,第三部分是西方汉学界对中国近代研究书目的书目介绍。这个书目无论是对西方汉学研究、中国近代历史研究,还是对中国文化经典西译研究都十分有价值。

三、中国古代典籍西译与汉学研究的网络资源①

经过调研和检索②,我们将目前国际汉学界较为常用的数据库列举如下,包

① 感谢全慧对本节写作的参与和补充。
② 本次调研的机构主要有:哈佛燕京学社图书馆、哥伦比亚大学东亚图书馆、密歇根大学东亚图书馆、加州大学伯克利分校东亚图书馆、莱顿大学图书馆、伦敦大学亚非学院图书馆、鲁汶大学图书馆、早稻田大学图书馆、香港大学图书馆、台湾大学图书馆等。

括其中外文名称、网址、出品者、基本功能和使用方法等。以西方出品的数据库为主,同时囊括中国(包括港台)出品的汉文电子资源。其中绝大部分数据库是通过机构购买,本机构成员在机构 IP 范围内或通过机构 VPN 进行外部访问的(以下列举的数据库,未注明使用方式的皆属此类);另有部分是机构自建的数据库,其网址在其 IP 范围外无法访问,为尊重知识产权,此类数据库下文仅做简介。

这里的文献一部分是西方汉学界所做的数据库,以为西方汉学研究所用,这部分数据库提供了中国古代典籍翻译成西文的一些基本文献,对研究中国典籍西译十分有价值;另一部分则是中国图书馆界和学术界所做的数据库,主要是中国古代典籍的文献,显然,这部分文献对于研究中国典籍的翻译也是很重要的。

(一)西方出品的关于汉学研究的数据库

1.China:trade,politics & culture,1793-1980:sources from the School of Oriental and African Studies and the British Library,London

中文译名:海外收藏的中国近代史珍稀史料文献库

网址:www.china.amdigital.co.uk/

出品方:Marlborough,England;Adam Matthew Digital

语言:英语

简介:本库搜集了 1793—1980 年间中国与西方往来关系的众多资料,收录了大量包含有不同人物、场景、民俗与事件的地图、彩色绘画、照片与画稿;包括了中国海关史上主要人物的重要文件,从包腊(ECM Bowra)与包罗(CAV Bowra)到赫德(Robert Hart)与梅乐和(Frederick Maze);主要外交使团到中国的档案,从马嘎尔尼(Macartney)与阿姆赫斯特(Amherst)到尼克松与赫斯等;在中国所有地区的外国传教团文档,如广东、澳门、上海与北京等;《教务杂志》与都柏林大学传教团的"Light and Life,1935-1970",以及英国国家档案馆馆藏的 20 世纪 70 年代与中国关系解冻的最新解密文件等,并可对它们进行全文检索。

数据库共收录 7.2 万幅左右的图片,400 幅以上彩色图片与照片及互动地图等,此外还包括四篇论文与大事年表、书目等。数据库的资料来源于伦敦大学亚非学院、大英图书馆、英国国家档案馆与新西兰国家图书馆。

特点:

1)珍贵的中国近代史资源,单一来源。目前没有其他类似内容的数据库。

2)均为珍贵的原始手稿或原始档案的图像。

3)可以对图像中的文字进行全文检索。

4)提供导航分类,点击不同分类,可浏览相应内容。

5)辅助提供相关论文、大事年表与书目等。

6)使用限制相对宽松。

在这个数据库中,有大量的中国典籍的译文。

本数据库详细目录请见:http://www.cinfo.net.cn/index/top/other%20groups/ AMP_China_Online_Contents.htm

该库除国外汉学界使用较为广泛外,国内也有正式的机构用户,如吉林大学等。该数据库在国内由 Cinfo 信息公司代理推广。

2.ProQuest Historical Newspapers:Chinese Newspapers Collection(1832—1953)

中文译名:ProQuest 历史报纸:近现代中国英文报纸库(1832—1953)

网址:http://search.proquest.com/hnpchinesecollection/index? accountid=8552

出品方:ProQuest 公司

语言:英语

简介:该库收录了 1832—1953 年间出版发行的 12 份关于近现代中国的英文报纸。这些报纸所刊内容从独特的视角,对中国近现代史上最为动荡的 120 年间发生的政治和社会生活动态进行了全面的报道,例如太平天国运动、鸦片战争、义和团运动、辛亥革命、抗日战争及第二次世界大战期间近现代中国和日本的关系等。该数据库对于推动近代史、新闻史、经济史、宗教史等各个学科领域都有相当高的资料价值。主要包括以下报纸:

表 11-2

报纸名称	收录年限
《北华捷报》/《字林西报》(*The North-China Herald*)	1850—1941
《大陆报》(*The China Press*)	1925—1938
《中国评论周报》(*The China Critic*)	1939—1946

（续表）

报纸名称	收录年限
《密勒士评论报》(*Millard's Review/The China Weekly Review*)	1917—1953
《教务时报》(*The Chinese Recorder*)	1868—1940
《中国丛报》(*The Chinese Repository*)	1832—1851
《北京日报》(*Peking Daily News*)	1914—1917
《京报》(*Peking Gazette*)	1915—1917
《北京导报》(*Peking Leader*)	1918—1919
《上海泰晤士报》(*The Shanghai Times*)	1914—1921
《上海新报》(*The Shanghai Gazette*)	1919—1921
《广州时报》(*The Canton Times*)	1919—1920

该库涵盖的学科范围包括:人类学、殖民地研究、民族研究、历史学、政治学、社会学、亚洲研究、中国研究、日本研究等。

这些英文报纸,部分是由外国人创办经营的,但也有中国人自己创办的,例如《京报》《北京导报》《中国评论周报》等。

这些报纸有相当多的是中国典籍的翻译,例如《中国丛报》《教务时报》等,这点我们在上面已经做了初步的介绍。

备注:这些报纸中,《北华捷报》还有单独的数据库,有的机构仅购买这一份报纸(数据库名称:North China Herald Online)。

3.Bibliography of Asian studies

中文译名:亚洲研究书目

网址:http://ets.umdl.umich.edu/b/bas

出品方:密歇根大学(Ann Arbor,Mich.:Association for Asian Studies,1998—)

语言:英语界面、中文内容

简介:该库收录自 1971 年至今出版的、以亚洲各地区为研究对象的书、论文及书的篇章等,迄今共有 78 万余条记录,尤其偏重于人文社会学科。数据库中含有一定数量的中国古代典籍的翻译,该库是 BAS 的电子版,涵盖纸版的全部内容。

使用方式:可以机构或个人名义进行注册,付费使用。

4.Chinese Christian Texts Database（CCT-Database）

中文译名：中国基督教文献数据库

网址：http://www.arts.kuleuven.be/info/eng/OE_sinologie/CCT

出品方：鲁汶大学

语言：英语界面、内容以中文为主

简介：该库由荷兰汉学家许理和（Erik Zürcher）教授发起创建，最初意在将 17 世纪中国天主教相关的一手文献资源进行搜集和整理。从 1980 年代开始，杜鼎克（Ad Dudink）和钟鸣旦（Nicolas Standaert）教授继续践行并扩展着这项计划。如今该库涵盖 1582 年至约 1840 年间关于中欧交往的一手文献及大量的二手文献、论文等。其中，一手资料含 1050 份中文手稿、出版物等；二手资料有 4000 份左右的文章、著作等，部分文章有直达原文的链接。所涉及学科除宗教外，还扩展到了哲学、科学、艺术、文化等。

使用方式：免费使用

5.Brill's Encyclopedia of China Online

中文译名：Brill 中国百科在线

网址：http://referenceworks.brillonline.com/browse/encyclopedia-of-china

出品方：Brill Academic Publishers

语言：英语

简介：该平台以同名百科全书纸本为基础，着眼于 19 世纪中期至 21 世纪的中国。由世界知名的学者撰写词条。

6.Brill Asian Studies ebooks Online

中文译名：Brill 亚洲研究电子书在线

网址：http://www.brill.com/brillonline/e-book-collections

语言：英语

简介：Brill 出版社系列电子书的亚洲研究合集，2007—2013 年，每年数十本，其中有许理和等汉学家的著作。

7.China:culture and society

中文译名：中国：文化与社会

出品方：哈佛燕京图书馆，档案资料类电子资源简介:18世纪中期至20世纪早期关于中国人民和文化、外国人在中国等的多种文献集合。核心内容是康奈尔大学所藏的 Charles W. Wason 东亚收藏中的珍本宣传册。

8.Hedda Morrison Photographs of China

中文译名:赫达·莫里逊所拍摄的中国

出品方:哈佛燕京图书馆,档案资料类电子资源

简介:赫达·莫里逊(Hedda Morrison, 1908—1991),德国籍女摄影家。1933—1946年她在中国度过,拍摄了大量高质量照片。1991年赫达·莫里逊在澳大利亚去世,根据遗嘱,她在中国大陆13年间拍摄的1万多张底片和6000幅照片全部捐赠给哈佛大学的哈佛燕京图书馆。

9.Chinese Rubbings Collection

中文译名:中文拓片合集

出品方:哈佛燕京图书馆,档案资料类电子资源

简介:哈佛燕京图书馆将所藏中文拓片进行数字化,截至2008年该库有1945种拓片。

10.Index to Ming Dynasty Chinese Paintings

中文译名:中国明代绘画索引数据库

出品方:哈佛燕京图书馆,档案资料类电子资源

简介:卡西尔教授早年出版过《中国早期画家与画作索引:唐、宋、元》,数年后,卡西尔教授继续做这项工作,做出了明代画家与画作的索引,该库包含三方面内容:画家生平、艺术品介绍及书目。

(二)中国出品的汉学界常用电子资源

1.China academic journals

中文名:中国知网(中国知识基础设施工程)

网址:http://oversea.cnki.net/kns55/default.aspx

出品方:中国学术期刊(光盘版)电子杂志社,清华同方光盘股份有限公司

国外推广方:Minneapolis, MN:East View Publications

语言:中文英文界面

简介:中国知网的海外版。含中国学术期刊、硕博士论文、会议论文等的全文,除现刊外,还可回溯到首卷首期,是当今了解中国学术界动态最及时最完整的信息库。由于中国知网上有数量不少的中国典籍翻译的博士论文和硕士论文,因此,对从事中国典籍的翻译是有价值的。

2.Chinese civilization in time and space

中文名:中华文明之时空基础架构系统

繁体中文版:http://ccts.ascc.net/framework.php? lang=zh-tw

出品方:"中央研究院"(台北市)

语言:中英文界面

简介:本系统起源于跨领域的学术研究应用需求,期望建构以中国为空间范围,并以原始社会迄今的中国历史为时间纵深,以中国文明为内涵的整合性信息应用环境。主要对象除以学术研究与教育为主的学者、专家、教师外,亦希望能兼顾一般性的,以时间及空间为主的信息管理、分析、整合与呈现等应用。最终目的则是建立持续搜集研究与应用成果之反馈机制,以不断充实信息内涵,发挥资料整合价值并分享给使用者。

本系统包含基本空间图资、WebGIS整合应用环境和主题化的属性信息三大部分。基本空间图资以谭其骧先生主编的《中国历史地图集》为基础,提供上古至清代,上下逾2000年的中国历代基本地图,并辅之以持续整理搜集之各类历史地图、遥测影像等基础图资。

使用方式:填写申请表,经相关部门批准后方可使用。

3.Chinamaxx digital library of Chinese e-books

中文名:中国文史资料集粹(超星)/中文集献

网址:http://chinamaxx.net/iplogin.jsp

出品方:超星公司(北京)

简介:该库以电子书为主,含有2万余卷出版物的全文,其中大部分是历史、文化、经济、文学、民族等学科领域第一人称的记述。所含内容有《四库全书存目》《四库禁毁书丛刊》《四库未收书刊辑》《新青年》《妇女杂志》及上海市文史资料、山东省文史资料、北京文史资料等。

4.中华民国期刊论文索引影像系统

网址：http://img2.ncl.edu.tw/cgi/ncl3/m_ncl3

出品方：台湾图书馆

语言：繁体中文

简介：该库收录台湾及部分港澳地区所出版的中西文期刊、学报约 2700 余种，提供 1994 年以来所刊载的各类期刊论文篇目。可由期刊论文之篇名、作者、类号、关键词、刊名、出版日期、摘要、电子全文等，查到所需参考的最新期刊论文。除论文篇目外，1997 年以后的资料将陆续提供摘要内容显示，此外亦可链接台湾图书馆数字化期刊影像数据库及网络期刊电子全文。

5.Historical book catalogue of China

中文名：中国历代典籍总目

网址：http://162.105.161.32/hbcc/

出品：国家图书馆出版社（北京）

语言：中文

简介：该系统是由中国国家图书馆与北京大学数据分析研究中心联合研制，国家图书馆出版社出版发行的古籍目录知识库。该系统借由信息科技分类整理中国现存的古籍文献，收录有 210 多万条书目数据。

6.文渊阁《四库全书》网络版

出品方：迪志文化出版有限公司（香港），中文大学出版社

语言：中文

简介：《四库全书》是清代乾隆年间官修的规模庞大的百科丛书。它汇集了从先秦到清代前期的历代主要典籍，共收录 3462 种图书，共计 79338 卷，36000 余册，约 8 亿字。该库以其收书规模之大、涵盖范围之广、编撰时间之久而闻名于世，被誉为中华文化的瑰宝。该库分为经、史、子、集四部，共 40 类、70 属。内容覆盖哲学、历史、文艺、政治、社会、经济、军事、法律、医学、天文、地理、算学、生物学、农业、占卜等，是研究中华历史文化的重要文献。《四库全书》原抄 7 部，分藏文渊阁、文溯阁、文津阁、文汇阁、文宗阁、文澜阁。后经战乱，今存世者仅文渊阁、文溯阁、文津阁三部及文澜阁残本，其中文渊阁是保存最完整的一部。

《四库全书》的电子版不仅完整收录了《四库全书》的全部内容，并以现代科

技为依托,提供原文原版显示及方便快捷的全文检索和浏览。

7.《古今图书集成》全文电子版

网址:http://192.192.13.178/book/index.htm

出品方:联合百科电子出版有限公司(台北)

语言:繁体中文

简介:《古今图书集成》为清代陈梦雷所编,后经蒋廷锡校订,是一部巨型类书,也是查找古文献最重要的百科全书,内容涵盖我国 15000 多卷经、史、子、集的典籍,共有 50 万页、14400 万字,内容浩瀚。这部工具书全书现已数字化,以提供更便利多元的检索途径。

使用方式:可以个人或机构名义在线购买。

8.CHANT(Chinese Ancient Texts)

中文名:汉达文库

网址:http://www.chant.org/default.asp

出品方:香港中文大学中国文化研究所

语言:中英文界面、中文内容

简介:汉达文库由香港中文大学中国文化研究所中国古籍研究中心于 1998 年建立,至今已有 6 个中国古代传世文献及出土文献数据库。数据库共收录约 8000 万字,其年代由商周至魏晋南北朝,地域则包括楚、齐、鲁等重要文化区域。主要内容如下:

1) 甲骨文资料库

将 7 种甲骨要籍中所收录之甲骨文字重新临摹,并加校勘、释文;在视窗系统上可同时显示甲骨文字原字形及隶定释文;收录所有甲骨文字的字形总表,并附其释文、隶定字、类纂编号,以及增补相当数量前人未收录的甲骨文字及其片号。

2) 竹简帛书资料库

采用北京文物出版社提供之释文;所有资料经重新点校,并于校改之处加上校改符号;同时显示简帛图片和对照释文;提供单字及字符串两种检索模式。

3) 金文资料库

以《殷周金文集成》为素材,分设汉字部首和原形部首两种检索法。释文分 A、B 两种形式显示。释文 A 依据铭文原来位置,以隶定字对应显示,方便读者了解铭文原貌;释文 B 以隶定字顺序显示,并加句读。提供金文原形字和释文点击对应显示;附有金文的年代、出土、现藏、著录等资料。

　　4)先秦两汉资料库

　　依据旧刻善本(当中大多为《四部丛刊》本),将先秦两汉传世文献输入计算机,然后重新点校,并于校改之处加上校改符号。

　　5)魏晋南北朝资料库

　　依据旧刻善本(当中大多为《四部丛刊》本),将魏晋南北朝传世文献输入计算机,然后重新点校,并于校改之处加上校改符号;散佚不全者,参照清人辑佚成果(主要为《玉函山房辑佚书》本),重新整理。

　　6)中国传统类书资料库

　　依据旧刻善本,输入自唐至清的主要类书,然后重新点校,并于校改之处加上校改符号。

　　7)中国古代词汇资料库

　　收录先秦两汉典籍所见词汇近 15 万个,并提供释义、读音、用例等资料。

　　9.Scripta Sinica

　　中文名:汉籍电子文献

　　网址:http://hanchi.ihp.sinica.edu.tw/ihp/hanji.htm

　　出品方:台湾"中央研究院"历史语言研究所

　　语言:中英文界面,内容为英文。

　　简介:"汉籍全文数据库计划"的创建肇始于 1984 年,为"史籍自动化"计划的延伸,开发的目标是收录对中国传统人文研究具有重要价值的文献,并建立全文电子数据库,以作为学术研究的辅助工具。《汉籍全文数据库》是目前最具规模、资料统整最为严谨的中文全文数据库之一。

　　数据库内容包括经、史、子、集四部,其中以史部为主,经、子、集部为辅。若以类别相属,又可略分为宗教文献、医药文献、文学与文集、政书、类书与史料汇编等,20 余年来累计收录历代典籍已达 688 种之多(新增书目),44595 万字,内容几乎涵括了所有重要的典籍。

　　10.China Historical Geographic Information System(Fudan Daxue)

　　中文名:中国历史地理信息系统/禹贡网

网址:http://yugong.fudan.edu.cn/Ichg/Chgis_index.asp

出品方:复旦大学

语言:中文

简介:如题。该网站曾被美国国家人文科学基金评为人文科学优秀在线教育资源网站。

11."中央研究院"历史语言研究所内阁大库档案

网址:http://www.ihp.sinica.edu.tw/~mct/html/database.htm

出品方:台湾"中央研究院"历史语言研究所

语言:中英文界面,中文内容

简介:"中央研究院"历史所所藏内阁大库档案原藏于清宫内阁大库,宣统元年(1909)因大库整修而被移出。清亡后几经转手,一度被卖入同懋增纸厂作还魂纸,最后在首任所长傅斯年先生的奔走下,于民国18年(1929)自李盛铎手中购入。

这批档案有4000多件明代(1368—1644)文书,30多万件清代(1616—1911)档册,包括内阁收贮的制诏诰敕、题奏本章、朝贡国表章、内阁各厅房处的档案、修书各馆档案、试题、试卷、沈阳旧档等,而以题奏本章占最大宗。

内阁大库档案内容多涉及一般行政事务,而许多案例并不见于会典或则例,是研究制度史的重要材料,同时对于社会史、经济史或法制史等的研究也极具价值。

使用方式:非影像资料部分免费,影像资料部分需获授权方能使用。

12.Contemporary China Series

中文名:当代中国丛书系列

出品方:Gale 公司

简介:该丛书是第一部全面记录中华人民共和国历史的权威大型书系。作为国家级项目,该丛书从1983年正式部署编写工作至1999年此项图书工程基本告竣,历时16年,有10万人参与,其中包括各方面的专家和学者。1999年,"当代中国丛书"获得"中国国家图书奖"。2009年,该丛书国际版出版。丛书分152卷210册,总计1亿字,插图3万幅。

13.WanFang Data.China Local Gazetteers

中文名:中国新方志数据库

网址:http://c.wanfangdata.com.cn/LocalChronicle.aspx

出品方:万方数据公司

简介:该库收录了1949年中华人民共和国成立以来的方志书籍,总计1万余册(截至2011年11月),每季度更新。

14.Chinese Studies Online

中文名:万方数据库——中国研究在线

网址:http://g.wanfangdata.com.cn/

出品方:万方数据公司

简介:万方数据库是由万方数据公司开发的,涵盖期刊、会议纪要、论文、学术成果、学术会议论文的大型网络数据库,是和中国知网齐名的中国专业的学术数据库。

15.Chinese Popular Literature

中文名:中国俗文库

网址:http://db.ersjk.com/

出品方:北京爱如生数字化技术研究中心

简介:中国俗文库是专门性大型古籍数据库,由北京大学教授刘俊文总纂,北京爱如生数字化技术研究中心研制。

中国俗文库收录汉魏以来传统社会底层流行文献,包括在民间广泛流传的俗文学作品与俗文字史料,如变文、宝卷、善书、小说、话本、戏文、俚曲、鼓书、弹词、歌谣、俗谚等,共计1万种。每种皆据善本,采用爱如生独有的数字再造技术制作,还原式页面,左图右文逐页对照,两截版、三截版、眉批、夹注、图表均可显示:可快速全文检索,可编辑、下载和打印。总计全文约10亿字,影像约1000万页,数据总量约300G。

16.中文名:中国学①

网址:Http://res4.nlc.gov.cn/home/index.trs? channelid=16

---

① 国家图书馆在百年馆庆时建立这个海外中国学文献数据库是一个重要的举措,这使中国国家图书馆重新回到袁同礼所开创的学术传统……但遗憾的是因为人事之变动,这个数据库很快就不再建设,处在完全停滞状态。国家图书馆是知识的汇集地、学术研究之中心,丧失了这个功能,国家图书馆的学术地位就大大降低了。

做西方汉学研究,做中国古代文化经典在域外特别是在西方的翻译与传播,必须熟悉西方汉学和西方各大学或国家图书馆及各类亚洲研究、东亚研究、中国研究的学会和它们的网站。这些网站提供了大量的信息。中国国家图书馆在百年馆庆之际成立了海外中国学文献中心,并建立了海外汉学家数据库和海外汉学研究网站导航。

国外中国学家数据库本着为读者提供专业化数字信息资源的初衷,在参照、借鉴大量相关研究文献的基础上,专注于对国外中国学家及其文献的介绍,其中包括国外中国学家研究领域、学术研究简介、大事年表、主要学术成果等部分,一期数据涵盖了美国、法国、英国、德国、比利时、西班牙、意大利、瑞典、荷兰、捷克、波兰、以色列、日本、韩国及俄罗斯等国家的中国学家。截止到目前,数据库包括汉学家150个人。

"海外中国学导航"在Internet海量的中国学研究站点中,通过比较、筛选,最终遴选出英、日、俄、法、西、中等不同文种、不同国家的310个中国学网站,并将其分属于学术研究机构、社会团体、社会组织、哲学、宗教、经济、历史、地理、社会、文化、资源等类目中。"海外中国学导航"从网站名称、语言、分类、创办人/机构简介、网站内容简介、栏目设置、特色资源等方面对所选网站进行了较为详尽的介绍,意在对海外中国学感兴趣的人士提供导航和桥梁。数据库在文档结构、信息收集、选取和编排上不断探索,力求能够反映国外中国学的概貌。

(三)综合性海外中国学研究网站

1.IGCS—汉学研究网络指南

The China WWW Vitual Library:Internet Guide For China Stuties

网址:http://sun.sino.uni-heidlberg.de/igcs

这个网站于1995年11月启用,是莱顿大学与海德堡大学共同建立和维护的。隶属于WWWVL(万维虚拟图书馆)计划中的一部分,最初是由维也纳大学汉学系提供基础设备,德国海德堡大学汉学系维护。网站主要收录与汉学研究有关的网站链接,分为总类、哲学宗教、历史、地理、经济、政治、社会、法律、教育、艺术、音乐、语言、文学、科学与医学、科技、文献学,以及相关研究的研究所、全文资料库等。

2.Chinese Studies WWW Virtual Library

网址:http://www.lib.unimelb.edu.au/collections/asian/chi-web/index.html

这个网站于 2004 年 9 月建成,由澳大利亚墨尔本大学建立,该校图书馆设有"东亚图书阅览室",是澳大利亚地区重要汉学研究收藏馆。这个网站系统收集了全球汉学网络资源,以主题浏览方式提供网站链接,并将咨询分为 45 大类 48 小类,以英文字母排序。网站不提供检索功能,使用者可以分类进入相关链接。

3.Digital Archive for Chinese Studies(DACHS,汉学数字典藏计划)

网址:hnp://www.sino.uni-heidelberg-de/dachs/

这个网站于 2001 年 8 月正式运作,由德国海德堡大学汉学系建立和维护,是欧洲友好汉学研究数字资源中心(ChinaResource.org)子计划之一,其目标是保存所有线上出版品。到 2006 年为止,系统收录约 260 万余个汉学研究相关档案,研究范围包含政治、社会、哲学、宗教、自然科学等。读者可以依据各种主题词、书名、人名、出版者、ISBN 等进行检索,只提供外文关键词检索。

4.European Center for Digitpl Resources in Chinese Studies

网址:http://L.hinaresourcc.org/

这是由海德堡大学汉学系所建立并维护的,网站除收藏海德堡大学中国学研究的相关著作外,还有一些特定主题,如清朝与民国初期的报纸与期刊、影响中国社会的翻译作品等,它提供全文资料库、IGCS、EVOCS、SSELP、DACHS、图书馆系统,全文资料库中包括百科全书、历史、文学、政治、宗教、语言等各类专著和论文,申请账号后可以检索全文。

5.Onllne Guide East Asia (OGEA)

网址:http://crossasia.org en/ogea,ogeasearch.html

这是由柏林国家图书馆东亚部建立并管理的,它是作为虚拟图书馆系统(Cross Asia)下的子系统。这个系统针对网络上的免费东亚和东南亚研究资料进行收集并加以注释,依据主题分为通论、教学与研究、哲学宗教、考古、人物、地理、经济与企业、政治、社会、法律、教育、表演艺术、美术、文学、电影、语言学、科技、医学、搜索引擎、图书馆等 24 类,使用者可以分类查找相关目录。同时,系统也提供检索功能,可以用汉字检索,查询结果以英文说明呈现,并提供相关链接。

6.中国经典文献工具书录

网址:http://www.princeton.edu/~classbibt/

这个网站是由美国著名汉学家艾尔曼(Benjiamin A,Elman)建立和维护的。这是一个对中国典籍翻译十分有用的网站。中国经典文献工具书录分为16类:中文古典史料、中文研究相关电子资料、名类辞典、中国目录学与地理相关资源、历史人物传纪、中国历朝英文译名、古籍名称指引、四部分类名称、近现代中国古典文学翻译研究参考书目、关于明代专题与历史外文研究成果、明清两代研究资源、科举考试相关书目、碑铭研究书目等。检索只能使用英文。

7.香港中文大学服务中心(Universities Service Centre)

由香港中文大学主办,是著名的海外中国问题研究中心,主要为国际上进行当代中国问题研究的学者提供服务。

8.电子文库(East Asian Libraries Cooperative World-Wide Web)

该文库以网上信息资源为基础,开展东亚问题研究,在图书馆馆员、专家学者之间共同合作的基础上开展网上信息服务。主要辟有亚洲研究专题数据库、亚洲专题研究网址等栏目,并出版季度网刊。由美国俄亥俄州立大学、日本图书馆资源协作委员会、美国Sun电子公司、日本本田汽车公司等共同赞助承办。

9.亚洲研究在线图书馆(Bibliography of Asian Studies-online Library)

网址:http://ww.aasianst.org/bassub.htn1

这个网站于1998年建立,是美国亚洲研究协会主办的亚洲研究项目之一。网站收录1971年至今全球发表的有关亚洲各国及地区之相关研究书目论文约76万条,包括期刊论文、学术专著、会议论文、文学作品、纪念文集,语种包括中、日、韩、俄以外的大部分西方语言,内容涉及人文、社科、医学、科技等,资料库中所收集的专著大都是1991年前的,其他论文自1996年后成为重点。网站有检索功能。

10.WWW亚洲研究虚拟图书馆(Asian Studies WWW Virtual Library)

澳大利亚国立大学(The Australian National University)亚太研究学院主办,是3W虚拟图书馆(WWW Virtual Library Project,http://vlib.stanford.edu/AboutVL.html)项目的一部分,始于1994年。有美国、荷兰、新西兰、澳大利亚、德国、意大利等国40余家组织机构共同参加,是全球性的进行关于亚洲问题研究的合作项目。

11.WWW 东亚研究虚拟图书馆(East Asia WWW Virtual Library)

由美国哈佛大学艺术科学系计算机教育中心承办,是 WWW 亚洲研究虚拟图书馆(Asian Studies WWW Virtual Library)项目的一部分。主要开展对东亚如中国、日本、蒙古、俄罗斯、韩国等国的研究。

12.East Asian Library and the Gest Collection

网址:http://eastasianlib.princeton.edu/

这是由美国普林斯顿大学东亚研究所建立并维护的。该所典藏书籍主要为葛思德珍藏书库,收有中文书籍约 42 万册,约有 102000 卷,日文、西文等书籍约 20 万卷,此部分藏书需要上普林斯顿图书馆系统查询。这个网站提供东亚图书馆相关图书的介绍,包括中医古籍电子资料库、《四库全书》电子资料库、中国期刊网等信息,以信息说明为主,不提供检索。

13.Library of Congress Online Catalog

网址:http://catalog.loc.gov

这是由美国国会图书馆建立并维护的。它藏有数量庞大的中、日、韩等文献和书籍。中文古籍方面尤为丰富,约 5 万册宋、元、明、清善本,400 多种地方志,其中 100 多种为中国国内没有的孤本。藏有 1938—1945 年航站文献 5000 种。网站提供两种检索功能:基本检索可以利用题名、作者名、主题词、关键词来查询;浏览检索则依据关键词分类和专题分类两种方式浏览相关条目。可以使用中文和英文检索。这个网站对于研究中国古代典籍的翻译底本问题有很大价值。

14.利玛窦中西文化历史研究所

网址:http://wwwricci.usfca.edu/

这是由旧金山利玛窦中西文化历史研究所建立的,藏有 85000 件书籍、文稿与 50000 件数字典藏资源,提供 25 种古籍文献。本网站以研究明清之际来华耶稣会士的文献为主,这对于研究明清时期中国典籍的翻译和中西文化交流史较有价值。

15.台湾"中央研究院"(Academia Sinica)

1928 年 6 月成立于南京,是台湾地区最高学术研究机构。主要进行自然科学和人文、社会科学领域的研究。下设各学科研究所,其中中国文学与中国哲学研究所(http://www.sinica.edu.tw/as/intro/iclp.html,Institute of Chinese Literature and

Philosophy)主要开展中国古典文学、当代中国文学、孔子经典著作、中国哲学及比较哲学等五个方面的研究。

16.台湾汉学研究中心典藏书刊目录资料库(Center for Chinese Studies)

网址:http://ccs.ncl.edu.tw/topic_06.html

该网站由台湾图书馆承办。辟有汉学研究中心(CCS)导航、国外研究信息、汉学家、网上查寻、研究文献、汉学研究机构等栏目。网站藏有西方汉学如美国、加拿大、荷兰等大学出版的有关中国研究的博士论文及俄文图书。检索方式可以分为基本、整合、进阶及指令检索,查询时先设定"典藏地"为"6 楼汉学中心",再利用书名关键词、丛书关键字、标题关键字、著者关键词等项进行检索。

17.外文期刊汉学论著目次资料库

网址:http://ccsdb.ncl.edu.tw/ttscgi/ttswebnew? @ 0:1:/opc/journal/jour::/ccs.ncl.edu.tw/ccs TW/ExpertDB.asp@ 0.8203462559611876

这是由台湾图书馆汉学研究中心建立并维护的,这是《外文期刊汉学论评汇目》数字化成果的网站,它收录了包括英、美、德、法、日、韩等国所出版的重要汉学研究刊物,约有 400 余种,从 1981 年至 2000 年,共收录了 30918 个目录。提供全文检索,可以依据篇名、出处、著者、原作者、分类号等进行检索。笔者对这个数据库关于中国古典文献翻译的论文做了初步的检索,这是研究中国古代文化在西方传播和研究西方汉学史的重要网站,十分有价值。

18.典藏国际汉学博士论文摘要资料库(汉学研究中心)

网址:http://ccsdb.ncl.edu.tw/ttscgi/ttsweb5? @ 0:1:/opc/mdwg/dao/dao::://ccs.ncl.edu.tw/ccs/TW/ExpertDB.asp@ @ 0.30998027007205936

这是由台湾汉学研究中心建立并维护的,包括了美国、加拿大、英国、荷兰等12000 余种博士论文,可以用论文题目、论文作者、毕业学校、毕业年份等进行检索。这个网站对研究西方汉学和中国古代文化西译十分有价值。

19.北欧亚洲研究所(Nordic Institute of Asian Studies)

该研究所主要开展对亚洲文化、亚洲人文、社会科学的研究,并对各国学者有关亚洲研究、成果、研究信息进行交流。该所由丹麦、芬兰、冰岛、挪威、瑞典五国政府提供基金,总部设在丹麦哥本哈根大学。

20.欧洲汉学图书馆员协会(European Association of Sinological Librarians)

该网站主要提供有关欧洲汉学图书馆员协会(EASL)开展的各项学术讨论会、欧洲中国图书馆小组(European China Library Groups)、欧洲汉学图书馆及其有关中国、日本等国的文学、哲学、历史等研究方面的重要信息。

21.瑞士亚洲基金会(Swiss Asia Foundation)

该基金会主要介绍瑞士亚洲基金会开展的对亚洲(包括中国)等国的经济、环境能源等问题进行的专题研究。瑞士亚洲基金会成立于1955年,总部设在苏黎士。该基金会被WWW虚拟图书馆国际中国学导航评为四星级中国学研究组织。

22.国际亚洲研究所(The International Institute for Asian Studies)

该研究所主要开展有关亚洲人文、社会科学方面的研究,范围包括语言学、人类学、政治学、法学等学科领域。该所成立于1993年,由荷兰皇家艺术科学院、阿姆斯特丹Vrije大学、阿姆斯特丹大学和莱顿(Leiden)大学共同主办。

23.非欧研究中心(The Centre of Non-Western Studies)

该中心由荷兰Leiden大学艺术、社会科学系于1988年成立。主要对东亚、南亚、远东、太平洋及非洲地区国家的语言、文学、历史、社会科学和法律进行研究。该中心研究课题及学术活动信息定期在《非欧研究中心通讯》(CNWS)上刊登。

24.莱顿大学汉学研究院(Sinological Institute of Leiden)

该学院又名莱顿大学中国语言文化系,专门从事中国语言和文化的研究,经常开展关于中国语言与文化研究的学术活动和专题讨论会。

25.东亚图书馆理事会(Council on East Asian Libraries)

该网址是东亚图书馆理事会的主页,美国Oregon大学承办,主要提供有关东亚图书馆理事会的综合活动信息,中、日、韩等东亚国家的信息导航及该理事会开展的有关东亚诸国的研究项目。

26.澳大利亚亚洲研究协会(Asian Studies Association of Australia)

澳大利亚国立大学主办,主要进行亚洲各国的语言、文化、政治等方面的研究,并为政府提供服务,定期出版网刊Asian Studies Review。

27.新西兰亚洲研究会(New Zealand Asian Studies Society)

该研究会成立于1974年,定期举办学术讨论会,并通过各种出版物开展对亚洲问题的研究。

28.亚洲学会(Asia Society)

亚洲学会由洛克菲勒(John D.Rockefeller)三世于1956年成立。其目的在于加强美国与亚太地区国家的交流与理解。该网址辟有亚洲学会介绍、亚洲艺术与文化、亚洲商业与经济、亚洲学会地区分会介绍等多项内容。该学会被美国前国务卿沃伦·克里斯托弗誉为"连接美国和亚洲人民最出色的组织"。

29.中国科技历史科技哲学中心(Study Group for the History & Philosophy of Chinese Science & Tech-nology)

该中心由德国柏林科技大学主办,专门进行有关中国科技哲学与科技历史的研究。

30.李约瑟研究所(Needham Research Institute)

该研究所由英国著名汉学家李约瑟创立于1950年。该研究所宗旨:从中国科学史的角度研究中华文明史。该研究所还建有东亚科学史图书馆(East Asian History of Science Library)。中国科学与文明(The Science and Civilisation in China Project)是该研究所开展多年的重要研究项目。

31.汉学家李约瑟(Joseph Needham Home Page)

该网站由英国伦敦大学东方非洲研究院高级讲师 Christopher Cullen 创建。全面向网上读者提供反映已故著名汉学家李约瑟博士的信息。读者通过以下栏目可以了解到该网址的全貌:李约瑟自传;李约瑟研究所;中国科学与文明研究项目;李约瑟研究所通讯(1996、1998、1999);东亚科学史图书馆。

32.亚洲研究发展项目(Asian Studies Development Program)

美国夏威夷大学、东西方中心承办。该项目主要是把下设东西方中心的 Kapiolane Community College 近5年来的有关亚洲研究的教学大纲、书目文献及该学院有关亚洲研究的专题项目建成全文数据库,涵盖了亚洲哲学、宗教、心理学、政治、经济、社会学、文学等28个学科的内容。

(四)海外中国学研究中的历史类网站

1.二十世纪中国历史学会(Historical Society for 20th Century China)

美国爱达荷大学(Univ. of Idaho)二十世纪中国历史学会承办。该学会成立于 1983 年,原名二十世纪中国北美历史学会(The Historical Society for 20th Century China),以研究当代中国历史、促进学术交流为宗旨。1997 年创建网址。主要栏目有学会简介、执委会名录、学会通讯、学会细则、学会指南、学会会员研究课题及授课内容、学会出版物、学术会议简讯等。目前有些栏目还在建设中。

2.当代中国文库(MCLC Image Archive)

美国俄亥俄州立大学东亚语言文学系创办。该网站以图片的形式展现了晚清(1894—1911)、中华民国(1912—1949)、中华人民共和国等中国不同时期的历史。每一时期又分为文学、电影、文化、历史和艺术等栏目。

3.中国历史(China:History by Period to the Qing Dynasty)

东亚图书馆理事会(Council on East Asian Libraries)承办。主要是链接对 1644 年以前的中国历史做研究的网站。

4.中国史前学研究(Fossil Evidence for Human Evolution in China)

美国加州中国史前学研究中心承办。内容包括:网站导论;中国出土的人类化石目录(配有精美图片);有关研究古生物学、人类进化及中国史前文化的网址的链接;学术论文专栏;中美合作开展的史前文化研究在华项目一览;等等。

5.明清研究会(Ming-Qing Yanjiuhui,Ming-Ch'ing Studies)

台湾"中央研究院"明清研究会承办。主要向网上读者提供明清研究会举办各种学术讨论会的信息,同时将专家、学者的研究专著和他们的研究计划在网上公布,并开展网上讨论。该网址还将提供过去 5 年有关明清史研究的学术期刊的篇名目录。

6.台湾"中央研究院"历史语言研究所资料库

该网站向读者提供台湾"中央研究院"历史语言研究所资料库的查询。其内容有:历史语言研究所藏内阁大库档案目录、历史语言研究所同人辑唐宋明清史书目、历史语言研究所同人著作目录和历史语言研究所档案目录。

7.美国明史学会(Society for Ming Studies)

1995 年 4 月在美国华盛顿特区成立,隶属于美国亚洲协会(Association for Asian Studies)。学会宗旨是促进对中国明史的研究和学术交流。明史研究(Journal of the Society for Ming Studies)是该学会主办的专题学术刊物。

8.美国丝绸之路基金会(Silkroad Foundation)

该基金会成立于1996年,以研究和保护丝绸之路文化与艺术为宗旨。现在计划建立世界各地研究丝绸之路文化与艺术的学术团体的网上目录。辟有基金会信息、丝绸之路年表、敦煌研究、专题讲座、论文、研究文献、网址链接等栏目。

9.清史(China History:Qing Dynasty)

图书馆理事会(Council on East Asian Libraries)承办。其内容分为书目文献、总论、西方的入侵、1911年民国革命四部分。

10.历史相册(Bibliography of Photo Albums and the History of Photography in China before 1949)

德国海德堡大学承办。每一个条目都包括图片、出版年、编辑者、图片标题、图片说明、图片尺寸、摄影师姓名、出版地、图片反映的内容等项目。

11.中华民国史(History:Republic of China 1912—1949)

东亚图书馆理事会(Council on East Asian Libraries)承办。其内容分为两大部分:为稳定而战和第二次世界大战。

(五)海外中国学中的中国哲学研究网站

1.中国哲学篇(Chinese Philosophy Page)

这是由Steven A. Brown创建的网页,主要内容是向网上读者介绍国际互联网上有关中国哲学及与哲学相关学科的信息。主要包括中国哲学思想流派、中国哲学经典著作全文数据库、中国哲学书目等。同时,还辟有中国哲学个人研究网址链接、世界有关中国哲学研究主要网址链接等内容。

2.东亚语言思想研究库(Resources for the Study of East Asian Language and thought)

由日本东洋学园大学(Toyo Gakuen University)东亚哲学、宗教系教授Charles Muller负责建立,以研究东亚哲学和宗教为宗旨,其中包括对中国哲学、儒家思想及中国佛教、道教研究的专题信息。

3.周易电林

该网址主要收集了网上以各种语言登载的有关易经研究的信息,包括易经原文翻译、易经评注、网上占卜等栏目。

4.孔子祭拜(The Cult of Confucius:Images of the Temple of Culture)

美国汉密尔敦学院(Hamilton College)Thomas Wilson 编辑。其主要内容有:儒家历史地位评介;在北京、曲阜、杭州、衢州的孔庙实物图片;孔子身后被历朝追封的名位;儒家经典在不同朝代的版本情况以及研究儒家的书目文献目录。

5.WWW 哲学虚拟图书馆(The World-Wide Web Virtual Library:Philosophy)

英国布里斯拖尔大学哲学系和学习与研究技术所共同主办。主要是对网上有关哲学(包括中国哲学)方面的信息进行导航。其内容分为早期中国文学传统、白话文学传统、传统中国文学概要等。

6.中国古典文学网上展

该网站由元智大学、北京大学、台湾"中央研究院"和台湾图书馆共同创办。它侧重于将中国古典文学作品录入网上,供读者研究使用,内容包括蒙古车王府曲本、先秦汉魏六朝文学资料库、唐宋文史资料库、唐宋历史地图、唐宋文人传记资料等。

7.新语丝

美国新语丝中国文化学会主办。该网址主要是将中国的散文和诗歌建成数据库。主要栏目有新到资料、新语丝杂志、电子文库、电子图库、百科工程、同人联网、刊物大全、中华大百科、鲁迅家页等。

8.中国文学

该网页是将德国著名的语言百科全书中的有关中国文学的条目录入网上,提供给用德文阅读的读者。

(六)海外中国学研究中的中国宗教研究网站

1.道教光复学会(The Taoist Restoration Society)

美国道教光复学会承办。该学会以保护世界古代遗产和文化传统为宗旨,侧重道教文化的研究。内容包括道教研究导论、道教研究领域动态、关于道教研究和道教遗产的保护项目、道观和道教流派名录、参考书目、相关网址链接等。

2.中国宗教研究会(Society for the Study of Chinese Religions)

该研究会主要进行有关中国道教、佛教、基督教的研究。网站由德国海德堡大学创建于1997 年1月,内容包括该研究会综合情况介绍,有关中国道教、佛教、基督教的专题研究书目,学术期刊及有关中国道教、佛教、基督教研究的其他网址介绍。

3.在线佛教(CBS Comprehensive Online Buddhist Resources)

台湾大学佛教研究中心创办。该网站内容非常丰富。分为信息、佛教研究文献全文网上辑录、佛教箴言集和网上佛教四大部分。四部分又具体划分为导论、公告栏、台湾佛教新闻、佛教图书馆、中文佛教箴言、梵文佛教箴言、藏文佛教箴言、巴力文佛教箴言、网上梵文、巴利文、藏文讲座、网上中国佛教、网上世界佛教等栏目。

4.台北市佛教青年会(Taipei Young Buddhist Association)

台北市佛教青年会主办。包括 WWW 阅藏班、电子佛教藏经阁、佛典输入工作、活动看版、佛教网上资源等内容,并定期出版网刊"福慧会讯"。

5.中国天主教和新教(Modernization,the Church and the East Asian Experience)

该网站主要内容是1996 年 3 月在美国波士顿神学院(Boston Theological Institute)召开的全球性宗教会议(Orlando Costas Consultation on Global Mission)上有关中国天主教、新教教会的论文。

6.传教论坛(Mission Forum)

该网站主要向读者提供中国新教基督教方面的信息。辟有传教论坛网站介绍、中国神学院、相关网址链接、和睦基金会、西藏宗教、台湾专题等栏目。

7.道教论坛

由美国 Edepot 公司主办,主要是在网上对道教、道教与文学、道教与绘画等专题进行讨论。

8.WWW 道教虚拟图书馆(Taoism WWW Virtual Library)

由美国佛罗里达大学承办,是 World-Wide Web Virtual Library Project 项目的一部分,主要开展道教研究,辟有道教导论、中国语言与文化、佛教与儒教、中国哲学等专栏,并在每一专栏下介绍与此专栏研究课题相关的网址。介绍互联网上关于道教、道家研究的搜索引擎。

9.炼丹术虚拟图书馆(The Alchemy Virtual Library)

主要开展有关炼丹术(包括中国炼丹术)研究的专题及网址导航,辟有专题研究论文、网上论坛、专题书目、专题图片等栏目,可以英、法、德、意、俄等文字向网上读者提供服务。该网站始于 1995 年 5 月 7 日。

10.金丹(The Golden Elixir)

主要对道家炼丹术的历史、学说进行研究,是炼丹术虚拟图书馆(The Alchemy Virtual Library,http://www.levity.com/alchemy/home.html)的一部分。辟有道家著作原文、炼丹术研究论文、炼丹术研究专著评论、文献工具等栏目。其中文献工具(Bibliographic Tools)栏提供了 200 余种道教研究的参考文献,每条文献附有文摘。

11.WWW 佛教研究虚拟图书馆(Buddhist Studies WWW Virtual Library)

由澳大利亚国立大学亚太研究学院承办,主要开展网上佛教研究导航,信息来源于全球 300 余个专业信息研究机构。辟有佛教研究网址导航、佛教艺术、佛教文献等栏目。该图书馆是 3W 虚拟图书馆项目的一部分。

(七)海外中国学研究中的语言类、艺术类网站

1.科隆大学汉满研究所(Sinology and Manchu Philology at Cologne University)

该所成立于 1960 年,主要开展对满族语言学的研究,并由之进一步对满族文化、满族历史进行研究。

2.中德对话分析(Chinese-German Conversation Analysis)

德国哥廷根(Gottingen)大学主办,主要通过对中国语言的研究进而深入地研究中国文化。

3.汉语语言学专页(Chinese Linguistics Page)

美国俄亥俄大学主办,主要提供有关汉语语言理论研究方面的信息。

4.亚洲艺术(Asian Arts:The on-line journal for the study and exhibition of the arts of Asia)

该网站以网刊的形式向读者介绍关于亚洲(包括中国)艺术研究方面的专题信息,内容包括向读者介绍世界上有关亚洲艺术研究的学会、亚洲艺术精美图片展、有关于亚洲艺术研究的论文等。

5.中日艺术史虚拟图书馆(Chinese and Japanese Art History Virtual Library)

该图书馆由美国纽约大学艺术研究所 Nixi Cura 创建。该网站是 WWW 亚洲研究虚拟图书馆(Asian Studies WWW Virtual Library)和 WWW 东亚虚拟图书馆

(East Asia WWW Virtual Library)的一部分。辟有如下栏目:研究中日或亚洲艺术史的美国大学名录、研究论文专辑、学术会议信息、有关研究项目奖学金的设立、美国高校艺术专业学生名录、相关网站链接。其中研究论文专辑和学术会议信息栏目登载的内容有较高的学术性。

6.亚太艺术研究(Int Art Data Asia-Pacific)

该网站是德国 Gerhand Haupt、Pat Binder 等四人主办的艺术研究项目 Universes in Universe 的一部分。Universes in Universe 项目以研究亚太地区、非洲、拉丁美洲国家的艺术为宗旨。其中中国部分的内容非常丰富,它通过艺术概览、艺术史、艺术研究项目、艺术家、博物馆、美术展等 10 个栏目研究宣传中国的艺术。其内容可以用英、德、西班牙 3 种文字阅览。

7.中国艺苑(Art of China)

美国 Purdue 大学承办。主要通过图片的形式介绍中国的艺术、音乐、语言、饮食、旅游景点。从该网址还可以查到相关网址。

8.锦绣中华(China the Beautiful)

美国裴明龙先生创办的个人网站,旨在向读者介绍中国的古典文学、历史、绘画、书法等。辟有询问讨论、网上听中文等栏目。

9.古中国再现(Eyewitness Ancient China)

该网站由台北"故宫博物院"创建。它将台北"故宫博物院"收藏的中国古代皇宫中的青铜器、玉器、瓷器、书法、绘画的极品在网上展现给读者,除配有精美图片外,还附有详尽说明。

10.近代水墨画名家列表(Chinese Painters of the Last 300 Years)

该网址主要通过传记和绘画作品的形式介绍 17—20 世纪的中国画家。

11.中国 5000 年——近现代部分(China:5000 Years-Modern Section)

美国俄亥俄州立大学艺术史系创建了该网站。它将中国近代以来不同时期的绘画作品展现给读者,栏目内容包括:(1)中国画的创新(1850—1920),计有 158 幅画;(2)现代派画家(1920—1950),计有 52 幅画;(3)新中国绘画艺术(1950—1980),计有 44 幅画;(4)传统的转化(1980 年至今),计有 41 幅画;(5)专栏导论;(6)绘画作品目录。

12.中国书法(Chinese Calligraphy)

美国 Siu-Leung Lee 先生创建此网站。该网页除介绍、研究中国书法外,还有重要的有关研究中国书法网址的链接。如新加坡中国书法学会、香港中国书法协会、波士顿艺术博物馆、大英博物馆东方部等。

13.中国传统音乐(Chinese Traditional Music)

该网站是 Christopher Evans 先生个人创建的,主要开展对中国传统音乐的研究,辟有中国音乐概论、音阶、节奏、精曲与和声、中国乐器、中国音乐的类型等栏目。Christopher Evans 还创建了"古琴及其音乐"(The Guuqin and Its Music)网站。

14.中国京剧(Beijing Opera Page)

该网站以介绍、研究中国京剧为宗旨,通过京剧的行当、京剧选段、京剧名家、京剧剧情简介、其他音乐形式对京剧的冲击等栏目将中国文化的经典——京剧展现给网上读者。

(八)海外中国学研究领域关于敦煌、中医、西藏的研究网站

1.国际敦煌工程(The International Dunhuang Project)

由英国大不列颠图书馆东方部主办,始于 1993 年。该工程的宗旨是:通过国际间的合作,开展有关中国敦煌遗书的研究。包括建立国际敦煌工程数据库、研究保护敦煌遗书的新的技术手段等多项内容。定期出版《国际敦煌工程新闻通讯》(*Newsletter*)和会议录(British Library Studies on Conserv-ation Science)。

2.国际敦煌工程数据库(IDP Interactive Web Database)

该项目为英国大不列颠图书馆东方部主办的国际敦煌工程项目(The International Dunhuang Project)的一部分。它是一个关系对象型的书目数据库,主要将敦煌遗书原件扫描,并加以详细注释。

3.中国装订史[The History of Chinese Bookbinding(International Dunhuang Project,British Library,UK)]

该网站是英国大不列颠图书馆东方部主办的国际敦煌工程项目的一部分内容。通过图解的形式对收藏在大英图书馆的敦煌遗书的不同装订形式(如蝴蝶装、线装、旋风装、梵夹装、经折装、包背装等)进行介绍和研究。

4.中医（ChiMed）

由英国著名的汉学研究机构 Needham Research Institute 承办,主要进行中医药历史领域的研究,辟有中医药研究专家名录、中医药研究组织、医药文献专藏图书馆、在线中医药信息资源、专题书目及会议、学术讨论会通报等专栏。

5.WWW 西藏研究虚拟图书馆（Tibetan Studies WWW Virtual Library）

由澳大利亚国立大学亚太研究学院承办,通过全球近 200 个专业信息研究机构提供的有关西藏问题研究的信息,开展网上导航。研究范围涉及西藏艺术、文化、语言、文学等方面的内容。该图书馆是 WWW 亚洲虚拟图书馆的一部分。

6.西藏文化发展公益基金会（Tibet Heritage Fund）

该基金会由法国夏鲁协会（The Shalu Association）和德国拉萨档案工程协会（The Lhasa Archive Project）于 1996 年联合创办,总部设在拉萨。该基金会主要开展对西藏艺术的研究和文化保护工作。

7.中国研究学会（China Exploration & Research Society）

该学会总部设在香港,致力于中国边疆（如西藏等）地区的文化艺术研究和保护工作。

8.西藏艺术、戏剧及音乐导航（Guide to Tibetan Art, Theatre & Music）

该网址是 WWW 西藏研究虚拟图书馆（Tibetan Studies WWW VL）的一部分,辟有西藏艺术图片、西藏建筑图片、西藏音乐、西藏纺织、西藏戏剧、西藏宗教艺术图片、西藏宗教符号图片及西藏艺术画廊等栏目。

结　语

随着中国学研究渐成显学,与中国、汉学相关的数据库越来越多,除商业数据库之外,具有丰富馆藏的机构图书馆也开始将自有资源数字化,以提高其使用效率。本文所列多为与传统汉学有关的电子资源,除此之外,关于中国的商业、法律、新闻、统计数据等数据库也占据了很大的份额,但因与本文主题关系较小,故不赘述。

今天,电子数据库的作用在学术研究中日益增大,各国的国家图书馆的东亚部都在展开关于中国学研究的数字化工作,但至今我们仍无法全面掌握世界各国中国学研究文献的数字化进展的全貌,特别是西文文献中的中国学研究,这里只是抛砖引玉。建立西方汉学研究文献学、西方汉学研究数字化网络资源的调查已经成为我们做好西方汉学研究、展开中国古代文化在西方传播研究的基础性工作。中国图书馆界的数据库专家、文献学专家应发扬袁同礼先生的学术传统,将海外中国学(汉学)研究作为中国图书文献研究和建设中的重要部分。1991—1996 年笔者在国家图书馆工作,在任继愈先生的亲自指导下展开海外汉学研究,任先生当年亲自主编并创办《国际汉学》,并在参考研究部建立"中国学研究室",希望将海外中国学文献的收集和整理作为中国国家图书馆的重要内容。任先生已经驾鹤西去,袁同礼所开创的海外中国学文献学至今仍未在中国国家图书馆恢复起来,这是学术之悲哀。西方汉学历经 400 年之久,西方汉学家、中国学者对中国古代文化的典籍翻译也进行了 400 多年,如果我们进入这项工作,第一步就是做好西方汉学文献学、西方汉学数字化状况的调查与研究,笔者能力有限,只是做一很初步的勾勒,这一宏大的使命期待后人完成。

参考书目

中文

1.严绍璗:《序言》,《国际中国文化研究年鉴》(1979—2009),北京:外语教学与研究出版社,2013年。

2.桑兵:《国学与汉学——近代中外学界交往录》,杭州:浙江人民出版社,1999年。

3.杨堃:《葛兰言研究导论》。参阅王铭铭:《社会人类学与中国研究》,桂林:广西师范大学出版社,2005年。

4.胡寄窗:《中国近代经济思想史大纲》,北京:中国社会科学出版社,1984年。

5.马汉茂、汉雅娜、张西平、李雪涛主编:《德国汉学:历史、发展、人物与视角》,郑州:大象出版社,2005年。

6.李雪涛:《日耳曼学术谱系中的汉学:德国汉学之研究》,北京:外语教学与研究出版社,2008年。

7.任大援:《汲古得修绠　开源引万流:关于新时期汉学的回顾与思考》,载李雪涛、柳若梅、顾钧编:《跨越东西方的思考:世界语境下的中国文化研究》,北京:外语教学与研究出版社,2010年。

8.杨武能:《歌德与中国》,北京:生活·读书·新知三联书店,1991年。

9.谢莹莹译:《黑塞之中国》,北京:人民文学出版社,2011年。

10.严绍璗:《日本中国学史》,北京:学苑出版社,2009年。

11.朱政惠:《关于史学史研究和海外中国学研究的若干问题》,《探索与争鸣》2007年第1期。

12.李学勤:《国际汉学著作提要》序,南昌:江西教育出版社,1996年。

13.金毓黻:《史学史》,北京:商务印书馆,1991年。

14.欧阳哲生主编:《傅斯年全集》第3卷,长沙:湖南教育出版社,2003年。

15.严绍璗:《提升国际中国学研究的三个层面的思考》,载李雪涛、柳若梅、顾钧编:《跨越东西方的思考:世界语境下的中国文化研究》,北京:外语教学与研究出版社,2010年。

16.傅海波、胡志宏:《欧洲汉学简史》,载张西平编:《欧美汉学研究的历史与现状》,郑州:大象出版社,2006年。

17.尹文涓:《〈中国丛报〉研究》,北京大学比较文学与世界文学专业博士论文,2003。

18.张舜徽:《中国文献学》,上海:上海世纪出版集团,2009年。

19.金国平,《构建"西方语言中国史料学"之初议》,载金国平,吴志良:《过十字门》,澳门:澳门成人教育学会出版,2004年。

20.安德烈·冈德·弗兰克、巴里·K.吉尔斯主编,郝名玮译:《世界体系:500年还是5000年?》,北京:社会科学文献出版社,2004年。

21.安德烈·冈德·弗兰克、巴里·K.吉尔斯主编,郝名玮译:《世界体系:500年还是5000年?》,北京:社会科学文献出版社,2004。

22.张箭:《地理大发现研究:15—17世纪》,北京:商务印书馆,2002年。

23.桑贾伊·苏布拉马尼亚姆著,何吉贤译:《葡萄牙帝国在亚洲1500—1700:政治和经济史》,伦敦:朗文书屋(Longman Group UK Limited),1993年。

24.顾炎武:《天下郡国利病书》卷一三,上海:上海科技大学文献出版社,2003年。

25.张天泽、姚楠、钱江译:《中葡早期通商史》,北京:中华书局,1988年。

26.雅依梅·科尔特桑著,邓兰珍译:《葡萄牙的发现》第一卷,北京:中国对外翻译出版公司,1996年。

27.约翰·赫伊津哈著,刘军、舒炜、吕滇雯、俞国强等译:《中世纪的衰落:对十四和十五世纪法兰西、尼德兰的生活方式、思想及艺术的研究》,杭州:中国美术学院出版社,1997年。

28.毕尔麦尔等编著,雷立柏译:《中世纪教会史》,北京:宗教文化出版社,

2010年。

29.彼得·克劳斯·哈特曼著,谷裕译:《耶稣会简史》,北京:宗教文化出版社,2003年。

30.张维华:《明史弗郎机吕宋和兰意大里亚四传注释》,台北:学生书局,1972年。

31.张凯:《中国和西班牙关系史》,郑州:大象出版社。2003年。

32.万明:《中葡早期关系史》,北京:社会科学文献出版社,2001年。

33.金国平:《西力东渐:中葡早期接触追昔》,澳门:澳门基金会,2000年。

34.金国平、吴志良:《过十字门》,澳门:澳门成人教育学会,2004年。参阅罗荣渠著:《美洲史论》,北京:中国社会科学出版社,1997年。

35.普雷斯科特著,周叶谦、刘慈忠、吴兰芳、刘方译:《秘鲁征服史》,北京:商务印书馆,1986年。

36.郑家馨主编:《殖民主义史·非洲卷》,北京:北京大学出版社,2000年。

37.孟德卫著,陈怡译:《奇异的国度:耶稣会适应政策及汉学的起源》,郑州:大象出版社,2010年。

38.冯承钧译:《马可·波罗行纪》,上海:上海世纪出版集团,2006年。

39.何高济译:《海屯行纪·鄂多立克东游录·沙哈鲁遣使中国记》,北京:中华书局,1981年。

40.克里斯托·福道森编:《出使蒙古记》,北京:中国社会科学出版社,1982年。

41.耿昇、何高济译:《柏朗嘉宾蒙古行纪·鲁布鲁克东行纪》,北京:中华书局,2002年。

42.约翰·曼德维尔著,郭泽民、葛桂录译:《曼德尔游记》上海:上海书店,2006年。

43.潘贝新:《高母羡和玫瑰省道明会传教方法研讨》,http://www.catholic.org.tw/dominicanfamily/china_cobo.htm#_ftn3。

44.蒋薇硕士论文《高母羡(Fr.Juan Cobo)出使日本再议》抽样本;参阅方豪:《中国天主教史人物传》上册,北京:中华书局,北京:1988年。

45.刘莉美:《当西方遇见东方——从〈明心宝鉴〉两本西班牙黄金时期译本看

宗教理解下的偏见与对话》,《中外文学》2005年第33卷第10期。

46.蒋薇:《活跃于东亚各国之间的道明会传教士:高母羡》,载张西平、罗莹主编:《东亚与欧洲文化早期相遇:东西文化交流史论》,上海:华东师范大学出版社,2012年。

47.陈台民:《中菲关系与菲律宾华侨》,香港:朝阳出版社,1985年。

48.万明:《西方汉学的萌芽时期——葡萄牙人对中国的记述》,《世界汉学》1998年第1期。

49.吴志良:《十六世纪葡萄牙的中国观》,《世界汉学》1998年第1期。

50.张维华:《明清之际中西关系简史》,济南:齐鲁书社,1987年。

51.黄庆华:《中葡关系史:1513—1999》,合肥:黄山书社,2006年。

52.吴志良、汤开建、金国平主编:《澳门编年史》第一卷,广州:广东人民出版社,2009年。

53.杰弗里·C.冈恩著,秦传安译:《澳门史:1557—1999》,北京:中央编译出版社,2009年。

54.唐纳德·F.拉赫著,胡锦山译:《欧洲形成中的亚洲》第二册第一卷《发现的世纪》,北京:人民出版社,2013年。

55.何高济译:《中华帝国史》,北京:中华书局,1998年。

56.孙家堃译:《中华帝国史》,北京:中央编译出版社,2009年。

57.博克舍著,何高济译:《十六世纪中国南部行纪》,北京:中华书局,1990年。

58.宋黎明:《神父的新装:利玛窦在中国(1582—1610)》,南京:南京大学出版社,2011年。

59.夏伯嘉:《利玛窦:紫禁城里的耶稣会士》,上海:上海古籍出版社,2012年。

60.朱雁冰:《从西方儒家思想的最早传说到利玛窦的儒学评价》,香港道风山《神学论集》1996年号。

61.侯外庐、邱汉生、张岂之主编:《宋明理学史》,北京:人民出版社,1984年。

62.张西平、马西尼主编:《把中国介绍给世界:卫匡国研究》,上海:华东师范大学出版社,2012年。

63.徐明德:《论明清时期的对外交流与边治》,杭州:浙江大学出版社,2006年。

64.宋黎明:《中国地图:罗明坚和利玛窦》,《北京行政学院学报》2013 年第 3 期。

65.洛佩斯:《罗明坚的中国地图集》,《文化杂志》1998 年春季版,澳门文化司署出版。

66.卢西亚诺·佩特奇:《罗明坚地图中的中国资料》,《文化杂志》1997 年 10 月号,澳门文化司署出版。

67.汪前进:《意大利传教士罗明坚编纂〈中国地图集〉所依据中文原始资料新探》,《北京行政学院学报》2013 年第 3 期。

68.《利玛窦书信集》,台北:光启出版社,1986 年。见裴化行著,萧瑞濬华译:《天主教十六世纪在华传教志》,商务印书馆 1937 年版。

69.安文思著,何高济、李申译:《中国新史》,郑州:大象出版社,2006 年。

70.曾德昭著,何高济译:《大中国志》,北京:商务印书馆,2012 年。

71.罗明坚:《天主圣教实录》,见钟鸣旦、杜鼎克:《耶稣会罗马档案馆明清天主教文献》第 1 册,台北:利氏学社,2002 年。

72.方豪:《中国天主教人物传》,北京:中华书局,1988 年。

73.裴化行:《明代闭关政策与西班牙天主教传教士》,《中外关系史译丛》第 4 辑,上海:上海译文出版社,1988 年。

74.李元淳著,王玉洁等译:《朝鲜西学史研究》,北京:中国社会科学出版社,2001 年。

75.陈纶绪:《罗明坚和他的中文诗歌》,《华裔学志》,XII,1993。

76.张西平:《欧洲早期汉学史:中西文化交流与西方汉学的兴起》,北京:中华书局,2009 年。

77.龙伯格:《在欧洲首次翻译的儒家经典著作》。参阅《北堂书目》第 734 页第 2054 号著作第 583 页的《大学》。

78.戚印平:《日本耶稣会史》,北京:商务印书馆,2003 年;《远东耶稣会史》,北京:中华书局,2007 年。

79.邓恩著,余三乐等译:《从利玛窦到汤若望:晚明的耶稣会传教士》,上海:上海古籍出版社,2003 年。

80.金国平:《西方澳门史料选萃:15—16 世纪》,广州:广东人民出版社,2005

年。

81.汤开建:《明清之际澳门天主教的传入与发展》,澳门:澳门大学出版社,2012 年。

82.李向玉:《汉学家的摇篮:澳门圣保禄学院研究》,北京:中华书局,2006 年。

83.裴化行著,萧濬华译:《天主教十六世纪在华传教志》,北京:商务印书馆出版,1936 年。

84.林金水:《利玛窦与中国》,北京:中国社会科学出版社,1996 年。

85.张铠:《庞迪我与中国:耶稣会"适应"策略研究》,北京:北京图书馆出版社,1997 年。

86.阿·克·穆尔著,郝镇华译,蒋本良校:《一五五〇年前的中国基督教史》,北京:中华书局 1984 年。

87.张国刚等:《明清传教士与欧洲汉学》,北京:中国社会科学文献出版社,2001 年。

88.章文钦:《吴渔山及其华化天学》,北京:中华书局,2008。

89.黄一农:《两头蛇:明末清初的第一代天主教徒》,上海:上海古籍出版社,2006 年。

90.张先清编:《史料与视界:中文文献与中国基督教史研究》,上海:上海人民出版社,2007 年。

91.崔维孝:《明清之际西班牙方济会在华传教研究(1579—1732)》,北京:中华书局,2006 年。

92.汤开建:《明清天主教史论稿初编——从澳门出发》,澳门:澳门大学出版社,2012 年。

93.罗渔译:《利玛窦书信集》(上册),台北:光启出版社,1986 年。

94.刘俊余、王玉川译:《利玛窦中国传教史》,台北:光启出版社,1986 年。

95.苏尔、诺尔编,沈保义、顾卫民 朱静译:《中国礼仪之争西文文献一百篇(1645—1941)》,上海:上海古籍出版社,2001 年。

96.李天纲:《中国礼仪之争:历史、文献和意义》,上海:上海古籍出版社,1998 年。参阅张西平:《欧洲早期汉学史:中西文化交流与西方汉学的兴起》,北京:中华书局,2009 年。

97.张国刚:《从中西初识到礼仪之争:明清传教士与中西文化交流》,北京:人民出版社,2003 年。

98.艾田蒲著,许钧、钱林森译:《中国之欧洲》,郑州:河南人民出版社,1994年。

99.林金水:《明清之际士大夫与中西礼仪之争》,《历史研究》1993 第 2 期。

100.朱谦之:《中国哲学对欧洲的影响》,上海:上海人民出版社,2006 年。

101.维吉尔·毕诺著,耿昇译:《中国对法国哲学思想形成的影响》,北京:商务印书馆,2013 年。

102.张国刚、吴莉苇:《启蒙时代欧洲的中国观:一个历史的巡礼与反思》,上海:上海古籍出版社,2006 年。

103.吴莉苇:《当诺亚方舟遭遇伏羲神农:启蒙时代欧洲的中国上古史论争》,北京:中国人民大学出版社,2005 年。

104.韩承良:《由方济会的传教历史文件看中国天主教礼仪之争的来龙去脉》,《善导周刊》第 1923(1993/4/18)、1924(1993/4/25)期。

105.魏若望著,吴莉苇译:《耶稣会士傅圣泽神甫传:索隐派思想在中国及欧洲》,郑州:大象出版社,2006 年。

106.钟鸣旦:《杨廷筠——明末基督教儒者》,北京:中国社会科学文献出版社,2002 年。

107.张铠:《利安当与"历狱":利安当所著〈在华迫害记(1664—1666)〉一书简介》,载李雪涛等主编:《跨越东西方的思考:世界语境下的中国文化研究》,北京:外语教学与研究出版社,2009 年。

108.肖宵:《龙华民〈关于上帝、天神、灵魂等名称争论的简单回答〉初论》抽样本。

109.闵明我著,何高济、吴翊楣译:《上帝许给的土地——闵明我行纪和礼仪之争》,郑州:大象出版社,2009 年。

110.李经纬:《中华医史》,海口:海南出版社,2007 年。

111.卜弥格著,爱德华·卡伊丹斯基、张振辉、张西平译:《卜弥格文集》,上海:华东师范大学出版社,2012 年。

112.徐芹庭:《细说黄帝内经》,北京:新世界出版社,2007 年。

113.爱德华·卡伊丹斯基著,张振辉译:《中国的使臣:卜弥格》,郑州:大象出版社,2001年。

114.李经纬:《中外医学交流史》,长沙:湖南教育出版社,1998年。

115.曹炳章:《辨舌指南》,天津:天津科学技术出版社,2005年。

116.区结成:《当中医遇上西医:历史与省思》,北京:生活·读书·新知三联书店,2007年。

117.冯承钧译:《西域南海史地考证译丛》第三卷,北京:商务印书馆,1999年。

118.基歇尔:《中国图说》,郑州:大象出版社,2010年。

119.张西平主编:《西方人早期汉语学习史调查》,北京:中国大百科出版社,2003年。

120.姚小平:《西方语言史》,北京:外语教学与研究出版社,2011年。

121.卫匡国著,白佐良、白桦译:《中国文法》,上海:华东师范大学出版社,2011年。

122.董海樱:《16—19世纪初西人汉语研究》,北京:商务印书馆,2011年。

123.阿塔纳修斯·基歇尔著,张西平、杨慧玲等译:《中国图说》,郑州:大象出版社,2009年。

124.张西平、罗莹主编:《东亚与欧洲文化的早期相遇:东西文化交流史论》,上海:华东师范大学出版社,2012年。

125.方豪:《方豪六十自定稿》,台北:学生书局,1969年。

126.梅谦立:《〈孔夫子〉:最初西文翻译的儒家经典》,《中山大学学报》(社会科学版)2008年第2期。

127.罗莹:《〈中国哲学家孔子〉成书过程刍议》,《北京行政学院学报》2012年第1期。

128.罗光:《教廷与中国使节史》,台北:光启出版社,1967年。

129.利玛窦著,王玉川、刘俊余译:《中国传教史》,台北:光启出版社,1986年。

130.罗莹:《十七世纪来华耶稣会士对儒学概念的译介:以"天"的翻译为例》,《学术研究》2012年第11期。

131.罗莹:《儒家概念早期西译初探:以柏应理的〈中国哲学家孔子〉为中心》,北京:外语教学与研究出版社,2014年。

132.安德烈·冈德·弗兰克、巴里·K.吉尔斯主编,郝名玮译:《世界体系:500 年还是 5000 年?》,北京:社会科学文献出版社,2004 年。

133.J. J. 克拉克:《东方启蒙:东西方思想的遭遇》,上海:上海人民出版社,2011 年。

134.约翰·霍布森著,孙建党译,于向东、王琛校:《西方文明的东方起源》,济南:山东画报出版社,2009 年。

135.瓦尔特·伯克特著,刘智译:《东方化革命:古风时代前期近东对古希腊文化的影响》,上海三联书店,2010 年。

136.王国斌著,李伯重、连玲玲译:《转变的中国:历史变迁与欧洲经验的局限》,南京:江苏人民出版社,1998 年。

137.S.A.M.艾兹赫德著,姜智芹译:《世界历史中的中国》,上海:上海世纪出版集团,2009 年。

138.严建强:《18 世纪中国文化在西欧的传播及其反应》,杭州:中国美术学院出版社,2002 年。

139.莱布尼茨:《中国近事——为了照亮我们这个时代的历史》,郑州:大象出版社,2005 年。

140.李文潮编:《莱布尼茨与中国》,北京:科学出版社,2002 年。

141.桑靖宇:《莱布尼茨与现象学:莱布尼茨直觉理论研究》,北京:中国社会科学出版社,2009 年。

142.胡阳、李长铎:《莱布尼茨二进制与伏羲八卦图考》,上海:上海人民出版社,2006 年。

143.孙小礼:《莱布尼茨与中国》,北京:首都师范大学出版社,2006 年。

144.方岚生著,曾小五译,王蓉蓉校:《互照:莱布尼茨与中国》,北京:北京大学出版社,2013 年。

145.张西平:《中国与欧洲早期宗教和哲学交流史》,北京:东方出版社,2001 年。

146.阎守诚编:《阎宗临史学文集》,太原:山西古籍出版社,1998 年。

147.利奇温著,朱杰勤译:《十八世纪中国与欧州文化的接触》,北京:商务印书馆,1962 年。

148.孔多塞著,何兆武、何冰译:《人类精神进步史表纲要》,北京:生活·读书·新知三联书店,1998年。

149.周宁:《西方的中国形象》,载周宁主编《世界之中国形象:域外中国形象研究》,南京:南京大学出版社,2007年。

150.李约瑟:《中国科学技术史》第一卷,北京:科学出版社,2003年。

151.孟德卫:《1500—1800:中西方的伟大相遇》,北京:新星出版社,2007年。

152.张国刚:《18世纪晚期欧洲对于中国的认识:欧洲进步观念的确立与中国形象的逆转》,《天津社会科学》2005年第3期。

153.莫兰著,齐小曼译:《反思欧洲》,北京:生活·读书·新知三联书店,2005年。

154.汤林森著,冯建三译,郭英剑校订:《文化帝国主义》,上海:上海人民出版社,1999年。

155.许纪霖、罗岗等著:《启蒙的自我瓦解:1990年代以来中国思想文化界重大论争研究》,长春:吉林出版集团有限责任公司,2007年。

156.罗兰·N.斯特龙伯格著,刘北成、赵国新译:《西方现代思想史》,北京:中央编译出版社,2005年版。

157.姚大志:《现代之后:20世纪晚期西方哲学》,北京:东方出版社,2000年。

158.弗里德里希·尼采著,张念东等译:《权力意志》,北京:商务印书馆,1991年。

159.曾明珠:《启蒙的反思——杜维明、黄万盛对话录》,《世界哲学》2005年第4期。

160.李翔海:《杜维明"启蒙反思"论述评》,《中国社会科学院研究生院学报》2011年第9期。

161.郑秋月:《从反思启蒙心态到儒家价值的普世化期盼》,《北方论丛》2007年第6期。

162.王漪:《明清之际中学之西渐》,台北:商务印书馆,1977年。

163.龙伯格著,李真、骆洁译:《清代来华传教士马若瑟研究》,郑州:大象出版社,2009年。

164.柯兰霓著,李岩译:《白晋生平与著作》,郑州:大象出版社,2009年。

165.李奭学:《中国晚明与欧洲文学:明末耶稣会古典证道故事考诠》,北京:生活·读书·新知三联书店,2010 年;《得意忘言:翻译文学与文化评论》,北京:生活·读书·新知三联书店,2007 年。

166.罗莹:《"道可道,非常道":早期儒学概念西译初探》,《东吴学刊》2010 年第 2 期。

167.复旦大学文史研究院编:《西文文献中的中国》,北京:中华书局,2012 年。

168.柳若梅:《沟通中俄文化的桥梁:俄罗斯汉学史上的院士汉学家》,北京:外语教学与研究出版社,2010 年。

169.张西平:《丝绸之路:中国与欧洲宗教哲学交流》,乌鲁木齐:新疆人民出版社,2011 年。

170.张西平:《近代以来汉籍西学在东亚的传播研究》,《中国文化研究》2011年第 1 期。

171.李明著,郭强译:《中国近事报道》,郑州:大象出版社,2004 年。

172.伊曼纽尔·沃尔斯坦著,孙立田等译:《现代世界体系》第三卷,北京:高等教育出版社,2000 年。

173.阎照祥:《英国史》,北京:人民出版社,2003 年。

174.陈乐民:《欧洲文明扩张史》,上海:东方出版中心,1999 年。

175.斯塔夫里阿诺斯著,吴象婴、梁赤民译:《全球通史:1500 年以后的世界》,上海:上海社会科学院出版社,1999 年。

176.中央编译局编:《马克思恩格斯选集》第四卷,北京:人民出版社,1995 年。

177.威利斯顿·沃尔克著,孙善玲、段琦、朱代强译:《基督教会史》,北京:中国社会科学出版社,1991 年。

178.傅海波著,胡志宏译:《欧洲汉学史简评》,载张西平编:《欧美汉学研究的历史与现状》,郑州:大象出版社,2006 年。

179.傅吾康:《十九世纪的欧洲汉学》,《国际汉学》第七辑,大象出版社,2002年。

180.王筱芸:《荷兰莱顿大学汉学研究群体综述:以 20 世纪 80 至 90 年代为中心》,载《国际汉学》第二十一辑,郑州:大象出版社,2011 年。

181.董海樱:《16—19 世纪初西人汉语研究》,北京:商务印书馆,2001 年。

182.戴密微:《从法国汉学到国际汉学》,载戴仁编,耿昇译:《法国中国学的历史与现状》,上海:上海辞书出版社,2010年。

183.艾乐桐著,张冠尧译:《欧洲忘记了汉语却"发现"了汉字》,载《法国汉学》1996年第一辑。

184.贝罗贝:《二十世纪以前欧洲汉语语法学研究状况》,《中国语文》1998年第5期。

185.董海樱:《雷慕沙与19世纪早期欧洲汉语研究》,载李向玉、张西平、赵永新编:《世界汉语教育史研究》,澳门理工学院,2005年。

186.韩大伟:《传统与寻真:西方古典汉学回顾》,《世界汉学》第3期。

187.佚名撰,马军译:《法国汉学先驱——雷慕沙传》,载阎纯德主编:《汉学研究》第五集,北京:中华书局,2000年。

188.李慧:《雷慕沙〈汉语启蒙〉研究》,博士论文抽样本。

189.杨慧玲:《叶尊孝的〈汉字西译〉与马礼逊的〈汉英词典〉》,《辞书研究》2007年第1期。

190.许光华:《法国汉学史》,北京:学苑出版社,2009。

191.伯希和著,冯承钧译:《蒙古与教廷》,北京:中华书局,1984年。

192.阎宗临:《阎宗临史学文集》,太原:山西古籍出版社,1998年。

193.张西平:《欧洲早期汉学史:中西文化交流与西方汉学的兴起》,北京:中华书局,2009年。

194.雷慕沙:《玉娇梨》序言,载钱林森编:《法国汉学家论中国文学:古典戏剧和小说》,北京:外语教学与研究出版社,2007年。

195.姚小平:《西方语言学史》,北京:外语教学与研究出版社,2012年。

196.威廉·冯·洪堡特著,姚小平译:《论人类语言结构的差异及其对人类精神的发展》,北京:商务印书馆,1999年。

197.吉瑞德著,段怀清等译:《朝觐东方:理雅各评传》,桂林:广西师范大学出版社,2011年。

198.高第著,马军译:《法国近代汉学巨擘——儒莲》,载阎纯德主编:《汉学研究》第八集,北京:中华书局,2004年。

199.钱林森编:《法国汉学家论中国文学:古典戏剧和小说》序言,北京:外语教学与研究出版社,2007年。

200.费赖之著,冯承钧译:《在华耶稣会士列传及书目》(上),北京:中华书局,1995年。

201.宋莉华:《传教士汉文小说研究》,上海:上海古籍出版社,2010年。

202.罗芃、冯棠、孟华:《法国文化史》,北京:北京大学出版社,1997年。

203.丹尼尔·罗什著,杨亚平等译:《启蒙运动中的法国》,上海:华东师范大学出版社,2011年。

204.董小川:《现代欧美国家宗教多元化的历史与现实》,上海:上海三联书店,2008年。

205.费正清著,吴莉苇译:《新教传教士著作在中国文化史上的地位》,载《国际汉学》第九辑,大象出版社,2003年。

206.杨慧玲:《19世纪汉英词典传统:马礼逊、卫三畏、翟理斯汉英辞典的谱系研究》,北京:商务印书馆,2012年。

207.龚道运:《近世基督教和儒教的接触》,上海:上海人民出版社,2011年。

208.艾利莎·马礼逊编,杨慧玲译:《马礼逊回忆录》第1—2卷,郑州:大象出版社,2007年。

209.朱凤:《试论马礼逊〈五车韵府〉的编纂方法及参考书》,载张西平、吴志良、彭仁贤主编:《架起东西方文化交流的桥梁:纪念马礼逊来华200周年学术研讨会论文集》,北京:外语教学与研究出版社,2011年。

210.韩柯:《马礼逊的〈中国杂记〉:一位早期传教士解开中国迷雾之路》,载复旦大学历史地理研究中心:《跨越空间的文化:16—19世纪中西文化的相遇与调适》,上海:东方出版中心,2010年。

211.张西平:《明清之际〈圣经〉中译溯源》,内田庆市:《白日升汉译圣经考》,载北京外国语大学中国海外汉学研究中心,中国近现代新闻出版博物馆编:《西学东渐与东亚近代知识的形成和交流》,上海:上海人民出版社,2012年。

212.伟烈亚力著,倪文君译:《1867年以前来华基督教传教士列传及著作目录》,桂林:广西师范大学出版社,2011年。

213.熊文华:《英国汉学史》,北京:学苑出版社,2007年。

214.雷孜智著,尹文涓译:《千禧年的感召:美国第一位来华新教传教士裨治文传》,桂林:广西师范大学出版社,2008 年。

215.卫斐列著,顾钧、江莉译:《卫三畏生平及书信:一位美国来华传教士的心路历程》,桂林:广西师范大学出版社,2004 年。

216.顾钧:《卫三畏与美国早期汉学》,北京:外语教学与研究出版社,2009 年。

217.孔陈焱:《卫三畏与美国汉学研究》,上海:上海辞书出版社,2010 年。

218.尹文涓:《〈中国丛报〉与 19 世纪西方汉学研究》,载《汉学研究通讯》第 22 卷第 2 期,2003 年 5 月。

219.吴义雄:《在华英文报刊与近代早期的中西关系》,北京:社会科学文献出版社,2012 年。

220.吴义雄:《〈中国丛报〉关于中国社会信仰与风习的研究》,《学术研究》2009 年第 9 辑。

221.吴义雄:《〈中国丛报〉与中国语言文字研究》,《社会科学研究》2008 年第 4 期。

222.吴义雄:《〈中国丛报〉与中国历史研究》,《中山大学学报》(社会科学版)2008 年第 1 期。

223.蔡鸿生:《俄罗斯馆记事》,北京:中华书局,2006 年。

224.阎国栋:《俄罗斯汉学史》,北京:人民出版社,2006 年。

225.P. K. I.奎斯特德:《1857—1860 年俄国在远东的扩张》,北京:商务印书馆,1979 年。

226.张绥:《东正教和东正教在中国》,上海:学林出版社,1986 年。

227.陈治国,袁新华:《19 世纪俄国东正教来华传教使团的汉学研究及其特点》,《俄罗斯研究》2006 年第 4 期。

228.阎国栋:《俄罗斯汉学三百年》,北京:学苑出版社,2007 年。

229.尼古拉·阿多拉茨基著,阎国栋、肖玉秋译:《东正教在华两百年》,广州:广东人民出版社,2007 年。

230.肖玉秋:《俄罗斯传教使团与清代中俄文化交流》,天津:天津人民出版社,2009 年。

231.李伟丽:《尼·雅·比丘林及其汉学研究》,北京:学苑出版社,2007 年。

232.斯卡奇科夫著,米亚斯尼科夫编,柳若梅译:《俄罗斯汉学史》,北京:中国社会科学文献出版社,2011 年。

233.柳若梅等:《沟通中俄文化的桥梁:俄罗斯汉学史上院士汉学家》,北京:外语教学与研究出版社,2010 年。

234.李明滨:《俄罗斯汉学史》,郑州:大象出版社,2008 年。

235.赵春梅:《瓦西里耶夫与中国》,北京:学苑出版社,2007 年。

236.古伯察著,耿昇译:《鞑靼西藏旅行记》,北京:中国藏学出版社,2011 年。

237.荣振华、方立中、热拉尔·穆赛、布里吉特·阿帕鸟著,耿昇译:《16—20世纪入华天主教传教士列传》,桂林:广西师范大学出版社,2010 年。

238.陈开科:《巴拉第的汉学研究》,北京:学苑出版社,2009 年。

239.顾长生:《传教士与近代中国》,上海:上海人民出版社,1995 年。

240.王立新:《美国传教士与晚清中国现代化》,天津:天津人民出版社,1997 年。

241.吴义雄:《在宗教与世俗之间:基督新教传教士在华南沿海的早期活动研究》,广州:广东教育出版社,2000 年。

242.爱德华·W. 萨义德著,李琨译:《文化与帝国主义》,北京:生活·读书·新知三联书店,2003 年。

243.阿尔弗雷德·韦伯著,姚燕译:《文化社会学视域中的文化史》,上海:上海世纪出版集团,2006 年。

244.李英玉:《俄罗斯文化的欧亚属性分析》,《求是学刊》2010 年 5 月。

245.爱德华·W. 萨义德著,王宇根译:《东方学》,北京:生活·读书·新知三联书店,1999 年。

246.李福清著,田大畏译:《中国古典文学研究在苏联》,北京:书目文献出版社,1987 年。

247.黑格尔著,贺麟、王太庆译:《哲学史讲演录》第 1 卷,北京:商务印书馆,1997 年。

248.郑忆石:《黑格尔哲学之光折射近代俄罗斯哲学》,《中国社会科学报》2013 年 8 月 12 日。

249.李伟丽:《尼·雅·比丘林及其汉学研究》,北京:学苑出版社,2007 年。

250.伍宇星:《欧亚主义历史哲学研究》,北京:学苑出版社,2011 年。

251.胡优静:《英国 19 世纪的汉学史研究》,北京:学苑出版社,2009 年。

252.理雅各:《中国经典》,上海:华东师范大学出版社,2011 年。

253.岳峰:《架设东西方的桥梁:英国汉学家理雅各研究》,福州:福建人民出版社,2004 年。

254.刘家和:《理雅各〈中国经典〉第五卷引言》,上海:华东师范大学出版社,2011 年版。

255.林启彦、黄文江主编:《王韬与近代世界》,香港:香港商务印书馆,2000 年。

256.余英时:《香港与中国学术研究》,见《余英时文集》第五卷《现代学人与学术》,桂林:广西师范大学出版社,2006 年。

257.段怀清:《传教士与晚清口岸文人》,广州:广东人民出版社,2007。

258.王国强:《〈中国评论〉(1872—1901) 与西方汉学》,上海:上海世纪出版集团,2010 年。

259.托克维尔:《旧制度与大革命》,北京:商务印书馆,2013 年。

260.贡德·弗兰克著,刘北成译:《白银资本:重视经济全球化中的东方》,北京:中央编译出版社,2008 年。

261.杰克·戈德斯通著,关永强译:《为什么是欧洲?世界史视角下的西方崛起(1500—1850)》,杭州:浙江大学出版社,2007 年。

262.乔万尼·阿吉里等主编:《东亚的复兴:以 500 年、150 年和 50 年为视角》,北京:社会科学文献出版社,2006 年。

263.罗伯特·B.马克斯:《现代世界的起源:全球的、生态的述说》,北京:商务印书馆,2006 年。

264.斯塔夫里阿诺斯著,吴象婴译:《全球通史:1500 年以后的世界》,北京:北京大学出版社,2006 年。

265.彭慕兰:《大分流:欧洲、中国及现代世界经济的发展》,南京:江苏人民出版社,2008 年。

266.黑格尔著,王造时译:《历史哲学》,上海:上海书店出版社,2006 年。

267.侯鸿勋:《论黑格尔的历史哲学》,上海:上海人民出版社,1982 年。

268.黑格尔著,范扬等译:《法哲学原理》,北京:商务印书馆,1982 年。

269.韩震:《西方历史哲学导论》,北京:北京师范大学出版社,2008 年。

270.施泰因克劳斯编,王树人等译:《黑格尔哲学新研究》,北京:商务印书馆,1989 年。

271.维科著,朱光潜译:《新科学》,北京:人民出版社,1986 年。

272.周宁:《世界之中国:域外中国形象研究》,南京:南京大学出版社,2007 年。

273.叔本华著,石冲白译:《作为意志与表象的世界》,北京:商务印书馆,1982 年。

274.叔本华:《充足理由律的四重根》,北京:商务印书馆,1996 年。

275.叔本华著,任立、刘林一译:《自然界中的意志》,北京:商务印书馆,1997 年。

276.马礼逊:《华英字典》第 1 卷,郑州:大象出版社,2007 年。

277.陆九渊:《象山先生全集》第三十四卷,上海:商务印书馆,1935 年。

278.金慧敏:《叔本华的自然意志论与中国哲学》,《燕山大学学报》(哲学社会科学版)2000 年第 8 期。

279.段怀清、周俐玲编著:《〈中国评论〉与晚清中英文学交流》,广州:广东人民出版社,2006 年。

280.汉斯·约阿西姆·施杜里希著,吕叔君、官青译:《世界语言简史》,济南:山东画报出版社,2009 年。

281.阚维民:《剑桥汉学的形成与发展》,载:《国际汉学》第十辑,郑州:大象出版社,2004 年。

282.巴斯蒂:《19、20 世纪欧洲中国史研究的几个问题》,载《国际汉学》第八辑,郑州:大象出版社,2002 年。

283.胡志宏:《西方中国古代史研究导论》,郑州:大象出版社,2002。

284.威尔森、约翰·凯利编:《欧洲研究中国:欧洲汉学史国际学术讨论会论文集》,伦敦:寒山堂书店,1995 年。

285.仇华飞:《早期中美关系史研究:1784—1844》,北京:人民出版社,2005 年。

286.卫三畏著,陈俱译:《中国总论》,上海:上海古籍出版社,2005 年。

287.张西平、吴志良、陶德民主编:《卫三畏文集》,郑州:大象出版社,2012 年。

288.柯马丁:《德国汉学家在 1933—1945 年的迁移:重提一段被人遗忘的历史》,载马汉茂、汉雅娜、张西平、李雪涛主编:《德国汉学:历史、发展、人物与视角》,郑州:大象出版社,2005 年。

289.夏德著,朱杰勤译:《大秦国全录》,郑州:大象出版社,2009 年。

290.王海龙:《哥大与现代中国》,上海:上海艺术出版社,2000 年。

291.顾钧:《〈诸番志〉译注:一项跨国工程》,《书屋》2010 年第 2 期。

292.冯承钧译:《西域南海史地考证译丛》,北京:商务印书馆,1995 年。

293.赵汝适著,夏德、柔克义合注,韩振华翻译并补注:《诸番志注补》,香港大学亚洲研究中心,2000 年。

294.程龙:《德国汉学家夏德及其中国学研究》,《社会科学辑刊》2001 年第 5 期。

295.姜梦菲:《德国汉学家夏德〈清代画家杂记〉浅析》,《美术大观》2011 年第 3 期。

296.王文:《庞德与中国文化:接受美学的视阈》,苏州大学博士论文,2004 年。

297.葛艳玲、刘继华:《汉学家德效骞与早期中罗关系研究》,《甘肃社会科学》2012 年第 3 期。

298.张铠:《美国中国史研究专业队伍的形成及其史学成就(第一次世界大战至第二次世界大战)》,《中国史研究动态》1995 年第 7 期。

299.杰西·卢茨著,曾钜生译:《中国教会大学史》,杭州:浙江教育出版社,1987 年。

300.陈观胜:《哈佛燕京学社与燕京大学之关系》,王钟翰:《哈佛燕京学社与引得编纂处》,两文俱载《燕大文史资料》第三辑,北京:北京大学出版社,1988 年。

301.张寄谦:《哈佛燕京学社》,载章开沅主编:《中西文化与教会大学》,武汉:湖北教育出版社,1991 年。

302.司徒雷登著,程宗家译:《在华五十年——司徒雷登回忆录》,北京:北京出版社 1982 年。

303.陶飞亚、梁元生:《〈哈佛燕京学社〉补正》,《历史研究》1999 年 6 期。

304.阎国栋:《俄国流亡学者与哈佛与燕京学社——读叶理绥俄文日记》,载朱政惠主编:《北美中国学的历史与现状》,上海:上海辞书出版社,2013年。

　　305.孙越生主编:《美国中国学手册》,北京:中国社会科学出版社,1993年。

　　306.顾钧:《卜德与〈燕京岁时记〉》,载《民俗研究》2011年第3期。

　　307.顾钧:《"子罕言利与命与仁"的英译问题》,载《读书》2013年第2期。

　　308.崔瑞德、鲁惟一编,杨品泉等译:《剑桥中国秦汉史》,北京:中国社会科学出版社,1992年。

　　309.李福清著,马昌仪编:《中国神话故事论集》,北京:中国民间文艺出版社,1998年。

　　310.李福清:《古典小说与传说:李福清汉学论集》,北京:中华书局,2003年。

　　311.德克·布迪、克拉伦斯·莫里斯著,朱勇译:《中华帝国的法律》,南京:江苏人民出版社,2008年。

　　312.杨政:《伦理情境下的博弈、仪式与象征:关于清朝中晚期士绅和庶民生活的个案研究》,载《社会》总第244期,2005年6月。

　　313.顾钧:《第一批美国留学生在北京——以费正清、卜德为中心》,载朱政惠主编:《北美中国学的历史与现状》,上海:上海辞书出版社,2013年。

　　314.钱存训:《美国汉学家顾立雅》,《文献》1997年第3期。另见钱存训:《留美杂忆:六十年来美国生活的回顾》,合肥:黄山书社,2008年。

　　315.蒋向艳:《美国汉学家顾立雅的汉学研究》,载《枣庄师范专科学校学报》2002年第1期。

　　316.张凤:《哈佛燕京学社75年的汉学贡献》,《文史哲》2004年3期。

　　317.余英时:《中国文化的海外媒介》,王元化主编:《钱穆与中国文化》,上海:上海远东出版社,1994年。

　　318.余英时:《顾颉刚、洪业与中国现代史学》,载《中国史研究动态》1981年第8期。另见马良、李伟:《哈佛燕京学社汉学引得丛刊的文献学价值与思想》,载《河北大学学报》(哲学社会科学版)2010年第2期。

　　319.《蒙古秘史源流考》,《哈佛亚洲学志》,1951年;《钱大昕题元史三诗的英译和注释》,《哈佛亚洲学志》,1956年;《关于唐开元七年(719)的一次史籍争论》,《哈佛亚洲学志》,1957年。

　　320.洪业著,曾祥波译:《杜甫:中国最伟大的诗人》,上海:上海古籍出版社,

2012 年。

321.王仲瀚,翁独健:《洪煨莲先生传略》,《文献》1981 年第 4 期。

322.陈毓贤:《洪业传》,北京:北京大学出版社,1996 年。

323.《周一良致王伊通信》,《清华大学学报》(哲学社会科学版)2005 年第 1
期。

324.邓嗣禹:《中国考试制度史》,长春:吉林出版集团有限责任公司,2011 年。

325.黄培,陶晋生编:《邓嗣禹先生学术论文选集》,台北:台湾食货出版社,
1980 年。

326.彭靖:《亦师亦友五十年:邓嗣禹与费正清的学术因缘》,《中华读书报》
2013 年 5 月 22 日。

327.李华川:《晚清一个外交官的文化历程》,北京:北京大学出版社,2004 年。

328.吴元原:《华人学者对美国汉学的影响与贡献——以 20 世纪 40 年代赴
美华人学者为例》,载朱政惠主编:《北美中国学的历史与现状》,上海:上海辞书
出版社,2013 年。

329.余文堂:《普鲁士东亚的远征和〈中德天津条约〉的谈判与签订(1859—
1862)》,载《中德早期关系史论文集》,台北:稻乡出版社,2007 年。

330.苏位智:《传教士·公共舆论·教案:义和团时期的卫礼贤所想到的》,载
孙立新、蒋锐主编:《东西方之间:中外学者论卫礼贤》,济南:山东大学出版社,
2004 年。

331.吴素乐著,任仲伟译:《卫礼贤——传教士、翻译家和文化诠释者》,载马
汉茂、汉雅娜、张西平、李雪涛主编:《德国汉学:历史、发展、人物与视角》,郑州:
大象出版社,2005 年。

332.杨武能:《卫礼贤与中国文化在西方的传播》,载张良春《国外中国学研
究》第一辑,桂林:漓江出版社,1991 年。

333.陈铨:《中国纯文学对德国文学的影响》,台北:学生书局,1971 年。

334.费丁豪著,韦凌译:《从德意志帝国到第三帝国之间中国学》,载马汉茂、
汉雅娜、张西平、李雪涛主编:《德国汉学:历史、发展、人物与视角》,郑州:大象出
版社,2005 年。

335.李雪涛:《日耳曼学术谱系中的汉学:德国汉学之研究》,北京:外语教学

与研究出版社,2008 年。

336.李雪涛:《〈易经〉德译过程与佛典汉译的译场制度》,《读书》2010 年 12 月。

337.王金波:《弗朗茨·库恩及其〈红楼梦〉德文译本:文学文本编译的个案研究》,博士论文抽样本。

338.顾彬著,曹卫东编译:《关于"异"的研究》,北京:北京大学出版社,1997 年。

339.范劲:《卫礼贤之名:对一个边界文化符号的考察》,上海:华东师范大学出版社,2011 年。

340.张西平:《对所谓"汉学主义"的思考》,载朱政惠主编:《北美中国学研究的历史与现状》,上海:上海辞书出版社,2013 年。

341.卫礼贤:《孔子在人类代表人物中的地位》,载蒋锐编译,孙立新译校:《东方之光:卫礼贤论中国文化》,北京:外语教学与研究出版社,2007 年。

342.李雪涛:《论雅斯贝尔斯"轴心说"的中国思想来源》,载《现代哲学》2008 年第 6 期。

343.张君劢:《卫礼贤——世界公民》,载孙立新、蒋锐主编:《东西方之间:中外学者论卫礼贤》,济南:山东大学出版社,2004 年。

344.卫礼贤著,王宇洁等译:《中国心灵》,北京:国际文化出版公司出版,1998 年。

345.卫礼贤著,蒋锐译,孙立新校:《中国人生活的智慧》,济南:山东大学出版社,2010 年。

346.胡适:《中国古代哲学史》,合肥:安徽教育出版社,1999 年。

347.张君劢、丁文江等:《科学与人生观》,济南:山东人民出版社,1997 年。

348.郭湛波:《近五十年中国思想史》,北京:北平人文书店,1924 年。

349.贺麟:《五十年来的中国哲学》,沈阳:辽宁教育出版社,1989 年。

350.罗梅君:《汉学界的论争:魏玛共和国时期卫礼贤德文化批评立场和学术地位》,载《东西方之间:中外学者论卫礼贤》,济南:山东大学出版社,2004 年。

351.范劲:《卫礼贤之名:对一个边际文化符玛德考察》,上海:华东师范大学出版社,2011 年。

352.李泽厚:《中国现代思想史论》,北京:生活·读书·新知三联书店,2008年。

353.孙凤城编选:《二十世纪德语作家散文精华》,北京:作家出版社,1990年。

354.李世隆译,刘泽珪校:《荒原狼》,桂林:漓江出版社,1986年。

355.卫茂平:《中国对德国文学影响史述》,上海:上海外语教育出版社,1996年。

356.卫礼贤、荣格著,邓小松译:《金花的秘密:中国生命之书》,合肥:黄山书社,2011年。

357.李喜所:《近代留学生与中外文化》,天津:天津教育出版社,2006年。

358.史黛西·比勒著,张艳译:《中国留美学生史》,北京:生活·读书·新知三联书店,2010年。

359.刘晓琴:《中国近代留英教育史》,天津:南开大学出版社,2005年。

360.吴宓:《吴宓日记》,北京:生活·读书·新知三联书店,1998年。

361.邓奇峰:《国父思想之实践与阐扬者——孙哲生先生》(下),《政治评论》第37卷第10期。

362.吴经熊著,周伟驰译,雷立伯校:《超越东西方》,北京:中国社会科学文献出版社,2002年。

363.孙科:《前言》,《天下》1935年创刊号,北京:国家图书馆出版社,2009年。

364.陈旦:《"列子杨朱篇"伪书新证》,载《国学丛刊》1924年第二卷第一期。

365.沈复:《浮生六记》,北京:人民文学出版社,1980年。

366.林语堂:《〈浮生六记〉英译自序》,北京:外语教学与研究出版社,1999年。

367.陈寅恪:《元白诗笺证稿》,上海:上海古籍出版社,1978年。

368.林语堂:《生活的艺术》,哈尔滨:北方文艺出版社,1987年。

369.郑逸梅:《〈浮生六记〉佚稿之谜》,见《文苑花絮》,中州书画社,1983年12月。

370.季羡林:《季羡林文集》第六卷,南昌:江西教育出版社,1996年。

371.奥登著,顾为民译:《博克塞:澳门与耶稣会士》,载鄢华阳等著,顾为民译:《中国天主教历史译文集》,桂林:广西师范大学出版社,2010年。

372.张隆溪：《比较文学译文集》，北京：北京大学出版社，1982 年。

373.赵毅衡：《远游的诗神——中国古典诗歌对美国新诗运动的影响》，成都：四川人民出版社，1985 年。

374.钟玲：《美国诗与中国梦——美国现代诗里的中国文化模式》，桂林：广西师范大学出版社，2003 年。

375.杨联陞：《中国制度史研究》，南京：江苏人民出版社，2007 年。

376.杨联陞：《国史探微》，台北：联经出版事业公司，1983 年。

377.杨联陞：《中国文化中"报""保""包"之意义》，贵阳：贵州人民出版社，2009 年。

378.杨联陞：《杨联陞文集》，北京：中国社会科学出版社，1992 年。

379.周东元、亓文公编：《中国外文局五十年史料选编》(1)，北京：新星出版社，1999 年。

380.吴旸：《〈中国文学〉的诞生》，《中国外文局五十年回忆录》，北京：新星出版社，1999 年。

381.何琳、赵新宇：《〈中国文学〉新中国文学西播前驱》，《中华读书报》2003 年 9 月 24 日。

382.何琳、赵新宇：《〈中国文学〉的历史与文化价值》，《文史杂志》2011 年第 2 期。

383.曹健飞：《对外发行的回顾与思考》，载《书刊对外宣传的理论与实践》，北京：新星出版社，1999 年。

384.何明星、张西平、于美晨：《中国文化对外翻译出版发展报告（1949—2009）》。

385.戴延年等编：《中国外文局五十年大事记》，北京：新星出版社，1999 年。

386.王以铸：《论诗之不可译》，《编译参考》1981 年第 1 期。

387.许渊冲：《诗词·翻译·文化》，《北京大学学报》(哲学社会科学版)1990 年第 5 期。

388.宇文所安：《中国早期古典诗歌的生成》，北京：生活·读书·新知三联书店，2012 年。

389.宇文所安：《晚唐：九世纪中叶的中国诗歌（827—860）》，北京：生活·读书·新知三联书店,2011 年。

390.许渊冲:《中国学派的古典诗词翻译理论》,《外语与外语教学》2005 年第
11 期。

391.张智中:《许渊冲与翻译艺术》,武汉:湖北教育出版社,2005 年。

392.许渊冲:《谈中国学派的翻译理论:中国翻译学落后于西方吗?》,《外语与
外语教学》2003 年第 1 期。

393.许渊冲:《实践第一,理论第二》,《上海科技》2003 年第 1 期。

394.许渊冲:《译学与易经》,《北京大学学报》1992 年第 3 期。

395.吴晓明:《论中国学术的自我主张》,《学术月刊》2012 年第 7 期。

396.王毅:《皇家亚洲文会北中国支会研究》,上海:上海书店出版社,2005 年。

397.巴佩兰:《〈华裔学志〉及其研究所对西方汉学的贡献》,《世界汉学》2005
年第 1 期。

398.柯慕安:《鲍润生神父——〈华裔学志〉的创办者——他的生平与事业》,
载魏思齐编:《有关中国学术性的对话:以〈华裔学志〉为例》,北京:中华书局,
2004 年。

399.鲁保禄:《从传教士的传奇到中国基督宗教史》,载魏思齐编:《有关中国
学术性的对话:以〈华裔学志〉为例》,北京:中华书局,2004 年。

400.马森:《西方的中华帝国观》,北京:时事出版社,1999 年。

401.陶乃侃:《庞德与中国文化》,北京:首都师范大学出版社,2006 年。

402.孙宏:《论庞德的史诗与儒家经典》,《外国文学评论》1999 年第 2 期。

403.丹尼尔·贝尔著,赵一凡译:《资本主义文化矛盾》,北京:生活·读书·
新知三联书店,1989 年。

404.蒋洪新:《庞德的翻译理论研究》,《外国语》2001 年第 4 期。

405.钱兆明、管南异:《逆向而行——庞德与宋发祥的邂逅和撞击》,《外国文
学》2011 年第 6 期。

406.王贵明:《〈比萨诗章〉中的儒家思想》,《国外文学》2001 年第 2 期。

407.罗坚:《西方中心主义的变奏:重评庞德的中国文化态度》,《湖南师范大
学社会科学学报》2009 年第 2 期。

408.朱谷强:《庞德的一种东方主义》,《疯狂英语》(教师版)2009 年第 4 期。

409.张剑:《翻译与表现:读钱兆明主编〈庞德与中国〉》,《国外文学》2007 年第 4 期。

410.王勇智:《庞德译作〈华夏集〉研究中的"东方主义"视角述评》,《学术探索》2013 年 3 月。

411.袁婧:《庞德〈诗经〉译本研究》,博士论文抽样本。

412.黄运特译:《庞德诗选·比萨诗章》,桂林:漓江出版社,1998 年。

413.张西平主编:《西方汉学十六讲》,北京:外语教学与研究出版社,2011 年。

414.龚咏梅:《劳费尔的汉学研究》,载朱政惠主编:《中国学者论美国中国学》,上海:上海辞书出版社,2008 年。

415.费正清:《七十年代的任务》,载朱政惠主编:《美国学者论美国中国学》,上海:上海辞书出版社,2009 年。

416.孙家正:《关于战略机遇期的文化建设问题》,《文艺研究》2003 年第 1 期。

417.《十六大以来重要文献选编》(上),北京:中央文献出版社,2004 年。

418.《十六大以来重要文献选编》(中),北京:中央文献出版社,2006 年。

419.骆玉安:《关于实施中华文化走出去战略的思考》,《殷都学刊》2007 年第 2 期。

420.李国庆:《美国对中国古典及当代作品翻译概述》,载朱政惠、崔丕主编:《北美中国学的历史与现状》,上海:上海辞书出版社,2013 年。

421.杰奥瓦尼·阿瑞基:《漫长的 20 世纪》,南京:江苏人民出版社,2011 年。

422.费孝通:《反思·对话·文化自觉》,《北京大学学报》(哲学社会科学版)1997 年 3 期。

423.张旭东:《全球化时代的文化认同》,北京:生活·读书·新知三联书店,2005 年。

424.费孝通:《从反思到文化自觉和交流》,《读书》1998 年第 11 期。

425.章太炎:《中华民国解》,《民报》第十五期,1907 年 7 月。

426.雅思贝斯:《智慧之路》,载田汝抗、金重远选编:《现代西方史学流派文选》,上海:上海人民出版社,1982 年。

427.闻一多:《文学的历史动向》,载《闻一多全集》第一卷,北京:生活·读书·新知三联书店,1982 年。

428.贝尔纳:《历史上的科学》序言,北京:科学出版社,1983 年。

429.钱穆:《中国文化史导论》,北京:商务印书馆,1998 年。

430.王学典:《答基辛格》,《中华读书报》2013 年 4 月 3 日。

431.梁启超:《新大陆游记》,载《饮冰室合集·专集》,北京:中华书局,1989 年。

432.梁启超:《过渡时代》,《清议报》第 82 期(1901 年)。

433.张岱年、方克立主编:《中国文化概论》,北京:北京师范大学出版社,1995 年。

434.康有为:《应诏统筹全局折》,载《戊戌奏稿》,清宣统三年(1911)日本排印本。

435.梁启超:《少年中国》,载《饮冰室合集·专集》,北京:中华书局,1989 年。

436.熊十力:《读经示要》卷一,载《十力语要初读》,台北:乐天出版社,1971 年。

437.冯天瑜、何晓明、周积明:《中华文化史》第 2 卷,上海:上海人民出版社,2005 年。

438.罗荣渠主编:《从"西化"到现代化:五四以来有关中国的文化趋向和发展道路论争文选》上册,合肥:黄山书社,2008 年。

439.麦克法夸尔、费正清:《剑桥中华人民共和国史:中国革命内部的革命(1966—1982)》,北京:中国社会科学出版社,1992 年。

440.梁漱溟:《中国民族自救运动之最后觉悟》,台北:学术出版社,1971 年。

441.马克思:《共产党宣言》,载《马克思恩格斯全集》第四卷,北京:人民出版社,1962 年。

442.麦克法夸尔、费正清:《剑桥中华人民共和国史:革命的中国的兴起(1949—1965)》,北京:中国社会科学出版社,1990 年。

443.祝东力:《中国:文化大国的兴衰与重构》,载玛雅编:《战略高度:中国思想界访谈录》,北京:生活·读书·新知三联书店,2008 年。

444.唐君毅:《人文精神之重建》,桂林:广西师范大学出版社,2005 年。

445.李中华:《中国文化概论》,上海:华文出版社,1994 年。

446.韦政通:《中国文化概论》,长春:吉林出版集团有限责任公司,2008 年。

447.牟宗三主讲,蔡仁厚辑录:《中西哲学的会通》,桂林:广西师范大学出版社,2008 年。

448.刘文典:《吕氏春秋集释》,北京:中国书店,1985 年。

449.毕塞尔:《跨越第三个千年的门槛:基督宗教能否成功迈入》,载卓新平主编:《宗教比较与对话》第 1 期,北京:社会科学文献出版社,2000 年。

450.甘阳:《伯林与"后自由主义"》,《读书》1998 年第 4 期。

451.季羡林:《中国翻译词典·序》,林煌天等编:《中国翻译词典》,武汉:湖北教育出版社,2005 年。

452.罗新璋、陈应丰编:《翻译论集》,北京:商务印书馆,2009 年。

453.刘宓庆:《中西翻译思想比较研究》,北京:中国对外翻译出版公司,2005 年。

454.贺麟:《谈谈翻译》,《中国社会科学院研究生院学报》1990 年第 3 期。

455.许渊冲:《唐诗三百首·序》,北京:高等教育出版社,2001 年。

456.释彗皎:《高僧传》卷二《鸠摩罗什传》,北京:中华书局,1992 年。

457.徐通锵:《汉语字本位语法导论》,济南:山东教育出版社,2008 年。

458.王力为、周士琦:《实用解字组词词典》序言,上海:上海辞书出版社,1986 年。

459.钱钟书:《译音字望文穿凿》,《管锥编》第四册,北京:中华书局,1979 年。

460.刘宓庆:《文化翻译论纲》,北京:中国对外翻译出版公司,2007 年。

461.许钧:《翻译论》,武汉:湖北教育出版社,2006 年。

462.汤用彤:《汉魏两晋南北朝佛教史》,北京:北京大学出版社,1997 年。

463.徐光启:《辩学章疏》,王重民辑:《徐光启集》下册,北京:中华书局,1963 年。

464.徐海松:《清初士人与西学》,北京:东方出版社,1999 年。

465.张南峰:《中西译学批评》,北京:清华大学出版社,2004 年。

466.张西平《传教士汉学》,郑州:大象出版社,2005 年。

467.利玛窦:《天主实义》序言,朱维铮主编:《利玛窦中文译著集》,上海:复旦大学出版社,2001 年。

468.辜鸿铭:《辜鸿铭文集》,海口:海南出版社,1996 年。

469.黄兴涛:《文化怪杰辜鸿铭》,北京:中华书局,1995 年。

470.潘文国:《中籍外译,此其时也:关于中译外问题的宏观思考》,《杭州师范学院学报》(哲学社会科学版)2007 年第 6 期。

471.谢和耐著,耿昇译:《中国和基督教》,上海:上海古籍出版社,1991 年。

472.方朝晖:《从 Ontology 看中西哲学的不可比性》,《复旦大学学报》(社会科学版)2001 年第 2 期。

473.于连著:《迂回与进入》,北京:生活・读书・新知三联书店,1998 年。

474.张西平:《汉学作为思想和方法论》,《〈经由中国〉从外部反思欧洲——远西对话》序言,郑州:大象出版社,2005 年。

475.汪子嵩、王太庆:《关于"存在"和"是"》,《复旦大学学报》(社会科学版)2000 年第 1 期。

476.王路:《论"是"与"存在"》,《云南大学学报》(社会科学版)2008 年第 6 期。

477.王路:《"是""所是""是其所是""所有者"——关于亚里士多德〈形而上学〉中几个术语的翻译》,《哲学译丛》2000 年第 2 期。

478.王路:《是与真——形而上学的基石》,北京:人民出版社,2003 年。

479.宋继杰主编:《Being 与西方哲学传统》,保定:河北大学出版社,2002 年。

480.刘笑敢:《中国哲学与文化》第一辑《反向格义与全球哲学》,桂林:广西师范大学出版社,2007 年。

481.谢无量编著:《中国哲学史》,台北:学生书局,1976 年。

482.张汝伦:《中国哲学的自主与自觉——论重写中国哲学史》,《中国社会科学》2004 年第 5 期。

483.张耀南:《走出"中国哲学史"研究的"格义"时代》,《哲学研究》2005 年第 6 期。

484.安乐哲、罗思文:《〈论语〉的哲学诠释》,北京:中国社会科学出版社,2003 年。

485.安乐哲:《我的哲学之路》,《东方论坛》2006 年第 6 期。

486.谭晓丽:《和而不同:安乐哲儒学典籍英译研究》,北京:中央编译出版社,2012 年。

487.沈福伟:《中西文化交流史》,上海:上海人民出版社,2006 年。

488.陶飞亚、杨卫华:《基督教与中国社会研究入门》,上海:复旦大学出版社,2009 年。

489.张西平、吴志良等编:《架起东西方文化交流的桥梁:纪念马礼逊来华 200 周年学术研讨会论文集》,北京:外语教学与研究出版社,2011 年;

490.本杰明·艾尔曼著,王红霞等译:《中国近代科学的文化史》,上海:上海古籍出版社,2009 年。

491.苏精:《中国,开门! 马礼逊及其相关人物研究》,香港:基督教中国宗教文化研究社,2005 年。

492.福柯:《知识考古学》,北京:生活·读书·新知三联书店,2007 年。

493.黄进兴:《后现代主义与史学研究》,北京:生活·读书·新知三联书店,2008 年。

494.陈启能:《"后现代状态"与历史学》,《东岳论丛》2004 年第 3 期。

495.张广智、张广勇:《史学:文化中的文化——西方史学文化的历程》,上海:上海社会科学院出版社,2003。

496.韩震:《历史哲学中的后现代主义趋势》,《学术研究》2004 年第 4 期。

497.廖涛:《"后殖民"的殖民——对后殖民翻译理论适用性的思考》,《长春理工大学学报》(社会科学版)2010 年 3 月。

498.陈历明:《从后殖民主义视角看〈红楼梦〉的两个英译本》,《四川外语学院学报》2004 年第 6 期。

499.王辉:《后殖民视域下的辜鸿铭〈中庸〉译本》,《解放军外国语学院学报》2007 年第 1 期。

500.杨平:《西方传教士〈论语〉翻译的基督教化评析》,《中国文化研究》2010 年第 4 期。

501.伽达默尔著,曾晓平译:《语言在多大程度上规范思想》,上海:上海远东出版社,2003 年。

502.伽达默尔著,洪汉鼎译:《真理与方法》,上海:上海译文出版社,2004 年。

503.利玛窦著,何高济等译:《利玛窦中国札记》,北京:中华书局,1983年。

504.利玛窦著,罗鱼等译:《利玛窦书信集》,台北:光启出版社,1988年。

505.张西平:《罗明坚——西方汉学的奠基人》,《历史研究》2001年第3期。

506.梅谦立:《最初西文翻译的儒家经典》,《中山大学学报》2008年第2期。

507.王辉:《鸠占鹊巢,抑儒扬耶:柯大卫四书译本析论》,《东方翻译》2012年第2期。王辉:《传教士〈论语〉译本与基督教意识形态》,《深圳大学学报》(人文社会科学版)第24卷第6期。

508.孟德卫著,陈怡译:《奇异的国度:耶稣会的适用政策及汉学的起源》,郑州:大象出版社,2010年。

509.恩格斯:《路德维希·费尔巴哈和德国古典哲学的终结》,《马克思恩格斯全集》(第21卷),北京:人民出版社,1965年。

510.袁同礼:《袁同礼著书目汇编2:海外中国学书目系列》,北京:国家图书馆出版社,2010年。

511.潘文国:《译入与译出:谈中国译者从事汉籍英译的意义》,《中国翻译》2004年第2期。

512.王尔敏编:《中国文献西译书目》,台北:商务印书馆,1975年。

513.左玉河:《中国近代学术体制之创建》,成都:四川出版集团,2008年。

514.张西平:《国学与汉学三题》,《清华大学学报》(哲学社会科学版)2010年第6期。

515.李学勤:《应加强国际汉学研究》,载张西平编:《他乡有夫子:汉学研究导论》,北京:外语教学与研究出版社,2005年。

516.苏鸣远:《法国汉学五十年:1923—1973》,载戴仁编,耿昇译:《法国中国学的历史与现状》,上海:上海辞书出版社,2010年。

517.李明著,郭强、龙云等译:《中国近事报道:1687—1692》,郑州:大象出版社,2004年。

518.裴化行:《利玛窦评传》,北京:商务印书馆,1993年。

519.杜维运:《后现代主义的吊诡》,《汉学研究通讯》2002年2月。

520.王夫之:《读通鉴论》卷末《叙论四》,北京:中华书局,1975年。

521.张西平:《基歇尔笔下的中国形象:兼论形象学对欧洲早期汉学研究的方

法论意义》,《中国文化研究》2003年秋之号。

522.邓鹏:《费正清评传》,成都:天地出版社,1997年。

523.费正清:《美国与中国》,北京:世界知识出版社,2003年。

524.孙越生主编:《美国中国学手册》,北京:中国社会科学出版社,1993年。

525.韩铁:《福特基金会与美国的中国学(1950—1979)》,北京:中国社会科学出版社,2004年。

526.陶飞亚:《基督教与中国社会研究入门》,上海:复旦大学出版社,2009年。

527.安田朴、谢和耐等著,耿昇译:《明清间入华耶稣会士和中西文化交流》,成都:巴蜀书社,1993年。

528.周锡瑞:《后现代式研究:望文生义,方为妥善》,载黄宗智主编:《中国研究的范式问题讨论》,北京:社会科学文献出版社,2003年。

529.虞万里:《柯维南〈东汉音注手册〉三礼资料订补》,载《国际汉学》第五辑,郑州:大象出版社,2000年。

530.杜赞奇:《从民族国家拯救历史:民族主义话语与中国现代史研究》,南京:江苏人民出版社2009年。

531.本尼迪克特·安德森,吴睿人译:《想象的共同体——民族主义的起源与散布》,上海:上海世纪出版集团,2005年。

532.葛兆光:《宅兹中国:重建有关"中国"的历史论述》,北京:中华书局,2011年。

533.王岳川:《发现东方》,北京:北京大学出版社,2011年。

534.王宏印:《中国文化典籍英译》,北京:外语教学与研究出版社,2009年。

535.大塚幸男:《比较文学原理》,西安:陕西人民出版社,1985年。

536.韦斯坦因:《比较文学与文学理论》,沈阳:辽宁人民出版社,1987年。

537.谢天振:《中国现代翻译文学史》,上海:上海外语教育出版社,2004年。

538.格雷厄姆著,张隆溪译:《中国诗的翻译》,载张隆溪选编:《比较文学译文集》,北京:北京大学出版社,1982年。

539.谢天振:《比较文学与翻译研究》,上海:复旦大学出版社,2011年。

540.艾兹赫德著,姜智芹译:《世界历史中的中国》,上海:上海人民出版社,2009年。

541.伏尔泰著,梁守锵译:《风俗论:论各民族的精神与风俗以及自查理至路易十三的历史》,北京:商务印书馆,1985 年。

542.莱布尼茨编,梅谦立等译:《中国近事:为了照亮我们这个时代的历史》,郑州:大象出版社,2005 年。

543.威廉·凯斯等编,刘江译:《中国的崛起与亚洲的势力均衡》,上海:上海人民出版社,2010 年。

544.温铁军:《告别百年西制崇拜》,《环球时报》2011 年 9 月 16 日。

545.张西平:《东方的希望》,《中华读书报》2012 年 3 月 7 日。

546.胡适:《胡适留学日记》,合肥:安徽教育出版社,2006 年。

547.郑天挺:《五十自述》,载中国人民政治协商会议天津市委员会文史资料委员会编:《天津文史资料选辑》,天津:天津人民出版社,2003 年。

548.陈寅恪:《金明馆丛稿二编》,北京:生活·读书·新知三联书店,2009 年。

549.张舜徽:《中国文献学》,上海:上海世纪出版集团,2009 年。

550.金国平、吴志良:《过十字门》,澳门:澳门成人教育学会,2004 年。

551.王鸣盛:《十七史商榷》,上海:上海书店出版社,2005 年。

552.胡适:《胡适文集》(5),北京:北京大学出版社,1998 年。

553.苏杰编译:《西方校勘学论著选》,上海:上海人民出版社,2009 年。

554.王毅:《皇家亚洲文会北中国支会研究》,上海:上海书店出版社,2005 年。

555.考狄著,韩一宇译:《我与汉学书目之缘》,张西平主编:《国际汉学》第十七辑,郑州:大象出版社,2009 年。

556.伯希和:《法国百科全书式的汉学家考狄》,载戴仁编,耿昇译:《法国中国学的历史与现状》,上海:上海辞书出版社,2010 年。

557.国家图书馆编:《袁同礼纪念文集》,北京:国家图书馆出版社,2012 年。

558.曹志梅、孔玉珍:《留学欧美与袁同礼图书馆学思想之形成》,《徐州师范大学学报》1998 年第 4 期。

559.胡适著,周资平编:《胡适英文文存》,北京:外语教学与研究出版社,2012 年。

560.陈艳霞著,耿昇译:《华乐西传法兰西》,北京:商务印书馆,1998 年。

561.余丰民:《袁同礼〈西文汉学书目〉分类体系浅析》,《图书馆理论与实践》2008 年第 4 期。

562.潘梅:《袁同礼晚年的目录著作及其价值》,《大学图书馆学报》2011 年第 4 期。

563.方豪:《明季西书七千部流入中国考》《北堂图书馆藏书志》《北堂图书馆法文书及拉丁文书目》《方豪六十自定稿》,台北:学生书局,1969 年。

564.计翔翔:《金尼阁携西书七千部来华说质疑》,《文史》第 41 辑,北京:中华书局,1996 年。

565.毛瑞方:《明清之际七千部西书入华及其影响》,《文史》2006 年第 3 期。

566.黄爱平主编:《中国历史文献学》,北京:中国人民大学出版社,2010 年。

567.计翔翔:《17 世纪中期汉学著作研究》,上海:上海古籍出版社,2002 年。

568.伟烈亚力著,倪文君译:《1867 年前来华基督教传教士列传及著作目录》,桂林:广西师范大学出版社,2011 年。

569.王国强:《〈中国评论〉(1872—1901)与西方汉学》,上海:上海世纪出版集团,2010 年。

570.顾犇主编:《中国国家图书馆外文善本书目》,北京:北京图书馆出版社,2001 年。

571.上海图书馆编:《上海图书馆西文珍本书目》,上海:上海社会科学出版社,1992 年。

572.爱德华·卡丹斯基著,张振辉、张西平译:《卜弥格文集》,上海:华东师范大学出版社,2013 年。

573.张红扬主编:《北京大学图书馆藏西文汉学珍本提要》,桂林:广西师范大学出版社,2009 年。

574.潘梅:《袁同礼晚年的目录著作及其价值》,《大学图书馆学报》2011 年第 4 期。

575.黄长著、孙越生、王祖望主编:《欧洲中国学》,北京:社会科学文献出版社,2005 年。

576.姜其煌:《欧美红学》,郑州:大象出版社,2005 年。

577.阎纯德、吴志良主编:《列国汉学史书系》,北京:学苑出版社,2012 年。

578.张海默主编:《北美中国学:研究概述与文献资源》,北京:中华书局,2010年。

579.汪次昕编:《英译中文诗词曲索引:五代至清末》,台北:台湾汉学研究中心,2000年。

580.张海惠、曾英姿、周珞编撰:《中国古典诗歌引文及其他西文语种译作及索引》,北京:国家图书馆出版社,2009年。

581.索安著,吕鹏志、陈平等译:《西方道教研究编年史》,北京:中华书局,2008年。

582.陈耀庭:《道教在海外》,福州:福建人民出版社,2000年。

583.李四龙:《欧美佛教学术史:西方的佛教形象与学术源流》,北京:北京大学出版社,2009年。

584.包弼德、魏希德:《宋代研究工具书刊指南》,桂林:广西师范大学出版社,2008年。

585.冯蒸编著:《近三十年国外"中国学"工具书简介》,北京:中华书局,1981年。

外文

1.Pelliot, Paul, "Notes sur quelques lives ou documents conservés en Espagne," *T' oung Pao* 26(1929), p.46.

2. Biermann, Benno, *Die Anfänge der neueren Dominikanermission in China*, Vechta: Albertus Verlag, 1927.

3. Biermann, Benno, "Chinesische Sprachstudien in Manila: Das erste chinesische Buch in europäischer Übersetzung," *NZM* 7(1951), pp.18-23.

4. *De Christiana expeditione apud Sinas*(see Trigault) *Tetrabiblion Sinense de moribus*, 1593, a Latin translation of the *Four Books* mentioned by other sinologists but never found or never published; Alden, Dauril, *The Making of an Enterprise: The Sociew of Jesus in Portugal, Its Empire, and Beyond 1540—1750*, Stanford: Stanford Univ. Press, 1996; Betray, Johmnes, *Die Akkommodations Methode des P. Matteo Ricci S. J. in China*, Roma: Univ. Pont. Gregoriana, 1955; *Ricci Roundtable on the History of Christianity in*

China, several collections accessible online through the *Ricci Institute for Chinese-Western Cultural History*, University of San Francisco.

5. *De sinarum regnum*, manuscript from Vatican Library *Atlas*, in Latin, published as Ruggieri, Michele, *Atlante della Cina*, a cura di Eugenio Lo Sardo, Archivio di Stato di Roma-Istituto Poligrafico e Zecca dello Stato /Libreria dello Stato, Roma, 1993.

6. Lundbaek, Knud, "*The First European Translation of Chinese Historical and Philosophical Works*," in *China and Europe*(1991), p.29-43.

7. Michele Ferrero, *China in the Bibliotheca Selecta of Antonio Possevino(1593).*

8. Knud Lundbaek, *The First Traslation from a Confucian Classic in Eurape*, China Mission Studies(1500-1800) Bulletin, 1979.

9. A cura di Eugenio Lo Sardo, Archivio di Stato di Roma, *Atlante della Cina di Michele Ruggieri, S. J.*, Instituto Poligrafico e Zecca dello Stato, Roma, Libreria dello Stato, 1987.

10. Eugenio Lo Sardo, "Il Primo Atalanta Della Cina Dei Ming, un inedito di Michele Ruggieri," in *Bollittino Della Societa Geografica Italiana*, 1989.

11. (Michele Ruggieri, *Atlas of China*, English translation of the original Latin as reproduced in Ruggieri, Michele, "Atlante della Cina", edited by Eugenio Lo Sardo, Istituto poligrafico e Zecca dello Stato /Libreria dello Stato, Rome 1993).

12. Michele Ruggieri, *De Sinarum Regno.*

13. F. D'Arelli, "Matteo Ricci S.I. e la traduzione latina dei Quattuor Libri(Sishu) dalla tradizione storiografica alle nuove ricerche," in D'Arelli(ed.) *Le Marche e l'Oriente. Una tradizione ininterotta da Matteo Ricci a Giuseppe Tucci*, Atti del Convegno Internazionale, Macerata 23-26 ottobre 1996(Roma Istituto per l'Africa e l'Oriente, 1998).

14. Michele Ruggieri, *Vera et brevis divinarum rerum expositio.*

15. *Fonti Ricciane: Documenti originali concernenti Matteo Ricci e la storia delle prime relazioni tra l'Europa e la Cina(1579-1615)*, ed. e commentati da Pasquale M. d'Elia sotto il patrocinio della Relae accademia d'ltalia, Roma: Libreria dello Stato, vol.I.

16.J. Shih, S. I., *Le Père Ruggieri et le problème de l' évangélisation en Chine*, Rome, 1964.

17.*K' ung-tzu or Confucius? The Jesuit interpretation of Confucius*.

18.Cuumans, James Sylvester, *A Question of Rites：Friar Domingo Navarrete and the Jesuits in China*, Aldershot, Hants：Scolar, 1993.

19.Cununins, James Sylvester, "Two Missionary Methods in China：Mendicants and Jesuits," *Archivo Ibero-Americano* 37 (1978), pp.33 – 108；reprinted in id. (ed.), *Jesuit and Friar in the Spanish Expansion to the East*, London：Variorum, 1985, ani-cle V (additional notes, p.1).

20.Minamiki, George, *The Chinese Rites Controversy：From Its Beginning to Modern Times*, Chicago：Loyola Univ. Press, 1985. Mungello, David E. (ed.), *The Chinese Rites Controversy：Its His-tory and Meaning* (Monumenta Serica Monograph Senes, XXXIII), Nettetal：Steyler Verlag, 1994.

21.Ch. E. and Bonnie B. C. Ho., *The Jesuits in China 1582 – 1773：East Meets West*. Chicago：Loyola University Press, 1982.

22.Sure, D. E. St. Villarroel, O. P., *The Chinese Rites Controversy：Dominican Viewpoint*. Manila：Philippina Sacra；Zurcher, Erik, *Jesuit Accommodation and the Chinese cultural Imperative*；Menegon Eugenio, Jesuits, Franciscans and Dominicans in Fujian：The Anti-Christian Incidents of 1637 – 1638, *Monumenta Serica*, Institute-Foundazione Civilta Bresciana, 1997.

23.J. S. Cummins, *A question of Rites：Friar Domingo Navarrete and Jesuits in China*, Cabridge, 1993.

24.*Tratados Historicos, Politicos, Ethicos Y Religiosos de la Monarchia de China*；Mungello, D. E., *Leibniz and Confucianis：The Search for Accord*, Honolulu 1977.

25.Bernard-Maitre, H., " Un Dossier Bibliographique de la Fin du XVII e Siècle sur la Question des Termes chinois," *Recherches de Science Religieuse* XXXVI, 1949.

26.Leibniz, *Opera Omnia*, Geneve, 1768, Volume 6.

27.Herausgegeben und mit Anmerkungen versehen von Wenchao li und Hans Poser, Gottfried Wilhelm Leibnizi, *Discours sur la Théologie Naturelle des Chinois mit einem*

Anhang: *Nicolas Logobardi*, *Traité sur Quelques Points de la Religion des Chinois*-Antoine Sainte Marie, *Traité sur quelques points importants de la Mission de la Chine*; Nicolas Malebranche, *Entreties d' un Philosoph Chinois sur l' Existence et la Nature de Dieu*; Leibnizi, *Marginalie zu den Texten von longobardi*, *Sainte Marie und Malebranche Rezensionen aus dem Journal des Scavans*; Leibniz, *Annotationes de cultu religioneque Sinensium*.

28.Claudia von Collani, *The Treatise on Chinese Religions* (1623) *of N.Longobardi*, *S.J.*, *Sino-Western Cultural Relations Journal*, XVII.

29.*An Account of the Empire of China*, *Historical*, *Political*, *Moral and Religious. A Short Description of that Empire*, *and Notable Examples of Its Emperors and Ministers...Written in Spanish by the R. F. F. Dominick Fernandez Navarrete*, s. l., s. a. (London, 1704).

30.Boym, Michael, *Flora Sinensis*, *Fructus Floresque Humillime Porrigens*, Vienna: Matthaeus Rictius, 1656.

31.Boym, Michael, *Clavis Medica ad Chinarum Doctrinam de Pulsibus*, Norimbergae, 1686; Kajdanski, Edward, "Michael Boym' s *Medicus Sinicus*," *T' oung Pao*, Leiden 73(1987).

32.Azmayesh-Fard, Sandra, "Humanismus in China: Die chinesische Grammatik des Dominikaners Francisco Varo, ' Arte de la lengua mandarina' (Canton 1703)," Univ. of Göttingen: Ph. D. diss., 1996; Coblin, W. South & Joseph A. Levy, *Francisco Varo' s Grammar of the Mandarin Language* (1703): *An English Translation of ' Arte de la lengua Mandarina'*, Studies in the History of the Language Sciences, 93, Amsterdam: Benjanüns, 2000.

33."Vocabularium Ordine alphabetico Europaeo more concinnatum, et per accentus suos digestum", in philippe Couplet "Catalogus Paturm Societatis Jesu".

34.Federico Masini, *Notes on the first Chinese Dictionary Published in Europe* (1670), *Monumenta Serica* 51(2003).

35.Lundbaek, Kaud, *The Traditional History of the Chinese Script from a Seventeenth Century Jesuit Manuscript*, Aarhus: Aarhus Univ.Press, 1988.

36.Lundbaek, Knud, *T. S. Bayer (1694 – 1738)*: *Pioneer Sinologist* (Scandinavian Institute of Asian Studies Monograph Series,54) ,London: Curzon Press,1986.

37.Lundbaek, Knud, *Joseph de Prémare(1666–1736)* ,*S. J.* ,*Chinese Philology and Figurism*(Acta Jutlandica LXVU2; Humanities Series, LXV) , Aarhus: Aarhus Univ. Press,1991.

38.Henri Cordier,*Bibliotheca Sinica* ,5 vols.Paris,1905–1906,2:col.1386.

39.*L' Imprimerie Sino-Europeénne en chine* ,Paris,1891,pp.16–17.

40.C. R. Box, "Some Sino–Europen Xylographic Works, 1662 – 1718, " *Journal of Royal Asiatic Socity of Great Britain and Ireland* ,4.1947,p.199,p.202.

41.Josef Metzler,*Die Synoden in China* ,*Japan und Korea* ,*1570–1931* ,Paderborn: Ferdinand Schöningh,1980.

42.Albert Chan, S. J., "Towards a Chinese Church: The Contribution of Philippe Couplet S.J. (1622 – 1693) , " in Philippe Couplet, S. J. (1623 – 1693) , *The Man Who Brought China to Europe* ,Sankt Augustin: Steyler Verlag,1990.

43.Thierry Mevnard S. J., *Confucius Sinarum Philosophus*(1687) : *The First Translation of the Confucian Classics* ,p.332,2011.

44.Biermann, Benno, "Chinesische Sprachstudien in Manila: Das erste chinesische Buch in europäischer Übersetzung, " *NZM* 7 (1951).Abad, Antolîn, "Misioneros Franciscanos en China(Siglo Abad, Anto; Aies Gômez, Manuel,*Las misiones agustinianas en China 1575 – 1818)* ,"*Archivo Agustiniana 51*(1957) , pp.145 – 161, pp.345 – 367,52 (1958) ,pp.53–73, pp.155 – 172, pp.297 – 326; 53 (1959) , pp.57 – 76; 1710 – 1743). Collani, Claudia von, "Charles Maigrot' s Role in the Chinese Rites Controversy, " *in Rites Controversy*(1994).

45.Parker, Joĺm, *Windows into China*: *The Jesuits and Their Books*, 1580 – 1730, Boston: Trustees of the Public Library of the City of Boston,1978; Satow, Sir Emest Mason, *Annual Leners of the Early Christian Missions from Japan*, *China*, etc. (1544 – 1649) ,in 122 vols.,1920.

46.Nicolas Standaert(Edded) ,Handbook of Christianiw in China: Volume One,pp. 635–1800,Brill,2001.

47.*Regni Sinensis a Tartaris Devastati Enarratio.Sinicae Historiae Decas Prima*,*res a gentis origine ad Christum natum in extrema Asia sive Magno Sinarum Imperio gestas complexa*,Munchen,1658;*Novus Atlas Sinensis*,17 sheets,in folio. *Atlas Sinensis*,*hoc est descriptio imperii Sinensis una cum tabulis geographicis*,Amstelodami,1656;*De Bello Tartarico Historia*,*in qua*,*quo pacto Tartari hac nostra aetate Sinicum Imperium invaserint ac fere totum occuparint*,*narratur eorumque mores breviter describuntur*,Antverpiae,1654;*Grammatica Sinica Historia sinica vetus ab origine ad Christum natum*,Amsterdam,1659.

· Boxer,C.R.,*The Christian Century in Japan*,Berkeley：University of California Press,1951.

· Braga,J.M."The Panegyric of Alexander Valignano,S.J.,"in *Monumenta Nipponica*,Vol.5,No.2.(Jul.,1942),pp.523-535.

· Cooper,Michael S.J.,*Rodrigues the Interpreter*,New York：Weatherhill,1974.

· Moran,J.F.,*The Japanese and the Jesuits*,London：Routledge,1993.

· Murakami,Naojiro,"The Jesuit Seminary of Azuchi,"*Monumenta Nipponica*,Vol.6,No.1/2.(1943),pp.370-374.

· Schutte,Josef Franz S.J.,*Valignano's Mission Principles for Japan*,St.Louis：Institute of Jesuit Sources,1980.

· Valignano,Alessandro,"Historia del Principo y Progresso de la Compañía de Jesus en las Indias Orientales(1542-1564)"["History of the Beginnings and Progress of the Society of Jesus in the East Indies(1542-1564)"].

· Valignano,Alessandro,*Catechismus christianae fidei*,Lisbon：Antonius Riberius,pp.18-24,pp.139-146,on the important role of this work of Valignano(version included in the *Bibliotheca selecta* of Antonio Possevino,1593)in the European reception of Asian religions.

· Cronologia da biografia de Alessandro Valignano em italiano.

48.*Este artigo foi elaborado a partir de tradução do artigo Alessandro Valignano*,*da Wikipédia em inglês*,*que se encontrava nesta versão*。

49.Malatesta,Edward,"A Fatal Clash of Wills：The Condemnation of the Chinese

Rites by the Papal Legate Carlo Tommaso Maillard de Toumon,"in *Rites Controversy* (1994),pp.210-245; Collani, Claudia von, "Charles Maigrot's Role in the Chinese Rites Controversy,"in *Rites Controversy*(1994).

50.Guy,B.,*The Franch Image of China Before and After Voltaire*, Geneva: Institut Musée Voltaire, 1963; Honour, H., *Chinoiserie: The Vision of Cathay*, London: Murray, 1961.

51.Walravens, Hartmut, *China Illustrata. Das europäische Chinaverständnis im Spiegel des 16. bis 18. Jahrhunderts* (Ausstellungskatalog der Herzog August Bibliothek Nr. 55), Weinheim: Acta Humaniora VCH, 1987. It includes partial translations of Flora Sinensis.

52.Paula Findlen, edited, *Athanasius Kircher: the Last Man Who Knew Everything*, London: Routledge, 2004.

53.John Wehh, *A Historical Essay, Endeavouring a Probability that the Language of the Empire of China Is the Primitive Language Spoken Through the Whole World Before the Confusion of Babel*, London, 1669.

54.Albrecht, Michael, *Oratio de Sinarum Philosophia Practica, Rede über die praktische Philosophie der Chinesen*, Hamburg: Felix Meiner, 1985. Ching, Julia & Wllard J. Oxtoby, *Moral Enlightenment: Leibniz and Wall on China* (*Monumenta Serica* Monograph Sen.es, XXVI), Nettetal: Steyler, 1992.

55.Berger, Willy R., *China-Bild und China-Mode im Europa der Aufklänurg*, Cologne: Böhlau, 1990. Chen Shouyi, "The Chinese Garden in Eighteenth Century England,"*T'ien Hsia Monthly* 2(1936),pp.321-339; repr.in Adrian Hsia(ed.), *The Vision of China in the English Literature of the Seventeenth and Eighteenth Centuries*, Hongkong: The Chinese Univ.Press, 1998.

56.Mungello, David E., *Leibniz and Confucianism: The Search for Accord*, Honolulu: Univ.of Hawaii Press, 1977; Mungello, David E., "Confucianism in the Enlightenment: Antagonism and Collaboration between the Jesuits and the philosophers,"in *China and Europe*(1991),pp.95-122., Gottfried W.Leibniz, *Discours sur la théologie naturelle des Chinois*, à M.de Remont. Translation of Discours and Novissinw Sinica in Daniel J. Cook & Henry Rosemont, *Gonfried Wilhelm Leibniz*：*Writings on China*, Chicago Open Court, 1994.

57. Ampère, Jean-Jacques, *La Chine et les travaux d' Abel – Rémusat*, Revue des Deux Mondes, 1832.

58. Rémusat, Abel, *Eléments de la grammaire chinoise*, Paris, Imp. Roy., 1822.

59. Jean Rousseau et Denis Thouard, *Lettres édifiantes et curieuses sur la langue chinoise*.

60. Julien, *Le livre de la Voie et de la Vertu*, *composé dans le VIe siècle avant l' ère chrètienne*, *par le philosophe Lao-Tesu*, Paris：Impriemerie Royale, 1842.

61. *Mélanges posthumes d' histoire et de littérature orientales*, Paris：Imp. Roy., 1843.

62. *Meng Tseu vel Mencium inter Sinenses philosophos*, *ingenio*, *doctrina*, *nominique claritate Confucio proximun*, *edidit*, *latina interpretation*, *ad interpretationem tartaricam utramque recensita*, *instruxi*, *et perpetuo commentario*, *e sinicis deprompto*, *illustravit*, Paris, 1824–1829.

63. *Hoei-lan-ki*, *ou l' histoire du Cercle de Craie*, *drame en prose et en vers*, London, 1832.

64. *Stanislas Julien*, *Les Avadânas*, *contes et apologues indiens inconnus jusqu' à ce jour*, *suivis de fables*, *de Poésies et de nouvelles chinoisesa*.

65. *Histoire de la Vie de Hiouen-Thsang et de ses Voyanges dans L' Inde*；*depuis I' an 629*, *jusqu' en 645*, *par Hoei-li et Yen-Thsong*；*suivie de documents et d' eclaircissements géographiques tire de la relation originale de Hiouen-Thsang*. 1853.

66. *Histoire et Fabrication de notes et d' additions par L. A. Salvetat…et augmenté d' un Mémoire sur la porecelaine du Japon*, *traduit du Japonais* par M. Le Docteur J. Hoffmann, 1856.

67. S. W. Barnett and J. K. Fairbank, *Christianity in China*：*Early Protestant Missionary Writings*, Cambridge：Harvard University Press, 1985.

68. *Translation from the Original Chinese*, *with notes*, Canton：East India Company Press, 1815.

69. Robert Morrison, *Horae Sinicae*：*Translations from the Popular Literature*, Lon-

don, 1812.

70. Robert Morrison, *Chinese Miscellany: Consisting of Original Extracts from Chinese Authors, in the Native Character, with Translations and Philogical Remarks*, London: London Missionary Society, 1825.

71. *A View of China, for Philological Purpose: Containing A Sketch of Chinese Chronology, Geography, Government, Religion & Customs. Designed for the Use of Persons Who study the Chinese Language.* Macao: East India Compahy's Press, 1817.

72. *China: A Dialogue, for the Use of Schools: Being Ten Conversations, between a Father and His Two Children, Concerning the History and Present State of the Country.* London: James Nisbet, 1824.

73. *A Parting Memorial: Consisting of Miscellaneous Discourses*, London: Simpkin & Marshall. 1826.

74. Hubert W. Spillett ed., *A Catalogue of Scriptures in the Languages of China and the Republic of China*, London: British and Foreign Bible society, 1975.

75. P. P. Thomas, *The Affectionate Pair, or the History of Sung-Kim: A Chinese Tale. Translated from the Chinese.* London: Cos and Baylis, 1820; P. P. Thomas, *Chinese Courtship: In Verse*, Macao. kessinger Publishing, 1824, Appendix.

76. J. F. Davis, *San-Yu-Low: or the Three Dedicated Rooms. A Tale, Translated from the Chinese.* Canton: East India Company's Press, 1815.

77. E. C. Bridgman, "Intellectual Character of the Chinese," *Chinese Repository*, vol. 7, No. 1, 1838.

78. Walravens, Hartmut, "Zur Publikationstätigkeit der Russischen Geistlichen Mission in Peking," *Monumenta Serica* 34(1979–1980).

79. Widmer, Eric, *The Russian Ecclesiastical Mission in Peking during the Eighteenth Century*, Cambridge, Mass.: Harward Univ. Press, 1976.

80. Georg Wilhelm Friedrich Hegel: Introduction in *Reason in History*, Translated by H. B. Nisbet, Cambridge: Cambridge University Press, 1975.

81. Legge, Helen Edith, *James Legge: Missionary and Scholar.* London: The Religious Tract Society, 1905.

82. Lindsay Ride, Biographical Note, *The Chinese Classics*, p.21.

83. *Confucius Sinarum Philosophus : Sive Scientia Sinensis Latine Exposita.* Studio et Opera Prosperi Intorcetta, Christiani Herdritch, Francisci Rougemont, Philippi Couplet, Patrum Societatis Jesu, Jussu Ludovivi Magni, Paris, 1837.

a) *The Works of Confucius : Containing the Oroginal Text, with a Translation.* Vol. I By J. Marshman. Serampore, 1809. This is only a Fragment of *The Works of Confucius.*

b) *The Four Books*, Translated into English, by Rev. David Collie, of the London Missionary Society. Malacca, 1828.

c) Abel-Rémusat, *L' Invariable Milieu : Ouvrage Moral de Tsèu-ssê*, en Chinois et en *Mandchou*, Paris, 1817.

d) *Le Ta Hio*, *ou La grande Étude*, Traduit en François, avec une Version Latine & Par G. Pauthier, Paris. 1837.

e) Y-King, *Antiquissimus Sinarum Liber*, quem ex Latina Interpretatione P. Regis, aliorumque ex Soc Jesu PP, edidit Julius Mohl, Stuttgartia et Tubingae, 1839.

f) *Mémoires concernant L' Histoire, les Sciences, les Art, Les Moeurs, les usages & des chinois.* Par les Missionarires de Pékin, Paris, 1776–1814.

g) *Histoire Générale de la chine, ou Annales de cet Empire. Traduites du Tong Kien-Kang-Mou.* Par le feu Père Joseph–Annie Marie de Moyriac de Mailla, Jesuite François, Missionaire à Pekin, Paris, 1776–1785.

h) *Notitia Linguae Siniclae.* Auctore P. Prémare. Malaccae, cura Academiae Anglo-Sinensis, 1831.

i) *The Chinese Repository*, Caton, China, 20 Vols., 1832–1851.

j) *Dictionnaire des Noms, Anciens et Modernes, des Villes et Arrondissements de Premier, Deuxième, et Troisième ordre, compris dans L' empire chinois & ParEdouard Biot, Membre du Conseil de la Société Asiatique*, Paris, 1842.

k) John Francis, *The Chinese : The General Description of the Empire of China and Its Ihhabitants*, London, 1836.

l) W. H. Medhurst, D. D., *China : Its state and Prospects*, London : The London Missionary Society, 1838.

m) Par M.G.Pauthier, *L' univers : Histoire et Description des tous les peoples Chine*, Paris, 1838.

n) Thomas Thornton, *History of China, from the Earliest Records to the Treaty with Great Britaun in 1842*, London, 1844.

o) Rev. Joseph Edkin, *The Religious Condition of Chinese*, 1838.

p) S. Wells Williams, *The Middle Kingdom : A Survey of the Geography, Government, Education, Social Life, Arts, Regligion & of the Chinese Empire*, 2vols., New York and London, 1848. The Second Edition, Revised, 1883.

q) Rev. Joseph Edkin, *The Religious Condition of Chinese*, London, 1859.

r) Charles Hardwick, *Christ and other Masters*, Part Ⅲ, Cambridge, 1858.

s) J. Edkins. D. D., *Introduction to the Study of Chinese Characters*, London, 1876.

t) John Chalmers, *The Structure of Chinese Characters, and 300 Primary Forms*, Aberdeen, 1882.

84. *Meng Tseu, vel Mencium, inter Sinenses Philosophos, Ingenio, Doctrina, Nominisque Claritate, Confuclo Proximum*, edidit, Latina interpretatio ad interpretationem Tartaricam utramque recensita, instruxit, et perpetuo commentario, e Sinicis deprompto, illustravit Stanislaus Julien, Paris, 1824−1829.

85. *Le Chou-King, un des Livres Sacrés des Chinois, qui renferme les Fondements de leur ancienne Histoire, les Principes des Leur Gouvernement et de Leur Morale*, Traduit et enrichi des notes, par Feu le P.Gaubil, Missionaire a La Chine. Revu et corrigé, &., par M. De Guiges, & A Paris, 1770.

u) *The Shoo King, or the Historical Classic, being the Most Ancient Authentic Record of the Annals of the Chinese Empire*, illustrated by Later Commentators. Translated by W. H. Medhurst, Sen. shanghae, 1846.

v) *Description Géographique, Historique, Chronologique, Politique, et Physique, de L' empire de la Chine et de la Tratarie Chinose*, &., par le P.J. B. du Halde dela compagnie de Jesus. Tomes quatre ; fol. A Paris, 1, 735.

w) Journal Astatique. Particularly the Numbers for April, May, and July, 1836 ; for December, 1841 ; for May, and August and September, 1842.

x)*Le Tcheou-li*,*ou Rites des Tcheou*,Traduit pour la première fois du Chinois,par Feu Édouard Biot.Tomes deux 8 vols.Paris,1851.

y)Charles Gutzlaff,*A Sketch of Chinese History*,*Ancient and Modern*,2vols.,London,1834.

z)Abel-Rémusat,*Mélanges Asiatiques*,8 vols,Paros,1826.

aa)C. C. J. Baron Bunsen,*Egypt's Place in Universal History.An Historical Investingation in five Books*,London,1859.

bb)Par J. B. Biot,*Etudes sur L'astronomie Indienne et Chinoise*,Paris,1862.

cc)*The Numerical Relationship of the Population of China*,*During the 4000 Years of Its Historical Existence.*Translated by T. Sacharoff,Member of the Imperial Russian Embassy in Peking.Translted into English,by the Rev W.LoBscheid Hongkong,1864.

86.*CONFUCII CHI-KING*,*sive Liber Carminum.*Ex Latina.P.Lacharme interpretatione edidit Juliu Mohl.Stuttgartiae et Tubingae,1830.

87.*Systema Phoneticum Scripturae/e Sinice.*Auctore J.M.Callery,Missionario Apostolico in Sinis,Macao,1841.

Sir John Francis Davis,*Poeseos Sinicae commentarii*:*The Poetry of The Chinese*,New and augmented edition,London,1870.

A.Wylie,*Notes on Chinese Literature*,Shanghae,1867.

Poésies de l'époque des Thang,*traduites du Chinois*,*pour la première fois*,*avec une étude sur l'art poétique en Chine*,*par le Marquis d'Hervey Saint-Denys*,Paris,1862.

Frederick Porter Smith,*Contributionstowards the Materia Medica and Natural History of China*,Medical Missionary in Central China,Shanghae,1871.

Notes and Queries on China and Japan,edited by N. B. Dennys.Hongkong,1867–1869.

The Chinese Recorder and Missionary Journal,published at Foo-chow.

C. J. Baron Bunse,*God in History*,*or the Progress of Man's Faith in the Moral Order of the World*,translated from the german,London,1870.

George Bentham,*Flora Hongkongensis*:*A Description of the Flowering Plants and Ferns of the Island of Hongkong*,V. P. L. S,London,1861.

"From Derision to Respect:The Hermeneutic Passage within James Legge's(1815 -1897)Ameliorated Evaluation of Master Kong('Confucius')",in *Bochumer Jahrbuch zur Ostasienforschung* 26(2002).

88.Debendra Bijoy Mitra,*The Cotton Weavers of Bengal,1757-1833*.Calcutta:Firma KLM Private,1978.

89.Robert Morrison,"Buddhism",*The Chinese Repository*, vol.I.

90.Ernest John Eitel,*The China Review,or Notes and Queries on the Far East*,Vol. 2,No.1(July 1873).

91.Hengtangtuishi, Kanghu Jiang, Witter Bynner, *The Jade Mountain, a Chinese Anthology Being Three Hundred Poems of the Tang Dynasty* 618-906,Garden City,N.Y. Knopf,1929.

92.*Fir-Flower Tablets:Poems Translated from the Chinese,Florence Ayscough*,English Dersions by Amy Lowell,New York:Houghton Mifflin Co.,1926.

93.Dubs,Homer H.,*The Philosophy of Hsüntze:Ancient Confucianism as Developed in the Philosophy of Hsüntze.*(Chicago:University of Chicago,1925).Diss.Univ.of Chicago,1925.

94.Dubs,Homer H.,*Hsüntze:The Moulder of Ancient Confucianism.*(London:A. Probsthain,1927).(Probsthain's Oriental series,vol.15).Diss.Univ.of Chicago,1925.

95.*The Works of Hsüntze.*Translated from the Chinese,with notes by Homer H. Dubs,London:A.Probsthain,1928.

96.Pan,Ku,*The History of the Former Han Dynasty:A Critical Translation,with Annotations*,by Homer H.Dubs ;with the collaboration of Jen T'ai and P'an Lo-chi, Vol.1-3,Baltimore:Waverly Press,1938-1955.

97.Kenneth S. Latourette,"American Scholarship and Chinese History,"*Journal of the American Oriental Society*,Vol.38(1918),p.99.

98.Knight Biggerstaff,*The Earliest Modern Government Schools in China*,Ithaca,N. Y.:Cornell Ueniversity Press,1961.

99.*Earl Swisher,China's Management of the American Barbarians:A Study of Sino-American Relation,1841-1861*,Yale University,1953.

100.Fu Yu-lan, *A Short History of Chinese Philosophy*, Edited by Derk Bodde, New York: Macmillan, 1948.

101.Fung-lan, Translated by Derk Bodde, *History of Chinese Philosophy*, vol. *II*: *The Period of Ckassical Learning* (*from the second century B.C. to the twentieth century A.D.*), Princeton: Princeton University Press, 1953.

102.Derk Bodde, *China's First Unifier: A Study of the Ch'in Dynasty As Seen in the Life of Li Ssu* (*280? -208 B.C.*), Sinica Leidensia, vol.3, Leiden: E.J.Brill, 1938. Diss.Univ.Leiden, 1938.

103.Ssu-ma, Ch'ien. *Statesman, Patriot, and General in Ancient China: Three Shih chi Biographies of the Ch'in Dynasty* (*255 - 206 B.C.*), translated and discussed by Derk Bodde, American Oriental series; vol.17, New Haven, Conn.: American Oriental Society, 1940.

104.Lien-Sheng Yang, "Notes on The Economic History of The Chin Dynasty," *Harvard Journal of Asiatic Studies*, Vol.9, No.2 (Jun., 1946), pp.107-185.

105.Lien-sheng Yang, *Money and Credit in China*, Harvard University Press, 1952.

106.Lien-sheng Yang, *Excursions in Sinology*, Harvard University Press, 1969.

107. Kung-futse. *Gespräche* (*Lun Yu*): Aus dem Chinesischen verdeutscht und erläutert von Richard Wilhelm, Jena: Diederichs, 1910. (Wilhelm, Richard. *Unterschied der westlichen und der chinesischen Wissenschaft*, in der ostasiatische Lloyd, Bd.45, 1910.

108. Ku, Hung-ming [Gu, Hongming], *Chinas Verteidigung gegen europäische Ideen: kritische Aufsätze*. Hrsg.mit einem Vorw.von Alfons Paquet, Übersetzung von Richard Wilhelm, Jena: Diederichs, 1911, Shanghai: Shanghai Mercury, 1909. [2nd ed. with letter from Chinese official to German pastor, and appendices. (1912)].

109. *Tao Te King: das Buch des Alten vom Sinn und Leben* [Laozi. *Dao de jing*]. Aus dem Chinesischen verdeutscht und erläutert von Richard Wilhelm, Jena: Diederichs, 1911.

110.Dschuang Dsi, *Das wahre Buch vom südlichen Blütenland: Nan hua dschen ging* [Zhuangzi. *Nan hua zhen jing*]. Aus dem Chinesischen verdeutscht und erläutert von Richard Wilhelm, Jena: Diederichs, 1912.

111.*Chinesische Volksmärchen*, übersetzt und eingeleitet von Richard Wilhelm, Jena: Diederichs, 1914. Darin enthalten sind Texte aus Liao zhai zhi yi, Jin gu qi guan, San guo yan yi, Dong Zhou lie guo zhi, Feng shen yan yi, Xi you ji und Sou shen ji.

112.*Mong Dsi* [*Mengzi*] (*Mong Ko*): Aus dem Chinesischen verdeutscht und erläutert von Richard Wilhelm, Jena: Diederichs, 1914.

113. Wilhelm, Richard. *Licht aus Osten*, in: Genius. Buch 1 (1921).

114.*Chinesisch-Deutsche Jahres-und Tageszeiten: Lieder und Gesänge*, verdeutscht von Richard Wilhelm, Jena: Diederichs, 1922.

115. Wilhelm, Richard, *Chinesische Lebensweisheiten*, Darmstadt: Otto Reichl, 1922.

116. Wilhelm, Richard. *Kung-tse: Leben und Werk* [Konfuzius], Stuttgart: Frommann, 1925.

117. Wilhelm, Richard. *Laotse und der Taoismus* [Laozi], Stuttgart: Frommann, 1925.

118. Wilhelm, Richard. *Die Seele Chinas*, Berlin: Reimar Hobbing, 1926.

119. Wilhelm, Richard. *Die chinesische Literatur*, Wildpark-Postdam: Akademische Verlagsgesellschaft Athenaion, 1926.

120.*Frühling und Herbst des Lü Bu We* [Lü, Buwei: *Lü shi chun qiu*], Aus dem Chinesischen übersetzt und erläutert von Richard Wilhelm, Jena: Diederichs, 1928.

121. Wilhelm, Richard, *Geschichte der chinesischen Kultur*, München: F. Bruckmann, 1928.

122. Wilhelm, Richard. *Kung-tse und der Konfuzianismus* [Konfuzius], Berlin: De Gruyter, 1928.

123. Wilhelm, Richard, *Ostasien: Werden und Wandel des chinesischen Kulturkreises*, Potsdam: Müller & Kiepenheuer, 1928.

124.*Das Geheimnis der goldenen Blüte: Ein chinesisches Lebensbuch*, übersetzt und erläutert von Richard Wilhelm, München: Dornverlag, 1929.

125.*Li gi, Das Buch der Sitte des älteren und jüngeren Dai: Aufzeichnungen über Kultur und Religion des alten China*, aus dem Chinesischen verdeutscht und erläutert von Richard Wilhelm, Jena: Diederichs, 1930.

126.Wilhelm, Richard *chinesische Wirtschaftspsychologie*, Leipzig: Deutsche Wissen-schaftliche Buchhandlung, 1930.

127.Wilhelm, Richard, "Chinesisches: Gedichte hundert schöner Frauen, von Goe-the übersetzt," in *Chinesisch-deutscher Almanach für das Jahr 1929/30*. Es ist die erste deutsche Übersetzung aus dem chinesischen Originaltext der vier Übertragungen von Jo-hann Wolfgang von Goethe aus *Hua jian ji*.

128.*Hiau ging: das Buch der Ehrfurcht*, aus dem Chinesischen verdeutscht und erläutert von Richard Wilhelm, Peking: Verlag der Pekinger Pappelinsel, 1940.

129.Wilhelm, Richard, *Der geistige Mittler zwischen China und Europa*. Hrsg. von Salome Wilhelm, mit einer Einleitung von Walter F. Otto, Düsseldorf: Diederichs, 1956.

130.*Liä Dsi: Das wahre Buch vom quellenden Urgrund, Tschung hü dschen ging: Die Lehren der Philosophen Liä Yü Kou und Yang Dschu*, aus dem Chinesischen verdeutscht und erläutert von Richard Wilhelm, Jena: Diederichs, 1911.

131.Wilhelm, Richard, *De-Ying-Hua-Wen ke-xue Zidian: Deutsch-Englisch-Chine-sisches Fachwörterbuch*, Tsingtau: Deutsch-Chinesische Hochschule, 1912.

132.Wilhelm, Richard, *Der Lauschan*, nach chinesischen Quellen bearbeitet, mit ei-nem Beitrag von Hans Wirtz, Tsingtau: [s.n.], 1913.

133.*Mong Dsi (Mong Ko)*, aus dem Chinesischen verdeutscht und erläutert von Richard Wilhelm, Jena: Diederichs, 1914.

134.Wilhelm, Richard, *Aus Tsingtaus schweren Tagen im Weltkrieg*, Berlin: Hutten-Verlag, 1914.

135.Wilhelm, Richard, *Tsingtau und unsere Zukunft in China*, Görlitz: Hoffmann, 1915.

136.*Pekinger Abende: vertrauliche Mitteilungen*, von Richard Wilhelm, Bd. 1 – 2. (Peking).

137. Khung-Fu-Dsü, *Werke des chinesischen Weisen Khung-Fu-Dsü und seiner Schüler*, zum ersten Mal aus der Ursprache ins Deutsche übersetzt, und mit Anmerkun-gen von Wilhelm Schott, Halle: Renger ; Berlin: C. H. Jones, 1826 – 1832, Habil. Univ. Halle, 1826. Erste Übersetzung des *Lun yu* ins Deutsche.

138. Kuhn, Franz, *Chinesische Staatsweisheit*, Darmstadt: Otto Reichl, 1923. übersetzung von Teilen aus *Gu jin tu shu ji cheng*, *Jun dao zhi dao* und *Tong jian gang mu*.

139. *Chinesische Meisternovellen*, aus dem chinesischen Urtext übertragen von Franz Kuhn, Leipzig: Insel-Verlag, 1926, übersetzungen aus *Dong Zhou lie guo zhi*, *Jin gu qi guan*.

140. T. K. C(全增嘏), "Editorial Commentary, "*T' ien Hsia Monthly*, Vol.Ⅹ, No. Ⅰ, January 1940, p.5.

141. John C. H. Wu(吴经熊), "Lao tzǔ ' s the tao and its virtue,' "*T' ien Hsia Monthly*, Vol.Ⅸ, No.4−5, November-December 1939.

142. W. K. Liao(廖文魁), "Five Vermin: A Pathological Analysis of Politics," *T' ien Hisa Monthly*, Vol.Ⅹ, No.2, February, 1940.

143. Johna C. H. Wu, Some Random Notes on The SHI CHING, *T' ien Hisa Monthly*, Vol.Ⅱ, No.Ⅰ, January 1936.

144. Wilson & John Cayley ed. Europe Studies China, Papers from an International Conference on the History of European Sinology, London: Han Shan Tang Books, 1995.

145. Richard Wilhelm, *I Ging Das buch der Wandlungen*, aus dem Chinesischen Verdeutscht und erläutert, Jena, 1924.

146. *Dr. Franz Kuhn (1884 − 1961)*: Lebensbeschreibung und Bibliographie seiner *Werke*. Bearb. von Hatto Kuhn, unter Mitarb. von Martin Gimm, Geleitwort von Herbert Franke, mit einem Anhang unveröffentlichter Schriften, Wiesbaden: F. Steiner, 1980.

147. Kung Ling-kai, "To the Editor-in-Chif of *Tiean Hsia Monthly*," Vol.Ⅷ, No. 3, March 1939, p.272.

148. Translated from the Original Chinese with Notes by Henry H. Hart, Published by Stanford University Press, Stanford University, California; Humphrey Milford, London; and Oxford University Press, p.xxxix, p.192, 1936.

149. Leutner, Mechthild, "Kontroversen in der Sinologie: Richard Wilhelms kulturkritische und wissenschaftliche Positionen in der Weimarer Republik," in *Berliner China-Hefte*, Nr.23.

150. David Hawkes, "Obituary of Dr. Arthur Waley," *Asia Major*, Volume 12, part2, 1966.

151. Arthur Waley, *Notes on Translation, the Secret History of the Mongols and other Pieces*, New York, 1964.

152. H. Franke, *Sinologie*, Bern, 1935.

153. Biallas, Franz Xaver, S. V. D., *Die letzten der neun Lieder K' Ü YÜAN' s (Übersetzt)*.

154. Zach, Erwin von, *Aus den Gedichten Tu Fu's (nach der Ausgabe des Chang Chin), V, Buch 1-5 Übersetz*.

155. Yang, Shirleen S., *The Quatrain (Chueh-chu) of Tu Fu*.

156. Balázs, Stefan, *Ts' ao Ts' ao, zwei Lieder (translation)*.

157. Knechtges, David R. and Swanson, Jerry, *Seven Stimuli for the Prince: The Ch' i-fa of Mei Ch' eng*.

158. Mather, Richarde B., *The Mystical Ascent of T' ie-T' ien Mountains Sun Cho' s Yu-Tien-ta' -shan*.

159. Holm, David, *The Ancient Song of Doengving: A Zhuang Funeral Text from Donglan*, Guengxi.

160. Fang, Achilles, *Fourth Supplement to the Ku-shu i-i chü-li by P' eiHsüeh-hai (translation)*.

161. Grootaers, Willem A., CICM: *Une stèle chinoise de l' époque mongole au sud-est de Ta-t' ong (Chansi-Nord)*.

162. Serruys, Henry, CICM: *Pei-Lou Feng-sou*, Les coutumes des esclaves septentrionaux de Hsiao Ta-heng suivi des Tables.

163. Daniel D. Pearlman, *The Barb of Time: On the Unity of Ezra Pound' s Cantos*, New York: Oxford University Press, 1969.

164. Ezra Pound, *The Cantos of Ezra Pound*, New York: New Directions, 1970.

165. Ezra Pound, "Immediate Need of Confucius," *Impact: Essays on Ignorance and the Decline of American Civilization*, ed. Noal Stock, Chicago: Henry Rognery Co., 1960.

166. Pound Ezra. *Confucius*, New York: New Directions Publishing Corporation,

1983.

167. Nida Eugene A., *Language Culture and Translation*, Shanghai: Shanghai Foreigen Language Education Press, 2000.

168. O Helen Edith legge, *James Legge: Missionary and Scholar*, Chapter Ⅳ, London: The Religious Tract Society, 1905.

169. Ames, Roger T. & Hall, David L., *Focusing the Familiar: A Translation and Philposophical Interpretation of Zhongyong*, Honolulu: University of Hawaii' Press, 2001.

170. Yuan Tung-Li, *China in Western Literature: A Continuation of Cordier' Bibliotheca Sinica*, Manila: Far Eastern Publications, 1958.

171. David B. Honey, *Incense at the Altar: Pioneering Sinologists and the Development of Classical Chinese Philosogy*, New Haven, Connecticut, 2001.

172. *Han-tsé-wen-fá-chou-kouang-tsóng-mou*, *Bibliotheca Sinologica*. Uebersichtlich Zusammenstellungen als Wegweiser durch das Gebiet der Sinologischen Literatur von Dr.med V. Andreae und John Geiger. Als Anhang ist beigefügt: Verzeichniss einer grossen Anzahl ächt chinesische Bücher nebst Mitteilung der Titel in chinesischen Schrifzeichen. Frankfurt A.M.

173. Tung-li Yuan, *A Guide to Doctoral Dissertations by Chinese Students in America 1905–1960*, Washington, D.C.: Sino-American Cultural Society, 1961.

174. P. G. & O. F. von Möllendorff, *Manual of Chinese Bibliography, Being a List of Works and Essays Relating to China*, Los Angeles CA: Hard Press Publishing, 2012.

175. Jean-Pierre Abel-Rémusat, *Foe Koue Ki ou Relation des royaumes Bouddhiques de Fa hian*, Paris, landress, 1836.

176. Stanislas Julien, *Histoire de La Vie de Hiouen-thsang et de ses voyages dans l' Inde*, Paris, 1853.

177. Stanislas Julien, *Mémoires sur les Contrées occidentales de Hiouen-thsang*, Paris, 1857–1858.

178. Edouard Chanvannes, *Cing Cents Contes et Apologues Extraits du Tripitaka Chinois*, 4 vols, Ⅰ-Ⅲ, 1901–1911; Ⅳ, Paris, 1935.

179. Etienne Lamotte, *Le traité de la grande vertu de sagesse de Nagarjuna*, Vol. Ⅰ,

1944；Vol. Ⅱ，1949；Vol. Ⅲ，1970.

　　180. Etienne Lamotte, *La Somme du Grand Véhicule d'Asanga*, Bureaux du Muséon，1938－1939.

索　引

中文人名索引

A

C

Z

外文人名索引

A

E

F

G

H

I

J

专名索引

A

B

C

D

594,602,603,656,679,680,691,718,719,774

《吕氏春秋》　230,717

M

《马可·波罗游记》　9,261,703,704

美部会　51,72

美国亚洲研究学会　212

美国意象派诗　371

《孟子》　31,32,35,87,91,95,104,107,131,141,179,181,228,262,280,383,656,692,719,765,766

《名贤集》　56,774

《明心宝鉴》　254,661

《冥廖子游》　263

《摩西五书》　46

《牡丹亭》　267,305,306,319,780,788,789

N

《宁古塔纪略》　65,66,70

P

《琵琶记》　35,164,199,774,788

《平山冷燕》　33,192

《普加乔夫史》　61

北堂图书馆　364,800

Q

启蒙时期　126,614,615

《恰克图条约》　8,57

《千字文》　34,50,56,109,164,185,186,763

T

后 记

　　清晨,当站在家中遥望东方的鱼肚白渐渐退去,朝霞染红了天时,我每日的写作正进入佳境。七年多来春去夏来,秋落冬至,当书稿渐渐积攒起来时,两鬓也渐有霜色。文章千古事,篇篇都是文人心,字字都是岁月敲成。刘勰在《文心雕龙·序志》中说:"盖《文心》之作也,本乎道,师乎圣,体乎经,酌乎纬,变乎骚,文之枢纽,亦云极矣。"因为刘勰崇儒,他把士人的写作拔高到了前所未有的程度,"道沿圣以垂文,圣因文以明道"。在商业化的社会里,这样去作文写作,已被讥笑,当下,在写作已成"码字"的时代,字与文也开始论价而作。其实,文成圣,以成道统,或"码字"成为财源之道,都是摇笔写作的文人们的两端。古往今来,大多数文人在为稻粱谋的写作中很少成为腰缠万贯的富翁,多少个怀抱着横空出世,成为一代文圣、哲王的孤独思考者,在茕茕孑立,在苦思冥想中了却一生。

　　写作对于我来说已不是谋财之道,更谈不上淬字以成千古圣书。"传道、授业、解惑",这是师之德;传承知识,延续文脉,这是文人教书匠的本色。课题对于我来说只是外在的形式,探索与好奇才是内心写作之动力。因身处千年未有之大变局之中,无论是知识的叙述还是思想的梳理,似乎一切都在重新开始。思想的彷徨与新知的求索,成为每日敲字谋篇的推动者。"古人云:'形在江海之上,心存魏阙之下。'神思之谓也。文之思也,其神远矣。故寂然凝虑,思接千载;悄焉动容,视通万里;吟咏之间,吐纳珠玉之声;眉睫之前,卷舒风云之色;其思理之致乎!故思理为妙,神与物游。神居胸臆,而志气统其关键。"这话说得有几分道理,没有心之动,哪来文之采,没有思之虑,文何以舒卷风云之色,动人心魂之中?

　　这本书大约就是我的新知之求索,心虑之疏解的一个结果。

　　当合卷掩书,止笔长叹之时,六年前申请课题时的情境还历历在目。郝平校长亲临现场,慷慨陈述。当得知他只是我课题下的一个子课题负责人时,评委们大为动容。在官本位已成大学痼疾的今天,这恐怕是一个奇迹。北京外国语大学海外汉学研究中心之所以在北外渐入学校主流,并最终成为北外"将中国介绍给世界"这个新战略方向的学术柱石,得益于郝平校长。今天,我这本书也算是给老校长一个郑重的交代吧。

六年来,我的多位学生在写作中帮我抄录资料、翻译文献、整版画表,没有他们的协助,这本书不会是这个样子。他们的青春面孔和学术热情一直记在我的心头:杨慧玲、马丽娟、李颖、郭磊、全慧、刘美华、郭瑶、康太一、林潇潇、于美晨、刘国敏、李青、王雯璐、程熙旭、蒋雯燕等。

这本书是从古典文献的翻译角度切入海外汉学的研究的,跨度如此之大,绝非一人之能。尽管我采取了宏观把握、微观入手的写作方法,试图龙虫并雕,在每个时期只是择取人物、机构、刊物这样三个点来进入一个时代,但知识的挑战对于我来说仍是前所未有的。为寻找文献,我几度前往欧洲图书馆,其间德国汉学家郎宓谢教授、施寒威教授、李文潮教授,意大利的马西尼教授、麦克雷教授、樊蒂卡教授,法国的巴斯蒂教授、沙百里神父都给予了不同的帮助,没有他们,这本书也不会成为这个样子。谢谢这些同行朋友,游走于学术的天地之间,此时方真正体会到学术乃天下公器的本质特点。

刘勰在《文心雕龙·风骨》中说:"《诗》总六义,风冠其首,斯乃化感之本源,志气之符契也。是以怊怅述情,必始乎风;沈吟铺辞,莫先于骨。……故练于骨者,析辞必精;深乎风者,述情必显。捶字坚而难移,结响凝而不滞,此风骨之力也。"古人之文章,思情并茂,令人百读不厌。而今我辈自学会写学术论文之后,虽也劳心劳力,然文章面目狰狞,才情已荡然无存,风骨已无影无踪。"盖文章,经国之大业,不朽之盛事",这样的佳作已经难寻。自己也已习惯于学术论文的写作模式,无力自拔,只能在书的后记中抒以真情。

文章千古事,得失寸心知。以此为后记。

2013 年 10 月 11 日写于永定路游心书屋

2016 年 1 月 28 日定稿于岳各庄东路阅园二区游心书屋